Reinhard G. Kratz
Torastudien

Beihefte zur Zeitschrift für die alttestamentliche Wissenschaft

Herausgegeben von
John Barton, Reinhard G. Kratz, Nathan MacDonald,
Sara Milstein und Markus Witte

Band 558

Reinhard G. Kratz

Torastudien

—

DE GRUYTER

ISBN 978-3-11-136631-9
e-ISBN (PDF) 978-3-11-136705-7
e-ISBN (EPUB) 978-3-11-136768-2
ISSN 0934-2575

Library of Congress Control Number: 2023947496

Bibliografische Information der Deutschen Nationalbibliothek
Die Deutsche Nationalbibliothek verzeichnet diese Publikation in der Deutschen
Nationalbibliografie; detaillierte bibliografische Daten sind im Internet über
http://dnb.dnb.de abrufbar.

© 2024 Walter de Gruyter GmbH, Berlin/Boston
Satz: Dörlemann Satz, Lemförde
Druck und Bindung: CPI books GmbH, Leck

www.degruyter.com

MIX
Papier | Fördert
gute Waldnutzung
FSC
www.fsc.org   FSC® C083411

Dem Andenken an die Opfer des Massakers vom 7. Oktober 2023 in Israel

Inhalt

Tora und Vordere Propheten

Die Rezeption der Tora in den Schriften vom Toten Meer

Vorwort

In diesem Band sind meine Beiträge zur Pentateuchforschung aus den vergangenen rund 20 Jahren gesammelt, einschließlich eines Solitärs aus dem Jahr 1994. Sie präzisieren und führen in Auseinandersetzung mit der inzwischen erschienenen Literatur das Bild näher aus, das in *Die Komposition der erzählenden Bücher des Alten Testaments* (2000, englische Fassung 2005) begründet wurde. Wie schon in früheren Bänden meiner „Kleinen Schriften" (I FAT 42, 2004, 2. Aufl. 2013; II FAT 74, 2011, Broschur 2017; III FAT 102, 2015) sind die originale deutsche Fassung englischsprachiger Publikationen (Nr. 1–4, 6, 9, 14–15, 17, 20–23), deutschsprachige Aufsätze, die bereits an anderer Stelle erschienen sind (Nr. 5, 7, 10–11, 13, 16, 18, 19, 24–25), sowie einige bisher unveröffentlichte Beiträge (Nr. 8, 12, 26) aufgenommen.

Die Anordnung der Beiträge folgt nicht chronologischen, sondern sachlichen Gesichtspunkten, die in den Einführungen zu den fünf Abschnitten näher erläutert und in die größeren Zusammenhänge der Pentateuchanalyse eingeordnet werden. Die erste Sektion (Das literarische Problem des Pentateuchs) widmet sich der Methodik, Geschichte und aktuellen Diskussion der Pentateuchforschung. Die zweite Sektion (Urgeschichte und Erzväter) enthält Beiträge zur Komposition der Ur- und Vätergeschichte in der Genesis, die dritte Sektion (Das Gesetz zwischen Exodus und Landnahme) solche zur Komposition der Exodus-Landnahmegeschichte in Exodus–Josua mit besonderem Schwerpunkt auf der Stellung des Deuteronomiums an der Schnittstelle zwischen Tora und Vorderen Propheten. Die vierte Sektion (Tora und Vordere Propheten) überschreitet den Horizont des Pentateuchs in Richtung Hexateuch und Enneateuch und behandelt das Verhältnis des Pentateuchs zu der wissenschaftlichen Hypothese eines mit dem Buch Deuteronomium einsetzenden, eigenständigen Literaturwerkes (Deuteronomistisches Geschichtswerk, Deuteronomistische Landnahmeerzählung). Die fünfte Sektion (Die Rezeption der Tora in den Texten vom Toten Meer) schließlich befasst sich mit Beispielen der antiken Rezeptionsgeschichte, an denen deutlich wird, dass sich der dynamische Prozess der Auslegung, der in der Literargeschichte des Pentateuchs zu greifen ist, sowohl hinsichtlich der literarischen und hermeneutischen Techniken als auch hinsichtlich der konzeptionellen (theologischen) Entwicklungen nicht nur in den biblischen Handschriften, sondern auch in anderen Texten vom Toten Meer fortsetzt.

Die bereits veröffentlichen Beiträge sind weitgehend unverändert wiederabgedruckt. Es wurden lediglich Fehler korrigiert, die Zitierweise vereinheitlicht, der Stil hier und dort verbessert und Literatur nachgetragen. Die Herstellung des Bandes hat sich durch personelle Wechsel und andere Umstände etwas hingezogen. An ihr waren nacheinander Laura Victoria Schimmelpfennig, Sarah Kilian, Miriam Uetrecht und zuletzt Elisabeth Dorothea Behr und Paula Höper beteiligt, denen allen ich für ihre engagierte und sorgfältige Mitarbeit von Herzen danke. Ebenso

https://doi.org/10.1515/9783111367057-001

danke ich den Herausgebern und dem Verlag für die Aufnahme des Bandes in die Reihe BZAW und die exzellente, umfängliche verlegerische Betreuung.

Der Abschluss des Manuskripts wurde durch die Einladung der Israel National Academy of Sciences and Humanities ermöglicht, die mir im Frühjahr 2023 einen Aufenthalt als Fellow of the Israeli Fund for the Advancement of the Humanities and Social Sciences und Visting Professor of the Department of Bible and Orion Center der Hebräischen Universität in Jerusalem gewährte. Der Akademie und namentlich Noam Mizrahi (Hebrew University Jerusalem), der die Einladung zusammen mit Jonathan Ben-Dov (Tel Aviv University), Itamar Kislev (University of Haifa) und Cana Werman (Ben Gurion University of the Negev) angeregt hat, sei für die ehrenvolle Einladung, die überwältigende Gastfreundschaft und nicht zuletzt für den überaus stimulierenden intellektuellen Austausch mit Kolleginnen und Kollegen sowie Studentinnen und Studenten an den diversen israelischen Universitäten gedankt. Auch wenn hier wie andernorts die Ressourcen knapper werden, sind die Präsenz und Wertschätzung einer philologisch und historisch ausgerichteten Bibelwissenschaft in diesem Land beeindruckend, ja beneidenswert und wohl mit keinem anderen Standort mehr vergleichbar.

Das Vorwort hatte ich im Juni 2023 geschrieben, die Fahnenkorrektur haben sich jedoch bis Ende des Jahres hingezogen. Inzwischen haben sich mit dem Massaker vom 7. Oktober die Lage in Israel und die Diskussion darüber in der akademischen Welt in einer Weise verändert, die ein Schweigen insbesondere des Bibelwissenschaftlers zur Komplizenschaft des Terrors macht. Darum seien diese Studien zum Gründungsdokument des Judentums dem Andenken an die Opfer des 7. Oktober gewidmet, verbunden mit der Hoffnung auf eine bessere Zeit, in der der Hass auf allen Seiten überwunden ist.

Göttingen, Dezember 2023   Reinhard G. Kratz

Das literarische Problem des Pentateuchs

Einführung

Der erste Abschnitt der Sammlung enthält Beiträge zur Methodik der Pentateuchanalyse und zum Stand der Forschung. Der erste Beitrag (Nr. 1) ist der Versuch, einen möglichst breiten methodischen Konsens zu definieren, der unabhängig von den drei Grundoptionen der Quellen-, Fragmenten- und Ergänzungshypothese Gültigkeit hat. Es ist ein Plädoyer dafür, sich zunächst auf Beobachtungen zu konzentrieren, die von jedem und jeder, der oder die eine literarkritische Analyse des Pentateuchs grundsätzlich für angebracht und möglich erachtet, geteilt werden können, ohne sich sofort auf eine bestimmte Hypothese zur Erklärung der Befunde festlegen zu müssen oder diese gar vorauszusetzen. Nur auf diese Weise scheint es mir möglich zu sein, die Blockaden in der Diskussion, die durch vorherige Festlegungen entstanden sind, zu lösen und allen drei Optionen der Quellen-, Fragmenten- und Ergänzungshypothese ihr relatives Recht einzuräumen.

So kann niemand ernsthaft bestreiten, dass auf allen literarischen Ebenen ältere Einzelüberlieferungen („Fragmente", von manchen auch „Quellen" oder „Traditionen" genannt) in den Pentateuch eingegangen sind. Ebenso wenig kann in Abrede gestellt werden, dass die Priesterschrift in dem seit Nöldeke (1869) mehr oder weniger einmütig festgestellten Umfang eine eigene, gegen den nicht-priesterschriftlichen Text klar abgrenzbare literarische Schicht darstellt, die eine Art durchlaufende „Quelle" ist oder wenigstens mit dem Modell der Quellen- oder Dokumentenhypothese erfasst und beschrieben werden kann. Schließlich ist unübersehbar, dass auf allen literarischen Ebenen, im priesterschriftlichen wie im nicht-priesterschriftlichen Text, Prozesse der redaktionellen Bearbeitung und literarischen Ergänzung beobachtet werden können. Zentrale Frage und Gegenstand der Diskussion sollten daher nicht die Modelle, sondern einzelne Beobachtungen und die Abwägung verschiedener Möglichkeiten für ihre Erklärung sein.

Mit den Möglichkeiten der Erklärung befasst sich der zweite Beitrag (Nr. 2), der Konsense und Dissense der Forschung auszuloten versucht und sich dabei an der Maxime von Erhard Blum (2007, 67) orientiert: „Um einen Text verstehen zu können, sollte man wissen, wo/wie er anfängt und wo/wie er aufhört." Als Konsense werden die Ausgrenzung der priesterschriftlichen Schicht im Bereich Genesis–Numeri, die Eigenständigkeit des Buches Deuteronomium und die Existenz von älteren Überlieferungen in dem nicht-priesterschriftlichen und nicht-deuteronomischen Text von Genesis–Exodus und Numeri identifiziert.

Offene Fragen bestehen hingegen in der internen Analyse von Priesterschrift (P) und Deuteronomium (D) und vor allem hinsichtlich der Erklärung des nicht-priesterschriftlichen Texts in Genesis–Exodus und Numeri (ehemals Jahwist J und Elohist E bzw. Jehowist JE). Letzterer stellt das eigentliche, bisher ungelöste und daher besonders umstrittene Problem der Pentateuchanalyse dar. Besonders

https://doi.org/10.1515/9783111367057-002

wichtig, aber auch enorm schwierig ist die Bestimmung der relativen Chronologie der literarischen Schichten in diesem Textbereich selbst sowie im Verhältnis zu Priesterschrift und Deuteronomium. Auch dieser Beitrag plädiert dafür, die verschiedenen Optionen so lange wie möglich offen zu halten und vor allem nicht beliebig viele separate Einzelüberlieferungen (Fragmente, Quellen, Traditionen) zu postulieren, von denen man nicht sagen kann, „wo/wie der Text anfängt und wo/wie er aufhört" oder deren Anfang und Ende und weitere Bestandteile man freihändig erfinden und ergänzen muss.

Die darauffolgenden Beiträge behandeln zwei Werke aus dem Fundus der Texte vom Toten Meer. Der eine (Nr. 3) widmet sich einem Manuskript des Pentateuchs, das an einigen Stellen signifikante Unterschiede zum überlieferten (masoretischen) Text der Hebräischen Bibel aufweist und zeitweise als ein Beispiel der sogenannten *rewritten bible*-Texte, zeitweise als biblische Handschrift eingestuft wurde. Die Debatte um die Klassifizierung der Handschrift macht deutlich, dass die Grenzen zwischen „biblischen" und „apokryphen" Handschriften ebenso fließend sind wie zwischen den verschiedenen antiken Versionen des Pentateuchs (Samaritanus, Septuaginta, Masoretischer Text). Im zweiten Beitrag (Nr. 4) steht die sogenannte Tempelrolle im Zentrum, eine Bearbeitung des Buches Deuteronomium, die sich über weite Strecken wörtlich an dieses anlehnt und definitiv zur Gruppe der *rewritten bible*-Texte gehört.

Beide Beiträge konzentrieren sich auf die methodische Frage, ob den Unterschieden zwischen den in den Höhlen von Qumran gefundenen Handschriften einerseits und der masoretischen Textform der Hebräischen Bibel andererseits literarische Techniken und Prozesse der Textgenese zu entnehmen sind, die dabei helfen können, die Entstehung des Pentateuchs zu verstehen und wissenschaftlich zu erklären. Der Vergleich führt zu dem eindeutigen Ergebnis, dass der Ergänzungshypothese und mit gewissen Abstrichen auch der Fragmentenhypothese eine hohe Plausibilität zukommt, die sich empirisch an den Handschriften nachvollziehen lässt. Für die Quellenhypothese im Sinne der Annahme mehrerer paralleler, unabhängig voneinander entstandener Werke, die anschließend mehr oder weniger mechanisch miteinander verbunden wurden, haben sich in dem Material hingegen keine Anhaltspunkte ergeben.

1 Die Analyse des Pentateuchs
Ein Versuch zur Verständigung über einige methodische Grundsätze

In diesem Beitrag möchte ich einige grundsätzliche methodische Fragen behandeln, die in der Diskussion über die Komposition des Pentateuchs immer wiederkehren und die Verständigung zwischen den verschiedenen Ansätzen der Analyse erschweren.[1] Mein Eindruck ist der, dass die Diskussion im Moment festgefahren ist und wir weniger miteinander als aneinander vorbeireden.[2] Die Absicht dieses Beitrages ist es nicht, für oder gegen eine bestimmte Hypothese einzutreten. Vielmehr soll es darum gehen, unser aller Argumentation auf den Prüfstand zu stellen, die verschiedenen Muster der Erklärung durchzuspielen und auf Missverständnisse, Einseitigkeiten und Inkonsistenzen hinzuweisen, um so, wenn möglich, Barrieren des Denkens zu überwinden und die Diskussion wieder zu öffnen. Aus diesem Grund gebe ich lediglich am Anfang einige Hinweise auf repräsentative Vertreter der klassischen Hypothesen, habe es ansonsten aber bewusst unterlassen, Namen zu nennen und die Argumente, um die es im Folgenden geht, im Einzelnen bibliographisch auszuweisen. Wer die Diskussion kennt, weiß, wer was vertritt, doch spielt dies für die Abwägung der Argumente keine Rolle.

I Quellen, Fragmente, Ergänzungen

Im Laufe des 18. und 19. Jahrhunderts haben sich drei Ansätze zur Analyse des Pentateuchs herausgebildet: die Quellen- oder Dokumentenhypothese, die Fragmentenhypothese und die Ergänzungs- oder Fortschreibungshypothese. Diese drei Hypothesen werden bis heute in verschiedenen Spielarten vertreten. Ich erinnere nur an die diversen Varianten der Quellen- oder Dokumentenhypothese – die literarkritische,[3] die überlieferungsgeschichtliche,[4] die redaktionsgeschichtliche,[5] die

---

1 Christoph Berner und Stephen M. Germany danke ich für die kritische Durchsicht des Manuskripts und manchen hilfreichen Hinweis.
2 Zum Stand der Forschung vgl. Nr. 2 in diesem Band; Römer 2013, 2–24; zur weiteren Diskussion Dozeman u. a. 2011; Gertz u. a. 2016.
3 Wellhausen 1899.
4 Noth 1948.
5 Levin 1993.

https://doi.org/10.1515/9783111367057-003

historiographische[6] oder die narratologische Variante[7]. Daneben sehen wir diejenigen, die lediglich zwischen priester(schrift)lichem (P) und nicht-priester(schrift)-lichem (klassisch JE) Text unterscheiden[8] und auf dieser Basis entweder von der Fragmentenhypothese oder der Ergänzungshypothese Gebrauch machen. Unter den Vertretern der Fragmentenhypothese kann man wiederum verschiedene Varianten unterscheiden, solche, die nach größeren „Kompositionen",[9] und solche, die nach „Redaktionen" suchen,[10] während wieder andere – besonders im Bereich von nicht-P – mit Traditionen und größeren Blöcken[11] arbeiten. Diejenigen, die die Ergänzungshypothese favorisieren, rechnen demgegenüber in allen Bereichen mit einer „Grundschrift", die sukzessiv um älteres Material und/oder Fortschreibungen ergänzt wurde.[12]

Die Grundvoraussetzung aller drei Hypothesen, ist, dass der Pentateuch keine literarische Einheit darstellt, sondern gewachsen ist und aus verschiedenen literarischen Schichten besteht. Die Voraussetzung ist nicht einfach gesetzt, sondern ergibt sich aus Problemen, die der Text selbst aufgibt. Einig ist man sich in allen Hypothesen darüber, dass der Pentateuch (Genesis–Deuteronomium) bzw. Hexateuch (Genesis–Josua) sich wenigstens aus drei literarischen Strata zusammensetzt: dem Deuteronomium (D), der Priesterschrift (P einschließlich dem Heiligkeitsgesetz H) sowie dem nicht-priesterschriftlichen Text in Genesis–Numeri (nicht-P). Alles andere steht zur Disposition.

Betrachtet man den Pentateuch, wie einst etwa Benno Jacob, als ein wohlkomponiertes Ganzes, in dem jede grammatische, lexikalische und inhaltliche Besonderheit dem literarischen Gestaltungswillen oder der Eigenart eines Autors entspringt, braucht es die drei Hypothesen nicht. Ist man jedoch der Auffassung, dass der Pentateuch keine literarische Einheit ist, sondern sich wenigstens aus den oben

---

6 Van Seters 1992; 1994. Vgl. auch das Münsteraner Modell eines „Jerusalemer Geschichtswerkes" in Zenger u. a. 2016, 123–135.

7 Baden 2009; 2012; 2013.

8 Vgl. dazu Dershowitz / Akiva / Koppel / Dershowitz 2015.

9 Rendtorff 1976; Blum 1984; 1990. Blum unterscheidet neben dem Deuteronomium eine D- und eine P-Komposition in Genesis und Exodus–Numeri und datiert die D-Komposition in Exodus–Numeri neuerdings nach P. Vgl. auch Carr 1996.

10 Otto 2000a; Achenbach 2003. Neben D und P nehmen Otto und Achenbach eine Pentateuch- und eine Hexateuch-Redaktion an, die älteres Material in den Pentateuch eingearbeitet habe.

11 Das Blockmodell wird von sämtlichen Vertretern der Fragmentenhypothese vertreten, insbesondere von Schmid 1999. Auch die Arbeiten und vielen Einzelstudien von A. de Pury und seinem Schüler T. Römer rechnen neben den fixen literarischen Größen oder Kompositionen D und P für den Bereich von nicht-P mit unzähligen Traditionen und diversen Blöcken, die nachträglich in das Gerüst von P eingebaut und mit D (bzw. DtrG) verbunden wurden.

12 Kratz 2000a; Gertz u. a. 2006 (und weitere Auflagen); Berner 2010; Germany 2017.

genannten Strata zusammensetzt, stellt sich die Frage, ob und auf welche Weise man seine Entstehung und Geschichte vielleicht noch erkennen und rekonstruieren kann. Zu diesem Zweck wurden – in Anlehnung an die allgemeine Geschichtswissenschaft und ihre Quellenkritik – die drei Hypothesen der Pentateuchanalyse entwickelt.

Die drei Hypothesen sind keine Glaubenssätze, sondern begründete und nachvollziehbare Annahmen, die den Regeln des wissenschaftlichen Diskurses unterliegen. Sie können und müssen verifiziert oder falsifiziert, verändert und neuen Einsichten angepasst oder miteinander kombiniert werden. Die Diskussion sollte sich aber nicht vorrangig um die Verifikation oder Falsifikation der wissenschaftlichen Hypothesen, sondern um die Erklärung des Textes drehen, um den es geht. Die drei Hypothesen sind, was gelegentlich vergessen zu werden droht, nichts weiter als Hilfsmittel, um den Pentateuch in seiner Entstehung und Bedeutung zu erklären, und kein Selbstzweck.

Ein häufig erhobener Vorwurf gegen die Analyse des Pentateuchs (wie gegen jede Art der Literarkritik in der Hebräischen Bibel) lautet, dass diese zu divergierenden Ergebnissen führe und darum obsolet sei. Sofern dieser Vorwurf von Vertretern der Einheitshypothese vertreten wird, ist dem zweierlei entgegenzuhalten: Zum einen ist es die Eigenart von Geisteswissenschaften, dass sie von divergierenden Ergebnissen und dem darüber geführten Diskurs leben und es *die eine* Lösung nicht gibt. Wer die eine verbindliche Lösung sucht oder postuliert, begibt sich außerhalb der Wissenschaft, was durchaus legitim ist und jedem freisteht, aber zum wissenschaftlichen Diskurs nichts beiträgt. Zum anderen gilt auch für die Einheitshypothese, dass sie keineswegs zu einem einzigen, verbindlichen Ergebnis gelangt, sondern eine Vielzahl unterschiedlicher Interpretationen zulässt. Der Einwand der divergierenden Ergebnisse trifft also auch auf die Einheitshypothese zu, ganz gleich, ob sie aus theoretischen oder pragmatischen Gründen bevorzugt wird. Auch sie unterliegt den Regeln des wissenschaftlichen Diskurses, wenn sie sich nicht willentlich der wissenschaftlichen Nachprüfbarkeit entzieht und zum Dogma erstarrt.

Gelegentlich wird der Einwand der divergierenden Ergebnisse aber auch von Vertretern der drei wissenschaftlichen Hypothesen gegeneinander erhoben. Das ist besonders kurios, da jede der drei Hypothesen zu divergierenden Ergebnissen führt. Ich erinnere nur an die oben ausgewiesenen diversen Varianten aller drei Hypothesen. Auch auf sie trifft das Argument der divergierenden Ergebnisse ausnahmslos zu und erweist sich für diejenigen, die es gegen andere anführen, als Bumerang. Der Einwand ist in Wahrheit reine Polemik und sollte darum aus der wissenschaftlichen Diskussion verbannt werden.

Reine Polemik und kein wissenschaftliches Argument sind auch die einseitige Favorisierung und Abgrenzung einer der drei Hypothesen gegen die jeweils anderen.

Die drei Hypothesen wurden darum entwickelt, da sich im Zuge der Pentateuchanalyse des 19. Jahrhunderts rasch zeigte, dass sich die vielfältigen Textphänomene und Probleme mit einer Hypothese allein nicht erklären ließen. Darum ist Julius Wellhausen dazu übergegangen, mit einer Kombination aus allen drei Hypothesen zu arbeiten. Diese Kombination wird – trotz gegenteiliger Beteuerungen – *de facto* bis heute von allen praktiziert. Auch die selbsternannten *Neo-Documentarians*, die für eine besonders eng definierte, mechanistische Variante der Quellenhypothese eintreten, rechnen mit Überlieferungsstücken, d. h. Fragmenten (wie dem Dekalog, dem Bundesbuch, dem Deuteronomium), die in die Quellen J, E und P sowie in den Pentateuch als ganzen eingegangen sind. Ebenso rechnen sie mit literarischen Zusätzen innerhalb der Quellen sowie mit Vorgängen der Reformulierung (*rewriting*) älterer Vorlagen in der Quelle D, die J und E voraussetzt, und in dem „priesterlichen" Heiligkeitsgesetz (H), das D und P voraussetzt. Umgekehrt rechnen Vertreter der Fragmenten- und der Ergänzungs- oder Fortschreibungshypothese in der Regel mit der „Quelle" P oder jedenfalls mit zwei verschiedenen Versionen der heiligen Geschichte Israels, einer priesterlichen und einer nicht-priesterlichen, und daneben mit dem selbständigen Deuteronomium, d. h. mit der „Quelle" D.

Das bedeutet, dass die drei Hypothesen im Grundsatz von allen anerkannt und auch praktiziert werden. Über die Anwendung der drei Ansätze sollte daher eigentlich kein Streit in der Forschung bestehen. Dabei ist zu beachten, dass die Quellenhypothese von Hause aus die komplette Erzählung des Pentateuchs bzw. Hexateuchs im Blick hat und auf literarische Schichten bzw. Quellenschriften verteilt, während die Fragmenten- und die Ergänzungshypothese ihr Augenmerk auf das Werden und mögliche Vorstufen dieser Erzählung richten und von Hause aus die Geschichte der Quellenschriften zu erklären suchen. Der entscheidende Umbruch setzte ein, als man anfing, das Werden der Erzählung nicht mehr hinter, sondern in dem erhaltenen Text des Pentateuchs selbst aufzuspüren und das literarische Wachstum entweder mithilfe der Fragmenten- oder der Ergänzungshypothese zu erklären. Damit wurde die Quellenhypothese scheinbar aufgehoben. Doch das muss nicht unbedingt so sein. Die Entstehung der Erzählung im Text durch graduelle Ansammlung und Anreicherung von Fragmenten (den sogenannten „kleineren Einheiten") und/oder durch kontinuierliche Ergänzung einer literarischen Vorlage oder Grundschrift kann ja sowohl in diverse Kompositionen als auch in diverse Quellenschriften einmünden, die im Pentateuch miteinander verbunden wurden.

Von daher liegen die drei Hypothesen, achtet man auf den unterschiedlichen Fokus, gar nicht so weit auseinander und schließen sich keineswegs gegenseitig aus. Die Frage ist nur, welcher Textbefund mit welcher Hypothese am besten erklärt werden kann. Darüber muss der wissenschaftliche Diskurs geführt werden. Es wäre viel geholfen, wenn Vertreter der Quellenhypothese den Begriff „Quelle" nicht ganz so eng sehen würden und sich (wieder) für das Werden ihrer „Quellenschriften" interessierten. Und es wäre viel geholfen, wenn umgekehrt Vertreter der Fragmenten- und der Ergänzungshypothese auch (wieder) die „Quelle" (im weitesten Sinne) als Option in Betracht ziehen würden, um gewisse Stadien der Überlieferung zu erklären oder zu benennen. *De facto* haben die in der Forschung allgemein akzeptierten Strata (D, P und nicht-P) und von einigen postulierten Kompositionen (Deuteronomium, P- und D-Komposition, Pentateuch- oder Hexateuch-Redaktion, *Late Jahwist*, Jerusalemer Geschichtswerk, diverse Überlieferungs-blöcke in Genesis–Numeri) sehr viel mit den traditionellen „Quellen" D, P und JE (oder J und E) gemeinsam. Die Unterschiede betreffen, neben manchen Details der Textabgrenzung, in der Hauptsache die Frage der Selbständigkeit der literarischen Strata und die relative Chronologie.

II Externe Evidenz

Weit verbreitet ist die Auffassung, dass der Pentateuch zwar eine lange Wachs-tumsgeschichte durchlaufen habe, wir aber nicht die Mittel besäßen, um diese zu erkennen und zu rekonstruieren. Dieser Auffassung kann man natürlich sein, nur sollte man dann konsequent sein und auf eine Analyse oder die Option für die eine oder andere Hypothese verzichten. Jedenfalls ist es schwer nachvollziehbar, wenn sich jemand aus den genannten Gründen einer Analyse verschließt und dennoch im Herzen wie im akademischen Unterricht eine der drei Hypothesen vertritt. Für die Diskussion wäre viel gewonnen, wenn diejenigen, die sich nicht in der Lage sehen, die Komposition des Pentateuchs zu rekonstruieren, sich der Diskussion enthiel-ten, und diejenigen, die an der Analyse teilnehmen oder eine bestimmte Hypothese favorisieren, von dem Argument Abstand nähmen, dass eine Analyse in diesem oder jenem Fall nicht möglich sei, nur weil er der eigenen Hypothese zuwiderläuft.

Einen neutralen Ausgangspunkt für die Diskussion bietet die externe Evidenz (*external evidence*), d. h. der textgeschichtliche Befund in den uns bekannten Hand-schriften. In der aktuellen Diskussion spielt sie keine große Rolle, da viele der Auffas-sung sind, die externe Evidenz belege lediglich die „Nachgeschichte" der biblischen Texte und Ausläufer der Textgeschichte und sei daher für die Rekonstruktion der literarischen Vorgeschichte des Pentateuchs belanglos. Doch die externe Evidenz besteht nicht nur in den Zeugnissen für die Textgeschichte, sondern umfasst sehr viel mehr Material. Außer den Versionen (Masoretischer Text, Samaritanus, Septua-ginta) und den biblischen Handschriften vom Toten Meer, besonders denjenigen, die eine von dem masoretischen Text abweichende Fassung bezeugen (Reworked Pentateuch, 4QSam[a] u. a.), kommen auch die Beispiele der *rewritten scripture* (Jubi-läenbuch, Tempelrolle u. a.), die verschiedenen Fassungen der originären Schriften der Gemeinschaft von Qumran, der sogenannten *sectarian writings* (bes. *Serekh*

ha-Yachad, Milchamah oder *Hodayot*) und darüber hinaus altorientalische Beispiele wie der ugaritische Baal-Yam-Mot-Zyklus, das Gilgamesch-Epos oder die neuassyrischen Inschriften als Analogien in Betracht. In diesem Material finden wir
Beispiele für Textveränderungen aller Art. Es begegnen Varianten, Ergänzungen
von ehedem selbständigem Material wie von kontextgebunden Formulierungen,
Auslassungen, Reformulierungen und Umstellungen, wie sie auch in der Analyse
für das Werden des Pentateuchs und seiner einzelnen Bestandteile angenommen
werden. Die Befunde erlauben keine Unterscheidung zwischen Textgenese und
Textüberlieferung, da sämtliche Phänomene, von Schreiberversehen bis hin zu
bewussten Textveränderungen in allen Phasen der Überlieferung begegnen.

Aus den abweichenden Handschriften und Versionen des Pentateuchs geht
eindeutig hervor, dass der Pentateuch eine Geschichte hat und dass an dem Text
lange und viel gearbeitet wurde. Das übrige Material aus dem Alten Orient und
dem antiken Judentum zeigt, dass wir darüber hinaus mit vielfältigen und komplexen Phänomenen der Textentstehung zu rechnen haben. Die externe Evidenz stellt
somit die Einheitshypothese grundsätzlich in Frage und entkräftet den Einwand
derer, die meinen, dass wir gar keine Möglichkeiten hätten, die Geschichte des –
in der Regel zur Grundlage gemachten – masoretischen Pentateuchs wenigstens
ansatzweise zu erkennen und zu rekonstruieren. Die Auswertung der externen
Evidenz für die Analyse des Pentateuchs ist allerdings nicht einfach und erfordert
eine große Kenntnis des Materials und viel Erfahrung im Umgang damit. Wie die
Archäologie oder Epigraphik und nicht zuletzt die Analyse aufgrund interner Kriterien ist auch die externe Evidenz nicht in jedem Fall eindeutig und bedarf der
Interpretation. Sie stellt daher auch diejenigen vor große Herausforderungen, die
an der Lösung des literarischen Problems des Pentateuchs interessiert sind und sich
an der Analyse beteiligen.

Was die externe Evidenz leistet, ist ein Doppeltes. Zum einen führt sie uns
die möglichen Phänomene vor Augen, mit denen wir im Werden des Pentateuchs
und seiner Bestandteile rechnen müssen, und gibt die Kriterien an die Hand, mit
denen wir in der text- und literarkritischen Analyse arbeiten können. Als mögliche
Indizien für die Entstehung, Komposition und literarische Bearbeitung eines Texts
sind Textvarianten, grammatische, lexikalische, narratologische und konzeptionelle Besonderheiten oder literarische Techniken wie die *Wiederaufnahme* belegt.
Natürlich können solche Phänomene theoretisch auch auf den Gestaltungswillen
oder die Eigenart eines einzigen Autors zurückgehen. In manchen Fällen mögen
sie auch von einem mechanischen Versehen des Schreibers verursacht sein. Die
externe Evidenz liefert aber den Beweis, dass diese Besonderheiten und literarischen Techniken auch mit der Entstehung und dem Wachstum eines Textes zu tun
haben können. Daher bedarf jeder einzelne Fall der gesonderten Untersuchung,
welcher Umstand am ehesten vorliegt. Es wäre also ein gravierender Fehler, die

eine gegen die andere Möglichkeit auszuspielen und aus Prinzip nur eine der möglichen Erklärungen in Betracht zu ziehen.

Zum Zweiten bietet die externe Evidenz die Möglichkeit, unsere Pentateuchhypothesen zu überprüfen. Wenn ich es recht sehe, finden wir Beispiele sowohl für die Fragmenten- als auch für die Ergänzungs- oder Fortschreibungshypothese. Die Fragmentenhypothese bewährt sich etwa im Falle des Gilgamesch-Epos, das aus separaten Einzelstücken zusammengesetzt ist, die teilweise an unterschiedlicher Stelle im Epos eingeordnet sind. Auch die Komposition des ugaritischen Baal-Yam-Mot-Mythos dürfte sich aus ehemals selbständigen Erzählkreisen zusammensetzen. Mitunter wird dieses Kompositionsprinzip auch für die Schriften von Qumran und die Texte des Typs der *rewritten scripture* wie das Jubiläenbuch oder die Tempelrolle angenommen. Auch hier rechnen manche mit ehemals separaten „Quellen", d. h. Fragmenten, die mehr oder weniger unverändert in die Komposition aufgenommen wurden.

Verschiedene Fassungen ein und desselben Werkes, wie die biblischen Handschriften, differierende Handschriften von Qumranschriften, Reformulierungen und Paraphrasen biblischer Bücher, aber auch die neuassyrischen Inschriften, weisen hingegen in eine andere Richtung. Hier hat man es mit Bearbeitungen, d. h. Ergänzungen, Auslassungen, Umstellungen und Reformulierungen, desselben Textes zu tun, die mehr oder weniger direkt voneinander abhängig sind. In diesen Fällen greift die Ergänzungs- oder Fortschreibungshypothese. Die Fragmenten- und die Fortschreibungshypothese schließen sich nicht gegenseitig aus, sondern können in ein und demselben Werk zur Anwendung kommen, um unterschiedliche Phänomene zu erklären.

Unter dem Material hat sich bisher kein Beispiel für zwei oder mehrere parallele, ehemals separate Fassungen ein- und desselben Stoffes und deren Verbindung in einem literarischen Korpus gefunden. Meine Augen mögen gehalten sein, doch einen Beleg für die Quellenhypothese bietet die externe Evidenz nicht. Das einzige Beispiel, das gelegentlich angeführt wird, stammt aus dem christlichen Überlieferungsbereich: das Diatessaron des Tatian, eine der frühesten Evangelienharmonien aus dem 2. Jh. n. Chr.[13] In diesem Werk sind die vier Evangelien des Neuen Testaments zu einer einheitlichen, fortlaufenden Geschichte Jesu zusammengestellt. Das Diatessaron stellt somit eine späte Analogie zu der (von einigen postulierten) Vereinigung der „Quellen" D, P und nicht-P (J, E oder JE) im Pentateuch dar.

Auch wenn die Analogie aus späterer Zeit stammt, ist sie überaus wertvoll. Sie zeigt, dass die Vereinigung der vier Fassungen der Geschichte Jesu zu einem Werk nur darum gelingen konnte, weil wenigstens drei, wenn nicht alle vier Fassungen

---

13 Vgl. Hemphill 1888 (2017); Hamlin Hill 2001.

literarisch voneinander abhängig sind und darum zahlreiche Schnittmengen aufweisen. Das ist bei den drei Synoptikern evident, gilt aber auch für das Johannes-Evangelium, das die Geschichte Jesu nicht einfach repetiert, sondern theologisch reflektiert und durch Reden Jesu kommentiert. Dies erinnert an P und die programmatischen Texte, meist Gottesreden, die dieses Werk und den Pentateuch strukturieren (Gen 1; 9; 17; Ex 6 usw.). Wie im Pentateuch P, so scheint im Diatessaron das Johannes-Evangelium den programmatischen und chronologischen Rahmen für die Zusammenstellung abgegeben zu haben. So liegt der „Anfang des Evangeliums von Jesus Christus" (Mk 1,1) in Joh 1,1: „Im Anfang war das Wort".

Des Weiteren geht aus dem Diatessaron hervor, dass die Vereinigung der vier Fassungen nur durch massive redaktionelle Eingriffe möglich war. Um möglichst alles Material zu berücksichtigen, musste Tatian eine eigene narrative Sequenz der Ereignisse konstruieren, die in sich konsistent ist, aber sowohl von den Synoptikern als auch von Johannes abweicht. Auch wurden der unterschiedliche Wortlaut und Unterschiede oder Widersprüche zwischen den Fassungen mit Formulierungen aus den Evangelien ausgeglichen und Dubletten vermieden. Die beiden Stammbäume bei Matthäus und Lukas wurden – zugunsten des Johannesprologs als Genealogie – gänzlich ausgelassen; auch die Perikope von der Ehebrecherin (Joh 7,53–8,11) fehlt. Tatian scheint keinerlei zusätzliches Material hinzugefügt zu haben. Der Anteil an Eigenformulierungen ist auf ein Minimum beschränkt.

Im Diatessaron von Tatian sehen wir, wie der Prozess der Reformulierung (*rewriting*) der Evangelien im Neuen Testament in die Harmonisierung der Überlieferung einmündet. Die Verbindung der „Quellen", d. h. der vier Fassungen des Evangeliums, lässt sich am besten mit der Quellenhypothese erklären, wobei entscheidend ist, dass die „Quellen" nicht unabhängig voneinander entstanden, sondern in der Substanz identisch und voneinander abhängig sind. Mt und Lk setzen Mk als Vorlage voraus, die sie durch diverse redaktionelle Eingriffe (wie Ergänzungen, Auslassungen, Umstellung und Reformulierung) bearbeiten und mit zusätzlichem Material (*Sondergut*) ergänzen. Mt und Lk stehen somit im Verhältnis zu Mk wie die Chronik zu Samuel-Könige, das Jubiläenbuch zu Genesis–Exodus oder die Tempelrolle zu Ex 25–40 und dem Deuteronomium. Die Evangelien sind folglich aus einem Prozess des *rewriting* hervorgegangen, der sich am besten mit der Fragmenten- und der Ergänzungs- oder Fortschreibungshypothese erklären lässt.

Auf den Pentateuch übertragen, bedeutet diese Analogie, dass man P als Reformulierung (*rewriting*) des vor-p Texts (J, E oder JE), D als Reformulierung von nicht-P (JE) und teilweise auch P, sowie H als Reformulierung von D und P betrachten könnte. Das Diatessaron führt den Prozess des Reformulierung für die Evangelien gewissermaßen fort, indem es die Vorlage und ihre Reformulierungen miteinander verbindet und harmonisiert. Etwas Ähnliches kann man sich auch für die Verbindung von D, P und nicht-P (J, E oder JE) im Pentateuch vorstellen. Dabei ist jedoch die Frage zu klären, zu welchem Zeitpunkt die Vereinigung der separaten Fassungen vorgenommen wurde, d. h. in welchem Zustand die separaten Überlieferungen (D, P, nicht-P) zu diesem Zeitpunkt waren, welche literarischen Prozesse der Vereinigung der „Quellen" vorausgegangen und möglicherweise im Rahmen der vereinten „Quellen" D, P und nicht-P noch gefolgt sind. Die simple Annahme, dass dem Vorgang der Vereinigung – wie im Falle des Diatessaron – die Quellen vollständig vorgelegen haben, kann im Falle des Pentateuchs nicht einfach vorausgesetzt, sondern müsste durch Ausschluss des Gegenteils erwiesen werden. Jedenfalls geht aus der Analogie des Diatessaron hervor, dass die Quellenhypothese eine besondere Variante einer Kombination von Fragmenten- und Ergänzungshypothese darstellt und ohne die beiden anderen methodischen Ansätze nicht auskommt.

Angesichts der vielen Phänomene und komplizierten Überlieferungsverhältnisse, die von der externen Evidenz dokumentiert werden, verfallen manche in Resignation. Entweder sie kapitulieren vor der Aufgabe, die Erkenntnisse aus der externen Evidenz auf die Analyse des Pentateuchs anzuwenden. Oder sie greifen auf die scheinbar sicherere Notlösung zurück, die Analyse auf die Unterscheidung von zwei oder drei Schichten (seien es Quellen, Kompositionen oder Redaktionen) pro Text zu beschränken. Doch zur Resignation besteht kein Anlass, im Gegenteil: Die externe Evidenz sollte uns vielmehr Ansporn sein, nicht weniger, sondern sehr viel intensiver zu analysieren und mit noch mehr Möglichkeiten der Textveränderung im Laufe der Entstehung des Pentateuchs und seiner einzelnen Bestandteile zu rechnen. Auch so werden uns noch viele Phänomene entgehen, die sich nur im Vergleich verschiedener Versionen erkennen lassen.

III Kriterien der Analyse

Die externe Evidenz verdankt sich entweder, wie im Falle des masoretischen und samaritanischen Pentateuchs sowie der Septuaginta, der Selektion der Überlieferung oder, wie im Falle der Handschriften vom Toten Meer, dem glücklichen Zufall der Archäologie. Die externe Evidenz dokumentiert somit nur einen Ausschnitt aus der langen Literar- und Textgeschichte des Pentateuchs. Um tiefer in diese Geschichte einzudringen, müssen wir uns an denjenigen Stellen, für die keine externe Evidenz zur Verfügung steht, auf die interne Evidenz des überlieferten Texts stützen.

Ein häufig erhobener Einwand gegen die Analyse des Pentateuchs überhaupt, der gelegentlich aber auch von Vertretern der drei Hypothesen gegeneinander erhoben wird, lautet, dass wir solche internen Kriterien nicht hätten, diese nicht ausreichten und eindeutig genug seien, oder dass wir falsche Erwartungen an den Text herantragen und daher die falschen Kriterien anwenden würden. Sofern der

Vorwurf die Möglichkeit der Analyse überhaupt in Frage stellt, trifft er alle drei Hypothesen in gleicher Weise. Hier gilt dasselbe wie oben (unter I): Wer meint, die Kriterien reichten nicht aus, muss den Pentateuch nicht analysieren und kann mit einer der verschiedenen Textversionen (dem masoretischen Pentateuch, dem Samaritanus, der Septuaginta, dem *Reworked Pentateuch* usw.) arbeiten, die uns überliefert sind. Nur sollte er oder sie sich des Urteils darüber enthalten, welche der drei Hypothesen die wahrscheinlichere ist. Und er oder sie müsste Rechenschaft darüber geben, aus welchen Gründen und anhand welcher Kriterien er oder sie mit der einen und nicht mit einer anderen Textversion arbeitet und in welchem historischen Bezugsrahmen sich der Text sinnvoll interpretieren lässt. Von der Handschriftenlage her wären die Qumranhandschriften im Rahmen des antiken Judentums um die Zeitenwende, die Septuaginta in dem des frühen Christentums, der masoretische Text und der Samaritanus in dem des mittelalterlichen Judentums zu interpretieren.

Da wir jedoch eine externe Evidenz besitzen, bietet es sich an, ihr zu folgen und die hier erkennbaren Kriterien auch für die interne Analyse, d. h. für die Text- und Literarkritik zu nutzen. In der Text- und Literarkritik des Pentateuchs gelten üblicherweise grammatische, lexikalische, narrative und konzeptionelle Unregelmäßigkeiten oder Besonderheiten oder auch literarische Techniken wie die *Wiederaufnahme* als Indizien dafür, dass – möglicherweise – verschiedene literarische Schichten vorliegen. Gegen diesen Katalog von Kriterien wird vielfach der Einwand erhoben, dass sämtliche Phänomene auch auf den Gestaltungswillen oder die Eigenart eines Autors zurückgeführt werden können. Gelegentlich wird auch die Alltagserfahrung als Argument ins Feld geführt und darauf verwiesen, dass Unregelmäßigkeiten in Grammatik, Stil und Wortschatz usw. in jeder gesprochenen Rede und jedem geschriebenen Text an der Tagesordnung seien, heute im Zeitalter der Kommunikation via E-Mail und Twitter mehr denn je. Das ist sicher richtig, ändert jedoch nichts an der Tatsache, dass die externe Evidenz die Kriterien, mit denen die historische Forschung seit rund 250 Jahren arbeitet, auf der ganzen Linie bestätigt hat. Überall, wo sich im handschriftlichen Material Prozesse der literarischen Bearbeitung eines Textes und verschiedene Schichten beobachten lassen, treffen wir auf die genannten Indizien oder auf literarische Techniken, die mit der Entstehung und Veränderung des Textes zu tun haben. Das bedeutet nicht, dass jede Auffälligkeit dieser Art *per se* eine literarische Schichtung anzeigen muss. Doch die externe Evidenz beweist, dass die Kriterien durchaus Hinweise auf eine mögliche Textveränderung geben können.

Die Anwendung dieser Kriterien folgt dem Modell der Methode der Textkritik. In der Textkritik sind es Irrtümer der Schreiber und Varianten, die die Rekonstruktion einer relativen Chronologie und Stemmatisierung der Überlieferung erlauben. In der literarischen Analyse sind es (in der Regel) keine Fehler, sondern Auffälligkeiten, die Indiz für verschiedene Hände sein können, es aber nicht sein müssen. Wie in der Textkritik besagen die Indizien an sich noch nichts, sondern bedürfen der Interpretation. Es gilt zu klären, ob die Besonderheiten dem literarischen Gestaltungswillen oder der Eigenart eines Autors entspringen oder auf verschiedene Hände mehrerer Autoren weisen. Im letzteren Fall ist noch nicht entschieden, ob es sich bei den literarischen Strata um Quellen, Fragmente oder Ergänzungen handelt und ob sie gleichzeitig, unabhängig oder in Anhängigkeit voneinander entstanden sind. Aus der Differenzierung von literarischen (oder auch mündlichen) Textstrata als solcher geht also nicht hervor, ob wir es mit J, E oder P, einer D- oder P-Komposition, der Pentateuch- oder Hexateuch-Redaktion usw. zu tun haben. Diese Entscheidung muss auf anderem Wege gefunden werden. Wie in der Textkritik ist von Fall zu Fall zu prüfen, wie sich die verschiedenen Schichten (A, B, C usw.) zueinander verhalten: ob sich A aus B oder B aus A oder beide aus einer gemeinsamen Quelle erklären lassen und also unabhängig voneinander entstanden sind, und ob sich einzelne Bestandteile dementsprechend zu einer Quelle, Komposition oder Ergänzungsschicht verbinden lassen. Ließe sich über dieses methodische Vorgehen Einigkeit erzielen, würden sich viele Streitigkeiten der Forschung von selbst erledigen.

Im Lichte der externen Evidenz besteht auch kein Grund, die Indizien für eine mögliche literarische Schichtung auf nur ein Kriterium, sagen wir, die narrative Kohärenz, zu reduzieren, wie jüngst vorgeschlagen wurde. Zum einen ist auch das Kriterium der narrativen Kohärenz ebenso wie alle anderen Kriterien eben nur ein Indiz und kein Beweis. Was narrative Kohärenz ist, was eine Störung der narrativen Kohärenz ist, ob die Störung dem literarischen Gestaltungswillen eines Autors entspringt und also beabsichtigt ist oder tatsächlich ein anderes literarische Stratum anzeigt – alles das sind Fragen, die verschiedene Erklärungsmöglichkeiten zulassen. So geht es dem Kriterium der narrativen Kohärenz wie allen anderen Kriterien: es sind Indizien, die der Interpretation und Stützung durch andere Indizien bedürfen.

Außerdem existiert keine Analyse, die nur auf einem einzigen Kriterium basiert. Auch die literarkritische Differenzierung und Verteilung der Textstrata auf einzelne, unabhängige Quellenschriften geht nicht allein aus dem Kriterium der narrativen Kohärenz hervor. Das gilt etwa für die Isolierung der Priesterschrift (P), die auf Theodor Nöldeke zurückgeht und von allen (meist stillschweigend) akzeptiert und vorausgesetzt wird. Nöldeke hat aber nicht nur mit dem Kriterium der narrativen Kohärenz, sondern auch mit grammatischen, lexikalischen, stilistischen und inhaltlichen Kriterien argumentiert. Noch schwerer fällt es, den Bereich von nicht-P allein anhand des Kriteriums der narrativen Kohärenz auf die Quellen J und E zu verteilen, da die Erzählung dadurch in jedem Fall erhebliche Lücken aufweist und die Zuordnung der einzelnen literarischen Bestandteile zu einer der beiden Quellen J oder E aufgrund der narrativen Kohärenz allein somit schlechterdings nicht möglich oder jedem selbst überlassen und also zufällig ist. So bedarf es weiterer Kriterien und Argumente, um die eruierten Schichten in einem Text auf diverse Quellen (J, E, JE oder P), Kompositions- oder Redaktionsschichten (D- und P-Komposition, Pentateuch- und Hexateuch-Redaktion usw.) zu verteilen. Ist die Unterscheidung in drei literarische Strata (D, P und nicht-P) Konsens, so stellt die weitere Differenzierung innerhalb dieser Strata vor sehr viel größere Herausforderungen.

IV Die Anzahl der literarischen Schichten

Nicht nur von den Gegnern der Analyse, sondern auch von praktizierenden Quellen- oder Literarkritikern, die mit den genannten Kriterien arbeiten, wird gelegentlich der Einwand erhoben, es würden zu viele literarische Schichten angenommen. Dies überschreite unsere Möglichkeiten und führe zu Ergebnissen, die ganz unwahrscheinlich seien, ja aufgrund der Quantität der Schichten falsch sein müssten. Mitunter wird dieser Einwand mit dem mathematischen Argument untermauert, dass die Wahrscheinlichkeit, in Prozenten gerechnet, proportional zur Anzahl der Schichten abnehme. Aus diesem Grund beschränken sich manche darauf, den Text des Pentateuchs lediglich auf drei oder vier postulierte Quellen (J, E, D und P), kompositionelle oder redaktionelle Schichten (D- und P-Komposition, Pentateuch- und Hexateuch-Redaktion) zu verteilen, während andere weiter gehen und mit denselben Kriterien eine feinere Differenzierung innerhalb der drei Strata von D, P und nicht-P vornehmen. Über diese Frage herrscht weder Einigkeit noch findet ein konstruktiver Austausch statt.

Die Reduktion der Analyse auf zwei oder drei Schichten ist grundsätzlich gut nachvollziehbar. Zwar leuchtet das mathematische Argument nicht ein und ließe sich leicht umkehren: mit zunehmender Reduktion der literarhistorischen Differenzierung sinkt die Wahrscheinlichkeit jeder Aussage über die Komposition des Pentateuchs und ihre historische Verankerung gegen 0 %. Doch ist gar nicht zu bestreiten, dass die Wahrscheinlichkeit abnimmt und die Hypothetik steigt, je genauer man analysiert und je tiefer man in die Vorgeschichte des Pentateuchs und seiner Bestandteile eindringt. Außerdem lassen sich die Ergebnisse einer solchen reduktionistischen Analyse leicht im akademischen Unterricht oder in öffentlichen Vorträgen vermitteln und sind geeignet, einen Konsens in der Forschung zu erzielen. So besteht immerhin Einigkeit, dass wir wenigstens die drei grundlegenden Strata D, P (einschließlich H) und nicht-P (in Genesis–Numeri oder Genesis–Josua) unterscheiden müssen.

Doch auch wenn das Verfahren rational und praktikabel erscheint, wirft es doch viele Fragen auf und ist nicht weniger unsicher als die Differenzierung von mehreren Schichten. Vielfach wird angenommen, dass die drei Strata, über die sich die Forschung einig ist (D, P und nicht-P), oder die postulierten Quellen (J, E, D und P)

oder kompositionellen Schichten (D- und P-Komposition, Pentateuch- und Hexateuch-Redaktion) die entscheidenden Stadien im Werden des Pentateuchs darstellen.
Diese Auffassung operiert mit relativ späten Stadien der Überlieferung und lässt
außer Acht, dass auch D, P und nicht-P jeweils eine Geschichte haben. In D müssen
wir wenigstens das Korpus der Gesetze von dem historischen Rahmen unterscheiden. In P müssen wir das Heiligkeitsgesetz (H) als eigene Größe betrachten und,
wie die Septuaginta im Bereich von Ex 25–40 zeigt, auch an anderen Stellen mit
erheblichen redaktionellen Eingriffen rechnen. Dasselbe wird man auch für den
Bereich von nicht-P in Genesis–Numeri und Josua annehmen müssen, der – ganz
gleich, ob man ihn auf zwei Quellen (J und E) verteilt oder als kombinierte Quelle
(JE), Kompositionsschicht (D-Komposition) oder das Werk eines Autors (*Late Jahwist*,
Jerusalemer Geschichtswerk) ansieht – sicher keine Einheit darstellt und theoretisch
sowohl vor- und nachdeuteronomische als auch vor- und nachpriesterschriftliche
Anteile enthalten kann. Somit ist nicht ohne weiteres klar, auf welcher Stufe von
D, P und nicht-P die entscheidenden Schritte zur Bildung des Pentateuchs erfolgt
sein sollen.

Für die Fehlurteile, die aus einer reduktionistischen Analyse erwachsen können,
bietet die externe Evidenz hinreichend Beispiele. Lange Zeit war man der Auffassung, dass sämtliche Abweichungen der Chronik gegenüber Samuel-Könige auf den
Verfasser der Chronik, den sogenannten Chronisten, zurückgehen. Seit dem Fund
der Handschriften vom Toten Meer, insbesondere der Handschrift 4Q51 (4QSam[a]),
wissen wir, dass manche Änderungen schon vor der Chronik in der handschriftlichen Überlieferung von Samuel-Könige vorgenommen wurden. Aber auch für den
Pentateuch gibt es eine externe Evidenz. Dank der Funde vom Toten Meer wissen
wir, dass viele Abweichungen des samaritanischen Pentateuchs dem Samaritanus,
wie wir ihn aus mittelalterlichen Handschriften kennen, vorausgehen. Der Samaritanus beruht auf einer älteren Textform, die auch außerhalb der samaritanischen
Gemeinschaft im Umlauf war und neben der proto-masoretischen Textform existierte. Wer also D, P oder eine der postulierten späten Kompositionen und Redaktionen zu den entscheidenden Stadien der Komposition des Pentateuchs erklärt,
verfährt so, als würde man den Samaritanus der mittelalterlichen Handschriften
(einschließlich der späten samaritanischen Glossen!) zur entscheidenden Etappe in
der Bildung des Pentateuchs im 3. und 2. Jh. v. Chr. oder noch früher erklären, obwohl
manche Abweichungen älter, manche jünger sind als der masoretische Text.

Wenn wir den Text des Pentateuchs also lediglich auf drei oder vier Quellen
oder, was im Grunde auf dasselbe hinausläuft, auf zwei oder drei kompositionelle
Schichten verteilen, ohne nach dem Werden dieser Größen oder Ausnahmen von
der postulierten Regel zu fragen, ist dies keineswegs eine einfache literarische
Antwort auf die literarische Frage nach der Komposition des Pentateuchs. Mit
diesem Verfahren wissen wir nicht, auf welcher Ebene der Komposition wir uns in

D, P und nicht-P (wie auch immer man letzteres aufteilt oder bezeichnet) bewegen. Vielmehr müssen wir – zumindest theoretisch – innerhalb der Strata mit verschiedenen Stufen rechnen (D^1, D^2, D^3 usw., P^1, P^2, P^3 usw., nicht-P^1, nicht-P^2, nicht-P^3 usw.) und in Rechnung stellen, dass etwa P^1 jünger sein kann als nicht-P^1 oder – folgen wir einer bestimmten Ausprägung der Quellenhypothese – auch gleichzeitig mit nicht-P^1 sein kann, aber älter ist als nicht-P^2 oder nicht-P^3.

Es ist daher nur verständlich, dass einige, die sich auf die Unterscheidung von drei oder vier Quellen bzw. Schichten beschränken, darüber hinaus gelegentlich auch Vermutungen über die Vorgeschichte älterer Überlieferungen anstellen, ohne einen detaillierten Nachweis am Text zu erbringen. Allerdings leuchtet es nicht ein, warum dabei die üblichen Kriterien der Analyse, die für die Unterscheidung der drei oder vier Quellen bzw. Kompositions- oder Redaktionsschichten angewendet werden, nicht auch für die weitergehende Analyse genutzt werden. So bleiben die Kriterien im Unklaren, nach denen die Geschichte der Überlieferung rekonstruiert wird. Manchmal habe ich den Eindruck, dass die Vermutungen über die Geschichte der älteren Überlieferungen, vor allem wenn sie auf den schwer fassbaren Bereich der Mündlichkeit ausweichen, umso vielfältiger, komplizierter und vager ausfallen, je restriktiver die literarische Analyse und je einfacher das literarische Modell sind, mit denen man die Entstehung des Pentateuchs erklären möchte. Dabei wirkt sich die oben (unter I) besprochene Alternative aus, ob man die Vorgeschichte des Pentateuchs und seiner Bestandteile hinter oder in dem erhaltenen Text sucht. Geht man hinter den Text in den Bereich der Mündlichkeit und der lediglich inhaltlich bestimmten Traditionen zurück, haben wir keine Handhabe mehr, die Rekonstruktion methodisch zu kontrollieren, hier ist so gut wie alles möglich. Bleibt man hingegen auf der literarischen Ebene und arbeitet mit dem Text, lassen sich die methodischen Regeln anwenden, die auch für die Unterscheidung der größeren literarischen Strata gelten.

Das quantitative Argument der Anzahl der Quellen oder kompositionellen Schichten trägt somit nichts aus und führt keineswegs zur Vermeidung von Spekulationen und Erhöhung von Wahrscheinlichkeit. Vor allem eignet sich das Argument nicht, um eine Hypothese gegen die andere auszuspielen und etwa die Quellenhypothese gegenüber der Fragmenten- oder der Ergänzungshypothese oder die Fragmentenhypothese gegenüber der Quellen- und der Ergänzungshypothese zu präferieren. Worüber man diskutieren sollte, sind die konkreten Schritte und Ergebnisse der Analyse, ganz gleich, ob man den Text auf diverse Quellen, kompositionelle Schichten oder Ergänzungen verteilt. Wer bei zwei, drei oder vier Quellen oder kompositionellen Schichten die Möglichkeiten der Analyse für ausgeschöpft hält und nicht weiter machen möchte, dem steht frei, es dabei zu belassen. Doch wer nach der zweiten, dritten oder vierten Schicht haltmacht, sollte sich dessen bewusst sein, dass er oder sie damit mitnichten das literarische Problem des Pentateuchs gelöst und die Entstehung der Komposition erklärt hat. Auch sehe ich eigentlich nichts, was dagegen spräche, dass andere mit denselben Mitteln der Analyse noch etwas weiter gehen und – bei allem Vorbehalt – versuchen, anhand des Textes tiefer in die Vorgeschichte der soweit eruierten, relativ späten Quellen, kompositionellen Schichten oder Ergänzungsschichten vorzudringen, zumal, wenn dieselben Kriterien angewendet werden und über die großen literarischen Bereiche wie D, P und nicht-P weitgehend Einigkeit herrscht.

Der beste Weg, um die Diskussion über die konkreten Schritte und Ergebnisse der Analyse zu führen, besteht darin, von den drei möglichen Hypothesen (Quellen-, Fragmenten- und Ergänzungshypothese) zunächst gänzlich abzusehen. Die Entscheidung, welches Erklärungsmodell am ehesten greift, bedarf einer eigenen Begründung, die nicht leichtfällt. Eine besondere Herausforderung besteht darin, literarische Strata in verschiedenen Textpassagen miteinander zu verknüpfen und entweder eine durchgehende Quelle (J, E, JE, D und P) oder eine durchgehende Kompositions- oder Redaktionsschicht (D-Komposition, P-Komposition, Endredaktion, Pentateuch- oder Hexateuch-Redaktion, Jerusalemer Geschichtswerk, Deuteronomistisches Geschichtswerk oder dergleichen) zu rekonstruieren.

Methodisch stehen beide Alternativen vor demselben Problem, und je mehr durchgehende Quellen oder Kompositionsschichten postuliert werden, desto schwieriger und hypothetischer wird das Unterfangen. Doch wäre schon viel gewonnen, wenn alle erkennen würden, dass sie vor demselben Problem stehen und nach ein- und derselben Sache suchen. Diese Erkenntnis könnte den Weg öffnen, dass man – ohne willkürliche Festlegung auf irgendeine Anzahl von Schichten – zunächst gemeinsam nach der Schichtung einzelner Texte für sich fragt, anschließend die literarischen und narrativen Zusammenhänge (wie z. B. die Zusammengehörigkeit der P-Stücke oder nicht-P Texte) untersucht und erst ganz am Schluss darüber befindet, ob die gefundenen Schichten Quellen, Kompositionen oder Ergänzungen sind und wie diese sich zueinander verhalten. Da D und P feststehen, könnte sich die gemeinsame Arbeit sogleich auf den Bereich von nicht-P in Genesis–Numeri und Josua, seine interne relative Schichtung, seine narrativen und literarischen Verbindungen und sein Verhältnis zu D, P und den diversen Schichten in D und P konzentrieren. Wie viele Schichten dabei herauskommen, sollte dabei methodisch keine Rolle spielen.

V Interdependenz der literarischen Schichten

Außer den Kriterien zur literarischen Differenzierung und der Anzahl der Schichten im Pentateuch ist auch die Beziehung der Schichten untereinander höchst umstritten. Es geht dabei um die narrativen und literarischen Verbindungen, die zwischen den einzelnen Bestandteilen des Pentateuchs bestehen. Hier lassen sich die Positionen nicht so einfach auf die drei Hypothesen verteilen. Eine tragende Rolle spielen die Verbindungen in der Ergänzungshypothese, die davon ausgeht, dass die literarischen Schichten aufeinander Bezug nehmen und in mehr oder weniger direkter Abhängigkeit voneinander entstanden sind. Doch auch Vertreter der Einheitshypothese sowie der beiden anderen Hypothesen, der Quellen- und der Fragmentenhypothese, argumentieren mit solchen narrativen und literarischen Verbindungen.

Andererseits liest und hört man insbesondere von Vertretern der Quellen- und der Fragmentenhypothese immer wieder den Einwand, dass diese Verbindungen gar nicht bestehen und von den Autoren nicht beabsichtigt seien. Vielmehr beruhen, so wird argumentiert, die angeblichen literarischen Verbindungen lediglich auf dem gemeinsamen hebräischen Sprachgebrauch, während die narrativen Verbindungen nicht (notwendig) auf die Erzählung des Pentateuchs und seiner Bestandteile, sondern auf Traditionen außerhalb des Pentateuchs weisen. Außerdem, so lautet ein anderer Einwand, müsse man unterscheiden zwischen Verbindungen, die einen direkten literarischen oder narrativen Zusammenhang konstituieren (intratextuelle Bezüge), und solchen, die lediglich auf andere Kontexte verweisen, ohne einen direkten Zusammenhang zu konstituieren (intertextuelle Bezüge).

Die diversen Einwände sind zweifellos berechtigt und müssen berücksichtigt werden. Doch auch hier gilt es, die Diskussion zu öffnen und nicht die eine oder andere Erklärung zu verabsolutieren. So möchte ich zunächst festhalten, dass Vertreter aller drei Pentateuchhypothesen einschließlich derjenigen, die die Einwände erheben, ausnahmslos mit narrativen und literarischen Verbindungen rechnen und argumentieren. Das gilt, zum Beispiel, für die Beziehungen zwischen D und den Büchern Genesis–Numeri. Auch wenn gelegentlich andere, außerhalb des Pentateuchs liegende Referenztexte oder Traditionen zur Erklärung der historischen und legislativen Partien von D angenommen werden, bestreitet niemand, dass die Gesetzgebung in D von dem sogenannten „Bundesbuch" in Ex 20–23 und die historischen Partien in D von der Erzählung in Genesis–Numeri abhängig ist.

Dasselbe gilt für die Ausgrenzung und Rekonstruktion der Priesterschrift. Dass die priesterschriftlichen Bestandteile im Buch Exodus, z. B. die Mehrung des Volkes in Ex 1 oder die Offenbarungsrede in Ex 6, den priesterlichen Faden im Buch Genesis fortsetzen, basiert auf narrativen, literarischen und konzeptionellen Verbindungen sprachlicher und sachlicher Art. Aber auch innerhalb der einzelnen „Bücher" lassen sich die Bestandteile von P allein anhand von narrativen und literarischen Verbindungen identifizieren, was selbst dann von allen praktiziert wird, wenn sich der eine oder andere Splitter von P narrativ und literarisch reibungslos in den literarischen Kontext von nicht-P fügt. Schließlich wird auch von (fast) allen zugestanden, dass es in P Texte wie etwa H gibt, die literarisch von P (und D) abhängig sind, obwohl sie nicht auf dieselbe literarische Ebene gehören, sondern jünger sind als P.

Für die Diskussion wäre somit viel gewonnen, wenn das Vorhandensein von narrativen und literarischen Verbindungen innerhalb und zwischen den literarischen Schichten des Pentateuchs nicht grundsätzlich oder, um unliebsame Analysen zu bestreiten, nach Belieben in Abrede gestellt würde. Außerdem liegt der Schluss nahe, dass auch für den Bereich von nicht-P, d. h. für die von einigen postulierten Quellen J, E oder JE bzw. Kompositionen und Redaktionen in diesem Bereich, wie auch für die Relation von nicht-P zu den anderen Strata D und P mit solchen narrativen und literarischen Verbindungen gerechnet werden muss.

Weitaus schwieriger ist die Frage zu entscheiden, ob im Einzelfall tatsächlich eine Verbindung vorliegt und nach welchen Kriterien dies entscheiden wird. Die Frage kann in diesem Rahmen nicht erschöpfend behandelt werden, doch seien einige grundsätzliche Überlegungen angestellt. Dazu gehört als erstes der dringende Wunsch, dass wir uns auf eine gemeinsame Basis der Argumentation verständigen. Sie könnte darin bestehen, dass wir mit dem Material arbeiten und argumentieren, das erhalten ist und uns zur Verfügung steht. Es ist höchst wahrscheinlich, dass es neben den durch den Zufall der Archäologie bekannten Inschriften und den durch die Tradition erhaltenen literarischen (biblischen) Texten eine Fülle von Material gegeben hat, das unsere Kenntnis des hebräischen Wortschatzes, des Sprachgebrauchs und der kulturellen und religiösen Traditionen vermehren würde. Doch dieses Material ist verloren. Darum scheint es mir sehr schwierig, mit diesem verlorenen Material zu argumentieren oder darauf Hypothesen über das erhaltene Material zu bauen. Auf dieser Basis könnten wir letztlich gar nichts mehr sagen. Das bedeutet: Auch wenn wir immer mit der Möglichkeit zusätzlichen Materials rechnen müssen, sollten wir uns an das erhaltene Material halten und – bis zum Erweis des Gegenteils – darauf unsere Hypothesen bauen.

Das stärkste Argument für eine literarische Verbindung und direkte Abhängigkeit sind signifikante, unverwechselbare und spezifische Formulierungen, die nicht dem allgemeinen Wortschatz entnommen sind. Natürlich kann man auch bei seltenen Wörtern oder Ausdrücken immer behaupten, dass uns die Quellen fehlen und wir darum nicht in der Lage seien zu beurteilen, ob es sich um einen üblichen Sprachgebrauch oder eine signifikante Formulierung handelt. Doch zum einen müsste dieses Argument konsequenterweise für alle Fälle gelten, also auch für die Beziehungen von D zu Genesis–Numeri oder für die sprachliche Konsistenz von P, und führte somit, wie gesagt, letztlich in eine generelle Aporie. Zum anderen ist es auch denkbar, dass ein Sprachgebrauch aus dem allgemeinen Wortschatz für eine literarische Schicht signifikant wird. Ich erinnere nur an das Schema von „und er sprach ... und so geschah es" in P.

Außer dem sprachlichen Indiz sind es narrative und konzeptionelle Verbindungen, die eine literarische Abhängigkeit innerhalb oder zwischen verschiedenen Quellen, Kompositionen oder Schichten konstituieren. Am eindeutigsten sind die Fälle, in denen die narrativen und/oder konzeptionellen Verbindungen mit den sprachlichen Verbindungen Hand in Hand gehen. Zuweilen trifft man jedoch auch nur das eine oder das andere an und muss dann aufgrund weiterer Indizien entscheiden, ob eine Verbindung vorliegt oder nicht.

Sowohl bei den sprachlichen als auch bei den narrativen und konzeptionellen Verbindungen ist sodann in der Tat zwischen intra- und intertextuellen Bezügen innerhalb einer Quelle, Komposition oder literarischen Schicht zu unterscheiden. Auch hier empfiehlt es sich, die Frage auf der Basis des erhaltenen Materials zu diskutieren. Wenn sich im Buch Genesis, im Rahmen der Vätererzählung, Vorverweise auf den Exodus oder in der Exoduserzählung in Exodus–Numeri oder im Buch Deuteronomium Rückverweise auf die Erzväter finden, dann leuchtet es schwerlich ein, dass die uns erhaltene Vätererzählung auf eine andere als die in Exodus–Numeri überlieferte Fassung der Exoduserzählung oder die uns erhaltene Exoduserzählung auf eine andere als die in Genesis überlieferte Vätererzählung verweisen soll, auch wenn der sprachliche Ausdruck, was bei verschiedenen literarischen Schichten nicht anders zu erwarten ist, nicht ganz derselbe ist. Dasselbe gilt für den Zusammenhang von Exodus und Landnahme. Wenn Israel in der Wüste in Num 25,1 an dem Ort Schittim anlangt und in Jos 2,1 bzw. 3,1 von Schittim aufbricht, um den Jordan zu überqueren und das gelobte Land einzunehmen, leuchtet es nicht ein, dass Num 25,1 auf die Fortsetzung einer nicht erhaltenen Landnahmeerzählung zielt, während im Josuabuch eine Landnahmeerzählung erhalten ist, die rein gar nichts mit der erhaltenen Fassung von Exodus und Wüste in Exodus–Numeri zu tun haben soll.

Des Weiteren lässt sich der Unterscheid zwischen intra- und intertextuellen Bezügen an der Funktion festmachen. Es gilt zu prüfen, ob die narrative oder literarische Verbindung eine konstitutive, tragende Funktion innerhalb derselben Quelle, Komposition oder literarischen Schicht hat, die ursprünglich oder – im Falle von literarischen Ergänzungen – auch sekundär sein kann. So sind indirekte Anspielungen auf den Exodus in manchen Vätererzählungen (Gen 12,10–20 oder Gen 16) oder Rückverweise auf die Erzväterverheißungen in Exodus–Deuteronomium (Ex 3–4 u. ö.) nicht unbedingt für den Zusammenhang von Erzvätern und Exodus konstitutiv, auch wenn sie die jeweils andere Überlieferung und vielleicht auch schon deren Verbindung voraussetzen. Anderseits sind Hinweise auf den bevorstehenden Aufenthalt in Ägypten und den Exodus wie in Gen 15 oder der Josefserzählung kaum verständlich, wenn nicht auch die entsprechende Erzählung folgt. Ebenso wären die Rückverweise auf eine frühere Erscheinung und den Bund mit den Vätern in Ex 6 ohne die vorherige Vätererzählung in P, besonders Gen 17 und 35,9–15, kaum verständlich.

Ein Grenzfall sind die historischen Rückblicke in D einschließlich der Rückverweise auf die Väter, die die Erzählung von Genesis–Numeri voraussetzen und rekapitulieren. Von der narrativen Fiktion her, einer Abschiedsrede des Mose, setzen die Rückblicke in D die Erzählung des Pentateuchs fort und fügen sich bestens in den narrativen Zusammenhang zwischen der letzten Station in der Wüste im Lande Moab im Buch Numeri und dem bevorstehenden Übertritt in das gelobte Land im Buch Josua ein. Doch gibt es auch Gründe, das Deuteronomium als eigenständige „Quelle" oder Schrift zu betrachten, die zwar auf die Erzählung in Genesis–Numeri und Josua ausdrücklich Bezug nimmt, aber unabhängig davon entstanden ist. Ähnliches kann man für das Verhältnis von P zu nicht-P vermuten.

So ist grundsätzlich mit beidem zu rechnen: narrativen und literarischen Verbindungen innerhalb ein und derselben „Quelle", Komposition oder Schicht wie auch zwischen verschiedenen Quellen, Kompositionen und Schichten. Doch die Diskussion darüber und die daraus folgende literarische Relation und relative Chronologie der Quellen, Kompositionen oder Schichten untereinander ist nur dann sinnvoll zu führen, wenn wir uns über die textliche Basis der Analyse verständigen. Wenn wir nicht mehr über den erhaltenen Text, sondern über potentielle, nicht erhaltene weitere Textvertreter oder Traditionen sprechen, oder wenn – je nach Bedarf – einmal dies, das andere Mal jenes gilt, sprechen wir, fürchte ich, nicht mehr miteinander, sondern aneinander vorbei.

VI Schreiberpraxis

Ein weiterer Einwand gegen die Analyse des Pentateuchs und Streitpunkt unter den Vertretern der drei Hypothesen ist die Frage, wie man sich die Entstehung der Quellen, Kompositionsschichten oder Ergänzungen sowie die Komposition des ganzen Pentateuchs konkret vorzustellen hat und wer dafür verantwortlich war. Für Kritiker der Analyse und Anhänger der Einheitshypothese erweist sich der Einwand wiederum als Bumerang. Über die historischen Umstände, die Trägergruppen und Schreiber, die zu dem von ihnen meist bevorzugten masoretischen Text des Pentateuchs geführt haben, wissen sie genauso wenig wie die Befürworter der Analyse. Sie arbeiten mit einer Größe, von der sie nicht wissen, aus welcher Zeit sie stammt und wie sie zustande gekommen ist, oder mit historischen Annahmen, die der Tradition folgen oder aus der Luft gegriffen sind. Jedenfalls leuchtet es nicht ein, wenn sich jemand aus historischen Gründen der literargeschichtlichen Differenzierung ganz verschließt, den Text aber dennoch als Zeugnis für die Königszeit oder auch die „nachexilische" (persische) Zeit auslegt und sich nicht wenigstens an die Datierung der erhaltenen Handschriften hält.

Aber auch die Befürworter der Analyse wissen nicht mehr, sondern sind auf – mehr oder weniger gut begründete – historische Annahmen angewiesen, die sich auf die Ergebnisse der literarischen Analyse stützen. Die Vertreter der Quellen- und der Fragmentenhypothese können geltend machen, dass die Entstehung von Spannungen, Widersprüchen und Doppelungen leichter vorstellbar ist, wenn fertige literarische Größen in einem zweiten Schritt zusammengearbeitet worden sind. Diese Hypothese sagt jedoch nichts über die Entstehung der Quellen aus und erklärt nicht, wie es zu den narrativen und literarischen Verbindungen gekommen ist, die zwischen den Texten der supponierten, ehemals separaten und unabhängigen Quellenschriften bestehen. Die Verbindungen, die schon von vielen beobachtet wurden, müssen entweder ignoriert oder kategorisch in Abrede gestellt werden, es sei denn, man folgt der Analogie des Diatessaron des Tatian. Dies bedeutet zum einen, dass die Quellen nicht unabhängig entstanden wären, sondern literarisch voneinander abhängig sind. Zum anderen erfordert dies die Annahme massiver redaktioneller Eingriffe, die nötig waren, um die parallelen Quellen weiter aneinander anzugleichen und in einen einheitlichen narrativen Zusammenhang zu bringen. Die puristische Quellenhypothese, die von drei oder vier unabhängigen Parallelwerken ausgeht und mit einer rein technischen Montage dieser Dokumente rechnet, hat somit wenig Wahrscheinlichkeit für sich. Die Quellenhypothese näherte sich so vielmehr der Fragmentenhypothese an.

Vertreter der Ergänzungshypothese können hingegen darauf hinweisen, dass die verschiedenen literarischen Bestandteile des Pentateuchs trotz der Spannungen und Besonderheiten, die eine literarische Schichtung anzeigen, recht gut zusammenpassen, aufeinander bezogen sind und meist einen stimmigen narrativen und literarischen Zusammenhang ergeben, auch wenn sie nicht auf einer literarischen Ebene liegen. Dass es bei einer nachträglichen, mehrfachen Bearbeitung und Fortschreibung zu manchen grammatischen, stilistischen, sprachlichen oder inhaltlichen Spannungen und Unregelmäßigkeiten kommt, ja sogar regelrechte Fehler entstehen, ist nur natürlich und durch externe Evidenz belegt. Man denke nur an die nicht konsequent durchgeführte Umwandlung der Rede des Mose in eine Rede Gottes im Zuge der Abschrift und Bearbeitung des Deuteronomiums in der Tempelrolle von Qumran. Die Ergänzungshypothese schließt die Integration und Bearbeitung von älteren Überlieferungen, d. h. „Quellen" oder „Dokumenten" (wie D, P oder auch eine Form von nicht-P) und Fragmenten (wie die Rechtssammlung der Mischpatim in Ex 21–23) keineswegs aus, rechnet aber mit einem erheblich stärkeren Eigenanteil der Schreiber, und zwar sowohl für die Entstehung der einzelnen Überlieferungen (Quellen, Fragmente) als auch für deren sukzessive oder einmalige Zusammenstellung im Rahmen des Pentateuchs.

Rein technisch sind beide Möglichkeiten, die Zusammenarbeit von separaten Quellen und die Bearbeitung und Ergänzung von Vorlagen, leicht vorstellbar und ansatzweise durch die externe Evidenz belegt. Die Quellenhypothese sieht vor, dass die Schreiber separate Kopien der einzelnen Quellen (J, E oder JE, D, P) vor sich hatten, daraus exzerpierten und so den Pentateuch kreierten. Der Eigenanteil der Redaktion hängt davon ab, wie man die Entstehung der Quellen erklärt und die literarischen Verbindungen zwischen den Quellen beurteilt. Die Fragmentenhypothese funktioniert ganz ähnlich, nur dass hier der Eigenanteil der Redaktoren in der Theorie sehr viel höher veranschlagt wird als in der Quellenhypothese.

Die Ergänzungs- oder Fortschreibungshypothese setzt früher an und rechnet sowohl für die einzelnen Bestandteile des Pentateuchs (D, P, nicht-P) – seien es ältere Überlieferungen, Fragmente oder Quellen – wie auch für die größeren Kompositionsschichten und ihre Vereinigung im Pentateuch (D- und P-Komposition, Pentateuch- und Hexateuch-Redaktion) mit umfangreichen Bearbeitungen und Ergänzungen. Auch hierfür kommt das Modell von älteren Vorlagen, die in einer neuen Rolle zusammengeführt und bearbeitet werden, in Frage, wobei der Vorgang auf mehreren Stufen stattgefunden haben muss.

Hinzu kommen – bei der Ergänzungshypothese ebenso wie bei der Fragmenten- und der Quellenhypothese, sofern sie nicht rein mechanistisch verfährt, sondern (nach dem Beispiel des Diatessaron des Tatian) mit redaktionellen Eingriffen rechnet – kleinere und umfangreichere Ergänzungen, die im Zuge der Entstehung der einzelnen Bestandteile des Pentateuchs (D, P und nicht-P) und des Pentateuchs im Ganzen eingetragen wurden. Kleinere Verbesserungen und Ergänzungen wurden in ein Manuskript ober- oder unterhalb der Zeile oder am Rand angebracht und bei der nächsten Abschrift in den Text integriert. Hierfür finden sich in der externen Evidenz zahlreiche Beispiele. Erinnert sei nur an die beiden Versionen des Bittschreibens zur Unterstützung des Wiederaufbaus des Yahu-Tempels auf Elephantine oder an die Marginalüberlieferung in den hebräischen Manuskripten des Ben Sira.

Größere Fortschreibungen konnten am Anfang oder Ende einer Rolle im Sinne des Wortes „angenäht" oder innerhalb einer Rolle durch Auftrennung der Naht zwischen den Lederbögen und Einfügung eines neuen Bogens eingefügt werden. Eine solche Erweiterung einer Schrift ist vermutlich in den Handschriften von *Serekh ha-Yachad* in Höhle 4 von Qumran belegt, unter denen sich ein Exemplar gefunden hat, das mit Kol. V beginnt und die später vorgeschalteten Kol. I–IV noch nicht enthielt. Daneben sind weitere Techniken denkbar, wie die Anfertigung von Skizzen und partiellen Neufassungen (*rewritings*) von einzelnen Perikopen oder größeren Zusammenhängen, die bei der nächsten Abschrift eines Werkes, eines Buches oder des ganzen Pentateuchs integriert wurden und den älteren Text ersetzten. Auf diese Weise lassen sich auch ältere literarische Anschlüsse erklären, die im heutigen Text weit auseinander liegen, wie Einfügung und Ausbau der nicht-priesterlichen Sinaiperikope in die Erzählung von der Wüstenwanderung zwischen Ex 15 und Num 20 oder des Deuteronomiums zwischen dem Exodus in den Büchern Exodus–Numeri und dem Einzug ins gelobte Land im Buch Josua. Auch hierfür gibt es Beispiele in der externen Evidenz; erinnert sei nur an die große Einschaltung der Kol. 52–55 der Tempelrolle zwischen Dtn 17,1 und 17,2. Das oft vorgebrachte Argument, dass Analysen, die mit derart weit auseinanderliegenden Anschlüssen und umfangreichen Ergänzungen rechneten, nicht vorstellbar seien, ist empirisch längst widerlegt.

Wo die literarischen Prozesse stattgefunden haben, wer dafür verantwortlich war und wie man sich den aufwendigen Betrieb der literarischen Produktion und seine Finanzierung vorzustellen hat, ist eine sehr schwierige Frage, auf die niemand eine überzeugende Antwort hat. Auch diese Frage wird gerne als Argument gegen die Analyse des Pentateuchs überhaupt oder gegen unliebsame Analysen vorgebracht. Doch die schmerzliche Lücke unseres Wissens ist kein Argument gegen die Analyse oder eine der drei Hypothesen, sondern betrifft alle in gleicher Weise, ob sie sich an der Analyse des Pentateuchs beteiligen oder nicht. Hier wie sonst in der historischen Rekonstruktion sind wir auf begründete Vermutungen angewiesen.

Außerordentlich hilfreich sind dafür die älteren und neueren Arbeiten über Schreiber und Schreiberschulen im Alten Orient und über die Schreibergewohnheiten in den Texten vom Toten Meer im Besonderen. Aus diesen Arbeiten lernen wir sehr viel über die Materialien und Praktiken der Schreiber, deren Ausbildung in Familien oder Schulen, sowie ihre Beschäftigung in staatlichen und privaten Bibliotheken, unter denen die Hof- und Tempelbibliothek die wichtigsten sind. Auch über die Gegenstände, mit denen Schreiber beschäftigt waren, wissen wir mittlerweile recht viel. Sie reichen von den üblichen Dokumenten des politischen, wirtschaftlichen und religiösen Alltagslebens bis hin zu literarischen Texten und wissenschaftlicher Literatur verschiedenster Art.

Im Blick auf die Analyse des Pentateuchs ist vielleicht noch wichtig zu erwähnen, dass bei der Ausbildung der Schreiber und ihren Praktiken ganz gewiss auch die mündliche Überlieferung eine wichtige Rolle spielte. Nur lässt sich diese naturgemäß nicht mehr greifen, sodass dieser Aspekt in der Analyse des Pentateuchs und aller anderen biblischen und parabiblischen Schriften zwar ständig mit bedacht werden muss, aber für die konkrete Arbeit an den Texten wenig austrägt. Die mündliche Überlieferung bildet den Rückraum und den Kontext für die Texte, die erhalten sind und mit denen wir es zu tun haben. Gelegentlich wird man die Mündlichkeit auch als Erklärung anführen können für Phänomene, die man in den Texten vielleicht noch erahnen, aber anhand der literarischen Zeugnisse nicht mehr nachweisen kann. Doch da der Nachweis nicht möglich ist, sollte man damit eher zurückhaltend und äußerst vorsichtig argumentieren.

Es leuchtet unmittelbar ein, dass auch die biblische und parabiblische Literatur des antiken Judentums in Kreisen von Schreibern entstanden ist, die aus einem ähnlichen Milieu wie die altorientalischen Schreiberschulen stammen und dort ihre

Ausbildung erhalten haben. Es wäre jedoch ein Kurzschluss, zu meinen, dass wir es bei der biblischen und parabiblischen Literatur mit den Beständen der Hof- oder Tempelbibliothek von Samaria, dem Berg Garizim oder Jerusalem zu tun hätten. Die einzige historische Evidenz, die wir haben, die „Bibliothek von Qumran", sollte uns davor bewahren, die darin enthaltene Literatur allzu selbstverständlich als Zeugnis für das allgemein verbreitete, kulturelle Gedächtnis der israelitisch-samarischen und judäischen Bevölkerung in staatlicher und nachstaatlicher Zeit zu betrachten.

VII Historische Voraussetzungen und Erwartungen

Eine große Barriere für die Verständigung über die Analyse des Pentateuchs besteht in den historischen Voraussetzungen und Erwartungen einzelner Exegeten. Sie spielen in allen drei Hypothesen eine wesentliche Rolle, werden aber meistens nicht benannt und nur ausnahmsweise offen diskutiert. Eine dieser Voraussetzungen ist das Bild, das die Exegeten von der Gesellschaft und Kultur Israels und Judas in staatlicher und nachstaatlicher Zeit haben.

Viele folgen der Selbstdarstellung der biblischen Schriften und gehen davon aus, dass die hier anzutreffenden Vorstellungen von Gott, Welt und Mensch, insbesondere die biblische Vorstellung von dem Gottesvolk Israel, sowie die in der Tora (dem Pentateuch) und den vorderen Propheten sowie in Chronik und Esra-Nehemia erzählte Geschichte des Volkes Israel das kulturelle Gedächtnis Israels und Judas in staatlicher und nachstaatlicher Zeit repräsentieren. Allen ist bewusst, dass die Vorstellungen sehr vielfältig, mitunter auch sehr verschieden oder sogar widersprüchlich sind und sich erst allmählich entwickelt haben. Ebenso wird von den meisten zugestanden, dass der Narrativ der „heiligen Geschichte" in den Büchern Genesis–Könige und Chronik, Esra und Nehemia recht artifiziell ist und nicht in allem der historischen Wirklichkeit entspricht. Dies alles ändert jedoch nichts an der weit verbreiteten Auffassung, dass die biblischen Vorstellungen und Narrative zum Allgemeinwissen wenigstens der gebildeten Schichten und in Grundzügen auch der übrigen Bevölkerung gehört haben sollen.

Vor diesem Hintergrund bereitet es vielen Analytikern des Pentateuchs keine Mühe, separate, teilweise sogar lückenhafte Quellenschriften zu postulieren, in denen zwei oder drei Mal mehr oder weniger dasselbe nur in anderen Worten erzählt wird, ohne dass die Autoren voneinander gewusst hätten. Für die Autoren und ihre Rezipienten wird vorausgesetzt, dass sie alle die pentateuchische Erzählung von der Schöpfung der Welt bis zum Tod des Mose vor den Toren des Landes kannten, die die Quellen unabhängig voneinander auf ihre Weise wiedergeben. Auch die Fragmentenhypothese und viele Rekonstruktionen älterer, ehemals selbständiger Überlieferungen arbeiten mit dieser Voraussetzung. Diese erlaubt es, fragmentarische Überlieferungen – wie eine selbständige Abraham-Lot-Isaak-Erzählung ohne Berufung Abrahams und ohne Isaak-Erzählung, eine selbständige Josefserzählung ohne Kontext der Väter- und Exodus-Erzählung, den Exodus oder die Wüstenwanderung ohne Einzug ins Land usw. – zu postulieren, da der weitere Kontext den Autoren und Rezipienten ja bekannt gewesen sei und sich daher von selbst verstehe und darum nicht habe erzählt werden müssen. Nach dieser Auffassung war die Erzählung des Pentateuchs – mit oder ohne das Gesetz am Sinai und in Moab – also schon komplett, bevor es den Pentateuch bzw. Hexateuch gab.

Anders stellt sich die Sache für diejenigen Exegeten dar, die nicht von der Selbstdarstellung der biblischen Schriften und dem vorausgehenden Wissen um die biblischen Vorstellungen von Gott, Welt und Mensch, dem biblischen Gottesvolk „Israel" und die „heilige Geschichte" in Pentateuch und vorderen Propheten ausgehen. Außer der literarhistorischen Analyse berufen sie sich auf die archäologische, ikonographische und epigraphische Evidenz, die von dem biblischen „Israel" nichts weiß und ein anderes Bild der Kultur- und Religionsgeschichte in Israel und Juda vermittelt, als es die Bibel erzählt. Die archäologischen, ikonographischen und epigraphischen Zeugnisse legen nach dem methodischen Prinzip der historischen Analogie vielmehr den Schluss nahe, dass Israel und Juda in staatlicher wie in nachstaatlicher Zeit sich grundsätzlich in nichts von den Völkern ringsum, d. h. den unmittelbaren Nachbarn wie den großen Kulturen im Norden (Kleinasien und Syrien), Osten (Mesopotamien) und Süden (Ägypten), unterschieden haben. Dies aber bedeutet, dass die biblischen Vorstellungen von Gott, Welt und Mensch, die mit den Nachbarkulturen sehr vieles gemeinsam haben, in vielem aber auch eigene Wege gehen, sowie die biblische Geschichte, insbesondere die Gründungslegende „Israels" im Pentateuch bzw. Hexateuch, die eine Sonderstellung im Rahmen der altorientalischen Historiographie einnimmt und sich keineswegs von selbst versteht, eine Ausnahme von der Regel darstellen.

Unter dieser Voraussetzung fällt es schwer zu glauben, dass die biblischen Wissensbestände und insbesondere die Erzählung des Pentateuchs bzw. Hexateuchs seit jeher zum kulturellen Gedächtnis und Allgemeinwissen der gebildeten Schichten und übrigen Bevölkerung in den beiden Monarchien und nachmaligen Provinzen von Israel-Samaria und Juda gehörten. Vielmehr scheint es so, dass sich in der biblischen Überlieferung ein besonderer Weg in Israel und Juda Bahn bricht, dessen Entstehung und Entwicklung wir im Entstehen der biblischen Überlieferung beobachten und nachvollziehen können. Eine unabhängige Entstehung der Quellen, Kompositions- oder Ergänzungsschichten ist unter dieser Voraussetzung wenig wahrscheinlich. An gemeinsamen, unabhängigen „Quellen" kommen Überlieferungen in Frage, die sich gewissermaßen im vorbiblischen Zustand befinden und den Transformationsprozess zu der spezifischen Gestalt der biblischen Selbstdarstellung noch vor sich haben, seien es „Fragmente" (wie die Rechtssammlungen oder Kultgesetze) oder seien es bereits größere Erzählzusammenhänge (wie die Anthropogonie in Gen 2–4, die Flutgeschichte in Gen 6–8 oder die Jakob-Laban-Geschichte in Gen 29–32). Die Erzählung des Pentateuchs, bestehend aus Ur- und Vätergeschichte, Exodus, Wüstenwanderung und Landnahme als Gründungs-legende „Israels", ist jedoch derart speziell, um nicht zu sagen artifiziell, dass ihre Entstehung und spezifische Ausgestaltung in den drei literarischen Strata D, P und nicht-P nicht unabhängig voneinander erfolgt sein können, ganz gleich, ob man der Quellen-, der Fragmenten- oder der Ergänzungshypothese anhängt oder eine Kom-bination aus allen drei Hypothesen vertritt.

Die unterschiedlichen historischen Voraussetzungen der Exegeten gehen mit unterschiedlichen Erwartungen einher, die die Analyse des Pentateuchs nicht unwesentlich beeinflussen. Auch hierüber sollte eine offene Diskussion möglich sein und in der Forschung geführt werden. Können wir das Endprodukt – wenigs-tens der Sache nach, sozusagen als „genetischen Code" (Erhard Blum) – schon für den Anfang erwarten, sodass sämtliche folgenden Stufen der Überlieferung, wie fragmentarisch sie auch sein mögen, immer schon das Ganze im Blick haben? Auch hier kann die externe Evidenz weiterhelfen. So ist wenig wahrscheinlich, dass die Traditionen hinter dem Baal-Yam-Mot-Mythos oder die teilweise erhaltenen Vor-stufen des Gilgamesch-Epos bereits die uns überlieferten Kompositionen vor Augen haben. Oder nehmen wir die biblischen Stoffe, ihre handschriftliche Überlieferung mit all ihren vielen Varianten und Reformulierungen. Auch wenn dies gelegentlich behauptet wird, ist es – aufs Ganze gesehen – doch wenig wahrscheinlich, dass die biblischen Vorlagen, sagen wir die knappen Henoch-Notizen in Gen 5 den gesamten Stoff von 1Henoch, die Berufung Abrahams in der Genesis die Bekeh-rung und andere Zusatzstücke im Jubiläenbuch und im Genesis Apokryphon, die Exodus-Erzählung die Fassungen von Manetho und Josephus, die Bücher Samuel und Könige das Sondergut der Chronik voraussetzten. Von daher scheint mir eher die Erwartung angebracht, dass die Veränderungen der Überlieferung, zumal wenn sie derart eigene Wege gehen wie in den biblischen Schriften, graduell entstanden sind. Das aber bedeutet, dass die Erzählung des Pentateuchs – und sei es nur das narrative Gerippe – nicht am Anfang stand, sondern sich im Rahmen der biblischen Überlieferung allmählich herausgebildet und anschließend verschiedentlich ver-zweigt hat.

Auch unabhängig von den historischen Voraussetzungen herrschen unter-schiedliche Erwartungen in Bezug auf die Vollständigkeit der einzelnen Bestand-teile der Überlieferung, die in der Analyse identifiziert und separiert werden. So rechnet die Quellenhypothese, selbst dann, wenn sie die narrative Kohärenz zum alleinigen Kriterium der Quellenscheidung erhebt, wie selbstverständlich mit erheblichen Lücken in der Erzählung der postulierten Quellen (J, E, D und P), die mit der sekundären Vereinigung des Materials erklärt werden. Vertreter der Fragmenten- und der Ergänzungshypothese sind gewillt, große Lücken in den von ihnen rekonstruierten älteren Überlieferungen und teilweise auch in den großen Kompositionen in Kauf zu nehmen. Am bekanntesten sind der fragmentarische Zustand der postulierten Quelle E oder der Abbruch von J und E bzw. der nicht-priesterschriftlichen Erzählung irgendwo in der Wüste des Buches Numeri, der dadurch entsteht, dass man den Bereich Deuteronomium–Könige für das von Martin Noth postulierte Deuteronomistische Geschichtswerk reserviert und die Exodus-Wüsten-Erzählung von ihrer natürlichen Fortsetzung im Buch Josua trennt. Noch fragmentarischer sehen oft die älteren Überlieferungen aus, die man als Vorlagen für die größeren Kompositionen oder Quellen aus diesen herausdestilliert.

Nun steht es außer Zweifel, dass wir bei älteren Überlieferungen, Quellen oder größeren Kompositionen, die in den Pentateuch eingegangen sind und im Zuge dessen stark bearbeitet und überformt wurden, auch mit einem fragmentarischen Zustand rechnen müssen. So sind Genesis–Könige in der Chronik teilweise nur in Form von Stammbäumen, teilweise gar nicht wiedergegeben. Auch aus dem Diatessaron des Tatian lassen sich die vier Evangelien nicht vollständig rekonstruieren. Doch stellt sich die Frage, wie die theoretische Möglichkeit im praktischen Verfahren der Analyse am Text nachgewiesen werden kann, wenn keine externe Evidenz zur Verfügung steht. Stellt schon die Differenzierung der literarischen Schichten, insbesondere im Bereich von nicht-P, vor enorme Schwierigkeiten, so die Identifizierung von älteren Fragmenten (seien es Einzelüberlieferungen, Quellen oder Kompositionen) umso mehr. Besonders schwierig sind die Fälle, bei denen das postulierte ältere Fragment für den literarischen Kontext, aus dem es isoliert wird, konstitutiv ist und bereits die Kennzeichen dieses jüngeren Kontexts trägt.

Aus diesem Grund ist es vielleicht ratsam, sich in der Analyse auf die eindeutigen Fälle zu beschränken und zwei Kriterien für die Rekonstruktion älterer Überlieferungen anzuwenden: zum einen die Vollständigkeit der älteren Überlieferung, Quelle oder Kompositionsschicht, zum anderen das inhaltliche, konzeptionelle Profil, das sich erkennbar von dem Profil der Komposition des Pentateuchs oder der Schicht, aus dem die Überlieferung genommen ist, unterscheidet. Damit kann und soll nicht die Möglichkeit ausgeschlossen werden, dass auch anderswo ältere Überlieferungen in die Komposition des Pentateuchs eingegangen sind, nur sehe ich – bis auf Weiteres – nicht, wie man sie auf plausible, methodisch nachvollziehbare Weise identifizieren und isolieren könnte.

Schließlich wecken die unterschiedlichen historischen Voraussetzungen auch unterschiedliche Erwartungen in Bezug auf die Datierung und den historischen Kontext als Argument für die literarische Analyse. Wer der Selbstdarstellung der Bibel folgt und die biblische Tradition zum beherrschenden kulturellen Gedächtnis Israels und Judas in der Antike erklärt, dem fällt es in der Regel leicht, einen Konnex der literarischen Überlieferung zur Geschichte Israels und Judas herzustellen und seine Analyse mit historischen Argumenten zu untermauern. Anders diejenigen, die in der biblischen Überlieferung einen eigenen Weg sehen, der sich von der historischen Realität und dem herrschenden *common sense* unterscheidet, ja mehr und mehr davon entfernt. Mit Juda, Efraim und Manasse in den Pescharim von Qumran sind zweifellos die Stämme Israels der biblischen Überlieferung gemeint, doch haben sie in der historischen Realität mit Juda, Efraim und Manasse in der Königszeit wenig zu tun. Aus diesem Grund tun sich manche Exegeten sehr viel schwerer, die in der literarischen Analyse eruierte relative Chronologie der literarischen Schichten (Quellen, Kompositionen oder Ergänzungen) in eine absolute Datierung zu überführen.

Einen Ausweg scheint das Verfahren des *lingustic dating* zu bieten, das zwischen Classical Biblical Hebrew (CBH) und Late Biblical Hebrew (LBH) unterscheidet. Allerdings hilft dieses Verfahren in der Analyse des Pentateuchs nicht sehr viel weiter. Zwar wird der Pentateuch in allen seinen Schichten pauschal dem CBH zugerechnet, so dass eine zu späte Entstehung einer der Quellen, Kompositions- oder Ergänzungsschichten nicht in Frage kommt. Doch liegt zum einen die Grenze des Übergangs von CBH zu LBH nicht sicher fest. Für gewöhnlich wird das CBH in die Königszeit, LBH in die persische und hellenistische Zeit datiert, mit dem Exil als Übergang. Doch die externe Evidenz der hebräischen Inschriften reicht für das CBH nur bis ins frühe 6. Jh. v. Chr. und setzt für das LBH mit den Handschriften vom Toten Meer erst in hellenistischer Zeit wieder ein. Die dazwischen liegenden Epochen der babylonischen und persischen Zeit, ein Zeitraum von rund 300 Jahren, werden allein durch tentative, hypothetische Datierungen einiger biblischer Schriften (Jesaja 40–66, Jeremia, Ezechiel, Haggai, Sacharja, Maleachi, Kohelet, Chronik, Esra, Nehemia) überbrückt und recht schematisch in eine exilische (babylonische) Übergangsphase und die persische (nachexilische) Anfangsphase des LBH aufgeteilt. Insofern scheint mir für die Entstehung des Pentateuchs doch etwas mehr Spielraum bis in babylonische und persische Zeit hinein zu sein. Für manche Veränderungen wie die Umstellungen und Ergänzungen im *Reworked Pentateuch* oder in der Chronologie, die in den Versionen stark differiert, wird man sogar bis in hellenistische Zeit hinunter gehen müssen.

Des Weiteren erlaubt das *linguistic dating* (bisher) keine relative Chronologie innerhalb des CBH. Es hilft somit weder zur literarischen Differenzierung des Pentateuchs noch zur relativen oder absoluten Datierung der eruierten Quellen, Kompositionen oder Ergänzungen. Daher kann das *linguistic dating* auch weder als Stütze noch als Argument gegen eine der drei Hypothesen der Analyse des Pentateuchs dienen. Die gelegentlich anzutreffende Kombination von Quellenhypothese und *linguistic dating* ist allenfalls dazu geeignet, eine Spätdatierung von Quellen, Kompositionen und Ergänzungen im Pentateuch zu bestreiten. Über die Art der Analyse und das richtige Erklärungsmodell besagt das Verfahren des *linguistic dating* jedoch nichts. Es wäre viel gewonnen, wenn die Analyse des Pentateuchs Fragen der Datierung und historische Argumente zunächst ganz zurückstellen und sich zuerst und ausschließlich auf die relative Chronologie der bereits ermittelten und noch zu ermittelnden literarischen Schichten konzentrieren würde. Auf dieser Basis ließe sich dann vielleicht auch offener und sinnvoller über die historischen Voraussetzungen, Erwartungen und absoluten Datierungen diskutieren.

VIII Ein Vorschlag

Zum Schluss möchte ich kurz einen Vorschlag skizzieren, auf welche Weise eine Analyse des Pentateuchs durchgeführt werden könnte, die sich primär an den Phänomenen der externen Evidenz orientiert und in der sämtliche strittige methodische und historische Vorentscheidungen und Optionen so weit wie irgend möglich offengehalten werden. Nur so scheint mir eine Wiederbelebung der Diskussion möglich zu sein.

Als Ausgangspunkt eignet sich am besten die vorliegende Gestalt, oder richtiger: die verschiedenen Fassungen des Pentateuchs, die auf uns gekommen sind. Hier wird man sich sehr schnell auf die Identifizierung zweier literarischer Strata einigen können: D (Deuteronomium) und P (Priesterschrift einschließlich H). Es ist klar, dass die Analyse bei der Identifizierung dieser Straten nicht stehen bleiben kann, sondern die Diskussion darüber aufnehmen muss, was wir in D und P vor uns haben. Zu klären sind das interne Wachstum von D und P sowie das Verhältnis der beiden literarischen Schichten zueinander. Wie verhalten sich narrativer Rahmen und legislatives Korpus in D, in welchem Verhältnis steht das legislative Korpus zum Gesetz am Sinai und der narrative Rahmen zur Erzählung in Genesis–Numeri? Ist P eine „Quelle" oder eine Bearbeitungsschicht oder ein *rewriting*? Welche (mündlichen oder schriftlichen) Überlieferungen liegen in D und P den beiden literarischen Strata möglicherweise voraus?

Auch wenn viele Fragen und Einzelheiten noch ungeklärt sind, darf man vielleicht von folgenden Sachverhalten ausgehen:

a) Der Kern von D, d. h. das sogenannte „Urdeuteronomium", setzt die Rechtssammlung, das sogenannte „Bundesbuch", in Ex 20–23, seine Stilisierung als Gottesrede sowie die Rahmung durch die Kultgesetzgebung voraus und reformuliert es unter dem neuen Gesichtspunkt der Kultzentralisation.

b) Der narrative Rahmen von D setzt in seiner Substanz nicht-P in Genesis–Numeri voraus, hat stellenweise aber auch Nachträge in Exodus–Numeri veranlasst.

c) Das Heiligkeitsgesetz H gehört nicht ursprünglich zu P und setzt sowohl D als auch P voraus.

d) P entspricht in seinem narrativen Aufriss nicht-P in Genesis–Numeri, setzt aber andere Akzente und bietet anstelle von „Bundesbuch" und Deuteronomium die Anordnungen zum Bau und Betrieb des Zeltheiligtums, das ebenso wie das Gesetz am Sinai und im Deuteronomium in einem Bundesschluss Gottes mit seinem Volk Israel gründet.

e) D und P sind sicher nicht aus dem Nichts entstanden, sondern haben eine mündliche und/oder literarische Vorgeschichte. Wie auch immer man analysiert, wird wohl niemand mehr auf die Idee kommen, den Text von D oder P auf zwei oder mehr parallele, separate und voneinander unabhängige Quellenfäden zu verteilen, wie es in der Vergangenheit verschiedentlich vorgeschlagen wurde. Für die Analyse von D und P selbst eignet sich somit die Quellenhypothese nicht, sondern allenfalls die Fragmenten- oder die Ergänzungshypothese.

f) Ob P die nicht-priesterschriftliche Erzählung in Genesis–Numeri und D voraussetzt oder unabhängig davon (davor, daneben oder danach) entstanden ist, kann zunächst offenbleiben. Auch die Frage, inwieweit D ein Eigenleben geführt hat und in welchem Zustand es an seinen jetzigen Ort in der „heiligen Geschichte" zwischen Exodus-Wüste in Exodus–Numeri und Landnahme in Josua gekommen ist, kann fürs Erste zurückgestellt werden und sollte nicht mit dem Hinweis auf die Hypothese eines Deuteronomistischen Geschichtswerks in Deuteronomium–Könige oder einer deuteronomischen Landnahmeerzählung in Deuteronomium–Josua (DtrL) im Voraus entschieden werden.

Nach der Identifizierung und weitergehenden Differenzierung von D und P bleibt der Bestand von nicht-P in Genesis–Numeri, der das eigentliche, bisher ungelöste Problem der Komposition des Pentateuchs darstellt. Hier gehen die Auffassungen extrem auseinander. Die einen wenden die Quellenhypothese an und verteilen den Text von nicht-P auf die zwei separaten, parallelen und unabhängig voneinander entstandenen Quellen J und E. Andere finden hier ebenfalls zwei Quellen, die aber in Anhängigkeit voneinander entstanden und derart eng miteinander verwoben sind, dass man sie an vielen Stellen nicht mehr voneinander trennen kann (JE). Wieder andere finden darin nur eine Quelle, sei es einen späten Jahwisten (bzw. ein Jerusalemer Geschichtswerk), der so gut wie den gesamten Text von nicht-P umfasst, sei es eine Redaktion, die diverse mündliche oder literarische Vorlagen zu einer durchgehenden Erzählung von der Schöpfung bis zur Wüstenwanderung vereint und anschließend vielfach ergänzt und fortgeschrieben wurde.

Die Alternative besteht in der Fragmentenhypothese, wonach die „kleineren Einheiten" (Urgeschichte, Väter, Exodus und Wüste, Landnahme) zunächst ein Eigenleben geführt haben und anschließend in einer oder mehreren Kompositionen zu einer durchgehenden Erzählung vereint, in die Erzählung von P eingefügt und in diesem Rahmen weiter ergänzt und fortgeschrieben wurden. Hier gehen die Meinungen darüber auseinander, welche Texte zu den älteren Überlieferungen zählen, welche Gestalt die größeren Kompositionen hatten und wie sich diese zu D und P verhalten. Der entscheidende Unterschied zur Quellenhypothese besteht darin, dass in sämtlichen heute vertretenen Varianten der Fragmentenhypothese die (Ur- und) Vätererzählung in Genesis und die Exodus-Wüsten- bzw. Exodus-Wüsten-Landnahme-Erzählung in Exodus–Numeri bzw. Exodus–Josua zunächst selbständige Überlieferungen oder Kompositionen waren und erst sekundär miteinander verbunden wurden – sei es vor, sei es nach oder im Rahmen von P. Die sekundäre Verbindung der beiden Ursprungslegenden Israels zu einer fortlaufenden Erzählung entspricht in etwa dem, was bei den Vertretern der Quellenhypothese J und E, JE, *Late Jahwist*, Jahwistische Redaktion + Ergänzungen oder Jerusalemer Geschichtswerk heißt.

Um in dieser Diskussion weiterzukommen, möchte ich vorschlagen, auch im Bereich von nicht-P von der uns erhaltenen Gestalt, wenn man so möchte: der „Endgestalt" von nicht-P, in Genesis–Numeri bzw. Genesis–Josua auszugehen und in ihr nach der ältesten erreichbaren literarischen Schicht zu fragen, die die gesamte Erzählung umfasst. Auf diese Schicht stößt man am ehesten, indem man dem Verlauf der Erzählung folgt, die den Text von nicht-P strukturiert, und zwar unabhängig von der Frage, ob die Erzählung von der Schöpfung bis zur Wüste bzw. zur Landnahme in Genesis–Josua ursprünglich oder durch eine sekundäre Verbindung von älteren Überlieferungen und Teilkompositionen hergestellt ist. Alles, was die Grundstruktur der Erzählung nicht konstituiert und grammatisch, sprachlich oder konzeptionell aus dieser Grundstruktur herausfällt, ist daraufhin zu überprüfen, ob es ursprünglicher Bestandteil der ältesten erreichbaren Schicht ist oder einer anderen, sei es älteren oder jüngeren literarischen Schicht angehört.

Erst in einem zweiten Schritt wäre zu prüfen, ob es sich bei den überschüssigen und in der Analyse ausgeschiedenen Bestandteilen um ältere Überlieferung oder Bestandteile einer anderen Quelle oder Komposition oder um Ergänzungen handelt. Die Entscheidung, worum es sich handelt, hängt nicht zuletzt davon ab, wie sich die isolierten Bestandteile zu der ältesten erreichbaren Erzählung im Bereich nicht-P verhalten, ob sie – gegebenenfalls zusammen mit anderen Bestandteilen – für sich lebensfähig oder nur als Ergänzung des älteren Textes zu begreifen sind. Eine Hilfe könnte hier auch der Vergleich mit D und P sein. Auch wenn die beiden Strata nicht einheitlich sind und nicht alles auf einer literarischen Ebene liegt, werden sie für gewöhnlich nicht auf weitere Quellen verteilt. So muss man auch für den Bereich von nicht-P fragen, ob es sinnvoll und wahrscheinlich ist, in ihm weitere separate, ehemals unabhängige Quellenschriften zu postulieren und den Text auf sie zu verteilen, wenn man von ihnen nur hier und dort einen Splitter zu sehen meint und mit sehr vielen Textausfällen rechnen muss, die den narrativen Gehalt der anderen, erhaltenen Quelle im Bereich von nicht-P voraussetzt.

Haben wir im Bereich von nicht-P in Genesis–Numeri bzw. Genesis–Josua die älteste erreichbare Schicht einer durchgehenden Erzählung identifiziert, können wir uns vorsichtig weiter zurück vortasten und nach älteren Teilkompositionen und noch älteren Einzelüberlieferungen fragen, die dieser Schicht möglicherweise vorangegangen und in sie integriert worden sind. Um den Boden nicht unter den Füßen zu verlieren und methodisch nachvollziehbar zu rekonstruieren, sollten hier die beiden oben genannten Kriterien Anwendung finden: die älteren Kompositionen und/oder Überlieferungen sollten nach Möglichkeit vollständig erhalten sein und sich vor allem sprachlich oder konzeptionell von dem Profil der ältesten erreichbaren Erzählung und ihren konstitutiven Bestandteilen in nicht-P unterscheiden. Ist das eine oder andere nicht gegeben, kann man zwar noch Vermutungen über ältere Traditionen anstellen, sollte sich in der Rekonstruktion jedoch eher zurückhalten.

Die älteste erreichbare literarische Schicht einer durchgehenden Erzählung in nicht-P ist so etwas wie eine dritte Quelle oder Komposition neben D und P. Als nächstes ist ihr literarisches Verhältnis zu D und P zu überprüfen. Dabei gilt es zu klären, ob sie literarische Verbindungen zu D und P aufweist und ob sie älter, gleichzeitig oder jünger ist als die beiden anderen Strata und deren einzelne Schichten. Dieselbe Frage ist auch an die älteren Überlieferungen, die nicht-P zugrunde liegen, und die überschüssigen Bestandteile, die in der Analyse ausgeschieden wurden, zu stellen. Auch sie können theoretisch vor- oder nachdeuteronomisch oder vor- und nachpriesterschriftlich sein. Auf diese Weise wird auch zu klären sein, ob die älteste erreichbare, durchgehende Erzählung in nicht-P ursprünglich oder sekundär ist. Des Weiteren wird zu klären sein, ob diese Erzählung und ihre möglichen Vorläufer, die beiden Ursprungslegenden der (Ur- und)Vätergeschichte und der Exodus-Wüsten(-Landnahme-)Erzählung, tatsächlich selbständig vor oder neben D und P existierten oder nur aus losen Überlieferungen bestehen, die erst durch D und P in einen fortlaufenden Erzählzusammenhang gebracht wurden, wie manche neue Vertreter der Fragmenten- und der Ergänzungshypothese behaupten.

Ich verrate kein Geheimnis, wenn ich abschließend andeute, in welcher Richtung ich die Lösung der offenen Fragen sehe. So finde ich in der ältesten erreichbaren Schicht und durchlaufenden Erzählung von nicht-P nicht nur lose Fragmente, sondern zwei vollständige, für sich lebensfähige Erzählungen: eine nicht-priesterschriftliche Ur- und Vätererzählung in Gen 2–35 und eine nicht-priesterschriftliche Exodus-Landnahme-Erzählung in Exodus, Numeri und Josua, die in einem zweiten Schritt sekundär, aber unabhängig von D und P zu einer durchgehenden Erzählung verbunden wurden. In dieser durchgehenden Erzählung im Bereich von nicht-P wurde im Weiteren an zwei Stellen das Gesetz des Mose eingebaut: nach dem Auszug auf dem Weg durch die Wüste Sinai im Buch Exodus sowie zwischen Wüstenwanderung und Landnahme im Buch Deuteronomium. Beides wird m. E. in P und H bereits vorausgesetzt. Daraus ergibt sich eine relative Chronologie von nicht-P in Genesis–Josua, D im Buch Deuteronomium und P in Genesis–Numeri. Die drei „Quellen" oder Kompositionsschichten sind literarisch voneinander abhängig und wurden vor wie nach ihrer Vereinigung im Pentateuch um vor- wie nachdeuteronomische sowie vor-wie nachpriesterschriftliche Ergänzungen vermehrt. Doch ist dies nur eine Möglichkeit, die externen und internen Befunde zu erklären. Worauf es mir in diesem Beitrag ankam, ist nicht das Ergebnis, sondern der Weg dahin, die Muster der Argumentation, über die wir eine Verständigung herbeiführen sollten, bevor wir über die Resultate der Analyse diskutieren.

2 Der Pentateuch in der neueren Forschung
Konsens und Dissens

„Um einen Text verstehen zu können, sollte man wissen, wo/wie er anfängt und wo/wie er aufhört."[1] Dieser Satz von Erhard Blum kann als eine Art Leitfrage der neueren Pentateuchforschung angesehen werden. Von dieser hat Blum freilich keine hohe Meinung, sondern findet, dass ihre Exegesen in der überwiegenden Mehrheit nicht „von realen literarischen Werke (sic!) handeln", sondern „von solchen, die nur in der exegetischen Vorstellung bestehen". Dazu zählt auch mein Vorschlag einer literarhistorischen Synthese, den ich im Jahr 2000 unter dem Titel „Die Komposition der erzählenden Bücher des Alten Testaments" zunächst auf Deutsch, fünf Jahre später in englischer Übersetzung vorgelegt habe.[2] Der Vorschlag hat in der Forschung durchaus positive Aufnahme gefunden und wurde nicht selten ausdrücklich oder stillschweigend rezipiert.[3] Wie nicht anders zu erwarten, ist er aber auch auf scharfe Kritik und pauschale Ablehnung gestoßen.[4]

Die Reaktionen auf diesen Vorschlag machen das Dilemma der neueren Pentateuchforschung sichtbar, für die – nimmt man die Vollständigkeit der Analyse als Maßstab – die Namen John van Seters, Erhard Blum, Christoph Levin und bis zu einem gewissen Grade auch Eckart Otto stehen.[5] Zwar gibt es ein nicht unbeträchtliches Maß an Gemeinsamkeiten, die ich in meiner Synthese zu bündeln und mit der Analyse der Vorderen Propheten sowie der Bücher Chronik, Esra und Nehemia zu korrelieren versuchte. Doch einer Annäherung stehen oft völlig unverträgliche Prinzipien entgegen, die den Blick für die Gemeinsamkeiten versperren und sich nicht zuletzt darin äußern, dass man anderen abspricht, was man für sich selbst in Anspruch nimmt: das Recht zur Hypothese, wo oder wie ein Text anfängt und wo oder wie er aufhört. Der Streit dreht sich dabei oft gar nicht so sehr um die Hypothesen selbst, sondern um exegetische Grundsätze, auf denen sie beruhen.[6]

---

1 Dieses und die beiden folgenden Zitate bei Blum 2007, 67.
2 Kratz 2000 (2005); ferner 2006; 2015, 260–276 sowie die einschlägigen Beiträge in diesem Band.
3 Vgl. die Besprechungen von Knauf 2002; Schmid 2004c; Nicholson 2008 sowie die Arbeiten von Aurelius 2003b; Gertz 2002b; ders. in Gertz u. a. 2006, 187–302.
4 Vgl. Otto 2000a; 2001; 2002b,152–155; Veijola 2003a, 33–35; Achenbach 2005; Blum 2007, 79–83.92–93; für die englische Ausgabe Johnstone 2005.
5 Wegbereiter waren Winnett 1965; Kessler 2015; H. H. Schmid 1976; Rendtorff 1976; Rose 1981; Weimar / Zenger in Zenger u. a. 2004, 100–106 u. a. Zum Gang der Forschung vgl. Auld 1980; Gunneweg 1983 und 1985; de Pury 1989; Houtman 1994; Schmidt 1995; Ska 1996; Nicholson 1998; Otto 1995; 1996c; 1997b; 2002b; ferner die Einleitungen von Blenkinsopp 1992; Rofé 1999 und 2009, 159–298; Ska 1998 (2000); Zenger u. a. 2004, 74–123; Römer u. a. 2004, 85–113; die Sammelbände von Wénin 2001; Gertz u. a. 2002; Dozeman / Schmid 2006; Römer / Schmid 2007; Römer 2008; Dozeman u. a. 2011; Gertz u. a. 2016.
6 Vgl. z. B. Schmid 2004c, 323–327; Krüger 2007.

https://doi.org/10.1515/9783111367057-004

Im Folgenden möchte ich daher so vorgehen, dass ich zunächst Konsens und offene Fragen der Komposition des Pentateuchs auflliste und damit den Stand des Problems skizziere, wie er sich mir nach wie vor darstellt. Sodann werde ich auf die prinzipiellen Differenzen zu sprechen kommen.

I Der Konsens

Als Konsens der Forschung kann sicherlich gelten, dass der Pentateuch im überlieferten masoretischen Text den Kanonteil „Tora" bildet. Als Tora stellt der Pentateuch eine – kanonisch definierte – literarische Größe für sich dar, die gleichzeitig auf ihre narrative Fortsetzung in den Vorderen Propheten (Josua bis 2 Könige) verweist und mit dieser – ihrerseits kanonisch definierten – literarischen Größe im Zusammenhang gesehen werden will.[7] Beides, die literarische Eigenständigkeit der kanonischen Größen Tora und Vordere Propheten und ihr narrativer Zusammenhang, wird von einer der frühesten literarischen Rezeptionen, der Chronik, vorausgesetzt und auf ihre Weise wiedergegeben.[8] Nicht zuletzt aus diesem Grund habe ich meine „Komposition" mit der Chronik und den Büchern Esra und Nehemia begonnen.[9] Für Julius Wellhausen und Martin Noth gehörte das chronistische Korpus noch zu den selbstverständlichen Aufgaben der literarhistorischen Analyse; in der neueren Diskussion ist es so gut wie ausgeblendet und den Spezialisten überlassen, die ihrerseits die neueren Entwicklungen in der Analyse von Tora und Vorderen Propheten aus dem Blick verloren haben.[10] Für die Analyse des Pentateuchs selbst trägt die Rezeption in der Chronik dies aus, dass in ihr die Richtung sichtbar wird, in die sich das literarische Werden der Vorlage bewegt haben dürfte und an der die Rezeption anknüpfen konnte.[11] Außerdem vermittelt die Chronik (wie jedes andere Beispiel vom Typ der *rewritten bible*) einen Eindruck von der Art, wie man in der biblischen Überlieferung selbst mit der Überlieferung umgegangen ist und unter welchen Gesichtspunkten man sie bearbeitet hat.[12]

---

7 Vgl. Blum 2007, 70–72, und so auch Nr. 13 in diesem Band (mit Verweis auf Blum 1990).
8 Vgl. Achenbach 2005, 122–126.
9 Krüger 2007, 58–60 nimmt dies zum Anlass, um den Ansatz beim „Gegebenen" zu hinterfragen. Mir hat sich jedoch nicht erschlossen, inwiefern die Textüberschneidung von 2Chr 36/Esr 1 bereits eine entstehungsgeschichtliche Hypothese sei, die beliebig gegen andere Hypothesen (z. B. die von Krüger vorgetragene Vermutung über die Entstehung von Esra-Nehemia als Fortsetzung von Könige) austauschbar wäre. Der in MT angezeigte Textzusammenhang ist übrigens auch in der LXX und auf seine Weise in 1(3)Esra 1,54–55; 2,1 ff bezeugt.
10 Vgl. Willi 2002.
11 Vgl. Nr. 21 in diesem Band. Das sollte allerdings nicht dazu führen, dass man kurzerhand die Rezeption zur Vorlage erklärt (so Schmid 2004b, 291).
12 Kratz 2013a, 126–156.157–180.

Als ein Konsens der Forschung kann des weiteren wohl gelten, dass man im Pentateuch selbst zwei literarische Strata klar identifizieren und isolieren kann: das Buch Deuteronomium (Dtn), dessen ursprüngliche Selbständigkeit seit Martin Leberecht de Wette angenommen wird, und die sogenannte Priesterschrift oder priesterliche Schicht (P) in den Büchern Genesis bis Numeri, deren literarischer Bestand seit Theodor Nöldeke feststeht. Als Drittes wird man vielleicht auch das sogenannte Bundesbuch in Ex 20–23 zu dieser Kategorie zählen dürfen, auf das das Deuteronomium rekurriert. Was Anfang und Ende dieser drei literarischen Werke anbelangt, so herrscht darüber im Falle des Deuteronomiums – nicht zuletzt aufgrund der Buchüberschrift in Dtn 1,1–5, dem Schreibbefehl in Dtn 31,9 sowie der selbstreferenziellen Angaben in Dtn 17,18–19 u. ö. – eine gewisse Klarheit.[13] Im Falle der Priesterschrift ist der Anfang eindeutig (Gen 1,1), das Ende jedoch umstritten. Im Bundesbuch hat sich eine (vermutlich ältere) Überschrift in Ex 21,1 erhalten, die jedoch ebenso wie die Einleitung der Jhwh-Rede in Ex 20,22 irgendeinen Kontext voraussetzt; die Jhwh-Rede reicht bis an das Ende von Ex 23, doch ob dies den Schluss des ehemals selbständigen Rechtskorpus darstellt, ist fraglich.

Man mag es „Subtraktion" oder anders nennen, die Konsequenz aus alldem besteht jedenfalls darin, den Pentateuch unter Absehung der drei isolierbaren, eigenständigen literarischen Größen (Bundesbuch, Dtn und P) zu betrachten. Was danach übrig bleibt, ist der nicht-priesterschriftliche (nicht-p) und nicht-deuteronomische (nicht-dtn) Textbestand in den Büchern Genesis, Exodus (Kap. 1–24) und Numeri. In diesem Textbestand – auch darüber herrscht Einigkeit – liegt das eigentliche literarische Problem des Pentateuchs. Dennoch wird man wohl sagen dürfen, dass in diesem Textbestand die ältesten Bestandteile des Pentateuchs vermutet werden können.

Für den nicht-dtn und nicht-p Textbestand wiederum herrscht ein gewisser Konsens darüber, dass die einzelnen Stoffe der Überlieferung (Urgeschichte, Väter, Mose und Exodus mit oder ohne Einzug ins Land) ehemals selbständig waren und erst sekundär in einen narrativen und literarischen und somit auch konzeptionellen Zusammenhang gebracht sowie mit den anderen Bestandteilen des Pentateuchs zu der höheren (kanonischen) Einheit der Tora verbunden wurden. In methodischer Hinsicht zeichnet sich ein Konsens dahingehend ab, dass man sämtliche Stadien

---

13 Vgl. Blum 2007, 84–89; ähnlich Kratz 2000, 99–100.136 sowie Nr. 13 in diesem Band. Für diesen Befund ist es in der Tat nicht ausschlaggebend, auf welcher Ebene der Überlieferung die selbstreferenziellen Angaben zu verorten sind (Blum 2007, 87–88). Ohne diese Verortung fehlt freilich auch der Behauptung die Basis, dass „Verschriftung und Autoreferenzialität *von Anfang an* dazugehört haben" sollen und das Deuteronomium „von Anfang an" als *zitable* Referenzgröße" definiert und für „ein größeres Werk" (sc. Noths Hypothese eines DtrG) gedacht gewesen sei (Blum 2007, 88–89).

der Überlieferung – d. h. sowohl das Zusammenwachsen der älteren Überlieferungen im nicht-dtn und nicht-p Text als auch die Verbindung mit den drei anderen, klar identifizierbaren Textkorpora einschließlich der weiteren literarischen Bearbeitungen im Zuge dieser Prozesse – im vorliegenden (masoretischen) Text selbst und nicht etwa in einer ominösen (mündlichen oder schriftlichen) Vorgeschichte hinter dem uns zur Verfügung stehenden Text zu suchen hat. Mit den geprägten Fachtermini der alttestamentlichen Wissenschaft gesprochen, hat sich das Gewicht also deutlich von der Überlieferungs- auf die Literar- und Redaktionsgeschichte verlagert, wobei die Literar- und Redaktionsgeschichte nicht mehr als rein mechanischer Akt, sondern als eine Art „innerbiblische Interpretation" wahrgenommen wird.[14]

Soweit der *magnus consensus* der heutigen Pentateuchforschung in seinen Grundzügen. Das alles sind ganz elementare und keineswegs neue Sachverhalte, an die zu erinnern aber kein Schade ist. Denn damit ist, wie ich meine, schon eine Menge gewonnen. Rein numerisch besteht der Gewinn darin, dass damit weit mehr als die Hälfte des Textbestandes im Pentateuch zumindest identifiziert und vorläufig klassifiziert ist; für die Forschung bedeutet dies, dass die Chance auf eine Verständigung und Annäherung der verschiedenen Hypothesen vermutlich sehr viel höher ist als von vielen angenommen. Doch nach dem Konsens nun zu den offenen Fragen.

II Offene Fragen

Die offenen Fragen der neueren Pentateuchforschung betreffen nach meiner Einschätzung vor allem zwei Aspekte: die Analyse der identifizierten literarischen Schichten für sich und das Verhältnis der Schichten untereinander. Beide Aspekte lassen sich nicht voneinander trennen, sind aber zu unterscheiden.

Beginnen wir mit dem ersten, der internen Analyse der einzelnen Bestandteile des Pentateuchs. Für sämtliche Bestandteile (nicht-dtn und nicht-p Text, Bundesbuch, Dtn, P) gilt, dass sie literarisch nicht einheitlich sind und zur kritischen Analyse herausfordern. Hier bestehen die größten Unterschiede in der Forschung und man wird es wohl auch niemals erreichen, sich in jedem Detail auf eine Lösung zu verständigen. Doch scheint mir dies auch gar nicht nötig zu sein. Auf die Abgrenzung von einzelnen Versen oder Halbversen kommt es nicht an; aufgrund des Kom-

---

14 Über die Begriffe kann man füglich streiten. Man kann sie problematisieren und in Frage stellen (Krüger 2007, 51–57) oder mit großem Aufwand das eine label („editor") durch einen anders („author" oder „historian") ersetzen (van Seters 2006), doch ist mit beidem wenig gewonnen.

plexität und langen Geschichte des Materials werden die Dinge wohl immer im Fluss bleiben.[15] Entscheidend sind vielmehr der Ansatzpunkt und einige Schaltstellen, an denen sich die Richtung der Analyse sowie die Relationen der Schichten untereinander entscheiden. Dies sei nun für die einzelnen Bestandteile des Pentateuchs ausgeführt.

1 Die Priesterschrift

Im Falle der Priesterschrift wird vor allem die Unterscheidung zwischen der Grundschrift (P^G) und den sekundären Ergänzungen (P^S) sowie das ursprüngliche Ende von P diskutiert.[16] Beide Probleme hängen eng mit der Frage zusammen, ob es sich bei P um eine eigenständige Schrift („Quelle") oder um eine Bearbeitungsschicht („Redaktion") handelt. Hier hat Erhard Blum die Engführung auf ein Entweder-Oder durchbrochen und eine Alternative vorgeschlagen: weder „Quelle" noch „Redaktion".[17] Die Alternative selbst bleibt allerdings unbestimmt, da Blum das Verhältnis von P zu seiner Vorlage im Wesentlichen inhaltlich beschreibt, aber kompositionstechnisch kaum konkretisiert.[18] Damit man sich darunter etwas vorstellen kann, habe ich das „weder-noch" bzw. „sowohl-als auch" im Verhältnis von P zu seiner Vorlage mit dem Genre der *rewritten bible* (in Chronik, *Reworked Pentateuch* oder Jubiläenbuch) verglichen, was allerdings bedeutet, dass man es zwar mit einer unselbständigen, von ihrer Vorlage abhängigen, aber separat konzipierten Schrift zu tun hätte.[19]

Folgt man dieser Spur, relativiert sich der Streit um „Quelle" oder „Redaktion", doch ist damit das literarkritische Problem nicht aus der Welt. „Um einen Text verstehen zu können, sollte man wissen, „wo/wie er anfängt und wo/wie er aufhört."

---

15 Das soll nicht heißen, dass auf eine möglichst präzise und eindeutige Festlegung in der Analyse verzichtet werden kann (s. u. unter III).

16 Kratz 2000, 102–117. 230–248. Zur Forschung vgl. Otto 1997b; Zenger u. a. 2004, 156–175; Römer 2008; Shectman / Baden 2009.

17 Blum 1990, 221–222 sowie 229–285; vorher schon ders. 1984, 424–427.

18 Blum 1990, 231–232 spricht von einem „*Nebeneinander* von Kontinuität und Diskontinuität" im Umgang von P mit der nicht-p Vorlage. Dies trifft sowohl auf eine Bearbeitungsschicht (Fortschreibung) als auch auf eine separate Schrift vom Typ der *rewritten bible* zu. Neben anderen Möglichkeiten, über die man gern etwas mehr erfahren hätte, scheint aber auch Blum eher an eine separate und zugleich auf die nicht-p Vorlage bezogene Konzipierung von P zu denken (a.a.O., 241–242).

19 Kratz 2000, 233.247. Als Alternative kommt nur eine Ergänzungshypothese, d. h. die Einschreibung in den vor-p Pentateuch, in Frage; vgl. Berner 2010.

Daher macht das von Blum vorgeschlagene „weder-noch" – bei aller Betonung der Komplexität und Differenziertheit der Überlieferung – die interne literarkritische Analyse keineswegs überflüssig und hebt auch die Frage nach dem Ende von P nicht auf. Ganz gleich, ob man zunächst mit einer separaten Konzipierung von P und späteren Einarbeitung in den vor-p Text oder sogleich mit einer priesterlichen Einschreibung in die Vorlage rechnet, dürfte das Ende im Laufe der Überlieferung mehrfach verschoben worden sein. Hieraus haben sich die verschiedenen Möglichkeiten, die in der Forschung diskutiert werden, ergeben.[20] In jedem Fall ist der Textbestand von Anfang bis Ende aber nicht ohne Kenntnis der nicht-p Vorlage zu verstehen und darauf zu beziehen. Die Abhängigkeit von der Vorlage legt im Übrigen den Schluss nahe, dass die Priesterschrift den narrativen und literarischen Zusammenhang, auf den hin sie konzipiert oder in den sie eingeschrieben wurde, und folglich auch die Verbindung von Ur-, Väter- und Mosegeschichte nicht – wie heute vielfach angenommen – erst geschaffen haben kann, sondern voraussetzt.[21]

---

20 Zur Frage nach dem Ende von P(G) vgl. Zenger u. a. 2004, 161–166; ausführlich Frevel 2000 sowie Blum 1990, 224–228.318–329; ders. 2009; Nihan 2007a; Knauf 2007; Noort 2008; Ska 2008. Ich selbst habe mich – mit Pola 1995 – für Ex 40 entschieden (Kratz 2000, 105.113.117). In P kann die Geschichte am Sinai enden, weil die literarische Vorlage und mit ihr die Fortsetzung der Geschichte vorausgesetzt sind (vgl. Levin 2004a, 339). Unter dieser Voraussetzung war es den Tradenten auch möglich, das Ende durch sukzessive Nachträge (im Rahmen von P oder des Pentateuchs) nach hinten zu verschieben. Zum Nachtragscharakter und zur Schichtung von P in den Büchern Levitikus und Numeri vgl. Kratz 2000, 116–117 sowie ausführlich Pola 1995; Knohl 1995; Römer 2002; Achenbach 2003 und 2004b; Nihan 2004 und 2007a; weitere Beiträge in Römer 2008 und Shectman / Baden 2009. Die Beurteilung von P in Levitikus und Numeri als nach-p Ergänzung hat nicht automatisch zur Folge, dass auch die nicht-p Textanteile in Gänze nach-p wären; ebenso wenig ist damit ausgemacht, welche Rolle das nach-p Material bei der Entstehung des Pentateuchs spielt (s. u. unter II 4).
21 Vgl. Kratz 2000, 247.286.288.312; Berner 2010. Für die andere Auffassung, wonach P die Verbindung hergestellt haben soll, vgl. Rendtorff 1976, 160–163; Römer 1990, 574; ders. in Lohfink 1991a, 122; Schmid 1999, 255; Gertz 2000, 349–388; de Pury 2000, 39; 2006, 71; 2007, 112. Abweichend von seinen früheren Analysen und nur unter großen Vorbehalten hat sich dazu auch Blum 2002 bekannt, der damit allerdings in Widerspruch zu seiner Auffassung von P als Bearbeitung gerät: So ist er gezwungen, ohne erkennbaren Grund (gegen Schmid und Gertz) einen Unterschied im nicht-p Textbestand einzuführen zwischen solchen „nicht-P-Elementen", die „die Verknüpfung von Väter- und Exodusgeschichte nicht *konstituiert* haben, sondern bereits voraussetzen", und solchen, die zwar ebenfalls „nicht-P-Material" enthalten und in Ex 1,9 sogar entsprechend konjiziert werden müssen, aber nicht nach-p sein dürfen und zur P–Komposition gehören sollen, die „den ersten – *nahezu* lückenlos erhaltenen – literarischen Zusammenhang konstituiert" (Blum 2002, 148–149); zur Diskussion vgl. Dozeman / Schmid 2006, darin bes. die Kritik von Carr 2006.

2 Das Deuteronomium

Im Deuteronomium hat sich der „Streit der Methoden"[22] von der Frage der stilistischen Kriterien der Analyse auf die Identifizierung des sogenannten Urdeuteronomiums verlagert.[23] Während eine große Mehrheit nach wie vor davon ausgeht, dass der Anfang in den (singularisch formulierten) Zentralisationsgeboten liegt, die das (seinerseits schon um eine 2. Sg.-Bearbeitung erweiterte) Bundesbuch unter dem Gesichtspunkt der Kulteinheit novellieren,[24] hat Eckart Otto eine Alternative vorgeschlagen: Dtn 13* und 28* als Kern eines „Urdeuteronomiums", das in direkter literarischer Abhängigkeit zum neuassyrischen Loyalitätseid (VTE) entstanden sei.[25] Dieser Vorschlag hat sich – das wird man nach der intensiven Diskussion und vor allem nach der Arbeit von Christoph Koch wohl sagen müssen – nicht durchsetzen können.[26]

Hingegen wird neuerdings ein Problem stärker diskutiert, auf das ich sowohl in der Analyse der Rahmenstücke als auch bei der Freilegung des Kerns des Deuteronomiums gestoßen bin: die Verankerung des Deuteronomiums im Kontext von Tora und Vorderen Propheten.[27] Dies ist ein Problem, das erst mit der Hypothese eines von Dtn 1 bis 2Kön 25 reichenden Deuteronomistischen Geschichtswerkes (DtrG) von Martin Noth aufgetreten ist, die die Erzählung in Genesis bis Numeri von dem Deuteronomium und ihrer Fortsetzung in den Vorderen Propheten getrennt und damit sowohl die Erzählung als auch die kanonische Größe der Tora ihres Endes beraubt hat.[28] Seither haben die Vertreter der Urkundenhypothese einen großen Bogen um dieses Problem gemacht und billigend in Kauf genommen, mit ihrer Analyse mitten in der Wüste stecken zu bleiben.[29] Aber auch Erhard Blum, der eine Alternative zur Urkundenhypothese formulieren möchte, weiß im Rahmen seiner

---

22 Perlitt 1994, 109–122.

23 Zum Stand der Forschung vgl. Veijola 2002a, 273–327.

24 Kratz 2000, 118–138; jüngst so auch wieder Pakkala 2009, 388. „Ganz eigene Wege" der Deuteronomium-Analyse (Schmid 2004c, 322) kann man darin nur erkennen, wenn man den Sonderweg Ottos zum Maßstab nimmt.

25 Otto 1999; 2000a; 2009, gefolgt von Schmid 2008, 81.104–108; Blanco Wissmann 2008.

26 Koch 2008; vgl. Kratz 2010 sowie Nr. 17 in diesem Band.

27 Den kanonischen *status quo* beschreiben Sonnet 1997; Taschner 2008. Zur Analyse vgl. Kratz 2000, 127–130 sowie Nr. 12–14 in diesem Band. Zu der sich anschließenden Diskussion vgl. Otto 2000a und dazu Veijola 2003b; Otto / Achenbach 2004; Harvey 2004; Heckl 2004; Achenbach 2005; Witte u. a. 2006; Blum 2007, 90–93. Den älteren Forschungsstand diskutiert Lohfink 1995, 13–38; wegweisend war Reuter 1993, 227–231.

28 Vgl. zu diesem Problem bereits Rendtorff 1976 sowie Frevel 2004.

29 Levin 1993, 35.431–432 rechnet mit einem am Ende abgebrochenen – oder auch bis Num 25,1 und Dtn 34,5 f reichenden? (Levin 2004a, 342; 2006, 21 Anm. 59) – Jahwisten im Tetrateuch und handelt

KD-Hypothese keine Lösung, weil die kanonischen Größe der Tora (der Pentateuch) mit der wissenschaftlichen Hypothese Noths, die beide das Deuteronomium für sich beanspruchen, nun einmal nicht zu vereinen ist.[30] Doch es gilt auch hier: „Um einen Text verstehen zu können, sollte man wissen, wo/wie er anfängt und wo/wie er aufhört."

Das Deuteronomium hat zwar einen Anfang und ein Ende, doch setzten diese wie alle anderen Anfänge und Enden, die auf den verschiedenen Werdestufen des Deuteronomiums begegnen, den vorausgehenden wie den nachfolgenden narrativen Kontext voraus. Mittels der Stilisierung als Rede des Mose im Lande Moab rekapituliert das Deuteronomium die Vorgeschichte in Genesis bis Numeri und weist zugleich auf deren Fortsetzung in Josua (bis Könige) voraus. Dies gilt schon für den ältesten Kern, das „Urdeuteronomium", in dem – mit der Anrede des Volkes Israel durch ein „Ich" (Mose) in Dtn 6,4 und der futurischen Formulierung der Zentralisationsformel in Dtn 12 – die Historisierung und Verbindung mit dem narrativen Kontext in Tora und Vorderen Propheten von Anfang an sozusagen zum „genetischen Code"[31] gehört.[32] Und dies gilt nicht nur für die Erzählung, sondern auch für das in die Erzählung integrierte Gesetz: Das Zentralisationsgebot im Deuteronomium re-interpretiert die Kultgesetze im Bundesbuch und bildet die inhaltliche Basis für die – vom Deuteronomium abgeleitete, daher nicht deuteronomische, sondern – deuteronomistische Redaktion in den Büchern Samuel und Könige und anschließend (zusammen mit dem Dekalog und dem Gebot der Kultreinheit) für die spät-deuteronomistische Bearbeitung der Bücher Josua bis Könige.[33]

---

das Verhältnis zur vorausgesetzten Hypothese Noths auf der konzeptionellen, aber nicht der redaktionsgeschichtlichen Ebene ab. Vgl. dazu Nr. 16 in diesem Band.

30 Blum 1990 hat das Problem sowohl für seine KD-Hypothese (a.a.O., 109–110) als auch für deren Vorlage (a.a.O., 216) erkannt, beantwortet aber die Frage nicht, „wo/wie der Text anfängt und wo/ wie er aufhört" (E. Blum); auch hier ist Noths Hypothese die axiomatische Voraussetzung und der Grund dafür, warum Blum an die Grenzen der Erklärung stößt und zu allerlei Hilfsannahmen genötigt ist.

31 Blum 2007, 95, bezogen auf „die Konzeption der mosaischen Tora" im Deuteronomium.

32 Vgl. Reuter 1993, 224; Kratz 2000, 128–129 sowie in diesem Band Nr. 12–13. Samaritanus und 4QMMT bieten bei der Zentralisationsformel ein Perfekt, doch handelt es sich dabei m. E. nicht um die ursprüngliche Lesart; vgl. dazu Nr. 23 in diesem Band.

33 Kratz 2000, 155–219; ebenso Aurelius 2003b. Schmid 2004a, 205 Anm. 53; 208–211 kehrt das Verhältnis um und erklärt das Zentralisationsgebot im Deuteronomium von den Königsbeurteilungen in Samuel-Könige abhängig. Dagegen spricht, dass sich die Genese des Zentralisationsgebotes im Deuteronomium – auch sprachlich – vom Bundesbuch herleiten lässt, während die Königsbeurteilungen in Samuel-Könige den Maßstab nicht einführen, sondern voraussetzen. Ohne die Kapriole seines Lehrers stellt auch Blanco Wissmann 2008 den konzeptionellen Zusammenhang von Deu-

Der Streit in der Forschung geht darum, ob diese narrativen und – je weiter die Komposition fortschreitet, mehr und mehr – auch literarischen Verbindungen die bloße und allgemeine Kenntnis der biblischen Geschichte oder die literarischen Zeugnisse dieser Geschichte, die auch uns überliefert sind, voraussetzen. Sodann ist strittig, wie diese Verbindungen auszuwerten sind. Eine Möglichkeit ist, dass sie im Sinne der Narration des Deuteronomiums (Rückblick des Mose im Lande Mose) von Anfang an bzw. ab einem gewissen Punkt als narrative, konzeptionelle und/oder literarische Anknüpfung und Weiterführung des Kontexts aufzufassen sind;[34] eine andere Möglichkeit besteht darin, dass die (aus der allgemeinen Kenntnis oder den frei zirkulierenden biblischen Überlieferungen gespeiste) Narration des Deuteronomiums gegen die eigene Intention allererst den Anstoß zur Entstehung und Vorschaltung der Vorgeschichte in Genesis bis Numeri vor das Deuteronomium und Noths DtrG (oder irgendeines anderen mit Dtn 1 beginnenden „Werkes") gegeben und dafür als Vorbild gedient hat.[35] Allen Vorschlägen der zweiten Möglichkeit ist gemeinsam, dass sie den historischen Rückblick in Dtn 1–3 (und den folgenden Kapiteln) als Einsatz eines selbständigen Werkes ansehen. Diese Sichtweise, die sich auf Julius Wellhausen und Martin Noth berufen kann, wird – „z. T. mit untereinander unverträglichen Argumentationen"[36] – vehement verteidigt, obschon gleichzeitig konzediert werden muss, dass der Rückblick im Rahmen des späteren Pentateuchs

---

teronomium und dtr Redaktion in den Büchern Samuel-Könige in Frage; vgl. dazu Nr. 17 in diesem Band.

34 So mein Vorschlag in Kratz 2000, 118–138 sowie Nr. 12–14 in diesem Band, dem – für den historischen Rahmen in Dtn 1–3 und Dtn 5 – Schmid 2004a und Gertz 2006a gefolgt sind; anders Blum 2020. Die Idee, dass möglicherweise schon ein älteres Deuteronomium für den narrativen und vielleicht sogar literarischen Kontext im Hexateuch geschaffen wurde, geht übrigens nicht auf mich, sondern auf Willi Staerk zurück, an den schon Reuter 1993, 230 erinnert hat. Eine andere Erklärung für die dem Deuteronomium von Anfang an inhärente Historisierung ist die Forschung bis heute schuldig geblieben. Heckl 2004, 448 verweist auf Bundesbuch und Heiligkeitsgesetz und geht dabei von der Voraussetzung aus, dass schon das selbständige Bundesbuch als Jhwh-Rede stilisiert und historisiert sowie das Heiligkeitsgesetz einmal selbständig gewesen sei; beides versteht sich jedoch nicht von selbst (vgl. Kratz 2000, 114.145–150).

35 So Blum 1990, 109.164; 2007, 67–97 (für seine KD); van Seters 1992 und 1994 (für seinen Jahwisten); auf der Basis eines von Dtn 1–Ri 2 reichenden DtrL (nach Lohfink 1991b, 132–137) Otto 2000a (für seine nach-dtr und nach-p Hexateuch- und Pentateuchredaktion), gefolgt von Achenbach 2005; ähnlich Römer 2006b, 67–68 (für einen späten Deuteronomisten), etwas anders ders. 2002, 222–224; 2007, 28–29 (für die Bildung des Pentateuchs aus P und dem aus DtrG gelösten Dtn mit Num als Bindeglied). An ein und denselben Autorenkreis in (Gen–)Num und Dtn(–Kön), abgekürzt „D", denkt Johnstone 2002; warum diese Hypothese die Möglichkeit einer früheren Fassung der Erzählkränze in Gen–Num (sei es „J" oder was auch immer) ausschließt (Johnstone 2002, 249.273), vermag ich nicht nachzuvollziehen.

36 Blum 2007, 90 für die Gegenposition.

bzw. eines „Torabuches" in Ex 1–Dtn 34 durchaus einen guten Sinn ergibt oder wenigstens keine Probleme bereitet.[37] So wird man kaum bestreiten können, dass sowohl die narrativen (konzeptionellen wie literarischen) Verbindungen[38] als auch die eigenen, durchaus verschiedenen Akzente des Rückblicks auf den Tetrateuch in Dtn 1–3[39] eine Verbindung zum Vortext herstellen wollen, sei es im selben „Werk", sei es in getrennten Büchern.[40]

---

37 Blum 2002, 155; 2007, 91.94 mit Anm. 95; Römer 2006b, 53. Doch warum soll für einen Hexateuch nicht gelten (Blum 2007, 92–93), was für ein hypothetisches, auf Ex–Dtn begrenztes „Torabuch Moses" gilt? Dieselbe Frage stellt sich beim Verhältnis von Sinai- und Moabgesetz, die zwar literarisch voneinander abhängig und „der kompositorischen Logik nach identisch sind" (Blum 1990, 199; 2007, 91), aber – um der Hypothese Noths willen – in keinem redaktionellen Zusammenhang stehen dürfen.

38 Natürlich kann man bestreiten, dass die zahlreichen Querbezüge zum vorausgehenden Kontext in Dtn 1–3 und darüber hinaus (vgl. zuletzt Johnstone 2002; Harvey 2004; Heckl 2004) kompositionelle Funktion haben, und darauf insistieren, dass sie gerade für ein „eigenständiges Torabuch *neben* einer bestehenden Überlieferung" gemacht sind (Blum 2007, 91–92; 2020, 283–289). Doch werden damit und mit dem Hinweis auf die „allgemeine Kenntnis" der in Dtn 1–11 verarbeiteten Stoffe die Stilisierung als Rede des Mose und das „spezifische Profil des Rückblicks in Dtn 1–3" (Blum 2007, 92–93) gerade nicht erklärt. Vielmehr muss mit der problematischen Annahme operiert werden, dass die Verfasser des Deuteronomiums sich der in Genesis bis Numeri erhaltenen nicht-p Überlieferungen als Vorlagen für ein eigenes Werk bedient hätten, dem die Quellen, die es rekapituliert, nachträglich vorgeschaltet wurden, um zu guter Letzt in dem zum Pentateuch erweiterten „Torabuch Moses" (so Blum, ähnlich Römer) oder erst im nach-p Hexateuch (so Otto, Blum) dennoch eine – plötzlich keineswegs mehr sinnlose (Blum 2007, 92–93) und ohne die Stilisierung als Moserede gar nicht mögliche (2020, 285) – literarische Einheit zu bilden. Vgl. dazu Nr. 18 in diesem Band.

39 Vgl. Achenbach 2005, 130–131; Blum 2020, 286–287. Doch eigene Akzente lassen nicht automatisch auf ein eigenes Werk schließen, sondern sind in Fortschreibungen und Reformulierungen die Regel.

40 Dass Dtn 1–3 und die weiteren historischen Rekapitulationen in Dtn 1–11 nicht nur den narrativen Zusammenhang mit dem Vor- und dem Folgekontext unterstreichen, sondern – ebenso wie die Überschrift in Dtn 1,1–5 und die selbstreferenziellen Angaben – gleichzeitig zur Verselbständigung des Buches Deuteronomium als „Torabuch Moses" und infolge dessen zur Auffassung des ganzen Pentateuchs als „Torabuch" beitragen, ohne den Zusammenhang mit der Fortsetzung in Josua bis Könige aufzulösen (Kratz 2000, 136.221 sowie Nr. 13 in diesem Band; dagegen Blum 2007, 92 Anm. 87), sollte für Blum eigentlich kein fremder Gedanke sein; vgl. Blum 1990, 109–110; 2007, 71–72.83; 2020, 288–289. Alle Anzeichen eines selbständigen Deuteronomiums (auch und gerade die Überschrift in 1,1–5 und die selbstreferenziellen Angaben) weisen jedenfalls nicht auf Noths DtrG, sondern auf das Deuteronomium als „Torabuch Moses"! Warum die Ausrichtung von Dtn 1–3 hauptsächlich am nicht-p (nicht *eo ipso* vor-p!) Text des Tetrateuchs sowie die Rückwirkung des Deuteronomiums auf die nicht-p Sinaiperikope gegen die Spätdatierung von Dtn 1–3 sprechen soll (Blum 2007, 92 Anm. 87), hat sich mir nicht erschlossen (vgl. vielmehr Blum 2002, 155); weitreichende Hypothesen zur Entstehung des Pentateuchs sollte man daraus jedenfalls nicht ableiten (vgl. Nr. 13 in diesem Band). Anders Johnstone 2002 und Baden 2009, die sich an die alte Devise halten, dass Dtn 1–3 und die übrigen Reminiszenzen des Dtn „geradezu als Leitfaden zur Ermittlung von JE" in (Gen–)Num

Ich will das Problem hier nicht weiter diskutieren, auf diesen Punkt aber nachdrücklich hinweisen, da er eine Fülle von Implikationen für die Analyse des Deuteronomiums, seine Datierung sowie die literarhistorischen Relationen zu den anderen Bestandteilen des Pentateuchs hat.[41] Mir hat sich an diesem Punkt die alte Hexateuchhypothese aufgedrängt.[42] Sie zieht die Preisgabe der – auch von anderer Seite schon vielfach in Frage gestellten – Nothschen Hypothese eines von Dtn 1 bis 2Kön 25 reichenden DtrG nach sich.[43] Die dagegen vorgebrachten Einwände haben mich bisher nicht vom Gegenteil überzeugt.[44] Auf welche ausgesprochenen

---

dienen könne (Wellhausen 1899, 197). Johnstone ersetzt lediglich die Bezeichnung „JE" im Anschluss an Blums KD durch das Kürzel „D"; Baden bleibt bei den Quellen „J" und „E".

41 Zur literarhistorischen Stratigraphie vgl. Nr. 12–14 in diesem Band; zur entsprechenden (nach-staatlichen) Datierung des ältesten Deuteronomiums Kratz 2000, 136–138; Aurelius 2003, 39–42. Auch Pakkala 2009 schließt sich der Spätdatierung an, liefert hierfür jedoch ausschließlich Argumente *ex nihilo*, die den Beweis nicht zu tragen vermögen. Ob die Zentralisationsidee nach 722 oder erst nach 587 v. Chr. zu datieren ist, kann man diskutieren; dass sie ein vom König (Josia) selbst unterstütztes, staatsrechtlich relevantes Programm gewesen sei, scheint mir nach allem, was wir über das Selbstverständnis altorientalischer und syrisch-palästinischer Monarchien wissen, jedoch nachgerade ausgeschlossen.

42 Geht man von dem selbständigen Deuteronomium, eingebunden in Noths DtrG (van Seters, Blum, Römer, aber auch Levin) oder in Lohfinks DtrL (Otto), als Axiom aus, kommt praktisch nur die Möglichkeit der Vorschaltung des dtr oder p Tetrateuchs in Frage. Damit ist der Weg für eine unvoreingenommene Analyse des vor-p und vor-dtn Materials in Genesis bis Numeri versperrt und das Ergebnis der Fragmentenhypothese vorweggenommen, es sei denn man hält an der Urkunden-hypothese fest und blendet die Frage nach der Verbindung von Tetrateuch (ebenfalls ein Fragment!) und Deuteronomium einfach aus (Levin). Sieht man von dem Axiom ab und hält sich alle Möglich-keiten offen, ist der Weg (wieder) frei, um die einzelnen Schichten im Dtn selbst wie auch im vor-p und vor-dtn Textbestand der erzählenden Bücher nach Maßgabe der narrativen und literarischen Verbindungen ins Verhältnis zu setzen. Diese aber führen sowohl im Deuteronomium (durch die Historisierung) als auch ohne das Deuteronomium von selbst auf den Zusammenhang von Auszug (Ex–Num) und Einzug (Jos); die Schnittstelle ist der Ort Schittim in Num 25,1 und Jos 2,1; 3,1, an dem auch Mose stirbt (Dtn 34,5–6). Vgl. Kratz 2000, 129–130 sowie Nr. 13, 14, 18 und 19 in diesem Band; Gertz 2002b; Gertz u. a. 2006, 288–289.

43 Zur Diskussion vgl. Veijola 2002a; 2002b; 2003a sowie de Pury u. a. 1996; Knoppers / McConville 2000; Römer 2000; Frevel 2004; Römer 2005; Witte u. a. 2006; Hutton 2009a und 2009b. Die Kritik von Veijola (Veijola 2003a, 24–41), dem wir die vielleicht wichtigsten Beiträge zu Dtn und DtrG nach Martin Noth verdanken, bleibt hinter seinen Möglichkeiten zurück und geht auf das Verhältnis zur Erzählung in Gen–Num nicht ein.

44 Otto 2000a, 224–225 Anm. 291; 2001, 415–417; 2002b, 125–155 hat die literarkritische Differen-zierung in Dtn 34,5–6 übersehen; ansonsten setzen er und Achenbach 2005 die eigene Hypothese voraus und begründen mit ihr die Ablehnung der meinen. Schmid 2004c, 321; 2007a, 196 Anm. 41 empfindet die Zuweisung von Dtn 34,5f* zu einem alten Hexateuch als „problematisch", ohne mit-zuteilen, worin er das Problem sieht, und hält es für „bedenklich", dass der Tod des Mose nicht auf dem Wege des „Subtraktionsverfahrens" gewonnen werde (doch vgl. Nr. 18 in diesem Band). Levin

und unausgesprochenen exegetischen oder theologischen Vormeinungen die Entscheidung in die eine oder andere Richtung beruht, wird unten (unter III) noch zu bedenken sein.

3 Der nicht-priesterliche und nicht-deuteronomische Text

Nun zu den offenen Fragen für den Bereich des nicht-p und nicht-dtn Texts, der nach Abzug von P, Dtn und Bundesbuch übrigbleibt. Seit Julius Wellhausen und Martin Noth wird dieser Textbereich mit der Neueren Urkundenhypothese erklärt,

---

2004a, 342–343 gesteht der Hypothese „eine hohe Evidenz" zu, muss aber um seines Jahwisten und Noths DtrG willen die Verbindung von Num 25,1 mit Jos 2,1; 3,1 sowie den Anschluss der Jerichoerzählungen in Jos 2 und Jos 6 für sekundär gegenüber der Lokalisierung von Num 22,1 und ihrer Rezeption in Num 26–36 und Dtn erklären. Doch schließen sich die geographischen Angaben – auch ohne die Verlegung von Schittim in Num 25,1a (mit 20,1, aber nach 22,1?) in den Südwesten (Levin a.a.O.) – keineswegs aus; wäre dies der Fall, dann wäre die nachträgliche (!), gemäß Levin nach-dtn und nach-p, wenn nicht – in seiner Terminologie – „nachendredaktionelle" Wiederaufnahme von Num 25,1 in Jos 2,1; 3,1 um so verwunderlicher; zu Levin vgl. Nr. 16 in diesem Band. Auch Blum 2007, 79–83 äußert wie Schmid prinzipielle Vorbehalte, die nicht näher erläutert werden, und erklärt (ähnlich wie Levin und mit van Seters 1983, 324–325) die ganze Erzählung in Jos 2,1–3,1 kurzerhand für sekundär (nach-dtr). Grund ist zum einen, dass Blum die von mir rekonstruierte Grunderzählung in Jos 2 nicht gefällt, für die er eine „Bedeutung für die Akteure wie auch für die Leser" vermisst; er scheint V. 2–3 übersehen zu haben, die das Motiv beim Namen nennen: die Gefahren für die Israeliten beim Einzug in das gelobte Land, von denen das ganze Josuabuch handelt. Das Bekenntnis der Rahab zum wahren Gott ist in der Tat eine späte Pointe, die der Erzählung nachträglich aufgesetzt und ebenso sekundär ist wie die Sünden der Moabiterinnen in Num 25. Zum anderen macht Blum die inhaltliche „Spannung zu dem vorliegenden deuteronomistischen Hauptfaden des Josuabuches" (Blum, 2007, 81) geltend, womit er voraussetzt, was es zu beweisen gilt: die Ursprünglichkeit eines „deuteronomistischen Hauptfadens" und die wissenschaftliche Hypothese von Noths DtrG. Unklar bleibt, warum sich Jos 3,1 (angeschlossen an Num 25,1a) „mit seinem proprietären Profil zusammenhangslos eingekeilt in die völlig konsistente (sc. dtr) Haupterzählung (präsentierte)" und Jos 2,1–3,1 so völlig ohne „Sinn" und Verstand in diese „Haupterzählung" eingefügt worden sein soll (Blum 2007, 82). Übergangen wird die Tatsache, dass Jos 3,2–4 keineswegs nahtlos an 1,11 anschließt, was bereits die von Blum für sich reklamierte Quellenkritik gesehen („freilich nicht ganz unmittelbare Fortsetzung", Eissfeldt 1922, 66) und Noth 1943, 41–42 dazu veranlasst hat, darin dtr Zutaten (!) zum älteren Erzählfaden zu erkennen. Richtig ist zweifellos, dass die literarischen „Verweise *per se* … kein eindeutiges Bild" über die redaktionsgeschichtlichen Verhältnisse ergeben, sondern sich „bestenfalls im Verbund mit übergreifenden Hypothesen und Modellen in ein komplexes Argumentationsgeflecht einbringen" lassen (Blum 2007, 83; vgl. auch ebd. 73). Doch ob dies unbedingt Levins Jahwist, Blums KD und das von beiden vorausgesetzte Nothsche DtrG oder Ottos Hexateuch- und Pentateuchredaktion und der von ihm und Achenbach vorausgesetzte Lohfinksche DtrL sein müssen? Zur These Blums, die von Krause 2014 ausführlich verteidigt wird, vgl. Nr. 19 in diesem Band.

die den Text auf die Quellen J und E, die Verbindung der beiden Quellen zu JE sowie spätere (nach-dtn/dtr und nach-p) Zusätze verteilt. Bekanntlich wird dieses Erklärungsmodell, auch wenn es nach wie vor (und mancherorts sogar zunehmend) Vertreter findet,[45] in der neueren Forschung nicht mehr allgemein akzeptiert und ist von vielen aufgegeben worden (weswegen wir uns ja auch zu diesem Symposium eingefunden haben).[46] Das beutet nicht, dass man sich nicht auch diese Option prinzipiell offen halten sollte.[47] Doch angesichts der Forschungslage empfiehlt es sich m. E. nicht, von der Urkundenhypothese – sei es in ihrer traditionellen, sei es in ihrer redaktionsgeschichtlich modifizierten Gestalt – einfach auszugehen.

Unter Absehung von der Urkundenhypothese sehe ich für den fraglichen Textbestand zwei Hauptprobleme. Das erste betrifft die Differenzierung des Materials in vor- und nach-p sowie vor- und nach-dtn Textanteile. Es herrscht, wenn ich recht sehe, Einmütigkeit darüber, dass sowohl die Priesterschrift als auch das Deuteronomium Einfluss auf diejenigen Texte im Pentateuch ausgeübt haben, die nicht im engeren Sinne einer dieser beiden klar identifizierbaren Hauptstrata sowie dem Korpus des Bundesbuches angehören. Das Phänomen hat sich in der Spätdatierung des Jahwisten bei John van Seters (und anderen), in der KD- und KP-Hypothese von Erhard Blum sowie in der Zuweisung zu „nachjawistischen", „endredaktionellen" und „nachendredaktionellen" Ergänzungen bei Christoph Levin niedergeschlagen.[48]

In vielen Fällen ist es möglich, den Sprachbeweis zu führen und die dtn/dtr oder p Sprache oder eine Mischung aus beidem zu identifizieren.[49] In manchen Fällen

---

45 Vgl. z. B. Graupner 2002; Gerhards 2006; Baden 2009, die sich dem „Elohisten" und seinem Verhältnis zum „Jahwisten" widmen. Eine redaktionsgeschichtlich (in Richtung der Ergänzungshypothese) modifizierte Urkundenhypothese vertreten für den „Jahwisten" (und „E" = Ergänzungen) Levin 1993 und 2007, für den „Elohisten" Zimmer 1999.

46 Der Auflösungsprozess ist schon oft beschrieben worden; vgl. besonders Rendtorff 1976; Blum 1984 und 1990; Schmid 1999; Gertz u. a. 2002; Dozeman / Schmid 2006.

47 So zu Recht Levin 2004a gegen einen voreiligen „Abschied vom Jahwisten" (Gertz u. a. 2002), der in der englischen Version (Dozeman / Schmid 2006) schon wieder mit Fragezeichen versehen wurde.

48 In meiner Terminologie handelt es sich um J^S (Ergänzungen zur jahwistischen Grundschrift J^G in der Ur- und Vätergeschichte der Genesis, vor-p), E^S (Ergänzungen zur Grundschrift der Exoduserzählung E^G im „Hexateuch" Ex–Jos sowie im „Enneateuch" Ex–Kön, vor-p, vor- und nach-dtn/dtr), JE (Ergänzungen zur Vereinigung von Ur- und Vätergeschichte J und Exoduserzählung E im „Enneateuch", nach-dtr) und R^{PJE} (nach-dtr und nach-p Ergänzungen im Enneateuch und im Pentateuch); vgl. Kratz 2000, 331 sowie Zenger u. a. 2004, 118–123. Für die Beibehaltung und Umwidmung der hergebrachten Kürzel der Urkundenhypothese wurde ich gelegentlich getadelt (Blum 2002, 121 Anm. 13; Schmid 2004c, 326–327). Auf sie lege ich überhaupt keinen Wert und lasse sie, wenn es zur Beruhigung der Gemüter beiträgt, gerne fallen.

49 Vgl. z. B. Perlitt 1994, 123–143.

aber ist der Sprachbeweis sehr schwierig oder unmöglich. So fällt es nicht immer leicht, die literarische Relation festzustellen und die Texte richtig einzuordnen. Nicht alles, was nicht-dtn oder nicht-p ist, ist *eo ipso* auch vor-dtn oder vor-p. Das aber bedeutet, dass nicht-dtn oder nicht-p Textanteile sowohl vor- als auch nach-dtn, vor- als auch nach-p sein können. Das Problem ist darum so schwerwiegend, weil davon Texte betroffen sind, die an kompositionellen Schaltstellen stehen und redaktionsgeschichtlich relevant sein können (oder es – je nachdem, wo man sie einordnet – eben nicht sind): Gen 15[50] etwa oder der Übergang von Gen 50 zu Ex 1[51], Ex 3–4[52], große Teile der Sinaiperikope in Ex 19–24 und 32–34[53], oder Jos 24 und

---

50 Es liegt auf der Hand, dass Gen 15 jünger ist als die Verheißung in Gen 12,1–3 und ebenso wie Gen 14; 16 und 17 den älteren Zusammenhang zwischen Gen 12–13 und 18–19 unterbricht; vgl. Kratz 2000, 263–264. Weniger eindeutig ist hingegen die Relation zu P, auch wenn sich heute ein gewisser Konsens für eine nach-p Entstehung gebildet hat. Zur Diskussion vgl. Blum 1984, 362–383; Köckert 1988, 204–247.313–314 (mit Anhang 325–327); Ha 1989; Römer 1989/90; Levin 1993, 151; Schmid 1999, 63–64.172–186; Gertz 2002a und dazu Levin 2004, 333–334; Blum 2002, 141–145 und dazu Levin 2004, 335–337; Neef 2008; Ska 2009, 67–81.
51 Zur Diskussion vgl. Blum 1990, 102–103; Levin 1993, 313–316; Schmid 1999, 69–73.186–209; Gertz 2000, 357–379; Blum 2002, 145–151 und dazu Levin 2004a, 335–337; dasselbe auf Englisch in Dozeman / Schmid 2006; Berner 2010. Blum 2002 bestätigt – gegen Schmid und Gertz –, dass 1) Ex 1,9 keineswegs Ex 1,7 notwendig voraussetzt (Blum 2002, 145.147–148), 2) Ex 1,7 nicht P, sondern eine Mischung von p und nicht-p Sprachgebrauch (ebd. 145.148) und also am ehesten eine nach-p Formulierung ist, und 3) Ex 1,8–12 daher nicht zwingend nach-p, aber auch nicht unbedingt vor-p sein muss (ebd. 148–149); vgl. Kratz 2000, 287. Danach allerdings verwundert, dass Blum – anders als Carr 2006 – der widerlegten Auffassung von Schmid und Gertz folgt. So verteilt er die nicht-p Überleitung in Gen 50,22–26 und Ex 1,1–9 auf p (mit der Abfolge Ex 1,7.9!) und nach-p (darunter Ex 1,6.8) Elemente, obwohl ihn das Sprachargument weder für Ex 1,7.9 noch für das Motiv der Mehrung und des Frondienstes in Ex 1,10b–12 (Kratz 2000, 287) überzeugt (Blum 2002, 146–147). Leichter lässt sich die in einer Fußnote vorgeschlagene Alternative „imaginieren" (ebd. 148–149 Anm. 137), die sich mit dem Vorschlag von Levin (1993, 313–316; 2004a, 336 Anm. 19) berührt: Gen 50,26aα/ Ex 1,6*.8(–10a.15 ff), unmittelbar angeschlossen an das Ende der vor-p Josephsgeschichte (Gen 50,21 oder 50,14). Nur ist – gegen Levin – auch diese Überleitung sekundär, wenn auch vermutlich vor-p (Kratz 2000, 287–289 sowie 312.326–327). Sie dürfte Ri 2,10 als Vorbild gedient haben und nicht umgekehrt (so zu Recht Levin 2004a, 336 Anm. 20 gegen Blum 2002, 151).
52 Zur Diskussion vgl. Blum 1990, 9–43; Levin 1993, 326–333; Schmid 1999, 73–74.230–241; Gertz 2000, 254–327; Blum 2002, 123–140; Dozeman 2006; Berner 2010. An meiner Analyse moniert Blum 2002, 123 Anm. 20 die Ausscheidung von Ex 4,19, die die kühne These von einer Jugendgeschichte Moses, die nur fragmentarisch erhalten sei, und der sekundären Einschaltung von Ex 3–4 zwischen 2,23aα und 4,19 (so Blum u. a.) oder 4,20 (so Levin 1993, 324.329) in Frage stellt (Kratz 2000, 289 Anm. 78; 293). Der Grund für die Einfügung von Ex 4,19, die den Zusammenhang von V. 18.20 unterbricht, ist jedoch leicht zu ersehen: Die Rückkehr Moses soll nicht allein auf seine und seines Schwiegervaters, sondern auf Jhwhs Veranlassung hin geschehen, sobald dieser die Zeit für gekommen sieht. Hingegen ist kein Grund ersichtlich, weshalb ein Ergänzer die Willensäußerung Moses und das schwiegerväterliche Einverständnis, das die Abreise in V. 20 unmittelbar erwarten lässt, vor der göttlichen Beauftragung platziert haben sollte, wenn Ex 3–4 schon vorausgingen.
53 Vgl. Kratz 2000, 139–155; zur Diskussion Köckert 2002; Schmitt 2002.

der Übergang von Jos 23–24 zu Ri 1–2[54], die nicht-p Textbestandteile im Numeri-buch[55] und im Deuteronomium selbst Dtn 1–3 (und 5–11)[56] sowie Dtn 34[57] in ihrem Verhältnis zur Priesterschrift. In solchen Fällen müssen außer dem Sprachbeweis noch andere Kriterien greifen, die aber noch nicht klar definiert oder gefunden und allgemein akzeptiert sind. Hier scheint mir die wichtigste Aufgabe der Pentateuch-forschung für die nächste Zukunft zu liegen.[58]

4 Die erste Komposition

Die Frage der richtigen Kriterien zur literarischen Differenzierung des nicht-p und nicht-dtn Textbestands ist nicht zuletzt darum so wichtig, weil von ihm auch das zweite Hauptproblem abhängt: die Verbindung der älteren Überlieferungen zu einem größeren Ganzen. Einig ist man sich seit langem darin, dass die Über-lieferungen im nicht-p und nicht-dtn Text des Pentateuchs (Urgeschichte, Väter, Mose und Exodus) ursprünglich selbständig waren und eine längere Vorgeschichte haben. Einig ist man sich heute auch darüber, dass man diese Vorgeschichte nicht länger in der (mündlichen oder schriftlichen) Vorgeschichte des überlieferten lite-rarischen Bestandes,[59] sondern soweit wie möglich in diesem Bestand aufspüren sollte.[60] Höchst umstritten aber ist, wie dies methodisch zu bewerkstelligen sei und wie weit man damit kommt. Am weitesten ist damit Christoph Levin gekommen. Er wendet die Ergänzungshypothese konsequent an und rekonstruiert so eine (von ihm einem einzigen Redaktor, dem „Jahwisten", zugeschriebene) Bearbeitung älterer „Quellen" (im Sinne von Überlieferungen), an die sich weitere Ergänzungen anschließen. Dieses Verfahren scheint der Hypothesenbildung von Erhard Blum diametral entgegenzustehen. Doch liegen die Unterschiede m. E. nicht im Verfah-

---

54 Zur Diskussion vgl. Blum 1997; Schmid 1999, 209–230 und die weitreichenden Schlussfolgerun-gen ebd. 241–278; Kratz 2000, 204–208; Aurelius 2003 und 2008; Achenbach 2005, 139–153; Blum 2006; Römer 2006a; Rake 2006; sowie Nr. 18 und 20 in diesem Band.

55 Vgl. hierzu Levin 1993 z.St.; Kratz 2000, 108–112.301–303 und zur Diskussion Römer 2002; Achen-bach 2003 und 2004b.

56 Vgl. die Hinweise oben II 2.

57 Zur Diskussion vgl. oben Anm. 44 sowie Nr. 18 (IV) in diesem Band; ferner Schmid 2007a und 2007b.

58 Vgl. dazu Germany 2017.

59 So Noth 1948.

60 Die gilt nahezu für sämtliche neueren Analysen, von van Seters jahwistischem Autor und His-toriker bis zu Levins jahwistischem Redaktor, von Blums D- und P-Komposition bzw. Römers P- und D-Schulen bis zu Ottos nach-p Hexateuch- und Pentateuchredaktionen. Gegen solche Ver-gleiche verwahrt sich E. Blum in Gertz u. a. 2002, 120–122, bes. 121 Anm. 15, wobei es ihm – aus welchen Gründen auch immer – besonders auf die Wahl der Sigla ankommt.

ren,[61] sondern vor allem in der Präzision (und Quantität) der literarischen Differenzierung zwischen Quelle/Überlieferung, Redaktion/Komposition und diversen Ergänzungen. In gewisser Weise beherzigt Levin die Devise Blums mehr als dieser selbst: „Um einen Text verstehen zu können, sollte man wissen, wo/wie er anfängt und wo/wie er aufhört."

Von der Frage, ob überhaupt oder wie man den nicht-p und nicht-dtn Textbestand differenziert, hängt sodann ab, wo man das Zusammenwachsen der Überlieferungen und vor allem die (erste) Verbindung von Väter- und Exodusüberlieferung findet: noch im vor-dtn und vor-p Text[62] oder erst in P und nach-p Schichten.[63] Dass Väter und Exodus zwei ursprünglich getrennte Ursprungstraditionen Israels sind, die erst sekundär zu einer Geschichtserzählung verbunden wurden, ist seit langem klar, ganz gleich, ob man dies überlieferungsgeschichtlich oder literarhistorisch erklärt hat.[64] Die Frage aber ist, wie lange die beiden Traditionen separat überliefert und an welchem Punkt in der relativen Chronologie der Bildung des Pentateuchs sie verbunden wurden. Auch die Frage, ob es möglicherweise einmal einen vor-p (und vor-dtn) oder nach-p „Hexateuch" (Genesis/Exodus bis Josua) gab, hängt – außer von der Analyse des Deuteronomiums – nicht zuletzt von der Differenzierung des nicht-p und nicht-dtn Textbestands im Tetrateuch ab.[65] Nicht

---

61 Vgl. Blum 2002, 120: „Gunkel – dem Anspruch nach – vom Kopf auf die Füße gestellt führt nicht in eine mündliche Vorgeschichte der Sagenüberlieferung, sondern auf die Literargeschichte narrativer Kompositionen".

62 In Frage kommen van Seters später Jahwist (Autor und Historiker), Levins reduzierter und fragmentarischer Jahwist (Redaktor), der Münsteraner „Jehowist" (JE) bzw. das „Jerusalemer Geschichtswerk" (JG), Blums KD in Gen–Num (Blum und Carr), aber auch der vor-p „Hexateuch" (Ex–Jos*) bzw. „Enneateuch" (Gen–Kön*) vor der Integration von P (Kratz).

63 In Frage kommt die selbständige Priesterschrift in Gen–Ex oder Gen–Lev (de Pury, Römer, Schmid, Gertz), Blums KP (so in Blum 2002) oder eine nach-p Redaktion, die P mit D (Dtn, DtrL oder DtrG) miteinander vereinte und im Zuge dessen den nicht-p Text, der sich in Gen–Num findet, nachträglich integrierte und vor allem in den Büchern Levitikus (H) und Numeri massiv vermehrte (Römer und Nihan, Otto und Achenbach).

64 Diesen Sachverhalt haben nach Noth 1948 vor allem van Seters 1972; Rendtorff 1976; Blum 1984 und 1990; Römer 1990; ders. in Lohfink 1991a; de Pury 1991 und 1992; Schmid 1999 und Gertz 2000 in Erinnerung gerufen und ausgewertet. Auch Levin 1993 rechnet auf der Ebene seiner vor-jahwistischen (schriftlichen) Quellen (J^Q) mit getrennten Überlieferungen. Blum 2002, 122–123 legt Wert auf die Feststellung, dass die Überlieferungen, auch wenn sie literarisch erst spät miteinander verbunden wurden, „kognitiv" nicht als Alternativen, sondern stets als Einheit gesehen worden seien; für ihn war also (wie schon für M. Noth) die heilige Geschichte des Pentateuchs wenigstens der Sache nach von Anfang an komplett. „Dass die konzeptionelle von der literarischen Verbindung strikt zu unterscheiden" sei, gehört zu den axiomatischen Voraussetzungen, die unten besprochen werden.

65 Zur Diskussion vgl. Nr. 18 in diesem Band; Germany 2017. Einen vor-p Enneateuch nimmt Schmid 1999; 2008, 120, einen vor-p Hexateuch Gertz 2002a (nach Kratz 2000) an. Damit unterscheiden sich

die Aussonderung von D und P, sondern die Analyse und Erklärung des nicht-p Materials im Tetrateuch entscheidet somit darüber, welcher Pentateuchhypothese man zu folgen geneigt ist.

Ich selbst habe, um mir sämtliche Optionen offen zu halten, auf eine vorgängige Festlegung verzichtet. In Anknüpfung an die älteren (quellenkritischen) Analysen vor allem von Julius Wellhausen, Rudolf Smend (Großvater), Gustav Hölscher und Martin Noth sowie die neueren Analysen besonders von Erhard Blum und Christoph Levin, die nicht mehr der klassischen (neueren) Urkundenhypothese folgen, bin ich im nicht-p und nicht-dtn Text auf eine Reihe von Stadien des Zusammenwachsens der Überlieferung gestoßen, die in eine durchgehende redaktionelle Ausgestaltung der Ur- und Vätergeschichte in der Genesis einerseits[66] und der Exodus-Landnahme-Geschichte in Exodus–Josua andererseits[67] münden und (sehr wahrscheinlich) auch eine vor-p Verbindung von beidem umfassen.[68] Das

---

Schmid und Gertz von all jenen, die den vor-p Textbestand in Gen–Num bzw. Gen–Ex mittels der Fragmentenhypothese erklären möchten (Blum, Otto, Achenbach, Römer), sind sich aber darin mit ihnen einig, dass erst P und eine nach-p Redaktion bzw. Blums KP für die Verbindung von Urgeschichte, Vätern und Exodus verantwortlich seien.

66 Signifikant für diese („jahwistische") Redaktion ist und bleibt das Scharnierstück Gen 12,1–3, das Ur- und Vätergeschichte literarisch und konzeptionell miteinander verbindet; vgl. Kratz 2000, 252–280 sowie Nr. 7 und 8 in diesem Band. Die von manchen vorgenommene nach-p Ansetzung dieses Textstücks wird eher behauptet als begründet und beruht auf sehr vagen Indizien (Römer 2002, 210–220; Schmid 2004c, 319–320 unter Berufung auf Ska 2009, 46–66). Da der Segen von Gen 12,1–3 („Segen", „großes Volk") in Gen 17,20–21 für Ismael zitiert und gleichzeitig für Abraham und Isaak durch den „Bund" überboten wird, muss er älter sein als P bzw. P^s in Gen 17.

67 S.o. Anm. 42 und 44.

68 S.o. Anm. 21 und 51 und 66. Für eine vor-p Verbindung von Erzvätern und Exodus spricht auch die Josephsgeschichte in ihrem zweiten Teil (ab Gen 46); vgl. Kratz 2000, 281–286 sowie Nr. 9 in diesem Band. Die von Schmid 2002 und 2004c, 320–321 dagegen geltend gemachten Einwände beruhen auf der Voraussetzung, dass es eine vor-p Verbindung von Erzvätern und Exodus nicht gegeben haben darf sowie auf „präliminarischen Überlegungen" (Schmid 2002, 103) zum ursprünglichen Ende der selbständigen Josephsgeschichte in Gen 50. Besonders die Interpretation des Trauerzuges in Gen 50,1–14 als Repatriierung ganz Israels sowie die Ausscheidung von Gen 50,14 wirken gezwungen (vgl. Levin 2004a, 334–335; Carr 2006, 168–169). Dass in Gen 45,25–27 der in Gen 37 eröffnete Erzählbogen zu seinem Ende kommt, wurde schon öfter beobachtet (vgl. die Hinweise bei Schmid 2002, 91–92) und scheint mir nach wie vor plausibel zu sein; wer die persönliche Begegnung Jakobs mit seinem Sohn vermisst, mag noch Gen 45,27 sowie die Szene in 46,1*.28–30* hinzunehmen, mit der eine selbständige Vätergeschichte einst geschlossen haben könnte und die die Voraussetzung für den Trauerzug und die Rückkehr Josephs in Gen 50 bildet. Erst mit Gen 46,31 bzw. 47,1 (und den Ergänzungen in Gen 46,1–30) weitet sich der Horizont und kommt das Verhältnis von Joseph (Israel) und Pharao wieder ins Spiel, das im Folgenden den Übergang von Gen 46 bis Ex 1 bestimmt. Was die ursprüngliche Selbständigkeit anbelangt, so möchte ich – gegen die vorschnelle Kritik von Schmid an der von mir erwogenen Fortschreibungshypothese – noch einmal zu bedenken geben,

alles ist nicht das alte Spiel mit den Quellen J, E und P und den Größen Tetrateuch, Pentateuch und Enneateuch, sondern im Gegenteil die Konsequenz des Verzichts auf das Spiel der Urkundenhypothese. „Um einen Text verstehen zu können, sollte man wissen, wo/wie er anfängt und wo/wie er aufhört".

5 Die Relation der Schichten

Zuletzt eine Frage, die das große Ganze betrifft: Wie und in welcher Reihenfolge sind die verschiedenen Bestandteile des Pentateuchs – die Überlieferungen des vor-dtn und vor-p Texts, das Bundesbuch, das Deuteronomium und die Priester-schrift – zusammengefügt worden? Seit Julius Wellhausen ist man sich weithin einig, dass das Deuteronomium (jedenfalls in seinem Grundbestand) älter ist als die Priesterschrift, auch wenn die Frühdatierung der Priesterschrift nach wie vor ihre Befürworter findet.[69] Außerdem ist man sich einig, dass beiden das Bundesbuch (ebenfalls in seinem Grundbestand) vorausgeht, sodass sich eine klare Entwicklung ergibt: vom Bundesbuch über das Deuteronomium (und den in Ex 20 wie in Dtn 5 nachgetragenen Dekalog) zur Priesterschrift einschließlich des Heiligkeitsgesetzes in Lev 17–26, das auf das Bundesbuch und das Deuteronomium rekurriert.[70]

---

dass die Josephsgeschichte anders als etwa die Überlieferungen von Isaak oder Jakob nicht von einer isolierbaren Einzelgestalt, sondern von der ganzen Familie, d. h. von ganz Israel, erzählt und damit genau dort ansetzt, wo die – bereits redaktionell verbundene – Vätergeschichte in Gen 35 aufhört. Die dagegen in Anschlag gebrachten Differenzen zum Vortext (Schmid 2002, 94; 2004c, 320) erklären sich als die für Ergänzer typischen haggadischen Ausschmückungen. Der einzige Widerspruch scheint sich in Gen 37,10 (nicht 37,8 wie Schmid schreibt) zu finden, wo von der Mutter Josephs, Rahel, die Rede ist, die gemäß Gen 35,18–20 bereits tot ist (vgl. Kratz 2000, 282); doch tritt die Mutter ja nicht lebend auf, sondern wird lediglich im Munde des Vaters in einer rhetorischen Frage formelhaft von dem Erzähler erwähnt. Wenn sich ein Redaktor, der die Josephserzählung hier einfügte und bearbeitete, daran nicht gestoßen hat, warum sollte es ein Ergänzer tun, dem es nicht auf die Wiederbelebung der Mutter, sondern auf die unmögliche Möglichkeit ankam, dass sich Eltern vor ihren Kindern verneigen. Im Übrigen ist nicht ausgeschlossen, dass der fragliche Vers ohnehin ein späterer Zusatz ist (vgl. Levin 1993, 272). Zur Analyse der Josephserzählung vgl. Ede 2016.

69 Vgl. Krapf 1992 sowie die Hinweise bei Otto 1997b, 44–50; zur Diskussion Shectman / Baden 2009.
70 Die relative Chronologie von Bundesbuch („JE"), Deuteronomium (D) und Priesterschrift (P) steht, jedenfalls was den literarhistorischen Anfang in den drei Rechtskorpora anbelangt, seit Wellhausen 1905 fest. Umstritten ist jedoch, in welcher Reihenfolge sie in den Pentateuch gelangten. Anders van Seters 2003, der nicht nur eine spätere (nach-dtn oder nach-p) Einschaltung, sondern – in Einklang mit der nach-dtn Datierung seines Jahwisten – auch die nach-dtn Entstehung des Bundes-buches behauptet; vgl. dazu Otto 2004. Zur relativen Datierung von H vgl. Cholewinski 1976; Ruwe 1999; Stackert 2007 sowie die Hinweise zum Ende von P oben Anm. 16 und 20.

Es ist vor allem Eckart Otto zu verdanken, auf die Bedeutung der Rechtsüber-lieferung und ihrer literarhistorischen Entwicklung für die Pentateuchanalyse mit Nachdruck hingewiesen zu haben.[71] Allerdings erhebt sich die Frage, wie sich die Entstehung der einzelnen Bestandteile des Pentateuchs (vor-dtn, vor-p Über-lieferungen, Bundesbuch, Dtn, Dekalog, P) zur Bildung des Pentateuchs selbst und ihrer relativen Chronologie verhält. Hier gehen die Meinungen auseinander, ob die Bildung des Pentateuchs seine – mehr oder weniger klar isolierbaren – einzelnen Bestandteile als frei disponible Masse vor sich hatte und einen völlig eigenen Verlauf nahm,[72] oder ob die Bildung des Pentateuchs mit der Entstehungsgeschichte seiner Bestandteile korreliert werden kann und auf weite Strecken dazu parallel verlief.[73]

Man wird diese wie alle anderen Fragen nicht einfach mit einem Entweder-Oder beantworten können. Sicher hat es beides gegeben, doch kommt es auf die Gewichtung an und darauf, ob man die redaktionsgeschichtlichen Stadien in der Bildung des Pentateuchs (wie übrigens auch des DtrG) ausschließlich oder haupt-sächlich an den offenkundigen, späten literarischen Verbindungen (wie Gen 15, Ex 1, Ex 4, Ex 32–34, Num, Dtn 1–3, Dtn 31–34, Jos 1 und Jos 24) festmacht[74] oder auch

---

[71] Warum seine Sicht der Entstehung des Pentateuchs dennoch nicht auf allgemeine Zustimmung gestoßen ist, liegt nicht an dem Ansatz bei der Rechtsüberlieferung und vermutlich auch nicht einmal an seiner eigenwilligen Hypothese zur Entstehung des Deuteronomiums, sondern an der Fixierung auf das Deuteronomium als Ausgangspunkt für sämtliche Stadien der Entwicklung des Pentateuchs, die andere Möglichkeiten von vornherein ausschließt (s. o. Anm. 42). Einen weiteren Grund sehe ich in der gleich anschließend erörterten Problematik.

[72] So die Vorschaltungshypothese von Blum, Otto u. a. (s. o. Anm. 35 und 38), wonach älteres (nur fragmentarisch überliefertes) Material im Tetrateuch an jüngere, von dem älteren Material ab-hängige Literaturwerke (Dtn, DtrL oder DtrG) sekundär angeschlossen worden sein soll. Ausgehend von Numeri so auch Römer 2002, 215–231; Achenbach 2003; 2004a und 2004b, ausgehend von P und H in Levitikus Nihan 2004, 121–12; 2007b; zur weiteren Diskussion vgl. Römer 2008. In welche Aporien diese Sicht der Dinge führt, hat Levin 2004a, 339–340 am Beispiel von Römer gezeigt.

[73] So mein Vorschlag in Kratz 2000, 99–155, gefolgt von Köckert 2002. Eine gewisse Ausnahme stellt das Buch der Richter dar, das erst verhältnismäßig spät in die biblische Geschichte integriert wurde. Ihm dürfte eine vor-dtr Sammlung von Richtererzählungen vorausgegangen sein, bevor es von einer spät- oder auch schon nach-dtr Redaktion (Dtr[R]) bearbeitet und im Zuge dessen als Bindeglied zwischen die – bereits um das Gesetz am Sinai und in Moab ergänzte – Volksgeschichte in (Gen) Ex–Jos (in meiner Terminologie „J" und „E") auf der einen und der dtr Königtumsgeschichte in Sam–Kön (Dtr[G]) auf der anderen Seite eingeschaltet wurde; vgl. Kratz 2000, 207–208.215–216; anders Schmid 2008, 120, der eine erste, vor-p Verbindung von Ex–Jos und Sam–Kön ohne Ri annimmt.

[74] So van Seters für den späten Jahwisten, Blum für KD und einen nach-p Hexateuch, Römer und Nihan für P und D, Otto und Achenbach für die Hexateuch- und Pentateuch-Redaktion, Schmid und Gertz für die Verbindung von Väter und Exodus in P sowie im nach-p Enneateuch und Pen-tateuch, Weimar / Zenger für den „Münsteraner" vor-p Hexateuch (s. o. Anm. 50–57); vgl. dazu Kratz 2000. Zur Vorsicht gegenüber den allzu pauschalen „Endredaktionshypothesen" (bes. von

auf weniger prominente, im vorliegenden Text eher verborgene Verbindungen (wie etwa die zwischen Num 25,1; Dtn 34,5–6 und Jos 2,1; 3,1) achtet.[75] Hiervon ist besonders das Buch Numeri betroffen, in dem sich zwar nur ganz wenige Spuren einer vor-p Überlieferung finden, das darum aber nicht kurzerhand in Gänze für nach-p erklärt werden kann. Insbesondere das Itinerar, das das Gerüst der Erzählung bildet, literarisch aber überaus komplex und nicht aus einem Guss ist, spricht gegen diesen Gewaltstreich.[76]

Natürlich gibt es noch viele weitere offene Fragen, doch möchte ich es bei dieser kurzen Übersicht belassen, die diejenigen Punkte benennt, die mir am wichtigsten scheinen: das literarische Verhältnis der Priesterschrift zu ihrer Vorlage (oder ihren Vorlagen), die Stellung des Deuteronomiums zwischen Tora und Vorderen Propheten, die literarhistorische Differenzierung im nicht-p und nicht-dtn Text sowie die relative Chronologie der Entstehung des Pentateuchs im Verhältnis zur Entstehung seiner einzelnen Bestandteile. In einem dritten Abschnitt möchte ich nun auf die prinzipiellen Differenzen eingehen, die für die unterschiedliche Interpretation der Textbefunde und die Bildung von Hypothesen von Bedeutung sind.

III Die Voraussetzungen der Analyse

„Um einen Text verstehen zu können, sollte man wissen, wo/wie er anfängt und wo/wie er aufhört." Um diese zentrale Frage der Pentateuchforschung soll es auch in diesem letzten Abschnitt gehen, in dem wir fragen, welche prinzipiellen Voraussetzungen hinter den Differenzen in der neueren Pentateuchforschung stehen und die literar- und redaktionsgeschichtliche Analyse steuern.

Schmid und Gertz) mahnt zu Recht Blum 2002, 152–153 sowie mehr grundsätzlich ders. 2007, 73: „Nicht jede literarische Konnexion, nicht jede Parallele oder Bezugnahme, selbst wenn sie für sich völlig unstrittig sein sollte, belegt einen *kompositionellen* Zusammenhang innerhalb eines Werkes; es kann sich auch um absichtsvolle, aber eben intertextuelle Bezüge handeln. ... Mehr noch, gerade in kanonischen oder protokanonischen Sammlungen ist mit der Tendenz zu rechnen, die verschiedenen Bücher nachträglich aufeinander zu beziehen und abzustimmen." Das gilt ebenso für Blums KD, über die Rendtorff 1976, 163–164 in weiser Voraussicht noch sehr viel vorsichtiger urteilte.

75 Wie in vielen anderen Fällen (z. B. 2Kön 17 oder 2Chr 36/Esr 1; Ps 105 und 106; Neh 9 etc.), sind auch im Pentateuch gerade diejenigen Texte, die die meisten und deutlichsten literarischen Querbezüge aufweisen, die spätesten. Sie sind für das Verständnis der vorliegenden Komposition wie auch der innerbiblischen Rezeptionsvorgänge außerordentlich wichtig, doch empfiehlt es sich nicht, auf ihnen redaktionsgeschichtliche Hypothesen zu bauen. Sie konstituieren in der Regel keine literarischen Zusammenhänge, sondern setzen sie voraus.

76 Vgl. Levin 2004a, 339–340 gegen Römer 2002, 215–231.

Ein Punkt, an dem sich die Geister scheiden, ist offenbar die gewählte Terminologie.[77] Sie bietet ein dankbares Feld für allgemeine theoretische und praktische
Überlegungen, mit denen man jede Analyse hinterfragen oder vermeiden kann.
Auch haften vielen Begriffen, die in der alttestamentlichen Wissenschaft üblich
sind, gewisse Konnotationen an, die dem einen persönlich gefallen, dem anderen
nicht. Insofern wäre es wünschenswert, wenn eine Terminologie entwickelt würde,
die allen theoretischen Ansprüchen genügt und an der niemand Anstoß nimmt. Bis
dahin empfiehlt es sich, nicht allzu viel auf die Begriffe zu geben und sich mit dem
auseinanderzusetzen, was damit jeweils gemeint ist.

Schwerer wiegen die Unterschiede in den Methoden, die bei der Analyse
Anwendung finden. Hier steht der historisch-kritischen Forschung zwar ein seit
langem bewährtes Instrumentarium zur Verfügung, das von allen benutzt wird.
Doch gibt es persönliche Vorlieben und Abneigungen in Bezug auf einzelne Metho-
denschritte, insbesondere was das Verhältnis von Form- und Überlieferungsgeschichte auf der einen, Literarkritik und Redaktionsgeschichte auf der anderen
Seite anbelangt. Ich selbst bin verschiedentlich für das „Subtraktionsverfahren"
getadelt worden, sei es, weil ich es überhaupt anzuwenden gewagt, sei es, weil ich
es in manchen Fällen nicht konsequent genug angewendet habe.[78] Auch das Prinzip,
nach Möglichkeit nur solche Überlieferungen als ursprünglich eigenständig gelten
zu lassen, von denen sich im erhaltenen Text zeigen lässt, „wo/wie er anfängt und
wo/wie er aufhört", wurde kritisiert.[79] Mir scheint es jedoch nach wie vor wichtig zu
sein, auf diesen – von Erhard Blum so treffend formulierten – Punkt zu insistieren.

Es ist eine Binsenweisheit, dass auch eine noch so genaue Ausgrenzung von
älteren Überlieferungsstücken und Textschichten niemals den ursprünglichen Text
oder jedes einzelne Stadium der Überlieferung erreichen wird. Mündliche Vorstufen, Auslassungen und Umformulierungen des Texts können, wenn die Vorlage nicht
bekannt ist, nun einmal nicht eruiert, sondern nur theoretisch in Anschlag gebracht
werden.[80] Doch dieser Sachverhalt sollte kein Freibrief für allerlei Spekulationen

---

77 Vgl. Krüger 2007, 47–66 sowie oben Anm. 14, 48 und 60.

78 Schmid 2004c; 2007a, 196; Blum 2007, 79; denselben Vorwurf erhebt Blum 2002, 145 gegen
Schmid und Gertz. Allerdings begreife ich bis heute nicht, was daran falsch sein soll, mit der Analyse beim überlieferten Text zu beginnen und sich über das Sichere und Jüngere vorsichtig, Schritt
für Schritt, zum weniger Sicheren und Älteren vorzutasten anstatt mit vorausgesetzten Hypothesen
zu arbeiten. In dieser Hinsicht bin ich mit Carr 1996 ganz einverstanden.

79 Schmid 2004c, 324; ähnlich wieder Blum 2002, 145.147 gegen Schmid und Gertz.

80 Hinsichtlich dieses methodischen Vorbehalts bin ich mit Blum 2002, 145 völlig einig; vgl. Kratz
2013a, 150–156. Das hier beschriebene, von Schmid 2004c, 326 belobigte und als „zustimmungsfähig"
bezeichnete Verfahren wurde auch schon in Kratz 2000 angewendet. Dies gilt übrigens auch für
die von Schmid 2004c, 324–325 in die Abstellkammer für exegetische Kuriosa verbannte Analyse

über Textabbrüche, Vorformen und Überlieferungsstadien des Texts oder für den gänzlichen Verzicht auf die Analyse sein. Auch wenn es sich immer nur um eine – stets zu präzisierende oder korrigierende – Annäherung handeln kann, ist daher die möglichst genaue Angabe, wo oder wie ein Text anfängt, wo oder wie er aufhört und welchen Bestand er umfasst, die notwendige Voraussetzung für sein Verständnis. Die Frage ist darum nicht nur an die – entstehungs- und kompositionsgeschichtlich wenig signifikanten – literarischen Spätphasen, sondern auch an die rekonstruierten Vorstufen zu stellen. Mit ungefähren Angaben, die einen vermuteten, aber in der Schwebe gelassenen Textbestand lediglich mit Sternchen an den Kapitel- und Verszahlen kennzeichnen, lässt sich nur wenig anfangen. Solche Angaben genügen wissenschaftlichen Anforderungen nicht und öffnen der Willkür Tür und Tor.

In der Anwendung der – bei allen methodischen oder persönlichen Vorbehalten von allen praktizierten – Literarkritik selbst beruhen die Differenzen zu einem guten Teil auf der Voraussetzung von als sicher geglaubten Annahmen und wissenschaftlichen Hypothesen. Außer dem Konsens über die Identifizierung von P und Dtn wird, wie wir sahen, in fast allen Spielarten der neueren Pentateuchforschung Noths Hypothese eines von Dtn 1 bis 2Kön 25 reichenden DtrG oder die Variante eines mit Dtn 1 einsetzenden selbständigen Werkes (Dtn oder DtrL) zugrunde gelegt.[81] Diese Voraussetzung aber schränkt die Analyse des nicht-p und nicht-dtn Textbestandes im Pentateuch sowie die Rekonstruktion der Entstehung des Pentateuchs von vornherein erheblich ein und führt zu weiteren, wenn auch sehr verschiedenen Hilfsannahmen (s. o. II 2). Als besonders problematisch erweist sich diese Vorentscheidung, wenn die vorausgesetzte wissenschaftliche Hypothese Noths in Konkurrenz zur gleichzeitig vorausgesetzten – aus rezeptionsgeschichtlichen und vielleicht auch theologischen Gründen präferierten – kanonischen Einteilung in Tora und Vordere Propheten steht.[82] Hier scheint es mir

---

von Gen 27 und die Reduktion von Ex 12–14 „auf das Allernötigste". Abgesehen davon, dass das Verfahren der Subtraktion von jedermann und so auch von Schmid (z. B. 2002, 103 zum Ende der Josephsgeschichte) praktiziert wird, heißt dies ja nicht, dass die Reduktion das Ziel der Analyse sei. In beiden Fällen geht es vielmehr um den Versuch, die vorgegebene, noch selbständige Überlieferung hinter den vorliegenden, komplexen Erzählzusammenhängen (tentativ: „sofern man von Mose und dem Auszug aus Ägypten absehen darf" Kratz 2000, 292) zu eruieren, ohne jedoch auf die Probe am Text zu verzichten und nur zu spekulieren. Darum die Reduktion „auf das Allernötigste".
81 Diese Voraussetzung machen van Seters und Levin für ihren Jahwisten ebenso wie Blum für seine KD und KP, Römer und Nihan für ihre P- und D-Schulen ebenso wie Otto und Achenbach für ihre Hexateuch- und Pentateuch-Redaktionen. Eine Ausnahme machen der „Münsteraner Hexateuch" (Weimar / Zenger) sowie Schmids Enneateuch und der von mir übernommene Hexateuch bei Gertz.
82 Blum 2002, 155 Anm. 167; 2007, 71.95.

nach wie vor sinnvoll zu sein, von der kanonischen Einteilung als einer verhältnismäßig späten Stufe der Überlieferung auszugehen und zu fragen, ob sich hinter der (eher künstlichen) kanonischen Zäsur vielleicht andere, ältere literarische Zusammenhänge (sei es Noths DtrG, seien es andere literarische Größen) verbergen.

Zum anderen sind es nicht selten persönliche Geschmacksurteile, die darüber befinden, ob man eine rekonstruierte Überlieferung, eine bestimmte Textfassung oder eine literarische Komposition für lebensfähig hält oder nicht.[83] Doch was wissen wir schon über die narrativen Gesetze der althebräischen Erzählung und den Geschmack der antiken Leser? Wieviel Komplexität darf man – angesichts der Schiloach-Inschrift oder den Episoden der Mescha-Inschrift – einer Erzählung oder Komposition zutrauen,[84] und wer sagt uns eigentlich, was für den antiken Leser von Bedeutung war oder was nicht?[85] Solche Urteile sind wenig hilfreich.

Entscheidend scheint mir hingegen ein Punkt zu sein, den jüngst Erhard Blum in die Diskussion gebracht hat.[86] Es handelt sich um die Frage, wie man die narrativen, konzeptionellen und literarischen Verbindungen zu interpretieren hat, die sich in dem riesigen Erzählzusammenhang von Genesis bis Könige zuhauf finden und in der literar- und redaktionsgeschichtlichen Analyse des Pentateuchs eine zentrale Rolle spielen. Solche Verbindungen, die heute unter dem Stichwort „Intertextualität" verhandelt werden, können redaktionsgeschichtlich relevant sein und einen literarischen Zusammenhang stiften, müssen es aber nicht. Sie können genauso gut – wie im Genre der *rewritten bible* – eine Beziehung zwischen zwei getrennten literarischen Kontexten herstellen oder auf die allgemeine Kenntnis der erzählten Stoffe Bezug nehmen. Die Frage ist vor allem bei Schaltstellen wie dem Übergang von Gen 50 zu Ex 1, der Moseberufung Ex 3–4, der Wiederaufnahme von Num 25,1 in Jos 2,1 und 3,1, dem Anfang des Deuteronomiums in Dtn 1–3 wie im ganzen Deuteronomium, dem Übergang von Dtn 31–34 zu Jos 1 oder von Jos 23–24 zu Ri 1–2 von zentraler Bedeutung. Sie tritt aber auch in der übrigen Analyse besonders des nicht-p und nicht-dtn Texts auf Schritt und Tritt auf.

Ein Patentrezept zur Beantwortung dieser Frage weiß niemand. Auch hier sind nur Annäherungen möglich, die auf Abwägung aller möglichen Gesichtspunkte

---

83 Vgl. Schmid 2004c, 324–325; Blum 2007, 81.

84 Vgl. dazu etwa Blum 1997 und 2007 mit wachsender Bereitschaft zur Differenzierung der von ihm vorher als einheitlich postulierten Komplexität.

85 Zu Blum 2007, 81.

86 Vgl. Blum 2007, 72–73 und dazu schon Anm. 7, 40 und 74.

von der Sprache bis zur Tendenz beruhen. Das sollte jedem bewusst sein, ob er selbst eine Antwort zu geben versucht oder den Vorschlag eines anderen kritisiert. Mir scheint es jedoch möglich, zumindest einige Grundregeln aufzustellen, um die denkbaren Möglichkeiten etwas einzugrenzen. So ist die Annahme eines Rekurses auf allgemeine Kenntnisse der überlieferten Stoffe am wenigsten als Arbeitshypothese geeignet. Die allgemeinen Kenntnisse der pentateuchischen Stoffe lassen sich schwer nachweisen und haben im Übrigen wenig Wahrscheinlichkeit für sich.[87] Dasselbe gilt für die Unterscheidung von „konzeptionellen" oder „kognitiven" und literarischen Verbindungen.[88]

Bleibt die Alternative, dass mit den narrativen oder literarischen Verbindungen entweder ein („intratextueller") Zusammenhang im Kontext desselben Werkes oder lediglich eine („intertextuelle") Beziehung zwischen zwei separaten Kontexten hergestellt werden soll. Nun lässt sich dies vermutlich ohnehin nicht immer säuberlich voneinander trennen, da – wie das Beispiel der vorliegenden heiligen Geschichte in Genesis–Könige und besonders des Deuteronomiums zwischen Tora und Vorderen Propheten lehrt[89] – literarische und narrative Zusammenhänge auch über Buch- und Werkgrenzen hinaus bestehen können. Umgekehrt sehen wir aber auch eine Fülle von „intratextuellen" Verbindungen, die ebenso wie viele „intertextuelle" Verbindungen keinerlei kompositorische Funktion erfüllen, sondern lediglich sporadische Angleichungen, Auffüllungen oder Erklärungen bieten.

Wichtiger als die Frage, ob eine literarische Verbindung „intratextuell" oder „intertextuell" ist, scheint mir darum in jedem Fall die Bestimmung der relativen Chronologie einer literarischen Verbindung zu sein, d. h. die Frage, wer von wem abhängig ist. Nur über die relative Chronologie der literarischen Verbindungen können Aussagen zur Entstehung und Komposition eines Werkes gemacht werden, ganz gleich, ob die Verbindungen „intratextuell" oder „intertextuell" sind. Und hierbei hat sich mir die Faustregel bewährt, dass die literarischen Verbindungen zunehmen und immer dichter werden, je weiter die literarische Entwicklung fortgeschritten ist und einzelne Bücher oder Büchergruppen (wie Tora und Vordere Propheten) sich verselbständigen. Das aber bedeutet, dass den dichtesten literarischen Verknüpfungen am wenigsten für die Kompositionsgeschichte des Pentateuchs und der übrigen erzählenden Bücher des Alten Testaments entnommen

---

87 S.o. Anm. 38.
88 Vgl. Blum 2002, 122–123 und dazu schon oben Anm. 64.
89 Vgl. die Übergänge in Gen 50/Ex 1, Num/Dtn, Dtn/Jos, Jos/Ri, 1Sam/2Sam, 1Kön/2Kön; ferner den ursprünglichen Zusammenhang von 1/2Chr oder der Bücher Esra und Nehemia sowie den Werkzusammenhang, den die Textüberschneidung in 2Chr 36/Esr 1 intendiert.

werden kann, da sie die literarischen Zusammenhänge nicht herstellen, sondern bereits voraussetzen. Für die Kompositionsgeschichte scheinen mir demgegenüber diejenigen literarischen Verbindungen einschlägig zu sein, die erst nach dem Abtragen der jüngeren Schichten und späten Querverweise zutage treten und nur schwer als nachträgliche Einzelzusätze erklärt werden können, zumal wenn sie eine tragende Funktion im narrativen Gerüst einer Erzählung erfüllen. Man mag in dieser Frage durchaus anderer Meinung sein, doch sollte jedenfalls nicht die Masse zählen, sondern die Qualität jeder einzelnen literarischen Verbindung geprüft werden.

Schließlich sei noch auf einen weiteren Punkt hingewiesen, der zu den generellen Voraussetzungen der Pentateuchanalyse gehört und eine Quelle vieler Differenzen darstellt. Es ist die Unterscheidung von relativer und absoluter Chronologie. Nicht selten wird das literarische Problem des Pentateuchs mit historischen Fragen in Zusammenhang gebracht. Auch hier spielen gewisse Voraussetzungen eine Rolle, etwa die Datierung des Deuteronomiums unter Josia oder die Bildung des Pentateuchs als Kompromisswerk im Rahmen der „persischen Reichsautorisation" (mit oder ohne Mitwirkung Esras) oder die „Scribal School" am Tempel (oder wo auch immer) als historischer Ort des Pentateuchs.[90] Wer mit solchen und anderen historischen Annahmen argumentiert, steht leicht in Gefahr, die Ebenen zu verwechseln und das literarische Problem des Pentateuchs mit der (nicht zuletzt aus dem Pentateuch selbst rekonstruierten) Geschichte Israels zu erklären.

Die Argumentation ist in der Regel rein zirkulär. Um diesen Zirkel zu vermeiden, empfiehlt es sich, konsequent zwischen relativer und absoluter Chronologie zu unterscheiden. Die Analyse des Pentateuchs (wie der übrigen erzählenden Bücher) sollte zunächst nur rein textimmanent durchgeführt werden und führt so auf eine relative Chronologie der literarischen Stadien in der Entstehung des Pentateuchs. Erst nachdem dies geklärt ist, sollte man sich der Frage nähern, wo in der Geschichte Israels die einzelnen Stadien ihren historischen Ort haben könnten

Mit ganz wenigen Ausnahmen wird man auch auf diesem Feld lediglich zu mehr oder weniger gut begründeten Hypothesen gelangen. Und selbst mögliche fixe Daten, wie etwa die Beeinflussung durch altorientalische (etwa junghethitische oder neuassyrische, neubabylonische oder persische) Überlieferungen in der Urgeschichte, in der Mosegeschichte, im Deuteronomium oder in P, können allenfalls als *terminus a quo*, nicht aber als Anhalt für die absolute Datierung in Anschlag

---

90 Vgl. z. B. Blum 1990 (Persische Reichsautorisation); Otto 1999, 2000a, 2009b und Achenbach 2003 (Josia bzw. nachexilische Priesterklassen); Veijola 2000, 192–240 (Schriftgelehrte); Carr 2005 (Schreiberschule); Nihan 2007a (Scribal School).

gebracht werden. Von daher ist es auch nicht ratsam, eine regelrechte Literaturgeschichte der alttestamentlichen Überlieferung schreiben zu wollen.[91] Dazu hat bereits Julius Wellhausen in seiner Neubearbeitung der Einleitung von Friedrich Bleek das Nötige gesagt.[92]

Dasselbe gilt von den Trägergruppen der Überlieferung, über die wir gerne Genaueres wüssten. Doch außer der allgemeinen Auskunft, dass es sich um geschulte Eliten gehandelt haben muss, wird man bis auf weiteres schwerlich etwas Genaueres sagen können, es sei denn man extrapoliert aus den Aussagen der Überlieferung selbst ihre Herkunft. Doch dieses Verfahren birgt große Probleme in sich. Es wäre so, als würde man die ideologischen Selbst- und Fremdbezeichnungen sowie die historischen Chiffren der Schriften vom Toten Meer beim Wort nehmen, aus ihnen die Geschichte des hellenistischen Judentums rekonstruieren und damit wiederum die Schriften vom Toten Meer datieren und historisch verorten.

Hypothesen zum historischen Ort des Pentateuchs und seiner literarischen Vorstufen können daher nicht als Voraussetzung der Analyse dienen, sondern sollten ihr folgen. Als Voraussetzung kann lediglich eine allgemeine, ungefähre Vorstellung dessen dienen, was religions- und theologiegeschichtlich in den großen Epochen der Geschichte Israels und Judas, der staatlichen und der nachstaatlichen Zeit, in etwa zu erwarten ist und was nicht. Hierfür sind der Vergleich mit den altorientalischen Kulturen und den Nachbarn Israels und Judas sowie die *external evidence* (Archäologie, Epigraphie und Ikonographie) in Israel und Juda selbst oder in den Gebieten der judäischen Diaspora (Ägypten, Mesopotamien) von grundlegender Bedeutung. Doch daraus folgt keineswegs, dass die literarische Analyse des Pentateuchs und der übrigen erzählenden Bücher des Alten Testaments lediglich die Ergebnisse der neueren Religionsgeschichte Israels bestätigt. Es verhält sich vielmehr so, dass die neuere Religionsgeschichte sich mehr und mehr von den Vorgaben der biblischen Geschichte gelöst und auf diese Weise das Bild bestätigt hat, das sich seit Julius Wellhausen aus der literarischen Analyse ergibt.

Hält man sich rückblickend den grundlegenden Konsens, die offenen Fragen und die exegetischen Prinzipien der Analyse des Pentateuchs vor Augen, so besteht m. E. kein Grund zur Verzweiflung über die divergierenden Ergebnisse, die so

---

91 Zuletzt Schmid 2008, der vereinen möchte, was nach Lage der Dinge nicht vereinbar ist, und folglich mit zwei Unbekannten arbeitet: zum einen mit der Korrelation sämtlicher (von ihm nicht ohne Grund meistens im Unbestimmten belassener) literarischer Schichten des Alten Testaments untereinander, zum anderen mit der Korrelation der Literargeschichte mit der politischen Geschichte Palästinas und der altorientalischen Großreiche. Da beides mehr geraten als bewiesen ist, verliert man bei diesem Ansatz den Boden unter den Füßen.

92 J. Wellhausen in Bleek 1886, 1–2; ähnlich Smend 1978, 1.

manchen kapitulieren und in die sogenannte Endtext-Analyse flüchten lassen. Vielmehr sehe ich eigentlich mehr Gemeinsamkeiten als Differenzen, da die Differenzen in vielen Fällen gar kein großes Gewicht haben oder lediglich auf Missverständnissen der streitenden Parteien beruhen. Die größten Schwierigkeiten sehe ich auf dem Gebiet der exegetischen Prinzipien, die meist unausgesprochen die eigene Analyse und die Auseinandersetzung mit anderen bestimmen. Diese Prinzipien sind methodischer Art, in vielen Fällen aber auch persönlicher und theologischer Natur. Hier wäre es außerordentlich hilfreich, wenn ein offener Austausch über die persönlichen Vorlieben und Abneigungen sowie die generellen Anschauungen der beteiligten Exegeten über das antike Israel und seine Geschichte im Rahmen des Alten Orients stattfände, mit dem Ziel, die Diskussion zu versachlichen und eher auf die verbindenden als auf die trennenden Aspekte zu achten. Auch wenn man sich am Ende nicht einigen kann, wäre schon viel gewonnen, wenn man wüsste und gegenseitig auch zugeben würde, warum man sich nicht einig werden kann.

3 *Reworked Pentateuch* und die Komposition des Pentateuchs

Auch nach mehr als 250 Jahren kritischer Forschung ist die Frage der Komposition des Pentateuchs noch nicht gelöst. Die gegenwärtige Debatte wird lebhaft, aber, von einigen grundlegenden Konsensen abgesehen, überaus kontrovers geführt und steht in der Gefahr, auf der Stelle zu treten.[1] Einen neuen Zugang verspricht der Blick von außen, der externes Vergleichsmaterial, die sogenannte *external evidence*, berücksichtigt. Dabei sind zweierlei Herangehensweisen möglich: zum einen der Vergleich mit Analogien im Alten Orient (Gilgamesch, assyrische Inschriften) und in der parabiblischen Literatur aus der Zeit des Zweiten Tempels (Jubiläenbuch, Tempelrolle, *Serekh ha-Yachad*, Damaskusschrift); zum anderen der Vergleich der verschiedenen Versionen des Pentateuchs in den Handschriften (masoretischer Text, samaritanischer Text, Septuaginta) wie auch der Exzerpte vom Typ der *rewritten bible* (Jubiläenbuch, Tempelrolle, Genesis Apokryphon u. a.).

Die Forschung hat beide Wege beschritten und ist erwartungsgemäß zu unterschiedlichen Einschätzungen der Analogien und divergierenden Überlieferungen gelangt.[2] Jeffry Tigay wollte anhand der altorientalischen Analogien die Urkundenhypothese bestätigen; Stephen Kaufmann hat dagegen die Möglichkeit, anhand von externer Evidenz die Entstehung des Pentateuchs rekonstruieren zu können, bestritten bzw. relativiert und hat dafür die Tempelrolle als Beispiel gewählt.[3] David Carr und andere haben ihre Untersuchungen etwas breiter angelegt und sind zu dem Schluss gekommen, dass die externe Evidenz derart komplex sei, dass sie sich nicht auf die Analyse der Hebräischen Bibel anwenden ließe.[4] Die neueren Untersuchungen konzentrieren sich darum mehr und mehr auf die empirisch gesicherte Textgeschichte des Pentateuchs und der anderen Schriften der Hebräischen Bibel als möglichen Ausgangspunkt für die Analyse der Komposition und Rekonstruktion der Literar- und Redaktionsgeschichte.[5]

In diesem Beitrag möchte auch ich den zuletzt genannten Weg einschlagen[6] und mich mit den Handschriften des sogenannten *Reworked Pentateuch* aus

---

1 Vgl. Nr. 1 und 2 in diesem Band.

2 Vgl. Kratz 2013a, 126–156.

3 Tigay 1975; 1982; 1985; Kaufman 1982.

4 Carr 2011; Tertel 1994; noch skeptischer Ziemer 2019.

5 Vgl. schon Wellhausen 1871; ebenso Tigay 1975; 1985; Carr 2011; ferner Pakkala 2013; Teeter 2014; Müller u. a. 2014; Becker / Bezzel 2014.

6 Für die Komposition der Tempelrolle als Analogie zum Pentateuch vgl. Nr. 4 in diesem Band und die hier genannte Literatur.

https://doi.org/10.1515/9783111367057-005

Qumran (4Q158 und 4Q364–367), im Besonderen mit 4Q158 beschäftigen. Diese Handschriften bewegen sich zwischen Abschrift und Reformulierung (*rewriting*) des Pentateuchs und haben daher den Vorteil, als Beispiel für eine Textvariante wie auch als Analogie zu dienen. Des Weiteren werde ich die Befunde in diesen Handschriften mit den Ergebnissen der literarhistorischen Analyse des masoretischen Paralleltexts konfrontieren, um die kompositionellen Entwicklungen in beiden Textzeugen zu vergleichen.

I Das Material

Edition und Kategorisierung der Handschriften des sogenannten *Reworked Pentateuch* sind noch nicht abgeschlossen. Erhalten sind Fragmente von fünf Handschriften (4Q158 und 4Q364–367).[7] Es ist nach wie vor ungeklärt, ob die fünf Handschriften Teil derselben Abschrift oder verschiedene Kopien des Pentateuchs darstellen.[8] Des Weiteren ist eine offene Frage, ob alle fünf Handschriften den ganzen Pentateuch oder nur Teile daraus enthielten; wenigstens von 4Q364 (ohne Levitikus) und 4Q365 sind Fragmente aus mehreren oder allen Teilen des Pentateuchs enthalten, sodass diese das Ganze enthalten zu haben scheinen.

Der Text von *Reworked Pentateuch* bewegt sich zwischen der (proto-)masoretischen und der samaritanischen Version des Pentateuchs. Er zeigt eine große Nähe zu der proto-samaritanischen Version, die in anderen Handschriften von Qumran bezeugt ist, weist aber auch einige Besonderheiten auf, die sowohl vom masoretischen als auch vom samaritanischen Text abweichen. Daher ist in der Forschung umstritten, ob die fünf Handschriften von Qumran eine andere Version des „Bibeltexts" oder ein Exemplar der Gattung *rewritten bible* darstellen.[9] Beispielhaft sind die Beiträge von Emanuel Tov, der im Verlauf der Debatte seine Meinung geändert hat und mittlerweile dafür votiert, dass es sich um „biblische" Handschriften handelt.[10] Sie bezeugen dieselbe (proto-samaritanische) Textform, die auch den

---

7 Allegro 1968, 1–6 + Pl. 1; Tov / White Crawford 1994, 187–352 + Pl. 13–26; die Fotos sind auffindbar in The Leon Levy Dead Sea Scrolls Digitial Library of the IAA, Jerusalem (http://www.deadseascrolls. org.il). Für eine Einleitung in das Material vgl. Tov 1995; White Crawford 2008 und den Überblick ebd. 19–30.
8 Vgl. Brooke 2001.
9 Vgl. Ulrich 1998–1999, hier 88; ders. 1999, 32 Anm. 51; ders. 2000, hier 57; ders. 2000, hier 76; Segal 2000; 2005; Lange 2002; Zahn 2008; 2011a. Zur Diskussion vgl. ferner Bernstein 2005; 2008; White Crawford 2008, 56–57.
10 Tov 1992; 1994; 1998; 2008b; 2009; 2010; sowie 2012, 323.

Exzerpten und Reformulierungen in der Tempelrolle zugrunde liegen.[11] Diese Klassifizierung schließt keineswegs Änderungen aus, die über die üblichen, kleineren Textvarianten hinausgehen, sondern lässt im Gegenteil auch die Annahme von Umstellungen, Auslassungen und Zufügungen zu, wie wir sie in 4Q364 und besonders in 4Q365 und 1Q158 finden.[12]

Wenn diese Klassifizierung der fraglichen Handschriften aus Qumran als – der masoretischen und der samaritanischen Version ebenbürtige – Editionen des „biblischen" Texts zutrifft, liegen die Konsequenzen und Implikationen für die Frage nach der Komposition des Pentateuchs auf der Hand. Nimmt man etwa die Unterschiede von 4Q158 zu den anderen Versionen (masoretischer Text, samaritanischer Pentateuch) als Beispiel, die nicht nur den Textbestand, sondern auch die Anordnung des Materials betreffen, ist beides auch redaktionsgeschichtlich signifikant.

Der Befund erlaubt zwei wichtige Schlussfolgerungen. Die eine betrifft die Vergleichbarkeit und Übertragbarkeit der empirischen Evidenz auf die literarhistorische Analyse, die sich neben der empirischen Evidenz in Handschriften auch interner Kriterien bedient. Die Unterschiede, die in den *Reworked Pentateuch*-Handschriften begegnen, sind kein neues Phänomen. Sie finden sich auch in anderen Versionen des Bibeltexts, wie etwa im proto-samaritanischen Pentateuch und in anderen Fällen. Das bekannteste Beispiel innerhalb der Hebräischen Bibel ist die Chronik im Vergleich zu den Büchern Samuel und Könige, wozu es auch einen zusätzlichen Textzeugen in der Handschrift 4Q51 (4QSam^a) gibt. Gelegentlich wird der Einwand erhoben, dass gerade die externe, in Handschriften empirisch belegte Evidenz beweise, dass unsere üblichen Mittel der internen literarhistorischen Analyse insuffizient seien. Hätte man nur die Chronik, so heißt es, würde man mit den Methoden der klassischen Literar- und Redaktionskritik nie auf die ältere Vorlage, die Bücher Samuel und Könige, stoßen.[13] Hätte man also nur 4Q158 oder die anderen Exemplare von *Reworked Pentateuch*, würde man durch interne Analyse niemals die „biblische" Fassung der Bücher Genesis und Exodus erreichen.

Der Einwand ist zweifellos berechtigt. Doch ist damit die interne literar- und redaktionskritische Analyse nicht obsolet. Wie die verschiedenen Textzeugen zeigen, müssen wir auf dem Weg von einer Vorlage zu den Neufassungen mit unendlich vielen Zwischenfassungen rechnen, die wir nicht kennen. Die erhaltenen

---

11 Vgl. Zahn 2012b gegen White Crawford 1994; für die Klassifizierung von 4Q365ª als 4QTempleª vgl. Tov / White Crawford 1994.

12 Vgl. Segal, 1998; Zahn 2011b; sowie die einschlägigen Beiträge von S. White Crawford und Molly M. Zahn in Gertz u. a. 2016, 483–489 und 491–500.

13 Vgl. Carr 2011, 57–65.73–80 und bes. 146; Tertel 1994, 56–67.156–171.

Fassungen sind nur sporadische Wegstationen einer überaus komplexen Literar-
und Textgeschichte. Und doch geben sie uns Einblick in die vielfältigen Möglichkeiten, mit denen man in der internen Analyse zu rechnen hat und von denen sich
einige (mit Glück) am Text nachweisen oder plausibel machen lassen, andere wohl
für immer verborgen bleiben. Das bedeutet: 4Q158 und die *Reworked Pentateuch*-
Handschriften sind ebenso wie die proto-samaritanische Version des Pentateuchs
Zeugnisse dafür, wie auch die im masoretischen Text überlieferte Fassung einmal
entstanden sein könnte – nicht mehr, aber auch nicht weniger.

Trifft das zu, lässt sich aus der externen Evidenz noch eine weitere grundlegende Schlussfolgerung ziehen. An keiner Stelle in 4Q158 und den anderen *Reworked Pentateuch*-Handschriften oder auch in der Chronik legt sich für die Erklärung
der Gemeinsamkeiten und Unterschiede zwischen Vorlage und Neufassung die
Quellenhypothese nahe. Nirgends sind ehemals unabhängig voneinander entstandene Fassungen derselben Erzählung – „Quellen" oder „Urkunden" – vorausgesetzt,
die sekundär auf mechanischem Wege miteinander verschmolzen worden wären.
Auch die klassische Fragmentenhypothese, wonach diverse, freischwebende Quellenstücke von einem Redaktor gesammelt und zusammengesetzt wurden, lässt sich
im Verhältnis von *Reworked Pentateuch* zur „biblischen" Vorlage, soweit ich sehe,
nicht beobachten.[14]

Was hingegen beobachtet werden kann, ist die Zusammenführung oder auch
Harmonisierung zweier unterschiedlicher Textversionen (z. B. Ex 20 und Dtn 5 in
4Q158). Was ebenfalls beobachtet werden kann, ist die Ergänzung der Vorlage durch
Material, das aus der mündlichen Überlieferung stammt oder anderen schriftlichen
Quellen, die uns teilweise aus der biblischen Überlieferung bekannt, teilweise unbe-
kannt sind (Frag. 14 in 4Q158 u. a., Sondergut in der Chronik). In jedem Fall aber
beruhen die Unterschiede sowohl in der Anordnung als auch in der Textversion auf
einem mehr oder weniger direkten literarischen Abhängigkeitsverhältnis zwischen
„biblischer" *Vorlage* und den erhaltenen Versionen.

Das alles bedeutet, dass für die Erklärung des Verhältnisses zwischen den erhaltenen Versionen des Pentateuchs (masoretischer und proto-samaritanischer Text,
4Q158 und *Reworked Pentateuch*) am ehesten die klassische Ergänzungs- oder Fortschreibungshypothese in Frage kommt. Sie schließt auch Elemente der Quellen- und
der Fragmentenhypothese mit ein, kann aber durch sie nicht ersetzt werden. Geht
man von der externen Evidenz aus, muss dasselbe auch für die interne Analyse des

---

14 Die Fragmenten- und die Quellenhypothese werden gelegentlich herangezogen, um das Sonder-
gut in den Texten des Typs *rewritten bible* zu erklären. Für die Tempelrolle vgl. Wilson / Wills 1982;
Wise 1990; für das Jubiläenbuch Segal 2007. Anders Berner 2006; Kugel 2012; sowie Nr. 4 in diesem
Band.

Pentateuchs gelten und hat insofern eminente Bedeutung für die Erklärung der Komposition des Pentateuchs.

Nach diesen grundsätzlichen Bemerkungen wende ich mich nun dem Text 4Q158 zu. Ich werde drei Beispiele behandeln, die ich sowohl in der Textfassung des *Reworked Pentateuch* als auch in der des masoretischen Texts betrachte: die Rückbezüge auf die Erzväter, den Gottesberg und den Dekalog. Am Ende werde ich noch kurz die weniger prominenten Unterschiede besprechen.

II Rückbezüge auf die Erzväter

4Q158 ist vermutlich eine Abschrift der Exodusrolle, sei es allein dieser einen Rolle, sei es der Rolle als Teil einer größeren Komposition, die auch das Buch Genesis oder den ganzen Pentateuch umfasste.[15] In jedem Fall begegnen an verschiedenen Stellen in dieser Exodusrolle Rückverweise auf die Erzväter, die sich in der masoretischen Fassung nicht finden:[16]

- In Frag. 1–2 begegnet ein zusätzlicher Verweis auf Jakob mit Wiedergabe von Gen 32,25–33 vor Ex 4,27–28.[17]
- In Frag. 4,6–7 begegnet ein Bezug auf Abraham in der Opferszene von Ex 24,3–8 mit Hinweis auf das Zeigen des Landes (Gen 12,1; 13,14; Ex 6,3) und den Bundesschluss (Gen 17,7; Ex 6,4).[18]
- Ein weiterer zusätzlicher Rückverweis auf die Erzväter begegnet vermutlich in dem Hinweis auf die Landgabe in Frag. 3 unter Rückgriff auf Gen 49,1 oder 47,29–30.[19]
- Auch der Überschuss in der Segnung Jakobs in Frag. 1–2, 7–9 gehört in diese Kategorie. In der Wiedergabe von Gen 32 erinnert die Kombination von ברך und פרה nicht nur an Gen 28,3, sondern auch an Gen 35,9–12, sodass die beiden Stellen, an denen Jakob in Israel umbenannt wird (Gen 32 und 35), im Blick sind.[20]

In sämtlichen Fällen handelt es sich um literarische, intertextuelle Querverweise innerhalb derselben Komposition. Die Frage, welche Implikationen diese intertextuellen Verbindungen für die Analyse des Pentateuchs und die Erklärung seiner Entstehung haben, kann man von zwei Seiten angehen, zum einen von 4Q158, zum anderen von der biblischen Vorlage selbst.

---

15 Für die Identifikation vgl. Strugnell 1970, hier 169; Segal 1998, 48; Zahn 2011b, 55–56.
16 Im Folgenden lege ich die Edition von Zahn 2011b zugrunde.
17 Segal 1998, 47–48; Zahn 2011b, 27–29.41–43.45–48.54–56.
18 Segal 1998, 49–50; Zahn 2011b, 48–54.
19 Segal 1998, 53–54; Zahn 2011b, 62–63.
20 Segal 1998, 59–60; Zahn 2011b, 27–29. Es besteht eine mögliche Überschneidung mit 4Q364 5 ii.

Ich beginne mit der Wiedergabe von Gen 32,25–33 im Kontext von Ex 4 (Frag. 1–2). In 4Q158 scheint es sich um einen Zusatz zu handeln, der zwischen der „Blutbräutigam"-Perikope in Ex 4,24–26 und dem Treffen von Aron und Mose am Gottesberg in Ex 4,27–28 angebracht worden ist, das in Frag. 1–2 14–15 folgt. Für diese Annahme spricht das Wort שרית in Frag. 1–2 2, bei dem es sich am ehesten um die Verbform *śārîtā* „du hast gestritten" aus Gen 32,29 handelt.[21] Das Wort steht hier gewissermaßen am falschen Ort, nämlich vor der Szene aus Gen 32,25–33, in der es in Frag. 1–2 5–6 zu erwarten wäre und entsprechend ergänzt werden muss: כי שרית עם אלהים ועם אנשים ותוכל. Dies legt die Vermutung nahe, dass das „Du" der Verbform שרית in Z. 2 nicht Jakob, sondern Mose (oder Zippora) meint und sekundär auf die vorausgehende Perikope vom „Blutbräutigam" Ex 4,24–26 bezogen wurde. Aufgrund der Ähnlichkeit zwischen dem Kampf am Jabbok (כַּף הַיָּרֵךְ) und dem „Blutbräutigam" (חֲתַן־דָּמִם)[22] wurde die Perikope von Gen 32 an dieser Stelle, also nach Ex 4,25–26, eingefügt, um die Beziehung ausdrücklich zu machen, bevor der Text in Frag 1–2 14–15 mit Ex 4,27–28 fortfährt. Man muss dabei allerdings einräumen, dass wir nicht mit Sicherheit wissen, welcher Text der Wiedergabe von Gen 32 vorausging und die hier vorgeschlagene Interpretation nur unter der Voraussetzung zutrifft, dass dort die Perikope vom „Blutbräutigam" stand.

Mit der Wiedergabe von Gen 32 in Ex 4 sind weitere Änderungen verbunden. Eine Änderung besteht in der – durch das Prinzip der Wiederaufnahme klar als Zusatz erkennbaren[23] – Erweiterung des Segens von Gen 32,30–31 in Frag. 1–2 7–9. Hierfür werden Formulierungen verwendet, die an Gen 28,3 und vor allem Gen 35,9–12 erinnern, aber auch neues Material enthalten. Eine weitere Änderung ist die Interpretation der Ätiologie des Speisegebots von Gen 32,33 bezüglich der Hüftsehne (גִּיד הַנָּשֶׁה) als *Halacha*, die ausdrücklich auf ein göttliches Gebot zurückgeführt wird (Frag. 1–2 11–13).[24] Im Unterschied zu anderen Fassungen, wie etwa Jub 48,2–3, wird die „Blutbräutigam"-Perikope hier nicht mit bösen Mächten (Mastema)

---

21 Segal 1998, 48 notiert zu Recht eine Verbindung zur Jakobgeschichte in Gen 32 und Hos 12,4.5, erklärt jedoch nicht die merkwürdige Stellung des Wortes vor der Wiedergabe von Gen 32. Auch Hos 12 stellt eine Verbindung zwischen Jakob und Mose her. Die folgende Erklärung basiert auf der Annahme, dass die „Blutbräutigam"-Perikope der Wiedergabe von Gen 32,25–33 vorausgeht und ihr angeglichen werden sollte. Anders sieht die Sache aus, wenn die von Qimron vorgeschlagene Lesung שרית ופליטה „Rest und Entrinnen" richtig sein sollte (für den Ausdruck vgl. 2Kön 19,31/Jes 37,32; Esr 9,14 sowie 1QS 4,14/4Q257 5,13; CD 2,6/4Q266 2 ii 6; 4Q374 2ii 4; ferner 1QM 1,6), womit ebenfalls auf die Jakoberzählung angespielt sein könnte (vgl. Gen 32,9); vgl. Qimron 2014, 16.

22 Vgl. dazu Robinson 1986, 450–452; ferner Zahn 2011b, 55 Anm. 52.

23 Anhalt für die Zufügung war die Phrase ויברך אותו שם aus Gen 32,30 (= Frag. 1–2 7), die in Z. 10 mit den Worten בברכו אותו שם wiederkehrt, bevor der Text mit Gen 32,31 fortfährt.

24 Zahn 2011b, 41–43.

erklärt, sondern im Sinne von Gen 32 als Segen und *Halacha* aufgefasst. Dies ist vermutlich auch der Grund, warum die Wiedergabe von Gen 32 an dieser Stelle in Ex 4 erfolgt.

Machen wir die Gegenprobe und lassen den masoretischen Text für einen Moment außer Betracht. Kennten wir ihn nicht, sondern hätten nur 4Q158 (ohne Genesis), würden wir die Passage aus Gen 32 zweifellos als ursprünglichen Bestandteil der Exodusrolle ansehen. Einem literarkritisch geschulten Auge würde freilich auch so nicht entgehen, dass es sich dabei um einen Zusatz handelt, der den älteren Zusammenhang zwischen Ex 4,20–26 und 4,27–28 unterbricht, woher auch immer das Material stammt. Da wir den masoretischen Text jedoch kennen, ist klar, woher der Zusatz kommt. Er erweist sich als intertextueller Querverweis, der die Bezüge auf die Erzväter, von denen es in Ex 3–4 und Ex 6 etliche gibt, vermehrt und den Text fortschreibt. Dasselbe gilt für den Verweis auf Abraham in Frag. 4.

Die Zusätze dienen jedoch nicht nur dazu, die Bezüge auf die Erzväter zu vermehren, sondern verfolgen offenbar auch das Ziel, verborgene Textbeziehungen der Vorlage in der Erzählung selbst zu explizieren. So etwa dienen das ausdrückliche Verbot, die Hüftsehne zu essen (גִּיד הַנָּשֶׁה) in Frag. 1–2 11–13 und andere Beispiele dazu, die Entsprechung von göttlichem Befehl und genauer Ausführung, wie sie sich auch in dem Text der Vorlage an vielen Stellen findet, zu betonen.[25] Für die Komposition des Pentateuchs bedeutet dies, dass wir es mit Bearbeitungen, des näheren mit Fortschreibungen zu tun haben. Die Quellen- oder Fragmentenhypothese scheidet als Erklärung für dieses Phänomen aus.

Richten wir unseren Blick nun auf die Vorlage, den masoretischen Text selbst. Was wir in 4Q158 beobachten können, lässt sich ansatzweise auch für die masoretische Fassung wahrscheinlich machen. Ich kann hier keine vollständige Analyse bieten und beschränke mich darum auf einige Hinweise.

Es besteht weitgehender Konsens, dass die Rückverweise auf die Erzväter in Ex 3–4 und Ex 6 relativ späte Texte sind. Ex 6,2–12 gehört zu dem priester(schrift) lichen Stratum P, wobei umstritten ist, ob es sich bei P um eine Quelle oder Bearbeitung handelt.[26] Im Lichte von 4Q158 gewinnt die Bearbeitungs-Hypothese an Evidenz, gleichgültig, ob die Bearbeitung im selben literarischen Kontext oder in einer separaten Schrift erfolgte. Wie dem auch sei, scheint P mit seinem Konzept des Segens die Segen/Fluch-Thematik im nicht-priesterschriftlichen Text in Gen 1–11 und 12,1–3 vorauszusetzen.[27]

---

25 Zahn 2011b, 37–48.
26 Vgl. Kratz 2000, 113–116.247–248; ferner Nr. 2 in diesem Band.
27 Vgl. Kratz 2000, 233.248; ferner Nr. 2, 7 und 8 in diesem Band.

Ex 3–4 wird von vielen als später, nach-priester(schrift)licher Text angesehen, der eine sekundäre Verknüpfung zwischen Erzvätern und Exodus herstellt.[28] Andere teilen den Text auf die Quellen J und E auf, wobei die vier Stellen, an denen auf die Erzväter verwiesen wird (Ex 3,6.15.16; 4,5), mehrheitlich (außer 4,5) E zugewiesen werden.[29] Doch wie auch immer der Text in der Forschung eingeordnet oder aufgeteilt wird, sind es gerade die expliziten Verweise auf die Erzväter, die in der Regel als Zusätze ausgeschieden werden.[30]

Ex 3,5–7

5 וַיֹּאמֶר אַל־תִּקְרַב הֲלֹם שַׁל־נְעָלֶיךָ מֵעַל רַגְלֶיךָ כִּי הַמָּקוֹם אֲשֶׁר אַתָּה עוֹמֵד עָלָיו אַדְמַת־קֹדֶשׁ הוּא׃

6 וַיֹּאמֶר אָנֹכִי אֱלֹהֵי אָבִיךָ אֱלֹהֵי אַבְרָהָם אֱלֹהֵי יִצְחָק וֵאלֹהֵי יַעֲקֹב

וַיַּסְתֵּר מֹשֶׁה פָּנָיו כִּי יָרֵא מֵהַבִּיט אֶל־הָאֱלֹהִים׃

7 וַיֹּאמֶר יְהוָה רָאֹה רָאִיתִי אֶת־עֳנִי עַמִּי אֲשֶׁר בְּמִצְרָיִם וְאֶת־צַעֲקָתָם שָׁמַעְתִּי מִפְּנֵי נֹגְשָׂיו כִּי יָדַעְתִּי אֶת־מַכְאֹבָיו׃

5 Und er sprach: Tritt nicht näher, zieh deine Schuhe von deinen Füßen, denn der Ort, auf dem du stehst, ist heilige Erde.

6 Und er sprach: Ich bin der Gott deines Vaters, der Gott Abrahams, der Gott Isaaks und der Gott Jakobs.

Und Mose verhüllte sein Angesicht, denn er fürchtete sich, Gott zu sehen.

7 Und Jhwh sprach: Ich habe das Elend meines Volkes, das in Ägypten ist, gesehen, und ich habe ihr Geschrei gehört vor seinem Bedränger, denn ich kenne sein Leiden.

Ex 3,13–16

13 וַיֹּאמֶר מֹשֶׁה אֶל־הָאֱלֹהִים הִנֵּה אָנֹכִי בָא אֶל־בְּנֵי יִשְׂרָאֵל וְאָמַרְתִּי לָהֶם אֱלֹהֵי אֲבוֹתֵיכֶם שְׁלָחַנִי אֲלֵיכֶם וְאָמְרוּ־לִי מַה־שְּׁמוֹ מָה אֹמַר אֲלֵהֶם׃

14 וַיֹּאמֶר אֱלֹהִים אֶל־מֹשֶׁה אֶהְיֶה אֲשֶׁר אֶהְיֶה וַיֹּאמֶר כֹּה תֹאמַר לִבְנֵי יִשְׂרָאֵל אֶהְיֶה שְׁלָחַנִי אֲלֵיכֶם׃

15 וַיֹּאמֶר עוֹד אֱלֹהִים אֶל־מֹשֶׁה כֹּה־תֹאמַר אֶל־בְּנֵי יִשְׂרָאֵל יְהוָה אֱלֹהֵי אֲבֹתֵיכֶם אֱלֹהֵי אַבְרָהָם אֱלֹהֵי יִצְחָק וֵאלֹהֵי יַעֲקֹב שְׁלָחַנִי אֲלֵיכֶם זֶה־שְּׁמִי לְעֹלָם וְזֶה זִכְרִי לְדֹר דֹּר׃

16 לֵךְ וְאָסַפְתָּ אֶת־זִקְנֵי יִשְׂרָאֵל וְאָמַרְתָּ אֲלֵהֶם יְהוָה אֱלֹהֵי אֲבֹתֵיכֶם נִרְאָה אֵלַי אֱלֹהֵי אַבְרָהָם יִצְחָק וְיַעֲקֹב

לֵאמֹר פָּקֹד פָּקַדְתִּי אֶתְכֶם וְאֶת־הֶעָשׂוּי לָכֶם בְּמִצְרָיִם׃

13 Mose sprach zu Gott: Siehe, wenn ich zu den Israeliten komme und sage zu ihnen: Der Gott eurer Väter hat mich zu euch gesandt, und sie zu mir sagen: Wie ist sein Name?, was soll ich ihnen sagen?

14 Und Gott sprach zu Mose: Ich werde sein, der ich sein werde, und er sprach: So sollst du zu den Israeliten sagen: „Ich werde sein" hat mich zu euch gesandt.

15 Und Gott sprach weiter zu Mose: So sollst du zu den Israeliten sagen: Jhwh, der Gott eurer Väter, der Gott Abrahams, der Gott Isaaks und der Gott Jakobs hat mich zu

---

28 Blum 1990, 20–28; Schmid 1999, 186–208.

29 So Noth 1948, 39; zu Ex 4,4 vgl. ebd. 31 („J" in Klammern).

30 Levin 1993, 332; Gertz 2000, 270–271, 294–295, anders zu Ex 4,5 ebd. 312, vgl. 363; Berner 2010, 83–85.88.90–91.104.111.134.

euch gesandt. Dies ist mein Name auf ewig, und dies mein Gedenken von Geschlecht zu
Geschlecht.

16 Geh und versammle die Ältesten Israels und sprich zu ihnen: Jhwh, der Gott eurer Väter
ist mir erschienen,
    der Gott Abrahams, Isaaks und Jakobs,
und hat gesagt: Ich habe nach euch geschaut und gesehen, was euch in Ägypten widerfahren
ist.

Ex 4,4–6

4 וַיֹּאמֶר יְהוָה אֶל־מֹשֶׁה שְׁלַח יָדְךָ וֶאֱחֹז בִּזְנָבוֹ וַיִּשְׁלַח יָדוֹ וַיַּחֲזֶק בּוֹ וַיְהִי לְמַטֶּה בְּכַפּוֹ:

5 לְמַעַן יַאֲמִינוּ כִּי־נִרְאָה אֵלֶיךָ יְהוָה אֱלֹהֵי אֲבֹתָם אֱלֹהֵי אַבְרָהָם אֱלֹהֵי יִצְחָק וֵאלֹהֵי יַעֲקֹב:

6 וַיֹּאמֶר יְהוָה לוֹ עוֹד הָבֵא־נָא יָדְךָ בְּחֵיקֶךָ וַיָּבֵא יָדוֹ בְּחֵיקוֹ

4 Und Jhwh sprach zu Mose: Strecke deine Hand aus und ergreife sie bei ihrem Schwanz. Und
er streckte seine Hand aus und ergriff sie, und sie wurde zum Stab in seiner Hand.

5 damit sie glauben, dass dir erschienen ist Jhwh, der Gott ihrer Väter, der Gott Abrahams, der Gott Isaaks und der Gott Jakobs.

6 Und Jhwh sprach weiter zu ihm: Strecke deine Hand in deinen Gewandbausch, und er
streckte seine Hand in seinen Gewandbausch.

Ist die Annahme von Zusätzen an diesen Stellen richtig, finden wir im masoretischen Text von Ex 3–4 schon dasselbe, was man in 4Q158 im Vergleich mit dem
masoretischen Text beobachten kann: die sekundäre Explikation der Verbindung mit den Erzvätern, die P in Ex 6 zusätzlich mit dem System einer gestuften
Offenbarung des Gottesnamens realisiert! Diese Tendenz setzt sich in 4Q158 mit
der Wiedergabe von Gen 32 in Ex 4 und den anderen Bezügen zu den Erzvätern
fort.

III Der Gottesberg

Das zweite Beispiel ist die Verbindung von Ex 3–4 mit Ex 19–24, die sich ebenfalls in
4Q158 Frag. 1–2 und 4 findet.[31] In Frag. 1–2 16–19 wird an der Stelle von Ex 4,27–28
der Auszugsbefehl mit Hinweis auf einen Gottesdienst aus Ex 3,12 wiederholt,
woran sich in Frag. 4 die Ausführung eines Opfers nach dem Vorbild von Ex 24,3–8
anschließt. Die Szene ist eindeutig vor der Sinai-Szene Ex 19–22 in Frag. 5–12 und
der Wiedergabe von Ex 30 in Frag. 13 platziert. Somit haben wir es mit einer Kombination aus Ex 3,12 und 24,4–8 an der Stelle von Ex 4,27–28 zu tun.

Ob nach der Wiedergabe von Ex 19–22 in Frag. 5–12 und vor Ex 30 in Frag.
13 auch Ex 24 (noch einmal) wiedergegeben wurde, wissen wir aufgrund des frag-

---

31 Zum Folgenden vgl. Strugnell 1970, 169–170; Segal 1998, 49–53; Zahn 2011b, 43–54.

mentarischen Erhaltungszustandes des Manuskripts nicht. Ich vermute es jedoch. Ähnlich wie im Falle des שרית aus Gen 32 in Frag. 1–2 handelt es sich bei Frag. 4 um eine Vorwegnahme und sekundäre Kombination, hier des Gottesberges in Ex 3–4 mit dem Sinai in Ex 19–24. Die Formulierung צוה לכה „er befahl dir" in Frag. 4 1 bezieht sich auf Ex 3,12 (und 3,18). Hier wird der Auszug mit einem „Dienen" am Gottesberg von Ex 3 verbunden (תַּעַבְדוּן אֶת־הָאֱלֹהִים עַל הָהָר הַזֶּה). Eben dieser Befehl wird in Frag. 4 nach Maßgabe der späteren Szene vom Bundesschluss in Ex 24,4–8 ausgeführt. Damit werden die beiden Berge, der Gottesberg in Ex 3–4 und der Sinai in Ex 19–24, miteinander korreliert, was sich ja auch vom Namen des Berges in Ex 3,1 הַר הָאֱלֹהִים und der Bezeichnung des „Dornbuschs" הַסְּנֶה in Ex 3,2 nahelegt.

Auch in diesem Fall werden wieder Textbezüge der (proto-masoretischen) Vorlage explizit gemacht und in der Erzählung selbst ausgeführt. Wie in Frag. 1–2 11–13 (Verbot des Verzehrs von גִּיד הַנָּשֶׁה) und Frag. 7 3–6 (Entlassung des Volkes) wird auf die Entsprechung von göttlichen Befehlen und ihrer Ausführung besonderer Wert gelegt. In diesen Zusammenhang gehört auch die Zusage des Bundes in Frag. 4 6–8, die das Opfer und den Bundesschluss aus Ex 24,4–8 im Lichte von Ex 6 und der Reminiszenzen an die Erzväter (Gen 12–13 und 17) neu interpretiert.[32] Die sekundären Angleichungen wären auch dann als solche zu erkennen, wenn wir nur die Fassung von 4Q158 kennten. Somit scheidet auch hier die Quellen- oder Fragmentenhypothese als Erklärungsmodell aus, in Frage kommt allein die Fortschreibungshypothese.

Machen wir auch hier wieder die Gegenprobe und betrachten den masoretischen Text selbst. In ihm bahnt sich die Koordination von Gottesberg in Ex 3–4 und Sinai in Ex 19–24 bereits an.[33] Entscheidend hierfür ist der Vers Ex 4,27, den 4Q158 dahingehend ergänzt, dass Mose in seinem Bericht an Aron wortwörtlich den Befehl zum Auszug aus Ex 3,12 wiedergibt. In der masoretischen Fassung von Ex 4,27 ist die Lokalisierung am Gottesberg ein Anachronismus, da Mose längst wieder nach Ägypten zurückgekehrt ist (V. 20 וַיָּשָׁב אַרְצָה מִצְרָיִם). Ursprünglich haben sich daran der Exodus (12,35–38 nach 3,21–22) bzw. der Gang zum Pharao und die Plagengeschichte angeschlossen (Ex 3,16–20/4,27–31). Der Vers gilt darum meist als sekundärer Zusatz.[34]

---

32 Vgl. Segal 1998, 49–51; Zahn 2011b, 52–53.
33 Zum Folgenden vgl. Berner 2013, hier 399–406.
34 Levin 1993, 333; Gertz 2000, 334; Berner 2010, 115.

Ex 4,20–31

20 וַיִּקַּח מֹשֶׁה אֶת־אִשְׁתּוֹ וְאֶת־בָּנָיו וַיַּרְכִּבֵם עַל־הַחֲמֹר וַיָּשָׁב אַרְצָה מִצְרָיִם

...

27 וַיֹּאמֶר יְהוָה אֶל־אַהֲרֹן לֵךְ לִקְרַאת מֹשֶׁה הַמִּדְבָּרָה וַיֵּלֶךְ וַיִּפְגְּשֵׁהוּ בְּהַר הָאֱלֹהִים וַיִּשַּׁק־לוֹ:

28 וַיַּגֵּד מֹשֶׁה לְאַהֲרֹן אֵת כָּל־דִּבְרֵי יְהוָה אֲשֶׁר שְׁלָחוֹ וְאֵת כָּל־הָאֹתֹת אֲשֶׁר צִוָּהוּ:

29 וַיֵּלֶךְ מֹשֶׁה וְאַהֲרֹן וַיַּאַסְפוּ אֶת־כָּל־זִקְנֵי בְּנֵי יִשְׂרָאֵל:

30 וַיְדַבֵּר אַהֲרֹן אֵת כָּל־הַדְּבָרִים אֲשֶׁר־דִּבֶּר יְהוָה אֶל־מֹשֶׁה וַיַּעַשׂ הָאֹתֹת לְעֵינֵי הָעָם:

31 וַיַּאֲמֵן הָעָם וַיִּשְׁמְעוּ כִּי־פָקַד יְהוָה אֶת־בְּנֵי יִשְׂרָאֵל וְכִי רָאָה אֶת־עָנְיָם וַיִּקְּדוּ וַיִּשְׁתַּחֲווּ:

20 Und Mose nahm seine Frau und seinen Sohn und setzte sie auf einen Esel und kehrte zurück nach Ägypten ...

27 Und JHWH sprach zu Aaron: Geh Mose entgegen in die Wüste. Und er ging und begegnete ihm am Berg Gottes und küsste ihn.

28 Und Mose tat Aaron alle Worte JHWHs kund, die JHWH ihm aufgetragen hatte, und alle Zeichen, die er ihm befohlen hatte.

29 Und Mose ging mit Aaron, und sie versammelten die Ältesten der Israeliten.

30 Und Aaron sagte alle Worte, die JHWH zu Mose geredet hatte, und er tat die Zeichen vor den Augen des Volkes.

31 Und das Volk glaubte, und als sie hörten, dass JHWH auf die Israeliten geachtet und ihr Elend gesehen hat, verneigten sie sich und warfen sich nieder.

In der Forschung ist umstritten, ob nur die Erwähnungen Aarons zu streichen[35] oder die Aaron-Stücke in Ex 3–4 (einschließlich 5,1 f und den Plagen) insgesamt auszuscheiden sind.[36] Man hat auch vorgeschlagen, nur V. 27 als Nachtrag zu streichen.[37] Wie dem auch sei, deutlich ist, dass dieser Vers ein Problem verursacht. Er interpretiert die Rückkehrnotiz in V. 20 als Aufbruchsnotiz und verlegt die folgende Szene in V. 28(–31) an den Gottesberg von Ex 3–4. Hier geben Mose und Aaron nun in Ex 4,28–31 die Anweisungen aus Ex 3,16–18 (mit Bezug auf die Erzväter!) an das Volk weiter, in denen von einem „Schlachtopfer in der Wüste" als Vorwand für den Auszug die Rede ist (vgl. Ex 10).

Die Stelle Ex 4,27 setzt des Weiteren den Aufenthalt des Mose am „Gottesberg" in Ex 3,1.12 voraus, der in der Forschung ebenfalls oft als sekundär betrachtet wird. In unserem Kontext interessiert dabei besonders der Vers Ex 3,12b, der den Auszug mit einem Gottesdienst am Gottesberg verbindet und auch innerhalb seines näheren Kontextes in Ex 3,9–14 ein Zusatz sein dürfte.[38]

---

35 Noth 1948, 32 Anm. 104; Levin 1993, 330.333; ebenso Berner 2010, 93 zu Ex 4,29 und 5,1; Blum 1990, 27–28; Gertz 2000, 336 zu 5,1 etc.

36 Kratz 2000, 296–300.

37 Berner 2010, 115.

38 Levin 1993, 331; Gertz 2000, 292–294; Berner 2010, 80–83.103.

Ex 3,11–12

11 וַיֹּאמֶר מֹשֶׁה אֶל־הָאֱלֹהִים מִי אָנֹכִי כִּי אֵלֵךְ אֶל־פַּרְעֹה וְכִי אוֹצִיא אֶת־בְּנֵי יִשְׂרָאֵל מִמִּצְרָיִם:
12 וַיֹּאמֶר כִּי־אֶהְיֶה עִמָּךְ
וְזֶה־לְּךָ הָאוֹת כִּי אָנֹכִי שְׁלַחְתִּיךָ בְּהוֹצִיאֲךָ אֶת־הָעָם מִמִּצְרַיִם תַּעַבְדוּן אֶת־הָאֱלֹהִים
עַל הָהָר הַזֶּה:

11 Und Mose sprach zu Gott: Wer bin ich, dass ich zum Pharao gehe und die Israeliten aus
Ägypten führe? ...
12 Und er sprach: ich bin mit dir
Und dies soll dir das Zeichen sein, dass ich dich gesandt habe: Wenn du das Volk aus
Ägypten geführt hast, werdet ihr Gott an diesem Berg opfern.

Das Motiv stimmt mit Ex 3,18 („Opfer in der Wüste") nicht ganz überein und zielt –
zusammen mit ähnlichen Aussagen in der Plagengeschichte[39] – offenbar auf das
Opfer in Ex 24 bzw. auf den Kult in der Stiftshütte vom Sinai.

Somit zeichnet sich bereits im masoretischen Text ab, dass der Sinai in Ex 19–24
sekundär mit dem Gottesberg bzw. dem „Dornbusch" (הַסְּנֶה) in Ex 3–4 in Verbindung
gebracht wurde: zum einen durch den Vorverweis auf die Opferszene Ex 24,4–8 in
Ex 3,12; zum anderen durch die Entsendung Aarons zum Gottesberg in Ex 4,27, die
Ex 3,1.12b (Gottesberg) sowie 3,16–18 (Opfer in der Wüste, Referenz auf Erzväter)
voraussetzt.

4Q158 zählt eins und eins zusammen und lässt der Begegnung von Mose und
Aaron am Gottesberg in 4,27–28 eine Opferhandlung folgen, die sowohl dem Befehl
in Ex 3,12 als auch dem Opfer am Sinai in Ex 24,4–8 entspricht und gleichzeitig den
Bundesschluss von Ex 24 an die Erzväter bindet.[40] Gottesberg und Sinai werden
so miteinander identifiziert, der Bund am Sinai wird – nach dem Vorbild von P in
Gen 17; Ex 29 und 40 – auf den Väterbund zurückgeführt.[41]

Nach allem ist deutlich, dass die literarhistorischen Vorgänge in Ex 3–4 und
24 die weitere Auslegung von 4Q158 vorbereiten. Hier wie dort arbeitet die Auslegung mit literarischen Querverweisen über die Grenzen der Texte hinweg, die
üblicherweise den Quellen J, E und P zugewiesen werden. Die Befunde lassen sich
daher im masoretischen Text wie in 4Q158 weder mit der Quellenhypothese noch
mit der Fragmentenhypothese, sondern am einfachsten mit der Fortschreibungshypothese erklären.

---

39 Ex 7,16.26; 8,16 „Dienen"; ebenso 5,1 „Fest feiern"; Tiere für ein Opfer in der Wüste 10,7–11.24–26;
12,31–32.
40 S.o. Anm. 32.
41 Kratz 2000, 246.

IV Der Dekalog

Nach zwei Beispielen mit intertextuellen Querverweisen wenden wir uns nun einem anderen Phänomen der Text- und Literargeschichte zu: der Existenz verschiedener Textfassungen und der Tendenz zur Harmonisierung von parallelen Textpassagen.[42] Dieses Phänomen lässt sich in 4Q158 Frag. 6–9 bei der Wiedergabe der Sinai-Perikope und besonders von Ex 20 beobachten.[43] Hier weist der Text eine große Nähe zu der samaritanischen und proto-samaritanischen (4QpaleoExod^m) Fassung des Pentateuchs auf und enthält eine Reihe signifikanter Abweichungen sowohl von der masoretischen (MT) als auch der samaritanischen (SP) Überlieferung. Anschließend an Ex 19 in Frag. 5 finden wir die folgende Textanordnung:[44]

MT	(proto-)SP	4Q158
		Frag. 6
Dekalog	Dekalog	nicht erhalten
Ex 20,18–19aα	Ex 20,18–19aα	nicht erhalten
Ex 20,19aβ	Dtn 5,24–27	Dtn 5,(24–)27[45]
Ex 20,19b–21	Ex 20,19b–21	Ex 20,19b–21
Ex 20,22aα	Ex 20,22aα	Ex 20,22aα[46]
	Dtn 5,28b–29	Dtn 5,28b–29
		Plus
	Dtn 18,18–22	Dtn 18,18–22
		Frag. 7–9
		Ex 20,12–17 (Dekalog)
		Ex 20,22aα[47]

---

42 Zur Tendenz der Harmonisierung in den Handschriften des proto-samaritanischen Pentateuchs und den *Reworked Pentateuch*-Texten vgl. White Crawford 2008, 22–34.40–46; Zahn 2011b, 233–236.

43 Vgl. Segal 1998, 55–59; Zahn 2011b, 27–34.37–40.63–67.

44 Die Tabelle folgt, mit einigen Modifikationen, Segal 1998, 56. Die Platzierung von Frag. 6 vor Frag. 7–9 ergibt sich aus der Ähnlichkeit zu dem proto-samaritanischen Pentateuch (Segal ebd. Anm. 31) und dem Umstand, dass die Platzierung des Dekalogs mit weiteren Ergänzungen der proto-samaritanischen Fassung zusammenhängt. Vgl. auch Zahn 2011b, 64, die als weiteres Argument geltend macht, dass der Text in Frag. 7 die Frage nach einem Mittler (Frag. 6) voraussetzt.

45 Vgl. Strugnell 1970, 171; Segal 1998, 56 Anm. 31.

46 MT liest משה אל יהוה ויאמר; 4Q158 Frag. 6 4 liest ל]אמור מושה אל יהוה [וידבר] mit dem Samaritanus und der Formulierung אליך אלהינו יהוה ידבר אשר כל את in Dtn 5,27; vgl. Berner 2013, 390, Anm. 31. Zitate des samaritanischen Pentateuchs nach Tal / Florentin 2010.

47 Hier geht die Lesung mit dem masoretischen Text: משה אל יהוה ויאמר (Frag. 7–9 3).

Tab. fortgesetzt

MT	(proto-)SP	4Q158
	Dtn 5,30–31	Dtn 5,30–31
		Plus
Ex 20,22aβb.23 ff	Ex 20,22ff	Ex 20,22[48] bis 21,25

Wie dieser Tabelle zu entnehmen ist, weicht 4Q158 von dem proto-samaritanischen Text des Pentateuchs in zweierlei Hinsicht ab: zum einen ist der Dekalog (jedenfalls dessen zweiter Teil) unterschiedlich platziert; zum anderen begegnen drei Erweiterungen des Texts, die mit der eigentümlichen Platzierung des Dekalogs zusammenhängen dürften (Frag. 6 5–6; Frag. 7–9 3.4–5). Die Technik ist der des protosamaritanischen Pentateuchs ähnlich und arbeitet mit der Einleitungsformel von Ex 20,22a. Ebenso wie im Falle von Ex 20,19a und 19b (in SP) ist auch Ex 20,22 aufgebrochen und mit neuem Material aufgefüllt. So sind im samaritanischen Pentateuch die Zitate aus Dtn 5,18–31 und 18,18–22 durch die Technik der Wiederaufnahme zwischen zwei Einleitungsformeln aus Ex 20,22a eingefügt. In 4Q158 ist diese Einfügung durch weitere Zusätze ergänzt, wobei wiederum die Redeeinleitung aus Ex 20,22a als Mittel zur Einfügung dient.

Die Unterschiede sind auch inhaltlich bedeutsam. Der Hauptpunkt ist die Frage, was das Volk am Sinai gesehen und gehört hat und welche Rolle dem Mose dabei zukommt. Die proto-samaritanische Version baut den Rückblick des Mose auf Theophanie und Dekalog am Horeb (Sinai) in Dtn 5 in die Szene von Ex 20,18–21 selbst ein. Dies hat zur Folge, dass das Volk nicht nur „sieht" (so Ex 20,18), sondern „sieht" und „hört". Außerdem wird Mose – nach Theophanie und Dekalog – sehr viel ausführlicher als Mittler eingeführt, als es in Ex 20,19 der Fall ist. Dazu gehört auch die Ankündigung eines Propheten nach Dtn 18,18–20, die bereits in 18,16–17 mit der Szene in Dtn 5 verbunden ist, und der göttliche Auftrag an Mose, das Volk zu entlassen, dessen Ausführung in der Fassung des samaritanischen Pentateuchs allerdings nicht erzählt wird.

4Q158 setzt nicht die masoretische, sondern die proto-samaritanische Fassung des Pentateuchs voraus und fügt weitere Ergänzungen hinzu.[49] Die Absicht besteht vor allem darin, die Übergänge zu glätten:

---

48 Der Anfang von Ex 20,22 ist nicht erhalten; wie in Frag. 6 4 kann er mit der Lesung des proto-samaritanischen Texts ergänzt werden zu וידבר יהוה אל מושה לאמור; vgl. Zahn 2011b, 252.
49 Zur relativen Chronologie und Richtung der Abhängigkeit vgl. Segal 1998, 56–57. Die Richtung von der proto-samaritanischen Fassung (bezeugt in 4QpaleoExod^m und, abgesehen von den samaritanischen Glossen, in SP) zu 4Q158 legt sich auch von der klaren Tendenz zur Erweiterung in 4Q158 nahe.

- In Frag. 6 6, am Übergang von Dtn 5,29 zu 18,18, wird die Ankündigung eines Propheten mittels einer Beauftragung Moses eigens eingeführt und als Antwort auf die Bitte des Volkes nach dem Mittler kontextualisiert. Als Quelle für die Formulierung dient Dtn 18,16–17.
- In Frag. 7–9 3–5, am Übergang von Dtn 5,30–31 zu Ex 20,22, wird berichtet, wie das Volk den Anweisungen des Mose folgt und in seine Zelt zurückkehrt, bevor Gott weiter zu Mose spricht.
- Schließlich wird die Szene von Ex 20,18–21 (+ Dtn 5,24–31 und 18,18–22) auf die Situation vor (Frag. 6) und nach der Verkündigung des Dekalogs (Frag. 7–9) aufgeteilt. Der Übergang vom Dekalog zu Dtn 5,30–31 erfolgt durch das Mittel der Wiederaufnahme der Einleitungsformel von Ex 20,22a, die hier (in Frag. 7–9 3) mit der masoretischen Lesart (ויאמר יהוה אל מושה), in Frag. 6 4 und Frag. 7–9 5 hingegen mit der samaritanischen (וידבר יהוה אל מושה לאמור) geht.

Der letzte Punkt, die Umstellung des Dekalogs nach der Interpolation von Dtn 5 und 18 und zwischen Ex 20,21 und 20,22, ist eine *crux interpretum*, da einerseits das Zitat von Dtn 5,24–27 in Frag. 6 voraussetzt, dass das Volk nicht nur etwas „gesehen" (Ex 20,18), sondern auch Gottes Reden „gehört" hat, andererseits die Wiedergabe des Dekaloges erst danach in Frag. 7–9 folgt. Großer Beliebtheit erfreut sich die ingeniöse Erklärung des Sachverhalts von Michael Segal, wonach vor Frag. 6 die beiden ersten Gebote des Dekalogs öffentlich vor dem Volk, danach in Frag. 7–9 die Gebote 3–10 durch Mose als Mittler verkündet worden seien.[50] Mit Christoph Berner wird man jedoch festhalten müssen, dass sich diese These am Text nicht beweisen lässt. Aufgrund der Anrede Moses in Z. 3 von Frag. 7–9 sowie der Entlassung des Volkes nach Mitteilung des Dekalogs erwägt Berner daher die Alternative, dass der Dekalog insgesamt zwischen Frag. 6 und 7–9 von Gott öffentlich verkündet wurde, bevor sich Gott dem Mose zuwendet und ihn beauftragt, das Volk zu entlassen.[51] Es gibt jedoch noch eine dritte Möglichkeit, die von John Strugnell vorgeschlagen wurde.[52] Er ist der Auffassung, dass beides, die Ankündigung des Propheten wie der Dekalog, zwischen Frag. 6 und 7–9 zunächst Mose allein, anschließend noch einmal von Mose dem Volk mitgeteilt wurden, bevor Gott in Frag. 7–9 3 den Auftrag erteilt, das Volk zu entlassen. Das Zitat aus Dtn 5,24–27 in Frag. 6 wäre im Sinne von Ex 20,18 allein auf die Theophanie und das Reden von Gott zu Mose (in Ex 19,9.19) zu beziehen.

In Anlehnung an Strugnell und sein Verständnis von Dtn 5,24–27, wonach das Volk Gottes Stimme gehört, aber seine Worte nicht verstanden hat, möchte ich einen weiteren, etwas anderen Vorschlag machen. Da die gesamte Interpolation

50 Segal 1998, 57–58; ihm folgt Zahn 2011b, 66–67.
51 Berner 2013, 396–397.
52 Strugnell 1970, 172–173; vgl. Zahn 2011b, 67 Anm. 83.

zwischen Ex 20,19b–21 und 20,22 durch das Mittel der Wiederaufnahme der Einleitungsformel aus Ex 20,22a eingefügt wurde, ist anzunehmen, dass sie als Rede Gottes zu Mose gedacht ist – in Anwesenheit des Volkes, das zwar die Stimme Gottes hört, seine Worte aber nicht versteht. Dieses Verständnis verträgt sich bestens mit der Situation von Ex 19 und dem Hin und Her des Mose. Auch hier sieht und hört das Volk, dass etwas auf dem Berg geschieht, doch Mose muss die Worte Gottes vom Gipfel stets dem Volk am Fuße des Berges überbringen. Nur an einer Stelle ist die Situation konfus oder zumindest nicht ganz klar: Am Übergang von Ex 19,25 zum Dekalog in Ex 20,1 befindet sich Mose am Fuße des Berges und redet mit dem Volk. Die Fortsetzung in 20,1 kann somit auf zweierlei Weise gelesen werden: entweder so, dass Gott gleichzeitig zu Mose und dem Volk redet, oder so, dass Mose die Worte Gottes an das Volk weitergibt. 4Q158 schafft Klarheit, indem es den Dekalog in die Rede Gottes an Mose einfügt, die mit Ex 20,22 beginnt. Auf diese Weise setzt sich die Unterredung Moses mit dem Volk, die Ex 19,25 einleitet, in Ex 20,18–19b + Dtn 5,24–27 + Ex 20,19b–21 fort, bevor Mose erneut mit Gott kommuniziert und eine Unterredung zwischen Gott und Mose in Ex 20,22a beginnt – zunächst in Anwesenheit des Volkes, das hört, aber offenbar nicht versteht (Dtn 5,28b–29 + Dtn 18,18 ff + Dekalog + Dtn 5,30–31), anschließend ohne das Volk, das auf eigenen Wunsch und nach dem Befehl Gottes entlassen wurde. Auch diesen Befehl Gottes muss Mose dem Volk übermitteln, obwohl es anwesend ist und die Unterredung zwischen Gott und Mose zwar mit anhört, aber offenbar nicht versteht (Plus Frag. 7–9 3–5 + Ex 20,22 ff).

Die Textfolge ist demnach vollkommen konsistent, sofern man mit Ex 19 auch in Dtn 5,24–27 zwischen „sehen und hören" und „verstehen" unterscheidet, das Problem des Übergangs von Ex 19,25 zu 20,1 mit in Betracht zieht und die Bedeutung der Redeeinleitung aus Ex 20,22a für das Textarrangement erkennt. Doch wie dem auch sei, die Textabfolge in 4Q158 ist jedenfalls ein (weiterer) Versuch, die verschiedenen Fassungen der Reaktion des Volkes auf die Theophanie und Gottes Reden (zu Mose oder dem Volk) in Ex 20,18–21 und Dtn 5,22–31, die in der proto-samaritanischen Fassung des Pentateuchs bereits ineinander gearbeitet wurden, in eine sinnvolle Ordnung zu bringen.

Soweit der Befund in 4Q158. Auch hier stellt sich wieder die Frage nach den Implikationen dieses Befundes für die Erklärung des masoretischen Texts und die Komposition des Pentateuchs. Bei diesem Beispiel haben wir es nicht nur mit zwei, sondern drei Versionen zu tun (masoretischer und samaritanischer Text, 4Q158), die allesamt verschieden, aber nicht unabhängig voneinander entstanden sind. Die proto-samaritanische Version ist eine erste, 4Q158 eine darauf aufbauende, zweite Bearbeitung des älteren proto-masoretischen Texts von Ex 20.

Haupttendenz der der beiden Revisionen (des protosamaritanischen Texts und der Handschrift 4Q158) ist zweifellos die Harmonisierung von Ex 20 mit Dtn 5. In den unterschiedlichen Bearbeitungen spiegeln sich jedoch auch unterschiedliche Konzepte über die Rolle des Mose wider. Hätten wir die Zwischenfassung des protosamaritanischen Pentateuchs nicht, würde man sämtliche Änderungen 4Q158 zuschreiben. Hätten wir nur die proto-samaritanische Fassung oder nur 4Q158 ohne den masoretischen Text als Vergleichsgröße, würde man sicher nicht jede Veränderung, aber doch die eine oder andere erkennen, insbesondere in solchen Fällen, in denen das Mittel der Wiederaufnahme verwendet ist, um Dtn 5 und 18 sowie den Dekalog zu integrieren.[53]

Daraus ist zu ersehen, dass man in der Analyse mit mehreren Zwischenstufen rechnen muss, von denen einem manche sicher entgehen, einige jedoch auf dem Weg der internen Analyse rekonstruiert werden können. Auch wenn wir es hier mit der Einarbeitung mehrerer „Quellen" zu tun haben, lässt sich der Befund, für sich genommen, nicht mit der Quellenhypothese, sondern allenfalls mit der Fragmentenhypothese erklären. Da wir jedoch die Vorlagen (Ex 20 und Dtn 5) und ein Zwischenglied (proto-samaritanische Version) kennen, ist deutlich, dass es sich um eine Bearbeitung handelt, die Ex 20 und Dtn 5 vor Augen hat und um den Ausgleich der beiden Fassungen bemüht ist.

Wenden wir uns nun der masoretischen Fassung selbst zu.[54] Die Tendenz zum Ausgleich zwischen Ex 20 und Dtn 5 lässt sich auch schon hier beobachten. So ist sofort ersichtlich, dass Dtn 5,22–31 nicht nur eine Rekapitulation, sondern eine Auslegung der Szene von Ex 20,18–21 darstellt. Hat das Volk in Ex 20 Theophanie und Verkündigung des Dekalogs „gesehen", hat es in Dtn 5 die Theophanie „gesehen" und die Worte Gottes „gehört" (V. 22–24). Schon dies kann als ein erster Schritt zur Angleichung der beiden Stellen betrachtet werden.

Die deuteronomische Konzeption von „Sehen" und „Hören" begegnet auch in Dtn 5,4. Sie wird in der proto-samaritanischen Version und 4Q158 aufgegriffen und in beiden Versionen in die Szene von Ex 20 eingetragen. In einem Zusatz in Dtn 5,5 wird dieses Konzept jedoch dahingehend korrigiert, dass schon der Dekalog nur durch Mose als Mittler dem Volk kundgetan wurde. In ähnliche Richtung gehen auch die Verse in Ex 19,20–25 sowie möglicherweise die Position der Szene vor der Verkündigung des Dekalogs in 4Q158.

Sieht man genauer hin, kann man beobachten, dass sich die Angleichung von Ex 20 und Dtn 5 auch in der masoretischen Fassung in mehreren Schritten vollzogen hat. Ich beginne mit Ex 20,18–21.

---

53 S.o. die Tabelle mit Anm. 46–48.
54 Zum Folgenden vgl. Berner 2013, 380–398.

18 וְכָל־הָעָם רֹאִים אֶת־הַקּוֹלֹת וְאֶת־הַלַּפִּידִם וְאֵת קוֹל הַשֹּׁפָר וְאֶת־הָהָר עָשֵׁן וַיַּרְא הָעָם וַיָּנֻעוּ וַיַּעַמְדוּ מֵרָחֹק:

19 וַיֹּאמְרוּ אֶל־מֹשֶׁה דַּבֵּר־אַתָּה עִמָּנוּ וְנִשְׁמָעָה וְאַל־יְדַבֵּר עִמָּנוּ אֱלֹהִים פֶּן־נָמוּת:

20 וַיֹּאמֶר מֹשֶׁה אֶל־הָעָם אַל־תִּירָאוּ כִּי לְבַעֲבוּר נַסּוֹת אֶתְכֶם בָּא הָאֱלֹהִים
וּבַעֲבוּר תִּהְיֶה יִרְאָתוֹ עַל־פְּנֵיכֶם לְבִלְתִּי תֶחֱטָאוּ:

21 וַיַּעֲמֹד הָעָם מֵרָחֹק
וּמֹשֶׁה נִגַּשׁ אֶל־הָעֲרָפֶל אֲשֶׁר־שָׁם הָאֱלֹהִים:

18 Und alles Volk sah Donner und Blitze und die Stimme des Schofars und den Berg in Rauch. Und als sie es sahen, flohen sie und standen fernab.

19 Und sie sprachen zu Mose: Rede du mit uns, wir wollen hören, aber lass Gott nicht mit uns reden, damit wir nicht sterben.

20 Und Mose sprach zu dem Volk: Fürchtet euch nicht, denn Gott ist gekommen, um euch zu versuchen, damit seine Furcht euch vor Augen stehe und ihr nicht sündigt.

21 Und das Volk stand fernab.
Und Mose näherte sich dem Dunkel, in dem Gott war.

Die Verse Ex 20,19–21a sind zweifellos Zusätze, wie an der Wiederaufnahme von V. 18 (וַיַּעַמְדוּ מֵרָחֹק) in V. 21a (וַיַּעֲמֹד הָעָם מֵרָחֹק) zu erkennen ist.[55] In der älteren Schicht hat das Volk Theophanie und Kundgabe des Dekalogs „gesehen" und entfernt sich (V. 18), während Mose sich wieder Gott nähert (V. 21b). Erst auf der nächsten Stufe „hört" das Volk und bittet Mose, als Mittler zu dienen (V. 19), und Mose spricht dem Volk das „Fürchte dich nicht" zu (V. 20). Es legt sich die Annahme nahe, dass die Zusätze in V. 19–21a von Dtn 5,22–31 inspiriert sind, wo das Volk „sieht" und „hört" und das Motiv von Mose als Mittler aufgegriffen und ausführlich begründet wird.

Aber auch innerhalb von Dtn 5 finden sich Spuren einer Bearbeitung, die der Verbindung mit Ex 20 dienen. Dies gilt insbesondere für Dtn 5,24–27:

24 וַתֹּאמְרוּ הֵן הֶרְאָנוּ יְהוָה אֱלֹהֵינוּ אֶת־כְּבֹדוֹ וְאֶת־גָּדְלוֹ וְאֶת־קֹלוֹ שָׁמַעְנוּ מִתּוֹךְ הָאֵשׁ
הַיּוֹם הַזֶּה רָאִינוּ כִּי־יְדַבֵּר אֱלֹהִים אֶת־הָאָדָם וָחָי:

25 וְעַתָּה לָמָּה נָמוּת כִּי תֹאכְלֵנוּ הָאֵשׁ הַגְּדֹלָה הַזֹּאת
אִם־יֹסְפִים אֲנַחְנוּ לִשְׁמֹעַ אֶת־קוֹל יְהוָה אֱלֹהֵינוּ עוֹד וָמָתְנוּ:

26 כִּי מִי כָל־בָּשָׂר אֲשֶׁר שָׁמַע קוֹל אֱלֹהִים חַיִּים מְדַבֵּר מִתּוֹךְ־הָאֵשׁ כָּמֹנוּ וַיֶּחִי:

27 קְרַב אַתָּה וּשֲׁמָע אֵת כָּל־אֲשֶׁר יֹאמַר יְהוָה אֱלֹהֵינוּ וְאַתְּ תְּדַבֵּר אֵלֵינוּ אֵת כָּל־אֲשֶׁר יְדַבֵּר
יְהוָה אֱלֹהֵינוּ אֵלֶיךָ וְשָׁמַעְנוּ וְעָשִׂינוּ:

24 Und ihr spracht: Siehe, Jᴀʜwʜ, unser Gott, hat uns seine Herrlichkeit und seine Größe sehen lassen, und wir haben seine Stimme mitten aus dem Feuer gehört.
Heute haben wir gesehen, dass Gott mit dem Menschen redet und er lebt.

25 Und jetzt, warum sollen wir sterben? Denn dieses große Feuer wird uns verzehren.

---

55 Vgl. Oswald 1998, 98.101.258–259; Berner 2013, 381–383. Die Zusätze in Ex 20,19–21a sind vermutlich nicht von einer Hand, Oswald findet in V. 20, Berner in V. 19 eine spätere Glosse.

Wenn wir die Stimme Jhwhs, unseres Gottes, weiterhin hören, werden wir sterben.

26 Denn welches Lebewesen, das die Stimme des lebendigen Gottes mitten aus dem Feuer reden hört wie wir, wird leben?

27 Tritt du heran und höre alles, was Jhwh, unser Gott, sagt, und sage du uns alles, was Jhwh zu dir geredet hat, und wir wollen es hören und tun.

Die V. 24b–26 reflektieren die Frage, unter welchen Umständen man am Leben bleiben kann, wenn man Gott hört, und führen die Furcht des Volkes sowohl auf die Gefahr des Feuers als auch auf das Hören der Worte Gottes zurück. Die Reflexion dürfte in Teilen sekundär sein.[56] Sie hat sich vermutlich an dem (seinerseits sekundären?) V. 25b und der Sorge entzündet, dass das Reden Gottes mit einem Menschen (gleichgültig ob Mose oder Volk) zum Tode führt. Dieser Gedanke liefert sowohl für die Distanz in der ursprünglichen Szene von Ex 19,18+21 als auch für die Frage nach Mose als Mittler eine Begründung nach und wurde so zum Anhalt für den Zusatz in Ex 20,19–21a (וְעַתָּה לָמָּה נָמוּת). Dtn 5,25a (וְאִם־יֹסְפִים אֲנַחְנוּ לִשְׁמֹעַ אֶת־קוֹל יְהוָה אֱלֹהֵינוּ עוֹד וָמָתְנוּ) greift den Gedanken auf und führt ihn dahingehend weiter, dass nicht allein das Reden Gottes (V. 24b), sondern das Feuer das Volk verzehren könnte. V. 26 ist die Wiederaufnahme von V. 24b und fasst beide Aspekte im „Reden Gottes aus dem Feuer" zusammen. Wie auch immer man diesen Abschnitt im Einzelnen erklärt, so ist deutlich, dass die V. 24b–25 eine (weitere) Brücke zwischen Ex 20 und Dtn 5 bilden.

Auch Dtn 5,29 ist ein Zusatz im Kontext von Dtn 5,28–30:

28 וַיִּשְׁמַע יְהוָה אֶת־קוֹל דִּבְרֵיכֶם בְּדַבֶּרְכֶם אֵלָי וַיֹּאמֶר יְהוָה אֵלַי שָׁמַעְתִּי אֶת־קוֹל דִּבְרֵי הָעָם הַזֶּה אֲשֶׁר דִּבְּרוּ אֵלֶיךָ הֵיטִיבוּ כָּל־אֲשֶׁר דִּבֵּרוּ׃

29 מִי־יִתֵּן וְהָיָה לְבָבָם זֶה לָהֶם לְיִרְאָה אֹתִי וְלִשְׁמֹר אֶת־כָּל־מִצְוֹתַי כָּל־הַיָּמִים לְמַעַן יִיטַב לָהֶם וְלִבְנֵיהֶם לְעֹלָם׃

30 לֵךְ אֱמֹר לָהֶם שׁוּבוּ לָכֶם לְאָהֳלֵיכֶם׃

28 Und Jhwh hörte die Stimme eurer Worte, als ihr zu mir redetet, und Jhwh sprach zu mir: Ich habe die Stimme der Worte dieses Volkes gehört, die sie zu dir geredet haben. Alles, was sie gesagt haben, ist gut.

29 Wenn sie doch ein solches Herz hätten, mich zu fürchten und alle meine Gebote zu halten alle Tage, damit es ihnen und ihren Kindern gut gehe auf ewig!

30 Geh, sage ihnen: Kehrt zurück in eure Zelte!

V. 29 unterbricht den Zusammenhang zwischen der Selbstverpflichtung des Volkes mit anschließender Billigung durch Jhwh (V. 27–28: הֵיטִיבוּ כָּל־אֲשֶׁר דִּבֵּרוּ) und der Entlassung des Volkes (V. 30–31: לֵךְ אֱמֹר לָהֶם שׁוּבוּ לָכֶם לְאָהֳלֵיכֶם).[57] Der Zusatz stellt

---

56 Veijola 2004, 127.136–137.146–147; Berner 2013, 383–384.386–387.

57 Veijola 2004, 127.138.144–145.

eine Verbindung zu Ex 20,20 her: Die Absicht Gottes, das Volk zu prüfen und zur Gottesfurcht zu bewegen, ist in Dtn 5,29 erfüllt und wird als Wunsch auf das Halten der Gebote für die Zukunft bezogen.

Nach allem hat die Entwicklung, die wir in der samaritanischen Version sowie in 4Q158 beobachten können, in der Literargeschichte von Ex 20 und Dtn 5 ihren Anfang. Die Verbindungen, die hier durch literarische Querverweise hergestellt werden, führen in der samaritanischen Version und, darauf aufbauend, in 4Q158 zur Eintragung von Dtn 5 (und 18) in Ex 20. Auch diese innerbiblische Interpretation und Angleichung lässt sich weder mit der klassischen Quellen- noch mit der Fragmentenhypothese, sondern nur mit der Fortschreibungshypothese erklären. Auf den ersten Blick mag es so erscheinen, als würden hier zwei unabhängige Quellen (Ex 20 und Dtn 5) miteinander verbunden, besonders wenn man die samaritanische Version und 4Q158 betrachtet.[58] Doch sind auch diese beiden Texte ihrerseits das Resultat einer innerbiblischen Auslegung und stehen in einem literarischen und kompositionellen Abhängigkeitsverhältnis zueinander. Die weitere Bearbeitung in der proto-samaritanischen Fassung und 4Q158 ist lediglich die Fortsetzung dieses innerbiblischen Bearbeitungs- und Interpretationsprozesses.

V Kleinere Zufügungen, Auslassungen, Paraphrasen

Um das Bild zu vervollständigen, werde ich kurz noch auf einige Besonderheiten des Manuskripts 4Q158 eingehen, die Molly Zahn in drei Kategorien eingeteilt hat: kleinere Zufügungen, Auslassungen und Paraphrasen.[59]

Einige dieser Besonderheiten haben wir bereits oben besprochen:

- Erstens den Überschuss in der Formulierung des Segens aus Gen 32 in Frag. 1–2 7–10, der teilweise an Gen 28,3 und 35,9–12 erinnert, teilweise eigene Formulierungen verwendet und an der Wiederaufnahme als Zusatz erkennbar ist.
- Zweitens die Zufügung der göttlichen Beauftragung zur Weitergabe an das Volk in der Ankündigung des Propheten wie Mose (Dtn 18,18) in Frag. 6 5–6, die nur durch den Vergleich mit dem masoretischen Text als Zusatz erkennbar ist.
- Drittens die Redeeinleitung für das Zitat von Dtn 5,30–31 in Frag. 7–9 3, die durch die Umstellung von Ex 20,18–21 als Überleitung von der Verkündigung des Dekalogs zur Entlassung des Volkes nötig geworden ist und an der Vorwegnahme der Redeeinleitung von Ex 20,22a (wiederaufgenommen in Z. 5, vgl. SP) als Zusatz erkennbar ist.

---

58 Vgl. Tigay 1975.
59 Vgl. Zahn 2011b, 35–37, 57–63, zu den Kategorien ebd. 17–19.

–   Viertens Zusätze, die eine Entsprechung von Ankündigung/Auftrag und Ausführung herstellen: Frag. 1–2 12–13 (Verbot die Hüftsehne zu essen); Frag. 1–2 15–19 sowie Frag. 4 (Wiedergabe, teilweise Paraphrase und Neufassung von Ex 3,12 und Ausführung des Gottesdienstes nach dem Muster des Opfers von Ex 24); Frag. 7–9 4–5 (Entlassung und Rückkehr des Volkes, als Zusatz erkennbar an indirekter Wiederaufnahme).

Zwei Techniken stechen dabei heraus: zum einen die Methode der Wiederaufnahme, zum anderen die Korrelation von Ankündigung/Auftrag und Ausführung. Beide Techniken sind sowohl in 4Q158 als auch im masoretischen Text selbst anzutreffen. Für die Methode der Wiederaufnahme sei nur auf Ex 20,18–21, für die Korrelation von Ankündigung/Auftrag und Ausführung auf das Verhältnis von Ex 29,19 f und Dtn 5,22–31 verwiesen. Beide Techniken sind auch sonst weit verbreitet in der Hebräischen Bibel und zeigen in der Regel späte Bearbeitungen an. Für die Methode der Wiederaufnahme ist das so gut wie Konsens; die Korrelation von Ankündigung/Auftrag und Ausführung ist etwa bei den deuteronomistischen Erfüllungsvermerken von prophetischen Weissagungen (vgl. 2Kön 9–10 im Verhältnis zu 1 Kön 19 und 21), in der priesterschriftlichen Schöpfungsgeschichte in Gen 1, der Flutgeschichte in Gen 6–9 oder bei dem Bau des Heiligtums in Ex 25–40 zu greifen. Wo diese Techniken angewendet werden, sind die Bearbeitungen mit oder ohne Vergleich mit dem masoretischen Text als solche zu erkennen.

Letzteres ist hingegen nicht der Fall bei den kleineren Änderungen und Zufügungen von ein bis zwei Wörtern, die Molly Zahn für 4Q158 aufgelistet hat, z. B. Gen 32,25a (וַיִּוָּתֵר יַעֲקֹב לְבַדּוֹ) versus 4Q158 1–2 3 שמה לבדו וב[ל]עק[ו]תר י[ותר י]וֹ „Und Jakob blieb alleine *dort*".[60] Auch solche Winzigkeiten sind nicht selten von Bedeutung, können Übergänge glätten oder exegetische Fragen beantworten. In vielen Fällen handelt es sich freilich um rein stilistische oder lexikalische Varianten, von denen sich kaum sagen lässt, welche Variante älter und welche jünger ist. Solche Änderungen sind ohne Kenntnis eines zweiten Textzeugen so gut wie nicht zu identifizieren, es sei denn, sie fallen stilistisch, lexikalisch oder grammatisch aus dem sonstigen Gefüge heraus. Mit diesen Fällen bewegen wir uns in einem Bereich, in dem die Grenzen zwischen Literar- und Textgeschichte in besonderer Weise fließend sind.

Auslassungen sind in 4Q158 so gut wie keine festzustellen. An zwei Stellen vermutet Molly Zahn aufgrund der Überlänge der Zeilen, die sich bei der Rekonstruktion auf der Basis des masoretischen Texts ergibt, den Fall einer möglichen

---

60 Zahn 2011b, 35.

Haplographie (Frag. 5 3; Frag. 10–12 8),[61] doch weisen die erhaltenen Textanteile nirgends auf eine bewusste Auslassung hin. Dass man dennoch mit diesem Fall rechnen muss, zeigen andere Beispiele, in denen mehr Text erhalten ist, wie z. B. die Chronik. Ohne einen zweiten Textzeugen, ist dieses Mittel der Komposition und Redaktion allerdings nicht nachweisbar und sollte darum in der Theoriebildung nur sparsam Verwendung finden.

Ebenso schwierig ist die Rekonstruktion einer Vorlage in Fällen der freien Paraphrase. Ein solcher Fall liegt in Frag. 14 und vielleicht auch in Frag. 3 von 4Q158 vor. Das Vokabular von Frag. 14 weist Berührungen mit Ex 6,3–8 und Ex 15 auf. Das Stück ist vielleicht im Kontext von Ex 6 als Ankündigung (Verbformen) des in Ex 15 beschrieben Sieges über Ägypten und der dort ebenfalls angedeuteten Landnahme verfasst.[62] Um beurteilen zu können, inwieweit es sich um eine redaktionelle Bearbeitung handelt und wie sie zu erklären ist, müsste jedoch mehr Text erhalten und der nähere Kontext bekannt sein. Dasselbe gilt auch für Frag. 3, in dem Gen 49,1 oder Gen 47,29–30 aufgenommen sein könnte.[63] Es steht jedoch außer Frage, dass man im Bearbeitungsprozess auch mit freien Paraphrasen zu rechnen hat. Für sich genommen erscheint eine solche Paraphrase – je nachdem – als ursprüngliches Material, Bestandteil einer Quelle, als Fragment oder als freie, eigenständige Formulierung. Da jedoch die Bezugstexte im Kontext (hier Ex 6 und 15) und die masoretische Fassung bekannt sind, erweist sich der Text als Reformulierung und Bestandteil einer Bearbeitung.

VI Schluss

Gegenstand dieses Beitrages waren die möglichen Implikationen der *Reworked Pentateuch*-Texte für die Frage nach der Entstehung und Komposition des Pentateuchs. Im Blick auf beide Versionen, den masoretischen Text und 4Q158, sehe ich keine gravierenden Differenzen, sondern im Gegenteil große Gemeinsamkeiten sowohl was die kompositionellen Techniken der Bearbeitung als auch was die Inhalte und Tendenzen anbelangt. Bei den *Reworked Pentateuch*-Handschriften handelt es sich gewissermaßen um „biblische" Manuskripte, die der masoretischen und der samaritanischen Fassung des Pentateuchs in jeder Hinsicht vergleichbar und ebenbürtig sind. Und selbst wenn man die *Reworked Pentateuch*-Texte und

---

61 Zahn 2011b, 57–58. Eine andere mögliche Kürzung oder Auslassung vermutet Segal 1998, 49–50 Anm. 16 für den Text von Ex 24,4–6 in Frag. 4 4–5.

62 Segal 1998, 54–55; Zahn 2011b, 59–62.

63 Strugnell 1970, 170; Segal 1998, 53–54; Zahn 2011b, 62–63.

den samaritanischen Pentateuch (wie Chronik, Jubiläenbuch oder Tempelrolle) als *rewriting* einstufen würde, wäre die Vergleichbarkeit gegeben, da der Pentateuch nichts weiter zu sein scheint als das Resultat einer fortwährenden Reformulierung älterer Überlieferungen.

Dieser Befund hat ohne Zweifel enorme Implikationen für die Erklärung der Entstehung und Komposition des Pentateuchs. Diese sehe ich auf zwei Ebenen: zum einen auf der methodischen Ebene, auf der der Text Beispiel für die Techniken und Modelle ist, wie ein Text der biblischen Traditionsliteratur (zumindest ein narrativer Text, doch gilt das auch für Texte anderer Gattungen) gewachsen ist; zum anderen auf der historischen Ebene, auf der die *Reworked Pentateuch*-Fassungen wie alle anderen Fassungen (masoretischer und samaritanischer Pentateuch, Septuaginta, *rewritten bible*-Texte) Zeugen desselben Texts und Teil derselben Literar- und Textgeschichte sind. Sie gehen den Weg weiter, der in der vorausgehenden Literar- und Redaktionsgeschichte eines biblischen Texts beginnt, und weisen die Richtung, in der man auch dort nach den Spuren der Bearbeitung (Zufügung, Auslassung, Umstellung, Reformulierung), kurz: der Fortschreibungs- und Auslegungsgeschichte des Pentateuchs suchen muss. Als angemessenes Erklärungsmodell empfiehlt sich hier wie dort die Fortschreibungshypothese, die den beiden anderen Hypothesen, der Fragmenten- und der Quellenhypothese, überlegen ist.

4 Quellen, Fragmente und Ergänzungen Bibelkritik und Qumranforschung am Beispiel der Tempelrolle

Die Hebräische Bibel ist – ebenso wie das Neue Testament und der Koran – als ein fast hermetisch geschlossenes Korpus von Schriften auf uns gekommen. Dem religiösen Anspruch nach ist dieses Korpus unhinterfragbar, und auch die Bibelwissenschaft, die meist einer religiösen (jüdischen oder christlichen) Gemeinschaft verpflichtet ist, tut sich nicht leicht, die üblichen Methoden der historischen Kritik auf ihre „heiligen Schriften" anzuwenden. Darum und weil das Zutrauen in die eigenen Möglichkeiten der Bibelkritik, zuverlässige Ergebnisse zu erzielen, gegenüber früheren Forschergenerationen des 18., 19. und frühen 20. Jahrhunderts heute stark gesunken ist, besteht in der Bibelwissenschaft ein großes Bedürfnis nach empirischer, externer Evidenz. Der Fund der Handschriften vom Toten Meer in der Mitte des 20. Jahrhunderts hat uns solche empirische Evidenz in Hülle und Fülle beschert. Zum ersten Mal gewähren sie uns einen authentischen Einblick in den Status der handschriftlichen Überlieferung der biblischen und vieler parabiblischer Schriften in der Zeit vom 3. Jh. v. Chr. bis ins 1. Jh. n. Chr. Damit haben wir zum ersten Mal die Chance, die Ergebnisse der rund 250-jährigen Geschichte der kritischen Bibelwissenschaft an antiken Handschriften zu kontrollieren.

Die Felder und Möglichkeiten des Vergleichs sind überaus vielfältig. Am prominentesten ist die Textkritik, für die es schon vor der Entdeckung der Handschriften vom Toten Meer eine externe, empirische Evidenz in Gestalt der antiken Versionen (besonders der Septuaginta) gab. Das Standardwerk hierzu ist das Buch *Textual Criticism of the Hebrew Bible* von Emanuel Tov, das 2012 in neuer Bearbeitung erschienen ist.[1] Darüber hinaus laden die Handschriften vom Toten Meer jedoch auch zu einer Überprüfung unserer form-, traditions-, religions- und theologiegeschichtlichen sowie historischen Hypothesen ein. Vor allem bieten sie die Möglichkeit, Techniken und Tendenzen der antiken Auslegung biblischer Schriften, die in mannigfachen Formen belegt sind (*rewritten bible, Pesharim* etc.), zu studieren. Schließlich stellen die Handschriften eine willkommene Kontrollinstanz für die literar- und redaktionskritische Methode dar, auf die ich mich in diesem Beitrag konzentrieren möchte. So werde ich im Folgenden zunächst die Frage behandeln, was die Bibelwissenschaft in literar- und redaktionsgeschichtlicher Hinsicht von den Texten vom Toten Meer lernen kann. Anschließend möchte ich umgekehrt die Frage stellen, was die Qumranforschung möglicherweise von der Bibelkritik für

---

1 Tov 2012.

https://doi.org/10.1515/9783111367057-006

die Erschließung der Texte vom Toten Meer lernen kann. Als Beispiel soll vor allem die Tempelrolle dienen, an der sich die Frage in beiden Richtungen gut illustrieren lässt.[2]

I Bibelkritik und Qumranforschung

Die Frage, was die Bibelwissenschaft über die Textkritik hinaus auch in literar- und redaktionsgeschichtlicher Hinsicht von den Texten vom Toten Meer lernen kann, wird von Bibelforschern nicht häufig gestellt. Der Grund liegt auf der Hand. Noch immer ist die Disziplin der alttestamentlichen Wissenschaft zu sehr auf den Kanon der Hebräischen Bibel fixiert. Schon die Septuaginta, die Apokryphen und die Pseudepigraphen haben immer nur ein Schattendasein geführt und sich zu einer Spezialdisziplin einiger weniger Experten entwickelt. Die Texte vom Toten Meer liegen vielen Bibelwissenschaftlern noch ferner. Ihre Benutzung setzt sehr viel an Grundlagenforschung zur Paläographie und materiellen Rekonstruktion voraus. Diese Arbeit hat schon die Herausgeber lange Zeit in Anspruch genommen und ist auch jetzt, nachdem die Texte vollständig in der Reihe *Discoveries in the Judaean Desert* (DJD) und anderen Editionen publiziert sind, noch nicht abgeschlossen. Das ist, gemessen am Ertrag, den meisten Bibelwissenschaftlern zu mühsam, zumal sie meinen, die Texte seien mehrheitlich nachbiblisch und daher nicht relevant für ihre Forschungen.

Umgekehrt ist aber auch die Qumranforschung nicht sonderlich an der Frage interessiert, was sie von der kritischen Bibelwissenschaft lernen kann, sei es, dass man kein Bibelwissenschaftler ist und sich darum auch nicht mit der Bibelkritik und ihren Resultaten beschäftigt, sei es, dass man der Bibelkritik – meist aus religiösen, aber auch aus methodischen Gründen –mit einer gewissen Skepsis gegenübersteht. Auch hier herrscht eine Fixierung auf den Kanon der Hebräischen Bibel, den man für die Texte vom Toten Meer als gegeben voraussetzt, ohne nach möglichen Überschneidungen, Beziehungen oder Analogien in der Entstehung und Entwicklung der biblischen und qumranischen Schriften zu fragen.

Es gibt jedoch auch Ausnahmen auf beiden Seiten. Auf dem Gebiet der Literarund Redaktionskritik ist es vor allem der Bibelwissenschaftler David Carr, der seit geraumer Zeit auf der Suche nach empirischer Evidenz ist und in seinem jüngsten Buch bei den klassischen Beispielen aus dem altorientalischen Raum (Gilgamesch, Assyrische Königsinschriften), den Beispielen der Hebräischen Bibel selbst

---

2 Yadin 1983; Puech 1998b; Qimron 2010, 137–207; Charlesworth u. a. 2011; Maier 1997; Steudel 2001, 1–157 (abweichende Zählung dieser Ausgabe in Klammern). Vgl. dazu White Crawford 2000; 2008; Schiffman 2008.

(Chronik, Esra-Nehemia) und eben den Handschriften vom Toten Meer einsetzt, um von hier aus die Geschichte der Bibel rückwärts von den jüngsten zu den ältesten Büchern zu rekonstruieren.[3]

Eines seiner Beispiele ist die Tempelrolle von Qumran, die vor ihm schon Stephen Kaufman in seinem Beitrag für den 8. World Congress of Jewish Studies 1981 in Jerusalem als Testfall für *Higher Criticism* behandelt hat.[4] An ausgewählten Textstellen zeigen Kaufman und Carr die Techniken des *rewriting* biblischer und vermuteter außerbiblischer Quellen in diesem Werk, wofür sie sich auf die Vorarbeiten von Michael Owen Wise und Dwight Swanson u. a. stützen.[5] Kaufman findet sechs *exegetical patterns*:

1) *Original composition* (Eigenformulierungen des Autors oder Redaktors, die man an linguistischen Eigentümlichkeiten erkennt);
2) *Paraphrastic conflation* (Verbindung zweier oder mehrerer biblischer Formulierungen mit hohem Anteil an Eigenformulierungen);
3) *Fine conflation* (wie 2, aber im biblischen Sprachstil);
4) *Gross conflation* (Verknüpfung aller relevanten Bibelstellen zu einem Thema);
5) *Modified Torah quotation* (Zitat einer Torastelle mit Modifikationen);
6) *Extended Torah quotation* (wörtliches Zitat).

Carr hält sich zwar nicht an das Schema von Kaufman, kommt aber in etwa zum selben Ergebnis.[6] Er beginnt mit einem Fall, in dem die Tempelrolle einen Text bietet, der kürzer ist als seine biblische Vorlage und damit einen älteren Text repräsentieren könnte.[7] Weiter notiert er die stellenweise wörtliche Identität von biblischer Vorlage oder einer ihrer Versionen (Septuaginta, Samaritanus) und Tempelrolle, was, von kleinen Varianten abgesehen, auf eine mehr oder weniger unveränderte Wiedergabe schließen lässt.[8] Schließlich führt Carr die Fälle vor, in denen die Vorlage geändert wird, gelegentlich durch Auslassung, in der Regel jedoch durch Zufügung von Material aus anderen biblischen Stellen oder von gänzlich neuem (uns jedenfalls nicht anderweitig bekannten) Material, wobei es sich um kleinere bis größere Zufügungen bis hin zur Kombination von Formulierungen aus unterschiedlichen Kontexten handelt.[9]

---

3 Carr 2011. Vgl. ferner Tigay 1975; 1982; 1985; Tertel 1994.
4 Kaufman 1982.
5 Wise 1990; Swanson 1995.
6 Carr 2011, 48–56.
7 Dtn 17, 5/11QT 55,20–21.
8 Dtn 18,20–22/11QT 61,1–5 oder Dtn 22,6–8/11QT 6,2–7. Dieser Fall entspricht Kaufmans Patterns 5–6.
9 Diese Fälle entsprechen Kaufmans Patterns 1–4.

Für die Bibelkritik ziehen Kaufman und Carr aus diesem Befund den Schluss, dass eine Rekonstruktion des Werdens der biblischen Schriften zwar nicht gänzlich unmöglich, aber äußerst schwierig und nur hypothetisch möglich sei. Der empirische Befund in der Tempelrolle beweise, dass die Schriften im Laufe ihrer Weitergabe überarbeitet, geändert und gewachsen seien. Da die meisten Änderungen ohne Kenntnis der Vorlage nicht zu erkennen und die Vorlagen somit nicht mehr zu rekonstruieren seien, müsse sich der „critic" auf die großen Schichten und Blöcke (wie JE, P, D, Dtr) und die Relation der Bücher (Rollen) untereinander beschränken. Für Kaufman sind dabei allein Sprache und Stil (Vokabular, Syntax, Morphologie), für Carr darüber hinaus die Quantität[10] das entscheidende Kriterium. Feinere Differenzierungen des biblischen Texts lehnen beide ab.

Aufgrund des empirischen Befunds sowie der vielen methodischen Vorbehalte, die Kaufmann und Carr gegen die kritische Analyse der biblischen Schriften, besonders des Pentateuchs, vorbringen, müsste man eigentlich auf die Analyse verzichten und sich allein auf die in den Handschriften und Versionen dokumentierten Varianten der Textgeschichte beschränken. Da Carr jedoch ein Buch über „The Formation of the Hebrew Bible" schreiben möchte, entschließt er sich für einen „middle way" und schlägt eine „'methodologically modest' form of transmission history" vor.[11] Dieser „middle way" geht nicht unmittelbar aus den empirischen Daten hervor, sondern ist eine Konzession an die Vielfalt der in den Handschriften zu beobachtenden Phänomene und die Probleme ihrer Erklärung. Das Verfahren erlaubt, die Trennlinie zwischen Anwendung und Verzicht auf literarische Kritik so zu ziehen, wie weit man gerade zu gehen gewillt ist. Dies erinnert etwas an die Bemerkung von Julius Wellhausen, der über die einstigen Gegner der Bibelkritik seiner Zeit schreibt, dass sie mittlerweile „Compromisse schliessen, die Kritik preisen und nur die Hyperkritik verdammen".[12]

In der Sache würde ich die Akzente etwas anders setzen als Carr. So zeigen die von ihm selbst als Beispiel herangezogenen Handschriften der Gemeinderegel *Serekh ha-Yachad* (QS) und die Reformulierung dieses Werkes in der Damaskusschrift (QD),[13] dass selbst relativ junge Texte in kürzester Zeit mehr als zwei oder dreimal überarbeitet und sowohl klein- als auch großräumig ergänzt worden sind – und zwar mit und ohne biblische Vorlage, die mit dem Wachstum der Schriften in immer stärkerem Maße zitiert wird. Weiter zeigt der Vergleich der Handschriften

---

10 Carr 2011, 145.148 will seine Analyse daher auf einzelne Rollen und einige wenige (zwei oder drei) größere literarische Strata beschränken.

11 Carr 2011, 147–148.

12 Wellhausen, 1886, 3.

13 Zum literarischen Verhältnis zwischen QS und QD vgl. Nr. 25 in diesem Band; Steudel 2012.

von *Serekh ha Yachad,* die in Höhle 1 und 4 gefunden wurden, dass zu den Über-arbeitungen auch kleine bis kleinste Änderungen gehören, die von textkritischen Varianten (aus anderen Versionen oder aus dem Gedächtnis) teilweise kaum zu unterscheiden sind. Warum sollte man mit solchen Phänomenen nicht auch in den biblischen Schriften rechnen, so schwer und unsicher es auch immer sein mag, sie mit Bestimmtheit zu identifizieren?

Umgekehrt ist, wie auch Carr an der Tempelrolle und anderen Beispielen gezeigt hat, teilweise mit sehr umfangreichen Zufügungen zu rechnen, die einen älteren Textzusammenhang auseinanderreißen und die beiden Enden weit von-einander trennen. Als Beispiel sei nur der Anschluss von Dtn 17,2 an 17,1 genannt, der in der Tempelrolle durch drei Kolumnen (Kol. 52–55) voneinander getrennt wurde, oder der Anschluss von Dtn 18 an das Königsgesetz Dtn 17,14–20, zwischen dem in der Tempelrolle vier Kolumnen (Kol. 56–60) stehen. Warum demgegenüber etwa der Anschluss von Jos 2,1 oder 3,1 (der Aufbruch des Volkes Israel von Schittim in das gelobte Land nach dem Tod des Mose in Dtn 34,5 f) an Num 25,1 (die letzte Station nach der Wüstenwanderung in Schittim) undenkbar sei, nur weil dazwi-schen einige sehr späte Kapitel in Num 25–36 und das Buch Deuteronomium stehen, die von nahezu allen als sekundär betrachtet werden, ist mir schlechterdings nicht nachvollziehbar.[14] Ohnehin scheint mir die Quantität ein wenig geeignetes Argu-ment für oder gegen eine literarkritische Rekonstruktion zu sein. Es hat den vor-liegenden Text, nicht die empirischen Daten zum Maßstab.[15]

Schließlich wird man bedenken müssen, dass die empirischen Daten für die biblische Überlieferung aus Qumran, die Kaufman und Carr zugrunde legen, aus der Endphase der literarhistorischen Entwicklung stammen und in der Mehrzahl textgeschichtlicher Natur sind. Sie können daher nicht ohne weiteres und jeden-falls nicht ausschließlich für die früheren Phasen des Textwachstums in Anschlag gebracht werden. Derselbe Einwand gilt für den Vergleich mit der Tempelrolle. Sie bietet im Hinblick auf die Techniken der Verarbeitung der biblischen und ver-muteten nichtbiblischen Vorlagen im Grunde nichts Neues, jedenfalls nichts, was vorher nicht schon in der Chronik oder an etlichen Stellen der Septuaginta beob-achtet werden konnte. Es fragt sich allerdings, ob diese Art der *rewritten bible*-Literatur eine passende Analogie zu jeder Form der biblischen Literatur und ihrer Entstehung darstellt. Sowohl Kaufman als auch Carr haben bei ihrem Vergleich in

---

14 Carr 2011, 112–114; vgl. Nr. 19 in diesem Band. Auch im Verhältnis von S und D ist Ähnliches zu beobachten: So stehen zwischen der Rezeption von 1QS V 1–7a in CD II–XX, bes. III 12–IV 12, und der Fortsetzung von 1QS V 7b in CD XV–XVI der gesamte halachische Mittelteil, das sind 18 Kolumnen im Format von D^a (Hinweis A. Steudel, vgl. Steudel 2012).
15 Zu dem quantitativen Argument vgl. Nr. 1 in diesem Band sowie Kratz 2017c.

der Hauptsache die Quellenhypothese für den Bereich des Pentateuchs im Blick.[16] Doch auch hier besteht die Gefahr einer unzulässigen Verallgemeinerung. Zum einen ist die Quellenhypothese heute sehr umstritten und nicht die einzige Hypothese zur Erklärung der Komposition des Pentateuchs; zum anderen ist sie keineswegs repräsentativ für literar- und redaktionsgeschichtliche Hypothesen im Allgemeinen, etwa in den Propheten, in den Psalmen oder in den Weisheitsschriften.

Insbesondere von Kaufman wird nicht beachtet, dass es dem von ihm süffisant belächelten „critic" in der Mehrzahl der Fälle überhaupt nicht darum geht, die genaue (biblische) Vorlage seines Gegenstands, sofern es eine solche gegeben hat, zu rekonstruieren, was in der Tat kaum gelingen dürfte. Vielmehr geht es darum, die Stadien der Entstehung eines Texts und seiner Bestandteile so genau wie möglich zu eruieren, ganz gleich, ob es sich um eine freie Komposition, die Erst- oder Umformulierung und Kompilation mündlicher oder schriftlicher Traditionen mit und ohne Anhalt in der biblischen Überlieferung oder um die Reformulierung einer bestimmten Vorlage (*rewriting*) wie im Falle der Chronik oder der Tempelrolle handelt.

So etwa ist ganz deutlich und auch bei Anwendung einer „modest methodology" ersichtlich, dass das Bundesbuch in Ex 20–23 aus der Kombination einer Sammlung kasuistischer Rechtssätze und allerlei Zusätzen (mit und ohne Vorlagen) besteht, und ferner, dass das Deuteronomium im Kern eine Reformulierung des Bundesbuches, die Priesterschrift einschließlich des Heiligkeitsgesetzes eine Neufassung von Bundesbuch und Deuteronomium und die Tempelrolle eine Neufassung von allen drei Rechtskorpora im Pentateuch darstellt. Hinzufügen könnte man auch die literarische Abhängigkeit der Damaskusschrift von *Serekh ha Yachad*, die beide ihrerseits von der Tora im Pentateuch abgeleitet sind.[17] Doch weder die erkennbaren Abhängigkeiten der biblischen und parabiblischen Texte untereinander noch die empirischen Daten in den Texten vom Toten Meer lassen sich als Argument für oder gegen den Versuch ins Feld führen, die Abhängigkeiten selbst wie auch die darüber hinausgehenden Textbestandteile nach internen, d. h. stilistischen und inhaltlichen, Gesichtspunkten noch genauer zu differenzieren.

Was nach allem die Bibelkritik aus den Texten vom Toten Meer und insbesondere der Tempelrolle und vergleichbaren Werke der *rewritten bible*-Literatur lernen kann, ist in erster Linie dies, dass die literarische Produktion der biblischen und parabiblischen Schriften etwas mit Interpretation und ihren Gesetzen zu tun hat.[18] Literar- und Redaktionsgeschichte ist Auslegungsgeschichte. Was die Rekonstruktion der Textgenese anbelangt, so sind die einschlägigen Beispiele geeignet,

---

16 Dasselbe gilt für die – nach wie vor bahnbrechenden – Studien von Tigay (s. o. Anm. 3).
17 Vgl. Nr. 25 in diesem Band.
18 Vgl. zum Folgenden Kratz 2013a, 126–156.

uns die Grenzen, aber eben auch die Möglichkeiten der Analyse biblischer Texte aufzuzeigen. Richtig ist, dass die empirischen Daten in den Handschriften vom Toten Meer und anderswo derart vielfältig und heterogen sind, dass sie uns zur Vorsicht mahnen und sowohl im Kleinen wie im Großen nur hypothetische Rekonstruktionen zulassen. Doch statt daraus methodische Vorbehalte für halbherzige Kompromisse abzuleiten, die „die Kritik preisen und nur die Hyperkritik verdammen", kann man die große Palette der möglichen redaktionellen Techniken auch als Vorbild dafür ansehen, womit in der Rekonstruktion der Textgenese gerechnet werden muss – natürlich immer unter dem Vorbehalt, dass es sich um eine Hypothese handelt. Gerade die vielen raffinierten Umformulierungen in den Beispielen aus Qumran, die ohne Kenntnis der Vorlage nicht zu erkennen wären, halten dazu an, die biblischen Texte so detailliert wie möglich zu analysieren und versuchsweise so präzise wie möglich zu differenzieren. Auch hier gilt, was Julius Wellhausen über die Geschichte schrieb: „Konstruiren muß man bekanntlich die Geschichte immer ... Der Unterschied ist nur der, ob man gut oder schlecht konstruirt."[19] „Konstruieren" müssen auch Kaufman und Carr. Nur aufgrund ihrer literar- und redaktionsgeschichtlichen Analysen, bei denen Carr in seinem neuesten Buch zu überaus kühnen und recht eigenwilligen Hypothesen neigt, wird man beurteilen können, ob sie „gut oder schlecht" konstruieren.

II Qumranforschung und Bibelkritik

„Konstruieren" muss allerdings nicht nur der Bibelwissenschaftler, sondern auch der Qumranforscher. Das führt uns auf die zweite Frage, mit der wir uns beschäftigen wollen, nämlich was die Qumranforschung von der Bibelkritik, hier im Besonderen von der Literar- und Redaktionskritik der Bibel lernen kann.

Das Thema ist – dessen bin ich mir durchaus bewusst – in hohem Maße von ideologischen Vorurteilen belastet. Anders als die Textkritik und die vielen anderen Felder der Bibelwissenschaft ist die Literar- und Redaktionskritik der Versuch, hinter den Text der vorliegenden biblischen Bücher zurückzugehen und nach der Entstehung ihrer literarischen Komposition zu fragen. Vielen gilt dies – vornehmlich aus religiösen Gründen – nach wie vor als ein Tabu, das durch mancherlei methodische Kautelen untermauert wird: Die Methode der Bibelkritik sei zu hypothetisch und die Ergebnisse seien viel zu divergent, sodass man keine genauen Aussagen über die literarische Vorgeschichte einer Komposition machen könne. „Too many notes" sollen der Legende nach englische Musiker gestöhnt haben, als sie zum ersten Mal

---

19 Wellhausen 1905, 365.

die Musik von Mozart, nach einer anderen Version von Felix Mendelssohn-Bartholdy spielten. „Too many layers" and „too many solutions" lautet die Klage vieler Bibel- und Qumranforscher angesichts der modernen literar- und redaktionsgeschicht-lichen Thesen. Der Spieß wird darum umgedreht: Die literarische und inhaltliche Komplexität der Texte sei gewollt und in jedem Fall aus der Intention des Autors oder Redaktors erklärlich. Dass auch die übrigen Felder und Methoden der Bibelwissen-schaft, die mit den überlieferten Fassungen eines Texts und den vorliegenden Daten der Handschriften arbeiten, nicht minder hypothetisch und die Ergebnisse nicht weniger divergent sind, wird dabei meist geflissentlich übergangen.

Ferner spielen – wiederum vornehmlich religiös motivierte oder kulturell bedingte – Sympathien oder Antipathien für bestimmte Forschungsrichtungen eine Rolle. Nach wie vor ist etwa der Name Julius Wellhausen als maßgeblicher Repräsentant der Bibelkritik ein rotes Tuch für viele Bibel- und Qumranforscher, die ihn und sein Werk zwar nicht so genau kennen, aber zu wissen meinen, was sie von ihm und seinen Forschungen zu halten haben: „Liberal-protestanischer Anti-semitismus", „Hegelianismus", „Hyperkritik" lauten die Klischees, die man ihm angeheftet hat.

Auf der anderen Seite des Spektrums stehen heute methodische Ansätze, die eher apologetischer Natur sind und sich für die Analyse und Einordnung der Quellen im Pentateuch auf die Sprachgeschichte berufen, die Fragen der Kritik in den Bereich der mündlichen Vorgeschichte oder umgekehrt in den der Text-geschichte verlegen oder sich ausschließlich auf die überlieferte, vorliegende (masoretische) Gestalt des Textes konzentrieren.

Die unterschiedlichen Richtungen in der Bibelkritik und die damit verbunde-nen ideologischen Voraussetzungen und Vorbehalte wirken – bewusst oder unbe-wusst – auch in der Qumranforschung nach und zeigen sich daran, welches Erklä-rungsmodell man bei der Analyse der Texte vom Toten Meer wählt. Hierbei wäre es nützlich, wenn die Qumranforschung die jüngsten Entwicklungen in der Bibelkritik selbst zur Kenntnis nähme, um methodisch auf dem neuesten Stand zu sein und nach Möglichkeit die Fehler zu vermeiden, die die Bibelkritik bereits gemacht und selbst korrigiert hat.

Die Tempelrolle eignet sich auch hierfür als Beispiel. Für sie wurde von Andrew M. Wilson und Lawrence Wills, weitergeführt von Michael Owen Wise eine Entstehungshypothese entwickelt, die, von Einzelheiten abgesehen, in der For-schung weithin akzeptiert ist.[20] Danach setzt sich die Tempelrolle aus fünf ehemals separaten Textstücken (Quellen) zusammen, die hier und dort durch redaktionelle Formulierungen miteinander verbunden wurden.

---

20 Wilson / Wills 1982; Wise 1990.

Wilson-Wills

1) Temple and Courts: 2,1–13,8; 30,3–47,18
2) Calendar: 13,9–30,2
3) Purity Laws: 48,1–51,10
4) Laws of Polity: 51,11–56,21; 60,1–66,17
5) Torah of the King: 57–59

Wise

1) Temple Source: 3,1–13,8; 30,3–31,9a; 31,10–34,12a; 34,15–35,9a; 35,10–39,5a; 39,11b–40,5; 40,7–43,12a; 44,1–45,7a; 46,1–11a; 46,13–47,2
2) Festival Calendar: 13,8–29,2
3) Laws (diverse sources): 34,12b–14; 39,5–11a; 40,6; 45,7b–18; 49,1–51,5a; Teile von 52,13b–21; 63,14b–15; 66,12b–17
4) D (Deuteronomy) Source: 2,1–15; 48,1–10a; 51,11–18; 52,1–12; 53,1–56,21; 60,12–63,14a; 64,1–6a; 64,13b–66,9a; 66,10–12a
5) MD (Midrash of Deuteronomy) Source: 57,1–59,21; 60,2–11; 64,6b–13a
6) Redactional Compositions: 29,2–30,2; 31,9b; 35,9b; 43,12b–17; 46,11b–12; 47,3–18; 48,11–17; 51,5b–11; 51,19–21; 52,13b–21 (incorporating legal sources); 66,9b

Wilson und Wills schlugen vor, dass zunächst die Quellen 1 (Temple and Courts) und 4 (Laws of Polity) zusammengestellt, anschließend die Quellen 2 (Calendar), 3 (Purity Laws) und 5 (Torah of the King) eingefügt worden seien. Wise rechnet mit nur einem Redaktionsvorgang, bei dem seine älteste „D-Source" mit der jüngeren „Temple Source" verbunden und gleichzeitig um die restlichen Stücke und die Eigenformulierungen des Redaktors ergänzt worden sei.

Das zugrundeliegende Modell ist die aus der Pentateuchanalyse bekannte Fragmentenhypothese. Man spricht zwar von „Quellen" (sources), doch sind damit – anders als bei J, E und P im Pentateuch – nicht parallele Werke, die unabhängig voneinander dasselbe sagen, gemeint, sondern – wie im Pentateuch die Quelle D (das Deuteronomium) im Verhältnis zu den Quellen J, E und P in Gen–Num – unterschiedliche Textstücke, die sekundär miteinander verbunden wurden. Doch auch die Dokumentenhypothese spielt dabei eine Rolle, und zwar im Blick auf das Verhältnis zu der biblischen Vorlage der Tempelrolle. So etwa werden in dem Festkalender in Kol. 13–29 die parallelen Versionen von Num 28–29 und Lev 23 oder in Kol. 48 die beiden Fassungen der Liste reiner und unreiner Tiere in Lev 11 und Dtn 14 miteinander kombiniert, so, wie man sich im Pentateuch die Verbindung von J, E und P vorstellt.

Die Entstehungshypothese von Wilson-Wills und Wise wurde in Einzelheiten der Methode und der Resultate verschiedentlich kritisiert,[21] gilt aber nach wie

---

21 Vgl. García Martínez 1991; Schiffman 1992.

vor als Konsens der Qumranforschung.[22] Gegen diesen Konsens hat Molly Zahn eine gründliche und höchst beachtliche Widerlegung vorgelegt.[23] Argument für Argument wird diskutiert und bestritten, dass die von Wilson-Wills und Wise vorgebrachten Indizien inhaltlicher, formaler und sprachlicher Art eine Quellenhypothese, d. h. die Annahme unabhängiger Quellenstücke, rechtfertigen. Demgegenüber vertritt Molly Zahn eine Einheitshypothese, die sich vor allem auf den Umgang der Tempelrolle mit den biblischen Vorlagen beruft. In Anknüpfung an die Beobachtungen von Wise und Swanson[24] erkennt sie ein einheitliches hermeneutisches Prinzip in der Aufnahme und Bearbeitung der biblischen Vorlagen – das Prinzip der *rewritten bible*, das bei allen Unterschieden die gesamte Tempelrolle durchziehe und somit die Annahme mehrerer Autoren überflüssig mache. Die durchaus vorhandenen Unterschiede zwischen den einzelnen Teilen der Tempelrolle rührten nicht von unterschiedlichen Quellen, sondern von den unterschiedlichen biblischen Vorlagen und ihrer unterschiedlichen Verarbeitung durch den Autor der Tempelrolle her. So sei etwa, um nur ein Beispiel zu nennen, die Nennung Gottes in 3. Pers. im Festkalender in Kol. 13–29 (statt der sonst in der Tempelrolle üblichen 1. Pers.) leicht aus der Vorlage Num 28–29 zu erklären, wo Jhwh ebenfalls in 3. Pers. genannt sei, obwohl völlig klar sei, dass er selber rede und Mose nur vorspreche, was er den Israeliten über Jhwh und seine Vorschriften sagen soll. Andere Stellen erklärten sich aus dem formelhaften Charakter der Formulierungen.

Ich halte Molly Zahns Bestreitung der Quellenhypothese aufs Ganze gesehen für schlagend. Allerdings hat mich ihre Gegenthese, die Einheitshypothese noch nicht überzeugt. Und hier meine ich, dass die Qumranforschung vielleicht etwas von der Diskussion lernen kann, die seit längerem in der Bibelwissenschaft geführt wird, nicht nur zum Pentateuch, sondern auch zur Analyse der übrigen biblischen Bücher.

Zunächst kann die Bibelkritik der Argumentation von Molly Zahn eine willkommene Unterstützung leisten. Ihre Auseinandersetzung mit den Thesen von Wilson-Wills und Wise erinnert an die Chronik, ein anderes Beispiel der *rewritten bible*, das der Tempelrolle sehr ähnlich ist und ähnliche Fragen aufwirft.[25] Auch in der Forschung zur Chronik hat man, insbesondere was das Sondergut anbelangt, aber auch für manche Textabweichung gegenüber der biblischen Vorlage in den

---

22 Vgl. García Martínez 2000, 929–930; ferner Schiffman 2008, 4–5; White Crawford 2000, 23; dies. 2008, 89.

23 Zahn 2001. Mittlerweile hat Zahn ein leicht modifiziertes, komplexeres Modell entwickelt, vgl. Zahn 2012b sowie unten IV.

24 S.o. Anm. 5. Zur Schriftrezeption in der Tempelrolle vgl. schon Yadin 1983; ferner Zahn 2005; dies., 2011b,179–228; 2012a; Paganini 2009.

25 Vgl. dazu Kratz 2000, 14–53.

Büchern Samuel und Könige, in früheren Zeiten gerne verschiedene Quellen und für die Vorlage verschiedene Textfassungen angenommen, so, wie es Wise im Falle des Deuteronomiums als Quelle für die Tempelrolle vorgeschlagen hat. Dies hat sich jedoch nicht bewährt. In dem einen oder anderen Fall kann oder muss man vielleicht erwägen, ob die Chronik einen anderen als den uns vorliegenden masoretischen Text der Bücher Samuel und Könige vor sich hatte, und auch zusätzliche Informationen aus der mündlichen oder schriftlichen Tradition für das Sondergut der Chronik lassen sich nicht völlig ausschließen. Gerade die Funde von Qumran schienen anfänglich nachgerade die empirische Evidenz solcher abweichenden Vorlagen (etwa in Gestalt von 4QSam[a]) zu liefern. Doch reicht dies zur Erklärung der Chronik bei weitem nicht aus.

Vielmehr resultieren die Abweichungen, von reinen Textvarianten abgesehen, in der Hauptsache aus einem *rewriting* der uns bekannten biblischen Vorlage, sei es in einem Vorläufer der Chronik, sei es in der Chronik selbst, sei es in Handschriften, die beides, Samuel-Könige und Chronik, schon voraussetzen. Schon Julius Wellhausen hat unter Berufung auf de Wette mit Recht darauf hingewiesen, dass die Annahme unzähliger Quellen und Zwischenstufen zwischen Samuel-Könige und Chronik zur Erklärung nichts beitrage, da man das Problem des Verhältnisses lediglich auf eine frühere Stufe verschiebe, die sich von der Chronik selbst kaum unterscheide.[26] Die Untersuchung der in Qumran gefundenen vielen *rewritten bible*-Texte könnte oder sollte sich vielleicht die Erfahrung der Bibelkritik im Umgang mit dieser Art von Literatur (neben Chronik wäre etwa noch das Deuteronomium im Verhältnis zum Bundesbuch zu nennen) zunutze machen – und zwar sowohl, was den Stellenwert der Textkritik und die fließenden Grenzen zwischen Text- und Redaktionskritik anbelangt, als auch was das Postulat von Quellen betrifft, die nichts anderes enthalten als das vorliegende Werk.

Auch für die interne Plausibilität der Dokumenten- und der Fragmentenhypothese hätte sich Molly Zahn gut auf die rund 250-jährige Diskussion der Pentateuchkritik stützen können. Hier sind die grundlegenden Hypothesen entwickelt und

---

26 Vgl. Wellhausen 1905, 217 f; Kratz 2000, 27 f.40 f.46–49. Das bedeutet nicht, dass es keine Zwischenstufen gegeben hätte, die man mit einigem Glück auch greifen kann, wie z. B. die zwei oder mehr Stufen der Bearbeitung des samaritanischen Pentateuchs, die durch die *Reworked Pentateuch*-Handschriften (4Q158; 4Q364–367) ans Licht kamen, von denen 4Q365 einschließlich 4Q365a eine solche Zwischenstufe repräsentieren, die wiederum als Vorlage für die Komposition der Tempelrolle diente (s. u. IV). Hier wie im Falle der Chronik wird man an mehrere Interpretations- und Bearbeitungsschichten zu denken haben, von denen manche auf frühere Vorlagen, andere auf die Autoren des *rewriting* und wieder andere auf spätere Schreiber zurückzuführen sind. Doch solange wir die Zwischenstufen nicht kennen, tragen sie zur Erklärung der erhaltenen Textfassungen nichts aus.

schon lange erprobt worden. Wie die neuere Diskussion zeigt,[27] ist die Annahme
separater, unabhängig voneinander entstandener Quellen in den letzten Jahrzenten
sowohl aus Gründen der Kritik selbst als auch aus allgemeinen methodologischen
und literatursoziologischen Gründen massiv erschüttert worden. Das gilt sowohl
für die klassische Dokumentenhypothese, d. h. die Annahme durchgängig paralleler Quellenschriften (J, E und P), als auch für die Fragmentenhypothese, d. h. die
Annahme von einzelnen, unabhängig voneinander entstandenen, mündlichen
oder schriftlichen Traditionsblöcken (Urgeschichte, Vätergeschichte, Exodus, Sinai,
Wüste, Landnahme, Gesetzeskorpora). Wie wir heute sehen, sind die unterschiedlichen literarischen Schichten im Pentateuch (wie auch in anderen Büchern der
Hebräischen Bibel) sehr viel mehr aufeinander bezogen und literarisch miteinander vernetzt als man in den frühen Zeiten der Bibelkritik annahm. Auf diesem Hintergrund hatte die Hypothese von Wilson-Wills und Wise methodisch schon in den
80er und 90er Jahren keine solide Basis mehr und nur wenig Wahrscheinlichkeit
für sich.

Die Frage ist allerdings, ob die einzige Alternative zur Dokumenten- oder Fragmentenhypothese die Einheitshypothese ist, wie Molly Zahn für die Tempelrolle
suggeriert. Ihr wichtigstes Argument für die Einheitlichkeit der Tempelrolle ist die
durchgängige Referenz auf biblische Vorlagen und die Art des Umgangs mit ihnen,
d. h. die Hermeneutik und Technik des *rewriting*. Doch die Tempelrolle ist nicht das
einzige Beispiel der *rewritten bible*-Literatur. Ginge es nach Molly Zahn, müsste man
sämtliche Beispiele von der Chronik über die Tempelrolle bis hin zum Genesis-Apokryphon und dem Jubiläenbuch auf einen Autor zurückführen. Denn sie alle befol-
gen dieselbe Hermeneutik und Technik des *rewriting*. Oder anders ausgedrückt:
Die Bestreitung der Quellen- oder Fragmentenhypothese hat nicht automatisch die
Einheitlichkeit eines Werkes zur Folge. Das gilt sowohl für den Pentateuch und alle
anderen biblischen Vorlagen als auch für die *rewritten bible*-Texte selbst. Vielmehr
bietet sich noch eine andere Möglichkeit an, die in der Bibelkritik diskutiert wird,
in der Analyse der Tempelrolle und anderer Beispiele aus Qumran (wie etwa die
Überlieferung von S oder das Verhältnis von S und D), soweit ich sehe, jedoch noch
nicht ausreichend bedacht und erprobt worden ist: die Ergänzungs- oder Fortschreibungshypothese.

Diese Hypothese rechnet nicht mit separaten Quellen oder Fragmenten,
sondern mit einem Grundtext, der sukzessiv bearbeitet, vor allem ergänzt oder fortgeschrieben, und im Zuge dessen immer wieder ausgelegt wurde. Dabei können Elemente der anderen Hypothesen, der Dokumenten- und der Fragmentenhypothese,
durchaus integriert werden. Im Hintergrund von Grundtext und Fortschreibungen

---

27 Vgl. Nr. 1 und 2 in diesem Band.

können diverse mündliche oder schriftliche Quellen stehen, die hier oder dort auch in den Grundtext oder seine Ergänzungen Eingang gefunden haben können. Doch bei der Analyse geht es nicht um die Rekonstruktion dieser (hypothetischen, mündlichen oder schriftlichen) Quellen, sondern um den Entstehungsprozess des überlieferten, uns vorliegenden Texts. Der entscheidende Punkt dieser Hypothese ist, dass die diversen literarischen Bestandteile, die man in einem Text differenzieren kann oder muss, nicht unabhängig, sondern in Kenntnis voneinander und meistens in literarischer Abhängigkeit verfasst worden sind. Diese Annahme erlaubt es, sowohl die Gemeinsamkeiten verschiedener Textstrata als auch deren Unterschiede in ein und demselben Werk zu erklären. Im Folgenden möchte ich daher der Frage nachgehen, ob sich die Ergänzungshypothese möglicherweise auch auf die Tempelrolle anwenden lässt.

III Die Ergänzungshypothese

Ob die Ergänzungshypothese auch auf die Tempelrolle anzuwenden ist, hängt davon ab, wie die Unterschiede in den einzelnen Teilen der Tempelrolle, die von der Qumranforschung als Indizien der Uneinheitlichkeit gewertet werden,[28] mit der Konzeption des Gesamtwerkes in Zusammenhang stehen. Es ist also nicht damit getan, die Unterschiede mit der Abhängigkeit von der biblischen Vorlage, dem Inhalt oder der komplexen (biblischen und nicht-biblischen) Rechtstradition zu erklären.[29] Vielmehr muss man auch fragen, ob sich die unterschiedlichen Rechtstraditionen, Inhalte und Techniken im Umgang mit der biblischen Vorlage in das Gesamtkonzept des Werkes fügen und eine einheitliche Tendenz verfolgen. Nicht die Unterschiede an sich, die nichts weiter als Indizien sind, sondern die Tendenz und das Gesamtkonzept sind die ausschlaggebenden Kriterien für die Entscheidung, ob ein Text literarisch einheitlich ist oder bearbeitet wurde.

Ich kann an dieser Stelle keine vollständige Analyse der Tempelrolle präsentieren und beschränke mich deswegen auf einige grundlegende Beobachtungen, die m. E. in Richtung einer Fortschreibungshypothese weisen. Meine Beobachtungen stützen sich in der Hauptsache auf die eindeutig redaktionellen Formulierungen, die Auskunft über die Intention des Autors oder Redaktors geben: die Eröffnung in Kol. 2 (nach Ex 34 und Dtn 7); der Abschluss des Tempelbaus in 29,3b–30,2 (29,15b–

---

28 JHWH in 1. oder 3. Person, Adressat in 2. Person Singular oder Plural, die Konstruktion *yihyæh qotel* statt *w-qatal* oder *we-yiqtol*, unterschiedliche Kompositionsweise im Umgang mit den biblischen Vorlagen. Vgl. Wilson / Wills 1982; Wise 1990.
29 So Maier 1997, 20–35; Zahn 2001.

30,14); die Zielaussagen des Bauberichts der Höfe in Kol. 45–47; der Abschluss der Reinheitsgesetze in 51,5b–10 (51,12b–17); der Abschluss der Gesetze zum Rechtswesen und zum Königtum in 59,2–21 (59,9–28); zu der Paraphrase des Deuteronomiums in Kol. 60–66 fehlt der Abschluss.[30] Wie ich zeigen möchte, lässt sich diesen Stücken zweierlei entnehmen: die Anlage der gesamten Komposition wie auch die sukzessive Entstehung der Komposition.

Wie im Falle eines jeden biblischen Textes, empfiehlt es sich auch bei der Tempelrolle von dem vorliegenden, uns überlieferten Text auszugehen und als erstes nach der Gesamtkonzeption zu fragen. Hierzu hat Johann Maier einen ansprechenden Vorschlag gemacht. Er beobachtet eine Bewegung der Darstellung vom Inneren des Tempels nach außen in die heilige Stadt und in die Bezirke außerhalb der heiligen Stadt.[31] Dieses Anlageprinzip ist für den ersten Hauptteil, die Beschreibung der Tempelanlagen in Kol. 3–47, evident, trifft jedoch für die folgenden Gesetze im zweiten Teil der Kol. 48–66 nicht mehr generell zu.[32] In den gesetzlichen Partien scheinen andere Prinzipien leitend zu sein, die zwar schwerer zu durchschauen sind, aber mit dem Hinweis auf die Komplexität der Rechtstradition im allgemeinen und der Benutzung biblischer Vorlagen im speziellen noch nicht erklärt sind.

In der Regel orientiert man sich für die Strukturierung des zweiten Teils am Gegenstand der einzelnen Gesetze.[33] Das ist grundsätzlich richtig, führt aber über eine reine Beschreibung der Inhalte nicht hinaus: Reinheit, Rechtswesen, kultische Vorschriften, Götzendienst, Gerichtsordnung, Königsrecht, Priester und Leviten etc. Um das Ordnungsprinzip dieser Gesetze zu erfassen, reicht es nicht aus, sie alle auf derselben Ebene zu betrachten, vielmehr muss man die Verarbeitung der biblischen Vorlagen mit ins Kalkül ziehen. Hier spielen die Unterschiede in der Kompositionsweise eine Rolle, die vor allem Wise herausgearbeitet hat und die einen Unterschied zwischen der freieren Rezeption des Deuteronomiums in den Kol. 48–51 und 51–59 sowie der reinen Paraphrase in Kol. 60–66 erkennen lassen.[34] Nimmt man die

---

30 Die Unterscheidung zwischen „Quelle" und „Redaktion" wurde bereits von Wilson / Wills 1982, 275–277 angedeutet und von Wise 1990, 155–194 weiter ausgearbeitet. Ich beschränke mich hier auf die schon von Wilson / Wills identifizierten Stücke, die zweifelsfrei die Komposition der Tempelrolle konstituieren und darum schwerlich quellenhaft sind, sondern redaktionell sein müssen. Die Frage ist nur, ob sie alle von ein und demselben Schreiber stammen.

31 Maier 1997, 8–20.

32 Am ehesten noch bei dem Übergang von den Reinheitsbestimmungen in Kol. 45–47 zu Kol. 48–51. Vgl. Callaway 1989, 152.

33 Wise 1990, 210–234; Maier 1997, 10–20.

34 Wilson / Wills 1982; Schiffman 1992, die Kol. 51–66 als *rewriting* von Deuteronomium und unter der Überschrift „Laws of Polity" zusammenfassen und nur das Königsgesetz als eigene Quelle separieren, legen ein zu grobes Raster an und übergehen damit sowohl den Unterschied in der Rezep-

redaktionellen Stücke hinzu, ist deutlich, dass der erste Abschnitt in Kol. 48–51 dem Thema der Reinheit und Heiligkeit gewidmet ist. Der zweite Abschnitt in Kol. 51–59 scheint auf den ersten Blick die staatlichen Institutionen, das Gerichtswesen (Kol. 51–56) und das Königtum (Kol. 56–58), abzuhandeln. Bei näherem Zusehen zeigt sich jedoch, dass hinter dem besonderen Arrangement der rezipierten Vorlagen eine andere Absicht steht. Jedenfalls in Kol. 51–57, aber auch in 57–59 zieht sich die Polemik gegen die fremden Götter und Völker als Leitthema durch den ganzen Abschnitt hindurch.[35] Der dritte Abschnitt in Kol. 60–66 ist keinem erkennbaren Thema gewidmet, sondern verfolgt offenbar allein das Interesse an einer vollständigen Paraphrase des Deuteronomiums als Rede Gottes im Ich-Stil.

Die unterschiedlichen redaktionellen Perspektiven, besonders das Thema des Götzendienstes in Kol. 51–59, erscheinen jedoch nicht in jedem einzelnen Gesetz. Für die Mikrostruktur sind offenbar noch andere Ordnungsprinzipien sowie die Abhängigkeit von der biblischen Vorlage und gegebenenfalls weitere „Quellen" (mündliche Tradition) ausschlaggebend. Doch die identifizierten Leitthemen, die in den redaktionellen Stücken zum Ausdruck gebracht werden, bestimmen die

---

tion des Deuteronomiums als auch die eigenen Akzente, die der Schreiber durch das Arrangement der Vorlagen in Kol. 51–59 setzt. So etwa ist die Reihenfolge der Gesetze in den Kol. 60–66 m. E. nicht als solche relevant; das Ordnungsprinzip scheint mir hier allein die Übernahme der deuteronomischen Gesetze ab Dtn 18 zu sein. Anders sieht es in dem unmittelbar vorausgehenden Komplex der Kol. 51–59 aus. Auch hier steht das Deuteronomium (bes. Dtn 16–17, dazu ausgewählte Stellen aus Dtn 12–15) Pate, doch ist die Reihenfolge der biblischen Vorlage nicht eingehalten und werden die deuteronomischen Gesetze sehr viel mehr als in den Kol. 60–66 mit anderen Vorlagen kombiniert oder durch fremdes Material ergänzt. Das ist das relative Recht der Unterscheidung von Wise zwischen einer Deuteronomy Source und einer Midrash of Deuteronomy Source, auch wenn ich der Aufteilung auf seine zwei Quellen nicht zu folgen vermag.

35 So leitet 51,11–13 (51,18–20) nicht etwa ein Kapitel über das Rechtswesen ein, auch wenn dieses Thema in Aufnahme von Dtn 16–17 einen Rahmen um den Komplex von Kol. 51–56 bildet. Doch der Fokus liegt nicht auf dem Gerichtswesen an sich, sondern auf der Götzenpolemik von Dtn 16,21; 17,1–3. Mit den Götzen verbindet sich der Verzehr von Götzenopferfleisch, weswegen sich in Kol. 52 an die Wiedergabe von Dtn 17,1 die Ausführungen über die Schlachtung (nach Dtn 12) anschließen. Über Dtn 12,26 und die Regelung von geweihten oder gelobten Opfern kommt der Autor auf die Gelübde zu sprechen, die er mit Rekurs auf Dtn 23 und Num 30 abhandelt, bevor er wieder auf das Thema des Götzendienstes nach Dtn 13 und 17,2–4 zurücklenkt. Die Fortsetzung zeigt, warum er in Kol. 51 bereits mit Dtn 16,18–20, der Einsetzung von Richtern, begonnen hat. Das Gerichtswesen zielt nach Dtn 17,1–3 im Wesentlichen auf die Entscheidung von Fällen des Götzendienstes, um das „Böse aus deiner Mitte wegzuschaffen", und in diesem Sinne dürfte auch die Einrichtung des priesterlichen Zentralgerichts in Dtn 17,8–13 verstanden worden sein (Dtn 17,7.12 f = Kol. 56). Das erweiterte Königsgesetz ist auf weite Strecken, auch mit den Bestimmungen zur Ehe des Königs, der Auseinandersetzung mit den fremden Völkern gewidmet und wird durch den Abschluss in Kol. 59 mit der Thematik des Götzendienstes verbunden.

Konzeption der gesamten Komposition. Das Anlageprinzip ist die Zweiteilung in Baubericht (Kol. 3–47) und Gesetze (Kol. 48–66). Innerhalb des ersten Teils ist die Bewegung von innen nach außen leitend, innerhalb des zweiten Teils die Befähigung zum Eintritt in das Heiligtum, der die Reinheit des Volkes, seine Abkehr von Götzendienst und Völkern sowie die Befolgung aller weiteren Gesetze des Deuteronomiums zur Bedingung hat. Graphisch stellt sich die Anlage der Komposition folgendermaßen dar:

Einleitung (Kol. 1–2)

1)	Rahmenszene (Bund, Götzendienst, in Ex 35,19 ff gefolgt von Fest- und Opfergesetzen

A. Baubericht

2) 3,1 30,2 (3,1 30,14)[36]	Tempel und Feste
3,1–13,8 (3,1–13,13)	Baubericht (Tempel)
13,9–29,3a (13,14–29,15)	Feste und Opfer
29,3b–30,2 (29,15b–30,14)	Redaktion (Wohnen, Bund mit Jakob)

3) 30,3–47,18 (30,15–47,26) (48?)	Baubericht (Tempelhöfe)
45–47[37]	Redaktion (Wohnen, Heiligkeit der Höfe und der Stadt)

B. Gesetze

4) 48,1–51,10 (48,1[12?])–51,17)	Heiligkeitsgesetze
51,5b–10 (51,12b–17)	Redaktion („die ich dir mitteile auf diesem Berg")

5) 51,11–59,21 (51,18–59,28)	Rechtswesen, Königtum (Götzendienst, Völker)
51,11–56,11 (51,18–56,18)	Rechtswesen + Götzendienst
56,12 ff (56,19 ff)	Gesetz des Königs + Völker
59,1–21 (59,9–28)	Redaktion (Fluch und Segen)

6) 60–66	Deuteronomium-Paraphrase (Dtn 18–23)

---

36 Zählung in Klammern nach der Rekonstruktion von Steudel 2001. Bei allen Angaben ist stets zu berücksichtigen, dass weite Teile des Texts verloren sind und die Übergänge zwischen einzelnen Abschnitten und literarischen Schichten der Komposition darum nicht immer präzise bestimmt werden können.

37 Vgl. bes. 45,10–14; 46,3–12; 47,3–5.10 f.17 f. Die Formulierungen lassen sich nicht aus ihrem Kontext lösen, sodass man nicht zwischen „Quelle" und Redaktion differenzieren kann, sondern der gesamte Komplex in Kol. 45–47 bzw. 30–47 der „Redaktion" angehört, die im Bereich von Kol. 3–47 für die Komposition der Tempelrolle verantwortlich ist.

Nun stellt sich die Frage, ob diese Komposition von einer oder mehreren Händen stammt. Auch hierfür sind m. E. die redaktionellen Stücke ausschlaggebend, die einen scheinbar widersprüchlichen Eindruck vermitteln: einerseits ein Bild großer Geschlossenheit, in dem alle Teile aufeinander angewiesen sind und sich zu einem einheitlichen Ganzen vereinen, andererseits den Eindruck in sich abgeschlossener Einzelteile, die durch die redaktionellen Zäsuren oder Abschlüsse markiert sind (so Kol. 29; 51 und 59) und deutliche Unterschiede aufweisen. Sieht man näher zu, lassen sich gerade an den für die Einheitlichkeit der Gesamtkomposition verantwortlichen redaktionellen Formulierungen die Unterschiede beobachten, die in der Tat den Verdacht aufkommen lassen, dass das Werk, bei aller Einheitlichkeit, nicht aus einem Guss ist. Ich gehe die einzelnen Stellen kurz durch.

Die Einleitung in Kol. 2, die auf die Offenbarungsszene von Ex 34 rekurriert und unter Aufnahme auch von Dtn 7 die Themen „Bund" und „Götzendienst" exponiert, gilt für die gesamte Komposition. Die Szene von Ex 34 ist darum bestens als Einleitung geeignet, weil man in ihr als einer zweiten Offenbarung nach dem Sündenfall alles unterbringen konnte, was noch nicht in Ex 19–24 und 25–31 gesagt wurde, aber im Ausführungsbericht (Ex 35–40), als Rede Gottes am Sinai und in der Wüste (Levitikus und Numeri) oder in der Rede des Mose (Deuteronomium) folgt und was darüber hinaus als weitere Neuerungen noch gesagt werden sollte.[38]

So leitet die Szene aus Ex 34 in Kol. 2 als erstes den Baubericht in Kol. 3–47 ein, der in Anlehnung an Ex 25–31 und 35–40 – von innen nach außen schreitend – den Bau des Heiligtums und seiner Höfe schildert. Der Ausführungsbericht von Ex 35–40, der insgesamt sekundär ist und manches zusätzliche, in der Gottesrede von Ex 25–30 ursprünglich nicht enthaltene Detail nachträgt,[39] wird weiter ausgeführt und entsprechend Ex 25–30 sowie Ex 34 (in Kol. 2) in eine Gottesrede umgewandelt. Die leitende Perspektive des Bauberichts, die vor allem in den redaktionellen Stücken in Kol. 29 und 45–47 zum Ausdruck kommt, ist aus Ex 29 und 40 genommen. Sie besagt, dass Israel das Volk JHWHs und JHWH der Gott Israels sein soll und JHWH zu diesem Zweck seine Herrlichkeit im Heiligtum bzw. in der heiligen Stadt wohnen lässt (Kol. 29 und 45–47: Wohnen, Heiligkeit). Mit der Einleitung in Kol. 2 (nach Ex 34) wird das Ganze unter das Vorzeichen des Bundes gestellt. Dem entspricht, dass in

---

38 Vgl. dazu auch Otto 2011. Weiterführend Fraade 2011. Im Unterschied zu der üblichen (hermeneutischen oder historischen) Erklärung beschreibt Fraade die Tempelrolle und verwandte Literatur als „ongoing construction of nomian worlds of Torah discourse and practice" (a.a.O., 319).
39 Vgl. Kratz 2000, 105. Mit der sekundären Eintragung des Brandopferaltars aus Ex 35–40 in Ex 30 f beginnt bereits die Entwicklung, die sich in der Tempelrolle fortsetzt. In diesem Zusammenhang ist auch die abweichende Fassung der Septuaginta bzw. ihrer hebräischen Vorlage zu berücksichtigen; vgl. dazu Brooke / Lindars 1992, 81–106.

den Baubericht ein Festkalender (nach Num 28 f und Lev 23) eingefügt ist,[40] der die Fest- und Opferordnung von Ex 34 ausführt oder ersetzt und die Bestimmung des Inneren des Tempels festlegt.

Insoweit ist die Einleitung in Kol. 2 mit dem folgenden Baubericht fest verbunden. Andererseits fällt auf, dass der Bundesschluss in Ex 34 thematisch nicht auf den Bau des Heiligtums, sondern im Besonderen auf die Reinheitsgebote in Kol. 48–51 mit Abschluss in Kol. 51 („die ich dir mitteile auf diesem Berg") sowie auf die Gesetze zur Vermeidung der Idolatrie in Kol. 51–59 mit Abschluss in Kol. 59 (Fluch und Segen für das Volk) zielt.[41] Dementsprechend ist die Verbindung des Bauberichts in Kol. 3–47 mit der Rahmenszene in Kol. 2 aus Ex 34 recht lose. Das Redaktionsstück in Kol. 29 redet zwar vom Bund, hat aber einen ganz anderen Bund im Sinn als Ex 34, nämlich die Bundeszusagen in Ex 29 und 40 (Israel soll Jhwhs Volk sein, Jhwh will auf ewig der Gott Israels sein nach Gen 17) sowie den Bund mit Jakob in Betel (und vielleicht auch den anderen Vätern) für das künftige, eschatologische Heiligtum.[42] Der Abschluss in Kol. 29 umfasst also in erster Linie die Kol. 3–29, und zwar einschließlich des Festkalenders, der sich nicht aus dem literarischen Zusammenhang mit dem Bau des Heiligtums in Kol. 3–13 lösen lässt. Sein abweichender Stil (mit Jhwh in 3. Person) erklärt sich ohne weiteres aus der biblischen Vorlage in Num 28 f, die bereits eine Gottesrede ist und dem Mose aufträgt, wie er vor dem Volk reden soll. Dass er dem 364-Tage-Kalender folgt und andere Gemeinsamkeiten mit Auffassungen der Gemeinschaft von Qumran aufweist, spielt für die literar- und redaktionsgeschichtliche Analyse keine Rolle.

Die Beschreibung der Hofanlagen mit den dazugehörigen Schutzbestimmungen für das Heiligtum und die heilige Stadt in Kol. 30–47 setzt den Baubericht über das Heiligtum einschließlich der Festgesetze sowie den redaktionellen Abschluss in Kol. 29 voraus. Doch fällt auf, dass es hier keinen eigenen redaktionellen Abschluss gibt, sondern der Baubericht in die Heiligkeitsaussagen von Kol. 45–47 einmündet. Diese wiederum beziehen sich eindeutig auf das redaktionelle Stück in Kol. 29 zurück, schließen aber primär nicht den ganzen Abschnitt, sondern die einzelnen

---

40 Genau genommen handelt es sich nicht um einen „Festkalender", sondern um eine Liste der Festopfer, die auf dem vorher beschriebenen Altar dargebracht werden.

41 Der Bezug von Kol. 51 zu Kol. 2 scheint die Annahme von Wise 1990 zu stützen, der Kol. 2 seiner D (Deuteronomium) Source zurechnet (s. o. II). Allerdings gibt es keinen direkten Anschluss oder eine Verbindung von Kol. 2 zu Kol. 48, sodass die Hypothese einer unabhängigen Quelle der textlichen Grundlage entbehrt.

42 Zum Bund mit Jakob vgl. Gen 28,13–15; 35,1–3; zusammen mit Isaak und Abraham Lev 26,42 (nur hier „Bund") sowie Jub 31. Eine Identifizierung des eschatologischen Heiligtums mit dem in der Tempelrolle beschrieben Heiligtum scheint mir von der Formulierung in Kol. 29 her nicht möglich. Vgl. zur Diskussion Maier 1997, 131.

Bestimmungen am Ende des Abschnitts ab. Lediglich die Formulierung in 47,17 hat summarischen Charakter und könnte einmal einen Abschluss gebildet haben.

Nach allem legt es sich nahe, zwischen der Einleitung in Kol. 2 und dem Bauberight in Kol. 3–47 und innerhalb des Bauberichts noch einmal zwischen dem Bau des Heiligtums samt Festkalender in Kol. 3–29 und dem Bau der äußeren Anlagen des Heiligtums samt Schutzbestimmungen in Kol. 30–47 zu unterscheiden. Aufgrund der engen literarischen Verzahnung empfiehlt es sich jedoch nicht, die verschiedenen Bestandteile der Komposition separaten, unabhängigen Quellen zuzuweisen. Vielmehr baut das eine auf dem anderen auf. Damit kommt die Fortschreibungshypothese ins Spiel. Als Grundtext, den alle anderen Bestandteile voraussetzen, erweist sich der Baubericht samt Festkalender in Kol. 3–29. Er hat Ex 25–Num 29 zur biblischen Vorlage und orientiert sich vor allem an der priesterschriftlichen Gesetzgebung zum Heiligtum (Ex 25–31; 35–40). Dieser Grundtext wurde möglicherweise erst in einem zweiten Schritt um die heiligen Höfe und die Bestimmungen zur Heiligkeit des heiligen Bezirks und der Stadt in Kol. 30–47 ergänzt, d. h. fortgeschrieben. Als nächstes wurde die Einleitung in Kol. 2 vorgesetzt, die den Baubericht in die Rahmenszene von Ex 34 einfügt und einen Bogen zum zweiten Teil der Tempelrolle, den Gesetzen in Kol.48–66, schlägt.

Der Gesetzesteil in Kol 48–66 ist den redaktionellen Abschnitten zufolge sowohl mit der Einleitung in Kol. 2 als auch mit dem Baubericht in Kol. 3–47 verbunden. So nehmen Anfang 48,7 f.10 f [16 f.19 f] und Ende (51,7 f.9 f [14 f.17 f]) | der Reinheitsgesetze in Kol. 48–51 auf das Konzept der Heiligkeit von Kol. 3–47 und die Redeweise vom „Wohnen Jhwhs" Bezug und setzen diesen Komplex, jedenfalls im Umfang von Kol. 3–29, voraus. Sie ergänzen die Heiligkeit des Ortes in Anlehnung an das Heiligkeitsgesetz in Lev 17–26 um den Aspekt der Heiligung der Kultteilnehmer, die selbst als „heilig" bzw. „Heilige" bezeichnet werden (51,8 [15]). Auch wenn es hier um interne Bestimmungen[43] und nicht um den Ausschluss der fremden Völker und ihrer Götter geht, ruft die Abschlussformulierung in Kol 51,6 f (13 f) ausdrücklich die Offenbarungsszene vom Anfang in Kol. 2 nach Ex 34 in Erinnerung: „ich dich dir mitteile auf diesem Berg". Wieder legt sich die Vermutung nahe, dass der Baubericht in Kol. 3–29 + 30–47 nachträglich durch die Einleitung in Kol. 2 und den darauf rekurrierenden Abschnitt der Reinheitsgesetze in Kol. 48–51 gerahmt wurden. Aus den Bundeszusagen im Zusammenhang mit der Einwohnung Gottes im Tempel und dem Bund mit Jakob in Betel in Kol. 3–29 + 30–47 wäre so der Bund von Ex 34 geworden.

Der nächste Abschnitt in Kol. 51–59 und sein Abschluss in Kol. 59 nehmen das Thema der Einleitung in Kol. 2 auf: den Götzendienst und das Verhältnis zu den

---

43 Im Vordergrund steht der Umgang mit Leichen und Kadavern, daneben sind aber auch Krankheiten und Blutfluss im Blick.

feindlichen Völkern. Der Abschnitt basiert im Wesentlichen auf Dtn 16–17, greift gelegentlich aber auch auf Dtn 12–15 zurück, und wandelt die Rede des Mose in Angleichung an die Szene von Ex 34 in Kol. 2 in eine Rede Gottes um. Der redaktionelle Anschluss in Kol. 59 weist mit der Bundesformel in 59,13 (20) – „Ich werde für sie Gott sein, und sie werden mein Volk sein" – jedoch auch ausdrücklich zurück auf die entsprechende Zusage in Kol. 29. Damit dürfte neben Kol. 2 auch der von Kol. 2 und 51 gerahmte Bestand von Kol. 3–47 + 48–51 vorausgesetzt sein. Die an Lev 26 und Dtn 28–30 angelehnte Ankündigung von Fluch und Segen in Kol. 59, die sich diverser Formulierungen aus Tora und Propheten bedient, wirkt wie ein Abschluss der gesamten Gesetzgebung in der Tempelrolle. Der Blick geht in die Zukunft des Gerichts und kehrt mit der Heilsaussage wieder zu dem Ausgangspunkt von Kol. 3 (Ex 34) zurück: der Führung ins gelobte Land. Neben dem Volk wird der König in Kol. 59 (Z. 13bff) eigens bedacht, was dafürsprechen könnte, dass die Kol. 51–56 + 59,1–13a (1–20a) sekundär um das Königsgesetz in Kol. 57–58 + 59,13b–21 (20b–28) ergänzt wurden. Wieder empfiehlt sich die Annahme unabhängiger Quellen jedoch nicht. Die Vernetzung sowohl mit der Einleitung in Kol. 2 als auch mit dem Baubericht in Kol. 29 spricht entweder für eine einheitliche Komposition oder eine sukzessive Entstehung, d. h. Fortschreibung des älteren Bestands.

Der dritte Abschnitt der Gesetze in Kol. 60–66 schließlich besteht in einer Paraphrase von Dtn 18–23 und zeichnet sich allein dadurch aus, dass er konsequent den Gesetzen des Deuteronomiums folgt und die Rede des Mose (fast) durchgängig in eine Rede Gottes verwandelt. Letzteres verbindet diesen mit dem vorausgehenden Abschnitt in Kol. 51–59, der ebenfalls auf dem Deuteronomium basiert, die biblische Vorlage aber neu arrangiert und einem eigenen Thema dienstbar macht. Dem Verfasser von Kol. 60–66 ging es aber offenbar um etwas anderes. Er hat den Zusammenhang von Ex 34–Dtn 17 in Kol. 2–59 erkannt. Ihm stellte sich die Sache vielleicht so dar, dass die Kol. 3–51 (nach Ex–Num) die göttliche Anweisung vom Sinai für Dtn 12–16 (Heiligtum einschließlich Festgesetze) und Kol. 51–59 die Anweisungen für die Gesetze über das Rechtswesen und das Königtum in Dtn 16,18–17,20 repräsentieren. Folgerichtig setzte er in Kol. 60 bei Dtn 18 ein und komplettierte die Gesetzgebung durch den Rest des Deuteronomiums, um klarzumachen, dass auch dieser Teil der Rede des Mose im Deuteronomium die Wiedergabe einer Gottesrede vom Sinai sei.

IV Schlussfolgerungen

Der Befund in der Tempelrolle ist durchaus paradigmatisch für die Frage, welches der Erklärungsmodelle, die in der Bibelkritik entwickelt wurden und heute diskutiert werden, auch auf die Texte vom Toten Meer sinnvoll angewendet werden kann. Die eindeutig als redaktionell einzustufenden Formulierungen in Kol. 2; 29;

45–47; 51 und 59 weisen einerseits enge literarische Verbindungen untereinander, andererseits gravierende Unterschiede auf. Sowohl die Verbindungen als auch die Unterschiede lassen sich mit den stilistisch-sprachlichen und inhaltlichen Eigenheiten sowie den verschiedenen Weisen der Rezeption der biblischen Vorlage in den einzelnen Teilen der Tempelrolle korrelieren, sind also nicht auf die redaktionellen Stücke beschränkt. Dieser Befund wird weder von der Quellen- oder Fragmentenhypothese erklärt, wonach die redaktionellen Stücke verschiedenen, unabhängig voneinander entstandenen Quellen zugewiesen werden, noch von der Einheitshypothese, wonach die redaktionellen Stücke wie die einzelnen Teile der Komposition alle von einer Hand stammen und dasselbe Ziel verfolgen müssten. Auch die von Wise vertretene redaktionsgeschichtliche Variante der Quellen- und Fragmentenhypothese, wonach verschiedene, unabhängige Quellen von einem Redaktor zusammengefügt und im Zuge dessen um redaktionelle Stücke ergänzt wurden, erklärt den Befund nicht hinreichend. Es werden dabei die Verbindungen zwischen den einzelnen Teilen der Tempelrolle sowie die Unterschiede zwischen den redaktionellen Stücken zu wenig beachtet. Außerdem bleiben nach Abzug der redaktionellen Stücke tatsächlich nur Fragmente zurück, die literatur- und theologiegeschichtlich schwer einzuordnen sind.

Als Alternative bietet sich nach allem die Ergänzungshypothese an, die sowohl die literarischen Zusammenhänge als auch die Unterschiede in der Gesamtkomposition am einfachsten erklärt. Beides ist durch sukzessive Fortschreibung der Tempelrolle zustande gekommen, die die Aufnahme von älteren (mündlichen oder schriftlichen) Traditionen nicht ausschließt, dem Ganzen aber eine gewisse Einheitlichkeit verleiht. So werden in der Forschung denn auch verschiedene Zeugen für ältere Traditionen oder gar Quellen diskutiert.[44] Die Beziehungen zwischen diesen Texten und der Fassung der Tempelrolle in 11Q19–20 sind jedoch noch nicht restlos geklärt. Die Annahme einer gemeinsamen kultischen Tradition, aus der sämtliche Texte unabhängig voneinander schöpfen, ist eher eine Verlegenheitslösung. Für 4Q365 (einschließlich 4Q365a) hat Molly Zahn eine ansprechende Lösung vorgeschlagen, wonach das Manuskript des *Reworked Pentateuch* die „biblische" Vorlage für die Tempelrolle, jedenfalls für die Kol. 3–47 (einschließlich des Festkalenders), repräsentiert.[45]

---

44 Vgl. White Crawford 2000, 13–15.77–83. In Betracht kommen die abweichende Fassung der Tempelrolle in 4Q524 (4QRouleau du Temple), die Anklänge in 4Q365a (4QReworked Pentateuch) und 11Q21 sowie die Parallelen in Jub, CD, 4QMMT sowie dem „Neuen Jerusalem".
45 Zahn 2012b; vgl. dies., 2011b, 227–28. Die Erklärung geht auf John Strugnell zurück (Zahn 2012b, 137–38); vgl. auch Stegemann 1986, 237.253. Die Berührungspunkte mit 4Q365 finden sich in Kol. 21–24, 38, und 41–42 der Tempelrolle. Vgl. dazu White Crawford 1994.

Dennoch dürfte die Komposition wohl nicht in einem Zuge, sondern vermutlich in mehreren Schüben entstanden sein – ausgehend von dem Baubericht in Kol. 3–29 samt Erweiterung um Kol. 30–47, ergänzt um die Einleitung in Kol. 2 samt den beiden Anhängen der Reinheitsgesetze in Kol. 48–51 sowie der Gesetze gegen den Götzendienst in Kol. 51–59, abgeschlossen durch die fortgesetzte Paraphrase des Deuteronomiums in Kol. 60–66. Dieses Ergebnis steht – in methodischer Hinsicht – in Einklang mit den neueren Modellen zur Erklärung der Entstehung des Pentateuchs wie vieler anderer biblischer Bücher, besonders der Prophetenbücher. Es wäre beiden Forschungsrichtungen, der Bibelkritik wie der Qumranforschung, zu wünschen, dass sie darüber in einen näheren Austausch treten würden und die Methode an ihren Gegenständen gemeinsam weiterentwickelten.

Zum Abschluss seien noch zwei Gesichtspunkte genannt, die in diesem Austausch eine Rolle spielen und ebenfalls für beide Gebiete von Bedeutung sind. Das eine ist das historische Argument. In der literar- und redaktionsgeschichtlichen Analyse der biblischen Bücher wie auch der Texte vom Toten Meer werden nicht selten historische Sachverhalte oder absolute Datierungen ins Spiel gebracht. Im Falle der Tempelrolle etwa wird für das Ganze oder einzelne Teile (wie den Festkalender in Kol. 13–29) diskutiert, ob sie qumranisch oder außerqumranisch seien; die Ausscheidung der Tora des Königs in Kol. 56–59 wird mit der Frage verknüpft, ob sie das hasmonäische Königtum voraussetzt oder nicht.[46] Auch mit dem Verhältnis zu anderen Schriften aus Qumran, dem Jubiläenbuch oder der Damaskusschrift, und deren Datierung und historischem Aussagewert wird argumentiert.[47] Dabei wird vielfach ein Bild der Geschichte und sozialen Stratigraphie der Gemeinschaft von Qumran – Essener-Hypothese, Lehrer der Gerechtigkeit, Stadien der Bildung der Gemeinschaft etc. – vorausgesetzt, das sich aus unterschiedlichen Quellen, nicht zuletzt aus den Schriften vom Toten Meer, aber auch aus den antiken Historikern, speist und anschließend zur Erklärung der Schriften vom Toten Meer sowie zur Begründung einer Entstehungshypothese herangezogen wird.

Diese in hohem Maße zirkuläre Argumentation wird auch in der Exegese der Hebräischen Bibel praktiziert, doch bricht sich hier zunehmend die methodisch klare Unterscheidung zwischen der literarischen und der historischen Ebene Bahn. Die historische Frage wird dabei in der Regel zurückgestellt, bis die Frage der literarischen Komposition und möglichen Wachstumsgeschichte eines Werkes geklärt ist. Beziehungen zwischen einzelnen Schichten und zu anderen Schriften ergeben allenfalls eine relative Chronologie. Erst danach kann man sinnvoll fragen, was eine

---

46 Vgl. Maier 1997, 43–51; White Crawford 2000, 24–29; die Priorität der historischen Frage vertritt z. B. Stegemann 1989, 126 ff.141 f. Vgl. auch Paganini 2009; 2010; Otto 2011.
47 Vgl. Maier 1997, 35–40; White Crawford 1994, 13–15.24 f.77–83.

literarische Quelle möglicherweise auch historisch austrägt oder in welchen historischen Rahmen sie möglicherweise gehört. Dieses Verfahren empfiehlt sich m. E. auch für die Texte vom Toten Meer und trifft sich mit den neueren Entwicklungen in der Qumranforschung in Richtung einer „New Historiography",[48] nur dass man dabei die Geschichte der Texte und deren Einbettung in die Zeitgeschichte nicht gänzlich aus den Augen verlieren sollte.

Der zweite Gesichtspunkt betrifft das Verhältnis des inner- und außerbiblischen *rewriting* zu seinen literarischen Vorlagen. In dieser Hinsicht hat vor allem die Tempelrolle zu einer Kontroverse geführt, ob es sich bei ihr um eine Ergänzung der Tora, gewissermaßen ein „sechstes Buch der Tora",[49] um eine Alternative zur Tora, d. h. also eine neue Tora oder ein zweites Deuteronomium, oder um ein rein exegetisches Werk, eine Art Kommentar zur Tora, handelt.[50] Dieselbe Frage stellt sich freilich auch für das Jubiläenbuch und jedes andere Exemplar der *rewritten bible*-Literatur. Im Kern geht es um das Selbstverständnis des *rewriting*, das in dem literarischen Abhängigkeitsverhältnis zum Ausdruck kommt, und den Status gegenüber der (biblischen) Vorlage. Die Alternative lautet: Will das *rewriting* die Vorlage ergänzen oder ersetzen oder auslegen?

Auch diese Frage wird in der Bibelkritik schon länger diskutiert.[51] Beispiele sind das Deuteronomium im Verhältnis zum Bundesbuch und die Chronik im Verhältnis zu Samuel-Könige. Dass es dabei ebenso wie in der Tempelrolle und in anderen Exemplaren der *rewritten bible*-Literatur um Auslegung vorgegebener („biblischer") Schriften geht, versteht sich von selbst. Doch anders als etwa in den Pescharim von Qumran ist die Auslegung oder Kommentierung nicht der erklärte Zweck, sondern Mittel zum Zweck. Der eigentliche Zweck besteht in der Generierung von Literatur, die der gewählten („biblischen") Vorlage entsprechen und sie entweder ergänzen oder ersetzen soll. Die massive literarische und – wie im Falle des Deuteronomiums oder der Tempelrolle – auch narrative Anbindung an die Vorlage spricht eher für eine Ergänzung als für die Ersetzung.

Im Lichte der biblischen Beispiele, besonders des Deuteronomiums, erweist sich gerade die Tempelrolle in ihrer vorliegenden, durch die Eingangsszene in Kol. 2

---

48 Vgl. Grossman 2002. Zur Diskussion vgl. Davies 1992; 2005, 69–82; 2010; Metso 1999, 306–315; 2004; 2010; Goodman 2010.

49 Vgl. Stegemann 1989, 127; 1987.

50 Vgl. zu dieser Diskussion Maier 1997, 28–35. Maier selbst plädiert m. E. zu Recht für eine Erklärung, die sich ganz von dem noch nicht etablierten kanonischen Tora-Verständnis löst, nivelliert aber vielleicht etwas zu sehr die literarischen Zusammenhänge zwischen Vorlage und *rewriting*. Dabei sind es gerade diese Zusammenhänge, die die Vorlage durch die Rezeption im *rewriting* zur Tora machen und in der Auslegung des *rewriting* (neue) Tora kreieren.

51 Vgl. dazu Kratz 2013a, 126–156.157–180; 2013c.

(nach Ex 34) und die Paraphrase des Deuteronomiums in Kol. 51–59 und 60–66 ergänzten Gestalt als nahtlose Fortsetzung der Fortschreibungs- und Auslegungsgeschichte im Pentateuch selbst.[52] So, wie in der biblischen Fiktion das Deuteronomium die Offenbarungsreden Gottes vom Sinai (im Bundesbuch und anschließend auch in den priesterschriftlichen Ergänzungen) in einer Rede des Mose an das Volk im Lande Moab „wiedergibt" und dabei seine spezifischen Anliegen – nämlich Kulteinheit und Kultreinheit – einträgt, so verwandelt umgekehrt die Tempelrolle die Rede des Mose im Deuteronomium in eine Rede Gottes am Sinai, um die von der biblischen Fiktion suggerierte Übereinstimmung von Sinai- und Moab-Gesetz im wörtlichen Sinne darzustellen, und trägt bei dieser Gelegenheit ihre spezifischen Anliegen ein.[53]

Dieser Vorgang ist aber nicht nur unter literar- und theologiegeschichtlichen Gesichtspunkten von Belang, sondern wirft auch ein Licht auf die viel diskutierte Frage nach der Autorität von Reformulierungen biblischer Vorlagen in biblischen oder parabiblischen Werken. In dieser Hinsicht besteht, gerade wenn man die Chronik als Beispiel nimmt, keinerlei Unterschied zwischen biblischen und parabiblischen Schriften. Hier wie dort ist es das Anliegen des *rewriting*, ob inner- oder außerbiblisch, keineswegs, die Vorlage zu ersetzen, sondern – auch mit den neuen, teilweise gegensätzlichen Akzenten – im Gegenteil komplementär zu ergänzen. Die Autorität der Vorlage wird gerade durch das *rewriting* bestätigt oder auch konstituiert. Indem die *rewritten bible*-Literatur wie viele Apokryphen und Pseudepigraphen den Anschluss an die biblische Vorlage suchen und gleichzeitig mehr oder weniger ausgeprägt einen eigenen, oft sehr hoch gegriffenen Anspruch auf göttliche Offenbarung artikulieren,[54] legitimieren sie sich selbst und rückwirkend zugleich die biblische Vorlage.

---

52 Vgl. hierzu Kratz 2000, bes. 99–155; zur historischen Fiktion vgl. Nr. 11–14 in diesem Band.

53 Die zusätzliche Überschrift in Dtn 6,4 LXX, die auf 4,44 f MT basiert und die Rede des Mose mit JHWH in 3. Person („Höre, Israel, JHWH ist unser Gott, JHWH ist einer") in den Mund Gottes legt, bewegt sich ganz auf der Linie der Tempelrolle und erweist sich auch von daher als sekundär. Dass damit einmal das „Ur-Deuteronomium" begonnen habe (so Carr 2011, 147 Anm. 110), ist eher unwahrscheinlich. Vgl. zu den Überschriften Nr. 14 in diesem Band.

54 Letzteres ist vor allem im Jubiläenbuch und in der Tempelrolle an der Situierung des Werkes in der Sinai-Szene von Ex 19–24 oder Ex 34 deutlich zu sehen, aber auch an der Selbstinszenierung des Deuteronomiums als Rückblick des Mose oder den Quellennotizen in der Chronik zu beobachten. Vgl. Kratz 2013a, 126–156.157–180; ferner Najman 2003.

Urgeschichte und Erzväter

Einführung

Es ist eine alte und weit verbreitete Annahme, dass die Vätergeschichte in der Genesis einerseits und die Exodus-Landnahmegeschichte in Exodus–Josua anderseits jedenfalls in überlieferungsgeschichtlicher, vermutlich aber auch in literarischer Hinsicht zwei ehemals selbständige Erzählstränge darstellen (Schmid 1999). Man kann sie als zwei Ursprungsmythen des Volkes „Israel" bezeichnen, die sekundär zu einer fortlaufenden Großerzählung verbunden wurden. Umstritten ist allerdings die literarkritische Identifizierung der einschlägigen Textanteile, sofern man sich darum müht und die fehlende Analyse nicht durch * an den Stellenangaben ersetzt. Auch zu der Frage, auf welcher literarischen Stufe die Verbindung hergestellt wurde, ist noch kein Einvernehmen erzielt. Während manche neuerdings mit großem Elan die Priesterschrift favorisieren, sind doch die Stimmen derer nicht verstummt, die aufgrund einer eingehenden Analyse des Übergangs von Genesis 50 zu Exodus 1 und mit gewichtigen Gründen an einer vorpriesterschriftlichen Verbindung der beiden ehedem selbständigen Ursprungsmythen zu einem fortlaufenden Erzählfaden, mit der Josefsgeschichte als Bindeglied, festhalten.

Für andere ist die Frage jedoch ohnehin irrelevant. Sie nehmen an, dass den beiden Ursprungsmythen ein gemeinsamer, inklusiver Großmythos zugrunde liege, in dem die einzelnen Teile von Anfang an noetisch einen fortlaufenden Erzählzusammenhang bildeten und also in den einzelnen Teilen immer auch das Ganze mitgedacht sei. Diese Annahme bedeutet einen Rückfall in das sagenhafte Reich der überlieferungsgeschichtlichen Spekulationen des 19. und frühen 20. Jahrhunderts und hat daher so viel und so wenig Bestand wie diese. Als Analogie wird gelegentlich das homerische Doppelwerk von Ilias und Odyssee ins Feld geführt, das sich jedoch nicht als Parallele eignet. Für die beiden unter dem sagenhaften Namen Homer tradierten Epen gibt es eine literarische Bezeugung des ihnen vorausliegenden Sagen- oder Mythenkranzes, und beide bewegen sich in den Bahnen einer zwar vergangenen, dem alten Griechenland aber durchaus vertrauten Vorstellungswelt. Beides trifft jedoch auf die Vätergeschichte und insbesondere die Exodus-Landnahmegeschichte im Kontext des alten Israel nicht zu.

Hier wie sonst empfiehlt es sich daher, die überlieferungsgeschichtliche Frage nach der Entstehung der Komposition nicht im spekulativen Bereich der mündlichen Vorgeschichte, sondern auf der uns zugänglichen literarischen Ebene des überlieferten Texts zu behandeln. Dazu zählt etwa die Frage, wie Abraham der Vater Isaaks und Isaak der Vater Jakobs und aus allen dreien die Väter des Volkes „Israel" wurden. Von allen drei Gestalten sind ehemals selbständige Einzelüberlieferungen in die nicht- und vorpriesterschriftliche Vätergeschichte der Genesis eingegangen. Doch lassen sich nur wenige mit einiger Sicherheit identifizieren. Nach der von Erhard Blum (2007, 67) ausgegebenen Maxime, dass „man wissen sollte, wo/wie ein

https://doi.org/10.1515/9783111367057-007

Text anfängt und wo/wie er aufhört", sind dies: die Erzählung von Lot und seiner Frau in Genesis 19, die kurzen Episoden über Isaak und Rebekka bei Abimelech in Genesis 26 sowie die Erzählung von Jakob und Laban und seinen zwei Töchtern in Genesis 29–31. Alles andere, insbesondere die älteste erreichbare Abrahamgeschichte in Genesis 12–13; 18 und 21 sowie das Zwillingsverhältnis von Jakob und Esau in Genesis 25 und 27–32, setzt die literarische Komposition der Vätergeschichte voraus. Diese Komposition nahm vermutlich bei der Jakob-Laban-Erzählung in Genesis 29–31 ihren Ausgang, der in einem ersten Schritt die Isaak-Rebekka(-Esau)-Erzählung in Genesis 26(–27) vorgeschaltet wurde, mit dem zum Zwilling Jakobs erklärten Esau als Bindeglied. Gerne zählte man hierzu auch die Geburtsgeschichte der Zwillinge Jakob und Esau in Genesis 25, die vor Genesis 26 jedoch zu früh kommt und keinen Anfang hat, weswegen sie nach der Maxime von Blum auch schwerlich der Anfang der älteren Komposition sein kann. Die Isaak-Esau-Jakobgeschichte in Genesis 26–35 wurde schließlich um die Abrahamgeschichte in Genesis 12–25 erweitert, die ihren Kern in Genesis 12–13; 18 und 21 hat.

Die Blumsche Maxime, dass „man wissen sollte, wo/wie ein Text anfängt und wo/wie er aufhört", ist auch von zentraler Bedeutung für die in der Forschung umstrittene Frage, wo der Anfang der ehemals selbständigen, nicht- und allenfalls vorpriesterschriftlichen Vätergeschichte liegt. Von den Vorstufen in Genesis 26–35 abgesehen, kommt dafür nur Gen 12,1–3, die Berufung Abrahams, in Frage, wovon die gesamte weitere Erzählung abhängt. Doch wie verschiedentlich festgestellt wurde, ist Gen 12,1–3 nicht der Anfang eines Werkes im Sinne der Maxime Blums, und auch im Weiteren der ältesten erreichbaren Abrahamgeschichte in Gensis 12–13; 18 und 21 lässt sich ein solcher Anfang beim besten Willen nicht finden. Vielmehr setzt die Eröffnung der Abrahamgeschichte in Gen 12,1–3 die Urgeschichte und hier besonders die Flüche in Gen 2–4 und die Ausbreitung der Völker in Genesis 10–11, aus denen die Linie Abrahams hervorgegangen ist, voraus und ist auch durch signifikante Rückbezüge damit verbunden.

Aus diesem Grund sehe ich auf der Ebene der ältesten erreichbaren literarischen Komposition keine Möglichkeit, die beiden Überlieferungskomplexe der Ur- und der Vätergeschichte voneinander zu separieren. Auch der Urgeschichte liegen ältere, ehemals eigenständige Überlieferungen zugrunde. Nach der Maxime von Blum lässt sich dies für die Anthropogonie in Genesis 2–4 (noch ohne die Flüche und den Brudermord) und die Völkertafel nach den drei Söhnen Noachs in Genesis 10 sagen. Dasselbe liegt – allein schon der altorientalischen Parallelen wegen – auch für die Flutgeschichte in Genesis 6–9 nahe, doch ist diese im nicht-priesterschriftlichen Textbestand nur bruchstückhaft überliefert, weswegen man hier auch andere Erklärungsmöglichkeiten in Erwägung ziehen muss. Wie dem auch sei, sind die älteren Einzelüberlieferungen in eine erste Komposition der Urgeschichte eingegangen, die mit den sekundären theologischen Interpretamenten der Flüche in

Genesis 2–4 sowie dem Turmbau zu Babel in Genesis 11 auf die Berufung Abrahams in Gen 12,1–3 und die damit eingeleitete Wende vom Fluch über die Menschheit zum Segen für das erwählte Volk und mit ihm für alle Sippen der Erde zuläuft.

Aufgrund der engen Verknüpfung auf der Ebene der ältesten erreichbaren Komposition spreche ich von der Ur- und Vätergeschichte als einem Ursprungsmythos „Israels", der im nicht- und vorpriesterschriftlichen Text einmal von Adam und Eva bis Benjamin und Rahels Tod in Genesis 2–35 reichte. Diese Komposition wurde in Genesis 37–45 um die älteste Josefsgeschichte ergänzt, die der Existenz Jakob-Israels im Land die ägyptische Diaspora hinzufügt. Das Ziel der Erzählung ist mit der Feststellung erreicht, dass Josef lebt; mit ihm lebt Israel auch in Ägypten. Die Verbindung mit der Exodus-Landnahmegeschichte über die Brücke von Genesis 45–50 + Exodus 1 kam erst später hinzu.

Von den folgenden Beiträgen widmen sich die beiden ersten (Nr. 5 und 6) der Flutgeschichte, ihrer altorientalischen Vorgeschichte, der literarischen Schichtung und ihrer „weltgeschichtlichen" Bedeutung bis in die Neuzeit. Innerhalb der Urgeschichte in Genesis 1–11 stellt die Flut ein retardierendes Moment zwischen der Schöpfung (Gen 1–5) und der weiteren Ausbreitung der noachitischen Menschheit (Gen 10–11) dar. Im nicht- und vorpriesterschriftlichen Text führt ein mehr oder weniger direkter Weg von der Anthropogonie in Genesis 2–4 – über die Mehrung „berühmter Männer" in Gen 6,1–2,4b – zur Ausbreitung der drei Söhne Noachs und ihrer Nachkommen über die Erde (Genesis 10–11), aus denen in Gen 12,1–3 Abraham als Mann des Segens ausgesucht wird. Erst in der Priesterschrift ist die Flut in Genesis 6–9 zu einem integralen Bestandteil der Urgeschichte geworden. Für die nicht-priesterlichen Anteile der Flutgeschichte, die keinen fortlaufenden und vollständigen Textzusammenhang ergeben, ist mit guten Gründen vorgeschlagen worden, dass es sich um nachpriesterschriftliche Ergänzungen handelt. Für die nähere Analyse der Urgeschichte sei auf die einschlägigen Untersuchungen (Levin 1993; Witte 2014; Gertz 2018) und für meine Sicht der Dinge auf Kratz 2000 verwiesen.

Auch für die Vätergeschichte in Gen 12–50 sei auf diejenigen Arbeiten verwiesen, die den gesamten Textbereich analysiert haben (Wellhausen, 1899; Gunkel 1910; Smend 1912; Noth 1948; Hölscher 1952; Blum 1984; Levin 1993; Kratz 2000). Einen entscheidenden Schlüssel zur Analyse geben die drei Verheißungen an die Erzväter in Genesis 12; 15 und 17 an die Hand, denen der Beitrag Nr. 7 gewidmet ist. Der anschließende Beitrag Nr. 8 behandelt die Abrahamüberlieferung in Gen 12–25, die – zusammen mit der vorpriesterschriftlichen Urgeschichte – als Letztes der älteren, bereits verbundenen Isaak-Jakob-Überlieferung in Gen 26–35 vorgeschaltet wurde. Schließlich werden in dem Beitrag Nr. 8 Überlegungen zum historischen Kontext der diversen Entstehungsstufen der Josefserzählung mitgeteilt, wobei die feinsinnige, ausgewogene und im Ganzen überzeugende Analyse von Ede (2016 und 2021) vorausgesetzt wird.

5 Der Mythos von der großen Flut

Von einem „außerordentlichen Weltereignis" soll in diesem Beitrag die Rede sein, einem Ereignis, das sich seit Jahrtausenden an vielen Orten auf der Erde immer wieder ereignet, für die Betroffenen aber immer „außerordentlich" ist und von der Nachwelt mitunter zu einem „Weltereignis" stilisiert wird, und sei es nur, weil es – so Goethe in *Dichtung und Wahrheit* (Erstes Buch) über sich selbst – „die Gemüts- ruhe des Knaben zum ersten Mal im Tiefsten erschüttert" habe. In unserer Sprache hat sich für das Ereignis das althochdeutsche Wort „Sintflut" eingebürgert, das eine andauernde, umfassende Überschwemmung bezeichnet und erst in der mittelalter- lichen Volksetymologie mit der „Sünde" in Verbindung gebracht wurde; auch die hebräische Bibel und ihre Vorlagen, die mesopotamischen Epen, sprechen einfach von „der Flut" (Sumerisch *amaru*, Akkadisch *abubu*, Hebräisch *mabul*). Heute wird meist der Begriff Tsunami verwendet, das japanische Wort für eine „Hafenwelle", wie sie 2010 Sumatra und Haiti und einst auch Lissabon überspült hat, wovon Goethe als Sechsjähriger so ergriffen gewesen sein will. Von „der Flut" soll hier also die Rede sein und von den Mythen, die sich um sie gerankt haben. Ich beginne mit dem „Mythos des ‚Erdbebens von Lissabon'",[1] wende mich sodann dem antiken Mythos von der Flut in Mesopotamien, der hebräischen Bibel und der jüdischen Apokalyptik zu und will abschließend einige Überlegungen zum Verhältnis zwi- schen antiken und modernen Mythen anstellen.

Zur Problematik des Begriffs „Mythos" verweise ich auf die Beiträge von Axel Horstmann, Jörg Rüpke und Regina Bendix in dem Band, in dem dieser Beitrag zuerst erschienen ist.[2] Der Begriff ist hier, wie sich den Ausführungen selbst leicht entnehmen lässt, in einem weiten Sinne gebraucht, der es erlaubt, Ursprungs- legenden der orientalischen Antike mit fundierenden Narrativen der Moderne zu vergleichen. Natürlich lassen sich die rund zweitausendjährige Geschichte des antiken Mythos und seine Nachwirkung bis in die Moderne in diesem Beitrag nicht erschöpfend behandeln. Der Mythos von der Flut hat wie jeder andere Mythos sehr viele Facetten und Bedeutungsdimensionen, die sich nicht ausschließen, sondern einander ergänzen und bei der Interpretation zu berücksichtigen wären. Ich will mich hier auf das Verhältnis von Vorher und Nachher konzentrieren und ver- suchen, das Grundthema und seine Variationen zu beschreiben, für das die Flut als Epochenwende steht.

---

1 Neue Zürcher Zeitung v. 29.10.2005 (https://www.nzz.ch/articleD9QVF-1.180313).
2 Zgoll / Kratz 2013.

https://doi.org/10.1515/9783111367057-008

I Die Geburtsstunde der Moderne

Der Mythos vom „Erdbeben von Lissabon"

„Am ersten November 1755 ereignete sich das Erdbeben von Lissabon, und verbreitete über die in Frieden und Ruhe schon eingewohnte Welt einen ungeheuren Schrecken. Eine große prächtige Residenz, zugleich Handels- und Hafenstadt, wird ungewarnt von dem furchtbarsten Unglück betroffen. Die Erde bebt und schwankt, das Meer braust auf, die Schiffe schlagen zusammen, die Häuser stürzen ein, Kirchen und Türme darüber her, der königliche Palast zum Teil wird vom Meere verschlungen, die geborstene Erde scheint Flammen zu speien: denn überall meldet sich Rauch und Brand in den Ruinen. Sechzigtausend Menschen, einen Augenblick zuvor noch ruhig und behaglich, gehen miteinander zu Grunde, und der glücklichste darunter ist der zu nennen, dem keine Empfindung, keine Besinnung über das Unglück mehr gestattet ist. Die Flammen wüten fort, und mit ihnen wütet eine Schar sonst verborgener, oder durch dieses Ereignis in Freiheit gesetzter Verbrecher. Die unglücklichen Übriggebliebenen sind dem Raube, dem Morde, allen Misshandlungen bloßgestellt; und so behauptet von allen Seiten die Natur ihre schrankenlose Willkür."

So schreibt Goethe 1811, sechsundfünfzig Jahre nach dem Erdbeben von Lissabon und gestützt auf eine zeitgenössische Beschreibung aus dem Jahr 1756, die er sich aus der Weimarer Bibliothek entliehen hatte, über das „außerordentliche Weltereignis", durch das „die Gemütsruhe des Knaben zum ersten Mal im Tiefsten erschüttert" worden sei. Die Abfolge der Ereignisse dürfte in etwa zutreffen: ein Erdbeben von der geschätzten Stärke 8,5 bis 9 auf der Richterskala, gefolgt von einer riesigen, bis zu 20 Meter hohen Flutwelle, begleitet von einer Feuersbrunst, die noch tagelang anhielt und weitere Zerstörungen anrichtete. Die Zahl von 60.000 Toten entnahm Goethe seiner Quelle von 1756, in Voltaires *Candide* von 1759 und anderen zeitgenössischen Quellen wird die Zahl 30.000 überliefert, heutige Schätzungen reichen von 5.000 bis zu 100.000 Toten, je nachdem, ob man die die Küste Nordafrikas und die übrigen Regionen Europas mit einbezieht, die damals von der Flutwelle getroffen wurden.

Goethes Text aus *Dichtung und Wahrheit* ist der vielleicht am meisten zitierte literarische Reflex auf das Erdbeben von Lissabon, nicht etwa, weil der Text besonders anspruchsvoll wäre, sondern weil er von Goethe stammt. Nicht zuletzt dadurch wurde das Ereignis zum Mythos im kulturellen Gedächtnis der europäischen Geistesgeschichte, dem die vermeintliche Erinnerung des weltberühmten Dichters an des Knaben Erschütterung über das „außerordentliche Weltereignis" den Anschein von Authentizität und die nötige Autorität verlieh. Zur Stilisierung des Mythos gehört der plötzliche Einbruch des Unglücks, das nicht nur „die

Gemütsruhe des Knaben erschüttert", sondern „über die in Frieden und Ruhe schon eingewohnte Welt einen ungeheuren Schrecken verbreitet" und das ganze Zeitalter erschüttert. Zur Stilisierung gehört auch die Analogie der wütenden Feuersbrunst mit der „wütenden Schar" von Verbrechern, die aus der Verborgenheit ins Licht der Flammen traten und Raub, Mord und Misshandlungen verbreiteten. So werden auch die sozialen Folgen dämonisiert und zu mythischen Kräften der Natur erklärt, die „ihre schrankenlose Willkür" behauptet.

In ähnlicher Weise ist die Verbreitung der Kunde vom Erdbeben von Lissabon zum Mythos geworden. „Schneller als die Nachrichten hatten schon Andeutungen von diesem Vorfall sich durch große Landstrecken verbreitet", schreibt Goethe. Und wieder ist von „Erschütterungen" die Rede, die an vielen Orten auf der Erde zu spüren waren und als Vorboten der Nachrichten gedeutet werden: „um desto größer war die Wirkung der Nachrichten selbst, welche erst im Allgemeinen, dann aber mit schrecklichen Einzelheiten sich rasch verbreiteten." Und wieder werden dämonische Mächte aufgeboten, denen nicht nur das Ereignis, sondern auch dessen mediale Präsenz und „die durch fremdes Unglück aufgeregten Gemüter" zugeschrieben werden: „Ja vielleicht hat der Dämon des Schreckens zu keiner Zeit so schnell und so mächtig seine Schauer über die Erde verbreitet", heißt es in *Dichtung und Wahrheit*. Im heutigen Wissenschaftsjargon ist daraus der Mythos vom ersten medialen Großereignis der Neuzeit geworden. Die sich anschließenden Maßnahmen des portugiesischen Premierministers Sebastiao de Mello, des späteren Marquis de Pombal, der die Losung „Beerdigt die Toten und ernährt die Lebenden" ausgab und eine Umfrage über die Umstände vor und nach dem Beben veranstaltete, wurden zur Gründungslegende für modernes Katastrophenmanagement und seismologische Beobachtung, die Hilfeleistungen europäischer Höfe zur Gründungslegende für die auch für Sumatra und Haiti wieder eindrucksvoll unter Beweis gestellte globale Spendenbereitschaft.

Vor allem aber haben die geistesgeschichtlichen Eruptionen, die Goethe in *Dichtung und Wahrheit* mit dem Erdbeben von Lissabon verbindet, die Mythenbildung beflügelt: „Hierauf ließen es die Gottesfürchtigen nicht an Betrachtungen, die Philosophen nicht an Trostgründen, an Strafpredigten die Geistlichkeit nicht fehlen." In dieser Bemerkung ist ein gelehrter Diskurs eingefangen, der längst im Gange war, aber im Mythos erst mit dem Beben der Erde ausbricht. War es eine Strafe Gottes oder handelte es sich um eine Erscheinung der Natur, die mit vernünftigen Mitteln ergründet und mit den Gesetzen der Natur erklärt werden kann? Wie bei jedem anderen größeren Unglück stellte sich die Frage, wie Gott dies zulassen konnte – das Problem der Theodizee. Goethe nimmt den Standpunkt des unbeteiligten Betrachters ein, indem er in die Rolle des naiven, tief betroffenen Knaben schlüpft: „Gott, der Schöpfer und Erhalter Himmels und der Erden, den ihm die Erklärung des ersten Glaubens-Artikels so weise und gnädig vorstellte, hatte sich, indem er die Gerechten mit den Ungerechten gleichem Verderben preis gab, keineswegs väterlich bewiesen."

Lange vor Goethe hatte schon Voltaire in seinem berühmten *Poème sur le désastre de Lisbonne ou Examen de cet axiome 'Tout est bien'* von 1756 und dem *Candide ou l'Optimisme* von 1759 die aufgeklärte Harmonie zwischen Gott und Welt aufs Korn genommen. Seinen Candide lässt er sich mitten im Autodafé, dem zur Verhinderung von Beben inszenierten Ketzergericht, über Leibniz lustig machen: „Wenn das hier die beste aller Welten ist, wie muss es dann erst auf den anderen aussehen?" Mit seinen verzweifelten Warum-Fragen führt Candide sowohl den Optimismus seines gerade hingerichteten Freundes, des Philosophen Pangloß, als auch alle anderen philosophischen und theologischen Deutungsversuche seiner Zeit *ad absurdum*.

Die beißende Kritik Voltaires hat das harmonistische Weltbild der Aufklärung nicht wirklich zu erschüttern vermocht, wie etwa die Antwort von Jean-Jaques Rousseau auf das *Poeme* oder der Verriss des *Candide* in den *Göttingischen Anzeigen* von 1759 aus der Feder von Albrecht von Haller zeigen. Doch in der Wirkungsgeschichte trugen Voltaire wie Goethe nachhaltig dazu bei, dass das Erdbeben von Lissabon zum einmaligen Ereignis von weltgeschichtlicher Bedeutung wurde. Das „außerordentliche Weltereignis" wurde zum Mythos der Moderne, sei es, dass man es – im Gefolge von Voltaire und Goethe – als Erschütterung der Aufklärung auffasste, oder sei es, dass man den Pragmatismus des Marquis de Pombal verklärte und in den naturkundlichen Erklärungen etwa von Kant den Triumph der Aufklärung und die Geburtsstunde der neuzeitlichen Wissenschaft erkannte.

Die erste Variante findet sich beispielsweise bei Theodor W. Adorno, der 1966 das Erdbeben von Lissabon mit Auschwitz und seinen Auswirkungen auf die europäische Geistesgeschichte ins Verhältnis setzte: „Das Erdbeben von Lissabon reichte hin, Voltaire von der Leibniz'schen Theodizee zu kurieren, und die überschaubare Katastrophe der ersten Natur war unbeträchtlich, verglichen mit der zweiten, gesellschaftlichen, die der menschlichen Imagination sich entzieht, indem sie die reale Hölle aus dem menschlich Bösen bereitete."[3] Die zweite Variante begegnet bei Walter Benjamin, der noch kurz vor Auschwitz in einem Radiobeitrag von 1931 meinte, dass Kants Beiträge zum Erdbeben von Lissabon „wahrscheinlich der Anfang der wissenschaftlichen Geographie in Deutschland und sicherlich auch der Seismologie" gewesen seien.[4]

Das „Erdbeben von Lissabon" wird so als Wendepunkt der europäischen Geistes- und Kulturgeschichte zelebriert. Zum 250. Jahrestag des Erdbebens im Jahre

---

3 Adorno 1982, 354.
4 Benjamin 1989, 220–226.

2005 lud die Deutsche Gesellschaft zur Erforschung des 18. Jahrhunderts zu einer Tagung in Göttingen ein. Hier stand das auch in der Presse dankbar aufgenommene und vielfach zitierte Bekenntnis auf der Tagesordnung, dass in aufgeklärten Gesellschaften nicht mehr von Sünde und Schuld, sondern von Katastrophe und Risiko, von Geologie und Seismologie und nicht mehr von der Sintflut die Rede sei.[5] Ist es damit obsolet geworden, sich mit den vormodernen, unaufgeklärten Gesellschaften zu beschäftigen, in denen noch von der Sintflut oder von Sünde und Schuld die Rede ist?

II Geburtenregelung und ewiges Leben

Der Mythos von der Flut in Mesopotamien

Mythen über eine große Flut, sei sie durch Überschwemmungen, durch Regen oder durch beides ausgelöst, gibt es in fast allen Kulturkreisen. Wir wollen uns auf die israelitisch-jüdische Tradition und ihre Verwurzelung in der altorientalischen Kultur beschränken. Hier setzen die bislang bekannt gewordenen schriftlich erhaltenen Quellen im 21. Jahrhundert bzw. frühen 2. Jahrtausend v. Chr. ein.

Eine indirekte Quelle stellt die sumerische Königsliste dar, die in mehreren Versionen auf uns gekommen ist.[6] Einige ihrer Textzeugen unterscheiden zwischen Königen vor und nach der Flut: „Als das Königtum vom Himmel heruntergekommen war, war das Königtum in Eridu. In Eridu war Alulim König; er regierte 28.800 Jahre". So geht es weiter, und das Königtum wandert von Stadt zu Stadt, bis es resümierend heißt: „Fünf Städte sind es. Acht Könige regierten dort 241.200 Jahre. Die Flut fuhr darüber hinweg." Andere Textfassungen nennen andere Zahlen, manche kennen gar keine Könige vor der Flut, wieder andere verbinden die Könige mit einer Liste von Weisen vor der Flut, was nichts Außergewöhnliches für die mythische Überlieferung ist und nur deutlich macht, dass darin verschiedene Traditionen sekundär zusammenfließen. In der zitierten Fassung fährt die sumerische Königsliste fort: „Nachdem die Flut darüber hinweggefahren war, war das Königtum, als das Königtum vom Himmel heruntergekommen war, in Kisch." Nun werden die Könige aufgezählt, die nach der Flut regieren. Dazwischen muss etwas passiert sein, denn die Könige nach der Flut regieren nicht mehr so lange wie die vor der Flut. Ihre Zeiten werden auf das Normalmaß von Sterblichen, teilweise aber auch etwas darüber hinaus verkürzt, immerhin noch bis zu 1.200 Jahren.

---

5 Lauer / Unger 2008.
6 Römer, W. H. P. 1984; zu einem Manuskript aus dem 21. Jh. (Ur III-Zeit), vgl. Steinkeller 2003.

Was passiert ist, ist der sumerischen Fassung der Flutgeschichte zu entnehmen, die aus dem frühen 2. Jahrtausend stammt.[7] Der Text ist leider nur fragmentarisch erhalten, doch sind die Umrisse der Erzählung deutlich zu erkennen: Nach der Erschaffung des Menschen und der Gründung der fünf Städte, die auch in der Königsliste genannt sind, fassen die Götter den Beschluss, die Menschen durch eine Flut zu vernichten. Die Götter sind sich, wie üblich, nicht einig und in zwei Lager geteilt: An, der Himmelsgott, und Enlil, der Hauptgott des Landes und höchste Gott, votieren für die Vernichtung, Nintu-Ninḫursaĝ, die Muttergöttin, trauert um ihre Menschen, und Enki, der Stadtgott von Eridu, Gott des Süßwassers und der Weisheit, unterläuft den Vernichtungsbeschluss. Er ist es, der einem frommen König mit Namen Ziusudra (in späteren akkadischen Fassungen heißt er Atramchasis oder Utnapischtim) auf indirektem Wege – durch eine Mauer getrennt – den Beschluss der Götter mitteilt und zum Bau eines Schiffes rät. Auf diese Weise überlebt Ziusudra die Flut und vermag – sehr zum Ärger des Gottes Enlil, der sich aber durch ein Opfer wieder beschwichtigen lässt – „den Namen des Getiers und den Samen der Menschheit zu beschützen".

An eine bestimmte, in näherer oder fernerer Vergangenheit liegende Katastrophe scheint – im Unterschied zum Erdbeben von Lissabon – nicht gedacht zu sein. Das gilt für die sumerische ebenso wie für die beiden jüngeren Fassungen des Mythos: das altbabylonische Atramchasis-Epos aus der ersten Hälfte des 2. Jahrtausends[8] sowie die 11. Tafel des Gilgamesch-Epos, das in seiner endgültigen Fassung aus dem späten 2. Jahrtausend v. Chr. stammt[9] und vom Atramchasis-Epos literarisch abhängig ist[10]. Und erst recht gilt dies für die biblischen Fassungen der Flutgeschichte aus dem 1. Jahrtausend v. Chr., die von den mesopotamischen Vorlagen abhängig sind.

Zwar waren See- oder Erdbeben, Überschwemmungen und heftige Regenfälle an der syrisch-palästinischen Küste und in Mesopotamien keine Seltenheit. Und so haben sich denn auch um den Ursprung des antiken Mythos moderne, wissenschaftliche Mythen gebildet, um das Ereignis historisch oder erdgeschichtlich zu fixieren. Die Vorschläge reichen von den jährlichen Überschwemmungen von Euphrat und Tigris über Vulkanausbrüche, See- oder Erdbeben mit nachfolgenden Tsunamis bis hin zu Einschlägen von Meteoriten. Neuerdings werden – durch renommierte Einrichtungen geförderte – Forschungen diskutiert, die einen Wassereinbruch in das Schwarze Meer oder das Monsunklima am Roten Meer als Ursache für die Sintflut vermuten.

---

7 Römer, W. H. P. 1993.
8 Von Soden 1994.
9 George 2003, 18.
10 Hecker 1994, 728–738.

Doch dürfte es nicht so einfach sein, eine der erhaltenen Fassungen des Mythos auf ein einmaliges Ereignis dieser Art zu beziehen. Vielmehr scheinen in allen Fassungen Jahrhunderte alte Erfahrungen mit Katastrophen größeren und kleineren Ausmaßes in die Vorstellung einer großen Flut eingegangen zu sein, die in die Vorzeit verlegt wird. Doch auch ohne historischen Fixpunkt gilt die Flut hier wie beim Erdbeben von Lissabon als ein „außerordentliches Weltereignis", das eine Epochenwende markiert: die Wende von der mythischen zur historischen Zeit in den Mythen der Antike, die Wende vom mythischen zum neuzeitlichen Weltbild im Mythos der Moderne.

In beiden Fällen ist es gar nicht so sehr die Flut selbst, auf die es ankommt. Sie ist – im Sinne des Wortes – nur als Wasserscheide wichtig, die zwei Epochen voneinander trennt. Worauf es ankommt, ist die Botschaft, für die das „außerordentliche Weltereignis" steht. Im antiken Mythos wird die Botschaft nicht direkt, sondern durch die Handlung der Erzählung zum Ausdruck gebracht. Besondere Bedeutung kommt daher dem Vorher und Nachher, d. h. dem Grund für die Flut und ihrem Ausgang, zu.

Der Grund für die Flut ist nur im Atramchasis-Epos genannt. Es ist der Lärm der Menschen, der den Gott Enlil in seiner Ruhe stört. Die Störung der heiligen Ruhe ist keine Kleinigkeit, sondern kann sehr gefährlich werden, wie jedes Kind weiß, das seine Eltern beim Mittagsschlaf stört. Doch hier hat die Ruhestörung einen besonderen Hintergrund. Die Menschen wurden nämlich – nach einem Streit unter den Göttern, wer den Tragekorb tragen und die tägliche Arbeit zur Ernährung der Götter verrichten soll – dazu erschaffen, anstelle der irdischen Götter, der Igigu, die tägliche Arbeit zu verrichten und damit sowohl für den eigenen Lebensunterhalt zu sorgen als auch die Götter zu ernähren. Hinter dem Motiv verbirgt sich eine zweifache Ätiologie: für die Entwicklung der menschlichen Zivilisation und für den Opferkult. Mit der Zeit vermehrten sich die Menschen und machten einen fürchterlichen Lärm, der die heilige Ruhe der Götter störte. Eine Reihe von Katastrophen zur Dezimierung der Menschen und Eindämmung des Lärms konnte – auf den Rat des Gottes Enki/Ea hin – dadurch abgewendet werden, dass die Menschen den Göttern die Opfer, d. h. ihre tägliche Nahrung entzogen und nur noch dem für die Plage zuständigen Gott opferten, ihn damit gewissermaßen mästeten und durch die Fülle der Geschenke beschämten und zum Einlenken bewegten. Doch zuletzt schickten die Götter auf Veranlassung Enlils die Flut, aus der es kein Entrinnen gab, mit Ausnahme des einen, hier Atramchasis, der – wiederum auf den Rat des Gottes Enki/ Ea – das Schiff baute und damit sowohl die Tiere als auch das Menschengeschlecht vor dem totalen Untergang bewahrte.

Über den Vernichtungsgrund ist in der Forschung viel gerätselt worden. Die einen sehen ihn in der schrittweisen Differenzierung zwischen göttlicher und menschlicher Sphäre zum Zwecke der sozialen Integration auf beiden Ebenen.

Andere denken an das Schema von Sünde und Strafe. Wieder andere finden in dem Motiv des Lärms der Menschen das Problem der Überbevölkerung verhandelt. Mir scheint eine andere Deutung näher zu liegen. Wie die sumerische Fassung von der Gründung der fünf Städte vor der Flut, so erzählt auch das Atramchasis-Epos von zivilisatorischen Errungenschaften der Menschheit: Hacke, Spaten und dem für Mesopotamien lebenswichtigen Kanalbau. Mit diesen Errungenschaften kommt die Menschheit ihrer Bestimmung, dem Dienst für die Götter, nach und kann ihr umso mehr nachkommen, je mehr sie sich vermehrt und ausbreitet. Nicht umsonst werden nach der Schöpfung der Menschen zunächst die Paarung und der natürliche Geburtsvorgang von den Göttern in ordentliche Bahnen gelenkt und als Segen gepriesen, bevor der zivilisatorische Fortschritt einsetzt. „Im Lärm zeigt sich also die Gesundheit froh arbeitender Menschen".[11] Auf diese Weise entsteht die fast schon tragisch zu nennende Situation, dass die Menschen, indem sie ihrer göttlichen Bestimmung folgen, die heilige Ruhe der Götter stören. Die Flut, durch die die Menschheit beinahe vollständig vernichtet und aus der sie nur durch göttliche Selbstüberlistung – den Trick mit der Mauer aus Schilfrohr – gerettet wird, schafft das Problem zwar nicht aus der Welt, endet aber in einem Zustand, der Göttern und Menschen gerecht wird.

Deutlicher als in der Vorgeschichte kommt die Botschaft der Flut in ihrem Ausgang zum Ausdruck. Sämtliche Fassungen enden in einem ambivalenten Zustand, der den Ist-Zustand des Lebens widerspiegelt: einerseits ist das Überleben von Tieren und Menschen gesichert; andererseits ist es mit Einschränkungen verbunden. In der sumerischen Königsliste nehmen die Regierungs- und Lebensjahre der Könige nach der Flut deutlich ab. Im sumerischen Mythos wird als einzigem unter den Menschen dem Fluthelden Ziusudra im fernen Lande Dilmun „dauerhaftes Leben wie für einen Gott", d. h. Unsterblichkeit verliehen. Das aber heißt im Umkehrschluss: Die übrigen Menschen haben zwar die Flut überlebt, sind aber sterblich.

Auch im Atramchasis-Epos geht es um die Begrenzung des Lebens, wenn nicht sogar um die Erfindung der Sterblichkeit.[12] Der Mensch, geschaffen aus Ton und dem Fleisch und Blut eines geschlachteten Gottes, ist seinem Wesen nach eine Mischung von Gott und Mensch, die sich selbst reproduziert. Während vor der Flut die Selbstreproduktion, d. h. die natürliche Fortpflanzung, von den Göttern geregelt und begrüßt wird, wird das Leben nach der Flut an göttliche Vorkehrungen zur Geburtenkontrolle gebunden: Dämonen, die für Kinderlosigkeit und Kindersterblichkeit zuständig sind, werden eigens eingesetzt. Ebenso schlägt im Gilgamesch-

---

11 Wilcke 1999, 86.
12 Wilcke 1999, 97 f mit Lambert 1980, 58.

Epos der Gott Enki/Ea dem höchsten Gott Enlil nach der Flut eine Reihe von Maß-nahmen vor, um die Menschen zu dezimieren, aber nicht gänzlich auszulöschen. Hier ist an natürliche Gefahren gedacht, die aber auch mythische Qualität haben: Löwe, Wolf, Hunger und Pest. Das erinnert an diejenigen Plagen, die im Atramcha-sis-Epos schon vor der Flut auftraten, aber von den Menschen durch gezielte Opfer an die zuständigen Götter abgewendet werden konnten. Darüber hinaus deutet sich im Atramchasis- wie im Gilgamesch-Epos an, dass die Begrenzung des Lebens an ethische Maßstäbe gebunden wird und nach Möglichkeit nur den treffen soll, der es auch verdient: „Dem Sünder lege seine Sünde auf, dem Frevler lege seinen Frevel auf!"[13]

Das Thema der Sterblichkeit wird im Gilgamesch-Epos aufgegriffen, das um die Frage des (ewigen) Lebens kreist und nur darum auf die Flut zu sprechen kommt. Hier sind es Utnapischtim und seine Frau, denen nach der Flut Unsterblichkeit ver-liehen wurde. Gilgamesch hingegen, der König von Uruk und Held des Epos, gelangt durch Utnapischtims Hilfe zwar kurzfristig an das Kraut des Lebens, verliert es aber wieder an die Schlange, die es ihm bei der Rast an einem Brunnen wegfrisst und sich auf der Stelle häutet. Kein Wunder also, dass in der Bibel die nackt-kluge Schlange den Menschen mit dem ewigen Leben lockt und ihn dazu verführt, vom Baum des Lebens inmitten des Gartens zu essen. Der Eine, der aus der Flut gerettet wird und damit die Menschheit rettet, ist und bleibt jedoch die Ausnahme, nur er erhält im mesopotamischen Mythos Unsterblichkeit wie die Götter. Die Menschheit bleibt am Leben, doch das Leben des einzelnen Menschen ist begrenzt.

Anders als beim Erdbeben von Lissabon wird in den mesopotamischen Epen nicht ein kontingentes historisches Ereignis in einen Mythos verwandelt, sondern umgekehrt die kontingente Lebensbewältigung aus dem Mythos abgeleitet. Im Mythos wird die Erfahrung der Beeinträchtigung und Begrenzung des Lebens durch natürliche Faktoren wie Sterblichkeit, Kinderlosigkeit, Fehlgeburten, wilde Tiere, Hungersnöte, schlimme Krankheiten und drohende Naturkatastrophen, zu denen auch die jährliche Überschwemmung von Euphrat und Tigris gehören mag, auf ein einmaliges, göttliches Gründungsgeschehen am Anfang der Welt zurück-geführt. Schöpfung und Flut gehören wie zwei Seiten einer Medaille zusammen und bilden gemeinsam den Ist-Zustand in seiner Genese ab. Der Mythos will nicht einfach das Böse in der Welt erklären, sondern der Ambivalenz des Lebens Aus-druck verleihen, die von der Sterblichkeit bestimmt und begrenzt ist. Darum die Flut, die sich zwischen mythische Urzeit und Ist-Zeit schiebt und so die dauerhaft wirksame, im Alltag wie in Katastrophen erfahrbare Differenz zwischen göttlicher Bestimmung und Wirklichkeit der Menschheit markiert. Darum auch der Hymnus

---

13 Hecker 1994, 734; Von Soden 1994, 643.

auf den Gott Enlil am Schluss des Atramchasis-Epos, auf den Gott, der die Flut herbeiführt und ihren Ausgang, die Rettung der Menschheit, wenn auch mit Einschränkungen, garantiert. Offenbar haben die Menschen Mesopotamiens ihr Leben in dieser Spannung von Schöpfung und Flut wahrgenommen und ihm auch nur in dieser Spannung einen Sinn verleihen können.

III Das Dichten und Trachten des Menschen

Der Mythos von der Sintflut im AT

In der Hebräischen Bibel heißt der Held der Flut Noach. Von ihm wird in etwa dasselbe erzählt wie von Ziusudra, Atramchasis und Utnapischtim in den mesopotamischen Epen. Auch Vorgeschichte und Ausgang der Flut sind sich sehr ähnlich, doch setzt vor allem hier die Hebräische Bibel ihre eigenen Akzente. Die Suche nach einem historischen Anhalt ist hier ebenso vergebens wie bei den mesopotamischen Vorlagen, auch wenn es natürlich seinen Reiz hätte, die Planken oder Ankersteine der Arche Noach in Anatolien auf dem Berg Ararat oder in seiner Umgebung noch aufzufinden. Erich von Däniken landete damit 1968 einen Bestseller, und noch im Jahre 2003 berichtete die Prawda von einer Expedition einer russischen Fernsehgesellschaft, die nicht nur Ankersteine, sondern auch die ganze Arche gefunden haben will. Leider lassen sich solche Funde, von ihrer Echtheit abgesehen, nur schwer mit der Vielfalt der mesopotamischen und biblischen Fassungen in Einklang bringen. Allein schon die Frage, wer das Schiff gebaut und die Menschheit gerettet hat, stellt vor ein großes Problem, nicht zu reden von der Schwierigkeit, die ständige wachsende Zahl von Pflanzen- und Tierarten in dem Schiff unterzubringen.

Bis auf weiteres wird man sich daher wohl auf die literarische Bezeugung beschränken müssen. Auch die biblische Flutgeschichte ist in wenigstens zwei verschiedenen Fassungen überliefert. Anders als in Mesopotamien sind die verschiedenen Fassungen jedoch nicht durch unabhängige Textvertreter bezeugt, sondern in den einen Text der biblischen Urgeschichte des Buches Genesis (Kap. 1–11) eingegangen. Man kann die biblische Urgeschichte als Ganzes mit Gewinn lesen und verstehen. Doch um die theologische Dynamik des Texts zu erfassen und das Verhältnis zu den mesopotamischen Vorlagen zu ergründen, empfiehlt es sich, die verschiedenen Fassungen literarhistorisch zu differenzieren. Dabei möchte ich besonderes Augenmerk auf einige, wie mir scheint, bisher nur wenig beachtete intertextuelle Bezüge zwischen den biblischen und den mesopotamischen Fassungen lenken, die über den gemeinsamen Stoff und die gemeinsamen Details der Handlung hinausgehen und einen anhaltenden Diskurs über die Deutung des Mythos in der Textüberlieferung belegen.

Auch wenn der Mythos von der Flut ziemlich alt ist, hat er erst spät Eingang in die biblische Überlieferung gefunden. Nach der Schöpfung der Welt, in der alles „sehr gut" ist, beginnen die Menschen, sich in zehn Generationen zu vermehren. Dies und manches andere erinnert nicht nur an die acht bis zehn Könige vor der Flut in der sumerischen Tradition, sondern vor allem an das Atramchasis-Epos. So klingen auch in der sogenannten Priesterschrift, einer ziemlich sicher ausgrenzbaren Kompositionsschicht in den ersten vier Büchern Mose (Genesis bis Numeri), die Themen Arbeit, Ruhe und Ernährung an, nur sind die Rollen anders verteilt. Hier sind es nicht die Menschen, die die Arbeit verrichten und die Götter ernähren, sondern Gott selbst geht mit gutem Beispiel voran, tut eine Woche lang seine Arbeit und ruht am siebten Tag, und er sorgt für die Ernährung von Mensch und Tier (Gen 1). Der Auftrag des „nach dem Bilde Gottes" erschaffenen Menschen besteht in der Beherrschung der Erde sowie in der von Gott eigens angeordneten, durch seinen Segen ermöglichten Reproduktion: „Und Gott segnete sie und sprach zu ihnen: Seid fruchtbar und mehrt euch und füllt die Erde und macht sie euch untertan und herrscht über die Fische im Meer und über die Vögel unter dem Himmel und über alles Vieh und alles Getier, das auf Erden kriecht." (Gen 1,27 f).

Es ist nicht leicht zu sagen, ob die Umverteilung der Rollen eine Kritik an der mesopotamischen Tradition sein soll. Nicht einmal die Tatsache, dass in Mesopotamien mehrere Götter an der Schöpfung beteiligt sind, in der Bibel aber nur ein Gott agiert und im *pluralis majestatis* spricht: „Lasst uns Menschen machen!" (Gen 1,26), ist in irgendeiner Weise polemisch formuliert. Auch wäre es wohl müßig zu fragen, ob man zur Zeit der mesopotamischen Epen eher unter Überbevölkerung und Überschuss an Arbeitskräften, zur Zeit der Priesterschrift hingegen unter Bevölkerungsmangel gelitten hat, so sehr auch zeitgeschichtliche Faktoren bei der Überlieferung und jeweiligen Neufassung des Mythos sicher eine Rolle gespielt haben dürften. Mir scheint es aber eher so, dass im Laufe der Überlieferung des gemeinsamen Stoffs mit den Motiven gespielt und sie der jeweiligen Erzählperspektive und den aktuellen Bedürfnissen angepasst wurden. Jedenfalls bedeutet der Mehrungsauftrag in der Priesterschrift eine mögliche Lesart des mesopotamischen Mythos. Er führt die – auch im Atramchasis-Epos zunächst als Segen dargestellte – Fortpflanzung und Ausbreitung der Menschen auf der Erde ausdrücklich auf einen göttlichen Schöpfungsauftrag zurück.

Und dennoch provoziert die Ausbreitung der Menschen hier wie auch im Atramchasis-Epos einen Konflikt. Nur entzündet sich der Konflikt nicht am Lärm der Menschen, sondern an einem Phänomen, das im Hebräischen *chamas* „Gewalttat" heißt und nicht nur von den Menschen, sondern von „allem Fleisch", d. h. auch von den Tieren verübt wird. Gedacht ist daran, dass Mensch und Tier, denen in der Schöpfung pflanzliche Nahrung zugeteilt wurde (Gen 1,29 f), sich untereinander und gegenseitig auffressen und die Erde durch ihr Blutvergießen verderben

(Gen 6,11–12). Wie es dazu kommt, wird nicht gesagt. Die „Gewalt" ist mit einem Mal da. Sie ergibt sich gewissermaßen – wie der Lärm im Atramchasis-Epos – von selbst aus der Vermehrung der Menschen (Gen 5), also daraus, dass der Mensch seiner göttlichen Bestimmung folgt. Die Reaktion Gottes ist merkwürdig kühl und nüchtern. Er stellt lediglich den Zustand fest und fasst den Beschluss zur Vernichtung: „Da sprach Gott zu Noach: Das Ende allen Fleisches ist bei mir beschlossen, denn die Erde ist voller Gewalttat von ihnen her, und siehe, ich will sie verderben mitsamt der Erde." (Gen 6,13)

Über Noach, den Einen, der gerettet wird und „alles Fleisches" rettet, ist in der biblischen Tradition ausdrücklich gesagt, warum er eine Ausnahme macht. Verantwortlich dafür ist nicht ein Gott, der den Beschluss der Götterversammlung unterläuft, sondern die Eigenschaft des Helden: „Noach war ein gerechter Mann, vollkommen unter seinem Geschlecht, und er wandelte mit Gott." (Gen 6,9). Die Charakterisierung erinnert an einen Vorfahren Noachs, Henoch, der nicht gestorben ist, sondern aus dem Leben direkt in den Himmel aufgenommen wurde – was auch immer das heißt (Gen 5,21–24). Mit gewissen Abstrichen kann man vielleicht sagen, dass sich die beiden biblischen Helden, Henoch und Noach, schon vor der Flut durch das auszeichnen, was Ziusudra und Utnapischtim erst nach der Flut zuteil wird: die exzeptionelle Nähe zu Gott, die die allgemeine Gottebenbildlichkeit des Menschen (Gen 1,27; 5,1) noch übersteigt.

Auch der Ausgang der Flut ist eine Variation des mesopotamischen Mythos. Wie im Atramchasis-Epos die lärmende Menge der Menschen künftig durch göttliche Mittel der Geburtenkontrolle oder im Gilgamesch-Epos durch begrenztes Unglück eingedämmt werden soll, so endet die Flut auch in der Priesterschrift mit einer Neuordnung der Schöpfung (Gen 9). Dem Menschen wird der Verzehr von Tieren erlaubt, mit Ausnahme des Blutes, in dem das Leben ist. Das Blutvergießen von Menschen wird strikt untersagt und auf die Todesstrafe bei Tötungsdelikten beschränkt. Interessanterweise unterliegen auch die Tiere diesem Verdikt, was übrigens die im Gilgamesch-Epos empfohlenen Mittel zur Verringerung der Menschen, den Befall durch Löwe oder Wolf, ausschließt oder jedenfalls unter Strafe stellt. Doch in der Priesterschrift geht es nicht um die Eindämmung der Vermehrung. Im Gegenteil: Der Schöpfungsauftrag „Seid fruchtbar und mehrt euch und füllt die Erde!" (Gen 1,28) wird nach der Flut ausdrücklich erneuert (Gen 9,1). Worum es geht – und hier berühren sich mesopotamische und biblische Fassungen wieder – ist das Phänomen des Lebens, das trotz seiner Begrenzung und permanenten Verletzungen unter den Schutz Gottes gestellt wird: durch die noachitischen Gesetze ebenso wie durch den Regenbogen, der Gott an seinen Bund mit Noach und allem Fleisch erinnert, die Erde nie mehr durch eine solche große Flut ganz zu vernichten.

Dieses Versprechen Gottes wiederholt auch die zweite, vermutlich jüngere Fassung der biblischen Flutgeschichte, die von der Priesterschrift abhängig ist und sie literarisch ergänzt. In dieser Fassung, die in der Wissenschaft Jahwist heißt, weil sie den Gottesnamen JHWH verwendet, stellt Gott Überlegungen „in seinem Herzen" an, die sich mit dem „Herzen des Menschen" beschäftigen (Gen 6,5–6). Nur nebenbei sei gesagt, dass auch in diesem Motiv der mesopotamische Mythos in der Fassung des Atramchasis-Epos nachhallt: Hier ist es der gebrauchte oder nicht gebrauchte Verstand (ṭēmu) von Göttern und Menschen, der ins Verhältnis gesetzt wird und den Gang der Handlung an wichtigen Stellen bestimmt. In der biblischen Überlieferung gipfeln die Selbstreflexionen Gottes „in seinem Herzen" in einer Spitzenaussage der biblischen Anthropologie: „Und der Herr sah, dass des Menschen Bosheit groß war auf Erden und alles Dichten und Trachten seines Herzens nur böse war allezeit." (Gen 6,5; wiederholt nach der Flut in 8,21).

Die Feststellung will das Phänomen der „Gewalttat" vor der Flut, das in der Priesterschrift so plötzlich auftritt, erklären und entdeckt darin eine anthropologische Konstante. Die Erklärung hängt mit der Vorgeschichte der Flut zusammen, die unterdessen ebenfalls um weitere Stücke erweitert worden ist. Hier fand der Ergänzer der priesterschriftlichen Flutgeschichte die Paradiesgeschichte mit dem Baum der Erkenntnis und dem Sündenfall (Gen 2–3) sowie die Geschichte von Kain und Abel (Gen 4) vor. Neben, ja in dem durch Wissen um Gut und Böse begründeten Fortschritt von Kultur und Zivilisation, wovon diese Erzählungen berichten, kommt das Böse im Menschen zum Vorschein. Vor diesem Hintergrund erweist sich die Flut zum ersten Mal als Strafe für die persönlichen Sünden der Menschen.

Woher das Böse kommt, wird auch in den Erzählungen zwischen Schöpfung und Flut nicht wirklich erklärt. Es ergibt sich auf eher unglückliche, wiederum fast schon tragisch zu nennende Weise durch die Übertretung eines göttlichen Verbots. Es ist das Verbot, vom Baum der Erkenntnis zu essen (Gen 2,16 f), dessen Übertretung die Frau in gewissen christlichen Traditionen als Verkörperung der Erbsünde und Verführerin zur Sünde in Verruf gebracht hat, obwohl sie davon gar nichts wissen konnte. Als das Verbot erging, war sie noch nicht erschaffen. Doch das eigentlich Aufregende ist gar nicht so sehr die Frage, wie das Böse in die Welt gekommen ist, sondern wie der Erzähler Gott darauf reagieren lässt. Gott schickt die Flut, doch mit der Flut ist das Böse keineswegs beseitigt. Im Gegenteil: Gott selbst gesteht sich „in seinem Herzen" ein, dass des Menschen Herz „von Jugend an" nun einmal böse sei, und beschließt deswegen, „die Erde hinfort nicht mehr zu verfluchen um des Menschen willen." (Gen 8,21–22). Derselbe Grund, aus dem Gott die Flut herbeiführt, löst das Versprechen aus, sie nie mehr über die Menschheit kommen zu lassen.

Mit der Einführung der anthropologischen Konstante des Bösen hat der mythische Stoff eine Ethisierung erfahren, die ebenso wie manches andere Detail, mit dem unser Ergänzer die Erzählung von der Flut ausschmückt, besonders an das Atramchasis-Epos und das Gilgamesch-Epos erinnert. Hieß die Parole nach der

Flut hier: „Dem Sünder lege seine Sünde auf, dem Frevler lege seinen Frevel auf!", so geht der Ergänzer der biblischen Flutgeschichte jedoch einen anderen Weg. Er behauptet, dass es, von der großen Ausnahme Noach abgesehen (Gen 6,8), gar keinen Unterschied zwischen Sündern und Gerechten gibt, sondern die Menschen allzumal Sünder sind und sie gerade deswegen keine Flut mehr treffen soll.

Die beiden biblischen Fassungen der Flutgeschichte erweisen sich somit als Neuinterpretation der mesopotamischen Vorlagen. Sie setzen die Geschichte der Deutung und Auslegung des Flut-Mythos fort, die bereits in der mesopotamischen Überlieferung selbst begonnen hat, angefangen bei der sumerischen Fassung über das Atramchasis-Epos bis hin zur 11. Tafel des Gilgamesch-Epos. Gegenüber den mesopotamischen Vorlagen springt als erstes natürlich die Reduktion der vielen Götter auf den einen Gott ins Auge, die für die biblische Tradition von besonderer Wichtigkeit ist. Das komplexe Beziehungsgeflecht unter Göttern und Menschen wird auf die Grundkonstellation des Verhältnisses zwischen Gott und Mensch konzentriert, wobei dies allerdings nicht nur so vonstatten geht, dass alles, wofür die Götter stehen, nun einfach auf den einen und einzigen Gott übergeht. Vielmehr wechseln, wie wir am Beispiel des Motivkomplexes Arbeit, Ruhe und Ernährung gesehen haben, mitunter die Rollen, was eine völlig neue Konstellation ergibt.

Darüber hinaus – und mit dem neuen Gottesbild vielleicht zusammenhängend – zeichnen sich die beiden biblischen Fassungen aber auch dadurch aus, dass sie den theologischen und anthropologischen Gehalt des Mythos deutlicher und – dies sei ganz ohne Wertung gesagt – vielleicht auch ein wenig pointierter als die mesopotamischen Fassungen explizieren und auf den Begriff bringen. Dazu gehört, dass die Flut eine klare Begründung erhält: die Gewalttat allen Fleisches und die Bosheit des Menschen von Jugend an. Damit ist in den biblischen Fassungen zum Ausdruck gebracht, dass der Zustand vor und nach der Flut derselbe ist. Die Flut vermag das Übel oder den Mangel, der sie provoziert hat, nicht zu beheben. Und doch markiert die Flut in den biblischen wie in den mesopotamischen Fassungen des Mythos eine Wende. Es ist die Wende von einem noch ungeklärten zu einem regulierten Verhältnis von Gut und Böse, und zwar unter der Maßgabe, dass dieselben Götter bzw. derselbe Gott für beides verantwortlich sind: die Erschaffung der Welt und die Regulierung von Gut und Böse gemäß der von den Göttern bzw. dem einen Gott festgesetzten Bestimmung des Menschen. Sinn und Funktion des Mythos erschließen sich somit weniger von dem Ereignis selbst als von seinem Ausgang her. Es ist die göttlich regulierte Spannung zwischen Schöpfung und Flut, die den Menschen durch sein Leben und alle Katastrophen, die er hinter oder noch vor sich hat, tragen soll. Schlüssig und in sich konsistent ist dieses Gottesverständnis zweifellos nicht, doch hat es offenbar über mehrere Jahrtausende die Menschen getragen und ihnen dazu verholfen, sich in einer Welt voller Katastrophen und Schrecknissen dennoch zurechtzufinden.

IV Das Wissen der Engel

Die Rezeption des Mythos in der jüdischen Apokalyptik

Unter bestimmten Umständen hat dieses Gottesverständnis freilich nicht getragen. So konnte die Frage nicht ausbleiben, woher Gewalttat und Böses kommen und warum die Regulierung von Gut und Böse nur partiell oder gelegentlich gar nicht funktioniert. Hier setzt die weitere Rezeption und Neuinterpretation des Mythos in der jüdischen Apokalyptik und den Schriften vom Toten Meer ein. Der Stoff der Flutgeschichte erfreute sich in dieser späten Literatur der hellenistisch-römischen Zeit großer Beliebtheit. Ich will mich auf ein Beispiel beschränken: das sogenannte Wächterbuch, eines von fünf Büchern Henochs aus dem 3. Jahrhundert v. Chr., das Einblick in die Welt der Engel gibt, die auf Aramäisch „Wächter" heißen.[14] Lange Zeit waren die fünf Bücher Henochs als Bestandteil des Kanons der äthiopischen Kirche nur in äthiopischer Sprache bekannt, doch haben sich Fragmente des aramäischen Originals in der Höhle 4 von Qumran am Toten Meer gefunden.

Auf die Flut selbst geht das Wächterbuch nur ganz am Rande in drei Versen ein (1. Hen 10,1–3). Das Ereignis dient der Vernichtung einer verderbten Menschheit und zugleich der Sicherung des Überlebens des Menschengeschlechts, dem das „außerordentliche Weltereignis", die eigentliche Epochenwende nicht in diesem, sondern in einem fernen, kommenden Zeitalter noch bevorsteht. Dementsprechend mündet die Feststellung Gottes nach der Flut, dass des Menschen Herz böse sei von Jugend an, nicht in das Versprechen ein, die Menschheit nicht mehr mit einer Flut vernichten zu wollen, sondern im Gegenteil in die Ankündigung eines noch sehr viel größeren und endgültigen kosmischen Gerichts. Und in diesem Gericht gelten die Menschen nicht allzumal als Sünder, sondern in ihm wird vielmehr der Maßstab Noachs angelegt und zwischen Sündern und Gerechten unterschieden. Erst danach soll das Versprechen Gottes aus der biblischen Fluterzählung wahr werden, dass er ein solches Gericht „nicht wieder über sie bringen werde von Generation zu Generation und bis in Ewigkeit" (1. Hen 10,22). Die Flut ist hier also nur ein Zwischenspiel bis zum Weltgericht am Ende der Tage, in dem die Auserwählen und Gerechten gerettet und die Frevler und Sünder bestraft werden sollen (1. Hen 1,1).

Das Hauptproblem, mit dem sich das Wächterbuch beschäftigt, besteht somit zum einen in der anhaltenden Sünde nach der Flut, zum anderen in der Tatsache, dass die biblische Tradition, mit Ausnahme von Noach, keinen Unterschied zwischen Sündern und Gerechten macht. Um das Problem zu lösen, deutet das Wächterbuch die Sünde vor und nach der Flut in gänzlich anderen theologischen und

---

14 Uhlig 1984, 506–572.

kosmischen Dimensionen. Hierfür greift die Schrift auf einen kurzen und schwer verständlichen Abschnitt der biblischen Urgeschichte im Buch Genesis (Kap 6,1–4) zurück, der der Flutgeschichte unmittelbar vorausgeht. Es ist die Erzählung von der Entstehung der Riesen. Im Zuge der Vermehrung und Ausbreitung der Menschen wurden ihnen auch schöne Töchter geboren, die die Aufmerksamkeit der Göttersöhne erregten. Aus der geschlechtlichen Verbindung der Göttersöhne mit den schönen Töchtern der Menschen sind die Riesen, das Geschlecht der Heroen, hervorgegangen.

An sich wäre gegen die Sache nichts einzuwenden, man war vielleicht sogar einmal stolz auf die göttliche Abkunft der Heroen. Doch schon in der Hebräischen Bibel wird die Sache nicht so positiv gesehen und soll diese Erzählung sicherlich das Aufkommen von „Gewalttat" und „Bosheit" der Menschheit vor der Flut illustrieren. Im Wächterbuch ist daraus die Geschichte der gefallenen Engel geworden, die durch ihre Ehe mit den Menschen das Böse in die Welt gebracht haben und auch nach der Flut bis in die Jetzt-Zeit ihr Unwesen auf der Erde treiben. Zusammen mit der von ihnen infizierten Menschheit gehen die gefallenen Engel dem Gericht am Ende der Tage entgegen. Damit wird zum einen erklärt, wie das Böse in die Welt kam, und zum anderen, wie es wieder aus der Welt verschwinden wird. Der Mythos von der großen Flut hat damit eine für die jüdische Apokalyptik typische Wendung ins Eschatologische erfahren.

Der wahre Held in dieser Fassung des Mythos ist nicht Noach, sondern Henoch, der Vorfahr Noachs, der aus den Lebenden in den Himmel aufgenommen wurde. Er bot sich an, da er Einblick in die himmlische Welt hat und über himmlisches Wissen verfügt. Er ist es, der die Geschichte der gefallenen Engel und der Flut erzählt und das Endgericht ankündigt, indem er als Vermittler zwischen den guten Engeln im Himmel und den bösen Engeln auf der Erde sowie zwischen Engeln und Menschen auftritt und den einen ihre Strafe, den anderen ihre Rettung kundtut. In gewisser Weise agiert Henoch wie Enki/Ea, der Gott der Weisheit, in den mesopotamischen Epen, an die nicht zuletzt auch die Engelwelt erinnert, die den himmlischen Hofstaat des altorientalischen Pantheons in veränderter Gestalt wieder aufleben lässt. Es ist erstaunlich, wie in dieser späten Literatur der jüdischen Apokalyptik die Götter der mesopotamischen Epen in Gestalt der Engel wieder den Himmel bevölkern und auf die Erde zurückkehren.

Mit der Gestalt des Henoch ist noch eine weitere Besonderheit des Mythos im apokalyptischen Wächterbuch verbunden, die ebenfalls an alte mesopotamische Traditionen, hier an die Generation der Weisen vor der Flut, erinnert. Henoch kennt nicht nur die himmlische Welt und die Hintergründe der Begebenheiten auf Erden, sondern weiß auch über die kosmische Ordnung Bescheid. Er kennt den Bauplan des Kosmos und wurde auf verschiedenen Reisen von den Engeln durch alle Gegenden der sichtbaren und unsichtbaren Welt geführt. Seine Anhänger ruft er zur genauen

Beobachtung der Werke Gottes am Himmel und auf Erden auf, um die Gesetze der Natur zu studieren und dementsprechend dem Gesetz Gottes, des Schöpfers der Welt, zu folgen. Henoch ist wie Noach zum Vorbild der Gerechten und Weisen geworden, die auch nach der Flut noch auf das Gericht und ihre Rettung hoffen.

Im Rahmen des Mythos hat das Wissen Henochs die Funktion, eine Alternative zum Wirken der gefallenen Engel anzubieten. Denn sie, so wird erzählt, hätten den Menschen verderbliche Geheimnisse verraten: Zauber und Beschwörung sowie Techniken zur Herstellung von Kriegsgeräten für die Männer, aber auch von so herrlichen Dingen wie Armspangen, Schmuck, Edelsteinen und Augenschminke für die Frauen. An dieser Stelle scheint die zeitgeschichtliche Veranlassung des Wächterbuchs besonders deutlich hindurch. Die Kritik an den verderblichen Geheimnissen der gefallenen Engel ist eine Kritik an der hellenistischen Zivilisation und Kultur. Autoren und Leser des Wächterbuchs lebten in einer Zeit der kulturellen und wirtschaftlichen Blüte, die sie als chaotischen, von bösen Mächten dominierten Ausnahmezustand betrachteten und auf dessen Überwindung sie hofften. Unweigerlich fühlt man sich an die Zivilisationskritik eines Jean-Jaques Rousseau anlässlich des „Erdbebens von Lissabon" oder an die auch heute laut werdende Kultur- und Gesellschaftskritik anlässlich von Natur- und Umweltkatastrophen erinnert, der die apokalyptische Weltsicht in nichts nachsteht.

Zum Vergleich reizt denn auch die Alternative, auf die eine solche generelle und globale Zivilisationskritik zielt, an der allerdings auch die Unterschiede zwischen den antiken und der neuzeitlichen Heilsvisionen deutlich werden. Henochs Appell an seine Zeitgenossen und künftigen Leser der Schrift, die Werke Gottes am Himmel und auf Erden zu beobachten und zu ergründen, lässt sich – *mutatis mutandis* – mit den naturwissenschaftlichen, ökologischen, soziologischen und politischen Bestrebungen der aufgeklärten Neuzeit vergleichen, um aus zurückliegenden Katastrophen die richtigen Lehren für die bevorstehenden Katastrophen zu ziehen. Doch während Henochs Wissen und Appell auf die Einhaltung des Gesetzes Gottes abzielt, um die bevorstehende Katastrophe des Weltgerichts zu überstehen, sind sich die neuzeitlichen Experten selbst genug und leben von der Illusion oder sagen wir der Hoffnung, die bevorstehenden Katastrophen mit eigenen Mitteln in den Griff zu bekommen oder gar abwenden zu können. Gebe Gott, dass beide auf die eine oder andere Weise ihr Ziel erreichen.

V Schluss

Damit kommen wir zu dem Vergleich antiker und moderner Mythen, mit dem ich schließen möchte. Überschwemmungen größeren Ausmaßes, seien sie durch Erdbeben oder seien sie durch andere Ursachen veranlasst, hat es immer gegeben und wird es vermutlich auch künftig immer geben, solange die Erde besteht. Vielleicht wird es sie aufgrund des – vom Menschen selbst gemachten – Klimawandels künftig mehr geben denn je. Damit werden wir leben müssen und können nichts anderes tun, als die Gesetze der Natur, unsere Einwirkung auf sie und die Folgen zu erforschen, nach Katastrophen so gut, wie es geht, zu helfen und Präventivmaßnahmen für künftige Katastrophen zu entwickeln.

Doch darum geht es in den Mythen nicht, weder in den antiken noch in den modernen. In ihnen geht es um das Verstehen, und zwar nicht so sehr um das Verstehen und Erklären der Katastrophen an sich, sondern um das Verstehen des von Naturkatastrophen und anderem Unglück bedrohten, beeinträchtigten und begrenzten Lebens, des Lebens der gesamten Menschheit wie des eigenen, individuellen Lebens. Die Flut, also die Katastrophe selbst, und ihre mythische oder natürliche Erklärung haben nur dienende Funktion. Indem eine Flut oder irgendeine andere Katastrophe, ob zurückblickend oder, wie in der jüdischen Apokalyptik und in der modernen Klimaforschung, prognostisch, zum „außerordentlichen Weltereignis" stilisiert wird, gewinnen die Aussagen, die über das Leben getroffen werden, an Gewicht. Der Mythos ist also eine rhetorische Strategie, um etwas über das Leben zu sagen, was ohne den Mythos nicht sagbar wäre.

Was dieses „Etwas" ist, das im Mythos ausgesagt werden soll und ohne ihn nicht sagbar wäre, darüber ließe sich nun noch lange reden und wohl auch streiten. Der Mythos des „Erdbebens von Lissabon", der bis in die Bewältigungsstrategien der jüngsten Naturkatastrophen nachwirkt, hat dieses „Etwas" im modernen Skeptizismus oder in der neuzeitlichen Wissenschaft gesucht und es damit im Grunde eliminiert. An die Stelle des gewissen „Etwas" ist im Mythos des „Erdbebens von Lissabon" die Fiktion des unbeteiligten Betrachters getreten, der sich einfach in sein Schicksal ergibt oder sich mit der bloßen naturwissenschaftlichen Beschreibung von Phänomenen zufrieden gibt. Anders der antike Mythos, der ebenfalls – besonders im Falle von Katastrophen – bis heute immer wieder als Deutungsmuster herangezogen wird und dabei zum Teil abstruse Formen annimmt. Er findet das gewisse „Etwas" in dem Verhältnis des Menschen zu den Göttern oder zu Gott und lässt es damit für das Denken der Moderne und das naturwissenschaftliche Weltbild im Unklaren. Es ist hier nicht der Ort, um für die eine oder die andere Option zu votieren. Dies sei jedem einzelnen selbst überlassen. Doch dass beides, der Bezug auf eine göttliche Wirklichkeit und die innerweltliche Erklärung, keinesfalls zusammenginge, sollte man nicht vorschnell absolut setzen, auch dies ist nur eine von vielen möglichen Deutungsmustern der Wirklichkeit und also ein Mythos der Moderne.

6 Die Flutgeschichte in der Hebräischen Bibel

Sowohl in aramäischen wie in hebräischen Schriften der Texte vom Toten Meer spielt die aus Gen 6–9 bekannte Geschichte von der Sintflut eine große Rolle und ist Gegenstand einer vielfältigen Auslegung.[1] In diesem Beitrag möchte ich der Arbeitshypothese nachgehen, dass diese Auslegung ihre Wurzeln in den „biblischen" Vorlagen selbst hat, und zwei Fragen behandeln:

1. Gibt es ähnliche Rezeptionsvorgänge in dem biblischen Material selbst?
2. Bestehen irgendwelche inhaltlichen, konzeptionellen Beziehungen zwischen der Rezeption in den Texten vom Toten Meer und dem biblischen Material, auf das sie sich beziehen?

Der Beitrag hat zwei Teile: Im ersten Teil werde ich mich mit der Flutgeschichte selbst beschäftigen, im zweiten Teil die Rezeption in den Büchern der Propheten ansehen. Dabei werde ich zu den biblischen Texten selbst und ihren vielfältigen exegetischen Problemen wenig Neues sagen. Vielmehr möchte ich nach Themen, Formulierungen, Konzepten und redaktionellen Rezeptionsvorgängen innerhalb des biblischen Materials fragen, die möglicherweise den Anstoß zur Rezeption und Auslegung in den Texten vom Toten Meer gegeben haben könnten.

I Die Flutgeschichte

Die Flutgeschichte reicht bekanntlich weit zurück in den mesopotamischen Raum. Sumerische Flut, Atramchasis und die elfte Tafel des Gilgamesch-Epos bezeugen die Vorläufer des Stoffs.[2] Schon hier können wir die ersten Schritte einer Auslegungs- und Fortschreibungsgeschichte erkennen.[3] Was bei dem Vergleich besonders auffällt, ist – neben den Namen der Helden, der Anzahl der Götter und allerlei anderen Details – vor allem die Tatsache, dass die mesopotamischen Versionen keine oder nur eine äußerliche Begründung für die Flut geben. Es ist der Lärm der Menschen, der den Göttern, insbesondere dem Gott Enlil, auf die Nerven geht und zu dem Beschluss führt, die Menschheit zu vernichten. Dementsprechend sieht das Atramchasis-Epos im Anschluss an die Flut gewisse Maßnahmen zur Geburtenkontrolle vor: Dämonen, die die Kindersterblichkeit erhöhen. Auf diese Weise werden die Grenzen zwischen Menschen und Göttern neu definiert. Die Menschen sind zum

---

1 Vgl, dazu Dimant / Kratz 2013, 101–134.
2 Vgl. Noort 1999.
3 Nr. 5 in diesem Band.

https://doi.org/10.1515/9783111367057-009

Dienst für die Götter erschaffen und sollen sich zu diesem Zweck auch vermehren; doch dürfen es nicht zu viele werden, um die Ruhe der Götter und das Gleichgewicht zwischen Göttern und Menschen nicht zu stören.

Die biblische Version der Flut ist in mancherlei Hinsicht eine Weiterführung und Interpretation, um nicht zu sagen ein *rewriting* der mesopotamischen Vorläufer. Das zeigt sich insbesondere bei der Begründung der Flut. Es kommen zwar auch die Themen der mesopotamischen Tradition vor: die „Ruhe" Gottes (Gen 2,2), die Arbeit des Menschen (Gen 2,15; 3,17), die hier der eigenen Ernährung und nicht der Ernährung der Götter dient, und die Mehrung, die höchst erwünscht ist (פְּרוּ וּרְבוּ וּמִלְאוּ אֶת־הָאָרֶץ Gen 1,28). Darüber hinaus werden aber auch die Gründe für die Flut genannt: die „Bosheit" des Menschen (רָעַת הָאָדָם), sein „böses Herz" (וְכָל־ יֵצֶר מַחְשְׁבֹת לִבּוֹ רַק רַע כָּל־הַיּוֹם) und die „Gewalttat" oder das Blutvergießen (חָמָס). Auf diese Weise wird die Verantwortung von den Göttern auf die Menschen übertragen. Während in der mesopotamischen Tradition die Götter uneins sind über das Schicksal der Menschen, führt die biblische Tradition eine ethische Unterscheidung zwischen Gerechten und Sündern ein, denen der eine gerechte Gott gegenübersteht. Die biblische Tradition stellt damit einen Aspekt in den Vordergrund, der in den mesopotamischen Parallelen nur ganz am Rande vorkommt. Hier erhebt der Gott Enki den Vorwurf, dass die Flut gleichermaßen über Sünder und Gerechte ergeht, und erwirkt damit das Ende der Flut. In der biblischen Flutgeschichte ist die Unterscheidung zwischen Gerechten und Sündern jedoch schon der Auslöser der Flut und stellt die entscheidende Kategorie dar, die nicht nur die biblische Tradition, sondern auch die nachbiblische Rezeption der Flutgeschichte bestimmt.

Schon die Aufnahme und Transformation des mesopotamischen Stoffs in der biblischen Tradition ist somit als ein Vorgang der Rezeption und Interpretation zu begreifen. Ein solcher Vorgang ist aber auch in der biblischen Tradition selbst zu beobachten. Die kritische Bibelwissenschaft unterscheidet in der Flutgeschichte zwischen zwei literarischen Schichten, einer priesterschriftlichen und einer nicht-priesterschriftlichen (früher „jahwistisch" genannten) Fassung. Je nachdem, welchem Modell der Pentateuchanalyse man folgt, handelt es sich entweder um zwei ursprünglich separate Quellen oder um zwei Schichten, von denen die eine von der anderen abhängig ist. Ich selbst neige dem zweiten Modell zu und halte im Falle der Flut die priesterliche Fassung für die ältere, die später durch den nicht-priesterschriftlichen Text ergänzt wurde.[4] Wie dem auch sei, die literarische Differenzierung rührt daher, dass es verschiedene Auffassungen gegeben hat, welches der Anlass zur Flut war und wie die Urgeschichte mit der Vätergeschichte zusammenhängt. Ich finde hauptsächlich drei Konzepte, die diesen Zusammenhang konstituieren.

---

4 Kratz 2000, 233–240.252–263. Vgl. auch Bosshard-Nepustil 2005.

Das erste Konzept ist – vermutlich noch ohne die Flut– in der vor-priesterlichen Fassung der Urgeschichte zu fassen, und zwar in den Erzählungen über Adam und Eva (Gen 2–3), Kain und Abel (Gen 4) und den Turmbau zu Babel (Gen 10–11). Überall ist das Leben der Menschheit in seiner Ambivalenz dargestellt: die Feldarbeit, die Fortpflanzung, das spannungsreiche Verhältnis zwischen zwei Brüdern und Lebensformen (Ackerbauer und Städter) sowie die Ausdifferenzierung der Menschheit in verschiedene Sprachen und Völker. Alles das beschreibt die Welt, wie sie ist, mit all ihren kulturellen Errungenschaften und den Beschwernissen, die diese Errungenschaften mit sich bringen. Die Beschwernisse werden auf den Fluch Gottes (Gen 3,14.17; 4,11 ארר) zurückgeführt, der auf Grenzüberschreitungen des Menschen reagiert. Den diversen Flüchen, die alle Menschen treffen, steht der Segen Abrahams gegenüber (ברך), mit dem in Gen 12,1–3 die Vätergeschichte eingeleitet wird. Hier ist die Urgeschichte eine Präambel der Vätergeschichte und bringt zum Ausdruck, dass das Leben, wie es ist, unter dem Fluch steht und auf den Segen des Gottes Abrahams, Isaaks und Jakobs angewiesen ist. Dieses Konzept ist vermutlich das älteste und in der nachbiblischen Rezeption kaum aufgenommen (am ehesten in 4Q370 und 4Q422).

Ein zweites Konzept findet sich in der priesterlichen Schicht, der sogenannten Priesterschrift. Hier zieht sich der Segen Gottes durch die gesamte Erzählung hindurch von der Urgeschichte (in Gen 1; 5 und 9) bis zur Berufung Abrahams in der Vätergeschichte (in Gen 17). Der Segen gilt gleichermaßen der ganzen Menschheit wie Abraham und seinen Nachkommen. Wie es scheint, knüpft die Priesterschrift direkt an dem Konzept von Fluch und Segen der älteren nicht-priesterschriftlichen Urgeschichte an und fügt eine neue Kategorie hinzu: den Bund Gottes (בְּרִית). An diesem Konzept hat sich die nachbiblische Rezeption sehr stark orientiert (vgl. 4Q370; 4Q252).

In der Priesterschrift unterbricht die Flut die Geschichte des Segens. Anlass ist das Phänomen von חמס „Gewalttat", das plötzlich auftritt und den Beschluss zur Flut auslöst (Gen 6,9–12). Anstelle der Ambivalenz des Lebens unter dem göttlichen Fluch steht hier also der Gegensatz zwischen dem וְהִנֵּה־טוֹב מְאֹד in Gen 1 und dem חמס in Gen 6. Dazwischen ereignet sich in Gen 5 die Mehrung, die eine Auswirkung des Segens ist (וַיְבָרֶךְ אֹתָם 5,2), aber offenbar zu massivem Blutvergießen geführt hat. Auch nach der Flut wird in Gen 9 die Schöpfung vom Anfang bestätigt: mit dem Segen (וַיְבָרֶךְ אֱלֹהִים אֶת־נֹחַ וְאֶת־בָּנָיו) wie mit der Mehrung (פְּרוּ וּרְבוּ וּמִלְאוּ אֶת־הָאָרֶץ). Doch darüber hinaus werden die noachitischen Gebote erlassen, die auf das Phänomen von חמס reagieren und die vegetarischen Regeln von Gen 1 korrigieren. Der Bund mit Noach und der Regenbogen als Zeichen des Bundes besiegeln diese Regelung als eine ewige Ordnung. Wichtig für die nachbiblische Rezeption ist der Gedanke, dass es bereits vor der mosaischen Zeit ein Gesetz für alle Menschen gegeben hat.

Der Bund ist in der Priesterschrift auch die Brücke von der Ur- zur Väterge-schichte. Doch der Inhalt des Bundes ist verschieden. Neben der Verheißung von Land und Nachkommenschaft enthält der Bund in Gen 17 das Versprechen Gottes, der Gott Abrahams und seiner Nachfahren sein zu wollen: לִהְיוֹת לְךָ לֵאלֹהִים וּלְזַרְעֲךָ אַחֲרֶיךָ (Gen 17,7). Zeichen des Bundes, das Israel aus den übrigen Völkern heraus-hebt, ist die Beschneidung. An dieser Stelle wird erneut deutlich, wie sich die Pries-terschrift von dem älteren, nicht-priesterschriftlichen Konzept abhebt und dieses neu interpretiert. Das Verhältnis von Ur- und Vätergeschichte ist nicht durch den Gegensatz von Fluch und Segen, sondern durch Kontinuität gekennzeichnet. Wie Noach in Gen 6,9 so soll auch Abraham in Gen 17 „vollkommen" sein (וֶהְיֵה תָמִים) und „mit" bzw. „vor Gott wandeln" (אֶת־הָאֱלֹהִים הִתְהַלֶּךְ־נֹחַ Gen 6,9 bzw. וֶהְיֵה תָמִים Gen 17,1) – was später im Sinne der Gesetzesobservanz ausgedeutet wurde. Hier wie dort begegnen der Segen (ברך) und die Verheißung der Mehrung (פרה und רבה), und hier wie dort wird ein Bund aufgerichtet. Den Unterschied markiert Ismael. Auch Ismael wird in Gen 17,20 der Segen und die Verheißung von Mehrung zuteil; ja, sogar die Verheißung Gen 12,2 (וְאֶעֶשְׂךָ לְגוֹי גָּדוֹל) soll an ihm in Erfüllung gehen (וּנְתַתִּיו לְגוֹי גָּדוֹל). Doch der Bund (בְּרִית) gilt nur Isaak, dem Nachkommen Abrahams aus Sara, und nicht, wie manche meinen, der ganzen Ökumene.

Das dritte Konzept führt wiederum eine neue Kategorie ein: die Bosheit des Menschen und das böse Herz. Man kann sich den Unterschied am besten an dem Rahmen der Flutgeschichte klarmachen. Während die Priesterschrift Anlass und Ausgang berichtet, gewährt der nicht-priesterschriftliche Rahmen einen Einblick in die inneren Überlegungen Gottes, die zu dem Geschehen führen (Gen 6,5–8 und 8,21–22). Die Bosheit des Menschen und sein böses Herz gilt hier als Anlass zur Flut (וְכָל־יֵצֶר מַחְשְׁבֹת לִבּוֹ רַק רַע כָּל־הַיּוֹם Gen 6,5) wie auch als Grund für den Beschluss Gottes, künftig keine Flut mehr zu veranstalten (בַּעֲבוּר הָאָדָם כִּי יֵצֶר לֵב הָאָדָם רַע מִנְּעֻרָיו Gen 8,21). Weil der Mensch böse ist von Jugend an, soll es keine Flut mehr geben. Die Flutgeschichte erhält damit eine anthropologische Dimension, die auch das Ver-hältnis zu Gott verändert: Der Mensch ist und bleibt unfähig, „vollkommen und gerecht" zu sein und „mit Gott zu wandeln" wie Noach oder Abraham; er ist auf die Hilfe Gottes angewiesen, ihn dennoch am Leben zu erhalten. Das „böse Herz" von Gen 6,5 nimmt auf die Erkenntnis von Gut und Böse in Gen 2–3 (הַדַּעַת טוֹב וָרָע) Bezug und erklärt eine anthropologische Bedingung zur Voraussetzung für die moralischen Verfehlungen in Gen 2–6, einschließlich der Engelehen in Gen 6,1–4 und der „Gewalttat" in Gen 6,11. Es ist diese Sichtweise, die die spätere Rezeption inspiriert hat (bes. CD II,16; 4Q370).

Auch die sich anschließende Vätergeschichte wird damit in ein neues Licht gerückt: Der Segen Abrahams in Gen 12 und der Bund mit Abraham in Gen 17 sind gewissermaßen „nur" Mittel, um der Bosheit des Menschen Herr zu werden, und werden nur um der Gerechtigkeit Abrahams willen gewährt (Gen 15). Die dadurch entstehende Spannung zwischen der Bosheit des Menschen und der Gnade Gottes ist wiederum die Voraussetzung dafür, dass der Stoff in jüngeren (vor allem aramäischen) Schriften eschatologisiert und die Flut als Gericht in die Endzeit projiziert wurde.

Fassen wir zusammen: Die Flutgeschichte hat eine lange Geschichte der Rezeption und Interpretation durchlaufen. Im Zuge dieser Geschichte sind dem Stoff verschiedene Aspekte zugewachsen, die von einem sich wandelnden Verständnis desselben Mythos zeugen. Fluch und Segen, der Bund Gottes und die Bosheit des menschlichen Herzens sind die entscheidenden Kategorien, mit denen die Flutgeschichte gedeutet und der Übergang von der Ur- zur Vätergeschichte gestaltet wurden. Insbesondere die Bosheit des Menschen, die ein Hemmnis zur Observanz des Gesetzes darstellt, hat die weitere Überlieferung innerhalb und außerhalb der Bibel nachhaltig beschäftigt. Aber auch die Tendenz zur Re-Mythologisierung des Stoffs (Gott, der in seinem Herzen Dinge abwägt und Reue empfindet über sein Tun; Engelehen und Riesen) sowie die vorsichtige Vordatierung des Gesetzes (Sabbat in Gen 1; Gebot in Gen 2; noachitische Gebote in Gen 9) weisen in eine Richtung, die sich in der außerbiblischen Überlieferung fortsetzt.

II Die Rezeption der Flutgeschichte in den Propheten

Kommen wir nun zur Rezeption der Flutgeschichte in den Propheten. Hier begegnet an zwei Stellen der Name Noach: Ez 14 (V. 14.20) und Jes 54 (V. 9). In Ez 14 ist Noach zusammen mit Daniel und Hiob als Beispiel eines Gerechten erwähnt: Nur sie entkommen dem Gericht. Wie auch immer man die Zusammenstellung mit Daniel und Hiob erklärt, liegt bei Noach eine deutliche Anspielung auf den Helden der Flut vor: auch er wurde um seiner Gerechtigkeit willen gerettet. Implizit wird damit das Gericht, von dem Ez 14 spricht, mit der Flut parallelisiert.

Explizit findet diese Entsprechung in Jes 54,9–10 statt: Die Wende vom Gericht zum Heil Zions wird mit den Tagen Noachs verglichen. Der Punkt, auf den es dem Text ankommt, ist der „Schwur" Gottes, keine Flut mehr kommen zu lassen (Gen 8,21–22 und 9,8–17). Die Formulierung erinnert an den Bundesschluss in Gen 9,8–17: statt von den „Wassern der Flut" (מֵי הַמַּבּוּל) in Gen 9 (V. 11.15) ist in Jes 54 von den „Wassern Noachs" (מֵי נֹחַ) die Rede, statt von dem „ewigen Bund" in Gen 9,16 (בְּרִית עוֹלָם) von einem „Bund meines Friedens" (בְּרִית שְׁלוֹמִי). Bei der Änderung vom „ewigen Bund" in den „Bund des Friedens" scheint Ez 36,26 von Einfluss gewesen zu sein, wo beide Bezeichnungen nebeneinander vorkommen (vgl. auch Ez 34,25 sowie Num 25,12).

Es handelt sich bei Jes 54,9–10 um einen Nachtrag, der die Heilszusage von V. 7–8 bekräftigt, wie die Aufnahme von Stichwörtern belegt (רחם, חסד, קצף). Dabei wird jedoch die Perspektive leicht verändert. Die vorausgehenden Verse 7–8 wollen sagen, dass für Zion die (kurze) Zeit des Zorns nun vorbei ist und die Zeit des Erbarmens und der „ewigen Gnade" beginnt. Demgegenüber beteuert die Erinnerung an die Tage Noachs, dass Gott Zion auch dann nicht zürnen und seine Gnade entziehen will, wenn Berge weichen und Hügel wanken. Damit wird für die Zukunft ein Ereignis angekündigt, das der Flut und dem Zornesgericht vergleichbar ist. Flut und Zorn werden dabei parallelisiert.

Der Name Noachs steht somit zum einen für die Gerechtigkeit, zum anderen für die Bewahrung in einem bevorstehenden Gericht, das mehr oder weniger direkt mit der Flut gleichgesetzt wird. Beides begegnet auch in den Apokryphen (Tob 4,12; Sir 44,17; SapSal 10,4) und in den Texten vom Toten Meer des Öfteren. Aus der Gerechtigkeit wird auf eine antediluvianische, vormosaische Gesetzesobservanz geschlossen, die Rettung aus der Flut ist das Sinnbild für die Rettung im endzeitlichen Gericht.

An anderen Stellen wird die Beziehung zwischen Flut und Gericht nicht durch den Namen Noachs, sondern durch ein literarisches Zitat angedeutet. Ich nehme als erstes Beispiel die beiden Stellen Am 8,2 und Ez 7,2.6. Hier wie dort begegnet die Wendung „Gekommen ist das Ende" (בָּא הַקֵּץ), die an Gen 6,13 erinnert: „Und Gott sprach zu Noach: Das Ende allen Fleisches ist vor mich gekommen" (וַיֹּאמֶר אֱלֹהִים לְנֹחַ קֵץ כָּל־בָּשָׂר בָּא לְפָנַי).

Bereits Rudolf Smend hat die Vermutung geäußert, dass in Gen 6,13 die vierte Vision des Amos zitiert und das von dem Propheten angekündigte „Ende" auf „alles Fleisch", d. h. auf die gesamte lebende Welt, übertragen und in die Vergangenheit der Urgeschichte verlegt wird.[5] Sollte eine Abhängigkeit vorliegen, spricht vieles für die von Smend vorgeschlagene Richtung: In Am 8 ergibt sich das „Ende" (קֵץ) aus dem Wortspiel mit der „Sommerernte" (כְּלוּב קָיִץ) in der Vision; hier ist also die Genese der Rede vom „Ende" zu beobachten, während Gen 6,13 den Ausdruck (קֵץ בָּא) wie selbstverständlich gebraucht.

Ob die Visionen des Amos in Am 7–9 ursprünglich sind und in das 8. Jahrhundert v. Chr. gehören, ist in der Forschung umstritten. Manche sehen darin einen späteren Nachtrag, in dem die älteren Orakel in Am 3–6 eine neue theologische Fundierung erhalten und radikalisiert werden.[6] Wie dem auch sei, stellen die Visionen zweifellos eine der schärfsten Formen der Gerichtsprophetie dar. Bilder einer Katastrophe kosmischen Ausmaßes – Heuschrecken fressen die „große Urflut" (אֶת־תְּהוֹם רַבָּה) – werden aufgeboten, um deutlich zu machen, dass die Zeit von Vergebung und Reue Gottes über den Vernichtungsbeschluss vorüber und die Zeit des „Endes"

---

5 Smend 2002.
6 Kratz 2011, 310–343; vgl. auch Becker 2001; anders etwa Hadjiev 2009.

für das Volk Israel angebrochen ist. Für einen Leser, der beide Stellen, Am 8 und Gen 6, vor sich hatte, lag der Schluss nahe, dass das angekündigte „Ende" in Am 8 etwas mit dem „Ende" in der Flutgeschichte zu tun hat, Sintflut und Endgericht sich also entsprechen.

Dass dies tatsächlich der Fall war und ein Leser beide Stellen aufeinander bezog, kann man in Ez 7 beobachten. Hier wird das „Gekommen ist das Ende" (בָּא הַקֵּץ) aufgegriffen und mehrfach variiert. Wie schon der verworrenen Textüberlieferung zu entnehmen ist, ist der Text keine literarische Einheit. Ein älteres Orakel an das „Land Israels" in V. 2a (קֵץ לְאַדְמַת יִשְׂרָאֵל) ist vermutlich in den Versen 12–25 enthalten (בָּא הָעֵת הִגִּיעַ הַיּוֹם „Gekommen ist die Zeit, es naht der Tag"). Dazwischen haben sich zwei Einschübe angelagert: das Wort vom „Ende über die vier Säume der Erde" in V. 2b–4 (בָּא הַקֵּץ עַל־אַרְבַּעַת [אַרְבַּע] כַּנְפוֹת הָאָרֶץ) und das Wort vom „Ende über die Bewohner der Erde" in V. 5–9 (קֵץ בָּא בָּא הַקֵּץ הֵקִיץ אֵלָיִךְ הִנֵּה בָּאָה) samt Zusätzen zum „Tag" in V. 10–11. Die beiden Abschnitte sind voller Wiederholungen. Der zweite Abschnitt soll offenbar die Frage klären, wer der Adressat der Verse 2–4 ist. Nach V. 2a kann nur Israel der Adressat sein; die Verse 5–9 beziehen das „Du" jedoch auf die in V. 2b genannte Erde und sprechen darum ausdrücklich die „Bewohnerschaft der Erde" an. Gemeinsam ist beiden Abschnitten, dass sie das „Ende" für die „Erde" (הָאָרֶץ) ankündigen. Dies ist ebenso wie „die Gewalttat" (הֶחָמָס) in Ez 7,11 ein Reflex auf die Flut und Gen 6,13. Das „Ende" gilt hier also nicht nur Israel, sondern wie in der Flut der ganzen Erde.

Rückblickend kann man also feststellen, dass schon in der Bibel selbst die Ankündigung eines Gerichts mit der Flut in Beziehung gesetzt wird. Wenn man fragt, wie spätere Leser diese Beziehungen gedeutet und das Nebeneinander des „Endes" bei der Flut und im Gericht verstanden haben, so kommen zwei Möglichkeiten in Frage: die Entsprechung von Urzeit und Endzeit oder das Nacheinander einzelner Epochen. Beide Möglichkeiten werden in der nachbiblischen Literatur vertreten. Die zweite Möglichkeit bedient sich wiederum des Begriffs des „Endes" (קֵץ) und deutet ihn als einen Begriff für die „Zeit". Dieser Gebrauch deutet sich in Ez 7 bereits an und findet sich danach im Danielbuch vollständig ausgebildet. Für die erste Möglichkeit spräche eine inhaltliche Annäherung der beiden Katastrophen, die bei den bisher behandelten Beispielen aber noch nicht zu beobachten war.

Doch auch für die inhaltliche Angleichung gibt es Beispiele. Am bekanntesten ist die Aufnahme von Motiven der Flut in Jes 24–27. Auch hier ist der Bezug zur Flutgeschichte durch literarische Anspielungen hergestellt. Die drei eindeutigsten Anspielungen, die in allen Kommentaren genannt werden, sind:

1) der „ewige Bund" (בְּרִית עוֹלָם) mit allen Lebewesen aus Gen 9,8–17 in Jes 24,5: כִּי־עָבְרוּ תוֹרֹת חָלְפוּ חֹק הֵפֵרוּ בְּרִית עוֹלָם „Denn sie haben die Weisungen übertreten, die Gesetze verletzt, den ewigen Bund gebrochen".

2) die „Fenster des Himmels" aus Gen 7,11 (וַאֲרֻבֹּת הַשָּׁמַיִם נִפְתָּחוּ) in Jes 24,18: כִּי־אֲרֻבּוֹת מִמָּרוֹם נִפְתָּחוּ וַיִּרְעֲשׁוּ מוֹסְדֵי אָרֶץ „Denn die Schleusen hoch droben werden geöffnet, die Fundamente der Erde werden erschüttert."

3) das „Verschließen der Tür" aus Gen 7,16 (וַיִּסְגֹּר יְהוָה בַּעֲדוֹ) in Jes 26,20: לֵךְ עַמִּי בֹּא בַחֲדָרֶיךָ וּסְגֹר דְּלָתְךָ בַּעֲדֶךָ חֲבִי כִמְעַט־רֶגַע עַד־יַעֲבוֹר־זָעַם „Auf, mein Volk, geh in deine Kammern und verschließ deine Türen hinter dir! Verbirg dich für kurze Zeit, bis der Zorn vergangen ist."

Im Lichte dieser Zitate lassen sich weitere Aussagen als Reflexe auf die Flutgeschichte verstehen, so z. B. der Fluch über die Erde in Jes 24,6, der die Zusage in Gen 8,21 zurücknimmt, die Hand Gottes, die „auf diesem Berg (Zion) ruht" in Jes 25,10 wie die Arche auf dem Berg Ararat in Gen 8,4, der feste Sinn (יֵצֶר סָמוּךְ) der Gerechten in Jes 26,3, der sich von dem bösen Sinn (יֵצֶר) der Menschen in Gen 6,5 und 8,21 unterscheidet, oder die Mehrung von Jakob-Israel nach dem Gericht in Jes 27,6, die dem Befehl zur Mehrung in Gen 9,1.7 entspricht.

Die Fülle der mehr oder weniger direkten Zitate und Anspielungen legt die Vermutung nahe, dass das Szenario des Endgerichts in Jes 24–27 nach dem Vorbild der Flutgeschichte gestaltet ist oder doch wenigstens in Beziehung dazu gelesen werden soll. So geht es mit dem Regen in Jes 24,18 los und endet mit der Rettung des Volkes der Gerechten (Jes 26,1–4), das sich hinter geschlossenen Türen verborgen hat (Jes 26,20). Auch wenn das Gericht im Einzelnen anders abläuft, bildet doch die Assoziation der Flutgeschichte den äußeren Rahmen und wirkt auch in manchem anderen Detail mit ein.

Ganz offensichtlich ist hier also an eine Entsprechung von Urzeit und Endzeit gedacht. Doch stellt sich die Frage, wie nach der Zusage des „nie wieder" (לֹא עוֹד) von Gen 8,21–22 und 9,11.15 eine Wiederholung der Katastrophe überhaupt möglich sein kann. In Jer 33,19–22 ist dieses „nie wieder" der Urgeschichte zitiert, um den Bund mit David und den Leviten zu bestätigen. Hier jedoch scheint es so, als sei das „nie wieder" aufgehoben und würde sich die Katastrophe des Anfangs am Ende der Tage wiederholen. Erich Bosshard[7] ist dieser Frage nachgegangen und hat die ansprechende Hypothese aufgestellt, dass das Problem in Jes 24 auf dem Wege einer Auslegung von Gen 8,22 gelöst wird.

עֹד כָּל־יְמֵי הָאָרֶץ זֶרַע וְקָצִיר וְקֹר וָחֹם וְקַיִץ וָחֹרֶף וְיוֹם וָלַיְלָה לֹא יִשְׁבֹּתוּ׃
So lange die Erde besteht, sollen nicht aufhören Aussaat und Ernte, Kälte und Hitze, Sommer und Winter, Tag und Nacht.

---

7 Bosshard-Nepustil 2005, 247–259

So meint Bosshard, dass in Jes 24 der Zyklus eines Weltenjahres von Winter bis Winter durchlaufen werde, der sich an den jahreszeitlichen Angaben in Gen 8,22 orientiere. Im Welken der Erde in Jes 24,4 findet er den Sommer, in dem trauenden Wein und den ausbleibenden Festen in V. 7–11 den Herbst, in der Nachlese von V. 13 den Spätherbst und in dem Regen von V. 18 den Winter. Von hier aus schließt Bosshard darauf, dass in V. 1 (mit dem Zerstreuen der Bewohner) auf die Saat im Winter und in V. 3 (mit dem Entleeren der Erde) auf die erste Ernte im Frühjahr angespielt sei. Sollte das zutreffen, hätten die Verfasser von Jes 24 die Zusage von Gen 8,22 dahingehend interpretiert, dass der Jahresablauf, wie zugesagt, zwar nicht außer Kraft gesetzt wird, aber nun dem Zweck dient, erneut eine kosmische Katastrophe über die Menschheit zu bringen, die der einjährigen Flut in Gen 6–9 entspricht. Auch der Wechsel von Tag und Nacht, die letzte Zeitangabe von Gen 8,22, ist in Jes 24,23 mit dem Gegensatz von „Weißem" (Mond) und „Heißem" (Sonne) bedacht und wird zum Zeugen dieses Gerichts.

Auf diese Weise wiederholt sich im Endgericht gewissermaßen wieder die Flut, doch ohne die Zusage von Gen 8,21–22 aufzuheben. Auch der Grund dafür wird in Jes 24,5 mit einer Anspielung auf die Flutgeschichte gegeben: Die Menschheit hat den „ewigen Bund" von Gen 9 gebrochen und die damit verbundenen Gesetze übertreten. Damit ist auch der Zusage des „nie wieder" in Gen 9 (V. 11–15) die Grundlage entzogen. Dem Bruch des Noach-Bundes steht in Jes 24,23 die Assoziation des Mose-Bundes von Ex 24 gegenüber, der als Ideal für die Zeit nach dem Gericht auf den Berg Zion übertragen wird. So kommt in dieser Rezeption der Flutgeschichte auch das Thema des Gesetzes ins Spiel, das in den späteren Überlieferungen immer stärker in die Flutgeschichte selbst eingetragen wird (vgl. bes. 4Q370, wo Jes 24 zitiert und in den Flutbericht eingetragen wird, wie Am 8,2 in Gen 6,13).

III Schluss

Eingangs wurden zwei Fragen gestellt. Die erste Frage lässt sich mit einem klaren „Ja" beantworten: Auch in der Bibel selbst begegnet das Phänomen der Rezeption und Interpretation, und zwar von Anfang an. Sowohl die Aufnahme und Transformation der mesopotamischen Traditionen von der Flut als auch die Entstehung der biblischen Version in Gen 6–9, in der mindestens zwei literarische Schichten und Konzepte zu unterscheiden sind, verdankt sich der innerbiblischen Rezeption. Darüber hinaus fanden sich auch in den Prophetenbüchern Beispiele für diese Rezeption. Auch der umgekehrte Fall, dass die Propheten auf die Flutgeschichte einwirken (Am 8,2 in Gen 6,13), war zu beobachten. In der Regel begeg-

nen diese innerbiblischen Referenzen in literarischen Nachträgen, die die Überlieferungen aneinander angleichen oder die eine aus der anderen Überlieferung
erklären.

Die zweite Frage, die wir eingangs gestellt haben, kann ebenfalls mit „Ja" beantwortet werden, doch bedarf die Antwort der Differenzierung. Der Prozess der Entstehung und Rezeption der Flutgeschichte in der Bibel weist keine uniformierte
Entwicklung auf, die unmittelbar zu den Texten vom Toten Meer führte, zumal
ja auch die Rezeption in diesem Korpus sehr vielgestaltig ist. Vielmehr begegnen
in der literarhistorischen Entwicklung innerhalb der Bibel verschiedene Ansatzpunkte, an denen die Texte vom Toten Meer anknüpfen konnten: die diversen
Begründungen der Flut, die bereits auf eine innerbiblische Diskussion schließen
lassen, die vielfältigen Versuche, das Böse zu lokalisieren, die Rolle des Gesetzes in
der Zeit vor der Flut, das Verhältnis von Ur- und Vätergeschichte und nicht zuletzt
das Verhältnis von urgeschichtlicher Flut und eschatologischem Gericht. Es sind
exakt diejenigen Gesichtspunkte, die in den Texten vom Toten Meer aufgenommen
und weiter bedacht werden.

Natürlich kümmerten sich die Autoren der Texte vom Toten Meer ganz sicher
nicht um die literarhistorische Entwicklung der Bibel selbst. Ihnen lagen die Aussagen vielmehr so vor, wie sie auch uns überliefert sind, und sie mussten sich
ihren eigenen Reim darauf machen. Dennoch – und darauf kommt es mir hier
an – zeigt die Literargeschichte uns, die wir die Texte wissenschaftlich analysieren,
dass die Texte vom Toten Meer nicht von ungefähr auf ihre Deutungen gekommen
sind. Vielmehr erweist sich die Rezeption in diesem Textkorpus – aus unserer
Perspektive – als weiterer Schritt auf dem Weg der Interpretation, der bereits in
der Bibel selbst beschritten ist. Und dieser Weg weist der Tendenz nach in vielen
Fällen bereits in dieselbe Richtung, die die Texte vom Toten Meer einschlagen
werden.

7 Die Verheißungen an die Erzväter und ihre Bedeutung für die Komposition von Ur- und Vätergeschichte

I Das literarische Problem

Den Verheißungen an die Erzväter kommt eine Schlüsselrolle in der Pentateuch-forschung zu. Auf sie stützen sich so gut wie alle Hypothesen: die Quellenhypothese in allen ihren Varianten – der literarhistorischen,[1] überlieferungsgeschichtlichen,[2] redaktionsgeschichtlichen,[3] historiographischen[4] oder narratologischen Spielart[5] – ebenso wie die Alternativen, die auf der Basis der Unterscheidung von priester-schriftlichem (P) und nicht-priesterschriftlichem Textbestand (klassisch JE) stärker mit der Fragmenten- und Ergänzungshypothese arbeiten.[6]

Ich selbst sehe mich eher der zweiten Gruppe zugehörig, teile aber auch viele Einsichten und Einwände mit der ersten Gruppe, wobei es auf die Gruppenzuge-hörigkeit nicht ankommt.[7] Es arbeitet heute (fast) jeder mit einer Kombination von Fragmenten-, Quellen- und Ergänzungshypothese. Die Unterschiede, die die Situation der Forschung so verworren erscheinen lassen, resultieren nicht aus den Hypothesen, sondern der konkreten Analyse. Dabei geht es um zwei fundamen-tale Fragen: a) welche Bestandteile des überlieferten Texts älteren Vorlagen, einer größeren Erzähleinheit, Quelle oder Grundschrift oder Ergänzungen zugerechnet werden; b) wie das Verhältnis des nicht-priesterschriftlichen Textbestands zur Pries-terschrift und zum Deuteronomium zu bestimmen ist. Es führt daher nicht weiter, über Modelle und literarische Postulate wie den Jahwisten, Elohisten, Jehowisten, Erhard Blums D-Komposition oder das Münsteraner „Jerusalemer Geschichts-werk" zu diskutieren, wenn nicht klar ist, über welchen Text konkret geredet wird.

So empfiehlt es sich, von den diversen Pentateuchhypothesen abzusehen und nach der Stellung und Funktion einzelner Texte für die Komposition des Pentateuchs bzw. Hexateuchs zu fragen. Das gilt grundsätzlich für den gesamten Pentateuch,

---

1 Wellhausen 1899.
2 Noth 1948.
3 Levin 1993.
4 Van Seters 1992; 1994.
5 Baden 2013.
6 Rendtorff 1976; Blum 1984.
7 Kratz 2000; zu den methodischen Fragen vgl. Nr. 1 in diesem Band.

https://doi.org/10.1515/9783111367057-010

im Besonderen aber für den nicht-priesterschriftlichen Text und die Väterverheißungen, über die die Meinungen quer durch die verschiedenen Hypothesen auseinandergehen. Für die einen sind die Verheißungen ein selbständiges Element der
Überlieferung, die der Komposition des Pentateuchs vorausgeht.[8] Für die anderen
sind sie das verbindende, redaktionelle Element, das die ehemals selbständigen
Einzelüberlieferungen zusammenhält und die Komposition konstituiert.[9] Wieder
andere betrachten sie als genuine Bestandteile sowohl der Einzelerzählungen als
auch der Komposition.[10] Darüber hinaus rechnen alle mit Verheißungen, die der
Komposition nachträglich zugefügt wurden.[11]

Die zentrale Frage ist, wie sich die Verheißungen gruppieren lassen und literarhistorisch zueinander verhalten. Hierzu hat Jacob Hoftijzer Pionierarbeit geleistet,
der damit begann, die Verheißungen unter Absehung der klassischen Hypothesen
zu differenzieren, und auf diesem Wege auf zwei Gruppen stieß: die El-Schaddaj-
Gruppe, die mit den priesterschriftlichen Verheißungen identisch ist, und die Gen
15-Gruppe, die alle nicht-priesterschriftlichen Verheißungen umfasst.[12] Letztere
Gruppe wurde in der anschließenden Forschung, besonders von Erhard Blum und
Matthias Köckert, weiter differenziert.[13] Die Unterscheidung und weitere Differenzierung der Gruppen basiert auf der kumulativen Evidenz verschiedener Gesichtspunkte: der sprachlichen Formulierung, der narrativen Stellung und Funktion im
Kontext sowie der Tendenz.

Joel Baden hat die sprachlichen und tendenzkritischen Kriterien jüngst einer
fundamentalen Kritik unterzogen.[14] Er lässt einzig und allein die narrative Kohärenz als Kriterium gelten. Doch auch Baden argumentiert mit sprachlichen und
inhaltlichen Gesichtspunkten, um den nicht-priesterschriftlichen Text auf die –
seiner Meinung nach gänzlich unabhängig voneinander entstandenen – Quellen
J und E zu verteilen; lediglich die Verheißung in Gen 22,15–18 scheidet er als literarischen Zusatz aus. Für die Aussonderung der priesterschriftlichen Verheißungen
stützt er sich auf die von ihm kritisierte ältere Analyse und verzichtet darauf, sie mit
Hilfe des von ihm favorisierten Kriteriums der narrativen Kohärenz zu begründen.
Umgekehrt legt Christoph Levin in einer ebenfalls jüngst erschienenen „Bestandsaufnahme" seinen Jahwisten als Maßstab an, um alles Weitere für nachjahwistische

---

8 Alt 1929; Westermann 1976; vgl. dagegen Köckert 1988.
9 Wellhausen 1899; Noth 1948; Wolff 1964; Rendtorff 1976; Blum 1984; Köckert 1988; Van Seters 1992;
1994; Levin 1993.
10 Baden 2013.
11 So selbst Baden 2013, 70.97–99, in Gen 22,15–18.
12 Hoftijzer 1956.
13 Blum 1984; Köckert 1988; auf seine Weise auch Levin 1993.
14 Baden 2013, 26–56 und passim.

Ergänzungen zu erklären, die allesamt literarisch voneinander abhängig sind. Auf die priesterschriftlichen Verheißungen und ihr Verhältnis zum nicht-priesterschriftlichen Text geht er nicht ein.[15]

Überblickt man die Forschung, so ist deutlich, dass man sich hinsichtlich der Identifizierung der priesterschriftlichen Verheißungen weitgehend einig ist. Die größten Unterschiede bestehen hinsichtlich des nicht-priesterschriftlichen Texts. Die Unterschiede erklären sich zum einen aus der unterschiedlichen Einschätzung der Exegeten, was sie als literarisch signifikante Parallele, als primären oder sekundären literarischen Bezug und als inhaltliche Kohärenz oder Inkohärenz gelten lassen. Zum anderen ist es die unterschiedlich stark ausgeprägte Neigung, in oder hinter den Texten mündliche oder schriftliche Vorstufen der Überlieferung zu rekonstruieren und diese mit mehr oder weniger Zutrauen zu unserem Wissen über die Geschichte Israels und Judas und ihrer Nachbarn historisch zu kontextualisieren. Um die verschiedenen Optionen zu diskutieren und die Argumente zu wägen, werde ich mich im Folgenden auf die drei prominenten Verheißungen in Gen 12,1–3, Gen 15 und Gen 17 konzentrieren. Sie repräsentieren drei markante theologische Positionen, die herkömmlicherweise auf die drei Quellen J, E und P, von anderen auf verschiedene Kompositions- oder Redaktionsstufen verteilt werden. Anhand dieser Texte lässt sich nicht nur das literarische Problem, sondern auch die Frage erörtern, welche politische Bedeutung die Verheißungen und die von ihnen geprägte Erzväterüberlieferung möglicherweise hatten.

II Genesis 12,1–3: Die Segnung Abrahams

Von der reinen Erzähllogik her hängt die gesamte Komposition der Vätergeschichte an dem Kopfstück in Gen 12,1–3: ... וַיֹּאמֶר יְהוָה אֶל־אַבְרָם לֶךְ־לְךָ מֵאַרְצְךָ. Der Aufbruch Abrahams (hier bis Gen 17 noch Abram) in V. 4 setzt diesen Befehl ausdrücklich voraus: וַיֵּלֶךְ אַבְרָם כַּאֲשֶׁר דִּבֶּר אֵלָיו יְהוָה. Der sich anschließende V. 5, der üblicherweise P zugewiesen wird, kann zwar ebenfalls als (selbständige) Aufbruchsnotiz aufgefasst werden, liest sich im vorliegenden Text aber als Ausführung und Präzisierung von V. 4: Abraham folgt dem Befehl Gottes, Lot zieht mit ihm, und zwar so, dass der Fünfundsiebzigjährige (V. 4b) seine Frau Sara (hier noch Sarai) und seinen Neffen Lot und alle anderen auf seine Reise in das Land Kanaan mit sich „nimmt" (... וַיִּקַּח אַבְרָם אֶת).

Ginge es allein nach dem von Joel Baden favorisierten Kriterium der narrativen Kohärenz, bestünde kein Grund, V. 1–4a und V. 4b.5 auf zwei literarische Schichten oder separate Quellen zu verteilen. Im Gegenteil: Ohne die V. 1–4 weiß man nicht,

---

15 Levin 2015, 126 und passim; vgl. ders. 1993.

warum Abraham sich nach dem Tod seines Vaters Terach in Haran (11,32) zusammen mit seiner Frau und der ganzen Sippe aufmacht; ohne V. 5 bleibt zunächst unklar, wen Abraham mit sich genommen und in welches Land Jhwh ihn geführt hat. Aus diesem Befund ist schon eine erste, wie sich zeigen wird, wegweisende Schlussfolgerung zu ziehen: Gen 12,1–3 + 4a ist der unverzichtbare Anfang einer Erzählung, die entweder mit V. 4b.5 oder auch anders weitergeführt werden kann. Die Verse 4b.5 (P) sind kein Anfang, sondern setzen den vorausgehenden Befehl Gottes oder einen anderen Kontext voraus, in dem die Geschichte ihren Anfang nimmt.[16] Ohne 12,1–3 hat im vorliegenden Text weder die Abrahamerzählung noch die gesamte Vätergeschichte einen Anfang.

Gen 12,1–3 ist aber nicht nur der Anfang der Vätergeschichte, sondern das Scharnier, das Ur- und Vätergeschichte miteinander verbindet.[17] Der Text ist ein unverzichtbarer, aber kein absoluter Anfang, sondern setzt die Urgeschichte voraus. Dabei denke ich nicht so sehr an die Genealogie in Gen 11,10–31, aus der Abraham als Nachfahre Sems und Sohn Terachs hervorgeht. Die Genealogie ist nur im priesterschriftlichen (und nach-priesterschriftlich ergänzten) Text erhalten.[18] Sie erweist sich zwar als hilfreich und klärend, ist aber keineswegs notwendig. Dass Abraham einer aus den Völkern der nachnoachitischen Zeit im Lande Schinar (Babel) ist, den Gott in Gen 12,1 beruft, ergibt sich auch ohne die Genealogie aus dem Erzählverlauf von selbst.

Manchem wird der plötzliche Übergang von Gen 11,1–9 nach 12,1–3 nicht gefallen, und er oder sie wird zusätzliche, über- oder einleitende Bemerkungen zur Einführung der Person Abrahams und seiner Sippe vermissen. Doch unsere Erwartungen an eine hebräische Erzählung können nicht der Maßstab für die literarhistorische Rekonstruktion sein. dass eine Lücke in der älteren Erzählung vorhanden war, beweisen die Priesterschrift und das Jubiläenbuch, die sie durch allerlei zusätzliche Informationen füllen. Die späteren Auslegungen sollten uns jedoch

---

16 Vgl. zuletzt Wöhrle 2012, 30–38. Die Verse Gen 12,4b.5 lassen sich jedoch auch problemlos an 11,27.31–32 anschließen und als selbständiger priesterschriftlicher Faden lesen; vgl. Kratz 2000, 240.

17 Zum Folgenden vgl. Kratz 2000, 265–269. Anders Blum 1984, 359–360, der eine beabsichtigte Verbindung in Abrede stellt, aber zugesteht, dass „unter der Voraussetzung der kompositionellen Verknüpfung von Ur- und Vätergeschichte entsprechende inhaltliche Bezüge hergestellt werden können". Doch welcher Text, wenn nicht Gen 12,1–4a, stellt die „kompositionelle Verknüpfung" her? Dass das Motiv des „Namens" und die anderen Formulierungen „jeweils in eigenen, selbstgenügsamen Sinnbezügen" stehen, kann man für Gen 12,1–3 m. E. nicht sagen. Auch Crüsemann 1981, auf den sich Blum beruft, sieht in diesem Text die Urgeschichte vorausgesetzt (dazu Blum 1984, 359 Anm. 2). Zur Diskussion vgl. Hendel 2011.

18 Anders z. B. Levin 1993, 133.139–140. Doch vgl. dagegen Kratz 2000, 238–239.240.266.

nicht dazu verführen, Entsprechendes für einen älteren Übergang zu fordern, in diesen hineinzulesen oder gar (gedacht oder tatsächlich) zu ergänzen. Niemand wird ernstlich behaupten, zwischen Gen 11 und 12 müsse ursprünglich eine Bekehrung Abrahams und seine Unterweisung im Hebräischen gestanden haben, damit er den Ruf Gottes überhaupt verstehen konnte, nur weil das Jubiläenbuch es so erzählt.[19]

Wichtiger und älter als die genealogische Ableitung von den noachitischen Urvätern scheint mir vielmehr die narrative Verknüpfung zu sein. Die Verheißung des Segens, der Abraham und durch ihn allen Sippen des Erdbodens zugutekommen soll, ist der Kontrapunkt zum Fluch über die Menschheit in der Urgeschichte. Der Segen beinhaltet zweierlei: Land und Nachkommen. Auf beide Bereiche sind auch die Flüche in Gen 3 bezogen: die Mühsal der Feldbestellung und die Schmerzen bei der Geburt. Die Flüche in Gen 3 betreffen zweifellos andere, anthropologische Sachverhalte, während der Segen in Gen 12 auf das Land als Lebensraum für das Volk und die Nachkommen auf das Volk selbst zielt. Doch die Flüche setzen sich innerhalb der Urgeschichte fort und haben hier auch völkergeschichtliche Bedeutung: In Gen 4 geht der Fluch auf die Kainiten, für die der Ackerboden keinen Ertrag mehr geben soll und deren unstete Existenz unter einen besonderen Schutz gestellt wird; in Gen 9 zielt er auf Kanaan im Gegenüber zu Sem und Jafet. Für Sem und Jafet, der in den Zelten Sems wohnen darf, wird in Gen 9 eine bessere Lebenssituation in Aussicht gestellt, doch werden beide nicht gesegnet. Erst Abraham erhält in Gen 12 den Segen.

Die Flüche der Urgeschichte werden in Gen 12 nicht aufgehoben. Die Feldbestellung bleibt eine Mühsal, und die Geburt ist weiterhin von Schmerzen begleitet. Das alles wird sich erst mit den Errungenschaften der modernen Technik und Medizin einmal ändern. Auch Kain und Kanaan bleiben verflucht. Doch für Abraham ändert sich schon vor den Errungenschaften der modernen Wissenschaft etwas und durch ihn auch für andere: Er wird – bei und in aller Mühsal und allen Schmerzen – mit Land zur Feldbestellung und mit Nachkommenschaft gesegnet und soll zu einem „großen Volk" werden.

Der narrative Zusammenhang wird durch Stichwortverbindungen in Gen 12,1–3 kenntlich gemacht: Das Land, das Gott dem Abraham zeigen wird (אֶל־הָאָרֶץ אֲשֶׁר אַרְאֶךָּ), macht dem Umherirren (Gen 4) und der Zerstreuung der Menschheit (Gen 11)

---

19 Die Härte des Übergangs von Gen 11 zu Gen 12,1–3 lässt sich auch nicht dadurch abmildern, dass 12,1–3 einer späteren kompositionellen Schicht zugewiesen und spät (exilisch oder nachexilisch) datiert wird, womit das Problem nur auf eine andere Ebene verschoben wird. Sofern der Text – mit Blum 1984 und Köckert 2014 – als vorpriesterschriftlich eingestuft wird, erscheint Abraham wie aus dem Nichts auf der Bildfläche. Das aber ist kein hinreichender Grund für die heute gelegentlich geäußerte Auffassung, dass die Verheißung und mit ihr die gesamte Abrahamüberlieferung nachpriesterschriftlich sein müssten; dazu s. u. Abschnitt III.

nach der Vertreibung aus dem Paradies (Gen 3) ein Ende; die „große Nation" (וְאֶעֶשְׂךָ לְגוֹי גָּדוֹל) ersetzt die Idee von der „einen Menschheit" (עַם אֶחָד) nach der Zerstreuung (Gen 11,6.8);[20] der „große Name" (וַאֲגַדְּלָה שְׁמֶךָ), der sich vielleicht schon in der Linie des Sem abzeichnet, ersetzt den zweifelhaften Ruhm der Heroen, der אַנְשֵׁי הַשֵּׁם, in vorsintflutlicher Zeit (Gen 6,4) sowie den zunichte gemachten „Namen" der „einen Menschheit" in Gen 11,4; der beides umfassende „Segen" (וַאֲבָרֶכְךָ), der Abraham selbst und durch ihn allen anderen Sippen des Ackerbodens gilt, kontrastiert den „Fluch" in Gen 3; 4 und 9.[21]

Doch der Text blickt nicht nur zurück, sondern auch nach vorne. Wiederum weisen Stichwortverbindungen auf die zentrale Rolle von Gen 12,1–3 in der Komposition: Die Segensverheißung führt sämtliche Segnungen, die Abraham und mit ihm Lot (13,2.5; 24,35), Isaak bei Abimelech (26,12–16.22.28–29) sowie Jakob von seinem Vater (27,27–29) und bei Laban (30,27.29–30; 32,5–6) erfahren, auf den anfänglichen Segen Gottes an Abraham zurück.[22] Damit wird der göttliche Segen im Folgenden an alle drei Patriarchen weitergegeben und ausgeführt. Insofern sind sämtliche Verheißungstexte der Genesis und darüber hinaus von dem Anfang in Gen 12,1–3 abhängig, sei es, dass sie auf derselben literarischen Ebene liegen, sei es, dass sie den Text nachträglich ergänzen oder sei es, dass sie ihn nachahmen. Sofern sie auf einer Ebene liegen, kann man von einer Gen 12-Gruppe sprechen.

Die Identifizierung dieser Gruppe ist allerdings umstritten. Mit Gen 12,1–3 lässt sich jedenfalls die Wiederholung vor Jakob (Israel) in 28,13–15 verbinden, die in der Substanz derselben literarischen Ebene angehören dürfte. Mit 28,13–16 hängen wiederum 12,7 und 13,14–17 zusammen, doch ist fraglich, ob es sich um dieselbe Ebene handelt. Erhard Blum hegt gegen 12,7 Bedenken und rechnet den Vers seiner D-Komposition zu.[23] „Gründe, die von einer allgemeinen Anschauung hergenommen, Wenige überzeugen werden," haben Julius Wellhausen bewogen, 13,14–17 für einen Nachtrag zu halten.[24] Demgegenüber rechnen Blum und Köckert diese Verse

---

20 Einen weiteren, ebenfalls frevelhaften Versuch, diesmal der Völker Kanaans, „ein Volk" zu werden, schildert Gen 34 (V. 16.22).

21 Gen 8,21–22 scheint mir gegen Rendtorff 1961 kein Abschluss der Urgeschichte zu sein. Semantisch entsprechen sich Fluch (ארר) in Gen 3,14.17; 4,11; 9,25 und Segen (ברך) in Gen 12,1–3; die Zusage von Gen 8,11 bezieht sich auf die Flut, die – vielleicht sogar bewusste – Verwendung derselben Terminologie in Gen 12,3 (קלל Pi.) steht dazu nicht in Widerspruch.

22 Vgl. Wolff 1964 (für den klassischen Jahwisten).

23 Blum 1984, 283–383; Köckert 1988, 250–255 hält an dem Vers jedoch noch fest; anders ders. 2014, 49, wo es heißt, dass „die ausdrückliche Zusage ‚dieses Landes' die Unbestimmtheit des Ziels der Reise ignoriert und damit 13,14–17 die Pointe verdirbt."

24 Wellhausen 1899, 23–24; ihm folgen Levin 1993, 145–146, etwas anders in ders. 2015, 127–128; Kratz 2000, 263–264.276.

zum Grundbestand der Vätergeschichte.[25] Das ist angesichts der ähnlichen Formulierungen von 12,1–3; 13,14–17 und 28,13–15 auf den ersten Blick einleuchtend, doch müssen gleiche Formulierungen nicht immer von einer Hand stammen. Es bleiben Bedenken: Die Gottesrede unterbricht den Erzählfaden, der von 13,12(f) nach 13,18 läuft, und greift ausdrücklich auf V. 11 zurück; die Geographie, die Abraham von Sichem (12,6–7) über das Gebirge zwischen Bethel und Ai (12,8) ins Südland vor Sodom und Gomorra (12,9; 13,10–11) und schließlich zur Terebinthe von Mamre bei Hebron führt (13,18), macht in 13,3–4 einen merkwürdigen, rückwärts gewandten Umweg über Bethel, der mit der Einschreibung von Gen 12,10–13,1 zusammenhängt und 12,8 wieder aufnimmt; die Formulierung erinnert an 12,7 (sowie 15,5; 16,10) und ergänzt sowohl die Landgabe an Abraham selbst (13,15.17) als auch die über 12,1–3 hinausgehende Verheißung von Nachkommen, die nach 12,7 und 28,13–15 das Land erben sollen.

Auch Blum und Köckert sehen durchaus den sekundären Charakter von 12,10–13,1 und 13,14–17, doch gehen die Meinungen in der Frage auseinander, auf welcher Stufe die Zusätze eingefügt wurden: In die supponierte, ehemals selbständige, aber nur als Fragment erhaltene Abraham-Lot-Erzählung,[26] im Zuge der Verbindung des Abraham-Lot-Fragments mit dem Jakob-Zyklus im Rahmen der Vätergeschichte[27] oder in die schon bestehende, durch 12,1–3 konstituierte Komposition der Vätergeschichte.[28] Alle weiteren nicht-priesterschriftlichen (Gen 15; 16,10; 18,18–19; 21,12–13.17–18; 22,15–18; 24,7; 26,2–5.[29]24; 46,2–4) und priesterschriftlichen Verheißungen (17; 35,9–13; ferner 28,3–4; 48,3–4) sind von den beiden Grundpfeilern in 12,1–3 und 28,13–15 sowie 12,7; 13,14–17 abhängig und jedenfalls jünger.[30]

Was auch immer man zu der Gen 12-Gruppe zählt, so exponiert Gen 12,1–3 das Programm, das die genealogische und geographische Verknüpfung der Erzvätererzählungen in der Vätergeschichte konstituiert. Der Text enthält das treibende Motiv, das zur Fortsetzung der genealogischen Linie in der Isaak- und Jakober-

---

25 Blum 1984, 289–297 (für Vg[1] nur Gen 13,14 ff* und 28,13.14a,) und 297–301 (Vg[2] mit Gen 12,1–4a); ders. 1990, 214 Anm. 35 (für die eine „exilische Komposition"); Köckert 1988, 250–255.320–321; ders. 2014, 55–57.
26 So für Gen 12,10–20 und Gen 16 Römer 2018, 211–232.
27 So Blum und Köckert (s. o. Anm. 25).
28 So Levin 1993, 141–142.145–146; etwas einfacher Kratz 2000, 263.276.280. Näheres dazu s. u. in Abschnitt III.
29 In der Verheißung in Gen 26,2–5 werden für gewöhnlich die Verse 3b–5 als Nachtrag ausgeschieden; vgl. Blum 1984, 298–290; 362–363; Köckert 2014, 58 mit Anm. 72. Daraus folgt jedoch nicht, dass der ältere Bestand in 26,2–3a, der auf 12,1–3 und 13,15 rekurriert, auf derselben Ebene wie Gen 12,1–3 liegt; vgl. Levin 2015, 135–136.
30 Vgl. Köckert 1988, 313–323 sowie unten die Abschnitte IV und V.

zählung sowie, vermittelt über die Josephsgeschichte und besonders Gen 46,2–4,[31] schließlich auch zur Verbindung der Vätergeschichte mit der Exodus-Landnahme-Erzählung in Exodus bis Josua führt. Doch die beiden Verheißungsinhalte, Land und Nachkommen, werden schon in der Vätergeschichte zum ersten Mal erfüllt. Mit der „großen Nation" und dem „großen Namen" kann nur „Israel" gemeint sein.[32] Auch das Itinerar Abrahams in Gen 12–13, das ihn von Sichem (12,6) an seinen angestammten Wohnort im Süden bei Hebron führt, unterstreicht die gesamtisraelitische Perspektive, die mit dem ersten Ahnvater eröffnet wird. Sie setzt sich in der Genealogie der drei Patriarchen fort, aus der das Volk „Israel" hervorgeht: Mit den zwölf Söhnen Jakobs (den zwölf Stämmen Israels) sowie der Umbenennung Jakobs in „Israel" (Gen 29–30 und 32) ist „Israel" existent und in dem Land ansässig, in das Gott Abraham geführt hat. Aufgrund der Scharnierfunktion zwischen Ur- und Vätergeschichte sowie der Programmatik kann die Verheißung in Gen 12,1–3 weder eine alte, separate Tradition noch spätere Ergänzung sein, sondern ist schlechterdings konstitutiv für die Komposition der Ur- und Vätergeschichte vor und nach ihrer Verbindung mit der Exodus-Landnahme-Erzählung.[33]

---

31 Anders als noch in Blum 1984, 247 Anm. 21 legt Blum 2002, 132–133 jetzt allergrößten Wert auf die Feststellung, dass Gen 46,1–5 ausschließlich im Kontext der Vätergeschichte zu verstehen und der Hinweis auf die Volkswerdung in Ägypten (V. 3) lediglich einen selbstverständlichen „Wissenszusammenhang" mit der Exodus-Landnahme-Erzählung voraussetze; ihm schließt sich Köckert 2014, 59.63 Anm. 94, an. Doch fragt es sich, welche andere Version als die in Ex 1 überlieferte der Text Gen 46,1–5 für sein „Wissen" um die Volkswerdung Jakob-Israels in Ägypten vor Augen gehabt haben soll, zumal, wenn die Formulierung bereits die Priesterschrift und nachpriesterschriftliche Texte (hier Gen 21) kannte und literarisch aufgegriffen hat (so Köckert 2014, 59–60). Gen 12,1–3 lässt jedenfalls nichts davon erkennen, dass Abraham erst in Ägypten zu einem „großen Volk" werden soll, und nach der Geburt Benjamins in Gen 35 ist „Israel" (Gen 32) komplett. Im Übrigen bedeutet die auf Jakobs persönliches Schicksal bezogene Formulierung der Rückführung in Gen 46,4 nicht, dass diese nicht auch im „völkergeschichtlichen" Sinne verstanden werden konnte oder sollte. Was für Abraham in Gen 12,10–20 gilt (vgl. Blum 1984, 307–311; Köckert 2014, 65), sollte auch für Jakob-Israel in Gen 46 gelten dürfen. Auch Dtn 26,5 greift wie Gen 46,1–5a auf diese Typologie zurück, indem hier Gen 12,1–3 und 12,10 (der Zug Abrahams nach Ägypten) zitiert wird, woraus im Übrigen hervorgeht, dass mit dem „umherirrenden Aramäer" Abraham (und nicht Jakob) als Repräsentant ganz Israels gemeint sein muss.
32 Vgl. Blum 1984, 354: „Die mehrfachvariierte Segensverheißung wird damit offenbar in eine geschichtliche Perspektive gesetzt und näherhin auf das Volk (Israel) bezogen. Vorausgesetzt, dass die Tradenten hier in der Tat eine solche Differenzierung beabsichtigen, ist die Erfüllung dieser Verheißung nicht in der sich anschließenden ‚individuellen' Geschichte des Ahnherrn zu erwarten, sondern in der lediglich angekündigten Geschichte des ‚großen Volkes'." Vgl. auch Köckert 2014, 65: „Mit Abraham-Jakob ist immer schon eine gesamtisraelitische Perspektive, ist Juda als ‚Israel' auf dem Plan."
33 Näheres zur kompositionsgeschichtlichen Einordung s. u. Abschnitt III.

Aus dem Programm und der kompositionellen Funktion von Gen 12,1–3 geht schließlich die Bedeutung des Texts für unser Oberthema hervor: die Konstruktion ethnischer Identität. Die Familie der Erzväter und ihrer weitläufigen Verwandtschaft bildet die syrisch-palästinische Kleinstaatenwelt ab: Jakob ist Israel und der Vater Judas; Moab und Ammon sind die Söhne Lots; Esau steht für Edom, Laban für die Aramäer, Ismael für die Araber; daneben hat man es mit den Philistern und anderen Stämmen inmitten dieser Welt der kleinen Stadt- und Flächenstaaten auf dem palästinischen Kulturland zu tun.[34] Auf diese Weise werden die Staaten, in deren Mitte Israel und Juda leben, im Sinne des Wortes miteinander „verbrüdert". JHWH, der Reichs- und Nationalgott Israels und Judas, nimmt die Rolle des Familien- und Ortsgottes für alle an, wird – nach Maßgabe des Altargesetzes Ex 20,24 – an verschiedenen Orten im Land verehrt und spendet Abraham und durch ihn allen Sippen des Ackerbodens den Segen. Die vom Fluch beladene Geschichte der in Sippen, Sprachen, Länder und Nationen zerstreuten Menschheit setzt sich in der segensreichen Geschichte „Israels" (einschließlich seines Nachfahren Judas) inmitten der übrigen Staaten und Sippen auf dem Boden des Kulturlandes fort.

Dieses Ideal einer Staatenfamilie und ihres nationalen Familiengottes bildet allerdings nicht das übliche Selbstverständnis der syrisch-palästinischen Monarchien und ihrer angestammten Religionen ab. Es entspricht auch nicht dem Selbstverständnis der getrennten Reiche Israel und Juda, auch wenn bei ihnen (ähnlich wie bei den Aramäern) dieselbe Gottheit in unterschiedlichen lokalen Manifestationen Dynastie- und Reichsgott war. Weder die Könige von Israel (vor 722 v. Chr.) noch die Könige von Juda (vor wie nach 597/587 v. Chr.) dürften sich der Vätergeschichte zur Legitimation ihrer Herrschaft und Grundlegung einer israelitischen oder judäischen Identität jemals bedient haben. Vielmehr handelt es sich um eine konstruierte Identität, die aus dem Verlust der angestammten, durch die Monarchie (Dynastie und Tempel) geprägten Identität hervorgegangen ist. Die Konstruktion erklärt sich m. E. am ungezwungensten aus der Situation zwischen dem Untergang Israels und Samarias um 722 und dem Fall Judas und Jerusalems 587 v. Chr., einer Zeit, in der es kein Königtum Israel mehr, aber immer noch Israeliten gab, die in der Nachbarschaft und teilweise im noch bestehenden Reich Juda existierten.[35]

Andere erklären die Konstruktion der neuen Identität aus der Zeit nach 587 v. Chr., als Verarbeitung des Untergangs des Reiches Juda. Dagegen spricht m. E. vor allem die Tatsache, dass die Komposition der Vätergeschichte – auch und gerade mit der Vorschaltung der südlichen Väter Abraham und Isaak – nicht Juda, sondern „Israel" zur zentralen Identifikationsfigur erhebt. Nicht Israel wird unter Juda sub-

---

34 Vgl. dazu schon Wellhausen 1905, 316–325; ähnlich Blum 1984, bes. 479–491.
35 So mit Blum 1984, 289–297.479–491 (auf der Basis der Verheißungen in Gen 13 und 28).

sumiert, sondern „judäische" Väter werden zu Vorfahren von „Israel" und Juda
zum Nachfahren „Israels" (neben anderen) erklärt. Aus judäischer Perspektive in
der Zeit nach 587 v. Chr. ist dies kaum zu erklären.[36] Hinzu kommt, dass auch die
Berücksichtigung der beiden Monarchien Moab und Ammon (Gen 19) eher in der
Königszeit als in exilischer und nachexilischer Zeit verständlich ist und die beiden
Staaten in der Priesterschrift keine Rolle (mehr) spielen. Das bedeutet jedoch nicht,
dass die Komposition der Vätergeschichte etwa das Selbstverständnis des Königtums Juda und seiner Bevölkerung in der Zeit zwischen 722 und 587 v. Chr. abbilden
würde. Vielmehr geht es um ein Selbstverständnis jenseits der Staatlichkeit und
der auf der Monarchie gründenden Identität. Damit sollte sowohl für die nach 722
im Land lebenden Israeliten als auch für Judäer, die sich dem Konzept anschließen,
eine neue Identität begründet werden, die in der verbleibenden Königszeit Judas
wie darüber hinaus Bestand hatte: die Identität eines Volkes „Israel", das in seinen
judäischen und anderen Nachfahren weiterlebt.

Wie auch immer man datiert, dürfte jedenfalls der Verlust des Königtums (722
oder 587 v. Chr.) sowie der im Königtum begründeten, angestammten Identität der
beiden Reiche der Auslöser gewesen sein, der die Verfasser der biblischen Überlieferung zur Bildung einer „Heilsgeschichte" für das Volk Israel, das auch Juda
mit einschließt, veranlasst hat. Für den „Segen" an das Volk scheint mir allerdings
nicht allein die brüchig gewordene Königsideologie,[37] sondern vor allem Ex 20,24
und die vorexilische Segenstheologie, wie sie in den Inschriften von Khirbet el-Qom
und Kuntillet Ajrud zu greifen ist, der traditions- und religionsgeschichtliche Hintergrund zu sein. Von der Theologie des Segens lebt sowohl die Königsideologie als
auch die Verheißung der Vätergeschichte, die über das Königtum hinaus weist und
es überdauert hat.[38] Die durch Gen 12,1–3 verbundene Ur- und Vätergeschichte

---

36 Es sei in diesem Zusammenhang daran erinnert, dass (bisher) in keinem einzigen erhaltenen
epigraphischen Dokument der assyrischen, babylonischen oder persischen Zeit Judäer als „Israel"
bezeichnet werden. Die älteste außerbiblische Bezeugung von „Israeliten" nach dem Untergang
Israels 722 v. Chr. findet sich in zwei griechischen Inschriften von der Insel Delos aus hellenistischer
Zeit. Danach taucht die Selbstbezeichnung von JHWH-Verehrern aus Samaria und Juda als „Israel"
gehäuft erst wieder in den Texten vom Toten Meer und in der biblischen und parabiblischen Literatur des hellenistischen Judentums auf.
37 Vgl. Blum 1984, 349–359; Köckert 1988, 274–299. Die von Köckert 2014, 63 Anm. 96 angeführten
Stellen aus Jeremia besagen nicht, dass Gen 12,1–3 darauf reagiert oder aus derselben Zeit stammen
muss. Sie setzen eine gesamtisraelitische Perspektive voraus, in der der Untergang Judas (!) beklagt
wird; diese Perspektive ist aber in der Vätergeschichte erst im Entstehen begriffen und wird durch
Gen 12,1–3 programmatisch eingeführt.
38 Ob die „heilsgeschichtliche" Verarbeitung der historischen Ereignisse in der biblischen Tradition eine gängige Deutung war, die auf Vorbilder in der Überlieferung der Reiche Israel und
Juda zurückgreifen konnte, scheint mir höchst zweifelhaft zu sein. Nahe lag sie von den im Alten

liest sich so als Gründungslegende der Reiche Israel und Juda in nichtstaatlichem Gewand, die dem untergegangenen Israel eine neue, Juda mit einschließende ethnische Identität und dem mit Israel untergegangenen Reichsgott Jhwh eine neue Legitimität verleiht, damit aber auf ein „Israel" jenseits der Staatlichkeit zielt, das sich allein dem Gott Jhwh und seinem Willen verpflichtet weiß.

III Zum kompositionsgeschichtlichen und historischen Ort von Gen 12,1–3

Ohne das Scharnierstück der Ur- und Vätergeschichte in Gen 12,1–3 fehlt der gesamten Vätergeschichte und im Besonderen der Abrahamerzählung ein Anfang. Dies gilt nicht nur für die vorliegende Gestalt des Buches Genesis. Es gilt ebenso für die älteste erreichbare literarische Gestalt der Ur- und Vätergeschichte in Gen 2–35, die aus der Verbindung der Überlieferungen über Adam und Eva, Kain und Abel, Noach, Abraham, Isaak und Jakob besteht. Und es gilt nicht zuletzt für die älteste erreichbare Abrahamüberlieferung, den Abraham-Lot-Isaak-Zyklus in Gen 12–13 + 18–19 + 21, der – mit und ohne die sekundären Erweiterungen in Gen 12,10–20 und Gen 16 – narrativ von Gen 12,1–3 abhängig ist.[39] Die einfachste Erklärung dieses Sachverhalts besteht darin, dass Gen 12,1–3 diejenige redaktionelle Ebene repräsentiert, die für die Verbindung der ehedem selbständigen Einzelüberlieferung zur Ur- und Vätergeschichte und folglich auch für die ethnographisch-genealogische Verknüpfung der Erzväter Abraham, Isaak und Jakob-Israel im Rahmen der (ältesten) Komposition der Vätergeschichte verantwortlich ist und dafür das theologische Programm formuliert.[40]

Dieser naheliegende Schluss wird in der gegenwärtigen Forschung jedoch nicht von allen geteilt. Der Grund dafür liegt in der unterschiedlichen Beurteilung

---

Orient üblichen Voraussetzungen her nicht, weder im Land noch in der babylonischen oder ägyptischen Diaspora. In den erhaltenen „Archiven" oder Deposita von hebräischen und aramäischen Texten des exilisch-nachexilischen Judentums, die uns erhalten sind, begegnet die biblische „Heilsgeschichte" als Merkmal israelitischer oder judäischer Identität jedenfalls nicht, auch da nicht, wo man sie von den Textgattungen her erwarten würde. Einzige Ausnahme ist die „Bibliothek" von Qumran. Vgl. Kratz 2017a. Anders Weingart 2014, die Befunde wie diesen und den oben Anm. 36 in Erinnerung gerufenen Sachverhalt ignoriert und sich stattdessen ausschließlich im Horizont der literarischen (biblischen) Konstruktionen bewegt.

39 Vgl. Kratz 2000, 275–277.

40 In diesem Sachverhalt liegt das relative Recht der klassischen Quellenhypothese, die in Gen 12,1–3 einen Schlüsseltext des „Jahwisten" erkannte, den Levin 1993, 133–137, zu Recht als Redaktionsschicht identifizierte.

der schwierigen Frage, wie im überlieferten (nicht-priesterschriftlichen) Text der Genesis zwischen der ältesten erreichbaren literarischen Gestalt der (Ur- und) Vätergeschichte, möglichen älteren Vorlagen und der literarischen Nachgeschichte differenziert werden kann. So herrscht zwar seit Julius Wellhausen, Hermann Gunkel und Martin Noth grundsätzlich Einigkeit darüber, dass der (Ur- und) Vätergeschichte ältere Einzelüberlieferungen zugrunde liegen, die von den Anfängen der Menschheit sowie einzelnen Erzvätern als Eponymen, die für verschiedene Gruppen im Bereich von Israel und Juda stehen, handeln und ursprünglich keine gesamtisraelitische Bedeutung hatten. Doch steht die Rekonstruktion vor der großen Schwierigkeit, dass die zugrundeliegenden Überlieferungen in der ältesten erreichbaren literarischen Gestalt der Ur- und Vätergeschichte, der vorpriesterschriftlichen Grundschrift des Buches Genesis, bereits derart eng miteinander verzahnt sind, dass sie sich kaum aus ihrem Kontext herauslösen lassen. Aus diesem Grunde fällt es nicht leicht, zu entscheiden, was zur Vorgeschichte der durch das Scharnier in Gen 12,1–3 konstituierten Komposition der Ur- und Vätergeschichte und was zu dieser Komposition selbst gehört.

Eine mittlerweile weit verbreitete Ansicht haben, aufbauend auf den älteren überlieferungsgeschichtlichen Hypothesen, Erhard Blum und Matthias Köckert begründet. In der Vätergeschichte identifizieren sie den Abraham-Lot-Isaak-Zyklus in Gen 12–13 + 18–19 + 21 sowie den Isaak-Jakob-Esau-Laban-Zyklus in Gen 25 + 27–33, Blum darüber hinaus auch den Isaak-Zyklus in Gen 26, als ehemals selbständige Überlieferungen. Diese seien – nicht zuletzt mittels der Verheißungen in Gen 12–13; 26 und 28 (bei Blum ursprünglich ohne 12,1–3!) – zunächst zu einer Vätergeschichte zusammengestellt und in weiteren Schritten ausgebaut und ergänzt worden.[41] Diese Rekonstruktion ist allerdings in höchstem Maße hypothetisch und beruht auf einem methodisch problematischen Verfahren. So werden Teile der literarischen Komposition (und ihrer Nachgeschichte) für die Vorgeschichte reklamiert, ohne genau zu definieren, nach welchen Kriterien zwischen älteren Vorlagen und Komposition unterschieden wird. Zwar werden die verbindenden, die Komposition konstituierenden Elemente wie Gen 12,1–3 und die anderen Verheißungen ausgeschieden, doch gleichzeitig die Anlage und gesamtisraelitische Perspektive der Komposition für die Vorlagen der Sache nach vorausgesetzt. Dies wiederum hat zur Folge, dass die rekonstruierten Vorlagen in der Regel weder einen selbständigen Anfang noch ein Ende haben und auch zwischendurch manches fehlt. Als Vorlagen bleiben somit nur mehr oder weniger umfangreiche Torsi übrig. Das alles mag richtig oder falsch sein, am Text kontrollierbar und nachvollziehbar ist es jedenfalls nicht.

---

41 Blum 1984; nach Köckert modifiziert in ders. 1990, 214 Anm. 35; Köckert 1988; 2014.

In den Lücken der herausgelösten Fragmente dient für gewöhnlich der Asteriskus als Platzhalter für verloren gegangene Textbestandteile. Die verlorenen Stücke gelten allerdings nur darum als „verloren" und die Textanschlüsse als „abgebrochen", weil die entsprechenden Bestandteile, wie etwa die Einleitung in Gen 12,1–3, die sich in der Komposition finden, als redaktionell, d. h. sekundär ausgeschieden werden. Umgekehrt enthalten die herausgelösten fragmentarischen Vorlagen bereits Erzählzüge, die für die Komposition der Vätergeschichte charakteristisch, wenn nicht konstitutiv sind. So ist sowohl im Abraham-Lot-Zyklus (Gen 12–13 + 18–19 + 21) als auch im Jakob-Esau-Laban-Zyklus (Gen 25 + 27–33) die genealogische Verbindung mit Isaak bereits enthalten, die zwischen den beiden vermittelt und die gesamtisraelitische Perspektive konstituiert.[42] Dies ist besonders schwer nachzuvollziehen, wenn gleichzeitig angenommen wird, dass die Geburt Isaaks in Gen 21 nicht mehr ganz erhalten sei[43] und die eigentliche Isaak-Rebekka-Überlieferung in Gen 26 noch gar nicht bekannt gewesen, sondern erst später – im Zuge der ersten Verbindung der beiden Erzählkränze[44] oder danach[45] – eingetragen oder gar eigens für den Kontext gebildet worden sein soll. Woher die genealogische Verbindung und die damit verbundene gesamtisraelitische Perspektive kommt, wird nicht erklärt. Umgekehrt nimmt Thomas Römer an, dass die Nachträge in Gen 12,10–20 und Gen 16, die den Exodus anklingen lassen und die Verbindung der Vätergeschichte mit der Exodus-Landnahme-Erzählung voraussetzen, bereits in der Vorgeschichte des noch selbständigen Abraham-Lot-Isaak-Zyklus in Gen 12–13 +18–19 + 21 eingetragen worden seien,[46] obwohl Römer sich andernorts der Auffassung anschließt, dass erst die Priesterschrift die Verbindung von Vätern und Exodus hergestellt habe. Auf der Basis dieser Auffassung legte sich vielmehr die Konsequenz von Albert de Pury nahe, der die gesamte Abrahamüberlieferung komplett für nachpriesterschriftlich erklärt.[47]

---

42 So schon Wellhausen 1905, 331, der allerdings – ebenso wie später Noth 1948 – davon ausgeht, dass die genealogische Verbindung gewachsen ist, vgl. a.a.O. 316–319, bes. 317: „Er (sc. Abraham) ist wol die jüngste Figur in dieser Gesellschaft und wahrscheinlich erst verhältnismäßig spät seinem Sohne Isaak vorgesetzt." Vgl. Blum 1984, 479–492; zuletzt Köckert 2014, 43–44.47–48. Auch De Pury 2006, arbeitet mit einer ehemals selbständigen Jakobgeschichte, die bereits die genealogische Verbindung mit Isaak sowie die gesamtisraelitischen Züge der Komposition der Vätergeschichte aufweist.

43 Blum 1984, 279.

44 So Köckert 2014, 50–51.

45 So noch Blum 1984, 301–304.339; anders ders. 1990, 214 Anm. 35.

46 Römer 2018.

47 De Pury 2007.

Angesichts eines solchen Verfahrens der Unterscheidung von Vorlagen und Komposition scheint mir die Kritik von Joel Baden an den allzu kühnen überlieferungsgeschichtlichen Rekonstruktionen der Forschung, die sich am Text nicht nachweisen lassen, nicht unberechtigt zu sein.[48] Dies bedeutet jedoch keineswegs, wie Baden meint, dass die richtige Lösung in der klassischen Quellenhypothese besteht, in der der nicht-priesterschriftliche Textbestand nach Gutdünken auf zwei unabhängige Parallelwerke verteilt wird. Transparenter und methodisch kontrollierter geht demgegenüber Christoph Levin vor, der die Unterscheidung von Vorlagen (in seiner Terminologie: „vorjahwistischen Quellen"), Komposition („jahwistischer Redaktion") und Ergänzungen („nachjahwistische Ergänzungen", „Endredaktion", „nachendredaktionelle Ergänzungen") konsequent am überlieferten Text vornimmt und im Einzelnen literarkritisch begründet. Doch auch er rechnet für seine „vorjahwistischen Quellen" mit losen Bruchstücken, die teilweise den Aufriss der Vätergeschichte in nuce bereits enthalten und die Ebene der „jahwistischen Redaktion", d. h. die Komposition der Ur- und Vätergeschichte und ihre gesamtisraelitische Perspektive, der Sache nach voraussetzen oder vorwegnehmen.[49] Eine Trennung von Vorlage und Komposition erscheint daher an vielen Stellen eher künstlich und ist ebenfalls kaum nachvollziehbar. Woher der historiographische Aufriss und die ihn prägende gesamtisraelitische Perspektive der „vorjahwistischen Quellen" stammen, wird mit keinem der genannten Lösungsansätze erklärt.

Aus diesem Grund scheint mir ein behutsameres, zurückhaltendes Vorgehen angebracht zu sein.[50] Die Entstehung der biblischen Texte ist vermutlich sehr viel komplizierter gewesen, als wir es uns vorstellen können. Wir können aber nur so weit in die Vorgeschichte eindringen, wie es uns die Überlieferungs- und Textverhältnisse erlauben, und sollten uns daher bei der Rekonstruktion auf das beschränken, was im Bereich des Möglichen liegt. Dazu gehört als erstes die Identifizierung der ältesten erreichbaren literarischen Gestalt der nicht-priesterschriftlichen Ur- und Vätergeschichte, die nach Abzug der priesterschriftlichen Anteile im überlieferten Text des Buches Genesis bleibt. Um im nicht-priesterschriftlichen Textbestand auf dessen älteste erreichbare literarische Gestalt zu stoßen, muss man als erstes zwischen älteren und jüngeren Textbestandteilen differenzieren, was auf weite Strecken (wie z. B. in Gen 14–15; 18,22–33; 20–22; 34) unproblematisch, in vielen Fällen (wie Gen 12,1–3) aber auch schwierig und daher umstritten ist.

Mit der ältesten erreichbaren Gestalt der Ur- und Vätergeschichte meine ich die älteste erreichbare Fassung der Komposition, d. h. den gesamten Erzählzusammen-

---

48 Baden 2013, 26–56.
49 Levin 1993, bes. 389–398.
50 Zum Folgenden vgl. Kratz 2000, 263–280.

hang und nicht etwa irgendwelche Teilkompositionen oder Vorlagen. Sobald man einen Text, der – wie Gen 12,1–3 – für diese Komposition konstitutiv und daher unverzichtbar ist, als Nachtrag ausscheidet, bewegt man sich bereits im Bereich der überlieferungsgeschichtlichen Rekonstruktion von Vorlagen. Oder anders ausgedrückt: Um konstitutive Bestandteile der Komposition wie Gen 12,1–3 als spätere Nachträge auszuscheiden, müssen gewichtige Gründe vorliegen und sollte umgekehrt der Nachweis erbracht werden, dass die dadurch voneinander getrennten Teile auch selbständige, lebensfähige Texteinheiten darstellen. Die Produktion von Bruchstücken auf literarischer Ebene durch literarkritische Operationen kann noch weniger Wahrscheinlichkeit für sich beanspruchen als das Postulat fragmentierter (schriftlicher oder mündlicher) Überlieferungen und Traditionen im Vorfeld der literarischen Komposition, bei denen man sich ohnehin im Vagen bewegt.

Erst wenn die älteste literarische Gestalt der Ur- und Vätergeschichte erreicht ist, scheint mir das Feld bereitet zu sein, um sich vorsichtig auch hinter den überlieferten Text zurückzutasten und nach möglichen älteren, ehemals selbständigen Vorlagen fragen zu können, die in die nicht-priesterschriftliche Komposition der Ur- und Vätergeschichte eingegangen sind. Hierzu zähle ich – mit allem nötigen Vorbehalt – die Isaak-Rebekka-Überlieferung im Grundbestand von Gen 26, ihre Erweiterung zur Isaak-Esau-Erzählung in Gen 26–27 (noch ohne Jakob), die Jakob-Laban-Erzählung in Gen 29–32 sowie die Verbindung der beiden Erzählungen zur vereinten Isaak-Esau-Jakob-Laban-Erzählung in Gen 26–35.[51] Letztere kommt der Komposition der Vätergeschichte schon recht nahe, doch fehlt ihr der Vorbau der Abraham-Lot-Überlieferung. Für diese lässt sich vielleicht in der Erzählung über Lot und Sodom in Gen 19 eine ältere, ehedem selbständige Vorlage ausmachen. Für Abraham-Lot in Gen 12–13 + 18–19 + 21 kann man allenfalls Vermutungen über eine ältere Tradition anstellen, da der Text einerseits narrativ von dem Scharnierstück in Gen 12,1–3 abhängt und andererseits bereits auf die genealogische Verbindung mit Isaak (Gen 21) und Jakob zielt.[52] Die Erweiterungen der Abraham-Lot-Geschichte in Gen 12,10–20 und

---

51 Kratz 2000, 270–275.

52 Zu den in der Forschung diskutierten Anfängen der vorkompositionellen Abraham-Überlieferung vgl. Köckert 2014, 48–50; zur gesamtisraelitischen Perspektive noch einmal a.a.O. 65: „Mit Abraham-Jakob ist immer schon eine gesamtisraelitische Perspektive, ist Juda als ‚Israel' auf dem Plan." Natürlich ließe sich – nach den Gesetzen der üblicherweise praktizierten Überlieferungskritik, die nicht an den überlieferten Text gebunden ist – auch noch allerlei anderes hinter Gen 12–13 + 18–19 + 21 vermuten, z. B. eine ältere Tradition, die nur um das Verhältnis zwischen Abraham und Lot kreist wie Gen 29–32 um Jakob und Laban. Nur müsste man dann von der „völkergeschichtlichen" Bedeutung und allem anderen, was die Komposition der Vätergeschichte ausmacht, absehen. Man könnte sogar spekulieren, dass der verheißene Sohn in Gen 18 ursprünglich nicht Isaak, sondern ein anderer gewesen sei und das Motiv des Lachens der Sara in Gen 18 noch nicht zur älteren

Gen 16 setzen die Komposition der Vätergeschichte sowie die Verbindung mit der Exodus-Landnahme-Erzählung voraus und können daher nicht in der Vorgeschichte, sondern müssen im Rahmen der Komposition später nachgetragen worden sein.[53]

Die beiden wichtigsten Kriterien, auf denen diese Rekonstruktion von möglichen (!) Vorlagen beruht, sind die folgenden: Zum einen muss eine deutliche Differenz sprachlicher, kompositioneller, inhaltlicher oder theologischer Art zur Komposition der Vätergeschichte in ihrer ältesten erreichbaren literarischen Gestalt erkennbar sein, die die Unterscheidung von älterer Überlieferung (Tradition) und Komposition (Redaktion) erlaubt. Dazu gehört nicht zuletzt, dass die für die Komposition charakteristische, redaktionell hergestellte gesamtisraelitische Perspektive in den älteren Vorlagen fehlt. Zum anderen scheint es mir angesichts des ohnehin sehr hohen Grades an Hypothetik ein Gebot der methodischen Transparenz und Selbstkontrolle, nur solche Überlieferungen als ältere Vorlagen auszusondern, die einigermaßen komplett erhalten, in sich einigermaßen kohärent und als selbständige, in sich ruhende Einheiten vorstellbar sind.

Es lässt sich natürlich fragen und diskutieren, ob die beiden Kriterien bei den oben genannten möglichen älteren Überlieferungen tatsächlich gegeben sind. Des Weiteren ist auch klar, dass die genannten Kriterien viel zu eng sind, um sämtliche älteren Traditionen und Überlieferungen, die in die Komposition der Ur- und Vätergeschichte eingegangen sein dürften, zu erfassen. Nur sehe ich bisher keine Möglichkeit, um weiter in die Vorgeschichte der ältesten literarischen Gestalt der Komposition vorzustoßen. Unserer Rekonstruktion sind durch die Überlieferung deutliche Grenzen gesetzt, denen wir uns in der Analyse bewusst sein sollten. Aus diesem Grund halte ich es für keine geeignete Alternative, die Lücken unseres Wissens dadurch zu füllen, dass wir nach Gutdünken Bruchstücke, die ganz und gar in die Komposition verwoben und in sich nicht lebensfähig sind und im Übrigen deutlich die Kennzeichen der Komposition tragen, aus der Komposition herausbrechen und diese zu älteren Vorlagen erklären. De facto bewegt man sich damit nach wie vor auf der Ebene der ältesten erreichbaren literarischen Gestalt der Komposition der Ur- und Vätergeschichte. Texte, die die Kennzeichen der Komposition tragen oder

---

Überlieferung gehört habe, oder dass der Isaak von Gen 19 und 21 nicht derselbe wie der in Gen 26 gewesen sei. In der Überlieferungsgeschichte sind die Gedanken frei!

53 Kratz 2000, 275–278. Selbst wenn man (mit Blum, Köckert u. a.) eine ältere, selbständige Abraham-Lot-Überlieferung in Gen 13 + 18–19 + 21 annehmen möchte und Gen 12,1–3 der späteren Ebene der Komposition der Vätergeschichte zuweist, folgt daraus nicht, dass die Einschübe in die Abraham-Lot-Erzählung in Gen 12,10–13,1 und Gen 16 auf dieselbe Ebene wie Gen 12,1–3 gehören. Die Komposition kann die Abraham-Lot-Überlieferung zunächst als solche aufgenommen haben, ohne sie sogleich durch weiteres Material zu unterbrechen, zumal ich – anders als in 13,14–17 – den Bezug der beiden Nachträge in Gen 12,10–13,1 und Gen 16 (bes. V. 10) zu 12,1–3 nicht erkennen kann.

deren Kenntnis voraussetzen und dennoch – aus welchen Gründen auch immer –
aus der Komposition herausfallen und hier nicht ursprünglich sind, wie die Verheißungen in Gen 15; 22,15–18 oder Gen 17, gehören nicht in die Vor-, sondern in die
Nachgeschichte der ältesten erreichbaren literarischen Gestalt der Komposition.[54]
Auch den Nachträgen mögen ältere Traditionen oder Überlieferungen zugrunde
liegen, doch lassen sich diese genauso wenig eindeutig identifizieren und isolieren
wie die vielen Traditionen und Überlieferungen, die in die älteste erreichbare Komposition der Ur- und Vätergeschichte eingegangen, aber im Dienste der Komposition
gänzlich überschrieben sind.

Nachdem die literarische Differenzierung vorgenommen und die relative
Chronologie im nicht-priesterschriftlichen Textbestand geklärt ist, kann man sich
sodann auch dem schwierigen Kapitel der absoluten Datierung zuwenden. Erhard
Blum datierte einst die von ihm rekonstruierte älteste erreichbare Gestalt der Vätergeschichte (Vg¹), die ohne Gen 12,1–3 und also ohne Anfang auskommt, in die Zeit
nach 722 v. Chr., die mit Gen 12,1–3 eingeleitete Komposition (Vg²) in exilische Zeit;
später gab er die Zweiteilung auf und datierte die Komposition der Vätergeschichte
insgesamt (einschließlich der Verheißungen in Gen 12,1–3; 13,14–17 und 28,13–15) in
exilische Zeit.[55] Matthias Köckert und Jean Louis Ska gehen für Gen 12,1–3 und die
damit konstituierte Komposition sogar in die nachexilische (persische) Zeit, wobei
Köckert für eine vor-priesterschriftliche, Ska für eine nach-priesterschriftliche
Ansetzung von Gen 12,1–3 votiert.[56]

Die exilische oder nachexilische Datierung beruht ebenso wie die hier vertretene Datierung aus der Zeit zwischen 722–597/587 v. Chr. auf historischen Mutmaßungen, über die sich trefflich streiten lässt, weil wir alle es nicht genauer wissen, was
wir uns in der Diskussion über die Datierung auch einmal eingestehen und gegenseitig (!) zugestehen sollten. Dies würde uns auch davor bewahren, den zweiten
vor dem ersten Schritt zu tun und mit einer hypothetischen Datierung die Analyse
und Einordnung von einzelnen Textbestandteilen der Komposition zu begründen.
So leuchtet mir etwa nicht ein, warum nur die älteren Einzelüberlieferungen oder
(nach der ursprünglichen, von ihm inzwischen aufgegebenen These von Blum) nur
die Verheißungen in Gen 13 und 28, nicht aber das Kopfstück Gen 12,1–3 „völkerge-
schichtlich" aus der Zeit nach 722 v. Chr. interpretiert werden dürfen.[57] Weder der
traditionsgeschichtliche Hintergrund in der Königsideologie bzw. Segenstheologie

---

54 S.u. Abschnitte IV und V.
55 Blum 1984, 273–361; zur Zusammenfassung von Vg¹ und Vg² zur einen „exilischen Komposition"
vgl. ders. 1990, 214 Anm. 35 (im Anschluss an Köckert 1988).
56 Köckert 1988, 248–299; ders. 2014, 61–66; Ska 2009, 46–66.
57 Köckert 2014, 45–46.

der vorexilischen Zeit noch die Anwendung dieser Traditionen auf den Ahnvater des Volkes „Israel" nötigen dazu, die Komposition in exilisch-nachexilische Zeit zu datieren.[58] Da die Vätergeschichte nicht die Identität Judas, sondern eine – Juda und die Judäer mit einschließende – neue Identität „Israels" jenseits der verlorenen Staatlichkeit zu begründen sucht, legt sich m. E. im Gegenteil eine Datierung nach 587 v. Chr. gerade nicht nahe. Auch sprachlich weist, wenn ich recht sehe, nichts in exilisch-nachexilische Zeit, jedenfalls vermag ich in Gen 12,1–3 – auch unter Berücksichtigung der Ausführungen von Ska[59]– weder etwas spezifisch Deuteronomisch-Deuteronomistisches noch etwas spezifisch Priesterschriftliches zu finden.[60]

Schließlich spricht auch die relative Chronologie gegen eine nachpriesterschriftliche Ansetzung. Wie wir unten in Abschnitt IV sehen werden, zitiert Gen 17,20 die Verheißung in Gen 12,1–3, sodass letztere nicht erst nachpriesterschriftlich sein kann. Anders als die Priesterschrift weist Gen 12,1–3 nicht notwendig und von sich aus auf die Verbindung der beiden – ehedem vermutlich selbständigen – Ursprungslegenden Israels, der Ur- und Vätergeschichte in Gen einerseits, der Exodus-Landnahme-Erzählung in Ex-Jos andererseits, sondern bewegt sich im Horizont der Ur- und Vätergeschichte.[61] Dies unterscheidet Gen 12,1–3 von anderen nicht-priesterschriftlichen Verheißungen wie Gen 15 oder Gen 46,2–4,[62] die – wie Gen 17 – auf Gen 12,1–3 literarisch zurückgreifen und ausdrücklich eine Verbindung von Vätern und Exodus herstellen. Erst durch diese Verheißungen rückt Gen 12,1–3 in den weiteren Horizont der hexateuchischen „Heilsgeschichte" in Gen–Jos.

Unter welchen Umständen und wann die Verbindung der beiden Ursprungslegenden Israels zum ersten Mal erfolgte, ist in der Forschung bekanntlich umstritten.[63] Auf das Problem kann und muss hier nicht näher eingegangen werden, doch seien einige wenige Hinweise zur Differenzierung von Aspekten gegeben, die in der Forschung oft miteinander vermengt werden:

---

58 Dazu s. o. Abschnitt II. Die von Köckert 2014, 63–65 genannten Gesichtspunkte treffen allesamt auch schon auf die Situation des Nordreiches nach 722 v. Chr. zu, aus dessen Perspektive die Tatsache, dass in Juda wie auch in Ammon, Moab und Edom „das Königtum in Saft und Kraft steht", keine Bedeutung hat. Im Übrigen kann man nicht ohne Weiteres davon ausgehen, dass die Vätergeschichte (und die sonstige biblische Tradition) in allem den Vorstellungen der Gesamtheit der israelitischen oder judäischen Bevölkerung und ihrer führenden Eliten in den realpolitischen Verhältnissen der (hypothetisch) supponierten Entstehungszeit der Texte entspricht. Man muss ebenso mit der Möglichkeit literarisch konstruierter Gegenwelten rechnen.
59 Ska 2009, 56–63.
60 Vgl. Nr. 2 (Anm. 66) in diesem Band; auch Köckert 2014, 52 Anm. 47 (gegen T. Römer), a.a.O. 63 Anm. 93 (gegen J.L. Ska). Zum „großen Volk" in Gen 12 und 17 s. u. Abschnitt IV.
61 So auch Köckert 2014, 63.
62 Zu Gen 46,2–4 s. o. Anm. 31.
63 Vgl. Nr. 2 (II 4) in diesem Band.

Eines ist die Frage, auf welcher literarischen Ebene die Verbindung zum ersten
Mal greifbar ist, im vorpriesterschriftlichen Textbestand (klassisch J, E, JE, neuerdings D-Komposition, vorpriesterschriftlicher Hexateuch oder Enneateuch) oder in
der Priesterschrift (P). Ich selbst tendiere nach wie vor zu Ersterem, auch wenn in
der Literatur gelegentlich das Gegenteil behauptet wird.[64] Andere schließen sich der
von Rendtorff insinuierten Auffassung an, die Verbindung sei zuerst in der Priesterschrift erfolgt und erst im Zuge der Verbindung der vorpriesterschriftlichen Überlieferungen mit der Priesterschrift auch im nicht- und nachpriesterschriftlichen
Text realisiert worden.[65] Misslich ist nur, dass im vorpriesterschriftlichen Text von
Gen 50 kein überzeugender Abschluss der selbständigen Vätergeschichte zu finden
ist[66] und in Ex 1 für den Anfang der selbständigen Exodusgeschichte mit erheblichen
Textabbrüchen gerechnet werden muss,[67] sodass die These auf einer postulierten
Textlücke basiert, die ersetzt, was im überlieferten (nicht-priesterschriftlichen) Text
als sekundär ausgeschieden wird. Doch die (sekundäre) Verknüpfung der beiden
Ursprungslegenden lässt sich im erhaltenen nicht- und vorpriesterschriftlichen Text-
bestand am Übergang von Gen 50 zu Ex 1 durchaus aufweisen.

Ein anderes ist die Frage, ob die beiden Ursprungslegenden Israels anfänglich zwei getrennte, ja konkurrierende Entwürfe darstellten oder – wie etwa Ilias
und Odyssee (von der unterschiedlichen Gattung und ihren je eigenen Gesetzen
abgesehen) – schon immer aufeinander bezogen waren und auch unabhängig von
der literarischen Verbindung einen fortlaufenden narrativen Zusammenhang von
Urgeschichte, Väter, Exodus und Landnahme bildeten.[68] Dieselbe Frage stellt sich,
wie wir bereits oben zur Vätergeschichte sahen, für die Vorlagen der Komposition,
wie die Überlieferungen über die drei Erzväter, Mose oder Josua, die in die beiden
Ursprungslegenden eingegangen sind und hier zu einer fortlaufenden Geschichte
verbunden wurden. Sollten die einzelnen Überlieferungen separat umgelaufen und
dennoch „kognitiv" (Blum) schon immer aufeinander bezogen gewesen sein, d. h.
einen narrativen Zusammenhang gebildet haben, wäre zu klären, ob es sich um die
uns erhaltenen oder irgendwelche anderen, supponierten Parallelüberlieferungen
derselben „story" handelte, auf die in den postulierten Einzelüberlieferungen und
Vorlagen der Komposition angespielt wird.

---

64 Kratz 2000, 288.304.312 (falsch eingeordnet bei Zenger u. a. 2016, 123); vgl. Blum 1990, 190–191;
ders. 2002, 148–149 (2010, 114) Anm. 137; Levin 1993, 313–314; ders. 2006; Carr 2006, 159–180; Berner
2010, 10–48.
65 Rendtorff 1976, 160–163; weitere Nr. 2 (Anm. 21) in diesem Band; Köckert 2014, 44.
66 Schmid 1999, 59–60; ders. 2002, 103–106; ders. 2006a, 32–33; Gertz 2006b (mit der kühnen Zuweisung von Gen 50,14 an P!).
67 Vgl. Blum 2002, 148–149 (2010, 113–115); Gertz 2015, 233–25.
68 Vgl. Blum 2002, 121–122 (2010, 88–89) u. ö.

Dabei geht es um die Ursprünge der biblischen „Heilsgeschichte" und die fundamentale Frage, ob diese für die literarische Überlieferungsbildung im Vorfeld der ältesten erreichbaren literarischen Gestalt der Komposition vorausgesetzt werden kann[69] oder erst im Zuge der Überlieferungsbildung im Rahmen der größeren Kompositionen entstanden ist. Bei der zweiten Möglichkeit fällt die Entstehung des historiographischen Aufrisses mit der literarhistorischen Entwicklung zusammen. Die andere, erste Möglichkeit erklärt hingegen nicht, woher der konstruierte „heilsgeschichtliche" Aufriss kommt, und öffnet damit der überlieferungs- und religionsgeschichtlichen Spekulation, die sich ausschließlich aus der späteren literarischen Komposition der hexateuchischen „Heilsgeschichte" speist und insofern im Zirkel bewegt, Tor und Tür.[70] Eine solche Spekulation mag legitim und anregend sein, doch fragt es sich, ob damit viel gewonnen ist und welchen Stellenwert sie in der wissenschaftlichen Diskussion haben soll.

IV Genesis 17: Segen und Bund

Im Unterschied zu Gen 12 leitet die Verheißung in Gen 15 und 17 nicht eine Erzählung ein, sondern ist selbst Gegenstand der Erzählung. Ich behandle zunächst Gen 17, da die literarischen Verhältnisse hier unstrittig sind. Doch ganz so einfach sind sie auch wieder nicht, jedenfalls dann nicht, wenn man sich versuchsweise auf die Methode von Joel Baden einlässt und die neueren Interpretationen von Gen 17 als Programmtext für eine weltweite Oikumene berücksichtigt.

In Gen 17 schließt Gott mit Abraham einen Bund. Im Rahmen dieses Bundes erhält Abraham – vorbereitet durch die Umbenennung von Abram in Abraham – zunächst einen Mehrungssegen (V. 4–6): Völker und Könige sollen aus ihm hervorgehen (וְהִפְרֵתִי אֹתְךָ בִּמְאֹד מְאֹד וּנְתַתִּיךָ לְגוֹיִם וּמְלָכִים מִמְּךָ יֵצֵאוּ). Anschließend werden ihm und seinen Nachkommen das Gottsein Gottes als „ewiger Bund" sowie das Land Kanaan als „ewiger Besitz" zugesprochen (V. 7–8). Zum Bund tritt die Beschneidung als Zeichen des Bundes am Fleisch (V. 9–14). Auch Sarai wird umbenannt in Sara und erhält einen Mehrungssegen, der im Unterschied zu Abraham aber auf den einen Sohn, Isaak, zuläuft (V. 15–16). Nach dem Lachen Abrahams, das den Namen des Sohnes vorwegnimmt, und seiner Einrede, die Ismael ins Spiel bringt, stellt Gott klar, dass auch Ismael den Mehrungssegen erhalten, Fürsten hervorbringen und zu einem „großen Volk" – einem der Menge der Völker aus Abraham – werden

---

69 So Von Rad 1938; Noth 1948; Baden 2013.
70 Vgl. zu diesem Problem schon Nr. 1 und 2 in diesem Band.

soll. Doch der Bund, d. h. das Gottsein und der Besitz des Landes, bleiben dem verheißenen Sohn der Sara, d. i. Isaak, vorbehalten (V. 17–21).[71]

Gen 17 gehört zu Hoftijzers El Schaddaj-Gruppe und wird einhellig der Quelle oder Schicht P zugewiesen.[72] Auch Joel Baden stimmt dieser Einordnung zu, obwohl sie im Wesentlichen auf den sprachlichen und inhaltlichen Kriterien der von ihm kritisierten Forschung beruht. Warum, so könnte man mit Baden gegen Baden fragen, sollte ein Autor nicht einmal die Tonlage im Hebräischen wechseln, um zu sagen, was er zu sagen hat?

Auch nach dem von Baden favorisierten Kriterium der narrativen Kohärenz ist nicht einzusehen, warum der Text einer anderen literarischen Schicht oder Quelle als Gen 12 oder auch Gen 15 angehören soll.[73] Als Abraham aus Haran auszog, war er 75 Jahre alt (Gen 12,4b). Die Szene von Gen 17 ereignet sich deutlich später, denn Abraham ist mittlerweile 99 Jahre alt. Warum also sollte Gott – nach den grundlegenden Verheißungen in Gen 12–13, der Bekräftigung in Gen 15 durch einen Bundesschluss sowie der Geburt von Ismael in Gen 16 – sich nicht noch einmal an Abraham gewandt haben, um ihm zu versichern, dass der rechtmäßige Erbe nicht Ismael, sondern der noch zu erwartende Isaak ist?

Nicht einmal der wiederholte Bundeschluss nach Gen 15 ist – folgt man Badens Methode – ein Argument für eine literarkritische Operation. Denn der Bund von Gen 17 bildet weder eine Dublette noch steht er in Widerspruch zu dem Bund von Gen 15. Im Gegenteil: Er präzisiert die in Gen 12 und 15 verheißene Nachkommenschaft als „Völker und Könige", erklärt den im Bund von Gen 15 besiegelten Landbesitz als „ewigen Besitz" und fügt dem Bund ein neues Element, das Gottsein für Abraham und seine Nachkommen, hinzu, sei es, dass in Gen 15 und Gen 17 an ein und denselben Bund oder an mehrere Bundesschlüsse gedacht ist.

So führt Gen 17 die Verheißungsgeschichte von Gen 12–16 fort und bereitet zugleich die Geburtsgeschichte Isaaks in Gen 18–21 vor. Auch die Fortsetzung enthält noch einmal die Verheißung des Sohnes, doch steht dies in keinem Wider-

---

Vgl. zum Text Gross 1978; 1998; Köckert 2015b. Eine literarische Schichtung des Texts schlagen etwa Köckert 2004, 77–88 (revoziert in ders. 2015b); Weimar 2008, 185–225, und jüngst wieder Blenkinsopp 2015 vor, doch können wir in unserem Zusammenhang von dieser Frage absehen.

72 Hierzu gehören außer Gen 17 die Wiederholung für Jakob in 35,9–13 sowie die Verweise in 28,3–4; 48,3–4; vgl. Kratz 2000, 242–245. Der nicht-priesterschriftliche Text ist in allen priesterschriftlichen Verheißungen und Rückverweisen auf sie mehr oder weniger deutlich vorausgesetzt.

73 Wöhrle 2012, 45–50, der für P in der Vätergeschichte das Redaktionsmodell vertritt, geht für Gen 17 auf die Stellung im Kontext merkwürdigerweise nicht ein. Auch Baden 2013, 7–25, stellt sich der Frage (nach den von ihm selbst geforderten Prinzipien der narrativen Kohärenz) nicht ernsthaft, sondern begnügt sich mit dem Hinweis auf einige – scheinbare – Unverträglichkeiten (Wiederholungen und Unterschiede).

spruch zu den vorausgehenden Verheißungen (einschließlich Gen 17) oder bildet eine Dublette. Vielmehr erinnert die Geburtsgeschichte an die Verheißung und trägt weitere Aspekte bei: In 18,9–15 ist Sara angesprochen und wird der Zeitpunkt genau festgelegt, in 18,17–19 spricht Gott gewissermaßen zu sich selbst und deutet das Geschehen für den Leser. In Gen 21 ist es so weit und Gott tut an Sara, wie er zu ihr, zu Abraham und zu sich selbst (dem Leser) geredet hatte.

Eine besondere Verbindung weist Gen 17 darüber hinaus zu Gen 12,1–3 auf. Diese Verbindung besteht nicht nur in der narrativen Kohärenz, sondern wird durch ein literarisches Zitat ausgewiesen, das in der Forschung bisher wenig Beachtung gefunden hat. In Gen 17 wird der – aus Gen 1 und 9 – bekannte Mehrungssegen für die ganze Menschheit auf Abraham, Sara und Ismael angewendet. In V. 20, bei Ismael, wird dieser Segen (ברך) mit dem Zusatz versehen, dass er einmal ein „großes Volk werden soll" (וּנְתַתִּיו לְגוֹי גָּדוֹל). Wer den vorangehenden Kontext kennt, kommt nicht umhin, an die Verheißung an Abraham in Gen 12,1–3 zu denken (וְאֶעֶשְׂךָ לְגוֹי גָּדוֹל), die in Gen 17 aufgegriffen und auf Ismael appliziert wird. Natürlich kann man sagen, dass גוי גדול ein Allerweltsausdruck sei, der an vielen anderen Stellen vorkommt. Doch in der Verbindung mit der Wurzel ברך und im Zusammenhang mit Abrahams Nachkommen scheint mir der Ausdruck signifikant und die literarische Beziehung eindeutig zu sein.[74]

Das Zitat besagt, dass Ismael wie alle Nachkommen Abrahams und wie die Sippen des Ackerbodens (so Gen 12,1–3), ja, wie die gesamte Menschheit (nach Gen 1 und 9) den „Segen", d. h. Fruchtbarkeit und Nachkommen, erhalten; aus dem großen Volk in Gen 12,2 sind in Gen 17 die „Menge der Völker und Könige" geworden, die aus Abraham und Sara hervorgehen. Doch der Bund, d. h. das Gottesverhältnis und der Besitz des Landes Kanaan, gilt allein Isaak, dem Sohn aus Saras Schoß.[75] Im Lichte des Zitats von Gen 12,1–3 in Gen 17,20 könnte man erwägen, ob nicht auch die Umbenennung Abrahams und Saras, die ihnen, wie bei Königen üblich, gewissermaßen Thronnamen verleiht, ein Reflex auf die Verheißung des „großen Namens" ist. Die Aufforderung „wandle vor mir und sei vollkommen" in Gen 17,1 (הִתְהַלֵּךְ לְפָנַי וֶהְיֵה

---

74 Mit Gen 12,2 hängen eindeutig 18,18 (Abraham) sowie 46,3 (Jakob in Ägypten) zusammen; Gen 17,20 (Ismael) ist in 21,(13?)18 aufgenommen. Dtn 26,5 zieht Gen 12,2 (vgl. auch 18,18 יִהְיֶה לְגוֹי גָּדוֹל) und Ex 1,9 (וַיֵּרֶד אַבְרָם מִצְרַיְמָה zusammen, wozu das Zitat von Gen 12,10 (עִם בְּנֵי יִשְׂרָאֵל רַב וְעָצוּם) und Ex 1,9 (וְעָצוּם) לָגוּר שָׁם) für den Exodus passt. Zum Sprachgebrauch vgl. weiter Num 14,12; Dtn 4,6–8; Jer 6,22; 50,41; im Pl. Dtn 4,38; 9,1; 11,23; Jos 23,9 und Jer 50,9.
75 Die umgekehrte Abhängigkeit, wonach aus dem Segen für den aus dem Bund ausgeschlossenen Ismael in Gen 17 und 21 die alles in Gang setzende Verheißung für Abraham als dem Stammvater Isaaks und Jakobs, d. h. Israels, in Gen 12 geworden wäre, scheidet m. E. aus. Die gilt auch dann, wenn die Ismael-Notiz in Gen 17 (ebenso wie Gen 16 und 21) ein nach-p Nachtrag sein sollte; vgl. Berner 2022.

תָּמִים) erinnert nicht nur an Henoch (Gen 5,22.24) und Noach (Gen 6,9), sondern von der Syntax her, die nur an diesen beiden Stellen in der Genesis begegnet, auch an Abraham in 12,2 (וְהְיֵה בְּרָכָה).

Gen 17 fügt sich somit nahtlos in den Kontext der vorliegenden Komposition ein, ja nimmt auch literarisch auf das Kopfstück dieser Komposition in Gen 12 explizit Bezug. Doch dies bedeutet nun keineswegs, dass der Text auch ein ursprünglicher Bestandteil der Komposition wäre. Es zeigt nur, dass Badens Kritik an der traditionellen Analyse nicht zutrifft und seine eigene Methode nicht zu dem Ergebnis führt, das er gerne hätte und de facto voraussetzt. Gegen Joel Baden wird man nämlich auch die sprachlichen und inhaltlichen Differenzen als Kriterien der literarischen Analyse hinzunehmen müssen. Sie und nicht die narrative Logik geben den Ausschlag für den Schluss, dass Gen 17 und die übrigen priesterschriftlichen Verheißungen nicht von derselben Hand stammen können wie die nicht-priesterschriftlichen Verheißungstexte in Gen 12–13 und 15. Von den narrativen und literarischen Bezügen her setzt Gen 17 allerdings die Kenntnis des nicht-priesterschriftlichen Texts und insbesondere den Text Gen 12,1–3, der in Gen 17,20 zitiert wird, voraus.

Wie ist dieser Befund zu erklären? Er bedeutet, dass Gen 17 weder auf eine unabhängige ältere Tradition zurückgehen noch unabhängig von dem Kontext der nicht-priesterschriftlichen Vätererzählung entstanden sein kann. Vielmehr setzt Gen 17 die nicht-priesterschriftliche Abrahamerzählung einschließlich Gen 12,1–3 voraus, sei es, dass die Priesterschrift in Kenntnis der älteren Erzählung als separates Werk, sei es, dass sie als Bearbeitungsschicht verfasst wurde. Ich selbst habe P gelegentlich mit der Chronik verglichen und das Modell der *rewritten bible* als Erklärung vorgeschlagen,[76] doch sind für den Sachverhalt auch andere literaturgenetische Szenarien denkbar.

Der literarische Befund gibt wiederum Aufschluss über unsere Frage, welchen Beitrag Gen 17 zur Konstruktion ethnischer Identität leistet. Gen 17 setzt die in V. 20 zitierte Verheißung von Gen 12,1–3 nicht etwa außer Kraft, sondern bestätigt sie und bietet eine durch die Geburt Ismaels in Gen 16 nötig gewordene Präzisierung, die auch in Gen 21 (V. 12–13.18) aufgenommen ist. Der Zitatzusammenhang macht deutlich, dass Gen 17 gerade nicht, wie gelegentlich behauptet,[77] einen Bund mit der weltweiten Oikumene im Sinn hat, sondern im Gegenteil die Definition der Hauptlinie nach dem Prinzip *mater semper certa est* sowie unter Ausschluss aller anderen Nebenlinien vornimmt.[78] Der Eindruck eines Bundes für die Oikumene entsteht dadurch, dass Gen 17 über den priesterlichen „Segen", der der ganzen Menschheit

---

76 Kratz 2000, 233.247.328; ders. 2017a, 11; Nr. 1 (VIII) und 2 in diesem Band.
77 Schmid 2009; 2011b.
78 Vgl. Kratz 2000, 240–241.248; ausführlich dazu Köckert 2015b.

gilt (Gen 1 und 9), die Verheißung an Abraham in Gen 12,1–2 in sich aufnimmt, aber präzisiert. P geht es in Gen 17 gerade darum, im Rahmen der weltweiten „Oikumene" die besondere Gottesbeziehung, den Bund, auf die Hauptlinie zu begrenzen. Ismael und die ganze Menschheit partizipieren somit zwar wie in Gen 12,1–3 an der Verheißung für Abraham und dem Bund mit ihm, doch wird der Bund selbst nur an Isaak, den Sohn Saras, und über ihn an Jakob-Israel weitergegeben. Wenn ich recht sehe, ist dies die älteste Stelle, die die jüdische Abstammung über die mütterliche Linie definiert, wie es heute noch Brauch ist.

Des Weiteren trägt Gen 17 das Motiv des „Gottseins für Israel" explizit als Inhalt des „ewigen Bundes" ein. Damit verweist der Text ebenso wie die Wiederaufnahme in Ex 6 auf die priesterschriftliche Sinaiperikope und die Errichtung des Heiligtums in Ex 25–40 (29,45–46; 40,34). Hier, im Kult, realisiert sich die Bundeszusage, dass Gott der Gott Israels und Israel das Volk Jʜᴡʜs ist. Damit führt die Priesterschrift ein neues, eigenes Bundesverständnis ein, das sich von der Bundeszusage in Gen 15 sowie der deuteronomisch-deuteronomistischen Überlieferung signifikant unterscheidet.[79] Damit verbunden ist ein eigenes Konzept ethnischer Identität: Im Abrahambund von Gen 17 ist die genealogische Linie Israels über Sara definiert und sind andere Verwandte Abrahams aus dem Bund ausgeschlossen. Während die gesamte Menschheit am Schöpfungssegen und dem Segen Abrahams von Gen 12 partizipiert, ist in ihm und der aus Sara hervorgehenden Linie Isaaks bereits das „Israel" präsent, das im Stiftsheiligtum vom Sinai, d. h. im Kult, exklusiv und dauerhaft die Präsenz Gottes erfährt.

V Genesis 15: Gerechtigkeit und Bund

Auch die Verheißung in Gen 15 leitet keine Erzählung ein, sondern macht, wie Gen 17, die Verheißung zum Gegenstand der Erzählung. Der Text weist sowohl mit Gen 12 als auch mit Gen 17 Gemeinsamkeiten auf. Mit Gen 12 teilt er die Themen Land und Nachkommen, die nach 12,1–3.7 und 13,14–17 unter veränderten Bedingungen ausgeführt werden, mit Gen 17 darüber hinaus den „Bund", der in Gen 15 allerdings auf den Landbesitz konzentriert ist und in einem regelrechten Zeremoniell geschlossen wird.

Gleichzeitig sind die terminologischen und inhaltlichen Unterschiede zu den beiden anderen Verheißungsreden nicht zu übersehen. Statt des „Segens" in Gen 12,1–3 steht die wehrhafte Zusage „Fürchte dich nicht" (אַל־תִּירָא אַבְרָם אָנֹכִי מָגֵן לָךְ), verbunden mit der Aussicht auf „Lohn" (שְׂכָרְךָ הַרְבֵּה מְאֹד); statt der „großen

---

79 Vgl. Gross 1998.

Nation" und des „großen Namens", in dem sich alle Sippen des Ackerbodens den Segen wünschen, steht der Besitz des Landes auf dem Spiel, da der leibliche Erbe fehlt und die Gefahr droht, dass ein Sklave erbt (הֵן לִי לֹא נָתַתָּה זָרַע וְהִנֵּה בֶן־בֵּיתִי יוֹרֵשׁ אֹתִי). Auf diesem Hintergrund wird Abraham (erneut) Nachkommenschaft „wie die Sterne am Himmel" verheißen. Dies kann er nur „glauben", was ihn als Gerechten erweist (V. 4–6). Des Weiteren wird ihm der Besitz des Landes in einem sehr altertümlich anmutenden Bundeszeremoniell zugesichert, und zwar für die Generation nach dem Exodus und unter Ausschluss der Landesbewohner (V. 7–21). Von dem besonderen Gottesverhältnis, das den Bund in Gen 17 über Gen 15 hinaus auszeichnet und dem expliziten Ausschluss Ismaels, der erst in Gen 16 geboren wird, ist in Gen 15 noch nicht die Rede.

Aufgrund der Formulierungen und der besonderen Problemlage von Gen 15 ist die Forschung heute mehrheitlich der Auffassung, dass der Text in seiner vorliegenden Fassung ein spätes literarisches Gebilde sei, das sich aus unterschiedlichen Kontexten speist und sowohl das Deuteronomium als auch die Priesterschrift voraussetzt.[80] Das gilt auch, wenn man von den Versen 13–17 sowie 19–21 absieht, die oft als sekundär ausgeschieden werden. Nicht nur diese Verse, sondern das ganze Stück lebt von einer – durch literarische Bezüge angezeigten – typologischen Prolepse von Exodus (V. 7) und Sinaibund (V. 17–18) im Leben Abrahams.

Der „Bund" verbindet die beiden Verheißungstexte Gen 15 und 17, lässt jedoch auch die Unterschiede deutlich erkennen. Gen 17 relativiert den Landbesitz durch das Motiv der „Fremdlingschaft" und zielt in einer gestaffelten Offenbarungsgeschichte über Abraham (Gen 17), Jakob (Gen 35) und Mose (Ex 6) auf die Gottesnähe im sinaitischen Heiligtum (Ex 25–40). Im Unterschied dazu verankert Gen 15 auch den Landbesitz – zeitlich und sachlich über den Zustand der Fremdlingschaft in (Kanaan und) Ägypten hinaus – in einem Bundesschluss. Auf diese Weise wird die Verheißung an Abraham angesichts der besonderen Problemlage – dass Abraham noch keinen rechtmäßigen Erben hat und das Land nicht besitzt (V. 2–3), d. h. „Fremdling" im eigenen Land ist – in den größeren heilsgeschichtlichen Zusammenhang der Geschichte des Volkes Israel bis zur Landnahme im Buch Josua gestellt; des Weiteren wird die Verheißung sowohl durch die Anerkennung der im Glauben bewährten Gerechtigkeit Abrahams als auch durch einen Bundesschluss bestätigt. Es ist nach allem sehr plausibel, dass die Forschung, ganz gleich ob sie der Quellen- oder einer anderen Pentateuchhypothese folgt, gegen Hoftijzer zu dem Schluss gelangt, dass die Verheißung in Gen 15 nicht nur gegenüber Gen 17 und

---

80 Vgl. Köckert 2013, und die hier genannte Literatur; zur Diskussion Blum, 1984, 362–383.389–390; ders. 2002, 142–145 (2010, 108–110); Köckert 1988, 201–247; Ha 1989; Römer 1989/90; Schmid 1999, 172–186; Gertz 2002a; Ska 2009, 67–81; Levin 2004b.

der El-Schaddaj-Gruppe, sondern auch im Vergleich mit Gen 12,1–3 (und der Gen 12-Gruppe) auf einer anderen (jüngeren) literarischen Ebene liegt.

Nun hat Joel Baden, der zu demselben Ergebnis gelangt, gegen die gegenwärtige Forschung jedoch eingewandt, dass die sprachlichen und inhaltlichen Unterschiede nichts besagen und ihre literarkritische Auswertung auf einem mangelnden Sprachgefühl für die verschiedenen Ausdrucksweisen des Hebräischen beruhen: Ob bloße Verheißung, Bund oder Schwur macht für ihn keinen Unterschied. Er selbst begründet die Ausscheidung und Einordnung von Gen 15 daher mit den Mitteln der narrativen Kohärenz.[81] Doch gerade sie spricht nicht für, sondern gegen die Ausscheidung des Kapitels aus dem vorliegenden Kontext. Denn die Verheißung wird in Gen 15 mitnichten das erste Mal mitgeteilt, wie Baden meint,[82] sondern erfolgt ganz gezielt und ausdrücklich im Anschluss an den Vorkontext in Gen 12–14.

Gen 15 ist kein Anfang, sondern setzt die Abrahamerzählung ausdrücklich fort: אַחַר הַדְּבָרִים הָאֵלֶּה הָיָה דְבַר־יְהוָה אֶל־אַבְרָם. Abraham kommt nicht erst ins Land, sondern ist bereits angekommen und ist den Weg gegangen, den ihm Gott aufgetragen hat. Das sagt der Text ausdrücklich in V. 7 mit Rückgriff auf den Übergang in Gen 11–12 in einer Formulierung, die an den Dekalog erinnert: וַיֹּאמֶר אֵלָיו אֲנִי יְהוָה אֲשֶׁר הוֹצֵאתִיךָ מֵאוּר כַּשְׂדִּים לָתֶת לְךָ אֶת־הָאָרֶץ הַזֹּאת לְרִשְׁתָּהּ. Doch Abraham hat noch keinen Nachkommen, und das Land gehört ihm noch nicht. Auch die Klage in V. 2–3 verrät, dass ihm etwas versprochen war, was nicht eingetreten ist. Nachdem Abraham das Land betreten hat, einen Teil an Lot abgetreten und zuletzt auf die ihm zustehende Beute nach dem Kampf gegen die kanaanäischen Könige verzichtet hat, fehlt der „Lohn", der Erbe für den Besitz des Landes. Darum die Zusage: „Fürchte dich nicht, ich bin dein Schild, dein Lohn wird sehr viel sein."

Die Zusage von Nachkommen und Land in Gen 15, die auf Abrahams Glaube und Gerechtigkeit setzt und in Form des Bundesschlusses ergeht, erfolgt nicht zum ersten Mal, sondern ist Bestätigung und Bekräftigung der Zusagen von Gen 12–13. Die Bestätigung erfolgt aber nicht nur aufgrund der Verzögerung, die durch Lot und den Krieg gegen die Könige des Landes in Gen 14 eingetreten ist, sondern auch im Blick auf die Fortsetzung der Erzählung: die Unfruchtbarkeit Saras, die Gen 16,1 notiert, sowie die Geburt Ismaels, der, wie Gen 17 und 21 klarstellt, nicht der legitime Erbe ist. Auch das Motiv der „Fremdlingschaft" in Gen 17 könnte ein Grund dafür gewesen sein, die Zusage des Erbes dem Glauben Abrahams und seiner Gerechtigkeit anzuvertrauen und den Besitz des Landes in Form einer Bundeszeremonie – gegen den Augenschein und für die Nachkommen (wann auch immer, und sei es erst für die Zeit nach der „Fremdlingschaft" in Ägypten und dem Exodus!) – zu bestätigen.

---

81 Vgl. Baden 2013, 22–25.65–66.78–100.119–126.
82 Baden 2013, 79.

Die Problemlage von Gen 15 ergibt also nur im Kontext der vorliegenden Komposition (einschließlich der priesterschriftlichen Texte) einen Sinn. Joel Baden fragt dagegen, warum die Zweifel Abrahams nicht schon in Gen 12 geäußert und zerstreut worden wären,[83] und folgert daraus, dass Gen 15 nicht in seinen Kontext passe und also einer anderen Quelle angehören müsse, die er – aus heiterem Himmel und ohne Gründe zu nennen – mit dem Elohisten identifiziert. Doch wie sollten die Zweifel an der Verheißung schon beim ersten Mal entstehen? Die Zweifel sind – gerade von dem Erzählverlauf und seiner Logik her – im Gegenteil nur dann zu verstehen, wenn ihnen Gen 12–14 vorausgegangen ist. Der Text ist weder eine Dublette noch steht er in narrativem Widerspruch mit seinem Kontext. Vielmehr löst er gewisse Probleme, die der literarische Kontext aufwirft. Inhaltlich setzt er Gen 12,1–3, sprachlich sowohl die nicht-priesterschriftliche Väter- und Exoduserzählung, die Priesterschrift sowie das Deuteronomium und folglich auch die Verbindung von Ur- und Vätergeschichte und Exodus-Landnahme-Erzählung voraus. Gen 15 konstituiert nicht die Verbindung von Vätern und Exodus, macht sie aber explizit und trägt eine neue Deutung des Zusammenhangs ein.

Sowohl sprachliche als auch inhaltliche Merkmale verbinden den Text mit anderen Verheißungen, die nicht alle auf einer literarischen Ebene liegen müssen, sich aber zu einer Gen 15-Gruppe zusammenfassen lassen.[84] Im Unterschied zu der Gen 12-Gruppe (12,1–3; 28,13–15, vielleicht auch 12,7; 13,14–17) und der Gen 17-Gruppe (17,1–22; 28,3–4; 35,9–13; 48,3–4) geht es in der Gen 15-Gruppe nicht mehr allein um die Inhalte, sondern um die Gefährdung und die Bedingungen der Verheißung. Diese ist problematisch geworden, wird an das Verhalten Abrahams geknüpft und zeitlich gestreckt. In den Genuss kommen nicht schon die Erzväter selber, sondern ihre Kinder und Kindeskinder, namentlich die Exodusgeneration (15; 46,3 f; 50,24; Ex 3,7 f) und, soweit es die Mehrung und Fürsorge JHWHs anbelangt, wie in Gen 17 auch die ismaelitische Seitenlinie (16,10; 21,12 f.17 f).[85]

Die literarhistorische Einordnung von Gen 15 führt so auch auf die Bedeutung des Texts für die Frage nach der ethnischen Identität. Im Unterschied zu Gen 12,1–3

---

83 Baden 2013, 22.79.
84 Mit Gen 15 verwandt sind Gen 16,10; 18,18–19; 21,12–13.17–18; 22,15–18; 24,7; 26,2–5.24; 46,2–4. Zum Nachtragscharakter dieser Verheißungen vgl. Köckert 1988, 168–198.321–323; zu Gen 20–22 2015a; Kratz 2000, 263–264.274.275–278.284; auf seine Weise auch Levin 2015, 125–143; bei Blum 1984, 297–361.362–419 sind die Texte auf die beiden Stufen „Vätergeschichte 2" (21,12–13.17–18; 26,2–3; 46,2–4) und D-Komposition (15; 16,10; 18,18–19; 22,15–18; 24,7; 26,3–5 sowie 12,7) verteilt; etwas anders in Blum 2002.
85 Zur Problematik der literarhistorischen Einordnung dieser und weiterer verwandter Texte im Bereich des Hexateuchs, die teilweise explizit auf die Verheißungen zurückgreifen (neben Gen 15 etwa Ex 3–4; 32–34; Jos 23–24) vgl. Nr. 2 (II 3) in diesem Band.

als Scharnier zwischen Ur- und Vätergeschichte und Programm für die genealogische und geographische Verknüpfung der Patriarchen, gibt sich Gen 15 nicht damit zufrieden, dass „Israel" einstmals im Land entstanden ist und zusammen mit den anderen Sippen des Ackerbodens unter dem Segen Jhwhs lebt. Die ethnische Identität definiert sich durch den Besitz des Landes (ירש)[86] und die Abgrenzung gegen die anderen Völker des Landes. Es kann nur eine legitime Linie geben, die das Land vollständig besitzt. Dies wird sich nach Gen 15 allerdings nicht schon zu Zeiten Abrahams und der Erzväter realisieren, sondern gilt für das Volk Israel, das Jhwh aus Ägypten herausführen und dem er am Sinai das Gesetz geben wird. Darum wird die Verheißung – wider den Augenschein – dem Glauben und der Gerechtigkeit Abrahams anvertraut und in einem „Bund" besiegelt. Diese Zusage weist über Abraham und in ihm über alle Nachkommen Abrahams hinaus und hat für sie Gültigkeit, wann und wo auch immer sie leben.

VI Schluss

Abschließend seien noch zwei Probleme kurz angesprochen: 1) das Problem der relativen Chronologie, 2) das Problem der absoluten Datierung, d. h. die Frage, inwieweit die einzelnen Texte und ihre Konzepte der ethnischen Identität Israels auf eine konkrete geschichtliche oder politische Situation hin transparent sind.

Die Frage nach der relativen Chronologie ist bereits beantwortet: Da Gen 12,1–3 in Gen 17,20 zitiert wird, folgt Gen 17 auf Gen 12. Die literargeschichtliche Einordnung von Gen 15 bereitet – nicht zuletzt angesichts der Vielfalt der in der Forschung vertretenen Auffassungen – hingegen größere Probleme. Doch sprechen viele Indizien dafür, dass der Text die Priesterschrift voraussetzt und folglich jünger als Gen 12 und Gen 17 ist. Ob es gelingt, durch eine literarkritische Differenzierung auf einen vorpriesterschriftlichen Kern vorzustoßen,[87] ist angesichts der Parallele von V. 7 und Gen 11,31 (Ur Kasdim) höchst fraglich, um nicht zu sagen: so gut wie ausgeschlossen. Die Ableitung von Gen 11,31 aus Gen 15 ist sehr viel schwieriger zu begründen als das umgekehrte Abhängigkeitsverhältnis.

Zur zweiten Frage lassen sich nur mehr oder weniger plausible Mutmaßungen äußern. Gen 12,1–3 und die älteste nicht-priesterschriftliche Ur- und Vätergeschichte, erklärt sich, wie gesagt, m. E. am einfachsten aus der Situation zwischen 720 und 587 v. Chr. Andere datieren die Vätergeschichte in die exilische oder nachexilische

---

86 Vgl. noch Gen 21,10; 22,17; 24,60; 28,4 (P). Das Wort ist vor allem im Deuteronomium und davon abhängigen Texten für die Inbesitznahme des Landes gebraucht.
87 Vgl. z. B. Gertz 2002a.

Zeit, doch haben mich deren Argumente, wie oben unter III dargelegt, nicht überzeugt.

Gen 17 und die Priesterschrift würde ich nach wie vor in persische Zeit datieren, wohl wissend, dass die Hebraisten der Hurvitz-Schule anderer Meinung sind. Ausschlaggebend ist für mich die theologische Konzeption, die vor allem in den großen Gottesreden (Gen 1; 9; 17; 35; Ex 6) und der Sinaiperikope (Ex 25–40) zum Ausdruck kommt: die universale (kosmische) Grundlegung der nationalen (ethnischen) Identität Israels und das exklusive Gottesverhältnis von Jhwh und Israel. Die Universalisierung („Welt-Kreis") steht im Dienste der Partikularisierung („Israel-Kreis").[88] Ob der universale Horizont der so definierten ethnischen und theologischen Identität Israels, wie von Odil Hannes Steck vermutet,[89] etwas mit den äußeren realpolitischen Bedingungen des persischen Reiches der Achaimeniden zu tun hat, kann man erwägen, doch sind die textinternen Indizien, die dafür sprechen, nicht sehr zahlreich.

Gen 15 wäre dementsprechend noch später anzusetzen. In diesem Text sehe ich das Problem der persönlichen Gerechtigkeit verhandelt, das in persischer und hellenistischer Zeit Gegenstand intensiver Reflexion geworden ist, vermutlich ausgelöst durch soziale Verwerfungen, die im Laufe des 2. Jahrhunderts v. Chr. zur Aufruhr und Zersplitterung der Bevölkerung geführt haben. Auch der in Gen 15 eigens problematisierte Besitz des Landes ist ein Thema der spätpersischen und vor allem der hellenistischen Zeit, das mit der Differenzierung der Bevölkerung in Gerechte und Frevler Hand in Hand geht.[90] So erweist sich auch von der mutmaßlichen historischen Veranlassung her Gen 15 als jüngste der drei großen, die ethnische Identität „Israels" stiftenden Verheißungen an Abraham in Gen 12; 17 und 15. Ausschlaggebend für diese Annahme ist jedoch nicht die vermutete historische Situation, sondern die literarische Relation.

---

88 Zu der an den beiden Bundesschlüssen in Gen 9 und 17 orientierten Unterscheidung von „Welt/ Menschen-Kreis" und „Israel-Kreis" vgl. Steck 1991, 305–308.
89 Vgl. Steck 1992, 160 Anm. 48 (mit weiterer Literatur). Vgl. auch De Pury 2006, 67–72. Ihnen folgt Schmid 2018.
90 Vgl. etwa Ps 37 und die Auslegung dazu im Pescher zu den Psalmen von Qumran.

8 „Die jüngste Figur in dieser Gesellschaft" Abraham in der Genesis

Die folgende Skizze der Komposition der Abrahamüberlieferung fußt auf meiner Analyse in „Die Komposition der erzählenden Überlieferung des Alten Testaments".[1] Des Weiteren sind vor allem diejenigen Arbeiten berücksichtigt, die das Material in seiner Gänze analysieren.[2] Auch den methodischen Ansatz der Analyse habe ich anderenorts bereits dargelegt und in Auseinandersetzung mit der gegenwärtigen Forschung näher begründet.[3] Ausgangspunkt ist die Unterscheidung zwischen der priester(schrift)lichen und der nichtpriester(schrift)lichen Schicht der Vätergeschichte im Buch Genesis, die nach meiner Auffassung unabhängig, aber in Kenntnis voneinander entstanden sind und daher am besten im Rahmen einer modifizierten Quellenhypothese als nichtpriesterliche Vorlage (traditionell JE) und priesterliches *Rewriting* (P) erklärt werden können. Beide Schichten sind nicht einheitlich und erfordern eine weitergehende Differenzierung. Innerhalb des priesterlichen Textbestands ist die Unterscheidung zwischen einer Grundschrift (P^G) und sukzessiv nachgetragenen Supplementen (P^S) üblich. Innerhalb der nichtpriesterlichen Partien hat sich – trotz des Einspruchs der selbsternannten *Neo-Documentarians*[4] – die mechanische Verteilung auf zwei separate Quellenschriften (J und E) nicht bewährt, sodass von dem gesamten Textbestand (traditionell JE) auszugehen ist. Hier gilt es, zwischen vor- und nachpriesterlichen Schichten zu differenzieren. Zu den vorpriesterlichen Schichten gehören ältere, der Komposition der Vätergeschichte vorausgehende Überlieferungen sowie das älteste erreichbare literarische Stratum der Komposition. An sie haben sich nichtpriesterliche Ergänzungen angeschlossen, die vor- oder nachpriesterlich sein können, was aber nicht immer leicht auseinanderzuhalten ist, weshalb sie hier am Schluss behandelt werden. Auch in späteren Zufügungen können theoretisch ältere, vorkompositionelle Überlieferungen eingegangen sein. Die folgende Skizze rechnet demnach mit einer Entwicklung, die in mehreren Schritten verlaufen ist und hier nachgezeichnet werden soll: I. Vorkompositionelle Überlieferungen; II. Die Komposition der vorpriesterlichen Abrahamgeschichte; III. Die priesterliche Abrahamgeschichte; IV. Nichtpriesterliche Ergänzungen. Den Abschluss bilden V. Überlegungen zu Umfang und Relation der Schichten.

---

1 Kratz 2000, 239–242 und 263–280. Vgl. ferner Nr. 7 in diesem Band.

2 Wellhausen 1899; 1905; Smend 1912; Noth 1948; Blum 1984; Levin 1993; ferner van Seters 1975; 1992; Köckert 1988; 2014. Zur Auslegung der Texte vgl. Blenkinsopp 2015; Köckert 2017.

3 Nr. 1 und 2 in diesem Band.

4 Baden 2012; 2013.

https://doi.org/10.1515/9783111367057-011

I Vorkompositionelle Überlieferungen

Die drei Erzväter Abraham, Isaak und Jakob waren nicht von Anfang an miteinander verwandt und in einem Erzählzusammenhang verbunden, sondern Einzelgestalten, die jeweils für eine Gruppe standen und ihre eigene Überlieferungsgeschichte durchlaufen haben, bevor sie im Rahmen der Vätergeschichte der Genesis in eine genealogische Linie gebracht und zu Ahnvätern des Volkes Israel erklärt wurden. Man muss daher – nicht nur in der mündlichen Vorgeschichte (Martin Noth), sondern im Text selbst (Erhard Blum) – zwischen stammesgeschichtlicher Einzelüberlieferung und volkgeschichtlicher Komposition unterscheiden. So lassen sich ältere, ehemals selbständige Überlieferungen relativ problemlos für Jakob-Laban (Gen 29,16–32,2a*) und Isaak (Gen 26*) bzw. Isaak-Esau (Gen 26,1–27,28*) isolieren. Für Abraham will dies jedoch dies jedoch nicht so einfach gelingen. In Betracht kommen die nichtpriesterlichen Stücke in Gen 12–13; 16; 18–19; 21,1–8; 24 und 25,1–6, doch setzen sie mehrheitlich die genealogische Verbindung im Rahmen der Komposition der Vätergeschichte bereits voraus.

Dies ist auch bei der Abraham-Lot-Erzählung in Gen 13 + 18–19 + 21 der Fall, in der vielfach eine vorkompositionelle Überlieferung gefunden wird.[5] Die Annahme ist in mehrfacher Hinsicht problematisch. Der Erzählgang ist weder selbständig noch vollständig. Der Zwist zwischen Abraham und Lot in Gen 13,7–11 und die anschließende Trennung in 13,12–13.18 sind ohne den Anfang der Vätergeschichte in 12,1–3, das Itinerar in 12,4–9 und den Anlass zum Streit in 13,2.5 nicht lebensfähig; das Motiv des Brunnenstreits ist aus Gen 26 entlehnt. Gen 18 ist von Gen 12–13 und 19 abhängig. Die Verheißung des Sohnes in Gen 18 zielt auf die Geburt Isaaks in Gen 21 und setzt somit die Verbindung mit Gen 26 voraus.[6]

In methodischer Hinsicht besteht das Problem der Hypothese einer älteren Abraham-Lot-Erzählung darin, dass nicht klar ist, nach welchen Kriterien zwischen älterer Überlieferung und Komposition unterschieden wird. Zwar werden einzelne, die Komposition der Vätergeschichte konstituierende Elemente wie die Verheißung in Gen 12,1–3 und das Itinerar als spätere redaktionelle Elemente ausgeschieden, doch gleichzeitig Teile der Komposition für die ältere Überlieferung in Anspruch

---

5 Vgl. Gunkel, 159–161; Noth 1918, 217 Anm. 30; Blum 1984, 273–289, bes. 282–286; Köckert 2014, 48; auf seine Weise auch Levin 1993, 390.

6 Aus diesem Grund erklärt Levin 1993, 390 auch das Itinerar samt den Geburtsnotizen in Gen 16 und 21 zu Vorlagen (in seiner Terminologie „vorjahwistischen Quellen") und schlägt sie der vermeintlich vorkompositionellen Abraham-Lot-Erzählung zu. Die Vorlagen, zu denen er auch die Erzählung in Gen 24 und die anschließende Geburtsgeschichte von Esau und Jakob in Gen 25 rechnet, setzen – mit Ausnahme von Gen 19 – die genealogische und topographische Anlage der Vätergeschichte durchweg voraus oder konstituieren sie.

genommen und damit die Disposition und das inhaltliche Profil der Komposition *der Sache nach* vorausgesetzt. Dies ist besonders schwer nachzuvollziehen, wenn angenommen wird, dass die Geburt Isaaks in Gen 21 nicht mehr ganz erhalten sei[7] und die eigentliche Isaak-Rebekka-Überlieferung in Gen 26 noch gar nicht bekannt gewesen, sondern erst später – im Zuge der durch die Verheißungen konstituierten Komposition der Vätergeschichte und Verbindung der ehedem selbständigen Erzählkränze bzw. Vorlagen[8] oder danach[9] – eingetragen oder gar eigens für den Kontext der Vätergeschichte gebildet worden sein sollen. Woher die genealogische Verbindung kommt und wie die Anlage der Vätergeschichte entstanden ist, wird so nicht erklärt.

Nach Lage der Dinge kann daher eine ältere, vorkompositionelle Überlieferung für Abraham und Sara nur dem Namen nach postuliert, aber im überlieferten Text nicht mehr methodisch nachvollziehbar identifiziert werden. Das einzige Stück, das für sich stehen kann und darum eine ältere, vorkompositionelle Überlieferung darstellen dürfte, ist die Erzählung von Lot und Sodom in Gen 19, von der Gen 18 abhängig ist.[10] Es handelt sich um eine Ortsätiologie, in erster Linie für die wüste Landschaft am Toten Meer (19,1–16.26)[11] mit doppeltem Gipfel: der Rettung Lots (V. 16) und der Erstarrung von Lots Frau zur Salzsäule (V. 26); in zweiter Linie für die Ortschaft Zoar (19,17–23).[12] Daran schließt sich die etymologische Ätiologie von Moab („vom Vater") und Ammon (Ben-Ammi „Sohn meines Verwandten") in 19,30–38 an, die aus dem – nach 19,26 unumgänglich gewordenen – Inzest mit den beiden Töchtern Lots hervorgehen. Die Episode dient der Nationalisierung des älteren Stoffs und dürfte im

---

7 Blum 1984, 279.

8 So Köckert 2014, 50–51; auf seine Weise auch Levin 1993, 390 f.

9 So Blum 1984, 339; anders ders., 1990, 214 Anm. 35.

10 So mit Levin 1993, 155 f (unter Berufung auf R. Kilian); vgl. die Analyse von Gen 19 a.a.O., 163–170. Lot und sein Wohnsitz in Sodom werden in Gen 19 als bekannt vorausgesetzt, wofür es Gen 13 und 18 jedoch nicht braucht. Lediglich an eine vage traditionsgeschichtliche Selbständigkeit denkt Blum 1984, 287 f; wie sich damit die auch von ihm zugestandene literarische (!) Komplexität erklären soll, hat sich mir nicht erschlossen.

11 Spätere Zusätze sind: V. 9a (ab dem zweiten „Und sie sprachen …").13b.14aβ.15aβb.16aβ. Die „zwei Engel" in V. 1.15, denen die „zwei Töchter" in V. 8 korrespondieren, könnten durchaus ursprünglich sein und den Verfasser von Gen 18 auf die Idee gebracht haben, von „drei Männern", Jhwh und den beiden Engeln, zu reden. Möglich ist jedoch auch, dass der Anfang von Gen 19 beschädigt ist und ursprünglich hier wie in Gen 18 von „drei Männern" die Rede war, bevor nach dem Weggang Jhwhs in 18,33 nur noch „zwei Engel" übrigblieben. Vgl. Wellhausen 1899, 26; Blum 1984, 282.

12 In V. 17 ist entweder „Und sie sprachen" zu lesen oder es liegt ein Zusatz vor, der Jhwh als Sprecher annimmt. Im Folgenden ist der Singular sekundär: V. 18–19.20b–22a. Die in V. 18 eingeleitete Rede Lots „zu ihnen", den Männern von V. 17, zielt unmittelbar auf die Stadt Zoar in V. 20a.22b, in der Lot bei Sonnenaufgang ankommt (V. 23); V. 30 gehört nicht mehr zur Zoar-Ätiologie, sondern leitet die folgende Episode ein. Vgl. Levin 1993, 167.

Zuge der Komposition der Vätergeschichte eingetragen worden sein. Die Zusätze in 19,1–16.17–23.26 sowie V. 24–25.27–29 setzen die Komposition schon voraus.

II Die Komposition der vorpriesterlichen Abrahamgeschichte

Die Komposition der Vätergeschichte ist nicht in einem Zuge entstanden.[13] Von den drei Erzvätern ist Abraham „wol die jüngste Figur in dieser Gesellschaft und wahrscheinlich erst verhältnismäßig spät seinem Sohne Isaak vorgesetzt."[14] Ihm ging eine literarische Komposition in Gen 26–35 voraus, in der die Jakob-Laban-Überlieferung (Gen 29,16–32,2a*) mit der Isaak-Esau-Überlieferung (Gen 26,1–27,28*) verbunden war. Esau, der älteste Sohn von Isaak und Rebekka, der dem kinderlosen Paar von Gen 26 in einem späteren Überlieferungsstadium zugewachsen ist, wurde so zum Bruder von Jakob, Rebekka zur Mutter von beiden. Die Verbrüderung ist literarisch in der Betrugsgeschichte Gen 27 in Szene gesetzt: Der Segen des alternden Isaak (27,28) galt ursprünglich Esau und wurde erst durch die sekundär hinzugefügte Intrige Rebekkas auf Jakob übertragen, was auch die Fluchtgeschichte und den Konflikt zwischen Jakob und Esau auslöst.[15] Beide, Esau (27,1) und Jakob (27,6), werden in Gen 27 unvermittelt als Söhne Isaaks und Rebekkas eingeführt und sind jeweils ein bzw. zwei Kinder unter mehreren (27,1.29), von denen ebenfalls die Geburt nicht erzählt wird. Die Geburtsgeschichte in Gen 25,21–26, die Esau und Jakob zu Zwillingen erklärt, sowie der Verkauf des Erstgeburtsrechtes in 25,27–34 kommen vor Gen 26, wo Isaak und Rebekka kinderlos sind, zu früh und scheinen im Anschluss an Gen 24 gebildet und noch jünger zu sein.[16]

---

13 Vgl. Blum 1984; Levin 1993; Köckert 2014.

14 Wellhausen 1905, 317 f (mit Anm. 1).

15 Vgl. dazu Kratz 2000, 272 f. Zur Analyse auch Levin 1993, 207–215, bes. 209–211, dessen „vorjahwistische Quelle" (27,1–4*.5b.14.18a.24–25.27*.28.30*.31–33a.41b) bis V. 28 allerdings gerade nicht von Jakobs List erzählt; V. 14 hängt nach dieser Analyse in der Luft (im Anschluss an V. 5b kann nur Esau, nicht Jakob das Subjekt des Satzes sein), passt nicht zu V. 4 und setzt den Dialog mit Rebekka in V. 6–13 (nach Levin ursprünglich nur V. 6–10) voraus.

16 Vgl. Kratz 2000, 275. Da Gen 26 den narrativen Zusammenhang zwischen Gen 25 und 27 unterbricht, könnte man – wie im Falle von Gen 16 zwischen 13,18 und 18,1 (dazu s. u. IV. 4) – auch umgekehrt vermuten, Gen 26 sei sekundär in die ältere Jakob-Überlieferung in Gen 25,21 ff; 27 ff eingeschoben worden. Allerdings müsste es sich um eine irrtümliche Einordnung eines unachtsamen Redaktors handeln, denn Gen 26 hätte ohne Weiteres an 21,7 f oder 25,5 angeschlossen und vor der Geburt der Kinder in 25,21 ff platziert werden können. Außerdem ist fraglich, ob die Geburtsgeschichte in Gen 25,21 ff Teil der älteren Jakobüberlieferung war. Ihr fehlt der Anfang (Blum 1984, 67), der sich aber in Gen 24 (Levin 1993, 197) bzw. 25,19 f (P) findet und somit nicht nur die genealogische Verbindung von Isaak, Esau und Jakob, sondern auch Abraham und die Priesterschrift bereits voraussetzt. Weiter dazu s. u. IV. 9.

Die Grundschrift der Isaak-Jakob-Erzählung in Gen 26–35* (IJ^G), in die die beiden ehedem selbständigen Überlieferungen von Isaak-Esau und Jakob-Laban eingegangen sind, spiegelt vermutlich die Rivalität und gleichzeitige Verbundenheit der beiden Reiche des Südens (Juda) und des Nordens (Israel) und ihr schiedlich-friedliches Verhältnis zu ihren Nachbarn, den Aramäern (Laban), Philistern (Abimelech) und Edomitern (Esau), wider und dürfte nach 722 v. Chr. noch in vorexilischer Zeit entstanden sein.[17] Dass der Norden (Jakob) aus dem Süden (Isaak) hervorgegangen ist, entspricht zwar nicht der historischen Realität, wohl aber der den historischen Umständen geschuldeten historiographischen Programmatik: „Jakob" und die Seinen im Norden, die ihre staatliche Verfassung in Israel eingebüßt haben und unter assyrischer Oberherrschaft leben, werden zu Nachfahren und bevorzugten Erben Isaaks, eines Stammvaters des Südens in dem noch bestehenden assyrischen Vasallenstaat Juda, und damit zum Teil eines größeren Ganzen erklärt, das Juda und Israel umfasst, friedlich-schiedlich geschieden von ihren ebenfalls unter assyrischer Herrschaft existierenden Nachbarn. Konkretere historische Umstände lassen sich der Komposition nicht entnehmen, und auch die hier vorgeschlagene Datierung ist natürlich nur eine Vermutung.

Im Anschluss an die Verbindung von Isaak-Esau und Jakob-Laban in der Komposition Gen 26–35* wurde in Gen 12–25* Abraham als „jüngste Figur in dieser Gesellschaft" den beiden anderen vorgesetzt. Das älteste erreichbare literarische Stratum findet sich nach allgemeinen Dafürhalten in Gen 12–13; 18–19 und 21 und hat sich an die Lotüberlieferung in Gen 19 angelagert. In ihrer Substanz ergibt sich die Abraham-Lot-Erzählung aus dem Anfang in 12,1–3 sowie der Ausrichtung auf Lot und seine Nachfahren in Gen 19 und Isaak in Gen 26 ff. Nach dem Befehl zum Aufbruch in das von JHWH bestimmte Land macht sich Abraham mit Lot auf die Wanderung in und durch das ihm von JHWH gezeigte Land (12,4a.6a.7–9). Dort werden beide reich gesegnet (13,2.5), woran sich der Streit unter den Hirten entzündet (13,7a.8–11a), der Lot mit Rücksicht auf Gen 19 nach Sodom (13,12bβ.13) und Abraham zu den Terebinthen von Mamre führt (13,18).

Der Anfang von 18,1 („Und JHWH erschien ihm bei den Terebinthen von Mamre, und er saß ...", vgl. 26,2) knüpft unmittelbar an 13,18 an und ist auf die vorgängige Nennung Abrahams als Subjekt der Handlung angewiesen. Die Szene, der Besuch der drei Männer, ist aus Gen 19 gesponnen und hat die Ankündigung der Geburt Isaaks zum Inhalt (18,1–16a)[18]. Wie in 19,17–23 wechseln der Plural (für die „drei

---

17 Vgl. die Erwägungen zur Datierung der älteren Überlieferungen – wenn auch unter etwas anderen Voraussetzungen – bei Blum 1984, 261.291 f.301–307.
18 Vermutlich ohne den singularischen V. 3b („Wenn ich Gnade gefunden habe in deinen Augen"); zur Begrüßung mit „meine Herren" vgl. 19,2. Zu möglichen weiteren Zusätzen vgl. Levin 1993, 157 f.

Männer") und der Singular (für Jʜᴡʜ). Doch anders als in 19,17–23 lässt sich der Numeruswechsel hier wie auch in der jüngeren Zufügung 18,16b–22a literarkritisch nicht auflösen.[19]

In der auf Gen 19 (und die Itinerarnotiz 20,1 = 12,9?) folgenden Geburtsgeschichte sind vermutlich nur Teile von 21,1–8 ursprünglich; in Frage kommen etwa 21,1a.6 f.8.[20] Nach 18,9–15 ist klar, was mit der Vollzugsformel in 21,1a und den Anspielungen in 21,6 f gemeint ist: Das „Lachen" (צחק), das Gott der Sara bereitet hat, ist Isaak (יצחק). Hieran schließt die Isaakerzählung bzw. Isaak-Jakob-Komposition in Gen 26 ff nahtlos an.[21]

Die Abraham-Lot-Erzählung kann jedoch nicht isoliert betrachtet werden, sondern ist – von Anfang an – als Bindeglied zwischen der vor-priesterlichen Urgeschichte in Gen 2–11* und der Isaak-Jakob-Komposition in Gen 26–35* konzipiert. Mit ihr bewegt man sich auf der Ebene der Komposition der Ur- und Vätergeschichte in Gen 2–35*. Im Bereich der Urgeschichte und der Abraham-Lot-Erzählung handelt es sich um die Verbindung und Ausarbeitung von ehemals selbständigen Vorlagen (Gen 2–4*, 10*; 19*) zu einer fortlaufenden Erzählung,[22] im Bereich der Isaak-Jakob-Erzählung um die Bearbeitung einer schon existierenden größeren Komposition.[23] In der Terminologie der Quellenhypothese heißt diese Schicht der „Jahwist".[24] Um

---

19 Nimmt man die Reden Jʜᴡʜs in 18,10.13 f und mit ihnen den ganzen Erzählgang in V. 9–15 heraus, fehlt der Szene der Inhalt, umgekehrt ist die Rede in V. 10 auf den Plural in V. 9 angewiesen, V. 14 spricht von Jʜᴡʜ in 3. Pers. Die Mischung ist schon im Anfang bewusst angelegt: In 18,1a erscheint Jʜᴡʜ dem Abraham bei den Terebinthen von Mamre (13,18), in 18,2 erblickt Abraham die „drei Männer". Von da an bewegt sich die Erzählung bis auf die leicht zu tilgende Ausnahme in 18,3b konsequent auf zwei Ebenen: Abraham und Sara haben es nur mit den „drei Männern" zu tun, dem Leser wird gesagt, dass es sich um Jʜᴡʜ handelt, der in den drei Männern erscheint und die Geburt des Kindes ankündigt.

20 Andere Möglichkeiten: 21,1a.6.7b(LXX) oder 21,1b.2a.(3*).6.7b(LXX) (s. demnächst C. Berner / C. Frevel in Müller / Schäfers). Zum Problem der Geburtsgeschichten in Gen 16; 21 und 25,19–26 vgl. Kratz 2000, 241 f.277 f sowie unten unter IV. Warum die Geburt Isaaks in 21,1–7 oder wenigstens die Reaktion auf die erfolgte Erfüllung der Sohnesverheißung in 21,1a.6 f den Erzählfaden von Gen 18 nicht weiterführen soll und „zu der Annahme (nötigt), daß die erzählerische Weiterführung von 18,1–6 (sic, gemeint ist wohl 18,1–16) in unserer Überlieferung durch eine andere Textschicht verdrängt oder zumindest *überdeckt* ist" (Blum 1984, 279), erschließt sich mir nicht.

21 Der Tod Abrahams ist in der vorpriesterlichen Komposition ebenso wenig berichtet wie der Tod Isaaks (vgl. 27,41) oder der Tod Jakobs, der erst in der Josefsgeschichte stirbt. Erst P legt in seinem System der Toledot allergrößten Wert auf die Feststellung von Geburt und Tod der Ahnväter.

22 Kratz 2000, 252–262.

23 Ebd., 270–275.

24 Ebd., 256.268 und passim habe ich die Terminologie beibehalten, aber auf die literarische Grundschicht der Ur- und Vätergeschichte in der Genesis (sic) beschränkt. Das hat zu allerlei Missverständnissen geführt.

Missverständnisse zu vermeiden spreche ich jedoch mittlerweile lieber von der Komposition oder Grundschrift der Ur-und Vätergeschichte (UV^G) in der Genesis.

Der Schlüssel zur Identifizierung dieser Komposition und ihres redaktionellen Profils liegt im Anfang der Abrahamerzählung in Gen 12,1–3 und der korrespondierenden Verheißung in 28,13–15. Zum einen schließt Gen 12,1–3 an die Urgeschichte (hier 11,8a) an und formuliert in literarischer Bezugnahme auf Gen 2–4 und 10–11 den Kontrapunkt zum Fluch, der auf der gesamten Menschheit liegt.[25] Der Übergang wirkt abrupt, doch bedarf es keiner besonderen genealogischen Herleitung Abrahams: Aus der über die Erde verstreuten Menschheit unter dem Fluch greift sich Jhwh einen, nämlich Abraham, heraus und legt den Segen auf ihn. Auch Lot und Sara tauchen unvermittelt auf und werden eingeführt, sobald sie gebraucht werden: Lot in 12,4a bzw. 13,5, Sara in 16,1 bzw. 18,9.

Zum anderen leitet Gen 12,1–3 über zu der folgenden Vätergeschichte und dem zweiten Brückenpfeiler der Komposition in Gen 28,13–15. Die beiden Texte fungieren als redaktionelle Klammer, die die Komposition der Ur- und Vätergeschichte zusammenhält. In diesen beiden Verheißungen werden die vielen Segnungen, die Abraham und Lot (13,2.5; 24,35), Isaak (26,12–16.22.28–29), und Jakob (27,27–29; 30,27.29–30; 32,5–6) erfahren, insbesondere der Segen Isaaks in 27,29b, auf Jhwh zurückgeführt. Damit wird der göttliche Segen im Folgenden an alle drei Patriarchen weitergegeben und ausgeführt.

Darüber hinaus exponieren die beiden Verheißungstexte das genealogische und topographische Programm, das die Anlage der Vätererzählungen konstituiert. Abraham und Lot, Ismael und Isaak, Moab und Ammon, Jakob und Esau, Jakob und Laban, sie alle sind miteinander verwandt. Ziel der genealogischen Verzweigungen ist die Geburt der Söhne Israels, darunter Judas, in Gen 29 f und die Umbenennung Jakobs in Israel in Gen 32. Juda und Israel stehen für die beiden genealogisch vereinten Reiche inmitten der übrigen, ebenfalls genealogisch miteinander verbundenen syrisch-palästinischen Kleinstaatenwelt. Mit der Geburt Judas in 29,35 und

---

25 Der narrative Zusammenhang wird durch Stichwortverbindungen in Gen 12,1–3 kenntlich gemacht: Das Land, das Gott dem Abraham zeigen wird (אֶל־הָאָרֶץ אֲשֶׁר אַרְאֶךָּ) und das Teil des von „allen Sippen" bewohnten „Ackerbodens" ist (כֹּל מִשְׁפְּחֹת הָאֲדָמָה) ist, macht dem Umherirren (Gen 4) und der Zerstreuung der Menschheit (Gen 11) nach der Vertreibung aus dem Paradies (Gen 3) ein Ende; die „große Nation" (וְאֶעֶשְׂךָ לְגוֹי גָּדוֹל) ersetzt die Idee von der „einen Menschheit" (עַם אֶחָד) nach der Zerstreuung (Gen 11,6.8); der „große Name" (וַאֲגַדְּלָה שְׁמֶךָ), der sich vielleicht schon im Namen von Sem abzeichnet, ersetzt den zweifelhaften Ruhm der Heroen, der אַנְשֵׁי הַשֵּׁם, in vorsintflutlicher Zeit (Gen 6,4) sowie den zunichte gemachten „Namen" der „einen Menschheit" in Gen 11,4; der beides umfassende „Segen" (וַאֲבָרְכָךָ), der Abraham selbst und durch ihn allen anderen Sippen des Ackerbodens gilt, kontrastiert den „Fluch" in Gen 3; 4 und 9. Es führt nicht weiter, die offensichtlichen Beziehungen aufgrund semantischer Nuancen, wie sie bei redaktionellen Texten üblich sind, einfach nur in Abrede zu stellen (vgl. Köckert, 2021, 387).

der Umbenennung Jakobs in 32,28 f ist die Verheißung der Volkwerdung Abrahams, dessen Nachkomme der Vater Judas ist und den Namen Israel trägt, erfüllt.

Topographisch sind die Väter durch das Itinerar verbunden, das sich an 12,1–3 anschließt. Abraham wandert, von Osten, dem Land Schinar, kommend (11,2), quer durch das ganze verheißene Land, zuerst nach Sichem (12,4a.6a.7), dann weiter südlich auf das Gebirge zwischen Betel und Ai (12,8) und schließlich weiter „nach Süden" (12,9). Letzte Station nach der Trennung von Lot in 13,2.5–13[26] ist die Terebinthe von Mamre, eine Stätte bei Hebron (13,18),[27] wo ihm in 18,1 Jhwh erscheint. Dort oder – nach 20,1 – weiter im Südland wird Isaak geboren (21,1–8*), der in Gen 26 nach Gerar zu Abimelech zieht (26,1) und von hier nach Beerscheba übersiedelt (26,23). Von Beerscheba aus zieht Jakob in 28,10 zu Laban nach Haran, wo er sich bis 30,25 aufhält und von wo er in Gen 31–35 über verschiedene Zwischenstationen (Gilead, Mahanajim, Penuël, Sukkot, Sichem, Betel, Efrata-Betlehem, Migdal-Eder), fast auf derselben Route wie sein Großvater Abraham, ins verheißene Land zurückkehrt. In 31,3 gibt Jhwh mit den Worten von 12,1–3 den Befehl zum Aufbruch. Nicht der Osten, aus dem Abraham kommt, sondern das verheißene Land, in das Jakob zurückkehren soll, ist nunmehr das Land „deiner Väter und deiner Verwandtschaft". Die Wanderung der Erzväter durch das Land, zu denen auch die Kultgründungen gehören (12,8/13,3 f; 13,18; 26,25; 28,16–19), und die Rückkehr Jakob-Israels sind eine Art „Landnahme" durch die Erzväter. Mit ihr ist die Landverheißung von 12,1–3.7 erfüllt.

Nicht alle Segnungen, genealogischen Verbindungen und topographischen Stationen stammen von dem Verfasser von 12,1–3 selbst, manche waren ihm vorgegeben. Dennoch ist deutlich, dass sich diese Gesichtspunkte in den beiden Verheißungen 12,1–3.7 und 28,13–15 bündeln und das redaktionelle Konzept bilden, das die Komposition der Ur- und Vätergeschichte bestimmt. In diesem Konzept nimmt die Gottheit Jhwh eine exponierte Stellung ein, deren Wirken in die älteren Vorlagen vielfach eingetragen wurde. Neben der Jahweisierung ist die Nationalisierung kennzeichnend für die Komposition. Die fluchbeladene Geschichte der in Sippen, Sprachen, Länder und Nationen zerteilten und zerstreuten Menschheit setzt sich in der segensreichen Geschichte der syrisch-palästinischen Kleinstaaten auf dem Ackerboden des palästinischen Kulturlandes fort. Israel (Norden) und Juda (Süden) werden – im Unterschied zur geographischen Sukzession von Vätern des Südens (Abraham, Isaak) und Nordens (Jakob) in der älteren Überlieferung – ausdrücklich zu Vater und Sohn inmitten der übrigen Sippen des Ackerbodens und „Bruder-

---

26 Ursprünglich 13,2.5.7a.8–11a.12bβ.13; zur Analyse vgl. Levin 1993, 143–146.

27 Ob die nähere Lokalisierung von Mamre bei Hebron sekundär ist (Levin 1993, 146 mit Verweis auf 18,1 und die Entfernung Hebrons von Sodom), sei dahingestellt. Die literarische muss nicht der realen Topographie entsprechen.

staaten" erklärt. Der (eine) Nationalgott Jнwн wird ganz nach Art der Familien-
und Ortsreligion, entsprechend dem Altargesetz von Ex 20,24 und der vorexilischen
Segenstheologie, wie sie in den Inschriften von Khirbet el-Qom und Kuntillet Ajrud
belegt ist, an verschiedenen Altären des Landes verehrt und spendet den Segen.
Das Zentralisationsgebot von Dtn 12 scheint noch nicht bekannt zu sein. Auch das
Erste Gebot braucht es dazu nicht. Dass nur Jнwн als Gottheit genannt ist, hängt mit
seinem exzeptionellen Rang als Reichsgott zusammen, der als solcher Israel und
Juda gemeinsam ist und die Verbrüderung der beiden an sich unabhängigen, meist
miteinander verfeindeten Monarchien zu untermauern geeignet ist.

Die eigentümliche Verbindung der Staatenwelt, insbesondere der beiden Reiche
Israel und Juda, und die nicht minder eigentümliche Vermischung der drei Ebenen
der vorexilischen National-, Orts- und Familienreligion unter dem Vorzeichen des
einen Reichsgottes, sind keineswegs so selbstverständlich, wie man sie zu nehmen
pflegt. Das redaktionelle Konzept der vorpriesterlichen Ur- und Vätergeschichte entspricht nicht dem üblichen Selbstverständnis der syrisch-palästinischen Monarchien
und ihrer angestammten Religionen. Es entspricht auch nicht dem Selbstverständnis
der getrennten Reiche Israel und Juda, auch wenn bei ihnen (ähnlich wie bei den
Aramäern) dieselbe Gottheit in unterschiedlichen lokalen Manifestationen Dynastie-
und Reichsgott war und die beiden Monarchien (besonders unter den Omriden) auch
politisch eng miteinander verbunden waren. Vielmehr handelt es sich um eine konstruierte Identität, für die es einen besonderen Anlass gegeben haben muss. Am ungezwungensten erklärt sich die literarische Konstruktion daher aus dem Fall Samarias
um 720 v. Chr. und der Situation zwischen den Zeiten, zwischen 720 und 587 v. Chr., in
der es kein Reich, aber ein Volk Israel neben und im Königtum von Juda gab.

Die vorpriesterliche Ur- und Vätergeschichte liest sich so nachgerade als Gründungslegende der Reiche Israel und Juda in nichtstaatlichem Gewand und als Legi-
timationsschrift für die – in Israel untergegangene, aber in Juda weiterlebende und
sicher auch in den Gebieten Israels weiter praktizierte – Verehrung des Reichsgottes Jнwн in Gestalt der vorexilischen Orts- und Familienreligion. Auf ihre Weise sagt
die Komposition damit ungefähr dasselbe, was Sam–Kön mit der Vereinigung der
Reiche, des Hauses Saul und des Hauses David, im Großreich David zum Ausdruck
bringt. Und auf ihre Weise ist die vorpriesterliche Ur- und Vätergeschichte nicht die
Vorgeschichte, sondern eine Parallele zur vorpriesterlichen Exodus-Landnahme-
Erzählung in Ex–Jos (EL). Aspekte, die auf eine spätere, exilisch-nachexilische
Datierung des kompositionellen Scharnierstückes in Gen 12,1–3 und der Grund-
schrift der Ur- und Vätergeschichte im Ganzen weisen,[28] vermag ich nicht zu sehen.

---

28 Vgl. Blum 1984, 297 ff; ders. 1990, 214 Anm. 35 (anders noch ders. 1984, 289–297 für Gen 13,17
und 28,14aβ); Levin 1993; Köckert 2014. Gegen die exilische Datierung spricht m. E. vor allem die

III Die priesterliche Abrahamgeschichte

Die Priesterschrift (P) setzt die nichtpriesterliche Abrahamgeschichte im Rahmen der – um Josef erweiterten und mit der Exodus-Landnahme-Erzählung verbundenen – Ur- und Vätergeschichte als Vorlage voraus.[29] In P findet sich die Abrahamgeschichte unter den Toledot Terachs, die von 11,27 bis zum Tod Abrahams in 25,7–11 reichen. Sie nehmen eine Art Zwischenstellung zwischen Menschheits- und Volksgeschichte ein. Ihnen gehen vier Toledot der Urgeschichte voraus: die Toledot von Himmel und Erde (Gen 1,1–2,4a), Adam (Gen 5), Noach (Gen 6–9). 4) und Sem (Gen 11,10–26).[30] Weitere vier schließen sich an: die Toledot von Ismael (25,12–17), Isaak (Gen 25,19 bis 35,27–29), Esau (Gen 36) und schließlich Jakob-Israel (Gen 37,2 bis Ex 40).[31] Wie in der Urgeschichte wechseln auch in der Vätergeschichte programmatische Leittexte mit genealogisch-biographischen und topographischen Übergangsstücken, die die Erzählung der nichtpriesterlichen Vorlage in Namen, Zahlen, Geburts- und Sterbenotizen sowie Itineraren zusammenfasst. Die programmatischen Leittexte finden sich nur bei den drei Hauptlinien Abraham, Isaak und Jakob, bei den Nebenlinien Ismael und Esau beschränkt sich P auf biographische Daten und Itinerare.

Der Übergang von den Toledot Sems zu den Toledot Terachs erfolgt in Gen 11: 11,27 wiederholt die Abschlussnotiz der Toledot Sems in V. 26 und zählt die drei Söhne Terachs auf: Abraham (bis Gen 17 Abram), Nahor und Haran. Daran schließt nahtlos der Zug Terachs an, von Ur Kasdim in Richtung Kanaan, zunächst bis nach Haran, wo Terach stirbt (11,31–32).[32] Dass Terach nur Abraham und seinen Enkel Lot, den Sohn

---

Tatsache, dass die Komposition mit der Vorschaltung der südlichen Väter Abraham und Isaak vor Jakob nicht „Juda", sondern „Israel" zur zentralen Identifikationsfigur erhebt. Nicht Israel wird unter Juda subsumiert, sondern „judäische" Väter werden zu Vorfahren von „Israel" und Juda zum Nachfahren „Israels" erklärt. Aus judäischer Perspektive in der Zeit nach 587 v. Chr. ist dies kaum zu erklären. Hinzu kommt, dass auch die Berücksichtigung der beiden Monarchien Moab und Ammon (Gen 19) eher in der Königszeit als in exilischer und nachexilischer Zeit verständlich ist und die beiden Staaten in der Priesterschrift keine Rolle (mehr) spielen. Auch die von Ska 2009, 46–66 angeführten sprachlichen Merkmale sind nicht signifikant und vermögen daher eine nachpriesterliche Datierung des Texts nicht zu begründen; vgl. Nr. 7 in diesem Band und neuerdings auch Köckert 2021, 383 gegen Köckert 2014, 52 f.

29 Zu Josef und der vorpriesterlichen Exodus-Landnahme-Erzählung vgl. Kratz 2000, 281–304, und besonders Ede 2016; 2021. Die (sekundäre) vorpriesterliche Verbindung am Übergang von Gen 50 zu Ex 1 hat zuletzt Berner 2010, 10–48 nachgewiesen; zur Diskussion Nr. 2 (II 3) in diesem Band.

30 Die Rahmung der Völkertafel in Gen 10 als Toledot der Söhne Noachs (10,1.32) ist sekundär; vgl. Kratz 2000, 239.

31 Den priesterlichen Bestand in Lev und Num rechne ich zu P[s]; vgl. Kratz 2000, 102–117.

32 Der Name Haran für den Bruder Abrahams und Vater Lots dürfte von P in Anlehnung an das nordsyrische Haran (vgl. Gen 27,43; 28,10; 29,4) gewählt sein. Auch Serug, Peleg, Nahor und Terach in 11,10–26 sind allesamt Städte in der Umgebung von Haran.

Harans und Neffen Abrahams, sowie Sara (bis Gen 17 Sarai), die Frau Abrahams, mit auf die Reise nimmt, erklärt sich aus dem Fortgang der Erzählung in 12,5 und 13,6.11 f und daraus, dass P die vorpriesterschriftliche Abrahamerzählung, besonders Gen 12–13 und 18–19, kennt und aus ihr auswählt. Ein Späterer trägt den Grund und weitere Details der Familiengeschichte in 11,28–30 nach, teilweise in Vorbereitung von 22,20–24 und Gen 24, teilweise im Vorgriff auf 16,1. Nach dem Tod Terachs brechen Abraham und seine Frau Sara und Lot von Haran auf ins Land Kanaan (12,4b–5). Dort angekommen, trennen sich Abraham und Lot (13,6.11b.12aba, dasselbe Motiv in 36,7 f; 37,1).[33] Auf die Trennung und Ansiedlung im Land Kanaan folgen die Geburt Ismaels, die Verheißung an Abraham und die Geburt Isaaks in Gen 16; 17 und 21,[34] anschließend Tod und Begräbnis Saras und Abrahams in Gen 23 und 25,7–11a, gefolgt von den Toledot Ismaels in 25,12–17 und Isaaks in 25,19 f.(24–)26b.[35]

Der Text scheint mehr oder weniger vollständig erhalten zu sein und lässt sich ohne weiteres als selbständige Erzählung lesen.[36] Möglicherweise wurde er jedoch an einigen Stellen glossiert, sodass schon hier zwischen Grundschrift (P^G) und sekundären Supplementen (P^S) zu unterscheiden ist.[37] Ganz ungewöhnlich ist die

---

33 Es hat sich aufgrund sprachlicher Merkmale (Elohim, „Gott gedachte") eingebürgert, daran die Notiz über den Untergang Sodoms und die Bewahrung Lots in 19,29 anzuschließen (Levin 1993, 168), doch ist sie in P überflüssig und in Gen 19 anstelle von V. 26 als Bindeglied zwischen V. 27 f und V. 30 ff nachgetragen.

34 Für gewöhnlich werden 16,1a.3.15 f und 21,1b–5 P zugerechnet; vgl. dazu Kratz 2000, 241 f.277 f sowie unten IV. Anders Berner 2022, der sämtliche Schichten in Gen 16 mit den Ismael-Einträgen in Gen 17 für nachpriesterlich erklärt und auch hinsichtlich einer vorpriesterlichen Schicht in Gen 21,1–8 skeptisch ist.

35 Gen 25,11b.18 hängen mit 16,12.14; 24,62 zusammen und sind nachpriesterliche Zusätze zum priesterlichen Textbestand in 25,7–11a.12–17. Zu Gen 25,19–26 s. u. unter IV 4 und 9.

36 Anders jüngst Wöhrle 2012. Das von ihm vertretene Bearbeitungsmodell trifft für einzelne, kleinere Textanteile, die zugefügt sein mögen (s. Anm. 35), zu, kann aber die größeren Programmtexte wie Gen 17, auf dessen Stellung im Kontext Wöhrle (a.a.O., 45–50) nicht eingeht, nicht erklären. Vgl. dazu Nr. 7 in diesem Band.

37 Vielfach werden die Toledot-Überschriften, Genealogien und Datierungen, aber auch viele narrative und legislative Details als sekundär angesehen. Im Einzelnen: Die Genealogie Terachs ist in 11,26.27 verdoppelt. Die Altersangabe 12,4b setzt vielleicht den nichtpriesterlichen Vers 4a voraus und könnte wie alle anderen Datierungen sekundär sein; vgl. noch 16,16; 21,5; 25,20; 26,34; 41,46. Die Begründung in 13,6b verdoppelt V. 6a unter Berücksichtigung von V. 5. Die Bemerkung über Lot 13,12ba nimmt V. 11a auf und leitet über zur Sodomnotiz in 13,12bβ.13 (Kap. 18–19). Die Datierung in 16,3 nimmt nach 13,12b–18 (und Kap. 14–15) den alten Anschluss 13,12a wieder auf. In Gen 17 und 21 werden nicht selten Gebot und Durchführung der Beschneidung in 17,9–14.23–27; 21,4 als Nachträge angesehen. Auch die syntaktisch und inhaltlich querstehenden Ismael-Referenzen in 17,18.20–21, die den Zusammenhang von V. 17.19 unterbrechen und V. 19 in V. 21 wiederaufnehmen, könnten ein innerpriesterlicher Nachtrag sein (vgl. dazu Berner 2022, 13–16).

breite Erzählung vom Kauf der Höhle Machpela als Familiengrab in Gen 23, worauf auch später noch verschiedentlich angespielt wird (25,9–10;[38] 49,29–32; 50,13). Die Erzählung fällt aus dem Duktus der Grundschrift (P^G) deutlich heraus und dürfte ein innerpriesterlicher Nachtrag sein (P^S). Sie entspringt dem Bedürfnis, den in Gen 17 zugesagten Landbesitz in Kanaan partiell zu erfüllen, so, wie sich die Mehrungsverheißung in Gen 47,27 (Ex 1,7) erfüllt. Ursprünglich ist die Erfüllung der Mehrungs- und Landverheißung stillschweigend vorausgesetzt bzw. gilt als ewig gültige Hoffnung, die an der entscheidenden Zusage des Gottseins JHWHs hängt, die sich im Kult vom Sinai in Ex 25–40 (P) erfüllt. Nach der Geburt Ismaels in Gen 16, der Verheißung in Gen 17 und der Geburt Isaaks in 21,1b–5 enden die Toledot Terachs in der Grundschrift von P folglich mit dem Tod Abrahams in 25,7–8.

Wie in der vorpriesterlichen Ur- und Vätergeschichte ist Abraham das Bindeglied zwischen der Urgeschichte, hier der Geschichte von Himmel und Erde und allem, was auf ihr ist, und der Vätergeschichte, unter die in P unter der Überschrift Toledot Jakobs von Anfang an auch die Geschichte des Volkes Israel, der Exodus und der Bau des Heiligtums am Sinai, subsumiert ist (Gen 37,2–Ex 40 P). Auch die zentrale Thematik von Fluch und Segen, die die vorpriesterliche Komposition der Ur- und Vätergeschichte bestimmt, wird in P aufgegriffen und in signifikanter Weise modifiziert. Den Segen, d. h. die Verheißung von Nachkommen und Land (Lebensraum), erhält nicht erst Abraham und nur über ihn auch die ganze unter dem Fluch stehende Menschheit (Gen 12,1–3), sondern die gesamte Menschheit bei der Schöpfung (Gen 1) und erneut nach der Flut (Gen 9), wie sie erhalten ihn auch Abraham und Sara (17,2.4–6.8.15 f; 28,3 f; 35,9–13).[39] Darüber hinaus ergeht sowohl an die Menschheit als auch an Abraham die Zusage eines Bundes, die den Unterschied ausmacht. Der Bund mit Noach mit dem Regenbogen als Zeichen des Bundes setzt die Schöpfungsordnung unter veränderten Bedingungen auf Dauer wieder in Kraft und bestätigt den Segen für die Menschheit (Gen 9). Der Bund mit Abraham hingegen begründet das exklusive Gottesverhältnis zwischen JHWH und Israel: Nur für Abraham und seine Nachkommen will JHWH „Gott sein" (17,7 f; Ex 6,2–8). Auch das Bundeszeichen, die Beschneidung, ist exklusiv auf Abraham und sein Haus beschränkt.

---

38 Üblicherweise wird auch 25,11a noch zu P gerechnet, doch passt die Bemerkung nicht ins Schema der Toledot. Darum handelt es sich wohl auch dabei um einen inner- oder nachpriesterlichen Zusatz, der mit oder nach der Zufügung von 25,9–10, vielleicht sogar erst mit V. 11b (s. o. Anm. 35) nachgetragen wurde.

39 Die üblicherweise P zugeschriebenen Stücke Gen 48,3–6 und Ex 1,1–7 dürften Zusätze sein, die die Verbindung von P und nichtpriesterlichem Text voraussetzen. Vgl. Levin 1993, 305.315; Kratz 2000, 243.

Der Unterschied wird – möglicherweise erst sekundär – durch das Zitat von Gen 12,1–3 in Gen 17,18.20–21 – explizit gemacht.[40] Das Zitat besagt, dass Ismael wie alle Nachkommen Abrahams und die Sippen des Ackerbodens (so Gen 12,1–3), ja, wie die gesamte Menschheit (nach Gen 1 und 9) den Segen erhalten; aus dem „großen Volk" in Gen 12,2 sind in Gen 17 die „Menge der Völker und Könige" die aus Abraham und Sara hervorgehen, und die „zwölf Fürsten" aus Ismael (25,12–17) geworden. Doch das besondere Gottesverhältnis, das der Bund begründet, gilt allein Isaak, dem Sohn aus Saras Schoß, der danach auch allein Anspruch auf den Besitz des Landes Kanaan hat (17,8; 28,4; 35,12).[41] Im Lichte des Zitats von Gen 12,1–3 in Gen 17,20 könnte man erwägen, ob nicht auch die Umbenennung Abrahams und Saras in 17,5.15, die ihnen, wie bei Königen üblich, gewissermaßen Thronnamen verleiht, ein Reflex auf die Verheißung des „großen Namens" in 12,1–3 ist. Die Aufforderung „wandle vor mir und sei vollkommen" in Gen 17,1 (הִתְהַלֵּךְ לְפָנַי וֶהְיֵה תָמִים) erinnert nicht nur an Henoch (Gen 5,22.24) und Noach (Gen 6,9), sondern von der Syntax her, die nur an diesen beiden Stellen in der Genesis begegnet, auch an Abraham in 12,2 (וֶהְיֵה בְּרָכָה).

Ebenso wie die vorpriesterliche Ur- und Vätergeschichte und die sekundär mit ihr verbundene, vorpriesterliche Exodus-Landnahme-Erzählung geht es auch der Priesterschrift um die Identität „Israels", die mit einer Ursprungsgeschichte, dem Mythos Israels, konstruiert wird. Doch im Unterschied zur vorpriesterlichen Vorlage in Genesis–Josua ist die Gründung des Volkes Israel nicht mit der Existenz im Land, sondern mit der Gottesgemeinschaft im Heiligtum am Sinai erreicht. Der grundlegende Bund mit Abraham in Gen 17, dessen JHWH in Ex 2,24; 6,2–8 gedenkt, zielt auf die Einwohnung Gottes im Heiligtum, wo JHWH zum Gott Israels und Israel zum Volk JHWHs wird (Ex 25,8; 29,45 f; 40,34 f). Dem dient auch die gestufte Offenbarung der Namen Gottes, der den Vätern unter dem Namen El-Schaddaj erscheint und sich erst Mose für das Volk Israel mit seinem Namen JHWH vorstellt (Ex 6,2 f). In Abraham und Sara und ihren Nachfahren, die durch die Bundeszusage aus der Menschheit herausgehoben werden, ist bereits das Israel präsent, das im Stiftsheiligtum vom Sinai, d. h. im Kult, exklusiv und dauerhaft die Präsenz Gottes erfährt.

Das Verhältnis der Priesterschrift zu seiner vorpriesterlichen Vorlage in Genesis–Josua entspricht dem Verhältnis der Chronik zu Genesis–Könige und

---

40 Vgl. zu dem Zitat von Gen 12,1–3 und der umstrittenen Interpretation von 17,18–21 Nr. 7 in diesem Band; Berner 2022 mit literarkritischer Differenzierung in Gen 17.
41 Die umgekehrte Abhängigkeit, wonach aus dem Segen für den aus dem Bund ausgeschlossenen Ismael in Gen 17 und 21 die alles in Gang setzende Verheißung für Abraham als dem Stammvater Isaaks und Jakobs, d. h. Israels, in Gen 12 geworden wäre, scheidet m. E. aus, da „das große Volk" in Gen 17 ein Nebenzug (neben „Völkern und Königen" u. a.), in 12,1–3 hingegen die Hauptsache des „Segens" ist.

kann somit als eine Art *Rewriting* bezeichnet werden. Die Grundschrift von P lässt den Mythos bewusst schon am Sinai an sein Ziel kommen und streicht den Weg vom Sinai durch die Wüste ins Land. Einen Anhalt dafür mag das Deuteronomium abgegeben haben, das vermutlich bereits in der nichtpriesterlichen Vorlage zwischen Sinai und Landnahme eingeschoben war und in dem Mose das ihm offenbarte Gesetz vom Sinai dem Volk vor den Toren des Landes verkündet. In der Grundschrift von P (P^G) endet der Mythos mit der Offenbarung am Sinai selbst, die zunächst aber nicht das Gesetz, sondern den Bau des Heiligtums zum Inhalt hat, woraus sich in den späteren Wachstumsphasen (P^S) alles Weitere, auch das priesterliche Gesetz in Levitikus–Numeri, ergeben hat. Sowohl die literarhistorischen Voraussetzungen (Ur- und Vätergeschichte, Exodus-Landnahme-Erzählung, Deuteronomium mit Zentralisationsgebot und Erstem Gebot) als auch die inhaltliche Fokussierung der Sinai-Offenbarung auf das Urbild des Tempels legen eine Datierung in die spätbabylonische oder eher noch die persische Zeit etwa um 500 v. Chr. nahe, in der, soweit wir sehen, auch die in P^G vorherrschende Sprachstufe des sogenannten *Classical Biblical Hebrew* noch nicht verschwunden und von einem *Transitional* oder *Late Biblical Hebrew* abgelöst war.

IV Nichtpriesterliche Ergänzungen

Die nichtpriesterliche Abrahamüberlieferung in der Genesis weist eine Reihe von Texten auf, die nicht zum ältesten erreichbaren literarischen Stratum der vorpriesterlichen Komposition der Ur- und Vätergeschichte gehören und vor oder nach der Priesterschrift eingefügt worden sind. Die diachrone Einordnung und das Verhältnis zu P fällt nicht immer leicht und ist daher in der Forschung umstritten. Es handelt sich größtenteils um sehr komplexe Texte. Die Analyse steht bei ihnen vor besonderen methodischen Herausforderungen, da die üblichen Kriterien wie Sprache, narrative Konsistenz und Tendenz oft nicht ausreichen oder zu disparat sind, um die Relation der Schichten eindeutig bestimmen zu können. Oft sind mehrere Möglichkeiten denkbar, wobei sich mir allerdings in den meisten Fällen eine nachpriesterliche Ansetzung als die plausibelste Erklärung aufgedrängt hat. Im Folgenden werde ich daher vor allem die Probleme benennen und mögliche Lösungen diskutieren. Entscheidungen für die eine oder andere Option stehen daher, was hier ein für alle Mal gesagt sein soll, unter Vorbehalt. Von Einzelzusätzen abgesehen, geht es um die folgenden Stücke, die ich nacheinander behandeln werde:
1) Abstecher nach Ägypten sowie erneute Verheißung in Gen 12–13;
2) Abraham und Melchizedek in Gen 14
3) Bundesschluss in Gen 15;
4) Hagar und Ismael in Gen 16;

5) Gespräch zwischen Jhwh und Abraham Gen 18,16–33;
6) Erzählkranz in Gen 20–22;
7) Brautwerbung für Isaak in Gen 22,20–24 und Kap. 24;
8) Ketura-Söhne in Gen 25,1–6;

Der Vollständigkeit halber und weil es zwischen Abraham (Gen 24) und Isaak (Gen 26) steht:
9) Geburtsgeschichte von Esau und Jakob sowie Verkauf der Erstgeburt in Gen 25,21–34.

1) Nach der Wanderung Abrahams und Lots in das „Südland" (Negev) in 12,1–9[42] und vor der Trennung von Lot 13,2.5–13[43] ist der Abstecher Abrahams und Saras nach Ägypten eingeschoben: 12,10–13,1. Der Einschub ist an der Wiederaufnahme von 12,9 in 13,1 zu erkennen und führt Abraham in 13,3–4 wieder zurück an den Ort von 12,8, zwischen Betel und Ai, wo nun – entgegen der ursprünglichen Lokalisierung „im Süden" (12,9/13,1) – die Trennung von Lot stattfindet. Ebenso nachgetragen ist die Verheißung in 13,14–17, die zwar enge sprachliche Parallelen mit 12,1–3 und 28,13–15 aufweist, aber den Erzählfaden in 13,12 f und 13,18 unterbricht.[44] Der sekundäre Charakter von 12,10–13,1 und 13,14–17 ist unumstritten, doch gehen die Meinungen in der Frage auseinander, auf welcher Stufe die Zusätze eingefügt wurden: in das vermeintlich selbständige Abraham-Lot-Fragment,[45] im Zuge der Verbindung des Abraham-Lot-Fragments mit dem Jakob-Zyklus[46] oder in die durch 12,1–3 konstituierte Komposition der Väter-geschichte.[47]

Für die diachrone Einordnung des Einschubs in 12,10–20 sind zwei Sachverhalte von Bedeutung. Zum einen ist der Text von Gen 26 abhängig und überträgt das Motiv der Gefährdung der Ahnfrau von Isaak und Rebekka, wo es mit dem Wortspiel von מצחק und יצחק seinen ursprünglichen Ort hat, auf Abraham und Sara.[48] Zum anderen weist die Erzählung deutliche Berührungen mit der Exodus-Erzäh-

---

42 Ursprünglich Gen 12,1–4a.6a.7–9; P V. 4b–5; Zusatz V. 6b.
43 Ohne V. 6.11b–12bα (P) und den Zusatz V. 7b (s. o. Anm. 26).
44 Vgl. Wellhausen 1899, 23–24; Blum 1984, 284 f; Levin 1993, 145–146; ders. 2015, 125–143, hier 127–129; Kratz 2000, 263–264.276; ders. 2018, 40 f.
45 So für Gen 12,10–20 Römer 2018, hier 226 f.
46 So Noth 1948, 217 Anm. 529 für Gen 12,10–20, „vermutlich erst durch J an die jetzige Stelle gesetzt"; Blum 1984, 289 ff.307 ff, verteilt auf „Vätergeschichte 1" und „Vätergeschichte 2", ohne die Unterscheidung ders. 1990, 214 Anm. 35; Köckert 1988, 250–255.320–321; ders. 2014, 50 f.55–57.
47 So Levin 1993, 141–142.145–146, der die Zusätze als „nachendredaktionell" und also nachpriesterlich einstuft; noch ohne diachrone Einordnung Kratz 2000, 263.276.280; ders. 2018, 40 f.
48 Vgl. Nr. 22 in diesem Band.

lung auf.[49] Das Erste setzt die Komposition der vorpriesterlichen Ur- und Vätergeschichte, das Zweite die Verbindung mit der Exodus-Landnahme-Erzählung voraus,
die nach Ausweis der literarischen Gegebenheiten am Übergang von Gen 50 zu Ex 1
ebenfalls vorpriesterlich ist.[50] Damit kann der Einschub weder in der Vorgeschichte
noch im Zuge der Komposition der Abrahamgeschichte, sondern muss danach entstanden sein. Ob er vor- oder nachpriesterlich ist, ist damit allerdings noch nicht
erwiesen und schwer zu sagen. Der Aussageintention zufolge könnte man an die
Zeit des babylonischen Exils und also an eine vorpriesterliche Entstehung denken,[51]
aufgrund der Anspielung auf Ex 11,1 (נגע – שלח) dürfte es sich allerdings eher um
einen nachpriesterlichen Zusatz handeln.[52] Letzteres gilt folglich auch für die Verheißung in 13,14–17, die nicht nur den nachpriesterlichen Abstecher nach Ägypten
und die Rückkehr an den Ort von 12,8 zwischen Betel und Ai (13,3 f) voraussetzt,
sondern in V. 14 auf den priesterlichen Vers in 13,11b (P) und in V. 16b (anders als in
28,14a!) möglicherweise auf Gen 15,5 rekurriert.[53]

2) Gen 14 wird seit Wellhausen[54] von so gut wie allen als später, nachpries-
terlicher Einschub angesehen, der die Verbindung von nichtpriesterlichem und
priesterlichem Text voraussetzt. Das Kapitel steht nicht nur „ohne Frage nach 13,18
und vor Kap. 15–19 an seinem notwendigen Platze und kann nirgend anders eingeordnet werden"[55], sondern erweckt den Anschein, dass es „auf den vorgegebenen literarischen Kontext hin gestaltet wurde"[56]. Die Annahme eines ehemaligen
Eigenlebens der Erzählung ist überflüssig und wenig wahrscheinlich. Ebenso wie
im Sondergut der Chronik oder in den Völkerlisten wie Gen 15,19–21 u. ö. mögen
auch hier irgendwelche obskuren Kenntnisse in Form von antiquarischen Notizen
mit eingeflossen sein, doch lassen sich Abraham und Lot nicht ohne Gewalt aus

---

49 Vgl. Blum 1984, 307–311.
50 S.o. Anm. 29.
51 Blum 1984, 310 f; Römer 2018, 227.
52 Levin 1993, 142; zur literargeschichtlichen Einordnung von Ex 11,1 vgl. Berner 2010, 250 f.260 f.
53 Nicht von ungefähr bestreitet darum Blum 1984, 285 die Zuweisung von 13,11b zu P und scheidet
13,16b (zusammen mit 28,14b–15) als späteren Zusatz seiner D-Komposition aus (a.a.O., 157 Anm. 30
sowie 161.290 f). Levin 1993, 145 f; ders. 2015, 128 nimmt aufgrund der Wiederaufnahme von 13,15a
in V. 17b eine Staffelung des Zusatzes in V.13–15a und V. 15b–17 an und scheidet auch die entsprechenden, leicht abgewandelten Formulierungen in 28,13b–14.15b als davon abhängige, „nachendredaktionelle Ergänzungen" aus (Levin 1993, 219 f; ders. 2015, 137 f). Mir scheint die Formulierung
in 13,14–17 hingegen insgesamt sowohl von 12,1–3.7 als auch von 28,13–15 abhängig zu sein. Durch-
schlagende Gründe für eine Zerlegung von 28,13–15 sehe ich bis auf Weiteres nicht; lediglich das
ובזרעך in V. 14 „macht ... an dieser Stelle ganz den Eindruck des Nachtrags" (Wellhausen 1899, 31).
54 Wellhausen 1899, 24 f sowie 311–313.
55 Ebd. 24.
56 Blum 1984, 462–464 Anm. 5, Zitat 464.

dem Kontext herauslösen und sind konstitutiv, auch wenn V. 12 nachklappt und in V. 13 „ein wildfremder Mann namens Abraham uns vorgestellt wird als Eidgenosse der bekannten Amoriter von Hebron, Mamre, Eskol und Aner", um „den Schein der Gegenwart über das höchste Altertum (zu) werfen".[57]

Wie Granerød wahrscheinlich gemacht hat, setzt das Kapitel – schon in seinem Grundbestand – seinen jetzigen Kontext in Gen 13 und 15–19 voraus und ist an eben dieser Stelle eingeschrieben worden, um – ebenso wie das aramäische Genesis-Apokryphon aus Qumran (1Q20 XXI,15–19) – eine „Leerstelle" zu füllen, die sich aus der Aufforderung in 13,17, das ganze Land zu durchziehen und in Besitz zu nehmen, und der ausbleibenden Befolgung der Aufforderung in V. 18 ergeben hat.[58]

Damit erklärt sich auch die Position vor Kapitel 15, das ebenfalls an Gen 13 anknüpft und das Problem des fehlenden Erben für den verheißenen Landbesitz behandelt (s. u. 3). Mit der Einfügung von Gen 14 ist das Problem noch nicht gelöst, sondern umso dringender geworden, was sich in der letzten Szene von Gen 14,21–24, dem Verzicht Abrahams auf die ihm zustehende Beute, zeigt, die vermutlich auf die Zusage des „Lohns" in Gen 15,1 überleiten soll, damit niemand sagen kann, der König von Sodom „habe Abraham reich gemacht" (14,22 f).[59] Es lässt sich jedoch auch die andere Möglichkeit nicht ganz ausschließen, dass Gen 15 auf Gen 14 reagiert.

3) Auch Gen 15 hat nie ein Eigenleben geführt, sondern setzt den literarischen Kontext der Abrahamgeschichte voraus. Der Text weist sowohl mit Gen 12–13 als auch mit Gen 17 Gemeinsamkeiten auf. Mit den Verheißungen in Gen 12–13 teilt er die Themen Land und Nachkommen, die nach 12,1–3.7 und 13,14–17 unter veränderten Bedingungen ausgeführt werden, mit Gen 17 darüber hinaus den „Bund". Wie Gen 12–14 und 16 fügt sich auch Gen 15 in das späte, nachpriesterliche System ein, dass Abraham bis zu seiner Umbenennung in Gen 17 „Abram" heißt.

Gleichzeitig sind die terminologischen und inhaltlichen Unterschiede zu den beiden anderen Verheißungsreden nicht zu übersehen. Statt des „Segens" in Gen 12,1–3 steht die wehrhafte Zusage „Fürchte dich nicht, ich bin dein Schild, dein Lohn wird sehr groß sein" (15,1); statt der „großen Nation" und des „großen Namens", in dem sich alle Sippen des Ackerbodens den Segen wünschen, steht der in 12,7 ausdrücklich zugesagte Besitz des Landes auf dem Spiel, da der leibliche Erbe fehlt und die Gefahr droht, dass ein Sklave erbt (V. 2–3). Auf diesem Hintergrund wird Abraham (erneut) Nachkommenschaft „wie die Sterne am Himmel" verheißen. Dies kann er nur „glauben", was ihn als Gerechten erweist (V. 4–6).

---

57 Wellhausen 1899, 312 f.

58 Granerød 2010, 60–78 sowie 79–98.

59 Blum 1984, 464. Darin besteht das relative Recht der These von Ziemer 2005, der Gen 14 als Midrasch von Gen 15,1–2 versteht; vgl. dazu Granerød 2010, 82–84.

Des Weiteren wird ihm der Besitz des Landes in einem altertümlich anmutenden Bundeszeremoniell zugesichert, und zwar für die Generation nach dem Exodus und unter Ausschluss der Landesbewohner (V. 7–21). Von dem besonderen Gottesverhältnis, das den Bund in Gen 17 auszeichnet, ist in Gen 15 nicht die Rede. Vielmehr ist der Bund auf den Besitz des Landes (ירש)[60] und die Abgrenzung gegen die anderen Völker des Landes fokussiert, was sich sowohl von dem Programm für die genealogische und topographische Verknüpfung der Patriarchen in Gen 12,1–3 als auch von dem priesterlichen Ideal der kultisch vermittelten Gottesgemeinschaft in dem „zum ewigen Besitz" (לַאֲחֻזַּת עוֹלָם) gegebenen „Land der Fremdlingschaft" signifikant unterscheidet, aber an Gen 14 erinnert.

Gemeinsamkeiten und Unterschiede erklären sich am einfachsten mit der Annahme, dass Gen 15 für seinen literarischen Kontext in der Genesis konzipiert und sekundär eingeschrieben wurde. Der Anfang אַחַר הַדְּבָרִים הָאֵלֶּה הָיָה דְבַר־יְהוָה אֶל־אַבְרָם (vgl. 22,1.20) schließt ebenso glatt an Gen 14 wie an Gen 12–13, des Näheren 13,18, an. Wie 15,7 im Rückgriff auf Gen 11 (V. 28.31) und in einer Formulierung, die an den Dekalog erinnert, ausdrücklich sagt, geht der Jhwh-Rede in Gen 15 der Exodus Abrahams aus Ur Kasdim in das Land voraus, das Jhwh ihm gezeigt (12,1.7; 13,14 f) und seinen Nachkommen (12,7) bzw. ihm selbst (13,15.17) „zu geben" verheißen hat: וַיֹּאמֶר אֵלָיו אֲנִי יְהוָה אֲשֶׁר הוֹצֵאתִיךָ מֵאוּר כַּשְׂדִּים לָתֶת לְךָ אֶת־הָאָרֶץ הַזֹּאת לְרִשְׁתָּהּ. Doch nachdem er sich von Lot getrennt, ihm einen Teil des Landes abgetreten und sich selbst bei der Terebinthe von Mamre niedergelassen (13,18) und – sofern Gen 14 schon dastand – zuletzt auf die ihm zustehende Beute nach dem Kampf gegen die kanaanäischen Könige verzichtet hat, ist weder das Land sein eigen noch hat er Nachkommen und einen Erben, um es „zu besitzen". Vielmehr steht zu befürchten, dass er das Land an einen Sklaven verliert. Um der Befürchtung zu begegnen und die Verheißungen von Gen 12–13 zu bekräftigen, erhält Abraham darum an dieser Stelle von Jhwh die Zusage „Fürchte dich nicht".[61]

Doch die Bekräftigung erfolgt nicht nur aufgrund der ausgebliebenen Erfüllung der Verheißungen von Gen 12–13 und gegebenenfalls aufgrund der Verzögerung, die durch Lot und den Krieg gegen die Könige des Landes in Gen 14 eingetreten ist, sondern vor allem im Blick auf die Fortsetzung der Erzählung: die Unfruchtbarkeit

---

60 Vgl. noch Gen 21,10; 22,17; 24,60; 28,4 (P). Das Wort ist vor allem im Deuteronomium und davon abhängigen Texten für die Inbesitznahme des Landes gebraucht.

61 Das Problem der ausbleibenden Erfüllung der Verheißungen in Gen 15 dürfte – außer von der historischen Erfahrung der Verfasser – ebenso wie in Gen 14 durch die „Leerstelle" von 13,17 veranlasst sein, wo – nach 12,1–7 – ein weiterer Zug durch das Land angeordnet und an eine regelrechte Besitzergreifung gedacht ist, die jedoch nicht erfolgt. Möglich ist aber auch, dass Gen 15 die Verheißung in 13,14–17 ganz oder teilweise (s. o. Anm. 53) noch nicht kannte. In diesem Fall hätte Gen 15 in Gen 12–13 eine Erwartung hineingelesen, die nachträglich in 13,14–17 ausformuliert worden wäre.

Saras in Gen 16,1 und die Geburt Ismaels, der, wie Gen 17 und 21 klarstellt, nicht der legitime Erbe ist. Auch das Motiv der „Fremdlingschaft" in dem „zum ewigen Besitz" gegebenen Land in Gen 17 (mit יִרְשׁ Lev 25,46) könnte ein Grund dafür gewesen sein, die Zusage des Erben dem Glauben Abrahams und seiner Gerechtigkeit anzuvertrauen und den Besitz des Landes in Form einer Bundeszeremonie – gegen den Augenschein und für die Nachkommen (wann auch immer, und sei es erst für die Zeit nach der „Fremdlingschaft" in Ägypten und dem Exodus!) – zu bestätigen.

Aufgrund des sachlichen Profils und der Formulierungen von Gen 15 ist die Forschung heute mehrheitlich der Auffassung, dass der Text in seiner vorliegenden Fassung ein spätes literarisches Gebilde ist, das sich aus unterschiedlichen Kontexten speist und sowohl das Deuteronomium als auch die Priesterschrift voraussetzt.[62] Das gilt auch, wenn man von den Versen 13–17 sowie 19–21 absieht, die oft als sekundär ausgeschieden werden. Nicht nur diese Verse, sondern das ganze Stück lebt von einer – durch literarische Bezüge angezeigten – typologischen Prolepse von Exodus (V. 7) und Sinaibund (V. 17–18) im Leben Abrahams. Es handelt sich nach allem um eine nachpriesterliche Ergänzung, die den Zusammenhang von nichtpriesterlichem und priesterlichem Text schon voraussetzt.

4) Die Erzählung von Hagar und Ismael in Gen 16 erweist sich bei näherem Hinsehen auf allen literarischen Ebenen als ein Fremdkörper. Am besten fügt sich die Erzählung in die Komposition der Priesterschrift ein, in der sie auf die Trennung Abrahams von Lot in 13,6.11 f folgt und den Grund für die Konkurrenz mit Isaak in Gen 17 legt. Allerdings ist die Ursprünglichkeit der Ismael-Referenzen in Gen 17 (V. 18.20–21.23.–27) nicht über jeden Zweifel erhaben (s. o. III). Gen 17 schließt auch ohne sie und Gen 16 nahtlos an 13,6.11 f an, wie im nichtpriesterlichen Text Gen 18 an 13,18; die Toledot Isaaks in 25,12–17 sind weder auf den Vorverweis auf die „zwölf Fürsten" in 17,20 noch – mit Ausnahme von 25,12b – auf Gen 16 angewiesen und vielleicht ihrerseits sekundär; die Reminiszenz in 25,9 setzt den sekundären Grabkauf in Gen 23 voraus. Von P sind wiederum die Position von Gen 16 zwischen Gen 12–13 und 17 im überlieferten *mixtum compositum* aus vorpriesterlichem und priesterlichem Text (vor wie nach Einfügung von Kapitel 14 und 15) sowie der nachpriesterliche Midrasch in 21,9–21, der auf Gen 16 reagiert (s. u. 6), abhängig. Im Rahmen der vorpriesterlichen Komposition der Ur- und Vätergeschichte (ebenso wie im Rahmen der vermeintlich selbständigen Abraham-Lot-Erzählung) unterbricht die Erzählung den Zusammenhang zwischen Gen 13,18 und 18,1 und spielt im Weiteren keine Rolle.

---

62 Vgl. Köckert 2013, und die hier genannte Literatur; zur Diskussion Blum 1984, 362–383.389–390; ders. 2002, 108–110; Köckert 1988, 201–247; Ha 1989; Römer 1988/90; Schmid 1999, 172–186; Gertz 2002a; Ska 2009, 67–81; Levin 2013a.

Auf welcher Stufe die Erzählung in die Abrahamgeschichte gelangt ist, hängt somit von der literarischen Analyse des Kapitels Gen 16 selbst ab. Diese gestaltet sich jedoch deswegen als schwierig, weil Geburten in der Regel nur einmal erzählt werden, Geburtsnotizen nicht schichtenspezifisch sind und es daher strittig ist, auf welche Schicht das Gerüst der Erzählung in 16,1a.3–4a.15, von dem alles Übrige abhängt, zurückgeht. Aufgrund der chronologischen Angaben in V. 3 und V. 16 werden 16,1a.3.15 f üblicherweise P zugerechnet. Der übrige Bestand von Gen 16 ließe sich mit einiger Phantasie als eigenständige ätiologische Erzählung über die Herkunft des Stammvaters der Ismaeliten verstehen, doch fehlten der Anlass (V. 1) und die Geburt des Stammvaters Ismael (V. 15). Da beides jedoch in den P zugeschriebenen Versen überliefert ist, legt sich eher die Vermutung nahe, dass es sich bei dem übrigen Bestand um nachpriesterliche Ergänzungen handelt.

Um der Konsequenz auszuweichen und weil die Geburtsnotizen in V. 1 und 15 nicht schichtenspezifisch sind, hat man die Zuweisung zu P bestritten und diverse vorpriesterliche Varianten rekonstruiert, die wenigstens V. 1 mit umfassen.[63] Die meisten dieser Vorschläge haben jedoch den Schönheitsfehler, dass ihnen die Erfüllung der Verheißung von V. 11 f, die Geburt selbst, und damit die Lösung des in V. 1 eröffneten Spannungsbogens fehlt, da sich V. 15 – ob P oder nicht-P – nun einmal nicht mit V. 11 verträgt und mit dem Rest auf einer Stufe stehen kann. Doch: „Nur um Ismaels Geburt willen wird überhaupt von Hagar erzählt.“[64]

Am konsequentesten ist daher der Vorschlag von Levin, der das üblicherweise P zugewiesene Erzählgerüst in V. 1.3*.4a.15 kurzerhand für seine „vorjahwistische Quelle" reklamiert, sprich zu einer vorkompositionellen Überlieferung erklärt, die sukzessiv vom „Jahwisten" und Späteren ergänzt wurde. Gegen diese kühne These spricht allerdings, dass schon die „vorjahwistische Quelle", wie Köckert für 16,1 und die Erzählung Gen 16 im Ganzen nachgewiesen hat,[65] wenigstens die vermeintlich selbständige Abraham-Lot-Isaak-Erzählung in Gen 13; 18–19 + 21 bzw. die mit Gen 12,1–3 eröffnete (in Levins Kategorien „jahwistische") Komposition der Vätergeschichte voraussetzt. Dies und die Exodus-Motive in Gen 16 sprechen im Übrigen auch hier – wie im Falle von 12,10–20 (s. o. 1) – gegen die Annahme einer selbständigen Einzelüberlieferung, die den kompositionellen Zusammenhang der

---

63 Vgl. Blum 1984, 315–320 (16,1–2*.4–8.11–14, Erweiterungen V. 3*.9.10.15.16); Levin 1993, 147–152 („vorjahwistische Quelle" 16,1.3aαb.4a.15, „jahwistische Bearbeitung" V. 2.4b–7a.8.11.13a, P V. 3*.16, diverse Ergänzungen V. 7b.9.10.12.13b–14); Römer 2018, 226 (16,1–2.4–8.10–13, sekundär V. 3.9.14–16); Köckert 2018, hier 240–243 (16,1–2.4–6.7a.8.11–14a, P V. 3.15–16, nachpriesterliche Zusätze V. 7b.9–10.14b).

64 Köckert 2018, 244, der, wie in solchen Fällen üblich, einen Textausfall bei der Einarbeitung der priesterlichen Geburtsnotiz in V. 15 postuliert (ebd. 243).

65 Köckert 2018, 245–249.

Vätergeschichte und die Verbindung mit der Exodus-Landnahme-Erzählung der Sache nach voraussetzt, bevor diese existiert haben, und erst nachträglich in das vermeintlich selbständige Abraham-Lot-Fragment[66] oder die noch spätere Komposition der Vätergeschichte[67] eingefügt worden sein soll.

So führt kein Weg an dem Grundgerüst der Erzählung in 16,1.3–4a.15 vorbei, in das die – ihrerseits verschiedentlich ergänzte – Episode von der Flucht Hagars in die Wüste in V. 4b–14 eingeflochten ist. Da es den literarischen Kontext der Vätergeschichte voraussetzt, aber den Zusammenhang zwischen Gen 13 und 18 unterbricht, kann das Grundgerüst entweder nur ein Zusatz zur vorpriesterlichen Komposition der Vätergeschichte oder – und sei es auch hier als innerpriesterlicher Nachtrag mit den Ismael-Referenzen in Gen 17 – in P ursprünglich sein, wo es dann je nachdem vor- und/oder nachpriesterlich ergänzt wurde.

Für einen vorpriesterlichen Zusatz spricht, dass sich in Gen 16 außer V. 3 und 16 keine typisch priesterlichen Formulierungen finden und die chronologischen Angaben möglicherweise in P insgesamt sekundär sind. Die Ismael-Referenzen in Gen 17 verlören so allerdings ihren Bezugspunkt und wären entweder als intertextueller Verweis auf die vorpriesterliche Erzählung oder ebenfalls als (nach-) priesterliche Ergänzungen zu erklären. Die Toledot Ismaels in Gen 25,12–17 weisen in V. 12b zwar auf die Geburtsgeschichte zurück, doch könnte es sich auch dabei um einen Nachtrag handeln (vgl. 25,19; 36,1; 37,2), sofern nicht der Stammbaum Ismaels insgesamt sekundär ist (s.o. III).

Doch es gibt auch Gründe, die für die zweite Möglichkeit einer priesterlichen Entstehung sprechen.[68] Anders als die vorpriesterliche Komposition der Ur- und Vätergeschichte legt (erst) die Priesterschrift (wie später die Chronik) allergrößten Wert auf die lückenlose Dokumentation der genealogischen Linien in Stammbäumen, mögen sie ursprünglich (P^G) oder sekundär zugefügt sein (P^S). Das gilt auch und gerade hinsichtlich der Nebenlinien von Ismael und Esau, deren Abgrenzung von der über Sara laufenden Hauptlinie Isaak und Jakob sehr viel deutlicher ausgeführt wird[69] als der in der nichtpriesterlichen Vorlage bereits breit geschilderte und in P darum nur angedeutete Gegensatz zwischen Abraham und Lot in Gen 12–13 und 18–19, in den sich die Ismaelerzählung in Gen 16 ebenso wie die Kapitel 14 und 15 störend einschieben.

Sodann gilt es zu bedenken, dass den Toledot der Stammväter in der Regel eine Geburtsnotiz vorausgeht: 5,28 f.32/6,9; 5,32 und 9,28 f/(10,1 bzw.) 11,10; 11,24–26.27.

---

[66] So Römer 2018, 226 f.
[67] So Noth 1948, 217 Anm. 30; Blum 1984, 315–320; Levin 1993, 149.
[68] Vgl. Kratz 2000, 241 f.277 f; auf seine Weise auch Berner 2022.
[69] Vgl. Gen 17,15 ff; 25,12–17; 26,34 f; 27,46–28,9; 36,1 ff.

Dasselbe ist daher auch im Falle von Ismael (25,12) und Isaak (25,19) sowie Esau (36,1) und Jakob (37,2) zu erwarten. Bei Isaak ist sich die Forschung weitgehend einig, dass die Geburtsgeschichte in 21,1b–5 P zuzuweisen ist.[70] Sieht man von der Beschneidungsnotiz in V. 4 ab, die durch 17,9–14.23–27 veranlasst und möglicherweise nachgetragen ist, entspricht die Anlage ziemlich genau dem Grundgerüst der Erzählung in 16,1.3–4a.15–16. Ganz ähnlich ist auch die Geburtsgeschichte von Jakob und Esau in 25,19 f + 24–26 konstruiert (s. u. 9), bis hin zu den chronologischen Angaben in 16,3b.16; 21,5 und 25,26b, die allerdings auch nachgetragen sein könnten. Nimmt man hinzu, dass sowohl Gen 16 als auch Gen 25,21–34 die ursprüngliche Anlage der vorpriesterlichen Vätergeschichte zwischen Gen 13 und 18 sowie Gen 21 und 26 unterbrechen und daher sekundär eingeschoben wurden (s. o. II), legt sich die Vermutung nahe, dass alle drei Geburtsgeschichten zu P gehören und nachpriesterlich ergänzt wurden.

Für die vorpriesterliche Komposition der Vätergeschichte bedeutet dies, dass sie nur die in Gen 18 angekündigte Geburt Isaaks in 21,1a.6 f.8 mit wenigen Worten resümierte und die beiden anderen Geburtsgeschichten, die in Gen 18 f und 26 ff auch nicht vorausgesetzt werden,[71] noch nicht enthielt. Wenn man aber – vielleicht einfach nur aus Gewohnheit – auch für die vorpriesterliche Komposition unbedingt an einer Ismaelerzählung in Gen 16 und einer Geburtsgeschichte von Jakob und Esau meint festhalten zu müssen, sehe ich nur die Möglichkeit, den Bestand von P auf die resultativen Formulierungen in 16,1a.3.16 sowie 25,19 f.26b (vgl. 12,4b) zu beschränken und in 25,26b („Isaak war sechzig Jahre alt, als *sie* geboren wurden") entweder den Ausfall der beiden Namen und Ersetzung durch die *nota accusativi* mit rückbezüglichem Suffix anzunehmen oder P zur Bearbeitungsschicht zu deklarieren. Auf den nichtpriesterlichen Text entfielen dann, wie bisher üblich, Gen 16,1b.2.4–14.15* und 25,21–26a, wobei in 16,15 mit der Verdrängung oder Überlagerung einer V. 11 entsprechenden Geburtsnotiz gerechnet werden müsste. In beiden Fällen handelte es sich allerdings um einen sekundären Nachtrag zur vorpriesterlichen Komposition der Vätergeschichte, der zwischen dem älteren Zusammenhang von Gen 13,18 und Gen 18,1 bzw. Gen 21,8 und 26,1 eingeschoben wurde.

Wie auch immer man sich im Falle von Gen 16 und der beiden anderen Geburtsgeschichten in Gen 21 und 25 entscheidet, ist klar, dass jede Lösung mit enormen

---

70 Etwas halbherzig Blum 1984, 279.428 Anm. 30, der mit der „Verdrängung" bzw. priesterlichen Überarbeitung eines älteren Texts rechnet; anders Levin 1993, 171 f.177, der V. 1a den „nachendredaktionellen Ergänzungen", V. 1b seiner jahwistischen Redaktion und V. 2 f zu wesentlichen Teilen wieder seiner „vorjahwistischen Quelle" zuschreibt, die jedoch die Komposition der Vätergeschichte bereits voraussetzt (s. o. zu 16,1.15), und für P hier wie in Gen 16 nur mit Bruchstücken rechnet.
71 Esau wird in 27,1 als ältester Sohn Isaaks, Jakob in 27,5 ff als Sohn Rebekkas und Bruder Esaus eigens eingeführt.

methodischen Schwierigkeiten zu kämpfen hat und nur ein Versuch sein kann, der komplizierten Überlieferungslage gerecht zu werden. Der hier – bei allem Vorbehalt – erneut gemachte Vorschlag, die Geburtsgeschichte Gen 16,1a.(b).3(–4a).15 f ebenso wie 21,1b–5 und 25,19 f + 24–26* (ohne die Etymologien) P zuzuschreiben, hat den Vorzug, dass er mit dem überlieferten Text auskommt und keine weiteren, unkontrollierbaren Zusatzannahmen von verlorenem, verdrängtem oder bis zur Unkenntlichkeit entstelltem Text nötig sind. Das ist kein Beweis, aber reduziert immerhin die Spekulation und trägt zur Nachvollziehbarkeit und damit zur Plausibilität der Hypothese bei. Für Gen 16 bedeutet dies, dass der Text keine vorpriesterliche Grundlage hat und Ismael in der vorpriesterlichen Komposition der Ur- und Vätergeschichte noch nicht vorkam, sondern in P eingeführt wurde und erst mit der Vereinigung von vorpriesterlichem und priesterlichem Text durch nachpriesterliche Ergänzungen in Gen 16 und 21,9–21 auch in den nichtpriesterlichen Text Eingang fand. Auf die Ismaeliter, deren Toledot in 25,12–17[72] mitgeteilt wird, kann P auch ohne Parallele in seiner nichtpriesterlichen Vorlage gekommen sein, vielleicht angeregt durch die Ketura-Söhne in 25,1–6, sofern diese vorpriesterlich sind (s. u. 8).

5) Zwischen dem Besuch der „drei Männer" bei Abraham und Sara in 18,1–16a und dem der „zwei Engel" bei Lot in Gen 19 wurden zwei Nachträge in V. 16b–22a.33b sowie V. 22b–33a eingeschoben. Der erste Nachtrag ist an der Wiederaufnahme von V. 16a in V. 22a sowie der Inklusion von V. 22a und V. 33b zu erkennen und setzt Abraham als Träger der Verheißung über die Pläne JHWHs ins Bild. Daran schließt sich die Verhandlung JHWHs mit Abraham über die bevorstehende, bereits beschlossene Vernichtung Sodoms an, die Wellhausen als späten Zusatz erkannt hat.[73] Blum unterscheidet darüber hinaus in dem ersten Nachtrag noch einmal zwischen einer älteren Schicht in V. 16.20–22a.33b, in der er die ursprüngliche Überleitung von Gen 18 zu Gen 19 in der vermeintlich selbständigen, vorkompositionellen Abraham-Lot-Erzählung findet, und jüngeren Ergänzungen in V. 17–19, die er zusammen mit V. 22b–33a seiner (vor-, neuerdings teilweise nachpriesterlichen) D-Komposition zuschreibt.[74] Gegen diese Rekonstruktion spricht jedoch die Beobachtung von Blum, dass „schon der Vers 18,16 ... nahtlos zur folgenden Sodomgeschichte" überleitet.[75]

---

72 Mit innerpriesterlichem Verweis auf Gen 17,9 ff.23 ff in V. 12b und nachpriesterlichem Verweis auf 16,12 in dem Zusatz V. 18.

73 Wellhausen 1899, 25.

74 Blum 1984, 282 f.400 f; zur nachpriesterlichen Ansetzung von KD in der Genesis vgl. Blum 2002, bes. 106–110.

75 Blum 1984, 282. Aus diesem Grund verteilt Levin 1993, 159–163.168–170 die Verse (1–)16.20–22a.33b auf seine „vorjahwistische Quelle" (V. 16a + 19,1 ff) und die „jahwistische Redaktion", die Weiterungen in V. 17–19 und V. 22b–33a stuft er als – in sich noch einmal verschiedentlich glos-

Wie die Fortschreibungen in 18,16b–33 literarhistorisch einzuordnen sind, ist nicht einfach zu sagen. Sprachliche und narrative Indizien können auf unterschiedliche Weise erklärt und in diese oder jene Richtung erklärt werden. Den Ausschlag geben in der Regel die Textrelationen, die allerdings gewisse Vorentscheidungen bei den Referenztexten voraussetzen, und die Tendenz. Für die Einordnung des zweiten Nachtrags in 18,23b–33a hat Wellhausen den Weg gewiesen. Die viel diskutierte Frage nach dem Sinn des Textstückes hat er bereits in aller Klarheit beantwortet: „Ist das fragliche Stück ein Einsatz, so lässt sich ein Motiv dafür leicht finden. Es ist aus einer Stimmung erwachsen, die schweren Anstoß daran nahm, dass eine ganze Stadt oder Gegend mit einem Male untergegangen war; da musste doch Gott auch Unschuldige unter der Masse fortgerafft haben.“[76] Es ist die bange Frage nach dem Schicksal von Gerechten und Frevlern, die eine Reflexion über die Gerechtigkeit Gottes ausgelöst hat. Sowohl der scharfe Gegensatz von Gerechten und Frevlern als auch die Frage der Theodizee werden, worauf schon Wellhausen hingewiesen hat, in der späten biblischen und parabiblischen Literatur der persischen und hellenistischen Zeit verhandelt, sodass es sich in Gen 18,22b–33a mit großer Wahrscheinlichkeit um einen nachpriesterlichen Nachtrag handelt.

Der erste Nachtrag in 18,16b–22a.33b weist eine Fülle von literarischen Bezügen zur Urgeschichte, namentlich zu dem Selbstgespräch Jhwhs vor der Sintflut in Gen 6,5 ff, und zur Turmbaugeschichte (11,5), aber auch zur Exodus-Erzählung (Ex 3,7 f) auf. „Man kann die Ankündigungen in V. 20–21 als negatives Gegenstück zu den Verheißungen verstehen.“[77] Nicht zuletzt aus diesem Grund fügen sich die von manchen ausgeschiedenen Referenzen auf die Verheißung in V. 17–19 organisch in den Kontext. Sie gehören zu einer Gruppe von Verheißungen in der Genesis, die sich signifikant von den beiden Brückenpfeilern der vorpriesterlichen Komposition der Ur- und Vätergeschichte in 12,1–3 und 28,13–15 sowie den priesterlichen Verheißungen in Gen 17; 35,9–13 (ferner 28,3–4; 48,3–4) unterscheidet und aufgrund ihrer sprachlichen und inhaltlichen Nähe als Gen 15-Gruppe zusammenfassen lässt.[78] Die Texte liegen nicht alle auf derselben Ebene, haben aber dies gemeinsam, dass sie von den älteren (nichtpriesterlichen und priesterlichen) Verheißungen abhängig sind und die Zusagen problematisieren, gelegentlich an das Verhalten Abrahams knüpfen, zeitlich strecken und, soweit es die Mehrung und Fürsorge Jhwhs

---

sierte – „nachendredaktionelle Ergänzungen“, also nachpriesterliche Zusätze ein und verbindet V. 22b–33a mit entsprechenden Zusätzen in Gen 19 zu einer „Theodizee-Bearbeitung“.

76 Wellhausen 1899, 26. Vgl. Blum 1984, 402–405, mit Rekurs auf Schmidt 1976; Levin 1993, 169 mit Verweis auf Smend 1893, 474.

77 Levin 1993, 159.

78 Dazu gehören außer Gen 15 noch 13,14–17 (s. o. 1); 16,10; 18,18–19; 21,12–13.17–18; 22,15–18; 24,7; 26,2–5.24; 46,2–4. Vgl. dazu Nr. 7 in diesem Band.

anbelangt, auch auf die ismaelitische Seitenlinie ausweiten. So zitiert 18,18 die Verheißung 12,1.3, wandelt aber die Formulierung mit Ex 1,7 sowie 22,18 und 26,4 ab. Vers 19, den einige für einen Nachtrag halten, erklärt Abraham zum Lehrer von Gerechtigkeit und Recht, um nicht zu sagen des Gesetzes, der seinen Kindern befiehlt zu tun, wie er getan hat (15,6; 22,12.16; 26,5.24). Aufgrund der literarischen Bezüge zu frühen wie zu späten Texten legt sich auch für 18,16b–22a eine späte, folgt man der Datierung der späten Referenztexte (wie Gen 22,15–18), des Näheren eine nachpriesterliche Datierung nahe.[79]

6) Zu dem – ehemals der Quelle E zugeschriebenen – Erzählkranz in Gen 20–22 (abzüglich 21,1–8 sowie 22,20–24) muss hier nicht viel gesagt werden.[80] Am überzeugendsten finde ich – ungeachtet der Bedenken gegen die Umstellungshypothese für 21,22–34 – den Vorschlag von Köckert, wonach der Erzählkranz insgesamt eine in sich gewachsene Fortschreibung und „nach-priesterliche Erweiterung der Vätergeschichte" ist.[81] Offenkundig ist P in dem Stück 21,9–21 vorausgesetzt, das auf Gen 16–17 zurückblickt.

7) Die genealogischen Notizen in Gen 22,20–24 und die Geschichte der Brautwerbung in Gen 24 gehören zusammen. Auf den ersten Blick bietet es sich an, die beiden Stücke als Nachtrag zu betrachten, der sich im Rahmen der vorpriesterlichen Komposition zwischen Geburt und Entwöhnung Isaaks in 21,1–8 und den Anfang der Isaakgeschichte in Gen 26,1 geschoben hat, vermittelt durch 25,5, eine Art Wiederaufnahme von 21,8.[82] Dass die inhaltlich zusammenhörigen Stücke auseinandergerissen wurden, ließe sich mit dem Einbau der Priesterschrift in Gen 23 und 25,7 ff.12 ff.19 f und der nachpriesterschriftlichen Erweiterungen in Gen 20–22 leicht erklären.

Vollkommen ausschließen kann man diese Möglichkeit nicht, doch gibt es Indizien, die gegen diese Annahme sprechen und die Vermutung nahelegen, dass die beiden Stücke – nicht nur in ihrer vorliegenden Gestalt, sondern bereits im Kern – die Priesterschrift und ihre Verbindung mit dem nichtpriesterlichen Text voraussetzen. So stimmt der Stammbaum in 22,20–24, auf dem Gen 24 beruht und wonach nicht Nahor (so 29,5; in einem weiteren Sinne der Familienbande auch 24,48), sondern Betuel der Vater Rebekkas und Labans ist (24,15.24.47), mit 25,20; 28,2.5

---

79 Vgl. Blum 2002, 110.

80 Für die Zuschreibung zu E vgl. etwa Graupner 2002, 187–218. Zu dem Erzählkranz Gen 20–22 insgesamt vgl. demnächst Müller / Schäfers (im Druck).

81 Köckert 2015a. Vgl. auch Kratz 2000, 264 sowie meinen Beitrag zu 21,22–34 in Müller / Schäfers (im Druck).

82 So Noth 1948, 30 sowie Levin 1993, 181–196, verteilt auf den Grundbestand seiner „vorjahwistischen Quelle" (die „mit der nachfolgenden Vätergeschichte eng verflochten ist"!, a.a.O., 191), die „jahwistische Redaktion" und (vorpriesterliche) „nachjahwistische Ergänzungen". Beide nehmen auch die Geburtsgeschichte in Gen 25,21–34 noch mit hinzu.

(P) und dem nachpriesterlichen Zusatz in 11,28–30, aber nicht mit den Verwandt-schaftsverhältnissen in der vorpriesterlichen Komposition in 29,2–14 überein. Die beiden Stücke bringen die in Gen 29 angedeuteten verwandtschaftlichen Beziehun-gen – um der strikten Einhaltung der Endogamie willen – in eine klare genealogi-sche Sukzession.[83]

Es gibt allerdings gute Gründe, in 20,20–24 mit einer Überarbeitung zu rechnen. Die Notiz über die Abstammung Rebekkas in V. 23a, die Gen 24 vorbereitet, fällt syn-taktisch aus dem Rahmen, unterbricht den Zusammenhang zwischen V. 22 und 23b und dürfte infolgedessen nachgetragen sein. So wäre es theoretisch denkbar, dass 22,20–24 (ohne V. 23a) ursprünglich einmal direkt an die nichtpriesterliche Geburts-geschichte Isaaks in 21,1–8 angeschlossen hat und – gegebenenfalls über 25,5 – zur Isaak- und Jakobgeschichte in Gen 26 ff überleiten sollte. Doch in diesem Fall ver-misst man in 22,21 Laban, der nach 29,5 der Sohn Nahors ist. Im Übrigen geht die peinliche Unterscheidung von Haupt- und Nebenlinien erst auf P zurück. Jedenfalls der Nachtrag in V. 23a kann aufgrund der Vaterschaft Betuels nicht vor-, sondern nur nachpriesterlich sein.[84]

In Gen 24 weisen auch Form und inhaltliches Profil auf eine späte Entstehung.[85] Die Erzählung fällt wie Gen 23 allein schon durch die Länge, die Erzählweise und nicht zuletzt die Sprache aus dem Rahmen. Sie hat die Heirat Jakobs in der vor-priesterlichen Jakobgeschichte Gen 29–32 zum Vorbild, entdeckt in der von ihr selbst hergestellten Verwandtschaft zwischen Rebekka (Gen 26) und Laban (Gen 29) aber mehr als die Vorlage wollte. Die Endogamie und Abgrenzung gegen die Kanaa-näer sind kein Thema der vorpriesterlichen Komposition in Gen 26–35, sondern ein beherrschendes Motiv in der jüngeren Priesterschrift, das vermutlich die sich ver-schärfenden sozialen und religiösen Gegensätze in persischer und hellenistischer Zeit widerspiegelt, in der für diejenigen, deren Denken sich in der Welt der bib-lischen Schriften bewegte, die Frage der Mischehen zum *status confessionis* wurde.

Geht man von der vorliegenden, nachpriesterlichen Gestalt aus, sind 22,20–24 und Gen 24 zwischen der Geburtsgeschichte 21,1–8 (+P) bzw. der „nachpriesterli-chen Erweiterung der Vätergeschichte" in Gen 20,1–22,19 sowie Tod und Begräb-

---

83 Vgl. Kratz 2000, 275.277 f.

84 Gegen Blum 1984, 388 f; Levin 1993, 181–182, die eine ältere, vorkompositionelle Überlieferung (Levins „vorjahwistische Quelle") postulieren und die Bearbeitung (Blum als eine von zwei Möglich-keiten) auf die älteste Komposition der Vätergeschichte (Blums „Vätergeschichte 1 oder 2", Levins „jahwistische Redaktion") zurückführen. Die altertümlich oder echt wirkenden Kenntnisse (zu Uz und den Söhnen Arams vgl. Gen 10,23) sind ebenso wenig wie in Gen 14 Zeichen eines hohen Alters der Texte.

85 Vgl. Blum 1984, 383–389; mit neuer Verhältnisbestimmung zu P ders. 2002, 107 f im Anschluss an Rofé 1990.

nis Saras in Gen 23 einerseits, diversen weiteren genealogischen Stücken und dem Tod Abrahams in Gen 25 andererseits eingeschoben. Die literarischen Anschlüsse, die sich im Laufe der Bearbeitungsgeschichte verändert haben können, lassen sich nicht leicht bestimmen. Der Sache nach setzt 22,20–24 (mit und ohne V. 23a) die Geburt und Entwöhnung Isaaks in 21,1–8 und vermutlich auch die Hagar-Ismael-Episode in 21,9 ff voraus: Wie für Abraham werden für seinen Bruder Nahor die Nachkommen von Haupt- und Nebenfrau aufgezählt. Die Einleitung in V. 20 („Und es geschah nach diesen Dingen") könnte aus 22,1 genommen und Indiz dafür sein, dass auch dieser Text schon vorausgesetzt ist, was bedeutet, dass 22,20–24 auch ohne die Ergänzung in V. 23a bereits eine nachpriesterliche Ergänzung sein muss. Die Platzierung erfolgte demnach im Anschluss an die Schicksale der Nachkommen Abrahams in Gen 21–22 und mit Blick auf den Tod Saras in Gen 23 und Abrahams in 25,7 ff sowie die weitergehende Unterscheidung von Haupt- und Nebenlinien Abrahams in 25,1–6.11.12 ff.19 ff.

Mit 22,20–24 oder auch erst mit dem nachpriesterlichen Zusatz in 22,23a ist die Heiratsgeschichte in Gen 24 hinzugekommen, die einerseits den Tod Saras „zum notwendigen Motiv hat"[86], andererseits vor dem Tod Abrahams in 25,7 ff spielen sollte (24,1), aber mit 24,36 f auch 25,5 und die Abgrenzung von Haupt- und Nebenlinien in 25,1–6.11 (s. u. 8) und 25,12–18 im Blick hat und natürlich die Geburtsgeschichte in 25,19 ff vorbereitet. Gen 24 holt die Erzählung nach, die der Rückblick in den Toledot Isaaks in 26,20 impliziert. Aufgrund der textlichen Probleme in 24,67 hat man auch für Gen 24 eine vorpriesterliche Vorstufe postuliert, die die priesterlichen Texte in Gen 23 und 27,5 ff noch nicht voraussetzt, sondern Sara als noch lebend (24,36) vorgestellt und den Tod Abrahams selbst erzählt habe. So habe Isaak in 24,67 seine Braut ins Zelt „zu Sara, seiner Mutter" geführt und sich über „seinen Vater" (statt „seine Mutter") getröstet.[87] Doch dass Abraham in Gen 24 ausdrücklich oder stillschweigend gestorben sei, ist reines Postulat. Darum gibt es keinen triftigen Grund, in 24,67b zu ändern; der Vers blickt, ob ursprünglich oder sekundär, schon immer auf Gen 23 zurück. Lediglich שרה אמו in 24,67a bereitet nach האהלה Schwierigkeiten und ist entweder als ungewöhnliche (aufgesprengte) Constructus-Verbindung (so LXX ohne „Sara" εἰς τὸν οἶκον τῆς μητρὸς αὐτοῦ) oder als Glosse zu erklären, die, wie die Übersetzung der LXX περὶ Σαρρας τῆς μητρὸς αὐτοῦ vermuten lässt, eine

---

86 Wellhausen 1899, 27.
87 Blum 1984, 384. Etwas anders Wellhausen 1899, 27 f, der – im Rahmen der Quellenhypothese – zwar ebenfalls der Auffassung war, dass in Gen 24 der Tod Abrahams erzählt worden sein müsse und darum „zu behaupten wagte", dass es in V. 67 ursprünglich אחרי אביו geheißen habe, mit der Korrektur aber auch die grammatisch sperrige und darum ausgeschiedene Glosse „Sara seine Mutter" verband. So auch Levin 1993, 194.

alternative, an die falsche Stelle geratene Lesart zu אמו in V. 67b darstellt.[88] Wie 22,20–24 setzt auch Gen 24 (V. 15) das Kapitel Gen 22 (V. 22 f) und folglich die „nachpriesterliche Erweiterung der Vätergeschichte" in Gen 20–22 (Köckert) voraus. Der sekundäre Zusatz in 22,23a legt die Vermutung nahe, dass die beiden Texte nacheinander in die nachpriesterliche Komposition der Genesis gelangt sind. Es ist allerdings auch denkbar, dass Gen 24 zusammen mit 22,20–24 eingeschrieben wurde und der Zusatz in 22,23a die Beziehung nachträglich hergestellt hat.

8) Mit der nachpriesterlichen Ansetzung von Gen 22,20–24 und Gen 24 entfällt auch das damit verwandte Stück Gen 25,1–6, die Liste der Ketura-Söhne in V. 1–4 und der hier oft vermutete Kern in V. 5–6[89] bzw. V. 5[90], für die vorpriesterliche Komposition. Ein positiver Nachweis für die Schichtenzugehörigkeit lässt sich aufgrund der Eigenart des Materials ebenso wenig führen wie im Falle von 22,20–24 (mit Ausnahme von V. 23a). Entscheidend ist die Relation der Schichten.

Der Vers 25,5 ist eine Art Wiederaufnahme von 21,8 und lässt folglich irgendeinen Einschub erwarten. Theoretisch könnte er an 21,21 oder 21,34 oder 22,19 angeschlossen haben, doch setzen diese Texte den Einbau der Priesterschrift in die Komposition der Genesis bereits voraus. Der nächstliegende Anschluss ist daher Gen 24,67. Allerdings kann 25,5 mit Gen 24 nicht auf einer Ebene liegen, da Abraham gemäß 24,36 sein Hab und Gut dem Isaak bereits übergeben hat. Die Übergabenotiz muss daher entweder älter oder – was mir aufgrund der Position nach Gen 24 wahrscheinlicher ist – jünger sein als Gen 24.

Als Nachtrag zu Gen 24 und Rekapitulation dessen, was gemäß 24,36 bereits erfolgt ist, ergibt die Notiz aber eigentlich nur in Zusammenhang mit V. 6 bzw. V. 1–6 im Ganzen einen Sinn. Als Gegenstück zu dem Stammbaum in 22,20–24 und nach der endogamen Heirat von Isaak und Rebekka in Gen 24 stellt 25,5–6 bzw. V. 1–6 (zusammen mit den Zusätzen in V. 11.18) noch einmal den – wie in Gen 17 (!) über die Frauen definierten – Unterschied zwischen den Haupt- und Nebenlinien klar, bevor Abraham stirbt und die weiteren Toledot von Haupt- und Nebenlinien (Ismael und Isaak in 25,12 ff, im Weiteren Esau und Jakob) folgen. Somit legt sich der Schluss nahe, dass man es auch in 25,1–6 mit einem nachpriesterlichen Nachtrag zu tun hat, der sich an die priesterlichen Toledot anlehnt.[91] Ob in 25,1–4 eine eigenständige,

---

88 So auch Blum 2002, 107 f Anm. 103 gegen ders. 1984, 384 Anm. 5. Auch die Textbeziehung zwischen 24,62 und 25,11b (Blum 2002, 108 Anm.) spricht nicht gegen eine nachpriesterliche Ansetzung von Gen 24. Beide Stellen hängen von 16,14 ab und sind in Gen 24 vermutlich ursprünglich, in 25,11b nachgetragen.

89 Noth 1948, 30.134.210 Anm. 532.

90 Levin 1993, 184.193, der 25,5 (zusammen mit 24,36!) seiner „jahwistischen Redaktion" zuschreibt und 25,1–4 sowie 25,6.18a als „nachjahwistische Ergänzungen" einordnet.

91 So auch Blum 1984, 446.

ältere Überlieferung zugrunde liegt, ist wie in den ähnlich gelagerten Fällen von
Gen 14; 15,19–21 oder 22,20–24 müßig zu fragen und spielt kompositionsgeschichtlich keine Rolle.

9) Die Geburtsgeschichte von Jakob und Esau in Gen 25,21–26a (oder auch nur
V. 21.24–26a), von der wiederum der Vorverweis auf Gen 27 in 25,27 f und die Vorwegnahme der Intrige durch den Verkauf der Erstgeburt in 25,29–34 (vgl. dazu
27,35 f) abhängig sind, wird üblicherweise der vorpriesterlichen Komposition oder
sogar ihren Vorlagen zugeschrieben.[92] Doch steht sie im Rahmen der Komposition
am falschen Ort und kommt zu früh. Isaak könnte seine Frau in Gen 26 nicht als
seine Schwester ausgeben, hätte sie schon geboren, und bis zur förmlichen Einführung Esaus als Isaaks Sohn in 27,1 und Jakobs als Rebekkas Sohn in 27,6 scheinen
die beiden kinderlos zu sein. Es handelte sich bei der ganzen Perikope in 25,21–34
demnach um eine an unpassender Stelle eingetragene Ergänzung im Rahmen der
vorpriesterlichen Vätergeschichte.

Allerdings haben sich bereits im Zusammenhang mit Gen 16 (s. o. 4) und im
Vergleich der drei Geburtsgeschichten in Gen 16,1.3–4a.15 f; 21,1b–5 und 25,19.24–26
Indizien ergeben, die eine andere Erklärung nahelegen. Ohne die Etymologien in
V. 24–26 entspricht der Aufbau der Geburtsnotiz in 25,19 f + 24–26[93] ziemlich exakt
dem der beiden anderen Geburtsgeschichten, die üblicherweise P zugeschrieben
werden, auch wenn die Klassifizierung für 16,1a gelegentlich bestritten wird, um
den fehlenden Anfang für eine vorpriesterliche Variante von Gen 16 zu gewinnen.
Außerdem ist die Geburtsgeschichte in 25,21 ff keine selbständige Überlieferung,
sondern setzt die Heirat mit Rebekka voraus.[94] Ohne 25,19 f kommt als Vortext nur
die Erzählung in Gen 24 in Frage, die sich aber als nachpriesterliche Erweiterung
und narrative Ausführung von 25,19 f erwiesen hat (s. o. 7). Schließlich lässt sich
auch die anachronistische Position der Geburtsgeschichte im Rahmen der Vätergeschichte vor Gen 26 ff sehr viel leichter erklären, wenn man annimmt, dass
sie in P zunächst an der richtigen Stelle – nämlich in den Toledot Isaaks (25,19),
gefolgt von den den ungleichen Heiraten der beiden ungleichen Kinder in 26,34 f
und 27,46–28,9 – stand und darum bei der Einarbeitung des nichtpriesterlichen
Texts in das Gerüst von P vor Gen 26 ff platziert werden musste. Nach dem Tod Saras

---

92 Noth 1948, 30; Blum 1984, 66–203; Levin 1993, 197–200. Hier wie sonst gilt: Als ehemals selbständige, vorkompositionelle Überlieferung kann man den Text indes nur dann ansehen, wenn
man die Komposition der Vätergeschichte *der Sache nach* als gegeben voraussetzt, womit sich die
ohnehin unbeweisbare Zusatzannahme eigentlich erübrigt.
93 Vielleicht gehört auch die Notiz in 25,21bβ „Und Rebekka, seine Frau, wurde schwanger" dazu,
die nach der Vermählungsnotiz in V. 19 f durchaus angebracht ist; vgl. 16,4a; 21,2 und dazu die Analyse von Levin 1993, 197, der freilich die Bemerkung direkt an die Vermählung in 24,67 anschließt.
94 Vgl. Blum 1984, 67; Levin 1993, 197.

und Abrahams in Gen 23 und 25,7 ff, der die Toledot Terachs abschließt, sowie nach der Toledot Ismaels (25,12–18) konnte alles Weitere nur in den darauf folgenden, mit der Heirat von Isaak und Rebekka und der Geburt ihrer Kinder in 25,19–26* einsetzenden Toledot Isaaks untergebracht werden.

Weist man demzufolge 25,19–20.(21bβ).24–26 P zu, sind die davon abhängigen Teile in 25,21–23.27–28.29–34 sowie die Zusätze in V. 24–26 (Namensetymologien) als nachpriesterliche Ergänzungen zu betrachten.[95] Sie tragen eine Reihe von aus anderen Kontexten bekannten Motiven zusammen und dienen im Wesentlichen als Lesehinweise für das Folgende[96]: 25,21–23 erklärt Rebekka – wie die anderen Haupt- oder Lieblingsfrauen (Sara in 11,30; 16,1; 18,9–15; Rahel in 29,31) – für unfruchtbar, damit die Hauptlinie mit Jʜwʜs Zutun entsteht und man lernt, dass dem Herrn nichts unmöglich ist (18,14). Das Geburtsorakel verlegt den Zwist zwischen Jakob und Esau und den Völkern Israel und Edom bereits in den Mutterleib; zugleich veranschaulicht es die Verheißung, dass „Völker" aus Abraham (Gen 17), Isaak (28,3) und Jakob (35,11) hervorgehen sollen. Die nachgetragenen Namensetymologien in 25,25 f sowie V. 27–28 bereiten die Intrige von Gen 27 vor und erklären das Handeln der Mutter in 27,5 ff. Die Etymologie des Namens Jakob als „Fersenhalter" (vgl. auch 38,27–29) konkurriert mit Jakob dem „Betrüger" in 27,36 (Hos 12,4), doch ist das diachrone Verhältnis schwer zu bestimmen; 25,26 ist jedenfalls ebenso wie die uneigentliche Etymologie des Namens Esau, die eigentlich auf Edom und Seir geht, als Vorverweis auf Gen 27 zu verstehen.[97] Der Verkauf der Erstgeburt in 25,29–34 liefert den Hintergrund für die Bemerkung in 27,35 f, die sich ursprünglich vielleicht nur auf 25,26 bezieht, und rechtfertigt die Intrige von Gen 27 durch den regelrechten Handel, der Esau von vornherein in schlechtem Licht dastehen lässt.

V Umfang und Relation der Schichten in Gen 12–25

Im Folgenden werde ich das Ergebnis der Analyse kurz zusammenfassen und die Frage behandeln, in welcher Relation die eruierten literarischen Schichten der Abrahamgeschichte in Gen (11)12–25, insbesondere die umfangreichen Ergänzungen, zueinander stehen.

Eine ältere, *vorkompositionelle Überlieferung* lässt sich im Bereich von Gen 12–25 am überlieferten Text methodisch kontrolliert und nachvollziehbar nur für die Lot-Erzählung in Gen 19 nachweisen. Ansonsten ist mit nicht näher identifizier-

---

95 Gegenüber Kratz 2000, 275 neige ich mittlerweile dieser zweiten Möglichkeit zu.
96 So mit Blum 1984, 67 ff.
97 Vgl. Blum 1984, 68.71–73.

baren Überlieferungen oder gewissen Kenntnissen zu rechnen, die sich mit den einzelnen Stammes- und Völkernamen verbinden, über die in der Abrahamgeschichte ausführlich erzählt (Abraham und Sara, Hagar und Ismael, Isaak und Esau) oder die in Listen aufgeführt oder nebenbei erwähnt werden.

Das *älteste erreichbare literarische Stratum* der Abrahamgeschichte ist in der Abraham-Lot-Erzählung in Gen 12–13*; 18–19* und 21,1–8* zu greifen, die basierend auf der älteren Überlieferung in Gen 19 entstanden ist.[98] Der relativ kurze Erzählstrang ist allerdings nicht selbständig. Sein ursprünglicher literarischer Kontext ist die vorpriesterliche *Komposition der Ur- und Vätergeschichte* in Gen 2–35*, die er mit konstituiert. Hier dient die Abraham-Lot-Erzählung als Bindeglied zwischen der vorpriesterlichen Urgeschichte in Gen 2–11* und der (vorgegebenen, bereits verbundenen) Isaak-Esau + Jakob-Laban-Geschichte in Gen 26–35*. Die Komposition der Ur- und Vätergeschichte (UV) wurde noch vorpriesterlich um Josef in Gen 39–45* ergänzt und über die Erweiterungen der Josefsgeschichte zur Volksgeschichte in Gen 45–50*/Ex 1* mit der ehemals selbständigen, vorpriesterlichen Exodus-Landnahme-Erzählung in Ex–Jos* (EL) verbunden. Über die Datierung und den historischen Hintergrund der vorpriesterlichen Kompositionen lassen sich nur begründete Spekulationen anstellen. Für die Ur- und Vätergeschichte (UV) und die Exodus-Landnahme-Erzählung (EL) halte ich eine Datierung noch in vorexilischer Zeit nach 722 v. Chr. für plausibel, die Fortschreibung der UV in der Josefsgeschichte und die Verbindung mit der EL sind demgegenüber in exilischer Zeit nach 587 v. Chr. anzusetzen.

Die verbundene Komposition von UV + EL in Gen–Jos* war die Vorlage für die *Komposition der Priesterschrift* in Gen 1–Ex 40*. Ihre Version der Abrahamgeschichte (Toledot Terachs) ist in Gen 11–13*; 16–17*; 21,1b–5; 23; 25,7–11a zu greifen, gefolgt von den Toledot Ismaels und Isaaks in 25,12–26*, und besteht aus einer Grundschrift (P[G]) sowie kleineren und größeren (Gen 23) innerpriesterlichen Ergänzungen (P[S]).[99] Die vieldiskutierte Frage, ob die Priesterschrift ein ehemals separates Werk oder von Anfang an eine Bearbeitungsschicht war, sei dahingestellt. Im hier behandelten Bereich der Abrahamgeschichte scheint mir beides möglich: Der Text lässt sich, die Kenntnis der vorpriesterlichen Vorlage vorausgesetzt, mühelos als separate Erzählung lesen, könnte aber ebenso gut eine Bearbeitung sein, die in Gen 11–13 und 21 einige wenige Glossen angebracht und den nichtpriesterlichen Text zwischen Gen 12–13 und 18–19 um Ismael und die dadurch nötig gewordene Modifizierung

---

98 Im Einzelnen: 12,1–4a.6–9 (ohne V. 6b); 13,2.5.7–11a.12bβ–13 (ohne V. 7b).18; 18,1–16 (ohne V. 3b.16b); 19,1–38 (ohne V. 15aβb.16aβ.27–29); 21,1a.6–8 (zu Alternativen s. o. Anm. 20).

99 Im Einzelnen: 11,27.31–32; 12,4b–5; 13,6.11b–12bα.; 16,1.3(–4a).15 f; 17; 21,1b–5; 23; 25,7–11a.12–17.19–20.(21bβ).24–26 (ohne die Namensetymologien in V. 25aβ.26aα²).

der Verheißung in Gen 16–17 sowie zwischen Gen 21 und 26 um den Tod Saras und Abrahams und die folgenden Toledot in Gen 23; 25,7–26 fortgeschrieben hat.[100] Im Blick auf die Anlage der Priesterschrift, insbesondere die durchgehende Toledot-Struktur und die programmatischen Leittexte in Gen 1; 9; 17; 35; Ex 6, sowie einige Sperrigkeiten in der literarischen Verbindung scheint mir jedoch nach wie vor die Annahme plausibel zu sein, dass P zunächst als eine Art *Rewriting* der nichtpriesterlichen Vorlage entstanden ist, die ihrerseits sekundär in den Rahmen von P eingearbeitet wurde. Die literarischen Voraussetzungen von P und ihr sachliches Profil (Tendenz) legen eine Datierung in persische Zeit nach 520 v. Chr. (oder wann auch immer der Tempel wieder gebaut wurde) nahe.

Bei dem übrigen Textbestand der Abrahamgeschichte in der Genesis handelt es sich durchweg um *nichtpriesterliche Ergänzungen*.[101] Theoretisch können sich darunter vor- wie nachpriesterliche Zufügungen befinden. Der Durchgang durch die fraglichen Texte im Lichte der gegenwärtigen Forschungsdiskussion hat jedoch zu dem – abweichend von meiner früheren Analyse auch mich selbst – überraschenden Ergebnis geführt, dass sich sämtliche Stücke sehr viel einfacher und plausibler als nachpriesterliche Fortschreibungen erklären lassen.[102] Die Kriterien für diese Entscheidung sind teilweise sprachlicher Art, soweit die nichtpriesterlichen Texte die Kenntnis des priesterlichen Sprachgebrauchs erkennen lassen. In der Mehrzahl der Fälle beruht die Einordnung jedoch auf der narrativen Logik im Verhältnis zum jeweiligen literarischen Kontext, der Schichtenrelation, d. h. der Abhängigkeit von anderen als nachpriesterlich eingestuften Texten, und der Tendenz.

Das alles ist keine „hard evidence" und lässt fast immer Spielraum für andere denkbare Möglichkeiten.[103] Und doch lassen viele Indizien die Waagschale sich eher auf die nach- als die vorpriesterliche Seite neigen. Ich bin mir jedoch auch bewusst, dass sich das Resultat den forschungsgeschichtlichen Wellen verdankt: Vieles, was früher ehrfürchtig als Urgestein der Überlieferung angesehen wurde, wird heute

---

100 Für die Genesis vgl. zuletzt Wöhrle 2012 und dazu oben Anm. 36; für das Exodusbuch Berner 2010.
101 Im Einzelnen (von Einzelzusätzen abgesehen): Gen 12,10–13,1.3 f.14–17; 14; 15; 16,2.4–14; 18,16b–33; 20; 21,9–21.22–34; 22,1–19.20–24; 24; 25,1–6.11b.18.21–23.27–28.29–34.
102 Mit erheblichen vorpriesterlichen Anteilen rechnet offenbar das „Münsteraner Modell" eines „Jerusalemer Geschichtswerkes", das Frevel in seiner Überarbeitung von Zenger u. a. 2016, 216–224 als alleinige Lösung empfiehlt. Allerdings lässt sich darüber nicht viel sagen, da der genaue „Umfang" des Werkes (a.a.O., 217–219) nicht mitgeteilt wird. Immerhin verraten die Ausführungen zur „Theologie" (a.a.O., 219 f), dass auch Gen *15,1–18 zum Grundbestand (sic, auf derselben Ebene wie 12,1–3!?), des „Jerusalemer Geschichtswerkes" gehören soll, „wo es die in Gen 12,7 vorangehende *Landverheißung an Abraham* … im Sinne einer privilegrechtlichen Bundestheologie juristisch interpretiert".
103 Etwa im Falle von Gen 16 als sekundärem Einschub zwischen Gen 13 und 18 oder bei Gen 22,20–24; 24 und 25,5 f als (sekundärem) Übergang zwischen Gen 21,1–8 und Gen 26.

eher als späte, midraschartige Bildungen der biblischen Überlieferung interpretiert, wie wir sie nachweislich ja auch in anderen Schriften wie der Chronik, der parabiblischen Literatur (Jubiläenbuch, Genesis-Apokryphon, Reworked Pentateuch usw.) und nicht zuletzt in der Textüberlieferung greifen können.

Ein besonders schwieriges Problem, das ich am Ende noch ansprechen möchte, besteht in der Bestimmung des diachronen Verhältnisses der nichtpriesterlichen Ergänzungen untereinander. Auch hier gibt es nicht immer nur eine Möglichkeit, sodass diese Frage in vielen Fällen im Ungewissen bleiben muss. Erinnert sei nur an das Verhältnis der beiden späten Einschübe von Gen 14 und 15, wo es gute Gründe für die eine wie die andere Option gibt, welcher der beiden Texte älter, welcher jünger ist. Immerhin lassen sich unter einzelnen Ergänzungen gewisse Gemeinsamkeiten erkennen, die es erlauben, drei Gruppen (nicht drei Redaktionsschichten!) zu unterscheiden.

Eine gewisse Verwandtschaft besteht zwischen den Ergänzungen in Gen 12,10–13,1.3 f.14–17; 16,2.4–14 und 25,21–23.27–28.29–34. Sie fügen sich gut in ihren literarischen Kontext ein und tragen zur narrativen Vernetzung und theologischen Verdichtung der Erzählung bei. Ebenso verwandt sind die ehemals der Quelle E zugeschriebenen Stücke in Gen 15; 18,16b–33 und 20–22, die eine Art Cluster bilden. Sie haben ein eigenes theologisches Profil, das gegenüber der ersten Gruppe stärker reflektiert ist, was darauf hindeuten könnte, dass es sich um jüngere Nachträge handelt. Die zweite Gruppe wiederum scheint von den Ergänzungen in Gen 22,20–24; 24 und 25,1–6.11b.18 vorausgesetzt zu sein, die um die Heirat Isaaks und Rebekkas, die aramäische Verwandtschaft und die (seit P immer wichtiger werdende) Unterscheidung von Haupt- und Nebenlinien kreisen und ebenfalls eine Art Cluster darstellen. Völlig isoliert steht die Erzählung in Gen 14, die aber in mancher Hinsicht (Erzählweise, antiquarische Kenntnisse) der dritten Gruppe nicht unähnlich ist.

Auch innerhalb der drei Gruppen oder Cluster liegen die Texte zweifellos nicht alle auf einer Ebene. So habe ich andernorts für das Cluster in Gen 20–22 vermutet, dass nacheinander Gen 20; 21,22 ff; 21,9 ff und 22,1–19 eingeschrieben wurden.[104] Doch wie sich die Relation der Schichten in Gen 20–22 zu Gen 15 oder 18,16–33 verhält, vermag ich kaum zu sagen, auch wenn diese Stücke Gen 22,1–19 am nächsten stehen. Auch in dem dritten Cluster gibt es Anzeichen, dass Gen 24 jünger ist als die Grundschicht von 22,20–24 und erst mit der Ergänzung in 22,23a in den Text eingeschrieben wurde, wovon wiederum 25,1–6 abhängig ist. Doch mehr als begründete Mutmaßungen sind im Bereich der umfangreichen nichtpriesterlichen Ergänzungen hinsichtlich der Schichtenrelation, d. h. der relativen Chronologie, von der Datierung und absoluten Chronologie ganz zu schweigen, kaum möglich.

---

104 Vgl. meinen Beitrag zu Gen 21,22–34 in Müller / Schäfers (im Druck).

9 Überlegungen zum historischen Kontext der Josefsgeschichte

Auf der Grundlage der glänzenden Analyse der Josefsgeschichte durch Franziska Ede[1] werde ich versuchen, etwas über den möglichen historischen Kontext zu sagen. Mehr als gelehrte Spekulationen sind dabei nicht möglich, denn der Text gibt, wie alle Texte über die vorstaatliche Zeit Israels, keinerlei Hinweise auf die Entstehungszeit dieser Literatur. Der einzige Weg besteht darin, von den Inhalten und Aussageprofilen auf eine mögliche historische Situation zu schließen, in der die Josefsgeschichte entstanden sein könnte, und einen möglichen Adressatenkreis zu imaginieren, für den die Erzählung eine Bedeutung gehabt haben könnte.[2] In diesem Beitrag möchte ich mich auf einen Aspekt konzentrieren, nämlich Josefs Aufenthalt in Ägypten. Andere Aspekte, wie die familiären Relationen, die Beziehung zwischen den Brüdern oder die Verbindung zum Exodus werden nur am Rande gestreift.

I Josef

Bevor wir uns dem Thema Josef in Ägypten widmen, müssen wir zunächst fragen: Wer oder was ist Josef? Der Name, der in Gen 30,24 zutreffend aus der Situation der Geburt als „er (JHWH) möge hinzufügen" gedeutet wird, ist im vorexilischen Onomastikon selten. Anders als die Namen seiner Vorfahren Abraham, Isaak und Jakob, und auch anders als der Name Mose, ist er aber immerhin einmal in vorexilischer Zeit inschriftlich belegt, nämlich in einer Bulle aus dem 7. Jahrhundert v. Chr., die in Jerusalem gefunden wurde und die hebräische Inschrift trägt: לסאל בן יסף „Dem S'L Sohn des Josef".[3] (Renz / Röllig 15.1). Im Onomastikon von Al-Yahudu und Elephantine, das uns in die babylonische und persische Zeit führt, begegnet er nicht. In hellenistisch-römischer Zeit ist er ganz gebräuchlich und sowohl inschriftlich als auch literarisch reichlich bezeugt, so etwa in den Weihinschriften vom Heiligtum auf dem Garizim (in beiderlei Schreibung יהוסף und יסף)[4] sowie in einer (verlorenen) aramäischen Inschrift, die von Mark Lidzbarski transkribiert und veröffentlicht wurde und auf den 23. März 252 v. Chr. datiert ist.[5] Literarisch ist der Name etwa in den Mak-

---

[1] Ede 2016 sowie 2021.
[2] Vgl. Schmid 2020.
[3] Röllig 2003, hier 323, Nr. 15.1.
[4] Magen u. a. 2004, 26.265.
[5] Porten / Yardeni 1999, 205 D8.13.

https://doi.org/10.1515/9783111367057-012

kabäerbüchern und Judit belegt.[6] Trotz der äußerst dünnen Bezeugung in alter Zeit, wird man also folgern dürfen, dass es sich um einen gewöhnlichen, vielleicht erst in späterer Zeit verbreiteten hebräischen Personennamen handelt.

In der Hebräischen Bibel ist die Situation etwas komplexer, da der Name hier mehr als ein Personenname ist. Außer dem Josef der Josefsgeschichte begegnet der Name ausschließlich in späten, nachexilischen Texten als Eigenname für einzelne Personen.[7] Ansonsten steht er stets für eine kollektive Größe, den „Stamm Josef", die „Söhne Josefs" Efraim und Manasse sowie das „Haus Josef", das sowohl die beiden Stämme Efraim und Manasse als auch das gesamte Nordreich Israel[8] und schließlich neben „Jakob" auch ganz Israel umfassen kann.[9]

In der Josefsgeschichte ist Josef einer von zwölf Söhnen des Vaters Jakob-Israel – neben den ebenfalls namentlich erwähnten Söhnen Ruben, Simeon, Benjamin und Juda – und Vater von Efraim und Manasse. Somit repräsentiert er auch hier vor allem den „Stamm Josef" und den daraus hervorgegangenen Stämmeverband Efraim und Manasse. Im Gegenüber zu Juda und Benjamin dürfte auch die Rolle als Stammvater des „Hauses Josef", d. h. des Nordreiches Israel, mitschwingen. Als Einzelperson agiert Josef nur in der Rolle des Höflings in Gen 39–41.

Wenn wir im Folgenden nach einem möglichen historischen Kontext für Josef in Ägypten fragen, dann fragen wir also nach dem Aufenthalt des Repräsentanten einer kollektiven Größe – des Stammes Josef, der Stämme Efraim und Manasse, des Nordreichs Israel – in Ägypten. Lediglich für die Kapitel Gen 39–41 kommt ein historischer Kontext in Frage, in dem eine Einzelperson hebräischer (israelitischer oder judäischer) Herkunft eine beispiellose Karriere am Hof des ägyptischen Pharao gemacht hat.

II Israel in Ägypten (Gen 37–50)

Ich beginne mit der Endgestalt der Josefsgeschichte in Gen 37–50, in der Josef für einen der zwölf Stämme Israels steht und am Ende ganz Israel nach Ägypten zieht, von wo es im Exodusbuch wieder auszieht. Für diese Fassung der Josefsgeschichte fällt es am schwersten, einen möglichen historischen Haftpunkt zu eruieren.

Will man die Erzählung um jeden Preis in die Zeit datieren, in der sie die biblische Geschichte einordnet, also zwischen Erzvätern und Exodus, dann wird man

---

6 1Makk 5,18.56.60; 2Makk 8,22; Judit 8,1.
7 Num 13,7; 1Chr 25,2.9; Esr 10,42; Neh 12,14.
8 Vgl. Jos 17,17; Ez 37,16.19; Sach 10,6.
9 Ps 77,16; 81,5–6.

sich auf die diversen ägyptischen Zeugnisse von Asiaten, des näheren von Schasu- und Apiru-Leuten berufen, die sich im ausgehenden 2. Jahrtausend v. Chr. zwischen Palästina und Ägypten hin und her bewegten.[10] Doch sprechen diese Zeugnisse nicht von ganzen Ethnien, die die Grenze passieren, und können die Beweislast nicht tragen. Ihnen widerspricht im Übrigen die älteste Bezeugung des Namens „Israel" in der Merneptah-Stele um 1200 v. Chr.[11] Dieser Beleg hat bekanntlich eine distinkte ethnische Gruppe im Blick, die sich gerade nicht auf dem Weg zwischen Palästina und Ägypten befindet und nicht in Ägypten, sondern irgendwo im mitt- leren Palästina ansässig ist. Mit der Merneptah-Stele lässt sich weder für Josef in Ägypten noch für das „Israel" der Exoduserzählung etwas anfangen. Allenfalls könnte man behaupten, dass dieses „Israel" mit dem Vater Josefs, Jakob, identisch sei, der in der ältesten Fassung der Erzählung „Israel" heisst, was natürlich die Umbenennung in Gen 32 voraussetzt. Er müsste vorher mit seiner ganzen Sippe in Ägypten gewesen und wieder nach Palästina zurückgekehrt sein. Doch diese Annahme beruht allein auf einer Vermengung und Harmonisierung von epigra- phischen und literarischen (biblischen) Quellen und ist wenig wahrscheinlich. Für eine literarische Fiktion von Ein-und Auszug des Volkes Israel fehlt wiederum im ausgehenden 2. Jahrtausend v. Chr. jede Veranlassung.

Aus diesem Grund ist die Forschung um einige Jahrhunderte herunter gegan- gen und hat die Josefsgeschichte entweder in die Zeit Salomos[12] oder in die Zeit der sogenannten Reichsteilung unter Rehabem und Jerobeam I. datiert[13] Historischer Anhalt, so die These, sei die zeitweilige Flucht Jerobeams I., eines Efraimiters und Aufsehers über die Fronarbeit im „Haus Josef", nach Ägypten (1Kön 11,40; 12,2). Wie vor ihm der Edomiter Hadad (1Kön 11,17–18) hat auch Jerobeam Zuflucht in Ägypten bei dem Pharao Schischak/Schuschak (Schoschenk I.) gefunden und kehrt nach dem Tod Salomos zurück, um König über das Nordreich Israel, das „Haus Josef", zu werden. Gerne wird auch der inschriftlich bezeugte Feldzug Schoschenks I. nach Palästina im Jahre 925 v. Chr. mit diesem Ereignis in Zusammenhang gebracht.[14] Dies umso mehr, als es in 1Kön 14,25 heißt, dass Schoschenk Jerusalem attakiert und ausgeraubt habe, was von den Inschriften des Pharao allerdings nicht bestätigt wird. Diese politische Situation finden Teile der Forschung in der Josefsgeschichte abgebildet. Die Träume Josefs in Gen 37 führen auf die Spur, dass es um Fragen der politischen Herrschaft geht, die besondere Rolle von Josef (Efraim und Manasse,

---

10 Vgl. Weippert 2010, 171–173.179–198.
11 Weippert 2010, 168–171; der vollständige Text in Kaplony-Heckel 1985, 544–552.
12 Von Rad 1987, 357–358; s. auch 1958; 1974.
13 Crüsemann 1978; Dietrich 1989.
14 Vgl. dazu Weippert 2010, 228–241.

dem Herkunftsland Jerobeams), Benjamin (dem Stammland Sauls) und Juda (dem Herrschaftsgebiet der Davididen) passten, so die These, am besten auf die Situation der Reichsteilung unter Rehabem und Jerobeam I. Bei näherer Betrachtung leuchtet diese These jedoch aus mehreren Gründen nicht ein. Zur Vorsicht mahnt erstens die historische Rekonstruktion. Die historischen Nachrichten in 1Kön 11–14 sind dürftig und wenig verlässlich. Jerobeam mag einmal in Ägypten Zuflucht gesucht haben, doch wissen wir darüber nichts Näheres. Von der Vorstellung eines davidisch-salomonischen Großreiches und einer regelrechten Reichstrennung unter Rehabem und Jerobeam I. hat sich die Forschung weitgehend verabschiedet. Das Gegenüber von „Josef" (Nordreich Israel) und Juda mit Benjamin in der Mitte prägt die gesamte Königszeit bis 722 v. Chr., aber erst recht die Zeit danach, in der zuerst „Josef" (Samaria) und anschließend auch Juda ihre Souveränität verloren und zu konkurrierenden, um die Gunst der jeweiligen Fremdmacht buhlenden Provinzen wurden. Ob der Palästinafeldzug Schoschenks tatsächlich im Interesse Jerobeams geschah und Juda überhaupt miteinschloss, ist mehr als fraglich.

Zweitens spricht auch der literarische Befund gegen die Datierung in die frühe (oder auch spätere) Königszeit. Das Meiste in 1Kön 11–14, nicht zuletzt die Polemik gegen die goldenen Kälber, denen Jerobeam die Herausführung aus Ägypten zuschreibt, geht auf das Konto der deuteronomistischen und postdeuteronomistischen Bearbeitung und ist daher sehr viel später anzusetzen.[15]

Schließlich fügt sich auch die Erzählkonstellation innerhalb der Josefsgeschichte, wie die Rolle der übrigen Brüder bzw. Stämme (namentlich Ruben und Simeon), das politische Wirken Josefs in und für Ägypten oder die Vormachtstellung Josefs vor Juda und den übrigen Brüdern, nicht in die These, dass die Josefsgeschichte als eine Art politische Allegorie der Herrschaftsverhältnisse unter Rehabeam und Jerobeam I. zu lesen sei. Diesen Einwand hat auch Erhard Blum bereits erhoben und die These dahingehend modifiziert, dass die Josefsgeschichte zum einen – konzeptionell, nicht literarisch – als Brücke zwischen Erzvätern und Exodus gedacht sei, zum anderen ganz allgemein die Vormachtstellung des „josefitischen" Königtums gegenüber Juda darstellen wolle, die es im Verlauf der Geschichte des 9. und 8. Jahrhunderts v. Chr. seit den Omriden vielfach eingenommen habe. Als Enstehungsort und –zeit schlägt er darum den Umkreis des nordisraelitischen Hofes im 8. Jahrhundert v. Chr. vor.[16]

Mit dem Hinweis auf die Brücke zwischen Erzvätern und Exodus scheint mir Blum für die vorliegende Josefsgeschichte, besonders den zweiten Teil in Gen 46–50,

---

15 Kratz 2000, 168 f.
16 Blum 1984, 234–244. Vgl. mit etwas anderer Akzentuierung auch Blum / Weingart 2017 und dazu Schmid 2020.

in der Tat das Richtige getroffen zu haben. Wenn das aber der Fall ist, hängt die Datierung nicht zuletzt davon ab, wann der Zusammenschluss der beiden ehemals selbständigen Überlieferungen der Ur- und Vätergeschichte einerseits und der Exoduserzählung andererseits stattgefunden hat. Auch die Deutung auf die Stellung des „josefitischen" Königtums in „Israel" im allgemeinen, scheint mir zutreffend zu sein, wobei dieses Thema nicht auf die Zeit der zwei Reiche beschränkt ist, sondern auch oder gerade später aufgekommen sein dürfte, als es galt, das Verhältnis der Provinz Samaria zum Königtum und zur späteren Provinz Juda zu klären. Den Ort der Entstehung kann man nicht einfach aus dem Inhalt oder der unterstellten Absicht ableiten. Ob die Josefsgeschichte in Einklang mit der offiziellen Staatsräson eines der beiden Reiche steht oder gerade gegen die landläufigen Vorstellungen in Israel und Juda gerichtet ist, ist eine offene Frage.[17] Vor allem aber sind es die Perspektiven der Erzählung, die sich nicht ohne weiteres aus der Brückenfunktion in der heiligen Geschichte des Volkes Israel erklären lassen oder dieser Funktion sogar widersprechen, wie die auf Dauer angelegte Existenz und das staatstragende Wirken Josefs in Ägypten, die einer Datierung der Josefsgeschichte in die vorexilische Königszeit widerraten.

III Josef lebt (Gen 37–50)

Ich komme damit zu dem ersten Teil der Josefsgeschichte in Gen 37–45, in dem sich nach der Analyse von Fraziska Ede und vielen anderen eine ältere Fassung der Josefsgeschichte identifizieren lässt.[18] Auch diese Fassung handelt von Josef und seinen Brüdern und also von dem Repräsentanten des Volkes Jakob-Israel, der für das Nordreich steht. Die Pointe dieser Fassung besteht darin, dass der von seinen Brüdern nach Ägypten verkaufte und für tot erklärte Josef in Ägypten Karriere macht und lebt. Der in Gen 37 eröffnete Spannungsbogen kommt mit der Wiederbegegnung der Brüder und der Nachricht an Jakob-Israel zum Ende, dass Josef nicht etwa tot ist, sondern lebt. Nur lebt er nicht bei seiner Familie im Land, sondern in Ägypten. An einen Exodus ist dabei nicht gedacht.

Für diese Pointe fällt es ebenfalls nicht leicht, einen möglichen konkreten historischen Haftpunkt zu finden. Immerhin lässt sich jedoch so viel sagen, dass die ältere Fassung der Josefsgeschichte in Gen 37–45 eine historische Situation voraussetzt, in der größere Teile des Volkes Israel, insbesondere Teile aus dem Norden, in

---

17 Zur notwendigen Unterscheidung zwischen der historischen Situation und der spezifisch biblischen Sichtweise auf eine solche Situation vgl. Kratz 2017a.
18 Ede 2016.

Ägypten leben. Hierfür haben wir einige wenige Zeugnisse und literarische Reflexe: Eine Erinnerung im Aristeasbrief (13), wonach Juden nach Ägypten gesandt wurden, um in der Armee des Pharao Psammetich (unklar ist, ob I. oder II.) zu dienen, führt in das frühe 6. Jahrhundert v. Chr. Die Jeremiaerzählungen berichten von einer Flucht größerer Teile Judas nach Ägypten, unmittelbar im Anschluss an die Eroberung Jerusalems durch Nebukadnezar und nach der Ermordung des Statthalters Gedalja (Jer 41–44). Auch dies weist in das 6. Jahrhundert v. Chr. Beide Zeugnisse könnten die Vorgeschichte der gut dokumentierten Militärkolonie auf Elephantine beleuchten, die nach Ausweis der Papyri bereits unter Kambyses existierte und bis in die Zeit unter Dareios II. um 400 v. Chr. bestand, wonach sich ihre Spur verliert. Für die hellenistische Zeit fließen die Quellen reichlicher, hierfür nenne ich nur Alexandria und Leontopolis.

So können wir seit dem 6. Jahrhundert v. Chr. mit einer jüdischen Diaspora in Ägypten rechnen. Da es zu dieser Zeit das Nordreich Israel nicht mehr gab, liegt die Vermutung nahe, dass diese Diaspora vor allem aus Judäern bestanden hat. Diese Annahme wird durch die Selbstbezeichnung der Kolonisten auf Elephantine bestätigt, die sich selbst „Judäer" oder „Aramäer" nannten.[19] Doch für die hellenistische Zeit sind auch zahlreiche Jhwh-Verehrer aus Samaria in der ägyptischen Diaspora belegt. Schon die Kolonisten auf Elephantine pflegten nicht nur Kontakt zu dem Mutterland Juda, sondern ebenso zur Provinz Samaria. Von daher wird man vielleicht annehmen dürfen, dass auch schon in vorhellenistischer Zeit Jhwh-Verehrer aus der Provinz Samaria unter den Angehörigen der Diaspora in Ägypten waren.

Vor diesem Hintergrund kann die ältere Fassung des Josefsgeschichte in Gen 37–45 als literarischer Reflex auf die samarisch-judäische Diaspora in Ägypten gelesen werden, die – vielleicht aus samarischer, vielleicht aber auch aus judäischer, antisamaritanischer Perspektive – mit dem ehemaligen Nordreich identifiziert und somit als legitimer Teil „Israels" angesehen wird. Für die Verfasser lebt Josef nicht in der Provinz Samaria fort, sondern in der ägyptischen Diaspora. Dass diesem Teil „Israels" sogar ein Vorzug vor Juda (und den anderen Brüdern) gegeben wird, ist überraschend, könnte jedoch eine Sicht widerspiegeln, die in anderen Teilen der Hebräischen Bibel, namentlich im Jeremia- und im Ezechielbuch, von der Stellung der (ersten) babylonischen Gola gegenüber den im Land Gebliebenen und den nach Ägypten ausgewanderten Judäern herrscht. Ich komme darauf (unten in Abschnitt V) noch einmal zurück.

Ein konkreter historischer Haftpunkt in der Geschichte der jüdischen Diaspora in Ägypten lässt sich für diese Sicht der Dinge ebenso wenig ausmachen wie für die Wertschätzung der judäischen Exulanten in der Geschichte der baby-

---

19 Vgl. dazu Kratz 2019.

lonischen Gola. Wie neuerdings die Texte von Al-Yahudu zeigen, haben die judäischen Exulanten in Babylonien ebenso viel oder wenig mit der biblischen Sicht der babylonischen Gola zu tun wie die samarisch-judäische Diaspora in Ägypten mit dem Bild Josefs in der Josefsgeschichte.[20] Es handelt sich in beiden Fällen des biblischen Narrativs um literarische Konstruktionen, die einen historischen Sachverhalt, hier die Existenz einer jüdischen Diaspora in Babylonien und Ägypten, zum Gegenstand nehmen, um dem Ideal des Volkes „Israel" eine zeitgemäße und zugleich interessengeleitete Gestalt zu geben. Als Zeitrahmen kommt die (ausgehende) babylonische, persische oder auch frühe hellenistische Epoche in Frage, in denen die Rolle der babylonischen und ägyptischen Diaspora mehr und mehr zum Thema der biblischen und parabiblischen Literatur geworden ist. Aus Gründen der relativen Chronologie in der Schichtung des Pentateuchs vermute ich die ausgehende babylonische oder persische Epoche für die ältere Fassung der Josefsgeschichte und ihre anschließende Bearbeitung als Brücke zwischen Erzvätern und Exodus.

IV Josef am Hof des Pharao

Die Spätdatierung lässt sich noch erhärten, wenn wir uns den Bereich von Gen 39–41 etwas genauer ansehen. Wie Rüdiger Lux und Franziska Ede gezeigt haben, hat es die Josefsgeschichte nie außerhalb des Erzählhorizonts der Vätergeschichte in Gen 12–36 gegeben – sei es in literarischer, sei es in konzeptioneller Anknüpfung.[21] Umso mehr fällt auf, dass im Zentrum der älteren Fassung dieser zusätzlichen „Vätererzählung" in Gen 37–45 nicht das Volk Israel oder der Stamm steht, dem Josef angehört und den er repräsentiert, sondern das Geschick des Hebräers Josefs in der ägyptischen Fremde, in die er von seinen Brüdern verkauft wurde. Das Thema wird an einer späteren Stelle der Erzählung in Gen 47 noch einmal aufgegriffen und weiter entfaltet.

Nehmen wir diesen Zug der Erzählung in den Blick, dann fokussiert sich die Frage nach dem historischen Kontext auf die Situation einzelner Hebräer in Ägypten und deren individuelles Geschick. Eine solche Situation kann es theoretisch zu allen Zeiten gegeben haben. Zieht man die oben genannten Zeugnisse von Asiaten und speziell Israeliten oder Judäern in Ägypten in Betracht, dann bewegt sich die Spanne vom ausgehenden 2. bis ins späte 1. Jahrtausend v. Chr., d. h. über die gesamte Zeit der Geschichte des antiken Israel.

---

20 Zur Situation auf Elephantine und in Al-Yahudu vgl. Kratz 2017a, 186–213; 2020a.
21 Lux 2001; Ede 2016 sowie 2021.

Dennoch lässt sich der Zeitraum anhand der Gattung der Erzählung auf die zweite Hälfte des 1. Jahrtausends eingrenzen. Die Substanz der Erzählung im Bereich von Gen 39–41 (und 47) trägt die typischen Merkmale einer Hofgeschichte, wie wir sie aus dem aramäischen Ahiqar, den Danielerzählungen, dem Buch Ester und dem Buch Tobit kennen. Überall geht es um das Schicksal eines Ausländers (Aramäers, Israeliten oder Judäers) an einem fremden Hof. Den umgekehrten Fall eines Ägypters unter Kanaanäern in Palästina erzählt die Geschichte des Sinuhe.[22] Auch für die Verführungsgeschichte in Gen 39 lässt sich eine ägyptische Parallele, die Erzählung von den zwei Brüdern, anführen.[23]

Was tragen diese Parallelen für die Datierung der Josefsgeschichte aus? Sinuhe stammt aus dem frühen 2. Jahrtausend v. Chr. und belegt, dass das Motiv des Aufenthalts eines Einzelnen im fremden Land als Gegenstand einer Erzählung schon lange in der Welt ist – nicht weniger, aber auch nicht mehr.[24] Ahiqar reflektiert Verhältnisse des neuassyrischen Reiches im 7. Jahrhundert v. Chr., wurde jedoch in der Umgebung der judäischen Kolonie auf Elephantine gefunden, womit man in die persische Zeit um 400 v. Chr. gelangt. Auch die biblischen Parallelen der Hofgeschichte (Daniel, Ester, Tobit) stammen aus persischer oder hellenistischer Zeit, auch wenn sie ältere (assyrische, babylonische und persische) Verhältnisse reflektieren. Anders als Sinuhe und Ahiqar sind die biblischen Hofgeschichten immer auch Diasporaerzählungen, die entweder den Untergang Samarias und das assyrische Exil (so Tobit, wo auch die Ahiqar-Erzählung Aufnahme gefunden hat) oder den Untergang Jerusalems und das babylonische Exil voraussetzen (so Daniel und Ester). Aus diesem Grund zählt Arndt Meinhold auch die Josefsgeschichte zur Gattung der „Diasporanovelle", nur dass Josef eben nicht in der assyrischen, babylonischen oder persischen, sondern in der ägyptischen Diaspora spielt.[25]

Auch wenn die Klassifikation als „Diasporanovelle" sicher nicht für die gesamte Josefsgeschichte passt, für die Kapitel Gen 39–41 (und 47) trifft sie zu. Damit aber bewegt man sich wiederum frühestens in babylonischer, eher jedoch in persischer oder hellenistischer Zeit, aus der wir nicht nur Belege für die Existenz einer samarisch-judäischen Diaspora in Ägypten, sondern auch Hinweise auf die Möglichkeit des Aufstiegs einzelner Personen in führende Positionen in Ägypten oder anderswo

---

22 Vgl. Weippert 2010, 51–62.
23 Peust 2001.
24 Vgl. Blum / Weingart 2017, die Sinuhe als Argument gegen die Spätdatierung der Josefsgeschichte anführen. Da Blum und Weingart die Josefsgeschichte umgekehrt nun nicht in das 2. Jahrtausend v. Chr. datieren wollen, zeigt dieser Fall ein weiteres Mal, dass Motiv- und Gattungsparallelen für die Datierung eines Texts wenig austragen, sondern lediglich einen *terminus a quo* markieren – nicht mehr und nicht weniger.
25 Meinholdt 1976.

unter persischer oder ptolemäischer Herrschaft haben. Hierfür erinnere ich nur an die Zenon-Papyri und die Rolle der Tobiaden, die sich auf einen Stammvater namens Josef zurückführen, und an den Hohenpriester Onias (III. oder IV.), dem nach seiner Vertreibung aus Jerusalem Ptolemaios VI. in Leontopolis das „Land des Onias" übertrug zur Errichtung eines Tempels und eines militärischen Stützpunktes.[26]

Einen konkreten historischen Haftpunkt für die ägyptische Karriere Josefs in Gen 39–41 meint Horst Seebass ausgemacht zu haben.[27] Er vergleicht die Josefsgeschichte mit der sogenannten „Hungersnotstele" von der Insel Sehel, südlich von Elephantine, aus ptolemäischer Zeit (die genaue Datierung ist unklar). Die Inschrift berichtet von einer siebenjährigen Nildürre, die durch die Förderung des Chnum-Tempels auf Elephantine beseitigt werden soll. In Anlehnung an den Ägyptologen Dietrich Wildung[28] führt Seebass die Erzählung der Hungersnotstele (einschließlich des Dürremotives) traditionsgeschichtlich auf die Perserzeit zurück und erkennt darin eine Polemik der Chnumpriester von Elephantine gegen den Kultort von Philae. In demselben Milieu seien auch die Erzählung von der Erfindung der Speicherwirtschaft durch Josef in Gen 41 sowie die sekundär vorgeschaltete Verführungsgeschichte in Gen 39 entstanden, die sich gegen antijüdische Tendenzen in der ägyptischen Bevölkerung auf Elephantine richteten und erst später in die – ihrerseits erheblich ältere – Josefsgeschichte (der bereits kombinierten Quellen J und E) eingefügt worden seien. Doch so reizvoll die Parallele und die historische Kombination mit den Judäern auf Elephantine auch sein mögen, so reichen die Indizien doch nicht aus, um darin den historischen Fixpunkt der ägyptischen Karriere Josefs in Gen 39–41 (und 47) zu sehen. Der einzige direkte Berührungspunkt ist die siebenjährige Hungersnot, deren Erwähnung offenbar einzigartig ist in der ägyptischen Literatur. Alles andere beruht auf freier, um nicht zu sagen: freihändiger Spekulation.

V Warum Josef in Ägypten?

Da sich über die historischen Hintergründe der Josefsgeschichte in der ägyptischen Diaspora somit wenig sagen lässt, möchte ich zum Schluss doch wenigstens noch eine Idee zur möglichen Veranlassung der Josefsgeschichte äußern. Es ist nicht mehr als eine Idee oder Beobachtung, doch eine die wenigstens der Erwähnung und vielleicht der weiteren Überlegung wert ist.

---

26 Vgl. Kratz 2017a, 49–50.52–53.
27 Seebass 1978.
28 Wildung 1969, 85–91.

Wenn man die Josefsgeschichte als Diasporanovelle aus nachexilischer Zeit liest, sind zwei Sachverhalte überraschend: zum einen die Wahl Josefs als Repräsentanten der nördlichen Stämme und des Nordreiches, zum anderen Ägypten als Ort der Diaspora. In allen anderen Diasporanovellen sind es entweder sämtliche zehn Stämme des Nordens, die nach Assyrien verschleppt wurden (Tobit), oder Judäer, die in der babylonischen oder persischen Diaspora leben (Daniel, Ester). So stellt sich die Frage: Warum Josef, und warum Ägypten?[29]

Ich habe keine fertige Antwort und schon gar keine historische Erklärung für dieses Phänomen. Doch gibt es vielleicht auch keine historische Erklärung, sondern lediglich einen Anhalt in der biblischen Überlieferung für die literarische Konstruktion. Die Anknüpfungspunkte in der Vätergeschichte hat Franziska Ede in ihrer Analyse herausgearbeitet. Ich möchte nun noch einen möglichen Anstoß von außen hinzufügen: die Jeremiaerzählungen in Jer 36–45.

Wie Karl-Friedrich Pohlmann gezeigt hat, vertreten die Jeremiaerzählungen einen babylonfreundlichen und golaorientierten Standpunkt.[30] In ihnen geht es um Leben und Tod. Alle, die sich Nebukadnezar und Babylon unterwerfen, werden leben, alle anderen, die sich gegen Babylon auflehnen oder nach Ägypten fliehen, werden vollständig umkommen. Nirgendwo sonst kommen diejenigen, die nach Ägypten ziehen, so schlecht weg wie hier. In Jer 42 betet Jeremia für die Judäer im Land und erhält von Gott die Auskunft, dass sie unter keinen Umständen nach Ägypten ziehen sollen, in Jer 43–44 wendet sich Jeremia an Ägypten und die ägyptische Gola und sagt beiden den totalen Untergang voraus. Die Polemik ist zweifellos zeitgeschichtlich und politisch bedingt, wird hier jedoch ideologisch aufgeladen. Die Position deckt sich mit dem Programmtext der golaorientierten Redaktion in Jer 24, aber auch mit der Auseinandersetzung zwischen Hananja und Jeremia in Jer 27–28 und dem Brief an die babylonische Gola in Jer 29, der empfiehlt: „Sucht der Stadt Bestes".[31]

Liest man die ältere Fassung der Josefsgeschichte in Gen 37–45 vor dem Hintergrund der Jeremiaerzählungen, gewinnt man nachgerade den Eindruck, sie sei als Gegenschrift dazu verfasst: Josef ist nicht tot, sondern lebt, und zwar in Ägypten, und sucht das Beste des Landes, in dem er lebt. Doch warum Josef? Auch hierzu gibt es eine interessante, wenn auch sehr rätselhafte Stelle in den Jeremiaerzählungen: In Jer 41 wird berichtet, wie nach der Ermordung Gedaljas 80 Männer

---

[29] Die Frage stellt sich übrigens umso mehr, wenn man die Josefsgeschichte als Reflex auf innerisraelitische Konflikte der Königszeit deutet, wie Blum / Weingart 2017 es tun. Vgl. dazu Schmid 2020, 103–104.

[30] Pohlmann 1978.

[31] Vgl. Kratz 1991b, 190–197.

aus Silo und Samaria, also aus dem Norden, nach Juda kamen, um zu trauern. Sie werden von Ismael, dem Sohn Netanjas, einem Mann aus königlichem Geschlecht, der bereits Gedalja erschlagen hatte, in einen Hinterhalt gelockt und mehrheitlich getötet, nur zehn Männer werden aus wirtschaftlichen Gründen verschont. Ismael flieht daraufhin in die Ammonitis, was von Ferne an die Tobiaden erinnert, die übrigen Judäer (darunter wohl auch die verschonten zehn Männer aus Silo und Samaria) werden von Johann, Sohn des Kareach, nach Ägypten geführt. Wie auch immer man die Stelle im Kontext der Jeremiaerzählungen erklärt, sie ist ein deutlicher Hinweis darauf, dass man unter den nach Ägypten ausgewanderten Judäern auch Samarier vermutete, so wie auch die Polemik gegen den Kult der „Himmelsgöttin" in Jer 44 (und Jer 7) nicht nur an Juda, sondern auch an Samaria sowie die religiösen Verhältnisse in der judäischen Kolonie von Elephantine denken lässt.

Mehr als ein Indiz ist die Beziehung zwischen der Josefsgeschichte und den Jeremiaerzählungen nicht. Ich möchte daraus keine historischen Zusammenhänge konstruieren, doch bemerkenswert finde ich es schon. Der Josef der Josefsgeschichte steht somit nicht nur für das ehemalige Nordreich, sondern auch für die JHWH-Verehrer in der Provinz Samaria, die aufgrund neuer archäologischer und inschriftlicher Funde immer mehr in unseren Gesichtskreis treten. Dass Josef als Repräsentant dieser Gruppe im Gegenüber zu Juda und Benjamin Gegenstand der theologischen Reflexion und literarischen Verarbeitung war, beweisen nicht zuletzt die Texte vom Toten Meer (4Q371–373).

Das Gesetz zwischen Exodus und Landnahme

Einführung

Der zweite Ursprungsmythos des Volkes „Israel" ist die Exodus-Landnahmege-schichte in Exodus–Josua. Für die nähere Analyse sei wieder auf die einschlägigen Arbeiten verwiesen, die den gesamten Textbereich behandeln (Wellhausen, 1899; Gunkel 1910; Smend 1912; Noth 1948; Hölscher 1952; Blum 1990; Levin 1993; Kratz 2000; Gertz 2000; Berner 2010; Germany 2017).

Auch diesem Ursprungsmythos liegen ältere Einzelüberlieferungen zugrunde. Nach der von Erhard Blum (2007, 67) ausgegebenen Maxime, dass „man wissen sollte, wo/wie ein Text anfängt und wo/wie er aufhört", kann man dies in aller gebotenen Vorsicht vielleicht für die folgenden Textbereiche sagen: eine ältere Kriegserzählung in Exodus 12–14, die einen Sieg über Ägypten feiert; das Sieges-lied der Miriam in Ex 15,20–21, das ursprünglich nichts mit dem Exodus zu tun hat; eine Sammlung von Rechtssätzen (Mischpatim) in Exodus 21–22; die Bileamüber-lieferung in Numeri 22–24, für die es auch eine außerisraelitische Parallele in der Inschrift von Deir 'Alla gibt; die an der Person Josuas haftenden Lokaltraditionen von Jericho und Ai in Josua 6 und 8. Auch an anderer Stelle mag älteres Gut ver-arbeitet sein, doch kann man in der Regel nicht sagen „wo/wie der Text anfängt und wo/wie er aufhört" und muss sich daher auf vage Vermutungen beschränken.

Das gilt auch für die von vielen postulierte Mosegeschichte in Exodus 2–4, die den Anfang der nicht- und vorpriesterschriftlichen Komposition der Exodus-Landnahmegeschichte bildet. Wie für den Erzvater Abraham mag man auch für Mose irgendeine ältere Tradition annehmen, wofür man sich auf den ägyptischen Namen und die midianitische Ehefrau berufen kann, was nach biblischen Maß-stäben beides als „unableitbar" erscheinen mag. Mehr lässt sich jedoch kaum sagen. Alles andere nämlich ist in Exodus 2–4 auf den Anführer des Volkes Israel beim Auszug aus Ägypten hin berechnet: die der assyrischen Sargonlegende entlehnte Geburtsgeschichte in Exodus 2, die Begegnung mit Gott und Beauftragung in der Wüste am brennenden Dornbusch in Exodus 3 sowie die anschließende Rückkehr nach Ägypten in Exodus 4 (V. 18.20), um die Israeliten ab Exodus 12–14 zum Auszug aus Ägypten zu bewegen (Ex 12,35–38).

An den Auszug und das Lied der Miriam in Ex 15,20–21 schließt sich ab Ex 15,22 die Wanderung durch die Wüste an. Über diverse Stationen führt sie zunächst nach Kadesch, wo Miriam stirbt und begraben wird (Num 20,1), und schließlich nach Schittim im Ostjordanland (Num 25,1), wo Mose stirbt und begraben wird (Dtn 34,1.5–6). Von hier macht sich das Volk unter der Führung Josuas auf, um den Jordan zu überqueren und in das verheißene Land zu gelangen (Jos 1,1–2; 2,1 ff; 3,1 ff).

Eine der Stationen in der Wüste ist auch der Berg Sinai, auf dem Mose eine weitere Gottesbegegnung hat (Ex 19,2–3; 24,18). Von hier nimmt das göttliche Gesetz

https://doi.org/10.1515/9783111367057-013

seinen Ausgang, das in Ex 19–24, Ex 25–Num 36 und im Buch Deuteronomium sukzessive zwischen Exodus und Landnahme in die Erzählung eingefügt wurde und
somit im literarischen Sinne „zwischeneingetreten" ist (Röm 5,20). Wie das Gesetz
an den Sinai kam und in welcher Reihenfolge die diversen Gesetzeskorpora in den
Pentateuch gelangten, ist eine der schwierigsten Fragen der Pentateuchanalyse und
daher höchst umstritten (Köckert 2002). Mir erscheint nach wie vor die folgende
relative Chronologie am plausibelsten (Kratz 2000):

Am Anfang steht das sogenannte Bundesbuch in Exodus 19–24. Es ist der einzige
Ort, an dem wir im Text beobachten können, wie aus einer älteren, ehedem selbständigen Sammlung unpersönlicher Rechtssätze (Mischpatim) in Exodus 21–22 das
im Rahmen der Geschichtserzählung offenbarte göttliche Gesetz wurde. Zu diesem
Zweck wurde die ältere Rechtssammlung in eine Rede JHWHs in 1. Pers. an Mose
in der 2. Pers. Singular bzw. – in späteren Zusätzen – an das Volk in 2. Pers. Plural
umgewandelt, bei dieser Gelegenheit um soziale Gesetze sowie die Kultgesetzgebung (Altargesetz, Festkalender) als Rahmen ergänzt und so in den Kontext des
Mythos vom Auszug aus Ägypten und der Landnahme des Volkes Israel integriert.
Sowohl die Gottesrede an Mose bzw. das Volk als auch der erzählerische Kontext
sind bei den anderen Gesetzeskorpora bereits vorausgesetzt.

Auf das Bundesbuch folgt das Deuteronomium, das an der letzten Station der
Wüstenwanderung in Schittim lokalisiert wurde. In ihm teilt Mose unmittelbar vor
seinem Tod und dem Eintritt des Volkes ins gelobte Land mit, was Gott ihm auf
dem Berg und in der Wüste Sinai (hier Horeb genannt) mitgeteilt hat. Wie bei Fortschreibungen und Aktualisierungen üblich, ist die Wiedergabe keine bloße Wiederholung, sondern geht mit einschneidenden Änderungen einher, unter denen die
Zentralisierung des Kultes im Deuteronomium die zentrale und ursprüngliche
Neuerung darstellt: ein Volk, ein Gott (Dtn 6,4), ein Kultort (Dtn 12,13 ff). Das Zentralisationsgebot im Deuteronomium ist der theologische Maßstab für die Beurteilung der Könige von Israel und Juda und bildet die Basis für die (älteste und
erste) deuteronomistische Redaktion in den Büchern Samuel-Könige; wenn man so
möchte, kann man die – unter dem vom Deuteronomium abgeleiteten Vorzeichen
der Kult- und Reichseinheit redigierte – Geschichte des Königtums in 1 Samuel 1
bis 2 Könige 25 als die Grundschrift eines „Deuteronomistischen Geschichtswerkes"
(DtrG) oder „Deuteronomistischen Historikers" (DtrH) betrachten.

Eine folgenreiche Ergänzung war die Hinzufügung des Dekalogs, zuerst in
Exodus 20, davon abhängig in Deuteronomium 5. Das darin enthaltene Fremdgötterverbot zog umfangreiche Ergänzungen und Modifikationen sowohl in Exodus
19–24 als auch im Buch Deuteronomium nach sich. Zum Ideal der Kulteinheit kam
das Ideal der Kultreinheit hinzu, besiegelt durch einen Bundesschluss zwischen
JHWH und seinem Volk „Israel". Der Dekalog und insbesondere das darin enthaltene
Fremdgötterverbot, das später um das Bilderverbot ergänzt wurde, bilden die Basis

für die jüngeren deuteronomistischen Bearbeitungen in den Büchern Josua, Richter sowie Samuel-Könige.

Auf den exklusiven Bund zwischen JHWH und „Israel" und das damit einhergehende Ideal der Kultreinheit baut auch die jüngere priesterschriftliche Gesetzgebung in Exodus 25–Numeri 10 und darüber hinaus auf, in deren Zentrum das Heiligtum und die Heiligkeit der kultischen Praxis und des alltäglichen Lebens stehen. Das priesterschriftliche Gesetz wurde zunächst als eine Art komplementärer Gegenentwurf zur nicht-priesterschriftlichen Gesetzgebung und Bundestheologie in Exodus 19–24 und Deuteronomium konzipiert und schließlich damit literarisch verbunden und im Kontext des Pentateuchs permanent weiter bearbeitet. Am Ende steht die überbordende, hochkomplexe Sinaiperikope in Exodus 19–Numeri 10, der noch weitere Gesetze in der Wüste bis Numeri 36 folgen, bevor im Buch Deuteronomium, der literarischen Fiktion nach, die finale öffentliche Kundgabe des vorher offenbarten Gesetzes durch Mose an das Volk vor der Landnahme erfolgt.

Zwei der hier wiederabgedruckten Beiträge behandeln den Dekalog (Nr. 10) und sein Verhältnis zum Grundbekenntnis des Deuteronomiums, dem „Höre Israel" in Dtn 6,4 (Nr. 11). Die restlichen Beiträge behandeln verschiedene Aspekte des Deuteronomiums: Nr. 12 fragt nach den ältesten Bestandteilen des Deuteronomiums, dem sogenannten Urdeuteronomium, und arbeitet die Zentralisationsgebote als literarischen Grundbestand heraus. Nr. 13 untersucht die Beziehung der Rahmenteile in Deuteronomium 1–11 und 27–34 zu ihren literarischen Kontexten in Genesis–Numeri und Josua(–Könige); da der Rahmen des Deuteronomiums sowohl den vorausgehenden als auch den nachfolgenden Kontext voraussetzt, kann er nicht der Anfang des von Martin Noth (1943) postulierten Deuteronomistischen Geschichtswerkes sein, sondern weist eher auf den Hexateuch (Genesis/Exodus–Josua) bzw. Enneateuch (Genesis/Exodus–Könige) als den literarischen Ort des Deuteronomiums. Nr. 14 führt die Fragestellung weiter und untersucht die literarischen Horizonte und möglichen Anschlussstellen der diversen Überschriften des Deuteronomiums im vorausgehenden Kontext des Pentateuchs. Nr. 15 kehrt zum ältesten Deuteronomium und der Kultzentralisation zurück und bietet eine detaillierte Analyse des Festkalenders in Dtn 16,1–17. Von den beiden darin vereinten Versionen wird – gegen den Trend der Forschung – der Kurzfassung in Dtn 16,16–17 der Vorzug als ursprünglicher Variante der Zentralisierung der drei Jahresfeste gegeben, der zunächst in Dtn 16,1–7 die Zentralisierung des Pesachopfers vorangestellt wurde, bevor dieses seinerseits in die ausgeführte Langfassung des Festkalenders in Dtn 16,1–15 integriert und – auf der Basis von Exodus 12–13 – historisiert wurde. Davon sind wiederum die priesterschriftlichen Fassungen in Levitikus 23, Numeri 28–29 und Ezechiel 45 abgeleitet.

10 Der Dekalog im Exodusbuch

Der Dekalog in Ex 20/Dtn 5 enthält eine Auswahl von Geboten, die als Gebote Gottes stilisiert sind, und präsentiert sich so selbst als eine Art Zusammenfassung, ja nachgerade als Summe des Gotteswillens in konzentrierter Form. Wie heute allgemein angenommen,[1] steht diese Zusammenfassung nicht am Anfang, sondern am Ende einer langen Traditions- und Überlieferungsgeschichte der Einzelgebote, die sich in den verschiedenen Überlieferungs- und Textvarianten[2] des Dekalogs selbst weiter fortgesetzt hat. In dieser Vor- und Nachgeschichte sind noch manche Fragen offen, doch richtet sich das Hauptinteresse der Forschung vor allem auf den Moment der Entstehung, d. h. auf die erste, ursprüngliche Fassung des „Zehnworts"[3] mit ihrer unverwechselbaren Zusammenstellung und Unterordnung einzelner Gebote unter den theologischen Vorspruch und das erste (und zweite) Gebot. Und in der Tat liegt wohl in der Komposition des Dekalogs der Schlüssel zu seinem Verständnis.

Nun ist die Erklärung dieser Komposition bekanntlich mit einer Fülle von literarischen und historischen Problemen verbunden, die hier nicht alle diskutiert, geschweige denn gelöst werden können.[4] Das Anliegen dieses Beitrags ist aber auch sehr viel bescheidener. Es sollen lediglich einige Beobachtungen zu zwei Aspekten der Komposition mitgeteilt werden, die, sollten sie zutreffen, freilich nicht ohne Bedeutung für das Gesamtverständnis des Dekalogs sein dürften. Es sind dies zum einen Beobachtungen zum Aufbau, zur sprachlichen und sachlichen Logik des Texts für sich; zum anderen geht es um einige sachliche und literarische Verbindungen des Dekalogs zu seinem Kontext im Exodusbuch. Die Beobachtungen setzen bei der vorliegenden masoretischen Textgestalt ein und versuchen also, soweit wie möglich ohne bestimmte überlieferungsgeschichtliche und/oder literarkritische Voraussetzungen auszukommen. Auch den synoptischen Vergleich der beiden im hebräischen Kanon überlieferten Fassungen wollen wir zunächst zurückstellen und bewusst nicht als Ausgangspunkt nehmen,[5] da auch er nicht ohne Berücksichtigung des Aufbaus und der literarischen Vernetzung beider Varianten im jeweiligen Kontext auskommt. Die Wahl von Ex 20,2–17 als Textgrundlage der folgenden Beobachtungen geschieht so zwar nicht ohne Grund, doch sind die Beobachtungen selbst noch nicht von einer bestimmten Option geleitet.

---

1 Für den Konsens vgl. Schmidt 1990, 65 f.

2 PapNash, samaritanische Dekaloginschriften, Qumran-Phylakterien, Septuaginta. Vgl. Stamm 1961, 197 f.

3 Vgl. Ex 34,28; Dtn 4,13; 10,4 und dazu Perlitt 1981, 408 f.

4 Zur umfangreichen Lit. vgl. die Hinweise bei Graupner 1987, 308 f, sowie Zenger 1968, 189–198; B. Lang 1984; Vincent 1986; Otto 1990; Schmidt 1993; wichtige neuere Literatur: Köckert 2007.

5 Trotz des methodischen Postulats von Hossfeld 1982; 1989.

https://doi.org/10.1515/9783111367057-014

I Aufbau

Die Frage nach der literarischen Anlage des Dekalogs, der sprachlichen und sachlichen Aufbaustruktur, wird auffallend selten gestellt. Sie ist in der lang anhaltenden formgeschichtlichen Diskussion um den „Sitz im Leben" der spezifischen Verbindung von „Gottesrecht" und „Menschenrecht" untergegangen.[6] Zudem dürfte das Desinteresse damit zusammenhängen, dass die deutlichen Spuren der Überlieferungsgeschichte[7] zunächst eine gewisse Zufälligkeit des Zusammenwachsens suggerieren und die Suche nach einer durchgehenden, planvollen Gestaltung, es sei denn durch Rekonstruktion eines gleichförmigen „Urdekalogs",[8] von vornherein als aussichtslos erscheinen lassen. Erst H. Gese[9] hat die Frage präzise formuliert und – für eine rekonstruierte, um Zusätze gekürzte Zehnerreihe – eine paarweise Anordnung vorgeschlagen. Der Vorschlag scheitert allerdings vor allem an den ungleichen Teilen des 5.–8.Gebots, die sich nur mit einiger Mühe in das am 1./2. (3./4.) und 9./10. Gebot orientierte Schema bringen lassen, und hat sich aus diesem wie aus anderen Gründen in der Forschung mit Recht nicht durchgesetzt. Einen anderen Weg hat F. Crüsemann[10] eingeschlagen, der nach dem thematischen Zusammenhang der Komposition fragt und ihn im allumfassenden Thema der „Freiheit" des theologischen Vorspruchs findet. Demgegenüber wollen wir zunächst bei der sprachlichen Fügung beginnen und fragen, ob nicht gerade die erwähnten überlieferungsgeschichtlichen Nahtstellen Hinweise auf die zugrunde liegende Kompositionsstruktur und den sich darin ausdrückenden Aussagewillen zu geben vermögen. Zeigen die Nähte das Wachstum an, entscheidet sich an ihnen, ob Zufall oder Absicht die Zusammenstellung bestimmt. Alle Angaben beziehen sich, wenn nicht anders vermerkt, auf den Text von Ex 20.

Am besten geht man von dem stilistischen Wechsel der Jhwh-Rede in der Ich-Form (V. 2–6) zur Redeform mit Jhwh in 3. Pers. (V. 7 ff) aus, die eine Zweiteilung begründet. Der Wechsel spiegelt die ursprüngliche Selbständigkeit von Prohibitiven (und positiven Injunktiven) gegenüber der theologischen Begründung und Thematik im Dekalog und ihren sekundären Einbezug in die Jhwh-Rede, und als

---

6 Zu dieser Diskussion und ihrer theologiegeschichtlichen Lösung vgl. Perlitt 1969, 77–102; 1981, 410 f.

7 Zu ihr vgl. Schmidt 1972, 218–20 auch Überlegungen zum Aufbau.

8 Vgl. dazu aber – eigentlich abschließend – Perlitt 1969, 88 f; 1981, 411. In neuerer Zeit rechnen mit einem (alten) „Urdekalog" wieder Lemaire 1981, sowie Weinfeld 1990. Eine Neuauflage dessen bedeutet freilich auch die literarkritische Rekonstruktion von Hossfeld 1982, 240–282, zusammenfassend 262.281 f.283 f, und Levin 1985a, 92–95; 1985b.

9 Gese 1967; 1984, 63–80, bes. 68.

10 Crüsemann 1983, zur Fragestellung bes. 11.14.

eine solche soll nach V. 2–6 natürlich das Ganze aufgefasst werden. Gilt diese überlieferungsgeschichtliche Einsicht vor allem für das Verhältnis des göttlichen zum „profanen" Recht[11] der zweiten Tafel V. 12.13–17, so muss jedoch auffallen, dass auch das Gottesrecht des 3. und 4. Gebots in V. 7.8–11 von dem Personenwechsel betroffen ist. Das deutet darauf hin, dass die Stilistik der Kurzprohibitive (und Injunktive) nicht allein aus der Tradition überkommen ist, sondern zudem bewusst beibehalten und in die theologische Interpretation aufgenommen wurde.[12] Folgt man aber der durch den Personenwechsel erreichten Zweiteilung, so setzt sich der Dekalog nicht eigentlich aus den „zwei Tafeln", sondern aus dem Kopf der Jhwh-Rede V. 2–6 und ihrer Entfaltung im Gottesrecht V. 7–11 sowie im „Menschenrecht" V. 12–17 zusammen. Dass diese Zäsur innerhalb der ersten Tafel gewollt ist, dafür spricht nicht zuletzt die Inklusion von Vorspruch (V. 2) und Nachsatz (V. 5a) mit Begründung (V. 5b–6), die sich bekanntlich gleichermaßen auf das 1. und das 2. Gebot (V. 3–4) beziehen.[13]

Sehen wir uns nun die einzelnen Abschnitte etwas genauer an. Die Strukturierung des Kopfsatzes V. 2–6 ist nach den Erkenntnissen von W. Zimmerli leicht zu entdecken. Wie besonders die Pluralsuffixe in V. 5a zeigen, die sich genaugenommen auf die „anderen Götter" von V. 3, im jetzigen Textzusammenhang aber zweifellos auch auf das „Gottesbild noch irgendeine Gestalt dessen ...",[14] also auf

---

11 Vgl. zusammenfassend Perlitt 1981, 410. „Profan" nicht von der (in der alten Zeit immer irgendwie sakralen) Würde oder Grundlage, sondern allein vom Gegenstand, den menschlich-alltäglichen Themen der Gebote her. Nicht die Theologie als solche, sondern deren Explikation ist sekundär hinzugekommen bzw. nötig geworden.

12 Das gilt insbesondere für das Namensgebot, für das sich keine ältere Parallele findet. Vgl. Schmidt 1972, 205 f.215 f. Hossfeld 1982, 242 f nimmt gerade diesen stilistischen Befund – im Kontext von Dtn 5 und auf der Folie des Bundesbuchs! – zum Anlass seiner literarkritischen Analyse, doch weder prüft er vorher die interne Kohärenz (s. im Folgenden), noch wird er damit der durchgehenden (!) Bezugnahme auf das Bundesbuch gerecht (s. u. II. und III.).

13 Vgl. Zimmerli 1969a.

14 Zum Streit um das *waw* vgl. Hossfeld 1982, 21–26; Graupner 1978, 311–314, und wiederum Hossfeld 1989, 84–88 unter Berufung auf Dohmen 1987, 211–230. Es mag explikativ oder – im Unterschied zu Dtn 5,8 – auch additiv (aber synonym) gemeint sein, die Gebote werden ohnehin nicht nach diesem *waw*, sondern nach den Prohibitiven gezählt und sind hier wie dort als Einheit zweier Gebote gerahmt, so dass sich die Suffixe in V. 5a (zumindest der Sache nach) in jedem Fall auf beides, Bilder und Götter, zurückbeziehen. Im Übrigen folgt aus dem Unterschied auch dann, wenn man die daraus abgeleiteten Differenzierungen von Hossfeld und Dohmen einmal akzeptiert, noch keineswegs die Priorität von Dtn 5. Denn nicht die supponierte Trennung von 1. und 2. Gebot (mit eigenem Fremdgötterverbot!) in Ex 20, sondern gerade die allein für Dtn 5 reklamierte Einheit ließe sich doch sehr viel eher für ein fortgeschrittenes theologiegeschichtliches Stadium in Anspruch nehmen, in dem – wie in Dtn 4 – die Unterscheidung von Fremdgötter- und Bilderverbot aufgrund eines allseits akzeptierten Monotheismus zugunsten des Bilderverbots aufgehoben ist.

die Summe von „anderen Göttern" und jedwelchem „Bild" beziehen, sind das erste und zweite Gebot, unbeschadet einer selbständigen Vorgeschichte[15] (und Zählung), hier als Einheit gefasst. Die beiden Prohibitive in V. 3 und 4 werden – hier kürzer, dort länger – in gleicher Weise fortgesetzt: Dem Satzgefüge *l'* + Impf. + *lk* + Gegenstand des Verbots folgt jeweils eine nähere Bestimmung, *'l pny* in V. 3 entsprechend *wkl tmwnh 'šr ...* in V. 4. Schon diese Parallelität der Struktur widerrät der Versuchung, die literarische Komplexität dem Dogma der Einfachheit zu opfern und die traditions- und überlieferungsgeschichtlichen Zuwächse in V. 3–4 literarkritisch zu separieren;[16] die Verse sind planvoll und in einem Zuge komponiert. Auch dürfte der Parallelität der beiden Glieder in V. 3–4 deren Fortsetzung und Ausführung in V. 5a entsprechen, und zwar so, dass wie die Suffixe auch die beiden Prohibitive in V. 5a jeweils für beide Glieder der Einheit von V. 3–4 gelten. Ausgeschlossen wird die Verehrung („niederfallen" und „dienen"[17]) der „anderen Götter" im „Bild".

Gerahmt ist dieses Ober- und Unterpaar (V. 3–4, 5a) durch den Vorspruch V. 2, bestehend aus Selbstvorstellungsformel mit geschichtstheologischer Erweiterung,[18] und die mit *'nky yhwh 'lhyk* gleichlautend einsetzende Begründung (*ky*) V. 5b–6.[19] Dem erläuternden *'šr*-Satz in V. 2b entspricht in der Begründung die Weiterführung mit *'l qn'* + zwei alternativen, ihrerseits parallel entfalteten Partizipien, was wiederum in zwei einigermaßen gleichmäßig gebauten Satzfügungen entfaltet wird. Der Rahmen enthält die positive Seite des Ausschlusses der anderen Götter und ihrer Repräsentation im Bild durch die Prohibitive V. 3–5a. Wie aber sind die

---

15 Dabei mag einmal der Unterschied zwischen JHWH-Bild und Fremdgötterbildern eine Rolle gespielt haben, der freilich – wenn nicht von Anfang an, so doch wenigstens im Rahmen des Dekalogs – sachlich unerheblich ist. Vgl. zur Frage Schmidt 1972, 206 f; 1990, 93 f; ferner Hossfeld 1982, 270–273; Dohmen 1987, 23.273.

16 Gegen die Ausscheidung des gesamten Bilderverbots nach Zimmerli (so Levin 1985b, 170) vgl. schon Zimmerli 1969a selbst, 240 f. In Ex 20, 4 gehören *wkl tmwnh* und die folgenden *'šr*-Sätze, ohne die das erste als Ergänzung von *psl* (ob mit oder ohne das *waw*) ziemlich überflüssig wäre, zusammen. Gegen die Abtrennung der *'šr*-Sätze (so Zimmerli 1969a, 235 Anm. 3; Dohmen 1987, 223 ff) trotz der syntaktischen Härte schon Hossfeld 1982, 261 Anm. 174; gegen die Streichung von *wkl tmwnh*, an dem alles Weitere hängt (so Zimmerli, Hossfeld und Dohmen), Graupner 1978, 313 („überlieferungsgeschichtlich sekundär, aber kaum literarisch"), dessen Einwand Hossfeld 1989, 87 f nicht wirklich entkräftet. Nachtrag: Mittlerweile bin auch ich der Auffassung, dass das Bilderverbot sekundär ist; vgl. Kratz 2000, 148 Anm. 49.

17 Masoretisch wohl „sich zum Dienen bringen lassen" (ho.) wie neben Ex 20,5/Dtn 5,9 noch Ex 23,24 und Dtn 13,3, nach L (in BHS) im Dekalog ohne, sonst mit Meteg.

18 Vgl. dazu Zimmerli 1969b, sowie Gross 1974.

19 Zu dem Rahmen vgl. Hossfeld 1982, 262 f. Für die von ihm (a.a.O., 274–276) bestrittene sachliche und literarische Integrität von Ex 20,5–6/Dtn 5,9–10 vgl. Zimmerli 1969a, 235.239.241; ferner zur Stelle Scharbert 1957; Dentan 1963; Spieckermann 1990. Nachtrag: Mittlerweile halte ich die V. 5b–6 für sekundär; vgl. Kratz 2000, 148 Anm. 49.

beiden Rahmenteile gedanklich aufeinander bezogen in ihrem Verhältnis zu dem, was durch sie gerahmt wird, und wie ist mithin die Logik des ganzen Kopfsatzes V. 2–6 zu verstehen? Jeweils für sich betrachtet, bieten beide Teile eine Begründung. So wie V. 5b–6 begründet auch die Voraussetzung der heilsgeschichtlichen Tat JHWHs in V. 2 den folgenden Ausschluss der anderen Götter (wie alle weiteren Gebote). Damit aber müssen der „Exodus" und der „eifersüchtige Gott" sachlich eins sein. Der gemeinsame Bezugspunkt besteht offenbar in dem einzigartigen, exklusiven Verhältnis JHWHs zu Israel: Die geschichtliche Einmaligkeit der Exodustat (anders nur Am 9,7), in der dieses Verhältnis gründet, hat den Ausschließlichkeitsanspruch JHWHs für Israel (nicht absolut!),[20] den Ausschluss aller übrigen Ausprägungen weltlicher Erfahrungsbereiche im Gottesbild sowie die Exklusivität der kultischen Verehrung in Israel zur Folge. Und ebenso zielt auch die „Eifersucht" JHWHs[21] als Begründung der Ausschließlichkeitsforderung primär nicht auf die anderen Götter, auch nicht – im Sinne von Lohn und Strafe – auf den Gehorsam gegen die Gebote, sondern auf Israels Verhältnis zu JHWH, darauf also, ob Israel JHWH „hasst" oder „liebt". Ist dieser Zusammenhang von Exodustat und „Eifersucht" in der gemeinsamen Konsequenz in der Ausschließlichkeitsforderung richtig gesehen, so korrespondiert auch die Alternative im Verhalten Israels in der Begründung V. 5b–6 mit den Verhaltensnormen von V. 3–5a: Dem „niederfallen" und „dienen" vor anderen Göttern in ihren Bildern entspricht das „mich hassen", der Negation dessen das „mich lieben und meine Gebote halten". So realisiert sich das exklusive Verhältnis Israels zu JHWH bzw. JHWHs zu Israel, das die Einmaligkeit der Exodustat fordert (V. 2.3–5a), positiv in der – dem „Hass" der Fremdgötterverehrung gegenübergestellten – „Liebe" zu JHWH, konkret im Halten der Gebote. Damit ist der Ansatz für die folgende Gebotsmitteilung in V. 7 ff, mithin ein Ansatz der theologischen Ethik überhaupt gegeben. Das Halten der Gebote ist danach weder Bedingung noch Folge oder (sachliche) Entsprechung zur anfänglichen Heilstat, sondern – sehr viel theozentrischer gedacht – Vollzug des Anspruchs JHWHs auf Ausschließlichkeit, der aus der Heilstat abgeleitet wird.

Die Entfaltung des Kopfsatzes V. 2–6 in V. 7–17 ist wiederum zweigeteilt, und zwar in einen theologischen (V. 7–11) und einen „profanen" Teil (V. 12–17). Diese rein inhaltliche Untergliederung ergibt sich auch aus der formalen Strukturierung. Zunächst fällt der Wechsel von negativer und positiver Gebotsformulierung auf, der

---

20 Der spätexilische Monotheismus (seit Deuterojesaja) ist offenbar noch nicht bekannt, jedenfalls weder im 1. noch im 2. Gebot ausdrücklich formuliert. Zum „Du" als Adressat des Dekalogs vgl. Crüsemann 1983, 33–35. Danach handelt es sich um den „typischen" und mithin jeden einzelnen Israeliten als Teil des ganzen Volkes.

21 Vgl. dazu Brongers 1963; Berg 1979; Dohmen 1990.

dem Schema ABBA zu folgen scheint und mithin eine Zäsur zwischen 3./4. (V. 7.8–11) und 5./6.–10. Gebot (V. 12.13–17) markiert. Dem entspricht das quantitative Gefälle, das durch die Begründungen sowie die Länge der Gebote entsteht. Wie der Kopfsatz des 1. und 2. Gebots enthalten auch das 3. und 4. Gebot jeweils eine Begründung (*ky*), das 5. Gebot eine begründende Folgebestimmung (*lm'n*). Ob Zufall oder nicht, es sind dies sämtliche Gebote, in denen auch „JHWH, dein Gott" erwähnt ist, und nur sie bekommen eine nähere Begründung.

Doch das scheint nicht ganz die ursprüngliche Intention gewesen zu sein. Sieht man von der sekundären, an (Dtn 5,15 und) Ex 20, 4 bzw. Gen 2,1–3 (P) orientierten Begründung des Sabbatgebots (V. 11) ab,[22] so hat jeweils nur das erste Glied der beiden Unterabschnitte eine solche Näherbestimmung, dies in Entsprechung zu V. 2–6, worauf V. 7–10 schon an sich (*šm yhwh 'lhyk* bzw. *šbt lyhwh 'lhyk*), V. 12–17 insgesamt eben speziell durch die Anfangsposition von V. 12b (*'šr yhwh 'lhyk…*) rückbezogen sind. Mit dieser Begründung im jeweils ersten Glied korrespondiert sodann die Ausführlichkeit im jeweils letzten Glied, im 4. bzw. 10. Gebot, wo – wie in V. 3–4.5a – die anfängliche Setzung (inf. abs.) durch weitere Anweisungen (V. 8.9–10) bzw. der Prohibitiv durch einfache Wiederholung (V. 17) wiederaufgenommen und entfaltet ist.[23] Anfang und Ende der beiden Durchgänge in V. 7–17 sind demnach analog gestaltet: (1) V. 7 (negativ mit Begründung) – V. 8–10 (positiv mit Wiederaufnahme und Ausführung des Grundgebots); (2) V. 12 (positiv mit Begründung) – V. 13–16 (Kurzprohibitive, am Ende der Reihe als Übergang zu V. 17 der „Nächste") – V. 17 (negativ mit Wiederholung und Ausführung des Prohibitivs).

Beide Durchgänge sind, wie wir sahen, Entfaltungen des Kopfsatzes V. 2–6, des näheren eine Entfaltung der Wendung *wlšmry mṣwty*, die mit dem „mich lieben" identisch ist und den Vollzug der Ausschließlichkeitsforderung bezeichnet. Von diesem Ansatz her ergibt nun auch die Auswahl und Anordnung der Gebote in V. 7–17 durchaus einen guten Sinn. Im ersten Durchgang V. 7–10 ist das Sabbatgebot über das – im engeren Kontext ohne weiteres auffallende – Stichwort *'bd* in V. 9 (und 10b) einmal mit dem Vorspruch V. 2, zum anderen mit V. 5a verbunden. Auf das erste, das, wenn überhaupt, allenfalls in der Assoziation von V. 10b nach V. 2

---

[22] Da die Sabbatbegründung einen auch in der Sache verschiedenen Text bietet, liegt der Fall auf einer völlig anderen Ebene als die sonstigen Abweichungen im synoptischen Vergleich. Vgl. Levin 1985b, 172.

[23] Zur Entfaltung von V. 17a durch V. 17b vgl. (nach Ewald u. a.) zuletzt Levin 1985b, 168; zur Diskussion Hossfeld 1982, 69–91. Mag *byt* die umfänglichere Bedeutung tragen oder nicht (dazu Hossfeld 1982, 91–96), der Verfasser oder Redaktor von Ex 20,17 hat es offenbar so verstanden; hätte er eine durchgehende Reihe intendiert, in der er den 2. Prohibitiv „überlesen" haben wollte a.a.O., 124), hätte er diesen (wie das „Feld") streichen können. Eine Abhängigkeit von Dtn 5 ergibt sich daraus jedenfalls nicht.

eine gewisse, in Dtn 5,14–15 dann ausgesprochene Rolle spielt, legt F. Crüsemann[24] den allergrößten Wert, auf das zweite kommt es an. Denn nicht das Sklavenhaus, sondern der Götzendienst wird durch V. 8–10 konterkariert: Das *'bd*, das den „anderen Göttern" genommen wird, bekommt seinen Ort im Rhythmus der 7-Tage-Woche in der täglichen Arbeit angewiesen, JHWH hat dafür seinen besonderen, „geheiligten" Tag, und beides, das Arbeiten wie das Ruhen am siebten Tag, ist somit Ausdruck der Ausschließlichkeit JHWHs.

Dass dieser Bezug auf V. 5a beabsichtigt und zudem der entscheidende ist, legt sich auch von V. 7 her nahe. In Ex 20,14 begründet der „Name" des „eifersüchtigen Gottes" das Verbot, vor einem anderen Gott niederzufallen. Demnach richtet sich der Schutz des Namens gegen „nichtiges Geschwätz" (vgl. Ex 23,1), der in V. 7 ja nur tautologisch begründet bzw. mit einer Drohung motiviert wird, im Zusammenhang des Dekalogs gegen das *hšthwh* von V. 5a, ebenso wie die Ausgrenzung („Heiligung") des Tages „für JHWH" vom profanen *'bd* der täglichen Arbeit gegen das den anderen Göttern geltende *'bd* von V. 5a gerichtet ist. So führt V. 7 negativ, V. 8–10 positiv die Ausführungsbestimmung des Ausschließlichkeitsgebots V. 3–4 in V. 5a aus, womit wiederum der Anknüpfungspunkt für V. 12 ff gegeben ist: Die Unterscheidung von Heiligem und Profanem in V. 7.8–10, bes. V. 9–10 gegenüber V. 5a, qualifiziert auch die „Profanität" von V. 12 ff als Vollzug der Ausschließlichkeit von V. 2–6, bes. V. 6b.

Dass in V. 12 ff das Elterngebot am Anfang steht, zudem positiv formuliert und mit einer Folgebestimmung versehen ist, weist auf seine überragende Bedeutung.[25] Dem Inhalt nach besteht eine gewisse Affinität zur Generationenfolge in V. 5b–6 sowie eine Entsprechung zum Vorspruch V. 2 (Herausführung – Landgabe), mithin zum ganzen Rahmen in V. 2–6 (!), dem Wortlaut (*yhwh 'lhyk*) nach eine Verbindung zu V. 2.5b.7.10. Zusammen mit der theologischen Begründung V. 12b umschreibt es die Lebensgrundlage, auf der die Ausschließlichkeit JHWHs durch die aus Ägypten herausgeführten Generationen hindurch eingehalten werden soll. Die folgenden Prohibitive stecken ergänzend dazu durch Negation den ethischen Rahmen ab, innerhalb dessen sich das Leben im Land der Vorfahren bewegen soll. Das Schwergewicht der bewusst knapp und allgemein gehaltenen Formulierungen liegt – schon vom Aufbau her – auf dem „Nächsten", der als einziger neben den Eltern von V. 12 in V. 13–17 als Objekt eigens genannt ist und der das ausführliche 10. Gebot am Ende der Reihe mit dem 9. Gebot und also mit der Kurzprohibitivreihe in V. 13–16 verbindet. Name Gottes und Sabbat, Eltern und Nächster, das sind die grundlegenden Aspekte, unter denen die Ausschließlichkeitsforderung von V. 2–6 konkretisiert wird und unter die auch die Lebensvorgänge der traditionellen Trias

---

24 Crüsemann 1983, 57 f.
25 Schmidt 1972, 219.

V. 13–15 gestellt sind. Im Halten dieser Grundgebote Gott selbst (V. 7–10) und dem „Nächsten" gegenüber (V. 12–17) manifestiert sich danach die Gottesliebe der aus Ägypten herausgeführten Generationen als Ausdruck der Ausschließlichkeit Gottes (V. 2–6). Und das ist dem Aufbau wie dem darin sich spiegelnden Aussageverlauf zufolge auch das Thema des Dekalogs.

II Ex 20,2–6.7–10 im Kontext der Sinaiperikope

Der Dekalog hat zweifellos eine Vorgeschichte. Für jedes Einzelgebot lassen sich aus der übrigen Rechtsüberlieferung sowie aus prophetischen Parallelen gewisse Vorbilder oder auch überlieferungsgeschichtliche Vorstufen ermitteln, die auch zeigen, dass die im Dekalog gewählten relativ späte Formulierungen sind.[26] Daraus ist oft die Konsequenz gezogen worden, die „jüngeren" Bestandteile in den einzelnen Geboten oder gar ganze Gebote zu streichen, um so eine ursprünglichere Fassung, den „Urdekalog" oder einzelne Reihen, aus denen der Dekalog zusammengesetzt ist, herzustellen.[27] Die einzig sichere Stelle freilich, der offenkundig eine solche ältere Reihe zugrunde liegt, ist die Trias der nackten Kurzprohibitive in Ex 20,13–15, die in wechselnder Reihenfolge noch in Hos 4,2; Jer 7,9 und Hi 24,14–15 begegnet[28] und jedenfalls in Hos 4,2 älter ist als der Dekalog.[29] Aber die Trias macht noch keinen Dekalog, und so scheint es doch mehr als fraglich, ob – über die überlieferungsgeschichtliche Herleitung der Einzelgebote hinaus – für die Komposition selbst hinter die älteste uns greifbare literarische Fassung in Ex 20 zurückzukommen ist. Die Überlieferungsgeschichte der Einzelgebote geht vielmehr unmittelbar über in die vorliegende Komposition des Dekalogs. Nur ist damit die Komposition selbst noch nicht erklärt, auch dann nicht, wenn man sie ganz aus der deuteronomischen Theologie ableitet,[30] die wohl manche Einzelformulierung, vielleicht auch die Bedeutung einzelner Gebote („Name", Eltern) und vor allem die Verbindung von „Gottesrecht" und „Menschenrecht", nicht aber die Zusammenstellung im Einzelnen einsichtig zu machen vermag.

Um nun die Komposition selbst in den Blick zu bekommen, wird man sich nach allem zwar an die überlieferungsgeschichtlichen Hintergründe halten, sie aber

---

26 Vgl. bes. Schmidt 1972; so auch wieder Otto 1992.
27 Vgl. die Hinweise oben Anm. 8 sowie Schmidt 1972, 214–218.
28 In der Überlieferung sind fünf von sechs Möglichkeiten belegt. Vgl. Jeremias 1983, 62 Anm. 4.
29 Vgl. Hossfeld 1982, 276–278.281 f; Levin 1985a, 90–92; 1985b, 169 f. Zur Entstehung von Hos 4,2 im Kontext des Hoseabuches vgl. Jeremias 1983,59–64; Vielhauer 2007, 93–101. Jer 7,9 setzt dagegen den Dekalog (6.–8., 9. und 1. Gebot) wohl eher schon voraus.
30 Vgl. grundlegend Perlitt 1969; dazu die Kritik von Lohfink 1990, 363–378.

vielleicht etwas differenzierter betrachten müssen. Sowohl die Überlieferungsgeschichte als auch die literarkritische Rekonstruktion geht von der Voraussetzung
aus, dass der Dekalog einmal ein Überlieferungsstück für sich gewesen und also
unabhängig von dem literarischen Kontext, in dem er jetzt steht, entstanden sei.
Das Auffällige aber ist dies, dass sich viele, wenn nicht die meisten überlieferungsgeschichtlichen Parallelen zum Dekalog in eben diesem Kontext, namentlich im
Bundesbuch Ex 20,22–23,33 sowie in Ex 34, finden. Ebenso gibt zu denken, dass die
Überschrift, unter die der ganze Dekalog gestellt ist (Ex 20,2/Dtn 5,6), ausgerechnet
dasjenige Thema benennt, von dem der erste Teil des Exodusbuches (in Ex 1–15)
handelt. So wäre zumindest für die Komposition des vorliegenden Textzusammen-
hangs zu erwägen, ob dabei nicht solche – im Zuge der Redaktion sich ergebenden –
Querverbindungen eine Rolle gespielt haben, die für die Interpretation der „Endgestalt" heranzuziehen wären.[31]

Aber vielleicht reicht der Zusammenhang ja auch noch weiter und betrifft nicht
nur die redaktionelle und mithin sekundäre Stellung, sondern gar die Entstehung
des Dekalogs. Schon F.-L. Hossfeld[32] hat für seine Grundschicht und verschiedene
Ergänzungen in Dtn 5 eine literarische Benutzung von Bundesbuch und Ex 34 angenommen, womit es allerdings zu der doch sehr sonderbaren Vorstellung kommt,
dass der Dekalog in Ex 20 über den Umweg in Dtn 5 mit dem eigenen Kontext auch
literarisch verbunden, ja mehr noch, an ihm orientiert sein soll. Umgekehrt hat
C. Levin[33] für die Erweiterungen seines – zunächst noch unabhängig vom Kontext
entstandenen – „Urdekalogs" um einzelne Gebote und Zusätze eine unmittelbare
Abhängigkeit im Exodusbuch postuliert, was freilich mit einer recht eigenwilligen
Rekonstruktion des Dekalogs wie der gesamten Sinaiperikope einhergeht. So oder
so, es stellt sich die Frage, ob die älteren Formulierungen der Einzelgebote, sofern
sie im Exodusbuch stehen und dementsprechend im Zusammenhang gelesen
werden können, allein überlieferungsgeschichtliche Vorgaben sind, oder ob sie
nicht vielmehr die direkte literarische Vorlage zur ausgereiften Formulierung und
Bildung des Dekalogs abgegeben haben, denen so auch Hinweise auf das Auswahl-
und Kompositionsprinzip zu entnehmen sind. Die folgenden Beobachtungen, die
dieser Frage nachgehen, konzentrieren sich auf das Verhältnis von Dekalog, Bundesbuch und Ex 34, klammern dabei das Problem der literarischen Verankerung
in der vorpriesterschriftlichen Sinaiperikope (Ex 19–24; 32–34) zunächst ganz aus
und gehen auch auf die interne Schichtung der Texte nur da ein, wo es unbedingt
nötig ist.

---

31 Vgl. in einem noch weiteren Horizont Childs 1985, 63–83, und dazu Hossfeld, 76 f.

32 Hossfeld 1982, 240–292, zusammenfassend 262.281 f.283 f.

33 Levin 1985a, 95; 1985b, 171 f.172 f.

Wir setzen bei der sogenannten ersten Tafel des Dekalogs, den beiden theologischen Teilen Ex 20,2–6.7–10, ein, wo sich die Dinge am klarsten darstellen. Die sachlichen Parallelen zum 1.–4. Gebot finden sich mehrheitlich nicht im Korpus (vgl. aber 22,19), sondern in den Außenteilen, dem Rahmen des Bundesbuchs (Ex 20,23 bzw. 23,13.24.33; der „Name" in 20,24 bzw. 23,13.21; der Ruhetag 23,12) und bilden dort gewissermaßen eine sakrale Klammer um die „profanen", zunehmend auch theologischen Rechtssätze im Innern.[34] Man stößt mit dieser Verbindung von „Menschenrecht" und „Gottesrecht" in der Gottesrede (20,22–26 bzw. 22,20 ff) also schon im Bundesbuch auf dasselbe Phänomen, das auch für den Dekalog bezeichnend ist. Die Frage ist nur, wo diese Verbindung früher und wo sie später ist, d. h. ob die Gebote des Bundesbuchs auch für den sakralen Bereich dem Dekalog überhaupt als indirekte oder direkte Vorlage haben dienen können oder ihrerseits von ihm inspiriert sind.

Hinzu kommt als weiteres Problem die Beziehung zu Ex 34, dem sogenannten „kultischen Dekalog", der bekanntlich auf weite Strecken mit dem Schluss des Bundesbuchs in 23,10–19/34,18–26 und 23,20–33/34,11–17 korrespondiert und der ebenfalls Parallelen zum 1.–4. Gebot enthält (34,6–7.14.17; der „Name" 34,5.14; der Ruhetag 34,21). In welcher Richtung auch immer die literarische Abhängigkeit von Bundesbuch und Ex 34, mit der zu rechnen man kaum umhinkommt, verläuft,[35] auch hierbei zeichnet sich das Bemühen ab, die Vielfalt der Rechtsbestimmungen im Bundesbuch auf bestimmte Grundgesetze zu konzentrieren und zudem einen Zusammenhang zwischen der ersten Gebotsmitteilung in Ex 19–24 und der zweiten nach dem Zwischenfall von Ex 32 in Ex 34 herzustellen. Um uns nun nicht im Dickicht der Hypothesen zum Werden der Sinaiperikope zu verlieren, wollen wir im Folgenden auf die klassischen Schichtenzuweisungen verzichten und uns mit einer relativen Schichtung im Verhältnis zur Fassung der entsprechenden Gebote im Dekalog begnügen.

Liegen die sachlichen Berührungen zumindest mit dem 1., 2. und 4. Gebot auf der Hand, so ist nun des näheren zu prüfen, wo sich auch auf der Formulierungsebene Übereinstimmungen zeigen, aus denen sich – unbeschadet noch weiterer,

---

34 Zum Bundesbuch vgl. Crüsemann 1992, 132–234, zum Stand der Forschung ebd. 135–138, sowie Albertz 1992, 283–290. Zur Makrostruktur Osumi 1991, 24–27.154 f; zum Vorgang der fortschreitenden „Theologisierung" Otto 1988, bes. 69–75, sowie Schwienhorst-Schönberger 1989; 1990.

35 Forschungsgeschichtliche Hinweise bei Halbe 1975, 391 f, seine eigene – noch eher vorsichtige – Option 449 f.502 f. Für eine Abhängigkeit des Bundesbuchs von Ex 34 vgl. Osumi 1991, 70 ff, zusammenfassend 219 f; danach auch Crüsemann 1992, 137 f und im Folgenden. Für das umgekehrte Verhältnis Blum 1990, 69 f.369 ff; 1996, dem ich mich – entgegen der in diesem Beitrag noch vertretenen Position – mittlerweile angeschlossen habe. Vgl. Kratz 2000, 139–142.150–155; zur neueren Diskussion Schmid 2001; Köckert 2002; Gesundheit 2012, 12–43.

fremder Spracheinflüsse – die Bildung des Dekalogs, und zwar sowohl hinsichtlich der Einzelgebote wie auch hinsichtlich der speziellen Auswahl und Anordnung, erklären lässt. Für das 1. und 2. Gebot kommen dafür vor allem die beiden Stellen Ex 23,24 und 23,33 in Betracht: Die deutlich ursprünglichere, konkrete Vorstellung von der Verehrung „ihrer Götter" (*l' tštḥwh l'lhyhm wl' t'bdm*) und vom Umgang mit ihnen und gewissen Kultobjekten (*wl' t'śh*) erscheint – in dieser Reihenfolge(!) – im 1. Gebot 20,3 generalisiert, im 2. Gebot (*l' t'śh lk psl...*) präzisiert und neu auf die Herstellung der Kultobjekte bezogen; vor allem aber kehrt 23,24aα wortwörtlich[36] in der Zusammenfassung 20,5a, die sich auf beide Gebote zurückbezieht, wieder. In 23,33 begegnet nochmals das „ihren" bzw. allen „anderen Göttern" verweigerte *'bd* und zugleich die Warnung *yhyh lk lmwqš* (anders 34,12), die parallel zum Götterdienst von 23,33bα steht (beide Mal *ky*) und in diesem sachlichen Konnex auf die eigentümliche Formulierung des 1. Gebots in 20,3 (*l' yhyh lk 'lhym*) mit eingewirkt haben könnte. Beide Stellen gehören einer 2. Sg.-Schicht im Bundesbuch an,[37] die allem Anschein nach älter ist als der Dekalog. Außer den Rechtssätzen an ein „Du" geht auf sie auch das göttliche „Ich" in 20,24–26 und 22,20 ff zurück, das die weitgehend unpersönlich formulierten, kasuistischen Rechtssätze in 21,1–22,19 (mit Gott und Adressat in 3. Pers.) rahmt, aber auch in der „Ich"-Rede Jhwhs Gott in 3. Pers. neben sich duldet.[38] Beides, das „Du" des Adressaten und das „Ich" Jhwhs in 20,2–6 neben dem „Er" in V. 7–10.12 (ff), gehört zu den stilistischen Eigentümlichkeiten des Dekalogs. Ebenfalls älter ist der Beleg 22,19, der in äußerst knappen, darum auch in V. 19b (vgl. auch Sam. und G^A in V. 19a) einmal ergänzten Worten die Exklusivität des Opferns fordert. Über die Tendenz der Verallgemeinerung hinaus wäre m. E. zu erwägen, ob nicht das *'l pny* von 20,3 darauf zurückzuführen ist, sofern dies dem

---

36 Zur Wendung vgl. Zimmerli 1969a, 237 f, sowie Perlitt 1969, 85; Lohfink 1990, 377. Hossfeld 1982, 26 und noch einmal – gegen Graupner 1978, 312 – in 1989, 85 f argumentiert nicht mit der Wendung, sondern mit Einzelbegriffen und setzt dabei die angebliche Bevorzugung des Bilderverbots vor dem Fremdgötterverbot in Ex 20,4 gegenüber Dtn 5,8 (dazu oben Anm. 14) schon voraus; die daraus gezogenen Schlüsse sind also unmaßgeblich.

37 Vgl. die Auflistung des stilistischen Befunds bei Osumi 1991, 20–24, und die Auswertung ebd. 29 ff.149 ff, zusammenfassend 85.219 f; Crüsemann 1992, 199 ff, zusammenfassend 229 f. Zu den Ausnahmen im kasuistischen Teil 21,1–22,19 (21,1.2.13–14.23 sowie 22,17) vgl. Osumi 1991, 23.101.144 f; Crüsemann 1992, 171 f.177. Für die Ausscheidung von 23,24 (so Hossfeld 1982, 269) besteht kein Anlass; vgl. Osumi 1991, 64 f.72 ff; Crüsemann 1992, 209–213.

38 Vgl. *h'lhym* in 21,6.13a; 22,7.8 (andere 22,19); *yhwh* in 22,19; einzige Ausnahme in den „Mischpatim" von 21,1–22,19 ist das „Ich" in 21,13b mit 2. Sg. als Adressat. Neben dem göttlichen „Ich" in 20,24–26 und 22,20 ff vgl. *'lhym* in 22,27; 23,19 (andere 23,24.32.33) bzw. – mit Adressat 2. Pl. – 23,25 (andere 20,23; 23,13); *yhwh* in 23,17.19 und – mit 2. Pl. – 20,22; 23,25; dementsprechend in der göttlichen „Ich"-Rede *yhwh* in 34,(6.)10.14, verbunden mit *'lhym* in 34,23.24.26 (andere V. 15.16); dazu Crüsemann 1992, 140, und zur Stilisierung des Bundesbuchs als Gottesrede ebd. 200.229.

Opferterminus *pny* bzw. *'t/'l pny* ... (23,15.17; 34,20.23–24) nachempfunden ist. Wenn ich recht sehe, bieten somit schon die wenigen, sicher älteren Belege im Bundesbuch (22,19 sowie 23,24.33) genügend Anhaltspunkte, aus denen sich die wichtigsten, tragenden Formulierungen der beiden ersten Dekaloggebote (20,3.4init.5a) in ihrem jetzigen Zusammenhang 20,3–5a ableiten ließen.

Berührungen gibt es sodann auch zu zwei Stellen der 2. Pl.-Bearbeitung im Bundesbuch,[39] 20,23 und 23,13: Dem exklusiven *'l pny* des 1. Gebots entspricht das *'ty* in 20,23,[40] das hier freilich mit dem Bilderverbot verbunden ist, und für die „anderen Götter" findet sich in 23,13 der einzige Beleg im Bundesbuch; im Übrigen bestehen in 23,13 (wie noch 20,24 und 23,21) weitere Stichwortassoziationen zum 3. („Name") und 4. Gebot (*zkr*). Doch es fällt auf, dass die sprachlichen Verbindungen weitaus loser sind als an den beiden Stellen der 2. Sg.-Schicht. Nicht zuletzt darum ist denn auch umstritten, ob die Zusätze der 2. Pl. älter oder jünger sind als die Entstehung und/oder Vorschaltung des Dekalogs in Ex 20,[41] und so ist insgesamt schwer zu beurteilen, inwieweit die fraglichen Belege nun indirekt oder gar direkt an der Formulierung des 1. und 2. Gebots beteiligt sind. Wir halten es für wahrscheinlich, doch zwingend und nötig ist es nicht, auch nicht im Blick auf das *'lhym 'hrym* in 23,13.[42]

Sprachliche Anknüpfungspunkte bieten wieder die Parallelen in Ex 34. Mit 23,24.33 konvergieren in dem Abschnitt 34,11–17/23,20–33 die Entsprechungen zum 1. und 2. Gebot: der Sg. *'l 'hr* in 34,14 als mögliches Vorbild für den Pl. in 20,3, das *l' tšthwh* (wie 23,24) als Anhalt für 20,5a sowie das *l' t'śh lk* in 34,17 (wie 23,24) für das 2. Gebot in 20,4, wobei dem „Gussbild" (*mskh*) hier im 2. Gebot das anderswo ihm zuweilen zugeordnete *psl* gegenübersteht.[43] Vor allem aber findet sich in 34,14.6–7 die nächste Parallele zur Formulierung 20,5b–6. Dass überhaupt mit literarischer Abhängigkeit zu rechnen ist und dass dabei Ex 34 der gebende, der Dekalog der

---

39 Zu ihr vgl. zuletzt Osumi 1991, 31–35.50–53.183 ff; Crüsemann 1992, 138.231–234.

40 Falls ursprünglich nicht nota acc. gemeint ist. Vgl. Crüsemann 1992, 231 Anm. 447.

41 Zur literar- und theologiegeschichtlichen Einordnung vgl. Hossfeld 1982, 176–185, zusammenfassend 212 f; Otto 1988, 4 ff.57 ff einerseits, Osumi 1991, 185 ff; Crüsemann 1992, 138.231 ff andererseits, sowie Dohmen 1987, 154–180.237 ff.271.

42 Vgl. Hos. 3,1 (*pnym 'l 'lhym 'hrym*) nicht weit von der Trias 4,2, die in Ex 20,13–15 zitiert wird. Zum Ausdruck Perlitt 1969, 84, aber auch Lohfink 1990, 375 f. Zur Hosea-Stelle als Vorläufer schon Hossfeld 1982, 266, aber auch Jeremias 1983, 55 (Zusatz). Nachtrag: Die relative Datierung der 2. Pl.-Bearbeitung sowie des hier anschließend behandelten Kapitels Ex 34 beurteile ich heute anders und rechne mit der Priorität des Dekalogs und späteren Zusätzen in Ex 20,4.5b–6 (s. o. Anm. 16.19 und 35).

43 Vgl. Ri 17,3–4; 18,14.17–18; Dtn 27,15; Nah 1,14 und dazu Dohmen 1987, 62 f; zur Wahl des Ausdrucks auch ebd. 271–273, zur Stelle Ex 34,17 ebd. 180–184.

nehmende Teil ist, darüber herrscht weitgehender Konsens. Es ergibt sich ziemlich eindeutig aus der sekundären Zusammenstellung ursprünglich eigenständiger Aussagen in 20,5–6, die die – wie auch immer entstandene – Komposition 34,(1)5–9 + 10–26(27 ff) schon voraussetzt und die ältere Begründung aus 34,14b mit 34,7, ferner 34,11.18 (*šmr* + *ṣwh*) kombiniert und so auch zu einer sachlichen Verschiebung führt.[44] Nimmt man hinzu, dass einerseits die Aufnahme von 34,7 in 20,5 auch gewisse, ferner liegende Stichwortassoziationen im Bundesbuch mit einschließt (vgl. *'hb* in 20,5, *śn'* in 23,5, *šmr* + *ṣwh* in 23,15/34,18.11),[45] andererseits Ex 34 über den „Namen" in V. 5.14 und über V. 21 ebenso wie 20,24; 23,13.21 und 23,12 auch im 3. und 4. Gebot von Ex 20 nachklingt, so erscheint die Verschränkung von Bundesbuch und Ex 34 in der Formulierung des Dekalogs nahezu perfekt. Besonders aus 34,6–7.14[46] wird im Übrigen noch einmal deutlich, dass die stilistische Zweiteilung des Dekalogs in die Ich-Rede V. 2–6 und die Er-Rede V. 7–10, 12(ff) nicht nur einer sachlichen Ordnung (s. o. unter I), sondern zudem den Bezügen zum Kontext im Exodusbuch folgt.

Schließlich ist noch kurz auf die verbleibenden Formulierungen in 20,2–6 einzugehen, die sich nicht auf die bisher behandelten Spenderstellen zurückführen lassen. Das sind einmal die näheren Bestimmungen des 2. Gebots in 20,4 (*wkl...*), die mit den drei Räumen der Welt das universale Gegenstück zum exklusiven *'l pny* in

---

[44] Zu den Formeln und ihren Parallelen (außer den genannten Stellen noch Num 14,18; Dtn 7,9–10; Jer 32,18 bzw. Dtn 4,24; 6,15; Jos. 24,19; Nah 1,2) vgl. die Hinweise oben Anm. 19 und 21. Zur Abhängigkeit zuletzt – gegen Hossfeld 1982, 26–32; 1989, 88–91 – Levin 1985b,171 f (im Sinne von Hossfeld mit konsequenter Unterscheidung von Syndese und Asyndese in der Zählung der Generationen) bzw. Graupner 1978, 314–315 (mit dem Hinweis auf die mangelnde Eindeutigkeit der Asyndese in Ex 20 und 34 gegenüber der Festlegung in Dtn 5). Anders Spieckermann 1990, 7 ff, der mit einer sachlich-theologischen Entwicklung von der „Vergeltungslehre" in Dtn 7 über den „Gedanken der Heimsuchung" in Dtn 5, hin zum „Horizont der Vergebung" in Ex 34 (a.a.O., 8) und also mit umgekehrter Abhängigkeit rechnet, sich dafür aber auf eine nicht nachweisbare, additive Zählung der Asyndese als Syndese der Generationen (von den Söhnen an ohne die Väter) stützt (a.a.O., 9). Zur Einordnung von Dtn 7,9–10 vgl. jedoch Perlitt 1969, 61 f.63 Anm. 1 (aus Ex 34 ohne den Dekalog) einerseits, Lohfink 1990, 368 ff (Dekalogexegese und -korrektur) andererseits.

[45] Zu *šmr* + *ṣwh* vgl. im Übrigen 23,13.(20–)21; 34,11(–12). Zu Gottesliebe und Gotteshass vgl. Jenni 1971, 63.70 f und dazu Perlitt 1969, 86; Lohfink 1990, 372 f. Dies wie auch die Wendung „meine (in Dtn 5,10 „seine"!) Gebote bewahren" gehört sicher in den Umkreis der dtn.-dtr. Theologie, doch für die spezifische Wortverbindung im Dekalog ist Dtn 7,9–10 die einzige Parallele, die den Dekalog entweder korrigiert oder von ihm korrigiert wird (vgl. Anm. 44), so dass es sich so oder so um eine Eigenbildung aus dem je eigenen und einem fremden Kontext (Ex + Dtn) handelt, für die Frage der Priorität damit also nichts gewonnen ist.

[46] Nur hier und im Dekalog (zitiert Num 14,18) begegnen die geprägten Formeln (vgl. Anm. 44) in der göttlichen Selbstkundgabe (vgl. Spieckermann 1990, 9). Zum stilistischen In- und Nebeneinander von göttlichem „Ich" und „Er" an ein „Du" („Ihr") vgl. die Hinweise oben Anm. 37 und 38.

20,3 darstellen. Einen sprachlichen Anhalt im fraglichen Kontext[47] sehe ich nicht, doch lässt sich aufgrund der zwar seltenen, aber wenig spezifischen Ausdrucksweise und vom gesamten Sachzusammenhang her eine freie Wortschöpfung leicht denken; die Ergänzung des Sabbatgebots in 20,11 sowie die Auslegung von 20,4 in Dtn 5,15 ff[48] setzen die Formulierung jedenfalls schon voraus.

Anders sieht es wieder bei dem Vorspruch 20,2 aus. Weisen vor allem hier die einzelnen Wendungen durchweg in den Bereich der dtn.-dtr. Literatur, so sind doch auch im Bundesbuch (und Ex 34) Ansatzpunkte vorhanden, die entweder die Benutzung geprägter Formeln naheglegt oder sogar ihrerseits den Anstoß zur hier wie andernorts sich gerade bildenden Begrifflichkeit des Exoduscredos gegeben haben könnten.[49] Neben Ex 23,19/34,26 und 34,24 (mit fem. Pl. 23,25) für den Ausdruck „JHWH, dein Gott" ist vor allem die Erwähnung des Exodus in 23,15/34,18 zu beachten. Die Stellen bieten das Qal von yṣ', das in 20,2 (wie 13,3–4) zum hi. wird und sich mit dem – gegenüber der Bedeutung im Bundesbuch („Fremde") abweichenden, von der Exodusgeschichte (bes. 13,3.14) im selben Buch wie von der Sklavengesetzgebung in 21,2 ff inspirierten? – „Sklavenhaus" als Attribut Ägyptens verbindet.

Halten wir also fest: Sämtliche Formulierungen des 1. und 2. Gebots in Ex 20,3–6 lassen sich – mit wenigen Ausnahmen – nicht nur in der Sache, sondern auch im Ausdruck aus den Parallelen in Ex (20,23; 23,13) 22,19; 23,24.33 und 34,6–7.14.17 herleiten, und auch der Vorspruch 20,2 hat Anhalt an Formulierungen im Bundesbuch und in Ex 34. Wie bereits angedeutet, gilt dasselbe aber auch für das 3. und 4. Gebot. Schon die einschlägigen Sachparallelen zum Sabbatgebot in 23,12 und 34,21 liefern bekanntlich die entscheidenden Stichworte für dessen Neufassung in 20,9–10 (*ššt ymym t'bd* wie 34,21, *w'śyt kl ml'ktk* nach 23,12 [und 22,7.10?]; *ywm hšby'y, šbt*; die Liste der Begünstigten nach xxiii 12[50]). In Einklang mit der Abänderung in 20,10a

---

47 Vgl. immerhin 20,22 (Himmel), 34,10 (ganze Erde). Zur Formulierung Dohmen 1987, 224 f.

48 Vgl. schon Zimmerli 1969a, 239.247; Lohfink 1990, 366 f; ders. 1989, hier 80. Anders Dohmen 1987, 218 f.224 ff.

49 Vgl. wiederum Perlitt 1969, 83 f und dazu Lohfink 1990, 374 f. Zur Beurteilung der Belege in Ex 34 (und den Parallelen im Bundesbuch) Crüsemann 1992, 141; aber auch die Hinweise oben Anm. 35.

50 Zur Liste vgl. Hossfeld 1982, 43 ff.249; Levin 1985b, 173 (mit Verweis auf – in einzelnen Punkten stets abweichende – Parallelen in Dtn 5). Sie ergibt sich jedoch zwanglos aus Ex 23,12: Sohn und Tochter, Sklave und Sklavin aus „Sohn deiner Sklavin", Vieh aus „Rind und Esel", Fremdling in den Toren aus „der Fremdling". Vgl. im Übrigen Sohn und Tochter in 21,4.9.31; Sklave und Sklavin in 21,2–11 (V. 7).20.26.27.32; Tiere in 22,9 (!).18; Fremdling in der wichtigen Rahmung 22,20/23,9. Zeigt sich in 20,10 somit die Tendenz, die Auswahl aus 23,12 im Blick auf entsprechende Paare im Bundesbuch zu komplementieren und umfassend zu formulieren, gleicht die Fassung in Dtn 5,14 beide Stellen aneinander an (Rind und Esel und alles Vieh), zitiert also den Dekalog von Ex 20 im Kontext des Bundesbuchs; wäre Dtn 5,14 nur an Ex 23,12 und 22,9 orientiert (vgl. Hossfeld 1982, 45 f), fehlte das Schaf.

(*šbt lyhwh 'lhyk*) wird der ältere Ruhetag (vb. *šbt*) in 20,8 (erstmals) zum heiligen Tag „für Jнwн", zum eigentlichen „Sabbat" erklärt. Des Weiteren geben 20,24 und 23,13 für das 4. Gebot das Stichwort *zkr*,[51] beide Mal zusammen mit dem „Namen" (Jнwнs bzw. der „anderen Götter"!), der noch in 23,21 (vgl. hier auch *l' yś'*) und 34,5 (*šm yhwh*).14 begegnet und zum Gegenstand des 3. Gebots geworden ist. Zum 3. Gebot wiederum liegt in 22,27a eine in der Sache verwandte Aussage (*l' tqll*), in 23,1 (*l' tś' .... šw'*) und 34,7 (*nqh* Pi.) die verwendete Formulierung vor.

Soweit zu den Berührungen im Ausdruck, die sämtliche Gebote der ersten Tafel des Dekalogs umfassen. Dass dabei mit 20,23.24; 23,13 und 34,5–7.14 Stichworte des 3. und 4. Gebots an Spenderstellen des 1. und 2. Gebots begegnen, deckt sich mit unseren Beobachtungen zur Anlage von 20,2–10 (s. o. unter I), wonach 20,7–10 (über die Kontaktwörter „Name" / *hšthwh* nach 34,14 bzw. *'bd*) als Ausführungsbestimmungen von 20,(2–)5a gedacht sind. Zugleich lenkt dieser Befund das Augenmerk auf die Position der Bezugsstellen in ihrem Kontext, die im Dekalog berücksichtigt zu sein scheint, was den sprachlichen Konnex noch einmal erhärtet und neben sachlichen und sprachlichen Anleihen auch eine gewisse, Auswahl und Anordnung der Gebote im Dekalog leitende Systematik erkennen lässt. So fällt auf, dass auf 20,23, die Parallele zum 1. und 2. Gebot, gleich anschließend in 20,24 die Stichworte „Name" und *zkr*, mit der Sklavengesetzgebung in 21,2–11 zusätzlich auch das Stichwort *'bd* – im 7-Zeiten-Rhythmus in 21,2: *šš šnym y'bd wbšb't* ... entsprechend der Abfolge 23,10–11.12 – fallen, womit die Reihenfolge der Gebote 1–4 im Bundesbuch vorgebildet ist; darauf wiederum folgt in 21,12 ff die, wie wir noch sehen werden, entscheidende Spenderstelle zu den Geboten 5–10 (s. u. unter III). Spiegelbildlich dazu findet sich in 23,(10–11)12 zunächst die Kontaktstelle zum 4. Gebot, gleich anschließend in 23,13 eine zum 3. und 1. Gebot, in 23,21 wieder eine zum 3. und schließlich in 23,24.33 die zum 2. und 1. Gebot. Weniger konzentriert, aber dennoch markant platziert folgen in Ex 34 nach V. 5–7 (zu 1./2. und 3. Gebot) in V. 14.17.21 wieder nacheinander die Parallelen zum 1.–4. Gebot.

Ziehen wir ein erstes Fazit. Wie die Durchsicht der einschlägigen, in der Forschung meist überlieferungsgeschichtlich erklärten Sachparallelen zu den ersten vier Geboten des Dekalogs und weiterer Formulierungsparallelen im Bundesbuch und in Ex 34 gezeigt hat, lassen sich dort für jedes der einzelnen Gebote ein oder mehrere Bezugspunkte ausmachen. Sie konzentrieren sich auf den (sakralen) Rahmen des Bundesbuchs (20,22–26 [21,2–11]/[22,20 ff] 23,10–33) und auf das dem hinteren Teil dieses Rahmens streckenweise parallele Kapitel Ex 34, die ebenfalls

---

51 Das sich – nebenbei gesagt – so auch als ursprünglicher erweist als die Angleichung in Dtn 5,12 an das „Gebote bewahren" von V. 10 und den üblichen Sprachgebrauch. Dem Nebeneinander von *zkr* und „Name" Gottes in 20,24 und 23,13 entspricht das Paar „Name" und Sabbat im Dekalog.

das „Ich" Jʜᴡʜs neben Gott in 3. Pers. in der Gottesrede und auch eine 2. Sg. als Adressaten haben. In ihnen finden sich so aber nicht nur sachliche und stilistische Berührungen, sondern aus ihnen ergeben sich – nimmt man da und dort andere Spracheinflüsse mit hinzu – sowohl die (Neu-)Formulierungen als auch die Reihenfolge und Verknüpfung der ausgewählten Gebote und mithin die Gesamtkomposition des Dekalogs in seinem theologischen Teil. Sprachliche Gestalt, Redeperspektive und Anordnung der Gebote sind ganz offenbar an Formulierung und – mehr oder weniger zufällig vorgefundener, im Dekalog systematisierter – Reihenfolge der Sach- und Sprachparallelen in Bundesbuch und Ex 34 als unmittelbaren Vorbildern orientiert und dem nachgebildet. Dies und die jetzige Stellung des Dekalogs in Ex 20 unmittelbar vor dem Bundesbuch mit Beziehungen von hier wie von dort nach Ex 34 (im Rahmen der Sinaiperikope), legen die Vermutung nahe, dass der Dekalog – unbeschadet älterer Traditionen im Hintergrund – nicht unabhängig von diesem Kontext entstanden und mithin als programmatische, in den Geboten 1–4 mit dem schon vorgefundenen Rahmen und Ex 34 korrespondierende Vorrede zum Bundesbuch verfasst ist. Die These muss sich nun allerdings noch an dem anderen, „profanen" Teil, Ex 20,12–17, bewähren, wo die Dinge zunächst etwas komplizierter zu liegen scheinen.

III Ex 20,12–17 im Kontext der Sinaiperikope

Beginnen wir sogleich mit der Ausnahme, der Trias V. 13–15, die als solche keine Parallele im fraglichen Kontext hat, sondern, wie schon erwähnt, aus der prophetischen Überlieferung (Hos 4,2; Jer 7,9) stammt. Allerdings gibt es für einzelne Gebote der Trias auch im Bundesbuch Parallelen, die durchaus der Anlass gewesen sein könnten, die Trias aus der prophetischen Anklage (im inf. abs.) zu übernehmen und in Prohibitive umzuwandeln und so den positiven Formulierungen mit inf. abs. im Übergang vom 4. zum 5. Gebot zur Seite zu stellen. Bindeglied ist das Stichwort *gnb*, das in Ex 20,16 vom Menschenraub, in 21,37–22,33 vom Viehraub und in anderen Zusammenhängen in 22,6–7.11 vorkommt. Besonders aufschlussreich ist darunter die Reihe der todeswürdigen Verbrechen 21,12–17, die im Kontext des Bundesbuchs eine eigene Einheit darstellt (einzige Parallele ist 22,18; vgl. noch 21,29)[52] und neben dem Menschenraub (V. 16) als weitere Delikte die Tötung von Menschen (V. 12[–14]) sowie das Schlagen und Verfluchen (*qll* Pi.) von Vater und Mutter umfasst (V. 15.17). Die Beziehungen zum ersten und letzten Glied der – in ihrem Wortlaut festste-

---

52 Vgl. Otto 1988, 31–34 und zur Stellung im Ganzen ebd. 9–11; Osumi 1991, 108 ff.133 und zur Stellung im näheren Kontext („Mischpatim"-Teil) ebd. 121 f.133 f.144 f, im Ganzen 24 f.154 f.

henden – Trias sowie zum Elterngebot im Dekalog sind evident und gewinnen für unsere Frage zudem an Bedeutung, wenn man die Erwähnung des „Nächsten" in Ex 21,14 (und 18 ff) hinzunimmt, der die auf die Trias folgenden Gebote in 20,16–17 beherrscht. Wenn man so will, sind somit in Ex 21,12–17 außer dem Ehebruch sämtliche Themen angelegt, die im Dekalog unter der Rubrik des zwischenmenschlichen, „profanen" Rechts erscheinen. Ist also die Auswahl und Anordnung der Gebote in Ex 20,12–17 (einschließlich der Aufnahme der prophetischen Trias) an der Reihe Ex 21,12–17 orientiert?

Dagegen spricht auf den ersten Blick der „Ehebruch", der in Ex 21,12 ff fehlt. Das könnte damit zusammenhängen, dass die Trias in 20,13–15 nicht direkt aus Hos 4,2 (oder Jer 7,9), sondern aus der Tradition zitiert wurde, in der der Ehebruch bereits ein festes Glied der Reihe war, was auch die unterschiedliche Reihenfolge wie die übrige konstante Bezeugung eben dieser drei Glieder in fast allen der sechs möglichen Varianten erklären würde.[53]

Aber es bietet sich noch eine andere Möglichkeit an. Sollte der Dekalog an der Reihe todeswürdiger Verbrechen in Ex 21,12 ff orientiert sein, so fällt auf, dass die einzige Parallele in 22,18 ein Sexualdelikt behandelt, dem in 22,15–16 der einzige Fall einer Eheregelung vorausgeht (beide Mal *škb 'm*). Natürlich geht es hier nicht um Ehebruch, aber ebenso wie die *casus* in 21,12 ff lässt sich – vom Dekalog her gedacht – die Einzelfallbestimmung von 22,15–16(18) als positive Ausführung der generellen Rahmenbestimmung des Dekalogs verstehen: Die Ehe darf unter keinen Umständen gebrochen werden; wie sie im Einzelnen geschlossen oder nicht geschlossen wird, ist eine andere Sache, die eigenen Gesetzen folgt. So fügt sich auch der Ehebruch, auf den nach Dtn 22,22; Lev 20,10 ausdrücklich die Todesstrafe steht, in das Kompositionsprinzip ein, die gewichtigen und im Bundesbuch überlegt platzierten *mwt ywmt*-Sätze u. a. unter Rückgriff auf prophetische Anklagen (inf. abs.) in Prohibitive bzw. einen positiven apodiktischen Rechtssatz (inf. abs. oder imp.) zu überführen; sie geben den äußersten Rahmen an, in dessen Grenzen sich alles Weitere – im Kontext: die folgende Kasuistik des Bundesbuchs – bewegt.

Dabei dürfte nun aber auch Hos 4,2 unmittelbar Pate gestanden haben. Die Infinitive der prophetischen Anklage V. 2a, unter denen sich unsere Trias findet, sind in V. 2b durch finite Verbformen weitergeführt, die nicht einfach addiert werden können, sondern resümierenden Charakter haben. Das Resümee gipfelt im Vorwurf der „Blutschuld" und qualifiziert mithin die Reihe der Infinitive von V. 2a als todeswürdige Kapitalverbrechen, die – entsprechend dem vermuteten Verhältnis von Dekalog und Bundesbuch – in der Überschrift 4,1–3 programmatisch den folgenden

---

53 Wie Ps 118 lehrt, wäre freilich auch eine Verkürzung möglich gewesen.

Einzelausführungen in Hos 4 ff vorangestellt sind.[54] Ist damit – auch in der Reihenfolge (Mord, Raub, Ehebruch) – eine Brücke zu Ex 21,12–17; 22,15–16.18 gegeben, so ist im Blick auf die Formulierung des Dekalogs natürlich von Belang, dass die prophetischen Anklagen von Hos 4,2 wie auch sonst mit der im Hoseabuch aufkommenden Ausschließlichkeitsforderung des ersten Gebots (vgl. Hos 13,4) korreliert sind, wofür im näheren Umkreis Hos 4,1 (*d't 'lhym*) und vor allem 3,1 (*'lhym 'ḥrym, 'hb*!) zu nennen wären. Schließlich wird man in Betracht ziehen müssen, dass vielleicht auch die beiden übrigen Infinitive von Hos 4,2a, die außerhalb der Trias stehen, bei der Umsetzung der Todessätze des Bundesbuchs in die Gebote des Dekalogs berücksichtigt wurden: Das „Schwören/Fluchen" (*'lh*) berührt sich sachlich mit dem Elterngebot nach Ex 21,17 wie auch mit dem Namensgebot (vgl. Hos 10,4), das „Lügen/Täuschen" (*kḥš*) mit dem Lügenzeugen des 9. Gebots, das dem „Nächsten" (nach Ex 21,14 u. a.) gilt. Die Anklänge sind hierbei nicht so stark, da sich die Formulierung des 5. und 9.–10. Gebots wieder mehr am Bundesbuch selbst orientiert; eines Zwischengliedes wie Jer 7,9, das neben der Trias Beziehungen zum 9. (*šqr*) wie zum 1. Gebot aufweist, bedarf es dazu nicht.

Somit korrespondiert die Aufnahme der Trias aus Hos 4,2 (einschließlich des Ehebruchs) mit der oben beobachteten Orientierung an den Todessätzen im Bundesbuch. Aber auch die anderen, ebenfalls über Ex 21,12–17 mit der Trias verbundenen Gebote und vielleicht sogar die von Hos 4,2 abweichende Reihenfolge innerhalb der Trias lassen sich von daher verstehen.

Zunächst die Abfolge der Gebote. In Ex 21,12–17 sind der Mord (V. 12) und der Diebstahl (V. 16), d. h. die beiden äußeren Glieder unserer Trias, parallel formuliert (beide Mal pt. + *yš*). Ihnen folgt jeweils ein – wiederum parallel formulierter (pt. + *'byw w'mw*) – Satz von den Eltern (V. 15 bzw. 17) und ein Satz vom „Nächsten" (V. 14 bzw. 18), der in V. 18 thematisch noch mit der Mordsache von V. 12–14 zusammenhängt (Stichwort *nkh*, *yš 't r'hw*) und auf den im Folgenden auch wieder das Stichwort *gnb* von V. 16 führt (s. u.). Im Dekalog ist diese parallele Struktur aufgegeben, doch scheint die Verteilung und Gewichtung in einer Art Ringstruktur gleichwohl beibehalten. So bilden nun die beiden ersten Sätze vom Mord und Diebstahl (21.12.16) – entgegen Hos 4,2[55] – in dieser Reihenfolge den äußeren Rahmen der Trias; die beiden jeweils folgenden und wiederholten Sätze von den Eltern und dem „Nächsten" (21.14.15 und 17.18) sind ihrer Position entsprechend im grundlegenden 5. und in den weiterführenden Geboten 9 und 10 speziell aufgegriffen sowie den Delikten Mord und Diebstahl in der Trias vor- bzw. nachgeordnet. Sodann ist das im Kontext des Bundesbuchs nur lose mit dem Todessatz verbundene Ehegesetz

---

54 Vgl. die Hinweise Anm. 29.
55 Zur Stellung im Hoseabuch vgl. Jeremias 1983, 62; Vielhauer 2007, 96.

(22,15–16,.18) durch die Umstellung des Ehebruchverbots vom Ende (Hos 4,2) in die Mitte der Trias definitiv in das Bezugssystem des Dekalogs mit der prophetischen Trias auf Ex 21,12–17 integriert.

Der Inhalt des 5. Gebots ist natürlich durch Ex 21,15.17 vorgegeben. Er wird in der positiven Formulierung mit der Umsetzung von *qll* Pi. aus 21,17 in *kbd* Pi.[56] generalisiert und so als grundlegende Bestimmung an den Anfang der zwischenmenschlichen Gebote gestellt. Dies unterstreicht der angeschlossene Finalsatz Ex 20,12b, in dem die traditionelle (aus der Königsideologie stammende) Aussicht auf „langes Leben"[57] auf das Bleiben im Land bezogen ist, was sonst nur noch in der deuteronomischen Schulsprache begegnet.[58]

Für Inhalt und Stellung des 9. und des 10. Gebots ist noch einmal auf das Stichwort *gnb* zurückzukommen, das als Glied der Trias todeswürdiger Verbrechen Hos 4,2, den Dekalog und Ex 21,12 ff miteinander verbindet. Geht man ihm nach, so stößt man auf den zusammenhängenden Komplex der Ersatzleistungsbestimmungen (Stichwort *šlm* Pi.) in 21,37–22,14, in dem neben dem „Diebstahl" (21,37–22,3.6–7.11) der „Nächste"„(*r'* in 22,6–10.13) eine dominierende Rolle spielt. „Diebstahl" und „Nächster" gehören danach – wie schon in 21,12–17.18 – zusammen, und dem entspricht die Abfolge im Dekalog beim Übergang von der Trias im 8. zum 9. und 10. Gebot. Ansonsten begegnet der „Nächste" nach 21,14.18 lediglich noch an zwei weiteren, nicht weniger markanten Stellen: zum einen in 21,35, wo er sowohl den an die Todessätze 21,12–17 anschließenden, mit dem „Nächsten" in 21,18 eröffneten Abschnitt über Körperverletzungen 21,18–36 abschließt als auch in jenen anderen Abschnitt über Ersatzleistungen an den „Nächsten" u. a. bei Diebstahl in 21,37–22,14 übergeht (*šlm* in 21,33 f.35 f); zum anderen – und hier das einzige Mal auch „dein Nächster" – in 22,25 vom Pfänden.

Nach dem ersten Bezugspunkt für sämtliche Gebote in 21,12–17 folgen also im Bundesbuch mit 21,18–36; 21,(33)37–22,14 und 22,25 Rechtsbestimmungen, die es speziell mit dem „Nächsten", dem Objekt des 9. und 10. Gebots, zu tun haben. Abgesehen von 21,18, wo der „Nächste" selbst Objekt ist, geht es dabei überall um Eigentumsfragen, die Haus und Hof des „Nächsten" betreffen, wovon nun auch einiges – und zwar der Reihe nach! – in die Formulierung des 10. Gebots einge-

---

56 Zur Opposition vgl. 1Kön 12/2Chr 10,4.9–11.14 (leicht/schwer); in übertragener Bedeutung Jes 8.(21.)23. Dazu auch Hossfeld 1982, 69 ff.253; Otto 1992, 60 f.62 f.

57 1Kön 3,14; Jes 53,10; Prov 28,16; Koh 8,13 sowie Dtn 6,2; 17,20; 22,7.

58 Mit derselben Formulierung freilich nur in Dtn 4,40 (vom Dekalog abhängig) und als mögliche Spenderstelle 15,15; anders 4,26; 5,33; 11,9; 30,18; 32,47. Vgl. dazu Levin 1985b, 167 f. Möglicher Anhalt im eigenen Kontext: *'dmh* in Ex 23,19/34,26 sowie – sachlich damit verbunden – *'ṣr* in Ex 22,20 und 23,9 (im Land Ägypten) gegenüber 23,10.26.30.31.33 („in deinem Land"; vgl. auch 34,12.15 und bes. 24 vor 26) wie 20,2 gegenüber 20,12b.

gangen zu sein scheint. Ansatzpunkt ist wieder 22,6–7, worauf beide Stichworte (*gnb* und der „Nächste") führen, die einzige Stelle im Bundesbuch, an der auch *byt* im profanen Sinne vorkommt (anders 23,19). Es ist das vom „Diebstahl" bedrohte „Haus" des „Nächsten", das hier in dreifacher Hinsicht (als Ort der Hinterlegung beim „Nächsten", als Ort des ersatzpflichtigen Diebstahls sowie als Ort der Veruntreuung des Hausherrn gegenüber seinem „Nächsten") im Blick ist und – den Sachverhalt vereinfachend – in 20,17a zum übergeordneten Begriff und Objekt der „Begierde" geworden ist (vgl. Anm. 23). Von hier aus ergibt sich, verfolgt man den näheren Kontext und hier besonders die Objekte der Rechtsbestimmungen zurück bis zu den Todessätzen 21,12–17, das Inventar von 20,17b beinahe wie von selbst: Nach den Todessätzen und dem „Nächsten" in 21,18(–21) trifft man in 21,22(23–25) auf die „Frau", gleich anschließend in 21,26–27 auf Sklave und Sklavin und zuletzt in 21,28–36 (V. 33–34) sowie in 21,37–22,3 (V. 3) und 22,6–14 (V. 8–9) auf Rind und Esel; ebenso trifft man innerhalb von 21,28–32.33–36 noch einmal auf dieselbe Reihenfolge (V. 28–31 Familie einschließlich der „Frau", V. 32 Sklave und Sklavin, V. 33–34 Rind und Esel, V. 35–36 der „Nächste") und mithin auf alles, was – gemäß den auf 21,12–17 folgenden Ersatzleistungsbestimmungen bei Körperverletzung und Diebstahl in 21,18–36 und 21,37–22,14 – „dein Nächster" (so nach 22,25) besitzt.[59]

Somit haben – über die Trias Hos 4,2 und das die Trias mit dem Bundesbuch verbindende Stichwort *gnb* – nacheinander die Gebote 5–8 einen Bezugspunkt in den Todessätzen 21,12–17 und 22,(15 f.)18, die Gebote 9–10 („Nächster") in den dazwischen stehenden, von den Todessätzen gerahmten Rechtssätzen 21,18–22,14. Durch die zweifache Aufnahme von *gnb* in 21,16 samt Kontaktstellen im Bundesbuch zum einen in der Trias aus Hos 4,2, zum anderen im 10. Gebot ist die oft monierte Doppelung von 8. und 10. Gebot entstanden.[60]

Auf „deinen Nächsten" wird im 9. Gebot schließlich auch die Situation vor Gericht bezogen, die – möglicherweise veranlasst durch '*d* in 22,12 neben *r*' in 22,6–10.13 – ihren Anhalt in der nächsten „profanen" Rechtsbestimmung nach 22,25, nämlich in 23,1–2 ('*d, 'nh*) und 23,7 (*dbr šqr*) hat (vgl. zur Formulierung auch

---

59 Außer den genannten Stellen begegnen nur noch Frau, Sklave und Sklavin zusammen in 21,2–11, Rind und Esel in 23,4, zusammen mit der Sklavin 23,12. Ausgespart ist das Feld von 22,4–5 (hier auch weder *gnb* noch „Nächster"), das dann in Dtn 5,21 – entsprechend Ex 22,4–5.6–7 – beim Haus des Nächsten und mithin an „falscher" Stelle nachgetragen wurde. Dass die durchgehende Orientierung an Ex 21–22 in 20,17 nachträglich aus Dtn 5,21 entwickelt ist, halte ich für unwahrscheinlich. Unter dem von Hossfeld 1982, 103–127 reichlich zusammengetragenen Material findet sich, sollte ich nichts übersehen haben, keine einzige vollständige Parallele, weder zu Dtn 5,21 noch zu Ex 20,17.

60 Zur Frage vgl. Graupner 1978, 328 (Lit.). 20,15 bezeichnet den Diebstahl generell und im engeren Sinn, 20,17 (*ḥmd* nach 34,24 und Mi 2,2?) die ungerechte Aneignung wie 22,25 (von „deinem Nächsten") im weiteren Sinn.

Dtn 19,18). Vielleicht hat dabei auch eine Rolle gespielt, dass das letzte Glied der Liste in 20,17b (Rind und Esel) nach 21,33–22,14 noch einmal in 23,4–5 (zuletzt 23,12!), d. h. inmitten der Gerichtsthematik 23,1 ff und des durch das Stichwort *gr* gerahmten Abschnitts 22,20–23,9 vorkommt. Alles in allem verteilen sich die Bezugsstellen somit ziemlich regelmäßig auf einzelne Abschnitte, die im Bundesbuch selbst die entscheidenden kompositionellen Strukturen bilden:[61] auf die Reihe der todeswürdigen Verbrechen in 21,12–17 und 22,17–19 (V. 18 mit 15–16) für die Gebote 5–8 und 9–10 (Stichwort „Nächster"), auf die daran anschließenden und weitergehenden Bestimmungen mit dem Stichwort *rʿ* in 21,18–(32.)36 und 21,(33.)37–22,14 speziell für Gebot (9 und) 10, auf den nächst folgenden Abschnitt 22,20–23,9 speziell für Gebot 9. Ebenso bestehen Stichwortkontakte von den Sklavengesetzen in 21,2–11 und von 23,10 ff (bes. V. 12) zum Inventar in 20,17b, das sich darin mit der Liste des 4. Gebots in 20,10 überschneidet, was den sachlichen Querbeziehungen in der Binnenanlage des Dekalogs entspricht. In den Außenteilen 21,2 (ff) und 22,20 ff (23,10 ff) wie auch an den wenigen, in dem gesamten Bezugssystem aber signifikanten Stellen im Innern (21,13–14 in den Todessätzen!, 21,23 und 22,17 in ähnlichen Zusammenhängen) findet sich schließlich auch ein Anhaltspunkt für die 2. Sg., in der die kasuistischen Rechtssätze in der zweiten wie in der ersten Tafel des Dekalogs erscheinen.[62]

Fassen wir zusammen. Auch für die Gebote der sogenannten zweiten Tafel des Dekalogs, Ex 20,12–17, lässt sich feststellen, dass sie sämtlich einen Bezugspunkt im Bundesbuch haben, und weiter, dass die einzelnen Bezugspunkte sich auf im Bundesbuch selbst klar markierte kompositionelle Strukturen im „profanen" Korpus 21–23 verteilen und zugleich auf den einen entscheidenden Bezug auf die Reihe der todeswürdigen Verbrechen in Ex 21,12–17 und 22,18.15–16 zurückführen lassen und dass aus dem allem die gesamte Komposition, d. h. sowohl die Wahl der Formulierung (Trias aus Hos 4,2 bzw. Neuformulierung des 5. und 9./10. Gebots einschließlich der Umwandlung kasuistischer Rechtssätze in persönliche Prohibitive) als auch die Auswahl und Anordnung der Gebote, abgeleitet werden kann. Das alles lässt m. E. den Schluss zu, dass der Dekalog auch in seinem „profanen" Teil nicht unabhängig von seinem jetzigen Kontext in Ex 20–23 entstanden, sondern wenigstens in unmittelbarer Orientierung daran bearbeitet, wenn nicht von vornherein bewusst auf ihn hingeschrieben ist, und zwar so, dass der Dekalog das generelle Programm (Grenzen, Rahmen) für die Einzelbestimmungen im Bundesbuch ist bzw. umge-

---

61 Vgl. Otto 1988, 9–11; Osumi 1991, 24 f.87 ff, bes. 102 f zu den Stichwortverbindungen, zusammenfassend 121 f.133 f sowie 154 f. Die durch Klammern gekennzeichnete, unterschiedliche Zuordnung von 21,33–36 ist für unsere Frage irrelevant.

62 Vgl. dazu die Hinweise oben Anm. 37 und 38. Zu dem Wechsel von „sein Nächster" zu „dein Nächster" (hier nach dem Vorbild von 22,25) vgl. Levin 1985a, 93 Anm. 82.

kehrt das Bundesbuch als Sammlung von Ausführungsbestimmungen zum darauf hin gebildeten Dekalog verstanden wird. Neben Formulierung und Anordnung würde so auch die mit der Auswahl gegebene „Unvollständigkeit" des Dekalogs[63] verständlich, die der weiteren Kasuistik bedarf.

Nimmt man den entsprechenden Befund bei den Geboten 1–4 hinzu, so entsteht ein von den Bezügen und der Komposition her einheitliches Bild, und es wird deutlich, worin die Absicht der gesamten Fortschreibung besteht. Sie strebt eine Zusammenfassung und Neuakzentuierung der – im Sinne des Dekalogverfassers entscheidenden – Grundgebote an, die in ausgewählten Geboten des sakralen Rahmens von Bundesbuch (und Ex 34) sowie in der Reihe der todeswürdigen Verbrechen (schon im Bundesbuch selbst als Rahmenvorgabe für alles Folgende),[64] d. h. in einer theologisch, genauer: theozentrisch begründeten Alternative von Tod und Leben (vgl. 20,12b) gesehen und im Dekalog selbst auf die unbedingte Ausschließlichkeitsforderung (V. 2–6) und ihren Vollzug in „Heiligem" (V. 7–10) und „Profanem" (V. 12–17) zurückgeführt werden. Demnach handelt es sich in Ex 20,2–17 um einen Minimalkatalog zur Vermeidung des Todes und Sicherung des Überlebens, der den weiteren Fallbestimmungen in Ex 20,22–23,33 insgesamt und – ab einem gewissen Punkt in der Komposition der vorderen und hinteren Sinaiperikope – auch der nachfolgenden Zusammenfassung Ex 34 eine einheitliche, übergreifende Grundperspektive verleiht.

IV Anschlussfragen

Abschließend seien noch einige Folgerungen angedeutet, die sich aus den Beobachtungen zu Aufbau und Kontextualität des Dekalogs in Ex 20 für die weitergehenden, komplexen Fragen der Dekalogforschung, die bisher nach Möglichkeit ausgeklammert wurden, ergeben.

1 Zum ursprünglichen Textbestand

Treffen die gemachten Beobachtungen auch nur annähernd zu, so besteht noch weniger als zuvor Anlass zur Rekonstruktion eines „Urdekalogs". Nicht nur die theologische Prägung des Dekalogs als Ganzheit, sondern auch die durchgängige sachliche und literarische Bezugnahme der Einzelgebote wie der spezifischen Zusammen-

---

63 Dazu Crüsemann 1983, 8 ff.

64 Auf anderem Wege bestätigt sich damit die schon öfters vermutete Beziehung des Dekalogs zum Todesrecht; vgl. zuletzt Lohfink 1989; Otto 1992, 61–64 (nach Schulz 1969).

stellung auf entsprechende Vorbilder im Bundesbuch (samt Ex 34) machen es mehr als wahrscheinlich, dass die vorliegende Komposition des Dekalogs – fußend auf Einzeltraditionen im Hintergrund – in einem Zuge gebildet wurde. Aber auch gegenüber der Streichung einzelner Bestandteile als späteren Zufügungen scheint mir Zurückhaltung geboten. Die Unebenheiten des Texts mögen (überlieferungs- bzw. traditionsgeschichtliches) Wachstum anzeigen, doch zum einen fügen sie sich in das Anlagekonzept der Gesamtkomposition ein, zum anderen ergeben sie sich nicht zuletzt gerade aus der Neuakzentuierung der in die Formulierung integrierten Vorbilder und fügen sich so auch in den Aussagewillen des aus den Vorbildern entwickelten ganzen Dekalogs ein. Einzige Ausnahme, die die Regel bestätigt, ist die Begründung des Sabbatgebots in Ex 20,11/Dtn 5,15, die schon synoptisch einen Sonderfall darstellt und hier wie dort sekundär ist, sowie, wie ich aufgrund des neueren Forschungsstandes heute sagen würde, auch die Ergänzungen des 2. Gebots in Ex 20,4/Dtn 5,8 sowie der Begründung des 1. (und 2.) Gebots in Ex 20,5b–6/Dtn 5,9b–10 nach Ex (32–)34.

2 Zur ursprünglichen Textfassung

Des Weiteren unterstützen die gemachten Beobachtungen, was ohnehin als die natürlichste Erklärung des synoptischen Befunds erscheint und auch allgemeinem Konsens entspricht, dass nämlich in Ex 20 die ältere, in Dtn 5 die jüngere Fassung des Dekalogs erhalten ist.[65] Ist der Dekalog, wie sich uns ergeben hat, nicht nur aus einzelnen, mehr oder minder zufällig herausgegriffenen Bezugsstellen im Bundesbuch (und in Ex 34) gespeist, sondern in der Sache, in der Formulierung und vor allem auch in der kompositionellen Anlage auf diesen Kontext bezogen, wenn nicht für ihn verfasst, so ist doch sehr wahrscheinlich, dass auch die mit diesem Kontext in Ex 20 überlieferte und nicht die andere Fassung in Dtn 5 die ursprüngliche ist. Natürlich wäre unter der Voraussetzung, dass der Dekalog einmal eine – aus dem Bundesbuch und Ex 34 erwachsene – Einheit für sich gewesen ist, auch das umgekehrte Verhältnis denkbar, doch ist gerade diese Voraussetzung durch die beobachteten Kontextbezüge höchst fragwürdig geworden (s. u. unter 3.). Erklärungen, die dazu noch mit einem Dritten, nämlich mit einer den beiden Fassungen gemeinsam

---

[65] Gegen Hossfeld 1982 vgl. Levin 1985b, 165–174; Graupner 1978, 308–329; dazu wiederum Hossfeld 1989. Eigene, am Text schwer nachvollziehbare Wege geht Lohfink 1989, 75 f. Im Unterschied zu etwaigen Änderungen (vor allem Streichungen) in Ex 20, die außer der Ergänzung in V. 11 schwerlich als spezifisch „priesterlich" zu identifizieren sind und auch sonst kein einheitliches Konzept aufweisen würden, lassen sich die Differenzen in Dtn 5 mühelos als interne Neustrukturierung (auch Glättung) und Angleichung (Sabbatbegründung/Kopfsatz, *šmr* statt *zkr*, *šw'* statt *šqr*, 3. Sg. in V. 10b) sowie aus dem Kontext des Deuteronomiums (Textzuwächse) erklären.

zugrunde liegenden, uns nicht mehr erhaltenen Vorform rechnen und gar damit, dass eine solche einmal in Ex 20 oder Dtn 5 gestanden habe, bevor aus ihr (abhängig oder unabhängig voneinander) die jetzigen Fassungen geworden seien, entziehen sich ohnehin jeder Überprüfung; demgegenüber ist dem einfacheren, am Text kontrollierbaren Modell der direkten Abhängigkeit der Vorzug zu geben.

Nun sind auch F.-L. Hossfeld, dem engagiertesten Streiter für die Priorität von Dtn 5, manche Anleihen des Dekalogs in Ex 21–23 und 34 nicht entgangen, wobei er freilich weder mit einer ursprünglich selbständigen Einheit noch mit einer gemeinsamen Vorform, sondern mit Entstehung im Kontext des Deuteronomiums rechnet. Auf der anderen Seite weist natürlich auch die Fassung von Ex 20 wie die von Dtn 5 eine gewisse Nähe zur dtn.-dtr. Sprach- und Denkwelt auf. Ist aus solchen Anleihen in anderen Textbereichen also gar nichts für die Frage der Priorität zu schließen? Entscheidend sind m. E. jedoch nicht die Anleihen an sich, die in der Tat in beiden Fassungen – wo und wie auch immer entstanden – möglich sind; entscheidend sind die damit verbundenen, die Komposition des Dekalogs konstituierenden kontextuellen Verbindungen, die verschieden gelagert sind. Eine dem Befund in Ex 20; 21–23 und 34 vergleichbare, ihr gar überlegene kompositionelle Systematik, die die Bildung des (ganzen!) Dekalogs aus dem Kontext, für den er geschaffen wird, verständlich machte, lässt sich – soweit ich es überblicke – im Dtn nicht entdecken und hat auch Hossfeld nicht entdeckt.[66] Von Ex 20 abweichende Bezugnahmen der Fassung in Dtn 5 auf das Bundesbuch (z. B. Rind und Esel in V. 14 nach Ex 23,12) zeigen nur, dass Dtn 5 den Dekalog von Ex 20 im literarischen Zusammenhang damit vorgefunden und aufgegriffen hat.

So ergibt sich aus unseren Beobachtungen auch unabhängig von den Einzelheiten des synoptischen Vergleichs, auf die wir hier nicht noch einmal eingehen müssen, ein Argument für die Priorität der Fassung in Ex 20.

3 Zum ursprünglichen Ort

Mit der Option für die Priorität von Ex 20 ist grundsätzlich die andere Frage noch nicht entschieden, wo der Dekalog im Verhältnis von vorpriesterschriftlicher Sinaiperikope und Dtn seinen ursprünglichen redaktionellen Ort hat. Solange der

---

66 Auch die *bī'artā*-Gesetze und die Abfolge der Gesetze in Dtn 12–26 machen nicht die Genese, d. h. Formulierung und Komposition, des Dekalogs verständlich, sondern sind allenfalls erst nachträglich in Analogie zur Abfolge der Dekaloggebote verstanden oder redaktionell zugeordnet worden. Vgl. die Hinweise (vor allem auf die Arbeiten von G. Braulik) bei Lohfink 1989, 80 f; Otto 1992, 59 Anm. 3, ferner Preuss 1982, 108–112. Kritisch dazu Hossfeld 1982, 279 f; Crüsemann 1992, 240 f.

Dekalog der Quellenschicht E oder JE zugerechnet werden konnte, war klar, dass er zuerst hier entstanden oder aber sekundär eingeschaltet und von hier nach Dtn 5 übernommen sein musste.[67] Sieht man von der problematischen Quellenzuweisung ab, bestätigt unsere Hypothese jedenfalls die Richtung der Überlieferung.

Dem steht nun allerdings die umgekehrte Auffassung gegenüber, die seit den Arbeiten von L. Perlitt und F.-L. Hossfeld heute zur *communis opinio* geworden ist.[68] Soweit dieser Konsens gegen ein (zu) hohes Alter und die klassische Quellenzugehörigkeit des Dekalogs gerichtet ist, ist dagegen auch gar nichts einzuwenden. Unbestritten ist auch, dass der Dekalog in Ex 20 den Erzählzusammenhang stört und also sekundär ist, während er in Dtn 5 als „zitable Einheit" (Perlitt) stimmig in die Szene eingebaut erscheint. Nur ist damit ja noch nicht ausgemacht, dass er darum auch zunächst in Dtn 5 aufgegriffen wurde (so Perlitt u. a.) oder gar im Kontext des Dtn entstanden ist (so Hossfeld). Es lässt sich daraus ebenso gut, wenn nicht mit größerem Recht folgern, dass Dtn 5 die ausgereifte, geglättete und mithin jüngere Fassung der in Ex 19–24 in ihrem Werden greifbaren Sinaiperikope darstellt und die „zitable Einheit" des Dekalogs also nicht als freischwebende Einzelüberlieferung bzw. als Eigenbildung, sondern eben direkt aus Ex 20 – und zwar in der vorliegenden, im Zuge der Aufnahme überarbeiteten Fassung – „zitiert".[69]

Auch die Nähe zur Sprach- und Denkwelt des Deuteronomiums ist, wie wir (unter 2.) schon sahen, kein zwingendes Argument; es leuchtet keineswegs ein, warum nicht auch (noch vor Dtn 5) in Ex 20 ein Stück zugewachsen sein kann, das das Bundesbuch und Ex 34 in deuteronomischem oder deuteronomistischem Geist kommentiert. Im Übrigen müsste man dem Zufall der Überlieferung schon sehr viel zumuten, wenn (so mit Perlitt) nach dem „Zitat" von Ex 20 als ursprünglicher Textfassung in Dtn 5 oder gar gleichzeitig damit[70] in der nach dem Vorbild von Dtn 5 gestalteten Sinaiperikope in Ex 20 nun nicht der weiterentwickelte Text von Dtn 5, sondern wieder die ursprünglichere Textfassung benutzt wird, oder wenn (so mit Hossfeld) in Dtn 5 sukzessive ein in allen Werdestufen am Bundesbuch und Ex 34

---

67 Wellhausen 1899, 88 f.194 f; Noth 1948 39. Die Zuweisung war freilich immer schon unsicher und wurde immer unsicherer, vgl. Stamm 1961, 218–220.

68 Perlitt 1969, 92 Punkt 8, und zum Konsens zuletzt Lohfink 1989, 76; Crüsemann 1992, 40 f.408.412. Vorsichtiger Blum 1990, 97 Anm. 224; vgl. jetzt ders. 2011b mit einem überlieferungs- bzw. literargeschichtlich begründeten Vermittlungsvorschlag: im Wortlaut nicht genau eruierbare „Vorform" des Dekalogs in Form eines „Heptalogs" in Ex 20, Priorität des vollen Dekalogs in Dtn 5 (als Teil des „Deuteronomistischen Geschichtswerkes"), Aufstockung des „Heptalogs" zum Dekalog und weitere Angleichungen in Ex 20 nach dem Vorbild von Dtn 5.

69 Mittmann 1975, 145.159.

70 Perlitt 1969, 99.

orientierter Dekalog entsteht, der nachträglich und zudem mit ganz unterschiedlich motivierten Abänderungen in seinen ureigensten literarischen Referenzrahmen im Exodusbuch eingeschaltet wird.

Ist aber, wie sich uns ergeben hat, der ganze Dekalog, und dies natürlich sekundär, im Konnex mit dem Bundesbuch (und Ex 34) entstanden, so hat er am ehesten hier und nicht in Dtn 5 seinen – genetisch und zugleich redaktionell – ursprünglichen Ort. Zu erwägen ist dann allerdings, ob der Dekalog von Anfang an für den Kontext des Bundesbuchs oder gewissermaßen als selbständige Kurz-fassung dessen gedacht war. M.E. schließt das eine das andere nicht aus. Da er nun einmal in dem Kontext überliefert ist, aus dem er gemacht ist, dürfte er auch zunächst für diesen geschaffen und zugleich als zusammenfassende, grundlegende Vorrede des Bundesbuchs für einen selbständigen Gebrauch bestimmt gewesen sein. Aufgrund der lockeren Einbindung in den Erzählzusammenhang durch 20,1 und der Spannungen mit 19,20–25; 20,18–21.22 ließe sich allerhöchstens fragen, ob er vielleicht noch vor Einbau in die Sinaiperikope zum Bundesbuch hinzuge-schrieben wurde oder – m. E. eher – danach, doch ist damit das gesamte litera-rische Problem der Sinaiperikope angesprochen, das hier nicht erörtert werden kann.[71]

---

71 Zu den Problemen des vorliegenden Lesezusammenhangs vgl. jüngst Blum 1990, 45 ff.88–99. Ohne die verschiedenen neueren Vorschläge (nach Perlitt und Hossfeld z. B. Phillips 1984a; ders. 1984b; Levin 1985b, 174–189; Johnstone 1988) diskutieren zu können, sei wenigstens eine Vermutung geäußert. Dass die Einschreibung des Dekalogs an das Bundesbuch im Kontext der Sinaiperikope erfolgt ist, dafür sprechen zum einen die literarischen Bezüge zu Ex 21–23 (und Ex 34), zum anderen die Aufnahme in Dtn 5, die ihrerseits (etwa in Ex 20,18–21) Rückwirkungen auf den Übergang in Ex 20–21 hatte. Als redaktionelle Anschlussstelle halte ich 19,20 (entsprechend 19,3–4, vgl. V. 4 mit 20,2.22b) für denkbar, noch ohne 19,21–25 (zur Abgrenzung vgl. Noth 1978, 124.129). Daran mag zu-nächst allein das Bundesbuch 20,22–23,33 angeschlossen haben, bevor mit der Überleitung 20,1 der Dekalog dazwischen geschrieben wurde, der so – noch ohne 20,18–21 oder nur mit 20,18 (entspre-chend 19,16–19 und 20,22) – ebenso wie das Bundesbuch 20,22–23,33 allein Mose auf dem Berg mit-geteilt wird. Die vielleicht doch ältere Einleitung 20,22 (zum ursprünglichen Sinn vgl. Crüsemann 1992, 232 f) wird jetzt auf die Mitteilung des Dekalogs bezogen, die an Mose auf dem Berg ergeht und vom Volk nur von Ferne „gesehen", d. h. als Theophanie wahrgenommen wird und folglich wie das Bundesbuch gemäß 21,1 den Israeliten durch Mose übermittelt werden soll. Dementsprechend wird in der Ausführungsnotiz 24,3–8 (nach 20,22–26 und 21,1, vielleicht noch ohne 24,1–2) der Zusammen-hang von Dekalog und Bundesbuch durch die – zuvor allein auf das Bundesbuch bezogene, im ein oder anderen Glied ergänzte oder gar mit der Einfügung von Bundesbuch und Einschreibung des Dekalogs gleichzeitige (?) – Wendung *'t kl dbry yhwh w't kl hmšptym* (24,3 in Kombination aus 20,1 und 21,1) reflektiert. Die in Dtn 5 sowie Ex 20,19–21 gemachte, vielleicht durch 20,18.22 inspirierte Unterscheidung von Dekalogmitteilung an das Volk und Rechtsbelehrung an Mose wäre demnach hier zunächst noch nicht gemacht. Vgl. dazu ausführlich Kratz 2000, 139–155; dem folgt aufs Ganze gesehen Köckert 2002; 2007.

4 Zur historischen Einordnung

Ist der Dekalog also literarisch zunächst im Kontext von Bundesbuch, Ex 34 und (vermutlich auch schon) vorpriesterschriftlicher Sinaiperikope, mithin im werdenden Exodusbuch entstanden, so besagt dies wiederum noch nichts über den zeit- und theologiegeschichtlichen Ort dieser Einschreibung in Ex 20. Er ist, wie Perlitt[72] es für einen selbständigen Dekalog gezeigt hat, aber ebenso für die literarische Bildung in einem älteren Kontext gilt, nicht dem Kontext (und zwar weder dem von Ex 20 noch dem von Dtn 5), sondern allein dem Dekalog selbst zu entnehmen und im zeitlichen und geistigen Umfeld der deuteronomisch-deuteronomistischen Schule zwischen Hosea und Dtn 5 zu suchen. Dazwischen liegen jedenfalls das Bundesbuch, das der Dekalog voraussetzt, und eine ältere Ausgabe des Deuteronomiums, das in seinen gesetzlichen Partien seinerseits das Bundesbuch (zunächst noch ohne den Dekalog) vorausgesetzt und verarbeitet hat[73] und mit dem „Sh^{e}ma' Israel" im – gegenüber Dtn 5 wohl ursprünglicheren – Anfang Dtn 6,4[74] den theologischen und literarischen Ansatzpunkt für die zusammenfassende, prologartige Neuakzentuierung des Bundesbuches im Dekalog von Ex 20 gegeben haben könnte.

Eine absolute zeitliche Ansetzung fällt nicht leicht. Da der Dekalog sowohl sprachlich als auch sachlich nicht in allem mit dem Dtn übereinstimmt, steht man vor der Alternative einer proto- oder einer post-dtn. (dtr.) Entstehung. Prominentestes Beispiel einer solchen Differenz ist die Kultzentralisation, die im Dekalog fehlt und entweder ihm – wie dem Bundesbuch – noch nicht bekannt oder schon nicht mehr relevant war, vielleicht aber auch in dem Dekalog als Unterweisung jedes Einzelnen ganz einfach nichts zu suchen hat und stillschweigend vorausgesetzt wird. Demgegenüber favorisiert der Dekalog den Sabbat, der wiederum im Dtn fehlt und entweder vor bzw. neben ihm die vorexilische Ruhetagforderung (vb. šbt) von Ex 23,12 (und 34,21) auf den Begriff bringt und zum Festtag „für JHWH" erklärt oder aber nachdeuteronomisch und erst in exilischer Zeit die Verbindung von Vollmond-Sabbat und wöchentlichem Ruhetag zum Bekenntnisakt der Sabbatheiligung vollzieht.[75] Aus unseren Beobachtungen ergibt sich hierzu nichts. Für die Bildung eines zusammenfassenden Minimalkatalogs als eiserner Ration und Richtschnur zur Einhaltung der Rechtsbestimmungen, die nach Ex 20 im Bundesbuch,

---

72 Perlitt 1969, 77–102, bes. 92 Punkt 7.

73 Vgl. Preuss 1982, 104–107, sowie Lohfink 1989, 77; Crüsemann 1992, 236 f. Nachtrag: Anders als in der 1994 erschienenen Fassung dieses Beitrags rechne ich Ex 34 nicht mehr zu den Voraussetzungen von Dekalog und Deuteronomium (s. o. Anm. 35).

74 Vgl. Preuss 1982, 100 f; Perlitt 1969, 99 f Anm 4. Vgl. dazu Nr. 11 in diesem Band.

75 Vgl. zur Frage Crüsemann 1983, 53 ff (95 f Anm. 120 Lit.); zur Diskussion Robinson 1988 und Haag 1991.

nach Dtn 5 im Dtn. folgen, lassen sich (auch für das Sabbatgebot) sowohl aus der spätvorexilischen Königszeit[76] als auch aus der Krise der exilischen Zeit Gründe anführen. Die Entscheidung hängt nicht zuletzt von der Datierung der Schichten im Dtn (bes. Dtn 5 und 9–10) ab, die den Dekalog voraussetzen.

Doch für diese wie für alle weiteren exegetischen und theologischen Verständnisfragen zu den einzelnen Geboten und der dem Dekalog als Ganzem zugrunde liegenden Konzeption[77] ist in diesem Beitrag nicht der Ort. In ihm ging es uns lediglich um einige Gesichtspunkte der literarischen Gestaltung des Dekalogs, um entstehungsgeschichtliche Vorfragen also, die für die Richtung der Auslegung vielleicht nicht ganz unerheblich sind. Das Ergebnis lässt sich dahingehend zusammenfassen, dass der Dekalog von Ex 20 jedenfalls in unmittelbarer, literarischer Orientierung und Anlehnung an das Bundesbuch (und Ex 34) im Kontext der vorpriesterschriftlichen Sinaiperikope formuliert und so wohl auch von Anfang an für diesen Kontext im Exodusbuch entstanden ist, wofür schließlich auch die Dekalogeröffnung spricht: „Ich bin der Herr, dein Gott, der dich aus dem Lande Ägypten, aus dem Sklavenhaus, herausgeführt hat."

---

76 In Frage kommt – mit Wellhausen 1914, 126 f; Perlitt 1969, 104 Anm. 5 – etwa die Zeit Manasses. In diese Zeit datiert Crüsemann 1992, 233 f auch die 2. Pl.-Bearbeitung im Bundesbuch. Für eine Entstehung (allerdings noch ohne den Sabbat) „in einer Zeit etwas vor der josianischen Reform" plädiert Albertz 1992, 334–337. Für eine vorexilische Datierung könnte sprechen, dass die Exilserfahrung mit keinem Wort angedeutet, im Gegenteil mit der Begründung des Elterngebots, die man ja nicht hätte mit aufnehmen oder gar eigens bilden müssen, doch eher ein geregeltes Leben auf eigenem Grund und Boden vorausgesetzt zu sein scheint. Nachtrag: Aufgrund der Textrelationen und näheren Beschäftigung mit den religions- und theologiegeschichtlichen Entwicklungen neige ich heute dazu, das Bundesbuch (sprich: die Sammlung der Mischpatim) und die 2. Sg.-Bearbeitung des Bundesbuches noch in vorexilische, das Dtn (eröffnet mit dem „Höre Israel" und der Kultzentralisation) in babylonische, den Dekalog und die 2. Pl.-Bearbeitung im Bundesbuch (und Deuteronomium) entsprechend später ebenfalls in babylonische oder persische Zeit zu datieren.

77 Zum Sinn der Einzelgebote vgl. etwa Crüsemann 1983; Schmidt 1993; zur Gesamtperspektive Lohfink 1989, und in Auseinandersetzung damit Crüsemann 1992, 407–413; zur Wirkungsgeschichte etwa Stemberger 1989; zu allen diesen Aspekten Köckert 2007.

11 „Höre Israel" und Dekalog

Mein Beitrag zu dem großen Thema der Tagung zu Ehren von Frank-Lothar Hoss-feld „Der Dekalog als Testfall der Pentateuchkritik" ist eher bescheiden. Es liegt mir fern, die Bedeutung der grandiosen Arbeit Hossfelds zum Dekalog[1], die einen Meilenstein der Forschung darstellt, in Frage stellen. Ich möchte lediglich deutlich zu machen versuchen, warum es mir trotz allem nach wie vor[2] nicht einleuchtet, dass der Dekalog zuerst im Deuteronomium und nicht im Exodusbuch gestanden haben soll, und will mich dafür auf drei Gesichtspunkte konzentrieren: 1) die Erin-nerung des Sinai als des Horeb in Dtn 5; 2) die narrative Einbindung des Dekalogs am Sinai als Ziel der Herausführung aus Ägypten in Ex 20; 3) Jhwh und „die anderen Götter" im Deuteronomium und im Exodusbuch.

I Die Erinnerung des Sinai als des Horeb

Die Priorität des Dekalogs entscheidet sich, sieht man vom synoptischen Vergleich ab, im Deuteronomium m. E. an der Frage, wie man die Fiktion der Mose-Rede in den Rahmenpartien erklärt. Die literarische Fiktion ist einigermaßen komplex. Denn wir haben im Deuteronomium nicht nur „erzählte Zeit" und „Erzählzeit" zu unterscheiden,[3] sondern müssen in der „erzählten Zeit" selbst noch einmal zwischen „Erzählzeit" und „erzählter Zeit" unterscheiden, nämlich zwischen dem fiktiven Standort der erzählten Mose-Rede und der von hier aus rekapitulierten, erinnerten Vergangenheit. Das trifft insbesondere auf den Dekalog in Dtn 5 zu: Hier ist die Erinnerung und Aktualisierung der Vergangenheit innerhalb der erzählten Zeit der Mose-Rede ausdrücklich thematisiert (V. 1–5.25 ff).

Über die Funktion der verwickelten literarischen Fiktion herrscht in der For-schung, soweit ich sehe, weithin Einigkeit: Sie dient zum einen – im Rahmen der erzählten Zeit des Deuteronomiums – dazu, die Generation der Landnahme (Moab-Generation)[4] mit der Generation am Sinai und in der Wüste (Horeb-Generation)

---

1 Hossfeld 1982.
2 Vgl. Nr. 10 in diesem Band.
3 So zu Recht Otto (Lohfink folgend) 2000a, 116 ff.
4 Die Auffassung Ottos 2000a, 116 ff, die Rede des Mose „hier und heute" (d. h. die Erzählzeit im Rahmen der erzählten Zeit) sei am Horeb zu verorten und der Bund von Dtn 26,16–19 mit dem Horebbund gleichzusetzen, auf den Dtn 5,2–3 und alle folgenden Kapitel (als erzählte Zeit innerhalb der erzählten Zeit) ausdrücklich zurückblicken, lässt sich am Text von Dtn 5,2 f nicht verifizieren. Offensichtlich ist Otto der Fehler unterlaufen, die Lokalisierung der Mose-Rede in der „Fabel" des Deuteronomiums mit der intendierten Vergegenwärtigung des Horeb in der Mose-Rede zu ver-

https://doi.org/10.1515/9783111367057-015

zu identifizieren: „Nicht mit unseren Vätern hat Jhwh diesen Bund geschlossen, sondern mit uns, die wir heute hier sind und alle leben." (V. 3). Zum anderen soll sich der Leser angesprochen wissen und die folgende Paränese auf sich beziehen. Die literarische Fiktion verbindet also zwei Generationen innerhalb der erzählten Zeit und stellt zugleich einen Zusammenhang mit der aktuellen Zeit des Erzählers und aller künftigen Generationen her.

Wenig bedacht wird jedoch die Frage, wie der Leser den suggerierten Zusammenhang von Vergangenheit und Gegenwart innerhalb der erzählten Zeit eigentlich realisieren soll. Geht man, wie seit de Wette üblich, von einem selbständigen Deuteronomium aus und räumt ihm die Priorität ein, muss man entweder mit einem allgemeinen Wissen über Mose, den Exodus und den Sinai rechnen, oder mit der Kenntnis des uns überlieferten Texts der Sinaiperikope, noch bevor es das Exodusbuch und den Tetrateuch gab. Für das eine gibt es keinen Beleg, das andere ist eine ziemlich abenteuerliche Hypothese. Gerade aus dem Dekalogkapitel Dtn 5 geht aber m. E. eindeutig hervor, dass die Rekapitulation in der Mose-Rede die rekapitulierten Ereignisse in ihrem literarischen Zusammenhang voraussetzt und fortführen will. Hier die wichtigsten Indizien:

1) Mose kündigt in 5,1 die Mitteilung der Satzungen und Vorschriften für „heute" (היום) an. Das „heute" kann theoretisch irgendwann und irgendwo sein. Nach der historischen Fiktion des Deuteronomiums ist es aber überall die Situation vor der Landnahme im Lande Moab, die an die Erzählung des Tetrateuchs anschließt, nach Dtn 5,2–3 ist es jedenfalls eine Situation nach dem Sinai, ein Ort irgendwo zwischen Horeb und Landnahme! Dasselbe gilt vermutlich auch schon für das nicht näher spezifizierte „heute" in 6,6 (und 26,16–19) und jedenfalls für 4,45 („als sie aus Ägypten zogen"), will man die Promulgation des Deuteronomiums nicht im Niemandsland zwischen Exodus und Landnahme ansiedeln.

2) Dtn 5,2–3 spricht von dem Bund, den Jhwh am Horeb mit den Anwesenden geschlossen hat. Ohne die Kenntnis von Ex 24, hier V. 7–8 (כרת ברית), bliebe völlig unklar, worum es sich handelt. Die Erinnerung an diesen (früheren) Bundesschluss ist keineswegs so formuliert, dass der Leser durch die Erinnerung ins Bild gesetzt würde. Man muss wissen, was vorausgegangen ist, um

---

wechseln. Wie alle Generationen nach ihnen haben aber auch die Adressaten der Rede in Dtn 5,2 f den Horeb bereits hinter sich und sollen den Bund auf sich beziehen. Nach dem Horeb kommt nur Moab als fiktiver Standort der Mose-Rede in Frage. Dtn 28,69 macht explizit, was Dtn 26,16–19 nach Dtn 5 impliziert. Vgl. des Näheren Nr. 12–14 und 18–19 in diesem Band.

die Identifikation der früheren mit der (fiktiv wie tatsächlich) gegenwärtigen Generation mitvollziehen zu können. Die Identifizierung der Generationen setzt die Kenntnis der Sinaiperikope, wenn nicht den literarischen Zusammenhang voraus.

3) Dasselbe ist bei der Bezeichnung der Lokalität des Bundesschlusses in Dtn 5,2.4 f der Fall: »Am Horeb« (בחרב), »an dem Berg« (בהר), auf dem Jhwh „mitten aus dem Feuer" (מתוך האש) gesprochen hat. Mit beiden Bezeichnungen und dem Feuer wäre nichts anzufangen, läge das Exodusbuch nicht schon vor. Die Wiedergabe zieht zwei Stellen zusammen: Ex 3,1 und 19,2–3. Der Gottesberg in der Wüste (הר האלהים חרבה) von Ex 3,1, an dem Jhwh „mitten aus dem (von Feuer brennenden) Dornbusch" (מתוך הסנה) spricht, wird mit dem Gottesberg in der Wüste Sinai von Ex 19,2–3, auf den Jhwh „im Feuer" herabsteigt (19,18 hier „Berg Sinai") identifiziert. Die Unklarheit, ob „Sinai" der Name der Wüste oder des Gottesberges ist und wie dieser sich zur Bezeichnung des Dornbuschs (סנה) verhält, wird so gelöst, dass der Gottesberg nach Ex 3,1 den Namen „Horeb" erhält. Eine bewusste, kritische Vermeidung des Sinai-Namens[5] vermag ich darin nicht zu erkennen. Schwer zu entscheiden ist die Frage, ob der Name in der Rekapitulation von Dtn 5,2 zum ersten Mal genannt wird oder ob die wenigen Belege vorher[6] vorausgesetzt sind; jedenfalls jünger sind sie in Dtn 4 (und wohl auch Dtn 1). Alle Belege, die noch folgen oder außerhalb des Deuteronomiums stehen,[7] sind von Dtn 5 abhängig. Die Belege außerhalb leben vom Sprachgebrauch des Deuteronomiums, den man assoziieren muss. Es wird an etwas erinnert, das sich mit demselben Namen verbindet. Das ist im Deuteronomium selbst anders. Hätte man die Erzählung im Exodusbuch nicht vor sich, wüsste man gar nicht, woran Dtn 5,2–4 erinnert.

4) Schließlich das Zitat des Dekalogs selbst. Ist der Dekalog „zitiert", um ihn dem Leser bekannt zu machen, oder handelt es sich um ein wirkliches Zitat der Sinaiperikope? Die Frage lässt sich, sieht man von dem synoptischen Vergleich ab, nicht anhand des Zitats selbst, sondern nur anhand seiner Funktion im Kontext von Dtn 5 entscheiden. Darüber gibt der Erzählrahmen im Anschluss Auskunft. Bekanntlich unterscheidet er zwischen der öffentlichen Kundgabe

---

5 So die viel nachgesprochene Begründung von Perlitt 1994, 32–49.

6 Ex 17,6; 33,6 „Berg Horeb"; Dtn 1,2.6.19; 4,10.15.

7 Dtn 9,8; 18,16; 28,69 (Horeb-/Moabbund); 1Kön 8,9 = 2Chr 5,10 (Lade mit Tafeln nach Dtn 10); Ps 106,19 (goldenes Kalb nach Dtn 9); 1Kön 19,8 (Elia als zweiter Mose) sowie Mal 3,22 (Mosegesetz am Horeb gegeben).

des Dekalogs vor dem Volk und der durch Mose vermittelten Offenbarung aller übrigen Satzungen und Vorschriften und begründet dies mit der Furcht des Volkes, die hier positiv aufgefasst und als Vorbild der Gottesfurcht ausgelegt wird. Das Zitat hat die Funktion, in der Rekapitulation der Sinaiperikope die Rolle des Dekalogs neu zu definieren, und sei es, wie C. Dohmen[8] vermutet, dass er in Ex 20 zwar „gehört", vor lauter Blitz und Donner aber nicht dem Wortlaut nach verstanden wurde. Das Hersagen des Dekalogs ist also wirkliches Zitat, so, wie auch die folgenden Gesetze des Deuteronomiums das am Sinai offenbarte Bundesbuch (auslegend) zitieren.

Kurz: Die Fiktion der Mose-Rede rekapituliert und erinnert die Ereignisse am Sinai und legt sie im deuteronomisch-deuteronomistischen Geist aus. Dass diese Fiktion unabhängig von der Sinaiperikope im Exodusbuch entstanden und primär sein soll und doch ganz zufällig wie geschaffen ist für den literarischen Ort, an dem das Deuteronomium heute im Pentateuch steht, ist m. E. alles andere als wahrscheinlich. Das Deuteronomium setzt das, was erinnert wird, literarisch voraus und ist vielleicht sogar von Anfang an für seinen jetzigen Ort bestimmt.[9]

II Der Dekalog am Sinai

Wird in Dtn 5 der Dekalog vom Sinai erinnert und zitiert, so steht er in Ex 20 an seinem in Dtn 5 erinnerten Ort, dem Sinai. Im Übrigen steht er unmittelbar vor dem Bundesbuch (und Ex 34), wozu eine Reihe von Querbezügen bestehen. Die Bezüge sind, um es vorsichtig zu sagen, überlieferungsgeschichtlicher Art,[10] und führen, um es deutlicher zu sagen, auf das Material, aus dem (neben der wichtigen Quelle Hos 4,1 f) der Dekalog in seiner vorliegenden Gestalt gemacht ist. Ich selbst habe mich um den Nachweis bemüht, dass die Bezüge nicht wahllos hierhin und dorthin greifen, sondern einer gewissen Systematik folgen, auch wenn ich mittlerweile manches, besonders das Verhältnis zu Ex 34 und 23,20–33, etwas anders sehe und Nachträge nicht mehr ausschließe.[11] Von daher liegt die Vermutung

---

8 Dohmen 2005.
9 Über die literarischen Anschlüsse (Num 25,1a + Dtn 5,1aα¹, gefolgt ursprünglich vom „Höre Israel" in 6,4 ff, sekundär vom Dekalog) sage ich hier nichts. Dazu Kratz 2000, 129 f; ferner Nr. 12–14 sowie 18–19 in diesem Band.
10 Vgl. W.H. Schmidt 1972; Otto 1992.
11 Vgl. Nr. 10 in diesem Band. An sicheren Bezugsstellen bleiben: Ex 22,19 für das 1. Gebot (ohne das 2. Gebot in 20,4 und die Begründung in 20,5b–6 nach 34,6–7.14); 20,24; 22,27; 23,1 für das 3. Gebot (Name); 23,12 für das 4. Gebot (Sabbat); die Reihe todeswürdiger Verbrechen in 21,12–17 (Totschlag,

nicht fern, dass der Dekalog auch in unmittelbarer Nachbarschaft zum Bundesbuch entstanden, wenn nicht als Leseanleitung dafür verfasst ist. Doch die Bezüge sind kein zwingendes Argument, da sich im Dekalog auch deuteronomische Formulierungen finden, sodass er hier wie dort nach beiden Seiten, ins Bundesbuch wie ins Deuteronomium, literarische Beziehungen aufweist. Immerhin ließe sich geltend machen, dass die Bezüge ins Bundesbuch die Komposition des Dekalogs steuern, was man von den deuteronomischen Formulierungen nicht sagen kann. Weder ist der Dekalog nach dem Deuteronomium noch das Deuteronomium nach dem Dekalog strukturiert, sieht man von sehr oberflächlichen, von Fortschreibern oder Exegeten manchmal etwas gewaltsam hingebogenen Angleichungen ab.[12] Das spricht eher für die Priorität von Ex 20.

Weiteren Aufschluss gibt der Ort des Dekalogs in der Redaktionsgeschichte der Sinaiperikope. Ohne hier die Analyse ausführlich diskutieren zu können, darf man vielleicht von folgenden Grunddaten ausgehen.[13]

1) Zum Grundbestand gehören sicher die Station am Gottesberg in der Wüste Sinai und der vierzigtägige Aufenthalt Moses auf dem Gottesberg bei Gott, die den Rahmen um die gesamte Szene bilden (Ex 19,2–3a; 24,18b).

2) Ob die Theophanie in Ex 19 vor oder nach Einfügung des Gesetzes den Rahmen ausfüllte, ist umstritten. Da es bisher noch niemandem gelungen ist, einen kohärenten Text zu ermitteln, sind Zweifel an der Selbständigkeit der Theophanie angebracht. Mit dem viel zitierten „Theaterdonner", der ohne das Gesetz keineswegs ins Leere ginge, hat das nichts zu tun. Er ist als Argument völlig unbrauchbar. Die Zweifel werden vielmehr von den Textverhältnissen genährt. Dasselbe gilt für die Bundesschlussszene und die Gottesschau am Ende der Sinaiperikope in Ex 24, die, wie nicht nur ich meine, alle den Dekalog oder das Bundesbuch oder beides zur Grundlage haben.

3) So konzentriert sich die Frage auf das Verhältnis von Dekalog und Bundesbuch. Da der Dekalog, will man ihn nicht bis zur Unkenntlichkeit zerstückeln,[14] das Bundesbuch literarisch voraussetzt, ist die Entscheidung in diesem Fall einfach.

Eltern, Diebstahl) sowie 22,(15 f)17–18 in Kombination mit Hos 4,2 für die Gebote 5–8 (Eltern, Trias: Töten, Ehebrechen, Stehlen); die Bestimmungen über den „Nächsten" und seine Rechtssachen in 21,18–22,16 sowie 22,20–23,9 für die Gebote 9–10. Schwienhorst-Schönberger 2005 führt anhand dieser Bezüge eindrucksvoll vor, wie man das Bundesbuch im Sinne des Dekalogs lesen kann und soll.
12 Vgl. Otto 2000a, 112–115.
13 Vgl. Kratz 2000, 139–155; Köckert 2002; 2007.
14 Die neuesten Versuchen stammen von Levin 1985b und Blum 2011b.

Nach allem erweist sich der Dekalog als Schlussstein im Gebäude der Sinaiperikope: Durch die Theophanie eingeleitet, eröffnet er die göttliche Offenbarung des Gesetzes am Sinai mit der Selbstvorstellung Jhwhs und den (Gott und den Nächsten betreffenden) „Grundgesetzen" und gibt damit die theologische Richtung vor für das folgende Gesetz und den Bundesschluss. Von besonderer Bedeutung hierbei ist die in der Präambel des Dekalogs vollzogene Verbindung von Gesetz und Geschichte: Die geschichtliche Heilstat, der Exodus, begründet das besondere Verhältnis von Jhwh und Israel; auf diesem Verhältnis wiederum gründen die Offenbarung des Gesetzes als des göttlichen Willens und die Verpflichtung des Volkes auf dieses Gesetz im Bundesschluss mit Jhwh. Das alles wird hier regelrecht neu installiert; in Dtn 5 ist es (schon in der literarischen Fiktion!) vorausgesetzt.

Dass der Exodus als die grundlegende Heilstat gilt, ist alles andere als selbstverständlich. Es hätte auch andere Optionen gegeben: Abraham, Jakob, Jerusalem und David. So dürfte es kein Zufall sein, dass der Dekalog, der sich nun einmal auf die Herausführung aus Ägypten beruft, in eben jenem literarischen Kontext steht, der vom Exodus erzählt. Anders im Deuteronomium: Hier wird das Exoduscredo ohne den literarischen Konnex mit der Exoduserzählung zitiert; die Überschrift in 4,45 „als sie auszogen aus Ägypten" bietet keinen hinreichenden Ersatz, auch sie lebt von der Kenntnis der Exoduserzählung. In Ex 20 hingegen ist die Präambel des Dekalogs vom literarischen Kontext her angebracht, zumal wenn man bedenkt, dass Ex 19 ursprünglich sehr viel direkter an Ex 15 anschloss als im vorliegenden Text, vermittelt nur durch das Itinerar.[15] Dem Dekalog in Ex 20 gebührt auch von daher die Priorität.

III Jhwh und „die anderen Götter"

Außer der heilsgeschichtlichen Begründung des Gesetzes in der Präambel ist für den Dekalog noch etwas anderes kennzeichnend: die Konzentration des von Gott gesetzten Rechts auf das Erste Gebot. Auf das Erste Gebot sind sämtliche Gebote des Dekalogs und mit ihm als Prolog (gewissermaßen als „Grundgesetz") das ganze Gesetz vom Sinai wie in Moab bezogen. Auch das ist nicht ganz selbstverständlich. Damit erreicht die fortschreitende Theologisierung des Rechts im Bundesbuch und Deuteronomium ihren Höhepunkt.[16] Das in Form der kasuistischen Rechtssätze gefasste, einstmals selbstevidente Recht und die im Altargesetz wie dem Festkalen-

---

15 Ex 15,22–25a.27 vom Schilfmeer nach Elim; 16,1* von Elim nach der Wüste Sinai in 19,2*. Vgl. Kratz 2000, 246 f.290 f.
16 Vgl. Kratz 2000, 118 ff.145 ff.

der überlieferten, einstmals selbstverständlich praktizierten kultischen Bräuche sind im Bundesbuch durch eine 2. Sg.-Bearbeitung als verbindlicher Wille Jhwhs ausgegeben; zu diesem Zweck werden sie im Rahmen der Heilsgeschichte, die das besondere Verhältnis von Israel und Jhwh konstituiert, am Gottesberg offenbart. Der Dekalog geht aber noch einen Schritt weiter. Er bringt das so besondere Verhältnis von Israel und Jhwh auf den Begriff: „Ich bin Jhwh, dein Gott" – „Du sollst keine anderen Götter haben vor/neben mir".

Im Vergleich mit dem Deuteronomium fällt auf, dass hier zwei theologische Prologe das Gesetz eröffnen, die im literarischen Kontext mehr oder weniger dasselbe leisten: der Dekalog in Dtn 5 und das „Höre Israel" in Dtn 6,4. Die beiden Prologe schließen sich zwar gegenseitig nicht aus, konkurrieren aber miteinander. Wenn das „Höre Israel" ursprünglich einmal der Anfang des Deuteronomiums war, ist der Dekalog an beiden Stellen zugefügt, um das Gesetz hier wie dort nachträglich auf das Erste Gebot zu fokussieren. So erhebt sich die Frage, ob der Dekalog als Ergänzung und Überbietung des „Höre Israel" im Deuteronomium oder nach dem Vorbild des „Höre Israel" als Leseanleitung für die Sinaiperikope im Exodusbuch erstmals in den Pentateuch gelangt ist. Dass er an beiden Stellen gleichzeitig eingeschrieben wurde, ist, wie der synoptische Vergleich zeigt, so gut wie ausgeschlossen. Mir erscheint aus redaktions- und theologiegeschichtlichen Gründen die zweite Möglichkeit als die plausiblere, was ich zum Abschluss noch an der Formel „die anderen Götter" kurz verdeutlichen möchte.

Theologiegeschichtlich führt ein gerader Weg von der Einheit des Kultortes in Dtn 12 (V. 13 ff) zur Einheit der Gottheit im „Höre Israel" (Dtn 6,4) und von hier zur Ausschließlichkeit Jhwhs im Ersten Gebot.[17] Das lässt sich auch terminologisch nachweisen. Der seltsame Ausdruck „die anderen Götter" (אלהים אחרים), der die Existenz anderer Götter außer Jhwh nicht leugnet, sie aber in eine scharfe Konkurrenz zu Jhwh bringt, ist im Rahmen des Pentateuchs zum ersten Mal in Ex 20,3, im Deuteronomium in Dtn 5,7, also beide Male im Dekalog, bezeugt. Alle anderen Belege in Exodus (23,13 in 2. Pl.) und Deuteronomium (6,14; 7,4 u. ö.) sowie in Josua (nur Jos 23 f!), Richter (Ri 2 und 10,13!), Samuel-Könige bzw. 2 Chronik und Jeremia sind davon abhängig. Die einzige Stelle, die gemeinhin für älter gehalten wird, ist Hos 3,1 im Rahmen der prophetischen Selbstberichte Hos 1–3, deren Authentizität allerdings höchst zweifelhaft ist. Der „Ehebruch" (נאף) ist hier schon das Bild für den Abfall des Volkes von Jhwh und den Fremdgötterdienst. So scheint der Ausdruck mit dem Ersten Gebot im Dekalog entstanden zu sein. Seine Herkunft lässt

---

17 Vgl. inzwischen auch Aurelius 2003a, der in der Bundesformel (Dtn 26,17 f) ein Zwischenglied erblickt; sowie Müller 2015.

sich verhältnismäßig einfach aus dem älteren „Höre Israel" erklären: Die „anderen Götter" אלהים אחרים sind nichts anderes als das Gegenstück zu dem „einen" Jhwh, dem יהוה אחד in Dtn 6,4, der an dem einen, von Jhwh erwählten Kultort (Dtn 12) verehrt wird.

Ist die Ableitung richtig, bleibt die Frage, ob der Dekalog zuerst in Dtn 5 den Prolog verdoppelte oder nach dem Vorbild des „Höre Israel" zuerst in Ex 20 als Prolog eingeschrieben und von hier nach Dtn 5 übernommen wurde. Letzteres legt m. E. der Kontext nahe. Wie sich das „Höre Israel" organisch aus dem Kontext des Deuteronomiums, namentlich aus der Forderung der Kulteinheit des Urdeuteronomiums in Dtn 12 ergibt, so ergibt sich die Verschärfung im Ersten Gebot am ehesten aus dem Exodusbuch: Kultzentralisation und Einheit Jhwhs waren zunächst ein innerisraelitisches Problem und wurden im Deuteronomium erst unter dem Einfluss des Ersten Gebots auch gegen außen gewendet. Die Abgrenzung gegen „die anderen Götter" hingegen grenzt Israel von allen anderen Völkern außerhalb und innerhalb des Landes ab; das aber ist in der Exoduserzählung mit dem Sieg über die Ägypter und der Idee einer Gründung Israels außerhalb des verheißenen Landes von Anfang an der Fall. Von daher haben das Erste Gebot und der Dekalog im Exodusbuch schon vom Thema her ihren ureigenen und folglich auch ursprünglichen Ort. Die hier entstandene Idee wurde von der deuteronomistischen Bearbeitung im Deuteronomium und in den Vorderen Propheten aufgenommen und breit entfaltet.

Denselben Weg hat die Formulierung genommen. Ob für den Ausdruck „die anderen Götter" die singularische Variante אל אחר in Ex 34,14 das Vorbild abgegeben hat,[18] hängt von der Beurteilung von Ex 34 im Ganzen ab und ist mir daher nicht mehr sicher. Sachlich dürfte die Sanktion in Ex 22,19a Pate gestanden haben: „Wer Gott/Göttern opfert, soll dem Bann verfallen". Die Sanktion formuliert ein (schwer verständliches) Tabu und wurde sekundär im Sinne der Einzigkeit Jhwhs aufgefasst, wie die Ergänzung in V. 19b „außer Jhwh allein" zeigt. Dieser Fixierung auf Jhwh allein, wie sie das Erste Gebot verbindlich vorschreibt, hat die 2. Sg.-Bearbeitung im Bundesbuch vorgearbeitet. Insbesondere in den Kultvorschriften, die als Rahmen um das Bundesbuch gelegt wurden, betont sie die Bindung der kultischen Begehungen an Jhwh.[19] Entsprechend dem „einen" Jhwh des „Höre Israel" in Dtn 6,4, der an dem einen Kultort von Dtn 12 verehrt werden soll, schließt der Dekalog die Verehrung der „anderen Götter" an jedem Ort aus, an dem Jhwhs Name

---

18 So noch in Nr. 10 in diesem Band.
19 Vgl. 20,24: „Einen Altar sollt du *für mich* machen ... überall, wo ich meinen Namen in Erinnerung rufe, will ich kommen und segnen"; und 23,14: „Dreimal im Jahr sollst du *für mich* ein Fest feiern".

genannt wird. Der „Name" soll darum nicht unnütz gebraucht werden; der Ruhetag wird zum Sabbat, einem Tag „für JHWH".

Das Deuteronomium und die deuteronomistische Bearbeitung reagierten darauf, indem sie in einem nächsten Schritt beides miteinander verbanden: Für sie impliziert der Ausschluss der „anderen Götter" auch den Ausschluss der anderen Orte und Altäre. Darum fordern sie deren Zerstörung im Zeichen des Ersten Gebots. Der Ausschließlichkeitsanspruch JHWHs, der sich in dem Gegensatz von dem „einen JHWH" und den „anderen Göttern" Ausdruck verschafft, führte so im Deuteronomismus und auf andere Weise bei Deuterojesaja schließlich zur Behauptung der Einzigkeit JHWHs und der Leugnung der „anderen Götter" überhaupt; sie wurden zu „Götzen".

Nimmt man alles drei zusammen: die literarische Fiktion der Erinnerung im Deuteronomium, die historische Begründung des Dekalogs im Exodus und die theologiegeschichtliche Entwicklung vom „Höre Israel" zum Ersten Gebot, dann spricht m. E. nicht wenig dafür, dass der Dekalog vom Sinai zuerst im Exodusbuch mitgeteilt und im Deuteronomium daraus zitiert wurde. Auch wenn damit die Hossfeldtsche Hypothese von der Entstehung des Dekalogs im Deuteronomium aufzugeben ist, behält seine Arbeit zum Dekalog jedoch auch danach ihre bleibende Bedeutung.

12 Die Ursprünge des Buches Deuteronomium

I Die deuteronomische Frage

Von kaum einem anderen Buch der Hebräischen Bibel meinen wir, in einleitungs-
wissenschaftlicher Hinsicht derart zuverlässig Bescheid zu wissen, wie von dem
Buch Deuteronomium. Hier nur die wichtigsten Daten:

Seit Martin Wilhelm Leberecht de Wette gilt das Buch Deuteronomium als ein
eigenes, separates Buch und wird historisch mit der Reform des Königs Josia um 622
v. Chr. (berichtet in 2Kön 23–24) in Zusammenhang gebracht.[1]

Seit Julius Wellhausen ist allgemein anerkannt, dass das Buch Deuteronomium
in einer traditionsgeschichtlichen oder literarischen Beziehung zu der Gesetzes-
sammlung in Ex 20–23, dem sogenannten Bundesbuch, steht und die Kultgesetze
des Bundesbuchs zentralisiert. Auf dieser Basis ist das Deuteronomium – neben
der Priesterschrift – der Dreh- und Angelpunkt für die literargeschichtliche Analyse
und religionsgeschichtliche Rekonstruktion in Wellhausens Prolegomena zur
Geschichte Israels.[2]

Seit Martin Noth wird angenommen, dass das ehemals selbständige Buch
Deuteronomium zuerst als Kopfstück des sogenannten Deuteronomistischen
Geschichtswerkes in Dtn–Kön Verwendung gefunden habe, bevor es – sekundär –
dem Pentateuch und dem Kanonteil Tora zugeschlagen wurde.[3]

Auch heute gilt das Buch Deuteronomium manchen nachgerade als „archimedischer Punkt" oder „Nagel in der Wand" für die Komposition des Pentateuchs wie
der Rekonstruktion der Literatur- und Religionsgeschichte Israels.[4]

Dem allem kann ich nur zustimmen. Doch dabei wird eine entscheidende Frage
oft vernachlässigt, die lautet: Von welchem Deuteronomium reden wir? Von dem
vorliegenden, uns überlieferten Buch oder von einzelnen Teilen des Buches (Kern
oder Rahmen oder beidem)? Von welcher Textfassung des Buches reden wir (MT,
Sam, LXX) und in welchem Stand der Überlieferung? Kurz: Bevor wir die scheinbar
sicheren Daten zum Buch Deuteronomium für sicher annehmen und weiter diskutieren können, ist zunächst eine Analyse des Buches Deuteronomium durchzuführen, damit wir wissen, worüber wir eigentlich reden. Diese Frage möchte ich
als die deuteronomische Frage bezeichnen und im Folgenden behandeln.

---

1 Mathys 2008.
2 Wellhausen 1905.
3 Noth 1943.
4 Otto 1997a; ders. 1999, 8.12; ders. 2000a, 10; ders. 2002a, 6. Ottos Bild vom Werden des Deuteronomiums ist nun noch einmal zusammengefasst in ders. 2012a, 231–257; zu seiner Auseinandersetzung
mit der Forschungsgeschichte ebd. 33–230.

https://doi.org/10.1515/9783111367057-016

Soweit ich sehe, wird diese Frage heute gerne vermieden oder nur vage beantwortet. Das hat mit der um sich greifenden Skepsis gegenüber jeder Art von literar- und redaktionsgeschichtlicher Analyse zu tun. Diese Skepsis hat dazu geführt, dass man sich die deuteronomische Frage entweder gar nicht erst stellt oder so tut, als könnten wir sie mit der vorliegenden Gestalt des Deuteronomiums beantworten. Unter der Hand wird so der zu untersuchende Gegenstand zur Lösung erklärt.

Wer sich hingegen auf die deuteronomische Frage einlässt, sieht sich mit einer Reihe von schwierigen, kontrovers diskutierten Problemen konfrontiert. Womit haben wir in der Analyse des Deuteronomiums zu rechnen – mit älteren Traditionen, mündlichen Vorlagen, schriftlichen Quellen, Fortschreibungen oder allem zusammen? Welches sind die Kriterien zur Differenzierung traditionsgeschichtlicher Quellen (mündlicher oder schriftlicher Art) und literarischen Schichten? Welche literaturgeschichtlichen Voraussetzungen werden gemacht? Handelt es sich um das Produkt einer Schreiberelite am Hof oder am Tempel, stehen religiöse oder politische Kreise und deren Interessen im Hintergrund? Welches ist der historische und/oder literarische Kontext, in dem das Buch Deuteronomium entstanden ist? Woher beziehen wir unsere Informationen über alle diese Fragen?

Im Folgenden werde ich diese Fragen so klar und vor allem so transparent wie möglich besprechen, mit dem Ziel, einen Ansatzpunkt für die Analyse zu finden, der uns instand setzt, die literarischen Ursprünge und die weitere Literargeschichte des Deuteronomiums zu erfassen. Nur auf diesem Weg wissen wir, worüber wir eigentlich reden, wenn wir über das Buch Deuteronomium diskutieren.

II Traditionsgeschichte und Literargeschichte

Beginnen wir mit der Frage nach möglichen Vorlagen und Vorstufen für das Buch Deuteronomium. Grundsätzlich ist mit allen denkbaren Möglichkeiten zu rechnen: mit altorientalischen Rechtssammlungen und anderen Traditionen wie den hethitischen, aramäischen und assyrischen Verträgen, besonders den *Vassal Treaties of Esarhaddon* (VTE), als Vorbild;[5] mit israelitischen und/oder judäischen Rechtstraditionen oder Sammlungen von Gesetzen als mündlichen oder schriftlichen Quellen;[6] mit uns bekannten literarischen Korpora wie dem Bundesbuch[7] oder dem biblischen Narrativ in den Büchern Genesis bis Numeri und Josua bis Könige als traditionsgeschichtlichem oder literarischem Kontext und/oder Referenztext.

---

5 Vgl. etwa Otto 1996d; 1999 u. ö.; dazu Koch 2008.
6 Vgl. etwa Merendino 1969; Seitz 1971.
7 So seit Wellhausen 1905. Vgl. dazu etwa Levinson 1997.

Doch welche Möglichkeiten sind für die Analyse des Buches Deuteronomium relevant und eignen sich als Ausgangspunkt oder Kriterium für die Analyse?

Traditionsgeschichtliche und mündliche Vorgaben aus dem altorientalischen oder israelitisch-judäischen Raum sind sicher relevant, aber im Text selbst nicht leicht und nicht eindeutig zu identifizieren. Außerdem können sie zu jeder Zeit und in verschiedenen Stadien der Literargeschichte auf die Formulierung des Buches Deuteronomium eingewirkt haben. Sie eignen sich daher weder als Ausgangspunkt der Analyse noch als Kriterium. Auch für die Datierung des Deuteronomiums oder einzelner Teile eignen sie sich nicht. Traditionsgeschichtliche und mündliche Vorgaben mögen älter sein als das Buch Deuteronomium, können aber auch erst in jüngeren Phasen der Entstehung des Buches aufgegriffen worden sein.

Auch die Annahme von schriftlichen Vorlagen, etwa kleineren Sammlungen von Rechtssätzen, aus denen das Buch Deuteronomium zusammengesetzt ist, muss in Betracht gezogen werden. Doch auch diese Annahme kann nicht der Ausgangspunkt der Analyse sein. Solche kleineren Sammlungen mag es gegeben haben, doch können sie nur durch die Analyse identifiziert und nicht einfach vorausgesetzt werden.

Ausgangspunkt der Analyse kann daher nur der überlieferte Text in den verschiedenen Textfassungen des Masoretischen Texts (MT), des Samaritanus (Sam) und der Septuaginta (LXX) sein. Das bedeutet, dass die Analyse nur eine literarische, richtiger literarkritische sein kann. Sie fragt innerhalb des überlieferten Texts und seiner verschiedenen Textvertreter nach jüngeren und älteren Bestandteilen und versucht, eine relative Chronologie der literarischen Bausteine des Buches zu ermitteln. Erst in einem zweiten Schritt kann danach gefragt werden, ob den einzelnen literarischen Bausteinen, auf welcher Stufe in der relativen Chronologie sie auch eingeordnet werden, traditionsgeschichtliche, mündliche oder schriftliche Vorlagen zugrunde liegen.

In jedem Fall ist wichtig festzuhalten, dass Art und Alter der möglichen Vorbilder, Vorlagen oder Vorstufen nichts für die relative Chronologie der literarischen Schichten oder gar für die absolute Datierung des Buches Deuteronomium und seiner Werdestufen besagen. Traditionsgeschichtliche, mündliche oder schriftliche Vorbilder, Vorlagen oder Vorstufen markieren allenfalls einen *terminus a quo* für die Entstehung des Deuteronomiums oder einzelner seiner Bestandteile, nicht mehr und nicht weniger. Wann innerhalb der relativen Chronologie und auf welchem Wege sie Eingang in das Buch Deuteronomium gefunden oder auf die Formulierung eingewirkt haben, kann nur auf dem Wege der literarhistorischen Analyse und auf der Basis der Relation der literarischen Schichten, d. h. der relativen Chronologie, geklärt werden.

III Unterscheidung von Rahmen und Kern

Ausgangspunkt der literarkritischen Analyse ist, wie gesagt, der überlieferte Text des Buches Deuteronomium in seinen verschiedenen Textfassungen. Die erste Unterscheidung, die wir hier treffen können, ist die zwischen Rahmen und Kern des Gesetzes: der Rahmen in Dtn 1–11 und 27–34, der Kern in Dtn 12–26.[8]

Diese Unterscheidung ergibt sich aus einer einfachen Beobachtung. Das Buch Deuteronomium ist als Rede des Mose im Land Moab stilisiert. Aus dieser Stilisierung fallen einige Teile heraus: wiederholte Überschriften am Anfang in Kap. 1 und 4 (1,1–4; 4,44–5,1; anders 4,1; 6,1; 12,1), die Unterschrift in 28,69, erneute Redeeinsätze in Kap. 27 und 29 (27,1.9.11; 29,1) sowie erzählende Partien in Kap. 4 (V. 41–43) und 31–34. Mit dem Hinweis auf „diese Tora" in Kap. 28 und 30 (28,58.61; 30,10; vgl. auch 17,18) wird gelegentlich auch innerhalb der Rede des Mose ein Standpunkt eingenommen, der außerhalb der Moserede liegt. Auch Kap. 27 blickt wie Kap. 28–29 auf die vorausgehende Rede zurück.

Aus dieser Beobachtung ergibt sich, dass die Rede des Mose nach hinten klar durch die in Kap 27 einsetzende Erzählung abgesetzt ist und ursprünglich einmal in 26,19 endete. Ähnlich verhält es sich im vorderen Teil, wo die Stilisierung als Rede erst ab Kap. 5 konsequent durchgehalten wird. Hier kommt hinzu, dass Mose wie schon in Kap. 1–4 so auch in Kap. 5–11 permanent das Gesetz ankündigt, damit aber erst in Kap. 12 beginnt. Daher kann man auch innerhalb der Rede des Mose in Kap. 1–26 noch einmal zwischen den Vorreden in Kap. 1–11 und dem Gesetzesvortrag in Kap. 12–26 unterscheiden.

Nach alldem befindet sich der Kern des deuteronomischen Gesetzes in Dtn 12–26. Von ihm hebt sich der Rahmen in Kap. 1–11 und 27–34 ab, der in Kap. 1–11 aus Vorreden, in Kap. 27–34 aus Nachreden und Erzählung besteht. Des Weiteren lassen sich im hinteren Rahmen anhand der stilistischen Eigentümlichkeiten ein innerer Teil in Kap. 27–30 und ein äußerer Teil in Kap. 31–34 unterscheiden. Nicht im Stil, aber in der Sache trifft dies auch auf den vorderen Rahmen zu. So entspricht der Geschichtsrückblick in Dtn 1–3 der Erzählung in Kap. 31–34, während die Gesetzesparänesen in Kap. (4)5–11 den Nachreden in Kap. 27–30 entsprechen.

Kern und Rahmen sind in mancherlei Hinsicht aufeinander bezogen. Da der Kern, die Sammlung der Gesetze, in seiner Substanz ohne den Rahmen, der Rahmen aber nicht ohne das Gesetz auskommt, lässt sich der Schluss ziehen, dass der Rahmen gegenüber dem Gesetz sekundär ist. Die Zweiteilung in einen inneren und einen äußeren Rahmen legt des Weiteren die Vermutung nahe, dass die Ergänzung des Gesetzes durch den Rahmen nicht in einem Zuge, sondern nach und nach

---

8 Vgl. zum Folgenden Kratz 2000, 118–138.

erfolgte. Julius Wellhausen und andere meinten, dass der äußere und der innere Rahmen aus zwei verschiedenen, unabhängig voneinander entstandenen Ausgaben stammten.[9] Demgegenüber hat Gustav Hölscher m. E. überzeugend nachgewiesen, dass sich sowohl das Verhältnis von Kern und Rahmen als auch die weitere literarische Differenzierung innerhalb von Kern und Rahmen sehr viel einfacher mit einer Ergänzungshypothese erklären lassen.[10]

IV Der Kern in Dtn 12–26

Um weiter zu den Ursprüngen des Buches Deuteronomium vorzudringen, wenden wir uns als nächstes dem Kern, dem Gesetz in Dtn 12–26, zu. Dieser Kern besteht aus drei Teilen: 1) den Kultgesetzen in 12,1–16,17; 2) den Ämtergesetzen in 16,18–21,9; 3) den Familiengesetzen und Vermischtem in 21,10–25,19. Dtn 26 spannt einen Bogen zu den Kultgesetzen, namentlich zum Zehnten in Dtn 14, zurück.

Für die Analyse dieses Kerns stehen drei bewährte und weithin anerkannte Kriterien zur Verfügung. Diese Kriterien können nicht einfach isoliert und absolut, sondern nur im Zusammenspiel miteinander und unter gewissen Einschränkungen angewendet werden. Es sind:

1) Der Numeruswechsel in der Anrede.[11] Gegenüber der 2. Plural ist die 2. Singular das Primäre, doch nicht jede 2. Singular ist auch primär.

2) Das Verhältnis zu dem älteren Rechtskorpus im sogenannten Bundesbuch Ex 20–23, das dem Deuteronomium als literarische Vorlage diente. Doch auch hier gilt die Einschränkung: Nicht jede literarische Beziehung zum Bundesbuch ist originär und liegt auf derselben Ebene; umgekehrt kann das Deuteronomium ursprünglich auch Gesetze enthalten haben, die sich nicht in der Vorlage des Bundesbuches fanden.

Weder der Numeruswechsel noch die Beziehung zum Bundesbuch ist in jedem Fall eindeutig und bringt letzte Klarheit. Beide Kriterien müssen mit Einschränkungen versehen werden. Das entscheidende Kriterium ist ein tendenzkritisches Kriterium, nämlich:

3) Das Programm der Kultzentralisation. Gerade im Vergleich mit dem Bundesbuch wie auch mit allen übrigen altorientalischen Rechtstraditionen erweist sich die in Dtn 12 erhobene Forderung, nur an dem einen, von JHWH erwähl-

---

9 Wellhausen 1899, 193.
10 Hölscher 1922, bes. 176 ff.
11 Vgl. Minette de Tilesse 1962; 2000.

ten Ort zu opfern, als Unikum und Spezifikum der deuteronomischen Gesetzgebung. Die Zentralisation des Kultus ist das Hauptgebot des Deuteronomiums und dürfte daher zu den Ursprüngen des Deuteronomiums zählen. Es ist das entscheidende Motiv, das die Novellierung des Bundesbuches veranlasst hat und die Veränderungen sachlich steuert. Von daher dürfen wir die Idee der Kultzentralisation als ein positives, allen anderen Gesichtspunkten überlegenes Kriterium zur Analyse des Deuteronomiums ansehen.[12]

Was zu den älteren, um nicht zu sagen ältesten Bestandteilen des Deuteronomiums gehört und was vielleicht (noch) nicht, entscheidet sich also weder an irgendwelchen postulierten vordeuteronomischen Sammlungen in Dtn 12–26 noch an der vermeintlichen externen Evidenz traditions- und religionsgeschichtlicher Analogien. Entscheidend sind vielmehr diese drei Kriterien mit den genannten Einschränkungen und in der begründeten Gewichtung: der Numeruswechsel, das Verhältnis zum Bundesbuch und das Gebot der Kultzentralisation.

Legt man diese drei Kriterien an, schälen sich die folgenden Gesetze heraus, die als älteste Bestandteile des Buches Deuteronomium in Betracht zu ziehen sind: Dtn 12,13–28 die Kultzentralisation; 14,22–29 der Zehnte; 15,19–23 die Erstgeburt; 16,1–17 die Feste; 16,18–20 + 17,8–13 die Einsetzung von Richtern und das Zentralgericht; 18,1–8 die Versorgung der Leviten; 19,1–13 Asylstädte; 19,15–21 Zeugenregel; 21,1–9 das Verfahren ohne Zeugen; vielfach wird auch 15,1–18 Erlassjahr und Sklavenfreilassung noch für den Grundbestand in Betracht gezogen.

Sämtliche Fälle haben eine Parallele im Bundesbuch (in der Gestalt der 2. Sg.-Bearbeitung)[13] und folgen – mit Ausnahme der Sozialgesetze in 15,1–18 – der Idee der Kultzentralisation. Letzteres versteht sich bei den Kultgesetzen in Dtn 12,13–16,17 und 18,1–8 von selbst, trifft aber auch auf die Gesetze zur Rechtspflege in Dtn 16,18–21,9 zu. Die Professionalisierung des Rechtswesens und die Asylstädte sind die Kompensation für die Abschaffung von priesterlichen Rechtsentscheiden und der Asylfunktion an lokalen Heiligtümern durch die Zentralisation des Kults.[14]

Alles andere in Dtn 12–25 fällt stilistisch, kompositorisch und thematisch aus dem Rahmen und erweist sich nach den drei Kriterien als sekundär. Den Nachweis

---

12 So auch Otto 2012a, 235, wenn auch in der unausgeglichenen Kombination mit der als nicht minder programmatisch angesehenen „Loyalitätsforderung in Dtn 13,2–12*, die aus der Revision neuassyrischer Loyalitätseide stammt", und einem „privilegrechtlichen" Rahmen in Dtn 14,22–15,23 und 26,2–13*, „in dem wie Dtn 13, 2–12* auch die sich anschließenden Flüche in Dtn 28, 15.20–44* aus neuassyrischem Kontext und nicht dem der Revision des »Bundesbuches« stammen."
13 Vgl. Ex 20,24–26; 22,28–29; 23,14–19 zum Kult; 23,1 ff zum Gerichtswesen; 21,13–14 zum Asyl; 21,2 f; 22,25–26; 23,10 ff zum Sozialen.
14 Vgl. Levin 1985a, 85.

kann ich an dieser Stelle nicht erbringen.[15] Aber auch in dem eben ausgegrenzten Bestand an Gesetzen, die für die Ursprünge des Deuteronomiums in Frage kommen, dürfte nicht alles zum ursprünglichen Text gehört haben. Auch dies kann ich hier nicht im Einzelnen begründen, doch sei wenigstens auf drei Fälle hingewiesen:

1) Die Sozialgesetze in 15,1–18 haben zwar eine Parallele im Bundesbuch, lassen jedoch den Bezug zur Kultzentralisation vermissen und unterbrechen den Zusammenhang der Kultgesetze in 14,22–29 (Zehnte) und 15,19–23 (Erstgeburt); sie haben sich an den – vermutlich seinerseits sekundär zugefügten – Armenzehnten in 14,28 f angehängt und dürften eine frühe Ergänzung sein.

2) Die Festgesetze in Dtn 16,1–17 weisen eine Dublette auf. Von den zwei Fassungen scheint mir die kürzere in 16,16–17 primär zu sein gegenüber der längeren Fassung in 16,1–15. Die Kurzfassung ist allein dem Gedanken der Kultzentralisation verpflichtet, während die Langfassung weitere Gesichtspunkte ins Spiel bringt und die Feste selbst umdeutet. Die im Bundesbuch wie in Dtn 16,16 f noch nicht vollzogene, sekundäre Kombination von Mazzot und Passa lässt sich hier nur mit Gewalt literarkritisch auflösen.[16]

3) Die Versorgung der arbeitslos gewordenen Leviten in Dtn 18,1–8 (ursprünglich V. 1.6–8) hängt zwar mit der Kultzentralisation zusammen, unterbricht aber den Zusammenhang der Gesetze zur Rechtspflege in 16,18–21,9, die ebenfalls aus der Kultzentralisation folgen und mir primär zu sein scheinen. Auch für die Asylstädte in 19,1–13, die die Installierung des Rechtswesens unterbrechen, und den Fall ohne Zeugen in 21,1–9, der sich an die Zeugenregel in 19,15–21 anschließt, könnte man erwägen, dass es sich um (frühe) Nachträge handelt.

Der ausgegrenzte Grundbestand, abzüglich der eben genannten größeren Einfügungen und mancher kleineren Zusätze innerhalb der einzelnen Gesetze, kann als literarischer Grundbestand des Buches Deuteronomium angesehen werden. Er umfasst nur eine Handvoll Gesetze und ist ein Minimalbestand, der sich auf literarkritischem Wege mühelos erheben lässt. Ob die Grundschicht in Dtn 12–25 noch weitere Gesetze umfasste, will ich nicht kategorisch ausschließen, doch sehe ich weder einen Grund noch Indizien, die zu dieser Annahme nötigten. Wer mit mehr rechnet, ist den Nachweis schuldig, der auf Kriterien und Argumenten beruhen müsste, die am Text nachvollziehbar sind.

Der Grundbestand im Einzelnen: Dtn 12.13.14 (ohne „in einem deiner Stämme").15–18; 14,22.(23a.24a.) 25–26; 15,19–23; 16,16–17; 16,18 (ohne „deinen Stämmen"); 17,8–9aαb.10a; (19,2a.3b–7.11–12); 19,15–17a.18bα(oder 18b–19a).21b; (21,1–4.6–7.8b).

---

15 Vgl. dazu wegweisend Levin 1985, 83–89; Kratz 2000, 120–127.
16 Vgl. dazu ausführlich Nr. 15 in diesem Band.

V Das „Ur-Deuteronomium"

Für den so ausgegrenzten Grundbestand der Gesetze in Dtn 12–25 stellt sich als nächstes die Frage, um welche Gattung von Literatur es sich handelt. Es ist wohl kein Rechtskodex und ganz sicher nicht das Buch, das laut 2Kön 23–24 die Arbeiter im Tempel zur Zeit des Königs Josia gefunden haben sollen. Es ist vielmehr eine kleine Sammlung von Vorschriften, die die Kultgesetze des Bundesbuchs einer Novellierung gemäß der Idee der Kultzentralisation unterzieht und daraus Folgen für die Rechtspflege ableitet, woraus sich alles weitere – Gesetze mit und ohne Bezug zum Bundesbuch und zur Idee der Kultzentralisation – entwickelt hat.

An zwei Stellen im Grundbestand der Sammlung begegnet jedoch eine Historisierung der Gesetze, die nicht so recht zu einer selbständigen Sammlung von Gesetzen passt.[17] In Dtn 16,18 ist von den „Toren" (Ortschaften) die Rede, die der Herr geben wird. Sodann ist die Erwählung des Ortes, an dem allein die Opfer gestattet sein sollen, im hebräischen Imperfekt formuliert, 12,13 f: „Hüte dich, dass du deine Brandopfer nicht an jeder Stätte opferst, die du siehst, sondern an der Stätte, die Jhwh erwählen wird." Beide Historisierungen weisen ziemlich eindeutig auf die bevorstehende Landgabe an das Volk Israel nach dem Auszug aus Ägypten und fügen sich folglich haargenau in den narrativen Kontext ein, in dem das Buch Deuteronomium im Rahmen der biblischen Geschichte jetzt steht. Alle weiteren Historisierungen, die vereinzelt im Korpus der Gesetze in Dtn 12–26 und massiv in den Rahmenteilen auftreten, fügen sich ebenfalls in diesen narrativen Zusammenhang ein. Sollte schon das ursprüngliche Deuteronomium für eben diesen narrativen oder gar literarischen Kontext gedacht und geschaffen worden sein? Immerhin ist es dieser Kontext, in dem sich auch das literarische Vorbild des Deuteronomiums, das Bundesbuch im Exodusbuch, findet.

Dagegen werden manche einwenden, dass das Bundesbuch ein ehemals selbständiges Rechtsbuch gewesen ist und der narrative Zusammenhang von Exodus und Landnahme allgemein bekannt war und darum vereinzelte Anspielungen auf diesen Zusammenhang nicht verwundern und folglich nichts zu besagen haben. Doch zum einen wissen wir nicht, inwieweit und seit wann der biblische Narrativ allgemein bekannt gewesen ist. Zum anderen treten die Anspielungen in der literarischen Grundschicht des Deuteronomiums recht unvermittelt auf und sind wenig

---

[17] Üblicherweise hält man die Historisierung für sekundär. Vgl. etwa Levin 1985, 85–86; unter gänzlich anderen literargeschichtlichen Voraussetzungen auch Otto 2012a, 238 ff, der von der Notwendigkeit einer neuen „Lozierung" des älteren, spätvorexilischen Gesetzbuches aus der Zeit Josias spricht, zuerst am Horeb durch die deuteronomistische „Horebredaktion", anschließend in Moab durch die deuteronomistische „Moabredaktion".

konkret. Es fällt daher nicht leicht, sich vorzustellen, dass damit ein allgemein ver-
breitetes kulturelles Wissen aufgerufen wird. Schließlich dürfte die 2. Singular-
Bearbeitung des Bundesbuchs, die im Deuteronomium von Anfang an vorausgesetzt ist, bereits mit der Einbindung in den literarischen Kontext des Exodusbuches
zusammenhängen.[18]

Gehen wir darum versuchsweise einmal der anderen Möglichkeit nach, dass
die kleine Sammlung von Zentralisationsgesetzen etwas mit dem narrativen und
literarischen Kontext zu tun haben könnte, in dem das Buch Deuteronomium
überliefert ist. Auf diese Möglichkeit führt auch die Frage nach Anfang und Ende
der Sammlung. Dtn 12,13 „Hüte dich" setzt unvermittelt ein, ohne Sprecher und
Adressat zu nennen; die möglichen Schlüsse in 19,12 (Asylstädte), 19,21 (Zeugenregel:
Auge um Auge) oder 21,8b (Blutschuld ohne Zeuge) sind ziemlich abrupt. Das mag
für eine kleine Sammlung, von der jeder weiß, wer spricht und wer angesprochen
ist, angehen. Doch für eine selbständige Schrift, die sich die Novellierung der Kultgesetze des Bundesbuches zum Ziel gesetzt hat, wäre dies eher ungewöhnlich.

Es spricht daher manches dafür, in den Rahmenpartien des Deuteronomiums
nach Anfang und Ende der Sammlung zu suchen. Hier ist nicht der Ort, um den
Rahmen ausführlich zu analysieren. Doch das ist vielleicht auch nicht nötig. So
herrscht ein gewisser Konsens darüber, dass in dem, „Höre Israel" in Dtn 6 (V. 4–5
oder V. 4–6) ein alter Anfang steckt.[19] Ihm entspricht in Dtn 26 die Mahnung in
V. 16, alle vorangehenden Gebote und Rechte mit ganzem Herzen und mit ganzer
Seele zu halten.

Dieser Rahmen wird für gewöhnlich als Anfang und Ende des ehedem selbständigen Buches Deuteronomium angesehen. Doch an beiden Stellen finden sich
wieder Hinweise auf den narrativen Kontext: In Dtn 6,4–6 spricht ein Ich zu einem
Kollektiv, Israel, über Jhwh „unseren Gott". Der Sprecher kann nur Mose sein, der
aus Exodus–Numeri bekannt ist. Dtn 26,16 blickt auf die Gebote und Rechte zurück,
die Jhwh „heute" befohlen hat. Mit diesem „heute" kann theoretisch jeder beliebige
Tag der Gesetzesproklamation gemeint sein. Doch nach der historischen Vorschau
auf die Landnahme in Dtn 26,1–11 (ursprünglich V. 1–2.11: „Wenn du in das Land
kommst, das dir Jhwh, dein Gott, zum Erbe geben wird") ist dieses „heute" eindeutig
mit dem Moment der Moserede im Lande Moab, nach dem Auszug aus Ägypten und
kurz vor der Landnahme, zu identifizieren.

Somit enthält nicht nur die Grundschicht der deuteronomischen Gesetze im
Kern des Deuteronomiums (Dtn 12–25), sondern auch der älteste Rahmen in Dtn 6

---

18 Vgl. Kratz 2000, 139–155, bes. 151–152; Köckert 2002.
19 Vgl. Preuss 1982, 100–101; Veijola 2004, 175 (mit 4,45; 5,1aα als Einleitung); Otto 2012b, 796 (ohne
Überschrift und Redeeinleitung); vgl. dazu Nr. 14 in diesem Band.

(V. 4–6) und 26 (V. 1 f.11.16) historisierende Elemente und verweist auf den narrativen Kontext, in dem das Buch Deuteronomium überliefert ist: zwischen dem Auszug aus Ägypten und dem Einzug ins verheißene Land. Die Analyse der möglichen literarischen Anschlüsse zeigt, dass das älteste Deuteronomium auch literarisch in den Kontext der Erzählung eingebunden ist. So lässt sich die ursprüngliche Einleitung des „Höre Israel" von Dtn 6,4 in Dtn 5,1 („Und Mose rief ganz Israel und sprach zu ihnen: Höre Israel …") ungezwungen an die letzte Station der Wüstenwanderung in Schittim in Num 25,1a anbinden. An Dtn 26 und den Tod des Mose in Dtn 34 (V. 1a.5 f: „Und dort starb Mose, und sie begruben ihn …" ohne „der Knecht Jhwhs im Lande Moab nach dem Befehl Jhwhs") schließt sich die Fortsetzung der Erzählung in Jos 1–3, der Aufbruch von Schittim unter Führung Josuas (Jos 1,1 f; 2,1 bzw. 3,1), nahtlos an.[20]

Nach allem lassen sich die Ursprünge des Buches Deuteronomium wie folgt beschreiben: Die Grundschrift des Deuteronomiums, das sogenannte „Ur-Deuteronomium" ist eine Novelle der Kultgesetze des Bundesbuches in Ex 20–23 und enthielt ursprünglich nur die Zentralisationsgesetze in Dtn 12–21, die den Kult auf den einen, erwählten Kultort beschränken und daraus die Konsequenzen für die Rechtspflege ziehen. Dtn 6,4–5(6) und 26,16 bildeten einen Rahmen um das älteste Deuteronomium. Über die Historisierung des deuteronomischen Gesetzes in der Erwählungs- und Landgabeformel sowie die historisierenden Elemente und literarischen Anschlüsse im Rahmen wurde das älteste Deuteronomium in die ältere Erzählung von Exodus und Landnahme, die auch das Bundesbuch schon enthielt, eingesetzt (Num 25,1a + Dtn 5,1a; 6,4–6 + 12–21* + 26,1 f.11.16; 34,1a.5 f + Jos 1,1 f; [2,1;] 3,1). Der Rahmen stellt das Gesetz über den *einen* Kultort unter das Vorzeichen der Gottesliebe zum *einen* Jhwh und erklärt Gottesliebe und Gesetzesgehorsam für identisch. Sowohl der Kern des Gesetzes in Dtn 12–26 als auch die Rahmenstücke wurden anschließend unter dem Vorzeichen des Dekalogs, besonders des Ersten Gebots, vielfach fortgeschrieben, wobei die Verbindungen zu Gen–Num einerseits, Jos–Kön andererseits immer mehr zunahmen, das Buch sich gerade dadurch aber gleichzeitig immer mehr verselbständigte und zum Inbegriff der Tora des Mose wurde.

VI Die Datierung des Deuteronomiums

Eine letzte Frage betrifft die Datierung des Deuteronomiums. Was aus dem Gesagten deutlich geworden sein sollte, ist dies, dass man über die Datierung nicht ohne Analyse des Deuteronomiums diskutieren kann. Die Datierung des vorliegenden

---

20 Vgl. dazu weiter Nr. 13; 14; 18 und 19 in diesem Band.

Buches ist nicht leicht, führt aber jedenfalls in die nachstaatliche Zeit, wie insbesondere der Abschnitt über den König in Dtn 17 beweist.[21] Doch dieser Abschnitt gehört nicht zum ältesten Bestand des Buches Deuteronomium und trägt daher nichts für die Datierung der Ursprünge aus.

Grundlage für die Datierung der Ursprünge des Deuteronomiums kann nur der ermittelte Grundbestand, d. h. die Sammlung der Zentralisationsgesetze in Dtn 12–21 einschließlich des Rahmens in Dtn 6 (V. 4–5 oder 4–6) und 26 (V. 1 f.11.16) sein. Alles andere im Kern und im Rahmen des Deuteronomiums, wie etwa die Reinheits- und Familiengesetze, das Königsgesetz, der Dekalog, die Bundestheologie, die historischen und paränetischen Rückblicke, kommen als Kriterium für die Datierung nicht in Frage, da sie jünger sind als der literarische Grundbestand und – in ihrer überlieferten Form – diesen voraussetzen. Auch mögliche (mündliche oder schriftliche) Vorstufen einzelner Gesetze oder theologischer Konzeptionen, wie die hethitischen und assyrischen Vertragstexte, die das Vorbild für die deuteronomisch-deuteronomistische Bundestheologie sind, kommen als Anhalt für die Datierung und historische Einordnung nicht in Frage. Sie haben erst in einem (relativ) jüngeren Stadium auf die literarische Formierung des Buches Deuteronomium eingewirkt.[22]

Für den Grundbestand, die Sammlung der Zentralisationsgesetze mit Rahmen in Dtn 6 und 26, gibt es keine vor-deuteronomischen Vorlagen und auch keine altorientalischen Vorbilder, mit Ausnahme der Vorstellung von dem einen Reichsgott (Bel-Marduk für die Babylonier, Aschur für die Assyrer oder Ahuramazda für die Perser). Diese Vorstellung beansprucht eine gewisse Ausnahmestellung für einen der Götter, war aber niemals mit der Konzentration der kultischen Verehrung auf einen einzigen Ort und dem Verbot anderer Kultorte verbunden.[23] Die einzige Vorlage für den Grundbestand des Buches Deuteronomium ist das ältere Rechtsbuch in Ex 20–23, das sogenannte Bundesbuch (in der Gestalt der 2. Sg.-Bearbeitung), dessen Kultgesetze im Deuteronomium zentralisiert und damit neu interpretiert werden.

Für die Datierung dieses Grundbestands des Deuteronomiums, die sich an der Idee der Kultzentralisation orientiert, sehe ich nach wie vor nur zwei Möglichkeiten:[24] Entweder reagiert die Zentralisationsidee ebenso wie das „Höre Israel" in Dtn 6,4–5 auf das Ende des Königtums Israel und will die politisch und heimatlos

---

21 Vgl.– für die letzte Stufe – z. B. Otto 2016, 1480–1489.
22 Anders natürlich alle diejenigen, die Dtn 13 und 28 zum ursprünglichen Bestand zählen (s. o. Anm. 12) und das Deuteronomium nach den neuassyrischen Analogien für den Treueeid und die deuteronomisch-deuteronomistische Bundestheologie datieren (s. o. Anm. 5). Zu den beiden fraglichen Kapiteln vgl. Otto 2016 und 2017, z.St.
23 Vgl. Nr. 17 in diesem Band.
24 Kratz 2000, 137.

gewordenen Israeliten an Juda und Jerusalem binden, und zwar nicht als politisches Programm, sondern als religiöse und soziale Utopie. Oder die Zentralisationsidee reagiert auf das Ende des Reiches Juda, den Verlust der politischen und ideologischen Mitte sowie die Verschleppung weiter Teile der Bevölkerung und verfolgt die Absicht, der drohenden Dezentralisierung, wie sie vorher im Norden stattfand, zu wehren und mit dem zentralen Kultort Ersatz zu schaffen. Ersetzt wird in jedem Fall die natürliche durch eine künstliche Mitte: an die Stelle des vom Königtum repräsentierten (an vielen Orten präsenten) Staatskults tritt der kultische Anspruch der Gottheit selbst, der eine Zentralisation verlangt und dabei die sozialen und rechtlichen Bedürfnisse der Ortschaften nicht vernachlässigt.

Ich selbst neige eher der zweiten Möglichkeit zu, und darin sind mir manche wie Erik Aurelius oder – auf seine Weise – auch Juha Pakkala gefolgt.[25] Doch die Datierung ist in diesem Beitrag nicht das Thema, weswegen ich nicht näher auf die Gründe für die eine oder die andere Möglichkeit eingehen möchte. Mir kam es hier einzig und allein darauf an, die Notwendigkeit der literarischen Analyse des Buches Deuteronomium als Voraussetzung für alles Weitere zu begründen und mit meinem Vorschlag die Grundlagen für diese Analyse zu legen.

---

25 Vgl. Aurelius 2003b, 39–44; Pakkala 2009, doch vgl. zu seiner Argumentation MacDonald 2010.

13 Der literarische Ort des Deuteronomiums

Im Kanon des Alten Testaments bildet das Deuteronomium den Abschluss des Pentateuchs, des Kanonteils Tora. Gleichzeitig exponiert es die historischen und theologischen (legislativen) Voraussetzungen all dessen, was in den historischen Büchern Jos–2Kön, den vorderen Propheten, folgt. Im Erzählzusammenhang nimmt es eine retardierende Funktion wahr, indem es die Vorgeschichte, Geschichte und Gesetz, mit Blick auf die kommende Geschichte rekapituliert. Die Forschung geht seit de Wette einhellig von der ursprünglichen Selbständigkeit des Dtn aus. Folglich muss es „zwischeneingetreten" sein. Nur ist unklar, wo es zuerst hingehört, ob an das Ende von Gen–Num, an den Anfang von Jos–2Kön oder dazwischen. Die Frage berührt das Problem der Abgrenzung von Tetrateuch, Pentateuch, Hexateuch und Enneateuch.[1] Die ältere Forschung rechnete bekanntlich mit einem hexateu-chischen Zusammenhang, in den das Dtn vor, mit oder nach der Verbindung der Quellen JE und P eingesetzt wurde, bevor die historischen Bücher Ri und Sam-Kön angeschlossen wurden. In der neueren Forschung hat sich Noth durchgesetzt mit seiner Hypothese eines von Dtn 1 bis 2Kön 25 reichenden deuteronomistischen Geschichtswerkes DtrG, das sekundär mit dem vor- oder nachpriesterschriftlichen Tetrateuch zum Enneateuch verbunden und zuletzt in die beiden Kanonteile Tora (Pentateuch) und vordere Propheten (Jos–2Kön) aufgeteilt wurde. Um die Frage zu entscheiden, kann man von der literarischen Analyse des Dtn nicht absehen. Im Folgenden seien dazu einige Gesichtspunkte zusammengestellt, wobei ich von dem äußeren geschichtlichen Rahmen ausgehe und mich über die wichtige Weichen-stellung in Dtn 5 und den inneren paränetischen Rahmen allmählich an die älteste Gestalt des Deuteronomiums, das sogenannte Urdeuteronomium, herantaste. Nicht wenige der hier vorgetragenen Beobachtungen verdanken sich Studien und Kom-mentar von Lothar Perlitt, andere kann er vielleicht noch brauchen.

I Die Sterbeszene Moses in Dtn 31–34

Ab Dtn 31 geht es für Mose ans Sterben. In 31,1–2a weiß Mose selbst, dass seine Zeit gekommen ist, und beruft darum in 31,7 f Josua zu seinem Nachfolger. 31,2b fügt hinzu, dass er es von JHWH weiß, der ihm schon vorher in der Wüste (Num 20,12; Dtn 1,37; 4,21 f) und nach der Ankunft im Ostjordanland (Num 27,12–14; Dtn 3,23–27) sein Schicksal, das Land nicht betreten zu dürfen, mitgeteilt, gemäß Dtn 3,23–27

---

1 Dazu Auld 1980. Mit den Chiffren bezeichne ich im Folgenden immer nur die Reichweite des literarischen Zusammenhangs, nicht die genaue Zahl der Bücher.

https://doi.org/10.1515/9783111367057-017

auch eine entsprechende Bitte abgeschlagen und wiederholt die Berufung Josuas angeordnet hat (Dtn 1,38 sowie Num 27,15–23; Dtn 3,21 f.28). In 31,14 f.23 wird Mose ein weiteres Mal von Jhwh über seinen bevorstehenden Tod in Kenntnis gesetzt und darüber, was nun zu tun sei, und er tut es und bestellt Josua ins Zelt der Begegnung. Ein letztes Mal bekommt Mose in 32,48–52 den Tod angesagt und wird von Jhwh wie in Num 27,12 f auf das Gebirge Abarim geschickt, um das gelobte Land zu besehen, das er nicht betreten darf. In Dtn 34 ist es soweit: Mose steigt auf den Berg, stirbt und wird begraben, und Josua rückt an seine Stelle.

Dass diese Texte alle irgendwie zusammenhängen, ist klar.[2] Sie nehmen das Ende Moses und des Pentateuchs in den Blick und leiten über zu Person und Buch Josuas in Jos 1. Doch die Texte liegen nicht alle auf einer Ebene.[3] Die engste Verbindung besteht zwischen Dtn 31,1 f.7 f[4] und Jos 1,5 f: Mose beruft Josua und spricht ihm Mut zu, Jhwh wiederholt den Zuspruch. Dazwischen liegt Moses Tod in Dtn 34/Jos 1,1 f. Alles weitere in Dtn 31–34 ist nachträglich eingeschoben: Das Moselied 32,1–43 mit Ein- und Ausleitung in 31,16–22.(27b–)30; 32,44(–47) unterbricht die Weihe Josuas in 31,14 f.23, der Mosesegen in Dtn 33 den Zusammenhang von Ankündigung und Eintritt des Todes in 32,48–52 und Dtn 34; die Weihe Josuas in 31,14 f.23 (mit Wiederaufnahme von V. 7 f) unterbricht ihrerseits die Aufzeichnung des Gesetzes in 31,9–13.24–26a (32,46 f), diese wiederum den Zusammenhang von erster Josuaberufung in 31,1 f.7 f und Moses Tod in 32,48–52 und Dtn 34/Jos 1,1 f; zwischen 31,1 f.7 f und Jos 1 sind schließlich 32,48–52 und das Meiste in Kap. 34[5] sekundär. Daraus ergibt sich folgende, ungefähre relative Chronologie: Ausgehend vom Tod des Mose in 34,1–6, von dem alles Übrige abhängt, erfolgte zuerst die Verklammerung mit Jos in Dtn 31,1 f.7 f und Jos 1,1–6, anschließend – nach der Niederschrift des Gesetzes in Dtn 31,9–13.24 ff – die göttliche Bestätigung Josuas in 31,14 f.23 und schließlich – nach den Unterbrechungen in Dtn 31 – die Wiederaufnahme von Num 27,12 ff in 32,48–52 vor Dtn 34; Moselied und Mosesegen fallen ganz heraus.

Von den drei Versionen der Schlussszene werden für gewöhnlich Dtn 31,1 f.7 f; 34,1–6 zusammen mit 1,37 f; 3,21–28; 4,21 f dem Deuteronomisten (Dtr), 34,7 f mit Num 20,12; 27,12 ff; Dtn 32,48–52 der Priesterschrift (P) zugeschrieben. Doch ganz so einfach liegen die Dinge nicht. Für Num 27,15–23 und Dtn 32,48–52 hat Noth[6]

---

2 Vgl. Lohfink 1990, 83–97.

3 Noth 1957, 39 f.190 f.213; zur Sortierung der Texte auch Garzía López 1997.

4 V. 3–6 sind Zusätze.

5 V. 5(ab עבד).7–8.9.10–12. Auch der Aufstieg des Mose zur Besichtigung des Landes in V. 1–4 (mit Zusätzen in V. 1bβ–3.4) ist gegenüber der einfachen Todesnachricht in V. 5 f vermutlich sekundär. Zur Erzvätertypologie s. u. Anm. 54, zum Grundtext Anm. 73.

6 Noth 1957, 190 f.215; ders. 1982, 185; vgl. auch Mittmann 1975, 110–112.

kombiniert, für Dtn (1,3) 32,48 ff und 34,7 f(.9.10–12) Perlitt[7] den Nachweis erbracht, dass es sich um Zufügungen handelt, die jenseits von Dtr und P liegen. Und auch für Dtn 31,14 f.23 beginnt sich die richtige Auffassung durchzusetzen, dass man es nicht mit dem Fragment einer alten Quelle, sondern mit einer literarischen Ergänzung zu tun hat, die Deuteronomistisches und Priesterschriftliches in sich vereint.[8] Für welche der anderen Stellen, die auf den Tod des Mose in Dtn 34,1–6 und die Beauftragung Josuas in Dtn 31,1 f.7 f (Jos 1) zielen, das noch gilt, sei dahingestellt.[9]

Der literarische Horizont solcher Mischtexte ist weder DtrG noch P, sondern der werdende Pentateuch, dessen Ende mit Dtn 32,48–52 und 34,1–12 erreicht ist. Darauf führen die sachlichen und literarischen Querbeziehungen und die literarhistorische Stratigraphie dieser Texte, die den Zusammenschluss von P und JE[10] und die Inkorporation des Dtn in den Pentateuch voraussetzen. Schon in Num 27,12–23 kündigt sich das Ende an. Der Erzählfaden wird angehalten, alles, was folgt, soll sich von nun an in der von Num 27,12 ff ins Auge gefassten Situation abspielen. Zusammen mit der erneuten Bestandsaufnahme des Volkes (Num 26) leiten der Blick aufs Land, die Ankündigung des Todes und die Installation des Nachfolgers in Num 27,12 ff die letzte große Etappe der Gesetzgebung nach der Offenbarung auf bzw. an dem Sinai (Ex 19–Lev) und in der Wüste (Num 1–19) ein, die in den Gefilden Moabs stattfindet und weitere Gesetze (Num 28–30), in der Hauptsache aber Anweisungen zur Landnahme und Landverteilung sowie die Promulgation der Gesetze für das Leben im Land enthält (Num 28–36 + Dtn).[11]

---

7 Perlitt 1994, 123–143, bes. 133–141.

8 Vgl. Noth 1948, 35 Anm. 125; Mittmann 1975, 113 Anm. 37; Blum 1990, 85 ff, der die Reminiszenzen an P allerdings bestreitet (ebd. 86).

9 Dtn 1,37 f und 3,21 f sind längst als Zusätze erkannt (Steuernagel 1923, z.St), 4,21 f setzten 1,37 f voraus; die Einordnung entscheidet sich hier wie im Falle von 3,23–28 an der Beurteilung von Dtn 1–3 im Ganzen (s. u. II–III). Auch Num 27,12–14 sind nicht über jeden Zweifel erhaben: Mittmann 1975, 107 f.110 hält V. 13b.14 (ab „auch du" in V. 13a) für einen Zusatz; Perlitt 1994, 132 rechnet V. 12–13a nur noch „allenfalls" zu P; Pola 1995, 95–97.98 spricht diesen wie alle anderen Num-Texte P^G ab; Aurelius 1988, 187 f rückt ihn sachlich in die Nähe von Dtr. Die Sprache ist allerdings die von P (vgl. Gen 25,8.17; 35,29; 49,29.33 sowie Num 20,24.26).

10 Mit JE bezeichne ich, wie üblich, den vor– bzw. nichtpriesterschriftlichen Text des Tetrateuchs, der Einfachheit halber ohne Unterscheidung von Gen und Ex–Num.

11 Vgl. Wellhausen 1899, 181 Anm. 1, zur Stellung von Num 27,12 ff ebd. 112 f; Blum 1990, 227. Num 25–36 besteht überwiegend aus späten Auffüllungen, die sich zwischen die Ankunft in Moab (Num 22,1; 25,1) und Moses Abschiedsrede (Dtn 1–30) vor seinem Tod (Dtn 31–34 mit oder ohne Fortsetzung in Jos–2Kön) geschoben haben. Vgl. Noth 1957, 192–203.217; ders. 1948, 8.16; Auld 1980, 72–83. Num 27,12 ff dient sowohl für die Landverteilung als auch für die Abschiedsrede als Scharnier.

Mit dem Tod des Mose ist diese dritte Epoche der Gesetzgebung vor dem Eintritt ins Land abgeschlossen. Die Wiederaufnahme von Num 27,12–14 in Dtn 32,48–52 und 34,9 bekräftigt die Zäsur, verlegt aber den Epocheneinschnitt vom Anfang ans Ende der Epoche. Mit Bedacht beschränkt sich die Wiederholung auf den noch nicht ausgeführten Tod des Mose. Die Installation Josuas gilt nach Num 27,15–23 als vollzogen und wird in 31,3b.7 f von Mose, in 31,14 f.23 von JHWH nur noch einmal bestätigt, in Dtn 3,21 f; 34,9 ist sie vorausgesetzt. Die Wiederaufnahme soll also nicht einfach Koinzidenz herstellen, sondern führt die Erzählung weiter und ist als zweite, definitive Aufforderung nach Num 27,12 ff und der Gesetzgebung in Moab gedacht, wozu die Rückblicke auf eine frühere Anweisung in Dtn 1,37 f; 3,23–28; 4,21 f; 31,2b das Ihre beitragen. Damit setzt die Ankündigung aus Num 27,12–14 in Dtn 32,48 ff unmittelbar vor ihrer Ausführung den Schlusspunkt hinter sämtliche drei Epochen der Gesetzgebung (Sinai, Wüste, Moab), die von Jos 1 an in Kraft treten soll. Der Tod des Mose in Dtn 34 markiert auf dieser Stufe den Abschluss des Pentateuchs als Tora.

Als solche steht der Pentateuch auf sich und kann im Weiteren als „Tora/ Buch des Mose" zitiert bzw. unter dieser – ursprünglich auf das Dtn bezogenen – Bezeichnung subsumiert werden. Darum auch die immense Auffüllung der Gesetzgebung in sämtlichen Teilen und die Vorwegnahmen von Themen der folgenden historischen Bücher im Pentateuch. In der Tora soll alles im Voraus gesagt sein und darf nichts fehlen, was für Landnahme, Landverteilung und das Leben im Land wichtig ist. Gerade die Vorwegnahmen, z. B. die Bestallung Josuas zum Nachfolger Moses, zeigen aber auch, dass die Abtrennung des Pentateuchs nicht die völlige Verselbständigung eines Literaturwerkes bedeutet. Auch und gerade der Abschluss des Pentateuchs als Tora des Mose sucht den erzählerischen und theologischen Anschluss an das Folgende, an die historischen Bücher in den vorderen Propheten, wie auch umgekehrt die historischen Bücher Bearbeitungen und Angleichungen im Sinne des (priesterschriftlich-deuteronomistischen) Pentateuchs erfahren haben.[12] Im Sinne der Tora erzählen die historischen Bücher, was aus ihren Vorgaben wurde, und zugleich lassen sie auf das hoffen, was daraus noch werden kann. Dass und wie der fertige Pentateuch als Tora sowohl für sich als auch im Erzählzusammenhang von Tora und vorderen (und hinteren) Propheten gelesen werden konnte und gelesen wurde, belegen die Nachschriften, etwa Ps 106, Neh 9, das chronistische Geschichtswerk, der Väterhymnus Sir 44–49 (mit Zäsur in 46,1!) u. a. m.

---

12 Vgl. Blum 1990, 109–111 sowie 224 ff.

II Die Erinnerung der Wüstenzeit in Dtn 1–3

Verbindungen nach beiden Seiten, Num und Jos, weist auch der vordere historische Rahmen Dtn 1–3 auf.[13] Die literarischen Beziehungen sind nicht einlinig, sondern wechselseitig.[14] Das bedeutet, dass sowohl in Dtn 1–3 als auch zwischen und in den Bezugstexten literarkritisch differenziert werden muss. Legt man in Dtn 1–3 die vom Text an die Hand gegebenen Kriterien an,[15] kommt man ungefähr auf folgenden Grundbestand: Überschrift 1,1*, Abmarsch vom Horeb zum Gebirge der Amoriter 1,6–7a (bis „Amoriter").19a.20 (darin eingeschoben: Einsetzung von Helfern V. 9–18), Kundschafter 1,22abα.23–24a.25–27.34–35aαb.(36.37 f) 39 (ab „und eure Söhne").40.41–45,[16] Umgehung des Gebirges Seir nach der Wüste Moab 2,1–3.8b (darin eingeschoben: Durchzug durch Edom V. 4a.5–6.8a), Überschreitung des Arnon V. 9aα¹.24aα (darin eingeschoben: Durchzug durch Moab und Ammon und Tod der Wüstengeneration V. 13–19[17]), Sihon und Og 2,26–28.29bα[18].30a.31.32–35.36[19]; 3,1–7*.8.10a, Verteilung des Ostjordanlandes 3,12–13a, Gebet Moses und Antwort Gottes 3,23–28, endgültiger Lagerplatz 3,29.

Man könnte meinen, die historische Einleitung sei schon in 2,8b an ihrem Ziel, dem Ort der Verkündigung des Gesetzes Dtn 5 ff, angelangt.[20] Doch das Gesetz müsste dann im Laufen mitgeteilt worden sein, denn Israel befindet sich in 2,8b noch „auf dem Weg nach der Wüste Moab", erst in 3,29 lässt es sich nieder. Näher liegt übrigens der direkte Anschluss vom Marsch ins Gebirge der Amoriter in 1,6.7a.19a.20 zur Schlacht mit Sihon und Og, den Königen der Amoriter, in 2,26–

---

13 Von Dtn 4 sehe ich ganz ab. Zur Begründung vgl. Dillmann 1886, 228.

14 Vgl. Blum 1990, 177 ff.

15 Sg.-Anrede, archäologische Glossen usw. Vgl. Kommentare seit Steuernagel 1923; Hölscher 1992, 163 f Anm. 1. Weiterführende Gesichtspunkte bei Mittmann 1975; Veijola 1988b, 252 und 259 Anm. 46; Perlitt 2013 z.St; zum Methodenstreit ders. 1994, 109–122.

16 2,1 schließt nahtlos an 1,40 an. Die V. 41–45 gehören hier ebenso viel oder wenig dazu wie in Num 14,40–45.

17 Die – ihrerseits entbehrliche – pluralische Itinerarnotiz in V. 9aα¹.24aα wurde einerseits in V. 13–17 verdoppelt und um die Chronologie ergänzt, andererseits in V. 9.18 f im Sg. an die Edomszene angeglichen, schließlich mit den antiquarischen Glossen V. 10–12.20–23 aufgefüllt. Die Schonung Moabs und Ammons erklärt sich aus dem Vorbau der Vätergeschichte.

18 Merkwürdig ist die Tatsache, dass der Doppelgänger in 3,1–11 den aus Num 20,14.17; 21,21 f gespeisten Vorspann nicht übernimmt. Du und Ich in V. 26–29 gehen wie in V. 17 ff (anders V. 4–8) der Natur nach nicht auf Mose (Perlitt 2013, 203), sondern auf Israel (Wellhausen 1899, 198).

19 Die Gebietsangaben hier und in 3,8.10a dürften an beiden Stellen nachgetragen sein. Die Parallele in Num 21 hat sie nicht, dafür das Spottlied über Hesbon.

20 So Mittmann 1975, 165 f für das selbständige Dtn.

3,11.[21] Die Kundschaftergeschichte in 1,22 ff mit geographischer Überleitung in 2,1–3.8b(.9–24), die die von der Überlieferung vorgegebene Landnahme von Osten (und das „um euretwillen" in 3,26) mit Rückgriff auf Num 13 f theologisch und nicht, wie in Num 20,14 ff, historisch motiviert[22] und die Amoriterfeldzüge zur exemplarischen Antithese stilisiert, wäre dann nachgetragen.[23] So wird man, ob mit oder ohne Kundschafter, auf alle Fälle die ostjordanische Landnahme und den Abschluss in Dtn 2 f bis und mit der letzten Station 3,29 (vgl. 34,6) zum ursprünglichen Text zählen müssen.[24] Dasselbe lässt sich von der Edomepisode 2,4–8a nicht behaupten,[25] die, ebenso wie 1,9–18, den sprachlichen und geographischen Zusammenhang zerreißt.

Das durch immanente Kritik gewonnene Ergebnis deckt sich in etwa mit den literarischen Verhältnissen im Numeribuch, wo sämtliche Episoden, mit Ausnahme der nicht zurückgetragenen Überschüsse (2,9–24, anders 3,1 ff/Num 21,33–35), eine Parallele haben (Num 11; 13 f; 20,14–21; 21,21–35; 27,12–23; 32; Itinerar als Überbrückung Num 21,10–20/Dtn 2,9–24). Es handelt sich fast durchweg um Texte, die man im Allgemeinen zum vorpriesterschriftlichen Kern von Num rechnet, nicht zuletzt aufgrund von Dtn 1–3, das „geradezu als Leitfaden zur Ermittlung von JE"[26] diente. Grundsätzlich liegt die literarische Abhängigkeit auf Seiten des Dtn. Nur muss man die Schichtung in Dtn 1–3 beachten und die Texte in Num und deren eigene Literargeschichte dazu ins Verhältnis setzen und außerdem in Rechnung stellen, dass die Verfasser vielleicht nur eine Auswahl treffen wollten, wofür die nachträgliche Aufnahme von Num-Vorlagen und die Auslassung der Bileamperikope Num 22–24 sprechen. Allzu viel darf man auf die Parallelität also nicht geben.

Unter diesem Vorbehalt zeichnet sich als Vorlage für Dtn 1–3 in Num ein Textzusammenhang zwischen Sinai und Moab ab, der sich, von den Einzelheiten und den in diesem Bereich ganz fraglichen Quellenzuweisungen einmal abgesehen, etwa fol-

---

21 Die Lokalisierung der Amoriter im Süden ergibt sich erst aus den nachgetragenen Ortsnamen in 1,7.19b und der Kundschaftergeschichte 1,22 ff. Sie stehen für die Amalekiter von Num 14,41–45, vgl. Num 13,29.

22 Im – kaum ursprünglichen – Zusammenhang begründet Num 13 f (mit 14,25) vorgreifend den in 20,14 ff wie selbstverständlich eingeschlagenen Weg nach Edom, Num 20,14 ff die Umgehung Edoms (vgl. Noth 1987, 132 f). Dtn 2,1 ff fasst nach 1,22–45 beide Stationen zusammen, darum die Abänderung von Num 20,14 ff in einen Durchzug durch das östliche Edom in Dtn 2,4–8.

23 Dies erklärte den zuletzt von Perlitt 2013, 89 notierten Unterschied zu Dtn 2 f, „wo das historisch–geographische Material stärker im Vordergrund steht und sich in geringerem Maße zur Theologisierung anbietet." Untheologisch sind Dtn 2 f keineswegs (vgl. nur 3,23 ff), doch heben sich davon die nach und nach angewachsenen „theologischen Vertiefungen" (ebd. 91 zu 1,28–33) deutlich ab.

24 So Veijola 1988b, 252.255.

25 So Perlitt 2013, 145 ff.

26 Wellhausen 1899, 197.

gendermaßen umreißen lässt: Das Gerüst bildet das Itinerar vom Sinai (Num 10,12a bzw. 10,33a) über Kadesch (20,1aβb) nach Moab (Num 21,10–20 bzw. 22,1; 25,1a). In dieses Gerüst wurden nach und nach die Begebenheiten zwischen Kadesch und Moab eingebaut: die beiden für den Kontext gebildeten, voneinander abhängigen[27] Varianten Num 20,14–21 und 21,21–32, die einmal einen unmittelbaren, später durch das Stationenverzeichnis 21,10–20 überbrückten Zusammenhang bildeten, zwischen 20,1aβb und 22,1; irgendwann auch die ältere, von Dtn 1–3 ignorierte Überlieferung Num 22–24 zwischen 22,1 und 25,1a, von wo die westjordanische Landnahme in Jos 2,1; 3,1 ihren Ausgang nimmt.

Es ist schon merkwürdig, dass Dtn 2–3, auch die Einfügung und Umdeutung[28] der Edom-Szene 2,4–8a mit überleitendem Itinerar und weiteren Ergänzungen in 2,9–24, nur auf die beiden letzten Episoden vor der Ankunft in Moab Bezug nehmen, nicht aber auf Bileam (vgl. Dtn 23,5 f; Jos 13,22; 24,9 f). Weiter vorausgesetzt ist in 3,23 ff eine Ankündigung, dass Mose das Land nicht betreten darf, wofür als Referenz nur Num 27,12 ff, des näheren V. 12.13a, in Frage kommt.[29] Bezüge zu Num 32 f (Jos 1,12 ff) finden sich in den Nachträgen von Dtn 3 (V. 14–20), während sich der ältere Text (2,36; 3,1 ff.12–13a) in der Hauptsache mit Jos 12 f berührt.[30] Und schließlich muss als Vorlage für Dtn 1 f die Kundschaftergeschichte Num 13–14

---

27 Vgl. Mittmann 1975, 74 f einerseits, Levin 1993, 380 andererseits. Über die Richtung der Abhängigkeit entscheidet nicht nur der Textvergleich, sondern auch der Kontext. Wäre Num 21,21 ff primär, müsste dem das Itinerar 21,10–20 vorangegangen sein, das Israel von Kadesch (20,1) ins Ostjordanland führt. Doch das Verzeichnis führt zu weit (Wellhausen 1899, 108) und ist ein spätes Konglomerat (Noth 1987, z.St.). Auch 21,5 kommt als Übergang nicht in Frage, denn hier ist bereits der Abstecher zum Berg Hor 20,22–29 (und nach Horma in 21,1–3; vgl. 13,40–45) vorausgesetzt. Anders die Episode 20,14–21, die nahtlos an 20,1aβb anschließt und nach der unbestimmten Angabe 20,21 ursprünglich durch 22,1, später durch 21,21 ff weitergeführt wird.

28 Vgl. Anm. 22. Es gehen zusammen Num 20,14 ff und Dtn 2,1 f (Umwanderung Edoms), Num 21,10 ff und Dtn 2,4–8.9 ff (Durchquerung der ostjordanischen Staaten).

29 Im vorliegenden Kontext mag in Dtn 3,23 ff (bes. V. 26aα) an den früheren Bescheid in 1,37 (davon abhängig 4,21 f) gedacht sein, doch ist der literarisch jünger. Das „in jener Zeit" von 3,21(.18) weist eindeutig in die Zeit der ostjordanischen Landnahme Dtn 2–3, d. h. exakt in die Zeit von Num 20,14 ff; 21,21 ff; 22,1/25,1 + 27,12 ff. Die Ortsangaben von Num 22,1; 25,1a; 27,12 (und wieder Jos 2,1; 3,1) werden in Dtn 3,27.29 an 34,1.6 angeglichen. Der Bezug ist auch ohne Num 27,13b–14.15 ff gegeben: Das „um euretwillen" in 3,26 bezieht sich auf die Kundschaftergeschichte und ist ein – an passender Stelle bei der Nachfolgeregelung angebrachter – erster Versuch, den Ausschluss Moses von der Landnahme zu begründen. 1,37 f trägt dies in die Situation selbst ein, Num 20,12.24; 27,14; Dtn 32,50 f machen an höchst unpassender Stelle Mose (und Aaron) selbst dafür verantwortlich. Die Nachfolgeregelung Dtn 3,28 trägt 31,7/Jos 1,6 in die Situation von Num 27,12 f ein; bei der Auffüllung durch Num 32 ff wird dies der Anhalt für die Ergänzung von Num 27,15–23 gewesen sein.

30 Vgl. Noth 1943, 36 f.44 ff; Mittmann 1975, 88 ff.104 ff.

zwischen Num 10 und 20,1 gestanden haben,[31] für die ein Abstecher in die Wüste Paran gemacht wird (10,12b/12,16),[32] bevor man nach Kadesch gelangt. Früher oder später wurde mit der Einfügung von 20,1aα.2–13 Kadesch (V. 1.14 f) in die Wüste Zin verlegt. Eine Glosse in Num 13,26 versuchte Ordnung zu schaffen und brachte damit alles durcheinander. Aber auch andere sehen Israel von Num 13 an bis zum Aufbruch in 20,22 in Kadesch lagern oder dorthin zurückkehren, nur nennen sie, mit Ausnahme von Dtn 1,1 f, nicht die Wüste Paran (Num 32,8; 33,36 f; 34,4; Dtn 1,2.19.46; 2,14; 9,23; Jos 14,6 f). Wie so oft beruht auf den jüngsten Belegen die Spekulation über das vorstaatliche Israel, die sog. Kadesch-Hypothese.

Dtn 1–3 im vollen Umfang nimmt Anfang (Num 13 f, in einem Nachtrag Num 11/Ex 18) und Ende (Num 20 f; 27,12 f) dieser so rekonstruierten Darstellung der Wüstenzeit zwischen Sinai und Moab auf. Rechnet man mit Vorstufen in Dtn 1–3, dann wäre zuerst entweder nur der Anfang (Num 13 f + 20,14–21 in Dtn 1,6–2,8b) oder nur das Ende (Num 21,21 ff + 27,12 f in Dtn 1,6 f.19 f + 2,26–3,29) reproduziert. So oder so lebt Dtn 1–3 schon im Grundbestand von literarischen Anleihen aus dem Numerischluss und weist mit der ostjordanischen Landnahme in Dtn 2 f und der Einführung Josuas in Dtn 3,28 zugleich voraus auf die bevorstehende westjordanische Landnahme in Jos.

Der Befund ist bekannt, doch wie ist er zu deuten? Wellhausen schreibt: „Die letztere Operation (sc. Einsetzung des Dtn in den Hexateuch) ist nur nach hinten durch äusserlich hervortretende Bindemittel (Kap. 31) erfolgt, nach vorn sind solche nicht sichtbar. Denn Kap. 1–4 hat offenbar nicht den Zweck, an die vorhergehende Erzählung anzuknüpfen, vielmehr sie ausführlich zu recapitulieren, d. h. zu ersetzen."[33] Dieses „offenbar" ist die später kaum mehr hinterfragte Voraussetzung für Noths Hypothese, dass in Dtn 1–3 der Anfang des DtrG zu finden sei.[34] Doch die zurückliegende Geschichte, die Wüstenzeit von Num 11–27 im historischen Rahmen Dtn 1–3, der Sinaiaufenthalt ab Ex 19 in Dtn 4 f, wird ja nicht nur wiederholt, sondern – und das in der historisch falschen Reihenfolge – ausdrücklich und durchgehend als Erinnerung an Früheres dargeboten. Die historische Situation des Rückblicks knüpft exakt dort an, wo die erinnerte Vorgeschichte nach Num 13 f und 20 f in 22,1; 25,1a; 27,12–13a endet. Und die Erzählung in Dtn 31–34 (31,1 f.7 f; 34,1–6), die zu Jos überleitet, setzt nach der langen Rede Dtn 1–30 dort auch wieder ein.

---

31 Es fehlten noch Num 15 und 18 f, vermutlich auch Num 16 f.

32 Num 13 f ist ein Einschub. Die Wegegeschichten in 20,14 ff; 21,21 ff sowie 22–24 setzen ihn und Num 20,1aα.2–13 nicht voraus. Die Wiederaufnahme in 12,16 lässt vermuten, dass die weiteren Abstecher in Num 11 f (11,3.35) noch später eingeschoben wurden.

33 Wellhausen 1899, 193.

34 Ein weiterer Grund ist der, dass Noth in Jos die alten Quellen nicht mehr fand. Vgl. Noth 1943, 180–182; dazu auch Wellhausen 1899, 116 f.

Wozu aber der rhetorische Aufwand des Rückblicks in einem selbständigen Dtn oder DtrG? Dillmann[35] sah die Schwierigkeit und meinte darum, der Bericht sei zunächst in Erzählform geschrieben und erst im Zuge der Zusammenarbeit von JE und Dtn in eine Moserede umgesetzt worden. Als Beweis dafür dienten ihm die im Er-Stil formulierten archäologischen Glossen. Die Hypothese ist falsch, die dahinterstehende Auffassung von der Funktion der Rede aber richtig. Die Frage lässt sich auch literarkritisch nicht aus der Welt schaffen,[36] indem man eine Grundschicht von Dtn 1–3 für das selbständige Dtn oder die Erstausgabe des dtr. Werkes DtrH reklamiert und erst die Sekundärschichten für die Anbindung des Dtn oder DtrG an den Tetrateuch verantwortlich macht. Numeri- und Josuabezüge und der literarische Kunstgriff des Rückblicks sind Dtn 1–3 von Anfang an eigen. Nimmt man hinzu, dass Dtn 1–3, um das gewünschte Verständnis zu erreichen, nicht nur die Kenntnis der Stoffe (nicht zuletzt das Wissen um Person und Bedeutung von Mose!), sondern die Textkenntnis der Numeriparallelen voraussetzt,[37] so ist der umgekehrte Schluss unausweichlich: „Offenbar" hat die rhetorische Fiktion von Dtn 1–3 den Zweck, an die vorhergehende Erzählung anzuknüpfen.

Das Resultat hat Folgen. Mit dem Anfang in Dtn 1–3 fällt die literarische Voraussetzung für die Hypothese Noths, nicht etwa, weil der Anschluss an Jos fehlte,[38] sondern weil schon die Grundschicht in Dtn 1–3 Anschlüsse nach beiden Seiten, Num und Jos, aufweist. Der literarische Horizont von Dtn 1–3 ist entweder der Hexateuch oder der Enneateuch, möglich ist auch der Pentateuch im Sinne des oben unter I. definierten Verhältnisses von Tora und (vorderen) Propheten. Noths Hypothese behält insoweit ihr Recht, als Dtn 1–3 über die Rekapitulation der Sinaiereignisse in Dtn 5 hinaus einen weiteren, auch in die folgenden historischen Bücher reichenden Horizont eröffnet. Und auch darin behält sie recht, dass die historische Rekapitulation einen den Erzählfluss retardierenden Einschnitt markieren möchte, nur eben einen Einschnitt im Anschluss an die vorangehende Erzählung, d. h. eine Zäsur im selben narrativen, wenn nicht literarischen Kontext.

III Historischer Rahmen und Gesetz

Noth begründet seine Auffassung von Dtn 1–3 damit, dass das „Stück ... gar keine spezielle Beziehung zum deuteronomischen Gesetze, wohl aber ein ganz unmittel-

---

35 Dillmann 1882, 228 ff; dazu Puukko 1910, 124 ff.
36 So Mittmann 1975 und Veijola 1988b.
37 So Lohfink 1990, 15–44; zustimmend Perlitt 1994, 120; ders. 2013, 30 f.
38 So Mittmann 1975, 177 f.

bares Verhältnis zum deuteronomistischen Geschichtswerk" habe.[39] Das wiederum
brachte Gerhard von Rad auf den Gedanken, dass es „in Dt. 31,1 ff. einmal seine
unmittelbare Fortsetzung hatte".[40] Veijola verbindet das eine mit dem anderen
und findet in dem historischen Rahmen Dtn 1–3 die ursprüngliche Einleitung eines
„Deuteronomistic Historian" DtrH, der Erstausgabe des Nothschen DtrG, das – ganz
gegen Noths Definition des Deuteronomisten – das dtn Gesetz und alle Rückverweise auf es noch nicht enthielt.[41] Die Einfügung des dtn Gesetzes mit allem, was es
in Jos–2Kön nach sich zog, schreibt er dem „Nomistic Deuteronomist" DtrN zu, der
in etwa Noths Deuteronomisten entspricht. Es ist klar, dass sich der Anschluss von
Dtn 1–3 an die vorangehende Erzählung, mit dem von Rad und Veijola im Gefolge
von Noth natürlich gar nicht rechnen, damit nicht verträgt. Lässt sich auf diese
Weise das selbständige DtrG doch noch retten? Kaum. Das Dtn ist, wie viele biblische Bücher, von innen nach außen gewachsen. Dtn 1–3 erweist sich bei näherer
Prüfung der literarhistorischen Relationen sowohl gegenüber dem hinteren historischen Rahmen als auch gegenüber dem paränetischen Rahmen in Dtn 5 ff und
also auch gegenüber dem Gesetz als sekundär.

Ich beginne mit dem Verhältnis zum hinteren geschichtlichen Rahmen in Dtn
31–34. Auf das relativ älteste Stratum stößt man, wie oben gesehen, in 31,1 f.7 f und
34,1–6. 31,1 f markiert einen Redeeinschnitt. Je nachdem, für welchen Textzeugen[42]
man sich entscheidet, beziehen sich „alle diese Worte" auf die folgende oder auf
eine vorangehende Rede. Auf gar keinen Fall aber kann der Neueinsatz unmittelbar
an Dtn 1–3 angeschlossen haben. Nach 3,27 würde sich Mose in 31,2 ohne Grund
wiederholen. Die Wiederaufnahme ist nur dann sinnvoll, wenn etwas dazwischen-
stand. Folglich beziehen sich „diese Worte" in V. 1 entweder auf das, was nach dem
Gesetz folgt, oder auf das Gesetz selbst. Es ist bereits historisiert, d. h. es schloss in
Kap. 26 oder mit 30,15–20.

Aber auch so verwundert die Wiederholung von 3,27 in 31,2. In 31,2 klappt sie
nach und scheint auf der Grundlage von 3,27 nachgetragen zu sein:[43] Mose stirbt,
weil er alt ist (V. 1–2a), und (noch) nicht, weil Jhwh es so will (V. 2b; 34,5b). Auch
die Berufung Josuas in 31,7 f erfolgt ursprünglich – mit Blick auf Jos 1 – *sua sponte*
und erst in dem tertiären Vers 31,3b, der die sekundären Anspielungen an Dtn
1–3 in 31,3–6 schon voraussetzt, wie in 3,28 nach göttlicher Anordnung. Folglich

---

39 Noth 1943, 14 und ebd. 15. Zustimmend zuletzt Perlitt 2013, 27 f.

40 Von Rad 1964, 33; vgl. schon Dillmann 1882, 229.386, sowie Preuss 1982, 22.84.

41 Veijola 1988b, 253–255.

42 M: „Und Mose ging hin und sprach alle diese Worte"; G und Qumran: „Und als er fertig war, alle
diese Worte zu reden".

43 Vgl. Puukko 1910, 119 f, der aber 31,1 f.7 f insgesamt von Dtn 1–3 abhängig sein lässt.

kommt 31,1–2a.7 f die Priorität vor Dtn 1–3 zu. Damit scheidet auch die Möglichkeit aus, dass auf Dtn 1–3 unmittelbar Dtn 34 gefolgt wäre. Der Erzählschluss in Dtn 31–34 kommt ohne die Ankündigung in 3,23–29 aus, diese aber ist auf die Ausführung in Dtn 31–34 angewiesen und daraufhin formuliert. Außer 31,1–2a.7 f ist dabei die Rahmung durch Ankündigung und Eintritt des Todes in Num 27,12 f und Dtn 34,1–6 vorausgesetzt,[44] die in Dtn 3,23–29 berücksichtigt wird, durch Nachträge in Num 27,13b–14.15–23; 31,2b.3–6; 34,1–6.7 f aufgefüllt und schließlich – im Rahmen des Pentateuchs – durch Wiederaufnahme von Num 27,12 ff in Dtn 32,48–52 und 34,9(.10–12) zusammengezogen wurde.

Auch gegenüber der Paränese in Dtn 5–11 ist der historische Rahmen in Dtn 1–3 sekundär. Zwar enthält er außer der Zufügung von 1,5 in der Tat keine explizite Anspielung auf das Gesetz, während die Paränese mit Anspielungen auf die Geschichte, auch die in Dtn 1–3 rekapitulierte, voll ist. Doch muss man dazu Folgendes bedenken: Dtn 1–3(4) steht vor dem Konglomerat von Überschriften in 4,44–5,1. Wellhausen[45] schloss daraus auf verschiedene, voneinander unabhängige Ausgaben des Dtn. Seit Hölscher[46] kann diese Annahme als erledigt gelten, der Befund erklärt sich am besten mit der Ergänzungshypothese. Dazu stimmt, dass die Grundschicht von Dtn 1–3 in Pl.-Anrede gehalten ist, dem Stil der Ergänzungen in Dtn 5–11 und 12 ff. Dazu stimmt auch die Beobachtung Steuernagels,[47] dass Dtn 1–3 die in den Rückblicken von Dtn 5–11 klaffende Lücke der 40 Jahre zwischen Horeb (Sinai) und Moab schließt. Gegenüber der älteren Historisierung des Gesetzes, die lediglich die Situation vor Eintritt ins Land vor Augen hat, führt Dtn 1–3 die – aus Num 13 f gespeiste, in Num 26,63–65; 27,13 f; 32,7 ff nachgetragene und wohl auch in die doppelsinnige Aussage Dtn 5,2 f hinein- oder aus ihr herausgelesene – Differenzierung der Wüstengenerationen neu ein (1,34 ff; 2,14 f.16), wodurch der Widerspruch entsteht, dass die auf die Angelegenheit Angesprochenen von Rechts wegen längst tot sein müssten.[48] Auch Veijola[49] kommt nicht darum herum, für Dtn 1–3 wenigstens die Kenntnis des dtn Gesetzes,

---

44 S.o. Anm. 29 sowie Mittmann 1975, 112–115. Die geographischen Angaben – das Gebirge Abarim (Num 27,12) mit dem Gipfel des Pisga in den Gefilden Moabs (Dtn 3,27; 34,1; vgl. Num 22,1; 23,14) gegenüber Bet-Peor (Dtn 3,29; 34,6) – schließen sich nicht aus, sondern ergänzen einander. Nur der Berg Nebo in Dtn 34,1 tanzt aus der Reihe und scheint hier wie in 32,48 nachgetragen, vielleicht nach der gleichnamigen Stadt in Moab (Num 32,3.38) und in der Absicht, Abarim und Pisga auf einen Nenner zu bringen (vgl. Num 33,47).

45 Wellhausen 1899, 193; danach auch Steuernagel in der 2. Aufl. seines Kommentars 1923, 7.

46 Hölscher 1922, bes. 176 ff.

47 Steuernagel 1894, 16.20.30 ff (bei Puukko 1910, 131).

48 Vgl. Puukko 1910, 101 f; Hölscher 1922, 163 f.168; zum Generationenproblem in Dtn 5,2 f s. u. Anm. 63.

49 Veijola 1988b, 255.

namentlich von Dtn 20, zu konzedieren. Die Konstruktion, dass es erst danach – vermittelt nur durch Dtn 4 (und 1,5) – auch in denselben literarischen Kontext geraten sein soll, wirkt gekünstelt. Schließlich sei noch ein letzter, m. E. durchschlagender Gesichtspunkt genannt, den schon Noth geltend machte:[50] Die Stilisierung als Rede Moses, die nur im Anschluss an die vorangehende Erzählung in Num einerseits und im Blick auf Paränese und Gesetz in Dtn 5 ff andererseits einen Sinn ergibt. Ohne das Gesetz liefe die Rekapitulation der Geschichte ins Leere. Mit einem Wort: Dtn 1–3 sind jünger als der paränetische Rahmen in Dtn 5–11, mithin jünger als das Gesetz, und sie schließen sich an den literarischen Kontext von Num, Dtn 5 ff und Jos an.

Das Ergebnis ist von einiger Tragweite und impliziert eine ungefähre zeitliche Einordnung, wenn auch keine absolute, sondern nur eine relative im Verhältnis der literarischen Schichten. Mit dem, was Dtn 1–3 in Num voraussetzt, kann man nur unter Vorbehalt argumentieren. Der klassische JE-Bestand enthält immer sowohl vor- wie nachpriesterschriftliche Schichten, was im Falle der in Grundschicht und Ergänzungen von Dtn 1–3 benutzten Texte im Einzelnen zu prüfen wäre. Die Stücke in Num 20 f, die die Vorlage von Dtn 2 f (Grundtext und Ergänzungen) abgeben, dürften noch vorpriesterschriftlich sein. Schwieriger zu beurteilen sind Num 11; 13 f; 27,12 ff und 32, von denen Num 11 (mit Ex 18) in einem Nachtrag zu Dtn 1 erscheint, Num 13 f kürzlich JE abgesprochen und auf P und „nachendredaktionelle" Ergänzungen verteilt wurde,[51] Num 27,12–23 im Ganzen sicher nachpriesterschriftlich ist, 27,12–13a ebenfalls schon nach P schmeckt und Num 32 ein Problem für sich ist.[52] Und noch einmal: Die Verfasser von Dtn 1–3 haben vielleicht nur eine Auswahl aus einem sehr viel umfänglicheren literarischen Zusammenhang getroffen.

Sichereren Boden betritt man im Dtn selbst. Hier sind das Korpus des Gesetzes in Dtn 12–25, seine theologische Einleitung in Dtn 6,4 f, seine Historisierung in Dtn 26, seine Stilisierung als Promulgation des Gesetzes vom Sinai/Horeb in Dtn 5 und mithin seine – sachliche, wenn nicht literarische (s. u. IV.) – Anbindung an Ex(–Num) und seine literarische Anbindung an Jos durch 31,1 f.7 f etc. vorausgesetzt. Dtn 1–3 kommen als Letztes hinzu und schieben sich in einen älteren Zusammenhang ein. Dies mag ein vorpriesterschriftlicher oder neben der Priesterschrift existierender Hexateuch (Gen/Ex–Jos), ein vorpriesterschriftlicher Enneateuch (JE+Dtn–2Kön) oder ein mit der Priesterschrift aufgefüllter und auch im Weiteren priesterlich bearbeiteter Enneateuch (PJE + Dtn–2Kön) oder alles nacheinander gewesen sein. Das alles aber heißt: Dtn 1–3 gehört nicht an den Anfang, sondern ans Ende der deuteronomistischen Literargeschichte.

---

50 Noth 1943, 15 f; vgl. Perlitt 2013, 33 f.
51 Levin 1993, 375–377.
52 Vgl. Blum 1999, 112–114.

Was soll der nachgetragene Rückblick im literarischen Kontext des Hexateuchs oder Enneateuchs? Dazu ist wieder auf Noths Hypothese eines DtrG zurückzukommen. Abgesehen von den geschichtstheologischen Interessen[53] markiert Dtn 1–3 eine Buchgrenze, die es erlaubt, im Folgenden, d. h. in Jos–2Kön und sogar innerhalb des Dtn selbst (17,18; 28,58.61; 30,10), das Dtn als „Buch" oder „Tora" des Mose zu zitieren. Vorausgesetzt sind dabei die Aufzeichnungsnotiz Dtn 31,9 und natürlich die vom Dtn suggerierte Auffassung, dass in dem zitierten Buch des Mose, also im Dtn, nichts wesentlich anderes stehe als das am Sinai/Horeb geoffenbarte und in Moab nur promulgierte Gesetz, also Ex 19–Num 10. Eine ähnliche Funktion erfüllt die Notiz Dtn 28,69, die Moab- und Sinaibund unterscheidet, aber gerade damit auf ihre Weise – wie 5,2 f auf seine – die sachliche, nicht unbedingt materiale Identität des Gesetzes bezeugt. Das alles sind Anzeichen nicht gegen, sondern für den literarischen Zusammenhang von (Gen[54])Ex–Num, Dtn und Jos–2Kön, in den herkömmlichen Kürzeln: von JE oder PJE und DtrG. Dass Mose in ihm das Gesetz zweimal aufschreibt, einmal am Sinai (Ex 24,4 bzw. 34,27) und noch einmal 40 Jahre später in Moab,[55] hängt – wie die geschichtliche Rekapitulation in Dtn 1–3 – mit dem Lapsus und dem Tod der Wüstengeneration (Ex 32–34; Num 14/Dtn 1,35 ff; 2,14–16) zusammen. Wo die erste Auflage geblieben ist, hat sich keiner gefragt und muss darum auch uns nicht weiter kümmern. Nach Meinung des Dtn handelt es sich um dasselbe Gesetz.[56] In gewisser Weise entspricht der durch Dtn 1–3 allererst in Tetrateuch und

---

53 Vgl. dazu Perlitt 1994, 120 f; ders. 2013, 27 ff.

54 Auf die Vätergeschichte der Gen weisen nur sehr wenige Stellen, vor allem natürlich die namentliche Erwähnung der Patriarchen in 1,8; 9,5.27; 29,12; 30,20; 34,4 (mit 34,1–4 vgl. Gen 12,1; 13,14–17) sowie 10,22; 26,5. Die – relativ – ältesten Belege für die „Väter", 26,3 und 31,7 (wie Jos 1,6; 21,43 f), sprechen vom Land, das Jhwh den Vätern zugeschworen hat, ohne erkennbaren Referenztext in der Gen. Alle übrigen Belege, mag in ihnen an die Exodusgeneration oder auch (wie in Gen 24,7; 26,3; 50,24 sowie Gen 15; 22,17) an die Erzväterverheißungen gedacht sein, sind spät.

55 Auf den Unterschied macht Wellhausen 1899, 194 Anm. 1 aufmerksam. Er ist in der Tat „bewusst und beabsichtigt". Eine Sache für sich sind die „Tafeln" von Ex 24,12; 31,18; 32,15 f.19; 34,1.4.28.29, auf denen laut Dtn 4,13; 5,22; 9,9–11.15.17; 10,1–5 (sowie Ex 34,28) nur der von Gott schon öffentlich proklamierte Dekalog steht. Ohne die Einschränkung in Dtn (4)5 und 9 f beziehen sich allerdings auch die Tafeln in Ex auf das ganze Gesetz, das am Sinai dem Mose zweimal übergeben und in Moab von ihm öffentlich gemacht wird, und geraten so in Konkurrenz zur Niederschrift in Ex 24,4 und Dtn 31,9.24. Das könnte der Anlass für die Einschränkung gewesen sein.

56 Inwieweit das auch P und die legislativen Materialien in Lev–Num betrifft, ist schwer zu sagen. Eine gewisse Analogie ergibt sich aus den Abschlüssen in Ex 23,20–26; Lev 26 und Dtn 28. Im Einzelnen geraten die Dinge jedoch durcheinander: Einiges teilt Mose schon am Sinai oder in der Wüste mit (außer Ex 24,3–8 vgl. 34,31 f; 35–40; Lev 8 f; 16,34; 21,24; 23,44; 24,23); das Meiste wird weder in der Wüste noch in Moab veröffentlicht (vgl. Lev 7,37 f; 10,11; 11,46 f; 13,59; 14,32.54–57; 15,32 f; 26,46; 27,34; Num 36,13). Die Buchgrenze bei Dtn 1–3 könnte nicht zuletzt durch Auffüllungen in Lev–Num veranlasst sein, wie sie umgekehrt die Voraussetzung dafür schafft. Die Fülle der Materialien führt

Dtn–2Kön zerlegte, auch an anderen Stellen (Gen 50/Ex 1, Dtn 31–34/Jos 1, Jos 23–24/ Ri 1–3, Ri 17–21/1Sam 1) in einzelne Bücher aufgeteilte Enneateuch (ohne und mit P) Noths DtrG nach dem Zusammenschluss mit dem Tetrateuch, und beides entspricht in etwa dem, was manche als DtrN bezeichnen.[57]

IV Die Erinnerung der Gesetzesoffenbarung in Dtn 5

Dtn 1–3 ist keineswegs die erste Historisierung des dtn Gesetzes. Sieht man von dem historischen Rahmen in Dtn 1–3 und 31–34 ab, stellt sich für den verbliebenen Text in Dtn 5–30 dasselbe Problem. Auch der paränetische Rahmen in Dtn 5–11 und 26–30 und teilweise das Gesetzeskorpus sind nicht frei von Anspielungen auf die zurückliegende und die bevorstehende Geschichte in den benachbarten Büchern. Vorausgesetzt ist auch hier die Situation im Lande Moab, kurz vor Eintritt in das verheißene Land, die auf die Fortsetzung in Jos zielt. Nötig ist lediglich der Tod des Mose in Dtn 34,1–6 als Übergang.

Rekapituliert und theologisch gewertet werden zudem Ereignisse der Vergangenheit, die sich im Tetrateuch finden, wobei der Exodus als Gründungsdatum der Geschichte Israels im Vordergrund steht. Wie in Dtn 1–3 sind die geschichtlichen Rückblicke in einer Rede Moses ausdrücklich als Erinnerung an Früheres gefasst. Nun traktieren Dtn 1–3 einerseits und Dtn 5 ff andererseits die Geschichte auf ganz unterschiedliche Weise und liegen darum zweifellos nicht auf einer literarischen Ebene.[58] Vielmehr sehen wir in Dtn 5 ff, wie sich die Paränese allmählich des geschichtlichen Stoffs bemächtigt und auch den literarischen Anschluss an die historischen Bücher sucht, bevor die Geschichte in Dtn 1–3 als solche, eingebunden in den Kontext der historischen Bücher des Enneateuchs, zum theologischen Paradigma wird.

Dementsprechend finden sich die deutlichsten geschichtlichen Reminiszenzen in den jüngsten Schichten des paränetischen Rahmens, d. h. in den pluralischen Stücken in Dtn 5; 9 f und 11.[59] Für unsere Frage ist vor allem der Dekalog in 5,1–6,3[60] von Interesse, der nicht, wie Dtn 7–11, zwischen Dtn 6 und 12 eingeschrieben, sondern vorangestellt wurde. Wie längst erkannt, will die Horebszene von Dtn 5 in

---

schließlich dazu, dass sich die drei Epochen des Gesetzgebung (Sinai, Wüste und Moab) additiv zu einem Ganzen verbinden. Zu der an diesen Beitrag anschließenden Diskussion von Dtn 1–3 vgl. Otto 2000a; Heckl 2004; Gertz 2006a; Blum 2007; sowie Nr. 2 (II 2) und 14 in diesem Band.

57 Zur literarischen Reichweite von DtrN vgl. Smend (d. J.) 1978, 115 (Kleingedrucktes) und 125.

58 Vgl. Puukko 1910, 129 f.

59 Im hinteren Rahmen Dtn 29. Vgl. Noth 1943, 16 f.

60 Der Sg. in V. 2 f leitet zu 6,4 ff über, ist aber von der Ergänzung in 5,1–6,1 nicht zu trennen.

einem Rekapitulation und Modifikation der Sinaiperikope Ex 19–24 sein.[61] Vorausgesetzt sind die Verbindung von Dekalog und Bundesbuch in Ex 20–23, die mit der sekundären Vorschaltung von Dtn 5 vor Dtn (6,4) 12 ff nachgeahmt, und die konfuse Szene von Ex 19 und 20,18 ff, die in Dtn 5 geklärt wird.

Wieder muss man fragen: Soll Dtn 5 die vorangehende Erzählung ersetzen[62] oder fortsetzen? Für den literarischen Anschluss im Rahmen des Hexateuchs bzw. Enneateuchs gelten ungefähr dieselben Argumente wie im Falle von Dtn 1–3, die ich nicht zu wiederholen brauche. Anders als in 1,35 ff; 2,14–16 wird (noch) kein Unterschied zwischen den Generationen gemacht, im Gegenteil: die in Moab stehen, waren schon am Sinai/Horeb dabei (5,1–5).[63] Nicht die Generationen, sondern Teile des Gesetzes werden unterschieden. Das Volk kennt den Dekalog, aber noch nicht das Mose allein geoffenbarte Gesetz. Die Einkleidung des dtn Gesetzes als Gesetzesproklamation vor dem Eintritt in das Land Kanaan, die dem Dtn auch an anderen Stellen eigen ist, wird so zur Promulgation des Gesetzes vom Sinai/Horeb, sprich: zur Promulgation des Bundesbuchs in seiner in Dtn vorliegenden, revidierten Ausgabe. Dtn 5 hat also den Zweck, das dtn Gesetz mit dem Bundesbuch, der literarischen Vorlage des Dtn, zu identifizieren. Die Identifizierung wäre nicht nötig und ergäbe keinen Sinn, hätte man Ex 19–24 nicht vor Augen. Sie erweist sich somit als Hilfskonstruktion, um die Doppelung des Gesetzes im selben literarischen Kontext – am Sinai und in Moab – zu harmonisieren.

Was die literarische Anbindung betrifft, so kann die Überschrift in 5,1 ursprünglich, über Dtn 1–4 und die späten Auffüllungen in Num 25–36 hinweg, gut an Num 27,12–13a oder 25,1a angeschlossen haben.[64] Nach hinten bildet Dtn 5 gemeinsam mit Ex 20 und entsprechenden Ergänzungen im Dtn (12,1 ff etc.) die sachliche Grundlage für die die strenge Beurteilung des ganzen Volkes in Jos–Ri (Jos 23 f; Ri 2,6 ff usw.) wie der Könige in Sam–Kön nach dem 1. und 2. Gebot, d. h. nach den Maßstäben, die Noth seinem Dtr, Jepsen teils der ersten (priesterlichen), teils der zweiten (nebiistischen) Redaktion und die neuere Forschung dem späten, mehrschichtigen DtrN zuschreibt. Ob Dtn 5 den Hexateuch oder den Enneateuch

---

61 Zur Richtung der Abhängigkeit vgl. Nr. 10 in diesem Band.

62 So Wellhausen 1899, 201 f.

63 5,2 f kann man allerdings verschieden lesen: Entweder sind dieselben angeredet, oder die „hier und heute" Lebenden sind die zweite Generation, die den von den Vätern am Horeb verspielten Bund eigens übertragen bekommen (vgl. 29,13 f.69). Im letzteren Fall stößt sich V. 2 f oder auch nur V. 3 mit V. 1(f).4 f und ist vielleicht ein Zusatz, der die Szene an Dtn 1–3 angleicht.

64 Der Anschluss über eine der diversen Überschriften in 1,1–5 oder 4,44–49 ist nicht gut möglich, da sie die Vorrede in Dtn 1–3 und 4 voraussetzen: 1,1–5 leitet sie ein, 4,44.45 und die Wiederaufnahmen in V. 46–49 leiten über zum vorgegebenen Erzählanfang in 5,1. Die Überschriften trennen Historie und Gesetz, was spätestens nach der Vorwegnahme von Dtn 5 in Dtn 4 nötig wurde.

voraussetzt, lässt sich anhand dieses Texts nicht entscheiden. Für die nachträgliche Verschärfung der Maßstäbe im annalistischen Rahmenwerk von Kön[65] dürften – ganz im Sinne von Noths DtrG – dieselben verantwortlich sein, die auch in Jos 23–24 und Ri 2 f tätig waren. Sie sind mit dem Verfasser von Dtn 5 aber kaum identisch. So könnte der Rückblick auf Ex 19–24 in Dtn 5 als solcher noch im Rahmen eines älteren Hexateuchs (Gen/Ex–Jos) entstanden sein. Für den im Geist des 1. Gebots gebildeten Enneateuch, in dem Gen/Ex–Jos mit Sam-Kön zusammengeschlossen werden, ist das Richterschema in Ri 2,6 ff das Bindemittel. Demgegenüber ist die Buchabtrennung in Ri 1, Dtn 1–3 vergleichbar, noch einmal jünger.

V Der paränetische Rahmen in Dtn 6–11 und 27–30

Geht man hinter Dtn 5 zurück, nehmen die historischen und literarischen Bezüge in die benachbarten Bücher mehr und mehr ab, ganz los ist man sie aber nicht. Im vorderen paränetischen Rahmen ist außer den Pl.-Stücken auch der singularische Bestand in Dtn 6–11 sekundär gegenüber dem älteren Zusammenhang von Dtn 6,4–6(9) und Dtn 12. Die eingeschriebenen Texte wimmeln von Bezügen in die Nachbarbücher (Dtn 7/Ex 23; 34 und Ri 2; Dtn 8/Ex 16 f) und setzen zum größten Teil den Dekalog (6,10 ff; 7,9 f; 8,19) oder wenigstens den Exodus voraus (7,17–19). Ebenso wie die pluralischen Texte legen sie das ältere Bekenntnis „Höre Israel" (*Sh^ema'*) in die eine oder andere Richtung aus.

Das *Sh^ema'* selber setzt unvermittelt ein. Sprecher ist nicht Jhwh, sondern ein Dritter, der Israel anredet, wer, ist nicht gesagt. Ist das ein Indiz für ein ursprünglich selbständiges Dtn? Oder ist hier wie sonst an Mose als Sprecher gedacht? Doch wer ist Mose außerhalb des Dtn? Die Gesetzeskorpora selber (Bundesbuch, Dtn 12–25, auch der Dekalog) wissen von ihm nichts. Bekannt ist er fast ausschließlich aus der Überlieferung in Ex–Num, und dort auch nicht primär als Gesetzgeber. Kann es also jemals ein mosaisches Gesetz gegeben haben ohne irgendeine Anbindung an die Überlieferung, die von ihm erzählt?

Auch der hintere paränetische Rahmen ist bekanntlich nicht einheitlich.[66] Außer dem pluralischen Einschub in Dtn 29 muss man zwischen einem älteren Ende in Dtn 26 und verschiedenen Fortschreibungen in Kap. 27–30 unterscheiden: an die Ablieferung der Erstlinge und des Zehnten in 26,1–15 und den Bundesschluss in 26,16–19 wurden zunächst Fluch und Segen in Kap. 28 angeschlossen, darauf folgte das zweite Schlusswort in 30,15–20; nachträglich wurden noch, die

---

65 Dazu Jepsen 1953; Würthwein 1984, bes. 484–515.
66 Die Analyse folgt wieder Noth 1943, 17.

Rede Moses unterbrechend (27,1.9.11), Dtn 27 sowie 30,1–14 eingeschoben. Hält man sich an den – relativ – ältesten Schluss des dtn Gesetzes, findet man zum einen das Ende von 6,4–6, die anonyme Schlussmahnung in 26,16.[67] Dem geht in 26,1–15[68] die Anweisung zur Abgabe der Erstlingsfrüchte im verheißenen Land voraus. Im Zusammenhang damit bezieht sich das „heute" in 26,16 auf dieselbe Situation. Es ist die einfachste und, von den literarischen Relationen her geurteilt, älteste Form der Historisierung des dtn Gesetzes: die Proklamation vor Eintritt in das Land. Der Grundgedanke hält sich zwar in sämtlichen Texten des paränetischen und historischen Rahmens durch, wird dort aber, wie gesehen, auf mannigfache Weise variiert.

Kurz: Schon die erste Historisierung im ältesten paränetischen Rahmen 6,4–6 und 26,16, die sich vereinzelt auch im Kern des dtn Gesetzes findet,[69] setzt die Situation der bevorstehenden Landnahme und folglich Mose als Sprecher der Gesetzesproklamation voraus. Beides wäre in einem selbständigen Dtn möglich, wenn auch für ein Gesetzeswerk ziemlich merkwürdig. Beides passt hingegen vorzüglich in die literarische Position, in der das Dtn jetzt steht. Bedenkt man weiter, dass die Gesetze selber die historische Fiktion nicht bräuchten und teilweise auch gar nicht haben, drängt sich der Schluss auf, dass sie für den literarischen Kontext gemacht ist.

VI Der literarische Kontext des Deuteronomiums

Die Situation vor der Landnahme lässt natürlich als erstes an die Fortsetzung in Jos und also an Noths DtrG denken.[70] Doch wo befindet sich, nachdem Noths Hypothese mit der Ausscheidung von Dtn 1–4 die literarische Grundlage entzogen wurde und auch Dtn 5,1–6,3 wegfällt, der Anfang? Auf irgendeinem Weg müssen Israel und

---

67 V. 17 f.19 weisen schon auf das Folgende, bes. 28,1 (Hölscher 1922, 218), und haben die Situation von Ex 19–24 vor Augen (Wellhausen 1899, 192).

68 Ursprünglich ohne V. 3 f.5–10.12–15.

69 Die Kriterien zur Ausscheidung des Grundbestands sind der Numeruswechsel und die Abhängigkeit vom Bundesbuch. Da beides – ebenso wie die *external evidence* der assyrischen Vertragstexte – sowohl im Grundbestand als auch in Ergänzungen vorkommt, gibt die spezifisch dtn Forderung der Zentralisation den Ausschlag. Daraus ergibt sich ungefähr folgender Grundbestand (von Einzelheiten abgesehen): 12,13–18.19–28; 14,22–29; 15,19–23; 16,16–17; 16,18–20 + 17,8–13; 19,1–13; 19,15–21, vielleicht noch 21,1–9. Zu den Folgen der Kultzentralisation für das Rechtswesen (ab 16,18) vgl. Steuernagel 1923, 115 f.122 f. Die bald zugefügte Bruderethik in Dtn 15,1 ff und 19,18 f macht die für die weitere Ausgestaltung wegweisende dtn Trias: ein JHWH (Dtn 6,4), ein Kultort (Dtn 12), ein Volk (Dtn 15), komplett. An Historisierungen begegnen die bevorstehende Erwählung des Ortes (12,14.18.21.26; 14,23–25; 15,20.22; 16,16; 17,8.10) und die Landgabe (15,4.7; 16,18.20; 19,1–3.8.10.17; 21,1). In den Pl.-Zusätzen ist die Historisierung vorausgesetzt (vgl. z. B. 12,1.2–7.8–12).

70 So Lohfink 1991b, 129 f u. ö.; Levin 1985a, 86.

Mose nach Moab gekommen sein. Davon ist im ältesten Dtn selber aber nirgends die Rede, gleichgültig, ob man es mit 1,1(–5) oder mit einer der Überschriften in 4,44–5,1 beginnen lässt. Lediglich 4,45 bietet mit der Angabe „als sie aus Ägypten hinauszogen" eine ziemlich allgemeine Situationsbeschreibung, wie man sie für ein selbständiges Dtn bzw. DtrG erwarten würde. Doch danach wäre das Gesetz im Niemandsland der Wüste mitgeteilt worden, vorausgesetzt wäre immerhin die Geschichte der „Söhne Israels" in der Exodusüberlieferung (vgl. Ex 20,22), und im Übrigen ist der Vers sekundär gegenüber der älteren Überschrift in 5,1 und der Gesetzesterminologie hier und in 26,16 (11,32; 12,1).[71] Die älteste Historisierung des dtn Gesetzes lebt also unausgesprochen von der Vorgeschichte in Ex–Num.

Sieht man in der Historisierung nicht nur einen Hinweis auf eine gedachte, sondern auf eine literarische Fortsetzung, so ist auch die Vorgeschichte als literarischer Kontext hinzuzunehmen. Als Anschlussstelle für Dtn 6,4–6 kommt Num 27,12–13a oder die Itinerarnotiz Num 25,1a in Frage, als Übergang dient die Redeeinleitung Dtn 5,1aα[1] („Und Mose rief ganz Israel und sprach zu ihnen"). Dass in Dtn 5,1 eine ältere Einleitung zu 6,4–6 vorliegt, sieht man an dem folgenden „Höre Israel", das 6,4 nachahmt und neu auf die Satzungen und Rechte als Objekt bezieht, und an der erneuten Redeeröffnung in 6,1(–3), die wieder auf 6,4–6 hinführt.[72] Auf der anderen Seite ist das Dtn durch 26,1–15 bzw. – nach 26,16.17–19 und schließlich 30,15–20 – durch 31,1 f.f mit der Fortsetzung in Dtn 34,1–6/Jos verbunden.

Wenn nicht alles täuscht, sind dies die literarischen Anschlüsse, die das dtn Gesetz erstmals in die Geschichtserzählung integrieren. Sie unterbrechen einen älteren, hexateuchischen Erzählfaden, der von Num 25,1a über Dtn 34,5 f nach Jos 2,1 oder 3,1 führt,[73] und schalten das Testament Moses ein – zuerst ziemlich unvermittelt über Num 25,1a/Dtn 5,1 und Dtn 26/34,1(–4).5 f, im Weiteren vermittelt über die priesterschriftlich anmutende Ankündigung von Dtn 34,1–6 in Num 27,12 f auf der

---

71 Anders Lohfink 1991b, hier 234. Auch Ex 15,25 f; Jer 7,22 ff; 11,3 ff; 31,32; 34,13 f belegen keine vorsinaitische oder vormoabitische Fassung von Bund und Gesetz. Die Stellen verlegen die vom Gesetz abgeleitete Kondition noch weiter zurück in den in Ex 20,2 u. ö. genannten historischen Ursprung des Gottesverhältnisses (vgl. Ez 20; Gen 17). Umgekehrt tragen sie Jos 24; Ri 2,1 ff; 6,8–10 oder 2Kön 22 f in spätere Zeiten ein.

72 Der Anschluss ist später nachgemacht worden: vgl. 3,23–29 als Wiederaufnahme von Num 25,1a und 27,12–13a vor Dtn 5,1; oder Dtn 4,1 (wie 5,1* + 6,4 bzw. 5,1–6,3) im Anschluss an 3,29.

73 Der Zusammenhang von Num 25,1a mit Dtn 34,5–6 (ursprünglich etwa: „Und dort starb Mose, und man begrub ihn …") entspricht Num 20,1aββ. Josua, der Sohn Nuns, tritt in Jos 2,1 (oder auch 1,1 f) genauso plötzlich auf wie Mirjam in Ex 15,21. Die Ortsangabe in Dtn 34,1a (mit oder ohne V. 1bα, davon abhängig V. 1bβ–3.4) wurde nötig, als die Einschaltung des Dtn zwischen Num 25,1a und Dtn 34,5 f dem „dort" in 34,5 den Bezugspunkt nahm; demselben Zweck dient die nachgeholte lokale Präzisierung in V. 5 nach Auffüllung der V. 1–4. Zur Rekonstruktion des Übergangs von Dtn zu Jos vgl. die Präzisierungen in Nr. 19 in diesem Band.

einen, den deuteronomistischen Vorverweis auf die Landverteilung in Dtn 31,1 f.7 f/
Jos 1,1–6 (21,43–45) auf der anderen Seite. Ob es überhaupt das erste Mal ist, dass
das Gesetz in die Geschichte „zwischeneintritt", hängt davon ab, was zum Zeitpunkt
der Historisierung in der Sinaiperikope Ex 19–24; 32–34 stand, insbesondere davon,
ob die literarische Vorlage des Dtn, das Bundesbuch Ex 20,24–23,19, im literarischen
Kontext oder noch selbständig überliefert wurde. Je nachdem ist das Bundesbuch
entweder vom Sinai nach Moab oder umgekehrt über Moab zum Sinai gewandert.

Mit dem heilsgeschichtlichen Ort verbinden sich sodann hier wie dort in
ganz analoger Weise der Ausschließlichkeitsanspruch Jhwhs (Dekalog Ex 20 bzw.
Ex 32–34, Sh^{e}maʿ Dtn 6 und Zitat des Dekalogs Dtn 5 und 9 f) und ein förmlicher
Bundesschluss (Ex 24 bzw. 34; Dtn 26,17–19 bzw. 27; 31,9 ff) mit der Verheißung von
Segen und Fluch für das Leben im Land (Ex 23,20 ff; Dtn 28–30). Die Reihenfolge
der literarischen Genese, die auf gegenseitiger Abhängigkeit beruht, bedarf noch
näherer Untersuchung. Anders als im Original, dem Bundesbuch, das außer– und
innerhalb des literarischen Kontexts einen Prozess der Theologisierung durchlief,
stehen die Bestimmungen in der dtn Epitome, ob mit oder ohne Historisierung und
literarischen Zusammenhang, von Anfang an unter dem theologischen Vorzeichen
der Kultzentralisation bzw. der der davon abgeleiteten Einheit Jhwhs. Der Ausschließlichkeitsanspruch des 1. Gebots repräsentiert demgegenüber ein jüngeres
Stadium der religions- und theologiegeschichtlichen Entwicklung, das die religiöse
Abgrenzung gegen innen und außen nach sich zog. Auf die Einheit von Kult und
Gottheit folgte die Ausschließlichkeit, und auf die Ausschließlichkeit folgte die
Unverträglichkeit. Jos 24 und 2Kön 23 setzen die über Generationen sich erstre-
ckende Identität von Sinai/Horeb- und Moabbund bereits voraus.

Die Textanschlüsse, die das Urdeuteronomium mit Ex–Num und Jos verbinden,
lassen nicht erkennen, wie weit der literarische Horizont noch reicht. Auch dass
die Grundschicht des annalistischen Rahmens in (Sam–)Kön nur das Hauptgebot
des Dtn, die Kultzentralisation, zum Maßstab für die Zensur der Könige Israels und
Judas nimmt und danach beurteilt, ob sie „recht" oder „böse" waren in den Augen
Jhwhs, besagt nicht allzu viel. Denn erstens gibt es keine literarischen Bezugnahmen des Könige-Rahmens auf die ursprüngliche Fassung des Zentralisationsgebots
Dtn 12,13 ff,[74] und zweitens muss die dtr Bearbeitung von Sam-Kön nicht gleichzeitig mit der Einfügung des dtn Gesetzes in die Geschichtserzählung erfolgt sein.
Außerdem weiß ich nicht, wie man damit die Darstellung der kultischen Verhält-
nisse in Ri und Sam bis zur Staatengründung in Einklang bringen soll, die 1Kön 3,2 f

---

[74] Hier ist von den „Höhen", dort von „jedem Ort" bzw. „deinen Toren" die Rede; die Qualifikation
„gerade/böse in den Augen Jhwhs" findet sich nur an sekundären Stellen im Dtn (6,18; 12,8.25.28;
13,19; 21,9).

nachträglich entschuldigt. Dass die im Dtn geforderte Zentralisation erst ab der Königszeit gelten soll, ist nirgends gesagt. Dtn 17,14–20 sagt etwas zum Gesetz, aber gerade nichts über die Einhaltung der Zentralisation, und ist ohnehin ein später Einschub.[75] Oder hat ein älterer Enneateuch das Richterbuch noch nicht enthalten?[76]

Da das Netz der Verbindungen im Rahmen des Enneateuchs immer dichter wird, je mehr auch das Dtn in den gesetzlichen, paränetischen und geschichtlichen Teilen anwächst, halte ich für den Anfang einen weniger weiten Horizont für wahrscheinlicher, und zwar den vor Noth ganz selbstverständlichen, nach ihm etwas in Vergessenheit geratenen Hexateuch. In ihm gilt die dtn Forderung der Kultzentralisation als eine Erwartung für die Zeit unmittelbar nach der Landnahme, ein Programm, das dem staatenlosen Juda eine neue, der nach 587 v. Chr. drohenden Dezentralisierung entgegenwirkende Mitte gibt: den einen – weder national noch lokal differenzierten – Jhwh, den einen – von Jhwh erwählten – Kultort, das „einzig Volk von Brüdern".[77]

VII Fazit

Um zur Anfangsfrage zurückzukehren: Die Analyse des Dtn bestätigt nicht die Nothsche, sondern die ältere Sicht der Dinge. Danach ist mit einem wie immer beschaffenen, allerdings keinesfalls quellenhaften Hexateuch in (Gen)Ex–Jos zu rechnen (Num 25,1a/Dtn 34,5 f/Jos 2,1 bzw. 3,1), in den an zwei Orten nacheinander, aber nicht unabhängig voneinander Offenbarung und Proklamation des Gesetzes eingeschrieben (Bundesbuch und Urdeuteronomium mit Schᵉma) und laufend ergänzt wurden (Ex 19–24 und 32–34; Dtn 5–31 mit Dekalog). Der Hexateuch wurde nach und nach – vor, bei und nach der Einarbeitung von P – zum Enneateuch aufgestockt und in einzelne Bücher unterteilt (Num/Dtn 1–3; Dtn 31–34/Jos 1). Zuletzt wurde die pentateuchische Zäsur verstärkt, die die Kanonteile Tora und Propheten trennt (Dtn 32,48–52; 34).

---

75 Den literarischen Grund hat Wellhausen 1899, 192 genannt, die sachlichen Gründe Perlitt 1995, 236–248, hier 240–243 nachgeliefert.
76 1Sam 1 ist ein selbständiger Anfang, der an einen der Abschlüsse in Jos 12; 21,43–45 oder 24,28 angehängt worden sein könnte, bevor die Epoche der Richter dazwischenkam.
77 Zu Letzterem Perlitt 1994, 50–73.

14 Die Überschriften des Buches Deuteronomium

Fragestellung

Das Deuteronomium erzählt nicht nur von einem „Buch im Buch"[1], sondern ist selbst ein Buch inmitten von Büchern. Als fünftes Buch Mose ist es Bestandteil des Kanonteils Tora. Als Abschluss der Tora bildet es die Grenze oder den Übergang zum Kanonteil Nebiim. Inhaltlich ist das Deuteronomium nach beiden Seiten in den Gang der biblischen Erzählung verwoben. In Form einer Abschiedsrede Moses rekapituliert es den Weg des Volkes Israel vom Sinai in das Land Moab bis vor die Tore des gelobten Landes, sowie das Gesetz, das Gott dem Mose auf dem Berg Sinai offenbart hat. Nach dem Tod des Mose fährt die Erzählung im Buch Josua an der Stelle fort, an der das Deuteronomium endet, und erzählt – mit gelegentlichem Rückverweis auf „diese Tora des Mose" – die Geschichte Israels weiter bis zum Ende der Monarchien Israel und Juda im Buch der Könige. Das Deuteronomium ist somit auch Teil der biblischen Erzählung in den Büchern Genesis 1 bis 2 Könige 25.

In einem Beitrag zur Festschrift für Lothar Perlitt aus dem Jahre 2000 habe ich versucht, den literarhistorischen Ort des Deuteronomiums zwischen Tora und vorderen Propheten genauer zu lokalisieren, und nach den Kontexten des Buches und seiner Vorstufen in Pentateuch, Hexateuch und Enneateuch gefragt.[2] Der Beitrag ging von den lange vernachlässigten narrativen und literarischen Verbindungen aus, die insbesondere die Rahmenteile in Dtn 1–11 und 27–34, aber auch das Korpus der Gesetze im Deuteronomium in Dtn 12–26 mit Tora und vorderen Propheten verbinden. Den Befund kann man verschieden interpretieren, und so ist eine Kontroverse darüber entstanden, welche Verbindungen einen literarischen Zusammenhang konstituieren und wie dementsprechend die Kontexte zu definieren sind.[3] Ich möchte die Gelegenheit nutzen und die Frage noch einmal von einer anderen Seite angehen. In diesem Beitrag werde ich die diversen Überschriften im Buch Deuteronomium untersuchen und fragen, ob sie ein Buch, ein größeres Werk oder die Fortsetzung innerhalb eines größeren Werkes einleiten.

---

1 Sonnet 1997.

2 Nr. 13 in diesem Band; vgl. ferner Kratz 2000, 118–138 sowie Nr.18–19 in diesem Band.

3 Otto 2000a; Gertz 2006a; Blum 2007; zur Diskussion vgl. auch Otto 2012a, 284–297, zu meinem Vorschlag (mit teilweise unzutreffender Wiedergabe und entsprechend ins Leere laufender Kritik) ebd. 168 f.291–293.

https://doi.org/10.1515/9783111367057-018

I Dtn 1,1–5

Ich beginne mit dem Text, mit dem das Deuteronomium, wie es uns überliefert ist, eingeleitet wird, Dtn 1,1–5:

> 1 אֵלֶּה הַדְּבָרִים אֲשֶׁר דִּבֶּר מֹשֶׁה אֶל־כָּל־יִשְׂרָאֵל בְּעֵבֶר הַיַּרְדֵּן בַּמִּדְבָּר בָּעֲרָבָה מוֹל סוּף בֵּין־פָּארָן וּבֵין־תֹּפֶל וְלָבָן
> וַחֲצֵרֹת וְדִי זָהָב: 2 אַחַד עָשָׂר יוֹם מֵחֹרֵב דֶּרֶךְ הַר־שֵׂעִיר עַד קָדֵשׁ בַּרְנֵעַ: 3 וַיְהִי בְּאַרְבָּעִים שָׁנָה בְּעַשְׁתֵּי־עָשָׂר
> חֹדֶשׁ בְּאֶחָד לַחֹדֶשׁ דִּבֶּר מֹשֶׁה אֶל־בְּנֵי יִשְׂרָאֵל כְּכֹל אֲשֶׁר צִוָּה יְהוָה אֹתוֹ אֲלֵהֶם: 4 אַחֲרֵי הַכֹּתוֹ אֵת סִיחֹן מֶלֶךְ
> הָאֱמֹרִי אֲשֶׁר יוֹשֵׁב בְּחֶשְׁבּוֹן וְאֵת עוֹג מֶלֶךְ הַבָּשָׁן אֲשֶׁר־יוֹשֵׁב בְּעַשְׁתָּרֹת בְּאֶדְרֶעִי: 5 בְּעֵבֶר הַיַּרְדֵּן בְּאֶרֶץ מוֹאָב
> הוֹאִיל מֹשֶׁה בֵּאֵר אֶת־הַתּוֹרָה הַזֹּאת לֵאמֹר:

> 1 Dies sind die Worte, die Mose vor ganz Israel gesprochen hat, jenseits des Jordan, in der Wüste, in der Araba, östlich von Suf, zwischen Paran und Tofel, Laban, Hazerot und Di-Sahab. 2 Elf Tage sind es vom Horeb auf dem Weg zum Gebirge Seïr bis nach Kadesch-Barnea. 3 Es geschah im vierzigsten Jahr, im elften Monat, am ersten Tag des Monats, da sagte Mose den Israeliten alles das, was JHWH ihm für sie aufgetragen hatte, 4 nachdem er Sihon, den König der Amoriter, der in Heschbon residiert, und Og, den König des Baschan, der in Aschtarot residiert, bei Edreï geschlagen hatte, 5 jenseits des Jordan im Land Moab, begann Mose, diese Tora zu erklären, indem er sprach …

Die Überschrift informiert über Autor, Hörer, Ort und Zeit der in 1,6 einsetzenden „Worte des Mose". Manche finden darin eine kunstvolle, konzentrische oder chiastische Anlage,[4] andere eher das Resultat einer komplizierten Entstehungsgeschichte.[5] In jedem Fall sind die Verse zunächst einmal als eine Einheit zu betrachten.

In dieser Einheit sind „die Worte des Mose" (V. 1) identisch mit „dieser Tora" (V. 5), womit nichts anderes als das Buch Deuteronomium gemeint sein kann. Mose hat die in diesem Buch aufgeschriebenen Worte zu „ganz Israel" bzw. „den Israeliten" gesprochen und „zu erklären begonnen",[6] und zwar genau so, wie „JHWH es ihm für sie (sc. die Israeliten) befohlen hat" (V. 3). Als Ort der Moserede wird das Gebiet „jenseits des Jordan (im Lande Moab)" angegeben, das jedoch nur die letzte Station des langen, 40 Jahre währenden Weges durch „die Wüste" ist. Im Vorgriff

---

4 Lohfink 1990, 53 Anm. 2; Tigay 1996, 3–5, das chiastische Schema ebd. 3:
A. The site of Moses' addresses (1)
    B. The foreshadowing of the first message of the first address in 1,19–46 (2)
        C. The date when Moses began these addresses (3)
    B'. The foreshadowing of the second message of the first address (4)
A'. The site where he delivered his addresses (5)
5 Braulik 1986, 21; Perlitt 1990, 6–7; Veijola 2004, 7–8; Otto 2012a, 302–328.
6 Zur Bedeutung des Satzes הוֹאִיל מֹשֶׁה בֵּאֵר אֶת־הַתּוֹרָה הַזֹּאת vgl. Perlitt 2013, 22–23; Veijola 2004, 10; Sonnet 1997, 29–32.

auf den historischen Rückblick in Dtn 1–3 werden in V. 1–2 einzelne Stationen dieses Weges aufgeführt, an denen Mose ebenfalls schon geredet haben soll.[7] V. 3–4 kehren mit einer genauen Datierung zum Ausgangspunkt „jenseits des Jordan im Lande Moab" zurück, zu Tag und Ort, da Mose sterben wird (Dtn 32,48–50; 34,5).

Die Überschrift ist voller literarischer Anspielungen und Bezüge. Die Formulierungen weisen sowohl in den weiteren Kontext der Bücher Exodus bis Numeri und Josua als auch in das Buch Deuteronomium selbst. Das bedeutet, dass die vorliegende Gestalt des Deuteronomiums, die durch Dtn 1,1–5 eingeleitet wird, nicht losgelöst von seinem literarischen Kontext, in dem es jetzt steht, gelesen und verstanden werden kann. Das Buch ordnet sich schon durch seine Überschrift selbst in die biblische Erzählung, d. h. die *historia sacra*, zwischen Numeri und Josua oder, kanonisch gesprochen, zwischen Tora und vorderen Propheten ein.

Im Einzelnen gilt es freilich zu unterscheiden zwischen Anspielungen, die lediglich auf einen anderen Kontext verweisen, und Querverbindungen, die einen literarischen Zusammenhang zwischen verschiedenen Textkorpora oder Texten innerhalb desselben Korpus konstituieren. Auf den Kontext außerhalb des Deuteronomiums führen vor allem die geographischen Angaben (Suf, Paran, Laban, Hazerot, Kadesch-Barnea in V. 1–2, Aschtarot in V. 4) sowie die nachpriesterschriftliche Datierung in V. 3.[8] Doch damit wird schwerlich ein literarischer Zusammenhang, sei es mit dem Tetrateuch, sei es mit den vorderen Propheten und dem sogenannten Deuteronomistischen Geschichtswerk (DtrG), konstituiert.[9] Die entscheidenden Bezüge in Dtn 1,1–5 weisen vielmehr in das Buch Deuteronomium selbst.

So markiert die Einleitung deutlich einen neuen Anfang. Die nächsten Parallelen zu dem Redeeinsatz in Dtn 1,1 finden sich in Dtn 31,1 und 32,45–46 am Ende der Rede. Die Angaben zu Autor und Adressat bilden somit einen Erzählrahmen um das Deuteronomium und lassen nichts anderes als die Rede des Mose vor dessen Tod in Dtn 34 erwarten.

Die Angaben zu Ort und Zeit in Dtn 1,1–5 bewegen sich in demselben Rahmen. Die geographischen und chronologischen Notizen sind auf den weiteren Kontext von Tora und vorderen Propheten nicht angewiesen, sondern stehen für sich. Sie bieten – gewissermaßen anstelle der Vorgeschichte in Exodus–Numeri – die Erzählbasis für den sich anschließenden historischen Rückblick in Dtn 1–3 und führen damit nicht nur zum Ort, sondern auch zum Inhalt der Moserede.[10]

---

7 Zur Frage der Lokalisierung der in Dtn 1,1–5 erwähnten Orte vgl. die Kommentare, etwa Tigay 1996; Perlitt 2013; Veijola 2004, jeweils z.St. Die einzelnen Ortsangaben beschreiben die ganze Reise vom Horeb bis zum Lande Moab jenseits des Jordan.

8 Zu V. 3 vgl. Ex 16,1; 19,1; Num 1,1; 9,1; 10,11; 33,38 und dazu Perlitt 1994; zu den Orten in V. 1 f und ihren Numeriparallelen vgl. Perlitt 2013, 10–15.

9 Anders Perlitt 2013, 7; Veijola 2004, 8 f, die beide die Beziehung zu Numeri ignorieren.

10 Vgl. Perlitt 2013, 14.

„Jenseits des Jordan (im Lande Moab)" in V. 1a und V. 5 ist der Standort, den das Deuteronomium bis zum Tod des Mose einnimmt (3,27.29; 4,41.46 f; 32,49; 34,1.5 f). „In der Wüste, in der Araba" in V. 1b dient als Näherbestimmung von „jenseits des Jordan (im Lande Moab)", erweitert aber die Perspektive. Im Blick sind Orte der Wüstenwanderung, die – im Stil der Chronik – aus der Überlieferung zusammengesucht oder durch irgendwelche Kombinationen frei erfunden sind (V. 1b), teilweise aber auch in Dtn 1–3 begegnen und den Weg vom Horeb zum Standort „jenseits des Jordan (im Lande Moab)" markieren (1,19–2,14).[11] Die Ausweitung des Territoriums soll besagen, dass „Mose [...] seine Abschiedsrede vor der eigentlichen Landnahme – und in diesem Sinne ‚in der Wüste' gehalten [habe]".[12] Auch die Datierung der Rede in Dtn 1,3–4 bereitet mit dem Hinweis auf Sihon und Og den historischen Rückblick in Dtn 1–3 (2,16–3,7) vor. Darüber hinaus schlägt die Datierung eine Brücke zu Dtn 32,45–52 (V. 46.48), der Wiederaufnahme der Ankündigung des Todes Moses am selben Tag, an dem Mose seine Abschiedsrede hält und stirbt. Auch dieser Erzählbogen ist mit Dtn 34 abgeschlossen.

Das Netz der narrativen und literarischen Bezüge in Dtn 1,1–5 verweist somit eindeutig auf das Deuteronomium als den primären Kontext. Die Überschrift setzt die Selbständigkeit des Buches voraus oder begründet sie. Zugleich weist sie dem Buch jedoch auch seinen Ort in der biblischen Erzählung zwischen Auszug und Landnahme zu und ist insoweit auf den literarischen Kontext von Pentateuch und vorderen Propheten bezogen. Mit der Fixierung auf Tag und Ort des Todes Moses und der pointierten Betonung von „dieser Tora" rückt sie das Buch etwas mehr an den Pentateuch als an die vorderen Propheten heran.

Die Abgrenzung geht auch klar aus dem Verhältnis von Dtn 1,1–5 zu dem Kolophon in Num 36,13 hervor:

אֵלֶּה הַמִּצְוֺת וְהַמִּשְׁפָּטִים אֲשֶׁר צִוָּה יְהוָה בְּיַד־מֹשֶׁה אֶל־בְּנֵי יִשְׂרָאֵל בְּעַרְבֹת מוֹאָב עַל יַרְדֵּן יְרֵחוֹ

> Dies sind die Gebote und Rechtssätze, die JHWH durch Mose den Israeliten befohlen hat in den Gefilden Moabs am Jordan bei Jericho. (vgl. Num 35,1)

Während hier die Rede Gottes an Mose abgeschlossen wird, setzt in Dtn 1,1 die Rede Moses an „ganz Israel" ein. Nichtsdestotrotz sind die beiden Weisen der Mitteilung des Gesetzes durch die ähnlich lautenden Formulierungen aufeinander bezogen. Die beiden Stellen markieren Trennung *und* Zusammenhang der beiden Bücher

---

11 Vgl. Horeb in Dtn 1,6.19; Gebirge Seir in 2,4; Kadesch(-Barnea) in 1,19.46; 2,14; Rechnung in Marschtagen in 2,14.
12 Perlitt 2013, 11; vgl. auch Rüterswörden 2006a, 23.

und verhalten sich gemäß Dtn 1,5 gewissermaßen wie „Text" und „Kommentar" zueinander (הוֹאִיל מֹשֶׁה בֵּאֵר אֶת־הַתּוֹרָה הַזֹּאת).[13]

Bis hierher war stets von Dtn 1,1–5 als einer literarischen Einheit die Rede. Nun herrscht in der kritischen Forschung weitgehend Einigkeit darüber, dass die Einleitung literarisch nicht einheitlich, sondern sukzessiv gewachsen ist.[14] Den literarischen Kern findet man für gewöhnlich in Dtn 1,1a:

אֵלֶּה הַדְּבָרִים אֲשֶׁר דִּבֶּר מֹשֶׁה אֶל־כָּל־יִשְׂרָאֵל בְּעֵבֶר הַיַּרְדֵּן

Dies sind die Worte, die Mose vor ganz Israel gesprochen hat, jenseits des Jordan.

Alles andere in Dtn 1,1b–5 wird aus guten Gründen als Nachtrag angesehen. Von den Nachträgen dürften zuerst V. 4, und danach V. 5 an V. 1a angefügt worden sein, die sich im selben zeitlichen und örtlichen Rahmen bewegen. Anschließend sind die V. 1b–2 eingeschoben worden, die die Szene auf die ganze Zeit der Wüstenwanderung ausdehnen; V. 3 datiert dementsprechend die Rede des Mose auf den Tag genau ins 40. Jahr der Wüstenwanderung und hebt ausdrücklich hervor, dass die „Worte, die Mose geredet hat" mit dem übereinstimmen, was JHWH ihm zu sagen aufgetragen hat.

Zieht man die Nachträge ab, bleibt die Einleitung der Rede „jenseits des Jordan", die zusammen mit Dtn 31,1 sowie 32,45 die Abschiedsrede des Mose rahmt und bereits den Tod des Mose und mithin das Ende des Buches Deuteronomium sowie des Pentateuchs in Dtn 34 im Blick hat. An dem Ergebnis ändert sich somit nichts.[15] Auch die vermutlich ursprüngliche Überschrift in Dtn 1,1a leitet nichts anderes ein als das Buch Deuteronomium zwischen Numeri und Josua, oder anders gesagt: zwischen Tora und vorderen Propheten.

Das Ergebnis hat Konsequenzen für den historischen Rückblick, der an der Überschrift in Dtn 1,1a(–5) hängt und sich in den Kapiteln Dtn 1–3 (und 4) anschließt.[16] Auch diese Kapitel setzen den vorliegenden literarischen Kontext in Pentateuch und vorderen Propheten und nicht etwa nur eine allgemeine Kenntnis der Stoffe voraus. Denn die literarische Fiktion des Rückblicks und die Veränderungen, die in die Rekapitulation der Erzählung aus dem Exodus- und Numeribuch in Dtn 1–3 (und 4) einfließen, machen nur dann einen Sinn, wenn man die Texte, auf die sich

13 Vgl. Veijola 2004, 9 mit Verweis auf Ska 2001, 351; anders Perlitt 1990, 7.
14 Vgl. Perlitt 1990; Veijola 2004; Rüterswörden 2006a, z.St.; mit Vorbehalt auch Weinfeld 1991, 129; Otto 2012a, 302.306–311 hält neben V. 1a auch V. 4 für ursprünglich und weist die Überschrift seinem „deuteronomistischen Buch Deuteronomium der Moabredaktion" (a.a.O., 309 f) zu.
15 Anders Gertz 2006a, 112–113.122 Anm. 60.
16 Vgl. Nr. 13 in diesem Band; ferner Heckl 2004; Gertz 2006a.

die Rekapitulation bezieht, vor Augen hat, ganz gleich, ob es sich dabei um eine vor- oder eine nachpriesterschriftliche Gestalt der Vorlage handelt. Die narrative Logik schließt denn auch die von manchen erwogene Möglichkeit aus, wonach Dtn 1–3 (oder Dtn 1–11 insgesamt) das Vorbild für die Abfassung der Erzählung in Exodus bis Numeri abgegeben habe.

Dtn 1–4 sind vielmehr das, was man eine Fortschreibung, *relecture* oder *rewriting* nennt, allerdings mit der Besonderheit, dass sich der Text in der Erzählung, die er interpretierend reproduziert, selbst verortet und damit zu einem Bestandteil dieser Erzählung wird.[17] Sein Ort in der Erzählung zwischen Auszug und Landnahme wird jedoch nicht durch den literarischen Kontext konstituiert, sondern durch den Rückblick im Buch selbst expliziert, das auf den Kontext in Pentateuch und vorderen Propheten verweist. Dies und die Fülle des Stoffs, der in Dtn 1–3 (und 4) verarbeitet und in dem Rückblick untergebracht ist, spricht eher dafür, dass Überschrift und historischer Rückblick in Dtn 1–3 für eine separate Schrift verfasst wurden und etwas mit der Abtrennung der Bücher (beziehungsweise der Rollen) zu tun haben. Der historische Rückblick hat die doppelte Funktion, die Erzählung des Tetrateuchs fortzusetzen und zugleich die im Numeribuch bereits bewältigte Strecke vom Sinai in das Land Moab noch einmal im Rückblick zu überbrücken und theologisch neu zu beleuchten. Auf diese Weise werden in Dtn 1–3 die beiden Orte und mithin die beiden Offenbarungen des Gesetzes am Sinai/Horeb und im Lande Moab in der Erzählperspektive von Dtn 5 (nachträglich) auch narrativ miteinander verbunden. Dtn 1–3 bindet das Deuteronomium in die Erzählung von Tora und Vorderen Propheten ein und trägt auf diese Weise eine neue Leseperspektive für das Ganze ein, trägt aber gerade mit den zahlreichen Verweisen in den vorangehenden und folgenden Erzählkontext gleichzeitig zur Abtrennung und Verselbständigung des Buches (der Rolle) bei.

Die Überschrift in Dtn 1,1a(–5) und der Rückblick in Dtn 1–3 sprechen somit schwerlich für Hypothesen, die Dtn 1–3 entweder als Anfang eines Deuteronomistischen Geschichtswerkes (bzw. einer vergleichbaren, mit Dtn 1–3 einsetzenden literarischen Größe) begreifen[18] oder darin, wie jüngst von Jan-Christian Gertz vorgeschlagen, eine Fortschreibung sehen, die gemeinsam mit Dtn 5,1–6,3 das ehedem selbständige Deuteronomium erstmals in die Erzählung des Hexateuchs einfügt.[19]

---

17 Eine Analogie stellt der Fall der Epistula Ieremiae dar, die mit Rekurs auf Jer 10 und 29 einen weiteren Brief an die babylonische Gola hinzufügt. Vgl. Kratz 2006, 316–339; 1998.
18 Vgl. z. B. Blum 2007, 109.164. Dabei macht es keinen Unterschied, wenn man DtrG auf eine „Landnahmeerzählung" „DtrL" (Dtn 1–Ri 2) reduziert; vgl. Lohfink 1991b, 132–137; ihm folgt Otto 2000 sowie 2012a, 162 f.244–248 mit dem Postulat seiner von Dtn 1,1–Jos 23,16 (Ri 2,8–9) reichenden „Moabredaktion".
19 So Gertz 2006a.

Vielmehr eröffnen die Überschrift Dtn 1,1a(–5) und die Kapitel Dtn 1–3 das Deuteronomium als selbständiges Buch, das sowohl den Pentateuch abschließt als auch – wie der ganze Pentateuch – auf die Fortsetzung der Erzählung in den vorderen Propheten verweist.

II Dtn 4,44–49

Ein zweites Bündel von Buchüberschriften begegnet in Dtn 4,44–49. In der Doppelung mit Dtn 1,1–5 hat man schon seit langem ein Indiz für die Redaktionsgeschichte des Deuteronomiums gesehen und deswegen zwei Ausgaben des Buches postuliert: eine, die mit 4,44 oder 4,45 beginnt, und eine, die mit 1,1–5 beginnt und den Rückblick in Dtn 1–3 (und 4) umfasst.[20] Dass sich das Ganze einer planvollen Gestaltung einer Hand, etwa dem von Norbert Lohfink aufgrund von 1,1; 4,44; 28,69 und 33,1 vorgeschlagenen „Vierüberschriftensystem des Deuteronomiums", verdankt, ist demgegenüber höchst unwahrscheinlich, wie zuletzt Lothar Perlitt überzeugend festgestellt hat.[21] Die Überschriften hängen zwar in der Tat miteinander zusammen und dürften in gegenseitiger Kenntnis geschrieben und ergänzt worden sein, doch liegen sie nicht auf einer Ebene und stammen schwerlich von einer Hand.

Innerhalb von Dtn 4,44–49 findet man den literarischen Nukleus für gewöhnlich in 4,45:

אֵלֶּה הָעֵדֹת וְהַחֻקִּים וְהַמִּשְׁפָּטִים אֲשֶׁר דִּבֶּר מֹשֶׁה אֶל־בְּנֵי יִשְׂרָאֵל בְּצֵאתָם מִמִּצְרָיִם

Dies sind die Satzungen, die Gesetze und Rechtsvorschriften, die Mose den Israeliten gesagt hat, als sie aus Ägypten zogen.

Alles Übrige erweist sich bei genauerem Zusehen in der Tat als ein Konglomerat von Zusätzen, die – ähnlich wie in Dtn 1,1–5 – sukzessiv nachgetragen wurden, wobei die Ankündigung der Tora in 4,44 an 1,5 und die geographischen Präzisierungen in 4,46–49 an 1,1b–4 erinnern.[22] Die Formulierungen wollen, wie die vielen Wiederaufnahmen zeigen, die jeweils vorhergehenden Ortsangaben präzisieren oder weiterführen und greifen dafür durchgängig auf Dtn 1–3 zurück. Im Einzelnen stellt sich der Sachverhalt folgendermaßen dar:

---

20 Wellhausen 1899, 193 rechnet mit zwei selbständigen Ausgaben; Hölscher 1922 hat demgegenüber eine Ergänzungs- oder Fortschreibungshypothese vorgeschlagen. Zu Dtn 4 vgl. Knapp 1987, 27–29 und *passim*.

21 Vgl. Lohfink 1990 und die Diskussion um seinen Vorschlag bei Perlitt 2013, 388–390.

22 Vgl. Perlitt 2013, 387–400; Veijola 2004, 122–125; Otto 2012b, 640–650.

„Jenseits des Jordan im Tal gegenüber Bet Peor" ist die Zusammenfassung von 1,1a und 3,29 und setzt als Wiederaufnahme von Dtn 1–3 die Einschaltung von Dtn 4 voraus.[23] Wie in Dtn 1–3 wird die Rede ausdrücklich an den Ort des Todes Moses (34,6) verlegt.

Wie in 1,4 werden mit fast denselben Worten anschließend in 4,46–47 die Ereignisse von 2,26–3,11, die Schlacht gegen Sihon und Og, zusammengefasst. Sihon von Heschbon präzisiert im Sinne von Dtn 23,5 die Angabe „als sie aus Ägypten herausgezogen waren" aus V. 45, Og von Baschan die Angabe „jenseits des Jordan" aus V. 46, ergänzt um „gegen Sonnenaufgang" nach dem Vorbild von 4,41. Ob die beiden Angaben in einem Zuge oder nacheinander in den Text gelangten, ist schwer zu entscheiden.[24] Während es in V. 46 allein um die Geographie und darum nur um Sihon geht, holt V. 47 die in V. 46b angedeutete Erzählung nach, die den beiden Königen Sihon und Og gilt, wie aus der Formulierung (vgl. 2,31; 3,12) und dem unpassenden Nachtrag „die zwei Könige der Amoriter" (vgl. 3,8) hervorgeht.

Die V. 48–49 wiederum setzen die Landnahme im Gebiet „jenseits des Jordan, gegen Sonnenaufgang" in V. 47 und die „zwei Könige der Amoriter" aus 3,8 voraus und ergänzen dementsprechend die Gebiete in Kompilation mit 2,36: „von Aroer, das am Rande des Arnontales liegt" (2,36); „vom Arnontal bis zum Berg Hermon" (3,8); und schließlich auch „die ganze Araba jenseits des Jordan nach Osten hin und bis zum Araba-Meer unterhalb der Abhänge des Pisga" (4,49) entsprechend 3,17. Damit sind die Ergänzer zuletzt wieder beim Sterbeort Moses in 34,1 angelangt, an dem die Rede des Mose auch nach Dtn 1–4 (4,46 sowie 1,1–5a und 3,27.29) gehalten wurde.

Zieht man die Zusätze ab, bleiben die beiden Überschriften in 4,44 und 4,45, von denen der Formulierung nach die erste mit 1,5, die zweite mit 1,1 korrespondiert. Aufgrund der Analyse von 1,1–5 hält man in der Forschung darum 4,44 (וְזֹאת הַתּוֹרָה אֲשֶׁר־שָׂם מֹשֶׁה לִפְנֵי בְּנֵי יִשְׂרָאֵל) für sekundär, 4,45 (אֵלֶּה הָעֵדֹת וְהַחֻקִּים וְהַמִּשְׁפָּטִים) hingegen für ursprünglich. Darüber hinaus wird das Verhältnis dahingehend bestimmt, dass 4,45 die ältere, 1,1a die davon inspirierte jüngere Überschrift sei. Dies verbindet sich mit der Hypothese, dass 4,45 die älteste Überschrift überhaupt sei, die das ehemals selbständige „Urdeuteronomium" (mit Fortsetzung in 5,1; 6,4; 12,13 ff) eingeleitet habe.[25]

---

23 Vgl. Perlitt 2013, 397.

24 Vgl. Perlitt 2013, 398.

25 So z. B. Veijola 2004, 122–23; Perlitt 2013, 387.391 scheint auch V. 46aα („jenseits des Jordan im Tal gegenüber Bet Peor") zum ursprünglichen Bestand zu zählen. Otto 2012b, 643 lässt mit 4,45 und 5,1 als Einleitung der gesamten zweiten Moserede in Dtn 5–11 (sic) sein „Deuteronomium der deuteronomistischen Horebtradition" beginnen, die das Deuteronomium am Horeb „verorte", während

Die auf den ersten Blick einleuchtende Rekonstruktion hat jedoch einen Haken. Sie zwingt zu der gewaltsamen Extraktion von „die Edot und" (וְהָעֵדֹת) aus der Phrase „Dies sind die Edot und die Satzungen und die Rechtssätze" in V. 45, da der Ausdruck nicht zum ältesten Deuteronomium und dem dafür typischen Paar „Satzungen und Rechtssätze" (5,1; 12,1 u. ö.) passt. In einer kühnen Argumentation hat Norbert Lohfink daraus gefolgert, der Ausdruck הָעֵדֹת sei gegenüber dem Paar „Satzungen und Rechtssätze" ursprünglich und habe einst das joschianische (Ur-) Deuteronomium bezeichnet.[26] Wie es scheint, kommt ihm dabei die neuassyrische Vertragssprache (adê) und ihre Nähe zur Bundestheologie des Deuteronomiums entgegen, was immer wieder zu allerlei Spekulationen über die Herkunft des Deuteronomiums Anlass gegeben hat. Doch wie Lothar Perlitt gezeigt hat, lässt sich diese Hypothese nicht aufrechterhalten.[27] Vielmehr ist der Ausdruck – ganz gleich, ob man ihn vom neuassyrischen und, nicht zu vergessen, aramäischen[28] adê oder der hebräischen Wurzel עד „Zeuge, Zeugnis" und der in der Priesterschrift gebrauchten Abstraktbildung 'edut, dem terminus technicus für den Inhalt der Lade, ableitet – für einen späten Sprachgebrauch (Ps 119) und für spätere, deuteronomistische Schichten typisch, in denen er stets in einer Reihe mit anderen Ausdrücken für das Gesetz oder den Bund erscheint.[29] Aber rechtfertigt dieser Befund auf der anderen Seite die nicht minder kühne Ausscheidung von וְהָעֵדֹת in Dtn 4,45? Hierfür könnte man sich allenfalls auf die Variante der Septuaginta in Dtn 6,4 berufen, die von Dtn 4,44 f abhängig ist und die 'edot nicht enthält, doch ist diese eindeutig sekundär und scheint sich an Dtn 5,1 zu orientieren. Gerade die Tatsache, dass der fragliche Ausdruck stets in Reihenbildungen und in 6,20 in exakt derselben Reihe wie in 4,45 erscheint, spricht eher gegen die gewaltsame literarkritische Operation.

Hinzu kommt eine weitere Schwierigkeit. Lässt man das Deuteronomium mit 4,45 beginnen und sieht darin den ursprünglichen Anfang, ist man mit dem Problem der Historisierung des Gesetzes im Deuteronomium konfrontiert. Wer Mose war und was es mit dem Auszug aus Ägypten auf sich hat, erfährt man nun einmal aus der Erzählung des Pentateuchs, auf die man zumal bei einer so „lockeren Zeitangabe"[30] wie dem „als sie aus Ägypten auszogen/ausgezogen waren" in V. 45 angewiesen ist. Die weit verbreitete Annahme, dass dies als Gemeingut des kulturellen Wissens vorausgesetzt werden könne, entbehrt jeder Grundlage. Außerdem bliebe

---

erst das „deuteronomistische Deuteronomium der Moabredaktion" in Dtn 1–3 (mit Überschrift in 1,1a.4) Mose und das Volk in Moab situiere (s. o. Anm. 14).

26 Lohfink 1995.
27 Perlitt 2013, 393–397; s. ebenso Veijola 2004, 123.
28 Vgl. Koch 2008, 97–105.
29 Vgl. Dtn 5,31; 6,17.20; 7,11; 2Kön 2,3; 17,5; 23,5; Jer 44,23.
30 Veijola 2004, 123 Anm. 5.

unklar, wo auf dem langen Marsch zwischen Ägypten und dem gelobten Land Mose dem Volk das Gesetz mitgeteilt hat. Es wäre schon eine komische Vorstellung, wenn das Gesetz irgendwo im Niemandsland der Wüste mitgeteilt worden wäre. Vermutlich ist dies auch der Grund, warum Lothar Perlitt die Angabe „jenseits des Jordan im Tal gegenüber Bet Peor" in V. 46aα noch zur Grundschicht rechnet, was jedoch in Widerspruch zur Hypothese von V. 45 als einem älteren Anfang des Deuteronomiums steht. Denn wie Perlitt selbst schreibt, fasst die geographische Angabe in 4,46 Dtn 1,1a und 3,29 zusammen und setzt die Einschaltung von Dtn 4 voraus.[31]

Ob mit oder ohne V. 46aα, so bereitet die Hypothese, dass V. 45 einmal der ursprüngliche Anfang des Deuteronomiums gewesen sei, folglich mehr Probleme als sie löst. Näher liegt darum die andere Möglichkeit, dass es sich in 4,44 und 4,45 um nachträgliche Überschriften handelt, die im Gefolge der Vorschaltung von Dtn 1–4 in den Text gelangt sind. Gelegenheiten dazu hat es mehr als genug gegeben, da der Text in Dtn 1–4 nicht einheitlich, sondern sukzessiv gewachsen ist. Das gilt nicht nur für den Rückblick in Dtn 1–3, sondern ebenso für dessen Fortschreibung in Dtn 4,1–40, die den Stil der Moserede beibehält, und für das Stück in Dtn 4,41–43, das in den Erzählstil fällt. Bevor in 5,1 die Rede des Mose (wieder) einsetzen kann, ist ein Übergang notwendig, und eben an dieser Stelle finden sich die beiden fraglichen Überschriften in V. 44 und V. 45(–46aα).

Bleiben wir bei der in der Forschung vorgeschlagenen Reihenfolge, so könnte V. 45(–46aα) im Rückgriff auf 1,1a; 3,29 mit der Einschaltung der Rede in 4,1–40, und 4,44 im Rückgriff auf 1,5 mit der Zufügung der kurzen Erzählung in 4,41–43 zusammenhängen. Von den „Satzungen und Rechtssätzen" (הַחֻקִּים וְהַמִּשְׁפָּטִים) ist schon in Dtn 4 (V. 1.5.8.14) die Rede, sodass die Wiederaufnahme in 4,45 wie auch die Ergänzung von הָעֵדֹת nicht verwundert (vgl. 6,20; 4,9 f). Auch die Herausführung aus Ägypten ist in Dtn 4 (V. 20.34.37) Thema, woraus sich die „lockere Zeitangabe" („als sie aus Ägypten zogen") in V. 45 zwanglos erklärt, die dann mit der Wiederaufnahme von 3,29 in 4,46 sowie mit den Zusätzen in 4,46–49 weiter präzisiert und ausgeführt wurde. Selbst die vermutlich jüngere Überschrift 4,44, die auf 1,5 rekurriert, hat in Dtn 4 (hier V. 8) einen Anhalt.

Nach allem haben wir in den Überschriften in 4,44–49 und ihrem Kern in V. 45 im Vergleich zu 1,1–5 nicht die älteren, sondern die jüngeren Formulierungen vor uns. 4,45(–46aα) ist demzufolge in Kenntnis und nach dem Vorbild von 1,1a (und 3,29), 4,44 nach dem Vorbild von 1,5 entstanden. Ist die Überschrift in 1,1a mit der Vor-

---

31 Perlitt 2013, 397: „V. 46aα will nach der großen Unterbrechung durch 4,1–40 noch einmal den Ort nennen, an dem Mose zu den Israeliten redete (V. 45). Das geschieht einerseits mit der weiträumigen Angabe von 1,1a ‚jenseits des Jordans' [...], andererseits mit der genauen Angabe über das vorläufige Ziel des Wüstenzuges vom Horeb her ‚im Tal gegenüber Beth Peor' aus 3,29 [...]."

schaltung von Dtn 1–3 zu verbinden, so ist 4,45(–46aα) durch die Einschaltung von Dtn 4,1–40 nötig geworden und hat – vor oder nach dem Eintrag von 4,41–43 – die Überschrift in 4,44 nach sich gezogen. An beiden Stellen sind die Überschriften in 1,1b–4 und 4,46–49 mehrfach ergänzt und mit Material aus Dtn 1–3 aufgefüllt worden.

III Dtn 5,1

Nach den Überschriften in Dtn 1,1–5 und Dtn 4,44–49 wenden wir uns nun Dtn 5,1 zu, dem zweiten Anfang der Rede des Mose, die von hier bis Kap. 26 reicht: „Und Mose rief ganz Israel und sprach zu ihnen: …" וַיִּקְרָא מֹשֶׁה אֶל־כָּל־יִשְׂרָאֵל וַיֹּאמֶר אֲלֵהֶם. Im Verhältnis zu Dtn 1–4 handelt es sich um einen älteren Anfang, da Mose hier nun dazu kommt, was in den Überschriften in Dtn 1,1–5 und 4,44–49 angekündigt ist: der Mitteilung des Gesetzes. Die Kapitel Dtn 1–4 selbst sind demgegenüber deutlich sekundär, indem sie die in Exodus bis Numeri erzählte Vorgeschichte rekapitulieren sowie im Vorgriff auf Dtn 5 die Erinnerung der Szene am Horeb vorbereiten. Damit aber stellt sich die Frage, was genau mit der unvermittelten Redeeinleitung in Dtn 5,1 beginnt.

Bevor Mose zu der mehrfach angekündigten Mitteilung der Gesetze in 12–26 kommt, benötigt er auch in Dtn 5–11 einen langen Anweg. Und auch dieser Anweg ist voller historischer Erinnerungen an den Auszug, die Wüste und den Sinai/Horeb. Doch anders als in Dtn 1–3 geht es hier nicht primär um den Verlauf der Erzählung zwischen Ausgangs- und Endpunkt der Wüstenwanderung, sondern um die unmittelbare paränetische Bedeutung, die die historischen Exempel, insbesondere der Aufenthalt am Sinai/Horeb, für das „Hier und Heute", die imaginierte Gegenwart des Mose bzw. die Gegenwart des Verfassers und seiner Leser, haben.

Die hermeneutische Schlüsselszene dafür ist die historische Fiktion in Dtn 5.[32] Die Szene lebt von dem Gegenüber des „Hier und Heute" (Dtn 5,1.3) zur zurückliegenden Gottesbegegnung am Sinai/Horeb „in jener Zeit" (Dtn 5,5), die für die „hier und heute" anwesenden fiktiven Hörer (und tatsächlichen Leser) erinnert und aktualisiert wird. Die beiden Orte, der Sinai/Horeb und das „Hier und Heute" werden damit gewissermaßen in eins gesetzt. Dies geschieht zum einen durch das Zitat des Dekalogs, den das Volk damals gehört haben soll und im Zitat, das die vergangene Situation heraufbeschwört, noch einmal hört. Zum anderen werden die beiden Situationen durch den Narrativ aufeinander bezogen, wonach das übrige Gesetz von Gott seinerzeit nur Mose auf dem Berg mitgeteilt worden sei und nun dem Volk weitergegeben werde.

---

32 Vgl. die Kommentare sowie Nr. 10 und 11 in diesem Band.

Dieser Narrativ in Dtn 5 setzt die literarhistorische Abhängigkeit des Deutero-nomiums vom Bundesbuch in Ex 19–24 in Szene und soll zum Ausdruck bringen, dass es sich hier wie dort um dasselbe Gesetz handelt. Nachdem dies in Dtn 5 klar-gestellt ist, kann, eingeleitet durch 6,1 und das שְׁמַע יִשְׂרָאֵל „Höre Israel" in 6,4, die Mitteilung der Gesetze in Dtn 12–26 folgen. Ebenso wie der Rückblick in Dtn 1–3 und 4, der die Strecke zwischen Sinai/Horeb und dem „Hier und Heute" auch geo-graphisch und geschichtstheologisch überbrückt,[33] dürften auch die ausufernden Paränesen in Dtn 6–11 sekundär sein gegenüber der Grundszene in Dtn 5,1–6,3 und dem „Höre Israel" in 6,4, die in Dtn 6–11 durchgängig vorausgesetzt und verarbeitet sind.[34]

Darf man also von einem ursprünglichen Zusammenhang von Dtn 5,1–6,3 und Dtn 12–26 ausgehen, stellt sich als nächstes die Frage: Welches ist das „Hier und Heute" von Dtn 5,1.3? Ohne den historischen Rückblick in Dtn 1–3 (3,27.29), der sich als literarhistorisch jüngere Fortschreibung erwiesen hat, fehlte dem Einsatz der geographische und historische Kontext. Wird man also doch eine der Überschrif-ten in 1,1–5 (1,1a) oder 4,44–49 (4,45) als Anfang des Deuteronomiums annehmen müssen? Doch warum setzt dann die Rede nicht unmittelbar nach der Ankündigung in 1,1a oder 4,45 ein: „Dies sind die Worte ..." bzw. „Dies sind die Zeugnisse ...: Höre Israel", sondern wird noch einmal mit dem Narrativ וַיִּקְרָא מֹשֶׁה אֶל־כָּל־יִשְׂרָאֵל וַיֹּאמֶר אֲלֵהֶם „Und Mose rief ganz Israel und sprach zu ihnen" eigens eingeführt?

Die sprachliche Form dieser Einführung rückt noch eine andere Möglichkeit ins Blickfeld. Der Narrativ וַיִּקְרָא מֹשֶׁה könnte eine vorausgehende Erzählung wei-terführen, die Mose und ganz Israel an den Ort gebracht hat, den Dtn 5 mit seinem „Hier und Heute" meint. Eine solche Erzählung ist bekanntlich im Numeribuch, unmittelbar vor dem Buch Deuteronomium, erhalten, und das Buch Numeri bildet auch die Grundlage für die nachträgliche Rekapitulation dieser Geschichte im Rück-blick von Dtn 1–3. Was also liegt näher als die Vermutung, dass Dtn 5,1 ursprünglich diese Erzählung einmal fortgesetzt hat?

Sieht man von den jüngeren Stücken in Dtn 1–4 und den ebenfalls jungen Auf-füllungen des Numeribuches in Num 25–36 ab, kommen für den Redeeinsatz in Dtn 5,1 zwei Anschlussstellen in Frage: Num 27,12 f oder Num 25,1a. Letztere Stelle gehört zum alten Gerüst, das die Erzählung vom Auszug aus Ägypten in Exodus

---

33 Dass Dtn 1–3 und Dtn 5,1–6,3 auf derselben literarischen Ebene liegen, wie Gertz 2006a, 121 vor-geschlagen hat, ist aus mancherlei Gründen höchst unwahrscheinlich. Vor allem fragt man sich, warum der Verfasser von Dtn 1–3 sein Material nicht – wie mit der Wiederaufnahme in V. 46 ge-schehen – nach, sondern vor der als ursprünglich angesehenen Überschrift in 4,45 untergebracht hat. Des Weiteren bedürfen die verschiedenen Kalkulationen der Generationen in Dtn 5,2–3 und 1,34 ff; 2,14 f.16 der Erklärung.
34 Vgl. Spieckermann 2000.

bis Numeri mit der Erzählung von der Landnahme im Josuabuch verbindet (Num 25,1a – Jos 2,1; 3,1); dazwischen liegt der Tod des Mose (Dtn 34,5 f)[35], der den Anhalt für die Abschiedsrede Moses im Buch Deuteronomium darstellt.[36] Das „Hier und Heute" in Dtn 5 hat demnach an der letzten Station der Wüstenwanderung vor dem Übertritt ins gelobte Land, in Schittim im Lande Moab, seinen narrativen Ort. Die literarische Fiktion in Dtn 5 schreibt sich an ebendiesem Ort in die Erzählung ein, sodass auf dieser Stufe das Buch Deuteronomium ein Bestandteil der Erzählung wenigstens in den Büchern Exodus bis Josua, vielleicht auch darüber hinaus, ist. Diese Lokalisierung wird von den jüngeren Fortschreibungen in Dtn 1–4 und insbesondere den Überschriften in Dtn 1,1–5 und 4,44–49 übernommen und für das selbständige Buch weiter ausgeführt.

IV Dtn 6,4

In der Forschung ist schon des Öfteren die Vermutung geäußert worden, dass das älteste Deuteronomium, das sogenannte Urdeuteronomium, mit dem שְׁמַע יִשְׂרָאֵל „Höre Israel" in Dtn 6,4 begonnen habe, auf das unmittelbar die Gesetzgebung in Dtn 12–26 gefolgt sei.[37] Für diese Vermutung spricht manches, etwa die enge sachliche Beziehung zwischen der im „Höre Israel" proklamierten „Einheit" JHWHs und der Forderung der Kultzentralisation, die in Dtn 12 (ursprünglich V. 13) einsetzt und bekanntlich den Kern der deuteronomischen Gesetzgebung darstellt. Das „Höre Israel" in Dtn 6,4[38] lässt sich so als Proömium zu der Neufassung der Kultgesetzgebung in Dtn 12–26 (Grundbestand) verstehen, die literarhistorisch das Bundesbuch in Ex 20–23 zum Vorbild hat.[39]

Wie wir sahen, setzt die historische Fiktion von Dtn 5, die Erinnerung und Vergegenwärtigung des Sinai/Horeb für das „Hier und Heute" der erzählten Zeit

---

35 Ursprünglich etwa: „Und Mose [...] starb dort [...], und man begrub ihn im Tal, im Lande Moab, gegenüber Bet-Peor [...]".

36 Vgl. Kratz 2000, 129 f; ferner Nr. 13; 18 und 19 in diesem Band. Mit Germany 2017, 314–318 rechne ich mittlerweile auch Jos 1,1–2 (abzüglich einiger Zusätze) zum ursprünglichen Bestand in Num 25,1a; Dtn 34,5 f; Jos 1,1 f; (2,1); 3,1.

37 Vgl. Preuss 1982, 100 f; Veijola 2004, 175.

38 Für die Analyse von Dtn 6,4–9 vgl. Levin 1985a, 99 Anm. 103; Veijola 2000a, 76–93; ders. 2004 175.177–182; Kratz 2000, 130 f. Ich halte nach wie vor daran fest, dass Dtn 6,4–5 oder (mit Levin) 6,4–6 und nicht 6,4.6–9 (so Veijola) der ursprüngliche Text ist, der die Kultgesetzgebung in Dtn 12–26 (im Grundbestand) eingeleitet hat.

39 Zu den Kriterien der Analyse und Rekonstruktion der Grundschrift des Deuteronomiums vgl. Kratz 2000, 120–122

wie der Zeit des Erzählers und Lesers ist, die literarhistorische Abhängigkeit des Deuteronomiums von dem Bundesbuch in Szene. Wie es scheint, ist dieses literarische Abhängigkeitsverhältnis und der dazu passende Narrativ jedoch älter als der Dekalog in Dtn 5. Die in Dtn 5,1 mit וַיֹּאמֶר אֲלֵהֶם אֶל־כָּל־יִשְׂרָאֵל מֹשֶׁה וַיִּקְרָא eingeleitete Rede des Mose beginnt auffälligerweise mit einem שְׁמַע יִשְׂרָאֵל „Höre Israel" und kündigt hier die Dekalogszene in 5,1–6,3 an: שְׁמַע יִשְׂרָאֵל אֶת־הַחֻקִּים וְאֶת־הַמִּשְׁפָּטִים „Höre Israel die Satzungen und Rechtssätze". Dieser Anfang wird in 6,1–3 mit וְזֹאת הַמִּצְוָה הַחֻקִּים וְהַמִּשְׁפָּטִים „Und dies sind die Satzungen und Rechtssätze" wiederaufgenommen, um entsprechend 5,1 zu dem „Höre Israel" in 6,4 überzuleiten. Der gleichlautende Anfang der Moserede „Höre Israel" in 5,1 und 6,4 sowie die Wiederaufnahme von 5,1 in 6,1–3 legt die Annahme nahe, dass die Dekalog-Szene in Dtn 5,1–6,3 nachträglich eingeschoben wurde und auf die Redeeinleitung in 5,1a ursprünglich das „Höre Israel" in 6,4 folgte.[40]

Mit der Redeeinleitung in 5,1 (וַיֹּאמֶר אֲלֵהֶם אֶל־כָּל־יִשְׂרָאֵל מֹשֶׁה וַיִּקְרָא) aber setzt auch die ältere Ausgabe des Deuteronomiums, die die Szene in Dtn 5,1–6,3 und den Dekalog noch nicht enthielt, die Erzählung des Numeribuches fort und ist an der letzten Station in Schittim zwischen Num 25,1 und Jos 2,1; 3,1 eingeschaltet. Was hier durch den Gang der Erzählung angedeutet wird, macht die historische Szene in Dtn 5 auf einer jüngeren literarischen Ebene explizit und wird auch von den Überschriften und literarischen Erweiterungen in Dtn 1–4 schon vorausgesetzt.

Damit soll keineswegs in Abrede gestellt werden, dass das Deuteronomium auch vor seiner Integration in den Gang der biblischen Erzählung, die *historia sacra* von Pentateuch und vorderen Propheten, einmal ein Eigenleben geführt haben und ursprünglich als selbständiges Buch konzipiert worden sein mag. Nur kann dieses Buch nicht mit Dtn 5,1 oder 4,45 begonnen haben, sondern wäre erst durch die Überschrift in Dtn 1,1–3 (wieder) selbständig geworden. Vielmehr müsste es ohne Überschrift, die aber auch verloren gegangen sein kann, und jedenfalls ohne die Erzähleinleitung in 5,1 direkt mit 6,4(–6) eingesetzt haben: שְׁמַע יִשְׂרָאֵל יְהוָה אֱלֹהֵינוּ יְהוָה אֶחָד „Höre Israel, Jhwh, unser Gott, ist einer", worauf die Zentralisationsgesetze folgten. Das Pendant zu Dtn 6,4–6 am Schluss des ältesten Deuteronomiums findet sich in Dtn 26,16.[41]

---

40 Vgl. Veijola 2000a, 77 Anm. 10; ders. 2004, 175; Kratz 2000, 129 sowie Nr. 13 in diesem Band.

41 Kratz 2000, 128 f; anders Veijola 2000a, 77 Anm. 10: „Es versteht sich allerdings von selbst, dass ein *Buch* nie unmittelbar mit der Anrede Dtn 6,4, ohne jegliche Überschrift und Redeeinleitung, hat beginnen können." Ich muss gestehen, dass sich dieses Postulat für mich nicht „von selbst versteht". Zur sekundären Variante der LXX in Dtn 6,4 und der These von Carr (2011, 147 Anm. 110), der darin den Anfang des „Ur-Deuteronomiums" findet, s. Nr. 4 (Anm. 53) in diesem Band.

Das „Höre Israel" in Dtn 6,4 eignet sich für die Eröffnung eines selbständigen Buches, weil es den Adressaten nennt und, für sich betrachtet, keine Information über den Sprecher und die Lokalisierung im Gang der biblischen Erzählung verlangt. Lediglich die Präformativkonjugation in der Zentralisationsformel (בַּמָּקוֹם אֲשֶׁר־יִבְחַר „Der Ort, den JHWH erwählen wird" Dtn 12,14 etc.) macht stutzig. Im Rahmen des narrativen bzw. literarischen Zusammenhanges mit der Erzählung von Exodus bis Josua weist diese Formel auf die bevorstehende Landnahme und ist der Anfang der Historisierung des Gesetzes im Deuteronomium.[42] Wie die Schwankungen in der Textgeschichte zeigen, war man sich des Problems in der Antike durchaus bewusst.[43] Ich will nicht ausschließen, dass die Präformativkonjugation in der Formel in einem noch selbständigen Deuteronomium einmal eine andere Bedeutung hatte, was allerdings zu zeigen wäre. Die Annahme, dass der Ort des Deuteronomiums in der biblischen Erzählung ohnehin jedem bekannt gewesen sei, sodass man die ausführlichen Lokalisierungen in den späteren Schichten der Sache nach auch schon für das selbständige Deuteronomium ansetzen dürfte, befriedigt jedenfalls nicht. Das Problem ist nur im größeren Zusammenhang der Komposition des Pentateuchs zu behandeln und mag darum hier auf sich beruhen.

Schluss

Die Untersuchung der Überschriften bestätigt das Ergebnis der literarhistorischen Analyse des Buches. Das älteste Deuteronomium, das sogenannte Urdeuteronomium, das lediglich die Zentralisationsgebote enthielt, dürfte mit Dtn 6,4(–6) ein- und mit Dtn 26,16 ausgeleitet worden sein. Mit Ausnahme der Zentralisationsformel findet sich kein Hinweis auf eine Historisierung, was dafürsprechen könnte, dass das Deuteronomium ursprünglich als selbständige Schrift konzipiert worden ist. Die Redeeinleitung in Dtn 5,1aα, gefolgt vom „Höre Israel" in 6,4(–6) und den Zentralisationsgeboten in Dtn 12–26 ordnet das Deuteronomium in den Gang der biblischen Erzählung ein und situiert es zwischen der letzten Station der Wüstenwanderung (Num 25,1a) und dem Aufbruch ins gelobte Land (2,1; 3,1) in Schittim im Lande Moab. Hier rekapituliert Mose in einer Abschiedsrede kurz vor seinem Tode (Dtn 34,5 f) die wesentlichen Grundzüge der Kultgesetzgebung des Bundesbuches in revidierter Form, bevor nach dem Tod des Mose Josua die Führung übernimmt (Jos 1,1 f). Die Szene in Dtn 5,1aβ–6,3 ergänzt diesen narrativen (und literarischen) Zusammenhang um den Dekalog und die hermeneutische Schlüsselszene, die das

---

42 Kratz 2000, 128
43 Vgl. Nr. 23 in diesem Band.

Gesetz am Sinai/Horeb und das Gesetz in Moab ausdrücklich aufeinander bezieht. Darauf aufbauend, rekapituliert der Rückblick in Dtn 1–3, eingeleitet durch 1,1a, die Geschichte der Wüstenwanderung aus dem Numeribuch und überbrückt den Weg vom Sinai/Horeb nach Moab in der Rede des Mose. Diese Rückblende trägt zur Verselbständigung und Abtrennung des Buches Deuteronomium bei. Veranlasst durch Zusätze in Dtn 4, die die Szene von Dtn 5 vorwegnehmen, markieren die Überschriften in 4,44–49 (ursprünglich nur 4,45 oder 4,45.46aα), einen Übergang von den Vorreden zur Hauptrede, die sich von Kap. 5 bis Kap. 26 erstreckt.

15 Die Zentralisation der Feste in Deuteronomium 16,1–17

Die Zentralisation des Kults ist das Hauptgebot des Buches Deuteronomium, das dessen Entstehung veranlasst und von Anfang an bestimmt hat. Nach der Zentralisation des Kultortes in Dtn 12, des Zehnten in Dtn 14 und der tierischen Erstlinge in Dtn 15 werden in Dtn 16, gewissermaßen als krönender Abschluss der Kultgesetzgebung, die drei jährlichen Erntefeste, Mazzot bzw. Pesach-Mazzot (Fest der ungesäuerten Brote), Schawuot (Wochenfest) und Sukkot (Laubhüttenfest) an das in Dtn 12 vorgeschriebene zentrale Heiligtum verlegt. Doch wie die Zentralisation des Kultortes in Dtn 12 (V. 1–7.8–12.13–28) ist auch die des Festkalenders in Dtn 16 nicht nur in einer, sondern in zwei verschiedenen Fassungen überliefert: einer Langfassung in V. 1–15 und einer Kurzfassung in V. 16–17.

Die Existenz zweier Fassungen findet in der Forschung wenig Beachtung. Für gewöhnlich werden Dtn 16,16–17 als Zusammenfassung, Appendix oder sekundärer Nachtrag zu dem Festkalender in V. 1–15 angesehen, der nicht viel Neues beiträgt. Doch bei genauerem Zusehen zeigen sich signifikante Unterschiede, die berechtigen, von zwei Fassungen zu sprechen. Außer in der Form und Länge unterscheiden sie sich vor allem darin, dass in V. 1–8 vom Pesach, in V. 16 hingegen von Mazzot die Rede ist. Zwar finden auch die ungesäuerten Brote in V. 1–8 Erwähnung (V. 3 f.8), doch sind sie dem eigentlichen Anlass, dem Pesachopfer, untergeordnet und auf recht umständliche Weise damit verknüpft; V. 16 erwähnt das Pesach hingegen mit keinem Wort. Ein weiterer Unterschied besteht darin, dass Pesach-Mazzot in V. 1–8 nicht als „Fest" (חג) bezeichnet wird, während Mazzot in V. 16 ebenso wie Schawuot und Sukkot in V. 9–16 ausdrücklich „Fest" heißen. Dass dieser Unterschied keine Lappalie ist, ist aus der Textgeschichte zu ersehen. So hat sich im Samaritanus und in der Septuaginta in V. 8 wenigstens für den siebten Tag von Pesach-Mazzot der Begriff des „Fests für JHWH" (חג statt עצרת) eingeschlichen. Schließlich unterscheiden sich die beiden Fassungen darin, dass bei Schawuot und Sukkot in V. 9–15 die Beteiligung der ganzen Familie an den Wallfahrtsfesten vorgesehen ist, während in V. 16 nur die Männer am zentralen Kultort erscheinen sollen; bei Pesach-Mazzot in V. 1–8 ist über den Teilnehmerkreis nichts gesagt.

Die Unterschiede legen ebenso wie in Dtn 12 die Vermutung nahe, dass die beiden Fassungen des Festkalenders in Dtn 16,1–15 und V. 16–17 nicht auf einer literarischen Ebene liegen, sondern möglicherweise konkurrierende Wachstumsstadien repräsentieren. Jedenfalls bedarf das Verhältnis der beiden Fassungen zueinander einer Erklärung. Ich beginne mit der Kurzform in Dtn 16,16–17 und ihrer Vorlage in Ex 23,14–19, wo die literarischen Verhältnisse am klarsten sind und deren Einordnung Reinhard Achenbach in seiner umfassenden Tabelle von „(Ur-)

https://doi.org/10.1515/9783111367057-019

Deuteronomium and Its Reworkings" – sicher aus gutem Grund – (noch) nicht vorgenommen hat.[1]

I Dtn 16,16–17 und seine Vorlage in Ex 23,14–19

Kurz und prägnant wird in Dtn 16,16–17 die angeredete 2. Person Singular aufgefordert, dreimal im Jahr „vor Jнwн zu erscheinen" bzw. „das Angesicht Jнwнs zu sehen",[2] um die drei Erntefeste zu begehen und eine Gabe abzuliefern, entsprechend dem Maß, mit dem ihn Jнwн gesegnet hat. Ihren Skopus hat die Anweisung in der Formel „an dem Ort, den er erwählen wird", womit die drei Feste von den lokalen Heiligtümern, an denen die Feste üblicherweise begangen wurden, an das zentrale Heiligtum verlegt werden.

> 16 שָׁלוֹשׁ פְּעָמִים בַּשָּׁנָה יֵרָאֶה[3] כָּל־זְכוּרְךָ אֶת־פְּנֵי יְהוָה אֱלֹהֶיךָ בַּמָּקוֹם אֲשֶׁר יִבְחָר[4] בְּחַג הַמַּצּוֹת וּבְחַג הַשָּׁבֻעוֹת וּבְחַג הַסֻּכּוֹת וְלֹא יֵרָאֶה[5] אֶת־פְּנֵי יְהוָה[6] רֵיקָם: 17 אִישׁ כְּמַתְּנַת יָדוֹ[7] כְּבִרְכַּת יְהוָה אֱלֹהֶיךָ אֲשֶׁר נָתַן־לָךְ:

> 16 Dreimal im Jahr soll all dein Männliches vor Jнwн, deinem Gott, erscheinen (oder: das Angesicht Jнwнs, deines Gottes, sehen) an dem Ort, den er erwählen wird: am Fest der ungesäuerten Brote, am Wochenfest und am Laubhüttenfest. Und man soll nicht mit leeren Händen vor dem Angesicht Jнwнs erscheinen (oder: das Angesicht Jнwнs sehen), 17 ein jeder nach dem, was er zu geben vermag, nach dem Segen, den Jнwн, dein Gott, dir gegeben hat.

Form, Formulierung und Skopus stimmen mit den anderen den Kult betreffenden Zentralisationsgeboten im Deuteronomium überein, zu denen auch enge literari-

---

1 ACHENBACH 2020, 103. Dieser Beitrag zu Ehren von Reinhard Achenbach wäre nicht möglich gewesen ohne den intensiven Austausch mit Shimon Gesundheit sowie Christoph Berner, Reinhard Müller und Peter Porzig, denen ich für viele wertvolle Hinweise und kritische Nachfragen von Herzen danke.

2 Die zweite Deutung als Impf. Qal + nota accusativi ist hier wie auch in Ex 23,17 (Sam); 34,23 f; Dtn 31,11, mit Akkusativobjekt (ohne nota accusativi) Ex 23,15; Jes 1,12; Ps 42,3 als die wohl ursprünglichere Lesart der masoretischen Vokalisation als Nif. + Präposition „mit, bei" bzw. Acc. loci vorzuziehen.

3 S (Peschitta) 3. Plural in Angleichung an Ex 23,15; 34,20.

4 Sam בחר בו, mit Pf. hier wie V. 2.6 f.11.15 und auch sonst üblich im Blick auf die bereits erfolgte Erwählung von Sichem zum Heiligtum (Gen 12,6 f; 33,18–20); mit rückbezüglichem בו wie V. 2 in Angleichung an V. 7; LXX αὐτὸν κύριος mit Rückbezug wie Sam und Nennung des Subjekts hier wie in V. 2.15 in Angleichung an V. 7, ohne rückbezügliches αὐτόν in V. 6.11.

5 Sam יראו in Angleichung an Ex 23,15; 34,20; LXX hier wie in Ex 23,15; 34,20 2. Pers. Singular ὀφθήσῃ für das unpersönliche „er/sie".

6 LXX + τοῦ θεοῦ σου in Angleichung an V. 16a.17 (s. auch zu V. 2.15).

7 LXX 2. Pers. Plural τῶν χειρῶν ὑμῶν.

sche Verbindungen bestehen: 12,13–18; 14,22–29; 15,19–23.[8] „Jahr für Jahr" sollen der Zehnte und die tierischen Erstlinge an dem zentralen Heiligtum dargebracht werden (14,22; 15,20), „dreimal im Jahr" sollen in 16,16 f die Feste stattfinden. Wie in 12,13 f; 14,22.25 f (anders V. 23 f); 15,19 f ist auch in 16,16 die (ältere) Kurzformel „an dem Ort, den JHWH erwählen wird" gebraucht. Die Formulierung in 16,17b („nach dem Segen, den JHWH, dein Gott, dir gegeben hat") erinnert an 12,15 sowie den Bedingungssatz in 14,24b, der allerdings ein Nachtrag sein dürfte.[9]

Die Vorlage für die Zentralisation der Feste ist ebenso wie für die übrige Kultgesetzgebung im Deuteronomium das Bundesbuch: Ex 20,24–26; 22,28 f; 23,14–19. Hier gehören die Kultgesetze einer redaktionellen Schicht an, die die Sammlung von unpersönlichen Rechtssätzen (Mischpatim) rahmen und als Rede JHWHs im Ich-Stil stilisieren. Auf diese Weise wird aus dem – vermutlich zu Schulzwecken aufgezeichneten – praktizierten Recht das göttliche Gesetz, womit der Vorgang der Theologisierung des Rechts in der biblischen Überlieferung einsetzt. Die Rede JHWHs ist an eine 2. Person Singular gerichtet, mit der grundsätzlich jeder Einzelne im Volk oder das Volksganze angeredet ist. Im Kontext des Exodusbuches, in dem die Rede Gottes ihren ursprünglichen Ort hat, ist der Ansprechpartner Mose, dem das Gottesgesetz am Sinai mitgeteilt wird, um es an das Volk weiterzugeben (Ex 20,1 bzw. 20,22a).[10]

Der Festkalender in Ex 23,14–19 beruht auf altem Brauchtum und vielleicht auch schon auf einer älteren, kurzen Liste der drei Jahresfeste nach Art des Gezer-Kalenders, der für gewöhnlich als Schreibübung gedeutet wird.[11] Ob eine solche ältere Liste als Vorstufe zur Fassung im Bundesbuch rekonstruiert werden kann, ist aber fraglich. Die Rekonstruktion hängt davon ab, welches Gewicht man den stilistischen und lexikalischen Unterschieden zwischen V. 14 („Dreimal [שלש רגלים] sollst du mir [לי] ein Fest feiern im Jahr") und V. 17 („Dreimal [שלש פעמים] im Jahr soll all dein Männliches vor dem Herrn JHWH [אל פני האדן יהוה] erscheinen") beimisst und ob die Auflistung der drei Feste in V. 15 f ursprünglich von der Verbform „du sollst halten" in V. 15 oder von der Überschrift in V. 14 abhängig ist.[12] Doch da eine selbständige Liste kaum unmittelbar mit der nota accusativi „Das Fest der unge-

---

8 Vgl. dazu KRATZ 2000, 124–127; sowie Nr. 12 in diesem Band.

9 VEIJOLA 2004, 273 f.342 vermutet dies auch für Dtn 13,15 und 16,17b.

10 KRATZ 2000,139–155, bes. 146 f. Vgl. auch KÖCKERT 2002.

11 RENZ / RÖLLIG 1995, I, 30–37; III, 3.

12 Vgl. SCHWIENHORST-SCHÖNBERGER 1990, 402 einerseits, der V. 14 und (trotz der Differenzen) auch V. 17 als redaktionell einstuft; GESUNDHEIT 2012, 30–34 andererseits, der das Verbum „du sollst halten" in V. 15 streicht und V. 17 für sekundär gegenüber V. 14.15b (sic) erklärt. Für die von Schwienhorst-Schönberger rekonstruierte Vorlage in V. 15–16 wäre jedenfalls V. 17 als Summarium mit JHWH in 3. Person hinzunehmen.

säuerten Brote …" in V. 15 begonnen haben dürfte und V. 14 Jhwh zum Sprecher hat, bewegt man sich in beiden Fällen wohl bereits auf der Ebene der 2. Singular-Bearbeitung des Bundesbuchs, die Jhwh zum Sprecher macht (V. 14.16.18). Dass die Rede Jhwhs in geprägten Wendungen („Angesicht des Herrn Jhwh", „Haus Jhwhs") von Jhwh gelegentlich auch in 3. Person spricht (V. 17.19), ist zwar nicht unmöglich, mag aber auf die Vorgeschichte der Kultbestimmungen weisen. Insbesondere die kurze Anweisung zu den drei Jahresfesten in V. 17 mit dem in der kanaanäischen Tradition verwurzelten Gottestitel „der Herr Jhwh" (האדן יהוה),[13] der in Ex 34,23 übernommen, in Dtn 16,16 abgeändert und dem deuteronomischen Sprachgebrauch angepasst ist, könnte eine ältere, ehemals selbständige Überlieferung sein. Doch die Indizien reichen m. E. nicht aus, um eine vollständige Vorstufe des gesamten Festkalenders zu rekonstruieren.

Der überlieferte Text in Ex 23,14–19 ist allerdings nicht einheitlich, sondern wurde verschiedentlich glossiert. Die syntaktisch sperrige Durchführungsbestimmung in V. 15b („und sie sollen vor meinem Angesicht nicht erscheinen/und mein Angesicht soll nicht gesehen werden mit leeren Händen")[14] unterbricht den syntaktischen Zusammenhang der Liste von Festen in V. 15a und V. 16 ebenso wie die (vermutlich jüngere) Durchführungsbestimmung („sieben Tage sollst du ungesäuerte Brote essen"). Von ihr lassen sich der Rückverweis auf das vorher in Ex 13,6 ergangene Gebot („wie ich dir befohlen habe") und die mit Ex 13,4 konvergierende Historisierung des Mazzotfestes („denn in ihm bist du aus Ägypten ausgezogen") in V. 15a schwerlich trennen. Lediglich die Terminierung למועד חדש האביב fügt sich in den Zusammenhang ein und dürfte ursprünglich sein.[15] Sie datiert das „Fest der ungesäuerten Brote" auf den Monat oder, wie die Formulierung („zum Zeitpunkt des", nicht „zu seinem Zeitpunkt im") nahelegt, eher den Neumondtag am Beginn der Getreideernte mit dem Schnitt der Gerste im Frühling.

---

13 Vgl. noch Jes 1,24; 3,1; 10.16.33; 19,4; ohne Gottesname Jhwh Mal 3,1
14 Zur grammatischen Zweideutigkeit vgl. Beer 1939, 118.
15 Vgl. Berner 2010, 302 f.310 Anm. 131, hier auch die Gründe, warum חדש in Ex 23,15 anders als in Ex 13,4 nicht den „Monat", sondern den „Neumond des Abib" bezeichnet. Mit dieser Datierung, die auf ein eintägiges Fest weist, stößt sich das siebentägige Mazzenessen, das den „Neumond" als „Monat Abib" (miss)versteht. Anders Veijola 2004, 334 unter Berufung auf Levinson 1997, 78, der die Phrase in Ex 23,15 mit „at the appointed time in the month of Abib" wiedergibt, was jedoch nicht dasteht; „im Monat Abib" (בחדש האביב) findet sich weder in Ex 23,15 noch in Dtn 16,1a, sondern erst in Ex 13,4; 34,18 und Dtn 16,1b, was dafür spricht, Dtn 16,1a und 1b nicht ohne Weiteres auf einer Ebene zu behandeln. Wäre in Ex 23,15 der Monat gemeint, müsste es heißen „zu seinem Zeitpunkt im Monat des Abib" (vgl. Num 9,2 f). Ob „der Abib" (mit Artikel!) ein alter, sonst nirgends belegter und ausnahmsweise determinierter Monatsname oder die Bezeichnung der Ährenzeit im Frühjahr ist (vgl. Ex 9,31; Lev 2,14), ist unklar und kann hier offenbleiben.

Entsprechend sind auch die beiden anderen Feste zeitlich näher bestimmt: das „Erntefest" gilt den „Erstlingen des Ertrages dessen, was du auf dem Feld gesät hast" zum Abschluss der Getreideernte mit dem Schnitt des Weizens im Frühsommer; das Lesefest findet „am Ausgang des Jahres wenn du deinen Ertrag vom Feld einsammelst" zur Obsternte und Weinlese im Herbst statt. Ebenso wie V. 15b könnten auch die näheren Ausführungen zur Terminierung in V. 16aβ und V. 16bβ nachgetragen sein. Sie schließen jedoch – anders als V. 15b – syntaktisch und inhaltlich glatt an und sind auch in der Formulierung aufeinander abgestimmt: der eine Nachsatz nimmt die Aussaat der vorher erwähnten Erträge auf dem Feld in den Blick, der andere das Einsammeln der Erträge vom Feld. Die beiden Nachsätze könnten schon im Zuge der Einschreibung des älteren Festkalenders in das Bundesbuch durch die 2. Singular-Bearbeitung angefügt worden sein.

Die Aufzählung der drei Feste wird durch V. 14 und V. 17 gerahmt und wurde in V. 18–19 – sei es im Zuge der Einschreibung des Festkalenders in den Kontext des Bundesbuches, sei es später – um vereinzelte Opferbestimmungen in V. 18–19 ergänzt.

14 שָׁלֹשׁ רְגָלִים תָּחֹג לִי בַּשָּׁנָה

15 אֶת־חַג הַמַּצּוֹת תִּשְׁמֹר[16]

שִׁבְעַת יָמִים תֹּאכַל[17] מַצּוֹת כַּאֲשֶׁר צִוִּיתִךָ

לְמוֹעֵד חֹדֶשׁ הָאָבִיב

כִּי־בוֹ יָצָאתָ מִמִּצְרָיִם

וְלֹא־יֵרָאוּ[18] פָנַי רֵיקָם:

16 וְחַג הַקָּצִיר[19] בִּכּוּרֵי מַעֲשֶׂיךָ אֲשֶׁר תִּזְרַע בַּשָּׂדֶה

וְחַג הָאָסִף בְּצֵאת הַשָּׁנָה בְּאָסְפְּךָ אֶת־מַעֲשֶׂיךָ מִן־הַשָּׂדֶה:

17 שָׁלֹשׁ פְּעָמִים בַּשָּׁנָה יֵרָאֶה כָּל־זְכוּרְךָ אֶל[20]־פְּנֵי הָאָדֹן יְהוָה[21]:

18 [22]לֹא־תִזְבַּח עַל־חָמֵץ דַּם־זִבְחִי וְלֹא־יָלִין חֵלֶב־חַגִּי עַד־בֹּקֶר:

19 רֵאשִׁית בִּכּוּרֵי אַדְמָתְךָ תָּבִיא בֵּית יְהוָה אֱלֹהֶיךָ לֹא־תְבַשֵּׁל גְּדִי בַּחֲלֵב אִמּוֹ:

---

16 LXX 2. Pers. Plural φυλάξασθε + ποιεῖν, anders in Ex 34,18.

17 LXX 2. Pers. Plural ἔδεσθε in Angleichung an Ex 12,15 (mit MT) und mit 13,6 (nur LXX), anders Ex 34,18 sowie Dtn 16,3a (mit MT gegen Sam, in V. 3b LXX Pl. gegen MT und Sam).

18 LXX 2. Pers. Singular ὀφθήσῃ, hier wie in Ex 34,20 und Dtn 16,16 (Sam 3. Pers. Pl., MT 3. Pers. Sg.) für das unpersönliche „sie/er".

19 LXX + ποιήσεις in Angleichung an Ex 34,22.

20 Sam את in Angleichung an Ex 34,23 f; Dtn 16,16.

21 LXX κυρίου τοῦ θεοῦ σου, hier und in Ex 34,23 in Angleichung an Ex 23,24.26 und Dtn 16,16 f (mit V. 16a.17, gegen V. 16b MT); Sam הארון יהוה in Ex 23,17 und 34,23.

22 LXX + ὅταν γὰρ ἐκβάλω ἔθνη ἀπὸ προσώπου σου καὶ ἐμπλατύνω τὰ ὅριά σου in Angleichung an Ex 34,24.

14 Dreimal sollst du mir ein Fest feiern im Jahr:
15 Das Fest der ungesäuerten Brote sollst du halten,
     sieben Tage sollst du ungesäuertes Brot essen, wie ich dir befohlen habe,
zum Zeitpunkt des Neumonds des Abib,
     denn in ihm bist du aus Ägypten ausgezogen,
    und sie sollen vor meinem Angesicht nicht erscheinen/und mein Angesicht soll nicht
gesehen werden mit leeren Händen,
16 und das Fest der Ernte der Erstlinge deines Ertrages dessen, was du auf dem Feld gesät
hast,
und das Fest der Lese am Ausgang des Jahres wenn du deinen Ertrag vom Feld einsammelst.
17 Dreimal im Jahr soll all dein Männliches vor dem Herrn Jʜᴡʜ erscheinen.
    18 Du sollst das Blut meines Opfers nicht zugleich mit Gesäuertem opfern, und das Fett
von meinem Fest soll nicht über Nacht bleiben bis zum Morgen.
    19 Das Beste von den Erstlingen deines Feldes sollst du in das Haus Jʜᴡʜs, deines Gottes,
bringen. Du sollst das Böcklein nicht in der Milch seiner Mutter kochen.

II Die Reformulierung von Ex 23,14–17 in Dtn 16,16–17

Das Deuteronomium setzt die 2. Singular-Bearbeitung im Bundesbuch voraus und knüpft in einer Art *Rewriting* daran an. Was Jʜᴡʜ in seiner Ich-Rede dem Mose zur Übermittlung an das Volk aufträgt, wird im Deuteronomium von einem Sprecher, der nicht Jʜᴡʜ selbst ist, sondern über Jʜᴡʜ in 3. Person spricht, ebenfalls an eine 2. Person Singular weitergegeben und im Zuge dessen im Sinne der Zentralisation neu interpretiert. In der literarischen Fiktion des Deuteronomiums ist der Adressat Israel (Dtn 6,4) und der Sprecher Mose (Dtn 5,1).[23]

    Dieser Vorgang der innerbiblischen Auslegung und Fortschreibung der Kultgebote ist auch in dem Festkalender in Dtn 16,16–17 zu beobachten. In 16,16 wird Ex 23,17 („Dreimal im Jahr soll all dein Männliches vor dem Herrn Jʜᴡʜ erscheinen") fast wortwörtlich zitiert und anstelle der im Ich-Stil formulierten Überschrift in Ex 23,14 an den Anfang der Liste der Feste gestellt. Sodann ist das Zitat um die für das Deuteronomium signifikante Zentralisationsformel erweitert, und zwar in der Kurzform „an dem Ort, den Jʜᴡʜ erwählen wird". Der Ergänzung ist vermutlich auch eine der beiden Änderungen im Wortlaut des Zitats geschuldet: Der Austausch der Präposition אל פני (Ex 23,17) durch את פני (Dtn 16,16) trägt – besonders mit der Lesung von יראה את als Qal + nota accusativi – der neuen Ortsangabe in der Zentralisationsformel Rechnung, die die allgemeine, lokal nicht festgelegte Richtungsangabe „erscheinen vor" ersetzt. Die Änderung der Gottesbezeichnung האדן יהוה in

---

23 Vgl. dazu Nr. 14 in diesem Band. Zum Verhältnis zwischen Deuteronomium und Bundesbuch vgl. Mᴀᴛᴛɪɴsᴏɴ 2018.

יהוה אלהיך ist eine Anpassung an den deuteronomischen Stil (vgl. Dtn 6,4; 12,15.18 u. ö.). Die Bezeichnung „JHWH, dein Gott" wird dementsprechend auch in der Eigenformulierung in Dtn 16,17 verwendet, hat aber auch in dem Nachtrag zur Vorlage des Festkalenders in Ex 23,19, sofern er schon vorausgesetzt ist, ein mögliches Vorbild.

Lassen sich auf diese Weise die Unterschiede zwischen Ex 23,17 und Dtn 16,16 vollständig und plausibel erklären, legt sich die Annahme umgekehrter Abhängigkeit nicht nahe, auch wenn Ex 23,17 im Vergleich mit V. 14 stilistisch aus dem Duktus der JHWH-Rede fällt und, wie von Gesundheit vermutet,[24] nachträglich ergänzt worden sein könnte. Doch wäre Ex 23,17 aus Dtn 16,16 entlehnt und entsprechend gekürzt und umformuliert worden, wäre auch eine leicht zu bewerkstelligende Änderung in den Ich-Stil zu erwarten – z. B. durch Streichung der Gottesbezeichnungen und Lesung von אל פני als „vor mein Angesicht" (vgl. Ex 23,15b).

Auf das um die Zentralisationsformel erweiterte Zitat aus Ex 23,17 folgt in Dtn 16,16aβ die Liste der drei Feste in Aufnahme und Reformulierung von Ex 23,15 f. Aus den drei agrarischen, bereits in Ex 23,17 zu Wallfahrten an nicht näher bestimmte, lokale Heiligtümer erklärten Festen, werden so Wallfahrten zum zentralen Kultort von Dtn 12,13 f, an dem auch der Zehnte der Feldfrüchte und Erstgeburten (Dtn 14,22 ff) und die tierischen Erstlinge (Dtn 15,19 ff nach Ex 22,28 f; 23,19) abgeliefert werden sollen. Teilweise ändern sich im Zuge dessen die Namen der Feste: Das Mazzotfest bleibt unverändert, doch aus dem „Erntefest" wird das „Wochenfest" (Schawuot) und aus dem „Lesefest" das „Laubhüttenfest" (Sukkot). Eine tiefere Bedeutung kann ich hinter dem Namenswechsel nicht erkennen. Während die in Ex 23,15 f verwendeten Namen mehr den landwirtschaftlichen Anlass benennen, zielen die in Dtn 16,16 gewählten Bezeichnungen auf den Ritus: die Terminierung nach Wochen zwischen Anfang und Ende der Getreideernte im einen, das Wohnen in Hütten bei der Ernte und Weinlese im anderen Fall.[25] Die Selbstverständlichkeit, mit der die Namen (hier wie auch in Ex 34,22 und Dtn 16,10.13) verwendet werden, lässt darauf schließen, dass sie ebenso wie die Festbezeichnungen in Ex 23,15 f im Brauchtum verankert und allgemein bekannt waren. Die in Dtn 16,8–15 vorgenommenen Präzisierungen der Wallfahrten haben, von der Zählung der Wochen in V. 9 abgesehen, mit den Namen der Feste selbst nichts zu tun.

---

24 Vgl. GESUNDHEIT 2012, 32 f.

25 Zu den „Wochen" vgl. Jer 5,24; Dtn 16,9; sie haben vermutlich etwas mit den im Gezer-Kalender (s. o. Anm. 11) genannten Erntezeiten zu tun, der für die Gersten- und die Weizenernte je einen Monat vorsieht. Die „Hütten" dienten ursprünglich als Unterkunft und Schutz vor der Sonne (Jona 4,5) oder auch als Wachposten bei der Ernte im Herbst auf dem Feld (Ruth 3,6 f) und in den Weinbergen (Ri 9,27; 21,19–21; Jes 1,8) und haben später eine sekundäre, künstliche Bedeutung als Requisite im Ritus erhalten (Lev 23,42; Neh 8,14); schon in Dtn 16,13 ist der Name von Sukkot sinnentleert, s. u. IV.

Gewissermaßen spiegelbildlich zur Anlage von Ex 23,14–17 wird die Liste der Feste mit der Bestimmung abgeschlossen, die in Ex 23,15b vor dem Resümee in V. 17 begegnet, dass niemand „mit leeren Händen vor dem Angesicht Jʜᴡʜs erscheinen/ das Angesicht Jʜᴡʜs sehen soll".[26] Die Formulierung in Dtn 16,16b (MT, anders Sam) nimmt mit יראה את יהוה die Überschrift aus V. 16a auf und bildet hier einen schönen Rahmen um die Liste der Feste. Das ist anders in Ex 23,15b, wo die Bestimmung, wie wir sahen, einen Zusatz darstellt, der sekundär zwischen Mazzot und den beiden folgenden Festen eingeschoben wurde. Auch die Formulierung weicht nicht unwesentlich ab: statt „und man soll vor dem Angesicht Jʜᴡʜs nicht erscheinen/ das Angesicht Jʜᴡʜs nicht sehen" in Dtn 16,16 heißt es in Ex 23,15 ולא יראו פני. Sind das Fehlen des Gottesnamens und die 1. Person dem Kontext geschuldet, ist die Konstruktion mit Plural „sie sollen gesehen werden/erscheinen" (Nif.) bzw. „sie sollen sehen" (Qal) und ohne Präposition bzw. nota accusativi את grammatisch mehrdeutig: „und sie sollen vor meinem Angesicht nicht erscheinen" oder „und mein Angesicht soll nicht gesehen werden" oder „sie sollen mein Angesicht nicht sehen".

Dass die beiden Stellen in Ex 23,15b und Dtn 16,16b etwas miteinander zu tun haben und voneinander abhängig sind, dürfte unbestritten sein und spiegelt sich auch in der Textgeschichte wieder, die um Ausgleich bemüht ist: Sam hat an beiden Stellen wie in Ex 34,20 den Plural, LXX den Singular und konstruiert mit ἐνώπιόν μου bzw. ἐνώπιον κυρίου τοῦ θεοῦ σου. In welcher Richtung die Abhängigkeit verläuft, ist allerdings nicht leicht zu sagen. Die Frage entscheidet sich daran, wo die Bestimmung ihren ursprünglichen Ort hat. In Ex 23,15 (davon abhängig 34,20) ist sie ergänzt und auf das Mazzotfest bezogen, um klarzustellen, dass auch dieses Fest, das am Anfang der Getreideernte stattfand und für das im Text keine Ernteerträge genannt sind, Abgaben fordert.[27] In Dtn 16,16b gilt die allgemeine Bestimmung für alle drei Feste gleichermaßen. Sollte die Bestimmung – und sei es in einem Zusatz – zuerst dem Mazzotfest gegolten haben und also in Ex 23,15 ursprünglich sein, handelte es sich in Dtn 16,16b um eine Glättung, die den Zusatz zum Mazzotfest durch Umstellung sekundär auf alle Feste bezieht und die Formulierung mit Dtn 16,16a/Ex 23,17 abgleicht.[28] Da die Bestimmung jedoch sehr allgemein gehalten

---

26 Zur spiegelbildlichen oder auch konzentrischen Anlage vgl. Lᴇᴠɪɴsᴏɴ 1997, 90.

27 Lᴇᴠɪɴsᴏɴ 1997, 91 f; Köʀᴛɪɴɢ 1999, 21. Zur umstrittenen Frage, ob es zum Zeitpunkt des Mazzotfestes etwas zu Ernten gab, vgl. Vᴇɪᴊᴏʟᴀ 2000a, 138–140.

28 Vgl. dazu Gᴇsᴜɴᴅʜᴇɪᴛ 2012, 159 f, wobei der „blatant anthropomorphism" in Ex 23,15 durch die Formulierung in Dtn 16,17 nicht unbedingt beseitigt wird, je nachdem, ob man Nif. (so MT) oder Qal liest. Den Zwischenschritt über Ex 34,23 braucht es, wenn ich nichts übersehen habe, dazu jedenfalls nicht (s. u. III), auch wenn Ex 34,23 die „archaischere" Vorstellung von Ex 23,15 aus der Vorlage wörtlich übernimmt, dafür aber die Bestimmung mit der Darbringung der tierischen und menschlichen Erstgeburt neu füllt, was weder in Ex 23,15 noch in Dtn 16,16 im Blick ist, sondern sich einer

ist und daher selbst in Ex 23,15b nicht nur auf Mazzot, sondern auf alle drei Feste bezogen werden kann oder vielleicht sogar soll,[29] ist auch die andere Möglichkeit in Betracht zu ziehen, dass sie in Dtn 16,16b ihren ursprünglichen Ort hatte und von hier in Ex 23,15 eingetragen und dem Kontext entsprechend in eine JHWH-Rede umformuliert wurde, gewissermaßen in Ergänzung der in 1. Person formulierten Überschrift in Ex 23,14 und als Ersatz für die in V. 15 f genannten Erträge (Abgaben) sowie als Gegenstück zu Ex 23,17/Dtn 16,16a. Mir scheinen beide Möglichkeiten denkbar, doch tendiere ich zu ersterer, also der Entlehnung aus Ex 23,15b in Dtn 16,16. Den Ausschlag gibt der Plural der Verbform in Ex 23,15b, der, soweit ich sehe, in Ex 23,14–17 durch nichts motiviert ist, während sich der Wechsel in den Singular in Dtn 16,16b mit der Angleichung an Ex 23,17/Dtn 16,16a sehr viel leichter erklären lässt.

Der Abschluss in V. 17 hat keine Parallele in Ex 23, sondern stellt eine deuteronomische Eigenbildung dar, die V. 16b ausführt: Niemand soll mit leeren Händen erscheinen, sondern „ein jeder nach dem, was er zu geben vermag". Die Näherbestimmung der Gabe in V. 17b („nach dem Segen, den JHWH, dein Gott, dir gegeben hat") hat ihr Gegenstück in Dtn 12,15 und mag an beiden Stellen ursprünglich oder, wie von manchen vermutet, nachgetragen sein.

III Die Zusätze in Ex 23,14–19 und das Verhältnis von Dtn 16,16–17 zu Ex 34 und Dtn 16,1–15

Der zentralisierte Festkalender in Dtn 16,16–17 erweist sich nach allem als eine in sich geschlossene, wohl komponierte Einheit, die sich restlos aus der Vorlage in Ex 23,14–17 und im Kontext der übrigen Zentralisationsgebote des Deuteronomiums erklärt. Skopus der Reformulierung der Vorlage in Dtn 16,16–17 ist einzig und allein die Zentralisation der Feste.

Aus der Vorlage in Ex 23 nicht aufgenommen sind der Rückverweis auf ein vorher ergangenes Gebot zum siebentägigen Mazzenessen mit heilsgeschichtlicher Begründung in V. 15a sowie die zusätzlichen Opferbestimmungen in V. 18–19. Letz-

---

Neuinterpretation von Ex 23,22–29 (ohne menschliche Erstgeburt zentralisiert in Dtn 15,19–23, hier noch בכור!) und priesterlicher Gesetzgebung (פדה, פטר רחם) verdankt und auch in Ex 13,1–2.11–15 begegnet; vgl. dazu GESUNDHEIT 2012, 17–21.

29 Vgl. KÖRTING 1999, 24.36.49; GESUNDHEIT 2012, 18 Anm. 9, der darum sogar die Umstellung von Ex 23,15b unmittelbar nach V. 14 und vor V. 15 und eine versehentliche Dislozierung in der weiteren Textgeschichte erwägt.

tere sind in V. 18 als Rede Jhwhs stilisiert[30] und mögen schon durch die 2. Singular-Bearbeitung des Bundesbuches dem Festkalender zugefügt und von dem Verfasser von Dtn 16,16 f vorgefunden worden sein, waren aber für das Programm der Zentralisation (vorerst) offenbar nicht von Belang. Möglicherweise sind die Nachträge in Ex 23,18 f aber auch erst nach der Reformulierung von V. 14–17 in Dtn 16,16 f angefügt worden.

Eine spätere Entstehung ist jedenfalls für die Zusätze in Ex 23,15a anzunehmen. Ohne den Rückverweis auf ein vorher ergangenes Gebot ließe sich die Anspielung auf den Exodus vielleicht als anfängliche Historisierung des Bundesbuches bei dessen Einarbeitung in die Erzählung begreifen. Doch wie oben (unter I) gezeigt, lassen sich der Rückverweis auf das vorher ergangene Gebot und die Historisierung des Mazzotfestes mit Rückbezug auf den vorher genannten „Zeitpunkt des Neumonds/Monats des Abib" nicht voneinander trennen. Auch ohne den Rückverweis auf das Gebot des Mazzenessens stellt sich die Frage, woher der Ergänzer der Historisierung gewusst hat, dass der Auszug „zum Zeitpunkt des Neumonds/Monats des Abib" stattgefunden haben soll. Beides erklärt sich nur aus der Kenntnis der Pesach-Mazzot-Halacha in Ex 12–13. Hier findet sich nicht nur die Datierung des Exodus in den „Monat des Abib" (13,3 f; vgl. 12,3 f), sondern auch die Vorschrift „sieben Tage sollst du ungesäuerte Brote essen" (13,6 im Sg., 12,15.18 im Pl.).[31] Mag die Vorschrift zum Mazzenessen vielleicht auch älter sein, so setzt sie in Ex 23,15 mit dem Rückverweis auf ein früheres Gebot und der Datierung des Exodus in den „Monat des Abib" („denn *in ihm* bist du aus Ägypten ausgezogen"; vgl. Dtn 16,1b) die Halacha in Ex 12–13, des Näheren 13,3–6, voraus und ist wie diese als nachpriesterlich einzustufen.[32] Die Zusätze in Ex 23,15a sind demnach in Dtn 16,16–17 noch nicht vorausgesetzt und deutlich jünger als die Reformulierung und Zentralisation des Festkalenders von Ex 23,14–17 im Deuteronomium.

Neben Ex 23,14–19 wird in der Forschung vielfach auch der Festkalender in Ex 34,18–26 als Vorlage für die Reformulierung in Dtn 16 betrachtet, der bekanntlich große Schnittmengen mit Ex 23,14–19 aufweist.[33] Der fragliche Abschnitt in Ex 34 wird von manchen früher, von anderen später als Ex 23,14–19 angesetzt und dem-

---

30 Dass in Ex 23,19 von Jhwh in 3. Person die Rede ist, erklärt sich hier (anders als in V. 17) aus dem festen Ausdruck „Haus Jhwh (deines Gottes)" und ist daher auch in einer Rede Jhwhs unproblematisch, zumal wenn hier wie in V. 17 an verschiedene lokale Jhwh-Heiligtümer gedacht ist.
31 Zu den textgeschichtlichen Varianten, die weitere Angleichungen vornehmen, vgl. oben Anm. 17.
32 Vgl. dazu Berner 2010, 293–301 sowie 302 f.310, zur Relation der Schichten a.a.O., 335 ff. Die pluralische Aufforderung in Ex 12,17, das Gebot der ungesäuerten Brote „zu halten" (שמר) dürfte von Ex 23,15 und Dtn 16,1 abhängig sein.
33 Vgl. den Forschungsüberblick und die Analyse von Otto 2016, 1374–1416, zu Ex 34 als Vorlage bes. 1390; ders. 1999, 324–340. Zur Frage vgl. Gesundheit 2012, 147–149.

entsprechend verschieden datiert. Mittlerweile scheint ausgemacht zu sein, dass Ex 34 von Ex 23 literarisch abhängig und also jünger ist und im Übrigen starke Berührungen mit priesterlichen und nachpriesterlichen Texten zeigt. Dafür sprechen vor allem zwei Gründe: zum einen die Überschüsse, die Ex 34 in V. 19 f.21.24 (mit Wiederaufnahme von V. 23) über Ex 23,14–19 und die hier angebrachten Zusätze hinaus erfahren hat; zum anderen die Unterschiede im gemeinsamen Textbestand, die deutlich machen, dass auch die in Ex 23,14–19 gefundenen Nachträge bereits vorausgesetzt sind.[34] Aufgrund der von Gesundheit, Blum und anderen nachgewiesenen Bearbeitung scheint mir der Schluss unausweichlich, dass man es in Ex 34 mit einer Reformulierung und Neuinterpretation von Ex 23,14–19 zu tun hat, die bereits die Priesterschrift und nachpriesterliche Bearbeitungen des Pentateuchs voraussetzt.

Es ist daher unwahrscheinlich, dass Ex 34 zu den Vorlagen für Dtn 16,16–17 gehört, auch wenn damit eine gegenseitige Beeinflussung in anderen Teilen von Dtn 16 nicht ausgeschlossen werden soll. Die einzigen spezifischen Berührungen, die Dtn 16,16–17 – und nur um diese beiden Verse geht es hier – mit Ex 34 verbinden, bestehen in der Wahl des Namens „Schawuot" in Ex 34,22 sowie in der Verwendung der Präposition את פני in Ex 34,23 anstelle von אל פני in Ex 23,17. Doch dass diese beiden wenig aussagekräftigen Details einen Einfluss von Ex 34 auf die Formulierung von Dtn 16 belegen,[35] erscheint mir jedenfalls für Dtn 16,16–17 als fraglich. Wäre die Wahl des Namens für das Wochenfest von Ex 34 beeinflusst, würde man in Dtn 16,16–17 (und V. 13) auch die Beibehaltung des älteren Namens „Lesefest" für Sukkot erwarten. Umgekehrt scheint es mir deutlich zu sein, dass Ex 34,22 beim „Wochenfest" die Bezeichnungen aus Ex 23,16 (חג הקציר בכורי מעשיך) und Dtn 16,10.16 (חג [ה]שבעות) miteinander kombiniert (חג שבעת תעשה לך בכורי קציר חטים). Was die Präposition anbelangt, so ist die Änderung in Dtn 16,16a durch die Ortsangabe in der Zentralisationsformel motiviert und mit V. 16b abgestimmt, während sie in Ex 34,23 f ohne Veranlassung ist und sich daher leichter als Übernahme aus Dtn 16 erklären lässt. Im Übrigen sprechen auch die Gottesbezeichnungen und ihre Erweiterung dafür, dass Ex 34,23 f von Ex 23,17 (האדן יהוה, erweitert um אלהי ישראל) und Dtn 16,16–17 (יהוה אלהיך) abhängig ist.

Schließlich ist noch das Verhältnis von Dtn 16,16–17 zu seinem unmittelbaren Kontext in 16,1–15 zu bedenken. Die Hauptverbindung besteht in dem Zentralisationsgebot, das durchgehend begegnet und zeigt, dass der gesamte Text für den Kontext des Deuteronomiums verfasst wurde. Die (wenigen) anderen Berührungen mit V. 10 (חג שבעות, Segen) und V. 13 (חג הסכת) sowie die gemeinsame, in V. 1–15

---

34 Zu den beiden Gesichtspunkten vgl. GESUNDHEIT 2012, 12–43; ferner BLUM 2010b.
35 So GESUNDHEIT 2012, 149.

fast in jedem Vers ein oder zweimal verwendete Gottesbezeichnung יהוה אלהיך sind wenig signifikant und können auf verschiedene Weise erklärt werden. Gewichtiger scheinen mir demgegenüber die Unterschiede zu sein, dass in V. 1–15 die ganze Familie mit Anhang, in V. 16–17 nur „alles Männliche" als Festteilnehmer vorgesehen ist und V. 16, wie nach Ex 23,15 (34,18) zu erwarten, von dem „Fest der ungesäuerten Brote", in V. 1–8 hingegen von keinem Fest, sondern vom Pesachopfer und Essen der ungesäuerten Brote die Rede ist. Die Differenzen lassen sich nur mit Mühe überspielen, um die beiden Fassungen des Festkalenders in Dtn 16,1–15 und 16,16–17 ein und demselben Verfasser zuzuschreiben.[36] Aus diesem Grund wurde vorgeschlagen, Teile oder das Ganze von Dtn 16,16–17 als Nachtrag auszuscheiden, der von V. 1–15 literarisch abhängig sei. Veijola scheidet zusammen mit den Bestimmungen zum Mazzotfest in 16,3–4 die Liste der Feste in V.16aβ und zusammen mit V. 10b.15b die Segensaussage in V. 17b aus.[37] Gesundheit betrachtet V. 16 f insgesamt als Nachtrag, der die Differenzen mit V. 1–15 zunächst selbst herstellt (V. 16), um sie anschließend zu beheben (V. 17).[38] Doch beide Vorschläge sind literarkritisch fragwürdig und vermögen die Widersprüche nicht hinreichend zu erklären. Eine literarische Abhängigkeit der Formulierung in Dtn 16,16–17 von V. 1–15 lässt sich auf diese

---

36 So OTTO 2016, 1413.

37 VEIJOLA 2004, 341 f. Den Widerspruch hinsichtlich der Festgemeinde in V. 16 erklärt Veijola damit, dass der Verfasser der Grundschicht hier – anders als in V. 1–15 (!) – „in engem Anschluss an seine Vorlage im Bundesbuch (Ex 23,17) formuliert" habe. Erst der Ergänzer sei hingegen wieder von der Vorlage abgewichen und habe ohne Vorbild in Ex 23,17 die Liste der Feste nachgetragen, um den Namen des Fests zu erwähnen. Doch fragt man sich, warum er den Begriff „Fest" nicht schon mit seinen Ergänzungen in V. 3–4 eingetragen hat. Im Übrigen bietet die Vorlage in Ex 23,15b–17 sehr wohl ein Vorbild für die Liste in Dtn 16,16 f, nur dass die Rahmensätze, die um die Liste gelegt sind, in umgekehrter Reihenfolge erscheinen (s. o. unter II). Die Segensaussage schließlich mag an sämtlichen Stellen nachgetragen sein, doch sagt dies nichts über das Verhältnis zwischen V. 1–15 und V. 16–17 aus.

38 GESUNDHEIT 2012, 161 f. Doch dass V. 17 „apparently consists of mitigating these tensions" (Spannungen, die derselbe Ergänzer in V. 16 überhaupt erst geschaffen hat!) und die Funktion habe „to recolor the anomalous element that the obligation to visit falls to the men alone (V. 16), in the light of the main part of the paragraph", vermag ich nicht zu sehen. Die Spannungen bestehen im Übrigen nicht nur gegenüber V. 16–17, sondern auch V. 1–8 und entstehen durch die Ausweitung der Festgemeinde in den (auch nach Gesundheit gegenüber V. 1–8) sekundären Versen 9–15. Zum literarischen Verhältnis der Teile in V. 1–17 vgl. auch Shimon Gesundheit, Intertextualität und literarhistorische Analyse der Festkalender in Exodus und im Deuteronomium, in: BLUM / LUX 2006. Die Beobachtung, dass die V. 2.5–7 keine Bindung an eine Vorlage, die V. 9–15 nur eine lose und nur die V. 1.3 f sowie 16–17 (und Ex 34) eine enge Bindung an die Vorlage zeigen, ist zweifellos richtig, besagt jedoch nur, dass die Teile vermutlich nicht auf einer literarischen Ebene liegen, entscheidet aber nicht über die literarischen Abhängigkeiten innerhalb von V. 1–17 und die daraus abzuleitende relative Chronologie.

Weise nicht begründen. Die Reformulierung des älteren Kultkalenders Ex 23,14–17 in Dtn 16,16–17 lässt sich hingegen vollständig aus der Vorlage in Ex 23 ableiten, ist komplett, in sich verständlich und auf den Vorkontext in V. 1–15 in keiner Weise angewiesen. Ob dies auch umgekehrt für V. 1–15 gilt, ist im Folgenden zu prüfen.

IV Schawuot und Sukkot in Dtn 16,9–15

Die Langfassung des Festkalenders in Dtn 16,1–15 weist nicht nur erhebliche Unterschiede zur Kurzfassung in V. 16–17 auf, sondern ist auch in sich unausgewogen. So fällt auf den ersten Blick auf, dass der Passus über das Pesachopfer in V. 1–8 gänzlich anders gestaltet ist als die Abschnitte über Schawuot (V. 9–12) und Sukkot (V. 13–15). Die Grundstruktur der beiden letzten Abschnitte besteht aus:

A   der Anweisung, ein genau terminiertes Fest für JHWH zu begehen (V. 10 „und du sollst begehen das Fest der Wochen für JHWH, deinen Gott", V. 13 „das Fest der Hütten sollst du begehen", aufgenommen in V. 15 „du sollt ein Fest feiern für JHWH, deinen Gott"), das eine sieben Wochen nach dem ersten Schnitt des Getreides (V. 9 f), das andere sieben Tage lang beim Einsammeln von Tenne und Kelter (V. 13);

B   der anschließenden Durchführungsbestimmung, das Fest im Kreise der ganzen Familie und aller, die zum Haushalt und zur Ortsgemeinschaft gehören, mit Freude zu begehen (V. 11 „Und du sollst fröhlich sein vor JHWH, deinem Gott", V. 14 „und du sollst fröhlich sein an deinem Fest"), und zwar „an dem Ort, den JHWH erwählen wird (um seinen Namen dort wohnen zu lassen)", in V. 11 mit der Langformel, in V. 15 mit der Kurzformel;

C   einer Segensaussage, die allerdings nicht gleichlautend formuliert und an verschiedener Stelle platziert ist, einmal zwischen A und B im Anschluss an die „freiwillige Gabe deiner Hand" (V. 10αβb), das andere Mal nach A und B in einer Bemerkung über die Erträge (V. 15b).

Die gleichmäßige Struktur legt den Schluss nahe, dass die beiden Abschnitte trotz leichter Formulierungsdifferenzen im Wesentlichen einheitlich sind.[39] Manche

---

39 Eine vordeuteronomische Vorlage rekonstruieren MERENDINO 1969, 124–149, und GERTZ 1996, 76–79. Sie lässt sich nur gewinnen, wenn man die Existenz einer solchen Vorlage voraussetzt (vgl. GERTZ 1996, 67) und auf dieser Basis Tradition und dtn Redaktion scheidet. Das Ergebnis ist ein ziemlich uneinheitliches Textfragment, in dem teilweise der Text frei konjiziert oder ergänzt werden muss, teilweise Merkmale, die (auch) für den „deuteronomischen Gesetzgeber" typisch sind (wie die Du-Anrede), neben solchen Merkmalen (wie der der unpersönlichen Formulierung in V. 16) begegnen, welche als signifikant für die Vorlage reklamiert werden.

haben in dem Element C, der unregelmäßig platzierten Segensaussage, einen Nachtrag gefunden.[40] Ebenso hat man an der redundanten (chiastisch konstruierten) Einleitung in V. 9–10 Anstoß genommen, die den Termin des Fests fixiert, und darum die erste Hälfte in V. 9a („Sieben Wochen sollst du zählen") als priesterlichen Zusatz gestrichen.[41] Ich will die nähere Differenzierung nicht gänzlich ausschließen, bin aber nicht völlig davon überzeugt und lasse sie im Weiteren auf sich beruhen. Auf die in diesem Beitrag begründete These haben sie ohnehin keinen Einfluss. Lediglich die Erinnerung an den Exodus mit anschließender Gesetzesparänese, die in V. 12 – gewissermaßen als Zentrum der ganzen Passage – zwischen den beiden Abschnitten eingeschoben ist, fällt ganz aus dem Rahmen heraus und dürfte jedenfalls ein Nachtrag sein.[42] Aber auch darauf kommt es hier nicht an, da der Text insgesamt relativ spät, d. h. jünger als Ex 23 und Dtn 16,16–17, aber, wie zu zeigen sein wird, auch jünger als Dtn 16,1–8 ist.

9 שִׁבְעָה שָׁבֻעֹת[43] תִּסְפָּר־לָךְ מֵהָחֵל[44] חֶרְמֵשׁ בַּקָּמָה תָּחֵל לִסְפֹּר שִׁבְעָה שָׁבֻעוֹת:
10 וְעָשִׂיתָ חַג שָׁבֻעוֹת לַיהוָה אֱלֹהֶיךָ
מִסַּת נִדְבַת יָדְךָ[45] אֲשֶׁר תִּתֵּן[46] כַּאֲשֶׁר יְבָרֶכְךָ[47] יְהוָה אֱלֹהֶיךָ:
11 וְשָׂמַחְתָּ לִפְנֵי יְהוָה אֱלֹהֶיךָ אַתָּה וּבִנְךָ וּבִתֶּךָ וְעַבְדְּךָ[48] וַאֲמָתֶךָ וְהַלֵּוִי אֲשֶׁר בִּשְׁעָרֶיךָ[49] וְהַגֵּר וְהַיָּתוֹם וְהָאַלְמָנָה אֲשֶׁר בְּקִרְבֶּךָ[50] בַּמָּקוֹם אֲשֶׁר יִבְחַר[51] יְהוָה אֱלֹהֶיךָ לְשַׁכֵּן[52] שְׁמוֹ[53] שָׁם:
12 וְזָכַרְתָּ כִּי־עֶבֶד הָיִיתָ בְּמִצְרָיִם[54] וְשָׁמַרְתָּ וְעָשִׂיתָ אֶת־הַחֻקִּים הָאֵלֶּה:

---

40 Vgl. VEIJOLA 2004, 339.341, der V. 10aβ („mit freiwilliger Gabe in deiner Hand") noch zum ursprünglichen Bestand zählt.

41 Vgl. VEIJOLA 2004, 339; OTTO 2016, 1395.1406 f.

42 VEIJOLA 2004, 340; OTTO 2016, 1396.1408. Der Zusatz nimmt die Terminologie von V. 1.10.13 (שמר + dreimaliges (עשה) auf und bezieht sie auf sämtliche Gebote (את החקים האלה); die heilsgeschichtliche Begründung der Feste erinnert an die Begründung des Sabbats in Dtn 5,15.

43 LXX + ὁλοκλήρους in Angleichung an Lev 23,15.

44 Sam מהחל zur Vereinfachung der Syntax.

45 Sam ידיך in Angleichung an V. 15; 4QDeutᶜ תת נדבות ידך[מ vgl Ez 46,5.11); LXX καθότι ἡ χείρ σου ἰσχύει in Anlehnung an V. 17 (s. folgende Anm.).

46 LXX ὅσα ἂν δῷ σοι mit dem im Folgenden genannten Herrn und Spender des Segens als Subjekt in Angleichung an V. 17.

47 Sam ברכך; LXX ηὐλόγησέν, wohl in Angleichung an V. 17; anders V. 15.

48 Sam und LXX hier und V. 14 ohne Kopula wie Dtn 12,12.18 (gegen MT) und mit Ex 20,10; Dtn 5,14.

49 4QDeutᶜ* (erste Hand) אשר בשערכה, 4QDeutᶜ⁺ durch Tilgung und supralineare Fortsetzung verbessert in וה[לוי והגר היתום ואלמנה אשר.

50 LXX ἐν ὑμῖν „unter euch" wie in Dtn 13,11.14.

51 Sam בחר (s.o. Anm. 4).

52 LXX hier wie V. 2.6 ἐπικληθῆναι „um angerufen zu werden" wie auch sonst (vgl. 12,5).

53 Sam hier wie V. 2.6 את שמו zur Verdeutlichung der Syntax.

54 Sam und LXX מצרים בארץ, ἐν γῇ Αἰγύπτῳ in Angleichung an V. 3.

13 חַג הַסֻּכֹּת תַּעֲשֶׂה לְךָ[55] שִׁבְעַת יָמִים בְּאָסְפְּךָ מִגָּרְנְךָ וּמִיִּקְבֶךָ׃

14 וְשָׂמַחְתָּ בְּחַגֶּךָ אַתָּה וּבִנְךָ וּבִתֶּךָ וְעַבְדְּךָ[56] וַאֲמָתֶךָ וְהַלֵּוִי וְהַגֵּר וְהַיָּתוֹם וְהָאַלְמָנָה אֲשֶׁר בִּשְׁעָרֶיךָ׃

15 שִׁבְעַת יָמִים תָּחֹג לַיהוָה אֱלֹהֶיךָ בַּמָּקוֹם אֲשֶׁר־יִבְחַר[57] יְהוָה[58] כִּי יְבָרֶכְךָ יְהוָה אֱלֹהֶיךָ בְּכֹל תְּבוּאָתְךָ וּבְכֹל מַעֲשֵׂה יָדֶיךָ וְהָיִיתָ אַךְ שָׂמֵחַ׃

9 Sieben Wochen sollst du zählen. Wenn man die Sichel an den Halm legt, sollst du anfangen, sieben Wochen zu zählen,

10 und dann sollst du das Fest der Wochen für Jhwh, deinen Gott, begehen nach Maßgabe der freiwilligen Gabe deiner Hand, die du geben sollst entsprechend dem, womit dich Jhwh, dein Gott, segnen wird.

11 Und du sollst fröhlich sein vor Jhwh, deinem Gott, du und dein Sohn und deine Tochter und dein Sklave und deine Sklavin und der Levit, der in deinen Toren ist, und der Fremde und die Waise und die Witwe, die in deiner Mitte sind, an dem Ort, den Jhwh, dein Gott, erwählen wird, um seinen Namen dort wohnen zu lassen.

12 Und du sollst daran denken, dass du Sklave gewesen bist in Ägypten, und sollst diese Satzungen bewahren und tun.

13 Das Fest der Laubhütten sollst du sieben Tage lang begehen (für dich), wenn du von deiner Tenne und deiner Kelter einsammelst.

14 Und du sollst fröhlich sein an deinem Fest, du und dein Sohn und deine Tochter und dein Sklave und deine Sklavin und der Levit und der Fremde und die Waise und die Witwe, die in deinen Toren sind, 15 sieben Tage sollst du das Fest feiern für Jhwh, deinen Gott, an dem Ort, den Jhwh erwählen wird, wenn Jhwh, dein Gott dich segnen wird mit all deinem Ertrag und mit dem ganzen Werk deiner Hände, und du sollst voll Freude sein.

Auch die beiden Abschnitte über Schawuot und Sukkot in Dtn 16 stellen eine Reformulierung des älteren Festkalenders in Ex 23,16 dar. Doch anders als Dtn 16,16–17 sind sie nicht mit direkten literarischen Anleihen daraus formuliert, sondern lehnen sich nur der Sache nach daran an und interpretieren die Feste um. Dies fängt schon bei den Namen an, die Dtn 16,9–15 – ebenso wie in V. 16–17 – entweder aus der religiösen Praxis oder direkt aus Dtn 16,16 übernommen hat und – über die Verwendung in 16,16 f hinaus (!) – mit neuem Inhalt füllt.

Wie Gesundheit gezeigt hat, besteht die Innovation beim Wochenfest in Dtn 16,9 f darin, dass die Zahl der Wochen in der Erntezeit – wie auch im priesterlichen Kalender (Lev 23,15) – auf genau sieben Wochen festgelegt und damit der Termin des Erntefests in Ex 23,16 – um der Zentralisation willen – vom Anfang („Erstlinge") ausdrücklich an das Ende der Getreideernte verlegt wird. Ex 34,22

---

55 Mit *Dativus ethicus* nur hier und Ex 34,22 bezogen auf Schawuot und Lesefest; LXX in Ex 34,22 korrigiert in ποιήσεις μοι in Angleichung an Ex 23,14.

56 Sam und LXX ohne Kopula.

57 Sam בחר; LXX + αὐτόν in Angleichung an V. 7 (s. o. Anm. 4).

58 Sam und LXX + אלהיך bzw. ὁ θεός σου in Angleichung an V. 15a.

scheint zwischen den verschiedenen Angaben zu vermitteln, indem die „Erstlinge deines Ertrages, dessen, was du auf dem Feld gesät hast" (Ex 23,16), zu „Erstlingen der Weizenernte" erklärt werden, und greift dafür vielleicht auf eine ältere Datierung zurück.[59] Somit besteht die Innovation von Dtn 16,9 f nicht in dem Namen Schawuot selbst, sondern in der zeitlichen Fixierung. Der Name ist vielmehr eine „known expression"[60], deren ursprüngliche Bedeutung – ebenso wie in V. 16 – als bekannt vorausgesetzt wird (vgl. Jer 5,24) und die erst in Dtn 16,9 f, Ex 34,22 und dem priesterlichen Kalender Lev 23 ausdrücklich und präzise datiert wird. So legt sich die Vermutung nahe, dass die Verwendung des Namens Schawuot in Dtn 16,16, die – anders als Dtn 16,9 f – im Zuge der Reformulierung von Ex 23,14–17 erfolgt, noch der älteren „known expression" entspricht, in Dtn 16,9 f von hier genommen ist und terminlich näher bestimmt wurde und schließlich in Ex 34,22 mit der alten Bezeichnung in Ex 23,16 harmonisiert wurde (s. o. III).

Ähnlich verhält es sich mit dem Laubhüttenfest in Dtn 16,13, für das Gesundheit eine – diesmal auch semantisch indizierte – Innovation festgestellt hat.[61] Sie besteht darin, dass das fragliche Herbstfest und seine Abgaben vom Zeitpunkt des „Einsammelns" (אסף) der noch rohen agrarischen Produkte in Ex 23,16 auf die Zeit nach der Verarbeitung in „Tenne und Kelter" (ebenfalls ausgedrückt mit אסף) verlegt werden. Der einfache Name „Fest der Lese" in Ex 34,22 ohne die weiteren Ausführungen in Ex 23,16 ist für beides offen und könnte wiederum gewählt worden sein, um einen Ausgleich zwischen den beiden Fassungen in Ex 23 und Dtn 16 zu schaffen. Auch hier besteht die Innovation also nicht in der Verwendung des Namens Sukkot selbst,[62] der auf den Vorgang und die Zeit der Ernte auf den Feldern und in den Weinbergen weist, aber pars pro toto auch für die gesamte Erntezeit bis zu ihrem Ende stehen kann,[63] wie nicht zuletzt die Terminierung an das „Ende" (Ex 23,16) bzw. den „Wechsel des Jahres" (Ex 34,22) zeigt. Vielmehr wird der Name in Dtn 16,13 seiner eigentlichen Bedeutung beraubt und neu interpretiert, nämlich – um der Zentralisation willen – ausdrücklich auf die Zeit von der Ernte bis zur Verarbeitung der Feldfrüchte in „Tenne und Kelter" ausgeweitet. In Dtn 16,16 steht der Name Sukkot ebenso wie Schawuot für sich selbst, sodass auch hier ver-

---

59 Vgl. GESUNDHEIT 2012, 25 f.152–154. Ob die Abgabe der „Erstlinge" in Ex 23,16 und 34,22 bedeutet, dass das Fest tatsächlich am Anfang und nicht schon immer erst nach „Abschluss der Getreideernte, wenn der Weizen eingebracht war" (VEIJOLA 2004, 338) begangen wurde und die Innovation in Dtn 16,9 f somit auf einem zu wörtlichen Verständnis der Vorlage beruht, sei dahingestellt; vgl. dazu OTTO 2016, 1407 einerseits, 1408 andererseits.
60 GESUNDHEIT 2012, 152 Anm. 134; vgl. oben Anm. 25.
61 GESUNDHEIT 2012, 154–156. Zum Laubhüttenfest vgl. KÖRTING 1999, bes. 52–90.
62 Anders OTTO 2016, 1409 f.
63 GESUNDHEIT 2012, 155 sowie oben Anm. 25.

mutlich noch an die ältere Bedeutung gedacht ist und Dtn 16,13 eine Innovation, oder richtiger gesagt: Präzisierung, sowohl gegenüber Ex 23,16 (חג האסף ... באספך) als auch gegenüber Dtn 16,16 (חג הסכות) darstellt.

Die Neuinterpretation von Schawuot und Sukkot in Dtn 16,9–15 betrifft aber nicht nur die Namen und Termine der beiden Feste, sondern auch deren Ablauf und Charakter. Hervorstechendes Merkmal ist die Festfreude, die kein Vorbild in der Vorlage von Ex 23,14–17 hat, verbunden mit der langen Liste der Personengruppen, die den Teilnehmerkreis gegenüber „allem Männlichen" in der Vorlage Ex 23,17 und Dtn 16,16 erheblich ausweitet. Beides ist typisch für das Deuteronomium in seiner vorliegenden Gestalt, findet sich in dieser Ausführlichkeit allerdings nur einmal in den älteren Zentralisationsgeboten (12,18), in denen ansonsten nur einmal die „Freude" (14,26) und mehrfach eine kürzere Liste begegnet.[64]

Im Vergleich mit den älteren Zentralisationsgeboten und Dtn 16,16–17 fällt auf, dass in 16,8–15 neben der (älteren) Kurzform (V. 15 wie V. 16) auch die (jüngere) Langform (V. 11) der Zentralisationsformel (V. 15) verwendet wird. Des Weiteren fällt auf, dass die Zentralisationsformel nicht auf Begehung des Fests (V. 10.13) oder die Darbringung und den Verzehr der Abgaben, sondern das eine Mal auf die Freude der Teilnehmer (V. 11), das andere Mal auf die siebentägige Festfeier (V. 15) bezogen ist. Der Unterschied mag marginal erscheinen und sachlich auf dasselbe hinauslaufen, bedeutet aber doch eine leichte Akzentverschiebung von dem Gebot der Zentralisation als solchem hin zu den Begleiterscheinungen und dem Teilnehmerkreis. Während in 16,16 f die Feste zentralisiert werden, wird in 16,9–15 die „Freude" des erweiterten Teilnehmerkreises von den engsten Verwandten bis hin zu den *personae miserae* zentralisiert.

Dazu fügt sich ein weiteres Detail der Formulierung. Dass die Feste „für JHWH" bestimmt sind (V. 10.15) ist keine Innovation, sondern von der Vorlage vorgegeben (Ex 23,14), wird aber in Dtn 16,9–15 zweimal betont. Umso mehr erstaunt, dass in V. (9).13 der sogenannte *Dativus ethicus* תעשה לך gebraucht und in V. 14 von „deinem Fest" die Rede ist. Ersteres begegnet auch in dem späten Text Ex 34,22 für beide Feste und hat hier in der hebräischen Vorlage oder in der Übersetzung der LXX die Angleichung an Ex 23,14 nach sich gezogen. Zusammen mit dem folgenden „dein Fest" wird auf diese Weise die Bedeutung insbesondere des Laubhüttenfests für die Kultteilnehmer hervorgehoben. Während in Dtn 16,16–17 die Feste im Zentrum stehen, sind in 16,9–15 der erheblich erweiterte Teilnehmerkreis und seine Freude in den Mittelpunkt gerückt.

---

64 „Du und deine Kinder (und der Levit, der in deinen Toren ist?)" (14,26 f); „der Levit ... und der Fremde und die Waise und die Witwe, die in deinen Toren ist" (14,29, vielleicht nachgetragen); „du und dein Haus" (15,20; 26,11); „du und der Levit und der Fremdling, der in deiner Mitte ist" (26,11). Jünger sind 12,7.12 sowie 5,14; 6,2 (Liste); 25,7 (Freude).

Das dritte Element in den beiden Abschnitten zu Schawuot und Sukkot, die Segensaussage in Dtn 16,10.15, mag vielleicht hier und in V. 17 nachgetragen sein, doch zeigen sich auch bei ihr signifikante Unterschiede. Dtn 16,17a (wörtlich „gemäß der Gabe seiner Hand …") ist die direkte Weiterführung der aus der Vorlage übernommenen Bestimmung „nicht soll man mit leeren Händen vor dem Angesicht JHWHs erscheinen (oder: das Angesicht JHWHs sehen)". Die Formulierung der Näherbestimmung durch den Segen Gottes stimmt mit der entsprechenden Aussage in Dtn 12,15 überein und bezieht sich dort auf den Viehbestand, in 16,17 auf die Abgaben an die Gottheit an allen drei Festen im Allgemeinen (מתנה).[65]

In 16,10 steht die Aussage nicht nur unmotiviert und unverbunden zwischen den Bestimmungen zum Wochenfest und unterbricht den Zusammenhang zwischen „du sollst begehen" und „du sollst fröhlich sein" (vgl. V. 13 f), sondern ist auch speziell auf die „freiwillige Gabe" (נדבה) bezogen, die in 12,17 (und 12,6) als eine unter anderen Abgaben erwähnt ist und sich ansonsten vor allem in späten, priesterlichen Texten großer Beliebtheit erfreut.[66] Die Formulierung der Gabe scheint auf den ersten Blick derjenigen in V. 17a zu gleichen und wird von den Kommentatoren darum in der Regel mit ihr auch auf einer Ebene gesehen. Doch bei näherem Zusehen zeigt sich, dass es sich in V. 10 um eine Aufsprengung des Ausdrucks כמתנת ידו handelt. Statt der Präposition כ „entsprechend, gemäß" bzw. für den ganzen Ausdruck כמתנת steht der nur hier belegte, aber im Aramäischen gebräuchliche Ausdruck *מסה im *status constructus* מסת,[67] um das *nomen regens* נדבת in die Konstruktusverbindung einzufügen und dem *nomen rectum* יד ein neues Bezugswort zu geben.[68]

In Dtn 16,15 ist die Segensaussage an die Bestimmungen zum Laubhüttenfest, des Näheren an die Freudenaussage angehängt und von den Abgaben gelöst. Aus der „Abgabe" (V. 17) bzw. „freiwilligen Gabe deiner Hand" (V. 10) ist das „Werk deiner Hände" geworden, der Ertrag, den JHWH durch seinen Segen schenkt. Die Segensaussage dient als Begründung für die Freude über den von JHWH geschenkten Ertrag. An beiden Stellen in V. 10.15 ist der Segen anders als in V. 17 und 12,15 als Verheißung im Imperfekt formuliert.

Man kann den Befund auf zweierlei Weise deuten: entweder als zusammenfassende Verallgemeinerung der spezielleren, auch unterschiedlich platzierten und

---

65 Vgl. Ez 20,26.31.39; von den Erstlingen und dem Zehnten Lev 23,38; Num 18,29; zu dem Ausdruck מתנת ידו „was er zu geben vermag" vgl. מתת ידו in Ez 46,5.11.

66 Ex 35,29; 36,3; Esr 1,4; 8,28, vom Opfer Ez 46,12; Esr 3,5; 2Chr 31,14; neben „Gelübde" Lev 7,16; 22,18.21.23; 23,38; Num 29,39.

67 Oder auch כמסת, LXX καθότι ἡ χείρ σου ἰσχύει, anders V. 17 κατὰ δύναμιν. Vgl. dazu GESUNDHEIT 2012, 161 Anm. 153.

68 Vgl. ואת תרומת ידכם in Dtn 12,6. STEUERNAGEL 1923, erwägt sogar, dass der Ausdruck in V.10 aus כמתנת in V. 17 „entstellt" ist.

aufgefassten Aussagen von V. 10.15 in V. 17, oder als sekundäre Spezifizierung der allgemeinen Aussage von V. 17 in V. 10.15. Die Entscheidung hängt davon ab, wo die Aussage ihren ursprünglichen Ort hat und welche Variante sich von der jeweils anderen am besten ableiten lässt. Da sowohl die „Abgabe seiner Hand" als auch die daran anschließende Segenssaussage in V. 17b als Ausführung des „nicht mit leeren Händen" in V. 16b in Dtn 16,16–17 ihren passenden Ort haben, während beides in V. 10 recht unvermittelt und in einer sprachlich abgeleiteten Form erscheint und in V. 15 eine vollkommen neue Funktion und Bedeutung erhält, gebührt der zweiten Möglichkeit, also der Abhängigkeit von V. 17, m. E. der Vorzug.

Die Bestimmungen zu Schawuot und Sukkot in Dtn 16,9–15 erweisen sich nach allem als eine klar strukturierte Einheit, die sowohl die beiden Feste als auch ihre Zentralisation und nicht zuletzt die Segenssaussage in Dtn 16,17b bereits voraussetzt und allen drei Komponenten eine neue Dimension und Bedeutung verleiht. Das aber bedeutet, dass zu den Vorlagen für Dtn 16,9–15 nicht nur der ältere Festkalender in Ex 23,14–17, hier V. (15b)16–17, sondern offenbar vor allem auch der Festkalender in Dtn 16,16–17 gehört, in dem es einzig und allein um die Zentralisierung der drei Jahresfeste geht. Möglicherweise zeigt sich das literarische Verhältnis auch in der Formulierung der Festbestimmung mit dem Verbum עשה, die einen jüngeren Sprachgebrauch darstellt.[69] Nähere literarische Beziehungen bestehen in Dtn 16,9–15 auch zu Ex 34,22a, und zwar sowohl was den Namen des Wochenfests Schawuot als auch was die Formulierung mit תעשה לך anbelangt, die hier – im Unterschied zu Dtn 16,10.13 – allerdings nicht nur für das Laubhüttenfest, sondern für beide, Schawuot und Sukkot, gebraucht ist, was darauf hindeutet, dass es sich um eine Angleichung handelt, d. h. dass sie in Ex 34 aus Dtn 16 genommen und sekundär auf beide Feste bezogen ist.[70] Wie die Hinweise zur Textgeschichte in den Fußnoten dokumentieren, setzen sich solche Harmonisierungen insbesondere mit der priesterlichen Halacha in Ex 12–13; Lev 23 und Num 28–29 auch in der weiteren Überlieferung fort.

V Pesach-Mazzot in Dtn 16,1–8

Der Abschnitt Dtn 16,1–8 unterscheidet sich nicht nur von der Kurzfassung des Festkalenders in V. 16–17, die das Pesach nicht erwähnt, sondern auch von den beiden Abschnitten der Langfassung in V. 9–15 erheblich, sowohl in formaler als auch in

---

69 Vgl. für das Opfer Ex 29,36.38.39.41; Lev 5,10; 9,7 u. ö.; vom Pesach Ex 12,48; Num 9,10.14; vom Sabbat Ex 31,16; Dtn 5,15. Die singuläre Formulierung mit תעשה לך (V. 13; Ex 34,22) hat, soweit ich sehe, seine nächste Parallele in dem Verbot Ex 20,4/Dtn 5,8; Ex 34,17, im Plural Lev 26,1.
70 So auch Gesundheit 2012, 154 Anm. 137, der allerdings nur auf die Verwendung des Verbums עשה in Dtn 16,10 und nicht auf den *Dativus ethicus* in 16,13 und Ex 34,22 hinweist.

inhaltlicher Hinsicht. Dieser Abschnitt ist literarisch besonders komplex, weshalb er auch stets im Zentrum der Forschung stand und die Erklärung des Rests einschließlich der Kurzfassung in V. 16–17 bestimmt und überschattet hat. Nicht zuletzt darum behandele ich den Abschnitt am Ende dieses Beitrags, da die bisherige Klärung der literarischen Verhältnisse in Dtn 16,16–17 und V. 9–15 ein neues Licht auf die vielen Probleme der Pesach-Mazzot-Bestimmungen in V. 1–8 wirft.

Im Vergleich mit den beiden folgenden Abschnitten in V. 9–15 springen die Unterschiede in V. 1–8 auf den ersten Blick ins Auge. Der Abschnitt ist überlang, doch fehlen sämtliche Komponenten, die für V. 9–15 signifikant sind: ein Fest (חג), die Festfreude, der Teilnehmerkreis, die Abgaben, der Segen JHWHs. Dafür enthält der Abschnitt eine Fülle von Opfervorschriften, Terminen und Historisierungen von Pesach und Mazzot. Was den Abschnitt sowohl mit V. 9–15 als auch mit V. 16–17 eint, ist das Zentralisationsgebot, das dreimal ergeht (V. 2.5 f.7) und – anders als in V. 9–15 und V. 16 f – beim zweiten Mal auch mit einem Verbot, dem Ausschluss des Pesachopfers in den Ortschaften, eingeleitet wird. Wie in 16,16–17, aber anders als in V. 9–15 ergeht die Pesachverordnung um der Zentralisierung willen, nur dass in diesem Abschnitt eben keines der drei in V. 16–17 genannten Feste, auch nicht das Essen der ungesäuerten Brote, sondern ausdrücklich nur das Pesachopfer an das zentrale Heiligtum verlegt wird, und – je nachdem, wie man V. 7b auffasst – nur mit ihm vielleicht auch das Essen der ungesäuerten Brote (V. 8).

Diese Beobachtungen führen denn auch schon zu dem Hauptproblem, das der Abschnitt selbst aufwirft: dem Verhältnis von Pesach und Mazzot. In der Forschung sind sämtliche möglichen Optionen bereits durchgespielt worden. Manche halten den Text für literarisch einheitlich.[71] Andere denken, entweder nur die Mazzotbestimmungen[72] oder nur die Pesachverordnung[73] seien ursprünglich und die jeweils anderen Bestandteile ergänzt. Wieder andere rekonstruieren einen Grundtext, der von Anfang an beides enthielt.[74] Hinzu kommen die Variationen, die sich dadurch ergeben, dass die einen mit mündlichen oder schriftlichen Vorstufen, die anderen mit einem deuteronomischen Grundtext und jüngeren Ergänzungen rechnen.

In einer derart verworrenen Situation empfiehlt es sich, nach Lösungen zu suchen, die nicht auf allzu vielen Voraussetzungen und Hypothesen aufbauen und am erhaltenen Text nachvollziehbar sind. Unter dieser Voraussetzung reduzieren sich die Möglichkeiten auf diejenigen Vorschläge, die mit V. 1 („Halte den Neumond/ Monat des Abib") beginnen und jedenfalls das Pesach enthalten („und begehe ein

71 Levinson 1997, 54–97; Otto 1999, 324–340.
72 Merendino 1969, 124–149; Gertz 1996, 78 f; andere bei Otto 2016, 1388 f.
73 Veijola 2000a"; ders. 2004 327–338; Gesundheit 2012, 96–149; andere bei Otto 2016, 1385–1387.
74 Berner 2010, 304–312; neuerdings auch Otto 2016, 1379 f.1390–1393; Achenbach 2020, 103.

Pesach für Jhwh, deinen Gott"), sei es für sich allein, sei es in Kombination mit Mazzot im überlieferten oder in einem rekonstruierten Text. Denn für die Hypothese, dass nur die Bestimmungen für Mazzot ursprünglich sind, fehlt ein Bezugswort für das zweifache עליו „dazu" in V. 3 und folglich der Übergang von V. 1 zu V. 3–4. Eine ältere, vordeuteronomische Vorlage für das „Fest der ungesäuerten Brote" (חג המצות) findet sich allein in Ex 23,15, nicht jedoch in Dtn 16,1–8 selbst! Sofern unsere bisherigen Beobachtungen zutreffen, kommt hingegen Dtn 16,16 als innerdeuteronomische Vorlage in Frage.

Schwierig ist auch die Annahme der literarischen Einheitlichkeit des Abschnitts Dtn 16,1–8. Die Versuche, darin eine überlegt disponierte Struktur zu finden, die nur durch den Gestaltungswillen eines Autors zu erklären sei, haben zu keinem überzeugenden Ergebnis geführt und werden teilweise von den Vertretern dieser Hypothese durch ihre eigene Analyse untergraben.[75] Insbesondere die Historisierungen (V. 1.3.6), die redundante Zentralisationsforderung (V. 2.5 f.7) sowie die unausgewogenen Datierungen (V. 3.7 f) werfen Fragen auf. Im Übrigen muss man sich, worauf Berner mit Recht hingewiesen hat,[76] im Klaren darüber sein, dass man sich im vorliegenden Text mit der Datierung des Auszugs „im Monat des Abib" (Ex 13,4) auf einer nachpriesterlichen Ebene bewegt und der Abschnitt Dtn 16,1–8, wenn man ihn für literarisch einheitlich erklärt, keinesfalls für ein vorpriesterliches Deuteronomium in Anspruch genommen werden kann. Muss man daher mit einer komplexeren Wachstumsgeschichte rechnen, bleibt einzig die Alternative, ob der Text ursprünglich nur vom Pesach handelte und sämtliche Bestimmungen, die einen direkten oder indirekten Bezug zu Mazzot haben, ergänzt wurden, oder ob der Abschnitt von Anfang an von beidem handelte, auch wenn er nicht literarisch einheitlich, sondern gewachsen ist. Um dies herauszufinden, empfiehlt es sich, die Entscheidung offen zu halten und zunächst diejenigen Bestandteile zu identifizieren, die so oder so mit hoher Wahrscheinlichkeit nachgetragen sein dürften.

Dazu gehören zweifellos die Historisierungen, die an allen drei Stellen, an denen sie vorkommen, den literarischen Zusammenhang unterbrechen:

– V. 1b („Denn im Monat des Abib hat Jhwh, dein Gott, dich aus Ägypten herausgeführt bei Nacht") unterbricht die Einführung des Pesach in V. 1a.2;[77]

---

75 Vgl. schon Veijola 2000a, 133 Anm. 11 zu Gertz (s. o. Anm. 39) und Otto (s. o. Anm. 71 einerseits, Anm. 74 andererseits). Auch Levinson 1997, 81–89 kommt um eine literarische Differenzierung nicht umhin, die er überlieferungsgeschichtlich, d. h. nicht am Text, sondern mit der Vorgeschichte erklärt (a.a.O., 85).

76 Berner 2010, 301 f.

77 Anders Gesundheit 2012, 129–132, der Dtn 16,1 trotz mancher Schwierigkeiten für einheitlich hält. Gegen die Einheitlichkeit spricht m. E. jedoch die unterschiedliche Auffassung des Ausdrucks חדש האביב, der in V. 1a mit שמור את wie Dtn 5,12 (und Ex 23,15a) einen genauen Zeitpunkt bezeich-

- V. 3b („Brot des Elends, denn in Eile bist du aus dem Land Ägypten ausgezogen, damit du des Tages deines Auszugs aus dem Land Ägypten gedenkst dein Leben lang") unterbricht die Bestimmungen zum Essen von Gesäuertem und Ungesäuertem zum Pesachopfer in V. 3a.4a bzw. 4b;[78]
- V. 6b („wenn die Sonne untergeht, die Zeit, als du aus Ägypten gezogen bist") unterbricht die Bestimmungen zum Schlachten, Kochen und Essen des Pesachopfers in V. 6a.7.[79]

Die Historisierungen dürften hier wie in V. 12 allesamt nachgetragen sein. Zwar hat der Bezug auf den Exodus ein Vorbild in dem älteren Festkalender in Ex 23,15 (davon abhängig Ex 34,18.19 f), doch ist er auch hier sekundär und setzt an sämtlichen Stellen – ebenso wie viele weitere Anpassungen in der Textgeschichte (!) – die Halacha in Ex 12–13 voraus.[80]

Denselben Hintergrund haben zwei Näherbestimmungen zur Topographie und Terminierung des Fests, die ebenfalls ergänzt sind. Zum einen handelt es sich um die Vorschrift in V. 4a („und es soll bei dir kein Sauerteig gesehen werden in deinem Gebiet sieben Tage lang"), die inhaltlich zwar an V. 3a anschließt, aber darüber hinausgeht („in deinem ganzen Gebiet"), wie V. 3b die Essensvorschriften in V. 3a.4b unterbricht und zugleich eine Wiederaufnahme von V. 3a darstellt. V. 4a hat keinerlei Anhalt in der älteren Überlieferung und dürfte – zur Komplettierung von V. 3a.4b und Angleichung an Ex 13,6 f – aus Ex 13,7 (vgl. Ex 12,15.19) genommen und im Zuge der Einfügung oder später um die „sieben Tage" ergänzt worden sein.

---

net, während in V. 1b wie in Ex 13,4 und 34,18 (MT) der „Monat des Abib" als Zeitraum der Herausführung aus Ägypten (יצא Hif. wie Ex 13,3) gemeint ist. Auch die syntaktische Position der Zeitangabe „in der Nacht", die speziell an das Pesach an Ex 12 erinnert, ist schwierig und spricht dafür, dass es sich um einen Zusatz zum Zusatz handelt; vgl. dazu GESUNDHEIT 2012, 130 Anm. 72–73, der sich schließlich jedoch gegen die von vielen vorgenommene Streichung entscheidet.

78 Hier und im Folgenden V. 3a immer ohne, V. 3b immer mit dem „Brot des Elends", das vermutlich nachträglich zwischen V. 3a und V. 3b eingefügt wurde, vielleicht zusammen mit dem Nachsatz in V. 3b „damit du gedenkst" (vgl. VEIJOLA 2004, 337). Zur Ausscheidung von V. 3b und dem Zusammenhang von V. 3aα.4b einerseits, V. 3aβ.4a andererseits, vgl. GESUNDHEIT 2012, 106–124.

79 Vgl. GESUNDHEIT 2012, 105 Anm. 23.

80 So mit BERNER 2010, 304–307.312; zu Ex 23,15 s. o. unter III. Vgl. auch VEIJOLA 2004, 329 f.334 f.335 f.337 f, sowie mittlerweile OTTO 2016, 1391 f.1393 f, die jedoch an V. 1b (ohne „in der Nacht") festhalten. Doch auch ohne „in der Nacht" (vgl. Ex 11,4; 12,8.12.29.42) erklärt sich Dtn 16,1b nicht (allein) aus dem vermutlich vorausgesetzten Zusatz in Ex 23,15 (davon abhängig 34,18), sondern ebenso wie V. 3b (vgl. Ex 12,11; 13,3) aus Ex 12–13 (hier 13,3–4), wie aus der Formulierung mit יצא Hif. hervorgeht, die in LXX sekundär geändert und an die ältere Vorlage in Ex 23 sowie Dtn 16,3.6. angeglichen wurde. Auch der explizite Rückbezug „denn im Monat des Abib" in Dtn 16,1b anstelle von „denn in ihm" in Ex 23,15 erklärt sich hier wie in Ex 34,18 (MT) am leichtesten aus der Abhängigkeit von Ex 13,4 (s. o. Anm. 15 und 77).

Zum anderen handelt es sich um die terminliche Nachjustierung des siebentägigen Mazzenessens von Dtn 16,3 in V. 8 („Sechs Tage sollst du ungesäuerte Brote essen und am siebten Tag ist ein Festtag für Jhwh, deinen Gott, da sollst du keine Arbeit tun"). Der Vers stellt eine Kombination aus Ex 13,6 und 12,16 (Arbeitsruhe) dar, spielt auf das Sabbatgebot des Dekalogs an und lässt mit dem Begriff der „Festveranstaltung" (עצרת) den Einfluss priesterlicher Sprache erkennen (Lev 23,36; Num 29,35). Die Datierung hängt sich an die Bemerkung zum Ende des Pesachopfers in V. 7b („und am Morgen sollst du dich hinwenden und zu deinen Zelten gehen") an und setzt das Pesach am ersten Tag (V. 4b) und die sieben Tage von V. 3 f ins Verhältnis. Dabei bleibt jedoch unklar, ob die 6 + 1 Tage in V. 8 das Pesach am ersten Tag mit einschließen und die Festzeit also insgesamt sieben Tage beträgt, oder ob der „siebte Tag" in V. 8 zu dem Pesach am ersten Tag und den anschließenden sechs Tagen des Mazzenessens dazu addiert werden soll und wie im priesterlichen Kalender (Lev 23,5–8; Num 28,16–25) an einen Ablauf von insgesamt acht Tagen gedacht ist, mit dem Pesach am Heiligtum am ersten Tag, sechs weiteren Tagen des Mazzenessens in den „Zelten" sowie einem achten Tag als Fest- und Ruhetag.[81] Doch wie auch immer man zählt, dürfte V. 8 ein Nachtrag sein, der ebenso wie V. 4a und die Historisierungen in V. 1.3b.6b die priesterliche und nachpriesterliche Halacha in Ex 12–13 voraussetzt.[82]

Sieht man von den bisher ausgeschiedenen Bestandteilen ab, handelt es sich bei dem Abschnitt um eine Ordnung des Pesachopfers, in die in V. 3aβ („Sieben Tage sollst du dazu ungesäuerte Brote essen") eine Durchführungsbestimmung für das Mazzenessen eingeflochten ist. Der Abschnitt besteht aus vier Teilen, von denen der erste und der letzte mit Perf. cons. formuliert sind, die beiden mittleren durch Prohibitive eröffnet werden:

A   Anordnung eines Pesachopfers in V. 1a.2;

B   Bestimmungen zum Verzehr von Pesach und Mazzot (Stichwort אכל) in V. 3a.4b;

C   Bestimmung zu Ort und Zeit des Pesachopfers in V. 5–6a;

D   Bestimmung über die Zubereitung und den Verzehr des Opfers an ebendiesem Ort mit anschließender Auflösung der Festversammlung in V. 7.

An dieser Anlage fällt auf, dass die Bestimmungen über den Verzehr des Opfers in B die Aussage über Zubereitung und anschließenden Verzehr (אכל) in D vorwegnehmen. Das Verhältnis der beiden Aussagen zueinander ist allerdings nicht

---

81 Vgl. dazu Gertz 1996, 64 f; Gesundheit 2012, 133–138; Otto 2016, 1392 einerseits, Veijola 2004, 336 f; Berner 2010, 311 andererseits. Die Sache hat schon in der Textgeschichte von Dtn 16,8 und Ex 13,6 zu einiger Verwirrung und entsprechenden Harmonisierungsversuchen geführt.

82 So mit Berner 2010, 310 f (mit V. 3bα); ebenso Gesundheit 2012, 118 f.133 ff.141 f; Veijola 2004, 329 f.335 f (beide mit V. 3aβ); anders Otto 2016, der V. 3a.4a (sic) zu seiner dtn Grundschicht zählt (a.a.O., 1390 f.1403) und nur V. 8 als späten Zusatz (mit V. 3b.6b u. a.) ausscheidet (a.a.O., 1391 f.1393 f).

ganz klar und hängt von der Bedeutung der Zeitangaben in V. 6 f („am Abend", „am Morgen") sowie dem Verständnis von V. 7 ab. Rechnet man mit einem älteren Brauch eines Pesachopfers „am Abend", lässt sich V. 7b („und am Morgen sollst du dich hinwenden und zu deinen Zelten gehen") als Abschluss der Festbegehung am nächsten Morgen verstehen und der Vers problemlos mit der Pesachverordnung in V. 1a.2.5–6a verbinden.[83] Versteht man jedoch sowohl die Terminierung in V. 6 f („am Abend", „am Morgen") als auch die Aufforderung in V. 7b, zu den „Zelten" zurückzukehren, als Hinweis auf eine Fortsetzung der Festaktivitäten „in deinen Zelten", d. h. entweder zu Hause oder im Zeltlager der Israeliten in der Nähe des Heiligtums, so sind beide Elemente mit dem siebentägigen Mazzenessen und folglich mit V. 3a.4b und die Zeitangaben vielleicht sogar mit dem nächtlichen Auszug aus Ägypten in V. 1b.3b.6b zu verbinden.[84] Die Frage lässt sich anhand der Textrelationen allein nicht beantworten, sondern hängt von dem Verständnis von V. 7b sowie dem kultgeschichtlichen Hintergrund der Pesachverordnung in Dtn 16 ab.

Vorgreifend auf die unten geführte Diskussion (s. u. VI), rechne ich V. 7 zu der Pesachbestimmung in V. 5–6a und verstehe V. 7b als Abschlussbemerkung, die die Teilnehmer nach Vollzug des „am Abend" stattfindenden Pesachopfers „am Morgen" nach Hause entlässt.[85] Doch wie auch immer man sich entscheidet, konkurrieren die beiden Teile inhaltlich miteinander. Der Unterschied besteht darin, dass B auf das Problem von Gesäuertem und Ungesäuertem bei dem Verzehr des Opfers eingeht und in diesem Zusammenhang auch den siebentägigen Verzehr der ungesäuerten Brote anordnet, während D den Vorgang des Kochens und des Verzehrs allein auf das in A und C behandelte Pesachopfer bezieht. Dem entspricht, dass die dreifach verwendete Zentralisationsformel gleichmäßig über die Teile A, C (Langform) und D (Kurzform) verteilt ist, während sie in B fehlt. Somit fällt B in mancherlei Hinsicht aus der Struktur der Pesachverordnung heraus.[86]

Dieser Eindruck bestätigt sich, wenn man die überlieferungsgeschichtlichen Hintergründe der Formulierungen vergleicht. Die Einführung in Dtn 16,1a.2, von der alles Weitere abhängt, hat mit der Formulierung „Halte den Neumond des Abib" die Aufforderung zum Halten des Mazzotfestes „zum Zeitpunkt des Neumonds des Abib" in Ex 23,15 zum Vorbild, wobei die Abhängigkeit auch dann evident ist, wenn man חדש an diesen beiden Stellen nicht als „Neumond", sondern als „Monat" auffasst. Doch anders als in der Vorlage wird die Aufforderung nicht auf das Maz-

---

83 So Gesundheit 2012, 103–105.

84 So Levinson 1997, 89; Veijola 2004, 333 f; Berner 2010, 307 f; Otto 2016, 1394 f.1405.

85 Zur Wendung „sich wenden und zu den Zelten gehen" vgl. Jos 22,2; ferner Ri 19,9; 20,8; 1Kön 8,66; 12,16 / 2Chr 10,16; „zurückkehren" Dtn 5,30.

86 Vgl. Gesundheit 2012, 96–166, bes. 108–111.138 ff.

zotfest, sondern das Pesach bezogen. Dementsprechend handeln auch die Verse Dtn 16,2.5–6a.7 ausschließlich vom Pesach, und zwar ohne weitere Anleihen an Ex 23 (oder Ex 34) und in einer Formulierung, die nach Sprache und Inhalt den Geist des Deuteronomiums atmet und folglich eine freiere Art des *Rewriting* von Ex 23 darstellt.[87]

Ebenfalls abhängig von V. 1a.2 sind die Durchführungsbestimmungen in V. 3a.4b, die durch das zweifache עליו in V. 3a auf das vorher genannte Pesach rückgebunden sind. In diesen Versen werden die allgemeinen Opfervorschriften aus Ex 23,18 (Ex 34,25) aufgenommen und speziell auf das Pesach angewandt, was die entsprechende Umformulierung von „das Fett meines Fests" in Ex 23,18 zu „das Opfer des Pesachfests" in Ex 34,25 entweder zum Vorbild genommen[88] oder nach sich gezogen hat. Doch anders als in Dtn 16,1 gilt, wie schon öfter bemerkt wurde, die Aufnahme von Ex 23,18 nicht allein dem Pesach. Die Vorlage Ex 23,18a/34,25a („Du sollst das Blut meines Opfers nicht zugleich mit Gesäuertem opfern/schlachten") wurde vielmehr dahingehend umformuliert, dass es in Dtn 16,3 („Du sollst dazu nichts Gesäuertes essen") nicht um das „Opfern" (Ex 23,18) bzw. „Schlachten zum Gesäuerten" (Ex 34,25), sondern um das „*Essen* von Gesäuertem *zu ihm* (sc. dem Pesachopfer)" geht. Die Änderung zielt auf die folgende Anweisung zum siebentägigen Essen der ungesäuerten Brote, die ihrerseits durch עליו „zu ihm", d. h. zum Pesach, in Beziehung gesetzt wird. Ob auch das siebentägige Mazzenessen aus der Vorlage in Ex 23 bzw. Ex 34 genommen ist, hängt davon ab, ob die von Ex 13,4–6 abhängigen Zusätze in Ex 23,15a/34,18 an der fraglichen Stelle in Dtn 16,3 bereits vorausgesetzt sind. Sollte dies der Fall sein oder Dtn 16,3aβ direkt auf Ex 13,6 zurückgegriffen haben, würde dies bedeuten, dass die Vorschrift hier wie dort nachpriesterlich ist.[89] Andernfalls muss Dtn 16,3 aus anderen, uns unbekannten Quellen geschöpft haben. Die Einfügung des syntaktisch und inhaltlich schwierigen עליו zur Einbindung in den Kontext spricht jedenfalls eher dafür, dass die Vorschrift nicht in Dtn 16 entstanden, sondern von irgendwoher entlehnt und an den Kontext angepasst wurde.

---

87 Diesen Sachverhalt und den Unterschied zwischen einem *„fresh rewrite"* („Neugestaltung") und einer *„intrusive revision"*(„Umgestaltung") hat Gesundheit 2006; ders. 2012, 100–106.164 mit Recht hervorgehoben, der darum auch V. 1 insgesamt ausscheidet, seinen Grundtext damit allerdings des überlieferten Anfangs (V. 1a) und m. E. der entscheidenden Pointe, der (indirekten) Verbindung des Pesach mit dem Mazzotfest, beraubt (s. u.).

88 So Gesundheit 2012, 111.113 f.148 f.

89 Zur nachpriesterlichen Einordnung der Zusätze in Ex 23,15a s. o. unter III. Auch sonst haben Dtn 16,3a.4b Parallelen in der priesterlich-nachpriesterlichen Halacha von Ex 12–13: Zu Dtn 16,3aα vgl. 13,3.7, im Plural 12,15; zu Dtn 16,3aβ vgl. Ex 13,6, im Plural 12,15; zu Dtn 16,4b (formuliert nach Ex 23,18a/34,25a) vgl. der Sache nach Ex 12,10.

Dtn 16,4b („und es soll von dem Fleisch, das du am Abend am ersten Tag opferst, nichts liegen bleiben bis zum Morgen") leitet danach wieder zum Pesachopfer selbst über. Die Formulierung nimmt Ex 23,18b/34,25b auf und spricht statt vom „Fett meines Fests" (Ex 23,18) bzw. „Opfer des Pesachfests" (Ex 34,25) in Rückbezug auf Dtn 16,2 von dem „Fleisch, das du opferst", ohne jedoch das siebentägige Mazzenessen aus den Augen zu verlieren. Aus dem „übernachten bis zum Morgen" (לין) der Vorlage in Ex 23,18b (34,25b) wird die Datierung des Pesach „am Abend am ersten Tag" (des siebentägigen Mazzenessens) abgeleitet.[90] Eine weitergehende Differenzierung zwischen den Opfervorschriften aus Ex 23,18 in V. 3aα.4b einerseits und der Vorschrift zum Mazzenessen in V. 3aβ andererseits legt sich aus überlieferungsgeschichtlichen, stilistischen und inhaltlichen Gründen zwar nahe und kann nicht ausgeschlossen werden, hat aber die aufeinander abgestimmten Formulierungen in V. 3a.4b gegen sich.[91] Für das Verhältnis von V. 3 f zu seinem Kontext in V. 1 f und 5–7 spielt die Frage keine Rolle, weswegen ich sie im Weiteren vernachlässige.

Teil B (Dtn 16,3a.4b) fällt folglich auch hinsichtlich der Genese seiner Formulierungen aus dem Rahmen der vier Teile von V. 1–8 heraus. Die Möglichkeit einer von dem Pesach unabhängigen älteren Mazzotverordnung ist vom Text her ausgeschlossen. V. 3 f (B) sind nicht selbständig, sondern von V. 1 f (A) abhängig, und ließen sich nur durch massive, willkürliche Kürzung und Umschreibung des Texts zu einer Mazzotverordnung verwandeln. Sieht man über die aufgewiesenen Differenzen nicht großzügig hinweg und lässt auch überlieferungsgeschichtliche Spekulationen zur Vorgeschichte außer Betracht, kann man den Befund daher nur auf zweierlei Weise erklären: entweder ist B (V. 3a.4b) die ursprüngliche Fortsetzung von A (V. 1a.2) und wurde um C und D (V. 5–6a.7) ergänzt; oder C und D (V. 5–6a.7) schlossen ursprünglich an A (V. 1a.2) an, und B (V. 3a.4b) wurde sekundär eingefügt.[92] Beide Möglichkeiten sind denkbar. Aus den folgenden Gründen tendiere ich

---

90 Die Datierung „am ersten Tag" in V. 4b wird für gewöhnlich aus syntaktischen Gründen als Zusatz ausgeschieden und mag sekundär sein; vgl. VEIJOLA 2004, 333. GESUNDHEIT 2012, 118–119 verbindet sie mit den gegenüber der Vorlage in Ex 13,7 überschüssigen „sieben Tagen" in V. 4a, die er ebenfalls als Zusatz betrachtet. Ohne den „ersten Tag" bleibt für das Pesachopfer im Verhältnis zu den „sieben Tagen" des Mazzenessens in V. 3β die Eingrenzung „vom Abend ... bis zum Morgen" in Übereinstimmung mit V. 6a.7b.

91 Zur weitergehenden Differenzierung vgl. VEIJOLA 2004, 333.335; GESUNDHEIT 2012, 106–111, die den Einschub von V. 3aβ mit V. 4a (als Wiederaufnahme von V. 3aα) verbinden und in die literarische Nachgeschichte verlegen; anders LEVINSON 1997, 81–89, bes. 87; BERNER 2010, 308, die das „Essen" in V. 3aα und das zweifache עליו gegen die Differenzierung ins Feld führen.

92 Vgl. für die erste Option BERNER 2010, 312 (Grundtext V. 1a.2.3a.4b mit V. 7); ähnlich ACHENBACH 2020, 103 (mit 4a, ohne V. 7); für die zweite Option VEIJOLA 2004, 327 (Grundtext in V. 1 f.5 f ohne V. 7); GESUNDHEIT 2012, 108–110.140–144 (Grundtext 2.5–7 ohne V. 1).

jedoch zu der zweiten Option, d. h. zur Annahme eines Grundtextes in A, C und D (V. 1a.2.5–6a.7) und sekundärer Einfügung von B (V. 3a.4b):

Während das Hauptanliegen von A, C und D (V. 1a.2.5–6a.7) die Zentralisierung des Pesachopfers ist, was bereits eine Innovation darstellt, fügt B (V. 3a.4b) dem mit den Opferbestimmungen und dem Mazzenessen einen weiteren neuen Aspekt hinzu, der die Zentralisierung voraussetzt. Umgekehrt nehmen A, C und D (V. 1a.2.5–6a.7) auf das Mazzenessen, worauf die Formulierungen in B (V. 3a.4b) abgestellt sind, keinerlei Bezug. Im Zentrum steht allein das Zentralisationsgebot. Wären C und D (V. 5–7) oder auch nur C (V. 5–6a) eine Fortschreibung von A und B (V. 1a.2.3a.4b) und zwischen V. 3 f und V. 8 bzw. zwischen B (V. 3 f) und D (V. 7) eingeschoben,[93] fehlte dem Zusatz nach V. 2 (Zentralisation) und V. 3a („Essen") die Veranlassung. Außerdem hinge V. 7b, sollte der Versteil auf eine Fortsetzung der Festivitäten zielen und mit V. 3a.4b zu verbinden sein, in der Luft und dürfte eher nachgetragen als durch den unmotivierten Einschub von V. 5 f von seinem ursprünglichen Kontext in V. 3 f abgesprengt worden sein. V. 1a lässt mit der Einleitung שמור את חדש האביב zwar die ältere Vorlage in Ex 23,15 anklingen, bezieht sie aber sogleich ausdrücklich auf das Pesach. Dem läuft die Rezeption von Ex 23,(15?).18 in V. 3a.4b entgegen. Die Bestimmung eines siebentägigen Mazzenessens in V. 3a verträgt sich hier genauso wenig wie in Ex 23,15a mit der Datierung von Mazzot bzw. Pesach auf einen festen Termin, sei es des „Monats", sei es – noch weniger – „des Neumonds des Abib". Je nachdem, wie man V. 7b auffasst, spricht auch dieser Versteil für einen Nachtrag in V. 3 f. Verbindet man ihn mit V. 1a.2.5–6a.7a und findet darin das Ende des Pesachfests beschrieben, lässt er sich leichter erklären, wenn er schon dastand und erst nach dem Einschub von V. 3 f durch die terminliche Klarstellung in V. 8 ausgeglichen werden musste.

Schließlich sei noch ein Gesichtspunkt ins Spiel gebracht, der sich aus den bisherigen Beobachtungen zu Dtn 16,16–17 und V. 9–15 ergibt, aber auch schon etwas vorgreift. Sind die V. 1–15 dem älteren Festkalender in V. 16–17 sekundär vorgesetzt, fügt sich ein Nachtrag in V. 3a.4b, der das Mazzotfest aus V. 16 in die ältere Pesachverordnung integriert, sehr viel organischer ein als eine weitere, in V. 2 bereits vorgefundene Zentralisierung des Pesach, seiner Zubereitung und seines Verzehrs in V. 5–6a.7. Außerdem erscheint es plausibel, dass nach der Zentralisierung und entsprechenden Reformulierung von Ex 23,14–17 in Dtn 16,16–17 und der sekundären Vorschaltung zunächst von V. 1–8, anschließend von V. 9–15 die ihrerseits ergänzte Vorlage Ex 23,14–19 und ihre Reformulierung in Ex 34 nachträglich auch wieder auf Dtn 16,1–8 und hier V. 3 f eingewirkt hat.

Nach allem scheint mir der Schluss unausweichlich zu sein, dass V. 3a.4b eine Ergänzung zu der älteren Pesachverordnung in V. 1a.2.5–6a.7 darstellt. Sie wurde

---

93 Zur ersten Möglichkeit vgl. Seitz 1971, 197; zur zweiten Berner 2010, 309.

durch die Datierung in V. 1a und den damit hergestellten Konnex mit dem Mazzotfest veranlasst und hat den Zweck, den Festkalender in V. 1–15 an Dtn 16,16–17
anzugleichen. Da in V. 3a.4b möglicherweise auch schon die Fassung in Ex 34,18–25
(V. 25), die Halacha in Ex 12–13 (13,3.6 f; 12,10.15) und die davon abhängigen Zusätze
in Ex 23,15a/34,18 vorausgesetzt sind,[94] legt sich die Vermutung nahe, dass die Ergänzung gemeinsam mit der Historisierung in V. 1b (nach Ex 13,4) und V. 6b in den
Text gelangt ist. Die Zusätze in V. 3b.4a und V. 8 sind demgegenüber noch einmal
jünger.

Als Basistext in Dtn 16,1–8 hat sich somit die Pesachverordnung in V. 1a.2.5–6a.7
ergeben. Wer es nicht ganz so genau nehmen möchte, kann es dabei belassen. Es
lohnt sich allerdings, noch etwas genauer hinzusehen, denn auch dieser Text wirft
Fragen auf und könnte an manchen Stellen nachträglich glossiert worden sein:

Die doppelte Anordnung, „ein Pesach für Jhwh, deinen Gott" darzubringen in
V. 1a.2 wirkt redundant und unterscheidet sich im Ausdruck. Dabei fällt auf, dass in
V. 1 f beide Male von „einem Pesach für Jhwh" und erst in V. 5–6a von „dem Pesach"
gesprochen wird, was man nach V. 1a eigentlich schon in V. 2 erwarten würde.
Im Übrigen unterbricht V. 1aβγ („und begehe ein Pesach für Jhwh, deinen Gott")
den Zusammenhang zwischen der Einleitung in V. 1aα („Halte den Neumond des
Abib") und dem Zusatz in V. 1b („denn im Monat des Abib") und könnte daher nachträglich eingeschoben worden sein.[95] Andererseits könnte die Wiederholung von
„im Monat des Abib" in V. 1b (anstelle von „in ihm" in Ex 23,15) darauf hindeuten,
dass die Anweisung von V. 1aβγ schon vorausgesetzt ist. In jedem Fall dürfte auch
V. 1aβγ sekundär sein. Die Formulierung stimmt mit dem Sprachgebrauch in V. 10.13
überein und behandelt das Pesach als Fest, während es in V. 2 eindeutig ein Opfer
ist. Für das Pesach ist sie lediglich in späten, priesterlichen und nachpriesterlichen
Texten belegt.[96]

Manche streichen die syntaktisch sperrige Spezifizierung des Pesach mit
„Kleinvieh und Rinder" in V. 2,[97] was an dem Charakter des Pesach als Schlachtopfer jedoch nichts ändert.

Auch V. 5–6a wirkt nach V. 1aα.2 redundant, weswegen man erwägen kann, ob
die Verse entweder zusammen mit V. 7 nachgetragen oder zwischen V. 1aα.2 und V. 7

---

94 Verbindet man die Anordnung des siebentägigen Mazzenessens in V. 3aβ mit V. 4a (s. o. Anm. 91),
dann setzt sie jedenfalls die Halacha in Ex 12–13 (13,7) voraus (s. o. Anm. 89). Zu den Zusätzen in
Ex 23,15 s. o. unter III.
95 Vgl. Merendino 1969, 126 f.
96 Vgl. Ex 12,48 sowie Num 9,10.14; 2Chr 30,5; dazu Otto 2016, 1392 (lies Ex 12,48 statt 12,18), der dies
aber nicht weiter kommentiert.
97 Vgl. Merendino 1969, 128; Gesundheit 2012, 105 Anm. 23. Die Spezifizierung findet sich auch in
14,23; 15,19.

eingeschoben wurden.[98] Möglicherweise ist aber auch lediglich die Zentralisationsformel in V. 2a sekundär und wurde mit den Zusätzen in V. 3–4 nachgetragen, so
dass ursprünglich V. 5–6a.7 direkt an V. 2a angeschlossen hat.

Die Pesachverordnung in V. 1aα.2.5–6a.7 war jedenfalls komplett, bevor unter
der Anweisung V. 1aβγ in V.1b.3a.4b.6b die an den Exodus erinnernden Durch-
führungsbestimmungen zu Pesach-Mazzot und anschließend die noch jüngeren
Zusätze in V. 1b („bei Nacht").3b.4a.8 eingefügt wurden.[99] Die literarhistorische
Feindifferenzierung der Pesachverordnung in V. 1aα.2.5–6a.7 wird in der weiteren
Argumentation als Möglichkeit mit berücksichtigt, spielt für die hier vorgeschla-
gene Entstehungshypothese des Festkalenders aber nur eine untergeordnete
Rolle.

1 שָׁמוֹר אֶת־חֹדֶשׁ הָאָבִיב
וְעָשִׂיתָ פֶּסַח לַיהוָה אֱלֹהֶיךָ
כִּי בְּחֹדֶשׁ הָאָבִיב הוֹצִיאֲךָ[100] יְהוָה אֱלֹהֶיךָ מִמִּצְרַיִם
לָיְלָה:

2 וְזָבַחְתָּ פֶּסַח[101] לַיהוָה אֱלֹהֶיךָ צֹאן וּבָקָר בַּמָּקוֹם אֲשֶׁר־יִבְחַר[102] יְהוָה[103] לְשַׁכֵּן[104] שְׁמוֹ[105] שָׁם:

3 לֹא־תֹאכַל[106] עָלָיו חָמֵץ שִׁבְעַת יָמִים תֹּאכַל[107]־עָלָיו מַצּוֹת
לֶחֶם עֹנִי
כִּי בְחִפָּזוֹן יָצָאתָ[108] מֵאֶרֶץ מִצְרַיִם[109]
לְמַעַן תִּזְכֹּר אֶת־יוֹם צֵאתְךָ מֵאֶרֶץ מִצְרַיִם כֹּל יְמֵי חַיֶּיךָ:

4 וְלֹא־יֵרָאֶה[110] לְךָ שְׂאֹר בְּכָל־גְּבֻלְךָ שִׁבְעַת יָמִים
וְלֹא־יָלִין מִן־הַבָּשָׂר אֲשֶׁר תִּזְבַּח בָּעֶרֶב[111] בַּיּוֹם הָרִאשׁוֹן לַבֹּקֶר:

---

98 Zu V. 1a.2 als Grundschicht vgl. Seitz 1971, 196–198; für den Zusammenhang von V. 1a.2.7 (Pf.
cons.) vgl. BERNER 2010, 307, der die Möglichkeit jedoch wieder verwirft. Beide halten den Anschluss
von V. 3 f an V. 1 f für ursprünglicher als V. 5–7.

99 Mit Ausnahme von V. 1a entspricht das Ergebnis in etwa der Analyse von GESUNDHEIT 2012,
140–143, mit Ausnahme von V. 1b der Analyse von VEIJOLA 2004, 327.330 ff, auch wenn die Relationen
der Ergänzungen teilweise etwas abweichen.

100 LXX 2. Singular aktiv ἐξῆλθες in Angleichung an Ex 23,15; 34,18 sowie Dtn 16,3.6.

101 LXX determiniert τὸ πασχα in Angleichung an V. 5 f und wie Ex 12,21.

102 Sam בחר בו; LXX + αὐτὸν (s. o. Anm. 4)

103 Sam und LXX + אלהיך bzw. ὁ θεός σου in Angleichung an V. 2a.

104 LXX hier und V. 6 wie üblich ἐπικληθῆναι „um angerufen zu werden" (s. o. zu V. 11).

105 Sam hier und V. 6 שמו את (s. o. zu V. 11).

106 Sam 2. Pers. Plural wie im Folgenden, hier in Angleichung an Ex 12,15.

107 Sam 2. Pers. Plural in Angleichung an Ex 12,15 und wie LXX in Ex 23,15 (s. o. Anm. 17).

108 LXX hier und im Folgenden in V. 4b 2. Pers. Plural ἐξήλθετε, μνησθῆτε, τῆς ἐξοδίας ὑμῶν, τῆς
ζωῆς ὑμῶν in Angleichung an Ex 12,11.14; 13,3–4.

109 LXX ἐξ Αἰγύπτου, einige Hss ἐξ Αἰγύπτου νυκτός in Angleichung an V. 1.

110 LXX ohne Kopula οὐκ ὀφθήσεταί, in einigen Hss an MT angeglichen.

111 Sam בין הערבים in Angleichung an Dtn 12,6.

5 לֹא[112] תוּכַל לִזְבֹּחַ אֶת־הַפֶּסַח בְּאַחַד[113] שְׁעָרֶיךָ אֲשֶׁר־יְהוָה אֱלֹהֶיךָ נֹתֵן לָךְ:

6 כִּי אִם־אֶל־הַמָּקוֹם[114] אֲשֶׁר־יִבְחַר[115] יְהוָה אֱלֹהֶיךָ לְשַׁכֵּן שְׁמוֹ שָׁם[116] תִּזְבַּח אֶת־הַפֶּסַח בָּעֶרֶב כְּבוֹא הַשֶּׁמֶשׁ מוֹעֵד צֵאתְךָ מִמִּצְרָיִם:

7 וּבִשַּׁלְתָּ[117] וְאָכַלְתָּ בַּמָּקוֹם אֲשֶׁר יִבְחַר[118] יְהוָה אֱלֹהֶיךָ בּוֹ וּפָנִיתָ בַבֹּקֶר וְהָלַכְתָּ לְאֹהָלֶיךָ[119]:

8 שֵׁשֶׁת[120] יָמִים תֹּאכַל מַצּוֹת וּבַיּוֹם הַשְּׁבִיעִי עֲצֶרֶת[121] לַיהוָה אֱלֹהֶיךָ לֹא תַעֲשֶׂה[122] מְלָאכָה[123]:

1 Halte den Neumond des Abib,

> und begehe ein Pesach für Jhwh, deinen Gott,
>> denn im Monat Abib hat Jhwh, dein Gott, dich aus Ägypten herausgeführt,
>>> bei Nacht,

2 und schlachte für Jhwh, deinen Gott, ein Pesach, Kleinvieh und Rinder, an dem Ort, den Jhwh erwählen wird, um seinen Namen dort wohnen zu lassen.

3 Du sollst dazu nichts Gesäuertes essen, sieben Tage sollst du dazu ungesäuerte Brote essen,

> Brot des Elends,
>> denn in Eile bist du aus dem Land Ägypten ausgezogen,
>>> damit du des Tages deines Auszugs aus dem Land Ägypten gedenkst dein Leben lang.

4 Und es soll bei dir kein Sauerteig gesehen werden in deinem ganzen Gebiet sieben Tage lang,

> und es soll von dem Fleisch, das du am Abend am ersten Tag opferst, nichts liegen bleiben bis zum Morgen.

5 Du darfst das Pesach nicht opfern in einem deiner Tore, die Jhwh, dein Gott, dir gibt,

6 sondern bei dem Ort, den Jhwh, dein Gott erwählen wird, um seinen Namen dort wohnen zu lassen, da sollst das Pesach opfern am Abend,

> wenn die Sonne untergeht, die Zeit, als du aus Ägypten gezogen bist.

7 Und du sollst es kochen und essen an dem Ort, den Jhwh, dein Gott, erwählen wird, und am Morgen sollst du dich hinwenden und zu deinen Zelten gehen.

> 8 Sechs Tage sollst du ungesäuerte Brote essen und am siebten Tag ist ein Festtag für Jhwh, deinen Gott, da sollst du keine Arbeit tun.

---

112 Sam ולא.

113 Sam באחת.

114 Sam במקום in Angleichung an V. 2.7.11.15.16 u. ö. bei Tätigkeiten am Heiligtum, vielleicht ursprünglich gegenüber אל bei Verben der Bewegung (Dtn 12,5 u. ö.).

115 Sam בחר; 1QDeutᵃ + בו wie Sam und LXX in V. 2.16, LXX auch V. 15 in Angleichung an V. 7 (s. o. Anm. 4).

116 Sam + שם, auf das Folgende bezogen zur Unterstreichung des Ortes oder Dittographie.

117 LXX + καὶ ὀπτήσεις „und du sollst es braten" in Angleichung an Ex 12,8 f.

118 Sam בחר (s. o. Anm. 4).

119 LXX εἰς τοὺς οἴκους σου, d. h. nach Hause.

120 4QDeutᶜ ש[בעת in Angleichung an Ex 12,15;13,6; Lev 23,6.

121 Sam חג, LXX ἐξόδιον (nur hier und Mi 7,15) ἑορτὴ κυρίῳ τῷ θεῷ σου in Angleichung an Ex 13,6.

122 4QDeutᶜ + בו.

123 4QDeutᶜ + כל; Sam כל מלאכה עבדה in Angleichung an Lev 23,7 und Num 28,18.25; LXX + πλὴν ὅσα ποιηθήσεται ψυχῇ in Angleichung an Ex 12,16.

VI Die Genese von Dtn 16,1–17 im Rahmen der Kult- und Literaturgeschichte

Shimon Gesundheit hat die Hypothese aufgestellt, dass die Pesachverordnung in Dtn 16,1–8 ursprünglich nicht Teil des Festkalenders, sondern eine in sich geschlossene, eigenständige Einheit im Deuteronomium war, und dafür gewichtige Gründe beigebracht.[124] Die bahnbrechende Hypothese hat sich in unserer Analyse auf anderem Wege bestätigt. Zwar geht es in allen drei Abschnitten der Langfassung des Festkalenders in Dtn 16,1–15 wie auch in der Kurzfassung in Dtn 16,16–17 um die für das Deuteronomium signifikante Zentralisation des Kults. Doch sind die Unterschiede zwischen Lang- und Kurzfassung des Kalenders einerseits und der von Gesundheit nachgewiesene Unterschied innerhalb der Langfassung zwischen V. 1–8 und V. 9–15 andererseits derart gravierend, dass man kaum umhinkann, darin Indizien einer literarischen Wachstumsgeschichte zu sehen. Diese führen nachgerade zwingend zu dem Schluss, dass die Teile nicht von einer Hand stammen, sondern sukzessiv entstanden sind.

Innerhalb der Langfassung von V. 1–15 ist das literarische Verhältnis eindeutig und unumkehrbar. Hier schreiben die V. 9–15 über Schawuot und Sukkot die Perikope über das Pesach in V. 1–8 fort und bauen diese – zusammen mit den Zusätzen in V. 3 f – zu einem Zyklus der drei Jahresfeste aus. Das Verhältnis sowohl der Pesachverordnung in V. 1–8 als auch der Fortschreibung in V. 9–15 und der gesamten Langfassung des Festkalenders zu der Kurzfassung in V. 16–17 hat demgegenüber in der bisherigen Forschung wenig Beachtung gefunden, weil die V. 16–17 wie selbstverständlich als Zusammenfassung oder Anhängsel von V. 1–15 betrachtet wurden.[125] Doch haben sich uns Gesichtspunkte ergeben, die die Annahme nahelegen, dass die Kurzfassung des Kalenders in Dtn 16,16–17 älter ist als die Langfassung in V. 1–15 und dieser als Vorlage gedient hat. Die Analyse von V. 1–15 und namentlich die Isolierung der Pesachverordnung in V. 1–8 fügt sich überraschend gut zu diesem Ergebnis und bietet einen Ansatzpunkt für die Erklärung, wie es zu der Ausführung des Festkalenders von V. 16–17 in V. 1–15 gekommen ist.

Der einzige Skopus der älteren Pesachverordnung in Dtn 16,1–8 (V. 1aα.2.5–6a.7) besteht in der Zentralisierung des Pesachopfers. Der Ritus selbst wird als bekannt vorausgesetzt und nicht weiter erklärt. Insofern ist alles Nötige bereits in V. 1aα.2 gesagt. Alles Weitere in V. 5–6a.7 ist Ausführung dessen und könnte, wie oben erörtert, entweder ein Nachtrag oder die ursprüngliche Fortsetzung von V. 2a sein. Das Zentralisationsgebot in V. 5–6a nimmt auf V. 2a Bezug, indem es nach der Vorschrift,

124 GESUNDHEIT 2012, 162–166.
125 So auch noch GESUNDHEIT 2012, 157–162, der V. 16–17 als sekundären Nachtrag betrachtet.

„ein Pesach für Jнwн, deinen Gott" (פסח ליהוה אלהיך) zu schlachten, nun von „dem Pesach" (את הפסח) spricht. Im Verhältnis zur Zentrealisationsformel in V. 2b besagt der Passus nichts Neues, sondern schärft das Gebot (noch einmal) in Abgrenzung zum gegenteiligen, offenbar weithin üblichen Brauch, das Pesach „in deinen Toren", d. h. in den Ortschaften zu begehen, ein und entspricht damit der grundlegenden Zentralisationsforderung in Dtn 12,13–14.17 f.

Lediglich der Relativsatz in V. 5 („die Jнwн, dein Gott, dir gibt") fügt einen besonderen Akzent hinzu. Er verweist auf die (bevorstehende) Landnahme und stellt zugleich eine literarische Verbindung mit den unmittelbar anschließenden Bestimmungen zum Rechtswesen her: „Richter und Amtleute sollst du dir geben in allen deinen Toren, die Jнwн, dein Gott, dir gibt" (16,18 + 17,8 ff).[126] Der Relativsatz gehört zur frühen Historisierung des Deuteronomiums als Abschiedsrede des Mose (Dtn 5,1aα[1] + 6,4) zwischen Wüstenwanderung (Num 25,1a) und Landnahme (Jos 1,1 f; 3,1), die sich schon in dem Imperfekt der Zentralisationsformel „die er erwählen wird" bemerkbar macht.[127] Der Relativsatz wird darum gern gestrichen, um das Postulat eines selbständigen Deuteronomiums zu erfüllen.[128] Doch da die Pesachverodnung insgesamt sekundär und der Passus in V. 5–6a vielleicht sogar in Gänze nachgetragen ist, entfällt die Notwendigkeit, die Historisierung aus diesem Grund zu eliminieren.

Auch die weiteren Details der Opferpraxis in V. 6 f sind allein um der Zentralisierung willen mitgeteilt. „Kochen" und „Essen" in V. 7a, die von der Syntax (Perf. cons.) und dem Inhalt her einmal direkt an V. 1aα.2 angeschlossen haben könnten, entsprechen der üblichen Opferpraxis und werden an das zentrale Heiligtum verlegt.[129] In der Fortsetzung der Zentralisationsforderung in V. 5–6a kommt die aufeinander abgestimmte zeitliche Bestimmung „am Abend" in V. 6a und „am Morgen" V. 7b hinzu. Die Tageszeiten werden nur beiläufig mitgeteilt, um deutlich zu machen, dass der Ritus von Anfang bis Ende am Heiligtum abgehalten werden soll und man erst danach „in deine Zelte", d. h. nach Hause, gehen darf.

Die Termine „am Abend" und „am Morgen" in V. 5–7 werfen allerdings die kultgeschichtliche Frage auf, welcher Ritus in der Pesachverordnung in Dtn 16,1aα.2.5–6a.7

---

[126] Bezogen auf die „Tore" ist der Relativsatz „die Jнwн, dein Gott, dir gibt" nur an diesen beiden Stellen und in 17,2 belegt; in 13,13 sind es „deine Städte", ansonsten wird meistens das Land als Gabe Gottes bezeichnet; in 15,7 heißt es „in einem deiner Tore in deinem Land, das Jнwн, dein Gott dir geben wird."

[127] Vgl. dazu Nr. 12–14 und 18–19 in diesem Band.

[128] Veijola 2004, 333.

[129] Oder handelt es sich um eine Polemik gegen „im Feuer gebraten" in Ex 12,8 f? In diesem Fall wäre V. 7 ganz auszuscheiden und den nachpriesterlichen Zusätzen zuzuweisen. Mir scheint jedoch eher die Halacha in Ex 12 eine Umdeutung des Pesachopfers zu sein.

vorausgesetzt ist. Gesundheit spricht von einer „known Pesaḥ tradition".[130] Doch um welche „known tradition" handelt es sich? Ursprünge, Bedeutung und übliche Praxis des Pesachopfers liegen im Dunkeln. Wir kennen das Pesach nur aus späten Texten, neben Dtn 16 sind dies Ex 12 f und die priesterlichen Kalender in Lev 23; Num 28 f und Ez 45 sowie einige davon beeinflusste Texte in der Erzählliteratur (Num 9; Jos 5; 2Kön 23; 2Chr 30; 35; Esr 6), die die Zentralisierung, Historisierung und weitere theologische Ausdeutung schon voraussetzen oder selbst vorantreiben. Auch die epigraphische Bezeugung des Pesach in den Ostraka von Elephantine, hilft nicht weiter, da diese außer dem Namen nichts weiter mitteilen. Die Dokumente – einschließlich des berühmten „Pesachbriefs", der in dem erhaltenen Text das Pesach allerdings gar nicht erwähnt – geben nicht zu erkennen, ob Pesach und Mazzot in der religiösen Praxis der Judäer von Elephantine schon verbunden waren.[131]

Für gewöhnlich werden die Ursprünge aus der priesterlichen Pesachhalacha in Ex 12,1–12 und dem vermeintlich älteren, tatsächlich aber wohl jüngeren Text in Ex 12,21–23 und seiner Weiterführung in V. 24–27 abgeleitet,[132] die den blutigen, apotropäischen Ritus in der Familie und den Häusern verorten und auf die Vollmondnacht im Frühjahr datieren, wobei das Pesachlamm zwar wie ein Opfertier behandelt, aber nicht geopfert (זבח), sondern geschlachtet (שחט, doch vgl. Ex 12,27: זבח פסח הוא ליהוה), nicht gekocht (בשל), sondern im Feuer gebraten (צלי אש) und sein Blut nicht an den Altar, sondern an die Türpfosten von Privathäusern gestrichen wird. Sollte dieser Ritus im Hintergrund stehen, würde sich die Terminierung „am Abend" und „am Morgen" in V. 6 f, zumal mit der Historisierung in V. 6b, wie in V. 3 f und das „bei Nacht" in V. 1b auf die Nacht des Aufbruchs aus Ägypten beziehen. Da die Textbasis allerdings sehr spät und der Ritus in den heilsgeschichtlichen Rahmen integriert ist, lässt sich dieser singulären und wenig nachhaltigen, zweifellos sekundären Interpretation des Pesach und seiner Auslegungsgeschichte in Ex 12–13 kaum eine ältere oder gar ursprüngliche Praxis entnehmen.[133]

---

130 GESUNDHEIT 2012, 103.

131 Vgl. TAD A4.1 sowie die Ostraka TAD D 7.6.9 f; 7.24.5 und dazu KRATZ 2017a, 192.

132 Zur Analyse und literarhistorischen Einordnung von Ex 12–13, insbesondere von 12,21–23, vgl. GERTZ 2000, 29–73, bes. 38 ff.50 ff; GESUNDHEIT 2012, 44–95.167–222, bes. 58 ff; BERNER 2010, 246–342, bes. 286 ff.

133 Der für das priesterliche Denken untypische Blutritus wird gerne mit der Situation der Diaspora erklärt, doch leuchtet dies angesichts der Imagination eines Tempelkults in der Wüste nicht ein. Eher schon könnte man das narrative Argument ins Feld führen, dass in Ex 12 die Stiftshütte für ein regelrechtes Opfer noch nicht zur Verfügung stand und man deswegen zu dem Mittel gegriffen habe, den Ritus einmalig und ausnahmsweise an den Kontext der Exoduserzählung anzupassen und in die Familie zu verlegen. Zur Ableitung des Pesach aus Ex 12 vgl. OTTO 2016, 1400 f.

Demgegenüber hat Veijola einen alten Vorschlag von Wellhausen wieder ins Spiel gebracht, wonach das Pesach im religiösen Brauchtum – noch ohne heilsgeschichtliche Begründung – die Darbringung der tierischen Erstgeburten im Frühling darstellt, entsprechend der Darbringung der agrarischen Produkte an den drei Jahresfesten (vgl. Gen 4,3 f).[134] Das passt, wie Wellhausen treffsicher beobachtet hat, sowohl zu den Reflexen in diversen heilsgeschichtlichen Deutungen des Pesachopfers und der Erstgeburten in Ex 12–13, Ex 34 (V. 19 f.25) und Dtn 16 (V. 1b.3 f.6b.8) als auch, wie Veijola richtig bemerkt, zu dem unmittelbaren Kontext im Deuteronomium selbst, wo dem Pesach die Zentralisation der Abgabe tierischer Erstlinge in Dtn 15,19 ff unmittelbar vorausgeht. Und vor allem fügt sich der Vorschlag bestens zu dem, was wir sonst über die landesübliche israelitisch-judäische Kultpraxis wissen oder anhand religionsgeschichtlicher Analogien erschließen können, bevor sie von der biblischen Heilsgeschichte vereinnahmt und umgedeutet wurde.

Es ist daher durchaus denkbar, wenn nicht sogar sehr wahrscheinlich, dass der älteren Pesachverordnung in Dtn 16 ein solches Opfer tierischer Erstlinge, „Kleinvieh und Rinder" (V. 2), vor Augen stand, das sie – als ersten Schritt der Theologisierung – an den zentralen Kultort verlegen wollte, so, wie es Dtn 12,13 ff für sämtliche Opfer und Abgaben aller Art (V. 17 f), 14,22 ff speziell für den Zehnten der Erträge aus Ackerbau und Viehzucht, Dtn 15,19 ff für die tierischen Erstlinge (vgl. Ex 22,28 f) und Dtn 16,16–17 für die agrarischen Erträge an den drei Jahresfesten (vgl. Ex 23,14–17) tun. Die Tageszeiten in V. 6a.7 bezögen sich in diesem Fall nicht auf die Pesachnacht beim Exodus, sondern auf den Termin des Opfers, das erst sekundär auf die Auszugsnacht bezogen wurde. Wie aus der allgemeinen Vorschrift in Ex 23,18b hervorgeht,[135] sollten Festopfer generell nicht über Nacht liegen bleiben, sondern am Abend oder über Nacht verzehrt werden, was sicher auch für die Darbringung der tierischen Erstgeburten galt. Insofern liegen Ex 34,25 und Dtn 16,4b nicht falsch, wenn sie die Vorschrift ausdrücklich (auch) auf das Pesach beziehen. Der allgemeine Brauch könnte der Anknüpfungspunkt dafür gewesen sein, die nächtliche Tötung der menschlichen Erstgeburt beim Aufbruch aus Ägypten (Ex 11,4; 12,29 ff) mit dem abendlichen Opfer der tierischen Erstlinge und nächtlichen Verzehr des Opfers zu verbinden (Ex 12,8.12.42).

Trifft diese Hypothese – und mehr als eine begründete Hypothese ist in der Frage der Ursprünge des Pesachopfers nicht möglich – zu, ist die Position der Pesachverordnung im Kontext der Zentralisationsgebote des Deuteronomiums sehr überlegt gewählt, wenn auch nicht frei von Spannungen. Die Verordnung ver-

---

134 Veijola 2004, 330 f mit Verweis auf Julius Wellhausen 1905, 84 f.
135 Sofern es sich nicht um eine verkappte, aus Ex 34,25 und Dtn 16,1 abgeleitete Vorschrift zum Pesachfest handelt (so etwa Beer 1939, 120); doch vgl. dagegen Gesundheit 2012, 28–31.

doppelt gewissermaßen die Zentralisierung der Abgabe tierischer Erstlinge, was die Vermutung nahelegt, dass sie sekundär eingefügt wurde. Für diese Annahme sprechen auch die Verwendung der (jüngeren) Langform der Zentralisationsformel in 16,2.6 f sowie die ungewöhnliche Redundanz, die stilistischen und sprachlichen Anleihen an dem Hauptgebot in Dtn 12,13 f.17 f sowie die vermittelnde Stellung zwischen 15,19 ff und dem älteren Festkalender in 16,16 f.

Die Verbindung mit dem Festkalender in Dtn 16,16 f wird durch die Einleitung in 16,1a hergestellt, die aus Ex 23,15 entlehnt ist und das Pesach als Ritus zur Darbringung der Erzeugnisse (Erstlinge) aus der Viehzucht (15,19 ff; 16,2) mit dem ersten der drei Jahresfeste zur Darbringung der Erzeugnisse (Erstlinge) aus der Landwirtschaft (16,16), die beide im Frühling stattfanden, synchronisiert. Die Synchronisation mit dem Mazzotfest in V. 16 ist wohl auch der Grund dafür, dass in der Pesachverordnung nicht von einem „Fest" die Rede ist, auch wenn die (später zugefügte) Formulierung „und begehe ein Pesach für Jhwh, deinen Gott" in V. 1aβγ, die dem Sprachgebrauch in V. 10.13 entspricht, dies vielleicht suggerieren möchte. Auf diese Weise wurde das Mazzotfest nicht etwa „stillschweigend übergangen" und ersetzt,[136] sondern komplettiert. Soweit wir sehen, wurde so zum ersten Mal eine, wenn auch noch indirekte, Verbindung von Pesach und Mazzot vorgenommen, die in der weiteren Auslegungsgeschichte des Kultkalenders in Dtn 16 selbst und in der priesterlichen Literatur (Ex 12 f; Lev 23; Num 28 f; Ez 45) verschiedentlich ausformuliert und in der religiösen Praxis dann zur Regel geworden ist.

Das Pesach in Dtn 16,1–8 hat demnach ursprünglich noch nichts mit dem Pesach zu tun, wie es in Ex 12 geschildert und in den späteren Kalendern vorgeschrieben wird. Zwar erinnert der Anfang mit שמור את חדש האביב („Halte den Neumond des Abib") in 16,1aα an die späte Formulierung des Sabbatgebots in Dtn 5,12 (שמור את יום השבת, in Abänderung von זכור in Ex 20,8), doch reicht dies allein nicht aus, um schon die Grundfassung von Dtn 16,1–8 als nachpriesterlich einzustufen. Vielmehr ist bei der Verbindung von Pesach und Mazzot, die sich in Dtn 16 anbahnt und danach zuerst in der biblischen Überlieferung und anschließend im religiösen Brauchtum bis heute durchgesetzt hat, wohl mit umgekehrter Abhängigkeit der priesterlichen Texte von Dtn 16 zu rechnen.

Im Zuge dieses Prozesses ist es zu Veränderungen in der Datierung der Feste gekommen. Ex 12,1 erklärt den Monat des Auszugs aus Ägypten zum „ersten Monat" und datiert das Pesach auf den 10. (Ex 12,3) bzw. 14. des Monats (Ex 12,6), also wohl in die Vollmondnacht des (Frühlings-)Monats, was seither und bis heute das Datum des Pesach-Mazzotfests ist. Wie es zu dieser Änderung gekommen ist und was es mit den Daten auf sich hat, lässt sich nur erahnen. Die Historisierung des Pesach und

---

136 So Veijola 2004, 331 f.

später auch von Mazzot in Ex 12–13 kann dafür schwerlich der Auslöser gewesen sein, sondern setzt die Termine der Feste voraus, um sie nachträglich in der *historia sacra* zu verankern.

Für die Änderung ist daher vermutlich eine kultgeschichtliche Entwicklung verantwortlich. In Frage kommt die Übernahme des babylonischen Kalenders, der das Jahr im Frühling beginnen lässt und nach Monaten zählt. Welche Folgen im Einzelnen dies für die Datierung der Jahresfeste hatte, wissen wir nicht. Ein Streiflicht auf diese Entwicklung wirft aber vielleicht der bereits erwähnte Papyrus von Elephantine, der sogenannte „Passabrief" (TAD A4.1), in dem der judäischen Kolonie von dem judäischen Gesandten Hananja mit königlicher Autorisierung das Datum und einige Bestimmungen zum Fest der ungesäuerten Brote (Mazzotfest) mitgeteilt werden. Der Anlass ist nicht klar,[137] doch geht aus den erhaltenen und lesbaren Resten des Fragments hervor, dass das Fest vom 14. bis zum Sonnenuntergang des 21. des Monats Nisan andauert, während dessen nichts Gesäuertes gegessen werden darf. Der Monat Nisan entspricht in etwa dem Abib. Das Mazzotfest liegt nicht mehr auf dem Neumondtag (oder ganz allgemein auf dem „Monat des Abib"), sondern beginnt in der Vollmondnacht des ersten Monats (Nisan) und umfasst ein siebentägiges Mazzenessen.

Vor dem Hintergrund der Entwicklung, die sich in dem Dokument von Elephantine widerspiegelt, wird verständlich, dass der „Neumond des Abib" (Ex 23,15; Dtn 16,1a) im Zuge der Historisierung des Pesach in Ex 12 als „Monat des Abib" aufgefasst und als „erster Monat" gerechnet wurde und das – in Dtn 16 bereits mit dem Datum des Mazzotfestes synchronisierte, zuvor am 10. des Monats begangene (?) – Pesach vom „Neumond des Abib" (oder „Monat des Abib") in Ex 23,15 und Dtn 16,1a auf den neuen Termin des Mazzotfestes, den 14. des ersten Monats (Nisan), gelegt wurde. In der Folge wurde dann auch das siebentägige Mazzenessen in Ex 12–13 ergänzt und der „Monat des Abib" zum Datum des Auszugs aus Ägypten erklärt (Ex 13,4–6; Ex 34,18).

Doch vermutlich zuvor – noch bevor die kultgeschichtliche Entwicklung Berücksichtigung in der priesterlichen Literatur fand – oder daneben ist Dtn 16 weiterbearbeitet worden. Nachdem die Zentralisationsgebote des Deuteronomiums in Dtn 16 um das Pesach ergänzt worden waren, ist die Verordnung in einem zweiten Schritt

---

137 Üblicherweise denkt man an eine Belehrung seitens der judäischen Priester in Jerusalem (oder Babylonien?), die ihre Kollegen auf Elephantine auf den neuesten Stand bringen wollten. Einen anderen, bedenkenswerten Vorschlag hat Idan Dershowitz (in TheTorah.com) gemacht, der am Anfang der einschlägigen Passage nicht „Und jetzt, so sollt ihr zählen v[ierzehn Tage im Nisan ...]", sondern „Und jetzt, so sollt ihr einen weiteren Adar zählen" liest und dies mit einem von der persischen Regierung verordneten Schaltjahr erklärt, womit sich das Mazzotfest um einen Monat verschiebt. Es stellt sich allerdings die Frage, warum einzelne Vorschriften zum Mazzotfest mitgeteilt werden, wenn es nur um die königliche Anordnung zur Verschiebung des Fests um einen Monat geht.

in V. 9–15 zu einem Festkalender fortgeschrieben worden, womit das Pesach in den Kalender von Dtn 16,16–17 integriert wurde. Anhaltspunkt für die Fortschreibung war die Synchronisierung des Pesach mit dem Mazzotfest in Dtn 16,1a. Von daher bot es sich an, die beiden folgenden Feste, Schawuot und Sukkot, anzufügen und bei der Gelegenheit im (jüngeren) deuteronomischen Stil breit auszuführen. Dass bei der Fortschreibung der Konnex zwischen Pesach und Mazzot nicht vergessen war, zeigt die Einleitung zum Wochenfest, die mit der Zeitbestimmung in V. 9 („Wenn man die Sichel an den Halm legt, sollst du anfangen, sieben Wochen zu zählen") an das Datum des Mazzotfests in V. 1a zu Beginn der Gerstenernte anknüpft.

Des Weiteren zeigt sich die Fortschreibung in der durchgehenden Strukturierung durch die (priesterliche) Formulierung „ein Fest begehen (עשׂה)" (V. 1a.10.13) mit dem Zusatz „für Jhwh, deinen Gott" (V. 1a.10; ferner V. 2.15) sowie natürlich der Zentralisationsformel, einmal in der (jüngeren) Langform, das andere Mal wie V. 7 und V. 16 in der (älteren) Kurzform (V. 2.5 f.11.15), die – abweichend von V. 16 f, aber auch von V. 1–8 – nicht auf die Begehung des Fests, sondern auf die Festfreude bzw. die siebentägige Festdauer bezogen wird.

Sowohl die Festfreude und der Teilnehmerkreis als auch die Segensaussage sind Elemente, die nicht nur über den älteren Kalender in Dtn 16,16–17, sondern auch über die ursprüngliche Pesachverordnung in V. 1–8 hinausgehen. Die „Freude" dürfte an das „Essen" in V. 7 anknüpfen, der weite Teilnehmerkreis nennt alle, die „in deinen Toren" (Ortschaften) und „in deinen Zelten" (V. 5.7) leben. „Alles Männliche" in V. 16 hat man danach vermutlich *pars pro toto* als alle kultfähigen Männer samt Anhang verstanden. Der „Segen" in V. 17 ist nicht spezifiziert und dürfte sämtliche Erträge aus Ackerbau und Viehzucht umfasst haben, bevor – in Ergänzung zum Segen speziell für die tierischen Erträge in Dtn 12,15 – in Dtn 16,10.15 auch die Erträge aus der Landwirtschaft eigens auf den Segen Jhwhs zurückgeführt werden.

Mit der Fortschreibung in Dtn 16,9–15 entsteht ein neuer Festkalender, der das mit dem Mazzotfest synchronisierte Pesach in den Zyklus der drei Jahresfeste einordnet und in den älteren Kalender in Dtn 16,16–17 als Resümee einmündet – ein weiterer, wichtiger Schritt auf dem Weg zu dem späteren priesterlichen Kalender in Lev 23. Die Zusätze in V. 1b.3 f.6b.8.12 tragen die in Ex 12–13 vorgenommene Historisierung in Dtn 16 ein und stellen – wie auch die Zusätze in Ex 23,15 und 34,18.19 f – eine Verbindung zum Exodus sowie erneut zur Landnahme („in deinem ganzen Gebiet" Dtn 16,4; Ex 34,24) her. Ritualgeschichtlich am wichtigsten ist die Einfügung des siebentägigen Mazzenessens in V. 3 als Begleithandlung zum Pesachfest (עליו), auf das die allgemeinen Opfervorschriften aus Ex 23,18 und 34,25 (hier mit Erwähnung des Pesachfests!) in Dtn 16,3 f bezogen werden, um Dtn 16 mit Ex 13,6 f (sowie Ex 12,15.18–20) abzugleichen.

Woher die Vorschrift „Sieben Tage sollt ihr ungesäuerte Brote essen" stammt, ist schwer zu sagen. Sie ist sowohl in Ex 23,15 (34,18) als auch in Dtn 16,3 sekundär und auch in Ex 12–13 zusammen mit den Mazzot-Vorschriften nachgetragen (12,15.18; 13,6 f). In den jüngeren Festkalendern ist sie fest verankert (Lev 23,6; Num 28,17) und in Ez 45,21 (lies שבעת) zur Frist für das Pesachfest geworden. Die Parallelität von Mazzot und Sukkot in Ez 45,21.25 legt die Vermutung nahe, dass die sieben Tage in Dtn 16,3 in Analogie zum siebentägigen Laubhüttenfest und der sieben Wochen zwischen Mazzot und Schawuot gebildet wurden und folglich eine relativ späte, von Dtn 16,9–15 angeregte literarische Innovation darstellt. Doch dagegen spricht die sperrige Einbindung in den Kontext von Dtn 16 durch das עליו, die eher auf die Aufnahme und Anpassung einer vorgegebenen Tradition schließen lässt. Eine andere Möglichkeit ist, dass der Brauch irgendwann in der religiösen Praxis aufgekommen ist (vgl. den Elephantine-Papyrus TAD A4.1) und in der literarischen Tradition zum ersten Mal in der Reminiszenz an das Mazzotfest in Ex 12,34; 13,3–6 Berücksichtigung fand, die durch Pesach und Erstgeburt in Ex 12–13 hervorgerufen und in die ältere Erstgeburt-Perikope eingeschrieben wurde. Auf dieser Basis lassen sich sämtliche Zusätze in Ex 23,15 und Dtn 16,1b.3 f.6b.8.12 als nachträgliche Angleichungen des Gesetzes erklären. Die Zusätze sind allesamt nachpriesterlich und finden ihre Fortsetzung in der Textgeschichte.

VII Ergebnis

Das Ergebnis dieser Untersuchung von Dtn 16,1–17 sei im Folgenden kurz zusammengefasst und übersichtlich dargestellt:

1. Die Vorlage von Dtn 16 ist der Festkalender in Ex 23,14–17(+18 f) im Rahmen der 2. Singular-Bearbeitung des Bundesbuchs, abzüglich der Zusätze in V. 15a. In ihm sind die im religiösen Brauchtum verankerten drei agrarischen Jahresfeste im Zuge der 2. Singular-Bearbeitung des Bundesbuches zu einer Anordnung Jhwhs, wenn man so will: „zum „Gesetz", geworden.

2. Die älteste Rezeption von Ex 23,14–17 ist die Zentralisation des Festkalenders in Dtn 16,16–17 im Rahmen der ältesten erreichbaren literarischen Fassung des Deuteronomiums, dem auch die kultischen Zentralisationsgebote in Dtn 12,13 ff; 14,22 ff; 15,19 ff angehören. Hier werden die drei Wallfahrtsfeste, die ehedem an den lokalen Heiligtümern begangen wurden, an den zentralen, von Jhwh „erwählten" Kultort verlegt, an dem – wohl anlässlich der „dreimal im Jahr" begangenen Feste – „Jahr für Jahr" auch der Zehnte (Dtn 14), die tierischen Erstlinge (Dtn 15) und alle übrigen in Dtn 12 erwähnten Abgaben dargebracht werden sollen. Die Namen der Feste Schawuot und Sukkot werden hier ebenso wenig wie in V. 8–15 oder Ex 34 als Neuerung erklärt und dürften daher wie der Name Mazzot dem religiösen Brauchtum entnommen sein.

3. Auf einer nächsten Bearbeitungsstufe kam die Zentralisierung des Pesach in Dtn 16,1aα.2.5–6a.7 hinzu, die zwischen das Gebot über die tierischen Erstlinge in 15,19 ff und den Festkalender in 16,16 f eingeschrieben wurde. Das Pesach war kein Fest, sondern ein Opfer, vermutlich zur Darbringung der tierischen Erstlinge im Frühling, und wurde in Dtn 16,1a über die Einleitungsformel „Halte den Neumond/Monat des Abib" (nach Ex 23,15) mit dem ersten der drei Jahresfeste in Dtn 16,16–17 synchronisiert, womit zum ersten Mal eine Verbindung von Pesach und Mazzot hergestellt worden ist. Mit dem heilsgeschichtlich begründeten Pesach in Ex 12 oder einem daraus abgeleiteten (älteren?) apotropäischen Blutritus haben die ursprüngliche Pesachverordnung in Dtn 16 und der ihr zugrundeliegende Pesachritus, soweit wir sehen, auf dieser Stufe (noch) nichts zu tun.

4. In einem nächsten Schritt wurde die Pesachverordnung in 16,1–8 um die beiden Feste Schawuot und Sukkot in V. 9–15 ergänzt und damit zu einem vollständigen Festkalender fortgeschrieben. Auf dieser oder einer nächsten Ebene wurde auch V. 1aβγ hinzugefügt, womit alle drei „Feste" mit derselben Formulierung eingeleitet werden. Das Pesachopfer am Mazzotfest mutierte damit zum ersten der drei Jahresfeste. Der ältere Kalender in V. 16–17 wurde auf dieser Stufe als Resümee des erweiterten Festkalenders in Dtn 16,1–17 aufgefasst.

5. In Aufnahme von Dtn 16 und Ex 22,28 f wurden in Ex 12–13 das Pesach und die Darbringung der Erstgeburt heilsgeschichtlich begründet und anschließend um das Mazzenessen ergänzt (Ex 12,34; 13,3–6 usw.). Als Anknüpfung dafür diente die ältere Erzählung von der Tötung der Erstgeburt in der Nacht vor dem Auszug in Ex 11,4; 12,29 ff, die damit zur Pesachnacht wurde. Bei dieser Gelegenheit wurde auch die Datierung des Pesach-Mazzot-Festes – aufgrund eines Missverständnisses und unter Berücksichtigung einer im Elephantine-Papyrus TAD A4.1 greifbaren kultgeschichtlichen Entwicklung – vom „(Zeitpunkt des) Neumond(s) des Abib" bzw. der vagen Angabe des Monats (Ex 23,15; Dtn 16,1a) auf den 14. Tag „im Monat des Abib" als dem „ersten Monat" verlegt und damit präzise bestimmt.

6. Auf der Basis der Halacha in Ex 12–13 sowie der (älteren) Zusätze in Ex 23,18 f ist das Gesetz in den Zusätzen von Ex 23,15a, der Reformulierung von Ex 23,14–19 in 34,18–26 sowie in 16,1(aβγ)b.3 f.6b.8 nachträglich mit dem Exodus verbunden und um Bestimmungen über Gesäuertes und Ungesäuertes beim Pesach-Mazzotfest ergänzt worden.

7. Die heilsgeschichtlich begründete Halacha in Ex 12–13 und ihre Rückwirkung auf das Gesetz hat sich in den späteren priesterlichen Kalendern (Lev 23; Num 28 f; Ez 45) niedergeschlagen, die ihrerseits wieder auf die Halacha in Ex 12–13 Einfluss genommen haben, sodass es zu gegenseitigen Angleichungen gekommen ist, die sich in der Textgeschichte fortsetzen.

Tora und Vordere Propheten

Einführung

Die Analyse des Buches Deuteronomium führt zu dem Ergebnis, dass das literarische Problem des Pentateuchs über die Tora in Genesis–Deuteronomium hinaus bis in den Bereich der Vorderen Propheten Josua–Könige reicht. Da das Deuteronomium narrativ und literarisch sowohl mit den vorangehenden Büchern der Tora als auch mit den folgenden Büchern der Vorderen Propheten verbunden ist, kann es keinem der beiden Bereiche allein zugeschlagen werden. Vielmehr fügt es sich narrativ wie literarisch in einen Erzählzusammenhang ein, der von Genesis oder Exodus bis Josua oder auch bis Könige reicht, und ist als Inbegriff der Tora des Mose – vermutlich nach der Verbindung mit der Priesterschrift – erst nachträglich zum Abschluss des Kanonteils Tora geworden. Textliche Überschneidungen von Josua 1 mit Deuteronomium 31–34 sollen jedoch anzeigen, dass sich die Erzählung der Tora in den Vorderen Propheten fortsetzt.

Der durchgehende Erzählzusammenhang wird noch offensichtlicher, wenn man von den beiden nachträglich eingesetzten Gesetzeskorpora der Priesterschrift (P) und des Deuteronomiums (D) absieht und allein den nicht-priesterschriftlichen Text in Genesis–Numeri und Josua(–Könige) betrachtet. In ihm führt eine direkte Linie von der Wüstenwanderung nach dem Exodus in Exodus–Numeri zur Landnahme in Josua. In der Forschung ist jedoch umstritten, ob dieser Erzählzusammenhang im nicht-priesterschriftlichen Text ursprünglich und gegebenenfalls älter ist als D und P oder nachträglich aus losen Einzelüberlieferungen nach dem Vorbild von D und P gebildet und die nicht-priesterschriftliche Komposition folglich jünger ist.

Die zweite Option verbindet sich mit der von Martin Noth (1943) begründeten wissenschaftlichen Hypothese eines von Deuteronomium bis Könige reichenden Deuteronomistischen Geschichtswerkes (DtrG) bzw. der von Norbert Lohfink (1991b, 132–137) postulierten Deuteronomistischen Landnahmeerzählung in Deuteronomium–Josua (DtrL). Beiden Hypothesen ist gemeinsam, dass das Deuteronomium und besonders die Kapitel Deuteronomium 1–3 den Anfang eines Geschichtswerkes darstellen, das nicht nur der Priesterschrift, sondern auch der Komposition des nicht-priesterschriftlichen Texts in Genesis–Numeri vorausgegangen sei. Danach kann der Erzählfaden im nicht-priesterlichen Text nur jünger sein als das Deuteronomium und DtrG bzw. DtrL, wenn nicht sogar jünger als die Priesterschrift.

Folgt man hingegen der ersten Option und hält den Erzählzusammenhang im nicht-priesterschriftlichen Text von Genesis–Josua für älter als Deuteronomium und Priesterschrift, können diese nur nachträglich in eine ältere Komposition eingefügt worden sein, und zwar das Deuteronomium zwischen Genesis–Numeri und Josua, die Priesterschrift im Bereich von Genesis–Numeri. Der Hypothese des Deuteronomistischen Geschichtswerkes (DtrG) oder der Deuteronomistischen Landnahmeerzählung (DtrL), die beide mit Deuteronomium 1–3 einsetzen, ist damit der Boden entzogen.

https://doi.org/10.1515/9783111367057-020

Die Analyse des Deuteronomiums zwingt daher zu einer Neubestimmung des Verhältnisses von Tora und Vorderen Propheten (Kratz 2000). Als Alternative zu dem Modell von Pentateuch, richtiger: Tetrateuch (Genesis–Numeri) und Deuteronomistischem Geschichtswerk (Deuteronomium–Könige) bzw. Deuteronomistischer Landnahmeerzählung bietet sich das ältere Modell von Hexateuch (Genesis–Josua) und Enneateuch (Genesis–Könige) an, aus dem die (künstliche) kanonische Unterteilung von Tora (Pentateuch) und Vorderen Propheten hervorgegangen ist. Im Rahmen der Hexateuch-Hypothese lässt sich sehr viel natürlicher die Entstehung der Volksgeschichte aus den beiden Ursprungsmythen in Genesis und Exodus–Josua erklären, in die ab einem gewissen Punkt das Gesetz am Sinai, anschließend das Deuteronomium und noch später die Priesterschrift integriert wurden. Ebenso ergibt sich daraus sehr viel ungezwungener die Erweiterung der Ursprungsgeschichte des Volkes „Israel" in Genesis–Josua um die (deuteronomistische) Geschichte der beiden Königreiche Israel und Juda in Samuel-Könige, die – der Sache, nicht dem Wortlaut nach – auf dem Zentralisationsgebot des Deuteronomiums beruht und zunächst selbständig existierte, bevor sie über das Zwischenglied der Epoche der Richter im (spätdeuteronomistischen) Richterbuch mit der Volksgeschichte in Genesis–Josua zum Enneateuch (Genesis–Könige) ausgebaut und anschließend in Tora (Genesis–Deuteronomium) und Vordere Propheten (Josua–Könige) geteilt wurde.

Die folgenden Beiträge stellen sich der Herausforderung zur Neubestimmung des Verhältnisses von Tora und Vorderen Propheten und versuchen, sich dem Problem von verschiedenen Seiten zu nähern. So diskutiert Nr. 16 die tragenden Säulen der Hypothese eines von Deuteronomium bis Könige reichenden Deuteronomistischen Geschichtswerkes und geht dabei vor allem auf den Anfang sowie die literarische Schichtung des Werkes ein. Nr. 17 untersucht das Verhältnis von Deuteronomium und deuteronomistischer Redaktion in Josua–Könige anhand des Programms der Kultzentralisation und seiner in der Forschung diskutierten religionsgeschichtlichen Parallelen. Nr. 18 spielt die in der Forschung vertretenen Optionen eines vor- oder eines nachpriesterschriftlichen Hexateuchs durch und votiert dafür, mit der Analyse nicht bei den nachpriesterschriftlichen Schichten Halt zu machen; eine umsichtige Analyse der einschlägigen Kapitel (Deuteronomium 1–3; 34 und Josua 23–24) führt denn auch auf eine entsprechende Komposition im älteren, vorpriesterschriftlichen Textbestand. Die für diesen vorpriesterschriftlichen „Hexateuch" entscheidende, an dem Ort Schittim lokalisierte Schnittstelle des Übergangs von der Wüstenwanderung zur Landnahme in Numeri 25, Deteronomium 34 und Josua 1–4 untersucht Nr. 19 in Auseinandersetzung mit neueren Analysen, die den narrativen und literarischen Zusammenhang bestreiten. Der Beitrag Nr. 20 behandelt die text- und literargeschichtlichen Probleme der Schnittstelle Josua 23–Richter 2 am Übergang von Josua zum Buch Richter, die für die Erweiterung des Hexateuchs zum Enneateuch entscheidend ist und gerne für die Hypothese eines nachpriesterschriftlichen Hexateuchs in Anspruch genommen wird.

16 Das Problem des Deuteronomistischen Geschichtswerkes

Die Existenz eines die Bücher Dtn–Kön umfassenden Deuteronomistischen Geschichtswerkes (DtrG), wie sie Martin Noth in seinen „Überlieferungsgeschichtlichen Studien" aus dem Jahr 1943 begründet hat, gehört zu den stabilsten Hypothesen der alttestamentlichen Wissenschaft.[1] Sie scheint sich umso mehr zu behaupten, je weiter die Meinungen zum Pentateuch auseinandergehen.[2] Zwar ist die Hypothese verschiedentlich modifiziert und vereinzelt in Frage gestellt worden,[3] doch hat sich die Forschung davon kaum irritieren lassen. Ob Schichten-Modell[4] oder Block-Modell[5] oder eine Mischung aus beidem,[6] in fast sämtlichen Varianten wird wenn nicht von Anfang an, so doch wenigstens auf einer der postulierten Werdestufen ein literarischer Werkzusammenhang angenommen, der von Dtn 1 bis 2Kön 25 reicht. Selbst Exegeten mit ansonsten diametral entgegengesetzten Auffassungen wie Erhard Blum und Christoph Levin sind sich darin einig, dass die notwendigen Modifikationen an Noth die Hypothese selbst keineswegs in Frage stellten, sondern im Gegenteil nur bestätigten.[7] In diesem Beitrag zu Ehren von Christoph Levin, möchte ich den *magnus consensus* prüfen und dafür an zwei Stellen ansetzen, die Levin selbst für entscheidend hält: bei der Redaktion und dem Darstellungseinsatz des von Noth postulierten DtrG.[8]

I Die Redaktion

1 Identifikation und Einheitlichkeit

Die ausschlaggebenden Argumente für die Hypothese Noths sind der sprachliche Stil, die Disposition des Werkes, die vor allem in den großen Reden zum Ausdruck

---

1 Zitiert wird nach der zweiten, unveränderten Auflage Noth 1957.
2 Zur Situation der Pentateuchforschung vgl. Dozeman u. a. 2011; Gertz u. a. 2016.
3 Zum Stand der Diskussion vgl. Römer 2005, 13–43; 2015; Witte u. a. 2006; Stipp 2011. Vgl. auch Veijola 2002a; 2002b; 2003a.
4 Begründet von Rudolf Smend, ausgearbeitet von Walter Dietrich und Timo Veijola.
5 Begründet von Frank Moore Cross, ausgearbeitet von Richard D. Nelson u.v.a.
6 Im Anschluss an Norbert Lohfink und Georg Braulik etwa Römer 2005 und 2006. Vgl. zu den diversen Modellen Römer 2005, 27–43; ders. 2011, 55–60; 2015.
7 Vgl. Blum 2011a; Levin 2013.
8 In Nr. 19 in diesem Band werde ich bei der Verbindung zwischen Tora und Vorderen Propheten und dem Anschluss von Jos 2,1 bzw. 3,1 an Num 25,1a ansetzen.

https://doi.org/10.1515/9783111367057-021

gebrachte einheitliche Geschichtstheologie und die durchlaufende Chronologie. Noth erkennt in alldem eine einheitliche deuteronomistische Redaktion. Da diese Redaktion in Gen–Num nicht in derselben Weise anzutreffen sei, hat er den Darstellungseinsatz des DtrG im Deuteronomium gesucht und in Dtn 1–3 gefunden. Die ältere Auffassung, dass die in Jos–Kön dargebotene Erzählung nicht erst im Deuteronomium, sondern in Gen–Num beginne, bezeichnet er als „offenkundig irrig".[9]

Noths Beobachtungen zur deuteronomistischen Redaktion in Dtn–Kön lassen sich ebensowenig bestreiten wie sein Nachweis, dass sich die „Quellen" des Pentateuchs (richtiger Tetrateuchs) in Dtn und Jos–Kön nicht fortsetzen. Doch was besagen seine Beobachtungen? Die Schlussfolgerung, die Noth aus ihnen zieht, setzt voraus, was erst noch zu beweisen gilt, nämlich, dass die deuteronomistische Redaktion diejenige Schicht ist, die für die Sammlung, Zusammenstellung und Bearbeitung des gesamten Materials in Dtn–Kön verantwortlich ist. Noths Beobachtungen besagen aber zunächst nur dies, dass es eine literarische Schicht gibt, die in Dtn–Kön anzutreffen ist und den Büchern Dtn, Jos, Ri, Sam-Kön ein mehr oder weniger einheitliches, deuteronomistisches Gepräge gibt. Was Noth nicht in Erwägung gezogen und geprüft hat, ist die Möglichkeit, dass es sich dabei um ein jüngeres literarisches Stratum handelt, das eine ältere (möglicherweise ebenfalls deuteronomistisch oder anders geprägte) Zusammenstellung und Bearbeitung des Materials voraussetzt. Auf dieser möglichen älteren Stufe wäre auch der Zusammenhang mit der Erzählung in Gen–Num noch einmal neu in den Blick zu nehmen, zumal im Lichte der neueren, nach Noth einsetzenden Pentateuchdiskussion, in der die von ihm vorausgesetzte Quellenhypothese – zumindest für den nicht-, d. h. vor- und nach-priesterschriftlichen Textbestand – auch im Tetrateuch fraglich geworden ist.[10]

Schon Noth selbst hat gesehen und sowohl in seinen „Überlieferungsgeschichtlichen Studien" als auch in seinem Kommentar zum Josuabuch[11] notiert, dass die deuteronomistische Redaktion nicht einheitlich sei, sondern an vielen Stellen Zusätze aufweise. Die literarhistorischen Differenzierungen, die bei Noth in der Regel in den Fußnoten begegnen, haben Rudolf Smend und seine Schüler Walter Dietrich und Timo Veijola, auf ihre Weise auch Christoph Levin, Juha Pakkala, Reinhard Müller und andere in den Haupttext gesetzt und erheblich vermehrt. Sie haben gezeigt, dass Noths deuteronomistische Redaktion nicht von einer, sondern

---

9 Noth 1957, 13; vgl. auch 180–216.
10 Vgl. hierzu die oben Anm. 3 zitierten Sammelbände, darin bes. Schmid 2011a; Nr. 1 und 2 in diesem Band; Römer 2013.
11 Noth 1971.

von vielen Händen stammt. Zu einem ähnlichen Ergebnis gelangte bereits Alfred Jepsen für die Königebücher, dessen Analyse zehn Jahre nach Noth publiziert wurde und darum immer etwas im Schatten der „Überlieferungsgeschichtlichen Studien" und dem sich daran anschließenden sogenannten „Göttinger" Schichten-Modell stand.[12]

Vergleicht man Noths Deuteronomisten mit den diversen Schichten, die von Jepsen, Smend und anderen postuliert wurden, stellt man sehr rasch fest, dass die Hypothese im Wesentlichen auf solchen Texten beruht, die von der nachfolgenden Forschung als spätere Nachträge ausgeschieden wurden. Zu diesen jüngeren Nachträgen gehören nicht zuletzt diejenigen Passagen, die das Erste Gebot voraussetzen und das Ideal der Kultreinheit vertreten und damit das tragende Gerüst der Nothschen Hypothese bilden. Als Beispiele nenne ich nur die verbindenden Reden und theologischen Programme in Jos 21; 23–24; Ri 2–3; 1Sam 12; 2Sam 7; 1Kön 8; 2Kön 17 usw. Damit aber ist der Hypothese von Noth, jedenfalls in der Form, wie er sie begründet hat, die textliche Basis entzogen.

2 Kultzentralisation und Erstes Gebot

Wie aber kann danach die Modifikation, insbesondere die literarhistorische Differenzierung der Nothschen Hypothese diese bestätigen? Dies gelingt nur, wenn man, wie Blum, hier und dort zwar einzelne, teilweise auch umfangreichere Nachträge annimmt, die von Vertretern des Schichten-Modells gemachte grundlegende Unterscheidung zweier deuteronimistischer Redaktionen – einer von dem Gebot der Kultzentralisation (Dtn 12,13–14) bestimmten älteren und einer von dem Dekalog und insbesondere dem Ersten Gebot (Dtn 5) bestimmten jüngeren deuteronomistischen Redaktion in Dtn–Kön – sowie die darauf basierende Ausscheidung der zentralen theologischen Texte, die das Erste Gebot voraussetzen und auf denen die Nothsche Hypothese basiert, jedoch kategorisch ablehnt.[13]

Die Unterscheidung basiert vor allem auf der Analyse des deuteronomistischen Rahmenschemas in den Königebüchern und der darin enthaltenen Beurteilungen der Könige Israels und Judas einschließlich des von ihnen zur „Sünde Jerobeams" verführten Volkes. Die Analyse ist umstritten und kann im Rahmen dieses Beitrages nicht im Einzelnen diskutiert werden. Doch so viel sei gesagt, dass die fragliche Unterscheidung einen Anhalt im überlieferten Text hat. In ihm begegnet eine

---

12 Jepsen 1953. Die Nähe zum sog. „Göttinger" Schichten-Modell ist evident, vgl. Kratz 2000, 160; Levin 2013, 77 f.80.82.
13 So Blum 2011a, zu den von ihm angenommenen Nachträgen a.a.O., 270 f.

Grundform des Schemas mit Verweis auf die „Sünde Jerobeams", sprich die Aufkündigung der Reichs- und Kulteinheit mit Jerusalem, für den Norden (2Kön 13,10–13) und auf die „Höhen" für den Süden (2Kön 15,32–38) neben erweiterten Fassungen, die zusätzlich die Übertretung des Ersten Gebots im Norden wie im Süden anprangern.[14] Man kann diese und manche andere Variation des Schemas auf unterschiedliche Weise erklären. Die in der Forschung vorgebrachten Argumente gegen eine literarhistorische Erklärung müssen daher sorgsam bedacht werden, haben mich bisher allerdings nicht überzeugt. Am wenigsten vermag eine Argumentation zu überzeugen, die (zugestandene) konzeptionelle und – nicht allein – daraus folgende literarhistorische Differenzierungen mit vagen historischen oder überlieferungsgeschichtlichen Vermutungen zum Hintergrund divergierender Formulierungen bestreitet.[15] Literarische und historische Argumente sollten strikt auseinander gehalten werden. Eine aufgrund der Quellenlage ohnehin nur hypothetisch mögliche historische Einordnung kann erst nach Klärung der literarhistorischen Relationen erfolgen.

Doch müssen wir auch die Gegenprobe machen und fragen, ob sich Noths Hypothese möglicherweise auf der Ebene der älteren deuteronomistischen Schichten bestätigen lässt. Diese Gegenprobe hat Levin unternommen, der den Beweis führen möchte, dass gerade die literarhistorische Differenzierung die Hypothese Noths „nicht erschüttert", sondern „befestigt" habe, ja mehr noch, dass erst die „Korrekturen" der Hypothese ihren wahren Kern ans Licht brächten: „Unter den Bedingungen antiker Schriftproduktion stellt der erhebliche Unterschied zwischen der redaktionellen Erstfassung und dem heutigen Text die Hypothese nicht in Frage, sondern ist im Gegenteil ihre Voraussetzung".[16]

So ist Levin der Auffassung, dass nicht diejenigen Texte, auf die sich Noth beruft und die Levin – zu Recht – zur literarischen „Nachgeschichte" rechnet, sondern eine drastisch reduzierte Gestalt der Erstredaktion, die das genaue Gegenteil von dem aussagt, was nach Noth für den Deuteronomisten kennzeichnend ist, für Noths Hypothese konstitutiv sei. Der Gewährsmann für diese Auffassung ist Timo Veijola, der für den ersten Deuteronomisten des sogenannten „Göttinger" Schichten-Modells, den deuteronomistischen Historiker (DtrH), eine prodavidische und insgesamt proköniglliche Grundhaltung postuliert hat.[17] Das bedeutet in der Tat „eine vollständige Wende

---

14 Zu den Variationen und der Analyse des Schemas vgl. Kratz 2000, 161–167. Zur Diskussion vgl. Jepsen 1953; Würthwein 1984; Provan 1988; Pakkala 1999; Aurelius 2003a, 211–212; ders. 2003b, 1–4; Müller 2004, 78–82; Schmid 2004a, 201–204; Blanco Wißmann 2008; Levin 2008 und 2011; Blum 2011a; Nr. 17 in diesem Band.

15 So Blum 2011a.

16 Levin 2013b, 74.

17 Veijola 1975.

in der Gesamtauffassung"[18] und ist folglich nicht mehr die Hypothese Noths: „Was Noth als ‚Merkmale der planvollen Geschlossenheit' ansah, gilt nicht mehr. Die programmatischen Reden gehen überwiegend auf die späteren Bearbeitungen zurück. … Und ‚der Sprachbeweis' als ‚die sicherste Grundlage für die Zuweisung der einzelnen Überlieferungselemente an Dtr'[19] ist nicht mehr eindeutig. … Wir haben es bei DtrH mit dem Paradox eines undeuteronomistischen Deuteronomisten zu tun."[20]

Das Einzige, das nach dieser Auffassung an das Deuteronomium und von Ferne an Noths Deuteronomisten erinnert, ist die Grundschicht des Rahmenschemas in den Königebüchern, das die Kultzentralisation von Dtn 12 zum Maßstab der Beurteilung der Könige Israels und Judas macht,[21] sowie die Polemik gegen „den Baal" in Kön (verwiesen wird auf 1Kön 16,31 f; 22,53; 2Kön 8,18.27; 10,28) sowie gegen „die Baale" in Ri 2,11 und 10,6, die Levin zum Grundbestand zählt.[22] Ansonsten wird der Werkzusammenhang durch (undeuteronomistische) narrative Verknüpfungen wie die Formel „Zu der Zeit gab es keinen König in Israel, ein jeder tat, was ihn recht dünkte" (Ri 17,6; 21,25), die Erzählanfänge „Es war ein Mann …" (Ri 13,2; 17,1; 1Sam 1,1; 9,1) sowie das Motiv der „Ruhe" (Wurzel שקט) im ursprünglichen Übergang von Josua zu Richter (Jos 11,23; 24,28; Ri 2,7–11) konstituiert.[23]

Der Versuch der Rettung der Nothschen Hypothese durch die Verkehrung in ihr Gegenteil ist ehrenhaft, aber wenig überzeugend. Tatsächlich hat DtrH nach Levin nichts mehr mit DtrG nach Noth zu tun. Wenn der Werkzusammenhang allein auf (undeuteronomistischen) narrativen Verknüpfungen und nicht auf der deuteronomistischen Sprache und den späteren programmatischen Stücken beruht, stellt sich die Frage, warum nicht auch andere narrative Verknüpfungen, wie der Anschluss von Jos 2,1 oder 3,1 an Num 25,1a/Dtn 34,5 f, zu dem „durchlaufenden redaktionellen Faden" der biblischen Erzählung gehören dürfen, die sich in Jos, Ri und Sam-Kön fortsetzt,[24] und wie sich die diversen narrativen Verbindungen literarhistorisch zueinander verhalten. Jedenfalls kann danach die Hypothese Noths nicht mehr den

---

18 Levin 2013b, 80.
19 Zitat aus Noth 1957, 4.
20 Levin 2013b, 82.
21 A.a.O., 83.
22 A.a.O., 86. Wenn ich recht sehe, wird „der Baal" in 1Kön 22,53; 2Kön 8,18.27 nicht erwähnt, sondern aus 1Kön 16,31 f in diese Stellen hineingelesen. Dass die Verehrung des Baal (und der Aschera, 1Kön 16,33) etwas mit Isebel zu tun habe, ist hier nicht gesagt, sondern ergibt sich erst aus 1Kön 18,4.13.19; 19,1 f; 21,25; 2Kön 9,7.22. Warum der Plural „die Baale" in Ri 2,11 und 10,6 als ursprünglich angesehen wird, in den Königebüchern hingegen nicht und wie sich Plural und Singular im Rahmen der Erstredaktion zueinander verhalten, wird nicht erklärt.
23 A.a.O., 83.88.90.
24 A.a.O., 90.

Rahmen zur Erklärung der narrativen, literarischen und konzeptionellen Phänomene abgeben. Damit ist das Feld für andere Optionen, wie etwa die von Noth als „offenkundig irrig" bezeichnete ältere Hexateuch-Hypothese, wieder offen.[25]

3 Die literarischen Horizonte

Welche Option die wahrscheinlichste ist, hängt nicht zuletzt von den literarischen Horizonten der narrativen und konzeptionellen Verknüpfungen ab. Wenn es richtig ist, dass die älteste redaktionelle Schicht in den Königebüchern für die Beurteilungen der Könige von Israel und Juda allein das Gebot der Kultzentralisation von Dtn 12 zum Maßstab hat, dann fällt zweierlei auf: Zum einen der terminologische Unterschied zum Dtn, das von den „Toren" spricht, in denen das Opfer für Jhwh verboten ist, während das Rahmenschema in Kön den Begriff der „Höhen" verwendet. Zum anderen fällt auf, dass der – mit der Idee der Kultzentralisation verbundene – Gedanke der Reichseinheit und das politische Verhältnis zu den Fremdmächten in Dtn kein Thema sind, sondern nur in Kön begegnen. Daraus kann man den Schluss ziehen, dass die Redaktion in Sam-Kön das Zentralisationsgebot in Dtn sachlich voraussetzt,[26] es aber bewusst anders formuliert und um die politische Dimension des Verhältnisses zur Fremdmacht und der Reichseinheit erweitert hat. Eine direkte literarische Fortsetzung innerhalb eines Werkzusammenhangs ist dadurch jedoch nicht indiziert und – bei Kenntnis des Deuteronomiums und der deuteronomischen Forderung der Kultzentralisation – auch nicht notwendig. Nach der Gründung der Reichs- und Kulteinheit unter Saul, David und Salomo, wie sie in 1Sam 1–1Kön 11 dargestellt ist, versteht sich die „Sünde Jerobeams" in 1Kön 12–14 als Aufkündigung der Reichs- und Kulteinheit von selbst.[27] Literarische Rückbezüge auf das Dtn oder die vorausgehende Erzählung in Gen–Ri, wie etwa der Rekurs auf den Exodus (1Kön 12,29b) und die Episode vom goldenen Kalb in Ex 32–34/Dtn 9, sind sekundär.[28]

---

25 Vgl. Kratz 2000; Nr. 13 und 18 in diesem Band und zur Diskussion Frevel 2011; ferner Bieberstein 2011 sowie Gross 2011.

26 Das umgekehrte Verhältnis, das Schmid 2004a vorgeschlagen hat, ist so gut wie ausgeschlossen; vgl. Nr. 17 in diesem Band.

27 Anders Blum 2011a, 277; Levin 2013b, 88. Dass ויהי איש in 1Sam 1,1 kein absoluter Textanfang sein könne, scheint mir nicht so sicher zu sein, wie Blum 2011a, 277 Anm. 42 mit Verweis auf Ri 13,1; 17,1; 1Sam 9,1 behauptet. Eine (sprachgeschichtlich jüngere) Variante von ויהי איש ist die Formel איש היה, die sowohl als Textanfang (Hi 1,1) als auch als Einleitung einer Episode in einem größeren Kontext (Est 2,5) begegnet. Dasselbe könnte auch für die ältere Variante gelten. Auch in Jona 1,1 markiert ויהי einen absoluten Textanfang und führt das Subjekt des Satzes ein, allerdings keine handelnde Person.

28 Vgl. Kratz 2000, 168 f; Levin 2008, 139.151. Pakkala 2008 hält dagegen V. 28–30 insgesamt für sekundär. Danach bestünde die „Sünde Jerobeams" in der Errichtung „eines Tempels" (MT)

Hinzu kommt, dass sich die ältesten erreichbaren redaktionellen Schichten in Jos und Ri von der ältesten Redaktion in Sam-Kön signifikant unterscheiden.[29] Das Buch Josua knüpft in Jos 1,1 f.5 f an die Abschiedsrede des Mose in Dtn 31,1 f.7 f sowie seinen Tod in Dtn 34,5 f an und stellt damit einen narrativen und literarischen Zusammenhang mit dem Dtn her. Dem könnte ein älterer Anschluss von Jos 1,1 f + 2,1 oder 3,1 an die letzte Wüstenstation Schittim in Num 25,1a und den Tode des Mose in Dtn 34,5 f vorausgegangen sein, der das Buch Deuteronomium noch nicht enthielt. Der älteste redaktionelle Abschluss der Landnahme-Erzählung im Josuabuch findet sich in Jos 11,16–23, genauer V. 16.23b. Damit kommt die Erzählung vom Exodus des Volkes Israel und der Landnahme unter Josua – vorläufig – zu einem glücklichen Ende. Eine vom Deuteronomium abgeleitete, spezifisch deuteronomistische Konzeption verbindet sich mit diesen narrativen und literarischen Scharnierstücken nicht.

Auch wenn eine Fortsetzung der Erzählung in Jos 11,23b narrativ nicht angezeigt ist, schließt doch eben daran – ob ursprünglich oder sekundär – das Buch der Richter in Ri 2,8–9; 3,7 ff an. In ihm muss die „Ruhe" des Landes vor dem Krieg, die Josua in Jos 11,23b erkämpft hat, wegen der nach dem Tod Josuas plötzlich auftretenden Sünde des Volkes durch göttliches Eingreifen permanent neu erkämpft werden (Ri 3,11.30; 5,31; 8,28).[30] Auch die älteste Redaktion in Ri ist nicht typisch deuteronomistisch, steht dem Deuteronomium konzeptionell aber näher als die älteste Redaktion in Jos, da sie den Dekalog voraussetzt. Die „Sünde", derentwegen die unter Josua erkämpfte „Ruhe" in Ri nicht hält, ist der Abfall von Jhwh in Form der Verehrung anderer Götter, also nichts anderes als die Übertretung des Ersten Gebots.

Das Kriterium der Reichs- und Kulteinheit, das für die älteste Redaktion in Sam-Kön kennzeichnend ist, spielt naturgemäß weder in Jos noch in Ri eine Rolle. Es wird erst ab dem Moment relevant, als Jerusalem erobert (2Sam 5) und der Tempel gebaut ist. Die Unterschiede zwischen den ältesten Schichten der Redaktion in Jos, Ri und Sam-Kön könnten daher narrativ bedingt und insoweit Absicht sein. Dennoch liegen die Schichten kaum auf einer Ebene. In Jos spielt – im Unterschied zu Ri und Sam-Kön – der konzeptionelle Zusammenhang mit dem deuteronomischen Gesetz ursprünglich kein Rolle. In Ri hingegen ist mit dem Ersten Gebot bereits im Grundbestand ein Maßstab an das Verhalten des Volkes angelegt, der

---

bzw. von „Tempeln" (LXX; vgl. 1Kön 13,32) auf den Höhen und der Bestellung von Priestern (1Kön 12,26 f.28aα.31a; 13,33b.34a). Dies scheint mir eine bedenkenswerte Alternative zu sein.

29 Sowohl Blum 2011a als auch Levin 2013b bestreiten dies vehement, ohne auf die im Folgenden genannten Argumente einzugehen; vgl. dazu Kratz 2000, 193–208.

30 Kratz 2000, 205; ähnlich auch Levin 2013b, 90. Vgl. zu dem Übergang von Josua nach Richter die Diskussion in Berner / Samuel 2018.

sich zwar auch in Jos sowie in Sam-Kön findet, hier allerdings nicht in den ältesten
erreichbaren Redaktionen, sondern erst in den jüngeren, spezifisch deuteronomistischen Schichten, die die älteren Redaktionen überlagern.

Vor diesem Hintergrund gewinnt auch noch eine andere Beobachtung an
Bedeutung. Während in Kön die Könige und das von ihnen verführte oder auf
eigenen Antrieb handelnde Volk sündigen, wird in Ri ein Unterschied zwischen dem
sündigen Volk und den von Gott je und je berufenen „Richtern" gemacht, die das
Volk aus der Hand der Fremdvölker befreien und es – so wird man das Motiv der
„Ruhe" während der Lebens- und Amtszeit der Richter zu interpretieren haben –
davor bewahren, vom rechten Weg abzufallen. Dass die Richter wie „vorkönigli-
che Könige" und somit als Repräsentanten einer „proköniglichen Grundhaltung"
gesehen wären, die sich in Sam-Kön fortsetzt,[31] kann man demnach nicht sagen. Sie
sind vielmehr Gegenfiguren sowohl gegenüber dem führungslosen sündigen Volk
wie gegenüber den sündigen Königen und Volksverführern seit Jerobeam. Dieser
Gegensatz wird durch die Formeln in den (vermutlich sekundären) Anhängen zum
Richterbuch, die die Einrichtung des Königtums vorbereiten (Ri 17,6; 21,25), nur
dürftig überbrückt.

Die Unterschiede legen den Schluss nahe, dass die älteste erreichbare Redaktion in Jos, Ri und Sam-Kön jeweils von einer anderen Hand stammt. Nur in Jos ist
die Redaktion von Anfang an narrativ mit dem Dtn verbunden. Die älteste Redaktion in Sam-Kön ist nur konzeptionell, aber nicht narrativ mit Dtn und ursprünglich
auch nicht mit Jos und Ri verbunden. Die Erstredaktion in Ri schließt – auf einer
jüngeren Ebene – narrativ an Jos und konzeptionell an den Dekalog in Dtn 5 an und
bildet so eine literarische und konzeptionelle Brücke zwischen den jüngeren Ausgaben der Bücher Jos und Sam-Kön. Erst auf diese Weise wird der literarische Zusammenhang konstituiert, der Noth auf die Idee seines DtrG gebracht hat. Sieht man
von diesen jüngeren Schichten ab, zerfällt der Zusammenhang jedoch in einzelne,
ursprünglich separate Bestandteile: eine ältere Redaktion in Jos einerseits, Sam-Kön
andererseits sowie eine jüngere Redaktion Ri, die auch in Jos sowie Sam-Kön sekundär eingetragen worden ist und diese Bücher miteinander verbindet.

4 Fazit

Aus alldem geht hervor, dass es in den Büchern Jos, Ri und Sam-Kön auf der ältesten
erreichbaren redaktionellen Stufe keine einheitliche, durchgehende Erstredaktion
gegeben hat und die Bücher folglich keinen originären literarischen Werkzusammen-

---

31 So Levin 2013b, 87, vgl. auch a.a.O., 80–82.

hang bilden. Vielmehr sind die Bücher zunächst unabhängig in einem mehr oder weniger engen narrativen (Jos) oder konzeptionellen Anschluss an das Deuteronomium (Sam-Kön) bearbeitet worden und erst auf einer jüngeren Redaktionsstufe (Ri) unter dem Vorzeichen des Ersten Gebotes aneinander angeglichen und so in einen narrativen und konzeptionellen Zusammenhang gebracht worden. Macht man mit der literarischen Schichtung der Redaktion in Jos, Ri, Sam-Kön ernst, wird man die von Noth aufgestellte Hypothese des DtrG – sofern man sich an seine Argumentation hält und nicht mit aller Gewalt Noth gegen Noth verteidigt – aufgeben müssen.

II Der Darstellungseinsatz

1 Schichten oder Blöcke

Hat es eine durchgehende Erstredaktion in Jos, Ri und Sam-Kön nicht gegeben, bietet sich als Alternative das Block-Modell bzw. eine Mischung aus Block- und Schichten-Modell an. So hat Thomas Römer einen Kompromissvorschlag vorgelegt, der möglichst viele Hypothesen der Forschung miteinander verbindet und die literarische Entwicklung mit kühnen Spekulationen über die historischen Kontexte und sozialen Trägerkreise zu untermauern sucht. Ausgangspunkt ist die bekannte und weithin akzeptierte Differenzierung der drei Versionen des Zentralisationsgebots in Dtn 12, die als drei Phasen in der Entstehungsgeschichte des DtrG identifiziert werden. Danach hat es zunächst diverse deuteronomistische Redaktionen in einzelnen Buchrollen (Dtn–Jos, Ri, Sam-Kön) aus assyrischer Zeit gegeben, die unabhängig voneinander entstanden und nebeneinander tradiert worden sein sollen, wofür sich Römer auf Hypothesen von Frank Moore Cross, Norbert Lohfink, Eckart Otto, Wolfgang Richter und Ernst Würthwein beruft. Anschließend sei dies alles in einer babylonischen Ausgabe von Dtn 1–2Kön 25, die in etwa Noths DtrG entspricht, zusammengefasst und in persischer Zeit um eine Reihe von nomistischen Nachträgen ergänzt worden, womit schließlich auch Rudolf Smend und die „Göttinger Schule" Berücksichtigung finden.[32] Römer spricht zwar stets vom „sogenannten Deuteronomistischen Geschichtswerk", als wollte er sich von der Hypothese distanzieren, hält faktisch jedoch sowohl für die diversen Redaktionen und den Darstellungseinsatz (Dtn–Jos) seiner assyrischen Blöcke als auch für seine babylonische und persische Ausgabe an der Hypothese Noths fest.

Levin hat gegen solche und ähnliche Vorschläge zu bedenken gegeben, dass literarische Größen wie der Tetrateuch (oder Pentateuch) und das DtrG nicht dem

---

32 Römer 2005; 2006b; 2011; 2015. Zur Diskussion vgl. Person 2009.

faktischen Verlauf der Geschichte entsprechen, sondern künstliche Geschichtskonstruktionen darstellen, die sich nicht von selbst ergeben, sondern die Frage aufwerfen, „woher das Konzept stammt". Da man nicht davon ausgehen kann, dass solche Geschichtskonstruktionen im kulturellen Gedächtnis Israels und Judas einfach vorgegeben sind, sei es „unabdingbar, dass die Disposition auf einem redaktionellen Entwurf beruht, der den Rahmen bot für das spätere Wachstum des Textes".[33]

Der Einwand ist zweifellos berechtigt und kann angesichts der vielfältigen traditions- und überlieferungsgeschichtlichen und historischen Spekulationen der Forschung nicht oft genug wiederholt werden. Allerdings betrifft der Einwand nur Teile der biblischen Erzählung, nämlich zum einen die Landeroberungs-Erzählung in (Dtn–)Jos, bei der fraglich ist, ob sie zum redaktionellen Konzept des DtrG in Dtn–Kön oder zur Exodus-Wüsten-Erzählung in Ex–Num gehört, sowie die Epoche der Richter im Richterbuch, die die Gründungslegende des Volkes Israel in Gen–Jos fortsetzt und zur Geschichte des Königtums in Israel und Juda in Sam–Kön überleitet und so einen durchlaufenden Erzählfaden konstituiert. Der Einwand betrifft hingegen nicht die Königtumsgeschichte in Sam-Kön, die – bei aller Stilisierung und redaktionellen Überformung – in etwa dem faktischen Verlauf der Geschichte entspricht, wie er in den Annalen der Könige von Israel und Juda vorgegeben war.

Für die Frage des DtrG bedeutet dies, dass man durchaus mit älteren „Blöcken", d. h. mit einer separaten Erzählung von den Anfängen des Volkes Israel in Gen–Jos einerseits und den Königen Israels und Judas in Sam-Kön andererseits, rechnen kann, die ebenso wie das Richterbuch ihre eigene, vorredaktionelle Vorgeschichte hatten. Der Erklärung bedarf jedoch die Brückenfunktion des deuteronomistischen Richterbuches zwischen Volks- und Königtumsgeschichte sowie der Darstellungseinsatz des DtrG in Dtn, der die Konstruktion der biblischen Erzählung im Bereich Gen–Jos durchbricht. Besonders Letzterer ist entscheidend für die Hypothese eines von Dtn–Kön reichenden Werkzusammenhanges und soll darum im Fokus dieses Beitrages stehen.

2 Das Deuteronomium zwischen Exodus und Landnahme

Der von Noth gewählte Darstellungseinsatz des DtrG in Dtn nimmt der Exodus-Wüsten-Erzählung in Ex–Num ihren narrativen Abschluss in Jos. Noth löste das Problem bekanntlich dadurch, dass er für die Quellen im Tetrateuch eine ältere

---

[33] Levin 2013b, 87 f.

Landnahme-Erzählung postulierte, die bei der Einarbeitung der alten Quellen in den Rahmen der Priesterschrift, noch vor der Verbindung mit DtrG und Einbindung von Dtn in den Pentateuch, weggefallen sei.[34]

Diese Lösung wirkt ausgesprochen gezwungen, spricht sie doch der Landnahme-Erzähung in Jos auf der ganzen Linie, selbst nach der Verbindung mit dem „Pentateuch" (richtiger Tetrateuch), eine narrative Verbindung zur Erzählung in Gen–Num ab. Der Grund dafür ist das Postulat, dass der Pentateuch als Sammlung autoritativer Schriften des nachexilischen Judentums durch die Einarbeitung der alten Pentateuchquellen in die Priesterschrift (noch ohne Dtn!) abgeschlossen gewesen und durch die Verbindung mit dem DtrG bzw. mit dem Einbau des Buches Dtn in diesen abgeschlossenen „Pentateuch" keine kontinuierliche Erzählung mehr intendiert gewesen sei. Doch ein Pentateuch ohne Dtn ist nun einmal kein Pentateuch!

Ein weiterer Grund ist Noths Beobachtung, dass sich in Jos keine der alten Quellen des Tetrateuchs finden lässt. Gibt man jedoch, wofür nicht zuletzt Blum den Grund gelegt hat,[35] auch für den nicht-priesterschriftlichen Text des Tetrateuchs die Quellenhypothese auf, spricht nicht nur nichts dagegen, sondern alles dafür, in der Landnahmeerzählung des Buches Jos die natürliche Fortsetzung der Erzählung von Gen–Num zu sehen.

Blum und andere Vertreter eines Block-Modells (klassisch Fragmentenhypothese) für den Tetrateuch stellen sich die Frage aber erst gar nicht, weil sie davon ausgehen, dass der Pentateuch erst im Nachgang zum DtrG, gewissermaßen als sekundärer Vorbau dazu entstanden sei. Davor habe man es mit frei umlaufenden Traditionen, darunter auch diversen Landnahmetraditionen, und selbständigen Überlieferungsblöcken zu tun, die sich konzeptionell, aber noch nicht literarisch, im Rahmen der Pentateuch- oder Hexateucherzählung bewegten. Daraus sei zuerst die Priesterschrift (in Gen–Ex oder Gen–Lev) und anschließend – als Kompromiss zwischen D und P[36] – der Pentateuch, daneben zeitweise auch ein nach-priesterschriftlicher Hexateuch entstanden, wofür die Redaktoren – in Orientierung an Dtn und DtrG (oder einer vergleichbaren Größe) – aus den umlaufenden Überlieferungen hätten beliebig auswählen und das Material im Rahmen der Priesterschrift unterbringen und weitgehend selbständig fortschreiben können.[37]

---

34 Noth 1957, 210–216.
35 Blum 1984 und 1990.
36 D = Deuteronomium, Deuteronomistisches Geschichtswerk oder dtr „Blöcke" in Jos–Kön, D-Komposition im Tetrateuch (Blum KD = klassisch JE); P = Priesterschrift und Priestly School (Blum KP) im Tetrateuch und darüber hinaus.
37 Vgl. mit modifizierter Relation der Schichten D und P Blum 2002; 2007; Otto 2000a; Achenbach 2005; zur Diskussion Otto / Achenbach 2004; Römer 2005, 178–183; 2013.

Bei dieser Lösung wird die Existenz sowie die Priorität des DtrG oder einer vergleichbaren, mit Dtn 1 einsetzenden Größe wie Norbert Lohfinks Hypothese einer deuteronomistischen Landnahme-Erzählung in Dtn 1–Jos 22 (DtrL)[38] vorausgesetzt. Unbeantwortet bleibt wiederum die zentrale Frage, woher das narrative Gerüst stammt, in dessen Rahmen sich die diversen Traditionen und Überlieferungsblöcke des späteren, nach-priesterschriftlichen Pentateuchs bzw. Hexateuchs bewegt haben sollen. Dabei ist neben der Hypothese des DtrG offenbar auch Noths Postulat der obskuren Vorlage „G" (Grundlage) für den Pentateuch vorausgesetzt.[39] Die Lösung, die die Quellenhypothese aus den Angeln heben sollte, bewegt sich nach wie vor in deren Denkvoraussetzungen.

Es ehrt Levin, dass er sich dem Problem, das durch den von Noth gewählten Darstellungseinsatz im Buch Dtn entsteht, gestellt hat, obwohl auch er um jeden Preis, und sei es gegen Noth selbst, an der Hypothese des DtrG sowie an der Quellenhypothese für den Tetrateuch[40] festhält. So gesteht er zu, dass Dtn 1–3 nicht als Darstellungseinsatz in Frage kommt[41]und es einen (älteren) literarischen Anschluss von Jos 2,1 oder 3,1, dem Aufbruch von Schittim, an Num 25,1a/Dtn 34,5 f gibt, der letzten Wüstenstation in Schittim, an der Mose stirbt wie zuvor Miriam in Kadesch (Num 20,1).[42] Ist dieser ältere Anschluss einmal erkannt, ist der Schluss unausweichlich, dass das Dtn nicht an den Anfang von Jos–Kön gestellt und nachträglich als Abschluss der Tora aus dieser Position gelöst und an das Ende des Pentateuchs transferiert wurde, sondern dass es zwischen Ankunft und Aufbruch in Schittim in Num und Jos eingeschoben wurde. Diese Schlussfolgerung, die eher für einen (vordeuteronomistischen und also auch vor-priesterschriftlichen) hexateuchischen Erzählfaden statt für die sekundäre Verbindung von „Jahwist" in Gen–Num und DtrG in (Dtn) Jos–Kön spricht, lehnt Levin jedoch ausdrücklich ab. So bleiben nur die unkontrollierbare Annahme von Textabbrüchen und das Eingeständnis der Aporie.[43]

Dass Levin die naheliegende Konsequenz nicht zieht, liegt daran, dass er sich mit der Quellenhypothese für den Tetrateuch und der Hypothese des DtrG für die Vorderen Propheten im Voraus festgelegt hat. An anderem Ort hat er jedoch selbst – ohne es zu wollen – den Grund für einen Ausweg aus der Aporie gelegt. Den Schlüssel liefert die sukzessive Historisierung des Buches Deuteronomium,

---

38 Lohfink 1991b; aufgegriffen von Otto 2000a; Römer 2005; vgl. auch Blum 2011a, 289 Anm. 76.

39 Noth 1948, 40–44.

40 Levin 1993.

41 Levin 2013b, 89 unter Berufung auf Gertz 2006; vgl. bereits Nr. 18 in diesem Band.

42 Levin 2013, 90; vgl. Kratz 2000, 220 f sowie 112.118.129 f.133.135.210.291.294; 2000a; 2002.

43 Levin 2013, 91 f. Um sich des Problems zu entledigen, haben Blum 2007 und Krause 2014 Jos 2,1–3,1 insgesamt zu einem Nachtrag erklärt; doch vgl. dazu Nr. 19 in diesem Band.

die Levin in seiner Dissertation behandelt hat.[44] Anhand der Historisierung lässt sich nämlich der narrative und literarische Ort des Dtn zwischen Tetrateuch und Vorderen Propheten bestimmen, der allerdings wiederum nicht für, sondern gegen Noths Hypothese des DtrG spricht.

3 Der historische Rahmen in Dtn 1–3 und 31–34

Noth entscheidet sich für Dtn 1–3 als Darstellungseinsatz des DtrG und begründet seine Auffassung damit, dass das „Stück … gar keine spezielle Beziehung zum deuteronomischen Gesetze, wohl aber ein ganz unmittelbares Verhältnis zum deuteronomistischen Geschichtswerk" habe und sich in Dtn 31–34 und Jos fortsetze.[45] Im Gefolge von Gerhard von Rad vermutete daher Timo Veijola, dass Dtn 31–34 einmal direkt an Dtn 1–3 angeschlossen und die Erstausgabe des DtrG, den „Deuteronomistic Historian" (DtrH), eingeleitet habe.[46] Die Einfügung des Gesetzes (Dtn 4–30), mit allem, was dies in Jos–Kön nach sich zog, schreibt Veijola einem späteren Deuteronomisten, dem „Nomistic Historian" (DtrN), zu, der in etwa Noths Deuteronomisten entspricht.

Die These Veijolas ist jedoch unhaltbar, wie er später selbst eingestanden hat. Wie sich bei genauerer Betrachtung zeigt, setzt Dtn 1–3 (auch in seinem literarischen Grundbestand) das Gesetz in Dtn 12–26 sehr wohl voraus und erweist sich sowohl gegenüber dem paränetischen Rahmen in Dtn 5–11 und 27–30 als auch gegenüber dem hinteren historischen Rahmen in Dtn 31–34 als sekundär.[47] Ohne die folgende Gesetzesparänese und das Gesetz selbst liefe der historische Rückblick ins Leere. Dtn 31 (V. 1 f. 7 f) kann unmöglich unmittelbar an Dtn 1–3 angeschlossen haben und weist ursprünglich nach vorne auf Jos 1; die literarischen Verknüpfungen sind sekundäre Bezugnahmen von Dtn 1–3 auf Dtn 31–34 (so 3,23–29) oder in Dtn 31–34 nachgetragen (31,2 nach 3,27; 31,3–6, bes. 3b nach 3,22). Demnach gehört Dtn 1–3 nicht an den Anfang, sondern an das Ende der deuteronomisch-deuteronomistischen Redaktionsgeschichte.

Doch auch mit dem deuteronomischen Gesetz kommt Dtn 1–3 nicht als Darstellungseinsatz eines von Dtn–Kön reichenden Werkzusammenhanges in Frage. Das Kopfstück verfolgt seine eigenen geschichtstheologischen Interessen,[48] die sowohl

---

44 Levin 1985.
45 Noth 1957, 14.
46 Veijola 1988.
47 Vgl. Nr. 13 in diesem Band.
48 Darum die „Zusammenfassung" von Ex–Num in der Erinnerungsrede des Mose, womit sich der Einwand von Römer 2005, 39 gegen den Zusammenhang erledigt.

im Rückblick auf Gen–Num als auch im Vorgriff auf die Fortsetzung der Erzählung in Dtn 31 ff und Jos(–Kön) formuliert werden. Die Szene setzt die narrative Fiktion des Deuteronomiums voraus, dass Mose im Lande Moab das Gesetz öffentlich vorträgt, das ihm am Berg Horeb (Sinai) und in der Wüste offenbart wurde. Hierzu bietet Dtn 1–3 eine Reminiszenz an die Wüstenwanderung, die das Volk in das Land Moab führte, an denjenigen Ort, an dem Mose zum Volk spricht und das Buch Dtn heute seinen narrativen und literarischen Ort hat.

In der Forschung erfreut sich neuerdings wieder das Diktum von Julius Wellhausen großer Beliebtheit, der Rückblick habe „nicht den Zweck, an die vorausgehende Erzählung anzuknüpfen, vielmehr sie ausführlich zu recapitulieren, d. h. zu ersetzen."[49] Doch wozu dann das Stilmittel der Ich-Rede des Mose, der ausdrücklich erinnernd auf die Vorgeschichte zurückblickt? Das Stilmittel ist nur erklärlich, wenn das Stück an die vorhergehende Erzählung anknüpft und sie weiterführt, zumal die Rede des Mose, wie Norbert Lohfink überzeugend nachgewiesen hat, nicht nur die Kenntnis der Stoffe, sondern die Textkenntnis der Numeriparallelen voraussetzt.[50] Auch die literarische Beziehung des Dtn zur Sinaiperikope in Ex und hier insbesondere zum sogenannten Bundesbuch, das in dem von Dtn 1–3 und 31–34 gerahmten Gesetzeskorpus reformuliert wird, ist dabei zu beachten. Wenn aber Dtn 1–3 narrative und literarische Verbindungen nach beiden Seiten, Ex–Num und Jos, aufweist, kann es nicht der Darstellungseinsatz des DtrG oder eines vergleichbaren „Überlieferungsblocks" wie Lohfinks DtrL[51] sein.

Damit ist auch von dieser Seite her der Hypothese Noths der Boden entzogen. Die Hypothese behält lediglich insoweit ihr Recht, als Dtn 1–3 nicht nur zurückblickt und – über die Rekapitulation der Sinaiereignisse in Dtn 5 und 9 f hinaus – an die Wüstenzeit bis zum Erreichen des Landes Moab erinnert, sondern – über Dtn 31–34 hinaus – auch auf die Fortsetzung der Erzählung in Jos verweist. Und auch darin behält die Hypothese (und das Diktum Wellhausens) ihr Recht, dass die historische Rekapitulation in Dtn 1–3 eine deutliche Zäsur im Erzählverlauf markiert, die das Buch Dtn als „Wiedergabe" des Gesetzes in Ex–Num ausweist und zur zitablen Einheit macht. Die Zäsur leistet zweierlei: sie stellt die Verbindung zum Vorkontext ausdrücklich her und konstituiert *zugleich* eine Buchgrenze innerhalb der durchlaufenden Erzählung. Wenn man also in Dtn 1–3 die Einleitung zu einem selbständigen „Werk" erblicken möchte,[52] so leiten die Kapitel nicht das DtrG, sondern das Buch Dtn als in sich abgeschlossenes „Werk" und zitable Einheit ein.

---

49 Wellhausen 1899, 193, zustimmend zitiert von Blum 2011, 288; Levin 2013, 89. Vgl. dazu schon Nr. 13 in diesem Band.
50 Vgl. Lohfink 1990; Nr. 13 in diesem Band; Gertz 2006.
51 S.o. Anm. 38.
52 Blum 2007.

4 Die Historisierung von Paränese und Gesetz

Auch hier müssen wir wieder die Gegenprobe machen und fragen, ob der Einsatz des DtrG vielleicht in einer älteren Gestalt des Deuteronomiums zu finden ist. Wie ich an anderer Stelle nachzuweisen versucht habe, ist dies jedoch nicht der Fall.[53] Der Rahmen in Dtn 1–3 und 31–34 ist nicht die erste Historisierung des deuteronomischen Gesetzes und stellt auch die Verbindung zum Vor- und Folgekontext keineswegs zum ersten Mal her.[54] Vielmehr knüpft die Historisierung im Buch Dtn von Anfang narrativ und literarisch an die vorangehende Erzählung in Gen–Num an und stellt damit nicht nur Noths Hypothese vom DtrG, sondern darüber hinaus sogar die ursprüngliche Selbständigkeit des Buches Dtn in Frage. Dabei spielt es keine Rolle, ob das Dtn in einem Werkzusammenhang im selben literarischen Kontext oder als separates Buch verfasst wurde. Mit seinen Historisierungen ist das Buch Dtn jedenfalls exakt für den Ort in der biblischen Erzählung bestimmt, an dem es jetzt steht: zwischen Gen–Num und Jos(–Kön).

Die narrative und literarische Anknüpfung an den vorausgehenden Kontext ist am besten an den diversen Überschriften des Dtn zu erkennen.[55] Jünger als Dtn 1–3 und davon literarisch abhängig sind Dtn 4 und die Wiederaufnahme der Überschrift von Dtn 1,1–5 in dem Konvolut von Überschriften in Dtn 4,44–49. Hier sehen manche einen alten Kern in Dtn 4,45, den sie für die ursprüngliche Einleitung des selbständigen Buches Dtn halten.[56] Nähere Betrachtung führt jedoch zu dem Ergebnis, dass auch Dtn 4,45 von Dtn 1 abhängig ist und sich schwerlich als Überschrift für ein selbständiges Buch eignet.

Als nächstes begegnet uns eine Überschrift in Dtn 5,1, die zum zweiten Mal die Rede des Mose einleitet, welche bis Dtn 26 reicht: „Und Mose rief ganz Israel zusammen und sprach zu ihnen …". Im Verhältnis zu Dtn 1–4 handelt es sich um einen älteren Anfang, der sogleich zu der Sache kommt, die in Dtn 1,1–5 and 4,44–49 angekündigt wird: die Mitteilung des Gesetzes. Umgekehrt erweist sich auch Dtn 1–4 gegenüber Dtn 5,1 als sekundär, da dieses Stück die Erzählung von Gen–Num rekapituliert und den Leser für die Erinnerung der Szene am Horeb (Sinai) in Dtn 5 vorbereitet. Die Frage ist allerdings, was mit der Redeeinleitung in Dtn 5,1 ursprünglich beginnt.

Im jetzigen Kontext ist es der Dekalog in Dtn 5, der den hermeneutischen Schlüssel für die folgenden historischen Anspielungen in den Paränesen Dtn 5–11

---

53 Kratz 2000, 118–138; Nr. 13 in diesem Band.
54 Anders Gertz 2006.
55 Vgl. dazu Nr. 14 in diesem Band.
56 Vgl. etwa Veijola 2004, 122 f.

darstellt. Er formuliert die narrative Fiktion des Deuteronomiums am klarsten: Mose redet im Lande Moab „hier und heute" (5,1.3) über die Ereignisse am Berg Horeb (Sinai) „in jener Zeit"(5,5).[57] Die Einführung des Dekalogs stellt ausdrücklich den Zusammenhang zwischen Dtn und der Vorgeschichte in Gen–Num her. Wieder muss man fragen: Soll Dtn 5 die vorausgehende Erzählung ersetzen oder fortsetzen? Die Antwort ist dieselbe wie im Falle von Dtn 1–3. Ohne die Vorgeschichte ergeben der Rückblick und die sich anschließenden historischen Reflexionen in Dtn 5–11 keinen Sinn.

Doch selbst wenn man von dem Dekalog und den paränetischen Stücken in Dtn 5–11 absieht, ist die Überschrift in Dtn 5,1 kaum die Einleitung eines selbständigen Dtn oder DtrG. Denn es stellt sich unweigerlich die Frage: Wer ist Mose, and was ist mit dem „hier und heute" gemeint? Ohne die historische Einleitung in Dtn 1–4, die aber sekundär ist, und ohne den Vorkontext in Gen–Num lassen sich diese Fragen nicht beantworten. So scheint mir die einfachste Erklärung die zu sein, in Dtn 5,1 („Und Mose rief ganz Israel zusammen und sprach zu ihnen ...") eine Fortsetzung der Erzählung im Tetrateuch zu sehen, die Mose und das Volk zu dem „hier und heute" von Dtn 5 geführt hat.

Die beiden möglichen Anschlussstellen sind Num 27,12–13 und Num 25,1a. Von diesen scheint mir Num 25,1a nach wie vor der naheliegendste Anschluss zu sein. Die Stelle gehört zum tragenden Gerüst der Exodus-Wüsten-Erzählung und ist Teil des Itinerars, das die Erzählung vom Exodus in Ex–Num mit der Erzählung von der Landnahme in Jos (2,1; 3,1) verbindet. Dazwischen steht der Tod des Mose in Dtn 34,5 f,[58] der den Ausgangspunkt für die Abschiedsrede des Mose in Dtn darstellt. Das „hier und heute" von Dtn 5,1 ist folglich die letzte Station der Wüstenwanderung vor dem Aufbruch in das verheißene Land: Schittim im Lande Moab. Das bedeutet, dass die Szene in Dtn 5 und alles, was in Dtn 5–11 folgt, für diesen narrativen Ort bestimmt ist und das Dtn auch auf dieser literarischen Ebene Teil der Erzählung ist, die mindestens von Ex bis Jos reicht.

Gehen wir noch einen Schritt weiter und fragen, was die Redeeinleitung in Dtn 5,1 innerhalb von Dtn 5–11 ursprünglich eingeleitet hat, so stoßen wir auf den ältesten Bestand des Buches Dtn, das sogenannte „Urdeuteronomium". Nach allgemeiner Auffassung findet sich dessen ursprünglicher Anfang in dem *Shema Israel* in Dtn 6,4(–6).[59] Es ist durchaus denkbar, dass ein ursprünglich selbständiges Dtn einmal mit dem *Shema Israel* eingesetzt hat und dies vielleicht sogar die Einleitung des DtrG war. Doch stellen sich erneut die Fragen nach dem nötigen Vorwissen

---

57 Vgl. dazu Nr. 11 in diesem Band.
58 Num 25,1a/Dtn 34,5 f folgt demselben Formular wie Num 20,1.
59 Vgl. Veijola 2004, 175.

zum Verständnis eines solchen Werkes. Wenn es in dem *Shema Israel* heißt: „Höre Israel, JHWH ist unser Gott", dann müssen den Hörern oder Lesern wenigstens der Sprecher, der über Gott (JHWH) redet und also nicht mit ihm identisch sein kann, und die Gruppe der Adressaten, das „uns" des Volkes Israel, bekannt sein. Als Sprecher könnte oder müsste man eine anonyme Leitungsfigur annehmen, die jedem bekannt war und darum nicht genannt werden musste. Doch wer sollte das sein? Auch wer das angesprochene „Israel" ist, lässt sich nicht so leicht sagen und kann nicht ohne weiteres als allgemein bekannt vorausgesetzt werden, wenn nicht das Reich Israel, sondern das Volk Gottes gemeint ist. Die Formulierung erklärt sich hingegen ohne weiteres aus dem Kontext der biblischen Erzählung in Ex–Num, wonach der Sprecher nur Mose und der Adressat das Volk Israel sein kann, das JHWH aus Ägypten herausgeführt hat. Auch die Formulierung „der Platz, den JHWH erwählen wird" in dem ältesten Zentralisationsgebot in Dtn 12,14 enthält bereits eine für die narrative Fiktion des Dtn passende Historisierung: das Futur der Verbform weist voraus auf den Übertritt in das verheißene Land in Jos, wenn nicht auf die Einnahme Jerusalems in 2Sam 5.

Wenn somit schon im ältesten Textbestand des Dtn eine Historisierung begegnet, die den Vor- und den Folgekontext voraussetzt und das Buch an den Ort stellt, an dem es im vorliegenden Text der biblischen Erzählung steht, liegt die Vermutung nicht fern, dass es für eben diesen narrativen Ort geschaffen ist, sei es als selbstständiges Schriftstück, sei es als Teil eines größeren literarischen Zusammenhanges. Für Letzteres spricht wiederum die Überschrift in Dtn 5,1, die im vorliegenden Text ein *Shema Israel* einleitet, das in den Dekalog übergeht. Die Vermutung liegt nicht fern, dass die Überschrift „Und Mose rief ganz Israel zusammen und sprach zu ihnen ..." in Dtn 5,1 auf einer älteren Stufe einmal das *Shema Israel* in Dtn 6,4 einleitete, an das sich in dem ältesten Dtn die Zentralisationsforderung in Dtn 12 (V. 13 ff) angeschlossen hat.[60] Mit der Überschrift in Dtn 5,1 ist folglich die älteste erreichbare literarische Gestalt des Buches Dtn, das „Urdeuteronomium", im Gang der biblischen Erzählung zwischen Num 25,1a (Ankunft in Schittim) und Dtn 34,5 f (Tod des Mose) mit anschließendem Aufbruch von Schittim (Jos 2,1; 3,1) eingebunden und kann nicht der Anfang eines DtrG sein.

III Fazit

Es ist an der Zeit, die Hypothese Noths eines die Bücher Dtn–Kön umfassenden Deuteronomistischen Geschichtswerkes als das zu betrachten, was sie ist: eine

---

60 Vgl. Veijola 2004, 128 f.

wissenschaftliche Hypothese, die sich an der Stichhaltigkeit und Plausibilität ihrer Gründe bemessen lassen muss. In diesem Beitrag haben wir uns mit zwei tragenden Säulen der Hypothese beschäftigt: der Redaktion und dem Darstellungseinsatz des von Noth postulierten Werkzusammenhangs. An beiden Säulen hat die Forschung nach Noth stetig gerüttelt und sie am Ende zum Einsturz gebracht. Die von Noth identifizierte Redaktion ist nicht einheitlich, die von ihm für seine Hypothese in Anspruch genommenen Texte haben sich durchweg als jüngere Nachträge erwiesen. Dtn 1–3 ist nicht der Darstellungseinsatz des DtrG oder eines vergleichbaren „Blocks" (DtrL), sondern des Buches Deuteronomium und markiert die Buchgrenze in einem fortlaufenden narrativen und literarischen Zusammenhang, der mindestens von Ex bis Jos, vielleicht darüber hinaus bis Kön reicht. Auf allen literarischen Ebenen ist das Deuteronomium nicht einem Werk vorangestellt, sondern in den Erzählfaden der Exodus-Landnahme-Erzählung von Ex–Jos eingeschoben, wenn nicht sogar für den Platz geschaffen, an dem es jetzt steht und sich bestens in die Erzählung einfügt. Erst die spätere Fortschreibung hat dem Buch Deuteronomium – nicht zuletzt durch die massiven narrativen und literarischen Querbeziehungen in den historischen und paränetischen Rahmenteilen – die Eigenständigkeit als zitable Einheit zugeschrieben, die es im literarischen Kontext von Tora und Vorderen Propheten wie auch in der Rezeption des Pentateuchs besitzt. Im Lichte dieser Befunde drängt sich der Schluss auf, nach der klassischen Quellenhypothese auch die Hypothese des Deuteronomistischen Geschichtswerkes in der von Noth begründeten Fassung aufzugeben und nach alternativen Erklärungen für die Entstehung der literarischen Korpora Tora und Vordere Propheten zu suchen.

17 Der Nagel in der Wand
Kultzentralisation im religionsgeschichtlichen Vergleich

Die Idee der Kultzentralisation im Buch Deuteronomium ist bekanntlich das Kriterium, nach dem Julius Wellhausen die Geschichte Israels in die beiden Epochen des alten Israel und des Judentums unterteilte.[1] Der Analyse Wellhausens hat Wilhelm Martin Leberecht de Wette den Weg bereitet. Er identifizierte das Gesetzbuch des Josia (2Kön 22–23) mit dem Deuteronomium und führte die Unterscheidung zwischen Hebraismus und Judaismus in die Forschung ein.[2] Doch erst Wellhausen brachte beides zusammen und erkannte im Deuteronomium das Kriterium, um die Scheidung der beiden Epochen an den Texten durchzuführen. Die Analyse Wellhausens hat bis heute ihre Gültigkeit behalten, auch wenn sie nicht so sehr auf die Geschichte Israels, sondern eher auf die Literaturgeschichte des Alten Testaments zutrifft. In der Geschichte lösen sich nicht einfach zwei Epochen ab. Die Archive von Al-Jahudu und Elephantine sowie die anhaltende Polemik gegen das alte Israel im Alten Testament legen eher den Schluss nahe, dass die beiden Typen „Israels", das alte und das biblische Israel, aus dem das Judentum hervorgegangen ist, ab einem gewissen Punkt nebeneinander existierten.[3]

De Wette und Wellhausen sind auf literarkritischem Wege, d. h. durch innere Kriterien, zu ihren Ergebnissen gelangt. Daneben gab und gibt es immer wieder Versuche, diese Ergebnisse mit äußeren Kriterien, d. h. der *external evidence*, zu falsifizieren oder zu verifizieren. Durch sie soll die literarkritische Hypothese entweder formgeschichtlich unterlaufen[4] oder aber bestätigt und auf eine neue religionsgeschichtliche Grundlage gestellt werden.[5] Seit den epochemachenden Studien von Moshe Weinfeld über das Deuteronomium und die deuteronomische Schule aus dem Jahr 1972 hat sich die Diskussion vor allem auf gewisse neuassyrische Parallelen konzentriert.[6] Von ihnen verspricht man sich mittlerweile sogar, dass sie eine direkte Ableitung und präzise Datierung des Deuteronomiums

---

1 Wellhausen 1905; 1914.
2 Perlitt 1994.
3 Kratz 2007; ferner ders. 2017a; 2020a.
4 Baltzer 1964; vgl. dazu Perlitt 1969.
5 Schon Oestreicher 1923 und 1930 kritisiert an de Wette und Wellhausen die „isolierende Methode, die nur eine innerisraelitische Entwicklung kennt", und fordert eine „weltgeschichtliche Betrachtungsweise" (1930, 34; vgl. 1923, 9 f.).
6 Weinfeld 1992, 59–157, ebd. vii der Hinweis auf die Bedeutung der VTE für de Wettes These. Daneben richtet Hagedorn 2005 den Blick nach Griechenland.

https://doi.org/10.1515/9783111367057-022

erlauben.[7] Von einem „archimedischen Punkt" und einem „Nagel in der Wand" ist dabei die Rede.[8] Die Parallelen sollen denn auch nicht nur das Deuteronomium, sondern den ganzen Pentateuch und viele andere Bereiche der alttestamentlichen Überlieferung erklären.[9] Sie scheinen den gegenwärtigen Trend der Forschung zu bestätigen, der darin besteht, vieles von dem, was früher in vorstaatliche oder salomonische Zeit datiert wurde, nun in die Zeit des Königs Josia zu datieren, auch wenn man von Josia eigentlich nicht sehr viel mehr weiß als von Salomo und der vorstaatlichen Zeit.[10]

Dem „Nagel in der Wand" ist bei all den Hypothesen, die man an ihn gehängt hat, nur zu wünschen, dass er auch hält und es ihm nicht ergeht wie dem Pflock in Jes 22,25: בַּיּוֹם הַהוּא נְאֻם יְהוָה צְבָאוֹת תָּמוּשׁ הַיָּתֵד הַתְּקוּעָה בְּמָקוֹם נֶאֱמָן וְנִגְדְּעָה וְנָפְלָה וְנִכְרַת הַמַּשָּׂא אֲשֶׁר־עָלֶיהָ כִּי יְהוָה דִּבֵּר. Im Folgenden sei dies am Beispiel der Kultzentralisation im Buch Deuteronomium und in den deuteronomistisch redigierten Königebüchern überprüft, wofür verschiedene religionsgeschichtliche Ableitungen vorgeschlagen wurden. Der Beitrag verfolgt damit einen doppelten Zweck. Zum einen soll es um die religions- und theologiegeschichtliche Einordnung der Kultzentralisation, zum anderen um die methodische Frage gehen, welchen heuristischen Wert die altorientalischen Parallelen für die Erklärung der fraglichen biblischen Bücher haben.

I Subersive Rezeption

Es kann als ausgemacht gelten, dass die Gesetze, die den Kult zentralisieren und entsprechende Folgeregelungen für das Sozial- und Rechtswesen treffen, zum Grundbestand des Deuteronomiums gehören.[11] Der Gedanke der Kultzentralisation ist das Motiv, das zur Novellierung des älteren Bundesbuches in Ex 20–23 im Deuteronomium treibt und die Rezeption steuert.[12] Damit hat man auch ein klares

---

7 Otto 1996; 1997; 1999; 2000; 2002 u. ö.

8 Otto 1997; 1999, 8.12; 2000, 10; 2002, 6.

9 Vgl. die Hinweise bei Otto 1999, 86 f; 2000, 237 Anm. 21; 2002, 13 Anm. 67.

10 Finkelstein/Silberman 2001, 14 (2002, 12 f) und passim; für Hiskia als Vorläufer vgl. Finkelstein/Silberman 2006. Zur methodischen Inkohärenz dieser Position vgl. Albertz 2005, 27–29.

11 Von der literarhistorischen Differenzierung abgesehen, handelt es sich um Dtn 12,1–28; 14,22–29; 15,1–18; 15,19–23; 16,1–17 sowie 16,18–20+17,8–13; 18,1–11; 19,1–13; 19,15–21; 21,1–9; 26,1–15.16. Die übrigen Gesetze haben keinen genuinen Bezug zum Thema der Kultzentralisation. Zur Sache vgl. Reuter 1993.

12 Levinson 1997. Im Folgenden gehe ich von der üblichen exklusiven Deutung der Zentralisationsformel aus. Zum Problem vgl. Reuter 1993, 65–67; Levinson 1997, 23 f Anm. 1. Über die Identifizierung des auserwählten Platzes vgl. Nr. 23 in diesem Band.

Kriterium zur literarischen Analyse des Deuteronomiums an der Hand. Neben dem Numeruswechsel und der literarischen Abhängigkeit vom Bundesbuch entscheidet die Kultzentralisation über die Ausgrenzung des Grundbestands der deuteronomischen Gesetze, des sogenannten Urdeuteronomiums.[13]

Darüber hinaus hat Eckart Otto den Nachweis zu führen versucht, dass die Zentralisationsgebote auf einer noch älteren Quelle beruhten, die in Dtn 13 und 28 zu finden sei und von ihm – abweichend vom üblichen Sprachgebrauch – als das „Urdeuteronomium" bezeichnet wird. Dieses ältere „Urdeuteronomium" bestehe, so Otto im Anschluss an Paul-Eugène Dion und Hans Ulrich Steymans, aus einer nahezu wörtlichen Übersetzung eines neuassyrischen Formulars. Gedacht ist an die Texte, für die sich in der Forschung die Abkürzung VTE (The Vassal Treaties of Esarhaddon) eingebürgert hat und die einen Treueid enthalten, den Asarhaddon den untergebenen Fürsten zugunsten seines Nachfolgers Assurbanipal auferlegt.[14] Die Übersetzung habe die Vorlage im Zuge einer von Otto so bezeichneten „subversiven Rezeption" in einen Treueid des judäischen Volkes gegenüber seinem Gott JHWH umformuliert und sei aufgrund der äußeren Bezeugung der Gattung des neuassyrischen Treueides, der direkten literarischen Abhängigkeit und der antiassyrischen Tendenz in neuassyrische Zeit zu datieren.[15]

Im Rahmen dieses älteren „Urdeuteronomiums" in Dtn 13 und 28 hat nach Otto auch die Idee der Kultzentralisation im eigentlichen „Urdeuteronomium" ihren ursprünglichen Ort. Als religionsgeschichtlicher Hintergrund, von dem sich die deuteronomischen Zentralisationsgebote in polemischer, antiassyrischer Absicht abheben, wird die „Rationalität der assyrischen Kultzentralisation" genannt: „Wie der assyrische Gott Aššur an nur einem Ort kultisch verehrt wird, so auch der judäische Gott JHWH: Jerusalem steht nicht Aššur nach, und kein Lokalheiligtum in Juda unterminiert die Alternative zwischen dem Gott Aššur und JHWH."[16]

---

13 Kratz 2000, 120–127; vgl. auch Veijola 2004, 2 f. Zur Frage der Kriterien vgl. Otto 1999, 10–14. Zu Recht lehnt Otto die Korrelierung des Deuteronomiums mit 2Kön 22–23 als Fundament der Analyse ab, zieht aber lediglich den religionsgeschichtlichen Vergleich als Alternative in Betracht (1996, 3 f; 1999, 13 f.15–90). Alles andere, auch die Reformulierung des Bundesbuchs unter dem leitenden Gesichtspunkt der Kultzentralisation, steht somit unter der Prämisse von Ottos religionsgeschichtlicher Hypothese (1996, 49–52; 1999, 217–364).

14 Parpola/Watanabe 1988, 28–58; TUAT I, 160–176. Zur Frage, ob es sich um einen „Vasallenvertrag" oder um „Nachfolgeeide Asarhaddons" handelt, vgl. Liverani 1995; Otto 1999, 15–32.

15 Dion 1978; 1991; Steymans 1995; Otto 1996d; 1997; 1999; 2000a; 2002 u. ö. zuletzt 2012a–b; 2016; 2017.

16 Otto 1999, 351, vgl. auch ebd. 74 f.350 f.364–378; 2002a, 14–17.161.

Die religions- und überlieferungsgeschichtliche Hypothese wirkt in sich geschlossen, hat in der Forschung allerdings auch viel Widerspruch erfahren, der den „Nagel in der Wand" etwas ins Wackeln brachte.[17]

So ist vielfach eingewendet worden, dass sich die Hypothese nicht mit den literarischen Gegebenheiten im Deuteronomium vertrage. Die Zentralisationsgesetze sind nicht in den vermeintlich vorgegebenen Rahmen von Dtn 13 und 28 eingebaut. Vielmehr unterbricht Dtn 13 den ursprünglichen Zusammenhang der Zentralisationsgesetze in Dtn 12,13–28 und 14,22–29 und erweist sich damit als sekundär.

Hinzu kommt, dass die Bundestheologie von Dtn 13 und 28, theologiegeschichtlich betrachtet, eher an das Ende als an den Anfang der rechts- und literargeschichtlichen Entwicklung im Deuteronomium gehört. Zwar ist der „Bund" im Deuteronomium zweifellos vom altorientalischen Vertragswesen, im Besonderen dem neuassyrischen Loyalitätseid mit junghethitischer Vorgeschichte, inspiriert. Doch anders als in den altorientalischen Vorbildern ist an dem „Bund" weder der assyrische noch der judäische König, sondern allein das Volk Israel und der Gott Jhwh beteiligt. Handelte es sich um eine „subversive Rezeption", hätte sich der judäische König (Josia) damit gewissermaßen selbst abgeschafft (vgl. Dtn 17,14–20).[18]

Schließlich ist der direkten Ableitung von Dtn 13 und 28 aus den VTE widersprochen worden, da sie die Komplexität der altorientalischen Überlieferung einschlägiger Vergleichstexte zu wenig berücksichtige und eine monokausale Erklärung biete.

Angesichts der kontroversen Diskussion wird man zwar in den von Otto favorisierten junghethitischen und neuassyrischen sowie manch anderen (etwa aramäischen) Parallelen den allgemeinen Vorstellungshorizont für die Anfänge und die weitere Entwicklung des Deuteronomiums erblicken können. Doch empfiehlt es sich nicht, von der damit verbundenen überlieferungsgeschichtlichen Hypothese, wonach Dtn 13 und 28 der Vorläufer und literarische Rahmen für die Idee der Kultzentralisation in der ältesten Gestalt des Deuteronomiums gewesen sei, auszugehen und alles andere ihr anzupassen oder unterzuordnen.

Somit konzentriert sich die Frage auf den Grundbestand der Zentralisationsgesetze selbst und ihr Verhältnis zu dem, was Otto die „Rationalität der assyrischen Kultzentralisation" nennt. Hierfür beruft sich Otto auf die Auskunft der Assyrio-

---

17 Veijola 2000b und 2002a, 289–298; Köckert 2000; Rüterswörden 2002; Aurelius 2003b, 41 Anm. 77; Pakkala 2006; Koch 2008.

18 Die von Otto 1999, 85 f; 2002a, 165 f angeführte Beschwörung aus Arslan Taş vermag schwerlich zu beweisen, dass „die Revolte gegen die assyrische Herrschafts- und Königsideologie mittels der Bundestheologie" das Spezifikum von Dtn 13 und 28 sei (Otto 2002a, 166). Die Bundestheologie im Dtn richtet sich weder gegen den Gott Aššur noch gegen den assyrischen König, sondern explizit gegen die „anderen Götter" (vgl. Dtn 13,3.7 u. ö.). Es versteht sich, dass damit auch ein „Bund" mit Aššur oder Marduk oder auch Ahuramazda ausgeschlossen ist.

logen, dass der Gott Aššur nach den uns erhaltenen Quellen und mit nur einer Ausnahme (unter Tukulti-Ninurta I.) außerhalb der Stadt Aššur keinen offiziellen Tempel hatte.[19] Die Tatsache ist sicher nicht zu bestreiten, doch was besagt sie? Ist sie der „Nagel in der Wand"?

Wie Otto selbst schreibt, lässt die „dtn-vordtr Konzeption der Opferzentralisation (...) die assyrische an programmatischer Konsequenz weit hinter sich". Dasselbe gelte auch für den „antiiconischen Zug der Jhwh-Religion", der zur gleichen Zeit in Juda aufgekommen sei und ebenfalls „auf die neuassyrische Kulturmacht reagiert". Auch dieser „Zug der Jhwh-Religion" sei von dem Gott Aššur inspiriert, wende sich aber in übersteigerter Form gegen ihn.[20] Sollte es sich tatsächlich um eine „subversive Rezeption" handeln, wäre sie so weit gegangen, dass man das Vorbild nicht mehr erkennt. Das aber macht es schwer, aus den Ähnlichkeiten eine genetische Abhängigkeit zu konstruieren.

Um die vorgeschlagene Analogie beurteilen zu können, muss man sich den jeweiligen religionsgeschichtlichen Kontext klarmachen. Der Gott Aššur, woher auch immer er stammt, hatte seit jeher sein kultisches Zentrum in der Stadt Aššur und behielt es auch, als die königliche Residenz nach Ninive verlegt wurde. Sein Kult musste nicht erst zentralisiert werden, sondern war auf einen Ort beschränkt, der sich in Konkurrenz mit anderen, schon länger etablierten (babylonischen) Kultorten befand. In dieser Konkurrenz ging es um den Status des Hauptgottes und der „Hauptstadt", des zentralen Kultortes, in der die „Achse der Welt" verortet wurde.[21] Da der Gott Aššur von Hause aus wenig mitbrachte, musste er darum bemüht sein, sowohl die Züge der anderen großen Götter auf sich als auch die Bedeutung ihrer Kultorte, besonders die Bedeutung Babylons als „Achsenstadt", auf den Kultort Aššur zu ziehen.

In besonders krasser Weise zeugt von dieser Konkurrenz das gewaltsame Vorgehen Sanheribs gegen den Marduk-Tempel Esangila in Babylon, das einen großen Nachhall in der literarischen Tradition fand.[22] Doch blieb dies die Ausnahme. Ansonsten spielte sich die Rivalität in der Zuschreibung von Attributen, Riten und Mythen ab, um die Aššur mit Marduk von Babylon und Enlil von Nippur wetteiferte. Das aber kann man kaum eine Zentralisation nennen, sondern ist der politisch bedingte Übergang von einem Zentrum zum anderen. Das Verbot der kultischen Verehrung des Gottes Aššur (und anderer Götter) außerhalb der Stadt Aššur ist

---

19 Otto 1999, 74 f.350 f mit Rekurs auf Mayer 1995, 61–67; 1997, 15–17; Maul 1997, 121–124. Vgl. auch Schmid 2008, 81.106, der von einem „assyrischen Import" spricht.
20 Otto 1999, 75.
21 Vgl. Maul 1997; zum Tempel des Gottes Aššur Menzel 1981 I, 34 ff.
22 Vgl. Vera Chamaza 2002.

damit m.W. nicht verbunden und auch kaum zu erwarten, auch wenn die positiven Belege spärlich sind.[23]

Anders das Buch Deuteronomium. Dieses handelt von einer Gottheit, die seit jeher an verschiedenen Orten kultisch verehrt wurde, im offiziellen Tempel der Hauptstadt wie an den lokalen Heiligtümern in den Städten. Das Verbot jeglicher Art von Opfer und die Profanierung des Schlachtopfers außerhalb des einen erwählten Ortes, den man für gewöhnlich mit Jerusalem, der Hauptstadt Judas, identifiziert,[24] setzen nicht eine lange bestehende Praxis fort. Die Maßnahmen richten sich – im ursprünglichen Bestand der Zentralisationsgesetze – zunächst auch nicht gegen andere Götter und ihre Kultorte, mit denen JHWH und Jerusalem konkurrierten. Die Zentralisationsgesetze des Deuteronomiums richten sich vielmehr gegen JHWH selbst und die eigenen Kultstätten im eigenen Land (in den „Toren"), an denen er und neben ihm noch andere Götter und Göttinnen verehrt wurden.

Eine Rivalität mit dem JHWH von Jerusalem (Juda) und dem JHWH von Samaria (Israel) und anderen Manifestationen desselben Gottes an anderen Orten mag von Anfang an im Hintergrund der Idee der Kultzentralisation gestanden haben (vgl. Dtn 6,4 f); doch die Konkurrenz mit den „anderen Göttern" vornehmlich des Landes Kanaan setzt das Erste Gebot voraus und drang, wie die Nachträge in Dtn 12,1–12 oder Dtn 13 zeigen, erst später in die Überlieferung ein. Der Status JHWHs als Hauptgott Israels und Judas und der Status Jerusalems als „Hauptstadt" Judas standen dabei nie in Frage, es sei denn man denkt an eine Konkurrenz mit der Fremdherrschaft, ihrer „Hauptstadt" und ihren Göttern. Doch gegen sie war das Verbot der Opfer und die Profanierung oder Zerstörung der einheimischen Kulte kaum ein probates Mittel.

Dem religionsgeschichtlichen Vergleich des deuteronomischen Zentralisationsgebots mit dem mesopotamischen Hauptstadt-Konzept fehlt somit schlechterdings der Vergleichspunkt. Das einzig Vergleichbare ist das Konzept als solches, das aber weder ein deuteronomisches noch ein neuassyrisches Spezifikum ist. Das Hauptstadt-Konzept ist für Aššur wie für Babylon bezeugt und dürfte – von den politischen Realitäten einmal abgesehen – auch von Israel und Juda sowie den anderen syrisch-palästinischen Kleinstaaten für sich in Anspruch genommen worden sein. Das Konzept repräsentiert den allgemeinen Vorstellungshorizont, in dem Landes-

---

23 Vgl. Cogan 1974, 49–61, bes. 52–55; Pongratz-Leisten / Deller / Bleibtreu 1992. Die Tatsache, dass „grundsätzlich außerbiblische Belege für ein durch priesterliche Ansprüche geprägtes Gesetzeskorpus aus Mesopotamien fehlen" (Blanco Wissmann 2008, 221 Anm. 1115), ist ein weiterer Beleg dafür, dass nicht nur das deuteronomische Zentralisationsgebot, sondern auch die Form des (durch Mose mitgeteilten) Gottesrechts exzeptionell ist und einer Erklärung bedarf.
24 Zur Identifikation in den antiken Quellen vgl. Nr. 23 in diesem Band.

götter zu Hauptgöttern und bestimmte Orte zu „Hauptstädten" aufsteigen und gegebenenfalls auch miteinander rivalisieren.[25] Darin wird man zweifellos eine Voraussetzung für das deuteronomische Zentralisationsgebot sehen können, doch ist beides nicht identisch noch geht das eine zwangsläufig aus dem anderen hervor. Vor allem ergibt sich aus dem allgemeinen Verstehenshintergrund, der mehr oder weniger für alle gilt, noch nicht die antiassyrische Polemik, die Otto hinter dem deuteronomischen Programm der Kultzentralisation vermutet, und schon gar nicht ohne weiteres eine Datierung in neuassyrische Zeit.

Die antiassyrische Polemik wird von Otto und allen, die ihm folgen, denn auch gar nicht mit der Vorrangstellung der Stadt und des Gottes Aššur, sondern mit der Politik des Königs Josia begründet.[26] Damit aber bewegt sich Otto in demselben Zirkel, den er an anderer Stelle – zu Recht – kritisiert.[27] Die Korrelation des Deuteronomiums mit dem Reformbericht des Josia (2Kön 22–23) kann schon aus methodischen Gründen nicht einfach vorausgesetzt werden. Sie hängt nicht unwesentlich von der Analyse des Deuteronomiums wie auch des Reformberichts in 2Kön 22–23 ab, die in beiden Fällen bekanntlich überaus umstritten ist. Die Diskussion darüber kann hier nicht geführt werden, doch ist klar, dass sich das Bild ändert, je nachdem, wie man rekonstruiert.

Doch selbst wenn man versuchsweise die antiassyrischen Maßnahmen Josias, die nach allgemeinem Dafürhalten zum Grundbestand von 2Kön 22–23 gehören, als Maßstab anlegt und mit den Zentralisationsgesetzen des Deuteronomiums vergleicht, lässt sich beides nicht ohne weiteres in Einklang bringen.[28] Weder die Abberufung der k^emarim-Priester und Entfernung assyrischer Kultsymbole aus dem Tempel von Jerusalem (2Kön 23,5.11 f)[29] noch die Begegnung mit Necho, die Josia das Leben kostete (2Kön 23,29),[30] haben etwas mit der deuteronomischen Kultzentralisation zu tun.

---

25 Mayer 1997 zeigt Ähnliches auch für den Ahuramazda, dessen Aufstieg zum iranischen Reichsgott dem neuassyrischen und neubabylonischen Vorbild folgt.

26 Otto 1999, 74 f.

27 Otto 1999, 7.13 f (unter Berufung auf G. Hölscher). Man kann sich des Eindrucks nicht erwehren, dass auch bei der Vorordnung des „Bundes" und der Bundesurkunde in Dtn 13 und 28 vor das „Gesetz" (Otto 1999, 74 u. ö.) wohl die Szene von 2Kön 22–23 Pate gestanden hat.

28 Vgl. Uehlinger 1995 und dazu treffend Otto 1999, 12: „Für eine Korrelierung mit einem Urdeuteronomium geben diese Maßnahmen wenig her."; ebenso Arneth 2001, 206 über die „antiassyrische Reform" in 2Kön 23,4–15: „Von einer Kultzentralisation ist im ursprünglichen Textbestand (noch) nichts zu vernehmen."

29 Vgl. dazu Spieckermann 1982, 85 f.245–256.271–273.293 f.

30 Unklar ist, ob sich Josia dem Pharao in feindlicher oder in friedlicher Absicht nähern wollte. Für ersteres spricht die historische Konstellation und der Ausgang der Begegnung, für das Zweite die Formulierung, die keine kriegerische Absicht verrät (vgl. 1Kön 18,16; 2Kön 8,8 f; 16,10; anders aber

Umgekehrt fehlt den Zentralisationsgeboten des Deuteronomiums wie auch dem Vorgehen Josias gegen die einheimischen („kanaanäischen") Lokalkulte die „Rationalität" einer antiassyrischen Politik.[31] Schon Theodor Oestreicher sah sich daher dazu gezwungen, die antiassyrischen Maßnahmen Josias von dem Vorgehen gegen die einheimischen Kulte zu trennen und letzteres als nur vorübergehende Maßnahme zu interpretieren. Beides habe ebenso wenig wie das ursprüngliche Deuteronomium etwas mit einer Kultzentralisation zu tun, die eine Erfindung der Deuteronomisten sei und auf einem Missverständnis beruhe.[32] Es ist offenkundig, dass es sich bei dieser Hypothese um eine Rationalisierung der literarischen Zeugnisse aus „weltgeschichtlicher Betrachtungsweise" handelt, gegen die mancherlei spricht. Die Hypothese macht allerdings auf die Probleme aufmerksam, die entstehen, wenn man sowohl das ursprüngliche Deuteronomium als auch den Reformbericht in 2Kön 23 gänzlich unter der antiassyrischen Politik Josias verbuchen möchte.

Einer verbreiteten Meinung zufolge lassen sich die Probleme mittels der Historisierung der Höhennotizen bei Hiskia (2Kön 18,4.22) und Josia (2Kön 23,5.8 f.13.15.19 f) aus dem Weg räumen. Die Abschaffung der Höhen, so die Meinung, sei Ausdruck einer judäischen (antiassyrischen) Macht- und Zentralisationspolitik, die lediglich den herrschenden Realitäten, namentlich der Verwüstung und Beschneidung des Territoriums seit 701 v. Chr. sowie einem unterstellten Gegensatz zwischen Ortsreligion und offizieller Religion, Rechnung getragen habe.[33] Im Rahmen dieser Politik seien die eigenen, lokalen Kultstätten um wirtschaftlicher, politischer oder religionspolitischer Ziele willen als „kanaanäisch", d. h. als fremd diffamiert und aufgegeben bzw. bewusst nicht wieder aufgebaut worden.[34]

1Kön 20,27). Unklar ist auch, ob Necho gegen Assyrien oder zum assyrischen König in Harran ziehen wollte. Vgl. Spieckermann 1982, 138–153; Würthwein 1984, 464 f; Cogan / Tadmor 1988, 291.300 f.

31 Otto 1999, 75 f lässt daher beides unberücksichtigt; ebenso Arneth 2001, 208.

32 Oestreicher 1923, 56.116–120; 1930, 32–42.

33 Jepsen 1956, 75; Gleis 1997, 177–181. Auch Fried 2002, 461 erklärt Dtn 12 mit der Situation nach 701 v. Chr., schreibt die Reformen des Hiskia und des Josia aber in Gänze dem – in die Exilszeit datierten – Deuteronomisten zu. Zu den verschiedenen Josia-Bildern und historischen Rekonstruktionen im Licht der assyrischen Quellen, vgl. Handy 2006.

34 Na'aman 1991, 57; 2002, 596 f. Halpern 1991, 27 führt das Programm auf die Propheten zurück; Barrick 2002, 177–216 bestreitet die antiassyrische Absicht und führt die Reform auf eine innenpolitische Kehrtwende zurück. Für Albertz 2005 muss die Josianische Reform, auch wenn die historischen und archäologischen Beweise dafür fehlen, in josianischer Zeit stattgefunden haben, um an der traditionellen Datierung von Deuteronomium und deuteronomistischem Geschichtswerk festhalten zu können. Ähnlich Pietsch 2013, der nach einer sehr umsichtigen und kritischen Auswertung der literarischen, archäologischen und epigraphischen Quellen überraschend mit der

Die Auffassung steht jedoch schon methodisch auf schwankendem Boden. Denn auch sie basiert auf der Kombination von Dtn 12 mit 2Kön 23 und vermengt die – ihrer theologischen Tendenz beraubte – literarische mit der historischen Ebene. Sodann leuchtet es schwerlich ein, dass man in Juda aus der Not eine Tugend gemacht und den durch die Assyrer herbeigeführten, desolaten Zustand des Landes in ein eigenes religionspolitisches oder gar theologisches Programm umgemünzt haben soll.[35] Ebenso wenig leuchtet ein, dass man durch Diffamierung der einheimischen lokalen Kulte als Fremdkulte künstlich eine Konkurrenzsituation mit dem Jhwh-Kult in der Hauptstadt erzeugt habe, nur um wirtschaftlichen Nutzen daraus ziehen oder um es dem Gott Aššur gleich zu tun und der Hypothese der „subversiven Rezeption" zu genügen. Bringt man für den jungen Josia die antiassyrische Tendenz in Anschlag, wäre – von den israelitisch-judäischen Voraussetzungen her – eher eine Ausdehnung als die Diffamierung und Aufhebung der lokalen Jhwh-Kulte zu erwarten.[36]

Schließlich ist ohnehin fraglich, ob die Höhennotizen in 2Kön 23 zum Grundbestand des Reformberichts gehören oder in Anlehnung an das späte Deuteronomium ergänzt sind, um die antiassyrischen religionspolitischen Maßnahmen Josias in eine nach innen gerichtete Kultreform umzumünzen.[37] Wer sich auf die Höhennotizen beruft, steht jedenfalls in der Gefahr, das „Urteil der Deuteronomisten aus der Zeit um 560 v. Chr. zur Kennzeichnung der Stimmung der vermuteten Reformpartei unter Josia oder gar noch früher zu verwenden, um dann daraus die Entstehung des Deuteronomiums und der Josianischen Reform zu erklären."[38]

Nach alldem ist der Schluss unausweichlich, dass sich das Programm der Kultzentralisation weder in die „Rationalität" der neuassyrischen noch in die einer antiassyrischen judäischen Politik einfügt. Dass das Deuteronomium dennoch, und zwar quer durch sämtliche literarische Schichten, von der Vorstellungswelt und Sprache

---

Schlussfolgerung aufwartet, dass der Bericht in 2Kön 23 nicht allzu weit von den darin berichteten Ereignissen entfernt sein könne und historisch mehr oder weniger zuverlässig sei.

35 Vgl. – gegen Jepsen 1956, 75 – Aurelius 2003b, 32: „Aber eine solche gewordene, nicht gewollte, geschweige denn einem Programm zufolge durchgeführte (Tendenz zur) Zentralisation wird noch keinem Geschichtsschreiber Maßstäbe für die Königsbeurteilungen, also für das theologische Urteil über die gesamte Geschichte der beiden Reiche geliefert haben."

36 Kratz 2000 137; Aurelius 2003b, 41 f.

37 Vgl. Würthwein 1984, 457 f.460 f; Kratz 2000, 136.173. Anders Aurelius 2003b, 44, doch vermag auch er in den Höhennotizen weder machtpolitisches Kalkül (Levin 2003) noch wirtschaftlichen Nutzen (Niehr 1995) noch theologische (Spieckermann 1982) oder antiassyrische (Otto 1999) Absichten des Königs Josia zu erkennen (ebd. 40–42). Auch für eine Aktion gegen „kanaanäische Überfremdungen des Jhwh-Kultes" (Hardmeier 2000, 141) bestand zur Zeit Josias kein Anlass.

38 Oestreicher 1930, 41.

des neuassyrischen Vertragswesens und seiner hethitischen und aramäischen Vorgeschichte lebt, leidet nach der bahnbrechenden Studie von Moshe Weinfeld und allen
anderen Beiträgen keinen Zweifel.[39] Allerdings ist es bezeichnend, dass Weinfeld
selbst eine andere religionsgeschichtliche Analogie ins Spiel brachte, um das seltsame
Zentralisationsgebot und seine Durchführung unter Hiskia und Josia zu erklären.

II Kultreform und Zentralisierung

Moshe Weinfeld denkt für das Zentralisationsgebot nicht an eine neuassyrische,
sondern eine neubabylonische Analogie:[40] die Verlegung der Götter aus den
Städten des südlichen Mesopotamien nach Babylon unter Nabonid kurz vor der
Einnahme der Stadt durch Kyros II., wovon die Tendenzschriften aus den Kreisen
der babylonischen Mardukpriester berichten.[41] Weinfeld interpretiert diesen Akt
als teils politisch, teils religiös motivierte Maßnahme, um die von der persischen
Invasion bedrohten Städte Babyloniens an die Hauptstadt Babylon zu binden und
ihre Wehrkraft zu stärken. Gleichzeitig füge sich der Akt in das Reformprogramm
Nabonids ein, den Kult des Mondgottes Sîn auch in Babylon als Hauptkult zu eta-
blieren. Erst die spätere innerbabylonische Polemik der Mardukpriesterschaft habe
dies als Sakrileg dargestellt, welches unter Kyros II. rückgängig gemacht worden sei.

In ähnlicher Weise, so Weinfeld, sei die Kultreform des Hiskia als politisch und
religiös motivierte Maßnahme zur Stärkung der Zentralmacht angesichts der assyrischen Gefahr und bevorstehenden Belagerung Jerusalems zu verstehen. Hiskia
habe sich dafür auf das „amphiktyonische Erbe" berufen können. 2Kön 18,22 dient
Weinfeld als Beleg dafür, dass diese Maßnahme in Juda auf Kritik gestoßen und
von prophetischen Kreisen, besonders den Schülern Jesajas, als Kultfrevel bewertet worden sei. Andererseits sei die Reform des Hiskia, die in den priesterlichen
Kreisen von Jerusalem Unterstützung fand, von den Schreibern im Deuteronomium
und deuteronomistischen Geschichtswerk (2Kön 18,4–6) als fromme Tat gewürdigt
worden. Im Unterschied zu Nabonid habe sich Hiskia mit seiner Reform, die Josia
vollendet habe, durchgesetzt.

---

39 Über die Bedingungen der Beeinflussung vgl. Nissinen 1996, 179–182; Steymans 2006 sowie Rüterswörden 2002 und die einschlägigen Beiträge in Witte u. a. 2006 (303 ff.351 ff.379 ff); Koch 2008
Wie die hethitischen Traditionen über syro-hethitische und aramäische Vermittlung in das 1. Jahrtausend gelangten, so könnte man für die assyrischen Traditionen an medische und urartäische
Vermittlung denken, durch die sie in die persische Zeit gelangten; vgl. Schmitt 1977.
40 Weinfeld 1964.
41 Nabonid-Chronik III 8–12, 20–21 (Grayson 2000,109 f); Kyros-Zylinder 9–10, 33–34 (Schaudig
2001, 552–556); Strophengedicht (Verse Account) V 12–14 (Schaudig 2001, 570.578).

Auch nach Weinfeld entspringt die Idee der Kultzentralisation also einer religionspolitischen Situation, die sich aus den altorientalischen, hier den neubabylonischen, Quellen erschließt. Doch anders als die These der „subversiven Rezeption" assyrischer Herrschaftsideologie behauptet Weinfeld keine direkte Abhängigkeit. Vielmehr spielte sich die polemische Auseinandersetzung, die sich hier wie dort mit der Kultzentralisation verbindet, innerhalb des jeweiligen Kulturkreises ab. Die Nabonid-Episode dient lediglich als heuristisches Modell, um das deuteronomische Programm der Kultzentralisation und seine Realisierung, von der die Königebücher berichten, aus den altorientalischen Verhältnissen heraus zu verstehen. Von daher verbindet sich mit der religionsgeschichtlichen Parallele auch keine absolute Datierung. Hiskia, Josia und das Deuteronomium werden nach dem damaligen Forschungsstand aus inneren Gründen in neuassyrische Zeit datiert und gehen der neubabylonischen Analogie zeitlich voraus.

Ein Vorzug dieser Hypothese besteht darin, dass hier nicht nur die Rivalität von Hauptstädten, sondern das Verhältnis der Hauptstadt zum Umland berücksichtigt ist. Damit steht die neubabylonische Parallele dem Deuteronomium näher als die oben betrachtete neuassyrische. Denn mit dem Hauptstadt-Konzept allein, sei es assyrischer oder babylonischer Provenienz, lassen sich weder das deuteronomische Zentralisationsgebot noch die deuteronomistische Polemik gegen die Höhen erklären. Ein weiterer Vorzug besteht darin, dass man es hier wie dort mit einer Ausnahmesituation und entsprechend ungewöhnlichen Mitteln, der Situation Herr zu werden, zu tun hat. In beiden Fällen rechnet Weinfeld mit Neuerungen im Rahmen einer umfassenden Kultreform, die einer besonderen historischen Erklärung bedürfen.

Dennoch wirft auch diese religionsgeschichtliche Analogie eine Reihe von Fragen auf und dürfte kaum geeignet sein, um als „Nagel in der Wand" zu dienen. So ist die Bedeutung des ungewöhnlichen Vorgehens Nabonids in den letzten Tagen des neubabylonischen Reiches keineswegs klar. Die Tendenz der Quellen ist durchweg polemischer Natur, was die Interpretation nicht eben erleichtert. Wie in den Königebüchern steht man vor der schwierigen Aufgabe, hinter der Polemik die wahren Motive aufzuspüren.

Die Erklärung Weinfelds ist stark von der Sicht der babylonischen Priesterschaft und der von ihr vertretenen, babylonzentrierten Theologie geprägt. Da die Mardukpriester das Vorgehen Nabonids mit allen anderen Taten in einen Topf werfen und insgesamt als Vergehen an Marduk und seinem Kultort brandmarken, will es so scheinen, als habe es tatsächlich etwas mit seiner sonstigen Religionspolitik zu tun. Doch eine Zentralisierung der Kulte im Namen des Mondgottes Sîn passt eigentlich nicht zur Religions- und Expansionspolitik Nabonids, die im Gegenteil eher auf eine Dezentralisierung hinausläuft.[42] Weder der Aufenthalt in Tema

---

42 Beaulieu 1989; Na'aman 2006, 158–162.

noch das Bauprojekt von Eḫulḫul in Harran, das Nabonid vor allem in den letzten Regierungsjahren verfolgte, lässt die Absicht der Zentralisierung erkennen. Auch der – vermutlich polemisch übertriebene – Vorwurf des Strophengedichts (V 18–22), Nabonid habe den Tempel Marduks in Babylon zum Tempel des Sîn erklärt, bedeutet nicht die Konzentration aller Kulte an einem Ort, sondern entspricht allenfalls dem religionspolitischen Plan, Marduk als obersten Gott zu verdrängen und die Tempel anderer Götter als Wohnort Sîns in Anspruch zu nehmen.[43]

Außerdem ist die von Weinfeld vorgeschlagene nicht die einzig mögliche Erklärung. Schon Morton (Mordechai) Cogan hat auf Parallelen zum Verhalten des Nabonid hingewiesen, die belegen, dass die Dislozierung dem Schutz der Götter vor dem Zugriff der Feinde und gleichzeitig dem Anliegen diente, sich des Beistands der Götter zu versichern.[44] Diese Interpretation, die Weinfeld ausschließt,[45] hat sich auch Paul-Alain Beaulieu zu eigen gemacht und anhand von neuen Quellen begründet.[46] Wie die Dokumente belegen, wurde zusammen mit den Götterstatuen sogar Kultpersonal nach Babylon beordert, und es herrschte ein reger Warenverkehr, um die in Babylon untergebrachten Götter zu versorgen. Beaulieu findet auch Anzeichen dafür, dass die Termine für den Transport der Götter sowie die daran beteiligten Personen mit der Religionspolitik des Nabonid zugunsten des Gottes Sîn in Zusammenhang standen. Doch erst die Polemik der Mardukpriester, die mit Kyros konspirierten, habe die wahren Absichten Nabonids, den Schutz der Götter, verzerrt und in ihr Gegenteil verkehrt, um Kyros als treuen Diener Marduks erscheinen zu lassen. So sei die Maßnahme des Nabonid im Nachhinein als Kultfrevel diffamiert worden, der „zum Zorn des Herrn der Götter" (Marduk) und gegen den Willen der nach Babylon verbrachten Götter geschehen sei.

Wie auch immer man den Vorgang erklärt, fällt es nicht leicht, ihn mit dem deuteronomischen Programm der Kultzentralisation oder der deuteronomistischen Darstellung Hiskias und Josias in Einklang zu bringen. Lässt sich die Erwählung des einen Kultortes für den Hauptgott des Reiches ohne weiteres aus den altorientalischen Voraussetzungen verstehen, so fällt die Kehrseite dessen aus dem Rahmen. Im Deuteronomium geht die Erwählung des Ortes Hand in Hand mit dem Verbot kultischer Handlungen und der Profanierung des Schlachtopfers in den Ortschaften („in deinen Toren") in Dtn 12,13–18 sowie mit der Schändung, Abschaffung und Zerstörung der Höhen in 2Kön 18,4.22 und 2Kön 23,4 ff entsprechend Dtn 12,1 ff.

---

43 Schaudig 2001, 21.
44 Cogan 1974, 30–34, bes. 33 Anm. 67 gegen Weinfeld; vgl. auch Cogan/Tadmor 1988, 219.
45 Weinfeld 1964, 205; vgl. auch Galling 1964, 33.
46 Beaulieu 1989, 219–224; 1993.

Dieser Aspekt des deuteronomisch-deuteronomistischen Programms lässt sich, gleichgültig, ob das Programm jemals realisiert wurde oder nicht, schwerlich mit der Verbringung der Götter und des dazugehörigen Kultpersonals nach Babylon unter Nabonid auf eine Stufe stellen. Denn diese Maßnahme bedeutete, wie Beaulieu gezeigt hat, keineswegs die Schändung und Abschaffung der Kulte in den Städten Babyloniens, so, wie auch die Restitution dieser und anderer, schon länger zerfallener Kulte unter Kyros II. nicht besagt, dass es dort vorher keine Kultausübung gegeben hätte oder diese gar – um der Hauptstadt willen – von höherer Stelle verboten gewesen wäre. Zentralisierung im Sinne des mesopotamischen Hauptstadt-Konzepts und Abschaffung der lokalen Kulte zugunsten einer einzigen legitimen Kultstätte sind nun einmal nicht dasselbe. So unterscheidet sich das deuteronomische Programm der Kultzentralisation nicht nur in der Gattung des dem eigenen Volk geltenden Gottesrechts, sondern mit dieser Gattung auch in der Sache grundlegend von der vorgeschlagenen neubabylonischen Analogie.

Gewisse Berührungen bestehen allerdings in der literarischen Tradition, der biblischen Darstellung der Reformen unter Hiskia und Josia einerseits sowie der inschriftlichen Bezeugung der Kultreform unter Nabonid, der Selbstdarstellung Nabonids in seinen Inschriften und mehr noch der – nachträglichen – Polemik der Mardukpriesterschaft, die ihm Gewalttätigkeiten gegen Kultstätten und Fremdgottverehrung nachsagt, andererseits.[47] Doch diese Berührungen besagen nicht allzu viel. Sie gibt es auch mit anderen altorientalischen Quellen, die von königlichen Kultreformen handeln und sowohl von gewaltsamen Eingriffen in die herrschenden Verhältnisse als auch von der Restitution zerstörter Kultstätten berichten.[48] Vergleichbar ist der Topos der königlichen Kultreform und bis zu einem gewissen Grade auch das Muster der Darstellung, was bei Texten, die im altorientalischen Raum entstanden sind, nicht verwunderlich ist. Doch was Anlass und Zielsetzung anbelangt, weisen die Analogien signifikante Unterschiede auf.

So kommen fast sämtliche Beispiele darin überein, dass die Reform „is the attempt to elevate a particular deity to the headship of the pantheon and exalt his status throughout the kingdom."[49] Dies trifft mehr oder weniger auch auf das vor-

---

47 Zum Verhältnis von Selbst- und Fremdwahrnehmung Nabonids in der literarischen Tradition vgl. Kuhrt 1990; Kratz 2013a, 40–54.
48 Arneth 2001, 206–216; Na'aman 2006; vgl. auch Handy 1995 und dazu Barrick 2002, 132–143, der seinerseits auf die *memorial inscriptions*, bes. die Mescha-Inschrift, als Parallele rekurriert. Man kann in diesem Zusammenhang auch auf das Einschreiten Antiochus IV in Jerusalem verweisen, das auf einen vorausgegangenen Aufstand reagiert und in den jüdischen (biblischen und parabiblischen) Quellen als Religionsfrevel – sogar als Frevel gegen die eigenen, griechischen Götter (Dan 11,37 f) – dargestellt wird.
49 Na'aman 2006, 163.

liegende Deuteronomium und die Darstellung der Reformen Hiskias und Josias in den Königebüchern zu, die von der Konkurrenz Jhwhs mit den „anderen Göttern" lebt. Doch bei keiner der altorientalischen Analogien, mit Ausnahme von Echnaton, gehört die Destruktion anderer Kulte zum Programm der Reform, dessen sich der Reformator rühmt, sondern ist, wie bei Sanherib, allenfalls Mittel zum Zweck und wird von der nachfolgenden Überlieferung in der Regel als Kultfrevel beurteilt. Ebenso wenig wie der von Weinfeld vorgeschlagenen Parallele ist den übrigen Analogien zu entnehmen, aus welchem Anlass und mit welcher Absicht im Deuteronomium die Opfer für Jhwh auf einen Ort beschränkt sowie die lokalen Heiligtümer profaniert, als Fremdkulte diffamiert, abgeschafft und zerstört werden sollen. Die *differentia specifica* der biblischen Berichte ist nicht nur das Buch, das den Reformen zugrunde liegt.[50] Der entscheidende Unterschied besteht darin, was dieses Buch vorschreibt und, dem Buch folgend, von Hiskia und Josia in den Königebüchern nach Art altorientalischer Könige ausgeführt worden sein soll. Davon gilt: „while its theological significance seems clear enough, its exact nature and practical significance as an official governmental action in Josiah's Judah are not."[51]

Gegen die von Weinfeld vorgeschlagene neubabylonische Analogie spricht schließlich auch wieder der literar- und theologiegeschichtliche Befund. Wie im Falle Josias (2Kön 22–23) hat man auch für die hiskianische Reform (2Kön 18,4–7a.22) versucht, hinter dem literarischen Zeugnis einen historischen Vorgang zu (er-)finden, der den politischen Gegebenheiten um 701 v. Chr. entspricht, und dafür archäologische Befunde geltend gemacht.[52] Doch beides ist höchst unsicher. Die antiassyrische Politik Hiskias begründet noch keine Kultreform, und die faktische Notlage Judas macht aus der Kultkritik in 2Kön 18,4.22 noch keine (religions-)politische Tugend. Die archäologischen Befunde sind nicht nur spärlich, sondern auch nicht eindeutig einer Kultreform zuzuordnen. Aus diesen und anderen Gründen steht seit jeher die hiskianische mehr noch als die josianische Reform im Verdacht, eine deuteronomistische Fiktion und sogar innerhalb der deuteronomistischen Bearbeitung sekundär zu sein.[53]

Bedenken erheben sich so auch gegen den Hauptbeleg von Weinfeld, die Rede des Rabschake in 2Kön 18,22.[54] Die Stelle findet sich im Kontext einer der drei

---

50 Na'aman 2006, 166 f. Vgl. für eine differenzierte Sicht der Rolle dieses Buches Ben-Dov 2008.

51 Barrick 2002, 183; vgl. auch ebd. 171 („except the closing of the bamoth").

52 Handy 1988; Finkelstein/Silberman 2006, 269–275. Vgl. auch oben unter I (bes. Anm. 33 und 34).

53 Vgl. z. B. Spieckermann 1982, 170–175; Camp 1990, 274–287; Na'aman 1995 und 2002; Gleis 1997, 149–163; Fried 2002; Aurelius 2003b, 30–33; auf seine Weise auch Arneth 2006. Zur Ausscheidung der fraglichen Verse Würthwein 1984, 410–412.421.

54 Auf diese Stelle rekurriert auch Blanco Wissmann 2008, 81–86, der sie zwar als nicht zeitgenössisch und möglicherweise redaktionell einstuft, aber dennoch für das Zeugnis einer den Köni-

legendarischen Versionen der Sanheribepisode, der in der Forschung so genann-ten „Quelle B1" in 2Kön 18,17–19,9a.[55] Diese ist zweifellos älter als die Version in 2Kön 19,9b–35, die „Quelle B2", bei der es sich um eine Ergänzungsschicht und nicht um eine eigenständige Tradition handeln dürfte.[56] Beiden Versionen geht die „Quelle A" (2Kön 18,13–16) voraus, die – im Rahmen einer älteren annalistischen Quelle oder auch erst der deuteronomistischen Grundschrift in 2Kön 18–20 – die Notiz in 2Kön 18,7b ausführt.[57] Für B wird für gewöhnlich auch der Schluss der Erzählung in 2Kön 19,36 f reklamiert, der jedoch nicht nur B, sondern den gesamten Abschnitt 2Kön 18,13–19,37 und folglich auch A mit abschließt. Da A älter ist als B, legt sich die Vermutung nahe, dass 2Kön 19,36 f – gerahmt von 2Kön 18,1–3 + 7b/20,20–21 – zunächst nur A abschloss, bevor B eingeschoben oder sukzessiv ein-geschrieben und anschließend noch einmal um die Jesajalegenden in 2Kön 20 ver-mehrt wurde.[58]

Für den von Weinfeld herangezogenen Beleg 2Kön 18,22 bedeutet dies, dass er in einem verhältnismäßig jungen literarischen Kontext überliefert ist,[59] in dem er zudem sekundär sein dürfte.[60] Die Stelle steht in gewissem Widerspruch zu dem (vermutlich seinerseits schon sekundären oder überarbeiteten) Frömmigkeitsurteil in 2Kön 18,4, ist aber wohl kaum älter, sondern eher jünger als dieses. Denn ob ursprünglich oder sekundär, ob Bestandteil einer ehemals selbständigen Erzählung oder einer Fortschreibung im Rahmen der Königebücher, setzt 2Kön 18,22 jedenfalls den Gedanken der Kultzentralisation, mithin wenigstens Dtn 12 und vermutlich auch schon die deuteronomistische Forderung nach Abschaffung der Kulthöhen durch die Könige Judas sowie den positiven Ausgang der Erzählung in 2Kön 19,36 f voraus.

Im Rahmen der Erzählung aber will 2Kön 18,22 keineswegs der Notiz in 2Kön 18,4 widersprechen, sondern gleicht den Kontext in 2Kön 18,21.23 – nachträg-lich und daher mit eigenen Worten und etwas anderen Akzenten – an den theo-logischen Duktus des Rahmens in 2Kön 18,4–6 an. Die Kultreform Hiskias im Munde

---

gebüchern vorgegebenen, älteren „Tradition" des „Bamot-Themas" ansieht, die wiederum aus der faktischen Situation nach 701 v. Chr. und den biblischen Berichten erschlossen wird.

55 Vgl. Cogan/Tadmor 1988, 240–244; Camp 1990, 38–52.108 ff; Gallagher 1999, 143–159; auf ihre Weise auch Würthwein 1984, 404–406.414; Hardmeier 1990, 13 f.116.119.

56 Vgl. zur Frage Gallagher 1999, 156.

57 In Rahmen der Quelle Würthwein 1984, 406–409; Camp 1990, 62–107; auf der Ebene der deute-ronomistischen Redaktion Jepsen 1956, 36.54.62; Noth 1943, 76 Anm. 6.

58 Kratz 2000, 173; für den Schluss von „A" vgl. Lewy 1928, gefolgt von Cogan/Tadmor 1988, 241.

59 Zur Datierung der Erzählung der „Quelle B" in die ausgehende Königszeit (nach 597 v. Chr.) vgl. Hardmeier 1990, 169 f.

60 Die Gründe nennen Hoffmann 1980, 149 f; Würthwein 1984, 421; Gleis 1997, 154 f.

des Feindes rückt den Makel des Vertrauens auf Ägypten zurecht und liefert damit zugleich den wahren Grund für die faktische Widerlegung des Feindes und die Rettung Jerusalems nach.[61]

Die Sanheriberzählung und 2Kön 18,22 tragen zweifellos assyrisches Kolorit.[62] Doch wird man in dem fraglichen Beleg deshalb weder eine zuverlässige historische Reminiszenz an oppositionelle Kreise in neuassyrischer Zeit noch die Auffassung einer Partei zur neubabylonischen Abfassungszeit der Erzählung, sondern allein ein „erzählfiktives Argument" finden können.[63] Auf dem Umweg über die – in der Propaganda der Sieger übliche – Polemik des Feindes und deren Widerlegung werden die deuteronomisch-deuteronomistischen Ideale wirkungsvoll bestätigt. Hier wie sonst erwiese es sich als Kurzschluss, wollte man von dem Kolorit auf die Herkunft, das Alter und die Historizität der biblischen Aussage schließen.

III Tore und Höhen

Das Resultat des religionsgeschichtlichen Vergleichs ist durchaus ambivalent. Einerseits ist nicht zu verkennen, dass das mesopotamische Hauptstadt-Konzept und andere altorientalische Vorstellungen eine Voraussetzung für die Ausbildung der deuteronomischen Zentralisationsidee und ihre Anwendung im Rahmen der deuteronomistischen Königebücher bilden. Andererseits will es nicht gelingen, beides aus den altorientalischen Analogien direkt abzuleiten und danach zu datieren. Dem stehen sowohl religionsgeschichtliche als auch literar- und theologiegeschichtliche Befunde entgegen. So wichtig und erhellend der religionsgeschichtliche Vergleich ist, eignet er sich doch schwerlich als „Nagel in der Wand".[64]

Die Hauptdifferenz besteht darin, dass die deuteronomische Kultzentralisation nicht nur eine Aufwertung der Hauptstadt bedeutet, sondern mit radikalen Eingriffen in die lokalen Kulte „in den Toren" bzw. an den „Höhen" Judas einhergeht. Die vorgeschlagenen Analogien bieten dafür keine Erklärung, und zwar nicht etwa, weil es die unterschiedliche Quellenlage nicht zuließe, sondern weil das Deutero-

---

61 Hoffmann 1980, 149–151; zu den verschiedenen Interpretationen der Stelle vgl. Machinist 2000.
62 Gallagher 1999, 160–254, bes. 190 f; Spieckermann 1982, 346 f; Oded 1992, 121–137, bes. 132 ff. Die assyrische Propaganda lebt unter Kyros fort; vgl. Beaulieu 1993, 243.
63 Hardmeier 1990, 398 f.
64 Dasselbe gilt für die Formel *lᵉšakken šᵉmô šām* und ihre altorientalischen Parallelen, die Richter 2002 umfassend untersucht hat. Ob diese Formel zum ältesten Bestand des Deuteronomiums gehörte, ist fraglich; vgl. Reuter 1993, 130–138; Kratz 2000, 126 Anm. 29. Doch selbst wenn sie dazugehörte, erlaubten die altorientalischen Parallelen keineswegs die Datierung ihres Gebrauchs im Deuteronomium im 7. Jh. v. Chr. oder gar noch früher.

nomium die altorientalischen Analogien „weit hinter sich" lässt.[65] Insofern kann man einstweilen nur konstatieren, dass das deuteronomische Programm der Kultzentralisation „so absonderlich und singulär in der altorientalischen Welt (ist), dass es besondere Gründe haben muss".[66] Es stellt sich daher mit Moshe Weinfeld die Frage, „what was it that prompted the institution of this peculiar reform?"[67]

Die Antwort auf diese Frage ist nicht einfach und kann auch nur in aller Vorsicht gegeben werden, wobei verschiedene Möglichkeiten gegeneinander abzuwägen sind. Da außenpolitische Gründe wie die Zerstörung des judäischen Umlandes zwar sicher eine Rolle gespielt haben dürften, aber schwerlich für die programmatische Preisgabe der eigenen Kulte und anhaltende Polemik gegen deren Fortsetzung verantwortlich gemacht werden können, wird man nach innerjudäischen Ursachen Ausschau halten müssen.

An innerjudäischen Ursachen sehe ich nach wie vor nur zwei Möglichkeiten, die beide vertreten werden und zwischen denen zu entscheiden nicht leichtfällt: „Entweder reagiert die Zentralisationsidee ebenso wie das nicht weniger ungewöhnliche, gegen die lokale Differenzierung Jhwhs gerichtete ‚Höre Israel' in Dtn 6,4 f auf den Untergang Samarias und will die politisch und religiös heimatlos gewordenen Nordisraeliten an Juda und Jerusalem binden. Oder das Programm reagiert auf den Untergang des Reiches Juda, den damit verbundenen Verlust der politischen und ideologischen Mitte des vorexilischen Juda und die Verschleppung und verfolgt die Absicht, die dadurch drohende Dezentralisierung … zu wehren und mit dem von Jhwh erwählten einen Kultort Ersatz zu schaffen."[68] Wenn ich eher zur zweiten als zur ersten Möglichkeit tendiere, dann darum, weil erstere bedeutete, dass Judäer und Israeliten ihre eigenen lokalen Heiligtümer aufgegeben hätten. Doch sei auch hier noch einmal betont, dass man sich mit Gründen auch für die andere Möglichkeit entscheiden kann und die Anrede Israels in Dtn 6,4 f in jedem Fall auf das – durch die Propheten begründete – Gemeinbewusstsein von Israeliten und Judäern zielt.

Je nachdem, wie man sich entscheidet, gelangt man für das deuteronomische Programm der Kultzentralisation anhand der inneren Gründe somit entweder in die spätvorexilische oder in die exilische Zeit. Daran schließt mehr oder weniger organisch die Anwendung dieses Programms auf die politische Geschichte der beiden Reiche Israel und Juda im annalistischen Rahmenschema der Königebücher

---

65 Otto 1999, 75.

66 Kratz 2000, 137.

67 Weinfeld 1964, 203, ähnlich ebd. 204: „Our question is, then, what was the primary motivation for the action taken to centralize the cult and for the law validating this act?"

68 Kratz 2000, 137 f; vgl. Aurelius 2003b, 40–44.

an. Auf der Basis der von Martin Noth begründeten Hypothese eines von Dtn 1 bis 2Kön 25 reichenden deuteronomistischen Geschichtswerkes versteht sich dieser Anschluss von selbst.[69] Doch auch wenn man die Hypothese nicht teilt,[70] ist die Tatsache nicht von der Hand zu weisen, dass die vielen Bearbeitungen in den Büchern Josua, Richter und Samuel-Könige auf weite Strecken vom Deuteronomium inspiriert und an ihm orientiert sind. Dies ist auch bei der ältesten greifbaren Bearbeitung der Fall, die die älteren Überlieferungen in den Büchern Samuel mit dem annalistischen Rahmenschema in den Königebüchern fortgeschrieben und zu einer ersten umfassenden Geschichte des Königtums in 1Sam 1–2Kön 25 ausgebaut hat. Wenn man weiterhin von einem deuteronomistischen Geschichtswerk (DtrG oder DtrH) sprechen möchte, was sich sowohl aus sachlichen Gründen als auch der wissenschaftlichen Konvention wegen empfiehlt, dann ist es in dieser ersten Komposition von Sam-Kön aus exilischer Zeit zu greifen.[71]

Wie die Analyse des annalistischen Rahmenschemas in Samuel-Könige zeigt, lassen sich darin wenigstens zwei Ebenen unterscheiden: eine, die die unter David und Salomo erreichte und unter Rehabeam und Jerobeam I. zerbrochene Reichs- und Kulteinheit zum Maßstab der Königsbeurteilungen macht und folglich sowohl nach politischen wie nach kultischen Kriterien urteilt, und eine zweite, die das Erste (und Zweite) Gebot und die Kultreinheit zum Maßstab hat und daher hauptsächlich, wenn nicht ausschließlich nach theologischen Kriterien urteilt.[72]

---

69 Noth 1943.

70 Kratz 2000, 155–218, zusammenfassend 219–225; ferner 2015, 260–276 sowie Nr. 12–13 und 16 in diesem Band; zustimmend Otto 2000a,15 f Anm. 15; 2002a, 3. Zur anschließenden Diskussion vgl. Veijola 2003, 28–44; Aurelius 2003b; Frevel 2004; Schmid 2004 sowie die einschlägigen Beiträge in Witte u. a. 2006 sowie Römer/Schmid 2007. Blum 2007, 84 führt die *„autoreferenzielle* Selbstdefinition" des Deuteronomiums in Dtn 31,9–12.24–26 (mit Textauslassungen) und Dtn 1,5 (ebd. 86) als des Rätsels Lösung ein. Da sich das „Torabuch" damit selbst als *„zitable* Referenzgröße definiert, die als solches nahtlos in ein größeres Werk integriert werden konnte" (ebd. 88 f), ist mir allerdings unverständlich, wie man einerseits daran ein eigenes literarisches Werk erkennen, andererseits das „größere Werk" ausschließlich in der wissenschaftlichen Hypothese des „Deuteronomistischen Geschichtswerkes" (ebd. 89.93) und nicht auch im überlieferten (kanonischen) Zusammenhang von Genesis bis Deuteronomium bzw. bis 2 Könige erkennen kann, in den sich gerade auch der Anfang der Erzählung („Jenseits des Jordan begann Mose …") „nahtlos" einfügt und dem das Deuteronomium nach Blum vom „genetischen Code" her zugehört (ebd. 93–95.97). Die ebd. 93 Anm. 90 vermisste Erklärung der Funktion von Dtn 1–3 findet sich in Kratz 2000, 132 f sowie Nr. 13 in diesem Band.

71 Kratz 2000, 161–193, zusammenfassend 190 f.218.222 f.325; ebenso Spieckermann 2001; Aurelius 2003a, 3 f; 2003b, 207; Schmid 2004, 205.209; für eine vorexilische Ausgabe schon Provan 1988, 157–173.

72 Kratz 2000, 161–167 sowie 174–179; ebenso Aurelius 2003a, 1–4; 2003b, 211 f; Müller 2004, 78–82; Schmid 2004, 201 f.203 f; Levin 2008. Vgl. schon Würthwein 1984 (ebd. 486–489 die Vorgänger); Provan 1988 sowie Pakkala 1999.

Während der zweite Maßstab auch literarisch mehr oder weniger ausdrücklich auf das Deuteronomium und das ganze Gesetz im Pentateuch rekurriert, erinnert der erste Maßstab nur der Sache nach an das Deuteronomium, geht sprachlich aber eigene Wege: Statt von „jedem Ort" und „deinen Toren" im Deuteronomium ist in den Königebüchern von den „Höhen" die Rede; der deuteronomische „Ort, den JHWH erwählen wird (in 1–2Kön: erwählt hat), um seinen Namen dort wohnen zu lassen", kommt nur an sekundären Stellen in den Königsbeurteilungen vor, und umgekehrt kommt die für die Königsbeurteilung typische Formel „das Rechte/das Böse tun in den Augen JHWHs" nur an sekundären Stellen im Deuteronomium vor.[73] Die unterschiedliche Terminologie bestätigt die Hypothese, dass die beiden literarischen Korpora, das Deuteronomium (im Rahmen der Exodus-Landnahmeerzählung Ex–Jos) und das älteste deuteronomistische Geschichtswerk in Sam–Kön, zunächst getrennt überliefert wurden und erst in einem späteren Stadium – durch die Einschaltung des Richterbuchs – miteinander verbunden und literarisch mehr und mehr aneinander angeglichen wurden.[74]

Zu einem anderen Schluss gelangt Konrad Schmid, der aufgrund der terminologischen Differenz zwischen „Toren" und „Höhen" die Hypothese aufgestellt hat, dass die Königsbeurteilungen das Deuteronomium noch nicht kannten und daher die Zentralisationsforderung des Deuteronomiums jünger als die Königsbeurteilungen und aus diesen heraus entwickelt worden sei. Der Vorschlag wird ausdrücklich mit der Option für eine vorexilische Ausgabe der Königebücher verbunden, sodass nach Schmid die Grundfassung des annalistischen („deuteronomistischen") Rahmenschemas in den Königebüchern vordeuteronomisch ist.[75] Beides hat wenig Wahrscheinlichkeit für sich. Die vorexilische Ansetzung der Königsbeurteilungen hat zuletzt Erik Aurelius mit guten Gründen abgewiesen, um nicht zu sagen: schlagend widerlegt.[76] Die vordeuteronomische Ansetzung bleibt eine Erklärung für das Aufkommen der Polemik gegen die Kulthöhen schuldig. Ohne das Zentralisationsgebot des Deuteronomiums ergibt sie keinen Sinn.

---

73 Vgl. dazu Kratz 2000, 165 sowie Nr. 13 in diesem Band.
74 Kratz 2000, 173 f.191.195–198.215 f; vgl. schon Jepsen 1956, 73.90 f.
75 Schmid 2004, 205 mit Anm. 53; 208–210; so auch schon Clements 1996, 13 f.
76 Aurelius 2003b. Anders wieder Schmid 2006. Dass ich das Werk nicht in 2Kön 23,29 f enden lasse, hat mit der Datierung des Deuteronomiums, wie Schmid ebd. 34 f mutmaßt, nichts zu tun. Warum die Höhennotiz bei Hiskia und Josia fehlt, ist in Kratz 2000, 165 erklärt; dabei macht es keinen Unterschied, ob die aufeinander abgestimmten Höhennotizen in 2Kön 18,4aα¹ und 21,3a ursprünglich sind oder nicht (optional ebd. 173; in der Tabelle ebd. 193 ist in Klammern 21,3a zu ergänzen); vgl. Müller 2004, 79 f.

Den Nachweis für die gegenteilige Auffassung versucht Felipe Blanco Wißmann in seiner Dissertation zu erbringen.[77] Anders als sein Zürcher Mentor hält er zwar an der üblichen Chronologie von Deuteronomium und Königebüchern wie auch an der exilischen Datierung der Königsbeurteilungen fest und beschränkt den Umfang des ältesten deuteronomistischen Werkes, das nun nicht mehr „deuteronomistisch" heißen darf, auf die Bücher Sam-Kön. Doch geht auch Blanco Wißmann von der Annahme aus, dass die Zentralisationsgebote im Deuteronomium und das Rahmenschema der Königebücher ursprünglich nichts voneinander wussten. Die Korrelierung beruhe allein auf einem „deuteronomistischen Vorverständnis", einem Missverständnis der Forschung also, über das uns die Zürcher Dissertation aufklären möchte, und erscheine daher als „fragwürdiger Restbestand der Forschungsgeschichte".[78]

Die Arbeit ist hier darum von Interesse, da sie die strikte Unterscheidung zwischen „Toren" und „Höhen" mit einer religions- oder kulturgeschichtlichen Hypothese kombiniert. Dem dient zunächst eine ausführliche Darstellung, was man sich unter den „Höhen" vorzustellen hat. Die Darlegungen kommen zu dem bekannten Ergebnis, dass es sich um die Kultstätten in den Städten Judas handelt, an denen der Reichsgott Jhwh in verschiedenen lokalen Manifestationen und neben ihm noch andere Götter und Göttinnen verehrt wurden.[79] Was daran allerdings anders ist als bei dem Kult „in deinen Toren", geht aus der Arbeit, sollte ich nichts übersehen haben, nicht hervor. Auch wird nicht erklärt, warum es die lokalen Kulte – ohne das Zentralisationsgebot des Deuteronomiums als Voraussetzung – auf einmal nicht mehr geben darf.

Als Grund wird die Verbindung mit dem Götzendienst genannt, die mit dem deuteronomistischen Richterschema, einigen strittigen Stellen der Königebücher (2Kön 18,4.22; 23,8 f) sowie prophetischen Belegen in die Polemik gegen die Höhen in Sam-Kön eingetragen wird.[80] Der Götzendienst erklärt aber keineswegs die For-

---

77 Blanco Wissmann 2008.

78 Blanco Wissmann 2008, 246–248.

79 Blanco Wissmann 2008, 62–69; vgl. schon Gleis 1997; Fried 2002.

80 Blanco Wissmann 2008, 75.77–89.107–114. Auch für die „Sünde Jerobeams" in 1Kön 12,26–30 (a.a.O., 116–135) wird mehr behauptet als belegt, dass es sich um Götzendienst handle (a.a.O., 133 f.137 f). Die Kohärenz der Beurteilungen des Hauses Omri, die Blanco Wissmann 2008, 103–105 in der Tabelle bei Kratz 2000, 192 f vermisst, ergibt sich – mit oder ohne den Baal in 1Kön 16,31 f! – unter dem Gesichtspunkt der Reichs- und Kulteinheit von selbst und ist in Kratz 2000, 165.169 erklärt. 1Kön 16,26 zeigt, dass es die Omriden unter diesem Gesichtspunkt, d. h. nach Maßgabe der „politisch-ideologischen Haltung des Redaktors" (Blanco Wissmann 2008, 76), auch ohne den Baal schlimmer trieben als ihre Vorfahren; 2Kön 8,18.27 zeigen, dass das Motiv der Einheirat in fremde oder illegitime Dynastien unter dem nämlichen Gesichtspunkt durchaus auf sich stehen kann. Auch

derung nach Abschaffung der Höhen, sondern ließe wie für Jerusalem eher eine Reinigung erwarten. Im Übrigen bedarf der Vorwurf des Götzendiensts – angesichts des zugestandenen religionsgeschichtlichen Pluralismus und Polyjahwismus in vorexilischer Zeit[81] – seinerseits der Erklärung.

Den „Schlüssel" sollen die religionsgeschichtlichen Voraussetzungen selbst liefern, doch wird lediglich deren plötzlicher Abbruch konstatiert, bei dem „die Verurteilung überkommener religiöser Bräuche, die ‚innerisraelitische Grenzziehung', (...) zu Ende gedacht (wird)".[82] Doch wo setzt die „Verurteilung überkommener religiöser Bräuche" ein? Etwa doch für die Höhen im Deuteronomium und für den Götzendienst im Sh[e]ma‘ oder im Dekalog?[83] Die prophetische Tradition scheidet hierfür mangels einschlägiger Belege, die die Höhen als solche verurteilten und zweifelsfrei älter wären als das Rahmenschema der Königebücher, aus.[84]

Die Unterscheidung von Deuteronomium und Königebüchern wird von Blanco Wißmann denn auch gar nicht an den lokalen Kulten „in den Toren" oder an den „Höhen" selbst, sondern an den altorientalischen Parallelen festgemacht. Für das Deuteronomium und sein Programm der Kultzentralisation folgt er Otto, führt beides also auf die neuassyrischen Parallelen zurück und datiert es in die Zeit Josias.[85] Das annalistische Rahmenwerk der Königebücher und sein Frömmigkeitsurteil werden hingegen aus den neubabylonischen Chroniken direkt abgeleitet und in die neubabylonische, spätexilische Zeit datiert.[86] Gewissermaßen in Umkehrung der Hypothese von Weinfeld wird die Tendenz zur Zentralisierung, die sich sowohl

---

der Vergleich mit „Vater und Mutter" in 1Kön 22,53, 2Kön 3,2 fügt sich in dieses Konzept, obwohl das doppelte „auf dem Weg" und das doppelte „nur" darauf hindeuten könnten, dass der Verweis auf die Eltern nachgetragen ist (Würthwein 1984, 265.279; vgl. 2Kön 3,13). Doch selbst wenn der Baal als Besonderheit des Hauses Omri in 1Kön 16,31 f und folglich auch in 1Kön 22,54a und 2Kön 10,28 ursprünglich sein sollte, wäre er in erster Linie nicht des Götzendienstes wegen, sondern – ebenso wie die Kälber von Betel und Dan in 1Kön 12,26–30 (sofern sie ursprünglich sind, vgl. Pakkala 2008) – um der Reichs- und Kulteinheit willen verurteilt; vgl. Müller 2004, 80 f.

81 Blanco Wissmann 2008, 96–103.
82 Blanco Wissmann 2008, 114 f.
83 Auch das Dtn setzt „einen inneren Zusammenhang zwischen der Vielzahl der Kultorte und der Vielzahl der Götter" (Blanco Wissmann 2008, 114) voraus, der hier aber nicht sogleich zur Diffamierung der lokalen Kulte als Götzendienst führt. Erst das Programm der Kultzentralisation (Dtn 12,13 ff) und die Vorstellung von der Einheit Jhwhs (Dtn 6,4 f) wirft die Frage auf, was es mit den verschiedenen Manifestationen Jhwhs und den übrigen Göttern an den lokalen Heiligtümern auf sich hat.
84 Vgl. schon Jepsen 1959, 106 f sowie Gleis 1997, 68–80.235–244. Auch Hos 10,8; Am 7,9 und Jer 17,3 sind keineswegs über jeden Zweifel erhaben.
85 Blanco Wissmann 2008, 16–22 und passim.
86 Blanco Wissmann 2008, 37.222 f und passim; vgl. neuerdings auch Adam 2007, 169–211. Die meisten Quellen finden sich bei Grayson 2000; Schaudig 2001.

in den religiösen Zensuren mancher Exemplare der babylonischen Chroniken als auch in der Propaganda der babylonischen Mardukpriesterschaft gegen Nabonid und für Kyros findet, mit dem Anliegen der Königsbeurteilungen in den Königebüchern korreliert.

Wie Blanco Wißmann schreibt, ist „die Nähe zwischen den babylonischen Chroniken und den Königebüchern (...) in der Forschung schon lange gesehen, aber nie konsequent ausgewertet worden."[87] Das hatte Gründe. Denn es ist fraglich, ob die „konsequente Auswertung" des neubabylonischen Vergleichsmaterials für die Königebücher zu einem überzeugenderen Ergebnis gelangen kann als die ebenso „konsequente", um nicht zu sagen gezwungene Auswertung des neuassyrischen Materials für das Deuteronomium. Die aus der „konsequenten Auswertung" des altorientalischen Materials resultierende, scharfe Trennung zwischen der Kultzentralisation im Deuteronomium und den Höhennotizen in den Königebüchern lässt jedenfalls erhebliche Zweifel aufkommen.

Die Zweifel werden nicht zuletzt durch die inkonsequente Benutzung des altorientalischen Materials genährt. So will es nicht recht zusammenpassen, wenn die neuassyrisch wie neubabylonisch belegte Hauptstadt-Ideologie sowohl für die Kultzentralisation im Deuteronomium als auch für die Höhenpolemik in den Königebüchern als Analogie angeführt und gleichzeitig behauptet wird, dass beides nichts miteinander zu tun habe und es sich bei dem altorientalischen Vergleichsmaterial nicht (nur) um traditionsgeschichtliche Analogien, sondern um direkte, exzeptionelle Vorbilder handle, die eine absolute Datierung der biblischen Rezeption erlaubten.[88] Dass weder die neuassyrischen noch die neubabylonischen Quellen etwas über das Schicksal der lokalen Kulte bei der Kultzentralisation und umgekehrt die Höhennotizen der Königebücher nichts über eine Zentralisation sagen, wird nicht bedacht.

So handelt sich die „konsequente Auswertung" der altorientalischen Parallelen eine Fülle von Problemen ein, die nicht sein müssten, wenn die Parallelen als das genommen würden, was sie sind: Beispiele für den altorientalischen Kontext, in dem die biblische Tradition entstanden ist und ihre eigenen, spezifischen Ausdrucksformen und theologischen Konzepte entwickelt hat. Auf diese Weise wird auch der terminologische Unterschied zwischen Deuteronomium und Könige verständlich. Die Königebücher speisen sich bekanntlich nicht nur aus einer, sondern

---

87 Blanco Wissmann 2008, 214. Auch dass sich die einschlägigen Parallelen in zeitlicher Nähe zum annalistischen Rahmenschema in Kön bewegen, ist nicht ganz neu (vgl. z. B. Kratz 2000, 164 mit Anm. 62). Doch ist eine Datierung nach den Königsbeurteilungen zu bevorzugen (Kratz 2015, 276); so auch Blanco Wissmann 2008, 75, anders jedoch ebd. 249–254.

88 Blanco Wissmann 2007, 67–72.220 f; vgl. zu den neuassyrischen Einflüssen außerdem ebd. 215 Anm. 1078 einerseits, 222 andererseits.

aus zwei Quellen: der israelitisch-judäischen Annalistik (den „Tagebüchern" von Israel und von Juda) und der theologischen Tradition, wobei für die Idee der Kultzentralisation nur das Deuteronomium in Frage kommt. Im Rahmenschema der Königebücher wird mit den Mitteln der Annalistik die Zentralisationsidee auf die politische Geschichte Israels und Judas angewandt. Dieses Verfahren führt nachgerade von selbst zu der vom Deuteronomium abweichenden Formulierung desselben Sachverhalts und zur Interpretation der Kultzentralisation im Sinne der Reichs- und Kulteinheit in den Königebüchern. Dass dabei insbesondere für die Synchronisation der beiden Reiche und das Frömmigkeitsurteil die babylonischen Chroniken Pate gestanden haben, mit denen die Annalistik von Hause aus verwandt ist, ist anzunehmen.[89] Eine Alternative zum Deuteronomium als Quelle bieten die babylonischen Chroniken jedoch nicht.

Nur am Rande sei noch erwähnt, dass auch die anderen Argumente von Blanco Wißmann, die sich auf die inneralttestamentliche Analyse und theologiegeschichtliche Ableitung beziehen, nur wenig überzeugen und gewisse Unstimmigkeiten aufweisen. So sei – anders als in den Königebüchern – im Deuteronomium ein Unterschied zwischen Kulteinheit und Kultreinheit zu erkennen. Gleichzeitig wird jedoch das Ottosche „Urdeuteronomium" zugrunde gelegt, das in Dtn 13,3.7 den Vorwurf gegen die „anderen Götter" bereits enthält.[90]

Umgekehrt soll in den Königebüchern nicht die Reichs- und Kulteinheit, sondern von Anfang an die Kultreinheit, also das Fremdgötterverbot, das entscheidende Kriterium gewesen sein, das die Standardformel „das Rechte/das Böse tun in den Augen Jhwhs", die „Sünde Jerobeams" (für den Norden) und die Polemik gegen die Höhen (für den Süden) verbinde.[91] Gleichzeitig werden die Königebücher jedoch vom Deuteronomium und dem deuteronomistischen Richterbuch getrennt, in denen sich genau das findet, was Blanco Wißmann in die Standardformel, die „Sünde Jerobeams" und die Höhennotizen der Königebücher hineinliest.[92] Die Ver-

---

89 Kratz 2000, 164. Für Berührungen mit den nordwestsemitischen Inschriften vgl. Parker 2006. Dass man hier noch keine Parallele für die „Tagebücher" von Israel und Juda gefunden hat, bedeutet nicht, dass es sie nicht gegeben hätte; um sie anhand des überlieferten Texts der Königebücher zu rekonstruieren, reichen die Mittel der Literarkritik jedoch nicht aus.

90 Das Problem ist Blanco Wissmann 2008, 94 Anm. 485 nicht entgangen, wird jedoch ignoriert.

91 Vgl. zur Unterscheidung Kratz 2000, 164 f sowie die Hinweise oben Anm. 72, und dagegen Blanco Wissmann 2008, 72–75.89 f.114–116.236 f; ähnlich Frevel 2006. Die Kritiker kehren in gewisser Weise zu der Position von Jepsen 1956, 81 und dem Göttinger DtrH (Smend 1989, 122–124) zurück; im Blick auf die Rolle des Baal ähnlich Müller 2004 und Levin 2008.

92 Zum Umfang der Erstausgabe der (deuteronomistischen) Königsgeschichte vgl. Kratz 2000, 174 f.190 f, zur Unterscheidung von (Josua und) Richter ebd. 195–198.215 f; Aurelius 2003b, 93; Rake 2006, 135; so auch Blanco Wissmann 2008, 54.246 f.

dammung der Fremdgötter, die sich auch aus den altorientalischen Parallelen nicht erklärt,[93] erscheint damit ebenso unmotiviert wie die geforderte Abschaffung der Höhen.

Neben dem Kultischen erwähnt Blanco Wißmann einmal auch das Politische als Kriterium für „das Rechte/das Böse in den Augen Jhwhs", doch bleibt der Zusammenhang unklar.[94] So wird die deuteronomistische Standardformel einmal politisch, das andere Mal wieder kultisch gedeutet.[95] Sodann wird nicht gesagt, wie sich die Standardformel zu ihrer Ausführung durch die Höhennotiz bzw. die „Sünde Jerobeams" verhält, d. h. ob die Könige bzw. das Volk nun nach der Ausführung (was auch immer sie impliziert) beurteilt werden oder nicht.[96] Unklar bleibt auch, ob im Falle der positiven Zensur eines judäischen Königs, die regelmäßig mit der auf das Volk bezogenen Einschränkung der Höhennotiz einhergeht, davon – wie im Norden – auch der König tangiert ist oder nicht.[97]

Was schließlich die theologiegeschichtliche Einordnung anbelangt, so vermag auch der Rekurs auf die Propheten eine Trennung von Deuteronomium und Königebüchern nicht zu begründen.[98] Denn nicht nur die Königebücher, sondern auch das Deuteronomium setzt mit dem Zentralisationsgebot und dem Sh^{e}ma' in Dtn 6,4 f den Gott der Propheten sowie den in der prophetischen Tradition entwickelten Gedanken der Einheit von Israel und Juda voraus, wobei weder hier noch dort direkt aus den Propheten zitiert wird.[99] In dieser Hinsicht zwischen Deuteronomium und Königebücher, „Toren" und „Höhen", zu unterscheiden, kann schwerlich überzeugen.

Nichtsdestoweniger leidet es gar keinen Zweifel, dass das – vom Deuteronomium abgeleitete, daher „deuteronomistische" – Rahmenschema der Königebücher die deuteronomische Idee der Kultzentralisation nicht einfach repetiert, sondern rezipiert, d. h. in eine neue Richtung entwickelt. Die entscheidende Innovation ist die Verbindung von Kult- und Reichseinheit, die Dtn 12,13 ff (ein Kultort) mit Dtn 6,4 f (ein Gott, ein Volk „Israel") kombiniert und beides auf die politische Geschichte der beiden Reiche Israel und Juda anwendet. Damit wird eine national-religiöse

---

93 So auch Blanco Wissmann 2008, 96.

94 Zu dem Vorschlag von Würthwein 1984, 492–495, neben dem Kultischen auch das Politische zu berücksichtigen, vgl. Kratz 2000, 165.169; Müller 2004, 78–81 sowie oben Anm. 80.

95 Blanco Wissmann 2008, 75–77 einerseits, 89 f andererseits.

96 Blanco Wissmann 2008, 54.89 f einerseits, 73 f andererseits.

97 Blanco Wissmann 2008, 75 einerseits, 89 f andererseits. Zur Unterscheidung zwischen König und Volk in den Königsbeurteilungen vgl. Kratz 2000, 164 f; 2015, 270–271; Müller 2004, 78 f.

98 Blanco Wissmann 2008, 224–233.

99 Vgl. Wellhausen 1905, 23–28; 1914, 122–132, hier bes. 129: „Das Deuteronomium krönt die Arbeit der Propheten."; ferner Kratz 2015, 275–276.

Haltung eingenommen, die neben der einigenden und zugleich ausgrenzenden Wirkung der Einheit Jhwhs und seiner Kultstätte nach innen eine Abgrenzung nach außen impliziert. Diese Abgrenzung nach außen wiederum arbeitet der prinzipiellen Fremdgötterpolemik, wie sie das Erste Gebot formuliert, und der Diffamierung der Höhen als Kultstätten der „anderen Götter" zu.[100]

IV Resultat

Das Resultat unserer religionsvergleichenden Untersuchung lässt sich wie folgt kurz zusammenfassen:

Die in der Forschung vorgeschlagenen altorientalischen Analogien zur Idee der Kultzentralisation – neuassyrischer Loyalitätseid, Hauptstadt-Ideologie, Sanherib-Literatur, Nabonid-Literatur, neubabylonische Chroniken – dokumentieren die religionsgeschichtlichen Voraussetzungen der Zentralisationsidee, stellen jedoch keine direkten Parallelen dar. Sie eignen sich daher nicht, um mit ihnen überlieferungsgeschichtliche Ableitungen und exakte Datierungen zu begründen.

Das Programm der Kultzentralisation im Deuteronomium und die Berichte über die Durchführung einer Kultzentralisation in den Königebüchern stehen – unbeschadet der terminologischen und sachlichen Differenzen – in einem inneren Zusammenhang. Da das Programm für sich stehen kann, die Berichte der Durchführung jedoch nicht ohne das Programm verständlich sind, ist die Reihenfolge unumkehrbar: das Deuteronomium ist das Primäre, die Königsbeurteilungen im annalistischen Rahmenwerk der Königebücher sind davon abgeleitet. Die Datierung von beidem ist – vor dem Hintergrund der religionsgeschichtlichen Voraussetzungen im Alten Orient – nur nach inneren Kriterien möglich. Entscheiden muss darüber das Maß an Plausibilität.

Als „Nagel in der Wand" bleibt nach alldem allein die Idee der Kultzentralisation selbst in der ursprünglichen Fassung des Deuteronomiums, einer Novellierung des Bundesbuchs, die um dieser Idee willen entstanden ist. Die Idee der Kultzentralisation behält ihren Wert als ausschlaggebendes Kriterium für eine relative Differenzierung der alttestamentlichen Literatur- und Theologiegeschichte. Die absolute Datierung und Einordnung der verschiedenen Phasen dieser Literatur- und Theologiegeschichte bleibt eine Sache der historischen Abwägung in Anbetracht, doch nicht nach alleiniger Maßgabe der altorientalischen Quellen.

---

100 Zur Entwicklung des Ersten Gebots aus der Idee der Einheit von Kultstätte und Gottheit, die sich aus der Analyse des Deuteronomiums ergibt (Kratz 2000, 128.131 f), vgl. Aurelius 2003a; sowie Nr. 11 in diesem Band.

18 Der vor- und der nachpriesterschriftliche Hexateuch

Das sicherste Ergebnis der Pentateuchkritik der vergangenen gut 200 Jahre, wenn man so will ihr „archimedischer Punkt", ist die Isolierung der Priesterschrift (P) durch T. Nöldeke und ihre relative, d. h. in Relation zu den nicht-p Schichten des Pentateuchs vorgenommene, Datierung durch J. Wellhausen. Als gesichert galt für lange Zeit auch die von W.M.L. de Wette erkannte Sonderstellung des Deuteronomiums (D). Sie wirft jedoch auch Fragen auf, nicht nur, weil D neben P die zweite große Quelle des Gesetzes im Pentateuch ist, die es wiederum zu dem nicht-p Gesetz am Sinai in Ex 19–24 und 32–34 ins Verhältnis zu setzen gilt, sondern vor allem deswegen, weil in D die Anfänge der israelitischen Geschichte in Gen–Num, in denen das Gesetz gegeben wird, mit der Fortsetzung in Jos, Ri und Sam-Kön verzahnt sind, in der die Geschichte nach Maßgabe des Gesetzes im Pentateuch erzählt und theologisch bewertet wird, sodass D sowohl den Kanonteil Tora abschließt als auch zu den Vorderen Propheten überleitet.[1] Diese Zwischenstellung verträgt sich nur schwer mit der von J. Wellhausen noch für den Hexateuch begründeten, von M. Noth auf den Tetrateuch reduzierten Neueren Urkundenhypothese und noch schwerer mit der von Noth aufgestellten Hypothese eines von Dtn–Kön reichenden, selbständigen Deuteronomistischen Geschichtswerkes (DtrG).

Das Problem der Stellung von D zwischen Tora und Vorderen Propheten ist lange vernachlässigt und vielfach unterschätzt worden. Doch nachdem sowohl die Neuere Urkundenhypothese als auch die These des DtrG ins Wanken geraten sind, ist die Partie wieder eröffnet. Sieht man von den beiden fixen literarischen Größen im Pentateuch, P und D, ab, steht man vor einem überaus komplexen literarischen Gebilde in Gen, Ex und Num, nach der Neueren Urkundenhypothese JE (einschließlich der Anteile von R), von dem heute nicht mehr ausgemacht ist, ob es vor D und P einmal ein fortlaufender Erzählzusammenhang war oder sich aus älteren Fragmenten und nach-dtn/dtr bzw. nach-p Ergänzungen zusammensetzt, und ob der literarische Horizont – gemeint ist hier und im Folgenden die Reichweite eines möglichen Zusammenhangs, nicht die Zahl der Bücher – der Tetrateuch, der Pentateuch, der Hexateuch oder der Enneateuch ist. In jüngster Zeit mehren sich die Stimmen, die wieder den Hexateuch als Vorstufe oder konkurrierende Ausgabe des Pentateuchs ins Spiel bringen. Sie unterscheiden sich vor allem darin, ob sie den Hexateuch, mit und ohne Deuteronomium, vor- oder nach-p ansetzen. Da sie sich mehr oder weniger auf dieselben Texte (Gen 15; Ex 34; Dtn 1–3 und 31–34; Jos 24) berufen, kann

---

1 Vgl. Kratz 2000, 9–11 sowie Nr. 13 in diesem Band.

https://doi.org/10.1515/9783111367057-023

nur das eine oder das andere richtig sein, wenn denn die redaktionsgeschichtliche Frage anhand dieser Texte überhaupt entschieden werden kann.

In diesem Beitrag werde ich das Problem sowohl im Gespräch mit neueren Forschungshypothesen als auch in exemplarischen Exegesen behandeln. In einem ersten Schritt werde ich das sogenannte „Münsteraner Modell" eines vor-priesterschriftlichen Hexateuch diskutieren (I.) und den dafür in Anspruch genommenen Text Josua 24 als Testfall näher betrachten (II.). In einem zweiten Schritt werde ich mich der Hypothese eines nach-priesterschriftlichen Hexateuchs zuwenden und dabei insbesondere mit der Stellung des Deuteronomiums zwischen Tora und Vorderen Propheten beschäftigen (III.). Anhand von Dtn 34 und dem Übergang von Num zu Jos werde ich abschließend einen eigenen Vorschlag für einen vor-priesterschriftlichen Hexateuch und dessen nach-priesterschriftliche Aufstockung zum Enneateuch begründen (IV.).

I Jehowist und Hexateuch

Die Wiederentdeckung des Hexateuchs lässt sich exemplarisch an dem raschen Wandel des „Münsteraner Pentateuchmodells" in den verschiedenen Auflagen der von E. Zenger und anderen verantworteten Einleitung ablesen, das vom Hauptherausgeber und Verfasser der einschlägigen Abschnitte sich selbst, C. Dohmen und F.-L. Hossfeld, seit der fünften Auflage hauptsächlich P. Weimar und E. Zenger zugeschrieben wird.[2] Stehen die beiden ersten Auflagen[3] noch ganz im Bann der von Noth modifizierten Neueren Urkundenhypothese, bewegen sich also zwischen den beiden Polen des Tetrateuchs (Gen 12–Num 32) einerseits, des DtrG (Dtn–Kön) andererseits und führen lediglich für den etwas differenzierten vor-p Textbestand von JE (Wellhausens Jehovistisches Geschichtsbuch) zwei neue Kürzel – JG („Jerusalemer Geschichtswerk") für die um 700 v. Chr. entstandene erste Komposition der älteren Erzählkränze in Gen–Num und EG („Exilisches Geschichtswerk") für eine exilische Überarbeitung von JG – ein, so schlägt ab der dritten Auflage die neu aufgelegte (alte) Hypothese durch: Aus JG ist (wieder) ein von Gen 12*(?) bzw. 11,27 bis Jos 24,32 reichender Hexateuch und aus EG ein um die nicht-p Urgeschichte, das vorexilische Bundesbuch, das

2 Zenger u. a. 1995; ²1996; ³1998; ⁴2001; ⁵2004. Seit der achten Auflage (⁸2012; ⁹2016) wird die Einleitung von C. Frevel herausgegeben, der auch für den Abschnitt über den Pentateuch mit verantwortlich zeichnet; zur Genese und Frage der Urheberschaft vgl. ⁸2012, 120; ⁹2016, 124. An die hexateuchische Vorgeschichte des „Münsteraner Modells", über die in den beiden ersten Auflagen Stillschweigen herrscht, erinnert Bieberstein 1995, 40–42.337–339.
3 Zenger u. a. 1995=²1996, 73–75.108–123.

spätvorexilische Dtn und die dtr bearbeiteten Bücher Ri, Sam und Kön erweiterter Enneateuch (Gen 2–2Kön 25) geworden, in den nach 520 v. Chr. P eingearbeitet und der zuletzt in Tora (Pentateuch) und Vordere Propheten zerlegt wurde.[4]

Der Entwurf, so sehr er mit der schon von Wellhausen praktizierten Kombination von Fragmenten-, Quellen- und Ergänzungshypothese[5] und der Abfolge von Hexateuch – Enneateuch – Pentateuch/Vordere Propheten[6] im Großen und Ganzen wohl das Richtige trifft, wirft im Einzelnen eine Reihe von Fragen auf.

So wird nicht recht deutlich, wie sich manche stehengebliebene oder neu aufgenommene Hypothese zu dem „Münsteraner Pentateuchmodell" fügt. Die Abschnitte über das Dtn,[7] das DtrG[8] und das Buch Jos[9] erwähnen „die in diesem Studienbuch vertretene Pentateuchtheorie" mit keinem Wort. Das Dtn, nach dieser Theorie ein Einschub in den Hexateuch bzw. Enneateuch, wird ebenso wie Jos nur für sich und als Bestandteil des Nothschen DtrG beschrieben, das es nach der Theorie gar nicht gegeben hat. Auch der Hinweis auf die „alten Pentateucherzählungen", die das Dtn ebenso voraussetzt wie „in jüngeren Schichten die Darstellung von Jos–Kön",[10] trägt nicht gerade zur Klarheit bei.

Vergeblich sucht man nach den literarischen Anschlüssen, die Jos ursprünglich mit Num verbinden und den Einschub des Dtn in den aus dem Hexateuch (JG) hervorgegangenen Enneateuch (EG) bewerkstelligen. Die einzige Schnittstelle ist die von N. Lohfink[11] auf einer, wie er selbst einräumt, „sehr, sehr schmalen Untersuchungsbasis" postulierte, die Bücher Dtn und Jos umfassende „deuteronomisti-

---

4 Zenger u. a. ³1998=⁴2001, 119–122.162–176. Nachdem bis einschließlich ⁸2012, 119–147 auch andere „Modelle" (Blum, Otto, Kratz) ausführlich dargestellt wurden, beschränkt sich die „aktualisierte" Fassung in ⁹2016, 123–135.210–227 allein auf das „Münsteraner Modell". Die meisten der an die 3. und 4. Auflage gestellten Anfragen sind auch nach den auf den Erstabdruck dieses Beitrages folgenden Auflagen (⁵2004–⁹2016) nicht überholt.

5 Wellhausen 1899, bes. 314 f. Vgl. Kratz 2000, 227–230.304–308.

6 S.u. IV.

7 Zenger u. a. ³1998=⁴2001, 125–141; anders in ⁸2012, 174 f; ⁹2016, 166.

8 Zenger u. a. ³1998=⁴2001, 180–190; anders schon in ⁵2004, 200; ausführlicher in ⁸2012, 252–254; ⁹2016, 249–251.

9 Zenger u. a. ³1998=⁴2001, 190–196; anders in ⁵2004, 206; ausführlicher in ⁸2012, 261.263; ⁹2016, 259.261.

10 Zenger u. a. ³1998=⁴2001, 131; in ⁵2004, 143 mit dem Zusatz „wenn auch natürlich nicht notwendig in der uns jetzt vorliegenden Gestalt"; in ⁸2012, 173 und ⁹2016, 163 ist statt der *„alten Pentateucherzählungen* über Exodus, Sinai und Wüstenwanderung" nun von den „alten Erzählungen über Exodus, Sinai, Wüstenwanderung und Landnahme" die Rede, die „jüngeren Schichten" des Dtn kennen nur noch „u. a. die Königs- und Prophetengeschichten, wenn auch natürlich nicht notwendig in der uns jetzt vorliegenden Gestalt".

11 Lohfink 1991b, 125–142. Vgl. dazu Bieberstein 1995, 54.

sche (joschijanische) Landeroberungserzählung" (DtrL), die als „zweite Quelle" des Pentateuchs neben dem Hexateuch bzw. als Vorstufe des DtrG, nicht jedoch für Jos, in Anschlag gebracht wird.[12] Wie sich Lohfinks DtrL (Dtn 1–Jos 22) und der Münsteraner Hexateuch JG (Gen 11,27–Jos 24,32), in denen das Buch Jos offenbar zweimal, einmal mit und einmal ohne Dtn, Verwendung gefunden hat, zueinander verhalten, wird nicht aufgeklärt. Gerade von einem Studienbuch würde man sich wünschen, dass die von verschiedenen Verfassern stammenden verschiedenen Theorien aufeinander abgestimmt und gegensätzliche Auffassungen, sofern sie sich nicht miteinander versöhnen lassen, beim Namen genannt und begründet würden.[13]

Fragen werfen auch die vielen komplizierten Hilfsannahmen in der Hypothesenbildung auf, die nötig sind, um die Textverhältnisse mit den exegetischen Entscheidungen in Einklang zu bringen. So gehört zwar „das Bundesbuch in die Nähe des JG, das ja seinerseits am Höhepunkt der Sinaigeschichte in Ex 34* das altehrwürdige Privilegrecht aufnimmt, das sich wie eine Art Kurzfassung des sakralrechtlichen Teils des Bundesbuchs liest",[14] doch muss für das „altehrwürdige Privilegrecht" in Ex 34, das die Alleinverehrung JHWHs fordert, ein „teilweise vorgegebener Text" postuliert werden, damit es das älteste Gesetz ist, von dem – schon vor ihrer Einfügung in JG und EG – sowohl die „protodeuteronomische" Bearbeitung des Bundesbuchs[15] wie das davon inspirierte Dtn[16] abhängig sind.

---

12 Zenger u. a. ³1998=⁴2001, 119 f.133. Seit ⁵2004, 103 figuriert neben dem JG nur noch das „joschijanische" Deuteronomium „in seiner textlichen Hauptsubstanz" (ohne Erweiterung des „hiskijanischen" Deuteronomiums um Jos 1–22) als „zweite Quellenschrift" des Pentateuchs mit Hinweis auf die abweichende Sicht von Braulik (nach Lohfink) im Abschnitt über das Dtn, a.a.O., 144 f; vgl. ⁹2016, 128.130.166. Der Anschluss von Jos an Num wird – wie unten unter IV. sowie in Kratz 2000, 129 f.133–135.220 f vorgeschlagen – mittlerweile in Num 25,1–5* und Jos 2–8* mit einer „vordtr Notiz vom Mosetod in Dtn 34" gesucht, wenn auch mit der rätselhaften Einschränkung, dass die im Text von Dtn 34,5 f („Und dort starb Mose ... und man begrub ihn ...") vollständig überlieferte Todes- und Begräbnisnotiz (vgl. Num 20,1b von Mirjam) „textlich aber ganz in der jetzigen dtr und nachdtr Gestaltung von Dtn 34 aufgegangen ist" (⁸2012, 124 f.224; ⁹2016, 129.220).
13 Der Kritik wurde, wie für die hier zitierten Stellen in den Fußnoten vermerkt, in den weiteren Auflagen (⁵2004 bis ⁹2016) Rechnung getragen, indem die internen Unstimmigkeiten teilweise beseitigt oder benannt und mit entsprechenden Querverweisen versehen wurden. Die nach wie vor bestehenden Differenzen zeigen das Problem an, um das es in diesem Beitrag geht.
14 Zenger u. a. ³1998=⁴2001, 175; vgl. ⁹2016, 227.
15 Zenger u. a. ³1998=⁴2001, 172 mit Verweis auf 174 f. Der entscheidende Nachsatz „da dieser privilegrechtliche Text (sc. Ex 34) seinerseits wieder den Anstoß gab zu einer vor JG anzusetzenden Bearbeitung des Bundesbuches" ist in den von C. Frevel verantworteten Auflagen ⁸2012, 228 und ⁹2016, 224 ersatzlos gestrichen; zwar hält auch Frevel weiterhin an dem „teilweise vorgegebenen Text" des „altehrwürdigen Privilegrechts" in Ex 34 und der „protodeuteronomischen" Bearbeitung des (noch selbständigen) Bundesbuches fest, erwägt in ⁸2012, 231 und ⁹2016, 227 mit Rekurs auf Konkel 2008 jedoch eine vor-deuteronomistische Aufnahme des Bundesbuchs in das JG, womit sich „die Auslegung des Bundesbuches in Privilegrecht und Deuteronomium besser erklären" ließe.
16 Zenger u. a. ³1998=⁴2001, 131; vgl. ⁹2016, 162.

Die auf dem „teilweise vorgegebenen Text" von Ex 34 basierende Vorgeschichte von Bundesbuch und Dtn wiederum greift der Textentwicklung in JG und EG selbst voraus, in der zuerst das „altehrwürdige Privilegrecht" in Ex 34 und die – mit E. Otto auf das „neuassyrische Vasalitäts-" oder „Vertragskonzept" zurückgeführte[17] – Bundestheologie von Gen 15; Ex 34 und Jos 24 im Hexateuch des JG gestanden haben sollen, bevor die beiden älteren Rechtskorpora, das „altehrwürdige" Bundesbuch und die „noch in spätvorexilischer Zeit anzusetzende deuteronomistische Gestalt des Dtn", die außer Ex 34 und dem Bundesbuch auch schon JG voraussetzt, erst nachträglich durch eine (weitere?) dtr Redaktion in den exilischen Enneateuch des EG inkorporiert und an den Sinai bzw. in Moab „verortet" worden seien.[18]

Der Dekalog, Hauptzeuge für die Alleinverehrung JHWHs und die allgegenwärtige Bundestheologie,[19] wird in diesem Zusammenhang nicht erwähnt, vermutlich, weil es ihn – jedenfalls als Bestandteil von JG oder EG – vor dem (dtr) Dtn noch nicht gegeben haben darf, auch wenn die Fassung in Dtn 5 nicht die ursprüngliche ist, sondern eine Vorlage „zitiert", von der aber nicht gesagt wird, ob es sich um Ex 20 oder eine vermutete Vorstufe zu beiden Fassungen handelt. So kommt es zu der bemerkenswerten, aber am Text nicht leicht nachvollziehbaren Konstruktion, dass Ex 34, das Bundesbuch, JG und das Dtn in dieser Reihenfolge als voneinander abhängige Texte entstanden sind, bevor sie in annähernd derselben Reihenfolge, d. h. in Umkehrung der angenommenen literarischen Abhängigkeitsverhältnisse,[20] in den Kontext von JG und EG gelangten, für den sie zufällig wie geschaffen sind.

Die allergrößten Schwierigkeiten macht jedoch der grob umrissene Textbestand des Münsteraner Hexateuchs.[21] Warum dem zugrunde gelegten JE der Neueren Urkundenhypothese in JG ausgerechnet die jahwistische Urgeschichte und die alles in Gang setzende erste (und relativ älteste) Väterverheißung der Genesis in Gen 12,1–3, die zusammen mit Gen 28,13–15 das Rückgrat der Vätergeschichte

---

17 Zenger u. a. ³1998=⁴2001, 168.170 f.175 f; vgl. ⁹2016, 216.222 f.

18 Zenger u. a. ³1998=⁴2001, 166.168 sowie 169 f; vgl. ⁹2016, 214 f.220.

19 Zenger u. a. ³1998=⁴2001, 99–101.131 f; ⁹2016, 97–99.162 f.

20 Ex 34 in JG nach Entstehung von Bundesbuch (mit Auslegung desselben) und Dtn; Bundesbuch und Dtn nach JG (mit Ex 34) und dem „spätvorexilischen" („joschijanischen") Dtn bzw. DtrL in EG. Zu den leichten Modifikationen in den späteren Auflagen s. o. Anm. 15.

21 Zenger u. a. ³1998=⁴2001, 168–171; anders und ausführlicher ⁸2012, 123–125.222 f; ⁹2016, 127–130.217–219. Seit ⁵2004, 102.180 (vgl. ⁹2016, 128.218) zählt mittlerweile auch die nicht-p (ehemals jahwistische) Urgeschichte und Gen 12,1–4a zum Bestand des Münsteraner JG; an den bundestheologischen (ehemals elohistischen) „Brückentexten" (Gen 15; Ex 34; Jos 24) hält man jedoch nach wie vor fest (⁵2004, 102; ⁹2016, 128). Wie sich der „Brückentext" Gen 15 mit dem literarischen Gelenkstück Gen 12,1–3 auf ein und derselben literarischen Ebene vertragen soll, ist mir nicht nachvollziehbar.

bildet,[22] abgesprochen und stattdessen die elohistischen und andere zweifelhafte Texte als älter eingestuft werden, leuchtet beim besten Willen ein. Das gilt besonders für die tragenden Säulen, auf denen das Hypothesengebäude ruht, die „bundestheologischen Weichentexte" Gen 15; Ex 34 und Jos 24, die von der neueren Forschung mit durchschlagenden Argumenten als nach-dtr, wenn nicht nach-p erwiesen wurden.[23] Was die Argumente entkräftet, um die fraglichen Texte wieder als „protodeuteronomisch" zu erklären und in die Zeit um 700 v. Chr. und früher zu datieren, wird aus den Ausführungen des Studienbuchs nicht ersichtlich. Handelt es sich bei JG also nicht um einen vor-, sondern um einen nach-dtn/dtr oder nach-p Hexateuch? Die Antwort hängt davon ab, was die „bundestheologischen Weichentexte" (Gen 15; Ex 34; Jos 24) für die redaktionsgeschichtliche Rekonstruktion tatsächlich austragen.

II Josua 24

Als Testfall bietet sich Jos 24 an, der Abschluss des Münsteraner Hexateuchs, den auch diejenigen, die den Text spät datieren, als Zäsur im Zusammenhang von Pentateuch und DtrG, also des vorausgesetzten nach-dtr bzw. nach-p Enneateuchs, wiederentdeckt haben.[24]

Seit L. Perlitt hat es sich eingebürgert, den viel diskutierten Text,[25] wenigstens im Umfang von Jos 24,1–28, als literarische Einheit zu betrachten.[26] Nur die Unterschiede zwischen MT und LXX[27] und „hier und da punktuelle Inkohärenzen" machen es unumgänglich, allerlei Zufügungen (bes. in V. 5.17) und kleinere Wachstumsspuren (z. B. in V. 5–7) zu konzedieren.[28]

Unter dieser Voraussetzung verlangt die zweite Abschiedsrede Josuas nach Jos 23 von den in Sichem versammelten Stämmen Israels ein Doppeltes: die Entscheidung für Jhwh und gegen „die anderen Götter" (V. 14a.15.16 ff) sowie die Entfernung der „fremden Götter" (V. 20.23), denen die Väter gedient haben „jenseits

---

22 Vgl. Kratz 2000, 263 f und die ebd. Anm. 47 genannte Literatur; in diesem Band Nr. 7.

23 Vgl. Blum 1984, 362–383; ders. 1990, 65 ff.73 ff sowie ders. 1996; ders. 1984, 45–61; ders. 1990, 363 f sowie ders. 1997, hier bes. 196 mit Anm. 66; Schmid 1999, 172–186.209–230 (hier die weitere Lit.).

24 Vgl. van Seters 1983, 336–337; ausführlicher in ders. 1984; Blum 1984, 60–61; ders. 1990, 363–365; deutlicher in ders. 1997, 194–206; Brekelmans 1991; Römer 1998; ders. 1999, 175 ff; ders. / Brettler 2000, 408 ff; Schmid 1999, 215–220.225–230.

25 Zur Forschungsgeschichte vgl. bes. Koopmans 1990; Noort 1998, 198–222 sowie 253.

26 Perlitt 1969, 239–284; vgl. zuletzt Schmid 1999, 214 f.

27 Vgl. dazu Koopmans 1990, 98 ff.241 ff; Anbar 1992, 23–46.

28 Vgl. Blum 1997, 194 Anm. 55, der im Wesentlichen Brekelmans 1991, 3 f folgt; Anbar 1992, 47–68.

des Stroms und in Ägypten" (V. 2.14b) und die nicht besser sind als die „Götter der Amoriter" im eigenen Land (V. 15). Das verbindende Motiv ist das Stichwort „dienen", das sich durch den ganzen Text zieht (V. 2.14.15.16.18.19.20.21.22.24) und die Situation der Stämme Israels nach der Landnahme (etwas gezwungen) mit der Situation der Väter korreliert. Zu diesem Zweck wird die Situation der Väter von Josua des Langen und Breiten rekapituliert (V. 2–13) und nach der Gretchenfrage in V. 14–15 auch von dem anwesenden Volk als Entscheidungsgrundlage in Erinnerung gerufen (V. 16–18): Wie die Väter anderen Göttern gedient haben, aber von JHWH (und nur von ihm) zweimal sicher ins gelobte Land geführt wurden, einmal von „jenseits des Stroms" und einmal „aus Ägypten", so sind auch die Stämme Israels von JHWH sicher über den Jordan in das gelobte Land geführt worden. Auch sie stehen nun vor der Entscheidung, JHWH oder den (von den Vätern mitgebrachten oder im Land ansässigen) anderen Göttern zu dienen, die fremden Götter abzutun oder JHWH zu verlassen.

Die Entscheidung der Stämme für JHWH wird mit einem förmlichen Bundesschluss besiegelt, dann entlässt Josua das Volk und stirbt. Damit ist die Geschichte von der Berufung Abrahams bis zur Landnahme unter Josua abgeschlossen und der Maßstab vorgegeben, an dem alle folgenden Generationen gemessen werden, diejenigen, die sich im Land ausbreiten und die Staaten Israel und Juda gründen, und erst recht diejenigen, die alles das verloren haben, weil sie dem Maßstab nicht gerecht wurden (V. 19–20), und – wie die Väter „jenseits des Stroms" und in Ägypten und die Generation Josuas – auf den Wiedereinzug ins Land hoffen oder ihn schon hinter sich haben.

Was sich vom Inhalt her abzeichnet, wird durch die Untersuchung der Phraseologie und der literarischen Bezüge zur Gewissheit. Am knappsten und zugleich gründlichsten hat sie M. Anbar durchgeführt.[29] Danach wimmelt es in Jos 24 nur so von sprachlichen Anleihen aus dem Pentateuch und den nachfolgenden Büchern Ri, Sam und Kön. Die Entlehnungen beschränken sich nicht auf ein bestimmtes literarisches Stratum, sondern bewegen sich wahllos zwischen den verschiedenen Schichten, unter ihnen auch D und P im Pentateuch und Dtr in Ri–Kön. Zu der sprachlichen Mixtur passt die Eigenständigkeit des Kapitels Jos 24, das nicht nur eine Reihe untypischer Formulierungen, sondern auch ganz eigene, sowohl D und Dtr wie auch P fremde Erzählzüge und theologische Akzente aufweist.[30] Aus alledem zieht Anbar den richtigen Schluss, dass es sich in Jos 24 um einen späten (nach-dtr und nach-p, der Chronik ähnlichen) Midrasch handelt, den er aus den

---

29 Anbar 1992, 69–88 (Vokabular und Phraseologie); 89–110 (entliehene Formulierungen); 111–115 (Paralleltexte). Vgl. auch Koopmans 1990, 118 ff.271 ff.345 ff; Sperling 1987, 119–136.
30 Vgl. Anbar 1992, 117–138; Koopmans 1990, 346–348.

Verhältnissen der exilisch-nachexilischen Zeit, nach Zerstörung des Tempels und vor der Komposition des Buches Nehemia, erklärt.[31]

Doch die Ergebnisse der sprachlichen Untersuchung tragen nicht nur zur literar- und theologiegeschichtlichen Einordnung bei, sondern sind auch ein Hinweis auf den literarischen Horizont des Kapitels. Mit der Rekapitulation der Heilsgeschichte von Abraham bzw. Terach bis Josua in Jos 24,2–13 (sowie V. 17–18), der abschließenden Verwerfung der „fremden Götter" von „jenseits des Stroms" in Jos 24,14–28 nach Gen 35,1–5 und der Überführung der Gebeine Josefs nach Sichem in Jos 24,32 nach Gen 33,18–19; 50,25–26; Ex 13,19 ist zweifellos ein redaktioneller Bogen um den Hexateuch von Gen 11 bis Jos 24 gespannt.

Ob in Jos 24 auch das Ende eines Geschichtswerks, des Münsteraner JG oder eines nach-p Hexateuchs, erreicht ist, ist damit allerdings nicht erwiesen. Wollte man von den im Text erwähnten Traditionsbeständen auf den literarischen Bestand und Umfang schließen, müsste es sich um ein Werk handeln, das weder die Urgeschichte (Gen 1–11) noch das Gesetz vom Sinai (Ex 19–Num 10) bzw. Horeb (Dtn) kannte. Das aber lässt sich wenigstens für die Urgeschichte eindeutig ausschließen, setzt doch der Sprachgebrauch in Jos 24 (V. 3.4.5) nicht nur eine selbständige Priesterschrift, sondern in V. 6–7 allem Anschein nach die Verbindung von P mit der nicht-p Exodusgeschichte voraus.[32] Ebenso beweisen die sprachlichen Entlehnungen aus dem Dtn-Rahmen in V. 4.7.9–10.13.14.19–20.26,[33] dass auch D im literarischen Zusammenhang vorausgesetzt ist. Im Übrigen kann man sich nur schwer vorstellen, dass die Alternative, Jhwh, dem eifersüchtigen Gott (V. 19), oder den anderen Göttern zu dienen, nicht auf der Grundlage des Dekalogs und des Ersten Gebots in Ex 20/Dtn 5 (und Ex 34) formuliert wäre.[34] Ob sich hinter der Nichterwähnung der Urgeschichte oder des Sinai mehr verbirgt als die nötige, von dem, was an dieser Stelle gesagt werden soll, gesteuerte Abbreviatur des Geschichtsrückblicks, sei dahingestellt.[35] Der Umfang des literarischen Werkes, in das Jos 24 gehört, ergibt sich daraus nicht.

Der Umfang kann sich daraus auch nicht ergeben, weil die sprachlichen Anleihen und literarischen Bezüge von Jos 24 nicht allein auf den Pentateuch, sondern ebenso auf die Vorderen Propheten führen: „Josh. xxiv does not only look back; it is even more interested in the future. It looks back only to find the right

---

31 Anbar 1992, 141 f. Weiterführend Blum 1997, 197 ff.

32 Vgl. Anbar 1992, 90 f.98 f.

33 Anbar 1992, 98 f.

34 Zu den Verbindungen mit der Sinaiperikope vgl. auch Koopmans 1990, 358–362.

35 Zur Frage Schmid 1999, 227 f, mit dem Hinweis auf Jos 24,25 (Ex 15,25; Esr 7,10) und die Möglichkeit einer mit der Sinaigesetzgebung konkurrierenden (warum nicht: ihr entsprechenden?) Gesetzesauslegung.

decision for the future."[36] Einschlägig sind die Beziehungen zu Ri 6,7–10; 10,10–16; 1Sam 7,3–4; 10,17–27 und 12,[37] hier und öfter besonders die Alternative, JHWH oder den anderen Göttern zu „dienen".[38] Es sind nicht die ältesten Formulierungen der dtr Redaktion,[39] sondern Zusätze, die das dtr Grundschema in Sam-Kön[40] und Ri[41] ergänzen und die durch das Richterschema hergestellte Verbindung von Volks- und Königtumsgeschichte im Enneateuch durch den Bezug auf das Erste Gebot, den Maßstab von Jos 24, und Rückverweise auf die frühere Geschichte herstellen oder befestigen.

Jos 24 mag älter oder jünger sein als diese Zusätze, bewegt sich aber mehr oder weniger auf derselben literarischen Ebene; es handelt sich in etwa um das Stratum, das von den einen DtrN (nomistische Bearbeitung) oder neuerdings DtrB (bundes-theologische Bearbeitung), von anderen Dtr2 oder – was vielleicht die beste, da neutrale Bezeichnung ist – DtrS (sekundäre Bearbeitungen) genannt wird.[42] Die Beziehungen zu 1Sam 10 und 12 implizieren, dass die Entscheidung für JHWH in Jos 24 dem Königtum Konkurrenz macht, wofür auch die Wahl des Ortes, Sichem, in Jos 24,1 spricht.[43] Sowohl die Wahl JHWHs zum Herrn der Stämme ganz Israels (als Alternative zum König) als auch die ungewöhnliche Drohung in V. 19–20, die die Zukunft vorwegnimmt, machen deutlich, dass mit Jos 24 nicht der Schluss eines Geschichtswerks, sondern der Wendepunkt in einer Erzählung erreicht ist, die sich bis zum Ende des Königtums fortsetzt und über sich hinausweist auf die Gegenwart derer, die den Weg von Gen–Kön bereits gegangen sind und nach neuen Wegen jen-seits des Königtums Ausschau halten.[44]

Erst die Todesnotiz in Jos 24,29–31, die in Ri 1,1 vorausgesetzt, aber in Ri 2,7–9 wiederholt wird, und die – durch den Schauplatz Sichem motivierte – Überführung

---

36 Brekelmans 1991, 6.
37 Vgl. Anbar 1992, 104–115.
38 Ri 2,7.11.13.19; 3,6.7; 10,6.10.13.16; 1Sam 7,3.4; 8,8; 12,10.14.20.24; 26,19; 1Kön 9,6; 16,31; 22,54; 2Kön 10,18.19.21.22.23; 17,12.16.33.35.41; 21,3.21.
39 Zu ihr vgl. Kratz 2000, 155–161.
40 Kratz 2000, 176–179.191 f.
41 Kratz 2000, 211 f.217.
42 Die gelegentlich vorgenommene Zuweisung zu DtrH ist aus der Verlegenheit der Doppelung von Jos 23 und 24 geboren, doch ist die dtr Grundschrift weder hier noch dort vertreten.
43 Vgl. Levin 1985a, 114–119; danach auch Schmid 1999, 212.223. Koopmans 1990, 348 ff, und Blum 1997, 198.201 f.204 f, erklären die Lokalisierung aus den Bezügen zum Pentateuch; auch sie verdankt sich dem Blick nach beiden Seiten.
44 Inwieweit man mit einem selbständigen Hexateuch oder mit einer hexateuchischen Zäsur im Enneateuch rechnet, hängt u. a. an dem Gewicht, das man der Schreibnotiz in Jos 24,26b beimisst. Entscheidend ist aber auch sie nicht. Vgl. Blum 1997, 203–206 einerseits (zurückhaltender noch in ders. 1984, 60 f; ders. 1990, 364 f), Schmid 1999, 223 f andererseits.

der Gebeine Josefs in Jos 24,32 (nach Gen 33,19; 50,25; Ex 13,19), an die sich noch die Todesnotiz des in Jos 14,1; 17,4; 19,51 und 21,1 neben Josua erwähnten Priesters Eleasar, des Sohnes Aarons (nach Ex 6,23), anschließt, markieren einen gewissen literarischen Einschnitt. Doch ob diese Zäsur, die einige verstreute, in Jos 24 mehr oder weniger zufällig assoziierte Motive aus Gen–Jos aufgreift, geeignet ist, ein den ganzen Hexateuch umfassendes Geschichtswerk abzuschließen, ist fraglich. Die Zäsur erinnert vielmehr an den zweifachen Tod Josefs am Übergang der Bücher Gen und Ex (Gen 50,25/Ex 1,6), die zweifache Beauftragung Josuas in Dtn 31–34/ Jos 1 oder die Textüberschneidung in 2Chr 36/Esr 1. In all diesen Fällen handelt es sich um eine Art Fangzeile, wie sie in der Schreiberpraxis üblich war, um Textzusammenhänge über die Grenzen einzelner Textträger hinweg zu kennzeichnen. So dürfte auch Jos 24,29–33 eher die Funktion haben, den Abschluss des „Buches" Jos anzuzeigen, das von da an für sich gelesen werden konnte, ohne den größeren Zusammenhang aus den Augen zu verlieren.

Auf diesen größeren Zusammenhang weisen außer den literarischen Bezügen auch die narrativen Verknüpfungen von Jos 24. Für den Konnex mit Gen–Jos liegen sie auf der Hand. Für die Verbindung mit der Fortsetzung der Erzählung in Ri–Kön ergeben sie sich aus der Auflösung des „kompositionellen Knotens" am Übergang von Jos nach Ri, wozu allerdings nun doch ein wenig Literarkritik nötig ist.[45]

Wieder sind es zunächst die Unterschiede zwischen MT und LXX, die dazu nötigen. A. Rofé hat wahrscheinlich gemacht, dass der abweichende Schluss von Jos 24,28–33 auf eine hebräische Vorlage zurückgeht.[46] In dieser Vorlage findet Rofé sowohl primäre wie sekundäre Lesarten, insgesamt aber den gegenüber MT ursprünglicheren Text. Abgesehen von den Divergenzen im gemeinsamen Textbestand, bietet die LXX an zwei Stellen, V. 31 und V. 33, ein Plus, das in V. 33 nach einer Wiederaufnahme von V. 28 einen direkten Übergang von Jos 24 zu Ri 3,12–14 herstellt, angereichert durch Formulierungen aus Ri 2,12–13/3,7. Nach Rofé ist dieser Übergang ursprünglich und in MT nachträglich durch Ri 1,1–3,11 aufgefüllt worden.

Doch ist auch die andere Möglichkeit einer sekundären Kürzung zu erwägen. Trotz der Parallele in CD V 1–5, die nur beweist, dass es eine entsprechende hebräische Fassung gegeben haben mag, in der die redaktionellen Stücke Ri 1,1–3,11 übersprungen waren, lässt sich diese andere Möglichkeit nicht ganz so leicht von der Hand weisen, wie Rofé es tut.[47] Denn der Text der LXX bzw. ihrer hebräischen Vorlage zeichnet sich auch sonst durch midraschartige Glossen aus, die sich am

---

45 Vgl. Blum 1997. Für die hier vorgeschlagene Lösung Kratz 2000, 204–208; zu den Details und der weiteren Diskussion vgl. Nr. 20 in diesem Band und die hier genannte neuere Literatur.
46 Vgl. Rofé 1982.
47 Rofé 1982, 30. Vgl. dagegen Rösel 1980, 348 f.

Ende von Jos 24 angelagert haben wie schon V. 33 an V. 32 und V. 32 an V. 29–31: V. 31a die Notiz über die steinernen Messer aus Jos 5 im Grab Josuas; V. 33a, angeschlossen durch die Wendung „an jenem Tag", eine Weiterführung der ihrerseits ergänzten Notiz über Eleasar, Sohn des Aaron, durch eine ähnliche Notiz über den vorher genannten Sohn Eleasars, Pinhas (Phinees), in Rücksicht auf Ri 20,27–28; in V. 33b der Übergang nach Ri 3,12 durch Wiederaufnahme von Jos 24,28, hier wie in V. 33b LXX allerdings in der Formulierung von Ri 2,6 („und sie/die Israeliten gingen ein jeder …"), was ein Indiz dafür sein könnte, dass Jos 24 LXX die Kapitel Ri 1–2 voraussetzt und bereits in V. 33b nach Ri 2,6 und von hier über Anleihen aus 2,12–13/3,7b nach 3,12–14 springt.

Im Text der LXX scheint sich die schon für Jos 24,32.33 MT beobachtete Tendenz fortzusetzen, am Buchende mehr oder weniger zufällig assoziierte, verstreute Motive aus dem größeren Zusammenhang unterzubringen, mit Vorliebe Sterbe- und Grabnotizen. Das schließt zwar die Annahme der Priorität des Kurztexts im Übergang von Jos 24 nach Ri 3 (Jos 24,28–31.33b LXX)[48] nicht gänzlich aus, ist ihr aber auch nicht gerade günstig. Ein Fingerzeig sind in jedem Fall jedoch die Divergenzen im gemeinsamen Textbestand. Sowohl die Ordnung der Verse als auch manche Lesart in Jos 24,28–31 LXX[49] gehen mit Ri 2,6–9 statt mit Jos 24,28–31 MT. Das legt die Vermutung nahe, dass es sich bei der Dublette ursprünglich um ein und denselben Text handelte, der durch die Interpolation von Ri 1,1–2,5 verdoppelt und anschließend in Jos 24,32.33 MT, V. 31a.33a(.b) LXX glossiert wurde, und führt auf die Frage nach der literarischen Genese des vorliegenden, höchst komplexen Übergangs in MT.

In dieser Frage hilft der direkte Textvergleich nicht weiter. Es lassen sich Gründe für die Priorität sowohl von Jos 24,28–31 wie von Ri 2,6–9 finden.[50] Entscheidend ist vielmehr die narrative Strategie, die in der Überschneidung von Jos 24,28/Ri 2,6

---

48 Ohne die Glossen in V. 32.33 sowie V. 31a.33a LXX, die schwerlich vor dem Einschub von Ri 1,1–2,5 und der dadurch verursachten Aufsprengung und Verdoppelung von Jos 24,28–31/ Ri 2,6–9 eingetragen worden sein können. Andernfalls handelte es sich in Ri 2,6–9 um eine (verkürzte) Wiederaufnahme von Jos 24,28–33, was nach Ri 1,1 wenig wahrscheinlich ist (s. u.). Die von Schmid 1999, 218 f, gegen Rofé vorgebrachten Argumente sind nicht stichhaltig: Der geforderte Anschluss an Jos 24,33b LXX ist nicht Ri 3,12, sondern 3,15 MT; das Richterschema in 2,6 ff kann sehr wohl jünger sein als die individuelle redaktionelle Rahmung der Richtergeschichten ab 3,7 bzw. 3,12 ff.

49 V. 28 „und sie gingen ein jeder …"; V. 29 (31 MT) „(und) die sahen …" statt „und die wussten …" (so erst wieder Ri 2,10); V. 30 (29 MT) „Und es geschah danach" statt „nach diesen Dingen" (wie in V. 33 ergänzt!); V. 31 (30 MT) om. אשר.

50 Vgl. z. B. Rösel 1980, 344–345; ders. 1999, 55 f einerseits, Jericke 1996, 353–357 andererseits. Eine Mittelposition nimmt Becker 1990, 64–68, in dieser Frage ein, dem sich auch Blum 1997 anschließt (etwas anders noch in ders. 1984, 56 Anm. 60).

(ohne den Zusatz „um in Besitz zu nehmen das Land") ihren Dreh- und Angelpunkt hat: Nach der Abschiedsrede in Jos 24,1–27 entlässt Josua das Volk, das nach
Hause geht und JHWH „dient", solange Josua und die Ältesten seiner Generation
leben (Ri 2,7). Danach kommt eine neue Generation, die von JHWH und seinen Taten
nichts weiß, und mit ihr beginnt der Sündenfall, indem sie nicht JHWH, sondern
anderen Göttern „dient" (Ri 2,8–10.11 ff). Damit findet die in Jos 24 rückblickend wie
vorausschauend gedeutete Erzählung ihre natürliche Fortsetzung, die nicht etwa
sekundär angehängt, sondern durch Jos 24 vorbereitet wird. Dies bedeutet, dass
weder Jos 24 noch Ri 2,6–9[51] der Abschluss eines Hexateuchs sein kann.

Im Gegenteil: Der narrative Zusammenhang ist bereits auf einer älteren Stufe
zu greifen, die von Jos 24 noch nichts wusste. Ihr Dreh- und Angelpunkt war der Tod
Josuas in (Jos 24,29–31/)Ri 2,8–9, dem die Ruhe nach der Landnahme in Jos 11,16.23
vorausging und die Ruhestörung durch das Böse in den Augen JHWHs folgte
(Ri 3,7 ff).[52] Auf der nächsten Stufe schob sich Jos 24 dazwischen, zunächst vermutlich im Umfang der Verpflichtungsszene in Jos 24,14–27*.28, an die der Tod Josuas in
Ri 2,8–9, ergänzt um V. 7.10.11–19, nun anschloss. Eingeleitet wurde Jos 24 auf dieser
Stufe durch die Redeeröffnung Jos (13,1a/)23,1b.2–3, die unmittelbar auf Jos 11,16–23
(und vielleicht die Liste in 12,1a.9–24) folgte. In einem weiteren Schritt wurde der von
Anfang an intendierte narrative Zusammenhang durch den Einschub von Ri 2,1–5 mit
der Wiederaufnahme von Jos 24,28 in Ri 2,6 aufgesprengt sowie durch die Prolepse
Jos 24,29–31 (mit weiteren Zusätzen in V. 32.33), die das Buch Jos beschließt, und den
Nachtrag zur Landnahme in Ri 1, der das Buch Ri eröffnet, aufgefüllt. Die Abschiedsrede Josuas wurde während der letzten Schritte durch Jos 23,4–16 (mit Ri 2,1–5.6.20 ff?)
und Jos 24,1–13 samt Zusätzen in V. 14 ff (mit 24,29–33; Ri 1?) ausgebaut.

Jos 24 erweist sich somit (auf allen literarischen Ebenen) als Zäsur in der Erzählung des Enneateuchs. Am Übergang von der gerade erfolgten Landnahme zur Ausbreitung der Stämme im Land gibt diese Zäsur die theologischen Prämissen für
das Leben im Land und den ab Ri drohenden Landverlust vor, so, wie 1Sam 12 am
Übergang von der königslosen zur Königszeit die Prämissen für das Leben unter
dem König und den drohenden Untergang des Königtums formuliert. Beides, das
Leben im Land wie unter dem König, steht unter derselben Bedingung: Fürchtet
den Herrn und dient ihm in Treue (Jos 24,14; 1Sam 12,24).

Für die Redaktionsgeschichte trägt das – text- und literarhistorisch lehrreiche
und theologisch überaus bedeutsame – Kapitel wenig aus. Wer darin das Ende eines

---

51 So Otto 2000a, 231, für Lohfinks DtrL als Vorstufe eines nach-p Hexateuchs, der seinerseits mit
Jos 24 abgeschlossen haben soll (s. u. III.). Die bei Schmid (wörtlich) abgeschriebenen Argumente
gegen Rofé sind hier genauso wenig stichhaltig wie dort (s. o. Anm. 48).
52 Vgl. Kratz 2000, 198 f.205.

vor-p Hexateuchs findet, verkennt die literarischen und theologiegeschichtlichen Verhältnisse. Wer darin den Abschluss eines nach-p Hexateuchs findet, verkennt die literarischen und narrativen Verweiszusammenhänge mit dem Pentateuch und den Vorderen Propheten. Das Werden der größeren literarischen Zusammenhänge lässt sich schwerlich mit einem Text rekonstruieren, der diese Zusammenhänge bereits voraussetzt. Es ist, als wollte man mit späten, midraschartigen Exzerpten wie der Chronik, dem 3. Esra oder dem Jubiläenbuch deren literarische Vorlage rekonstruieren. Auf die uns erhaltenen Vorlagen käme man damit nie. Als Ausweg bleibt dann nur, die Rekonstruktion der älteren, von Jos 24 und der vermeintlichen Hexateuchredaktion vorausgesetzten Überlieferungsstadien (JE bzw. KD und P im Pentateuch, Dtr in Dtn–Jos, Dtn–Kön, Jos–Kön oder Gen/Ex–Kön) im Vagen zu belassen oder „tentativ" vorzunehmen oder ganz darauf zu verzichten. Oder man zieht die Konsequenz und behauptet, dass es – außer D und P – größere literarische Zusammenhänge in Pentateuch und Vorderen Propheten vor Jos 24 und der nach-p „Hexateuchredaktion" nie gegeben habe.

III Deuteronomium und Hexateuch

Die Konsequenz hat E. Otto gezogen, der seine nach-p Pentateuchredaktion nachträglich in eine nach-p Hexateuch- und eine darauffolgende Pentateuchredaktion aufgeteilt hat. Auch an Otto lässt sich der rasante Wandel der Forschung in der Pentateuchkritik gut verfolgen. Nach dem Jahwisten im Hexateuch (Gen–Num und Jos 2–11)[53] vertrat er zunächst, in Übereinstimmung mit der von Noth modifizierten Neueren Urkundenhypothese, einen nicht-p, vor-dtn Tetrateuch: „Die Urkundenhypothese erweist sich als stabiler, als in letzter Zeit gelegentlich angenommen wurde."[54] Für dessen Einarbeitung in P und die gleichzeitige Einfügung der Gesetzeskorpora (Bundesbuch, Dekalog, Dtn, H) machte Otto den Pentateuchredaktor verantwortlich, der nicht nur als Bearbeiter, sondern (vor allem in der Sinaiperikope) zugleich als Autor tätig war.[55] Im Vergleich mit dem Jehowisten (JE) der Neueren Urkundenhypothese und seiner Neuauflage in der neueren Forschung (KD, Late J, JG) zeichnet sich jedoch ab, dass der von der Pentateuchredaktion vorausgesetzte vor-p Bestand „sehr viel schmaler als die bisherigen Abgrenzungen eines Jahwisten oder gar »Großjehowisten«" gewesen ist.[56] Von einem Hexateuch, der dem Penta-

---

53 Otto 1975, 95–103.
54 Otto 1995, 191; so auch noch in ders. 1999, 76.
55 Vgl. Otto 1996b, 61–111, u. ö.
56 Otto 1996a, 214 Anm. 68; vgl. auch ebd. 217. Otto nennt die vor-dtr Quelle im Tetrateuch hier PentH.

teuch vorausgegangen sei, ist, sollte ich in dem umfänglichen Œuvre Ottos nichts übersehen haben, nicht mehr die Rede; es wird lediglich die Möglichkeit erwogen, dass „die Pentateuchredaktion auch das Buch Josua noch umfasst hat und also eine »Hexateuchredaktion« ist".[57]

Das änderte sich nach der Wiederentdeckung des Hexateuchs in Münster, die Otto veranlasste, die „Höhenlinien" des vorexilischen Münsteraner Hexateuchs – es handelt sich um das seit alters schwer bestimmbare Element, „das unentschieden zwischen JE und Q (sc. P) schwebt"[58] und in dem die neuere Forschung das besondere Profil von JE (KD, Late J, JG) findet – mit den „Höhenlinien" seiner nach-p Pentateuchredaktion zu identifizieren, und ihn so seinerseits (wieder) auf den Hexateuch stoßen ließ.[59] Es wird allerdings noch nicht recht deutlich, was man sich darunter vorzustellen hat: Über den Pentateuch „ist eine Hexateuchredaktion gelegt, die das Buch Josua einschließt und eine Perspektive, die über 2Kön 25 hinausweisend die Torakonzeption im Rücken den mit dem Buch Jesaja eröffneten Prophetenkanon im Blick hat."[60] Nach wie vor wird die Hauptarbeit dem Pentateuchredaktor zugeschrieben, der die verschiedenen vor-p Quellen (Erzählquelle im Tetrateuch, Bundesbuch, Dekalog, Dtn, Jos?) zusammenfügte und in nicht geringem Maße ergänzte. Dass dafür ein und derselbe Autor verantwortlich war, ist wenig wahrscheinlich, und so wird auch einmal konzediert, dass „es sich dabei nicht um eine einzelne Redaktorenperson, sondern um eine literarisch vielschichtig arbeitende Schule handelt",[61] doch arbeitete diese Schule offenbar nach einem vorher bis in jede Einzelheit ausgearbeiteten, von Otto entdeckten einheitlichen Plan.

In den darauffolgenden Veröffentlichungen Ottos[62] wird diese umfängliche Redaktionstätigkeit auf zwei Redaktionen verteilt und die Reihenfolge umgekehrt: Aus dem Pentateuchredaktor ist, fast möchte man sagen über Nacht, der Hexateuchredaktor geworden, der das in Lohfinks DtrL mit Jos verbundene, vom Dekalog beherrschte dtr Deuteronomium (DtrD) mit P vereint und das nicht-p Erzählmaterial des Tetrateuchs in den aus P (Gen 1–Lev 9) und DtrL (Dtn 1,1–Ri 2,9) zusammengesetzten Hexateuch eingearbeitet und zwischen den beiden Eckpfeilern der hexateuchischen Komposition, Gen 15 und Jos 24, kräftig ergänzt hat. Ihm folgt der Pentateuchredaktor, der Bundesbuch und Dekalog in die Sinaiperikope eingestellt und sämtliche Gesetzeskorpora (Bundesbuch, Dekalog, P und Dtn) im

---

57 A.a.O., 217 Anm. 77, mit Verweis auf die frühere Arbeit über das Mazzotfest in Gilgal (s. o. Anm. 53).

58 Wellhausen 1899, 207 f.

59 Otto 1998, 29.51 f.

60 Otto 1998, 54 Anm. 279; die Reihenfolge Pentateuch – Hexateuch so auch noch in ders. 1999, 76.

61 Otto 1998, 52 Anm. 269.

62 Otto 2000b; ders. 2000a.

Heiligkeitsgesetz ausgeglichen hat. In nebeneinander umlaufenden Ausgaben von Pentateuch und Hexateuch waren von da an die Schulen der beiden Redaktionen tätig, mitunter die Schule des Hexateuchredaktors im Pentateuch und die Schule des Pentateuchredaktors im Hexateuch (und darüber hinaus).

Der plötzliche Meinungsumschwung des Deuteronomiumforschers, der seit Jahrzehnten über das Buch arbeitet, gibt zu denken. Otto hat bemerkt, dass es nach der Neueren Urkundenhypothese im Verhältnis von Tetrateuch und DtrG ein Problem gibt, dessen Lösung im Dtn liegen muss.[63] Er schließt sich daher der verbreiteten Meinung an, die Neuere Urkundenhypothese sei erledigt, und macht sich auch die (bisher noch weniger verbreitete) Auffassung zu eigen, dass das DtrG in der von Noth postulierten Gestalt von Dtn bis 2Kön nie existiert habe.[64] Doch das Erfassen des Problems ist noch nicht die Lösung. Mit dem Austausch der Etiketten ist es nicht getan. Wenn sie so leicht austauschbar sind, dann scheint die Identifizierung der verschiedenen redaktionellen Tätigkeiten mit einem bestimmten literarischen Horizont (Hexateuch oder Pentateuch) nicht ganz so sicher zu sein, wie sie jedes Mal vorgetragen wird.

Hier wie im „Münsteraner Pentateuchmodell" liegt die Unsicherheit an den tragenden Pfeilern, auf denen das Hypothesengebäude errichtet ist. Es sind nahezu dieselben Texte (Gen 15; Ex 34; Jos 24 und hier vor allem Dtn 1–3 und 31–34), die die einen für den Tetrateuch (JE), die anderen für den Pentateuch (KD), wieder andere für den Hexateuch (JE, JG, nach-p Hexateuch) oder für den Enneateuch (KD/Late J + DtrG, EG) und Otto für seine Pentateuch- und Hexateuchredaktoren (bald in dieser, bald in jener Reihenfolge) reklamieren. Doch ebenso wenig wie Jos 24 (s. o. II.) ist der – als nach-p eingestufte – Dtn-Rahmen in Dtn 1–3 und 31–34, in dem M. Noth nicht ohne Grund den Bestandteil einer bis 2Kön reichenden Großkomposition fand, geeignet, um aus ihm die Anfänge und das Werden der größeren literarischen Zusammenhänge in Tora und Vorderen Propheten zu rekonstruieren. Dtn 1–3 und 31–34 stellen diese Zusammenhänge nicht her, sondern setzen sie voraus und bauen – auf verschiedenen literarischen Ebenen rück- und vorausblickend – die Ränder des sich mehr und mehr verselbständigenden Buches Dtn am Ende des Kanonteils Tora aus. Der literarische Horizont lässt sich anhand dieser Texte nur mit Vorbehalt eingrenzen.[65]

Diese Einsicht bleibt Otto jedoch verschlossen, weil er das Dtn ausschließlich „im Pentateuch und Hexateuch" (wenn auch jetzt in der anderen Reihenfolge) betrachtet, aber für die Vorstufen die narrativen Verbindungen mit dem Tetrateuch

---

63 Vgl. Kratz 2000, 9–11.99–102.118 ff; Nr. 13 in diesem Band.
64 Zum Problem vgl. Otto 2000b, 234 ff; ders. 2000a, 3 f.12 ff.110 f.234 ff.241 f Anm. 28.
65 Vgl. Kratz 2000, 130–135; Nr. 13 in diesem Band.

und auf allen Stufen die in Dtn wie in Jos 24 vorbereitete Fortsetzung in Ri–Kön ignoriert. Das wiederum hängt mit zwei exegetischen Entscheidungen zusammen, die zwar richtig sind, an denen die Hypothese aber scheitert.

Wie Dtn 1–3 nicht der Anfang des DtrG sein kann,[66] so kann es auch nicht der Anfang einer selbständigen Landnahmeerzählung in Dtn–Jos (DtrL) sein,[67] die Ottos Hexateuch und Pentateuch vorausgeht, nicht zuletzt deswegen, weil „unbeantwortet bleibt, wie Dtn 1–3 als Rekapitulation des Tetrateuch zustande gekommen sein soll, wenn es nichts zu rekapitulieren gibt und Dtn 31–34 nicht nur auf Dtn 1–3, sondern auf das Ganze des Pentateuch bis in das Buch Genesis zurückgreift.“[68] Der historische Rückblick in der Gestalt der Moserede ist ohne Kenntnis des Tetrateuchs schlechterdings nicht zu verstehen, zumal auch aus Dtn 4,45 und 5,3 keineswegs hervorgeht, dass die folgende Rede am Gottesberg Horeb gehalten wird, wie Otto dies für sein dtr Dtn (DtrD) annimmt.[69] Ist aber Dtn 1–3 weder der Anfang von DtrG noch von DtrL, dann kann das eine wie das andere schwerlich Quelle und Ausgangspunkt für eine Hexateuch- und Pentateuchredaktion gewesen sein, die Gen–Num nach dem Plan von (P und) DtrL zusammengestellt und mit dem Dtn verbunden hat.

Die zweite exegetische Entscheidung, die Ottos Hypothese zuwiderläuft, ist der von Otto postulierte Schluss von DtrL in dem Stück Ri 2,6–9, dem – zu Recht – die Priorität gegenüber dem Schluss von Jos 24 eingeräumt wird.[70] Abgesehen davon, dass man sich fragt, wo das Stück in dem auf DtrL folgenden Hexateuch, den Otto mit Jos 24 enden lässt, geblieben ist, bevor die „Schule der Pentateuchredaktion" (sic!) Ri 1,1–2,5 einschaltete,[71] spricht gerade die Weiterführung von Jos 11 (V.16–23*)

<hr>

66 Otto 2000b, 271 f; ders. 2000a, 110 f.
67 Otto 2000b, 271 ff; ders. 2000a, 4 f.129 ff.
68 So Otto 2000b, 239 f (wörtlich nach Schmid 1999, 36 f). Dass die Gestalt der Rede in Dtn 1–3 „die Differenz zwischen Erzählzeit und erzählter Zeit überspringen läßt" (Otto 2000a, 239), ist zwar richtig, beantwortet aber die Frage nicht. Ich fürchte, da hilft auch die Auskunft nicht weiter, dass in den Landnahmeerzählungen des Josuabuchs „die Auseinandersetzungen zwischen Israel und Assur" fortleben sollen und sie „von DtrL in der Exilszeit in einen neuen Horizont des Rückkehrthemas gestellt wurden." (Otto 2000a, 243 f Anm. 30). Für beides gibt es im Text wenig Anzeichen.
69 Otto 2000a, 118 ff.129. Dtn 5 und 9 f sind aber keine Erzählung, aus der sich der fiktive Standort des Erzählers berechnen ließe, sondern Rückblick in der Rede des Mose. Die Lokalisierung dieser Rede in der fiktiven Erzählzeit (4,45 „als sie aus Ägypten zogen"; 5,3 „die wir heute hier stehen, wir alle, die Lebenden") darf man nicht mit der Identifizierung von (fiktiver und tatsächlicher) Erzählzeit und erzählter Zeit in Dtn 5 verwechseln, die nicht den Ort der Rede, sondern, wie Otto zu Recht ausführt (2000a, 116 f), jede Generation, ganz gleich an welchem Ort sie gerade ist, mit der Horebgeneration gleichsetzt. Vgl. Nr. 11 in diesem Band.
70 Otto 2000b, 271; ders. 2000a, 5.130, u. ö., die Begründung ebd. 231.
71 Otto 2000a, 6, u. ö., bes. 230 f.243 ff.

und Jos 24 durch Ri 2,6–9 nicht für den Hexateuch, sondern für einen weiteren literarischen Horizont, sei es das DtrG oder der Enneateuch.[72]

Beide Entscheidungen, die späte, wenigstens nach-dtr Einordnung von Dtn 1–3 und die Rekonstruktion des Übergangs von Jos nach Ri, sind richtig, doch sind sie alles andere als geeignet, um die ohnehin auf schwachen Füßen stehende Hypothese der „Landeroberungserzählung" DtrL in Dtn 1–Jos 22 und einen daraus hervorgegangenen Hexateuch zu bestätigen, zumal die „Schulen" von Hexateuch- und Pentateuchredaktion am Ende ohnehin alles durcheinanderbringen, indem „mit der Ablösung des Josuabuches die Schule der Hexateuchredaktion postredaktionell die Erzählung von Josuas Bundesschluss in Sichem (Jos 24) nach vorn ins Deuteronomium (sc. in den Pentateuch) zieht" und die „Schule der Pentateuchredaktion" mit dem Einschub von Ri 1–2,5 nicht etwa nur in den Hexateuch, sondern in den Hepta- oder Enneateuch eingreift.[73] Man bewegt sich in Textbereichen, in denen die scharfe Trennung der Redaktionen nicht mehr möglich ist. Aus ihnen die Hauptredaktionen der größeren Zusammenhänge in Pentateuch und Vorderen Propheten rekonstruieren zu wollen, ist ein vergebliches Bemühen.

Diesem Bemühen entspricht auf der anderen Seite die Resignation vor der Überlieferung im vor-p und vor-dtr Tetrateuch (bzw. Hexateuch) nach dem von Otto proklamierten Ende der kurz zuvor von ihm selbst noch als „stabil" bezeichneten Neueren Urkundenhypothese. Nach allem, was den nach-p Redaktionen zugeschrieben wird, bleibt für die ältere Überlieferung nicht mehr viel übrig. Sie löst sich allmählich in ihre Einzelteile auf. Gab es zunächst noch den „Pentateuchhistoriker" (PentH)[74] oder die „vordtr Quelle (Q), die einen sehr schmalen Umfang und ihren Zielpunkt in der Sinaiperikope hatte",[75] so heißt es jetzt: „Für die von der Pentateuchredaktion wie der Hexateuchredaktion verwendeten nicht-p Überlieferungen greift überhaupt nur eine Fragmentenhypothese."[76] Diese wird nicht am Text begründet, sondern zunächst behauptet oder vorausgesetzt und anschließend auf die Texte angewandt. Das hat den Nachteil, dass sich die Texte nicht immer der Hypothese fügen wollen, und macht auch hier sehr komplizierte Hilfsannahmen nötig.

Am Testfall der Kundschaftergeschichte in Num 13–14/Dtn 1[77] wird mit großem Aufwand noch einmal nachgewiesen, wovon die Forschung seit langem ausgeht: dass der Grundbestand in Dtn 1–3 den Grundbestand in Num (literarisch) voraus-

---

72 Dies scheint Otto 2000a, 220 f, in der Auseinandersetzung mit Schmid entgangen zu sein.
73 Otto 2000a, 230 f.
74 S.o. Anm. 56.
75 Otto 1998, 52.54 mit Anm. 279; so auch noch in ders. 1999, 76.
76 Otto 2000b, 242 Anm. 93.
77 Otto 2000a, 12–109, vgl. bes. das Schaubild S. 106.

setzt und neu interpretiert, wobei Otto den konventionellen literarkritischen Differenzierungen weitgehend folgt. Das Neue und doch auch wieder sehr Traditionelle in Ottos redaktionsgeschichtlicher Erklärung des literarischen Befunds besteht darin, dass er – wie das „Münsteraner Pentateuchmodell" im Verhältnis von Ex 34, Bundesbuch, Dtn und Dekalog – die Abhängigkeit auch der erzählenden Überlieferung in die Vorgeschichte projiziert und auf diesem Wege erreicht, dem jeweils Jüngeren literaturgeschichtlich die Priorität vor dem Älteren zu geben und erwiesenermaßen junge Texte (wie Ex 32 und 34) als alt einstufen zu können. So ist das Dtn in seinen verschiedenen Wachstumsstadien vom Bundesbuch, einer Sinaierzählung in Ex (19,2b.3a.18 und) 34,[78] einer weiteren Sinaierzählung in Ex 32 (!), dem Dekalog in Ex 20 sowie den Erzählungen des Tetrateuchs und des Buches Jos abhängig. Doch erst die Zusammenstellung mit Jos in DtrL bindet das Dtn in eine literarische Komposition ein, die alle diese Überlieferungen in einen größeren Zusammenhang brachte, der anschließend durch die nach-p Hexateuch- und die Pentateuchredaktion und ihre Schulen nach und nach mit den älteren Stoffen des Tetrateuchs kongenial aufgefüllt wurde.

Im Einzelnen ergeben sich daraus erhebliche Schwierigkeiten, wie das Beispiel der Kundschaftergeschichte zeigt, mit der Otto eigentlich das genaue Gegenteil von dem beweist, was er sich von ihr verspricht. Welches der literarische Horizont von Num 13 f und der Parallelüberlieferung in Dtn 1 ist, lässt sich (und zwar auf allen literarischen Ebenen) weder dem einen noch dem anderen Text mit Sicherheit entnehmen. Sicher ist nur, dass es beide Fassungen mit der Landnahme zu tun haben und insofern – mit mehr oder weniger direkten Anspielungen – auf Jos Bezug nehmen. Ob aber die von Otto auf DtrL, Hexateuch- und Pentateuchredaktion verteilten Textanteile[79] den Hexateuch oder den Enneateuch oder den über sich hinausweisenden Pentateuch voraussetzen, ist alles andere als sicher:

Sowohl DtrL (Grundschicht in Dtn 1) als auch die Hexateuchredaktion (Grundschicht in Num 13 f, Ergänzungen in Dtn 1) zeichnen sich dadurch aus, dass sie auf Num 13 f und den Exodus rekurrieren sowie Dtn und Jos überblicken;[80] und ebenso wie für die Hexateuchredaktion ist für die Pentateuchredaktion charakteristisch, dass sie aus den Büchern Ex, Dtn und Jos zitiert.[81] Wie man der verschiedentlichen

---

78 So nach Otto 1998, 53 f. Nach ders. 2000a, 43, sind Ex 32 und 34 „in einem einzigen Griff komponiert" (so mit einer Formulierung Perlitts), doch hat Ex 34 eine eigene Vorgeschichte; nach ebd. 239 Anm. 24 hat die „Sinaierzählung" in Ex 32 eine eigene Vorgeschichte.

79 Auf einen Blick Otto 2000a, 17–19.26–29.

80 Otto 2000a, 25.58.

81 Otto 2000a, 47 f.

Erwähnung Josuas und Kalebs in Num 14,38 einerseits, Num 14,24.30 andererseits entnehmen kann, dass im einen der Hexateuch-, im anderen der Pentateuchredaktor am Werke war, der, indem er Josua einmal „verschwiegen", das andere Mal dann doch genannt, aber Kaleb nachgeordnet habe, „den Pentateuch vom Buch Josua abkoppelt",[82] ist trotz der gewundenen Erklärungen schwer nachzuvollziehen und wenig plausibel. Und wer sagt uns, dass bei den verschiedenen – auf die Exodus- und Sinaiperikope zurück- und den Büchern Dtn und Jos vorgreifenden – Zusätzen nicht die Pentateuchschule im Hexateuch oder die Hexateuchschule im Pentateuch am Werke war? Die Zuweisung scheint ins Belieben gestellt.

Fragen wirft auch die Rekonstruktion der Num 13 f und Dtn 1 gemeinsamen Quelle auf. Der traditionell J bzw. JE zugeschriebene Grundbestand in Num 13,17b–31*; 14,1b.40–45* ist ein Fragment, dessen Lücken durch freie Erfindung gefüllt werden müssen.[83] Wie Otto an anderer Stelle ganz richtig schreibt, sollte man es jedoch „vermeiden, von der Literarkritik in die Traditionsgeschichte zu wechseln".[84]

Hält man sich an den literarischen Befund, setzt die Erzählung den (nach-)p Anfang in 13,1 f, wenn nicht die ganze (nach-)p Erzählung als Gerüst voraus.[85] Des Weiteren setzt die Erzählung, auch in den vermeintlich alten Fragmenten, den größeren Kontext der Exodus- und Wüstenüberlieferung voraus, will man nicht eine von alldem unabhängige, vorexilische Lokaltradition der mit Kaleb und Mose (!) verbundenen Hebronsippe erfinden, in der sich die „militärische Auseinandersetzung Judas mit der neuassyrischen Militärmaschinerie im 8. Jh." widerspiegeln soll.[86] Doch wieder gilt: „Man sollte vermeiden, von der Literarkritik in die Traditionsgeschichte zu wechseln." Im größeren Kontext aber ist Num 13 f ein Einschub in das Wüstenitinerar.[87] Ist also der Grundbestand von Num 13 f die Quelle von Dtn 1, dann setzt Dtn 1 (im Grundbestand) nicht nur die Erzählung in (nach-)p Gestalt, sondern auch deren sekundäre Einfügung in die (nach-)p Wüstenüberlieferung in Num voraus, was wiederum die Voraussetzung für die wechselseitige Abhängigkeit in den Ergänzungen von Num 13 f und Dtn 1 ist. Damit erledigt sich das Phantom einer vor-p Vorlage, die Num 13 f zugrunde liegen, aber zuerst in Dtn 1 aufgegriffen und abgeändert, anschließend in der ursprünglichen Gestalt (in Abhängigkeit von

---

82 Otto 2000a, 47.

83 Otto 2000a, 62 f.

84 Otto 2000a, 32.

85 Vgl. Levin 1993, 375 f. Zur neueren Diskussion und Auseinandersetzung mit Otto vgl. Frevel 2000, 125–133; ders. 2001, 220 f Anm. 37.

86 So Otto 2000a, 106 (für die literarische Grundfassung von Num 13 f) frei nach Noth 1948, 143–150 (für den vorliterarischen Überlieferungsbereich).

87 Vgl. Nr. 13 in diesem Band.

Dtn 1, aber ohne die dort vorgenommenen Änderungen), allerdings nur fragmentarisch in Num 13 f wiederverwendet und ausgebaut worden sein soll.[88]

Sowenig man aus Dtn 1–3 ohne Weiteres auf den alten Bestand von J oder JE in Num schließen kann,[89] sowenig empfiehlt es sich, von dem Bestand in Num auf irgendwelche alten, irgendwo freischwebend überlieferten und jederzeit für jede neue Redaktion wieder verfügbaren und dazu noch fragmentarischen Quellen für das Dtn zu schließen. Bei dem Verhältnis von Bundesbuch und Dtn liegt der Fall naturgemäß etwas anders, obwohl sich auch hier die Frage nach der ursprünglichen literarischen Gestalt der noch selbständigen Rechtskorpora und der Reihenfolge ihrer Einbindung in den Kontext stellt.[90] Die literarischen Ränder, die Otto für die noch selbständigen Fassungen seines Urdeuteronomiums (Dtn 13* + 28*), des dtn Deuteronomiums (Dtn 6,4 f; 12,13–28,44*) und des dtr Deuteronomiums DtrD (4,45–28,68*) nennt,[91] und die Hauptbestände dieser Fassungen (der „subversive" Loyalitätseid in Dtn 13 und 28 nach neuassyrischer Vorlage, der Horebbund in Dtn 5; 9–10) setzen die literarische Einbindung (und mithin die Lokalisierung des Dtn im Lande Moab) voraus.[92]

Die umständliche Erklärung der literarischen Verhältnisse erinnert an die Zeiten der überlieferungsgeschichtlichen Methode und erlaubt es Otto, alle in der Forschung kursierenden Pentateuchhypothesen miteinander zu versöhnen: die Neuere Urkundenhypothese, wonach das Dtn die in den Quellenschriften verbundenen Stoffe des Tetrateuchs und das Buch Jos voraussetzt (Wellhausen, Noth); die Neuauflage der Fragmentenhypothese, wonach verschiedene Überlieferungen zuerst in einer vom Dtn (DtrG bzw. DtrL) inspirierten D-Komposition zusammengefasst wurden (Blum); die Neuauflage der Ergänzungshypothese, wonach P die Grundschrift ist, in die das vorpriesterschriftliche Material (als Quelle oder als Fragmente) eingefügt wurde (Rendtorff, K. Schmid, Römer); die Hypothese, wonach das DtrG nach vorne in den Tetrateuch verlängert wurde (van Seters, Rose), und vieles andere mehr.[93]

Doch die schöne Harmonie hat ihren Preis. Abgesehen davon, dass sich die Vertreter der verschiedenen Pentateuchhypothesen in dem Potpourri schwerlich wiederfinden dürften, ist sie erkauft mit dem Verzicht auf die präzise Rekonstruktion der von den ersten literarischen Kompositionen, hier DtrD und DtrL,

---

88 So bereits Blum 1990, 180 f, und so auch Otto 2000a, 63.73 f.106.
89 Vgl. Nr. 13 in diesem Band.
90 Vgl. dazu Kratz 2000, 118 ff.139 ff.
91 Otto 2000a, 111 ff.234 ff (s. das Schaubild S. 242). Ausführlich in ders. 1999.
92 Vgl. Veijola 2000a, 109 ff.153 ff, bes. 170 ff; ders 2002a, 289 ff; zur Historisierung Levin 1985a, 85 ff.96 f; Kratz 2000, 127 ff.
93 Otto 2000a, 235 f.

vorausgesetzten und uns (im Tetrateuch) erhaltenen Quellen, über deren Herkunft, Überlieferungsort und Anordnung nichts gesagt oder kräftig spekuliert wird. Die Spekulation gipfelt in der abenteuerlichen, an den Texten nicht mehr nachvollziehbaren Konstruktion, dass die späteren Redaktoren nach Bedarf die Quellen ihrer Quellen aufgespürt, beides wiederverwendet, zusammengearbeitet und ohne Not eine Verdoppelung des Überlieferungsbestands hergestellt haben,[94] was nicht nur dem Zufall der Überlieferung, sondern auch dem historischen Vorstellungsvermögen nicht gerade wenig zumutet. Es ist, als hätte jemand die Chronik, den 3. Esra oder das Jubiläenbuch vor sich gehabt und erst anschließend aus deren frei umlaufenden Quellen den Pentateuch und die Vorderen Propheten verfasst.

IV Der Tod des Mose in Deuteronomium 34

Da sich die Genese der größeren literarischen Zusammenhänge in Tora und Vorderen Propheten anhand der späten, midraschartigen Texte Gen 15; Ex 32–34; Dtn 1–3; 31–34 oder Jos 24 offenbar nicht aufhellen lässt, steht man vor der Alternative, auf die Rekonstruktion ganz zu verzichten oder sie mit anderen Mitteln zu versuchen. Entscheidet man sich für letzteres, bietet sich ein Verfahren an, das statt von bestimmten Pentateuchtheorien, für oder gegen die man sich im Voraus zu entscheiden hätte, vom gegebenen Text und den seit alters gemachten elementaren Textbeobachtungen ausgeht und sich auf dieser Grundlage vom Sicheren zum weniger Gesicherten, d. h. meistens vom vorliegenden jüngsten Textbestand zu den älteren Strata, vortastet. Es gilt, durch Subtraktion klar bestimmbarer, abhängiger oder einst selbständiger (für sich lebensfähiger) Bestandteile wie P, D und die dtr Bearbeitung das Fachwerk der Komposition freizulegen, das im überlieferten Text von allen möglichen literarischen Fortschreibungen, von der einzelnen Glosse bis zu ganzen Schichten, welche die größeren Zusammenhänge zur Voraussetzung haben, überlagert ist.

Im Hinblick auf das Problem von Tetrateuch und Hexateuch spielen die literarischen Anschlüsse im Übergang von Num zu Dtn und von Dtn zu Jos eine entscheidende Rolle.[95] Wendet man hier das eben beschriebene Verfahren an, dann wird man zunächst P und von P und Dtr beeinflusste Textpartien, mithin den gesamten Bestand von Num 26–36 ausscheiden müssen, der die Verbindung von p und nicht-p Text im Pentateuch (Enneateuch) voraussetzt. Darüber herrscht, mit Ausnahme vielleicht von Num 32,[96] in der Forschung Konsens.

---

94 Zu dem durchgängig supponierten Verfahren vgl. Otto 2000a, 73 f.134 Anm. 107; 239 Anm. 24; 243–246, bes. 245 Anm. 34 u. ö.

95 Zum Folgenden vgl. auch Nr. 13 und 19 in diesem Band.

96 Doch vgl. schon Wellhausen 1899, 113 f; Blum 1990, 112–114; Otto 2000a, 94 (dort die übrige Lit.).

Des Weiteren fällt das Dtn aus der Reihe. Wie der Rahmen des Dtn selbst, so sind auch die Verbindungen des Rahmens in Dtn 1–11 und 26–34 nach den beiden Seiten sekundär. Auch das ist in der Forschung Konsens. Die Frage ist nur, ob das Dtn, der Tetrateuch oder der Hexateuch den Anfang macht und je nachdem das Dtn (für sich oder als Teil von DtrG oder DtrL) an den Tetrateuch angehängt, der Tetrateuch ihm vorgebaut oder das Dtn in den Zusammenhang von Num und Jos eingeschoben wurde. Das aber entscheidet sich nicht allein in der Analyse des Dtn-Rahmens in seinem Verhältnis zu Gen–Num und Jos, die zu dem Ergebnis führt, dass auch die Rahmenpartien des Dtn die größeren Zusammenhänge voraussetzen, sondern hängt davon ab, was nach Abzug des „zwischeneingetretenen" Gesetzes in Num und Dtn übrigbleibt.

Zieht man das Gesetz ab, bleibt der Anschluss Num 25/Jos 1. Dass er nicht ursprünglich sein kann, liegt auf der Hand. Jos 1 (V. 1–6) ist von Dtn 31,1–8 und 34,1–6 abhängig und fällt daher zusammen mit dem Deuteronomium aus.[97] Num 25 „enthält in einer schwer zu entwirrenden Zusammensetzung und in einer merkwürdig inkonsequenten und bruchstückhaften Darstellung Überlieferungselemente verschiedenen Inhalts und verschiedenen Alters" und hat seinen Ausgangspunkt in der Erzählung Num 25,1–5, von der alles Weitere literarisch abhängt.[98] Ob der merkwürdige, schon in sich sehr uneinheitliche Ausgangspunkt freilich ein „Fragment aus JE" ist[99] und „in frühe Zeit" zurückgeht,[100] ist zweifelhaft. Die Vermischung mit den Moabiterinnen, die das Niederfallen vor dem aus Num 23,27–30 (Ex 32 und 1Kön 18?) abgeleiteten Baal Peor und damit die Übertretung des Ersten Gebots zur Folge hat, beschreibt eine Sünde, vor der Ex 23,20–33; 34,10 ff und das Dtn an vielen Stellen, bes. Dtn 7, für die Zeit nach der Landnahme warnen und die in Ri 3,5 f zum ersten Mal begangen wird. Hier ist sie in die Zeit vor der Landnahme eingetragen, um sie sofort mit den härtesten Strafen zu belegen und der Warnung im Dtn einen Anlass zu geben (vgl. Jos 22,17), bevor das Thema im (nach-)p Faden in Num 25,6 ff sowie in Num 31 weitergesponnen wird.[101] Das Stück setzt jedenfalls den Dekalog, das (späte) Dtn und die vom Gesetz im Pentateuch abhängige (spät- oder nach-)dtr Redaktion in den Vorderen Propheten voraus.

Kommt daher weder die Erzählung von den unerlaubten Ehen mit den Moabiterinnen und dem Baal Peor in Num 25 noch die Berufung Josuas in Jos 1 für einen

---

97 Vgl. Noth 1943 (=²1957), 41. Zur möglichen Ausnahme von Jos 1,1 f vgl. Nr. 19 in diesem Band.

98 Noth 1966 (=⁴1982), 170 f; ders. 1943, 201 f.212; ders. 1948, 16.

99 So Wellhausen 1899, 111; Noth 1948, 16, die daran geknüpften historischen Spekulationen ebd. 80 f.213.

100 So Noth ⁴1982, 170.

101 Vgl. dazu Blum 1990, 114–116.206 f.

älteren, vor-dtn Anschluss in Frage, so ist doch andererseits nicht zu verkennen, dass in Num 25 „kompositionell der direkte Anschluss des Handlungsfadens in Exodus und Numeri an das Deuteronomium (bzw. »DtrG«) gegeben" ist.[102] Dieser „direkte Anschluss" besteht aber nicht nur an das Dtn und das DtrG (Jos 1), sondern sehr viel direkter – über die großen, in der Forschung einmütig ausgeschiedenen Partien von Num 25–36 und Dtn 1–34 sowie Jos 1 hinweg – an die Notiz vom Aufbruch zur Landnahme in Jos 2,1 bzw. 3,1: Nach der Ankunft in Moab (Num 22–24) lagert Israel in Schittim (Num 25,1a); von Schittim schickt Josua, der Sohn Nuns, die Kundschafter aus (Jos 2,1) und macht sich mit den Israeliten zur Jordanüberquerung auf (Jos 3,1). Dieser „direkte Anschluss" lenkt die Aufmerksamkeit auf die Itinerarnotiz Num 25,1a, die kein Geringerer als M. Noth von der Baal-Peor-Geschichte in V. 1b–5 unterschieden hat,[103] während sie sich völlig ungezwungen an das vorausgehende nicht-p Itinerar (Ex 15,22a; Num 20,1*; 22,1) und die in den „Gefilden Moabs" lokalisierte Bileamgeschichte Num 22–24 anschließt. Rechnet man Num 25,1b–5 nicht zu den „alten Quellen", ist man frei, das Verhältnis so zu bestimmen, wie es die kompositionellen Verknüpfungen und die narrative Strategie – und zwar im vorliegenden wie in dem um die Nachträge Num 25–26 (ab 25,1b) und das ehemals selbständige Dtn reduzierten Text – verlangen. Danach hat die Itinerarnotiz Num 25,1a klar die Priorität vor der Erzählung in V. 1b–5, die sich an die Lokalisierung in V. 1a anhängt und diese zwischen Num 25,1a und Jos 2,1; 3,1 mit Num 23,28 sowie Dtn 3,29 (4,46) und Dtn 34,6 kombiniert.

Bei dem „direkten Anschluss" in Num 25,1a/Jos 2,1; 3,1, der sich wie von selbst ergibt, sobald man Num 25–36 und das Dtn abhebt, könnte es sich ohne Weiteres um einen älteren, vor-dtn Textzusammenhang handeln. Der Übergang ist literarisch glatt,[104] Josua wird mit Vaternamen regelrecht eingeführt, der Erzählfaden setzt sich nahtlos fort.[105] Dass Mose, der nach Ex 15,22a(.22b–25a.27; 16,1*; 19,2a*.3a; 24,18b) im Itinerar und nach seinem letzten Auftritt in Num 20,14 ff im Erzählstoff (Num 21,21 ff; 22–24*) schon sehr in den Hintergrund getreten ist,[106] keine Erwähnung mehr findet, muss nichts heißen, ist aber merkwürdig. Nach der Todesnotiz

---

102 Blum 1990, 115; vgl. für den Gesamttext auch Frevel 2000, 254.258.

103 Noth 1944, 26 f; ders. 1948, 35 Anm. 125; ders. ⁴1982, 171.

104 In Jos 2,1 wirkt die zwischen Subjekt und Objekt eingeschobene Ortsangabe etwas störend und ist vielleicht aufgrund der Einschaltung des Dtn (sowie von Num 25–36) als Wiederaufnahme von Num 25,1a nachgetragen; in 3,1 gehört sie zum ursprünglichen Text und ist – mit oder ohne die große Einschaltung – nach Jos 2 als Rückgriff auf Num 25,1a am Platz. Vgl. dazu die Präzisierungen in Nr. 19 in diesem Band.

105 So früher auch Otto 1975, 102 f mit Verweis auf Rudolph 1938, 168. Warum er die Verbindung heute nicht mehr wahrhaben will (ders. 2000a, 224 f), wird nicht erklärt.

106 Für die Textrekonstruktion vgl. Kratz 2000, 290 f.303.

der Mirjam in Num 20,1 („Und dort starb Mirjam und wurde dort begraben") würde man nach der Ankunft in Schittim in Num 25,1a und vor dem Auftritt des Josua in Jos 2,1; 3,1 eine entsprechende Notiz über Mose (nach dem Muster „Und dort starb Mose ...") erwarten. Und eine solche ist genau an der Stelle, an der man sie erwarten würde, in Dtn 34,5–6 auch überliefert. Das nährt die Vermutung, dass sich in Dtn 34,5 f ebenfalls noch ein Bestandteil des älteren, vor-dtn Erzählfadens von (Ex 2,1–)Num 25,1a nach Jos 2,1; 3,1 erhalten hat.[107]

Gegen diese Vermutung spricht die schicke These, das (nach-p) Kapitel Dtn 34 und der Tod des Mose seien die „Geburt des Pentateuch" und des Kanonteils Tora.[108] Doch „ist die Todesmitteilung in Dtn 34 nicht verfasst worden, um den Pentateuch zu bilden",[109] was die Frage aufwirft, wozu und in welchem literarischen Kontext sie entstanden ist. Auch hier empfiehlt sich vor allen Erwägungen über den Anteil von „Quellen" (JE oder P) oder supponierten Redaktionsschichten (DtrG, KD, KP, Hexateuch- und Pentateuchredaktion) wieder die Anwendung des oben vorgeschlagenen Verfahrens. Ohne die ausführlich geführte Diskussion wiederholen zu müssen,[110] kann man die Frage leicht auf die Verse Dtn 34,1–6 fokussieren: V. 7 f, in der traditionellen Quellenscheidung P zugewiesen, von L. Perlitt für nach-p erklärt,[111] setzen die Todesnotiz in V. 5 f voraus und sind jedenfalls jünger als diese.

---

107 Vgl. Kratz 2000, 129 f.133–135.220 f sowie die oben Anm. 95 genannten Beiträge in diesem Band. Eine vor-dtr Fassung der Todesnotiz im Rahmen der Vita Mosis räumt auch Römer 1999, 174, ein; ebenso Frevel in Zenger u. a. ⁸2012, 125.224; ⁹2016, 129.220.

108 Dohmen / Oeming 1992, 54 ff; zustimmend Otto 2000a, 211 ff.217 für Hexateuch (!) und Pentateuch.

109 Dohmen / Oeming 1992, 66 f. Vgl. nach sorgfältiger Prüfung der verschiedenen (!) literarischen Horizonte von Dtn 34 auch Frevel 2001, 232: „Dtn 34 ist als Pentateuchschluß *gewachsen, nicht gesetzt.*" Vgl. zu der These auch den Einspruch von Mosis 2000.

110 Vgl. dazu Frevel 2000, 211 ff; ders. 2001 und die hier genannte Lit.

111 Perlitt 1994. Vgl. dagegen Frevel 2000, mit beachtlichen, in diesem Punkt m. E. aber nicht durchschlagenden Argumenten. Frevel betont in seiner Grundsatzreflexion des „methodischen Dilemmas" (a.a.O., 228 ff) zu Recht, dass die Entscheidungen nicht (allein) aufgrund des Sprachbeweises innerhalb, sondern (zumindest auch) außerhalb von Dtn 34 fallen. Andererseits können Beobachtungen wie die, dass in der Todesnotiz in Dtn 34,5 f P nicht zur Sprache kommt, die „P"-Schicht in V. 7 f die Todesnotiz aber voraussetzt, auch dazu anregen, die Annahme eines in Ex–Num bis Dtn 34 durchlaufenden P-Fadens noch einmal zu überdenken. Die Lösung, in Dtn 34,5 f seien zwei unabhängige, aber streckenweise gleich formulierte Todesnotizen, eine dtr (im Zusammenhang von DtrG) und eine p (in Pᵍ), zusammengeflossen (a.a.O., 337 f), ist apart, aber, wie Frevel selbst eingesteht, unbeweisbar. Vor allem macht sie es sich unnötig schwer, indem sie den im Rahmen des „Münsteraner Pentateuchmodells" angenommenen vor-dtr und vor-p Hexateuchzusammenhang (a.a.O., 379 f) völlig leer ausgehen lässt (vgl. dazu a.a.O., 345) und nicht als möglichen Ausgangspunkt in Betracht zieht, von dem beide, Dtr und P in Dtn 34 (im literarischen Kontext von Hexateuch und Enneateuch), abhängig sind (s. u.). Die Gründe dafür liegen wieder außerhalb von Dtn 34: Außer

V. 9 und V. 10–12 setzen wiederum V. 1–8 voraus und bewegen sich wie schon V. 7 f jenseits von Dtr und P im Rahmen des Buches Dtn und darüber hinaus im Horizont des (nach wie vor auf die Fortsetzung in Jos–Kön bezogenen) werdenden Penta-teuchs.[112] Die Zuweisung von Dtn 34,7–8.9.10–12 zu einer bestimmten „Quelle" oder Redaktion[113] ist nur mit Gewalt möglich. Innerhalb von V. 1–6 wiederum ist die Beschreibung des Landes in V. 1bβ–3, von der die Replik auf die Väterverheißung in V. 1bα (nach Gen 13,15) und V. 4 (nach Gen 12,7) nicht zu trennen ist, schon lange als Zusatz erkannt.[114] Der Grundtext ist demnach in V. 1a.5–6 zu suchen.

Dieser Grundtext wird nach der Bestreitung der „alten Quellen" in V. 1–6 und Zuweisung an Dtr durch Noth für gewöhnlich im Kontext des DtrG (meist DtrH) angesiedelt.[115] Das ist insofern berechtigt, als diese Stelle, wie oben gesehen, gemeinsam mit Dtn 31,1–8 (ursprünglich nur V. 1–2a.7 f) in Jos 1,1–6 (ursprüng-lich nur V. 1 f.5 f) vorausgesetzt und (im Blick auf die Landnahme Jos 11,16–23 und darüber hinaus) weitergeführt wird.[116] Das bedeutet aber nicht, dass sämtliche davon betroffenen Texte automatisch auf derselben literarischen Ebene liegen. Die Beauftragung des Josua (Dtn 31,1 ff; Jos 1) hat den nahenden bzw. eingetretenen Tod des Mose zur Bedingung; dieser setzt aber nicht notwendig die Beauftragung Josuas voraus. Folglich muss die dtr Einordnung von Dtn 34,1a.5–6 aus dem Text selbst begründet werden. Dafür aber reichen die Indizien nicht aus, wenn beachtet wird, dass in V. 1a (vgl. Dtn 32,49) der Berg Nebo, der mit dem Gipfel des Pisga in

der Annahme eines durchlaufenden P-Fadens ist es die Hypothese des DtrG, die sich mit der Hexa-teuch-Hypothese nicht verträgt (s. o. I.).

112 Vgl. Frevel 2001, 229 ff.

113 Vgl. Schmidt 1993, 241 ff (P in V. 1*.7–9 neben Dtr und Zusätzen des Redaktors); García López 1994 (KD und KP mit DtrH als Vorlage in V. 1 f.*5f*); Römer 1999, 170–174; ders. / Brettler 2000, 404–408 (nach-p Hexateuch- und Pentateuchredaktion mit DtrG als Vorlage in V. 1*.4–6*); Otto 2000a, 211 ff (nach-p Pentateuchredaktion und Ergänzungen mit Vorlage der Hexateuchredaktion in V. 1–6.8). Solche und andere Klassifizierungen wissen mehr, als man wissen kann. Ihnen klar überlegen ist die relative Schichtung der sich sukzessive anlagernden Ergänzungen im Fluss der spät- und nach-dtr (auch nach-p) Tradition bei Stoellger 1993, ohne dass ich dessen Ergebnisse im Einzelnen teile.

114 Noth 1943, 213 Anm. 1; für den Zusammenhang von 1bα–4 vgl. zuletzt (in Auseinandersetzung mit Römer) Otto 2000a, 216 f Anm. 265; 217–221; zur Ausscheidung Stoellger, 1993, 29 f.30 f.

115 Vgl. Noth 1943, 39 f.212 f sowie die Hinweise oben Anm. 113; Stoellger 1993, 34 f; zu Frevel 2000, 337 f.341 f s. o. Anm. 111. Otto 2000a, 176 ff.211 ff erklärt Noths Dtr (ohne Noths Differenzierung der einschlägigen Texte) kurzerhand zur nach-p Hexateuchredaktion; man fragt sich, wo Mose in DtrL, der supponierten Vorstufe dieses Hexateuchs, gestorben ist. Dass die Hexateuch- und die Penta-teuchredaktion P voraussetzen, wird übrigens immer nur behauptet, nicht am Text nachgewiesen; die Referenztexte stammen meistens ihrerseits von einer der beiden Redaktionen, womit der Zirkel perfekt ist.

116 Vgl. Kratz 2000, 135.198–200; ausführlicher in Nr. 13 in diesem Band.

den Gefilden Moabs (vgl. Num 22,1; 23,14) konkurriert, in V. 5 (vgl. Jos 1,1 f etc.; 24,29; Dtn 32,50 etc.) der ganze Nachsatz „der Knecht Jhwhs, im Lande Moabs, auf Geheiß Jhwhs", der mit der Ortsangabe „dort" konkurriert und den Zusammenhang von Tod und Begräbnis unterbricht, und in V. 6 (vermutlich) der ganze Halbvers 6b, der mit der Ortsangabe in V. 6a konkurriert, Nachträge sind.[117] Was an der Notiz: „Und Mose stieg von den Gefilden Moabs auf den Gipfel des Pisga gegenüber von Jericho. Und dort starb Mose, und man begrub ihn im Tal (im Land Moab) gegenüber von Bet Peor" dtr oder nach-dtr sein soll, erschließt sich mir nicht.

Solange eine dtr oder nach-dtr Herkunft nicht nachgewiesen ist, wird man andere Möglichkeiten mit in Betracht ziehen und nach einer Zuordnung suchen müssen, die auch das Zustandekommen der vielen dtr und nach-dtr Zusätze in Dtn 34 hinreichend erklärt. Bevor man dafür sogleich wieder die hypothetischen großen Redaktionen bemüht, liegt es näher, an das Gerüst der Erzählung, den oben freigelegten älteren Erzählfaden, der von Num 25,1a nach Jos 2,1 bzw. 3,1 führt, als ursprünglichen Kontext zu denken. In ihn fügt sich die Todesnotiz in Dtn 34,5 f (abzüglich der Zusätze) nahtlos ein. Ohne Dtn 34,1a* bezieht sich das „dort" in V. 5* auf die Lagerstätte in Schittim. Der Textzusammenhang Num 25,1a/Dtn 34,5f* entspricht ziemlich exakt der vorausgehenden Todesnotiz der Mirjam in Num 20,1aβb. Damit ist Fachwerk gegeben, in das die beiden komplexen literarischen Gebilde von Dtn und Num 25–36 eingefügt und – im Kontext von Hexateuch, Enneateuch und Pentateuch – nach und nach fortgeschrieben werden konnten. Als das Dtn eingestellt und zunächst über Dtn 5,1aα[1] (+ 6,4 f + 12–26*) an Num 25,1a angeschlossen wurde, verlor das „dort" in Dtn 34,5 seinen Bezugspunkt, weswegen der Aufstieg aus den Gefilden Moabs (vgl. Num 22,1) auf den Gipfel des Pisga (vgl. Num 21,20; 23,14), wie Schittim gegenüber Jericho gelegen, in Dtn 34,1a* nötig wurde. Alles Weitere, insbesondere die Verweise von Dtn 1–4 (5; 9 f) und 31–34 in die näheren und ferneren Kontexte, baut darauf auf. Im Zuge dessen dürften auch die Zusätze in Dtn 34, die sich um die ursprüngliche Todesnotiz gruppieren, entstanden sein.

---

117 Kratz 2000, 130.220 sowie die beiden oben Anm. 95 genannten Beiträge in diesem Band. Die Differenzierung scheint Otto 2000a, 224 f Anm. 291; wiederholt in ders. 2001, 415–417 = ders. 2002b, 152–155, entgangen zu sein, womit sich sein (einziger sachlicher) Einwand gegen die „Komposition" erledigt. Zu der von Otto vermissten Auseinandersetzung mit Num 20,12; 27,12 ff; Dtn 1,37; 3,27 ff; 31,1 f; 32,48 ff (außerdem 4,21 f; 31,14 f) vgl. ausführlich Nr. 13 in diesem Band; dass die verschiedentlichen Ankündigungen den Eintritt des Todes in Dtn 34,5 f voraussetzen, versteht sich von selbst. Gertz 2002b, 7–10, der sich meinen Vorschlag zu eigen macht, hat die Differenzierung nicht übersehen und dies durch ein Sternchen an der fraglichen Versziffer (Dtn 34,5*.6) gekennzeichnet.

V Fazit

Als das Gesetz – zuerst das Bundesbuch am Sinai, dann das Dtn, das in Moab das Bundesbuch in revidierter Fassung öffentlich macht, und schließlich der Dekalog vom Sinai/Horeb in Ex 20/Dtn 5 – „zwischeneintrat", war der literarische Horizont anfänglich wohl noch der *vorpriesterschriftliche Hexateuch* im Umfang von Ex 1–Jos 12, dessen Nahtstelle am Übergang von Num zu Jos wir hier näher betrachtet haben. Sehr bald aber war es – vor wie nach der Einarbeitung von P – der Enneateuch (Gen–Kön), in dem sich die unzähligen und ganz unregelmäßig verteilten, bald mehr nach Dtr, bald nach P gehenden und bald beides mischenden, hoch komplexen und das Netz von intertextuellen Bezügen von Mal zu Mal enger knüpfenden Fortschreibungen finden, die innerhalb des Enneateuchs zuweilen auch kompositionelle Zäsuren und die Buchgrenzen markieren, bevor die vom Gesetz determinierte Geschichte in Tora und Vordere Propheten unterteilt und kanonisiert wurde.[118]

Einen *nachpriesterschriftlichen Hexateuch* hat es – wie das sich selbst als Buch bezeichnende späte Deuteronomium[119] – kaum je anders denn als „Buch im Buch" gegeben (vgl. das „Torabuch Gottes" in Jos 24,26). Er ist eine literarische Fiktion, aus der man keine redaktions- und literaturgeschichtlichen, sondern einzig und allein theologiegeschichtliche Schlüsse ziehen sollte. Gerne wüsste man mehr über die Trägerkreise, die dafür verantwortlich waren. Doch über die allgemeine Auskunft, dass es sich um schriftgelehrte, je nach Herkunft oder theologischem Geschmack eher deuteronomistisch, priesterlich, weisheitlich oder prophetisch geprägte Kreise des nachexilischen Judentums handelte,[120] wie man sie historisch nachweisbar ab Sir 39 und in Qumran greifen kann, wird man kaum hinauskommen. Auch die in den biblischen Schriften favorisierten oder verdammten Gruppen und Richtungen entspringen nicht selten der literarischen Stilisierung und können nicht ohne Weiteres mit den Schriftgelehrten identifiziert werden, denen wir den reichen Schatz der biblischen Überlieferung verdanken.

---

118 Vgl. zum Ganzen Kratz 2000, 99 ff, zusammenfassend 219–225.304–314.
119 Vgl. Sonnet 1997.
120 Vgl. Veijola 2000a, 192–240.

19 Schittim – Eine narrative Verbindung zwischen Numeri und Josua

I Schittim

In der Erzählung der Hebräischen Bibel erreicht das Volk Israel unter Führung des Mose nach dem Auszug aus Ägypten und der Wanderung durch die Wüste in Num 25,1a seine letzte Station vor dem Eintritt in das gelobte Land: „Und Israel lagerte in Schittim". In Jos 2–3 bricht das Volk Israel unter Führung des Josua von demselben Ort auf, um den Jordan zu überqueren und das gelobte Land zunächst zu erkunden und anschließend einzunehmen: „Und Josua, der Sohn Nuns, sandte von Schittim zwei Männer heimlich als Kundschafter aus" (Jos 2,1); „Und Josua machte sich früh auf, und sie zogen aus von Schittim und kamen an den Jordan, er und alle Israeliten, und blieben dort über Nacht, ehe sie hinüberzogen" (Jos 3,1). Bevor es dazu kommt, werden in Num 25–36 und im Buch Deuteronomium noch allerlei Vorbereitungen getroffen und vor allem lange Reden gehalten. Die diversen Episoden, Gesetze und Listen in Num 25–36 sowie die Abschiedsrede des Mose im Deuteronomium setzen sich aus unterschiedlichem Material zusammen und führen die Szene breit aus. Das Gerüst der Handlung besteht aus dem Itinerar in Num 25,1a und der Notiz vom Tod des Mose in Dtn 34,5 f, die nach dem Muster von Num 20,1, der Lagerung in Kadesch und dem Tod der Mirjam, Num 25,1a fortsetzt: „Und Israel lagerte in Schittim ..., und dort starb Mose und sie begruben ihn." Nach dem Tod des Mose übernimmt Josua, der Diener des Mose, auf Befehl des Herrn das Kommando (Jos 1,2 f).

Der Ort השטים heißt vermutlich vollständig אבל השטים „Akazienau" oder auch „Akazienbach" (Num 33,49) und liegt nach dem Zeugnis seiner biblischen Erwähnungen[1] im Lande Moab, am östlichen Ufer des Jordan gegenüber von Jericho. In dieselbe Gegend führt das Itinerar in Num 21,10–13 und Num 22, sowie die Notiz vom Begräbnis des Mose in Dtn 34,6. Die genaue Ortslage ist nicht bekannt, für gewöhnlich wird Schittim mit dem *Tell el-Ḥammām* am *Wādi el-Meqta'a* identifiziert.[2] Doch für die innere Stimmigkeit der biblischen Erzählung spielt die genaue Ortslage keine Rolle. In der *historia sacra* ist es der Ort, an dem sich der Epochenwechsel von der Ära des Mose zur Ära des Josua und der Übergang über den Jordan vollziehen.

---

1 Num 25,1; 33,49; Jos 2,1; 3,1; Mi 6,5; eine andere, judäische Ortslage scheint das נחל השטים in Joel 4,18 zu sein. Der Einfachheit halber behalte ich im Deutschen die Schreibung „Schittim" für das hebräische *Ha-Schittim* bei.
2 Vgl. Noth 1971, 29; Fritz 1994, 35.

https://doi.org/10.1515/9783111367057-024

Die Forschung hat sich mit diesem schlüssigen Erzählverlauf stets schwer getan, will er doch nicht recht in die gängigen literarhistorischen Hypothesen passen. Am leichtesten fiel es den Vertretern der klassischen Quellenhypothese, die noch mit einem Hexateuch rechneten, den Zusammenhang zu erklären, obwohl auch sie in Num und Jos immer mehr in Verlegenheit gerieten. So setzt sich nach Wellhausen, nicht zuletzt wegen der narrativen Verbindung von Num 25,1a und Jos 2,1; 3,1, in Jos 2–6 das „herrliche Erzählungsbuch" (JE) fort, das mit dem Segen Bileams, dem Fragment Num 25,1–5 sowie Resten in Dtn 34 abgebrochen sei.[3] In Smends Analyse wird die Verbindung der Quelle J^1, in Eissfeldts Hexateuchsynopse der Quelle L zugewiesen.[4] Der genaue Verlauf der Erzählung, insbesondere der Übergang von Num zu Jos und der Zusammenhang mit dem Tod des Mose in Dtn 34,5 f, blieb aufgrund des Systemzwangs der Quellenhypothese jedoch unbestimmt.

Schwieriger stellte sich die Sachlage dar, nachdem Noth die Quellenhypothese für Jos preisgegeben und an ihre Stelle seine Hypothese eines die Bücher Dtn–Kön umfassenden Deuteronomistischen Geschichtswerkes gesetzt hatte.[5] Indem Noth das Buch Josua der Erzählung des Pentateuchs kategorisch absprach und seinem Deuteronomistischen Geschichtswerk zuwies, riss er den narrativen Zusammenhang der biblischen Erzählung von Exodus und Landnahme und damit auch die durch die Ortsangaben in Num 25,1a und Jos 2,1; 3,1 hergestellte narrative Verbindung auseinander. Demzufolge dürfen die Ortsangaben nicht auf einer Ebene liegen und müssen entweder hier oder dort oder an beiden Stellen nachgetragen sein. So rechnet Noth Num 25,1a unter Vorbehalt der Quelle J zu und erwägt, dass die Ortsangabe „ein später Zusatz mit Rücksicht auf Jos. 2,1; 3,1" sei.[6] Die Verbindung zwischen Num 25,1a und Jos 2,1; 3,1 geriet in der Folge immer mehr aus dem Blick.[7]

Der verehrte Jubilar, der die Quellenhypothese auch für den Tetrateuch aufgegeben hat, aber an Noths Hypothese des Deuteronomistischen Geschichtswerkes festhält, hat sich für die andere Option entschieden. Er rechnet Num 25,1–5 seiner – vom Deuteronomium und dem Deuteronomistischen Geschichtswerk inspirierten – D-Komposition (klassisch in etwa JE) zu[8] und scheidet kurzerhand den gesamten Textkomplex in Jos 2,1–3,1 als späten, nachexilischen Zusatz mit Rücksicht auf Num 25,1–5 aus.[9] Die Ausscheidung ergibt sich aus den literarhis-

---

3 Wellhausen 1899, 111.116.117.

4 Smend 1912, 231.281.284; Eissfeldt 1922, 64.67.190*.203*.206*.

5 Vgl. dazu Nr. 16 in diesem Band.

6 Noth 1948, 35 mit Anm. 125; anders jedoch ders. 1982, 171.

7 Die Aporie, in die das Nebeneinander der Quellenhypothese für den Tetrateuch und der Hypothese des Deuteronomistischen Geschichtswerkes führt, zeigt – wider Willen – Levin 2013b, bes. 89–92.

8 Blum 1990, 114–116.

9 Blum 2010, 219–248 sowie 375–404. Ausführlich ausgearbeitet wurde die These von Krause 2014, hier bes. 135–195.

torischen Voraussetzungen Blums. Zum einen postuliert er einen ursprünglichen, durchlaufenden deuteronomistischen Faden im Josuabuch im Rahmen des Deuteronomistischen Geschichtswerkes, der keine ältere narrative und schon gar keine literarische Verbindung zwischen Num 25,1a und Jos 2,1; 3,1 duldet. Zum anderen geht er von der literarischen Einheitlichkeit sowohl von Num 25,1–5 als auch von Jos 2 aus.

In diesem Beitrag zu Ehren von Erhard Blum möchte ich mich der kühnen These des Jubilars stellen und damit das Gespräch fortsetzen, das er und sein Schüler Joachim Krause in Reaktion auf neuere Versuche der Wiederbelebung der nach Noth in Vergessenheit geratenen Hexateuchhypothese und nicht zuletzt auf meinen Vorschlag einer vorpriesterschriftlichen und vordeuteronomistischen Exodus-Landnahme-Erzählung in Ex–Jos in Gang gesetzt haben.[10] Bei allen methodischen und exegetischen Differenzen sehe ich das Ziel dieses Gesprächs in dem gemeinsamen Versuch, unter den Bedingungen der vom Jubilar so eindrucksvoll begründeten Bestreitung der Quellenhypothese für die Komposition des (vorpriesterschriftlichen) Tetrateuchs nun auch die durch Noths Hypothese des Deuteronomistischen Geschichtswerkes aufgeworfenen Probleme am Übergang vom Pentateuch zu den Vorderen Propheten einer plausiblen Lösung zuzuführen. Neben der Analyse und dem literarischen Ort des Buches Deuteronomium spielt dabei der durch die Ortsangabe „Schittim" hergestellte narrative Zusammenhang von Num 25,1a und Jos 2,1; 3,1 eine nicht unwichtige Rolle.

II Drei Tage

Die Ausscheidung von Jos 2,1–3,1 wird von Blum und Krause im Wesentlichen damit begründet, dass der in Jos 1,10–11 greifbare, vermeintlich nahtlose und ursprüngliche deuteronomistische Erzählfaden in Jos 3,2–3 fortgesetzt werde, wobei Jos 3,2 nicht unmittelbar an Jos 1,10–11, sondern an Jos 1,18 angeschlossen haben soll.[11] Neben der Zeitangabe Jos 1,1a wird den Versen Jos 1,10–11 „eine tragende Funktion für das Kapitel" zugesprochen.[12] Der narrative Anschluss in Jos 3,2–3 sei der Beweis dafür, dass die Episode in Jos 2, die durch Jos 2,1 und 3,1 gerahmt sei, ein literarischer Einschub sein müsse. Dieser Schluss werde dadurch bestätigt, dass die als einheitlich betrachtete Episode sowohl chronologisch als auch thematisch nicht in Einklang mit dem Kontext stehe.

10 Vgl. Kratz 2000 sowie Nr. 1, 2, 13 und 18 in diesem Band.
11 Krause 2014, 73 f.141.206.
12 Ebd. 73.

1 Jos 1,10–11 und 3,2–4

Die Beobachtung des Anschlusses von Jos 3,2 an Jos 1,10–11 ist nicht neu, sondern ein Relikt der alten Quellenhypothese. Das muss nicht heißen, dass die Beobachtung falsch ist. Doch ebenso wie im Falle des Anschlusses von Jos 2,1; 3,1 und Num 25,1a sollte die narrative Verbindung aus sich selbst und nicht nach dem Systemzwang der Quellenhypothese begründet werden. Dass damit selbst die Vertreter der Quellenhypothese ihre Schwierigkeiten hatten, sollte eine Warnung sein, ihnen nicht unbesehen zu folgen. Während Jos 2,1–3,1 wegen der Ortsangabe der Quelle J (oder Eissfeldts L) zugeschrieben wurde, hat man den Anschluss von Jos 3,2–3 an Jos 1,10–11 wegen der Zeitangabe der „drei Tage" sowie der ausnahmslos nur hier wie dort agierenden „Amtleute" im „Lager" der Quelle E zugewiesen.[13] Wellhausen und in seinem Gefolge Noth haben erkannt, dass die Aufteilung in einzelne Quellen in Josua nicht möglich ist und darum eine Erklärung mittels der Ergänzungshypothese vorgeschlagen. Ihnen zufolge handelt es sich bei Jos 1,10–11 und Jos 1 im Ganzen sowie Jos 3,2–3 um deuteronomistische Bearbeitungen eines älteren Erzählfadens (JE)[14] bzw. einer älteren Landnahmeüberlieferung in Jos 2.[15] Blum und Krause kehren das Verhältnis um und erklären die deuteronomistische Bearbeitung – im Sinne der alten Quellenhypothese – zu einem durchlaufenden Erzälfaden, in dem sie – gegen Noth – keine ältere Überlieferung, sondern allein die literarische Grundschicht des Josuabuches im Rahmen des Deuteronomistischen Geschichtswerkes erkennen.

Der kurze Forschungsrückblick macht deutlich, dass die literarkritischen Beobachtungen der Quellenhypothese auch unter den Bedingungen der Ergänzungshypothese oft ihre Berechtigung behalten, nur anders erklärt werden müssen. Das gilt für den Anschluss von Jos 2,1; 3,1 und Num 25,1a ebenso wie für den Anschluss von Jos 3,2–3 an Jos 1,10–11. Doch stellt sich im Rahmen der Ergänzungshypothese die Frage, welcher der beiden Anschlüsse älter und welcher jünger ist. Wie in der Textkritik ist zu prüfen, welche Variante sich am ehesten aus der jeweils anderen erklären lässt.

Von entscheidender Bedeutung hierfür sind die Zeitangaben in Jos 1,11; 2,16.22 und 3,2. Um sie richtig beurteilen zu können, wird man zunächst an die Bedenken der Vertreter der alten Quellenhypothese erinnern müssen, die sich dessen bewusst waren, dass es sich bei dem Anschluss von Jos 3,2–3 an Jos 1,10–11 um eine „freilich nicht ganz unmittelbare Fortsetzung" handelt.[16] Der Grund für die Bedenken wird

---

13 Vgl. Smend 1912, 279; Eissfeldt 1922, 66 f.
14 Wellhausen 1899, 118.
15 Noth 1943, 41 f.
16 Eissfeldt 1922, 66.

nicht genannt und, soweit ich sehe, auch von Blum und Krause übersehen.[17] Doch er ist offensichtlich: In Jos 1,10–11 weist Josua die Amtleute an, in das Lager zu gehen und das Volk über die „in noch drei Tagen" bevorstehende Überquerung des Jordan zu informieren; in Jos 3,2–3 hingegen begeben sich die Amtleute „nach drei Tagen" in das Lager, um das Volk über den unmittelbar bevorstehenden Aufbruch und seine Modalitäten zu informieren. Die von den alten Quellenkritikern mit Bedacht unter Vorbehalt aufeinander bezogenen, von Blum und Krause als tragende Pfeiler ihrer literarkritischen Hypothese vorgestellten chronologischen Angaben stimmen also, genau besehen, nicht überein. Zwar ist der Verweiszusammenhang als solcher offenkundig, doch passen Anweisung und Ausführung nicht zusammen. Der Unterschied ist keine Petitesse, ist doch die Ankündigung „in noch drei Tagen" dafür bestimmt, dass sich das Volk mit Proviant versorgen kann, was nach dem verspäteten Eintreffen der Amtleute im Lager in Jos 3,2–3 schlechterdings nicht mehr möglich ist. Von einem „deutlich markierten Verweiszusammenhang zwischen der Angabe, *in noch drei Tagen* werde das Volk durch den Jordan ziehen (Jos 1,11b), und der entsprechenden Durchführung (Jos 3,2)"[18] kann somit keine Rede sein.

Auch inhaltlich zielen die beiden fraglichen Stellen auf etwas vollkommen anderes ab. Geht es in Jos 1,10–11 um den Aufbruch des Volkes und dessen Vorbereitung, so in Jos 3,2–3 um die Vorhut der von levitischen Priestern getragenen Bundeslade bei der Überquerung des Jordan. Natürlich lassen sich die beiden Stellen dahingehend harmonisieren, dass es in Jos 1,10–11 generell um den Aufbruch und als Weiterführung dessen in Jos 3,2–3 um die näheren Modalitäten des Aufbruchs gehe.[19] Doch zum einen lässt die Formulierung in Jos 1,10–11 keine Vorhut durch die Priester und die Bundeslade erwarten, zum anderen kann man in diesem Fall nicht behaupten, dass Jos 3,2–3 die „Durchführung" von Jos 1,10–11 sei.

So will Jos 3,2–3 zwar in der Tat den Eindruck erwecken, die Durchführung von Jos 1,10–11 zu sein, ist es, wie sich bei genauerem Zusehen zeigt, jedoch nicht. Es legt sich daher der Verdacht nahe, dass der Verweiszusammenhang sekundär ist. Während Jos 1,10–11 in sich verständlich ist, setzt Jos 3,2–3 den Befehl zum Aufbruch und folglich die Kenntnis von Jos 1,10–11 voraus. Das Verhältnis ist daher am einfachsten so zu erklären, dass Jos 3,2–3 auf einer jüngeren literarischen Ebene den Verweiszusammenhang herstellt, um auf diese Weise die Priester und die Bundes-

---

17 Von anderer Art sind die Einwände, die Krause 2014, 141 f in den Fußnoten abhandelt.

18 Krause 2014, 73 f.

19 Vgl. Bieberstein 1995, 187, der den Unterschied gesehen hat. Harald Samuel verdanke ich den Hinweis auf einen weiteren Unterschied in der Schreibkonvention: מן השטים in Jos 2,1 und מהשטים in Jos 3,1, wobei die Assimilation des נ vor dem Artikel die ungewöhnlichere Form darstellt. Derselbe Unterschied begegnet auch im Verhältnis von מן המדבר in Dtn 11,24 und מהמדבר in Jos 1,4.

lade als Vorhut des Volkes bei der Überquerung des Jordan ins Spiel zu bringen. Die Unstimmigkeit der Handlungssequenz wird dabei in Kauf genommen bzw. erklärt sich vielleicht durch eine harmonisierende Lesart des Ergänzers: Der Leser soll sich denken, dass die Amtleute den ihnen in Jos 1,10–11 erteilten Auftrag bereits ausgeführt haben, das Volk sich unterdessen also mit ausreichend Proviant versorgen konnte, bevor die Amtleute „nach drei Tagen" erneut in das Lager gingen und nun die näheren Modalitäten mitteilten, auf die es dem Ergänzer ankam. Das steht zwar so nicht im Text und ist von Jos 1,10–11 her auch nicht zu erwarten, doch wenn man möchte, kann man die unstimmige Handlungsfolge von Jos 3,2–3 her so lesen.

Wie es scheint, können wir somit in Jos 3,2–3 die (vorsichtiger formuliert: eine) literarische Fuge greifen, mittels derer die Überquerung des Jordan durch das Volk in Jos 3–4 zu einer von der – hier ganz unvermittelt eingeführten – Lade bzw. den sie tragenden Priestern angeführten feierlichen Prozession umgestaltet wurde.[20] Dass es sich dabei insgesamt um Nachträge handelt, kann man auch in Jos 3,14 f sehen, wo sich zunächst das Volk aufmacht, um über den Jordan zu ziehen, und

20 Vgl. Vogt 1965; Bieberstein 1995, 135–194; Porzig 2009, 57–66; Germany 2017, 322–337, hier bes. 328 f zur postpriesterschriftlichen Datierung von Jos 3,2 f. Anders Krause 2014, 197–212, der, von ein paar Nachträgen abgesehen, nahezu den gesamten Textbestand in Jos 3–4 zur „deuteronomistischen" Grundschicht des Josuabuches rechnet. Der Begriff des „Deuteronomismus" wird dabei sehr weit gedehnt und geht noch über Noth 1948, 42; ders. 1971, 31 ff hinaus, wobei auch die von Noth der „alten Überlieferung" zugerechneten sakralen Züge wie „die heilige Lade" kurzerhand für „deuteronomistisch" erklärt werden. Die literarhistorische Differenzierung des Deuteronomiums und der deuteronomistischen Redaktion in den Vorderen Propheten bleibt dabei unberücksichtigt oder wird im Nachgang zur eigenen Sicht bestritten (Krause 2014, 212 ff); woher die Lade in Jos 3–4 kommt, wird nicht erklärt, vielmehr wird sie als „unableitbar" bezeichnet und in einer höchst ‚kreativen' Art und Weise „vermutungsweise" aus den „uns erhaltenen (!) vor-priesterlichen Überlieferungen im Pentateuch" rekonstruiert (a.a.O., 214 Anm. 88), was nichts anderes heißt als aufgrund einer uns nicht (!) erhaltenen vorpriesterschriftlichen Überlieferung postuliert. Im Hintergrund stehen offenbar Vorannahmen zu den höheren Zielen der Erzählung in Jos 1+3–4, bei der es von Anfang an um den „Jordandurchzug als Epochenwechsel" und vor allem „um Josua als Nachfolger des Mose und seine Anerkennung durch ganz Israel" gegangen sei (a.a.O., 218 u. ö.). So lässt sich die Analyse von gewissen konzeptionellen Profillinien des vorliegenden Texts – wie etwa der Beglaubigung Josuas vor dem Volk, die er nach der göttlichen Legitimation in Dtn 3,27 f; 31,1 f.7 f und Jos 1,1 f.5–6 (a.a.O., 94 ff) eigentlich gar nicht mehr nötig hat – leiten. Dass der „Epochenwechsel" im Laufe der Textentstehung auf verschiedene Weise gedacht und dargestellt worden sein kann, wird nicht geprüft. Und dass die Überquerung des Jordans hauptsächlich darum inszeniert wird, um „Josua als Nachfolger des Mose und seine Anerkennung durch ganz Israel" darzustellen, nicht etwa, um nach dem Auszug aus Ägypten und der Wanderung durch die Wüste erst einmal das gelobte Land zu erreichen, ist wenig plausibel. So scheint es mir in methodischer Hinsicht nach wie vor sinnvoll, in der Analyse zuerst das tragende narrative Gerüst zu eruieren und anschließend zu fragen, welche theologischen oder sonstigen konzeptionellen Profile es selbst impliziert oder ihm nach und nach – im Sinne des Worts – zugeschrieben wurden.

anschließend wiederum die Vorhut der Priester ergänzt ist, die hier – anders als in Jos 3,2–3 – nach dem Aufbruch des Volkes erwähnt wird, damit die Füße der Priester gemäß der Ankündigung in Jos 3,13 das Wunder in Jos 3,16 bewirken.

2 Jos 2,16.22

Das Verhältnis von Jos 1,10–11 und 3,2–3 zu den „drei Tagen" in Jos 2,16.22 ist nicht leicht zu bestimmen. Klar ist, dass die chronologischen Angaben nicht zusammenstimmen. Der Aufenthalt im Haus der Hure Rahab und die drei Tage im Gebirge übersteigen die Zeitspanne von drei Tagen in Jos 1,10–11 und 3,2–3 um wenigstens einen Tag. Die Frage ist allerdings, wer für diese Unstimmigkeit verantwortlich ist. In der neueren Forschung hat sich die Ansicht von van Seters eingebürgert, dass sie durch den sekundären Einschub von Jos 2 verursacht sei.[21] Die Zeitangabe in Jos 2,16.22 wäre demnach entweder als das unbedacht stehengebliebene Relikt einer ehemals unabhängigen Überlieferung anzusehen oder als der mehr oder weniger geglückte Versuch, die Episode von der Erkundung Jerichos mit der Chronologie von Jos 1,10–11 und 3,2–3 in Einklang zu bringen. Diese Ansicht setzt allerdings die literarische Priorität von Jos 1,10–11 und 3,2–3 bereits voraus, die aus der chronologischen Unstimmigkeit selbst nicht hervorgeht. Darum ist auch die andere Möglichkeit in Betracht zu ziehen, dass es sich bei Jos 1,10–11 ebenso wie bei Jos 3,2–3 um einen Nachtrag handelt, der gegenüber Jos 2 sekundär ist und in Rücksicht auf die hier vorgefundenen drei Tage, in denen sich die Kundschafter im Gebirge befinden, nachträglich eine Frist von drei Tagen bis zum Aufbruch des Volkes einführt und dadurch die Unstimmigkeit produziert.[22] Ich kann mir beide Möglichkeiten vorstellen. Die Entscheidung hängt an der Analyse und Relation der literarischen Schichten in Jos 1–2.

3 Jos 3,1

Mit oder ohne Jos 2 schließt der oben identifizierte Nachtrag in Jos 3,2–3 jedenfalls nicht unmittelbar an Jos 1,10–11 (oder 1,18), sondern an Jos 3,1 an. Der Wechsel der Erzählperspektive vom Anfang zum Ende der drei Tage erklärt sich am einfachsten

---

21 Vgl. van Seters 1983, 325; ders. 1990, 3 f.12; Bieberstein 1995, 301–303 (Model II und III); ders. 2011, 155; Germany, 2017, 319; Krause, 2014, 147 f.

22 Vgl. Bieberstein 1995, 302 f (Model III), der die Entscheidung offenhält, vgl. ebd. 431 f. Krause 2014, 146 f geht darauf nicht ein, sondern weicht auf die Diskussion der literarhistorischen Voraussetzungen (Quellen oder DtrG) aus; für ihn steht die Priorität des deuteronomistischen Josuabuches bereits fest.

aus der Ortsveränderung von Schittim an den Jordan in Jos 3,1, die gemäß der Lesart des Ergänzers gegen Ende, genauer am dritten der in Jos 1,10–11 angekündigten und in Jos 2,16.22 erwähnten „drei Tage" stattgefunden haben muss. Auf diesen Zeitpunkt dürfte er auch die Bemerkung der Übernachtung in Jos 3,1 bezogen haben. „Nach drei Tagen" in Jos 3,2 meint somit nach Ablauf der drei Tage, d. h. am vierten Tag.

Das umgekehrte Abhängigkeitsverhältnis hat weniger Plausibilität für sich. Vergeblich sucht man nach einer Erklärung, warum ein Ergänzer den vermeintlich nahtlosen Anschluss von Jos 3,2–3 an Jos 1,10–11 (bzw. 1,18) durch die überflüssige Wiederaufnahme der Ortsangabe Jos 2,1 in Jos 3,1, die mit der Ortsveränderung von Schittim an den Jordan einhergeht, oder auch nur durch Jos 3,1 (ohne Jos 2)[23] derart ungeschickt gestört haben soll, um ohne jeden Anhalt im Kontext, „zusammenhangslos eingekeilt in die völlig konsistente Haupterzählung",[24] einen intertextuellen Bezug zu der in einem völlig anderen Werkzusammenhang überlieferten Episode in Num 25,1–5 herzustellen. Hier kann ich dem verehrten Jubilar nur zustimmen: „Redaktionsgeschichtlich ergibt dies keinen Sinn".[25]

4 Jos 3,5

Anders gelagert ist der Fall von Jos 3,5, mit dem sich ein weiteres chronologisches Problem verbindet. Das „morgen" verträgt sich nicht mit den Anweisungen von Jos 3,2–4 und 3,6–8, die am Tag des Aufbruchs gegeben werden, wie aus der Ausführungsnotiz in Jos 3,6b und dem „heute" in 3,7 (und 4,14) hervorgeht.[26] Im Übrigen erregt die doppelte Redeeinführung in Jos 3,5 und 3,6 den Verdacht, dass die beiden Verse nicht von einer Hand stammen. Üblicherweise wird 3,5 mit Jos 3,1 zusammengeschlossen und einer Schicht zugeordnet, die um Jos 3,2–4.6–8

---

23 Vgl. Bieberstein 1995, 143 f.297 f; ders. 2011, 154–158; Germany 2017, 319; dazu s. im Folgenden.

24 Blum 2010, 389.

25 Ebd. Die Auskunft von Krause 2014, 236, Jos 3,1 bilde „eine ‚Überleitung von der Rahab-Geschichte zum Jordandurchzug' [so mit Blum 2010, 390], die … den Einschub von Jos 2 in die vorgegebene Struktur der Landnahmeerzählung einbettet", ist für eine Fortschreibung wenig plausibel und klingt gerade so, als hätte man es mit einer unabhängigen Überlieferung zu tun, die in den Kontext eingefügt wurde. Vor allem leuchtet nicht ein, warum der Ergänzer von Jos 2,1–3,1 nach den drei Tagen im Gebirge (Jos 2,16.22) auch noch eine Übernachtung hinzugefügt und damit das chronologische Gerüst völlig aus dem Lot gebracht haben soll, um nach Jos 3,2 überzuleiten.

26 Es sei denn, die Formulierung „Heute will ich *anfangen* …" wäre mit Rücksicht auf das „morgen" in Jos 3,5 gewählt. In diesem Fall ließe sich nur aus Jos 3,6b erschließen, dass die Reden in Jos 3,6–13 am Tag des Aufbruchs gehalten wurden.

ergänzt worden sei.[27] Dem folgen auch Blum und Krause, nur dass sie das Verhältnis umkehren. Sie sehen in Jos 3,1 und 3,5 Nachträge ein und derselben Hand, die zusammen mit dem Einschub von Jos 2 den ursprünglichen (deuteronomistischen) Erzählfaden in Jos 1,1–18+3,2–4.6–8 unterbrechen. Jos 3,5 habe die Funktion, den Aufbruch um einen Tag zu verschieben, um „den gesprengten Rahmen wieder zu kitten".[28]

Sowohl die eine wie die andere Erklärung bereitet jedoch große Schwierigkeiten. Zum einen kommt die Anweisung des Josua in Jos 3,5 so oder so zu spät. Das Volk hat nach Jos 3,1 bereits eine Nacht am Jordan zugebracht, und im Folgenden ist nirgends ein Tageswechsel angezeigt, wie es die Formulierung in Jos 3,5 erwarten lässt. Insofern sind der Satz „Und sie übernachteten dort" in Jos 3,1 und die Ankündigung des Aufbruchs für „morgen" in 3,5 keineswegs so passgenau aufeinander abgestimmt, wie angenommen wird. Zum anderen ist es wenig plausibel, dass ein und derselbe Ergänzer in Jos 3,5 einen am Tag des Aufbruchs datierten älteren Erzählfaden mitten in der Erzählsequenz unterbricht und eine weitere Störung produziert, um die von ihm selbst verursachte frühere Störung zu glätten. Auch hier gilt: „Redaktionsgeschichtlich ergibt dies keinen Sinn". Hätte ein Ergänzer „den gesprengten Rahmen kitten" wollen, hätte er eher auf die Übernachtung in Jos 3,1 und den zusätzlichen Tag verzichtet oder wenigstens am Anfang von Jos 3,6 einen Tageswechsel notieren müssen.

Somit will es in diesem Fall nicht gelingen, Jos 3,5 in Relation zu den anderen Schichten in Jos 3 zu setzen.[29] Klar scheint nur, dass Jos 3,5 weder mit 3,1 noch mit 3,2–4.6–8 auf dieselbe literarische Ebene gehören kann. So drängt sich die – zugegebenermaßen unbefriedigende – Annahme einer isolierten Glosse auf, die ohne Rücksicht auf die chronologische Stimmigkeit entweder an Jos 3,1 angefügt und anschließend um Jos 3,2–4.6 ff ergänzt oder zwischen Jos 3,1.2–4 und 3,6 ff angebracht wurde.[30] In beiden Fällen bietet die singuläre Ausführungsnotiz in Jos 3,6b einen Anhalt für den Leser, sich einen Tageswechsel zu denken; sie mag daher entweder mit Rücksicht auf Jos 3,5 so formuliert oder der Grund für die Platzierung der Glosse an dieser Stelle gewesen sein.

---

27 Vgl. Wellhausen 1899, 118; Noth 1971, 33; Bieberstein 1995, 170–173.186 f.
28 Vgl. Blum 2010, 390; Krause 2014, 236 f, Zitat 237.
29 Vgl. Germany 2017, 323.334.
30 Es mag in diesem Zusammenhang von Interesse sein, dass der Vers laut Brooke-McLean–Thackery (Bd. 1.4, 682) in einer griechischen Handschrift komplett fehlt.

5 Fazit

Ziehen wir ein erstes Fazit: Jos 1,1–11 und Jos 3,2–4 bilden keinen einheitlichen, stimmigen Erzählfaden. Bei Jos 3,2–3 handelt es sich um einen späten Nachtrag in Aufnahme von Jos 1,10–11, um die Vorhut der Lade und der Priester einzutragen. Die Frist der „drei Tage" in Jos 1,10–11 und 3,2–3 kann als solche nicht als Grund für die Ausscheidung Jos 2,1–3,1 dienen, sofern nicht anderweitig die Priorität von Jos 1,10–11 und 3,2–3 nachgewiesen wird. Es ist auch die andere Möglichkeit in Betracht zu ziehen, dass die Frist mit Rücksicht auf Jos 2,16.22 nachträglich eingeführt wurde. Der Wechsel der Szene vom Anfang der drei Tage in Jos 1,10–11 zum Ende der drei Tage in 3,2–4 setzt die Ortsveränderung in 3,1 als Anschluss für Jos 3,2–4 voraus. Für eine gezielt vorgenommene Störung des vermeintlich nahtlosen Überganges von Jos 1,10–11 (bzw. 1,18) und 3,2–3 durch die Einfügung von Jos 2,1–3,1 oder auch nur von Jos 3,1 fehlt jeglicher Grund. Jos 3,5 ist ebenfalls ein Zusatz, der aber weder mit Jos 3,1 noch mit Jos 3,2–4.6–8 auf einer Ebene liegt.

III Die Hure Rahab

Ein weiterer Pfeiler in der Argumentation von Blum und Krause ist die postulierte literarische Einheitlichkeit der Rahab-Erzählung in Jos 2.[31] Sie wird nicht begründet, sondern – unter Berufung auf Noth[32] und „neuere Analysen"[33] – vorausgesetzt und gegen anderslautende Analysen behauptet, um das Bekenntnis der Rahab zum Gott Israels in Jos 2,9–11 zum Schlüssel für die Entstehung und Redaktionsgeschichte der Erzählung erklären zu können. Auf dieser Basis wird Jos 2 als Gegengeschichte zur deuteronomisch-deuteronomistischen Bannvorschrift (Dtn 7,1–6; 20,16–18; Jos 6,17.21) und zugleich – über die Ortsangabe „Schittim" und das Stichwort „Hure" – als Gegengeschichte zur Episode von der Verehrung des Baal Peor in Num 25,1–5 gedeutet. Eine beabsichtigte Parallele zur Kundschaftergeschichte in Num 13–14 und Dtn 1,19–46 wird hingegen in Abrede gestellt.

1 Das Bekenntnis der Rahab

Diese Deutung wirft eine Fülle von Fragen auf. Das Hauptproblem besteht darin, dass der Plot der Erzählung auf das Bekenntnis der Rahab verkürzt wird. So ist nur im Bekenntnis der Rahab von dem drohenden „Bann" die Rede. Die Rahmen-

---

31 Blum 2010, 220–227 sowie 388 f; Krause 2014, 135–195; ausführlich dazu Haarmann 2008, 100–131.
32 Noth 1971, 29: „Die literarische Einheitlichkeit des Ganzen zu bezweifeln, liegt kein Anlaß vor."
33 Krause 2014, 137 f. Vgl. auch Germany 2017, 318–322.

handlung thematisiert hingegen nicht die Furcht des Königs von Jericho vor dem „Bann", sondern allein die Gefährdung der beiden Kundschafter, die durch die List (und nicht durch das Bekenntnis) der Hure Rahab gerettet werden. Umgekehrt käme niemand auf die Idee, allein aufgrund der Ortsangabe „Schittim", die auch in Num 33,49 und Mi 6,5 ohne weitere Hintergedanken genannt ist, und aufgrund der Einleitung der Erzählung in Jos 2,1–7 an die Baal-Peor-Episode in Num 25,1–5 zu denken. In dieser Hinsicht sind Hos 9,10 und Ps 106,28 sehr viel eindeutiger, doch ist hier gerade nicht Schittim, sondern Baal Peor beim Namen genannt.

Doch auch mit dem Bekenntnis der Rahab kommt man nur auf Umwegen auf die Episode in Num 25,1–5: zum einen, indem man die Begründung für den „Bann" in Dtn 7,1–6 und 20,16–18 assoziiert, zum anderen, indem man die „Hure" als Gegenbild zum „Huren" der Israeliten hinter fremden Göttern liest. Letzteres wirkt ziemlich gezwungen, ist doch mit keiner Silbe angedeutet, dass die Hure Rahab wie die moabitischen Frauen in Num 25,1–5 eine Gefahr darstellt, zu den fremden Göttern abzufallen;[34] die Gefahr besteht vielmehr darin, dass sie die Kundschafter verraten könnte (Jos 2,14.20). Und schließlich geht es in der Erzählung – trotz der dem Beruf der Rahab geschuldeten erotischen Atmosphäre – ja keineswegs darum, dass die beiden Männer Rahab zur Frau nehmen und dies vielleicht auch ihren israelitischen Brüdern empfehlen wollten, womit der von Krause unternommene Versuch der historischen Kontextualisierung in den (nach Maßgabe der biblischen Darstellung imaginierten) Konflikten der nachexilischen Zeit um die Mischehenfrage nur wenig austrägt.[35] Dass die Hure Rahab so „tut, als habe sie den ganzen Pentateuch gelesen'"[36], weist ebenso wie die Bezugstexte ihres Bekenntnisses im Pentateuch sicher auf eine späte Zeit und verdankt sich dem innerbiblischen Diskurs über das Bekenntnis von Ausländern zum einen Gott (1Kön 5; Ruth; Jona; Dan 1–6). Solche expliziten Verweise nehmen in der Überlieferung der biblischen *historia sacra* zu, je mehr sich die Bücher verselbständigen und durch intertextuelle Bezüge aufeinander bezogen werden.[37] Wer die Autoren und wer die Gegner im perserzeitlichen oder hellenistischen Juda waren, lässt sich aus den biblischen Zeugnissen allein nicht entnehmen, hier sind vielmehr die außerbiblischen Quellen

---

34 Dies liest Krause 2014, 153 in den Text von Jos 2 hinein.

35 Vgl. Krause 2014, 150 f.179 f.

36 Wellhausen 1899, 117. Woher die in Anführungszeichen gesetzte Redewendung stammt, konnte ich nicht eruieren.

37 Vgl. Dtn 1–9; Jos 24; 1Sam 12. Mit der Kompositionsgeschichte der biblischen *historia sacra* hat dies nichts zu tun. Die Bezüge stellen den narrativen und literarischen Zusammenhang der biblischen Erzählung, sei es Pentateuch, Hexateuch oder Enneateuch, nicht her, sondern setzen ihn voraus und rufen ihn angesichts der zunehmenden Verselbständigung der Bücher (Rollen) in Erinnerung.

zu befragen, die von einem Konflikt um die Mischehenfrage oder Übertritte von Nicht-Israeliten allerdings nichts wissen.

So gelangt man zu dem Schluss, dass sich die Erzählung in Jos 2 zwar durchaus als Gegenbeispiel zur (spät-)deuteronomistischen Bann-Theologie und Beispielgeschichte für das Bekenntnis von Nicht-Israeliten, sowie, wenn man möchte, auch als Gegengeschichte zur Baal-Peor-Episode und verwandten Texten lesen lässt, dies alles aber nur in dem Bekenntnis der Rahab anklingt, ansonsten jedoch durch nichts angezeigt ist und, wie die Auslegung von Blum und Krause zeigt, zur möglichen Rezeptionsgeschichte gehört. Insoweit ist das Verhältnis von Jos 2 zu Num 25,1–5 dem zur Kundschaftergeschichte in Num 13–14 durchaus vergleichbar.[38] Der eigentliche Plot der Erzählung, die Gefährdung der Kundschafter und ihre wundersame Rettung (Jos 2,1–7.15 f.22 f), lässt von dem allem nichts erkennen. Dass die Erzählung „im Ganzen … als paradigmatisches Gegenbeispiel zu Num 25,1–5 konzipiert" sei,[39] kann man demnach nicht sagen.

2 Die Rahmenhandlung

Angesichts dieses Befundes stellt sich die Frage, ob die Handlung der Erzählung auch außerhalb des Bekenntnisses der Rahab eine sinntragende Bedeutung für die Exodus-Landnahme-Erzählung hat und – trotz Noth und mancher „neuerer Analysen" – vielleicht literarisch nicht einheitlich ist. Hierzu ist auf „neuere Analysen" zu verweisen, die der älteren Forschung folgen und nicht nur einzelne Bestandteile,[40] sondern das gesamte Bekenntnis, in dem Rahab „so tut, als habe sie den ganzen Pentateuch gelesen", und alles, was es in Jos 2 und 6 nach sich zieht, also Jos 2,(7.)8–14.(16.)17–21.24; 6,17.22–23.25, als sekundäre Zufügung ausscheiden.[41] Der Hauptgrund für die literarhistorische Differenzierung besteht darin, dass die Szene auf dem Dach in Jos 2,8–14 sowie die Unterhaltung in Jos 2,16–21 den Handlungszusammenhang von V. 1–7.14.22 f unterbrechen. Die Unterbrechung geht an beiden Stellen mit syntaktischen und inhaltlichen Unstimmigkeiten einher.

Die Rede der Rahab in V. 9 wird durch eine sehr umständliche und in V. 7 auch recht ungelenk formulierte Hintergrundschilderung in Jos 2,6–8 eingeleitet.[42] V. 8 führt einen neuen Handlungsgang ein und ahmt V. 6 nach (על הגג / עלה הגגה + והיא).

---

38 Gegen Krause 2014, 184–195; vgl. Germany 2017, 320 f.
39 Krause 2014, 177.
40 Vgl. Bieberstein 1995, 124–135.
41 Floss 1982 und 1986; Kratz 2000, 208 f; ähnlich auch Fritz 1994, 31–41.
42 Vgl. Noth 1971, 24 z.St.; Bieberstein 1995, 125–127.

Die Auskunft, dass die Männer sich gerade schlafen legen wollten (שכב wie V. 1), stößt sich sowohl mit dem in V. 6 genannten Grund ihres Aufenthalts auf dem Dach als auch mit dem Ziel der Handlung, den Männern so schnell wie möglich zur Flucht zu verhelfen, was im Übrigen auch durch die lange Rede der Rahab völlig aus den Augen gerät. In V. 8 befinden sich schließlich alle Akteure auf dem Dach, was den Übergang zur Abseilaktion durch ein Fenster des Hauses sehr abrupt erscheinen lässt. Syntaktisch schließt V. 15 am einfachsten an V. 6 an: „Sie" (Rahab) hatte die in V. 4–6 genannten Männer auf dem Dach versteckt (V. 6 im Rückgriff auf V. 4) und lässt sie nun durch das Fenster entkommen (V. 15). Von der Handlung her könnte auch V. 7 als weitere Hintergrundschilderung noch zu dem ursprünglichen Erzählfaden gehören, doch wird der Vers meist mit V. 8 zusammengenommen und könnte als nachholende Weiterführung der Handlung von V. 5 ebenso die Überleitung zu dem Einschub in V. 8 ff sein: als man „die Männer" verfolgte,[43] „sie" (die Männer) sich gerade schlafen legten und „sie" (Rahab) sich zu ihnen aufs Dach begab, da sprach sie „zu den Männern".

Kaum ist das Gespräch beendet, lässt Rahab die Männer in V. 15 durch das Fenster entkommen. Das anschließende Gespräch in V. 16.17–21 kommt zu spät. Jedenfalls die V. 17–21, die an die Rede der Rahab in V. 9–14 anknüpfen und die entsprechenden Zusätze in Jos 6 vorbereiten, sind nachgetragen.[44] Möglicherweise gehört aber auch schon die Anweisung in V. 16, die auf V. 22 vorausblickt, zu dem Nachtrag, um das Gespräch nach dem bereits erfolgten Abseilen noch einmal in Gang zu setzen. Schließlich dürfte auch V. 24 nachgetragen sein, der nach dem vollständigen Bericht in V. 23 nachklappt und aus der Rede der Rahab in V. 9 f sowie wie diese aus Ex 15 zitiert.[45]

Nach allem zeichnet sich in Jos 2,1–6.(7).15.(16).22–23 eine Grunderzählung ab, die von der Aussendung, Gefährdung und wundersamen (auch amüsanten) Rettung zweier Kundschafter berichtet und damit Israel und den Leser darauf einstimmt, welche Gefahren Israel in dem gelobten Land bevorstehen. Die Grunderzählung ist eine Bewahrungsgeschichte. Erst vor dem Hintergrund der theologischen Ansprüche und Diskurse der deuteronomistischen und nach-deuteronomistischen Schreiber stellte sich die Frage, wie es dazu kommen konnte, dass eine Hure im kanaanäischen Jericho, an dem in Jos 6,17.21 gemäß Dtn 7 und 20 der Bann vollstreckt

---

43 Auch in Jos 2,7 sind mit „den Männern" die Kundschafter gemeint, die Subjekt des zusammengesetzten Nominalsatzes sind, das in dem folgenden Suffix wiederaufgenommen ist; so Noth 1971, 24 z.St.; anders Fritz 1994, 31, der „die Männer" in V. 7 mit den Verfolgern identifiziert.

44 Vgl. Bieberstein 1995, 130–132 sowie 282 f.287–289.292; für Josua 6 auch Germany 2017, 355 mit weiteren literarischen und konzeptionellen Differenzierungen.

45 Vgl. die Besprechung der Stelle bei Bieberstein 1995, 132 f, der sich jedoch gegen eine Ausscheidung ausspricht, nicht zuletzt, weil er Teile der Rede Rahabs in 2,9–14 für ursprünglich hält.

werden sollte, die Kundschafter Israels rettete und unter welchen Umständen sie dem Bann entgehen konnte. Auf diese Fragen geben die Ergänzungen in Jos 2 und 6 eine Antwort, die für JHWH-Verehrer aus den Völkern, sprich Proselyten, eine Ausnahme von der deuteronomistischen Regel formulieren.

Auch den theologischen Ansprüchen von Blum und Krause genügt die Grunderzählung nicht. Aus diesem Grund haben sie gegen die literarkritische und konzeptionelle Differenzierung eingewandt, dass es sich bei der rekonstruierten Grundschicht um „eine Art Potemkinsche Erzählung" handele, die „rein profan, bar jeder theologischer Thematik" sei[46] und „in einer derart reduzierten Form ohne jeden Belang ist, von Bedeutung weder für Israel noch für Rahab noch für die Rezipienten", und bei der offen bleibe, *warum* Rahab die Kundschafter rettet."[47]

Nun lässt sich über unsere Erwartungen an eine biblische Erzählung und die Frage, was in ihr von „Belang" und „Bedeutung" sei, durchaus streiten. Ist die Gefährdung zweier Kundschafter aus dem Volk Israel, das sich gerade anschickt, das gelobte Land zu betreten, nicht von „Belang" und „Bedeutung"? Wenn es nach den strengen theologischen Maßstäben von Blum und Krause (und der späten Deuteronomisten) ginge, müsste man nicht wenigen Erzählungen der Hebräischen Bibel „Belang" und „Bedeutung" absprechen. Ich erinnere nur an die Geschichte von der Gefährdung der Ahnfrau in Gen 26,6–11 oder in Gen 12,10–20, der erst in Nachträgen (Gen 26,2–5), in Gen 20 und im aramäischen Genesis-Apokryphon eine explizite „theologische Thematik" eingeschrieben wurde. Oder an die diversen Episoden, die sich an das Itinerar der Wüstenwanderung nach dem Exodus angelagert haben, wie Ex 15,20–25a und 15,27, die erst durch Ex 15,25b–26 ein theologisches Licht aufgesetzt bekommen haben, oder die Kriegserzählungen in Num 20,14–21 und 21,21–25, die ebenfalls nachträglich „theologisch" bearbeitet wurden. Und was soll man von den Saul- und David-Erzählungen, der Josefgeschichte und dem Buch Ester halten, die auf weite Strecken, letzteres im Ganzen „rein profan, bar jeglicher theologischer Thematik" sind? Auch die „Warum"-Frage ließe sich an manche Erzählung stellen: Warum lassen der König der Edomiter und die Könige Sihon und Og das Volk Israel nicht durch ihr Land ziehen? Warum nimmt der König von Moab die Familie Davids bei sich auf (1Sam 22,3 f)? Im Falle von Jos 2 legt sich zumindest eine Vermutung nahe: Rahab wird als „Hure" bezeichnet, warum sollte sie ihre Kunden verraten und ausliefern? Doch kommt es der Grunderzählung (noch) gar nicht auf das „warum", sondern auf das „dass" der Rettung der Kundschafter im gelobten Land an. Dass ausgerechnet eine kanaanäische Hure den beiden hilft, darin besteht das Wundersame der Rettung.

---

46 Blum 2010, 388 f.
47 Krause 2014, 137.

Stammt die vorliegende, ergänzte Fassung von Jos 2 sicher aus später Zeit, kann die rekonstruierte Grundfassung m. E. ohne Weiteres zu einem älteren, vordeuteronomistischen Stratum einer Exodus-Landnahme-Erzählung gehört haben, die mit der Ortsangabe „Schittim" in Jos 2,1 an das Itinerar in Num 25,1a anknüpfte. Dies schließt – entgegen meiner früheren Einschätzung[48] – nicht aus, dass die Erzählung sekundär eingeschrieben wurde, und zwar nicht erst in ihrer vorliegenden, sondern in der rekonstruierten ältesten Gestalt. Wie wir oben sahen, kann dafür allerdings weder die Chronologie noch der vermeintlich nahtlose Anschluss von Jos 3,2–4 an Jos 1,10–11 als Argument dienen. Vielmehr spricht für einen Zusatz zum einen die doppelte Ortsangabe „von Schittim" in Jos 2,1 und 3,1, die keinen Rahmen um Jos 2 legt[49] und auch nicht, wie von mir einst vermutet, der Einfügung des Deuteronomiums geschuldet ist, sondern eine umgekehrte Wiederaufnahme oder Vorwegnahme in Jos 2,1 mit Jos 3,1 als Vorlage ist.[50] Zum anderen spricht für eine sekundäre Einfügung von Jos 2 die narrative Kohärenz: Nach dem Tod des Mose in Dtn 34,5 f und der Beauftragung des Josua in Josua 1 (1,1 f) erwartet man keine Kundschaftergeschichte, sondern den Aufbruch des Volks ins gelobte Land. Die Kundschaftergeschichte dürfte sich folglich wie die Episoden in der Wüste sekundär an das ursprüngliche Itinerar angelagert haben, um den Weg aus Ägypten ins gelobte Land dramatischer zu gestalten und die historische Erfahrung der Gefährdung Israels und Judas durch die Nachbarn bereits in der Ursprungslegende Israels zu verankern.

3 Fazit

Ziehen wir ein weiteres Zwischenfazit: Die Erzählung von der Hure Rahab in Jos 2 lässt sich in ihrer vorliegenden Gestalt als Beispielgeschichte für die Bewahrung einer Konvertitin vor dem Banngebot sowie als Gegenbeispiel für das „Huren" der Israeliten hinter anderen Göttern lesen. Diese Lesart lässt sich – mit etwas Phantasie und rezeptionsgeschichtlicher Kombinatorik – dem Bekenntnis der Rahab im

---

48 Kratz 2000, 208.

49 So Krause 2014, 236.

50 Vgl. Bieberstein 2011, 156 f. Krause 2014, 236 f Anm. 174 gibt den Vorwurf der *petitio principii*, den Bieberstein gegen Blum erhebt, zurück, geht jedoch nicht auf das Argument ein, dass „die Einfügung [von Jos 2] nicht zwingend den Anfang der Jordan-Erzählung von Jos 3,1 mit umfasst" (Bieberstein 2011, 156), sondern diese Annahme anderen Voraussetzungen folgt und die Frage, woran Jos 3,1 ursprünglich angeschlossen hat folglich nicht mit der Analyse von Jos 2 oder der vorausgesetzten Annahme eines vermeintlich nahtlosen deuteronomistischen Grundtextes in Jos 1,10–11 und Jos 3,2–4 beantwortet werden kann.

Rahmen der Szene auf dem Dach in Jos 2,9–14 entnehmen. Das Gerüst der Erzählung und die eigentliche Handlung lassen davon nichts erkennen. Sie erzählen von der wundersamen Rettung zweier Kundschafter aus dem Volk Israel, kurz vor dem Übertritt in das gelobte Land. Dies und verschiedene Indizien im Text legen eine literarhistorische Differenzierung in eine Grunderzählung und eine spät- oder nachdeuteronomistische Bearbeitung nahe. Die Grunderzählung dürfte sekundär in den Kontext der Erzählung von der Überquerung des Jordan als erster Akt des Aufbruchs „von Schittim" (Jos 2,1; 3,1) eingeschrieben worden sein. Mit der literarischen Ausscheidung von Jos 2, ob in der vorliegenden ergänzten oder in der rekonstruierten, ursprünglichen Gestalt, ist jedoch keineswegs auch die Itinerarnotiz in Jos 3,1 automatisch mit ausgeschieden. Im Gegenteil: Der frühe Aufbruch Josuas und der Ortswechsel des Volkes von Schittim an den Jordan in Jos 3,1[51] markiert – nachdem sich sowohl Jos 3,2 ff als auch Jos 2 als jünger erwiesen haben – den ältesten erreichbaren Anfang der Erzählung von der Jordanüberquerung (Jos 3,14a.16; 4,19b) und anschließenden Eroberung Jerichos in Jos 3–4 und 6.[52] Wo dieser Anfang, der kein absoluter Anfang ist, sondern eine Erzählung fortsetzt, ursprünglich angeschlossen hat, hängt von der Analyse von Jos 1 und der Verbindung mit dem vorausgehenden Kontext im Pentateuch ab.

IV Josua, die Amtleute und die ostjordanischen Stämme

Für Blum und Krause steht von Anfang an fest: „Jos 1 ist rein deuteronomistisch, d. h. von dem Schriftsteller, der das deuteron. Gesetz in die Geschichte eingefügt und die Geschichte nach dem deuteron. Gesetz bearbeitet hat, von dem Deuteronomisten, wie man ihn im Unterschied von dem Autor des eigentlichen Deut. bezeichnen kann."[53] Diese Voraussetzung verbinden sie mit der weiteren Voraussetzung, dass „der Deuteronomist" Wellhausens identisch ist mit dem Redaktor und Autor des von Noth postulierten, Dtn–Kön umfassenden Deuteronomistischen Geschichtswerkes, auf den Noth Jos 1 mehr oder weniger in Gänze zurückführt: „Die Einführung [sc. der dtr. Darstellung der Landnahme] liegt in Jos 1 vor; es gibt keinen Grund, in diesem in seiner Sprache durch und durch deuteronomistischen Kapitel einer schon vorher feststehenden literarkritischen Hypothese zuliebe das Vorhandensein vordeuteronomistischer Elemente zu postulieren. Von

---

51 Zum Personenwechsel und der textgeschichtlichen Problematik von Jos 3,1 vgl. Bieberstein 1995, 170 f; Germany 2017, 322 f.
52 Bieberstein 1995, 297 f.305–344, bes. 331; ders. 2011, 154–160; Germany 2017, 322 f.328.333 f.362.448.
53 Wellhausen 1899, 117.

den Voraussetzungen von Dtr aus [sic!] erklären sich alle Einzelheiten zwanglos."[54] Mit denselben „Voraussetzungen"[55] analysiert Krause Jos 1 und kommt – „einer schon vorher feststehenden literarkritischen Hypothese zuliebe" – zu dem wenig überraschenden Ergebnis, dass das Kapitel mit wenigen Ausnahmen (V. 4*, V. 7–9), die unter Vorbehalt gestellt werden, literarisch einheitlich sei und der deuteronomistischen Grundschicht des Josuabuches und des Deuteronomistischen Werkes angehöre. Entscheidend für dieses Urteil sind nicht zuletzt die in allen drei Redegängen (V. 1–9.10–11.12–18) anzutreffenden wörtlichen Parallelen mit dem Deuteronomium, das in seiner Endgestalt als Vorlage „des Deuteronomisten" angesehen wird. Inhaltlich gehe es in dem Kapitel ebenso wie in der folgenden Darstellung der Jordanüberquerung in Jos 3–4 „im Einzelnen wie im Ganzen um Josua als Nachfolger des Mose und seine Anerkennung durch ganz Israel."[56]

Die Analyse ist von den genannten Voraussetzungen her konsequent, birgt jedoch eine Fülle von Problemen in sich. Viele der literarkritischen Entscheidungen werden nicht aus dem Text von Jos 1 und seiner narrativen und konzeptionellen Kohärenz, sondern nur anhand der literarischen Bezüge zum Deuteronomium begründet, was wiederum voraussetzt, dass das Deuteronomium in seiner vorliegenden Gestalt Teil des Deuteronomistischen Geschichtswerkes und damit Zeuge „des Deuteronomisten" ist. Doch so wenig das Deuteronomium von einer einzigen deuteronomistischen Hand bearbeitet wurde, so wenig stammt auch alles, was in Josua irgendwie „deuteronomistisch" klingt, ohne Weiteres von einer Hand. Die Diskussion der Differenzierung des „Deuteronomismus" im Deuteronomium und in den Vorderen Propheten kann im Rahmen dieses Beitrags nicht aufgenommen werden. Darum beschränke ich mich auf einige wenige Hinweise zur Stimmigkeit der internen Analyse von Jos 1.

1 Die ostjordanischen Stämme (Jos 1,12–18)

Ich beginne am Ende, bei der Rede Josuas an die ostjordanischen Stämme in Jos 1,12–18. Dass der Abschnitt – zusammen mit seinen Referenztexten (Num 32 und Dtn 3,12–20) – die Antwort auf die Frage gibt, warum auch im Ostjordanland Israeliten wohnen und wie sich dieser Teil Israels zu dem Anspruch „ganz Israels" verhält, den Jordan als Grenze zum gelobten Land zu überschreiten,[57] ist evident,

---

54 Noth 1943, 41; vgl. ders. 1971, 27.
55 Krause 2014, 70; vgl. ebd. 132 „durch und durch dtr Exposition der Josua-Erzählung".
56 Krause 2014, 69–133, Zitat ebd. 132. Vgl. zum inhaltlichen Profil bereits oben Anm. 20.
57 Ebd. 127.

doch ist völlig offen, wann, unter welchen Bedingungen und vor allem von wem die Frage thematisiert und an dieser Stelle literarisch beantwortet wurde. Spekulationen über mögliche historische Konstellationen tragen dazu nichts aus, wie das Beispiel des Buches Tobit lehrt, das sich zum ersten Mal nach langem Schweigen in hellenistischer Zeit wieder um das Schicksal der verlorenen Stämme des Nordens sorgt. Es handelt sich um ein exegetisches Problem, das sich aus der innerbiblischen Geschichtsauffassung ergibt und die Vorstellung voraussetzt, dass „ganz Israel" mit zwölf Stämmen identisch sei. Die Lösung besteht neben der göttlichen Gabe der Wohngebiete an die ostjordanischen Stämme in der Waffenhilfe bei der Einnahme des gelobten Landes.

Innerhalb von Josua 1 taucht das Thema völlig überraschend auf und ist durch nichts vorbereitet. Jos 1,1–9 rechnen mit der Landnahme des „ganzen Volkes" ohne Gliederung in Stämme, und auch im Folgenden der Landnahme ist – mit Ausnahme des expliziten Rückbezugs auf Jos 1 in Jos 4,12 f und natürlich Jos 13,15–32 und 22,1–6 im Rahmen der Landverteilung an die Stämme Jos 13–22[58] – von einer Teilung in west- und ostjordanische Stämme des Volkes nicht die Rede. Lediglich Jos 1,10–11 implizieren mit den Amtleuten ein nach Stämmen gegliedertes Volk. Auch das Motiv der Anerkennung und Bestätigung Josuas als Nachfolger des Mose durch das Volk, hier allerdings allein durch die zweieinhalb Stämme, ist nicht vorbereitet. Schließlich hebt sich das Stück auch stilistisch vom vorausgehenden Kontext ab, indem es die Anweisung nicht mit einem Imperativ, sondern mit absolutem Infinitiv (V. 13) einleitet.[59]

Die Terminologie für die Landnahme (ירש Qal) folgt Jos 1,10–11 und gehört ebenso wie das Motiv der „Ruhe" (נוח, nicht שקט vgl. Jos 11,23) zum spät- bzw. nachdeuteronomistischen Sprachgebrauch im Josuabuch.[60] Auch der Referenztext Dtn 3, der auf Num 32 beruht, repräsentiert nicht gerade das älteste Stratum „des Deuteronomisten", weswegen sich Krause gezwungen sieht, eine literarische Beziehung zu Num 32 zu bestreiten und das Verhältnis traditionsgeschichtlich zu erklären.[61] Des Weiteren verdient Erwähnung, dass in Jos 1 nur der Abschnitt Jos 1,12–18 explizit auf ein „Wort" des Mose verweist und es Josua regelrecht zitieren lässt. Ansonsten sind

---

58 Letztere wird selbst von Noth 1943, 45 f aus literarkritischen Gründen als nachdeuteronomistisch beurteilt.

59 Vgl. dazu Bieberstein 1995, 98 f.

60 Zu ירש vgl. noch Jos 12,1; 13,1; 18,3; 19,47; 21,43; zu נוח Jos 21,44; 22,4; 23,1; zur Einordnung der Kapitel s. o. Anm. 58. So erweist sich das Motiv, „dass Jhwh Israel *Ruhe* verschafft", in der Tat „als zentrale Deutekategorie der dtr Erzählung" (Krause 2014, 110), allerdings auf einer relativ späten Ebene der Erzählung, wie nicht zuletzt der Vergleich mit Jos 11,23 und seiner Aufnahme in der „dtr Erzählung" des Richterbuches zeigt.

61 Krause 2014, 110–117; vgl. dagegen Germany 2017, 317.

die Bezüge zum Deuteronomium implizit oder ganz pauschal (Jos 1,7 f).[62] Schließlich zeigt die Wiederaufnahme von Jos 1,5 sowie 1,6.7.9 in 1,17 f an, dass es sich in Jos 1,12–18 insgesamt um eine sekundäre Erweiterung handelt, die das Spezialproblem der ostjordanischen Stämme thematisiert. Es sind nach allem nicht nur eine „konzeptionelle Überlegung",[63] sondern Indizien der narrativen Kohärenz, der Sprachgebrauch, der besondere Umgang mit dem Referenztext in Dtn 3 und nicht zuletzt die Technik der Wiederaufnahme, die diesen Schluss nahelegen.

2 Die Amtleute (Jos 1,10–11)

Auch die Amtleute treten in Jos 1,10–11 als Adressaten einer Rede des Josua völlig überraschend auf. Nach Krause kommt den beiden Versen eine „tragende Funktion für das Kapitel zu: Indem sie die Handlung progressiv entwickeln, bilden sie den Rahmen für die wesentlich reflexive Wiedergabe der großen Reden." Und weiter: „Jos 1,10–11 präsentiert sich so als Bindeglied zwischen Jhwhs Aufforderung an Josua, durch den Jordan zu ziehen, und dem Ereignis selbst, mithin als tragender Bestandteil der dtr Erzählung", womit ausgemacht sei, dass in Jos 1 kein vordeuteronomistisches Material zu finden sei.[64]

Die Einschätzung basiert zum einen auf der traditionellen Quellenkritik, die Jos 1,10–11 mit der alles tragenden Einleitung in Jos 1,1 f verbunden hat, zum anderen auf der ebenfalls aus der traditionellen Quellenkritik stammenden Annahme, dass Jos 3,2 die nahtlose Fortsetzung und „Durchführung" von Jos 1,10–11 (bzw. 1,18) sei, und schließlich wohl auch darauf, dass die Terminologie, die „Amtleute des Volkes" (שטרי העם) und ירש Qal, als ur-deuteronomistisch angesehen wird und die Amtleute (für bzw. nach den Stämmen!) in Dtn 1,15 eingesetzt worden sind. So erklärt Krause die alte Quelle kurzerhand zum deuteronomistischen Grundbestand von Jos 1. Ob Jos 1,10–11 denn auch tatsächlich mit 1,1 f bzw. 1,1–9 auf einer literarischen Ebene liegt, wird gar nicht erst geprüft.

Doch die Prüfung lohnt sich. Für den Fortgang der Handlung braucht es Jos 1,10–11 nach 1,1 f nicht. Im Gegenteil: Nach der Beauftragung Josuas durch Jhwh erwartet man, dass dieser sich ans Werk macht, weswegen die Rahab-Episode in Jos 2, die die Handlung aufhält, ein Nachtrag sein dürfte. Aber auch Jos 1,10–11 ist ein

---

retardierendes Element, das im Folgenden zu nichts führt. Nirgends wird berichtet, wie die Amtleute die Anweisung an das Volk weitergeben oder das Volk sich mit Proviant versorgt. Die Amtleute kommen nur hier und in Jos 3,2 vor, doch tun sie dort – ohne vorherigen Auftrag von Josua – etwas ganz anderes, als was ihnen in Jos 1,10–11 aufgetragen wurde. Wie wir oben sahen, ist Jos 3,2–4 nicht zuletzt deswegen gegenüber Jos 1,10–11 sekundär. Jos 8,33 hält selbst Krause für einen Nachtrag.[65] Somit scheint Jos 1,10–11 ins Nichts zu laufen, es sei denn, die Anweisung an die Amtleute, das Volk drei Tage lang damit zu beschäftigen, sich mit Proviant zu versorgen, bevor es losgeht, wird mit Rücksicht auf die mittlerweile zugefügte Episode in Jos 2 und die dort erwähnten „drei Tage" erteilt. Ob die Angaben zusammenstimmen und die Kundschafter am dritten Tag oder erst nach drei Tagen, d. h. am vierten Tag, zurückgekehrt sind, ist eine Frage, die den modernen Exegeten quält, den antiken Schreiber und Leser aber offenbar nicht: Jos 3,2 („nach drei Tagen") und wahrscheinlich auch Jos 3,5 („morgen") haben jedenfalls mit insgesamt „drei Tagen" gerechnet.

Was man nach der Beauftragung durch Jhwh in Jos 1,1–9 sicher nicht erwartet, ist, dass Josua die Last seines Amtes mit anderen teilt. Genauso gut hätte er selbst das Volk dazu anhalten können, sich drei Tage lang mit Proviant zu versorgen, bis die Kundschafter zurückgekehrt sind.[66] Doch die Einführung der Amtleute hat offenbar noch einen anderen Zweck. Sie impliziert ein anderes Konzept vom „ganzen Volk". Die „Amtleute", die Mose in Dtn 1,15 einsetzt, sind „für eure Stämme" da und setzen somit ein nach Stämmen gegliedertes „ganzes Volk" voraus. Ob dies auch in Jos 1,1 f der Fall ist, wie Krause und andere offenbar wie selbstverständlich annehmen, ist keineswegs ausgemacht. Die Stämmeordnung ist – wenigstens im Buch Josua (Jos 13 ff) – ein nachdeuteronomistisches Konzept, wie auch die Terminologie von Jos 1,10 f (ירש Qal, בקרב המחנה) spät- bzw. nachdeuteronomistisch ist.[67] Hierzu fügen sich auch die Belege für die „Amtleute" in Jos 23,2 und 24,1. Nach allem legt sich der Schluss nahe, dass auch Jos 1,10–11 sekundär ist und mit Jos 1,1 f bzw. 1,1–9 nicht auf einer literarischen Ebene liegt.[68]

---

65 Ebd. 74 Anm. 29.
66 So rekonstruiert Germany 2017, 316 f, indem er die „Amtleute des Volkes" streicht und den Auftrag Josua selbst erteilen lässt. Damit ist allerdings nicht viel gewonnen, es bleibt das retardierende Moment.
67 Zu ירש Qal s. o. Anm. 60; zu בקרב המחנה vgl. Num 14,44; Dtn 2,14; 23,15; 29,10; Ps 78,28; und eben die beiden einzigen Stellen in Jos 1,11 und 3,2. Überall scheint die Vorstellung von „ganz Israel" als „Lager" vorzuherrschen, vgl. bes. Dtn 28,9–11, wo die Amtleute und Stämme „inmitten des Lagers" mit dem ganzen Volk gleichgesetzt sind. Vgl. zur nachpriesterschriftlichen Ansetzung von Jos 1,10 f und Unterscheidung von Jos 1,1 f Germany 2017, 316 f.
68 Einen gewissen Vorbehalt gegen die übliche Verbindung von Jos 1,1 f und 1,10 f äußert auch schon Germany 2017, 314 f.

3 Das Gesetz des Mose (Jos 1,7–9)

Zur Ausscheidung von Jos 1,7–9 hat Smend die entscheidenden Gründe genannt.[69] Der vorsichtige Versuch von Krause, die Ausscheidung in Frage zu stellen oder wenigstens zu relativieren, hat mich nicht überzeugt.[70] Er basiert auf einem weit gefassten Begriff des „Deuteronomistischen", der alles und noch mehr umfasst, was Noth seinem Deuteronomisten zugeschrieben und die neuere Forschung nach und nach literarhistorisch differenziert hat. Natürlich lässt sich alles irgendwie in ein gemeinsames Konzept integrieren, wenn man späte Texte wie Jos 23, Dtn 17,18–20 oder die „bundestheologische Struktur des dtr Dtn"[71] zum Maßstab macht.

Auch die von Krause vorgeschlagene Alternative bedient sich einer der jüngsten deuteronomistischen Schichten in 2Kön 22–23, die er zum Schlüssel des Ganzen erklärt und in die Anfänge der deuteronomistischen Redaktion einträgt. Es ist allerdings nicht einerlei, ob Kultzentralisation, Erstes Gebot oder Torabuch des Mose der Maßstab der deuteronomistischen Geschichtsdeutung sind.[72] Das Kriterium der Reichs- und Kulteinheit oder das Erste Gebot ließen sich auch ohne literarischen oder expliziten Bezug auf das Torabuch des Mose anwenden, sodass die _„erzählerische_ Einführung des Torabuchs als Element der ‚Geschichte Israels' nach Mose" keineswegs „unverzichtbar" war, wie ein weiteres Postulat von Krause lautet.[73] Dass das lange „Torabuch-Schweigen" mit dem Buchfund unter Josia eine Erklärung bekommt, ist evident, doch dass gerade darin die „Pointe" der deuteronomistischen Darstellung liegen soll,[74] von der vorher behauptet wird, dass für sie die erzählerische Einführung des Torabuches „unverzichtbar" sei, kann ich nicht nachvollziehen. Nirgends wird erzählt, dass das Torabuch des Mose im Tempel deponiert wurde und daher nicht mehr bekannt war. Und im Richterbuch heißt es, dass die nächste Generation Jhwh und seine Taten, nicht etwa das Torabuch des Mose, nicht mehr kannte. Der Bezug auf das deuteronomische Gesetz des Mose bedurfte solange keiner expliziten Erwähnung, solange der Zusammenhang sachlich oder literarisch realisiert wurde. Erst in dem Moment, in dem sich die Bücher verselbständigten, das Buch Deuteronomium zum Abschluss des Pentateuchs und die Tora des Mose als solche zum Maßstab aller Dinge wurde, wurde der explizite Verweis nötig. Doch damit bewegen wir uns auf einer der spätesten Ebenen der deuteronomistischen Redaktion, wie nicht zuletzt die Chronik zeigt, die diese Entwicklung fortführt.

---

69 Smend 1971. Vgl. auch Bieberstein 1995, 95–97, zu Noths Schwanken ebd. 97 Anm. 68.
70 Krause 2014, 82–94.
71 Ebd. 85.
72 So Krause 2014, ebd. 89 f.
73 Ebd. 90.
74 Ebd. 92.

4 Die Beauftragung Josuas (Jos 1,1–6)

Unverzichtbar und tragend für die Erzählung ist allein die Beauftragung Josuas in Jos 1,1–6. Hier wird für gewöhnlich die Geographie des gelobten Landes in V. 3–4 ausgeschieden, die aus Dtn 11,24 f stammt, nicht zuletzt wegen des auffälligen Numeruswechsels in der Rede Jhwhs an Josua.[75] Dagegen hat Bieberstein eingewandt, dass das Zitat von Dtn 11,24 f auch Jos 1,5a mit umfasst, wo der MT wieder in die Anrede Josuas im Singular übergeht. Die Septuaginta hat auch in V. 5a den Plural, doch dürfte dies eine Angleichung an die zitierte Stelle in Dtn 11 sein.[76] Da weder der Numeruswechsel noch das Zitat als solches als Argument für eine literarkritische Ausscheidung dienen kann, scheidet Bieberstein V. 3–5a letztlich aus formkritischen Erwägungen aus.[77]

Demgegenüber begnügt sich Krause mit der Ausscheidung des „eufratischen Israel" sowohl in V. 4 („und bis zum großen Strom Eufrat, das ganze Land der Hetiter") als auch in den Referenztexten Dtn 1,7 und 11,24 und behält V. 3–5a ansonsten als bewusste Umformung des Zitats in der (deuteronomistischen) Grundschicht von Jos 1 bei.[78] Auch hier schlägt wieder die Voraussetzung durch, dass alles, was im Deuteronomium eine Parallele oder wörtliche Entsprechung hat, zum deuteronomistischen Grundbestand von Jos 1 gehören soll. Doch das Zitat als solches erlaubt diese Schlussfolgerung nicht, es kann auf jeder Stufe der Textentstehung von Jos 1 eingetragen worden sein. Auch der Rückbezug von Jos 21,43–45 auf Jos 1,5a[79] beweist nichts, außer dass das relativ junge, spätdeuteronomistische Resümee in Jos 21, das jünger ist als 11,23, die Stelle Jos 1,5a voraussetzt. Im Übrigen wäre zu zeigen, dass die Referenztexte von Jos 1,3–5a zum ältesten Stratum des deuteronomistischen Deuteronomiums gehören.

Ausschlaggebend scheint mir darum ein internes Kriterium zu sein, nämlich die narrative Kohärenz. Die Beschreibung der Grenzen des Landes in Jos 1,3–5a unterbricht den Zusammenhang von Jos 1,1 f.5b–6, in dem es nicht um das in V. 2 und 6 erwähnte Land, sondern um die persönliche Beauftragung Josuas durch Jhwh, den Beistand Jhwhs und die Nachfolge des Mose geht und der nach der Vorlage in Dtn 31,1 f.7 f gestaltet ist. Das Zitat aus Dtn 11 reißt insbesondere den Bezug von Jos 1,2b (Einnahme des Landes) und 1,5b–6 (Verteilung des Landes) auf

---

75 Vgl. Germany 2017, 315.
76 Bieberstein 1995, 88.
77 Ebd. 93–95.
78 Krause 2014, 74–81, bes. 80 f; der Ausdruck „eufratisches Israel" ebd. 77 nach Diepold 1972, 31 Anm. 2.
79 Ebd. 79

Dtn 31,7 auseinander. Zwar ist das Zitat von Dtn 11,24 f mit der vorgezogenen und abgewandelten Zitationsformel („wie er euch gesagt hat"/„wie ich zu Mose gesagt habe") sowie dem Übergang in die direkte Anrede in V. 5a geschickt in diesen Zusammenhang eingefügt, doch zeigt gerade dieser Kunstgriff, der weder von dem Zitat selbst noch vom Inhalt her motiviert ist, die redaktionelle Fuge an, die in der Septuaginta geglättet wurde. Folglich dürfte es sich insgesamt um einen Nachtrag handeln, der seinerseits in V. 4 im Sinne des „eufratischen Israel" glossiert wurde.

Die Ausscheidung von Jos 1,3–5a wird indirekt durch die Handlungssequenz in Jos 1,1 f.5b–6 bestätigt, die an die Notiz vom Tod des Mose in Dtn 34,5 f anknüpft und sich an der Sequenz in Dtn 31,1 f.7–8 orientiert: Mose kündigt seinen Tod an und beruft vor ganz Israel Josua zu seinem Nachfolger, dem er den Beistand JHWHs zusichert bei seiner Aufgabe, das Volk ins Land zu führen und dieses zu verteilen (Dtn 31,1 f.7 f). Nach seinem Tod (Dtn 34,5 f) ergreift JHWH das Wort und beauftragt Josua damit, das ganze Volk ins Land zu führen und dieses zu verteilen und sichert ihm bei dieser Gelegenheit seinen Beistand zu (Jos 1,1 f.5 f). Die parallele Sequenz und die Berührungen im Wortlaut sind derart eng, dass die beiden Stellen nicht unabhängig voneinander entstanden sein können, sei es, dass sie von ein und derselben Hand stammen, sei es, dass sie sekundär aufeinander hin formuliert wurden. Zu diesem Handlungsfaden gehören auch die Stellen Dtn 1,37 f und 3,27 f, in denen JHWH Josua zum Nachfolger des Mose bestimmt und Mose auffordert, ihm Mut zu machen. In der Forschung seit Noth werden alle diese Stellen für gewöhnlich einem Verfasser zugeschrieben, der damit eine narrative und literarische Verbindung der Bücher Deuteronomium und Josua im Rahmen des Deuteronomistischen Geschichtswerkes hergestellt habe. Dem schließt sich auch Krause an, dem der Zusammenhang von Dtn 3,27 f; 31,1 f.7 f und Jos 1,1 f.5 f als Bestätigung der Voraussetzung, dass alle diese Stellen zum Grundbestand des Deuteronomistischen Geschichtswerkes gehören, besonders wichtig ist.[80] Macht man die Hypothese des Deuteronomistischen Geschichtswerkes jedoch nicht *a priori* zur Voraussetzung und geht unbefangen an die Sache heran, stellt sich der Sachverhalt etwas verwickelter dar.

Die nächste Verbindung besteht zwischen der Notiz vom Tode des Mose in Dtn 34,5 f und der Beauftragung Josuas durch JHWH in Jos 1,1 f: Mose, der Knecht JHWHs, stirbt, und nach dem Tod des Mose, des Knechtes JHWHs, beauftragt JHWH Josua, den Diener des Mose, mit dem ganzen Volk den Jordan zu überschreiten in das Land, das er ihnen gegeben habe. Josua wird in Jos 1,1 f mit Vaternamen und

---

80 Vgl. Krause 2014, ebd. 95–105 u. ö.

Titel eingeführt und über den Titel mit Mose in Verbindung gebracht, so, als wäre er vorher nicht genannt.

Die Verbindung zu Dtn 31 wird primär nicht durch Jos 1,1 f, sondern durch die Verse Jos 1,5 f hergestellt, die den Wortlaut von Dtn 31,7 f aufnehmen. Zusammen mit Jos 1,1 f entsteht so die gemeinsame Handlungssequenz: Nach dem Tod des Mose (Dtn 31,1 f; Jos 1,1 f) soll Josua zusammen mit dem Volk das Land betreten und verteilen (Dtn 31,7 f; Jos 1,2.5 f). Dabei ist auffällig, dass die beiden Teilaufgaben (Einnahme und Verteilung des Landes) in Dtn 31,7 f in einem Atemzuge genannt sind, in Jos 1 hingegen auf V. 2b und – nach der Ermutigung im Zitat von Dtn 31,7 – V. 6 verteilt sind. Des Weiteren ist auffällig, dass für den Eintritt in das Land unterschiedliche Verbformen (בוא bzw. עבר) und Formulierungen gebraucht werden und sich der Hinweis auf den Väterschwur in Dtn 31,7 an den ersten Schritt (Eintritt in das Land) anschließt, wofür in Jos 1,2 die einfache Landgabeformel (mit נתן) steht, in Jos 1,5 f hingegen an den zweiten Schritt der Landverteilung, womit sich gegenüber Jos 1,1 f auch eine gewisse Doppelung ergibt („das ich ihnen gegeben habe", „wie ich ihren Vätern geschworen habe, es ihnen zu geben"). Einen bewussten Gestaltungswillen kann ich in diesen Unterschieden beim besten Willen nicht erkennen. Natürlich ist ein Autor frei, seine Formulierungen zu variieren, doch ist und bleibt auffällig, dass die Unterschiede besonders zu Jos 1,1 f bestehen, während Jos 1,5 f bemüht ist, sie auszugleichen und alles nachzuholen, was in Dtn 31,7 gesagt ist. Daher legt sich der Verdacht nahe, dass die Verse Jos 1,5b–6 gegenüber Jos 1,1 f sekundär sind. Der Nachtrag dürfte damit zusammenhängen, dass – nach Noth – die Landverteilung, auf die Dtn 31,7 f und Jos 1,6 zielen, im Josuabuch (Jos 13–22) sekundär ist. Bei der Gelegenheit wurde die Autorität des Josua in der Nachfolge des Mose eigens unterstrichen und als neues Thema eingeführt.

Ein weiterer Unterschied zwischen Dtn 31 und Jos 1 besteht darin, dass in Dtn 31 Mose, in Jos 1 Jhwh selbst den Auftrag an Josua erteilt und ihm Mut zuspricht. Obwohl Mose im Deuteronomium – der narrativen Fiktion zufolge – ohnehin nur sagt, was ihm von Jhwh auf dem Berg Horeb (Sinai) und in der Wüste offenbart wurde, hat dies einen oder mehrere Schreiber, die ihre Sache besonders genau genommen haben, veranlasst, in dem Rückblick Dtn 1–3 und 4 genau dies auch noch einmal eigens zu berichten. Deshalb haben sie in Dtn 1,37 f und 3,27 f sowie 4,21 f sowohl den nahenden Tod des Mose als auch die Beauftragung des Josua durch Mose auf eine früher ergangene göttliche Mitteilung zurückgeführt (vgl. Num 20,12; 27,12–23). Dtn 3,21 und 31,23 greifen sogar der göttlichen Beauftragung Josuas in Jos 1,1 f vor. Auffallend ist, dass Dtn 1,38 (בוא, נחל hif) und Dtn 31,23 (בוא hif, Schwur) in der Formulierung mit Dtn 31,7 f (und Jos 1,5 f) gehen, während Dtn 3,21.27 f wie Jos 1,2 das Verbum עבר verwenden, wenn auch in einer jeweils anderen Wendung, und in Dtn 3,27 f mit Dtn 31,7 f und Jos 1,5 f die Landverteilung (נחל hif) im Vordergrund steht.[81] Dass diese Stellen zwar nicht alle auf einer Ebene liegen, aber allesamt sekundär gegenüber Dtn 31 und Jos 1 sind, kann man auch an Dtn 31,2b sehen, wo Mose selbst – nachträglich – auf eine entsprechende Ankündigung Jhwhs und folglich auf die einschlägigen Stellen in (Num und) Dtn 1–4 verweist, dem noch zwei weitere Ankündigungen folgen (Dtn 31,14.23; 32,48–52).[82]

Auch Krause vermisst für die Beauftragung Josuas durch Mose in Dtn 31 die göttliche Beauftragung und legt darum allergrößten Wert auf die Feststellung, dass in Dtn 3,27 f; 31,1 f.7 f und Jos 1,1–6 (einschließlich des dazwischen eingeschalteten Zitat aus Dtn 11 in V. 3–5a!) ein einheitlicher, kohärenter und ursprünglicher (deuteronomistischer) Erzählfaden zu finden sei, der die Verbindung der Bücher Deuteronomium und Josua im Rahmen des Deuteronomistischen Geschichtswerkes konstituiere.[83] Gegen die Ansicht, dass die diversen Rück- und Vorverweise in Dtn 1–3 und 4 und der historische Rückblick in Dtn 1–3 insgesamt jünger sind als die Verbindung von Dtn 31 und Jos 1 und die Funktion haben, eine Buchgrenze zu markieren, wendet Krause zweierlei ein: Zum einen müsse man sich die Frage stellen, „weshalb der vermeintliche Nachtrag [gemeint ist Dtn 3,27 f] ohne Not so formuliert ist, dass er unvermeidlich im Zusammenhang mit den korrespondierenden Belegen in Dtn 31 und Jos 1 gelesen werden muss – ein Zusammenhang, der nicht nachdrücklicher über das Deuteronomium hinausweisen könnte." Zum anderen – und dies wiege sogar noch schwerer – werfe die Verbindung von Dtn 31 und Jos 1 ein „literarkritisches Problem" auf, nämlich, dass „der alte Mose eigenmächtig bei sich beschlossen" habe, Josua mit der Führung des Volkes zu beauftragen, und „Jhwh sich dann gleichsam der normativen Kraft des faktischen gebeugt und dem von Mose ernannten Anführer nolens volens seinen Segen erteilt" habe. Darum bedürfe „die Erzählung vor Dtn 31,7–8 notwendig einer Vorbereitung wie sie Dtn 3,27–28 bietet."[84]

Beide Argumente sind jedoch nicht durchschlagend. Das erste Argument ist schlechterdings falsch: Dtn 3,27 f hat sicher Jos 1 im Blick, weist aber gerade nicht auf die göttliche Beauftragung in Jos 1, sondern allein auf die Beauftragung durch Mose in Dtn 31. Das bedeutet, der Rückblick auf den Befehl Jhwhs in Dtn 3,27 f bewegt sich von der narrativen Strategie her in der Binnenerzählung des Deuteronomiums und

---

81 Wieder anders Jos 1,11: Das Verbum עבר bezeichnet hier sowohl das Hinübergehen der Amtleute in die Mitte des Lagers als auch das Überschreiten „dieses Jordans" (wie Dtn 3,21.27 f; Jos 1,2), welches weitergeführt wird mit לבוא (wie Dtn 1,37–38; Dtn 31,7.23); die Landgabeformel aus Jos 1,2 wird – sekundär – um לרשתה erweitert, das allerdings in der Septuaginta fehlt, aber auch vorher schon als Zweck des „Kommens" genannt ist.
82 Vgl. Nr. 13 in diesem Band.
83 Die anderen Vor- und Rückverweise bleiben dabei weitgehend unberücksichtigt, zu Dtn 1,37 f vgl. Krause 2014, 97.
84 Krause 2014, 103.

soll in der Erzählfiktion gerade nicht auf Jos 1 bezogen werden. Hingegen erinnert Dtn 3,27 f an eine vorausgehende Rede Jhwhs, die nicht im Deuteronomium steht, und weist damit vielmehr in den Kontext des Numeribuches zurück (Num 20,12; 27,12–23). Was dies für die relative und absolute Datierung des Rückblicks Dtn 1–3 heißt, kann sich jeder Kundige selbst denken.

Das zweite Argument ist kein „literarkritisches Problem", sondern eine Frage der Voraussetzungen und Erwartungen des Exegeten im Umgang mit dem biblischen Text. Ginge es nach Krause, dürfte auch der „junge Josua" in Jos 1,10–11 seinen göttlichen Auftrag nicht eigenmächtig auf mehrere Schultern verteilen und die Amtleute beauftragen. Auch dieser Akt braucht nach der göttlichen Legitimation in Jos 1–6, mit der Josua dem Mose gleichgestellt wird, offenbar nicht „notwendig eine Vorbereitung". Was für Josua recht ist, sollte für Mose billig sein, zumal er nach der narrativen Fiktion des Deuteronomiums – auch ohne den Rückblick in Dtn 1–3 – nur weitergibt, was er von Gott empfangen hat.

Doch Krauses Einwände machen auf einen Sachverhalt aufmerksam, der in der Tat von allergrößter Wichtigkeit ist. Die Beauftragung Josuas durch Jhwh in Jos 1,1 f greift nicht etwa die Ankündigung des Mose in Dtn 31,7 f auf, sondern ist so formuliert, als ob der Leser nicht wüsste, wer Josua ist und dass er die Nachfolge Moses antreten soll. Lediglich der Tod des Mose ist als bekannt vorausgesetzt. Doch Josua wird mit Vaternamen und Titel „Diener des Mose"[85] regelrecht eingeführt. Dies könnte ein Hinweis darauf sein, dass Jos 1,1 f, wovon alles Weitere in Jos 1 abhängt, der Verbindung von Dtn 31 und Jos 1 bereits vorgegeben war und diese erst durch Moses' Ankündigung in Dtn 31,1 f.7 f und die darauf abgestimmte Weiterführung von Jos 1,1 f in Jos 1,5b–6 hergestellt wurde. Dazu passt, dass Jos 1,1 f, wie oben notiert, als Hauptaufgabe den Eintritt ins Land definiert und die Aufgabe der Landverteilung in Jos 1,5 f nachklappt, während in Dtn 31,7 beide Aufgaben organisch miteinander verbunden sind. Auf anderem Wege gelangen wir damit – in Abweichung meiner früheren Ansicht – zu dem Vorschlag von Germany, der in Jos 1,1 f (abzüglich einiger später Elemente) „the only potentially pre-Deuteronomistic and pre-priestly material in the chapter" sieht.[86]

5 Fazit

Als Fazit unseres Durchgangs durch das Einleitungskapitel können wir Folgendes festhalten: Josua 1 ist literarisch nicht einheitlich. Der älteste Kern ist in den alles

85 So nur noch in Ex 24,13; Num 11,28; anders Dtn 1,37–38.
86 Germany 2017, 317. Anders noch Kratz 2000, 198 f.207, wo ich Jos 1,1 f der ältesten Schicht der deuteronomistischen Redaktion in Dtn 31,1 f.7 f und Jos 1,1 f.5 f zugerechnet habe.

Weitere tragenden Eingangsversen Jos 1,1 f zu greifen, die an die Notiz vom Tod Mose in Dtn 34,5 f anknüpfen und Josua regelrecht einführen, so, als wäre er bis dahin nicht bekannt. An diesen Kern wurden zunächst die Verse Jos 1,5b–6 sekundär angefügt, die Jos 1,1 f.5b–6 an Dtn 31,1 f.7 f angleichen und eine weitere literarische Verbindung zum Buch Deuteronomium herstellen. Alles Weitere wurde nach und nach ergänzt: die Landbeschreibung nach Dtn 11,24 f in Jos 1,3–5a, die Gesetzesparänese in Jos 1,7–9, die Beauftragung der Amtleute in Jos 1,10–11, die Spezialregelung für die ostjordanischen Stämme in Jos 1,12–18 nach Num 32 und Dtn 3,12–20. Das Kapitel ist „durch und durch" deuteronomistisch geprägt, bewegt sich jedoch auf mehreren Ebenen der vielfältigen, langanhaltenden Geschichte der deuteronomistischen Redaktion im Deuteronomium und in den Vorderen Propheten. Die Hypothese eines Deuteronomistischen Geschichtswerkes lässt sich von Josua 1 her weder verifizieren noch falsifizieren und kann darum für die Analyse von Josua 1 nicht als Erklärungsrahmen vorausgesetzt werden. Jos 1,1 f und 1,5b–6 konstituieren jeweils eine Verbindung zum Schluss des Deuteronomiums, doch liegen die beiden Verbindungen nicht auf derselben literarischen Ebene. Zum Abschluss dieses Beitrags wollen wir uns der ältesten dieser beiden Verbindungsstücke in Jos 1,1 f noch kurz zuwenden.

V Mose und Josua in Schittim

Nimmt man die Beobachtungen zu den „drei Jahren" in Jos 1–3, der Erzählung von der Hure Rahab in Jos 2 und dem Einleitungskapitel Jos 1 sowie die Schlüsse, die wir aus ihnen gezogen haben, zusammen, setzt die Schilderung der Landnahme in Jos 1,1 f mit der Beauftragung Josuas durch Jhwh ein und setzt sich ursprünglich in Jos 3,1 mit dem Aufbruch zur Jordandurchquerung in Jos 3–4 und der anschließenden Eroberung Jerichos in Jos 6 fort:

> Als Mose [der Knecht Jhwhs] tot war, sprach der Herr zu Josua, dem Sohn Nuns, dem Diener des Mose: Mose (mein Knecht) ist tot, und jetzt, mach dich auf und zieh über [diesen] den Jordan, du und dieses ganze Volk, in das Land, das ich ihnen gegeben habe [den Söhnen Israels]. Und Josua machte sich früh am Morgen auf, und sie brachen auf von Schittim und kamen zum Jordan [er und alle Söhne Israels], und sie übernachteten dort, bevor sie hinüberzogen.

Die eingeklammerten Bestandteile sind Zusätze im masoretischen Text, die bis auf „(mein Knecht)" in der Septuaginta noch fehlen und zur Verdeutlichung oder Harmonisierung mit anderen Textstellen nachgetragen wurden.[87] Erst diese Zusätze

---

87 Zur Textkritik vgl. Bieberstein 1995, 84–87.146 f. Bieberstein behält in Jos 1,1 f nur das überschüssige הזה bei, in Jos 3,1 vermisst er das Subjekt, und hält darum MT für ursprünglich, was

geben mit der Bezeichnung des Mose als „Knecht Jhwhs", die den Text mit Dtn 34,5 korreliert, und der Abgleichung an den Kontext von Jos 1 durch die Zufügung des Demonstrativums hier und in V. 4 (nach Jos 1,11) einen gewissen deuteronomistischen Anstrich.[88] Ansonsten vermag ich nichts spezifisch „Deuteronomistisches" in den beiden Eingangsversen zu entdecken. Auch der Titel Josuas, „Diener des Mose" (משרת משה), ist undeuteronomistisch (vgl. Dtn 1,37–38) und entweder an dieser Stelle entstanden oder aus den späteren Stellen (Ex 24,13; Num 11,28) hier eingetragen.[89] Erst die Zufügung von Jos 1,5b–6 und alle weiteren Fortschreibungen von Jos 1 drücken dem Einleitungskapitel des Josuabuches nach und nach seinen deuteronomistischen Stempel auf.

Mit Jos 1,1 f kann ein separates Buch (Rolle) begonnen haben (vgl. Ri 1,1), doch sind die Verse ebenso wenig wie Jos 3,1 ein absoluter Erzählanfang. Beide Stellen setzen einen vorausgehenden Kontext voraus: Jos 1,1 f die Notiz vom Tode des Mose in Dtn 34,5 und eine Erzählung, in der Mose eine entscheidende Rolle gespielt hat; Jos 3,1 den Aufenthalt in Schittim, d. h. Num 25,1a. Dieser Befund kann auf zweierlei Weise erklärt werden: Entweder setzt die Landnahmeerzählung, die mit Jos 1,1 f.3,1 beginnt, bereits die Bücher Numeri und Deuteronomium in einem wie auch immer zu bestimmenden Umfang voraus, oder in Num 25,1a und Dtn 34,5 f haben sich Elemente einer älteren Erzählung erhalten, die Num 25–36 und das Deuteronomium noch nicht enthielt. Da einerseits Jos 1,1 f die Gestalt des Josua regelrecht einführt, so, als wäre er vorher noch nicht genannt, andererseits in der Forschung Num 25–36 allgemein als späte Nachträge gelten und das Deuteronomium als Größe *sui generis* angesehen wird, die erst nachträglich in die biblische Erzählung vom Exodus und der Landnahme eingebaut wurde, halte ich die zweite Möglichkeit zumindest für prüfenswert.

Die Analyse von Dtn 34 und Num 25 kann im Rahmen dieses Beitrages nicht geleistet werden. Doch so viel sei gesagt, dass sowohl die Notiz vom Tod des Mose in Dtn 34,5 f als auch die Itinerarnotiz in Num 25,1a in der Forschung seit eh und je Schwierigkeiten bereiteten und sich nicht recht der einen oder anderen Quelle

---

sich allerdings mit unserer Rekonstruktion erledigt. Aus Jos 1,1 f und dem auf das Volk bezogenen Pluralsuffix geht eindeutig hervor, wer das Subjekt der pluralischen Verben ist, das Nebeneinander von Josua und Volk („sie") verbindet die beiden Stellen miteinander. Die Zufügung in 3,1 wurde erst durch den Einschub von Jos 2 und die Erweiterungen in Jos 1 nötig.

88 Zu dem Demonstrativum vgl. Krause 2014, 73, der sich um der einheitlichen Komposition willen denjenigen anschließt, die das Plus für ursprünglich und das Fehlen in der Septuaginta mit der Nachlässigkeit des Übersetzers erklären. Zu den anderen Details der Textgeschichte von Jos 1,2 f setzt er sich, wenn ich nichts übersehen habe, gar nicht erst auseinander.

89 Letzteres scheint Germany 2017, 318 anzunehmen, der in seiner Textwiedergabe den Titel ebenso wie die Überschüsse des MT gegenüber der Septuaginta einklammert.

zuordnen ließen.[90] Sieht man von den jeweils leitenden Hypothesen (Quellenhypothese bzw. Hypothese DtrG) ab und betrachtet die beiden Stellen als das, was sie sind, nämlich das tragende und unverzichtbare Gerüst der Erzählung, von dem alles Weitere abhängt, sehe ich keinen Grund, sie der nichtpriesterschriftlichen Grunderzählung vom Exodus unter der Führung des Mose bis zu seinem Tod abzusprechen, die im Laufe der Zeit massiv ergänzt wurde und an der sich sowohl die historischen Rahmenstücke des Deuteronomium (D und Dtr) als auch die Priesterschrift (P) orientiert haben.

Wie Num 25,1a in V. 1b.2 ff sekundär fortgeschrieben wurde, so wurde auch die Notiz vom Tode des Mose in Dtn 34,5 f glossiert und im Kontext von Dtn 34 fortgeschrieben. In Dtn 34,5 ist der „Knecht Jhwhs" ebenso sekundär wie in Jos 1,2, wo er in der Septuaginta noch fehlt und darum gerade nicht als Beweis für die deuteronomistische Herkunft von Dtn 34,5 dienen kann; auch die Ortsangabe „im Lande Moab nach dem Befehl des Herrn", die nach dem „dort" am Anfang von V. 5 überflüssig ist und auf die verschiedenen Ankündigungen des Todes Mose in Num und Dtn zurückverweist, ist sekundär. Ob V. 6 ursprünglich dazugehörte, ist unsicher, in V. 6a ist jedenfalls die Angabe „im Lande Moab" mit der Septuaginta zu streichen, V. 6b könnte im Blick auf den mythischen Charakter der Figur des Mose ursprünglich oder nachgetragen sein: Niemand weiß so recht, woher er gekommen ist (Ex 2,1 f), und niemand weiß, wo er geblieben ist (Dtn 34,6b).

Doch wo starb Mose, sprich: worauf bezieht sich das „dort" in Dtn 34,5? Im vorliegenden Text bezieht es sich auf die Ortsangaben in Dtn 34,1, wobei der Bezug durch die sekundäre Gebietsbeschreibung in V. 1bβ–4 überlagert ist.[91] Dtn 34,1 ist mit dem Berg Pisga seinerseits ein Rückverweis auf Dtn 3,27 und setzt folglich die Einschaltung des Deuteronomiums in die Grunderzählung voraus. Sieht man davon und von den Nachträgen in Num 25–36 ab, stößt man als nächstes auf Schittim in der Intinerarnotiz in Num 25,1a.[92] Diese verbindet sich mit der Bemerkung „und

---

90 Vgl. Wellhausen 1899, 116 (Reste von JE); Smend 1912, 232.270 (Num 25,1a J¹, V. 1b J²; Dtn 34,5 f J²); Eissfeldt 1922, 64.67.190*201*.279f* (Num 25,1a.3a L; V. 1b.2.3b.4 J; Dtn 34,1*.2–6 J); Steuernagel 1923, 182 (Dtn 34: P und E oder D²a); Noth 1948, 35 zu Num 25,1a (Zusatz zu J), ebd. 16.19.176.186–191 zu Dtn 34 (Dtr und P, V. 6 alte Mosetradition); ders. 1943, 212 f. Ebd. 213 Anm. 1 erklärt Noth: „Nur unter dem Zwang der Vorstellung, daß die alten Quellen in Dtn 34 vertreten sein m ü s s e n, kann man die rein deuteronomistische Herkunft von V. 4–6 bezweifeln". Zum Beweis führt er für V. 5 lediglich den „Knecht Jhwhs" mit Verweis auf Jos 1,1 und die Ortsangabe in V. 6 mit Verweis auf Dtn 3,29; 4,46 an.
91 Vgl. Noth 1943, 213 Anm. 1. Beachtung verdienen hier die kürzere Lesart des Samaritanus sowie das Verhältnis zu Jos 1,3–4.
92 Anders Germany 2017, 448, der Num 25,1–5 mit Jos 2 insgesamt als nachpriesterlich einstuft (dazu ebd. 320) und Dtn 34,5 an Num 22,1b (dazu ebd. 285) anschließen möchte; vgl. jedoch auch ebd. 455.

dort starb Mose" in Dtn 34,5 zu einer Einheit, die in ihrer Struktur und Formulierung exakt der Itinerarnotiz vom Halt in Kadesch und dem Tod der Mirjam in Num 20,1 entspricht: „Und sie lagerten in Schittim, und dort starb Mose, und sie begruben ihn im Tal gegenüber Bet Peor." Mose starb demnach ursprünglich in Schittim, demselben Ort, an dem Josua von JHWH zum Nachfolger des Mose bestellt wird (Jos 1,1 f) und von dem aus das ganze Volk in Richtung Jordan losmarschiert und den Jordan in Richtung Jericho überquert (Jos 3,1.14a.16).

Als Ergebnis unserer Untersuchung von Jos 1–3 können wir somit festhalten, dass der Ortsname „Schittim" nicht nur eine zufällige topographische Übereinstimmung[93] und auch nicht einen – wie auch immer motivierten – intertextuellen Bezug innerhalb verschiedener, separater Überlieferungen ohne jegliche kompositorische Funktion darstellt.[94] Vielmehr konstituiert die Ortsbezeichnung eine narrative und literarische Verbindung zwischen Numeri 25,1a und Jos 3,1 (auf einer späteren Stufe Jos 2,1) im Rahmen der biblischen Exodus-Landnahme-Erzählung, die sowohl intratextuell, d. h. im selben literarischen Kontext oder „Werkzusammenhang", als auch intertextuell in den später separat überlieferten „Büchern" bzw. Rollen dieselbe Funktion innehat, die letzte Station der Wüstenwanderung wie den Aufbruchsort der Jordanüberquerung und anschließenden Einnahme Jerichos zu bezeichnen.

Das Ergebnis weicht insofern erheblich von der Hypothese von Blum und Krause ab. Es führt uns an die Anfänge und das älteste erreichbare Stratum der Exodus-Landnahme-Erzählung in Ex–Jos, die die Matrize für alle weiteren (in sich keineswegs einheitlichen) vordeuteronomistischen, deuteronomisch-deuteronomistischen, priesterschriftlichen und nachpriesterschriftlichen Bearbeitungen im Pentateuch und den Vorderen Propheten bildete. Die von Blum und Krause vorgeschlagene Lektüre von Jos 1 und der Komposition Jos 1–6 im Ganzen ist eine mögliche Variante, den vorliegenden (im weitesten Sinne deuteronomistischen, teils vor-, teils nachpriesterschriftlichen) Text zu verstehen, basiert jedoch – literarhistorisch und konzeptionell betrachtet – auf späten Bearbeitungen, die sehr viel über die Theologiegeschichte der biblischen Traditionsbildung, aber nichts über die Genese der Komposition aussagen, sondern diese bereits voraussetzen.

---

93 So Seebass 2007, 137, der die narrative und literarische Verbindung mit Jos 2,1; 3,1 bestreitet, um anschließend einzuräumen: „Eine Beziehung zum Buch Josua wird man besser nicht ausschließen, die ohnehin ab Num 26 häufiger begegnet."
94 So die These von Blum und Krause.

20 Erwägungen zum literarischen Übergang in Josua 23–Richter 2

In der Vorbereitung auf die Tagung über die „Buchnähte" zwischen Josua und Richter und den daraus hervorgegangenen Tagungsband, in dem die englische Fassung dieses Beitrags erschien,[1] wurde mir deutlich, dass ein, wenn nicht der Hauptunterschied zwischen den verschiedenen Vorschlägen der Forschung zur Analyse dieses Übergangs darin liegt, wo man ansetzt. In Frage kommen die äußeren Textindizien, hier die Textüberschneidung in Jos 24,28–31/Ri 2,6–10 und die durch sie indizierten narrativen Verbindungen, oder die konzeptionelle Differenzierung der Kapitel hinsichtlich des Themas „Israel, das Land und die Völker" und die relative Chronologie, die man in ihr erkennt. Nach einigem Überlegen habe ich mich entschlossen, bei den äußeren Indizien einzusetzen und zu versuchen, diese mit den konzeptionellen Gesichtspunkten in Einklang zu bringen. Der Beitrag wird daher weniger fertige Thesen vertreten als Beobachtungen mitteilen, Möglichkeiten durchspielen und Fragen stellen, die sich mir im erneuten Durchgang durch den Text ergeben haben. An Literatur liegen den folgenden Ausführungen die grundlegenden Überlegungen von Noth[2], die Beiträge von Blum[3], H.N. Rösel[4], Becker[5] und Jericke[6] sowie jüngere Publikationen zugrunde, die nach meinem eigenen Vorschlag aus dem Jahr 2000 erschienen sind und sich mit ihm auseinandersetzen.[7]

I Der überlieferte Text: Der zweifache Tod des Josua

Ganz gleich, ob man Josua und Richter als Teile eines literarischen Werkes (z. B. des sogenannten Deuteronomistischen Geschichtswerkes DtrG) betrachtet oder die beiden Bücher als Abfolge zweier aufeinander bezogener Schriftrollen im Rahmen der allgemein bekannten *historia sacra* Israels liest, stößt man in Ri 2,6–10

---

1 Berner / Samuel 2018.
2 Noth 1943, 6–9.
3 Blum 1984; 1990; 2010, 249–280.
4 Rösel 1980; 1999.
5 Becker 1990.
6 Jericke 1996.
7 Kratz 2000, 204–208 sowie Nr. 18 in diesem Band. Zur anschließenden Diskussion vgl. Aurelius 2003b, 172–180; ders. 2008; Müller 2004, 214–236; Becker 2006; Römer 2010,; Frevel 2013; Blum 2018; Gass 2018; Schulz 2018; Frevel 2018, 281–294; zuletzt Mäkipelto 2018, bes. 170–245, der auf der Basis des umfassend untersuchten textgeschichtlichen Befunds (MT, OG, SamJosh) zu annähernd demselben literarhistorischen Ergebnis gelangt wie die von mir vorgeschlagene Lösung (ebd. 206.232).

https://doi.org/10.1515/9783111367057-025

auf ein Problem: Ri 1,1–2,5 sind „nach dem Tod Josuas" datiert, der in Jos 24,29–30 im Anschluss an zwei Abschiedsreden und die Entlassung des Volkes in Jos 24,28 berichtet und in Ri 1,1 vorausgesetzt ist; Ri 2,6–10 berichtet erneut von der Entlassung des Volks durch Josua sowie von seinem Tod und Begräbnis in *wa-yiqtol* Formen, d. h. im Narrativ.

Das Problem kann auf unterschiedliche Weise erklärt werden. Bewegte man sich im Bereich des Pentateuchs und gehörte zu den Vertretern der neueren, neuesten oder erneuerten Urkundenhypothese, würde man gewiss auf die mechanische Verbindung zweier ehedem unabhängiger Quellen durch einen unachtsamen oder an der Erzähllogik nicht interessierten Redaktor schließen (müssen): einer Josua-Quelle, die jedenfalls noch Ri 1 umfassen müsste und maximal bis Ri 2,5 reichen könnte, und einer Richter-Quelle, die entweder in Ri 2,1 oder 2,6 beginnen würde.[8] Wie immer bei der Urkundenhypothese ist die Erklärung mit vielen Lücken erkauft, die man mit dem postulierten Vorwissen des Lesers um den größeren Erzählzusammenhang oder – was auf dasselbe hinausläuft – mit der eigenen Phantasie auffüllen muss. Und wie immer ist die Lösung mit der Nichtbeachtung narrativer und literarischer Verbindungen zwischen den Textanteilen, die auf verschiedene Quellen verteilt werden, erkauft; dadurch erst produzierte Lücken werden mit dem Vorwissen des Lesers oder der eigenen Phantasie gefüllt. Gegen eine quellenkritische Lösung spricht auch das systemimmanente Argument, dass „der Redaktor" im Pentateuch Geburts- und Sterbenotizen für gewöhnlich nicht doppelt oder dreifach aus seinen „Quellen" (J, E, P) mitgeteilt, sondern, wie es der Erzähllogik entspricht, nur aus einer Quelle übernommen hat. Die Aufteilung auf verschiedene Quellen scheint mir daher keine geeignete Lösung des Problems zu sein.

Die Alternative besteht darin, den Text zunächst so zu nehmen, wie er überliefert ist, und zu versuchen, ihm einen Sinn abzugewinnen. Letzterer kann m. E. nur darin bestehen, dass Ri 2,6–10 als Rückblende in die Vorvergangenheit gelesen wird, um die Situation „nach dem Tod Josuas" im Anschluss an die Ereignisse von Ri 1,1–2,5 theologisch zu qualifizieren und zu dem folgenden Auf und Ab der Richterzeit überzuleiten. Das liest sich dann in etwa so: Als Josua das Volk entlassen hatte und die Söhne Israels ein jeder in sein Erbteil gegangen waren, da diente das Volk Jhwh, und zwar solange Josua lebte und darüber hinaus. Doch als Josua gestorben und begraben war und auch seine Generation tot war, da trat eine neue Generation auf, die Jhwh nicht kannte usw.

---

[8] Ein etwas anders konturiertes Quellenmodell schlägt Schulz 2016 sowie 2018 vor, die zwei unabhängige Jos–Ri Kompositionen postuliert: 1) Jos (1–)11* + 24 + Ri 2,6–16,31, 2) Jos 13 ff + 23 + Ri 1,1–2,5 + 17–21; zum „doppelten Tod" Josuas und den anderen bei der Vereinigung der beiden Quellen stehen gebliebenen Dubletten vgl. Schulz 2018, 273–277.

Das Verständnis der Narrativ-Formen (*wa-yiqtol*) als Plusquamperfekt ist zwar nicht, etwa durch ein anfängliches *wᵉ-x qatal* שלח ויהושע, grammatisch angezeigt, aber – zumal bei einem sekundären Verständnis – auch nicht gänzlich ausgeschlossen.[9] Für ein solches Verständnis von Ri 2,6–10 als Vorvergangenheit spricht der Generationenwechsel, der an Ex 1,6.8 erinnert und sowohl im Textbestand als auch zeitlich über die Todesnotiz in Jos 24 und Ri 1 hinausgeht. Schon Jos 24,31 blickt zeitlich über den Tod Josuas hinaus; Ri 2,7 greift dies auf und führt in V. 10 den Generationenwechsel ein. Mit dem Generationenwechsel könnte auch die Umstellung von Jos 24,31 vor den Tod des Josua in Ri 2,7 (und Jos 24 G) zusammenhängen. Danach gehören die Ereignisse von Ri 1,1–2,5 noch in die Zeit der Generation Josuas, und zwar vor wie nach seinem Tod, alles Folgende handelt von der nächsten Generation.

Die Tatsache, dass sich der Text auf diese Weise (wenn auch gegen die übliche Grammatik) als sinnvolle Einheit lesen lässt, besagt jedoch nicht, dass er auch literarisch einheitlich wäre. Die umständliche Wiederaufnahme des Todes Josuas, die in beiden Fällen Berührungen zu anderen Buchübergängen aufweist (vgl. Dtn 34/ Jos 1,1 mit Jos 24/Ri 1,1; Gen 50,26/Ex 1,6.8 mit Ri 2,7–10), die Unterschiede in der Formulierung sowie die Position an den Rändern der Bücher Josua und Richter legen vielmehr den Verdacht nahe, dass der Text literarisch gewachsen ist. Auch die massive Ansammlung von diversen Abschlüssen in Jos 11; 21–24 sowie programmatischen Einleitungen in Ri 1–3, die sehr unterschiedliche konzeptionelle Profile haben, weist in diese Richtung. Mit Recht hat man daher von einem „kompositionellen Knoten" (E. Blum) gesprochen, den es zu entflechten gilt.

II Die Textbasis: MT und G

Die Komplexität dieses „kompositionellen Knotens" zeigt sich besonders an den textlichen Überschneidungen in Jos 24,28–31 und Ri 2,6–10 im Übergang von Jos 24 zu Ri 1–2 und ihren Differenzen. Hinzu kommt die abweichende Textüberlieferung in der Septuaginta, die bei einer literargeschichtlichen Rekonstruktion zu berücksichtigen ist.[10]

---

9 Zur grammatischen Diskussion vgl. Gesenius / Kautzsch 1902, 329 (111q); Waltke / O'Connor 1990, 552 f (33.2.3); Joüon / Muraoka 1996, 390 f (118d). Nach Blum 1984, 55 f (mit Anm. 60) sind die Ergänzer von Jos 24–Ri 2,9 für die grammatische Inkongruenz verantwortlich; anders ders. 1997 sowie 2018, 222 f, wo Blum die einst von ihm selbst vertretene Annahme einer Wiederaufnahme von Jos 24,28–31 in Ri 2,6–9 ausdrücklich revoziert und das Verständnis als Vorvergangenheit ablehnt; dazu s. u. unter V.

10 Für die Dokumentation des textgeschichtlichen Befundes vgl. Samuel 2018; ferner Mäkipelto 2018, 118–163.

Die masoretische Fassung weist signifikante Formulierungsdifferenzen und eine veränderte Reihenfolge der Erzählelemente auf:

Jos 24,28 = Ri 2,6: Plus in Ri 2 וילכו בני־ישראל ... לרשת את־הארץ

Jos 24,31 = Ri 2,7: אשר ראו / ואשר ידעו ;ויעבדו העם / ויעבד ישראל, Plus in Ri 2 הגדול, Weiterführung bzw. Ergänzung von Jos 24,31/Ri 2,7 um Ri 2,10 (וגם כל־הדור ההוא); Wiederaufnahme V. 7 ־את וגם (המעשה אשר עשה לישראל).

Jos 24,29–30 = Ri 2,8–9 (+10): Plus in Jos 24 ויהי אחרי הדברים האלה; Name des Begräbnisortes: בתמנת־חרס בהר אפרים bzw. בתמנת־סרח אשר בהר־אפרים

Der Textvergleich führt zu keinem eindeutigen Ergebnis, lässt aber gewisse Tendenzen erkennen: die Überschüsse in Ri 2,6 scheinen eher für die Priorität von Jos 24,28 (oder der damit identischen Formulierung in Ri 2,6), die Zusätze in Jos 24,29–30 eher für die Priorität von Ri 2,8–9 zu sprechen; bei Jos 24,31 und Ri 2,7.10 bin ich mir nicht sicher, doch tendiere ich zur Priorität von Ri 2,7–10 gegenüber Jos 24,31.[11]

Die Septuaginta bietet in Jos 24 einen von MT leicht abweichenden Text in der Reihenfolge von Ri 2,6–9 und bezeugt auch darüber hinaus einige signifikante Überschüsse, in Ri 2 geht sie mit MT:

Jos 24,28 = Ri 2,6a, in Jos 24,28 + και επορευθησαν (וילכו) mit Ri 2,6), Variante εις τον τοπον αυτου (vgl. V. 33), La in domum suam; in Ri 2,6 B om. οι υιοι Ισραηλ; Ri 2,6 A εις τον οικον αυτου (vgl. 1Sam 10,25 איש לביתו), B εις την κληρονομιαν

Jos 24,29 (= 31 MT) = Ri 2,7, abweichend von MT in G: ειδωσαν = „sehen" (ראה) in Jos 24,29 (MT 31) mit Ri 2,7 und εγνωσαν = „erkennen" (ידע) in Ri 2,7 (mit 2,10 MT und G)

Jos 24,30–31 (= 29–30 MT) = Ri 2,8–9 + Begräbnis der Beschneidungsmesser

Jos 24,32–33 = MT Jos 24,32–33 + Tod und Begräbnis von Pinhas, Anfang der Sünde und Auslieferung an Eglon = (Jos 24,28) Ri 2,6 + (2,12–14; 3,7) 3,12.14 (vgl. CD V 3–4)

Auch an anderen Stellen in Jos 23–24 bietet die Septuaginta z. T. einen etwas anderen Text (bes. Jos 24,5.17). Für die Rekonstruktion scheinen mir drei Dinge besonders wichtig zu sein:

1) Die Reihenfolge in Jos 24,28–31 G wie auch der Text in V. 28 f entsprechen nicht Jos 24 MT, sondern Ri 2,6–9. Hier hat G entweder eine ältere Fassung bewahrt,

---

11 Die Texterweiterung in Ri 2,7 (הגדול) und Ergänzung um 2,10 sprechen eher für die Priorität von Jos 24,31, die Terminologie „sehen"/„erkennen", der Name „Israel" in Jos 24,31 statt „das Volk" sowie die in Jos 24 funktionslose Generationennotiz sprechen m. E. eher für die Priorität von Ri 2,7.10. Vgl. dazu Mäkipelto 2018, 147–149.

die in MT (Jos 24 und Ri 2) sekundär geändert wurde, oder den Text an Ri 2 angeglichen. Da der Überschuss in Jos 24,29 (ויהי אחרי הדברים האלה) besser an Jos 24,28 als an 24,31 (V. 29 G) anschließt, scheint mir die Textabfolge in Jos 24 G sekundär zu sein, was auch im Blick auf den abweichenden Text für eine Angleichung an Ri 2 spricht.[12]

2) Die Übersetzungsvarianten in Jos 24,28 und Ri 2,6 könnten auf eine abweichende, gemeinsame hebräische Vorlage an der entscheidenden Schnittstelle der Textdoppelungen weisen.[13] Auch in diesem Fall war die Formulierung von Jos 24,28 und Ri 2,6 (ohne Überschüsse) ebenso wie heute in MT ursprünglich identisch.

3) Die Überschüsse in Jos 24,31.33 G belegen die Tendenz, Informationen, vor allem Todes- und Begräbnisnotizen, aus anderen Zusammenhängen am Ende von Jos 24 nachzutragen: die Beschneidungsmesser aus Jos 5; Pinhas nach Ri 20,27–28; die Auslieferung an Eglon aus Ri 3,12–14 (+ 2,12–14; 3,7). Es handelt sich also um Zusätze, die eine Tendenz fortsetzen, die auch im MT zu beobachten ist: V. 32 die Gebeine Josefs (nach Gen 33,18–19; 50,25–26; Ex 13,19); V. 33 Tod und Begräbnis Eleasars (vgl. Ex 6,23; Jos 14,1; 17,4; 19,51; 21,1); Textverdoppelung in V. 28–31 = Ri 2,6–9. Das alles weist bereits auf den Generationenwechsel, der in Ri 2,10 vollzogen wird. Die diversen Schlüsse in Jos 24,28–33 MT und G haben somit eine doppelte Funktion: sie schließen – entsprechend dem Übergang Dtn 34/Jos 1,1 – die Epoche Josuas und das Josuabuch ab und weisen – entsprechend Gen 50/Ex 1,6.8 – zugleich auf den Epochen- und Generationenwechsel in Ri 1,1 und 2,10 sowie die Fortsetzung der *historia sacra* Israels im Richterbuch.[14]

---

12 Jos 24,28 G „und sie gingen" mit Ri 2,6 und „alle Werke Jhwhs sehen" (ראה) in Jos 24,29 G mit Ri 2,7. Jos 24,31 MT verwendet das Verbum „kennen" (ידע) wie Ri 2,10, was wiederum zeigt, dass Jos 24,31 und Ri 2,7.10 nicht auf einer Ebene liegen. Die Differenzierung der Verben hat vermutlich in Ri 2,7.10 ihren genuinen Ort: V. 7 „jedes große Werk Jhwhs sehen", V. 10 „den Herrn kennen und auch das Werk, das er für Israel getan hat". Anders Mäkipelto 2018, 127–130.147–149, der sowohl die Ordnung in Jos 24 G und Ri 2 MT als auch den Text in Jos 24,28–29 G für ursprünglich hält.

13 Vgl. dazu Mäkipelto 2018, 146 f.

14 Zur Funktion der Überschüsse für die Konstitution der Bücher vgl. Blum 1984, 55 f. Für eine andere textgeschichtliche Bewertung der Überschüsse in G vgl. Mäkipelto 2018, 130–146.149–156, der die hebräische Vorlage von Jos 24,28–33 OG auch gegenüber MT und Ri 2,6–9 für ursprünglich hält und in MT mit bewussten Auslassungen rechnet. Um literarische Zusätze handelt es sich bei den diversen Notizen in Jos 24,31–33 MT und OG jedoch so oder so.

III Mögliche Textanschlüsse

Geht man davon aus, dass die Textüberschneidungen in Jos 24,28–31 und Ri 2,6–10 nicht ursprünglich sind, legt sich der Schluss nahe, dass es sich in Jos 24,32–Ri 2,5 um einen sekundären Einschub handelt, der die Verdoppelung der Nachrichten von der Entlassung des Volkes (Jos 24,28/Ri 2,6), dem Tod Josuas (Jos 24,29–30/Ri 2,8–9) und dem Generationenwechsel (Jos 24,31/Ri 2,7.10) nach sich gezogen hat.[15] Als Erklärung für diesen Einschub kommen mehrere Szenarien in Frage, je nachdem, wo man die entscheidende Schnittstelle sieht.

Am einfachsten ließe sich der Sachverhalt mit der Fassung in G als Ausgangspunkt erklären. Danach handelte es sich in Ri 2,6–9 um eine Wiederaufnahme von Jos 24,28–31 G nach dem Einschub von Jos 24,31ᵃ.32–33; Ri 1,1–2,5, wobei der Einschub seinerseits nicht einheitlich, sondern gewachsen ist, wie etwa die diversen Zusätze in Jos 24,31 33 (MT und G) zeigen. Man kann den Befund aber auch umkehren und Jos 24,28–31 als eine sekundäre Vorwegnahme von Ri 2,6–9 ansehen, je nachdem, welche der leicht abweichenden Textfassungen man für ursprünglich hält:

> Jos 24,28–31 G + Ri 2,10 ff aufgesprengt durch Einschub von Jos 24,31ᵃ.32–33; Ri 1,1–2,5 mit Wiederaufnahme von Jos 24,28–31 in Ri 2,6–9

oder

> Jos 24,28–29 G (= 24,28.31 MT) + Ri 2,8–9.10 ff aufgesprengt durch Einschub von Jos 24,30–33 G; Ri 1,1–2,7 mit Wiederaufnahme von Jos 24,28–29 G in Ri 2,6–7

oder

> Jos 24,27 + Ri 2,6 ff aufgesprengt durch Einschub von Jos 24,31ᵃ.32–33; Ri 1,1–2,5 mit sekundärer Vorwegnahme von Ri 2,6–9 in Jos 24,28–31 G

Die Möglichkeit einer Wiederaufnahme von Jos 24,28–31 in Ri 2,6–9 erscheint darum als besonders attraktiv, da sich in Ri 2 mit dem Generationenwechsel in 2,10 ein Motiv zur Verdoppelung der Erzählelemente nach Einschaltung von Jos 24,32–Ri 2,5 findet. Die Möglichkeit einer Vorwegnahme von Ri 2,6–9 in Jos 24,28–31 G ließe sich ebenso wie die Zusätze in 24,31–33 MT und G hingegen damit erklären, dass mit der Einschaltung von Ri 1,1–2,5 die Bücher getrennt wurden und im Zuge dessen das Josuabuch durch die Vorwegnahme und weiteren Ergänzungen einen eigenen Abschluss erhielt. Da jedoch die Textabfolge in Jos 24,28–31 G vermutlich nicht ursprünglich ist (s. o. II), lässt sich die Frage auf diesem Wege nicht entscheiden.

---

15 Vgl. Blum 1984, 53.

Die Fassung von G weist noch eine weitere mögliche Schnittstelle in Jos 24,33[b] auf, die auf Ri 3,12–14, den Anfang der Eglon-Ehud-Episode, zielt. Hier hat Rofé einen alten Anschluss vermutet.[16] Demzufolge hätte der gesamte Komplex Ri 1,1–3,11 als Einschub zu gelten. Die von Schmid gegen Rofé vorgebrachten Argumente[17] sind nicht durchschlagend: das Richter-Schema in Ri 2,6–3,6 kann durchaus jünger sein als die individuelle Rahmung in 3,7 und 3,12 ff; der Anschluss an Jos 24,33 G wäre nicht in Ri 3,12, sondern in 3,15 zu suchen.

> Jos 24,28–33 G + Ri 3,15 ff aufgesprengt durch Einschub von Ri 1,1–3,11 mit Ri 3,12–14 als Wiederaufnahme

Dennoch scheint mir die These von Rofé nicht haltbar zu sein. Wie oben (unter II.) gesehen, reiht sich der Zusatz in V. 33 in die Kette von Zusätzen in V. 32–33 MT und V. 31.33 G ein, die allesamt die Epoche Josuas abschließen oder auf die Fortsetzung der Geschichte vorgreifen. Außerdem bedient sich der Zusatz in V. 33 G auch einzelner Formulierungen aus Ri 2,12–14 und 3,7 und entspricht nicht dem üblichen redaktionellen Schema der individuellen Rahmung (Sie taten das Böse in den Augen JHWHs, Gott erzürnte und gab/verkaufte sie in die Hand des NN, sie dienten …). Gegen die Ursprünglichkeit von V. 33[b] spricht schließlich die Wiederaufnahme von V. 28 in V. 33 („Und die Israeliten gingen ein jeder an ihren Ort und ihre Stadt"), um den Übergang von der Selbstverpflichtung unter Josua und der Sünde nach dem Tod Josuas, Eleasars und Pinhas zu realisieren. Somit scheidet diese Möglichkeit m. E. aus.

Im MT stellt sich die Sachlage deswegen etwas komplizierter dar, weil die Textüberschneidung mit einer Änderung der Textabfolge einhergeht (Jos 24,31/Ri 2,7). Die einfachste Lösung ergibt sich daher aus der Überschneidung in Jos 24,28 und Ri 2,6, „Und Josua entließ das Volk, einen jeden in sein Erbteil". Die Formulierung in Ri 2,6 weist in der zweiten Vershälfte signifikante Ergänzungen auf, die die Ausführung der Entlassung schildern und die Problematik der Inbesitznahme des Landes von Ri 1 (aber auch Jos 21,43; 23,5.9.13; 24,4.8.23–24; Ri 2,21.23 u. ö.) widerspiegeln: „und es gingen die Israeliten … um das Land in Besitz zu nehmen". Folgt man dieser Spur, wäre Jos 24,29–Ri 2,5 als Einschub zu betrachten, mit Wiederaufnahme von Jos 24,28 und Ergänzung in Ri 2,6.[18] Ri 2,7 hätte ursprünglich an der identischen Formulierung in Jos 24,28/Ri 2,6 (ohne Überschüsse) angeschlossen.

---

16 Rofé 1982.

17 Schmid 1999, 218 f; ähnlich Otto 2000, 231.

18 Theoretisch wäre natürlich auch eine Vorwegnahme von Ri 2,6 (ohne Überschüsse) in Jos 24,28 mit Ergänzung von Ri 2,6 denkbar, was aber auf das Gleiche hinausliefe. Wenig Wahrscheinlichkeit hat m. E. dagegen die sehr viel kompliziertere Annahme für sich, wonach die ältere Entlassungsnotiz (ohne die Überschüsse in Ri 2,6) bei dem Einschub von Ri 2,1–5 zunächst in Ri 2,6 sekundär ergänzt

> Jos 24,28 + Ri 2,7–9 (= Jos 24,28–31 G) aufgesprengt durch Einschub von Jos 24,29–30.31–33;
> Ri 1,1–2,5 mit Wiederaufnahme von Jos 24,28 und Ergänzung in Ri 2,6

Ein äußeres Zeugnis hierfür ist die Septuaginta, die sowohl in Jos 24 als auch Ri 2 exakt diese Abfolge bezeugt. Allerdings erstreckt sich die Parallele, wie wir sahen, auf den gesamten Abschnitt Jos 24,28–31/Ri 2,6–9 und verdanken sich die Stellung von Jos 24,29 G (V. 31 MT)/Ri 2,7 wie auch der abweichende Text in Jos 24,28 f G vermutlich der sekundären Angleichung an Ri 2. Merkwürdig ist außerdem, dass in Jos 24,29 G und Ri 2,7 von der Zeit nach Josua und der ihn überlebenden Generation die Rede ist, bevor der Tod Josuas berichtet ist. Dies lässt sich nach Jos 24 und Ri 1,1 in Ri 2,7 leichter nachvollziehen als am Ende von Jos 24.

Bei allen anderen möglichen Anschlüssen muss man mit zusätzlichen Eingriffen rechnen. Geht man von der Überschneidung der Todesnotiz in Jos 24,29–30/Ri 2,8‑9 aus, ergäbe sich ein ursprünglicher Anschluss von Ri 2,10 ff oder 2,11 ff an Jos 24,28 + 29–30/Ri 2,8–9. Der Einschub umfasste Jos 24,31–Ri 2,7.10, mit Verdoppelung (Wiederaufnahme bzw. Vorwegnahme) der Todesnachricht in Jos 24,29–30 und Ri 2,8–9. Welche der beiden Todesnotizen ursprünglicher ist, ist schwer zu sagen. In Ri 2 steht sie für sich, eingerahmt vom Generationenwechsel in V. 7 und 10. In Jos 24,29–30 ist sie durch die Überleitung (ויהי אחרי הדברים האלה) an die vorausgehende Erzählung von der Entlassung des Volkes angebunden und in V. 29 durch eine Relativpartikel ergänzt, was vielleicht dafür spricht, dass sie hier nachgetragen wurde und in Ri 2,8–9 ursprünglich ist. Bei dieser Lösung wäre allerdings damit zu rechnen, dass auch die Doppelungen in Jos 24,28.31/Ri 2,6.7 im Zuge der Einschaltung oder noch später entstanden wären. Außerdem ist der Generationenwechsel in Ri 2,10 nicht ohne die Notiz über die vorausgehende Generation Josuas in Jos 24,31/Ri 2,7 denkbar, auf die mit ... וגם ausdrücklich Bezug genommen wird. Folglich kann Ri 2,10 nicht der ursprüngliche Anschluss an Jos 24,28 + 29–30/Ri 2,8–9 sein. Da der Einschub in Ri 1,1–2,5 auf den Generationenwechsel in 2,7.10 angewiesen ist, sehe ich nur die folgende Möglichkeit:

> Jos 24,28 + 29–30/Ri 2,8–9 aufgesprengt durch Verdoppelung der Todesnachricht und Einschub von Ri 1,1–2,5 mit Wiederaufnahme und Ergänzung von Jos 24,28 in V. 6 und Generationenwechsel in V. 7.10, weitere Nachträge in Jos 24,31.32–33 (MT und G).

Auch die nächste mögliche Schnittstelle Jos 24,31/Ri 2,7 kommt nicht ohne die Annahme einer weitergehenden Bearbeitung aus. Ein direkter Anschluss von

---

und bei der nachträglichen Vorwegnahme in Jos 24,28 vollständig oder partiell (Jos 24,28 G) wieder gekürzt wurde.

Ri 2,8 ff an Jos 24,28–30.31/Ri 2,7 (vor dem Einschub von Ri 1,1–2,5 mit Wiederaufnahme von Jos 24,28.31 in Ri 2,6.7) ist schwerlich möglich, da auf Jos 24,28–31
ursprünglich nicht sogleich die zweite Todesnachricht in Ri 2,8 gefolgt sein kann.
Folglich muss man entweder mit einem Zusatz von Jos 24,29–30 im Zuge der Einschaltung von Ri 1,1–2,7 rechnen, was auf eine Variante der oben diskutierten
Möglichkeit einer Schnittstelle bei Jos 24,28/Ri 2,6 + 7 ff, hier Jos 24,28.31/Ri 2,6.7 (=
Jos 24,28–29 G) + Ri 2,8 ff, hinausliefe; oder Ri 2,8–9.10 wurden ebenso wie Ri 2,6.7
im Zuge der Einschaltung ergänzt, was eine Wiederaufnahme von Jos 24,28–31 in
Ri 2,6–9 + 10 bzw. sekundäre Vorwegnahme von Ri 2,6–9 in Jos 24,28–31 bedeuten
würde. Beide Varianten haben sich bereits oben auf der Basis der Textabfolge von
Jos 24,28–31 G ergeben, die aber möglicherweise sekundär ist und daher nicht als
Beweismittel dienen kann. Die Möglichkeiten lassen sich wie folgt zusammen-
fassen:

> Jos 24,28.31 (= 24,28–29 G) + Ri 2,8–9.10 ff aufgesprengt durch Einschub von Jos 24,29–30.32–33;
> Ri 1,1–2,5 mit Wiederaufnahme von Jos 24,28.31 in Ri 2,6.7

oder

> Jos 24,28–31 + Ri 2,(10)11 ff aufgesprengt durch Einschub von Jos 24,31ª.32–33; Ri 1,1–2,5 mit
> Wiederaufnahme von Jos 24,28–31 in Ri 2,6–9 + 10

oder

> Jos 24,27 + Ri 2,6 ff aufgesprengt durch Einschub von Jos 24,31ª.32–33; Ri 1,1–2,5 mit Vorweg-
> nahme von Ri 2,6–9 und entsprechenden Änderungen in Jos 24,28–31

Nach allem sehe ich insgesamt vier Möglichkeiten, an welcher Stelle im Text die Einschaltung von Ri 1,1–2,5 sowie die Zusätze in Jos 24,31–33 (MT und G) vorgenommen
worden sein können:

a) zwischen Jos 24,28 und Ri 2,7 ff mit Vorwegnahme von Ri 2,7–9 in Jos 24,29–31 und Wie-
    deraufnahme von Jos 24,28 sowie Ergänzung in Ri 2,6[19]
b) zwischen Jos 24,28 und Jos 24,29–30/Ri 2,8–9.10 ff mit Verdoppelung der Todes- und
    Begräbnisnotiz und Wiederaufnahme von Jos 24,28 und Ergänzung in Ri 2,6 sowie Zusät-
    zen in Ri 2,7.10 (nachträglich vorweggenommen in Jos 24,31, V. 29 G)
c) zwischen Jos 24,28.31 (= 24,28–29 G) + Ri 2,8 ff mit Vorwegnahme von Ri 2,8–9 in Jos 24,29–
    30 (V. 30–31 G) und Wiederaufnahme von Jos 24,28.31 in Ri 2,6.7
d) im Anschluss an Jos 24,28–31 (MT oder G) mit Wiederaufnahme in Ri 2,6–9 + 10 bzw. im
    Anschluss an Jos 24,27 mit Vorwegnahme von Ri 2,6–9 in Jos 24,28–31

---

19 Zur möglichen Variante einer Vorwegnahme von Ri 2,6 in Jos 24,28 s. o. Anm. 18.

Zieht man den textkritischen Befund in Betracht, wonach für die Entlassung des Volkes eher Jos 24,28, für Tod und Begräbnis eher Ri 2,8–9 die Priorität gebührt, kommen nur die Möglichkeiten a)–c) in Frage. Je nachdem, wie man in Sachen Generationenwechsel in Jos 24,31/Ri 2,7.10 entscheidet, reduzieren sich die Möglichkeiten auf a) und b), wenn man dem Text in Ri 2,7.10 Priorität einräumt, auf Möglichkeit c), wenn man Jos 24,31 präferiert. Nimmt man den Ausgangspukt bei dem „Tod Josuas" kommt nur Möglichkeit b) in Betracht.

Welche der Möglichkeiten am ehesten zutrifft, ist schwer zu sagen und hängt von weiteren Faktoren ab, nicht zuletzt davon, ob man mit mehr als einer Bearbeitung rechnen muss (oder möchte). Folgende Beobachtungen scheinen mir für eine Entscheidung ausschlaggebend zu sein:

Der reine Textvergleich hilft nicht weiter. Die feinen Formulierungsdifferenzen, die sich sowohl im MT als auch in G finden, lassen zwar gewisse Tendenzen erkennen, führen aber zu keinem eindeutigen Ergebnis und können auf unterschiedliche Weise zustande gekommen sein (s. o. II).

Von der Erzähllogik her kann nur der Tod des Josua (Jos 24,29–30/Ri 2,8–9) den Ausgangspunkt der literarischen Entwicklung gebildet haben, der in einem oder mehreren Schritten mit den anderen Elementen angereichert wurde: der Entlassung des Volkes nach den Abschiedsreden in Jos 23–24 (Jos 24,28/Ri 2,6), dem Generationenwechsel (Jos 24,31 bzw. 29 G/Ri 2,7.10 sowie Ri 1,1), weiteren Todes- und Begräbnisnotizen sowie dem Vorblick auf Ri 3,12–14 in Jos 24,31ª.32–33 (MT und G).

Da die Einschaltung in Ri 1,1–2,5 einerseits die Entlassung des Volkes sowie den Tod Josuas voraussetzt (Ri 1,1), andererseits auf den Generationenwechsel angewiesen ist (s. o. I), hängt die Verdoppelung der Erzählelemente mit dieser Einschaltung zusammen. Dabei müssen die Nachrichten von der Entlassung des Volkes (Jos 24,28/ Ri 2,6) sowie von Tod und Begräbnis Josuas (Jos 24,29–30/Ri 2,8–9) jedenfalls schon im Text gestanden haben und wurden im Zuge der Einschaltung verdoppelt, d. h. in Jos 24 vorweggenommen oder in Ri 2 wiederaufgenommen. Anders der Generationenwechsel in Jos 24,31/Ri 2,7.10, der entweder ebenfalls vorausgesetzt und im Zuge der Einschaltung verdoppelt oder erst bei dieser Gelegenheit (in Ri 2,7.10) eingeführt und nachträglich (in Jos 24,31, V. 29 G, mit weiteren Nachträgen in V. 31–33) verdoppelt wurde.

Nach allem sehe ich die folgende Entwicklung, die am ehesten für die Möglichkeit b) spricht, wobei die verschiedenen literarischen Vorgänge nicht alle auf derselben Ebene liegen:

1) Tod und Begräbnis Josuas (Jos 24,29–30/Ri 2,8–9) am Übergang von Josua zu Richter, Anschlüsse hängen von der Analyse des weiteren Kontexts ab (Jos 11; 21; 23–24 und Ri 2–3)

2) Einfügung der Abschiedsrede(n) Josuas in Jos 23–24 + Entlassung des Volkes Jos 24,28/ Ri 2,6 (ohne Plus) mit anschließendem Tod und Begräbnis Josuas (Jos 24,29–30/Ri 2,8–9) und Fortsetzung in Ri 2,11ff

3) Generationenwechsel nach Abschiedsreden, Tod und Begräbnis Josuas in Jos 24,31 (V. 29 G)/Ri 2,7.10 zur Markierung der Epochenwende (vgl. Gen 50/Ex 1,6.8)

4) Einschaltung von Ri 1,1–2,5 „nach dem Tod Josuas" zwischen Jos 24,28.29–30/Ri 2,6.8–9 und Ri 2,11ff (vgl. Dtn 34/Jos 1,1) mit Verdoppelung von Entlassung, Tod und Begräbnis sowie Verdoppelung (s. 3) oder Einführung des Generationenwechsels in Jos 24,31 und Ri 2,7.10

5) Weitere Nachträge zur Epochenwende in Jos 24,31ᵃ.32–33 (MT und G).

IV Die Einschaltung Ri 1,1–2,5

Bisher wurde die Einschaltung in Ri 1,1–2,5 als einheitlicher Block betrachtet. Konzeptionelle und terminologische Unterschiede legen jedoch auch hier eine literarhistorische Differenzierung nahe.[20] Die Abschnitte Ri 1,1–3,6 und 2,1–5 handeln auf sehr unterschiedliche Weise von den übrigen Völkern (bes. Kanaanäern) im Land, Ri 1 setzt unmittelbar in der Situation „nach dem Tod Josuas" ein und betont, dass JHWH (weiterhin) stets auf der Seite Judas und der übrigen Stämme kämpft,[21] berichtet auch von den Erfolgen (Eroberung, Fronpflicht), stellt aber fest, dass die Kanaanäer nicht von überall vertrieben werden konnten (לא להוריש). Ri 2,1–5 setzt beim Exodus ein und macht JHWH dafür verantwortlich, die Völker nicht vertrieben zu haben (לא־אגרש), als Strafe dafür, dass das Volk einen Bund mit den Völkern eingegangen sei und ihren Göttern gedient habe.

Man kann m. E. nicht sagen, dass das Stück Ri 2,1–5 überhaupt nichts mit Ri 1 zu tun habe und nur schlecht an seinen Ort passe. Ri 2,1–5 lässt sich ohne weiteres als theologische Erklärung und Ausdeutung des Zustands von Ri 1 lesen: Das Nicht-Vertreiben und die Fronpflicht der Völker erscheinen so als die Voraussetzung für den Bund mit den Völkern; nicht die Stämme Israels, sondern JHWH selbst lässt die Völker darum als „Fallstrick" im Land, womit das Auf und Ab in der Richterzeit vorbereitet wird.

Dennoch dürften die beiden Stücke nicht auf einer literarischen Ebene liegen. Die relative Chronologie ist jedoch schwer zu bestimmen, da keine eindeutigen narrativen oder literarischen Indizien vorhanden sind, um zu entscheiden, ob Ri 2,1–5 als Fortsetzung von Ri 1 oder Ri 1 als Hinführung zu Ri 2,1–5 konzipiert wurde. Auch der weitere literarische Horizont der beiden Stücke und ihre narrativen Konnexio-

---

20 Vgl. Rake 2006.

21 Genannt werden Benjamin, Haus Josef, Manasse, Efraim, Sebulon, Asser, Natali, Dan.

nen helfen hier nicht weiter. Zwar ist deutlich, dass Ri 1 den Anfang des Richterbuches markiert, Ri 2,1–5 hingegen auf einen literarischen Vorkontext angewiesen
ist und auf Josua (bes. Jos 23) sowie Exodus (bes. Ex 23,20 ff) zurückverweist. Doch
ist nicht klar, ob es sich in Ri 2,1–5 um einen intra- oder (wie Ri 1,1) eher intertextuellen Bezug, also einen werkimmanenten oder externen Verweis auf die vorausgehende *historia sacra* Israels handelt. Insofern lässt sich auf dieser Basis nicht sicher
entscheiden, ob Ri 2,1–5 nur Ri 1 oder Ex–Jos als literarischen Vorkontext voraussetzt.

Den Ausschlag geben für mich wiederum die unmittelbaren Textanschlüsse.
Ri 1 setzt in jedem Fall den Tod Josuas in Jos 24,29–30 (vermutlich mit der Wiederholung in Ri 2,8–9) und vermutlich auch Jos 24,31 (mit Wiederholung und Wei-
terführung in Ri 2,7.10) voraus. Ri 2,1–5 schließen hingegen kaum unmittelbar an
Jos 24,29–31 (mit Wiederholung in Ri 2,7–9!), sondern an die Abschiedsreden in Jos
23–24 an. Aus diesem Grund erscheint mir die These von Noth, gefolgt von Blum,
als sehr ansprechend, wonach Ri 2,1–5 eine ältere Einschreibung ist, die vor dem
Tod Josuas zwischen den Reden in Jos 23–24 und den abschließenden Notizen von
Tod und Begräbnis Jos 24,29–30/Ri 2,8–9 eingetragen wurde.[22] Der Anschluss an
Jos 23–24 ist sowohl konzeptionell als auch terminologisch angezeigt (vgl. גרש in
Jos 24,12.18); die Geographie (Gilgal-Bochim) passt bestens zur narrativen Situation
im Josuabuch (vgl. Jos 4,19; 10,43; nur Sichem in Jos 24 fällt aus dem Rahmen), auch
wenn der Ortswechsel des „Engels des Herrn" und von Gilgal nach dem Ort des
Weinens „Bochim" recht unvermittelt erfolgt und für das in Bochim plötzlich anwe-
sende Volk (V. 4 f) und den in Ri 2,6 wieder erwähnten Josua hinzugedacht werden
muss.

Was die konkreten Anschlüsse anbelangt, hängt nicht wenig an der Analyse
von Jos 23–24 sowie der Frage, ob der Einschub von Ri 2,1–5 vor oder nach der Entlassung des Volkes in Jos 24,28 erfolgt ist. Darf man mit Noth für den Einschub von
Ri 2,1–5 beide Reden voraussetzen,[23] legt sich der Anschluss an Jos 24,28 nahe. Das
würde den textkritischen Befund bestätigen und bedeuten, dass es sich in Ri 2,6
(hier mit ירש wie in Jos 23–24 und Ri 2,21.23 u. ö.) um eine Wiederaufnahme und
Ergänzung von Jos 24,28 handelte, die entweder in Ri 2,7 ff oder in 2,8–9.11 ff fortgesetzt wird, je nachdem, ob man den Generationenwechsel (Ri 2,7.10), der mit der
in Ri 2,1–5 gegebenen Erklärung für die anhaltende Sünde konkurriert, vor oder
nach dem Einschub der Bochim-Episode einordnet. Anschließend wären mit der
Einschaltung von Ri 1 Tod und Begräbnis (Ri 2,8–9) sowie die Notiz über die Gene-

---

22 Noth 1943, 8 f; Blum 1997, 256–262; ders. 2018, 225–229.
23 Noth 1943, 9 lässt offen, ob die beiden Stücke Jos 24,1–28 (sic) und Ri 2,1–5 gleichzeitig oder nacheinander eingesetzt wurden.

ration Josuas (Ri 2,7) – in dieser Reihenfolge (so MT) oder in der Reihenfolge von Ri 2,7–8 (so G) – in Jos 24,29–31 sekundär antizipiert und in Jos 24,31ª.32–33 (MT und G) weiter ergänzt worden.

Folgt man Noth selbst, der Jos 24,1–28 (sic) für ein „überlieferungsgeschicht-lich selbständige(s) und isolierte(s) Stück" hält, das zusammen mit Ri 2,1–5 in den älteren Zusammenhang von Jos 23 und Ri 2,6–10 eingesetzt worden sei,[24] wäre die Verdoppelung von Jos 24,28 und Ri 2,6 (anders als die auch von Noth angenommene sekundäre Vorwegnahme von Jos 24,29–31) sozusagen „zufällig" zustande gekom-men und Ri 2,1–5 zwischen die beiden – nach seiner Auffassung – unabhängig von-einander entstandenen Entlassungsnotizen in Jos 24,28 und Ri 2,6 eingeschoben worden. Dieser Sicht folgt auch Blum, der die Einfügung von Ri 2,1–5 – gegen Noth – jedoch vor Einschaltung von Jos 24 und Ri 1 ansetzt und in Jos 24,28 ebenso wie in Jos 24,29–31 eine im Zuge der Einschaltung von Jos 24 (und Ri 1) vorgenommene, sekundäre Vorwegnahme der – mit Noth – insgesamt als ursprünglich betrachteten Fortsetzung von Jos 23 (und Ri 2,1–5) in Ri 2,6–10 erkennt.[25]

Beide Möglichkeiten lassen sich allerdings auch miteinander verbinden. So scheint es mir nicht ausgeschlossen zu sein, dass Ri 2,1–5 vor Entlassung des Volkes Jos 24,28/Ri 2,6, gefolgt von Tod und Begräbnis in Jos 24,29–30/Ri 2,8–9 eingefügt wurde und dennoch beide Abschiedsreden in Jos 23–24 (oder Teile derselben) voraussetzt, bevor Ri 2,6–8 im Zuge der Einschaltung von Ri 1 an das Ende von Jos 24 vorgezogen wurden, um die Buchgrenze zu markieren. Auch wenn – gegen den textgeschichtlichen Befund – Ri 2,6 keine Wiederaufnahme, sondern Jos 24,28 eine Vorwegnahme sein sollte, bedeutete dies nicht automatisch, dass die Rede in Jos 24 als möglicher Anschluss von Ri 2,1–5 nicht in Frage käme. Nur die Geogra-phie – Sichem in Jos 24, Gilgal und Bochim in Ri 2,1–5 – bereitet gewisse Schwierig-keiten, wenn man postuliert, dass Josua und das Volk in Ri 2,1–5 von dem „Engel des Herrn" als „Führungsengel" von Gilgal nach Bochim geleitet worden seien.[26] Doch ebenso wie in Ri 2,1–5 selbst oder auch in Ri 1,1, wo das Volk plötzlich (wo auch immer) wieder versammelt ist, „um den Herrn zu befragen", kann man auch zwischen Jos 24,1–27 und Ri 2,1–5 einen stillschweigend vollzogenen Ortswechsel von Josua und dem Volk in das Lager nach Gilgal oder direkt nach „Bochim" anneh-men. Außerdem ist es nicht ausgemacht, dass die Abschiedrede in Jos 24 schon immer in Sichem lokalisiert war, worüber im nächsten Abschnitt zu handeln sein wird.

---

24 Noth 1943, 8 f.
25 Blum 1997, 256 ff, 262 ff; ders. 2018, 229 f. Dies entspricht der Möglichkeit d oben unter III.
26 So Blum 1997, 256; ders. 2018, 226 mit Anm. 22.

V Der weitere Kontext: Jos 23–24 und Ri 2,11–3,6

Der „kompositionelle Knoten" im Übergang von Josua zu Richter beschränkt sich
nicht nur auf Jos 24,28–Ri 2,10, sondern betrifft auch den weiteren Kontext: die
Abschiedsreden Jos 23–24, die mit Jos 24,28 (wiederholt und ergänzt in Ri 2,6) abge-
schlossen werden, und das Richterschema in Ri 2,11–3,6, das sich an den Tod des
Josua sowie den Generationenwechsel anschließt und in 3,7 in den individuellen
Rahmen der Richter übergeht. Auch dazu kann und will ich hier keine vollständige
Analyse vorführen oder fertige Ergebnisse präsentieren, sondern lediglich einige
Fragen aufwerfen und verschiedene Möglichkeiten durchspielen. Grundlage der
Betrachtungen sind die diversen Einleitungen und Abschlüsse im zweiten Teil des
Josuabuches (Jos 11,16.23; 13,1; 21,43–45; 22,1; 23,1–2; 24,1.28–31) und ihre Fortsetzung
im Richterbuch (1,1; 2,1 ff; 2,6–10; 2,11 ff).

Beide Abschiedsreden in Jos 23–24 scheinen sekundär zu sein gegenüber den
älteren Abschlüssen in Jos 1–22: 1) dem Stück Jos 11,16–23 (genauer 11,16aα¹.23b),
das – zusammen mit der folgenden, vielleicht nachgetragenen Liste der besiegten
Könige – Jos 1–12 abschließt; 2) dem Stück in Jos 21,43–45, das – zusammen mit
dem nachgetragenen Kapitel über die ostjordanischen Stämme in Jos 22 – den
Abschnitt über die Verteilung des Landes in Jos 13–21 abschließt. An einen der
beiden Abschlüsse dürfte, wie allgemein angenommen, ursprünglich der Tod des
Josua in Jos 24,29–30/Ri 2,8–9 sowie die Fortsetzung im Richterbuch angeschlossen
haben.

Alles Übrige in Jos 23,1–Ri 2,6.7.10 ist demzufolge nach und nach in diesen
Zusammenhang eingeschrieben worden. Dabei muss uns hier die Frage nicht
weiter beschäftigen, ob die Einschaltung an den ersten Abschluss in Jos 11,16aα¹.23b
(+ Jos 12) oder den zweiten in Jos 21,43–45 (+ Jos 22) angehängt wurde, was von
der Beurteilung der Textüberschneidung in Jos 13,1a/23,1b abhängt.[27] Was für den
Übergang von Josua nach Richter jedoch interessiert, ist die Frage der relativen
Chronologie der Einfügungen in Jos 23–Ri 2.

Das Problem ist, dass sämtliche Texte mehr oder weniger um dieselbe Frage
kreisen, das „Dienen" für Jhwh und/oder die „anderen Götter". Deswegen fällt die
interne Differenzierung nicht ganz leicht. Noth hat sich (nach einigem Hin und Her)
offenbar von der Abfolge der Texte leiten lassen und sah, wie oben unter IV. ausgeführt, zuletzt folgende, in konzentrischen Kreisen von außen nach innen fortschreitende Entwicklung:

---

27 Mit Noth 1943, 45 f halte ich den Anschluss von Jos 13,1a = 23,1b an Jos 11–12 für primär und die
Einschaltung von 13,1–23,1a mit Wiederaufnahme von 13,1a in 23,1b für sekundär gegenüber Jos
23–24.

1) Jos 1–12 + Jos 23 + Ri 2,6ff
2) Einschaltung von Jos 24,1–28 + Ri 2,1–5 zwischen Jos 23 und Ri 2,6ff
3) Ergänzung von Jos 24,29–33 und Ri 1 zwischen Jos 24,28 und Ri 2,1

Die Schnittstelle Jos 24,(28)29–31/Ri 2,(6)7–10 wird nicht weiter diskutiert, sondern mehr unter der Hand und in Folge der redaktionsgeschichtlichen Hypothese zu Jos 23–Ri 2 als sekundäre Vorwegnahme und nicht als Wiederaufnahme gewertet.

Ein differenziertes Bild ergibt sich, wenn man einen signifikanten konzeptionellen Unterschied beachtet, der es erlaubt, die fraglichen Texte in zwei Gruppen einzuteilen: eine Gruppe, die den Gegensatz zwischen JHWH und den „anderen Göttern" (der Väter jenseits des Eufrat und in Ägypten oder der Völker im Land) thematisiert; eine andere Gruppe, die dieses Thema mit den übrigen Völkern (im Land oder in der Peripherie) und der unvollständigen Eroberung des Landes verbindet.

Zur ersten Gruppe zählen zweifellos Jos 24 und Ri 2,6–10 mit 2,11–19 (sowie 3,7 ff) als Fortsetzung, vielleicht auch die von manchen postulierte literarische Grundschicht in Jos 23 (hier bes. V. 14–16a).[28] Mit dieser Gruppe verbindet sich sowohl die Entlassung des Volkes in Jos 24,28/Ri 2,6 als auch der Generationenwechsel in Jos 24,31/Ri 2,7.10, der den Übergang von der Selbstverpflichtung des Volkes unter Josua zur Sünde der nächsten Generation erklärt.

Zur zweiten Gruppe zählen die Mahnrede Jos 23 (in ihrer in MT überlieferten „Endgestalt"), der Auftritt des Engels in Ri 2,1–5, der den Anlass zur Sünde nennt und damit die unvollendete Landnahme erklärt, sowie die Ergänzung des Richterschemas in Ri 2,20–3,6.

Zwischen beiden Gruppen steht das Kapitel Ri 1, das zwischen eroberten und nicht eroberten Gebieten unterscheidet, die Frage des JHWH-Dienstes (für sich oder in Zusammenhang mit den übrigen Völkern) jedoch nicht anspricht. Thematisch berührt es sich eher mit der zweiten Gruppe (Jos 23; Ri 2,1–5), in der Erzähllogik setzt es Jos 24 und den Tod Josuas in Jos 24,29 f voraus (Ri 1,1).

Verbindet man Noth's Hypothese mit der konzeptionellen Differenzierung sind zuerst die Texte der zweiten Gruppe (Jos 23; Ri 2,1–5; 2,19 ff), danach die der ersten Gruppe (Jos 24 und Ri 2,6.7.10?) und zuletzt Ri 1 in den Text gelangt. Dem entspricht in etwa das Modell, das Blum vorgeschlagen hat:[29]

---

[28] Vgl. Müller 2004, 223 f (V. 1–2.14b–16a); Becker 2006, 150 f (V. 1–3.14b–16a); Römer 2006a (V. 1–3.9.11.14–16a) und danach – in Revision seiner früheren Ansicht – jetzt auch Blum 2018, 238 f (V. 1–3.6.11.14–16a).

[29] Blum 1997; mit literarhistorischer Differenzierung von Jos 23 ders. 2018; beides in Abänderung und Weiterentwicklung von ders. 1984, 45–61; ders. 1990, 363–369.

1) Jos 1–12* + 13–21* + Ri 2,8ff*.12ff* (Die vollendete Landnahme)
2) Jos 23 + Ri 2,6–10 und 2,20 ff (Die nicht-eroberte Peripherie)
bzw. (mit literarhistorischer Differenzierung von Jos 23)
1') Jos 1–12* + 13–21* + 23* + Ri 2,6–10 (Die vollendete Landnahme)
2') Ergänzungen in Jos 23 und Ri 2,20 ff (Die nicht-eroberte Peripherie)[30]
3) Ri 2,1–5 (Malak-Bearbeitung)
4) Jos 24 („Torabuch Gottes" = Hexateuch)
5) Ri 1 (Das nicht-eroberte Kernland)
6) Weitere Nachträge

Die Hauptschwierigkeit dieser Rekonstruktion sehe ich in der Erklärung von Ri 2,6–10. Da die Parallele in Jos 24,28–31 insgesamt jünger sein soll, musste die These im Bereich von Ri 2,6–10 zunächst mit ziemlich vielen Sternchen, d. h. mit vagen Annahmen, die der Textgrundlage entbehren, operieren, oder aber – so nach der literarhistorischen Differenzierung von Jos 23 – neuerlich den gesamten Abschnitt in Ri 2,6–10 gegenüber Jos 24,29–31 (mit Noth) pauschal für ursprünglich erklären und der Grundschicht von „DtrG" zuweisen. Auch wenn der reine Wortvergleich der Parallele nicht sehr weit führt, scheint es mir jedoch nach wie vor sinnvoll zu sein, bei der Textüberschneidung einzusetzen und sie nicht unter der Hand zu entscheiden oder gänzlich zu ignorieren. Dabei hat sich oben eine gewisse Tendenz für die Priorität der Sterbe- und Begräbnisnotiz in Ri 2,8–9 und nach denselben Kriterien eine Tendenz für die Priorität der Entlassungsnotiz in Jos 24,28 gegenüber dem Plus in Ri 2,6 ergeben. Beides wird in der Hypothese von Blum übergangen und nicht erklärt.

Was den Generationenwechsel anbelangt, so stellt sich die Frage, was ihn provoziert bzw. worauf er sich bezieht: eine Mahnrede, die mit den übrigen Völkern als Anlass zum Götzendienst rechnet bzw. – mit literarhistorischer Differenzierung – eine ältere Alternativpredigt in Jos 23, die zum Halten von Bund und Gesetz auffordert und bereits mit der Abkehr zu „anderen Göttern" rechnet, oder eher der Rückblick auf die Werke Gottes (vgl. Jos 23,3), die in Jos 24 der Reihe nach aufgezählt und in Jos 24,31/Ri 2,7.10 eigens genannt werden, sowie eine Selbstverpflichtung des Volkes (Jos 24,14 ff), die das positive Urteil über die Generation Josuas rechtfertigt. Nach Blum ist der Generationenwechsel bereits in der Grundfassung (Stufe 1: V. 8ff* mit Sternchen bzw. 1': V. 6–10 ohne Sternchen) – d. h. vor bzw. bei der Einfügung von Jos 23 (Stufe 2 bzw. 1': V.6–10 ohne Sternchen) und vor

---

30 Vgl. Blum 2018, 238 f. Die Grundschicht von Jos 23 (V. 1–3.6.11.14–16a) wird nun zusammen mit Ri 2,6–10 der Grundschicht des DtrG zugerechnet, die Ergänzungen als DtrG[S1] klassifiziert. Wie sich die Grundschicht von Jos 23 zu dem vorangehenden, mit Noth ebenfalls DtrG zugeschriebenen Abschluss in Jos 21 verhält, wird nicht näher erläutert.

Einfügung von Ri 2,1–5 – vorhanden, doch schwebt damit besonders das positive Zeugnis über die Generation Josuas in Ri 2,7 bis zur Einfügung von Jos 24 in der Luft.

Unklar ist auch die Positionierung von Ri 2,1–5 zwischen Jos 23 einerseits und der Entlassung des Volkes in Ri 2,6 andererseits. Worin besteht der narrative Anschluss des plötzlichen Ortswechsels an Jos 23 und warum wird die Entlassung des Volkes verzögert, obwohl die Volksversammlung in Gilgal mit dem stillschweigend vollzogenen Ortswechsel beendet ist, das Volk in Ri 2,1–5 zwar plötzlich wieder zur Stelle ist, Josua aber keine Rolle spielt? Die Annahme der späteren Einführung von Jos 24 hat sodann zur Folge, dass Ri 2,1–5.6, ursprünglich als Fortsetzung von Jos 23 formuliert, von seinem genuinen Kontext abgesprengt wird und – vor Einfügung von Ri 1 – unversehens zur Eröffnung des Richterbuches wird; der Ortswechsel in Ri 2,1–5 sowie die Entlassung des Volkes in Ri 2,6 haben damit endgültig ihren Bezugspunkt (in Jos 23 oder 24) verloren. Bis zur Einfügung von Ri 1 hängt damit Ri 2,1–10 in der Luft.[31]

Schließlich bereitet auch das konzeptionelle Kriterium als solches Probleme. So verträgt sich die Abfolge von Jos 23 und 24 nicht mit der relativen Chronologie im Richterschema Ri 2,11–3,6. Hier handelt der Grundtext von den anderen Göttern, die Ergänzungen in 2,19 ff handeln hingegen von den übrigen Völkern. Das konzeptionelle Kriterium für die Textentwicklung ist aber auch an anderer Stelle nicht ganz eindeutig: Nach dem Grundtext in Jos 1–21 und Ri 2,6 ff (mit der literarhistorischen Differenzierung auch im Grundtext von Jos 23) ist die Landnahme vollständig, nach Jos 23 (bzw. den einschlägigen Ergänzungen in diesem Kapitel) und Ri 2,1–5 unvollständig, nach Jos 24 wieder vollständig, nach Ri 1 wieder unvollständig.

Es ist natürlich nicht auszuschließen, dass das Pendel hin und herschwingt und nach dem Problem der übrigen Völker und der unvollständigen Landnahme auch das Problem der „anderen Götter" im vollständig eroberten Land wieder einmal aufgenommen wird, zumal der Akzent in Jos 24 auf einem historischen Rückblick und den Göttern der Väter in Mesopotamien und Ägypten liegt. Doch die Entscheidungsszene in Jos 24,14–22 (wie auch der von Blum postulierte literarische Grundbestand von Jos 23) passt, vermittelt durch den Generationenwechsel in Ri 2,7.10, sehr viel besser zu dem Grundtext von Ri 2,11–19 und den folgenden individuellen Rahmungen in Ri 3,7 ff als zu dem Diskurs über die übrigen Völker, den Jos 23 (im überlieferten Bestand) und – eher als Reaktion auf Jos 24 – Ri 2,1–5 für die künf-

---

31 Für den Anfang in Ri 2,1 muss Blum 1997, 274 Anm. 113 denn auch mit einer nach der Abtrennung von Jos sekundär zugefügten (?) und im Zuge der Vorschaltung von Ri 1 wieder weggefallenen „größeren Einleitung" bzw. einer knappen Einführungsnotiz rechnen („Ein kurzer Satz mit Zeitangabe [„Es geschah in den Tagen Josuas b. Nuns" oder so ähnlich] würde reichen").

tige Generation eröffnen. Ri 1 hingegen schließt konzeptionell besser an Jos 23 und Ri 2,1–5 an als an Jos 24. So ist es nicht ganz einfach, das Hin und Her in eine relative Chronologie zu überführen.[32]

Nach allem wirft die vor allem konzeptionell begründete relative Chronologie sowohl in literarisch-narrativer als auch konzeptioneller Hinsicht Fragen auf. Kehrt man das Verhältnis versuchsweise einmal um und rechnet mit der Priorität von Jos 24 vor Jos 23, ließe sich die konzeptionelle Differenzierung m. E. sehr viel leichter und überzeugender mit den literarischen Gegebenheiten und den dadurch konstituierten narrativen Verbindungen des Texts an der Schnittstelle zwischen Jos 24,28–31/Ri 2,6–9 vereinbaren. Die Entwicklung sähe dann so aus:

1) Jos 11,16.23 (bzw. 21,43–45) + Ri 2,8 f.11ff
2) Jos 24,1–27 + Jos 24,28/Ri 2,6 + Ri 2,7.10
3) Jos 23 sowie Ri 2,1–5 + 6 (mit Wiederaufnahme und Ergänzung von Jos 24,28 in Ri 2,6)
4) Vorwegnahme von Ri 2,7–9 in Jos 24,29–31 + Ri 1
5) Weitere Zusätze in Jos 24,31–33 MT und G

Gegen diese Rekonstruktion kann man einwenden, dass mit Jos 24 ein Buchschluss, nach Blum, Otto u. a. der Abschluss eines Hexateuchs, erreicht ist, der keinen direkten narrativen Anschluss in Ri 2 mehr hat. In der Tat markiert Jos 24 (mit dem Geschichtsrückblick, der Niederschrift „aller dieser Dinge" in ein „Buch der Tora Gottes" und insbesondere mit dem Tod des Mose und der übrigen Sterbe- und Begräbnisnotizen in Jos 24,32–33) wohl einen Buchschluss ebenso wie Ri 1 einen Buchanfang.[33] Beide Kapitel haben sowohl abgrenzende als auch verbindende Funktion, ordnen das durch sie nach hinten oder vorne abgegrenzte „Buch" durch intertextuelle Bezüge in den größeren Zusammenhang und Verlauf der *historia sacra* Israels ein, ohne eine direkte, werkimmanente (intratextuelle) narrative Konnexion herzustellen.[34] Doch ist darum die Möglichkeit ausgeschlossen, dass Jos 24

---

32 Vgl. auch Müller 2004, 236 Anm. 98.
33 Blum 1984, 55 f.60 f; ders. 1997, 273 f.275; ders. 2018, 229 f.236.240.
34 Vgl. Jos 24,14 ff mit Blick auf die folgende Zeit im Land, bes. V. 15 mit Blick auf Ri 6,10; Jos 24,31 mit Blick auf Ri 2,7 ff; Jos 24,33 G mit Blick auf Ri 3,12 ff; Ri 1,1 mit Rückblick auf Jos 24 usw. Die von Blum 2018, 235–237 vorgenommene Unterscheidung zwischen (intratextuellen) Verbindungen von Jos 24 zu Gen–Jos, die einen literarischen „Werkzusammenhang" (Hexateuch) konstituieren sollen, und (intertextuellen) Verweisen auf Ri–Kön (oder auch nur auf die darin erzählte Zukunft im Land), worauf – vergleichbar mit dem Ausblick auf das Ende der Welt in Matthäus 28,16–20 – nur ganz allgemein verwiesen werde, vermag ich nicht nachzuvollziehen. Die Epochennotiz in Jos 24,31 schließt die Epoche Josuas ab, die Begräbnisnotizen in Jos 24,32–33 konstituieren ebenso viel oder wenig einen „Werkzusammenhang" wie die Notizen über die Beschneidungsmesser und die übrigen Verweise auf den vorangehenden wie den folgenden Kontext in Jos 24,31–33 G. Auch bei dem „Buch der

vor Jos 23 in den Text gelangte, womit sich die Textüberschneidung in Jos 24,28–31 und Ri 2,6–10 leichter erklären ließe?

Einen Ausweg bietet vielleicht die literargeschichtliche Differenzierung von Jos 23–24 selbst, die ich bis hierher weitgehend ausgeblendet habe. In der Forschung wurden dazu verschiedene Vorschläge gemacht, die zu bedenken wären, doch kann ich mich hier nur auf einige grundlegende Hypothesen beschränken.[35] Wo auch immer man den Anfang der Rede Josuas finden möchte, in Jos 23,1–3[36] oder Jos 24,1–2,[37] sehen manche in der Selbstverpflichtung Josuas und des Volkes in Jos 24,14–22 den Kern, der nachträglich in Jos 23–24 vielfältig ausgestaltet wurde.[38] Trifft dies zu, ließe sich dieser Kern in Jos 24 – als erste Ausbaustufe des ursprünglichen Zusammenhangs von Jos 11 (oder 21) + Ri 2,8–9.11ff – ohne weiteres mit der Fortsetzung in Ri 2,7 ff (einschließlich dem Generationenwechsel in 2,7.10) verbinden, von wo aus die weitere Entwicklung ihren Lauf genommen haben kann.

Eine mögliche Alternative eröffnet sich mit der literarhistorischen Differenzierung von Jos 23. Geht man von einem Grundbestand aus, der zumindest Jos 23,1–2.14–16a umfasst,[39] ließe sich auch dieser sachlich und literarisch ohne weiteres

---

Tora Gottes" in Jos 24,26 ist keineswegs ausgemacht, ob es den Hexateuch (so Blum u. a.) oder das Buch Josua oder auch nur „Gesetz und Recht" des Bundesschlusses in Sichem meint. Wie im Falle des Dtn handelt es sich in jedem Fall um ein „Buch im Buch", sprich um eine literarische Fiktion und nicht um das „Kolophon" eines redaktionsgeschichtlichen Konstrukts.

35 Vgl. die Hinweise oben Anm. 2–7 sowie die Diskussion bei Blum 2018.

36 So Kratz 2000, 206 f; Aurelius 2003, 172 f; ders. 2008. Der Einwand von Müller 2004, 220 f, dass sich die Entscheidung Josuas in 24,15b nicht mit Jos 23,2 vertrage, da „die Perspektive nicht unmittelbar auf sein nahes Ende gerichtet" sei, lässt sich dadurch entkräften, dass es bei der Entscheidung nicht nur um Josua, sondern auch um „sein Haus" geht, das ihn überlebt. Das „entscheidende Argument" sieht Müller, a.a.O., 221, jedoch darin, dass der implizierte literargeschichtliche Vorgang für eine Bearbeitung zu kompliziert sei, doch müssen die diversen Vorgänge (sukzessive Auffüllung von Jos 23–24 sowie Abtrennung der Reden durch Jos 24,1) keineswegs „im gleichen Arbeitsgang" erfolgt sein. Im Übrigen ist die Text- und Literargeschichte von Jos 23–24 nun einmal kompliziert, zumal, wenn man den Befund der Septuaginta berücksichtigt, und so nimmt sich denn auch die von Müller vorgeschlagene Alternative der „blockweisen" Entstehung der Grundtexte von Jos 23 und 24 und ihrer mehrstufigen Bearbeitung, bei der es „mannigfaltige Querverbindungen zwischen den verschiedenen Ergänzungen beider Kapitel gegeben hat", nicht weniger kompliziert aus.

37 So Müller 2004, 214–236.251–254. Das ungelöste Problem ist die Lokalisierung in Sichem, die narrativ aus dem Rahmen fällt.

38 Zur Analyse des Abschnitts vgl. grundlegend Levin 1985, 114 f; weiterführend Müller 2004, 214–224, womit sich der Einwand von Blum 2018, 234 f erledigt; vgl. jedoch auch Mäkipelto 2018, 209 f Anm. 173. Gegen Blum 2018, 234 bedeutet die Ausscheidung der Antwort des Volkes in V. 22b, die in G fehlt, keineswegs, dass der Text in V. 23–24 seine ursprüngliche Fortsetzung haben muss; vgl. dazu Mäkipelto, a.a.O., 213.

39 So mit Müller 2004, 252; vgl. die Vorschläge oben Anm. 28.

mit der Fortsetzung in Ri 2,7 ff (einschließlich dem Generationenwechsel in 2,7.10) verbinden. Da die beiden Grundtexte in Jos 23 und 24 zwar sachlich in etwa auf dasselbe hinauslaufen, nämlich Jʜwʜ und nicht den „anderen Göttern" zu „dienen", aber kaum auf derselben Ebene liegen dürften, stellt sich die Frage nach der relativen Chronologie. Unter der gemeinsamen Überschrift in Jos 23,1–2(3) kann der Grundtext in Jos 23,14–16a (mit oder ohne die V. 6.9.11) sowohl der Ausgangspunkt für eine spätere Ergänzung der Verpflichtungsszene in Jos 24,14–22 (Grundtext) gewesen sein als auch eine der Verpflichtungsszene in Jos 24 nachträglich vorangestellte Alternativpredigt und Mahnung an das Volk sein (vgl. auch Jos 24,14a), die richtige Entscheidung zu treffen. Welchem der beiden Grundtexte die Priorität zukommt, ist daher schwer zu sagen. Auch wenn ich nach wie vor dazu neige, an der Priorität der Verpflichtungsszene in Jos 24 festzuhalten,[40] lasse ich die Frage hier offen, da sie für die weitere Entwicklung der Kompositionsgeschichte keine wesentliche Rolle spielt.[41]

Auf dieser Basis der beiden sekundär eingeschriebenen Grundtexte in Jos 23–24, gefolgt von der älteren Überleitung in Jos 24,28/Ri 2,6 sowie Ri 2,7.8 ff, würde sich die Annahme von Noth und Blum bestätigen, dass in der weiteren Entwicklung zunächst das Problem der übrigen Völker in Jos 23 und Ri 2,1–5 ergänzt und abschließend die Buchgrenzen in Jos 24 und Ri 1 eingezogen wurden. Im Einzelnen sind die Textrelationen jedoch etwas komplexer.

Der Einschub von Ri 2,1–5 erfolgte sicher „vor dem Tod Josuas", d. h. vor Ri 2,8 f und noch ohne die Verdoppelung von Tod und Begräbnis in Jos 24,29 f. Für die Entlassungsnotiz in Jos 24,28/Ri 2,6, die die Abschiedsreden Josuas in Jos 23–24*abschloss und zum Tod Josuas in Jos 24,29f/Ri 2,8 f überleitete, sind zwei Möglichkeiten denkbar: Entweder wurde sie bei dieser Gelegenheit zusammen mit der Todesnotiz hinter den Einschub in Ri 2,1–5 gestellt, um die Überschüsse ergänzt und später in Jos 24,28 zusammen mit Ri 2,7–9 in Jos 24,29–31 zur Markierung des Buchschlusses vorweggenommen und im Zuge dessen (wieder) gekürzt. Oder die Entlassung wurde bei dem Einschub von Ri 2,1–5 verdoppelt, d. h. nach Jos 24,28 und Ri 2,1–5 in Ri 2,6 wiederaufgenommen und entsprechend ergänzt. Auch wenn beide Szenarien denkbar sind, scheint mir die zweite Möglichkeit vom textkritischen Befund her die näherliegende zu sein.[42]

---

40 So mit Müller 2014, 234; Becker 2006, 150 f, jedoch ohne die Lokalisierung in Sichem Jos 24,1, sondern im direkten Anschluss von Jos 24,14–22 (Grundtext) an Jos 23,1–3, auf der nächsten Stufe an Jos 23,14–16a.
41 Ein Argument gegen die Priorität von Jos 24 (Grundbestand) ergibt sich aus der literarhistorischen Differenzierung von Jos 23 (so Blum 2018, 234) jedenfalls nicht.
42 Auch daraus lässt sich schwerlich ein Argument gegen die Hypothese der Priorität von Jos 24 (Grundtext) gegenüber Jos 23 gewinnen, wie Blum 2018, 233 f meint. Denn auch bei der ersten Mög-

Der Einschub in Ri 2,1–5 hängt mit den Ergänzungen in Jos 23 zusammen, die die Konzeption der unvollendeten Landnahme eintragen. Sie geben der Mahnung und der Selbstverpflichtung des Volkes zum „Dienst" für JHWH in den Grundtexten von Jos 23–24 einen konkreten Anlass: die übriggebliebenen Völker und ihre „anderen Götter". Dabei wird an der (älteren) Konzeption festgehalten, dass JHWH sein Versprechen vollständig (so mit Jos 21,43–45 in Jos 23) gehalten hat (vgl. Ri 2,1), doch hängt die vollständige Landnahme nun vom Einhalten von Bund und Gesetz (Jos 23) und insbesondere des Bündnisverbots (Jos 23,7.12 f; Ri 2,1–5) ab, worauf auch die Selbstverpflichtung in Jos 24,14–22 bezogen wird (vgl. die Zusätze in Jos 24,15.19–21.23 ff).

Ob der Geschichtsabriss in der von Josua wiedergegebenen Gottesrede Jos 24,1–13 vor oder nach den Zusätzen in Jos 23 und dem Einschub von Ri 2,1–5 eingeschrieben wurde, ist schwer zu sagen. Er setzt – wie die älteren Texte in Jos 11; 21 und 23 (Grundtext) – die vollständige Landnahme voraus und könnte daher ebenfalls älter sein[43] und mit V. 2 ursprünglich direkt an Jos 23,16a angeschlossen haben. Der Text könnte jedoch auch nach Einfügung der Ergänzungen in Jos 23 und dem Einschub von Ri 2,1–5 als nachträgliche Ausführung von Jos 23,14–16 formuliert worden sein, um das Eintreffen des „guten Wortes" mit historischen Beispielen zu belegen, bevor sich das Volk verpflichtet, JHWH zu dienen und sich von den Göttern der Väter in Mesopotamien und Ägypten sowie der nach wie vor bedrohlichen

---

lichkeit könnte Ri 2,1–5 ebenso gut wie an Jos 23 an die Rede in Jos 24* direkt angeschlossen haben, wobei in beiden Fällen mit einer komplizierten textgeschichtlichen Entwicklung zu rechnen wäre (s. o. Anm. 18). Warum Ri 2,6 nach dem Ortswechsel in Ri 2,1 „*cannot* function as a resumptive repetition of Josh 24:28 in the supposed layer due to the discontinuity in space and time between the assemblies at (probably) Gilgal and at Bochim" (Blum 2018, 233), leuchtet mir nicht ein. Im Gegenteil: Nach dem in Ri 2,1–5 implizierten Ortswechsel von Josua und dem Volk (vgl. dazu Blum 2018, 226 Anm. 22) und der Intervention des „Engels des Herrn" entlässt Josua das Volk eben ein weiteres Mal, diesmal von Bochim, sei es, dass das Volk zunächst in seine Erbteile gegangen war (so ausdrücklich Jos 24,28 G) und anschließend wieder nach Gilgal oder direkt nach Bochim gekommen ist, sei es, dass es – natürlich nicht nach der ursprünglichen Bedeutung der Notiz, sondern in der Lektüre des Ergänzers! – der ersten Entlassung nicht sofort gefolgt, sondern mit dem Engel von Gilgal nach Bochim gezogen ist und sich erst danach auf den Weg in seine Erbteile gemacht hat, wie der Überschuss in der – somit keineswegs „überflüssigen" (Blum 2018, 234) – Wiederaufnahme in Ri 2,6 ausdrücklich vermerkt. Sofern man die Rede in Jos 24 in Sichem lokalisiert (Jos 24,1), wäre zwischen der Entlassung des Volkes Jos 24,28 und dem Einschub in Ri 2,1–5 (ebenso wie in Ri 1,1) ein stillschweigend vollzogener Ortswechsel von Josua und dem Volk nach Gilgal bzw. direkt nach Bochim anzunehmen, so dass selbst in diesem Fall die Wiederaufnahme keineswegs „überflüssig" wäre. Unter Berücksichtigung des textgeschichtlichen Befunds erweist sich somit die Erklärung von Ri 2,6 zusammen mit 2,1–5 in der Tat als „shibboleth for diachronic hypotheses" (Blum 2018, 234), die von (Noth und) Blum miteingeschlossen.

43 So Müller 2004, 234 f.

Götter der Amoriter zu trennen (Jos 24,2; Zusätze in V. 14–27), um so das Eintreffen des „bösen Wortes" zu vermeiden. Die Überschrift in Jos 24,1 teilt die beiden Reden Josuas in Jos 23 und 24 und lässt das in Jos 23,1 in Gilgal versammelte Volk unvermittelt erneut antreten, nun aber in Sichem und „vor Gott". Die Rede in Jos 24,1–13 samt den darauf abgestimmten Zusätzen in Jos 24,14–27 könnte somit zur Abrundung und vielleicht auch schon für die sich abzeichnende Abtrennung des Buches Josua verfasst worden sein, die mit der Vorwegnahme des Todes Josuas und weiterer Zusätzen am Ende von Jos 24 sowie Ri 1 erfolgt.

Ri 1 vermittelt für die Generation Josuas zwischen der eingegangenen Verpflichtung und der unfertigen Landnahme in Ri 2,1–5, indem einerseits (besonders für Juda) der Erfolg der Landnahme, andererseits Voraussetzungen für Bündnisse mit den Völkern berichtet werden, die in Ri 2,1–5 als Grund für den Fortbestand der Völker und die anhaltende Gefahr des Götzendienstes genannt sind. Im Zuge der Vorschaltung von Ri 1 müssen in Jos 24,29–31 Tod und Begräbnis sowie der Ausblick auf die Generation Josuas aus Ri 2,7–9 zugefügt worden sein, um die Buchgrenzen zu markieren und einen Anknüpfungspunkt für Ri 1 zu schaffen.

Nach allem wäre das Entwicklungsschema in etwa dahingehend zu modifizieren:

1) Jos 11,16.23 (bzw. 21,43–45) + Ri 2,8–9.11ff
2) Jos 23–24 Grundbestand (23,1–16* + 24,14–22*) + Jos 24,28/Ri 2,6 + Ri 2,7.10
3) Jos 23(–24) (Ergänzungen) sowie Ri 2,1–5 + 6 (mit Wiederaufnahme und Ergänzung von Jos 24,28 in Ri 2,6)
4) Jos 23 und 24 (Teilung und Ergänzungen), Vorwegnahme von Ri 2,7–9 in Jos 24,29–31 + Ri 1
5) Weitere Zusätze in Jos 24,31–33 MT und G

VI Schlussbemerkungen

Hält man die verschiedenen Vorschläge zur Entflechtung des „kompositionellen Knotens" in Jos 23–Ri 2 nebeneinander, sind die Unterschiede nicht übermäßig groß. Sowohl über die konzeptionelle Differenzierung als auch über die Bedeutung der narrativen Verbindungen und auf weite Strecken auch über die relative Chronologie der Stücke herrscht im Grunde Einigkeit. Die Unterschiede resultieren in der Hauptsache daraus, welche Bedeutung man den Textrelationen in Jos 24,28–31 und Ri 2,6–10 zumisst und ob man die narrativen Verbindungen sowie die relative Chronologie eher an den Textrelationen oder an der konzeptionellen Differenzierung festmacht. Hält man sich an die konzeptionellen Profile und belässt die Textrelationen in Jos 24/Ri 2 im Ungefähren, ist man frei, die Blöcke Jos 23, Jos 24, Ri 1 und Ri 2,1–5 als literarische Einheit zu behandeln und nach inhaltlichen Kriterien zu sortieren. Zieht man hingegen die Textrelationen in Jos 24/Ri 1 mit in Betracht, geraten insbesondere bei Jos 24 das konzeptionelle Profil als Abschlusstext und seine literarische Verbindung mit Ri 2 in Konflikt. Ein Ausweg aus dem Dilemma könnte darin bestehen, nicht nur in Jos 24,28–33 (MT und G) und Ri 2,6–10 sowie zwischen Ri 1 und 2,1–5, sondern in Jos 23–24 selbst literarhistorisch zu differenzieren. So bietet es sich an, vor den sukzessiven Ergänzungen in Jos 23–24 und der Einschaltung von Ri 1,1–2,5 eine Zwischenstufe anzunehmen, in der zunächst nur ein Grundbestand von Jos 23–24 mit Ri 2,7 ff und anschließend mit Ri 2,1 ff verbunden war, bevor der Text in Jos 24 zum Abschluss des Josuabuches (oder einer Art von „Hexateuch" im Verlauf der *historia sacra* von Gen bis Kön) gestaltet wurde wie Ri 1 zum Anfang des Richterbuches.

Die Rezeption der Tora in den Schriften vom Toten Meer

Einführung

Die Texte vom Toten Meer sind bereits im ersten Abschnitt dieser Sammlung zur Sprache gekommen, in der es um Fragen der Methodik der Pentateuchanalyse ging. Dafür sind die biblischen Handschriften, Versionen und Reformulierungen des Pentateuchs von zentraler Bedeutung. Doch nicht nur daraus kann man etwas für die Analyse und das Verständnis des Pentateuchs lernen. Vielmehr geben auch die vielen Beispiele der Rezeption der Tora im antiken Judentum, und hier speziell in den Texten vom Toten Meer (Qumran), oftmals Aufschluss über Entwicklungen, die sich bereits in der literarischen Entstehungsgeschichte des Pentateuchs anbahnen. Aus diesem Grund treten die folgenden Beiträge dafür ein, die weit verbreitete Praxis einer Trennung von Hebräischer Bibel und Qumran aufzugeben und die beiden Bereiche enger aufeinander zu beziehen. Das betrifft sowohl die wissenschaftlichen Methoden zur Erforschung der beiden Schriftenkorpora als auch die literarischen und hermeneutischen Prozesse und konzeptionellen Entwicklungen, die in der Entstehung der Schriften der Hebräischen Bibel einerseits und der Texte vom Toten Meer andererseits zu beobachten sind.

So widmet sich der Beitrag Nr. 21 der gesetzlichen Überlieferung und zeigt auf, wie sich die Entstehung und Entwicklung der Tora im Pentateuch in den Regeltexten von Qumran fortsetzt. Da der Beitrag die Betrachtungsweise auch in grundsätzlicher, methodischer Hinsicht erläutert, ist er an den Anfang gestellt. Nr. 22 wendet sich der Figur des Abraham zu und zeigt, dass die Rezeption in den Texten vom Toten Meer die Diskurse fortsetzt, die bereits in der biblischen Abrahamüberlieferung, etwa in den drei Fassungen der Ahnfrauerzählung in Gen 12; 20 und 26, begonnen haben.

Die beiden folgenden Beiträge Nr. 23 und Nr. 24 widmen sich der Rezeption der Tora in dem Lehrschreiben „Einiges von den Werken der Tora" (*Miqṣat Maʿase Ha-Torah* 4QMMT). Der eine behandelt die erste explizite Identifizierung der zentralen Kultstätte von Deuteronomium 12 und Levitikus 17 mit Jerusalem in MMT; der andere die expliziten biblischen Zitate in der Halakha von MMT sowie die geschichtstheologische Paränese im Schlussteil des Lehrschreibens, die die Halakha in den Kontext des biblischen (deuteronomistisch-chronistischen) Geschichtsbildes stellt und damit begründet.

Der Beitrag Nr. 25 widmet sich einem Rezeptionsvorgang innerhalb der Schriften vom Toten Meer selbst und plädiert dafür, das Verhältnis der beiden Fassungen des Strafkatalogs in zwei Regelwerken von Qumran (*Serekkh Ha-Yachad* und Damaskusschrift) – in Analogie zum Verhältnis von Bundesbuch und Deuteronomium – als literarische Abhängigkeit und Vorgang des *rewriting* zu erklären, woraus sich wichtige Schlussfolgerungen für die Rekonstruktion der Geschichte der Gemeinschaft von Qumran ergeben. Die Anfänge der Gemeinschaft und ihr Selbstverständnis sind auch das Thema des letzten Beitrages Nr. 26, der beides mit dem Bild der Figur des Schriftgelehrten im Esrabuch in Beziehung setzt.

https://doi.org/10.1515/9783111367057-026

21 Fortschreibung der Tora in der Hebräischen Bibel und in den Texten vom Toten Meer

Die Verbindung von Tora und Weisheit ist, wie der Band, in dem dieser Beitrag zuerst erschien, eindrucksvoll belegt,[1] nicht nur in der Hebräischen Bibel, sondern auch in der außerbiblischen Literatur, darunter in den Texten vom Toten Meer, vielfach anzutreffen. In diesem Beitrag soll es um die Rezeption der Tora innerhalb der Hebräischen Bibel und in den Texten vom Toten Meer gehen. Als Beispiele dienen aus dem Bereich der Hebräischen Bibel das sogenannte Bundesbuch und das Buch Deuteronomium und aus dem Bereich der Texte vom Toten Meer die Gemeinderegel *Serekh ha-Yachad* und die Damaskusschrift. Die Weisheit ist dabei insofern im Spiel, als nicht nur die biblischen Rechtskorpora, und hier besonders das Buch Deuteronomium, sondern auch die Regeln der Gemeinschaft von Qumran, insbesondere der in beiden Werken überlieferte *Penal Code*, eine weisheitliche Prägung aufweisen und sich zugleich als Rezeption der Tora des Mose verstehen.[2]

Im Fokus dieses Beitrages ist jedoch nicht das Verhältnis von Weisheit und Tora, sondern das literarische Verhältnis der weisheitlich geprägten Rechtskorpora untereinander. Ebenso wie die Rezeption der Tora in der Weisheit ist auch die Rezeption der weisheitlich geprägten Tora sowohl innerhalb als auch außerhalb der Hebräischen Bibel, aber eben auch im Verhältnis von inner- und außerbiblischen Beispielen durch das Phänomen der Reformulierung und Fortschreibung oder, wie es im Englisch heißt, des *rewriting*, gekennzeichnet. Die literarischen Beziehungen über die biblischen Grenzen hinweg wurden bisher wenig beachtet, die methodischen Zugänge sind umstritten. So werde ich im Folgenden zunächst die Textbeispiele vorstellen (I), anschließend das Phänomen der Fortschreibung bzw. des *rewriting* als solches behandeln (II) und schließlich die Prinzipien der Fortschreibung als eines dynamischen Prozesses von Komposition und Interpretation anhand der Textbeispiele vorführen (III).

---

1 Schipper / Teeter 2013. Der Beitrag geht auf einen Vortrag zurück, den ich in verschiedener Gestalt in Toronto, Yale, San Francisco und Jena gehalten habe. Ich danke Hindy Najman, John Collins, Steve Fraade, Joel Baden, und Uwe Becker für ihre wichtigen Kommentare und Hinweise dazu, die die veröffentlichte Fassung erheblich verbessert haben. Da der Artikel verschiedene Gegenstände, über die ich bereits andernorts publiziert habe, berührt und diese unter einer neuen Fragestellung zusammenzuführen versucht, möge man mir nachsehen, dass ich aus Platzgründen vor allem eigene Beiträge zitiere, in denen die weitere Literatur genannt und diskutiert ist.

2 Vgl. Kratz 2013b.

https://doi.org/10.1515/9783111367057-027

I Textbeispiele

Der Ausgangspunkt für die Erklärung antiker Texte sollte in jedem Fall die uns überlieferte Gestalt sein, wie sie uns in antiken Handschriften überliefert ist. Das bedeutet, dass wir zunächst von jeder Form der Analyse sowie den diversen vorkritischen, historisch-kritischen und postmodernen Vorverständnissen so weit, wie irgend möglich, absehen. Ferner sollten wir uns von den kanonischen Schranken freimachen, die mit der Hebräischen Bibel verbunden sind.

Stattdessen müssen wir die Handschriften biblischer (d. h. biblisch gewordener) Bücher im Kontext der gesamten Breite der Literatur des antiken Judentums (und der alten Welt insgesamt) betrachten, die sogenannten Apokryphen und Pseudepigraphen sowie die Texte vom Toten Meer mit eingeschlossen. Aus diesem Grund werde ich in diesem Beitrag Beispiele aus verschiedenen Bereichen innerhalb und außerhalb der Hebräischen Bibel behandeln und dabei nicht nur das Verhältnis verschiedener Versionen desselben Materials innerhalb desselben Bereiches, sondern auch zwischen den Bereichen untersuchen.

Das erste Beispiel stammt aus der Hebräischen Bibel und betrifft das Verhältnis des sogenannten Bundesbuches in Ex 20–24 zum Buch Deuteronomium. Es liegt auf der Hand, dass die beiden Korpora etwas miteinander zu tun haben und nicht unabhängig voneinander entstanden sind. Die enge Beziehung ist an strukturellen Parallelen und vielen Details zu erkennen. Die engste Berührung besteht jedoch auf der Ebene des narrativen Kontexts. Gemäß dem historischen Rückblick in Dtn 1–11, der als Rede des Mose stilisiert ist, präsentiert sich das Deuteronomium selbst als Bekanntmachung und „Wiederholung" des am Berg Sinai (Horeb) dem Mose von Gott geoffenbarten Gesetzes im Bundesbuch.[3]

Diese Beziehung wird besonders klar in Dtn 5.[4] Das Kapitel konstruiert eine historische Szene eines „hier und jetzt" (פה היום), die zweierlei leistet: Zum einen verbindet das „hier und jetzt" das Deuteronomium auf der Erzählebene direkt mit der Gesetzesüberlieferung vom Sinai in Ex 20–24: Was Mose den Israeliten „hier und jetzt" im Lande Moab, kurz vor seinem Tode und dem Übertritt ins gelobte Land, mitteilt, soll exakt dasselbe sein, was Israel am Sinai/Horeb gehört und Gott Mose auf dem Berg mitgeteilt hat. Zum anderen stellt das „hier und jetzt" von Dtn 5 eine Verbindung zum aktuellen Leser her: Was Mose am Sinai gehört hat und den Israeliten im Lande Moab mitteilt, teilt er „hier und jetzt" jedem mit, der das Buch gerade liest oder hört, wo und wann auch immer er es liest oder hört.

---

3 Vgl. dazu Nr. 11–14 in diesem Band.
4 Vgl. dazu Nr. 11 in diesem Band.

Die narrative Verbindung zwischen dem Bundesbuch und dem Deuteronomium kreiert freilich ein Problem. Beide Rechtskorpora sagen nicht dasselbe und
widersprechen sich in manchen Fällen auch massiv. Das berühmteste Beispiel ist
das Verhältnis zwischen dem Altargesetz in Ex 20,24–26 und dem Gebot der Kultzentralisation in Dtn 12,13–14. Während Ex 20,24 davon spricht, dass Jнwн allerorten
anwesend ist und segnet, wo er seines Namens gedenken lässt (בכל המקום אשר אזכיר
שמי), verbietet Dtn 12 die Opferung an „jedem Ort" (בכל מקום אשר תראה)[5] und ersetzt
die Mehrzahl der Kultorte durch „den (einen) Ort, den Jнwн erwählen wird" (במקום
אשר יבחר יהוה).[6]

Was an der Zentralisationsformel in Dtn 12,14 besonders interessant ist, ist
die *yiqtol*-Form „die er erwählen wird", die in die Zukunft weist. Auch daran wird
deutlich, dass sich der Text selbst in den Gang der biblischen Geschichte einordnet,
in der die Erwählung des – auch darum nicht beim Namen genannten – Ortes noch
bevorsteht. Aus diesem Grund vermute ich – gegen den Konsens der Forschung –,
dass bereits das älteste Deuteronomium Teil der biblischen Geschichte war, sei es
als selbständiges „Buch" (Rolle) oder als integrativer Bestandteil der Exodus-Landnahme-Erzählung in Ex–Jos, in der auch das Bundesbuch vom Sinai seinen narra-

---

5 Bei der Determination der Constructus-Verbindung בכל (ה)מקום schwankt die Überlieferung an
beiden Stellen. Die determinierte Form ist selten belegt und heißt, strenggenommen, „am ganzen
Ort" (vgl. Gen 18,26), für „jeden Ort" würde man die indeterminierte Form erwarten (Num 18,31;
Dtn 12,13; Jos 1,3; Jes 7,23; Am 8,3; Mal 1,11; Prov 15,3) oder den Plural (Dtn 12,2 u. ö., gehäuft in
Jer und Chr, Esr-Neh). Allerdings legt sich bei drei von vier Belegen aus semantischen und syntaktischen Gründen auch für die determinierte Form (jedes Mal mit anschließendem אשר-Satz +
Impf.) die distributive Bedeutung „an jedem Ort" nahe: Gen 20,13 sowie Dtn 11,24 (vgl. Jos 1,3 f) und
Ex 20,24 (vgl. Dtn 12,13 sowie die Übersetzung der LXX in Gen 20,13 und Ex 20,24; thematisch nahe-
stehend Mal 1,11). Zum Problem vgl. die Auseinandersetzung zwischen Kilchör 2012 und 2015, der
die distributive Bedeutung bestreitet, und Joosten 2013, 38, der sie verteidigt. Das Verhältnis der
beiden Formen (mit oder ohne Determination) ließe sich nach Jan Joosten (brieflich) mit einer
leichten Nuancierung der in dem אשר-Satz implizierten Bedingung, etwa im Sinne des Unterschieds
zwischen „every" (für die determinierte Form in Gen 20,13; Ex 20,24; Dtn 11,24) und „any" (für die
indeterminierte Form wie in Dtn 12,13; Jos 1,3), erklären. Die Determination in Ex 20,24 könnte der
Ansatzpunkt für die Umdeutung in Dtn 12,13 f gewesen sein, sofern der masoretische Text hier wie
dort ursprünglich ist. Sollte jedoch die Lesart der LXX in Ex 20,24 nicht nur eine Übersetzungsvari-
ante sein (vgl. auch Gen 20,13 ohne, dagegen Jos 1,13 mit Artikel entsprechend Dtn 11,24), sondern
wie in Dtn 12,13 u. ö. die indeterminierte Form voraussetzen, könnte dies auch für eine sekundäre
dogmatische Korrektur in Rücksicht auf das Zentralisationsgebot in Dtn 12,14 MT (so Beer 1939, 104)
sprechen, die jedenfalls im Samaritanus erfolgt ist, wo כל fehlt und das Verb im folgenden אשר-Satz
im Perfekt steht; bei der textkritischen Variante in Dtn 12,13 (mit Determination in einigen hebräischen Handschriften und Versionen) handelt es sich vermutlich um eine sekundäre Angleichung
an Ex 20,24 MT.
6 Vgl. dazu den Beitrag Nr. 23 in diesem Band.

tiven Ort hat. Der narrative Rahmen für das Deuteronomium ist Num 25,1a und Jos (2,1) 3,1: Ankunft in und Abmarsch von Schittim.[7]

Wenn aber sowohl das Bundesbuch als auch das Deuteronomium denselben narrativen (und literarischen) Kontext voraussetzten, stellt sich die Frage, wie es zu verstehen ist, dass beide Rechtskorpora nicht dasselbe und im Falle des Kultortes sogar das genau Gegenteil voneinander sagen, indem das eine mehrere legitime Kultorte, das andere nur einen legitimen Kultort erlaubt. Für die antiken Schreiber und Autoren der Komposition war dies offensichtlich kein Gegensatz. Das Deuteronomium sagt, wie das Bundesbuch zu verstehen ist. So komplettiert das Deuteronomium das Bundesbuch und verleiht ihm die richtige Perspektive – als Interpretation der Vergangenheit und Verheißung für die Zukunft.

Dieser Sachverhalt, der sich anhand der vorliegenden Komposition des Pentateuchs beschreiben lässt, fügt sich bestens zu dem Konsens der kritischen Wissenschaft seit Julius Wellhausen bis heute, dass das Buch Deuteronomium eine Art zweiter Auflage, also eine Reformulierung des Bundesbuches ist, um die Idee der Kultzentralisation einzuführen. Mit anderen Worten: Das Bundesbuch im Exodusbuch war die Vorlage des Buches Deuteronomium. Entgegen der Auffassung von Teilen der Forschung bedeutet dies allerdings keineswegs, dass die Fortschreibung im Deuteronomium seine Vorlage im Exodusbuch ersetzen sollte. Wäre dies der Fall, wären der historische Rückblick und die narrativen Verbindungen sinnlos.

Das zweite Beispiel ist das Verhältnis zwischen der Gemeinderegel der Gemeinschaft von Qumran *Serekh ha-Yachad* (S) und der Damaskusschrift (D). Bei diesem Beispiel ist es sehr viel einfacher, den Vorgang der Reformulierung und Fortschreibung zu greifen. Im Falle von S zeugen die Handschriften aus der Höhle 4 von verschiedenen Fassungen derselben Komposition. Doch Reformulierung und Fortschreibung sind nicht nur auf eine einzige Komposition beschränkt. Beide Kompositionen sind auch untereinander aufs engste verbunden, so, wie im Falle von Bundesbuch und Deuteronomium. Eine schöne Analogie zu den zwei Versionen des Dekalogs in Ex 20 und Dtn 5 sind die beiden Fassungen eines Strafkatalogs, des sogenannten *Penal Code*, in S und D, wo die Berührungen zwischen den beiden Kompositionen am stärksten sind. Aus diesem Grund will ich mich im Folgenden auf diesen Textbereich konzentrieren.[8]

Der *Penal Code* besteht aus einer Aufzählung von Vergehen und dazugehörigen Sanktionen. Er ist in 1QS vollständig erhalten; eine parallele Version ist für D in CD

---

7 Vgl. die Beiträge Nr. 18 und 19 in diesem Band.
8 Vgl. zum Folgenden ausführlich den Beitrag Nr. 25 in diesem Band, dort auch eine Tabelle der einzelnen Fälle mit der hier verwendeten Nummerierung.

XIV 18–23 (nur der Anfang) sowie durch die Fragmente aus Höhle 4 von Qumran belegt (4Q266 und 4Q270). Der Befund ist folgender: Von 32 Fällen in S sind 17 Fälle, also mehr als die Hälfte, auch in D belegt, und zwar in derselben oder einer sehr ähnlichen Formulierung und – was fast noch wichtiger ist – überwiegend in derselben Anordnung. Bei 16 Fällen handelt es sich um den Kern des *Penal Code*, der in S und D nahezu identisch ist (Nr. 15–30 außer Nr. 22 und 28). Auch die Überschrift und der erste Fall (Nr. 1) sind in beiden Fassungen überliefert. Ansonsten kann man über den Anfang (Nr. 2–14) nur wenig sagen, da die entsprechenden Zeilen in D fehlen (Zuordnung sehr unsicher). Am Schluss (Nr. 31–32) gehen die Bestimmungen stark auseinander. In den gemeinsamen Bestimmungen bietet D einen kürzeren Text, darüber hinaus aber auch Überschüsse gegenüber S.

Wie ist dieser Befund zu erklären? Joseph Baumgarten[9] hat die Strafen in den beiden Fassungen verglichen und nachgewiesen, dass D eine strengere, S hingegen eine weniger strenge Haltung vertritt. Daraus hat er den Schluss gezogen, dass D die ältere, S die jüngere Variante sei. Zu einem ähnlichen Ergebnis ist auch Charlotte Hempel[10] gekommen, allerdings auf anderem Wege. Sie vergleicht die Straftatbestände und vermutet ein gemeinsames „genre" bzw. eine gemeinsame Quelle, die sich in D erhalten habe und sowohl in S als auch in D überarbeitet worden sei.

Beide Erklärungen befriedigen mich jedoch nicht. Bei Hempel bleibt unklar, ob das Verhältnis von D und S mit einer „direct literary dependency" oder mit einem gemeinsamen „genre" erklärt werden soll. Beides geht eigentlich nicht zusammen. Noch schwerer wiegt der Einwand, dass beide Erklärungen auf gewissen historischen Vorannahmen beruhen. Bei Baumgarten ist es die von Josef Milik übernommene Auffassung, dass die Gemeinschaft am Anfang sehr rigoros gewesen sei, mit der Zeit aber die Gesetzgebung an die Realitäten angepasst habe. Bei Hempel ist es die verbreitete Hypothese, dass es ein „parent movement" gegeben habe, das der Gemeinschaft von Qumran vorausgegangen sei und von D repräsentiert werde. Wir haben es hier also mit der typischen und fatalen, zirkulären Vermischung von historischen und literarischen Argumenten zu tun.

Lässt man die historischen Voraussetzungen beiseite und betrachtet nur den literarischen Befund der Gemeinsamkeiten und Unterschiede, stellt sich die Sachlage anders dar. Ich werde darauf später zurückkommen. In jedem Fall haben wir es mit Reformulierung und Fortschreibung zu tun, sei es mit der Reformulierung einer hypothetischen gemeinsamen Quelle in S und D, sei es mit der Reformulierung und Fortschreibung der einen Version durch die andere.

---

9 Baumgarten 1992.
10 Hempel 1997.

Schließlich möchte ich als drittes Beispiel die Textrelation zwischen den biblischen und außerbiblischen Rechtskorpora anführen. Wie es scheint, kann man auch diese Textbeziehung als eine Art von Reformulierung und Fortschreibung ansehen. Nirgends sonst ist diese Beziehung deutlicher zu sehen als in der Überschrift des *Penal Code* in 1QS VI 24: אלה המשפטים אשר ישפטו בם „Dies sind die Rechtssätze, nach denen sie richten sollen". Dieser Titel ist nicht so unspezifisch oder selbstverständlich, wie er auf den ersten Blick erscheint. Die Formulierung אלה המשפטים אשר findet sich nur einmal in der Hebräischen Bibel und in der ganzen Tora, nämlich in Ex 21,1: וְאֵלֶּה הַמִּשְׁפָּטִים אֲשֶׁר תָּשִׂים לִפְנֵיהֶם „Dies sind die Rechtssätze, die du Ihnen vorlegen sollst". Es handelt sich um die Einleitung der Mischpatim im Bundesbuch, die zugleich die erste Überschrift über eine Sammlung von Gesetzen in der Tora überhaupt ist. Mit der Verwendung dieser Formulierung als Überschrift des *Penal Code* zeigt der Text an, dass auch er den Status der Tora für sich beansprucht. Das bedeutet, dass auch die Reformulierung der Tora außerhalb der Hebräischen Bibel und der Tora als Tora gilt.

In D finden wir eine Variation dieser Überschrift: וזה פרוש המשפטים אשר „Und dies ist Auslegung der Rechtssätze, die". Auch wenn wir nicht genau wissen, was פרש an dieser Stelle genau bedeutet, ist offensichtlich, dass D die Überschrift des *Penal Code* in S aufgreift und abwandelt. Wie es scheint, möchte sich D selbst als eine abgeleitete, von einer Vorlage abhängige Fassung präsentieren.

Nach allem, kann man drei Fälle von Reformulierung und Fortschreibung bzw. *rewriting* unterscheiden: Das Deuteronomium reformuliert das Bundesbuch im Exodusbuch und schreibt es fort; S und D schreiben eine gemeinsame Quelle des *Penal Code* fort bzw. eine der beiden uns in S und D erhaltenen Fassungen ist die Reformulierung und Fortschreibung der anderen; schließlich präsentieren sich S und D auf unterschiedliche Weise als Reformulierung und Fortschreibung der Tora. Soweit der Textbefund. Gehen wir nun einen Schritt weiter und fragen unter methodischen Gesichtspunkten, was Reformulierung und Fortschreibung bzw. *rewriting* ausmacht.

II Das Phänomen der Fortschreibung

Die Korrelierung von Reformulierung und Fortschreibung mit *rewriting* weckt ganz bewusst die Assoziation des Begriffs *rewritten bible* oder *rewritten scripture*, ohne ihn zu benutzen. Dabei denkt man unwillkürlich an Chronik, Jubiläen, Tempelrolle, Reworked Pentateuch, Genesis-Apokryphon und anderes mehr. Doch die Beispiele, die ich oben vorgestellt habe, legen die Frage nahe, ob man das Phänomen des *rewriting* vielleicht neu definieren sollte, nämlich unabhängig von der anachronistischen Unterscheidung zwischen biblischen und nicht-biblischen Schriften sowie in einem weiteren Sinne als Bearbeitung von literarischen Vorlagen innerhalb und außerhalb der Hebräischen Bibel.[11]

Ich beginne mit der Unterscheidung zwischen biblischen und nicht-biblischen Schriften, die der Begriff der *rewritten bible* bzw. *rewritten scripture* impliziert. Der Begriff birgt die Gefahr in sich, ein Bild von „Bibel" oder „Kanon" in die fraglichen Texte einzutragen, das es zur Zeit der Entstehung dieser Texte, grob gesagt: zur Zeit des Zweiten Tempels, noch nicht gab. Bei dem Begriff *rewritten bible* muss man sich daher in Acht nehmen, nicht einem anachronistischen Bild der Literatur des antiken Judentums aufzusitzen. Schon das Deuteronomium als *rewriting* des Bundesbuches und besonders die Chronik bringen die Kategorien durcheinander. Letztere ist eindeutig ein Beispiel der *rewritten bible* und ist doch selbst Teil der Bibel und des „Kanons". Umgekehrt ist es nicht leicht zu entscheiden, ob ein Werk wie der Reworked Pentateuch eine biblische Handschrift oder ein Exemplar der *rewritten bible* ist; und mit einigem Recht kann man dieselbe Frage für das Jubiläen-buch oder die Tempelrolle stellen.

Angesichts der Tatsache, dass es „die Bibel" bzw. „den Kanon" noch nicht gab, lösen sich die Grenzen zwischen biblischen und nicht-biblischen Schriften auf. Dies evoziert die Frage nach der Autorität. In der Forschung gehen die Meinungen aus-einander, ob die Texte vom Typ der *rewritten bible* ihre biblischen Vorlagen ersetzen wollen oder nicht. Diese Frage setzt wiederum die Unterscheidung von biblischen und nicht-biblischen Schriften voraus. Ohne diese Unterscheidung verliert die Frage ihre Bedeutung. Mir scheint es eher so, dass erst das *rewriting* die Vorlage zu einem autoritativen Text macht, indem man sich erkennbar auf ihn bezieht. In dieser Hin-sicht ist es bemerkenswert, dass fast ausschließlich diejenigen Bücher reformuliert wurden, die in den späteren Kanon „von Mose bis Artaxerxes" gelangten.

Hinzu kommt, dass – etwa im Falle der Chronik oder des Jubiläenbuches oder des ersten Henoch – eigens die göttliche oder prophetische Quelle genannt ist, die sowohl dem *rewriting* als auch der Vorlage eine hohe Autorität und Legitimation verleiht. In der Chronik geschieht das durch den Hinweis auf prophetische Bücher, aus denen sowohl Samuel-Könige als auch Chronik selbst geschöpft haben sollen.[12] Jubiläen und 1Henoch arbeiten mit der göttlichen Offenbarung an prominente Figuren der Vorzeit wie Mose oder Henoch. Damit erheben gerade die außerbib-lischen Schriften einen sehr hohen Anspruch auf Autorität. Sie tun dies allerdings dadurch, dass sie von den später als „biblisch" oder „kanonisch" eingestuften Schrif-ten Gebrauch machen und sich auch für die Konstruktion ihrer eigenen Autorität auf sie berufen. Ein Reflex auf das Selbstverständnis solcher Schriften findet sich in

---

11 Vgl. dazu Kratz 2013a, 126–156.
12 Vgl. Kratz 2013a, 157–180.

4Esra 14 mit der Unterscheidung der 24 kanonischen Schriften für die Öffentlichkeit und den 70 verborgenen Schriften für die Eingeweihten.

Kurz: Das *rewriting* als Form der Interpretation im Zuge der Genese und Überlieferung von Texten findet gleichermaßen in Schriften sowohl innerhalb als auch außerhalb der Bibel statt. Dieses *rewriting* begründet die Tradition und hält den Fluss der Tradition in Gang. Bevorzugt man eine kulturtheoretische Sprache, kann man statt „Tradition" auch Begriffe wie „cultural memory" oder „discourse" verwenden. Sie sagen nichts anderes als der Begriff der „Tradition" mit seinen beiden Aspekten von *traditum* und *traditio*.

Der aktive Part der Tradition, *traditio*, führt auf einen anderen Aspekt der Definition von *rewriting*. Es ist heute allgemein anerkannt, dass das *rewriting* in den *rewritten bible*-Texten eine besondere Form der Interpretation ist. Chronik, Jubiläenbuch, Tempelrolle oder Genesis-Apokryphon reformulieren ihre „biblischen" Vorlagen, zum einen um Unklarheiten des überlieferten Texts zu beseitigen oder Fragen zu beantworten, die sich aus diesem Text ergeben, zum anderen um durch Re-arrangement des Materials, Auslassungen (Kürzungen) oder Ausführungen (Ergänzungen) den Text einem neuen Verständnis sowie den Bedürfnissen und Interessen einer neuen Zeit und der aktuellen Rezipienten anzugleichen. Wenn man so will, handelt es sich um eine Art zweite Auflage eines vorliegenden Werkes.

Dasselbe gilt für unsere Beispiele, die Reformulierung und Fortschreibung des Bundesbuches im Deuteronomium und das Verhältnis zwischen den beiden Fassungen des *Penal Code* in S und D. Die Beispiele zeigen, dass die *rewritten bible* nicht die einzige Art der Interpretation und des *rewriting* ist. Vergleichbar sind eine ganze Reihe von anderen Formen der Reformulierung und Interpretation, angefangen bei der Überlieferung und Übersetzung eines Texts. Dazu zählen sämtliche textliche Varianten in den Handschriften und Versionen, sofern es sich nicht um mechanische Abweichungen oder Schreibfehler handelt. Insbesondere bei der Übersetzung in eine andere Sprache sind die Grenzen zwischen Überlieferung und *rewriting* fließend, wie vor allem die Septuaginta oder die Targumim, aber auch Beispiele der *rewritten bible*-Texte wie das Genesis-Apokryphon oder die Textüberlieferung in der Chronik zeigen.

Sodann wird man auch (explizite wie implizite) Zitate, Paraphrasen und Nachahmungen älterer, in der Regel „biblischer" Vorlagen oder Stoffe dazu zählen müssen. Auch das Zitat, und mag es noch so kurz sein, stellt eine Art *rewriting* dar. Unter den expliziten Zitaten sind vor allem solche signifikant, die etwas zitieren, das sich in der Vorlage gar nicht findet, wie es in der Chronik oder 4QMMT der Fall ist, wo allerdings auch der Text des protosamaritanischen Pentateuchs zitiert sein könnte.[13] Das ist nicht etwa ein Irrtum oder gar Betrug, sondern ein klassischer Fall

---

13 Teeter 2009.

von *rewriting*. Man findet etwas Neues in der Vorlage und weist es durch Rekurs auf die Vorlage als ursprünglich aus, wodurch das Neue zu einem Bestandteil der zitierten Vorlage wird – und sei es nur dem Sinne nach. Ähnlich verhält es sich bei Paraphrasen und Nachahmungen, die auf ältere „biblische" Stoffe rekurrieren, um den Anschluss an die Vorlage zu suchen und gleichzeitig die Vorlage um etwas Neues zu bereichern. Beispiele hierfür sind das Buch Tobit, das sich an Gen 24 orientiert, oder der apokryphe Brief des Jeremia, der Jer 10 und 29 nachahmt.[14]

Schließlich wird man in einem weiteren Sinne auch die Form des Kommentars, den Pescher, unter den Begriff des *rewriting* subsumieren können oder müssen.[15] Dass die Grenzen zur *rewritten bible* auch hier fließend sind, zeigt etwa der sogenannte Genesis Kommentar A, in dem die Pescher-Formel mitten in der selektiven Paraphrase des Genesis-Textes erscheint. Und selbst die genuinen Pescharim zu den Propheten und Psalmen, stellen eine Art *rewriting* dar. Denn auch der Pescher will nichts anderes sagen als das, was er in seiner Vorlage gelesen und gefunden hat. Obwohl in den Pescharim der Text der Vorlage von der Interpretation klar unterschieden ist, will die Pescher-Formel in ihren verschiedenen Varianten nicht den Unterschied markieren, sondern im Gegenteil Identität signalisieren. Dies geht eindeutig aus der hermeneutischen Grundregel für sämtliche Pescharim in 1QpHab VII hervor.[16]

Kurz: Der Begriff des *rewriting* ist nach meiner Auffassung sehr viel weiter zu fassen als wir es gewohnt sind und als der Begriff der *rewritten bible* bzw. *rewritten scripture* in der üblichen Verwendung suggeriert. *Rewriting* umfasst eine Vielzahl von Phänomenen der Reformulierung vorgegebener, in der Regel „biblischer" Texte und darunter auch diejenigen Phänomene, die gewöhnlich mit den Begriffen Intertextualität, (inner- und außer-)biblische Interpretation oder auch Midrasch und Targum bezeichnet werden. Für alle diese Phänomene reicht der Begriff der *rewritten bible* oder *rewritten scripture* nicht aus.

Ein dritter und letzter Aspekt der Definition von *rewriting* betrifft die methodische Frage, wie das literarische Verhältnis zwischen Texten zu identifizieren und zu interpretieren ist. So stellt sich bei unseren Beispielen die Frage, ob das Deuteronomium tatsächlich das Bundesbuch in Exodus als „Quelle" oder Vorlage benutzt oder aus anderen, uns unbekannten Traditionen schöpft, und ob die Gemeinsamkeiten im *Penal Code* und an anderen Stellen zwischen S und D auf einer gemeinsamen Vorlage oder auf (mehr oder weniger) direkter literarischer Abhängigkeit beruhen.

---

14 Vgl. Kratz 2013a, 316–339; ders. 1998.
15 Zum rabbinischen Midrasch vgl. Fraade 2006.
16 Vgl. Kratz 2013a, 128–135. Zum Verhältnis zwischen inner- und außerbiblischer Auslegung am Beispiel des Pescher zum Buch Nahum vgl. Kratz 2011, 99–145.

Damit betreten wir das Gebiet der literar- und redaktionsgeschichtlichen Analyse, für die gewisse Voraussetzungen gelten. Als erstes muss die Voraussetzung akzeptiert werden, dass *rewriting* ein literarisches Phänomen ist. Das ist nicht so selbstverständlich, wie man meinen sollte. Neuere Publikationen machen demgegenüber hin und wieder die Bedeutung der mündlichen Tradition im Alten Orient stark.[17] Das ist zweifellos sehr wichtig, führt jedoch zu nichts. Da wir keinen Zugang zur mündlichen Tradition haben, lässt sich, methodisch kontrolliert, nur wenig mit ihr anfangen. Das bedeutet, dass wir uns nur auf der literarischen Ebene bewegen können und mit der schriftlichen Überlieferung arbeiten müssen, die für uns erreichbar ist.

Doch auch auf der literarischen Ebene ist der textliche Befund nicht immer so eindeutig, wie man es sich wünschte. Zwar haben wir die Septuaginta und die Handschriften vom Toten Meer, die in einigen Fällen, wie etwa im Falle des Buches Jeremia oder von *Serekh ha-Yachad*, verschiedene Stadien des literarischen Entstehungsprozesses einer Komposition bezeugen. Doch das ist die Ausnahme. In den meisten Fällen besitzen wir dafür keine externe Evidenz, sondern müssen das Verhältnis von zwei Kompositionen oder verschiedenen Stadien der Überlieferung einer Komposition durch interne Kriterien, d. h. auf literarkritischem Wege rekonstruieren.

Auch dafür muss man eine Voraussetzung machen und sich für eine von zwei Möglichkeiten entscheiden. So stehen sich heute im Wesentlichen zwei Hypothesen gegenüber, um den Fluss der literarischen Tradition zu erklären. Die eine rechnet mit schriftlichen Quellen, die unabhängig voneinander entstanden sind, irgendwann einmal zusammengestellt und dabei auch überarbeitet wurden. Die Analogie dieses Modells zur Pentateuchforschung, insbesondere zur Quellen- und Fragmentenhypothese des 18. und 19. Jahrhunderts, die heute wieder einen gewissen Aufschwung erlebt, ist dabei nicht zu verkennen.

Auch die andere, konkurrierende Hypothese hat ihr Vorbild in der Pentateuchforschung, nämlich in der Ergänzungshypothese, die sich im 19. und 20. Jahrhundert als Alternative oder besser gesagt: als Korrektur zur Quellen- und Fragmentenhypothese durchgesetzt hat. Auch hier rechnet man mit alten Quellen und Einzelüberlieferungen. Doch in der Hauptsache geht man von einem Grundtext aus, der kontinuierlich durch Zufügung weiterer Texte oder Überarbeitungen ergänzt, fortgeschrieben und immer wieder überarbeitet worden ist, bis er seine vorliegende Gestalt erreicht hat. Man kann dieses Modell als Ergänzungshypothese oder – mit Walter Zimmerli – als Fortschreibungshypothese bezeichnen.[18]

---

17 Carr 2005; Van der Toorn 2009.
18 Vgl. Nr. 1–4 in diesem Band.

Die Entscheidung, welche der beiden Hypothesen die Textbefunde am angemessensten und besten erklärt, ist nicht einfach. Man sollte in der Tat stets nach den „simplest possible explanations"[19] für die verschiedenen Probleme des überlieferten Texts suchen. Doch was ist die „simplest possible explanation"? Die beiden Hypothesen schließen einander nicht aus: Die Quellenhypothese rechnet mit literarischen Ergänzungen, die Ergänzungshypothese rechnet mit dem Einbau ehemals selbständiger Quellen. Insofern liegen beide Hypothesen nicht weit auseinander. Und doch gibt es einen entscheidenden Unterschied: Nur die Ergänzungshypothese ist in der Lage, neben den Differenzen, die zur Literarkritik zwingen, auch die Gemeinsamkeiten zu erklären, die die verschiedenen literarischen Schichten (oder Quellen) miteinander verbinden. Aus diesem Grund bevorzuge ich die Ergänzungs- oder Fortschreibungshypothese als die „simplest possible explanation".

Die Wahl bewährt sich besonders in Fällen von Parallelüberlieferungen wie bei den beiden Fassungen des *Penal Code* in S und D, aber auch im Falle des Dekalogs in Ex 20 und Dtn 5, des Verhältnisses zwischen Samuel-Könige und Chronik oder der Bergpredigt und des Vaterunsers im Neuen Testament.

In allen diesen Fällen sind zwei Erklärungen möglich: eine hypothetische gemeinsame Quelle, von der beide Fassungen abhängig sind, oder direkte literarische Abhängigkeit der einen von der anderen Fassung. Die Entscheidung hängt an den Unterschieden. Wenn diese gar nichts miteinander zu tun haben und in keinen genetischen Zusammenhang gebracht werden können, dann kommt am ehesten die erste Möglichkeit, also eine gemeinsame Quelle, in Betracht. Wenn außer den Gemeinsamkeiten hingegen auch die Unterschiede miteinander zusammenhängen, ist die Annahme einer unabhängigen, gemeinsamen Quelle unnötig und empfiehlt sich die zweite Option, d. h. die Annahme der direkten Abhängigkeit, als die einfachere und wahrscheinlichere Erklärung.

Mir ist natürlich bewusst, dass heute nicht wenige Bibelwissenschaftler und Bibelwissenschaftlerinnen beide Hypothesen ablehnen und auf eine kritische Analyse gänzlich verzichten, und zwar mit der Begründung, dass die kritische Analyse so oder so nur zu hypothetischen und im Übrigen divergierenden Ergebnissen führe. Gegen eine solche Resignation, ja Kapitulation vor der Aufgabe der Exegese ist schwer etwas zu sagen. Allerdings wüsste ich von keinem Ergebnis der Bibelwissenschaft, das nicht hypothetisch wäre, und so müsste man die Disziplin eigentlich ganz aufgeben. Doch bin ich eigentlich zuversichtlich, dass wir mit den Methoden der historischen Kritik, mit denen man seit rund 250 Jahren nicht nur in der Bibelwissenschaft, sondern auch in anderen Zweigen der Altertumswissenschaft arbeitet, etwas mehr tun und erreichen kann als nur den vorliegenden Text

---

19 Baden 2009, 313.

zu paraphrasieren und daraus sowohl auf die literarische Genese des Texts als auch auf seine historische Einordnung zu schließen, wie es heute vielfach geschieht.

Kurz: *Rewriting* als Vorgang der inner- und außerbiblischen Interpretation ist ein literarisches Phänomen und umfasst viele verschiedene Techniken, die unter der Kategorie der Literar- und Redaktionsgeschichte subsumiert werden können: Kompilation, literarische Revision und Redaktion sowie Aktualisierung und Fortschreibung von älteren Vorlagen. Auch die Entstehung und Kompositionsgeschichte von biblischen und nicht-biblischen (parabiblischen) Schriften kann als Prozess des *rewriting* und der Interpretation erklärt werden. Die „simplest possible explanation" dieses Prozesses ist die Ergänzungs- oder Fortschreibungshypothese, die den Fluss und die Formation der literarischen Tradition mit der Entwicklung und Dynamik von Interpretation vereint.

III Komposition und Interpretation

In dem letzten Abschnitt dieses Beitrags möchte ich zu den Textbeispielen zurückkehren und versuchen, die methodischen Überlegungen zu Fortschreibung, *rewriting* und Interpretation auf diese anzuwenden. Ich beginne mit dem „biblischen" Beispiel des Verhältnisses von Bundesbuch und Deuteronomium, wozu ich mich kurzfassen kann, da sich die Forschung hierzu in den Grundzügen einig ist.

In beiden Fällen, dem Bundesbuch in Ex 20–23 und dem Deuteronomium, herrscht Konsens darüber, dass die beiden Rechtskorpora eine längere literarhistorische Entwicklung durchlaufen haben.[20] Ausgangspunkt ist eine Sammlung von kasuistischen Rechtssätzen (Mischpatim) innerhalb des Bundesbuches, die die älteste Rechtssammlung in der Hebräischen Bibel darstellt. Diese Sammlung wurde in der Folge mehrfach überarbeitet: Eine Redaktion fügte die Anrede in 2. Singular hinzu und brachte Gott (Jнwн) ins Spiel, der in Ich-Form redet. Diese Bearbeitung geht Hand in Hand mit einer Historisierung der Rechtssätze: sie wurden in den Kontext der Exoduserzählung gestellt. Auch die Rahmung durch die Kultgesetze in Ex 20 (Altargesetz) und den Festkalender in Ex 23 geht vermutlich auf diese Redaktion zurück. Eine spätere Bearbeitung fügte die Anrede in 2. Plural hinzu und führte einen neuen Maßstab ein: das erste Gebot. Diese Bearbeitung geht mit der Einfügung des Dekalogs in Ex 20 sowie dem Bundesschluss in Ex 24 einher.

Wir können also insgesamt drei Ebenen der Komposition und Fortschreibung im Bundesbuch unterscheiden: 1) Die Sammlung der kasuistischen Rechtssätze aus

---

20 Zum Folgenden vgl. Kratz 2000, 118–155.

der gelebten Rechtspraxis; 2) Eine erste theologische Bearbeitung, nennen wir sie 2. Singular-Bearbeitung, die Gott zum Sprecher und Verkünder der Rechtssätze macht, die Kultgesetzgebung als Rahmen um die Sammlung legt und diese in die biblische Geschichte einfügt; 3) Eine zweite theologische Bearbeitung, nennen wir sie 2. Plural-Bearbeitung, die das 1. Gebot als Maßstab des Gesetzesgehorsams einfügt.

Auch das Deuteronomium ist in mehreren Schüben gewachsen. Den Anfang macht das Gebot der Kultzentralisation. Es ist in Dtn 12 in drei Fassungen erhalten, die ursprüngliche Fassung findet sich in Dtn 12,13–14. Den literarischen Kern des Deuteronomiums bilden eine Handvoll Gesetze in Dtn 12–26, die die Einheit des Kultortes zum Maßstab machen. Es handelt sich von Anfang an um Kultgesetzgebung (mit Folgen für das Rechtswesen); Sprecher ist Jhwh, der Adressat ist eine 2. Person Singular. Unter den vielen Bearbeitungen des Deuteronomiums, die sich daran angeschlossen haben, ragt eine besonders heraus. Diese Bearbeitung ist vor allem in Dtn 5–11, aber auch an anderen Stellen zu greifen. Sie fügt in Dtn 5 den Dekalog hinzu, erklärt damit das 1. Gebot und das Bilderverbot zum Maßstab der Gesetzgebung und ist für die Polemik gegen die anderen Götter und ihre Bilder verantwortlich. Die Bearbeitung redet neben der 2. Person Singular auch eine 2. Person Plural an und erinnert in ihren Paränesen vielfach an die Geschichte Israels, die Befreiung aus Ägypten und die Offenbarung am Sinai. Andere Teile des Deuteronomiums, wie etwa die Geschichtsrückblicke in Dtn 1–3 oder die Ämter- und Familiengesetze in Dtn 17–26 setzen diese Redaktion, nennen wir sie Dekalog-Bearbeitung, bereits voraus.

Vergleicht man die Bearbeitungen der beiden Rechtskorpora, ist sofort ersichtlich, dass der literarische Kern des Deuteronomiums und die Dekalog-Bearbeitung an die beiden theologischen Hauptbearbeitungen im Bundesbuch erinnern. Das ist kein Zufall. Denn die Entstehung des Deuteronomiums setzt von Anfang an das Bundesbuch als literarische Vorlage voraus. Man kann es sogar noch genauer fassen: Das Deuteronomium setzt die erste Bearbeitung des Bundesbuchs, die 2. Singular-Bearbeitung, voraus und schaltet sich auf dieser Basis in den legislativen Diskurs ein; die Dekalog-Bearbeitung im Deuteronomium wiederum reagiert auf die Einfügung des Dekalogs in Ex 20 und 2. Plural-Bearbeitung im Bundesbuch, und zwar ganz ausdrücklich in Dtn 5 mit der Erinnerung an den Sinai/Horeb und die Mitteilung des Gesetzes an Mose.

Der gesamte Prozess der Entstehung von Bundesbuch und Deuteronomium kann als Fortschreibung oder *rewriting* bezeichnet werden. In diesem Prozess wurden zweifellos auch ältere Quellen aufgenommen und integriert, wie die Sammlung der Mischpatim in Ex 21–23, die ihre eigene Vorgeschichte hat. Doch sobald das Bundesbuch in Gestalt der 2. Singular-Bearbeitung in den Kontext des Exodusbuches gestellt wurde und das Deuteronomium das Altargesetz aus Ex 20,24–26 in Dtn 12 im Geist der Idee der Kultzentralisation reformulierte, begann der Prozess der permanenten Fortschreibung im Rahmen des werdenden Pentateuchs. In diesem Prozess der permanenten Auslegung und Fortschreibung ist die biblische Tradition von der Einheit des Kultortes sowie der Einheit, Ausschließlichkeit und Einzigkeit des Gottes Jhwh entstanden.

Sowohl die Überschrift des *Penal Code* אלה המשפטים אשר ישפטו בם „Dies sind die Rechtssätze, nach denen sie richten sollen" in 1QS VI 24 als auch die Überschrift וזה פרוש המשפטים „und dies ist die Auslegung der Rechtssätze" in CD XIV 18 knüpft ausdrücklich an die Überschrift der Mischpatim in Ex 21,1 an. Auch die Form der kasuistischen Rechtssätze und die Verwendung des Verbums ענש Nif. erinnert an die Mischpatim des Bundesbuches in Ex 21–23. Das bedeutet nun nicht, dass S und D etwa nur das älteste Stratum des Bundesbuches kennen und darauf rekurrieren würden, vielmehr setzen beide den fertigen Pentateuch voraus. S und D beziehen sich damit auf den Anfang der Gesetzgebung am Sinai, von dem alles andere, einschließlich des Deuteronomiums, ausgeht.

Hinsichtlich der Komposition und Dynamik der Interpretation stellen sich für den *Penal Code* in S und D somit zwei Fragen: zum einen die Frage nach dem Verhältnis zwischen den beiden Versionen, zum anderen nach dem Verhältnis beider Fassungen zur biblischen Vorlage. Was das interne Verhältnis der beiden Fassungen anbelangt, sollte man nach unseren methodischen Vorüberlegungen hier wie im Falle des biblischen Beispiels die „simplest possible explanation" wählen. Demzufolge kann man die übliche, sehr komplizierte und im Einzelnen schwer nachweisbare Hilfsannahme einer gemeinsamen Vorlage ausschließen, wonach S und D unabhängig voneinander auf derselben Vorlage beruhen und nachträglich literarisch aneinander angeglichen wurden. Demgegenüber ist die Annahme eines Grundtextes in S oder in D, von dem die jeweils andere Fassung mehr oder weniger direkt abhängig ist, sehr viel einfacher, da sich mit ihr sowohl die Gemeinsamkeiten als auch die Unterscheide am leichtesten erklären lassen.

Wie ein detaillierter synoptischer Vergleich zeigt, besteht die „simplest possible explanation" in der Annahme, dass die Fassung in S der gebende, D der nehmende Teil und folglich D von S abhängig ist.[21] Dies sei an einem Beispiel kurz verdeutlicht.

S: 1QS VII 12 par. 4Q259 1 9 f (Charelsworth 1 i 6 f)

ואשר יהלך לפני רעהו ערום ולא היה אנוש (אנוש 4Q259) ונענש ששה חודשים

Wer vor seinem Nächsten nackt geht und ist nicht gezwungen dazu, soll mit sechs Monaten bestraft werden.

---

21 Für die vollständige Analyse vgl. den Beitrag Nr. 25 in diesem Band. Das hier genommene Beispiel ist der Fall 21.

D: 4Q266 10 ii 9–10 par. <u>4Q270 7 i 1–2</u>

ואשׁ֗ר יהלך לפני רע[הו ערום בבית או ערום הלך <u>בשדה הלך ערום לפני</u>]

ה֗[ב]֗ריאות והובדל ששה [חודשים

Wer vor seinem Näch[sten nackt geht im Haus oder auf dem Feld nackt geht vor] den Geschöpfen, der soll ausgeschlossen werden für sechs [Monate].

Bei dem Plus „im Haus oder auf dem Feld geht er nackt vor den Geschöpfen" in D
handelt es sich zweifellos um einen sekundären Zusatz, der eine klare Tendenz zur
Ausweitung des Geltungsbereiches der Vorschrift zu erkennen gibt. Doch lässt sich
daran auch eine literarische Abhängigkeit demonstrieren? Den Schlüssel hierfür
liefert der Zusatz zur Regel „Wer nackt geht" in S: „und ist nicht gezwungen" (ולא
היה אנוס). In der Handschrift 1QS (VII 12) findet sich eine orthographische Variante (*sin* für *samekh*), die offenbar zu einem Missverständnis Anlass gegeben hat.
„Gezwungen" (אנוש mit *sin*) kann hier auch als Wort für „Mensch" (אנוש) aufgefasst
werden, sodass der Satz lautet: „Wer nackt geht vor seinem Nächsten, und er ist kein
Mensch". Wie es scheint, beruht der Zusatz in D auf diesem Missverständnis in der
Textüberlieferung von S: Die Formulierung „vor den Geschöpfen", die Menschen
„im Haus" und Tiere „auf dem Feld" umschließt, ist offenbar der Versuch, dem Satz
„und er ist kein Mensch" einen Sinn abzugewinnen. Trifft diese Erklärung zu, liegt
eindeutig eine Abhängigkeit der Fassung in D von S vor.

Auch alle anderen Fälle, in denen S und D voneinander abweichen, können auf
ähnliche Weise erklärt werden. Sie zeugen von einer literarhistorischen Entwicklung, die in den Handschriften von S beginnt (1QS VII 8 und VII 14; 4Q259 1 4.13 [Cha-
relsworth 1 i 1.10]) und sich in D fortsetzt. In ihr werden die Strafbestimmungen systematisiert (Gebrauch von ענש Nif. und בדל Hif. oder Hof.) und die Fälle gegen Ende
des *Penal Code* harmonisiert, ausgeführt und als ausdrückliches Vergehen „gegen
das Recht" (לא כמשפט) interpretiert. Schließlich gibt D den Rechtsbestimmungen
eine biblische Begründung und stellt sie in einen eschatologischen Horizont.

Vieles spricht dafür, dass der *Penal Code* den literarischen Kern beider Werke
darstellt und am Anfang der Entstehung von S und D stand. Nach unseren Beobachtungen dürfte er zuerst in S gestanden haben, und zwar vermutlich in einer
sehr viel kürzeren Fassung von S, die, wie Sarianna Metso nachgewiesen hat,[22] der
Handschrift 4QS^d (4Q258) nahestand, ursprünglich in Kol. V einsetzte und vielleicht
zunächst nur bis Kol. VII reichte, also mit dem *Penal Code* abschloss. Alles andere
sind literarische Ergänzungen, die einerseits weitere Ordnungen (Kol. VIII–X),

---

22 Metso 1997.

andererseits liturgische und lehrhafte Stücke zufügen (Kol. I–IV und X–XI).[23] Diese späteren Stücke sind nicht selbständig, sondern auf den literarischen Kontext angewiesen. Aus diesem Grund handelt es sich nicht um ehemals selbständige Quellen, sondern um Fortschreibungen in S. Auch im Verhältnis dazu erweist sich D als Reformulierung (oder *rewriting*) von S, was die Möglichkeit von Zusätzen in S nach dem Vorbild von D nicht ausschließt. Ab einem gewissen Punkt ist die Fortschreibung hier wie im Verhältnis von Bundesbuch und Deuteronomium eine wechselseitige Abhängigkeit.

Bis hierher haben wir das interne Verhältnis von S und D unter rein literarhistorischem Gesichtspunkt betrachtet. Daran könnte man nun Überlegungen anschließen, was dies alles in historischer oder soziologischer Hinsicht für die Geschichte der Gemeinschaft von Qumran heißt. Das will ich hier aber nicht mehr tun, sondern mich stattdessen abschließend dem Verhältnis von S und D zu unserem biblischen Beispiel, Bundesbuch und Deuteronomium, zuwenden.

Vergleicht man die beiden Beispiele innerhalb und außerhalb der Hebräischen Bibel, kann man zunächst eine strukturelle Parallele beobachten. In beiden Fällen hat man es mit zwei Rechtskorpora zu tun, die jeweils für sich über einen längeren Zeitraum entstanden sind. Das bedeutet, dass man in allen vier Schriften (Bundesbuch, Deuteronomium, *Serekh ha-Yachad* und Damaskusschrift) dem Phänomen des internen *rewriting* begegnet, eine kontinuierliche Interpretation durch literarische Fortschreibung. Ältere Quellen lassen sich nur in beschränktem Umfang ausmachen. Dazu zählt jedenfalls eine ältere Sammlung von kasuistischen Rechtssätzen, die dem Bundesbuch in Ex 20–23 zugrunde liegt. Im Falle des *Penal Code* mag man ebenfalls an eine ältere Quelle denken, die der literarischen Fassung in S und D vorausliegt, doch lässt sich darüber nur spekulieren. Im Übrigen hat man es ausschließlich mit einer literarischen Entwicklung im Kontext der vier Schriften zu tun.

Sodann fällt als weitere formale Parallele auf, dass in beiden Fällen das eine der beiden Korpora seine Entstehung von Anfang an der Reformulierung und Fortschreibung verdankt: das Deuteronomium ist von Beginn an eine Reformulierung und Fortschreibung des Bundesbuchs, die Damaskusschrift (oder wenigstens der *Penal Code* in D) eine Reformulierung und Fortschreibung von *Serekh ha-Yachad* (bzw. des *Penal Code* in S). Dieser Tatbestand ist zum einen auf der literarischen Ebene auf analytischem Wege zu erheben. Zwar ist diese Analyse notgedrungen hypothetisch, doch scheinen mir die Indizien in beiden Fällen hinreichend klar, um die literarische Abhängigkeit und die Richtung der Abhängigkeit zu zeigen.

---

23 Vgl. dazu Christian 2022.

Was den Inhalt anbelangt, so scheint es auf den ersten Blick kaum Berührungen zwischen den beiden Beispielen innerhalb und außerhalb der Hebräischen Bibel zu geben. Die biblischen Gesetzeskorpora regeln das alltägliche und das kultische Leben des ganzen Volkes Israel, die Gesetze von S und D die praktischen Belange und die Organisation der Gemeinschaft von Qumran. Materialiter haben die beiden Bereiche also wenig miteinander gemeinsam, und so scheint das eine denn auch kaum etwas mit dem anderen zu tun zu haben.

Bei näherem Hinsehen stellt sich die Sache jedoch etwas differenzierter dar. Die Tendenz der permanenten Reformulierung und Fortschreibung zeigt, dass sich die Gesetzeskorpora mehr und mehr annähern. So bewegen sich Reformulierung und Fortschreibung innerhalb der biblischen Überlieferung zielstrebig auf die Idee des Volkes Israel als heilige Gemeinde zu, die nichts anders tun soll, als das Gesetz des Mose zu halten. Man kann die Tendenz als Theologisierung bezeichnen, da sie sich immer weiter von den konkreten, praktischen Fragen der älteren Rechtssammlung in Ex 20–23 entfernt und auf den programmatischen Entwurf einer idealen Volks- und Glaubensgemeinschaft zuläuft.

Umgekehrt beobachten wir in den S und D, wie die konkreten, praktischen Regeln für das Zusammenleben der Gemeinschaft von Qumran im Laufe der Literargeschichte mehr und mehr programmatischen, theologischen Charakter annehmen und auf die Tora des Mose bezogen werden. Im Mittelteil der Damaskusschrift ist mit Händen zu greifen, wie die Regeln der Gemeinschaft in eine Auslegung des biblischen Gesetzes, also in *Halakha*, übergehen, wobei insbesondere das Deuteronomium als Quelle für beides, Regeln der Gemeinschaft und *Halakha*, dient. In den Paränesen der Damaskusschrift ist schließlich zu beobachten, wie das Gesetz hier ebenso wie in den Paränesen des Deuteronomiums (in Dtn 1–11) ausdrücklich in den Kontext der biblischen Geschichte gestellt wird.

Kurz: Die Tendenz Reformulierung und Fortschreibung in den biblischen Schriften (Bundesbuch und Deuteronomium, man könnte auch die Priesterschrift und das Heiligkeitsgesetz hinzunehmen) bewegt sich inhaltlich auf das Ideal Israels zu, das auch in der Gemeinschaft von Qumran herrscht. Dies ist der Grund, weswegen die Schriften von Qumran je länger desto ausgiebiger Gebrauch von den biblischen Schriften, besonders der Tora des Mose, machen.

Zieht man diese Entwicklung der Reformulierung und Fortschreibung in den biblischen und außerbiblischen Rechtskorpora in Betracht, kann man nicht anders als von einer erstaunlichen Kontinuität der Tradition innerhalb und außerhalb der Hebräischen Bibel sprechen – und zwar sowohl in formaler wie auch in inhaltlicher Hinsicht. Dabei macht es keinen Unterschied, ob man diese Kontinuität, die selbstverständlich auch Diskontinuitäten und Widersprüche mit einschließt, als „Diskurs", „cultural memory" oder „inner- und außerbiblische Interpretation" bezeichnet. Alle diese Begriffe besagen ungefähr dasselbe, nämlich dass die Tradition – auch bei größter Diskontinuität – Kontinuität und folglich immer dieselbe Autorität für sich in Anspruch nimmt. In ihrem Selbstverständnis sind Reformulierung und Fortschreibung, das *rewriting*, der Hebräischen Bibel und insbesondere der Tora, nichts anderes als Tora.

Appendix

Penal Code S	Penal Code D
1QS 6,24–7,25	CD 14,18–23; 4Q266 10; 4Q270 7 i 1–15
Superscription 6,2: These are the precepts	This is the explanation of the precepts
§ 1) 6,24–25 Lying about financial matters	x
§ 2) 6,25–27 Insulting a fellow	(rests in CD 14,21–23; 4Q269 11)
§ 3) 6,27 Misuse of the divine name	11 lines missing
§ 4) 7,1 f Cursing while reading the Book	
§ 5) 7,2–3 Speaking against the priests deliberately	
§ 6) 7,3 Speaking against the priests accidentally	
§ 7) 7,3–4 Denying his fellow	
§ 8) 7,4–5 Deliberately insulting a fellow	(4Q266 10 ii 2?)
§ 9) 7,5 Deceitful speech and actions	
§ 10) 7,5–6 Deceiving a fellow	
§ 11) 7,6–7 Embezzlement	
(vacat)	
§ 12) 7,8 No refund (of the embezzlement)	
§ 13) 7,8 Bearing a grudge against one's fellow	(x 4Q266 10 ii 1?)
§ 14) 7,9 Vengefulness	
§ 15) 7,9 Foolish speech	x
§ 16) 7,9–10 Interrupting a fellow's speech	x
§ 17) 7,10 Sleeping during a session of the Many	x
§ 18) 7,10–11 Leaving a session	x
§ 19) 7,11 Falling asleep up to three times during a session	x
§ 20) 7,11–12 Leaving while they are standing	x
§ 21) 7,12 Walking naked before a fellow	x
§ 22) 7,13 Spitting in the session	–
§ 23) 7,13–14 Taking hand from underneath one's garment	x
§ 24) 7,14–15 Guffawing foolishly	x
§ 25) 7,15 Gesticulating with the left hand	x
§ 26) 7,15–16 Slandering one's fellow	x
§ 27) 7,16–17 Slandering the Many	x
§ 28) 7,17 Grumbling against the foundation of the Yachad	– (see below)
§ 29) 7,17–18 Grumbling against one's fellow	x

Tab. fortgesetzt

Penal Code S	Penal Code D
1QS 6,24–7,25	**CD 14,18–23; 4Q266 10; 4Q270 7 i 1–15**
§ 30) 7,18–21 Deviation of one's spirit from the Yachad	x (shorter text)
§ 31) 7,22–24 Betraying the Yachad	x (shorter text)
§ 32) 7,24–25 Sharing food and property with apostate	x (shorter text)
	§ 32ᵃ) Fornication with one's wife
	§ 32ᵇ) Grumbling against fathers
	§ 32ᶜ) Grumbling against mothers
	4Q270 7 i 15 ff 4Q266 11
	General laws (+ § 28)

22 Freund Gottes, Bruder Saras, Vater Isaaks Abraham in der Hebräischen Bibel und in den Texten vom Toten Meer

Die Absicht dieses Beitrages ist es nicht, einen weiteren Lexikonartikel zur Abraham-Rezeption in jüdischen und frühchristlichen Quellen beizusteuern, von denen es zur Genüge gibt.[1] Was mich hingegen interessiert, ist die, soweit ich sehe, bisher eher vernachlässigte Frage, wie sich die nachbiblische Rezeptionsgeschichte zur Geschichte der Abrahamüberlieferung in der Hebräischen Bibel selbst verhält. Die Frage impliziert, dass man es sowohl in der Komposition der Vätergeschichten der Genesis als auch in der Rezeption der Abrahamfigur in anderen biblischen Büchern mit einem Vorgang der Auslegung zu tun hat, den man im Unterschied zur außerbiblischen als innerbiblische Auslegung bezeichnen kann.

Da es in vorchristlicher Zeit die eine Hebräische Bibel noch nicht gab, wird man zunächst keinen prinzipiellen Unterschied zwischen inner- und außerbiblischer Auslegung machen können.[2] Im Falle der Genesis ist jedoch zu bedenken, dass sich die Auslegung im Werden des Buches selber vollzieht. Demgegenüber setzt die außerbiblische Auslegung die biblische Überlieferung als Referenztext voraus und stellt, ebenso wie die Erwähnungen Abrahams in anderen Büchern der Hebräischen Bibel, der Genesis etwas Eigenes zur Seite. Der autoritative Charakter der biblischen Überlieferung nimmt in dem Maße zu, wie sich andere Literatur auf sie bezieht. Insofern ist die Frage trotz der anachronistischen Unterscheidung von biblischer und außerbiblischer Literatur vielleicht dennoch gerechtfertigt, in welchem Verhältnis die beiden Weisen der Auslegung zueinander stehen. Der Fragestellung liegt die Vermutung zugrunde, dass sich der Prozess der Auslegung, der sich im literarischen Werden der (nachmals) biblischen Bücher vollzieht, in der sich daran anschließenden Produktion der außer- oder parabiblischen Literatur mehr oder weniger nahtlos fortsetzt.

Im Folgenden werde ich mich auf den Vergleich der Hebräischen Bibel mit der Rezeption in den Texten vom Toten Meer konzentrieren. Ich werde drei Beispiele behandeln: 1) Abraham als Freund Gottes, 2) Abraham als Bruder Saras, 3) Abraham als Vater Isaaks.

---

1 Sarna u. a. 1971; Evans 2000; Millard u. a. 1992; Martin-Achard u. a. 1977; Vermes 1983, 67–126.
2 Vgl. Kratz 2013a, 126–156 und 157–180.

https://doi.org/10.1515/9783111367057-028

I Abraham, der Freund Gottes

In der Damaskusschrift CD III 2–4 werden Abraham, Isaak und Jakob als Beispiele für den Gehorsam gegenüber den Geboten Gottes genannt und aus diesem Grund als „Freunde Gottes" (אוהבים לאל) bezeichnet:

אברהם לא הלך בה ויעל אוהב בשמרו מצות אל ולא בחר ברצון רוחו וימסור לישחק וליעקב וישמרו ויכתבו
אוהבים לאל ובעלי ברית לעולם

> Abraham wandelte nicht darin (sc. in der Verstocktheit des Herzens) und wurde als Freund geachtet, weil er die Gebote Gottes hielt und nicht den Willen seines eigenen Geistes wählte. Und er gab (sie) weiter an Isaak und Jakob, und sie bewahrten (sie) und wurden aufgeschrieben als Freunde Gottes und als Herren des Bundes für immer.

Sowohl der Titel „Freund Gottes" als auch seine Verbindung mit dem Gesetzesgehorsam sind in der jüdischen wie in der christlichen Tradition vielfach belegt und auch in die islamische Tradition eingegangen.[3] Von den Belegen gehört die Stelle in CD mit zu den ältesten, die auf den Titel zurückgreifen, welcher in der Hebräischen Bibel in Jes 41,8 und 2Chr 20,7 zum ersten Mal bezeugt ist. Seine nächste Parallele hat der Beleg in Jub 19,9 und 30,20–21, wovon CD III 2–3 literarisch abhängig sein dürfte.[4]

Jubiläenbuch und Damaskusschrift haben zweierlei gemeinsam: Erstens wird der Titel „Freund Gottes" ausdrücklich auf andere übertragen. In CD sind es die drei Erzväter, in Jub ist es bezeichnenderweise Levi, der wie Abraham in Jub 19,8–9 als „Freund und Gerechter auf den Tafeln des Himmels aufgeschrieben wird" (Jub 30,20–21).[5] Die Parallele erklärt auch das Motiv des Aufschreibens, das ohne die „Tafeln des Himmels" in CD III 4 begegnet und wohl auch hier einen eschatologischen Hintersinn hat.

---

3 Vgl. Oegema 1999, 139–165. Er behandelt die folgenden Stellen: Jes 41,8; 2 Chr 20,7; Dan 3,34–36 LXX; Jub 19,9; CD III 1–4; Weisheit 7,27; Philo, De Sobrietate 10,56; De Migratione Abrahami 9,44–45; ApocAbr (slaw.) 9,6; 10,6; TestAbr (griech.) 1,1; 2,2; 8,2; Mishnah Avot 5,13.19; 6,1; Sifre Numeri § 42 und 115; Midrasch Rabba 44,3; Jak 2,23. Die Belege in TestAbr differieren je nach Edition oder Handschrift; Allison 2003, 77, gibt folgende Liste: 2,3.6; 4,7; 8,2.4; 19,7; 15,12–14; 16,5.9; 20,14 der Long Recension, und 4,10; 8,2; 14,6 der Short Recension. Hinzu kommen noch Jes 51,2 LXX und zwei oder drei Belege aus Qumran: 4Q176 1–2 i 10 (Zitat von Jes 41,8); 4Q252 II 8; vielleicht auch 4Q225 2 ii 10 (s. u. Anm. 55). Für die frühchristliche Rezeption vgl. 1Clem 10,1; 17,2, für die islamische Tradition im Koran Sure 4,125.
4 CD zeigt sich auch sonst von dem Jubiläenbuch beeinflusst und scheint in CD XVI 3–4 (vgl. auch III 14) ausdrücklich darauf zu verweisen.
5 Die Genealogie der Patriarchen wird auch in 4Q225 2 ii 11 und 4Q226 7 5 (beides PsJub) bis Levi geführt; vgl. auch 4Q542 1 i 8.11; 5Q13 2 5–8 sowie 4Q379 17 4–5 (drei Patriarchen, Mose, Eleazar und Ithamar).

Zweitens ist der Titel „mein Freund" in beiden Fällen mit einer Schriftstelle aus der Genesis kombiniert. Im Jubiläenbuch werden Jes 41,8 und Gen 15,6 miteinander verbunden. Aus dem „Freund Gottes" wird so der Gerechte, der seinen Glauben in mancherlei Versuchungen bewährt (vgl. Jub 17,18). In der Damaskusschrift ist darüber hinaus eine Verbindung zu dem „ewigen Bund" mit Abraham in Gen 17 hergestellt, auf den der (vollkommene) Lebenswandel (הלך) Abrahams weist (vgl. CD III 3 mit II 15). Beide Schriftbezüge, auf Gen 15 und 17, sollen besagen, dass der „Freund Gottes" einer ist, der zu den Gerechten zählt und den Bund, d. h. die Gebote Gottes, gehalten hat und darum auch eine eschatologische Zukunft hat.[6]

Der Beleg in der Damaskusschrift ist noch in einer anderen Hinsicht von Bedeutung. Er nimmt auch innerhalb der Schriften von Qumran selbst eine Sonderstellung ein. Zwar sind Abraham und die übrigen Patriarchen in den (nicht-biblischen) Schriften vom Toten Meer durchaus zahlreich vertreten.[7] Doch dabei sind auch Herkunft und Gattung der Texte mit in Betracht zu ziehen.[8] Danach fällt auf, dass im Unterschied zu der älteren Gemeindeordnung 1QS nur hier in CD die Gemeinschaft und die Regeln ihres Zusammenlebens mit Abraham und der biblischen Heilsgeschichte in Verbindung gebracht werden. Die Damaskusschrift erweist sich damit als eine Art hermeneutischer Schlüsseltext, der den Rahmen für die Aufnahme und Bearbeitung der biblischen und sonstigen Abrahamüberlieferung in Qumran absteckt.

In diesen Rahmen fügen sich zwei weitere Belege, die Abraham als „Freund Gottes" titulieren. Der eine ist 4Q176 (4QTanchumim) 1–2 i 10, ein Zitat von Jes 41,8. In dem Werk werden ausgewählte Passagen hauptsächlich aus Jesaja 40–54 zitiert.[9] Zwischen die Zitate sind kommentierende Passagen eingestreut, die frei formuliert sind. In ihnen ist vielleicht von Belial (Frag. 8–11 15) sowie von Prädestination, Bund und Gehorsam gegenüber den Geboten die Rede. Wie es scheint, wurde der Bibel-

---

6 Zur Einheit von Glaube und Gesetzesgehorsam vgl. auch 1Makk 2,49–68 (hier bes. V. 52 die Verbindung von Gen 15 und 22) sowie Sir 44,19–21 (s. u. III).

7 Vgl. die Konkordanz der Eigennamen in Tov 2002, 238–239. Belege, mit denen aufgrund des schlechten Erhaltungszustandes nichts anzufangen ist, sind: 4Q299 106 2; 4Q302 1 i 7; 4Q464 3 i 6; 5Q22 1 5; 11Q12 11 2. Vgl. zu dem Material Bernstein 1998; Dimant / Kratz 2013.

8 Wenn ich recht sehe, kann man drei Gruppen unterscheiden: 1) Texte, die – wie das Jubiläenbuch – den Abrahamstoff selbst bearbeiten und im weitesten Sinne der Gattung der *rewritten bible* angehören: 1QapGen; 4Q158; 4Q196; 4Q214b; 4Q225; 4Q226; 4Q252; 4Q364; 4Q464; 4Q542 (und 11Q12); 2) Texte, die – wie das Gebet des Azarja in Dan 3 – im Zuge der Bearbeitung eines anderen biblischen Stoffs an Abraham und die übrigen Erzväter erinnern: 4Q176; 4Q378; 4Q379; 4Q385a; 4Q389; 3) Texte, die – wie die Damaskusschrift – Belange der Gemeinschaft von Qumran selbst zum Gegenstand haben: CD; 4Q393 (4Q299; 4Q302; 5Q13).

9 Vgl. Allegro 1968; Stanley 1992; Høgenhaven 2007.

text in diesen Passagen auf die eigene Situation der Gemeinschaft von Qumran, ihre Überzeugungen und eschatologischen Erwartungen bezogen.

Die zweite Erwähnung findet sich in dem Text 4Q252, früher zitiert als „4Qpatriarchal Blessings", heute als 4QpGen^a oder „4QCommentary on Genesis A".[10] Hier ist Abraham gleich zu Beginn, am Übergang von der Noach- zur Abrahamgeschichte, als „Freund Gottes" bezeichnet.[11] Als Überleitung wird die Bemerkung eingefügt: „Das Land hat Er (sc. Gott) Abraham, seinem Freund, gegeben" (4Q252 1 ii 8 + 3 i 4 [II 8] ארץ נתן לאברהם אהבו).[12] Bei der Formulierung hat wohl 2Chr 20,7 Pate gestanden, die Szene ist die von Jes 41,8. Mit der Zwischenbemerkung wird der Schwierigkeit Rechnung getragen, dass das Land zwar Kanaan heißt, aber ein anderer als Eigentümer vorgesehen ist. Nicht von ungefähr geht der Text bald danach zu Gen 15 über, wo es um die Frage des Erbes geht, und zitiert anschließend auch Gen 22, wo die in Gen 15 verheißene Erbfolge erneut in Gefahr steht. Der Kommentar zur Genesis bietet damit einen weiteren Schriftbezug, der für das Verständnis des Titels „Freund Gottes" wichtig ist. Neben Gen 15 und Gen 17, den beiden Bundesverheißungen, handelt es sich wiederum um eine Verheißung, die anlässlich der Opferung Isaaks (Aqeda) davon spricht, dass Abraham auf die Stimme Gottes gehört habe (Gen 22,18). In der Textwiedergabe des Kommentars folgen die beiden Kapitel Gen 15 und Gen 22 recht unmittelbar aufeinander. Das ist insofern bemerkenswert, als hier zwei Erzählungen in einen literarischen Zusammenhang gebracht werden, die auch nach dem Urteil der modernen historisch-kritischen Exegese etwas miteinander zu tun haben.

In den genannten Belegen sehen wir, wie der biblische Titel „Freund Gottes" aus Jes 41,8 und 2Chr 20,7 in der frühen Rezeption der Texte vom Toten Meer mittels Schriftbezügen auf bestimmte Texte und Themen der Abrahamüberlieferung in der Genesis bezogen wurde: Gen 15; 17 und 22. Es versteht sich von selbst, dass damit

---

10 Zum Text vgl. Brooke u. a. 1996, 185–207, Pl. XII–XIII.; ferner Brooke 1994; Bernstein 1994 sowie die Auseinandersetzung der beiden in JQR 85: Brooke 1994–95, und Bernstein 1994–95. Für textkritische Fragen vgl. Brooke 1998.

11 Der Übergang ist so gestaltet, dass der Text von der Verfluchung Kanaans in Gen 9,25–27 zu der Itinerarnotiz in Gen 11,31 springt. Auf die Verfluchung Kanaans 9,25 folgt eine Kommentierung, die V. 26–27 ersetzt und unter Bezugnahme auf Gen 9,1 erklärt, warum Gott nicht den Übeltäter Ham selbst, sondern seinen Sohn Kanaan verflucht hat. Die Kommentierung endet mit dem leicht abgewandelten Zitat des Satzes Gen 9,27aβ (ובאהלי שם ישכון), der nun Gott zum Subjekt hat, damit nicht Kanaan, sondern Gott in den Zelten Sems wohnt, und an den sich die oben zitierte Formulierung zur Übergabe des Landes an Abraham sowie eine Paraphrase von Gen 11,31 f anschließt. Vgl. Bernstein 1998, 153.

12 Die Lesung אהבו war zunächst umstritten, ist mittlerweile aber Konsens. Vgl. Lim 1992, 294–295; Jacobson 1993a, 119; Lim 1993, 123; Jacobson 1993b, 292, sowie Brooke 1996, 198–199.

auch die Inhalte dieser Kapitel in den Fokus des Interesses rücken: der „Glaube" und die „Gerechtigkeit" Abrahams in Gen 15, der „Bund" mit Abraham und die Landverheißung in Gen 15 und 17 sowie die Versuchung Abrahams und die Bewährung der Gottesfurcht in Gen 22. Im Vordergrund stehen die Bundestreue und der Gesetzesgehorsam, daneben in 4Q252 im Besonderen die Verheißung des Landbesitzes.[13]

Blickt man von der späteren Verwendung des Titels auf den biblischen Befund selbst, die beiden Belege in Jes 41,8 und 2Chr 20,7, so hat es zunächst den Anschein, als habe die Deutung in den Texten vom Toten Meer nicht viel oder gar nichts mit den biblischen Referenztexten zu tun, sondern sei eine freie Weiterentwicklung im Sinne der typischen, späteren Torafrömmigkeit. Doch bei genauerem Hinsehen zeigt sich, dass die biblischen Belege und ihre Rezeption nicht ganz so weit voneinander entfernt liegen, wie es scheint.

Der Titel begegnet zum ersten Mal in Jes 41,8 und hier in einer Art Zwischenbemerkung, vermutlich einem Zusatz, in dem Heilsorakel an Jakob-Israel (41,8–13):

וְאַתָּה יִשְׂרָאֵל עַבְדִּי יַעֲקֹב אֲשֶׁר בְּחַרְתִּיךָ זֶרַע אַבְרָהָם אֹהֲבִי

אֲשֶׁר הֶחֱזַקְתִּיךָ מִקְצוֹת הָאָרֶץ וּמֵאֲצִילֶיהָ קְרָאתִיךָ

וָאֹמַר לְךָ עַבְדִּי־אַתָּה בְּחַרְתִּיךָ וְלֹא מְאַסְתִּיךָ אַל־תִּירָא

Du aber, Israel, mein Knecht, Jakob, den ich erwählt habe, du Spross Abrahams, der mich liebt,
den ich fest ergriffen habe von den Enden der Erde her und berufen von ihren Grenzen,
zu dem ich sprach: Du sollst mein Knecht sein; ich habe dich erwählt und verwerfe dich nicht,
fürchte dich nicht …

Für die Annahme, dass es sich in V. 8b.9a („du Spross" bis „von ihren Grenzen") um einen Zusatz handelt, spricht die Sperrigkeit der Syntax: der Satzteil „Same Abrahams meines Freundes" in V.8b verdoppelt die Anrede von Israel und Jakob in V. 8a, der anschließende Relativsatz in V. 9a verdoppelt den אשר-Satz in V. 8a und macht eine Aussage, die syntaktisch auf die Nachkommen Abrahams (Jakob-Israel) und sachlich auf Abraham selbst zu beziehen ist. Doch selbst wenn die Versteile ursprünglich sein sollten, handelte es sich um einen außergewöhnlichen Einschub, der die übliche, hier nur vertauschte Anrede von Jakob-Israel verbreitet.

Der Einschub dürfte in jedem Fall nicht ohne Grund an dieser Stelle angebracht worden sein. Jes 41,8–13 ist das erste von vier Heilsorakeln im Zweiten Jesaja, in denen das Volk als Erzvater Jakob-Israel angesprochen wird (41,14–16; 43,1–7;

---

13 Bernstein 2013, 55 Anm. 9 hat übersehen, dass es nicht um einzelne Begriffe, sondern um die Fokussierung auf bestimmte Texte geht, mit denen bestimmte Themen aufgerufen werden. Zur Bedeutung von אהב im Kontext der Bundestheologie und ihrem altorientalischen Hintergrund, wofür er auf Segal 2007, 293 (Bernstein 2013, 55 Anm. 10), verweist, und den Zusammenhang von Bundestreue und Gesetzesgehorsam s. im Folgenden, zu 4Q252 s. u. unter III.

44,1–5). Nach dem Vorverweis in Jes 29,22 und den Diskussionsworten in Jes 40, die um die bedrohte Lage Jakob-Israels (40,27) im Rahmen der Völkerwelt kreisen und auf den Schöpfer der Welt verweisen, bot sich diese Stelle an, um die Linie der Erzväter bis zum Stammvater Abraham auszuziehen. So, wie Gott „die Enden der Erde" erschaffen hat (40,28), und so, wie er einen berufen hat, über den „die Enden der Erde" erzittern werden (41,5), so hat er auch Abraham „von den Enden der Erde" berufen und damit schon an ihm getan, was er den Nachkommen Abrahams erneut zu tun verheißt.[14] Aufgrund des Einschubs und seiner intertextuellen Bezüge im Rahmen von Jes 40–41 wundert es nicht, dass der Targum noch einen Schritt weiter ging und den Berufenen von 41,1–7, ursprünglich wohl Kyros, mit Abraham identifizierte.

Die zweite Stelle, an der Abraham in der biblischen Überlieferung als „Freund Gottes" tituliert wird, ist 2Chr 20,7, ein Gebet des Königs Joschafat, das von Jes 41,8 literarisch abhängig sein dürfte:[15]

הֲלֹא אַתָּה אֱלֹהֵינוּ הוֹרַשְׁתָּ אֶת־יֹשְׁבֵי הָאָרֶץ הַזֹּאת מִלִּפְנֵי עַמְּךָ יִשְׂרָאֵל וַתִּתְּנָהּ לְזֶרַע אַבְרָהָם אֹהַבְךָ לְעוֹלָם

HERR, du Gott unserer Väter, bist du nicht Gott im Himmel und Herrscher über alle Königreiche der Heiden? Und in deiner Hand ist Kraft und Macht, und es ist niemand, der dir zu widerstehen vermag. Hast du, unser Gott, nicht die Bewohner dieses Landes vertrieben vor deinem Volk Israel und hast es den Nachkommen Abrahams, der dich liebt, gegeben für immer?

In der Chronik wird die Spenderstelle Jes 41,8 mit der Verheißung des Landbesitzes aus Gen 15 und 17 kombiniert. Das verbindende Motiv ist die Bedrohung von außen: durch namenlose Feinde, die gegen Israel Krieg führen, in Jes 41,8–13, durch die umliegenden Völker (Ammoniter, Moabiter etc.) in 2Chr 20. Dies dürfte die Assoziation der Bedrohung durch die Völker des Landes in der Landverheißung Gen 15 hervorgerufen haben.

Darüber hinaus zeichnet sich die Schilderung des heiligen Krieges in 2Chr 20 durch wiederholte Anspielungen auf das Jesajabuch aus. Es scheint daher kein Zufall zu sein, dass die Stelle Jes 41,8 und mit ihr die Bezeichnung Abrahams als „Freund" Gottes ausgerechnet hier erscheinen. Passend zur Gattung des heiligen Krieges und zur Darstellung Joschafats in der Chronik wird das Heilsorakel Jes 41,8

---

14 Vgl. Kratz 1991a, 43–47.153–157.161–163.

15 Die Abhängigkeit ist an der fast gleichlautenden Formulierung לְזֶרַע אַבְרָהָם אֹהַבְךָ abzulesen, auch wenn es in 2Chr 20,7 nicht um dasselbe Thema geht. Thema hier ist nicht die Berufung, sondern die Landgabe an Abraham. Sie wird über die Verheißung in Gen 15,18 (לְזַרְעֲךָ נָתַתִּי אֶת־הָאָרֶץ הַזֹּאת) und Gen 17,8 (וְנָתַתִּי לְךָ וּלְזַרְעֲךָ אַחֲרֶיךָ אֵת אֶרֶץ מְגֻרֶיךָ אֵת כָּל־אֶרֶץ כְּנַעַן לַאֲחֻזַּת עוֹלָם) mit der Formulierung aus Jes 41,8 in Zusammenhang gebracht und entsprechend Gen 17,8 als „für ewig" bezeichnet.

(2Chr 20,7) mit dem „Gott mit uns" aus Jes 7,14; 8,9–10 (2Chr 20,17; vgl. auch Jes 41,10) sowie der Mahnung aus Jes 7,9 (2Chr 20,20) kombiniert, die das Heilsorakel an Ahaz in Jes 7,4–9 abschließt.[16] Auf dem Umweg über die Übertragung auf das Volk in Jes 40–44 erhält so die alte Gattung des königlichen Heilsorakels in der chronistischen (wie in der spätdeuteronomistischen) Literatur wieder ihren ursprünglichen Sitz im Leben, ist aber auf ein neues Fundament gestellt: die Verheißungen an Abraham und seine Nachkommen.

Beide Stellen, Jes 41,8 und 2Chr 20,7, zeugen von einer Tendenz der zunehmenden Bedeutung des Stammvaters Abraham im Alten Testament, die sich in der deutero- oder außerkanonischen Literatur des antiken Judentums fortsetzt.[17] Die Tendenz ist schon in der Geschichte der Abrahamüberlieferung selbst angelegt. Wie Julius Wellhausen so schön schreibt, ist Abraham unter den drei Patriarchen „wol die jüngste Figur in dieser Gesellschaft und wahrscheinlich erst verhältnismäßig spät seinem Sohne Isaak vorgesetzt."[18] Doch an keiner dieser Stellen ist Abraham wie im Jubiläenbuch oder in der Damaskusschrift ausdrücklich mit dem Gesetz in Verbindung gebracht.[19] Nicht ausdrücklich, doch vielleicht implizit?

Um hier weiterzukommen, muss man sich den Wortlaut etwas genauer ansehen. Die übliche deutsche Wiedergabe von אוהב mit „Freund" suggeriert ein gegenseitiges Verhältnis der Zuneigung und lässt leicht den Sachverhalt aus den Augen verlieren, dass es sich im Hebräischen der masoretischen Vokalisation zufolge um ein aktives Partizip handelt. Das Subjekt dieses Partizips ist nicht Gott,

---

16 Vgl. Strübind 1991, 176–188.

17 In der deuteronomistischen Literatur und davon abhängigen Stellen dominiert die Reminiszenz an die Trias der Erzväter: Ex 3,6.15.16; 4,5; 32,13; 33,1; Dtn 1,8; 6,10; 9,5.27; 29,12; 30,20; 34,4; 1Chr 29,18; 2Chr 30,6. An einigen sehr späten Stellen setzt jedoch eine Fokussierung auf den Anfang in Abraham ein: Jos 24,2–3; 1Chr 1; 16 (im Zitat von Ps 105); 2Chr 20,7; Neh 9,7–8; Ps 47,10; 105,6. Diese Entwicklung geht Hand in Hand mit dem Aufstieg Abrahams in der prophetischen Literatur, besonders im Buch Jesaja; vgl. Jes 29,22; 41,8–9; 51,2; 63,16; Jer 33,26; Ez 33,24; Mi 7,20.

18 Wellhausen 1905, 317; vgl. auch Noth 1948, 113–114. Im Blick auf das Land und die Auseinandersetzung mit den dort ansässigen Völkern ist vor allem das Kapitel Gen 14 einschlägig, das später zugesetzt und in 1QapGen weiterentwickelt wurde.

19 In der jüdischen Tradition ist dies die geläufige Bedeutung des Titels; vgl. Avot 6,1. Sie dürfte auch in Jak 2,23 noch nachwirken, wo, wie im Jubiläenbuch, Gen 15,6 und Jes 41,8 kombiniert sind. Auch fügt sich diese Bedeutung zu dem Bild Abrahams in den Spätschichten der Genesis; vgl. Ego 1996. Daneben bildeten sich jedoch noch zwei weitere Interpretationsmuster heraus. Im Gebet des Azarja (Dan 3,35 LXX) sind die drei Patriarchen – wie im literarischen Werden der Genesis selbst und in Sir 44,19 ff – vor allem als Träger der Verheißung gesehen, was der Szene von Dan 3 und der Gattung des Gebets entspricht, zugleich aber eine Tradition begründet, die – ohne Verwendung des Ehrentitels – vor allem im Neuen Testament breite Aufnahme gefunden hat. In SapSal 7,27 wird der Titel verallgemeinert und auf alle frommen Seelen bezogen, in denen die Weisheit wohnt.

sondern Abraham oder der Same Abrahams, der „ihn" oder – so im Gebet – „dich",
d. h. Gott, „liebt".[20] Die Wiedergabe als „Freund Gottes", die das Suffix am Partizip possessiv auffasst, ist hingegen in den griechischen Versionen begründet. So
ist der Titel in der Übersetzung der Septuaginta von Jes 41,8 und 2Chr 20,7 ebenso
wie in Dan 3,35 mit einer Form des Verbums ἀγαπάω wiedergegeben, in der Regel
im Passiv, in Jes 41,8 sowie in dem Zusatz von Jes 51,2 LXX im Aktiv mit Gott als
Subjekt. Ansonsten wird der Ausdruck φίλος τοῦ θεοῦ, lateinisch *amicus dei* (Jdt 8,22
V = 8,26 LXX), verwendet. Alle drei Möglichkeiten begegnen in der Wiedergabe von
Jes 41,8: LXX: ὂν ἠγάπησα „den ich liebe"; Aquila: ἀγαπητοῦ σου „sein Geliebter";
Symmachus τοῦ φίλου μου „mein Freund".[21]

   Hält man sich jedoch an den masoretischen Text und die reguläre hebräische
Grammatik, sieht die Sache anders aus[22] Mit dem aktiven Partizip אוהב bewegt
man sich in einem semantischen Feld, das eindeutig in den Bereich der Gesetzesüberlieferung im Alten Testament gehört. Im Unterschied zur Liebe Jʜwʜs zu
seinem Volk, die auch in der Metaphorik der Ehe (Hos 3,1) oder der Vater-Sohn-
Beziehung (Hos 11,1; vgl. 9,15; 14,5) ausgedrückt werden kann, ist die Redeweise von
der Liebe von Menschen zu Jʜwʜ ausschließlich im Kontext der Gesetzesparänese

---

20 So zu Recht Jenni 1971, 71.
21 Vgl. Oegema 1999, 140–142. Die griechische Übersetzung ist vielleicht von dem Begriff ידיד inspiriert, der in der Septuaginta mit einer passiven Form von ἀγαπάω wiedergegeben wird (Dtn 33,12;
Jes 5,1) und von den Übersetzern in dem Wort יחיד in Gen 22,2 (אֲשֶׁר־אָהַבְתָּ אֶת־יְחִידְךָ).12.16 sowie
Prov 4,3 wiedergefunden worden zu sein scheint; vgl. Halpern-Amaru 2006. Auch die äthiopische
Wiedergabe in Jub 17,12.18; 19,9; 30,20 tendiert zur Bedeutung „Freund Gottes".
22 Der Vorschlag der Umpunktierung in ein passives Partizip in BHS zu Jes 41,8 folgt den griechischen und lateinischen Versionen, die die Konstruktion offenbar nicht verstanden haben oder
verstehen wollten. Dass die Übersetzer damit Schwierigkeiten hatten, zeigt auch die Wiedergabe
von Jes 48,14. Hier sind im Hebräischen Jhwh Subjekt der finiten Verbform von אהב und der Ge-
liebte, also das Objekt dieses finiten Verbs, Subjekt des ganzen Satzes (יְהוָה אֲהֵבוֹ יַעֲשֶׂה „den Jhwh
liebt, er wird es ausführen"). Die griechischen Übersetzer ließen jedoch den Gottesnamen aus oder
fanden ihn noch nicht vor und machten hier das Subjekt des Satzes auch zum Subjekt des Liebens
(ἀγαπῶν σε ἐποίησα). Dabei spielt das textkritische Problem keine Rolle, ob der ganze Satzteil V. 14b,
der stilistisch aus der Gottesrede herausfällt, eine spätere Glosse ist oder ob eine Verschreibung von
jod und *waw* vorliegt, sei es, dass die ungewöhnliche Konstruktion יהוה אהבו eine Angleichung der
Suffixe in חפצו und זרעו zur Folge hatte, sei es, dass ein Schreibfehler in חפצו und זרעו – um Missverständnisse, zu vermeiden, um wessen Willen und Arm es sich handelt – die Zufügung des Gottesnamens Jhwh als Subjekt des ganzen Satzes nach sich gezogen und aus einem Liebenden (אהבי)
in Angleichung an 2Sam 12,24 einen Geliebten Jhwhs (יהוה אהבו) gemacht hat. Die griechischen
Übersetzer weichen von allen nur denkbaren Möglichkeiten ab, indem sie in der ersten Satzhälfte
die Suffixe durchgehend in 2. Pers. Sg. änderten (ἀγαπῶν σε ἐποίησα τὸ θέλημα σου) und in der
zweiten Hälfte זרעו bzw. זַרְעוֹ statt וּזְרֹעוֹ lasen und die „fast unerträglich kurz(e)" (Dillmann 1882, 426)
Ausdrucksweise וּזְרֹעוֹ כַשְׂדִּים in einen Genitivus absolutus auflösten: τοῦ ἆραι σπέρμα Χαλδαίων.

belegt: im Dekalog und davon abhängigen Stellen sowie in der Gesetzesvermahnung des Deuteronomiums, ausgehend vom *Shema' Israel* in Dtn 6,4–5.[23] In die richtige Ordnung gebracht, steht das *Shema' Israel* am Anfang, gefolgt von dem Dekalog und den davon wiederum abhängigen Auslegungen von beidem im Deuteronomium und an anderen Stellen der Hebräischen Bibel.[24]

Der traditionsgeschichtliche Hintergrund weist in dieselbe Richtung. Er besteht, wie man seit langem weiß, im aramäischen und neuassyrischen Vertragswesen, das bei der Ausformulierung der Bundestheologie des Alten Testaments Pate gestanden hat.[25] Die seltsam anmutende, ja anrührende Mischung von innerem Antrieb („Liebe") und äußerem Zwang durch Androhung von Sanktionen (Fluch und Segen) erklärt sich somit nicht aus einem subjektiven religiösen Gefühl, sondern aus der Sprache der altorientalischen Diplomatie, der man die Ernsthaftigkeit der Emotionen nicht von vornherein absprechen sollte. Auch eine Liebeserklärung wie die des Barrakib von Ja'udi/Sam'al zum assyrischen Großkönig in der Gedenkstele für den eigenen Vater, Panamuwa II. lässt sich nicht einfach als reine „Speichelleckerei" oder als kalkulierter Pragmatismus abtun.[26] Auch sie ist Ausdruck einer über Generationen bewahrten Identität, die der Dynastie und dem Königtum von Ja'udi/Sam'al nicht nur das Überleben gesichert, sondern inneren Halt und Orientierung gegeben hat. Gefühl und Pragmatismus schließen sich dabei keineswegs aus.[27]

Im Deuteronomium ist das Verhältnis des Vasallen zum Großkönig auf das Verhältnis des Volkes Israel zu seinem Gott Jhwh übertragen worden. Im Zuge dessen stieß die geforderte und aus eigenem Antrieb gegebene Liebe des Volkes zu seinem Gott nun auch auf die Gegenliebe seines Gottes. Nicht nur das Volk, auch Jhwh hat sich in Liebe seinem Gegenüber verpflichtet – auch dies ein Relikt der altorientali-

---

23 Für den Dekalog vgl. Ex 20,6 // Dtn 5,10 sowie Dtn 7,9; Ri 5,31; Dan 9,4; Neh 1,5; Ps 145,20. Für das Deuteronomium vgl. Dtn 6,5; 10,12; 11,1.13.22; 13,4; 19,9; 30,6.16.20; ferner Jos 22,5; 23,11; 1Kön 3,3; dazu Spieckermann 2000; Rüterswörden 2006b.
24 Vgl. Aurelius 2003b sowie Nr. 11 in diesem Band.
25 Vgl. Moran 1963; Rüterswörden 2006b sowie die anderen Beiträge zum Thema im selben Band (Witte u. a. 2006, 279–406). Dieser Hintergrund darf nicht überbewertet werden (Spieckermann 2000, 193 Anm. 8) und trägt auch nichts zur absoluten Datierung bei (Rüterswörden a.a.O., 230.237). Dennoch ist die Tradition präsent, wie auch immer man die historische Vermittlung erklärt. Zu diesem Problem vgl. Koch 2006.
26 Vgl. KAI 215 und dazu Kratz 2015, 239–259, hier 252–253.
27 Dasselbe gilt im Übrigen für eine arrangierte oder nach gewissen äußeren Vorgaben geschlossene Ehe zwischen Mann und Frau. Daher bin ich gegenüber einer „mentalitätsgeschichtlichen" Entwicklung, wie sie Rüterswörden 2006b, 232–233 mit Blick auf Prov 30,18–19 und Hld 8,6–7 vorschlägt, eher skeptisch. Doch dass im theologischen Diskurs des Deuteronomiums die „Innerlichkeit immer stärkeres Gewicht erhält" (a.a.O., 233), ist zweifellos richtig beobachtet.

schen Königsideologie.[28] Es ist daher kein Zufall, dass die Rede von der Liebe Gottes zu seinem Volk im Deuteronomium stets in Zusammenhang mit der Erwählung des Volkes begegnet.[29] Die Überarbeitung des Deuteronomiums unter dem Gesichtspunkt der Liebe verdankt sich umfangreichen Fortschreibungen und hat vor allem in den vorderen Rahmenkapiteln Dtn 1–11 zu erheblichen Erweiterungen geführt. Wie in der Damaskusschrift wird auch hier das Gesetz nachträglich in die biblische Heilsgeschichte eingeordnet.[30] Die „Liebe" dient also auch hier nicht zuletzt der Verbindung von Erzvätern und Gesetz.

Das führt uns zurück zu unserem „Freund", Abraham, „der Gott liebt". Vor dem angedeuteten Hintergrund verwundert es nicht, dass die Bezeichnung „Freund Gottes" ausgerechnet in der Gattung eines Heilsorakels begegnet. Wie die Terminologie der „Liebe" lebt auch in dieser Gattung die altorientalische Königsideologie fort. Im Heilsorakel hat die Rede von der Erwählung des Königs oder hier des Volkes zum „Knecht" Gottes ihren ursprünglichen Ort. Und wo von der Erwählung die Rede ist, ist die Liebe nicht fern. Nur ist es in Jes 41,8–9 nicht die Liebe Gottes zu seinem Volk, die die Erwählungsterminologie komplettiert. Auch dafür gibt es in den Heilsorakeln des Jesajabuches ein Beispiel (Jes 43,4). Doch hier, in Jes 41,8, ist es die Liebe Abrahams (bzw. seines Samens) zu seinem Gott, der ihn und mit ihm Israel von den Enden der Erde geholt und berufen, d. h. erwählt hat.

Vom Gesetzesgehorsam Abrahams ist in Jes 41,8–9 somit zwar nicht ausdrücklich die Rede. Doch konnte man, wenn es in dem Zusatz nicht sogar schon so gemeint war, die Stelle aus der Perspektive des Jubiläenbuches und seiner Version der biblischen Abrahamgeschichte sowie aus der Perspektive der Gemeinschaft von Qumran ohne Weiteres so verstehen. Die wenigen Stellen, in denen im Jesajabuch auf die Tora verwiesen wird, und insbesondere der gleich anschließende Text über den erwählten Gottesknecht in Jes 42,1–4, in dem man Jakob-Israel gefunden hat (vgl. 49,3), dürften ein Übriges zu diesem Verständnis beigetragen haben.[31] Und da die Liebe in Jes 41,8–9 entweder Abraham oder seinen Samen zum Subjekt hat, ließ sie sich in der weiteren Auslegungsgeschichte leicht auf alle drei Patriarchen übertragen.

---

28 Vgl. 2Sam 12,24 sowie Jenni 1971, 70. Bestes Beispiel sind die neuassyrischen Prophetien, die in der Mehrzahl Heilsorakel sind.

29 Vgl. Dtn 4,37; 7,7–8.13; 23,6 sowie Jenni 1971, 70 und die oben Anm. 25 genannte Lit. Die Redeweise von der Liebe Gottes zu seinem Volk, die erst ziemlich spät Eingang in das Deuteronomium gefunden hat, aber der Liebe des Volkes zu seinem Gott sachlich vorausgeht, scheint mir das entscheidende Motiv zu sein, das der Liebe zu Gott – im Unterschied zum altorientalischen Vertragsdenken – eine neue, gesteigerte Intensität im Deuteronomium verleiht.

30 Vgl. dazu Kratz 2000, 118–138.

31 Vgl. Jes 1,10; 2,3; 5,24; 8,16.20; 24,5; 30,9; 42,4.21.24; 51,4.7. Die Verbindung von Abraham und Tora in Jes 41,8 und 42,1–4, die der Targum zu 42,1–4 explizit macht, spiegelt sich in Jes 51,2 und 51,4.7 wider. Die Septuaginta fügte in 51,2 die Liebe (Gottes) hinzu.

Nicht anders verhält es sich bei der Aufnahme von Jes 41,8–9 in 2Chr 20,7. Auch hier legt der nähere Kontext, die Joschafat-Perikope, es nahe, bei der Liebe Abrahams zu seinem Gott an nichts anderes zu denken als an die Erfüllung von Gottes Willen im Gesetz. Ist es in der Chronik doch gerade der König Joschafat, der, dem Auftrag des persischen Königs an Esra in Esr 7 vergleichbar, für die Tora und ihre Einhaltung in Juda eintritt (2Chr 17,3–9) und das Rechtswesen nach den Maßstäben Tora (Dtn 16–17) reorganisiert (2Chr 19,4–11).[32] Indem Joschafat mit dieser seiner Regierungsführung zudem die Feinde Judas in Schranken hält (2Chr 17,10–13), deutet sich ein Zusammenhang zwischen Gesetzesobservanz und politisch-militärischem Erfolg gegen die Völker des Landes an. Für beides kann in 2Chr 20 auch Abraham, der „Freund Gottes", stehen, und mit beidem war für die Damaskusschrift ein geeigneter Anknüpfungspunkt vorhanden, um Abraham und seine Söhne als Beispiele des Gesetzesgehorsams anzuführen und als „Freunde Gottes" zu titulieren. Wie es scheint, lässt sich mit dem Ehrentitel „Freund Gottes" also eine Spur greifen, die recht unmittelbar von der innerbiblischen Rezeption der Abrahamfigur in die Auslegungstradition von Qumran und darüber hinausführt.

II Abraham, der Bruder Saras

Der „Freund Gottes" ist freilich nur eine schmale Spur, und zwar eine, die nicht innerhalb der Abrahamüberlieferung selbst, sondern erst in der innerbiblischen Rezeption außerhalb der Genesis beginnt. Der eigentliche Testfall besteht im Vergleich der Komposition der Abrahamüberlieferung in der Genesis mit ihrer inner- und außerbiblischen Rezeption. Aus diesem Grund wende ich mich als nächstes einem Beispiel zu, das schon in der Genesis selbst eine lange Überlieferungsgeschichte hinter sich hatte, bevor es im aramäischen Genesis-Apokryphon und im Jubiläenbuch aufgegriffen und weiter ausgelegt wurde: der Erzählung von der Gefährdung der Ahnfrau.[33]

Auch bei diesem Beispiel empfiehlt es sich, mit der außerbiblischen Rezeption einzusetzen, die den – mehr oder weniger fertigen – Bibeltext voraussetzt. Die Rezeption stand vor dem Problem, dass die Geschichte vom zeitweiligen Verlust der Frau des Patriarchen, der die Nachkommenschaft und mithin den Eintritt der göttlichen Verheißung gefährdet, in der Genesis dreimal erzählt ist: zweimal von Abraham und Sara (Gen 12,10–20; 20,1–18) und einmal von Isaak und Rebekka (Gen 26,1–14). Vor allem die Doppelung bei Abraham musste zu denken geben und

---

32 Vgl. dazu Kratz 1991b, 229 f.
33 Vgl. dazu Oswald 1960; Köckert 2006; Nickelsburg 1998.

hat zu zweierlei Reaktionen geführt. Das Jubiläenbuch erwähnt – ganz knapp – nur die Episode von Gen 12 (Jub 13,11–13) und übergeht die Wiederholung in Gen 20 (Jub 16,10–12) wie auch in Gen 26 (Jub 24,12–13), nicht zuletzt, weil das Sujet vom Inhalt her und wohl auch moralisch nicht ins Konzept passte. Ganz anders das aramäische Genesis-Apokryphon.[34] Ob es alle drei Versionen enthalten hat, wissen wir nicht, da die erhaltenen Teile des Werkes nur den Stoff von Gen 5–15 umfassen. Doch die erste Version, Gen 12, ist wiedergegeben und im Unterschied zum Jubiläenbuch breit ausgeführt.

Die Erzählung füllt zwei Kolumnen (XIX–XX) und gehört zu den Ich-Berichten des Genesis-Apokryphons.[35] Das Gerüst der Handlung folgt nachgerade Vers für Vers der biblischen Vorlage in Gen 12 und überträgt sie ins Aramäische: Anlässlich einer Hungersnot zieht Abraham nach Ägypten und veranlasst Sara, sich dort als seine Schwester auszugeben, um ihn vor dem Tod zu retten. Als man in Ägypten Saras Schönheit bemerkt, wird sie in den Palast des Pharaos geholt und Abraham verschont. Doch Gott schlägt das Haus des Pharaos mit schweren Plagen, sodass dieser den Sachverhalt erkennt und Sara an Abraham zurückgibt. Zwischen den Versen aus Gen 12 fügt das Apokryphon jedoch eine Fülle von Erzählzügen hinzu, die zum einen aus der biblischen Parallele in Gen 20 gespeist, zum anderen der exegetischen Kombination oder der Tradition oder beidem entspringen. Die Technik erinnert an den Targum.

Zu den Zügen, die das Apokryphon aus Gen 20 nimmt, gehören: die Kombination der Formulierung von Gen 12,12–13 mit Gen 20,13 in Kol. XIX 19–20;[36] die Art der Plagen von Gen 12,17, eine allgemeine Impotenz im Lande Ägypten, die aus Gen 20,6.17–18 erschlossen ist, in Kol. XX 16–17; das damit verbundene Motiv, dass der Pharao sich Sara nicht genähert hat aus Gen 20,4.6 in Kol. XX 17–18; die Offenbarung des Sachverhalts in einem Traum aus Gen 20,3 in Kol. XX 22 und die heilende Fürbitte aus Gen 20,7.17 in Kol. XX 21–23.28–29 (vgl. bes. XX 23 mit Gen 20,7);

---

34 Zum Text vgl. die Ausgabe von Fitzmyer 2004 sowie Qimron 1992; dazu Ziemer 2005, 27–69; Bernstein 1996b; Ders. 1998, 145–150.

35 Kol. II–V (Lamech), Kol. VI–XII sowie XII–XV (Noach), Kol. XIX–XXI 23 (Abraham); in Kol. XVI–XVII (Gen 10) und Kol. XXI 24–XXII 34 (Gen 14–15) trifft man hingegen auf eine Erzählung im Er-Stil. Möglicherweise ist das Apokryphon aus verschiedenen Quellen zusammengesetzt, die sich außer im Stil auch in Nähe und Ferne zur biblischen Überlieferung unterscheiden; die Wiedergabe von Gen 14–15 in Kol. XXI 24–XXII 34 steht ihr am nächsten. Die Verbindung von Ich- und Er-Stil scheint durch Über- oder Unterschriften wie den in Kol. V 27 erhaltenen Titel „Buch der Worte des Noach" hergestellt worden zu sein.

36 Kol. XIX 19–20: „... die mich töten wollen, um dich übrig zu lassen (Gen 12,12) ... das ist die ganze Wohltat, die du mir erweisen sollst: An jedem Ort, an dem wir sein werden, sag über mich ‚er ist mein Bruder' (Gen 20,13), dann werde ich dank deiner am Leben bleiben (Gen 12,13)".

die Rede vom Reich Ägyptens in dem anschließenden Disput aus Gen 20,9 in Kol. XX 26–28; die Ehrenerklärung des Pharao aus Gen 20,16 in Kol. XX 30–31. Mit alledem steht das „Genesis-Apokryphon … mit seiner Version der Ahnfrau-Erzählung offenbar näher bei Gen 20 als bei Gen 12".[37] Umso sprechender sind die Auslassungen gewisser Erzählzüge: die Beteuerung der Unschuld des Königs gegenüber Gott (Gen 20,4–5) und gegenüber Abraham (Gen 20,9); der Vorwurf des Königs, Abraham habe etwas Unrechtes über ihn und sein Reich gebracht (Gen 20,9); das Motiv der Gottesfurcht im fremden Land (Gen 20,11); die ausdrückliche Rechtfertigung Abrahams durch Erklärung der Verwandtschaftsbeziehungen (Gen 20,12); die Aufenthaltserlaubnis im fremden Land (Gen 20,15). Auch die Auslassung ist ein Mittel der Interpretation.[38]

Von besonderem Interesse sind sodann natürlich die Erzählzüge, die über die beiden biblischen Versionen hinausgehen und ihnen mit oder ohne Anhalt in diesen zugefügt würden. Eine erste Zufügung ist der Traum von der Dattelpalme und der Zeder in Kol. XIX 14–19, den Abraham gleich nach dem Übertritt der ägyptischen Grenze erhält. Der Traum ist eingeschaltet, um zum einen Abrahams heikles und vielleicht als anstößig empfundenes (vgl. Gen 20,9) Vorgehen auf eine göttliche Eingebung zurückzuführen und zum anderen mit dem Hinweis auf die gemeinsame Wurzel (vgl. Gen 20,12) zu rechtfertigen. Des Weiteren wird die Entdeckung von Saras Schönheit (Gen 12,11.14–15) durch die gelehrte Unterredung der Hofbeamten mit Abraham über die Bücher Henochs und deren ausführliche Beschreibung der Schönheit und Klugheit Saras vor dem Pharao in Kol. XIX 23–XX 8 breit ausgemalt und vor allem um den neuen Akzent der Weisheit Abrahams und Saras ergänzt. Weitere Zufügungen sind: das Weinen Abrahams und sein Gebet in Kol. XX 10–16, die keinerlei Anhalt in der biblischen Vorlage haben, aber das Motiv verstärken, dass Sara mit Gewalt Abraham entrissen wurde; die Steigerung der Plagen und der vergebliche Versuch der Zauberer Ägyptens, ihrer Herr zu werden, sowie die Verhandlung zwischen Lot und den Hofbeamten, die den König informieren in Kol. XX 18–26 (vgl. Gen 20,8); und schließlich die Berücksichtigung Lots selber in Kol. XX 11.22.34 sowie – mit Blick auf Gen 16 – der Hagar, in deren Besitz Sara bei dieser Gelegenheit gekommen sein soll, in Kol. XX 32.

Versucht man die Fülle der Abweichungen und Zufügungen gegenüber der biblischen Vorlage in Gen 12 und 20 zu sortieren und fragt nach den Motiven, so lassen sich wenigstens drei Absichten ausmachen:

Erstens geht es um exegetische Erklärungen offener Fragen, die sich aus dem Text in Gen 12 und seinem Verhältnis zu Gen 20 ergeben, und um die Ausschmü-

---

37 Köckert 2006, 165.
38 Vgl. dazu Pakkala 2013.

ckung von Motiven, die in der biblischen Vorlage anklingen, aber nicht ausgeführt sind. So macht erst die Beschreibung Saras deutlich, was „schön" (יפה מראה, יפה) in Gen 12,11.14 bedeutet: körperlich makellos von Kopf bis Fuß, aber eben auch klug.

Zweitens soll das Paar von jedem Verdacht moralischer und physischer Unlauterkeit freigesprochen werden. Darum der Traum, der Abraham exkulpiert, und darum die Betonung der Integrität Saras im Gebet Abrahams (Kol. XX 15) und durch die Steigerung der Plagen, mit denen Gott schon nach Gen 20,6 verhindert, dass sich der Pharao – von dem es in Gen 12,19 heißt, dass er sich Sara zur Frau genommen habe – ihr nähern kann. Umgekehrt werden alle positiven Züge des fremden Königs, der nach Gen 20 in Liebe und Unschuld gehandelt hat, ausgelassen.

Schließlich und drittens wird in dieser Auslegung der Erzählung ein anderes Bild Abrahams gezeichnet. Wahrscheinlich veranlasst durch Gen 20,7, wo Abraham von Gott selbst als „Prophet" bezeichnet wird, ist er im Apokryphon nach dem Typus des mantisch und magisch begabten Weisen dargestellt, wie er besonders in der Josephserzählung und in den Daniellegenden (Dan 1–6) begegnet.[39] Wie Joseph und Daniel besitzt er die Fähigkeit, Träume zu erhalten und zu deuten; wie Mose und Daniel ist er imstande, mit den Fachleuten für das Zauberwesen in Ägypten bzw. Babylonien zu wetteifern und zu obsiegen. Und darüber hinaus ist er – wie der Abraham des Jubiläenbuches (Jub 12,27) – in den Schriften Henochs bewandert, mit denen er ebenso wie Sara mit ihrer Weisheit die Weisen Ägyptens beeindruckt.

Nach allem ist der Abraham des Genesis-Apokryphons eine moralische und intellektuelle Idealgestalt, die als Ahnvater Israels vieles vorwegnimmt, was in der biblischen Erzählung erst die Nachfahren Israels auszeichnet, und die im Übrigen den Vorstellungen des Judentums in hellenistischer Zeit entspricht, das sich zwar in der Welt der großen Kulturnationen bewegt und zu bewegen versteht, aber nichts von seiner Integrität und Identität preisgibt.

Vergleicht man diese Version der Erzählung mit den drei Varianten in der Genesis, steht sie, wie wir schon sahen, der Fassung von Gen 20 am nächsten. Hier wie dort begegnen Träume und ausführliche Dialoge, ist die Erzählung auf die Unschuld Abrahams und die Integrität Saras bedacht und ist ein Bild Abrahams, des Propheten bzw. des Weisen, gezeichnet, das den Anfänger Israels in besonderer Weise in der jüdischen Tradition verankern soll.

Daneben sind jedoch auch deutlich andere Akzente gesetzt. Wie nicht zuletzt aus einem Vergleich der beiden biblischen Varianten in Gen 12 und 20 hervorgeht, will Gen 20 „Abraham als Vorbild eines weltoffenen Judentums in der Diaspora"

---

39 Vgl. Köckert 2006, 166–167.

präsentieren.[40] Zwar wird kein Zweifel daran gelassen, dass Abraham und Sara sich von ihrer Umwelt unterscheiden und auch unterschieden bleiben wollen. Doch hier ist es der ausländische König, der das (deuteronomische) Gebot hält.[41] So ist unverkennbar, dass die Darstellung des fremden Königs, Abimelech von Gerar, der den Gott Abrahams mit „mein Herr" anredet und um seine Unschuld vor diesem Gott besorgt ist, als ein Bild der Fremde gezeichnet ist, das überaus positiv und dem Judentum gegenüber aufgeschlossen ist, solange es auch die Eigeninteressen des fremden Landes respektiert (vgl. Gen 21,22–23). Auch bei den Fremden ist mit „Gottesfurcht" zu rechnen, die kurz später Abraham selbst in Gen 22 unter Beweis zu stellen hat. Mit alledem erinnert auch Gen 20 schon an die „Diasporanovellen" des Alten Testaments: die Josephsgeschichte, die Daniellegenden und das Buch Ester.[42]

Das Genesis-Apokryphon hat diese Beziehung offensichtlich gesehen und knüpft daran unmittelbar an. Allerdings hat es dabei die Akzente verlagert. Die freundlichen Züge des Fremdherrschers, der in Gen 20 zum Proselyten geworden ist, sind durchweg ausgelassen. Stattdessen wird die gewalttätige Seite des fremden Herrschers (wieder) betont. Was hingegen aus den genannten „Diasporanovellen" aufgegriffen und in die Erzählung eingetragen wird, sind die mantischen und magischen Fähigkeiten der Helden und mit ihnen die religiös begründete moralische und intellektuelle Überlegenheit des Judentums, das sich in der Diaspora aufhält. Darum erhält in dem Apokryphon nicht der König, sondern Abraham einen Traum, der den Gang der Dinge vorzeichnet. Darum stehen nicht die Unschuld und Gottesfurcht des Königs, sondern die Unschuld Abrahams und die Reinheit Saras auf dem Spiel. Darum spricht nicht der König, sondern Abraham in einem Gebet, dessen Anfang an Dan 2 und die Gebetseinlagen in der griechischen Fassung von Daniel und Ester erinnert, mit seinem Gott. Wenn man so will, haben sich in dem Apokryphon der fremde Herrscher und Abraham, die in Gen 20 (und 21,22 ff) zueinander gefunden haben, wieder auseinandergelebt. Es scheint, als sei die Auslegung der Geschichte im Genesis-Apokryphon in unmittelbarer Auseinandersetzung mit der in Gen 20 vertretenen Auslegung von Gen 12 entstanden.

Dieses Ergebnis des Vergleichs zwischen Gen 20 und dem Genesis-Apokryphon beruht nicht auf einem Zufall. Es bahnt sich vielmehr schon in der innerbiblischen Auslegungsgeschichte der Erzählung an. Von den drei Varianten in Gen 12; 20 und

40 Vgl. Köckert 2006, 152–161; ferner Blum 1984, 408–409.414–416. Beide datieren Gen 20 in die nachexilische Zeit; anders Schmitt 2004, 269–270, der an die Zeit nach der Zerstörung Samarias 722 v. Chr. denkt.
41 Vgl. Levin 1993, 173–174.
42 Vgl. Meinhold 1975. Zur literatur- und theologiegeschichtlichen Einordnung solcher Erzählungen vgl. Kratz, 1991b.

26 ist Gen 20 nämlich aller Wahrscheinlichkeit nach die jüngste. Das ist heute jedenfalls im Verhältnis von Gen 12 und Gen 20 anerkannt. Letztere Variante setzt erstere literarisch voraus und deutet sie neu.[43] Das kann man der Nachdichtung in Gen 20 sogar selbst entnehmen. Nicht nur, dass ihre Erzählweise vor allem am Anfang der Geschichte Kenntnis von Gen 12 voraussetzt. In 20,13 ist vielmehr ausdrücklich davon die Rede, dass die Anweisung an Sara, Abraham als ihren Bruder auszugeben, nicht nur für einmal in Ägypten (in Gen 12), sondern ein für allemal, „überall, wohin wir kommen," gegeben worden sei. Damit wird der Wiederholungsfall in den Ablauf der Abrahamgeschichte eingeordnet.[44]

Doch auch Gen 12,10–20, die literarische Vorlage von Gen 20, gehört nicht zum Urgestein der Abrahamüberlieferung. Die Episode unterbricht, wie man seit langem weiß, den Zusammenhang der Erzählung in Gen 12–13 und ist über die Wiederaufnahmen von 12,9 in 13,1 (Abraham im Negev) sowie 12,8 in 13,3–4 (Abraham in Betel) sekundär eingeschaltet.[45] Sie ist in Kenntnis der Exodusgeschichte verfasst und nimmt literarisch darauf Bezug. Schon diese Fassung ist also darum bemüht, Erfahrungen des Gottesvolkes, die erst später berichtet werden, in den allerersten Repräsentanten Israels, Abraham und Sara, zu verankern. Und von Anfang an ist es die Erfahrung der Gefährdung des Gottesvolkes, die von der Erzählung in die Abrahamüberlieferung eingetragen wird. Das stellt die Verheißungen Gottes, noch bevor sie eingetroffen sind, in Frage. Wie auch in Gen 15; 20 und 22 steht damit nichts weniger als die Zukunft Israels auf dem Spiel. Die Gefährdung nimmt allerdings sowohl im Zuge der Überlieferungsgeschichte wie im Erzählablauf von Mal zu Mal zu und gipfelt in der Versuchung Abrahams durch Gott selbst.

Umstritten ist das Verhältnis der beiden Varianten in Gen 12 und 20 zur Fassung der Geschichte in Gen 26,7–14, wo sie von Isaak und Rebekka erzählt wird. Im Unterschied zu Gen 12 und 26 bewegt sich die Gefährdung des Erzvaters und seiner Frau in Gen 20 nur im Bereich des Möglichen. Die Auskunft Isaaks, Rebekka sei seine Schwester, ist hier eine Notlüge, die durch das Interesse der Männer des Ortes hervorgerufen wird. Der Schwindel wird jedoch entdeckt, als der König des Ortes, auch hier ist es Abimelech von Gerar, den Isaak seinem Namen alle Ehre machen und Rebekka „liebkosen" sieht (וְהִנֵּה יִצְחָק מְצַחֵק אֵת רִבְקָה אִשְׁתּוֹ). Zwar macht ihm der König Vorwürfe, doch entgegen seiner Befürchtungen wird Isaak nicht getötet,

---

43 Vgl. Van Seters 1975, 167–175.183; Köckert 2006, 144.152–154 (mit weiterer Lit.).

44 Diese redaktionelle Verknüpfung führte zu der weiteren Frage, wo dies Abraham gesagt hat. Die Antwort gibt das Genesis-Apokryphon in XIX 19–20. Vgl. Bernstein 1996b, 51–52 und oben Anm. 36.

45 Vgl. Wellhausen 1899, 23; Levin 1993, 141–142; Kratz 2000, 276 Anm. 64; anders Köckert 1988, 250–255; Blum 1984, 307–311.334, die annehmen, dass der Verfasser der Komposition in Gen 12–13 selbst (der exilische „Jahwist" bzw. Verfasser der „Vätergeschichte 2") die Erzählung in den Kontext eingeschrieben habe.

sondern zusammen mit Rebekka für unantastbar erklärt. Wie Abraham in Gen 12 und 20 erwirbt auch Isaak anschließend Reichtümer, doch nicht durch die Großzügigkeit des Königs, sondern durch seiner Hände Arbeit und den Segen des Herrn.

Vieles spricht dafür, dass diese kurze Episode, eine von mehreren in Gen 26, im Vergleich zu den beiden Fassungen der Abrahamüberlieferung nicht der nehmende, sondern der gebende Teil war und also die älteste Fassung darstellt.[46] Sie wurde im Zuge des Ausbaus der Abrahamüberlieferung aufgegriffen und auf den ersten der drei Patriarchen übertragen, zuerst in Gen 12 und anschließend, mit Anleihen bei beiden Fassungen, in Gen 20. Auf diesem Wege sind der Erzählung verschiedene Bedeutungen zugewachsen: In Gen 26,12 ist es der in Gen 12,1–3 verheißene Segen des Herrn, der die kuriose, an dem Namen Isaaks hängende Episode zu einer Beispielerzählung für die göttliche Bewahrung Isaaks, des Sohnes Abrahams und Vaters Jakobs, macht. Im Zuge der Übertragung auf den Stammvater Abraham in Gen 12,10–20 wird die Episode nach Ägypten verlegt und in Analogie zur Exodusgeschichte als erster Testfall der Verheißung interpretiert. In Gen 20 schließlich wird, nicht zufällig, wie unter Abimelech von Gerar in Gen 26, demonstriert, wie die Verheißungsträger auch in der Fremde nicht nur durch den Segen des Herrn bewahrt werden und sich arrangieren, sondern ihre Integrität und Identität bewahren können.

So zeigt sich bereits in der innerbiblischen Auslegung im Rahmen der Literargeschichte von Gen 26 über Gen 12 bis hin zu Gen 20 eine Entwicklung, in der theologische Fragen und Antworten zur Existenz Israels unter fremder Herrschaft und in der Fremde von Mal zu Mal zunehmen. In diese Entwicklung fügt sich die außerbiblische Auslegung der Geschichte im Genesis-Apokryphon, die an Gen 20 anknüpft, nahtlos ein. Auch das Apokryphon wartet mit einer neuen Auslegungsvariante auf, die das Grundproblem noch einmal verschärft und es auf die ihm und anderen Vertretern der Gattung der *rewritten bible* eigene Weise löst. Doch der unmittelbare Anschluss an Gen 20 scheint mir evident. Natürlich weiß das Apokryphon nichts von der Genese der drei biblischen Varianten, sondern greift instinktiv auf Gen 20 zu. Doch liefert das Apokryphon damit vielleicht einen weiteren, indirekten Beweis dafür, dass nicht Gen 26, sondern Gen 20 die jüngste der drei biblischen Varianten ist. Auch wenn sich in dem Genesis-Apokryphon gegenüber Gen 20 die äußeren Bedingungen verschärft haben dürften, liegen zwischen den beiden Fassungen nicht Welten, sondern dieselben Erfahrungen mit der Fremdherrschaft in persischer und hellenistischer Zeit.[47]

---

46 So schon Wellhausen 1905, 317–318 Anm.1; Noth 1948, 115–116; ferner Levin 1993, 141; Kratz 2000, 264.271–272. Anders Van Seters 1975, 175–183; Blum 1984, 310, die Gen 12 für die ursprüngliche Fassung halten. Im Unterschied zu Van Seters findet Blum 1984, 304 Anm. 12 jedoch keine literarische Beziehung zwischen Gen 26 und Gen 12, sondern lediglich eine Abhängigkeit der Fassung in Gen 20 von Gen 12 und 26 (a.a.O., 406–407).

47 Zur Datierung von Gen 20 „frühestens in vorgerückter persischer Zeit" vgl. Köckert 2006, 160. Anders Schmitt 2004; Jeremias 2006.

III Abraham, der Vater Isaaks

Nach einem Detail der innerbiblischen Rezeption der Abrahamfigur und einem Beispiel der Auslegungsgeschichte einer Erzählung der Genesis ist dieser dritte Abschnitt der Abrahamüberlieferung im Ganzen gewidmet. Ihr möchte ich mich wiederum sozusagen von außen annähern, indem ich zunächst die außerbiblische Auslegung in den Texten vom Toten Meer betrachte und mit zwei Zeugnissen beginne, die außerhalb Qumrans entstanden sind, aber in der Gemeinschaft von Qumran überliefert und gelesen wurden. Das erste Zeugnis ist die Zusammenfassung der biblischen Abrahamüberlieferung im sogenannten Lob der Väter, das leider nicht auf Hebräisch erhalten ist, in Sir 44,19–21:

> Αβρααμ μέγας πατὴρ πλήθους ἐθνῶν, καὶ οὐχ εὑρέθη ὅμοιος ἐν τῇ δόξῃ· 20 ὃς συνετήρησεν νόμον ὑψίστου καὶ ἐγένετο ἐν διαθήκῃ μετ᾽ αὐτοῦ· ἐν σαρκὶ αὐτοῦ ἔστησεν διαθήκην καὶ ἐν πειρασμῷ εὑρέθη πιστός· 21 διὰ τοῦτο ἐν ὅρκῳ ἔστησεν αὐτῷ ἐνευλογηθῆναι ἔθνη ἐν σπέρματι αὐτοῦ, πληθῦναι αὐτὸν ὡς χοῦν τῆς γῆς καὶ ὡς ἄστρα ἀνυψῶσαι τὸ σπέρμα αὐτοῦ καὶ κατακληρονομῆσαι αὐτοὺς ἀπὸ θαλάσσης ἕως θαλάσσης καὶ ἀπὸ ποταμοῦ ἕως ἄκρου τῆς γῆς.

> 19 Abraham war der hochberühmte Vater vieler Völker und wurde geehrt wie kein andrer. 20 Er hielt das Gesetz des Höchsten, und Gott schloss mit ihm einen Bund und bestätigte diesen Bund an seinem Fleisch; und er wurde für treu befunden, als er versucht wurde. 21 Darum verhieß ihm Gott mit einem Eid, dass durch sein Geschlecht die Völker gesegnet werden sollten und er zahlreich werden sollte wie der Staub der Erde und seine Nachkommen wie die Sterne erhöht und Erben werden sollten von einem Meer bis ans andre und vom Euphrat bis an die Enden der Erde.

Die Zusammenfassung lenkt den Blick gezielt auf die großen Verheißungen an Abraham (Gen 12; 15; 17 und 22) und verbindet die Verheißung von Nachkommen und Landbesitz in Anspielung auf Gen 17 mit Gesetzesgehorsam und Bund (in dieser Reihenfolge!) sowie mit den Prüfungen des Abraham, in denen er seinen Glauben unter Beweis gestellt hat (Gen 22). In Sirach ist der Fokus ganz auf Abraham selbst gerichtet, während dessen Söhne Isaak und Israel (Jakob) eher kürzer und in seinem Schatten abgehandelt werden (Sir 44,22–23), bevor das Väterlob auf Mose zu sprechen kommt und dort wieder sehr viel breiter wird. Die Fokussierung sowohl auf Abraham selbst als auch auf die Züge von Verheißung, Gesetzesgehorsam und Bund sowie Prüfung und Glaube ist sowohl im Blick auf die außerbiblische Rezeption und Auslegung in den Texten vom Toten Meer als auch im Blick auf den innerbiblischen Auslegungsvorgang im Werden der Abrahamüberlieferung signifikant.

Dasselbe gilt auf seine Weise für das Jubiläenbuch. In ihm ist zu sehen, wie der vorliegende Text der Genesis in einer *lectio continua* aufgefasst wurde. Dabei wird den Verheißungen an Abraham besondere Aufmerksamkeit geschenkt. Der abrupte Anfang der Abrahamgeschichte in Gen 12,1 wirft viele Fragen auf und genügte offenbar nicht. Im Jubiläenbuch erhielt er darum eine Vorgeschichte, die ausführlich erzählt, wie sich Abraham zum wahren Gott bekehrt und aus dem Heiden der Stammvater Israels wird (Jub 12). An die beiden Bundesschlüsse von Gen 15 und 17 (Jub 14–15) wird eine lange Vermahnung zum Halten des Gebots der Beschneidung angehängt (Jub 15,25–34).[48] Auf derselben Linie liegt auch die Wiedergabe von Gen 22 in Jub 17. Ihr ist mit dem Auftritt des Versuchers Mastema, dem Doppelgänger des Satan aus Hi 1–2, eine theologische Erklärung dieses ungeheuren Vorgangs der Aqeda vorgeschaltet.[49] Die Begebenheit wird als eine der zehn Versuchungen Abrahams gezählt, die Gottesfurcht von Gen 22,12 mit dem Glauben von Gen 15,6 in Beziehung gesetzt (Jub 17,17–18). Glaube, Gottesfurcht und Gesetzesgehorsam sind für das Jubiläenbuch eins. Auch die „Liebe" Abrahams und seiner Kinder und Kindeskinder (Jub 17,18; 19,8–9; 30,20–21), gehört in diesen Zusammenhang.

Gehen wir nun einen Schritt weiter und betrachten die Beispiele, die sich neben Ben Sira und Jubiläen unter den Texten vom Toten Meer finden und teilweise in der Gemeinschaft von Qumran selbst entstanden sind. Dass auch in ihnen die Verheißung des „Bundes" (Gen 15 und 17) eine wichtige Rolle spielt, wird bei einer religiösen Gemeinschaft, die sich selbst den „(neuen) Bund" nennt (1QS II 10; CD VI 19 u. ö.), nicht verwundern. Oft ist die Redeweise derart abgeschliffen, dass sich kaum mit Sicherheit sagen lässt, an welchen biblischen Text gedacht ist.[50] An einigen Stellen ist der Bezug jedoch deutlich und beabsichtigt. So wird in CD XII 11 und XVI 6 eindeutig auf die Beschneidung in Gen 17 Bezug genommen. In 4Q158 4 6–8 (*Reworked Pentateuch*) dürften Gen 12,1 (ראה Hif.) und 17,7 (להיות לאלוהים) miteinander kombiniert sein; die Land- und Bundesverheißung wird hier kongenial mit dem Gottesdienst und dem Bundesschluss am Gottesberg (Ex 3,12; 24,4–6) in Verbindung

---

48 Ebenso wird die knappe Sterbeszene in Gen 25 durch drei lange Abschiedsreden an Ismael, Isaak und Jakob breit ausgebaut (Jub 20–22). Auch sie zielen auf den Gesetzesgehorsam. An Isaak gibt Abraham in Jub 21 Vorschriften weiter, wie man ein richtiges Opfer darbringt. Das entspricht seinem eigenen Verhalten auf seinem Weg durchs Land, auf dem er – im Unterschied zur biblischen Überlieferung – nicht nur Altäre gründet und den Namen Jhwhs anruft, sondern nach den Vorschriften der Tora des Mose opfert. Vgl. dazu 1QapGen sowie die Weitergabe von Opfervorschriften an Levi in 4Q214b (TLevi^b ar) 1. So lässt das Jubiläenbuch Abraham das Gesetz des Mose halten und seinen Söhnen ans Herz legen, das er nach der biblischen Erzählung eigentlich noch gar nicht kennt.

49 Die Verbindung dürfte durch ein hintergründiges, wörtliches Verständnis von וַיְהִי אַחַר הַדְּבָרִים הָאֵלֶּה „Und es geschah nach diesen Begebenheiten/Worten" (Kister 1994, 7–15.20) und den folgenden Satz וְהָאֱלֹהִים נִסָּה אֶת־אַבְרָהָם veranlasst sein. Vgl. dazu ausführlich VanderKam 1997; Van Ruiten 2002.

50 Vgl. 4Q378 22 i 4 (כרת עם אברהם); 4Q388a 1 ii 2 // 4Q389 1 ii 8 (אשר כרתי עם); CD III 4 (הברית אשר כרתי עם). Der Ausdruck כרת ברית stammt aus Gen 15, der Zusatz לעולם aus Gen 17.

gebracht. In 4Q464 3 ii 3–4 wiederum wird Gen 15,13 zitiert und in 4QMMT C 31–32 die berühmte Stelle Gen 15,6 (oder deren Zitat in Ps 106,31) mit Dtn 6,18 (לעשות הישר והטוב)[51] kombiniert.

Am interessantesten sind jedoch zwei Texte, die Gen 15 und 22 nicht nur, wie im Jubiläenbuch, aufeinander beziehen, sondern auch literarisch verknüpfen. Es handelt sich zum einen um den Text 4Q225, die sog. Pseudo-Jubiläen, zum anderen um 4Q252, den schon zum „Freund Gottes" angeführten Kommentar zur Genesis. Beide Texte, von denen der erste außerhalb, der zweite innerhalb der Gemeinschaft von Qumran entstanden sein dürfte, sind sehr verschieden, aber darin nicht unähnlich, dass sie in ihrer selektiven Wiedergabe des Genesis-Texts vom Auszug Abrahams aus Ur Kasdim und Haran unmittelbar zu Gen 15 und von hier recht bald zu Gen 22 übergehen.

Von besonderem Interesse sind die beiden Texte 4Q225 (Pseudo-Jubiläen) und 4Q252 (Kommentar zur Genesis A), der bereits zum „Freund Gottes" (oben unter I) angeführt wurde. Beide Texte, von denen der erste außerhalb, der zweite innerhalb der Gemeinschaft von Qumran entstanden sein könnte, sind sehr verschieden, weisen aber auch gewisse Gemeinsamkeiten auf. In ihrer selektiven Wiedergabe der Genesis gehen beide Texte von dem Auszug Abrahams aus Ur Kasdim und Haran zu Gen 15 und von hier sehr bald zu Gen 22 über.

4Q225 erscheint wie eine Kurzfassung des Jubiläenbuches.[52] Der Text springt von den Itinerarnotizen in Gen 11,21 und 12,4 sofort zu Gen 15 und von hier (im Anschluss an Gen 15,6) zur Geburt Isaaks in Gen 21 und der Aqeda in Gen 22. Wie im Jubiläenbuch erscheint auch hier Mastema als der Verursacher der Versuchung von Gen 22, doch ansonsten geht die Wiedergabe sowohl über den Bibeltext als auch über die Version des Jubiläenbuches hinaus. Abraham wird von Mastema „wegen Isaak" angefeindet (4Q225 2 i 9: וישטים את אברהם בישחק); Isaak scheint um das Opfer zu wissen und, sofern die vorgeschlagene Ergänzung zutrifft, seinen Vater zu bitten, ihn *rite* zu binden (4Q225 2 ii 4: [כ]פות אותי יפה),[53] vielleicht ist er sogar selbst der Prüfung ausgesetzt (4Q225 2 ii 7–8);[54] um den Altar stehen sich die Engel des Herrn

---

51 So auch der Samaritanus in Dtn 12,28, die umgekehrte Reihenfolge in MT. Innerhalb von 4QMMT ist die Zitatkombination möglicherweise erst durch eine sekundäre Angleichung an Dtn 6,18 entstanden, wie aus den Varianten der Handschriften hervorgeht: 4Q399 ii 4 הישר, 4Q398 14–17 ii 7 הישר והטוב.

52 Zum Text vgl. Milik und VanderKam 1994, mit Verbesserungen für Frag.1 in Kugler und VanderKam 2001. Vgl. dazu VanderKam 1997; Bernstein 1998, 137–138; Ders. 2000; Fitzmyer 2002; García Martínez 2002; Kugler 2003; Kugel 2006; und Fabry 2006, 93–101.

53 Milik und VanderKam 1994, 151–152.

54 So – für den ersten אם-Satz von Z. 8 – Vermes 1996, 142 Anm.16, 17; García Martínez 2002, 55; Fabry 2006, 101. Zur Formulierung vgl. jedoch 4Q226 7 1, wo Abraham „für treu befunden" wird

und die Engel Mastemas gegenüber, die einen weinend, die anderen über das Ende Isaaks triumphierend (4Q225 2 ii 5–7); die genealogische Linie des geretteten Isaak wird bis Levi ausgezogen (4Q225 2 ii 10–12).[55]

Vergleicht man den Text mit der biblischen Vorlage, so wird nicht nur die Rolle Isaaks betont, sondern – wie schon im Jubiläenbuch – auch ein priesterliches Interesse erkennbar, das sich des Stoffs von Gen 22 und der Genealogie bemächtigt. Gleichzeitig ist jedoch auch das ursprüngliche, in Gen 22,1 und 22,12 artikulierte Interesse an der Glaubensprobe rezipiert und durch das Auftreten Mastemas und seiner Heerscharen sinnfällig gemacht. Statt נסה und ירא אלהים steht hier die Wendung אם ימצא כחש ואם לא ימצא נאמן (4Q225 2 ii 8; 4Q226 7 1), auf wen auch immer sie sich beziehen mag.[56] Doch auch die Besonderheiten verdanken sich Zügen im biblischen Text, die schon hier auffallen: die genaue Beschreibung der Opferszene, die Ätiologie der Kultstätte und das zweifache Auftreten eines Engels des Herrn.

Von alldem ist in dem zweiten Text, 4Q252, nichts zu lesen.[57] Auch er geht bei der Auswahl der Bibeltexte selektiv vor und streut verschiedene Bemerkungen ein, die dem Textverständnis dienen und Fragen, die der Bibeltext offen lässt oder aufwirft, auf seine Weise beantworten.[58] Der Gattung nach scheint es sich um eine Art Kommentar zu handeln, wie aus der Zitationsformel in 4Q252 1 iii (III) 1 (vgl. Frag. 5 [IV] 2) und der Pesher-Formel in 4Q252 5 (IV) 5 hervorgeht, obwohl das typische Schema von Zitat und Interpretation nicht durchgehalten ist. Die Erwähnung der „Männer der Gemeinschaft" (אנשי היחד) in 4Q252 6 (V) 5 spricht dafür, dass der Text in der Gemeinschaft von Qumran entstanden ist.

(נמצא אברהם נאמן ל[א]ל[ל]הים); Milik und VanderKam 1994, 149–150.153 finden dementsprechend auch in 4Q225 2 ii 8 Spuren eines א und lesen: [א]ברהם א[ברהם ואם לא ימצא נאמן.

55 Unklar ist, wer Sprecher und wer Subjekt des Satzes לא יהיה אהב in Z. 10 ist. Die Herausgeber Milik und VanderKam 1994, 153 denken an Abraham, den „Freund Gottes", erklären jedoch nicht die Negation. Vermes 1996, 142 Anm. 18.19 ist vermutlich im Recht mit der Annahme, dass in Z. 9–10 Gott und nicht etwa Mastema (oder einer seiner Engel) spricht. Das würde bedeuten, dass Gott in Abrede stellt, dass Abraham ihn „nicht liebt", und dafür Isaak segnet.

56 Milik und VanderKam 1994, 149.151.153 ergänzen in Anlehnung an Gen 22: „And [in all this the Prince of the Mastemah was testing (נסה) whether] he would be found weak, and whether A[braham] should not be found faithful [to God]".

57 Zur Edition und weiterführenden Literatur s. o. Anm. 10.

58 Aufgrund des schlechten Erhaltungszustandes ist die Gesamtanlage des Werkes schwer zu greifen: Im Bereich der Flutgeschichte scheinen Probleme der Chronologie im Vordergrund zu stehen. Bei der Geschichte von Noachs Weinberg wird die Frage beantwortet, warum Gott nicht den Übeltäter Ham, sondern seinen Sohn Kanaan verflucht hat. Von Abraham sind Verse und Motive aus Gen 11; 15; 18 und 22 zitiert; danach folgt noch einiges aus Gen 28; 36 und 49. Zum übergreifenden Thema vgl. die Debatte zwischen Brooke 1994; 1994–95 und Bernstein 1994; 1994–95.

Für unsere Frage ist vor allem die Zusammenstellung von Gen 15 und 22 wichtig. Sie könnte sich hier ebenso wie die Anspielungen auf Gen 18 auf das in der Zwischenbemerkung von 4Q252 1 ii 8 + 3 i 4 [II 8] exponierte Thema des Landbesitzes und seiner Rechtfertigung gegenüber anderen Ansprüchen beziehen. Hierzu würden auch die übrigen Stücke passen, die die Frage anhand von Gen 49,10 bis zur eigenen Gegenwart und der eschatologischen Zukunft ausziehen. Unter diesem Gesichtspunkt wäre verständlich, warum anschließend an die Anspielung auf Gen 18 nicht die Aqeda selbst, sondern nur der Ausgang der Geschichte in Gen 22,10–12 zitiert wird. Doch auch hier stehen wie in Sirach, Jubiläenbuch und Pseudo-Jubiläen (4Q225) die Verheißungstexte der Genesis im Fokus, die hier mehr auf die Frage des Landbesitzes, an den anderen Stellen mehr auf den Glauben und die Gesetzestreue Abrahams hin ausgelegt werden.

Wer sich auch nur ein wenig in der Pentateuchdiskussion auskennt, dem wird bei dem Durchgang durch die Beispiele der außerbiblischen Auslegung nicht verborgen geblieben sein, dass diese sich immer wieder auf Texte bezieht, die auch in der Komposition der Genesis eine tragende Bedeutung haben. Es ist hier nicht der Ort, die Frage der Komposition der Abrahamüberlieferung auszubreiten.[59] Doch seien einige wenige Hinweise gegeben, um deutlich zu machen, dass die tragenden Pfeiler der Komposition, auf die sich die Auslegung instinktiv bezieht, auch in dem Werden der Überlieferung und dem innerbiblischen Auslegungsvorgang, der sich darin vollzog, eine entscheidende Rolle gespielt haben.

Aufs Ganze der Vätergeschichte gesehen, herrscht allgemeiner Konsens darüber, dass Abraham unter den drei Patriarchen „die jüngste Figur in dieser Gesellschaft und wahrscheinlich erst verhältnismäßig spät seinem Sohn Isaak vorgesetzt" ist.[60] Der Kern der Väterüberlieferung ist bei Jakob zu suchen, dem zuerst die ehemals selbständige Isaaküberlieferung in Gen 26(–27) und schließlich die Abrahamüberlieferung in Gen 12–25 „vorgesetzt" wurden. Schon daran ist die Entwicklung der innerbiblischen Auslegung im Rahmen der Genesis abzulesen: Sie läuft mehr und mehr auf Abraham als den Anführer der Patriarchen und Anfänger Israels zu, was sich sowohl in der inner- wie auch in der außerbiblischen Rezeption fortsetzt.

Innerhalb der Abrahamerzählung wiederum lässt sich der Abraham-Lot-Zyklus in Gen 12–13; 18–19 und 21, der Abraham zum Vater Isaaks macht, und hier wiederum die vermutlich ehemals selbständige Erzählung von Lot in Sodom in Gen 19 als älteste Überlieferungen isolieren. Alles Weitere ist der Figur erst nach

---

59 Die wichtigsten Beiträge der letzten Jahre sind Van Seters 1975; Blum 1984; Köckert 1988; Levin 1993. Meine Sicht der Dinge kann man nachlesen in Kratz 2000, 263–280, zu Abraham bes. 275–278; sowie Nr. 7 und 8 in diesem Band.

60 Wellhausen 1905, 317; vgl. Noth 1948, 113–114.

und nach zugewachsen und hat sie zur dominierenden Vätergestalt werden lassen. Dabei haben die drei großen Verheißungstexte Gen 12; 15 und 17 eine entscheidende Rolle gespielt, die auch literarhistorisch signifikant ist.[61] Die Texte erlauben es, eine priesterschriftliche und eine nichtpriesterschriftliche Auslegungstradition zu unterscheiden. Am einfachsten ist die priesterschriftliche Abrahamüberlieferung zu identifizieren, die von der Verheißungsrede Gen 17 beherrscht ist und eine vorpriesterschriftliche Überlieferung voraussetzt.[62] Diese ältere Fassung, die von der Priesterschrift vorausgesetzt und neu interpretiert wird, ist in dem nichtpriesterschriftlichen Bestand in Gen 12–25 zu suchen, der allerdings sowohl vor- als auch nachpriesterschriftliche Texte enthält und nicht zuletzt darum außerordentlich umstritten ist.[63]

Auf die vorpriesterschriftliche Grundschicht wird man jedenfalls die (jahwistische) Verheißung in Gen 12,1–3 und 28,13–15 zurückführen können, die eine Verbindung von Ur- und Vätergeschichte herstellt, für die genealogische und geographische Verbindung der drei Patriarchen verantwortlich ist und die gesamte Vätergeschichte unter das Thema des „Segens" stellt.[64] Schon die Entwicklung von der durch Gen 12 und 28 repräsentierten (jahwistischen) Schicht zu der durch Gen 17 repräsentierten Priesterschrift lässt einen deutlichen Schritt auf dem Weg zur späteren außerbiblischen Auslegungstradition erkennen. Zu dem „Segen" von Gen 12,1–3, der in Gen 17,20 auf die Nebenlinie Ismael übergeht („großes Volk"), treten in Gen 17 für die Hauptlinie Abraham, Isaak und Jakob (Israel) der „Bund" und das „Bundeszeichen" der Beschneidung als neue theologische Kategorien der Abrahamüberlieferung hinzu (vgl. Sir 44,19–20). Die Verbindung von Erzvätern und

---

61 In dieser Hinsicht war Hoftijzer 1956 ein „Vogel, der vor dem Morgen sang"; vgl. auch Rendtorff 1976.

62 Zum priesterschriftlichen Bestand, der allerdings hier und dort innerpriesterschriftlich glossiert wurde, gehören: Gen 11,27–32; 12,4b–5; 13,6.11b–12; (19,29?); 16, 1a.3.(15–)16; 17,1–27; 21,1b–5; 23,1–20 sowie 25,7–11a. Vgl. dazu Kratz 2000, 240–242.

63 Üblicherweise wurde dieser Bestand auf die beiden Quellen J (Jahwist) und E (Elohist) sowie verschiedene Nachträge und den Redaktor verteilt, der die Quellen J, E oder JE und P zusammengeführt hat. Grundlegend dafür waren und sind bis heute Wellhausen 1899 sowie Noth 1948, 17–19.29–35.38–39. In neuerer Zeit mehren sich jedoch die Stimmen, die darin keine Quellen, sondern eine literarische Grundschicht entdecken, die ältere Überlieferungen über Abraham und die anderen Väter zu einem Erzählfaden zusammengestellt hat und ihrerseits vor- wie nachpriesterschriftlich mehrfach bearbeitet und ergänzt wurde. Grundlegend dafür sind Blum 1984 und Levin 1993; vgl. Kratz 2000, 226–230.

64 Vgl. zu dieser Schicht Kratz 2000, 265–269. Bei Blum 1984 figuriert diese Komposition unter „Vg¹" (Vätergeschichte 1) und „Vg²" (Vätergeschichte 2), bei Levin 1993 unter dem traditionellen Siglum „J", das bei ihm allerdings für eine jahwistische Redaktion steht, die die älteren Quellenstücke (Fragmente) in einen Zusammenhang gebracht hat.

Gesetz sowie die Vorstellung, dass schon Abraham das Gesetz des Mose gehalten habe, das er noch gar nicht kannte, wurde von der Priesterschrift in die Genesis eingetragen. Auf ihren Pfaden bewegt sich vor allem die Auslegung des Jubiläenbuchs, das allerdings auch die andere, durch Gen 15 und 22 vertretene Auslegungslinie rezipiert und mit ihren priesterlichen Interessen vereint.

Neben der (jahwistischen) Verheißung des Segens (Gen 12) und der späteren priesterschriftlichen Verheißung des Bundes (Gen 17) repräsentiert Gen 15 einen dritten Auslegungstyp, der in die Genesis eingeschrieben wurde und die Überlieferung nachhaltig prägt. Auch hier begegnet, wie in Gen 17, der „Bund" in der Verbindung mit der Verheißung von Nachkommenschaft und Landbesitz. Allerdings wird in Gen 15 beides, Verheißung und Bund, vor dem Hintergrund einer Gefährdung der Nachkommenschaft zugesichert und in dem Glauben Abrahams begründet, den „er (Gott) ihm (Abraham) als Gerechtigkeit angerechnet hat" (Gen 15,6). Dies ist der Ausgangspunkt für die Verheißungen in der Genesis, die „um Abrahams willen" gegeben und an einer Stelle (Gen 26,5) ausdrücklich mit dem Gesetzesgehorsam Abrahams in Beziehung gesetzt werden.[65]

Im Gang der Erzählung steht Gen 15 zwischen Gen 12(–14) und Gen (16–)17. Wo es sachlich und zeitlich steht, ist allerdings heiß umkämpft. Die früher der Quelle „E" (Elohist) zugerechneten Stücke, zu denen neben Gen 15 auch die Erzählungen Gen 20–22 (außer 21,1–8 und 22,20–24) zählen, geraten zunehmend in den Verdacht, nachpriesterschriftliche Zusätze zu sein, auch wenn sie kaum Einfluss der Priesterschrift erkennen lassen.[66] Die Stücke sind dem „Midrasch" zur Abrahamüberlieferung in Gen 14 nicht unähnlich;[67] wie dieser rekurrieren sie auf den weiteren literarischen Kontext, greifen zum Teil ältere Überlieferung auf und spinnen sie erzählerisch und theologisch weiter.[68] Ob diese Stücke für den Kontext oder außerhalb der Genesis entstanden sind, ist schwer zu sagen. Deutlich ist nur, dass in ihnen eine überaus profilierte und theologisch höchst reflektierte, innerbiblische Ausle-

---

65 Vgl. Gen 18,18–19; 22,15–18; 26,3–5.24.
66 Vgl. Levin 1993, 151.172–173; Ders. 2004b; Schmid 1999, 172–186; Ders. 2004b; zu Gen 22 schon Veijola 1988a, bes. 155; ferner Blum 2002, bes. 142–145, der seine ehedem vorpriesterlich datierte D-Komposition („KD"), zu der Gen 15 und die damit verwandten Verheißungen sowie die meisten der „E"-Texte gehören, neuerdings teilweise nach der Priesterschrift ansetzt. Anders Graupner 2002, 182–218; Schmitt 2004; Jeremias 2006, die nach wie vor an der vorpriesterlichen und vorexilischen Datierung der „E"-Texte in Gen 15 und 20–22 festhalten. Für eine vorpriesterliche Datierung von Gen 15 (mit Ausnahme einiger weniger Ergänzungen) vgl. auch Ziemer 2005, 166–184; Gertz 2002a schlägt erneut eine Teilung in ein vor- und ein nachpriesterliches Stratum von Gen 15 vor.
67 Vgl. dazu Wellhausen 1899, 24–25; ferner Ziemer 2005, 11–162; Granerød 2010.
68 Gen 12 (und 17?) in Gen 15; Gen 12,10–20 und 26,1–14 in 20,1–18; Gen 16(–17?) in 21,(8.)9–21; Gen 26,15–33 in 21,22–34; Gen 12 und 15 in Gen 22.

gung der Abrahamtradition zu greifen ist, die nicht nur die biblische Überlieferung prägt, sondern in der Korrelation von Glaube (Gen 15,6) und Gottesfurcht (Gen 22,12) auch auf die außerbiblische Auslegung eine große Anziehung ausgeübt hat.[69]

Wie wir gesehen haben, legen Sir 44, die Wiedergabe von Gen 22 in Jub 17 sowie die Textauswahl in 4Q225 und 4Q252 ein beredtes Zeugnis von dieser Anziehungskraft ab. Wenn man so möchte, handelt es sich bei 4Q225 nachgerade um ein Exzerpt des „Elohisten", also derjenigen nichtpriesterschriftlichen Stücke, die auch in der Genesis selbst ein Sonderdasein führen und die Abrahamüberlieferung im Sinne von Gen 15 midraschartig fortsetzen.[70] Vielleicht darf man aber gerade diesen Befund ebenso wie die Anknüpfung des Genesis-Apokryphons an der „elohistischen" Variante der Ahnfraugeschichte von Gen 20 als Indiz dafür nehmen, dass diese Texte eher nach- als vorpriesterschriftlich einzuordnen sind. Sie fügen dem priesterschriftlichen Bund und dem Gesetz die Konzepte des „Glaubens" und der „Gottesfurcht" hinzu, die es erlauben, auch die Krisen der Verheißung und des Gesetzesgehorsams zu meistern und durch die Krise hindurch an Bund und Gesetz festzuhalten. Wie Ben Sira, das Jubiläenbuch und all die anderen außerbiblischen Auslegungen zeigen, hat man bald keinen Unterschied mehr zwischen beidem gemacht. Was im Text der Genesis bereits durch vielfache Textbezüge kenntlich gemacht war, wurde hier expliziert. Glaube, Gottesfurcht und Gesetz wurden damit eins.

---

69 Zum erzählerischen und theologischen Profil von Gen 20–22 vgl. Jeremias 2006. Er arbeitet sehr schön die Gemeinsamkeiten und Unterschiede zwischen Ismael und Abraham in Gen 21 und 22 heraus, die allerdings weniger an die Verhältnisse „der späteren Königszeit" als vielmehr an die Behandlung der beiden in Gen 17 erinnern. Doch die Frage bleibt: Bringt Gen 17 die Theologie von Gen 15 und 20–22 auf den (priesterschriftlichen) Begriff oder führen die „E"-Stücke in Gen 15 und 20–22 nicht nur J, sondern auch schon P erzählerisch und theologisch aus?

70 Das bedeutet freilich nicht, dass dem Verfasser von 4Q252 die Quelle „E" oder die Sonderstücke in Gen 15 und 20–22 noch selbständig vorgelegen hätten. Das Beispiel lehrt vielmehr, dass aus späten Redaktionen, Nachschriften und Exzerpten keine weitreichenden redaktionsgeschichtlichen Schlüsse gezogen werden können.

23 „Der Ort, den Er erwählt hat"
Die Identifikation der Kultstätte von Dtn 12 und Lev 17 in 4QMMT

Nicht wenige der Arbeiten von Devorah Dimant sind dem Thema der inner- und außerbiblischen Auslegung biblischer Texte im antiken Judentum gewidmet; erinnert sei nur an ihren wegweisenden Artikel über die Techniken und Tendenzen der Auslegung biblischer Schriften in den Apokryphen und Pseudepigraphen.[1] Eine Stelle, die unter diesem Gesichtspunkt besondere Aufmerksamkeit verdient, scheint mir die Identifizierung des zentralen Kultortes von Dtn 12 und Lev 17 mit Jerusalem in 4QMMT (B 27–35; vgl. auch B 58–62) zu sein.[2] Nicht nur, dass diese Stelle zum Thema des Schlachtopfers – für ihre Zeit – durchaus etwas Neues beiträgt.[3] Vor allem ist es, soweit ich sehe, eine der seltenen, uns bekannten Belege, die eine explizite Identifizierung vornehmen, was angesichts der Tatsache, dass die Lokalisierung der Opferstätte auf dem Berg Zion oder dem Berg Garizim (vgl. Joh 4,20 f) bis heute strittig ist, bemerkenswert erscheint. Beides möchte ich im Folgenden näher untersuchen, nicht zuletzt, um an diesem Beispiel die fließenden Übergänge von der innerbiblischen zur außerbiblischen Schriftauslegung zu demonstrieren. Hierfür werde ich zunächst die fragliche Textstelle selbst (I), sodann die Tempelrolle (II), die biblische Vorlage (III) und schließlich die biblischen und parabiblischen Parallelen befragen (IV).

I 4QMMT B 27–35

Nach den Halakhot über diverse Opferarten, den Umgang mit dem Opfertier und die Verwertung der Tierkadaver – Vorschriften, die offenbar speziell für die Priester bestimmt sind –,[4] folgt in 4QMMT B 27–35 eine Halakha über den Ort des Opferkults, bevor der Text in B 36 ff mit Bestimmungen über die Bedingungen für die Teilnahme am Opfer fortfährt. Gegenüber den anderen Halakhot zeichnet sich die Halakha in B 27–35 dadurch aus, dass sie eine Schriftstelle und nicht, wie sonst

---

1 Dimant 1988.
2 Ich zitiere nach der Ausgabe von Qimron/Strugnell 1994.
3 Anders Qimron/Strugnell 1994, 156 f: „Our fragmentary text does not contribute anything new on the subject of slaughtering".
4 B 3–13, B 13–17 und B 17–27. Alle drei Abschnitte werden abgeschlossen mit der Formel: כי לבני אהרן/הכוהנים ראוי ל.

https://doi.org/10.1515/9783111367057-029

üblich, einen Kasus zum Gegenstand hat.[5] Dies unterscheidet die Stelle auch von der übrigen Benutzung und Interpretation der Schrift in MMT.[6]

Der Text von B 27–35 ist durch zwei Handschriften bezeugt: 4Q394 3–7 14–19 und 4Q397 3 2–6 (= B 27–34). Aufgrund der Überschneidung von 4Q394 8 iii und 4Q397 4–5 mit 4Q396 1–2 i und der thematischen Berührung lässt sich mit einiger Wahrscheinlichkeit auch die Zeile 4Q396 1–2 i 1 (= B 35) noch zu dieser Halakha rechnen, so, wie es der Composite Text in DJD X vorsieht. Der Text ist stark zerstört und daher nicht leicht zu verstehen. So stellt sich vor allem die Frage, worin das Problem der Schriftstelle besteht, das die Halakha behandelt.

In B 27 f (4Q394 3–7 ii 14 f) ist die in MMT mehrfach verwendete Zitationsformel zum ersten Mal eindeutig belegt.[7] Eingeleitet durch ועל שא כתוב, wird Lev 17,3 zitiert:

4Q394 3–7 ii 14f

[וע]ל שא כתוב] איש כי ישחט במחנה או ישחט [מחוץ למחנה שור וכשב ועז

Lev 17,3

אִישׁ אִישׁ מִבֵּית יִשְׂרָאֵל אֲשֶׁר יִשְׁחַט שׁוֹר אוֹ־כֶשֶׂב אוֹ־עֵז בַּמַּחֲנֶה אוֹ אֲשֶׁר יִשְׁחַט מִחוּץ לַמַּחֲנֶה

Wie aus dem Textvergleich hervorgeht, handelt es sich, soweit der Text erhalten ist, nicht nur um eine „Paraphrase",[8] sondern um ein wörtliches, wenn auch nicht buchstäbliches Zitat.[9] Lediglich die Stellung von Objekt und adverbialer Bestimmung des Ortes ist vertauscht, und statt der Partikel את steht in der Aufzählung der Objekte die Kopula ו. Die Umstellung könnte damit zusammenhängen, dass die Formulierung in Lev 17,3 die Möglichkeit offen lässt, dass das Tier woanders geschlachtet und anschließend zum „Zelt der Begegnung" gebracht wird.[10] So hingegen ist klar, dass es um den Ort der Schlachtung (שחט) von Tieren geht, die zum Opfer wie zum Verzehr geeignet sind und weder „im Lager" noch „außerhalb des Lagers", sondern, so Lev 17,4, ausschließlich am „Eingang des Zelts der Begegnung" und „vor der Wohnung Jhwhs" geschlachtet und als Opfer dargebracht werden dürfen. Die Abweichung in der Aufzählung der Opfertiere könnte eine Textvariante sein (s. u. II.).

Die Stelle Lev 17,3 f wirft eine Reihe von schwierigen exegetischen Fragen auf, die nicht erst die heutigen Ausleger beschäftigen, sondern schon die antiken

---

5 Vgl. ועל bzw. ואף על in B [3.5].8.[9].13.[18].21.24.[36.37.49].52.55.62.64.72.75.76.77; C 4.

6 Vgl. dazu Bernstein 1996a; Brooke 1997; sowie Nr. 24 in diesem Band.

7 Die Formel wird meistens auch in B 10 (4Q394 3–7 i 13) ergänzt, doch vgl. Brooke 1997, 71.

8 So Qimron/Strugnell 1994, 156; Bernstein 1996a, 39 nach Qimron/Strugnell 1994, 140 f, wo B 27 f allerdings nicht behandelt wird.

9 Brooke 1997, 72.

10 Vgl. Noth 1962, 111.

Leser beschäftigt und so auch den Verfasser von MMT dazu bewegt haben dürften, sie zum Gegenstand seiner Halakha zu machen. So gilt es zu klären, was mit dem „Lager" und was mit dem – zuletzt in 1Kön 8,4 erwähnten, hier aus der Stadt Davids auf den Zion transportierten – „Zelt der Begegnung" gemeint ist und wie sich beides zur „Wohnung Jhwhs" verhält. Die Antwort wird dadurch erschwert, dass in Lev 17 nicht nur zwischen dem zentralen Kultort und anderen Ortschaften unterschieden wird, sondern die Bereiche, in denen kein Opfer dargebracht werden darf, ihrerseits differenziert werden. Aus dem Text geht nicht deutlich hervor, wo die Grenze zwischen dem „innerhalb" und „außerhalb des Lagers" und dem legitimen Kultort, dem „Zelt der Begegnung", verläuft. Des Weiteren scheint in Lev 17,3 f der in Dtn 12 gemachte Unterschied von sakraler und profaner Schlachtung aufgehoben zu sein,[11] sodass sich die Frage stellt, wie sich diese Bestimmung zu ihrer Parallele in Dtn 12 verhält.

MMT gibt in B 28 einen ersten Hinweis: Eingeleitet durch כי (4Q394 3–7 ii 15), der typischen Eröffnung einer „judificatory clause",[12] wird der in Lev 17,4 erwähnte legitime Ort des Opfers, der „Eingang am Zelt der Begegnung", mit der Richtungsangabe „im Norden des Lagers" umschrieben (4Q397 3 2). Für diese Angabe dürfte Lev 1,11 Pate gestanden haben. Der Opferplatz wird so mit dem Altar in Verbindung gebracht und von dem „Lager" selbst unterschieden.

Die eigentliche Halakha folgt allerdings erst in den weiteren Erläuterungen zur Identifizierung der in Lev 17,3 f erwähnten Lokalitäten. Die Erläuterungen werden durch die in MMT übliche Formel ש ואנחנו חושבים eingeleitet und damit als Auslegung der Tora gekennzeichnet. Ausdrücklich wird das „Lager" (מחנה) mit Jerusalem gleichgesetzt, woraus folgt, dass auch die Angaben „innerhalb" und „außerhalb des Lagers" auf die Stadt zu beziehen sind, von der wiederum „das Lager ihrer Städte" (הוא מחנה עריהם) und der gesamte Bereich „außerhalb des Lagers" unterschieden wird, wo man die Asche des Altars verbrennt (B 29–32 = 4Q394 3–7 ii 16–19 + 4Q397 3 4 f; vgl. Lev 4,12; 6,4). Es legt sich die Vermutung nahe, dass das in B 29 (4Q394 3–7 ii 16) erwähnte Heiligtum (המקדש) in der folgenden Textlücke mit der „Wohnung Jhwhs" und/oder dem „Zelt der Begegnung" von Lev 17,4 identifiziert war.

Danach kann kein Zweifel mehr darüber bestehen, an welche Örtlichkeiten man in Lev 17,3 f denken soll und wo „Schlachtungen" sakraler wie profaner Art erlaubt sind und wo nicht. Außer am Tempel darf es in und um Jerusalem keinerlei Schlachtungen der zum Opfer geeigneten Tiere geben. MMT bestätigt damit die rigorose Haltung von Lev 17,3 f und bezieht sie ausdrücklich auf den Tempel von Jerusalem.

---

11 Vgl. Noth, ebd.; Elliger 1966, 226 f; Gerstenberger 1993, 216 f.
12 Qimron/Strugnell 1994, 135 f.

Gleichzeitig lässt die Halakha aber auch eine Abstufung innerhalb der Bereiche erkennen, in denen Schlachtungen verboten sind. Ausführlich beschäftigt sich der Text mit dem Bereich „außerhalb des Lagers", der nicht nur von dem Heiligtum, sondern auch dem Bereich „innerhalb des Lagers", d. h. von Jerusalem selbst, unterschieden wird. Die Stadt nimmt gewissermaßen eine Zwischenstellung ein zwischen dem Heiligtum und dem Bereich „außerhalb des Lagers", was angesichts der Tatsache, dass der Tempel in Jerusalem liegt, durchaus verständlich ist. Diesem Umstand trägt MMT Rechnung, indem die Halakha Jerusalem, „das Lager" von Lev 17,3, kongenial mit dem zentralen Kultort von Dtn 12 identifiziert, wie sich aus der Parallele in B 60 f leicht ergänzen lässt: „[denn Jerusalem] ist der Ort, den [Er erwählt hat] aus allen Stäm[men Israels]".[13]

Der Formulierung „aus allen Stämmen Israels" kann man entnehmen, dass als Referenzstelle nur Dtn 12,5 in Frage kommt.[14] Hier wie an allen anderen Stellen im Deuteronomium ist der erwählte Ort so wenig identifiziert wie das „Lager" und das „Zelt der Begegnung" in Lev 17,3 f und daher für mannigfache Interpretationen offen. Zudem dürfte der Verfasser von MMT, dem die Beziehung zwischen den beiden Stellen nicht entgangen ist, vor denselben Schwierigkeiten gestanden haben wie der moderne Exeget. Die unterschiedliche Terminologie und die abweichende Regelung hinsichtlich der sakralen und profanen Schlachtung stehen nicht nur einer genauen Lokalisierung des zentralen Kultortes im Wege, sondern machen es auch sehr schwierig, die beiden Vorschriften auf einen Nenner zu bringen.

MMT löst das Problem so, dass es das „Lager" von Lev 17,3 und nicht etwa das „Zelt der Begegnung", an dem die Opfer dargebracht werden sollen, mit dem erwählten Ort von Dtn 12 gleichsetzt und beides mit Jerusalem identifiziert. Die Auslegung gleicht, um mit der modernen Wissenschaft zu sprechen, die unterschiedliche Terminologie von Deuteronomium und Priesterschrift ab. Sie entscheidet sich dafür, unter dem „Ort" in Dtn 12 die ganze Stadt zu verstehen, und nimmt dafür in Kauf, dass sich die Opferbestimmungen von Dtn 12 gemäß Lev 17,3 f nicht auf den erwählten Ort im Ganzen, sondern allein auf das Heiligtum, den heiligen Ort im erwählten Ort, beziehen. Umgekehrt wird dadurch jedoch auch der Bereich „innerhalb des Lagers", von dem Lev 17,3 f spricht, aufgewertet. In ihm darf zwar außerhalb des Heiligtums nicht geschlachtet werden, weder sakral noch profan, doch gilt für ihn keineswegs dasselbe, was für den Bereich „außerhalb des Lagers", im „Lager

---

13 4Q394 3–7 ii 19 אשר המקום היא; 4Q397 3,5 [טי ישראל[מכול שב]. Die Ergänzung liest wie in B 60 f das Perfekt, obwohl die Langform der Konjunktion אשר, anders als die Kurzform ש, auch das in Dtn 12,5.11.14 etc. gebräuchliche Imperfekt zuließe.

14 Vgl. mit einer etwas anderen Formulierung auch Dtn 12,14; ferner 1Kön 8,16 // 2Chr 6,5 f; 1Kön 11,32; 14,21 // 2Chr 12,13; 2Kön 21,7 // 2Chr 33,7.

ihrer Städte", gilt. Nach Meinung von MMT legen sich die beiden Stellen der Tora gegenseitig aus, sodass beide im Recht bleiben und alle Unklarheiten beseitigt sind.

Die Lösung von B 29–35 stimmt mit der Topographie der Halakha in B 58–62 überein.[15] Auch hier wird eine dreifache Abstufung zwischen dem Heiligtum (B 59), Jerusalem als dem „Lager der Heiligkeit" und „Ort, den Er erwählt hat aus allen Stämmen Israels" (B 60 f) sowie den „Lagern Israels", als deren „Haupt" Jerusalem bezeichnet wird, vorgenommen. Doch im Unterschied zu B 29–35 ist die Topographie hier nicht das Thema der Halakha, sondern dient als Begründung für die Vorschrift, keine Hunde in das „heilige Lager" Jerusalem zu lassen (vgl. Mt 7,6). Die in B 29–35 mit den Mitteln der Schriftauslegung eigens entwickelte Topographie wird wie selbstverständlich vorausgesetzt. Doch wie selbstverständlich war sie?

II 4QMMT und die Tempelrolle

Mit der Formel ואנחנו חושבים „wir aber meinen" oder ואנחנו אומרים „wir aber sagen" leitet der Verfasser von MMT für gewöhnlich eine eigene Stellungnahme ein, mit der er die Adressaten des Schreibens, die er in der 2. Person Plural oder auch in der 2. Person Singular anspricht, von der Richtigkeit seiner Auslegung der Tora zu überzeugen und von abweichenden Auffassungen seiner Gegner, von denen er in 3. Person Plural spricht, abzubringen versucht.[16] So ist davon auszugehen, dass auch die Auslegung von Lev 17,3 f und Dtn 12,5.14 strittig war und die Halakha in 4QMMT B 29–35 eine klärende, wenn nicht polemische Absicht verfolgt. Außer der in MMT vertretenen Sicht müssen noch andere Identifizierungen des zentralen Kultortes in der Diskussion gewesen sein, gegen die sich MMT wendet.

Einen ersten Hinweis auf diese Diskussion gibt vielleicht die Textüberlieferung. Nicht nur die Umstellung von Objekt und Ortsangabe im Zitat von Lev 17,3, sondern auch die Ersetzung der Konjunktion „oder" (או) durch die Kopula „und" (ו) könnte ein Indiz dafür sein. Letzteres lässt sich auch an anderen Stellen beobachten, an denen die Septuaginta (LXX) und der Samaritanische Pentateuch (SP) vom Masoretischen Text (MT) abweichen und eine Textform bezeugen, die auch die Tempelrolle (11QT) vorauszusetzen scheint.[17] Und so verwundert es nicht,

---

15 4Q394 8 iv 8–12 // 4Q396 1–2 ii 9–iii 2 // 4Q397 6–13 2–4. Vgl. dazu Qimron/Strugnell 1994, 143 f.162–164.

16 Vgl. die Darstellung und Diskussion des Sachverhalts in Qimron/Strugnell 1994, 110 f.113 ff.

17 In 11QT LII 4–6 begegnen: שור או שה; שור וכבש ועז und ושה שור. Verarbeitet sind darin Dtn 17,1 (שור ושה) und Lev 22,27 f (V. 27 או עז או כבש או שור; V. 28 MT שה או שור, SP und LXX ושה ושור wie 11QT und Lev 22,23 MT); dem entspricht die singuläre Kombination in 11QT LII 13 (שה ועז שור), die Lev 17,3 aufnimmt und vielleicht unter Einfluss von Dtn 14,4 formuliert wurde.

dass sich ausgerechnet in Lev 17,3 f Textüberschüsse in LXX und SP finden, die zum einen das „Haus Israel" (in Angleichung an Lev 17,8.10.13 MT) um die Proselyten und Schutzbürger erweitern, zum anderen die in V. 4 erwähnte Gabe (קרבן) für Jhwh (im Sinne von Lev 17,5–9 und in Übereinstimmung mit 11QT LII 15) als Brand- oder Schelamim-Opfer bestimmen. Die textkritische Frage, welche Lesart die ursprüngliche ist oder ob man es überhaupt mit echten Varianten und nicht eher mit sporadischen Änderungen und Zusätzen zu tun hat, muss uns hier nicht interessieren. Wichtig ist nur dies, dass die Stelle Lev 17,3 f und ihr Verhältnis zu Dtn 12 offenbar zu Diskussionen Anlass gegeben hat, die sich hier und dort in der Textüberlieferung niedergeschlagen haben.

Worum es in diesen Diskussionen ging, ist allerdings nicht leicht zu sagen. Die Texte vom Toten Meer handeln – außer in MMT – nicht gerade oft von dem „Lager" in Verbindung mit dem „Zelt der Begegnung" oder von dem „Ort, den Er erwählt hat".[18] Qimron[19] führt die Tempelrolle als Parallele zu MMT an und verweist auf die laxeren Bestimmungen der Rabbinen. Dieser Hinweis lässt sich vermutlich noch etwas präzisieren. Denn die Tempelrolle (11QT) ist außer dem Reworked Pentateuch (4Q364–367) nicht nur die wichtigste Parallele, sondern ihrerseits mit der Auslegung von Lev 17,3 f und Dtn 12 befasst. Doch stimmt ihre Lösung des exegetischen Problems keineswegs in allem mit MMT überein, sodass sich aus den Differenzen möglicherweise die Front ableiten lässt, gegen die MMT schreibt.

Auch die Tempelrolle[20] kennt die Differenzierung Jerusalems in abgestufte heilige Bezirke und die Unterscheidung von Bereichen innerhalb und außerhalb der Tempelstadt (11QT XLVI). Die Opfervorschriften in 11QT LII–LIII sehen jedoch eine etwas andere Einteilung der Bereiche vor: Reine und makellose Opfertiere dürfen in einem Umkreis von drei Tagesreisen nicht profan, sondern ausschließlich am Heiligtum geschlachtet (זבח) und als Brand- oder Schelamim-Opfer dargebracht und verzehrt werden (11QT LII 13–16; vgl. LII 9; LIII 9–10). Opfertiere, die mit einem Makel versehen sind, sollen zusammen mit den unreinen Tieren fern vom Heiligtum, außerhalb einer Zone von dreißig „Ris" (סביב שלושים רס), nach den Bestimmungen von Dtn 12 geschlachtet (זבח), d. h. geschächtet und verzehrt werden (11QT LII 16–19; vgl. LII 9–12; LIII 3–8). Innerhalb der Stadt und der Bannmeile von 30 Ris sind auch Profanschlachtung und Fleischverzehr reiner Opfertiere verboten; diese müssen am Tempel geschlachtet und als Opfer dargebracht werden (11QT LII 19–21).

---

18 Vgl. zum einen bes. 4Q367 2a–b 1 (Lev 15,14 f) sowie 4Q365 8a–b 3; 12a i 6; 26a–b 4; 31a–c 5.16; 4Q367 1a–b 9; ferner 4Q276 1 5; 4Q491 1–3 9; 4Q522 9 ii 2.12.13; zum anderen 4Q364 32 3 (Dtn 14,25); 11QT LII 9.16; LVI 5; LX 13 f; ferner 4Q375 1 i 8 sowie 4Q504 1–2 iv 3 f (von der Stadt Jerusalem).
19 Qimron/Strugnell 1994, 143–146.156 f.
20 Vgl. zum Folgenden Yadin 1983, vol. 1, 312–320; vol. 2, 231 ff.

Es ist offensichtlich, dass auch der Verfasser der Tempelrolle mit dem exegetischen Problem zu kämpfen hatte, das sich aus der Parallele von Lev 17 und Dtn 12 ergibt.[21] Er geht, anders als MMT, allerdings nicht von Lev 17,3 f, sondern von Dtn 12 und der Unterscheidung zwischen sakraler und profaner Schlachtung aus und lässt das Konzept von Lev 17,3 f mit einfließen. Diese Lösung führt hinsichtlich der Topographie von Dtn 12 zu einer gewissen terminologischen Unschärfe. Klar ist, dass mit dem „Ort, den Ich erwählen werde" und an dem die Opfer dargebracht werden (Dtn 12,5.11.14 usw.), nur das Heiligtum gemeint sein kann (11QT LII 9.16; LIII 9 f). Klar ist auch, dass mit den „Toren", die um den zentralen Kultort liegen und in denen die Profanschlachtung erlaubt ist (Dtn 12,15), nur die Bereiche außerhalb der Bannmeile um das Heiligtum gemeint sein können (11QT LII 10 f.14.17; LII 4). Dazwischen aber liegt ein Bereich, der von beidem etwas hat: die Tempelstadt („die Stadt meines Heiligtums" oder „meine Stadt"),[22] von der es ebenso wie vom erwählten Ort in 11QT LII 16 heißt, dass JHWH seinen Namen in sie geben wird (11QT LII 19 f),[23] die aber außerhalb des erwählten Ortes und also im Bereich der drei Tagesreisen für reine Tiere und der Bannmeile von 30 Ris für die mit einem Makel behafteten Tiere liegt, und die „Tore", d. h. Ortschaften, die sich innerhalb der Wegstrecke von drei Tagen befinden (11QT LII 14).[24] In 11QT ist es diese terminologische Unschärfe, die die Tempelstadt im Gegensatz zu MMT eher ab- als aufwertet, die aber in Kauf genommen wird, um Dtn 12 mit Lev 17,3 f auszugleichen und eine Abstufung der heiligen Bezirke vornehmen zu können.

Im Vergleich mit 4QMMT fällt als Gemeinsamkeit auf, dass beide Lösungen an der Abstufung der Bezirke nach dem Grad ihrer Heiligkeit interessiert sind. Den Bereichen „innerhalb" und „außerhalb des Lagers" in Lev 17,3 f und MMT entsprechen in 11QT die Bereiche innerhalb und außerhalb der Bannmeile um das Heiligtum. In beiden Fällen darf ein Opfer ausschließlich am Heiligtum und sonst nirgends dargebracht werden. Und in beiden Fällen gelten „innerhalb" und „außerhalb" des Bereichs, der unmittelbar an das Heiligtum anschließt, unterschiedliche Bestimmungen: „Innerhalb" darf weder ein Opfer geschlachtet noch eine profane Schlachtung durchgeführt werden; „außerhalb" sind die Entsorgung von Opferresten und profane Schlachtungen reiner und unreiner Tiere möglich.

---

21 Vgl. Yadin 1983, vol. 1, 316.

22 Vgl. עיר מקדשי in XLVII 9.13, עירי in XLVII 15; LII 19.

23 Vgl. לשום (את) שמו von dem „Ort, den JHWH erwählen wird" in Dtn 12,5.21; 14,24; ähnlich לשכן שמו in Dtn 12,11; 14,23; 16,2.6.11; 26,2 sowie 12,5, aufgenommen in 11QT LII 16; LX 13 f für das Heiligtum, XLV 11–14; XLVII 3 f.10 f für die Stadt.

24 Die Grenze wird auch dadurch verwischt, dass ebenso wie Jerusalem (XLV 13 f; XLVII 3–6.10 f.18) auch die Städte im Umland rein sein sollen (XLVII 3; XLVIII 15; LI 7 f), obwohl der Unterschied natürlich bleibt (XLVII 7–10.14 f). Vgl. Yadin 1983, vol. 1, 279 f.

Doch es gibt auch Unterschiede. Sie betreffen nicht nur die Terminologie, die in 4QMMT der Vorgabe von Lev 17,3 f (מחנה, שחט), in 11QT der Vorgabe von Dtn 12 (זבח) folgt und in der Erwählungsformel Tempus oder Numerus ändert. Der entscheidende Unterschied liegt vielmehr im Bezugspunkt: in 11QT LII ist es allein das Heiligtum, in 4QMMT sind es das Heiligtum und die heilige Stadt. So kommt es, dass der „Ort, den Ich erwählen werde/Er erwählt hat", in 11QT das Heiligtum ist, in 4QMMT hingegen die Tempelstadt, die mit dem „Lager" aus Lev 17 gleichgesetzt wird und daher auch den Bezugspunkt für das „innerhalb" und „außerhalb" abgibt, während sie in 11QT zusammen mit anderen Ortschaften („Toren") innerhalb der weiter gefassten Bannmeile um das Heiligtum liegt und dadurch – bei aller Heiligkeit, die ihr im Unterschied zu anderen Ortschaften zugesprochen wird – als Gradmesser für die Heiligkeit etwas an Bedeutung verliert.

Nach allem kann man nicht sagen, dass 4QMMT und 11QT dieselbe Lösung des exegetischen und praktischen Problems in der Auslegung von Dtn 12 und Lev 17 vertreten. Vielmehr scheint mir der kardinale Unterschied hinsichtlich der Identifizierung des in Dtn 12 vorgeschriebenen „Ortes, den Jнwн erwählen wird", den Hintergrund für die fragliche Halakha von 4QMMT B 29–35 zu offenbaren. Nicht, dass MMT direkt gegen die Sicht der Tempelrolle polemisierte. Dafür sind die Gemeinsamkeiten zu groß. Doch die Lösung von 11QT berührt sich in einem Punkt derart eng mit der in (späteren) rabbinischen Quellen belegten, sehr viel pragmatischeren Handhabung der gesetzlichen Bestimmungen, dass von hier aus die Auffassung, gegen die sich MMT wendet, versuchsweise rekonstruiert werden kann.

So eröffnet die Identifizierung des erwählten Ortes mit dem Heiligtum in 11QT die Möglichkeit, in der Tempelstadt Dinge zu praktizieren, die nach der Auffassung von MMT und seiner Auslegung von Lev 17 und Dtn 12 schlechterdings ausgeschlossen wären. Schon die Formulierung des Verbots, in der heiligen Stadt das Fleisch reiner, zum Opfer geeigneter Tiere zu essen (11QT LII 19–21), lässt die Interpretation zu, dass dieses Verbot nur für den Akt der Schlachtung, nicht aber für den (nachträglichen) Verzehr des zuvor *rite* geopferten Fleisches gilt: אשר לוא יבוא לתוך מקדשי kann sowohl als genereller Ausschluss von Schlachtung und Verzehr[25] als auch als Bedingung für den Verzehr des Opferfleisches in der heiligen Stadt ausgelegt werden.[26] Sodann können bei einer Identifizierung des erwählten Ortes und des „Lagers" mit dem Tempel sämtliche Bestimmungen, die für den Bereich außerhalb der erwählten Kultstätte gelten, in einer sehr weitgehenden Auslegung auch auf die Stadt Jerusalem Anwendung finden, die, wenn sie nicht mit dem Ort der Erwählung oder mit dem „Lager" identisch ist, unter die „Tore" und den Bereich „außerhalb des Lagers" fällt.

---

25 So Steudel 2001, 113, die final übersetzt „damit es nicht in mein Heiligtum komme".
26 So offenbar Yadin 1983, vol. 1, 318 f.

Wie gesagt, dies ist nicht die Auffassung der Tempelrolle, der gemäß die Stadt Jerusalem in dem Zwischenbereich zwischen dem erwählten „Ort" und den „Toren" liegt und für die deshalb auch andere Gesetze als für die umliegenden Ortschaften gelten. Doch die in der Tempelrolle vorgenommene Identifizierung des erwählten Kultortes mit dem Heiligtum könnte eine verbreitete Auffassung spiegeln, aus der sich die oben angedeuteten Konsequenzen ergeben. Und genau dies entspricht der Auffassung der Rabbinen, die unter dem „Lager" und dem „Ort, den Er erwählt hat" den Tempel und nicht die heilige Stadt als ganze verstehen und damit eine pragmatische Auslegung von Dtn 12 und Lev 17 vertreten, die in der Zeit des Zweiten Tempels die vorherrschende gewesen sein dürfte.[27] Diese bei den Rabbinen überlieferte Auslegung und die darauf basierende Praxis stimmt, was die Identifizierung des erwählten Ortes anbelangt, mit der Auffassung von 11QT überein, nicht aber mit derjenigen von 4QMMT, die mit der Identifizierung der Tempelstadt als „Lager" und „Ort, den Er erwählt hat" sehr viel präziser und klarer, aber auch strenger ist und sich – wie so oft – bei den späteren Karäern wiederfindet.[28]

III Die biblische Vorlage

Um Klarheit geht es 4QMMT schließlich auch in der Frage, um welche Stadt es sich bei dem „Lager" von Lev 17 und dem „Ort, den Er erwählt hat" von Dtn 12 handelt. Auch diese Frage wird eindeutig beantwortet:

B 29 f (4Q394 3–7 ii 16–17)

ו[רושלי]ם[מחנה היא

B 32 f (4Q394 3–7 ii 19; 4Q397 3 5)

כי ירושלים]היא המקום אשר [בחר בו] מכול שב[טי ישראל

B 60–62 (4Q394 8 iv 10–12)

ירושלים היאה מחנה הקדש
והיא המקום שבחר בו מכל שבטי [ישראל]
[כי] ירושלים היא ראש מ[חנות ישראל]

---

27 Vgl. Yadin 1983, vol. 1, 319; Qimron/Strugnell 1994, 144; ferner Langer 1989, 122–302, bes. 196 f.207.211 f.
28 Vgl. Yadin 1983, vol. 1, 279 Anm. 6; 319 f.

Mit den Adressaten von MMT wird es in dieser Frage kaum einen Dissens gegeben haben. Die Identifizierung der Tempelstadt mit Jerusalem ist nicht Gegenstand der halakhischen Belehrung. Der Name fällt eher beiläufig im Zuge der Identifizierung der Tempelstadt mit dem „Lager" und dem „Ort, den Er erwählt hat". Dennoch ist die namentliche Erwähnung gerade in diesem Zusammenhang von großer, soweit ich sehe, bisher kaum wahrgenommener Bedeutung. Angesichts der vielen exegetischen Probleme, die die Erwählungs- oder Zentralisationsformel im Deuteronomium dem Ausleger bis heute aufgibt, und angesichts der samaritanischen Alternative ist die ausdrückliche Lokalisierung des in Dtn 12 vorgeschriebenen Kultortes überaus auffallend. Zwar zielt die Halakha nicht unmittelbar auf die Widerlegung anderslautender Auslegungen oder der samaritanischen Ansprüche, was man hier in der Tat nicht erwarten würde,[29] doch spricht MMT eine Identifizierung aus, wie man sie in dieser Klarheit sonst nicht findet und die darum indirekt auch einen Meilenstein in der inner- und außerbiblischen Auslegungsgeschichte von Dtn 12 darstellt.[30]

Diese Auslegungsgeschichte beginnt im Deuteronomium selbst. Wie allgemein anerkannt, verdankt sich das Gebot der Kultzentralisation in Dtn 12 einer *relecture* des Altargesetzes in Ex 20,24–26.[31] Schon das Altargesetz stellt einen redaktionellen Zusatz zum Bundesbuch in Ex 20–23 dar und hat seinerseits ebenso wie das Bundesbuch selbst diverse Bearbeitungen erfahren.[32] Auf eine dieser Bearbeitungen geht der Zusatz in Ex 20,24b zurück, der die Vorlage für die Formulierung des Zentralisationsgebotes in Dtn 12 bildet.[33] Er schränkt die Freiheit, überall zu opfern, auf die Kultstätten ein, an denen der Name Jhwhs angerufen wird, ändert aber nichts an der in vorexilischer Zeit üblichen Vielzahl legitimer Kultorte (כל המקום)[34] in Israel und Juda.[35] Demgegenüber führt Dtn 12 die Unterscheidung zwischen jedem beliebigen

---

29 So zu Recht auch Qimron/Strugnell 1994, 144.

30 Vgl. Langer 1989.

31 Vgl. Wellhausen 1899, 203; ders. 1905, 32; Kratz 2000, 121 f.124 f; ausführlich dazu Levinson 1997, 23–52.

32 Vgl. Kratz 2000, 145–150 und die hier (Anm. 46) genannte Literatur, zum Altargesetz bes. 147 Anm. 47.

33 Es ist natürlich auch das umgekehrte Verhältnis denkbar, dass der Zusatz in Ex 20,24b auf Dtn 12 reagiert, doch impliziert diese Annahme, dass das durch Dtn eingeführte Gebot der Kultzentralisation abrogiert werden sollte, wofür ich im Rahmen der biblischen Tradition (bisher) keinen Anlass oder passenden Kontext sehe. Auch die nicht-priesterschriftliche Väterüberlieferung, die mit der Pluralität von Kultstätten im Land rechnet, weist keine antideuteronomische Polemik auf und dürfte im Kern daher ebenso wie der Zusatz in Ex 20,24b vordeuteronomisch sein.

34 Die zweideutige Determination („an dem ganzen Ort" oder „an jedem beliebigen Ort"), die in den Versionen (LXX, Syr, Tg) fehlt, könnte ein Anhalt für die Umdeutung im Deuteronomium gewesen sein oder ist eine dogmatische Korrektur; vgl. Schaper 1999.

35 Vgl. Wellhausen 1905, 29, der allerdings zu Recht schreibt, dass diese Einschränkung „weiter nichts zu bedeuten" habe. Etwas anders Schwienhorst-Schönberger 1990, 297 f.

Ort (כל מקום) und dem einen, von Jhwh erwählten Ort (המקום אשר יבחר יהוה) ein und schlägt damit ein neues Kapitel der Kultgeschichte Israels auf. Wie es scheint, war dies der Ausgangspunkt, an dem die Novellierung des Bundesbuches im Deuteronomium ihren Anfang nahm.[36] Daraus allerdings musste die Frage erwachsen, wie sich das Gebot der Kultzentralisation in Dtn 12 zu dem Altargesetz in Ex 20 und vor allem zu den vielen Heiligtümern verhält, von denen in der Patriarchenerzählung und in den historischen Büchern Josua–Könige die Rede ist.

Doch so eindeutig, wie es scheint, verhält sich die Sache nicht einmal in Dtn 12 selbst. Schon die Tatsache, dass dieses Kapitel drei Anläufe benötigt, um das Zentralisationsgebot zu begründen, weckt den Verdacht, dass die Formulierung von Anfang an als nicht unproblematisch und der weiteren Auslegung bedürftig empfunden wurde. Gegenüber dem einfachen, seinerseits mehrfach glossierten Gebot in Dtn 12,13–28 hat man es in 12,2–7 und 12,8–12 mit zwei jüngeren Varianten zu tun, die nicht nur die ursprüngliche Formulierung der Vorschrift aus V. 13 f auffüllen, sondern diese auch an neue Bedingungen knüpfen.[37] Doch die Identität des Ortes geben alle drei Varianten nicht preis. Es bleibt dabei, dass die Erwählung noch aussteht, wie das Imperfekt יבחר in der Zentralisationsformel in Rücksicht auf die historische Fiktion des Deuteronomiums anzudeuten scheint.[38]

Auch die Formel selbst[39] hilft bei der Identifizierung nicht weiter. Zwar setzen die Kommentare zum Deuteronomium in der Regel wie selbstverständlich voraus, dass mit dem erwählten Ort Jerusalem gemeint sei,[40] doch ist das alles andere als selbstverständlich. Die Formulierung, insbesondere die Ortsbestimmung „in einem deiner Stämme" in 12,14, lässt es durchaus zu, die Formel nicht exklusiv, sondern distributiv zu verstehen und auf verschiedene Heiligtümer zu beziehen.[41] Immerhin ruft der Ausdruck המקום die vielen Rast- und legitimen Kultstätten der Patriarchen (Gen 12,6; 13,3 f; 22,3 f; 28,11.16 f.19; 32,3.31; 35,7.13–15) in Erinnerung. Sodann geht aus der Formel selbst und ihrem Kontext nicht hervor, ob sie das zentrale Heiligtum oder die Stadt bezeichnet, in der sich das Heiligtum befindet. Die Antwort auf diese Frage hängt nicht zuletzt davon ab, ob man die Infinitive der Langform final („um

---

36 Vgl. Kratz 2000, 118–138.

37 Vgl. Kratz 2000, 122 f; ausführlich zur Analyse von Dtn 12 Reuter 1993.

38 Vgl. Kratz 2000, 127 f.

39 Sie ist bekanntlich in mehreren Varianten belegt, als Kurzform in Dtn 12,14.18.26; 15,20; 16,7.15 f; 17,8.10; 18,6; 31,11; als Langform (mit שמו שם [את] לשום/לשכן) in Dtn 12,5.11.21; 14,23 f; 16,2.6.11; 26,2. Zur Analyse der Formel und ihrer einzelnen Bestandteile Reuter 1993, 115 ff.

40 Vgl. z. B. Driver 1902, 140; Miller 1990, 130 f; Veijola 2004, 267.

41 Vgl. etwa Rofé 2002; Halpern 1981; zur rabbinischen Diskussion, die – mit Anhalt in Jer 7,12 – in Dtn 12 selbst zwischen Schilo und Jerusalem differenziert, vgl. Langer 1989, 169–171. Dagegen vgl. Levinson 1997, 23 f Anm. 1; zum Problem von Dtn 12,14 Reuter 1993, 65–67.132.

zu") oder konsekutiv-modal („sodass"/„indem") zu verstehen hat.[42] Je nachdem kann man die Formel (auch) auf die Stadt oder nur auf das Heiligtum beziehen. Es könnte durchaus sein, dass die sekundäre Erweiterung der Kurzform durch die Infinitive und die lokale Umstandsbestimmung „in einem deiner Stämme" (Dtn 12,14) oder „aus allen euren Stämmen" (Dtn 12,5) ursprünglich dem Zweck dienen sollten, die Identifizierung zu erleichtern, doch warf beides nur wieder neue Fragen auf, wie die weitere Auslegungsgeschichte zeigt.

Die Verfasser und Tradenten des Deuteronomiums werden sicher eine präzise Vorstellung von der Identität des erwählten Ortes gehabt haben. Doch je weiter man sich von der Ursprungssituation entfernte, desto stärker wird das Bedürfnis gewesen sein, dieses Verständnis im Text selbst zu verankern. Die Spuren dessen reichen, wie wir sahen, bis in das literarische Werden des Deuteronomiums zurück und setzen sich in der Textüberlieferung fort.[43]

Ein Hauptkennzeichen der Textüberlieferung, das sich in verschiedenen Zeugen (Qumran, SP und LXX) zeigt, ist die Harmonisierung.[44] Die Tendenz ist schon an den wenigen Stellen zu beobachten, an denen die Zentralisationsformel in den Deuteronomium-Handschriften vom Toten Meer erhalten ist:[45] In 1QDeut[a] frag. 14 ist in Dtn 16,6 ein rückbezügliches בו zugefügt, das V. 6 an V. 7 und andere Stellen (12,11.18; 17,8) angleicht; dasselbe findet sich in LXX und SP bei Dtn 16,16 (anders jedoch 17,8). 4QDeut[h] liest in Dtn 31,11b, anschließend an יבחר (אשר המקום) mit LXX den Plural תקראו und gleicht den Vers abweichend von MT (תקרא) und SP (ויקרא!) an V. 10 an.

Die Harmonisierung schlägt auch auf die Infinitive der Langform durch, bei denen SP außer in 12,5 durchgängig לשכן und nicht לשום (oder לשים) liest und LXX beides ohne Unterschied mit ἐπικληθῆναι wiedergibt, wiederum mit Ausnahme von 12,5, wo an erster Stelle (für לשום) wie in Ex 20,24 (für זכר) ἐπονομάσαι, an zweiter Stelle (für לשכנו) wie in Ex 29,45 f ἐπικληθῆναι steht. In beiden Fällen geht mit der Harmonisierung auch ein inhaltliches Anliegen einher. Der SP trägt mit dem „Wohnen" (des Namens oder Gottes) ein Konzept ein, das auch in der masoretischen Tradition von Dtn 12,5 sowie durchgängig in den Targumen[46] begegnet. Letztere geben die Infinitive der Langform unterschiedslos mit dem Aphel von שרא

---

42 Vgl. hierzu Reuter 1993 119 f.
43 Vgl. Lohfink 1991b, 147–177, hier 153–161; Langer 1989, 95–121.
44 Vgl. Tov 2012, 258 f u. ö.
45 Gemäß der Liste in Tov 2002, 189 f wurden folgende Handschriften kontrolliert: 1QDeut[a] (DJD I) für Dtn 14,24–25; 16,6–7; 4QpaleoDeut[r] (DJD IX) für Dtn 12,1–5.11–12; 14,26–29; 4QDeut[c] (diese und die folgenden DJD XIV) für Dtn 12,18–19.26; 16,2–3.6–11; 4QDeut[f] für 18,6–10; 4QDeut[g] für Dtn 26,1–5; 4QDeut[h] für Dtn 31,9–11; 4QDeut[k2] für Dtn 26,1–5; MurDeut (DJD II) für 12,25–26.
46 Auch sie weichen übrigens in Dtn 12,5 wie MT, SP und LXX von dem sonst üblichen Sprachgebrauch ab, allerdings an einer ganz anderen Stelle, nämlich in der Übertragung des Wortes

„wohnen lassen" wieder und ergänzen die Formel um das Objekt der „(Herrlichkeit der) Shekhina": שכינתיה תמן (למישרייה אית איקר) (לאשראה; sie gleichen damit den Text gewollt oder ungewollt dem Konzept von Lev 17,4 an. Im Unterschied dazu legt sich die LXX die Infinitiv-Erweiterungen im Sinne der Anrufung des Namens Gottes zurecht und ersetzt damit die Vorstellung vom Wohnen (des Namens oder Gottes) im Heiligtum. Vorbild sind außer Ex 20,24 offenbar auch die Kultstätten der Patriarchen (Gen 4,6; 12,8 etc.).

Eine Art Versöhnung der verschiedenen Deutungen der Langform begegnet bei Hieronymus in der Vulgata, der sich an den Wortbestand von MT hält, ihn in 12,5 recht wortgetreu übersetzt, in 12,11.21 an 1Kön 8,16; 2Kön 23,7 angleicht, in 16,2.6.11.16 dem MT und in 14,23; 26,2 der Wiedergabe durch die LXX folgt. Sowohl die Vorstellung von der Wohnung Gottes als auch die gottesdienstliche Anrufung des Namens lassen eher an den Tempel als an die Stadt denken.

Eine eindeutige Lokalisierung des erwählten Ortes nimmt bekanntlich der SP vor, der sich dafür möglicherweise auf eine protosamaritanische Variante in Dtn 27,4 stützt.[47] Mit dieser Tendenz wird gerne die Besonderheit in Zusammenhang gebracht, dass SP das Imperfekt von בחר in der Zentralisationsformel fast durchgängig in das Perfekt verwandelt. Angesichts der überraschenden Parallele in 4QMMT (B 60 f) erscheint dieser Sachverhalt in neuem Licht. Während die Tempelrolle an dem Imperfekt festhält, es nur – ihrer Stilisierung als Gottesrede entsprechend – in die 1. Person versetzt, geht 4QMMT wie SP offenbar definitiv davon aus, dass die Erwählung des Ortes schon stattgefunden hat. Im Unterschied zu SP kann man dies in 4QMMT nicht mit der historischen Fiktion der Pentateucherzählung erklären, dass Sichem nach Gen 12,6; 33,18–20 zur Zeit des Mose schon erwählt gewesen sei. Vielmehr trägt das Perfekt in MMT der eigenen Gegenwart Rechnung, was man vielleicht auch für SP annehmen kann. Möglich ist aber auch, dass MMT einen protosamaritanischen Text als Vorlage benutzte, wie vielleicht im Falle von B 38.[48]

Die dargestellten textkritischen Phänomene häufen sich nicht von ungefähr bei der Zentralisationsformel. Sie tragen nicht alle zur Lösung der Frage nach der Lokalisierung des erwählten Ortes bei. Doch sie zeigen, „dass die deuteronomische Zentralisationsformel offenbar theologisch hochbrisant war und zu tiefgehenden interpretatorischen und vielleicht auch textlichen Eingriffen Anlass gegeben hat – mehr als der normale Textbestand des Buches"[49].

המקום, das hier mit ארעא „das Land", ansonsten mit אתרא „der Ort" wiedergegeben wird. Vgl. dazu Langer 1989, 107.

47 Vgl. Tov 2012, 87 f; Hjelm 2000, 91 f.

48 Vgl. Nr. 24 in diesem Band.

49 Lohfink 1991b, 153. Die aus dem textkritischen Befund abgeleiteten Folgerungen gegen die Literarkritik (a.a.O., 161) leuchten gerade angesichts dieses Befundes nicht ein.

Dasselbe wird man von der innerbiblischen Auslegung sagen müssen, die Dtn 12 in Lev 17 erfahren hat.[50] Hier wird der „Ort, den JHWH erwählen wird, um dort seinen Namen wohnen zu lassen" in die Sprache der Priesterschrift überführt und mit dem „Zelt der Begegnung" als der „Wohnung JHWHs" gleichgesetzt. An die Stelle der Opposition von „Ort" und „Toren" tritt das Gegenüber von „Zelt der Begegnung" und „Lager". Zudem wird die Bestimmung von Dtn 12 verschärft, indem Lev 17 die Unterscheidung zwischen sakraler und profaner Schlachtung ignoriert und jede Schlachtung als Opfer ansieht und folglich an das Heiligtum verlegt. Lev 17 legt sich also fest und bezieht die Zentralisationsformel auf das Heiligtum. Dass es sich dabei um den Tempel in Jerusalem handelt, wird allerdings auch nicht aus der Stelle selbst, sondern allenfalls aus der (sekundären) literarischen Beziehung zu 1Kön 8,4 und einer Auslegung klar, die die Stellen in einer Weise miteinander verbindet, wie man es etwa in dem Apokryphon des Josua (5Q522 9 ii) findet.[51]

IV Biblische und parabiblische Parallelen

Da sich die Identifizierung des erwählten Ortes von Dtn 12 weder aus dem Kontext oder der internen Fortschreibung des Deuteronomiums, noch aus der Textüberlieferung, noch aus der Rezeption in Lev 17 ergibt, ist man auch hier auf den gesamtbiblischen Kontext angewiesen. Er dient für gewöhnlich als Argument für die exklusive Interpretation der Formel und ihre Deutung auf Jerusalem. Der Anhalt dafür ist die Tatsache, dass die göttliche Erwählung, sofern sie sich nicht auf den König (David), das Volk oder die Priester, sondern auf die Topografie eines Kultortes bezieht, im ganzen Alten Testament ausschließlich mit Jerusalem verbunden ist.[52] Doch das Argument trägt, bei Licht besehen, nicht sehr weit. Die einschlägigen Belege haben mit wenigen Ausnahmen nicht den „Ort", sondern „die Stadt", „Jerusalem" oder „Zion" zum Objekt[53] und sind im Übrigen alle, einschließlich der Psalmen 78 und 132,[54] jünger als das Deuteronomium.

Einzelne Elemente der Formel, wie die Vorstellung der göttlichen Erwählung oder die Bedeutung des Namens Gottes für den Kult (Ex 20,24), mögen älter sein, doch sind die begriffliche Fassung des Erwählungsgedankens und die Kombination

---

50 Vgl. Wellhausen 1905, 51 f; Cholewinski 1976, 149–178.
51 Vgl. Dimant 2005, 118–121.
52 Vgl. Lohfink 1991b, 171–172; Reuter 1993, 116 ff.121 ff; Levinson 1997, 23 f Anm. 1.
53 Jos 9,27; 1Kön 8,16.44.48; 11,13.32.36; 14,21; 2Kön 21,7; 23,27; Sach 1,17; 2,16; 3,2; Ps 78,68; 132,13 f; Neh 1,9; 2Chr 6,5 f.34.38; 7,12.16; 12,13; 33,7; 35,19LXX; Tob 1,4; 1Makk 7,37; 2Makk 5,19; 3Makk 2,9.
54 Vgl. Spieckermann 1989, 140.148.

der einzelnen Elemente die Leistung des Deuteronomiums. Soweit wir sehen, ist die Zentralisationsformel im Zuge der Auslegung von Ex 20,24–26 in Dtn 12,13 f entstanden und hat keine Vor-, sondern nur eine Nachgeschichte im Alten Testament.[55] Aus diesem Grund eignen sich die übrigen Belege schwerlich für die Erklärung des Befunds im Deuteronomium selbst, sondern sind eher als Reaktion auf Dtn 12 und folglich als nachträgliche Deutung der Zentralisationsformel anzusehen.

So gesehen erstaunt es nicht wenig, dass in der biblischen Überlieferung die Verbindung der Erwählungsaussage mit der Stadt Jerusalem überwiegt. Trotz der eindeutig kultischen Konnotation der Vorschrift in Dtn 12 und trotz der noch eindeutigeren Konzentration des Zentralisationsgebotes auf das Heiligtum in Lev 17 hat sich in der Überlieferung fürs erste die – wohl gemerkt: implizite – Identifizierung mit der ganzen Stadt durchgesetzt. Diese Auslegungstradition scheint in der spätdeuteronomistischen Bearbeitung der Bücher der Könige ihren Anfang genommen zu haben.

In 1Kön 8 ist aus gegebenem Anlass zwar primär vom Tempel die Rede, doch werden die einzelnen Elemente der Zentralisationsformel konsequent zwischen Stadt und Heiligtum aufgeteilt: Die Erwählungsaussage wird explizit auf die Stadt (und auf David), die der Langform entnommene Namens-Aussage auf den Tempel (V. 44.48) oder auf beides (V. 16)[56] bezogen. Zwar deutet sich mit 1Kön 8,29 an, dass man unter dem „Ort" der Zentralisationsformel (המקום אשר) auch das Heiligtum verstehen kann, doch bleibt dies (noch) ohne Folgen. Der Sprachgebrauch von 1Kön 8 setzt sich in 2Kön 21,7 und 23,27 fort. An beiden Stellen stehen „das Haus" und „Jerusalem" parallel und führen eine Aussage über das vorher genannte „Haus" (2Kön 21,7) oder „die Stadt" (2Kön 23,27) aus, doch schließt der Relativsatz der Erwählung auch hier im einen Fall unmittelbar an Jerusalem, im anderen an „die Stadt" an.

Der Hintergrund dieser Auslegung von Dtn 12 wird in 1Kön 11 (V. 13.32.36) und in 1Kön 14,21 sichtbar. Wie in 1Kön 8,16 sind auch in Kap. 11 die Davidverheißung und die Erwählung Jerusalems miteinander verschränkt. Um Davids willen, der zwar einen Tempel bauen wollte, aber nicht durfte, gilt Jerusalem und nicht das Heiligtum als der erwählte Ort. Auch die Wendung „aus allen euren Stämmen" (Dtn 12,5; vgl. 1Kön 8,16; 14,21) oder „in einem deiner Stämme" (Dtn 12,14; vgl. 1Kön 11,13.32.36), die nur gelegentlich als ein Element der Zentralisationsformel begegnet, erhält von der Davidverheißung her einen neuen Sinn. Bezeichnet dieses Element in Dtn 12 lediglich das Umfeld der Erwählung, geht es in 1Kön 11 um den „einen Stamm" selbst, der um Davids und Jerusalems willen dem Hause David verbleibt. Dass

---

55 Vgl. Weippert 1980, 76–94.
56 So mit oder ohne Ergänzung nach LXX und der Parallele in 2Chr 6,5 f.

die auf David und die Davidstadt bezogene Erwählungsaussage an allen diesen Stellen im Buch der Könige im Perfekt formuliert ist, versteht sich nach 2Sam 5 von selbst.

Die Erwählung Jerusalems wird in 1–2Kön stets ohne direkten Bezug auf den „Ort" von Dtn 12 ausgesagt. Eine Identifizierung ergibt sich nur dann, wenn man die Bücher im literarischen Zusammenhang liest und die einschlägigen Stellen aufeinander bezieht. In diesem Fall interpretieren sie sich gegenseitig: In 1–2Kön erscheint die Erwählung Jerusalems so als die Erfüllung der Vorschrift von Dtn 12, und im Deuteronomium erscheint der „Ort, den JHWH erwählen wird" als ein Vorverweis auf die Erwählung Jerusalems in 1–2Kön.

Nachdem die Erwählungsaussage einmal mit Jerusalem verbunden war, haftete sie der Stadt auch ohne den literarischen Zusammenhang mit Dtn 12 an und wurde sogleich modifiziert. Dies ist besonders schön im Buch des Propheten Sacharja zu beobachten. Hier gilt Jerusalem wie selbstverständlich als erwählt (Sach 3,2), soll aber in der kommenden Heilszeit noch einmal erwählt werden: ובחר עוד בירושלים (Sach 1,17; 2,16). Sämtliche Stellen finden sich in sekundären Texten, in den Epexegesen zu Sach 1 f, die den Bezug der Visionen zum Tempelbau und dem Buch Haggai herstellen, und in der nachträglich eingefügten Vision vom Hohenpriester Sach 3.[57] Es fällt auf, dass damit, ebenso wie mit der Parallele Zion/Jerusalem in Sach 2,16, das Heiligtum als entscheidendes Merkmal der erwählten Stadt (wieder) in den Vordergrund tritt.

Noch weiter gehen die Psalmen 78 und 132. In ihnen ist die Herkunft von der deuteronomistischen Tradition deutlich zu erkennen. Ps 78,67 f knüpft an die Aussonderung des „einen Stammes" in 1Kön 11 an und erklärt auch Juda für „erwählt"; dies und der Bau des Heiligtums werden wie in 1Kön 11 mit der Erwählung Davids verknüpft. Auch Ps 132 lebt von der Davidverheißung, die in V. 17 an 1Kön 11,36 erinnert und in V. 10–12 wie in 1Kön 11,11 und vielen anderen (spätdeuteronomistischen und chronistischen) Parallelstellen vom Gesetzesgehorsam abhängig gemacht ist; die deuteronomistische Vorstellung von der „Ruhe" des Volkes Israel (Dtn 12,9; 1Kön 8,56) ist in Ps 132 wie in 1Chr 28,2 auf den Tempel bezogen. Gleichzeitig gehen die beiden Psalmen jedoch eigene Wege: Statt Jerusalem sagen auch sie הר ציון (Ps 78,68; ähnlich Ps 132,13) und heben damit ebenso wie mit dem Hinweis auf das „Heiligtum" in Ps 78,69 und auf die „Wohnung" in Ps 132,13 f auf den Kultort ab. Indem Ps 132,5 die „Wohnung" als „Ort für JHWH" (מקום ליהוה) bezeichnet, ist sogar ein Bezug zu Dtn 12 hergestellt.

Die Modifikationen in Sacharja und den beiden Psalmen zeigen einen gewissen Trend hin zur Vorstellung von der Erwählung des Heiligtums, der in späte-

---

57 Vgl. Kratz 2013a, 79–92.

ren Stellen weiter zunehmen wird. Es scheint, als sei man sich – vielleicht unter Einfluss von Lev 17,3 f – der Problematik von Dtn 12 bewusst geworden. Das geht nicht zuletzt daraus hervor, dass in der Überlieferung zunehmend vom „Ort" die Rede ist, dem die Erwählung gilt, womit explizit auf Dtn 12 angespielt wird. Die Anspielung kann die Identifizierung mit der Stadt Jerusalem favorisieren, wie es in dem Bußgebet Neh 1,9 der Fall zu sein scheint, das in deuteronomistischer Tradition steht. Hier ersetzt die aus Dtn 12,11 etc. zitierte Langform המקום אשר בחרתי לשכן שמי את שם das Land der Väter aus Dtn 30,5, in das Jнwн die Versprengten zurückzubringen verheißt. Doch der erwählte „Ort" wird auch direkt mit dem Tempel identifiziert, wie man es in 2Chr 7,12.16 findet. Dieser Beleg ist insofern aufschlussreich, als die Chronik hier gegen ihre Vorlage in 1Kön 9,3 die Erwählungsaussage hinzufügt, während sie an den übrigen Stellen mit dem Text in 1–2Kön übereinstimmt.[58] Auf derselben Linie liegt der späte Zusatz in Jos 9,27, der die Zentralisationsformel vorausgreifend („bis auf den heutigen Tag") auf den späteren Altar bezieht und dementsprechend auch wieder imperfektisch formuliert.

Mit den zuletzt genannten Belegen in 2Chr 7 und Neh 1 nähern wir uns allmählich der Zeit, der auch 4QMMT entstammt. Die Diskussionslage dieser Zeit, die sich im Laufe der biblischen Überlieferung ergeben hat, ist nicht gerade einheitlich. Sie kennt die stillschweigende und gelegentlich durch literarische Bezüge kenntlich gemachte Identifizierung des Kultortes von Dtn 12 mit Jerusalem, der Stadt Davids, auf die die Erwählungsaussage bezogen wird, ebenso wie die sich anbahnende exklusive Identifizierung mit dem Heiligtum, die auf terminologische Eindeutigkeit drängt.

Diese Diskussionslage hält, wie es scheint, während der gesamten hellenistisch-römischen Zeit an. Sie wird von wenigen, aber durchaus markanten Belegen in den nachbiblischen Schriften widergespiegelt. 4Q504 1–2 iv 3 f schließt mit der Erwählung der Stadt, des Stammes Juda und Davids an die deuteronomistische Tradition an. 2Makk 5,19 f versteht unter dem „erwählten Ort" die Stadt (vgl. V. 17). Tob 1,4 und 3Makk 2,9 (vgl. 1,9 f) differenzieren wie 1Kön 8 zwischen der erwählten Stadt und dem Tempel als der „Wohnung des Höchsten" und dem heiligen „Ort" für seinen Namen; ähnlich Sir 24,10 f mit Rekurs auf die Zeltvorstellung.

Doch es gibt auch andere Stimmen. 1Makk 7,37 greift die Andeutung in 1Kön 8,29 // 2Chr 6,20 auf und schließt sich 2Chr 7,12.16 an. In Anlehnung an die Langform der Zentralisationsformel in der Version der LXX (mit ἐπικληθῆναι für die Anrufung des Namens) spricht 1Makk 7 von dem „Haus", das Gott erwählt hat, und meint den Tempel. Ähnlich Jub 1,10, wo die Zeltvorstellung von Lev 17 aufgenommen

---

[58] 2Chr 6,5 f.34.38 // 1Kön 8,14LXX.44.48; 2Chr 12,13 // 1Kön 14,21; 2Chr 35,19LXX // 2Kön 23,27.

und die Erwählung durch die „Heiligung" des Heiligtums ersetzt ist (vgl. 1Kön 9,3 //
2Chr 7,16). Im Ergebnis stimmen beide Stellen mit 11QT überein.

Eine Art Mischtradition repräsentiert das Testament Levi. In TestLev 15,1 ist
vom Tempel die Rede, „den der Herr erwählt hat" (ὁ ναός ὃν ἂν ἐκλέξηται κύριος).
Demgegenüber heißt es in TestLev 10,5 – unter Berufung auf das Buch Henochs des
Gerechten[59] –, dass das „Haus, das der Herr erwählen wird, Jerusalem heißen
wird" (ὁ γὰρ οἶκος ὃν ἂν ἐκλέξηται κύριος Ἰερουσαλὴμ κληθήσεται). Ähnlich das
Testament Sebulon in 9,8, wonach der Herr etwas erwählen wird, dessen Name
Jerusalem ist.[60] Beide Auslegungstraditionen von Dtn 12 sind schließlich auch bei
Philo und Josephus zu finden, von denen der eine das Heiligtum,[61] der andere die
Stadt[62] in den Vordergrund rückt.[63]

Spätestens seit hellenistischer Zeit, möglicherweise aber auch schon früher,
kommt der Anspruch der Samaritaner hinzu, deren Verhältnis zu Juda sehr viel
enger gewesen sein dürfte als es die antisamaritanische Polemik im Alten Testament
vermuten lässt.[64] Ihre spezifische Auslegung von Dtn 12, die in den Text des SP eingegangen ist, ist vielleicht in einer hebräischen Inschrift aus dem 2 Jh. v. Chr. belegt,
die sich leicht zu ר בח[ר אש] ergänzen lässt.[65] Dass auch die samaritanische Option
im Blick auf 4QMMT mit berücksichtigt werden muss, ergibt sich nicht zuletzt aus
den mannigfachen Beziehungen, die auf der Ebene der Textüberlieferung bestehen
und in den Bibelhandschriften vom Toten Meer beobachtet werden können.

Es ist diese Diskussionslage, in die hinein die fragliche Halakha in 4QMMT formuliert ist. Aus ihr geht hervor, dass die Identifizierung des „Lagers" von Lev 17,3 f
mit dem „Ort, den Er erwählt hat" in Dtn 12 und von beidem mit der Stadt Jerusalem
ein in der damaligen Zeit aktuelles Problem aufgreift und eine Lösung präsentiert,
die an Eindeutigkeit nicht zu überbieten ist. Die Lösung schließt sich an die verbreitete (deuteronomistische) Auslegungstradition an und bezieht die Zentralisationsformel des Deuteronomiums auf Jerusalem. Das Neue besteht jedoch darin,

---

59 In 1Hen 89,50.54.56.66 f.72 f. Hier werden „das Haus" (Jerusalem) und „der Turm" (Tempel)
unterschieden; in 1Hen 90,36.40 ist vermutlich die Stiftshütte, in 90,26 f.28 f.33 f.36 mit dem „Haus"
wohl das alte und das neue Jerusalem gemeint.
60 Der Text ist an dieser Stelle gestört, die vielen Varianten helfen nicht weiter. Vgl. Charles 1908,
129. Hollander/de Jonge 1985, 271 konjizieren ἐν ναῷ (ὃ ἂν ἐκλέξηται ...), doch ist das ganz unsicher.
61 Philo, De Special. Legibus I, 66 ff, hier bes. I, 67.
62 Josephus, Ant. 4,200–201.203 (8.5 und 8.7); der „eine Tempel" ohne Bezug auf die Stadt Ap. 2,193.
63 Zu beachten ist auch die rabbinische Diskussion, in der viele Fragen (wieder) auftauchen, die
bereits in der biblischen und parabiblischen Rezeptionsgeschichte der Zentralisationsformel eine
Rolle spielen. Vgl. Langer 1989, 122 ff, bes. 171 zur Alternative Stadt oder Tempel.
64 Knoppers 2006, 265–289.
65 Vgl. Naveh/Magen 1997, 15; dazu Eshel 2003, 239; zur entsprechenden Lesung im SP ebd. 218 f.

dass diese Tradition mit Lev 17,3 f ausgeglichen wird. Damit ist MMT in der Lage, auch die andere, priesterlich geprägte Auslegungstradition aufzunehmen, die den erwählten Ort von Dtn 12 mit dem Tempel identifiziert. Lev 17,3 f erlaubt, beides zu berücksichtigen, indem der Tempel als „Wohnung Gottes" und Teil des erwählten Ortes mit dem „Zelt der Begegnung" und der erwählte Ort selbst mit dem „Lager" gleichgesetzt wird.

Diese Lösung sieht auch vor, dass der Status der Stadt als heiliger Stadt und „Ort, den Er erwählt hat" genau festgelegt wird: sie ist – anders als es die traditionelle Identifizierung suggeriert – nicht identisch mit dem zentralen Kultort, aber sie ist das unmittelbare Umfeld des Tempels, das – anders als es die Identifizierung des zentralen Kultortes mit dem Tempel erforderte – um des Tempels willen rein und heilig gehalten werden muss. Auf diese Weise ist die zwischen Stadt und Tempel schillernde Bedeutung der Zentralisationsformel von Dtn 12 eindeutig geklärt und sind zwei konkurrierende Bestimmungen der Tora miteinander versöhnt. Der Ausschluss der samaritanischen Alternative, der sich daraus zwangsläufig ergibt, ist zwar nach allem, was wir sehen, nicht intendiert, aber angesichts der Diskussionslage im 3./2. Jh. v. Chr. dennoch von Bedeutung: כי ירושלים היא המקום אשר בחר בו מכול שבטי ישראל.

24 Mose und die Propheten

Zur Interpretation von 4QMMT C

Das „Lehrschreiben" 4QMMT (4Q394–399) liegt seit 1994 in einer ersten kritischen Edition vor.[1] In ihr ist vor allem der Sprache dieses wichtigen Texts sowie dem halachischen Teil B größte Aufmerksamkeit gewidmet. Über die Halacha handeln zwei überaus erhellende Beiträge: eine ausführliche Kommentierung sämtlicher Halachot von 4QMMT durch den Herausgeber E. Qimron und eine materialreiche Studie über die Geschichte der Halacha von Y. Sussmann.[2] Wie der zweite Herausgeber, J. Strugnell, in einem Anhang erklärt, fehlt jedoch ein Kapitel über den homiletisch-paränetischen Teil C: „Such an important study remains to be done".[3] Mit diesem Beitrag sei ein Anfang gemacht. Ich widme ihn außer Émile Puech, dem begnadeten Epigraphiker, auch Hartmut Stegemann, dem Meister der materiellen Rekonstruktion, den ich im März des Jahres 2005 nach Jerusalem in die École Biblique et Archéologique Française begleiten durfte, um gemeinsam mit ihm und Émile Puech an 4QMMT und anderen Dingen zu arbeiten. Für Hartmut Stegemann war es nach längerer Unterbrechung wieder das erste und zugleich das letzte Mal, dass er an den geliebten Ort kam, den er seit rund 40 Jahren regelmäßig aufgesucht hatte, um in der klösterlichen Abgeschiedenheit und herzlichen Gemeinschaft der gelehrten Brüder die Handschriften vom Toten Meer zu studieren. Am 22. August 2005 ist er im Alter von 72 Jahren verstorben.

I Schriftbezüge in 4QMMT

4QMMT geht in seinem dritten Teil C ausdrücklich auf Bestand und Bedeutung der als autoritativ angesehenen biblischen Bücher ein, auf die in dem Schreiben implizit angespielt wird und die explizit zitiert werden. Folgt man DJD 10[4], handelt es sich nicht nur um die Tora (C 24.27.28), das „Buch des Mose" (C 6.10 f.17.21), sondern auch

---

1 Qimron / Strugnell 1994; Neuausgabe Kratz 2020b. Als „Lehrschreiben" bezeichne ich den Text auf der Basis von C 10 (4Q397 14–21, 10; 4Q398 14–17 i 2) und C 26 (4Q398 14–17 ii 2; 4Q399 i 10).
2 Qimron / Strugnell 1994, 123–177 und 179–200. Vgl. auch Qimron 1996, 12 f.
3 Qimron / Strugnell 1994, 205. Auch die Studie von von Weissenberg 2003 hält nicht, was der Titel verspricht. Sie findet in der Komposition von 4QMMT das Bundesformular des Deuteronomiums abgebildet, das die beiden divergierenden Teile B und C zusammenhalte. Unterdessen erschienen Von Weissenberg 2009.
4 Qimron / Strugnell 1994.

https://doi.org/10.1515/9783111367057-030

um die „Bücher der Propheten" (C 10) und um „David", d. h. den Psalter, irgendeine andere davidische Sammlung oder, wie man gemeint hat,[5] die Hagiographen (C 10). Und anders als in B werden in C nicht *dicta probantia* für die Halacha zusammengetragen, sondern die biblische Geschichte in Erinnerung gerufen und das Studium der biblischen Bücher empfohlen.

Die Reflexionen über die Schrift und ihren Gebrauch scheinen mir ein Schlüssel zum Verständnis jenes dritten Teils und des ganzen Werkes in der uns erhaltenen Gestalt zu sein. Im Folgenden sei darum zunächst der Schriftgebrauch von 4QMMT selbst untersucht. In Anknüpfung an Bernstein und Brooke[6] werde ich die expliziten, durch Zitationsformel eingeführten Schriftzitate behandeln, wobei es mir auf die Funktion der Zitate für die Komposition von 4QMMT sowie die bisher wenig beachteten Unterschiede zwischen B und C ankommt, die die Frage nach dem Zusammenhang der beiden Teile aufwerfen.

Die erste bezeugte[7] Zitationsformel findet sich in B 27 (4Q394 3–7 ii 14) im Rahmen der Halacha über den Opferort in B 27–35. Eingeleitet durch ‏[וע]ל שא‎ ‏כתוב‎, wird Lev 17,3 zitiert und der in Lev 17,4 erwähnte richtige Ort des Opfers, der Eingang zum Zelt der Begegnung, mit der Richtungsangabe „im Norden des Lagers" (vgl. Lev 1,11) umschrieben. Das Zitat dient als Ausgangspunkt für weitere, durch ‏ואנחנו חושבים ש‎ eingeleitete und damit als Gesetzesauslegung gekennzeichnete Erläuterungen zur genauen Identifizierung des in Lev 17 genannten „Lagers" (‏מחנה‎). Ausdrücklich wird das „Lager" mit Jerusalem und dem in Dtn 12 geforderten zentralen Kultort, dem Ort, den Jhwh aus allen Stämmen Israels erwählt hat (vgl. Dtn 12,5.11.14), gleichgesetzt, in dem auch das Heiligtum, das Zelt der Begegnung von Lev 17,4, situiert wird.[8] Auffallend an dieser Halacha ist der Umstand, dass sie eine Schriftstelle und nicht, wie sonst üblich, einen Kasus zum Gegenstand hat.[9] Im Hintergrund dieser Auslegung von Lev 17 dürfte die terminologische Unausgewogenheit sowie die uneindeutige Formulierung von Dtn 12 gestanden haben. Die Auslegung gleicht, um mit der modernen Wissenschaft zu sprechen, die unterschiedliche Terminologie von D und P aus. Sie beseitigt damit Unklarheiten und weist vermutlich auch konkurrierende Lokalisierungen des „Lagers" sowie entsprechende Interpretationen von Lev 17,3 f ab.

Ein Rätsel gibt die nächste Zitationsformel in B 38 (4Q394 8 iii 8 f; 4Q396 1–2 i 4) auf: ‏[ו]הדבר כתוב עברה‎. Maier findet darin ein nichtbiblisches Zitat und übersetzt:

---

5 Qimron / Strugnell 1994, 59 Anm. zu Z. 10.

6 Vgl. Bernstein 1996a; Brooke 1997.

7 Die Formel wird meistens auch in B 10 (4Q394 3–7 i 13) ergänzt; doch vgl. Brooke 1997, 71.

8 Vgl. noch B 58–62; 11QT LII, 13–16 und dazu Qimron / Strugnell 1994, 143–147.

9 Vgl. ‏ועל‎ bzw. ‏ואף על‎ in B [3.5].8.[9].13.[18].21.24.[36.37.]49].52.55.62.64.72.75.76.77; C 4.

„Und (es steht) das Wort geschrieben: ‚ein Trächtiges/ihr(en) Fötus'";[10] Qimron dagegen fasst das כתוב als Verweis auf die vorher assoziierte Bibelstelle Lev 22,28 auf und übersetzt: „And the ruling refers (to) a pregnant animal".[11] Letzteres liegt nahe, da es in B 36–37 tatsächlich um den in Lev 22,28 geregelten Fall eines Muttertiers und seines Jungen beim Opfern bzw. Schlachten geht. Der Fall des Muttertiers und seines Jungen wird in dem ominösen Zitat auf das trächtige Tier übertragen und darüber hinaus im Blick auf den Verzehr der Leibesfrucht geregelt. Die Halacha stützt sich auf eine Bestimmung der Tora, die im Text wörtlich anklingt und regelrecht erklärt wird (ש אנחנו חושבים). Der Anlass könnte eine aktuelle Diskussion über den Stellenwert des ungeborenen Lebens gewesen sein. Die Formel würde demnach hier kein Zitat einleiten, sondern sich auf den vorher angeführten Bibeltext beziehen, der auf einen neuen Fall Anwendung findet: „Und das Wort (oder: die Sache) ist geschrieben von einem schwangeren (Tier)". Es handelte sich um den Fall, dass eine schriftkonforme Auslegung der Schrift unter das Schriftzitat fiele.[12]

Die beiden folgenden expliziten Schriftbezüge in B 66 (4Q394 8 iv 16; 4Q396 1–2 iii 6; 4Q397 6–13 7) und B 70 (4Q396 1–2 iii 10; 4Q397 6–13 9) gehören in den Abschnitt über den Aussatz (B 64–72) und sind, obwohl der Text nicht gut erhalten ist, leichter zu identifizieren. Die erste Stelle zitiert Lev 14,8 f, die zweite spielt auf Lev 4,13 f bzw. 5,2 f sowie Num 15,27–31 an. Mit dem zweiten Schriftbezug wird die Halacha unter eine besonders scharf formulierte Strafandrohung gestellt. Was den Fall so gewichtig macht, geht aus dem ersten Schriftbezug und seiner mit ומרים ש]אנ אנחנו (B 64) eingeleiteten Kommentierung hervor. Der Kommentar stellt unter Berufung auf die Schrift, aber gegen die zitierte Schriftstelle, klar, dass der Aussätzige während der siebentägigen Frist, die er nach der Reinigung und dem Eintritt in das Lager „außerhalb seines Zeltes", d. h. seines Hauses, verbringen soll, keineswegs „rein" ist und daher auch nicht mit Reinem in Berührung kommen und z. B. vom Heiligen (Opferfleisch) essen darf (B 64 f.67 f.71).

---

10 Maier 1995, 365.367; ebenso García Martínez / Tigchelaar 2000, 793.797.

11 Qimron / Strugnell 1994, 50 f.141.157 f; vgl. auch Bernstein 1996a, 40 f; Brooke 1997, 72 f.

12 Anders sieht die Sache aus, wenn man mit Teeter 2014, 49–66, bes. 53 f, die – mit Lev 22,27–29 sachlich verwandte – Stelle Ex 23,19 (par. Ex 34,26; Dtn 14,21) in der samaritanischen Fassung des Pentateuchs samt einigen aramäischen und griechischen Versionen mit in Betracht zieht. Hier findet sich in Ex 23,19 ein seltsamer Zusatz, der das Verbot „das Böcklein in der Mutter Milch zu kochen" als „Zorn" (עֶבְרָה) oder „Übertretung" (עֲבֵרָה) gegen den Gott Jakobs bezeichnet und sich entweder ursprünglich auf das Schlachten eines Fötus zusammen mit einem schwangeren Mutterschaf bezog oder in der Tradition leicht darauf beziehen ließ, wie die Tempelrolle (11QT LII 5–7) und ein Fragment der Damaskusschrift (4Q270 2ii 15) zeigen. Sollte Ex 23,19 in 4QMMT iii 8–9 mit im Blick sein, handelte es sich also doch um ein wörtliches Zitat, nur eben nicht in der proto-masoretischen, sondern in einer proto-samaritanischen Fassung der Tora.

Auch hier dürfte eine aktuelle Diskussion über die gängige, in 4QMMT kritisierte Praxis den Anstoß zur Gesetzeserläuterung gegeben haben, hinter der sich ein exegetisches Problem verbirgt.[13] Die Formulierung in B 65 f und B 71 f führt nämlich auch auf Lev 13,46. Danach soll der Aussätzige während der ganzen Zeit seiner Unreinheit abgesondert „außerhalb des Lagers" wohnen. Das wirft, zumal wenn unter dem „Lager" Jerusalem verstanden wird, für Lev 14,8–9 die Frage auf, ob der Aussätzige nach seiner ersten Reinigung und seinem Wiedereintritt ins Lager tatsächlich schon rein ist oder nicht, wenn er doch weitere sieben Tage außerhalb seines Zeltes (seiner Wohnung) verbringen und sich ein weiteres Mal reinigen muss, um danach ein zweites und nach dem Opfer am achten Tag (Lev 14,10–20) ein drittes Mal für rein erklärt zu werden. 4QMMT löst das Problem in der Weise, dass der Aussätzige mit Lev 13,46 die ganze Zeit isoliert (בדד) bleiben muss, die Isolation aber – wohl innerhalb des Lagers (der Stadt) – auf die Absonderung von allem Reinen und Heiligen in der Stadt, im Tempel wie in den Wohnhäusern bezogen und damit verschärft wird.[14]

Eine Verschärfung oder wenigstens Klarstellung bedeutet auch die Kommentierung (אנחנו אומרים ש) des „Gesetzes für den Toten oder den Gefallenen" in B 72–74, die sich auf Num 19,16–18 zu beziehen scheint. Worin genau die Klarstellung besteht, hängt von der Ergänzung der Textlücke in 4Q396 1–2 iv 2 ab.[15] Deutlich ist, dass es um die Beschaffenheit des Knochens eines Toten geht, die – vermutlich entgegen anderslautender Auslegungen – für 4QMMT keine Bedeutung hat.

Die beiden letzten erhaltenen expliziten Schriftbezüge des halachischen Teils betreffen nicht den Gegenstand der Halacha, sondern haben dienende Funktion in der Argumentation über die Mischehen in B 75–82. Die Verweise auf die Schrift folgen unmittelbar aufeinander in B 76–78 (4Q396 1–2 iv 5–7; 4Q397 6–13 13 f) und sollen zweierlei belegen: erstens die Heiligkeit Israels, die vielleicht wörtlich aus Jer 2,3 zitiert, vielleicht aber auch aus dem gesamtbiblischen Befund abgeleitet ist (Ex 19,6; Lev 19,2; 21,15);[16] zweitens die Unverträglichkeit zweier verschiedener Arten in dem Mischzitat aus Lev 19,19 und Dtn 22,9–10. Beides dient als Beleg dafür, dass Israel heilig ist und die „Söhne Aarons", d. h. die Priester, ebenfalls heilig bzw. hochheilig[17] sind und sich darum nicht vermischen dürfen. Der Kasus selbst ist am Anfang und in der mit ואתם יודעים (B 80) eingeleiteten Polemik gegen Teile der

---

13 Vgl. Qimron / Strugnell 1994, 166–170; etwas anders Bernstein 1996a, 43 f.

14 Zur Verschärfung trägt auch die zeitliche Präzisierung „bis zum Sonnenuntergang am achten Tag" (vgl. Lev 22,4–8) bei.

15 Vgl. Qimron / Strugnell 1994, 170 f.

16 Vgl. Bernstein 1996a, 45 und Brooke 1997, 74 f einerseits, Qimron / Strugnell 1994, 55 andererseits.

17 So mit der Ergänzung der Textlücke in B 79 nach Qimron / Strugnell 1994, 56; vgl. auch Maier 1995, 369.372; Garcá Martínez / Tigchelaar 2000, 798.800.

Priesterschaft und des Volkes benannt: „Unzucht inmitten des Volkes" und illegitime „Vermischung", die den heiligen Samen verunreinigen. Der biblische Spendertext hierfür dürfte das Gesetz über die Ehe des Hohenpriesters in Lev 21,13–15 sein. In 4QMMT wird diese Bestimmung auf alle Priester sowie die Ehen zwischen Priestern und Volk oder, je nachdem, wie man die Textlücke am Ende von B 80 füllt, auf sämtliche Ehen im Volk und in der Priesterschaft angewandt.[18]

Zusammenfassend lässt sich festhalten, dass die expliziten ebenso wie die hier nicht behandelten impliziten Schriftbezüge im halachischen Teil B von 4QMMT[19] – vielleicht mit einer Ausnahme (B 76/Jer 2,3?) – ausschließlich auf die Tora des Mose und hier vor allem auf das Buch Levitikus zurückgreifen. Das versteht sich angesichts der priesterlichen Interessen und Überzeugungen der Halacha in 4QMMT zwar von selbst, ist aber auch in literatur- und theologiegeschichtlicher Hinsicht interessant, insofern 4QMMT damit nahtlos an die jüngeren und jüngsten gesetzlichen Partien des Pentateuchs anschließt, die ihrerseits von einer lebendigen halachischen Diskussion unter den Schriftgelehrten zeugen und im Zuge eines innerbiblischen Auslegungs- und Fortschreibungsprozesses entstanden sind.[20]

Auffallend ist auch, dass der Bezugspunkt, die Tora des Mose, nie beim Namen genannt wird. Es reicht das anonyme כתוב,[21] das auf das Gesetz und seine Autorität verweist.[22] Die entsprechende Schriftstelle wird mehr oder weniger frei zitiert. Zur Identifizierung reicht oft eine kleine wörtliche Anspielung, die sich nur demjenigen erschließt, der den Text auswendig beherrscht oder – wie wir heute – eine Konkordanz zur Hand hat. Auch solche feinen Anspielungen begegnen schon im literarischen Werden der biblischen Bücher und dienen der innerbiblischen Auslegung.[23] In 4QMMT kann man beobachten, wie diese Technik in der externen Schriftauslegung weiterlebt.

Dass es sich um „außerbiblische", externe Schriftauslegung handelt, gibt 4QMMT ausdrücklich zu erkennen. Gleich zu Beginn von B wird deutlich gemacht, dass es sich bei den Anweisungen zur Praxis der Tora (קצת דברי ה[מעשים; vgl. מקצת מעשי התורה in C 27), um die Auslegung des Verfassers handelt, die unter der Überschrift אלה מקצת דברינו mitgeteilt wird (B 1–2). Die hierfür gebrauchte For-

---

18 Zur Diskussion vgl. Qimron / Strugnell 1994, 171–175, bes. 171 Anm. 178a; Bernstein 1996a, 46.

19 Vgl. Qimron / Strugnell 1994, 136 und die Behandlung im Einzelnen ebd. 147 ff; Bernstein 1996a, 36–38; Brooke 1997, 82–85.

20 Vgl. dazu Kratz 2000, 99 ff.

21 Zu den in den Qumran-Schriften verwendeten Zitierformeln vgl. Steudel 1994, 170–189, bes. 172–174 zu 4QMMT.

22 Auch B 52 f (4Q394 8 iv, 2 f) spricht nur sehr allgemein von verschiedenen Typen von Gesetzen: משפטי ישראל [ום]שפט וטהרה ;חוק. Vgl. B 74 (4Q396 1–2 iv 3; 4Q397 6–13 11): כמשפט המת או החלל.

23 Vgl. Fishbane 1985; Kratz 2013a, 126–156; Teeter 2014.

mulierung שא א[נ]ח[נ]ו חושבים (vgl. שחשבנו in C 27) wird dementsprechend in den einzelnen Halachot wiederholt aufgegriffen und dem כתוב gleichberechtigt zur Seite gestellt. Auch wenn sich der Sinn der Schriftstelle ändert oder dem Wortlaut sogar zuwiderläuft, steht das „wir meinen" oder „wir sagen" – dem Selbstverständnis nach – nicht in Widerspruch, sondern in Einklang mit dem, was „geschrieben" steht. Die Auslegung richtet sich nicht gegen die Tora, sondern gegen Auslegungen und Praktiken der Tora anderer, auf die gelegentlich verwiesen wird (B 80–82). Ihnen begegnet die Antithese „wir aber sagen euch" mit einer Explikation dessen, was die Schrift nach Auffassung von 4QMMT im Blick auf dieses oder jenes exegetische oder praktische Problem zu sagen hat. Offensichtlich befinden wir uns in einer Phase, in der sich die Tora als verbindliche Größe des Judentums durchzusetzen begann und um die richtige Anwendung des Gesetzes bereits heftig gerungen wurde.

Einem etwas anderen Typ der Schriftbenutzung begegnet man im dritten, homiletischen Teil von 4QMMT (C). Hier wird die Referenzgröße beim Namen genannt. Und hier hat das Schriftzitat nicht nur dienende Funktion, sondern zeugt von der Bedeutung der Schrift selbst.

In C 6 f (4Q397 14–21 6 f) ist Dtn 7,26 zitiert und mit Dtn 12,31 kombiniert. Von der Zitationsformel ist nur der Anfang eines כתוב erhalten, das man – mit dem in C üblichen Sprachgebrauch – zu כתו]ב בספר מושה ergänzen kann. Das Zitat ist im Blick auf das Folgende gewählt, das keine weitere Halacha, sondern eine Vollzugsmeldung bietet: Was Dtn 7,26 als Konsequenz der Verheißung an Israel im Blick auf die Völker und ihre Götter fordert, hat das „Wir", das in 4QMMT spricht, im Blick auf das eigene Volk, vielleicht auch auf die in Z. 1–4 beschriebenen Praktiken,[24] beherzigt und erfüllt. Auch dies ist eine Auslegung der zitierten Stelle, die die Mahnung an ganz Israel vor der Landnahme auf die eigene Gegenwart und die Differenz zwischen Israel und den Völkern auf eine Spaltung in Israel selbst bezieht. Doch im Unterschied zur Halacha in B steht hier nicht die gesetzliche Bestimmung selbst, sondern die Frage zur Disposition, wer sie einhält. Die Halacha regelt nur, wie sie eingehalten werden soll.

Um die Einhaltung des Gesetzes als solche geht es auch in der Empfehlung des Schriftstudiums, die sich unmittelbar in C 10–16 (4Q397 14–21 10–14; 4Q398 14–17 i 2–8) anschließt und mit einem dreifachen Schriftzitat untermauert ist. Der Text ist

---

24 Ob die Zeilen 1–4 der Fragmente 4Q397 14–21 eine Halacha darstellen, wie die Ergänzungen in Qimron / Strugnell 1994, bes. Z. 4 (ועל הגשי[ם]), suggerieren, und in welchem Zusammenhang das Schriftzitat und das Folgende mit Z. 1–4 stehen, lässt sich aufgrund des schlechten Erhaltungszustands nicht sagen. Doch vgl. מעל in Z. 4 und 9. Stilistisch verbindet das „Ihr w[isst]" in C 8 den Abschnitt mit der Halacha in B 68.80.

an dieser Stelle besonders interessant, aber auch besonders schwierig. Die Schwierigkeiten betreffen zunächst die Angabe der Bücher, die zum Studium empfohlen werden. Hierzu bietet der Composite Text in DJD 10, C 10–11, mehr als man auf den Fotos der Handschriften erkennen kann.[25] Zudem weichen die Handschriften voneinander ab, sodass man sie am besten gesondert betrachtet.

In der Fragmentengruppe 4Q397 14–21 liest DJD 10 in Z. 10–11:

10[ ]נו אליכה שתבין בספר מושה [ ]בספר[ ]ביאים ובדוי[
11[ ] דוד ודור ובספר כתוב [

Bezieht man die von Ulrich benannten Unsicherheiten der Lesung sowie der Einordnung von Fragment 17 (hier unterstrichen) mit ein, bleibt:

10[ ]נו אליכה שתבין בספר מו [ ]ב<u>ספר</u>[ ]ביאים ובדו.[
11[ ] דוד ודור ובספר כתוב [

In Fragment 4Q398 14–17 ist an entsprechender Stelle, Kol. i, Z. 2–3, noch weniger Text erhalten. DJD 10 liest:

2[ ]נום[ ]פר מושה
3[ ]דוד[ ]ספר כתוב

Ulrich liest:

2[ ]נום[ ].ו מ...
3[ ]דוד[ ]..ר כתוב

Mit einiger Wahrscheinlichkeit lässt sich der Text in 4Q397 14–21 wie folgt ergänzen und mit 4Q398 14–17 (unterstrichen) kombinieren:

10 כחב[נו אילכה שתבין בספר <u>מ</u>ושה [ו]בספר[י הנ]ביאים ובדו.[
11 [...] דוד <u>ודור ובספר כתוב</u> [

Zweifelsfrei bezeugt ist demnach keine der in DJD 10 ergänzten Bezeichnungen biblischer Schriftensammlungen. Im Gegenteil: Die einzig sichere Lesung in 4Q397 14–21 11 spricht nur von einem „Buch", in dem etwas „geschrieben" steht. Da anschließend das Deuteronomium zitiert wird, dürfte es sich um die Tora des Mose, d. h. den Pentateuch, handeln, die auch in B zitiert und in C beim Namen genannt

---

25 Vgl. Ulrich 2003, bes. 208–211. Grundsätzliche Zweifel an der Bezeugung eines „dreigeteilten Kanons" äußert Campbell 2000.

ist.[26] Eine Ergänzung zu „im Buch des Mose" in 4Q397 14–21 10 // 4Q 398 14–17 i 2 legt sich daher nahe. Auch die Ergänzung des Wortes „[Pro]pheten" in 4Q397 14–21 10 dürfte richtig sein, sodass hier wie vermutlich auch in Z. 15 (C 17) vom Buch des Mose und den Büchern der Propheten die Rede ist. Am unsichersten ist die Lesung „und in David" in Z. 10, gegen die epigraphische und philologische Gründe sprechen.

Merkwürdig an dieser Stelle ist zweierlei. Zum einen verwundert, dass nach den Schriftbezügen in B, die allesamt auf die Tora rekurrieren, hier nun Mose und die Propheten genannt sind; dies dürfte mit den Geschichtsreflexionen in C zusammenhängen und wirft auch ein (neues) Licht auf das Verständnis der Tora. Sie ist demnach nicht nur Gesetzbuch, sondern auch Geschichtsbuch.

Zum anderen erhebt sich die Frage, wie sich die Einleitung zu den folgenden Zitaten: „und in dem Buch steht geschrieben" zur Erwähnung von Mose und den Propheten verhält, insbesondere wenn man den Text ergänzen darf zu: „damit du Einblick gewinnst in das Buch Mose und in die Bücher der Propheten". Im Vergleich mit der Parallele 4Q398 halte ich es für nicht ausgeschlossen, dass man es in 4Q397 mit einer nachträglichen Zufügung der Propheten zu tun hat, wodurch die Unstimmigkeit mit der folgenden Zeile entstanden wäre. 4Q398 weist schon im ersten Wort unserer Stelle eine Variante auf (כתב[נום] statt כתב[נו]) in 4Q397).[27] Des Weiteren ist die anschließende Lücke in 4Q398 14 2 zu klein für den Text, den 4Q397 bietet (אליכה שתבין בספר), sodass auch hier mit einer Textvariante zu rechnen ist. Dasselbe gilt übrigens auch für den Anfang der Z. 3 von 4Q398 14–17 i, der, nimmt man Kol. ii als Maßstab, für den Zwischentext von 4Q397 14–21 10 f (von ובספר[י] bis דור) einschließlich des nicht erhaltenen Textbestands kaum Platz bietet. So könnte der Papyrus 4Q398 eine ältere Textfassung bewahrt haben, die in 4Q397 erweitert und um den Hinweis auf die „Bücher der Propheten" (und gegebenenfalls auch „David") ergänzt worden wäre.

Die in C 11–16 (4Q397 14–21 11–14; 4Q398 14–17 i 3–8) folgenden drei Schriftzitate lenken den Blick auf Stellen der Tora, die zum Halten des Gesetzes gemäß der in 4QMMT vertretenen Halacha motivieren. Eingeleitet durch die Formeln „in dem Buch steht geschrieben", „und auch steht geschrieben" sowie „und es steht geschrieben" werden nacheinander eine aufgrund des schlechten Erhaltungszustandes nicht mehr identifizierbare Schriftstelle über vergangene Dinge,[28] Dtn 31,29 und

---

26 „Tora" in 4Q398 14–17 ii 3 f (C 27 f), vielleicht auch 4Q398 11–13 7 (C 24); „Mose" in 4Q397 14–21 i 15 (C 17), vermutlich auch in 4Q398 11–13 4 (C 21), nicht hingegen in 4Q397 22 3 (eingeordnet in C 21).
27 Zu den Textvarianten vgl. Qimron / Strugnell 1994, 41. Eine Neulesung, die den Text an 4Q397 angleicht, hat Puech 2012 vorgeschlagen: כתבנו אליך שאתם מ[בינים] בס[פר מושה].
28 Vielleicht handelt es sich um den Vers Dtn 32,7, der unmittelbar vorher in דור ודור anklingt (vgl. Qimron / Strugnell 1994, 59 z.St.). Die Wortwahl (וקדמניות) könnte, sofern die Entzifferung des äußerst schwer lesbaren Texts von 4Q398 14–17 i 4 richtig ist, unter Einfluss von Jes 43,18 oder Mal 3,4 f stehen.

Dtn 30,1–2 zitiert. Die beiden identifizierbaren Schriftstellen werden nicht nur paraphrasiert, sondern sind, wenn auch in Auswahl, nahezu wörtlich wiedergegeben. Auswahl und Abweichungen vom biblischen Text scheinen nicht zufällig zu sein.[29] Ausgelassen sind alle historisierenden Details der Moserede (Dtn 31,29) und das Exil (Dtn 30,1 f) sowie alle internen Verweise auf die deuteronomische Gesetzgebung („die ich dir vorgelegt habe", „das ich euch geboten habe" etc.). Die Aussagen verlieren dadurch ihre Zeitgebundenheit und lassen sich auf eine andere Situation beziehen. Durch die durchgängige singularische Anrede sind sie der Redesituation von 4QMMT angepasst.

Des Weiteren fällt die verkehrte Reihenfolge der Zitate auf, mit der die Umstellung der eschatologischen Formulierung „am Ende der Tage" aus Dtn 31,29 in das Zitat von Dtn 30,1 f einhergeht. Damit wird ein bestimmter Ablauf der Ereignisse suggeriert. Nach der Erinnerung an die Vergangenheit folgt die Beschreibung der Gegenwart als Zeit der Abkehr vom rechten Weg des Gesetzes und zuletzt die Ankündigung von Segen und Fluch für die Endzeit, in der es zur Umkehr kommen wird. Dieser Ablauf hat offensichtlich etwas mit den Geschichtsreflexionen in 4Q398 14–17 ii, der Fortsetzung von 4Q397 14–21 // 4Q398 14–17 i, sowie 4Q398 11–13 zu tun. 4Q398 14–17 ii 2–4 (C 26–28) greift die direkte Anrede des Adressaten von 4Q397 14–21 // 4Q398 14–17 i (C 10) auf und verbindet die Erinnerung an David mit dem Hinweis auf die in 4QMMT mitgeteilte Halacha und die Tora-Kenntnis des Adressaten. Und wie in 4Q 397 14–21 // 4Q398 14–17 i ist wohl auch in 4Q398 11–13 4 (C 21) Dtn 30,1 im Blick, wenn vom Eintreffen von Segen und Fluch die Rede ist, verbunden mit historischen Reminiszenzen[30] und dem Ausblick auf die Umkehr am „Ende der Tage". Das Halten der Tora[31] gemäß der Halacha von 4QMMT wird auf diese Weise in einen größeren geschichtstheologischen Zusammenhang eingebettet, der seinerseits an Tora und Propheten orientiert ist.

Nach allem sind die beiden Teile B und C enger aufeinander bezogen als es auf den ersten Blick vielleicht scheinen mag.[32] Allerdings geht die Verbindung einseitig von C aus. Während die Halacha in B eine mündliche oder schriftliche Vorgeschichte gehabt, wenn nicht sogar einmal ein Eigenleben geführt haben dürfte,[33] ist C definitiv für den Zusammenhang der beiden Teile verfasst. Im Weiteren soll darum der Frage nachgegangen werden, worin der Beitrag des homiletischen Teils C zum halachischen Teil B und mithin zu 4QMMT im Ganzen besteht.

---

29 Für ähnlich gelagerte Fälle vgl. Brooke 1997, 77.79.

30 Die Tora betreffend in 4Q398 11–13, 7 (C 24).

31 „Mit deinem ganzen Herzen und mit deiner ganzen Seele" nach Dtn 30,2 (4,29; 10,12; 26,16; 30,10).

32 Vgl. Qimron / Strugnell 1994, 111.

33 Vgl. Pérez Fernández 1997; Hempel 2000, bes. 83 f.

II Die Platzierung von 4Q398 11–13

Die Antwort hängt wesentlich davon ab, in welcher Reihenfolge man die Fragmente von C anordnet. In dieser Frage sind sich die Herausgeber von DJD 10 nicht einig. Das Problem besteht in der Platzierung des Fragments 4Q398 11–13, das Strugnell (mit H. Stegemann) vor 4Q397 14–21 // 4Q398 14–17 i–ii, d. h. in die Lücke des Übergangs von B nach C einordnet,[34] während Qimron (unter Berufung auf M. Kister und B. Porten) es zwischen 4Q498 14–17 i und ii einfügt und mit 4Q397 14–21 16 zusammenschließt (C 18–24).[35] Das Problem ist nicht einfach zu lösen und bedürfte angesichts des inhaltlichen Gewichts von C dringend einer neuen, eingehenden Untersuchung. Sie kann an dieser Stelle nicht geleistet werden, doch seien wenigstens die wichtigsten Gesichtspunkte kurz genannt, die sich aus der Durchsicht des relevanten Materials – der im Israel-Museum gelagerten Handschriften,[36] der Edition in DJD 10 und der persönlichen Aufzeichnungen von H. Stegemann[37] – ergeben.

Die Ausgangslage ist eindeutig und daher unstrittig. Die sechs Handschriften 4Q394–399 gehören alle zu ein und demselben Werk. Textüberschneidungen erlauben die Zusammensetzung der Fragmente und Rekonstruktion des erhaltenen Textbestands in den Teilen A und B von 4QMMT:

A 1–21

4Q394 (a)	4Q395 (b)	4Q396 (c)	4Q397 (d)[38]	4Q398 (e)	4Q399 (f)
1–2 i–v					
3–7 i 1–3					

34 Qimron / Strugnell 1994, 205 f.

35 Qimron / Strugnell 1994, 201 f.

36 Eingesehen mit freundlicher Genehmigung der IAA (Israel Antiquities Authority) und überaus zuvorkommender Unterstützung des zuständigen Teams im Israel Museum (unter Leitung von Dr. Tamar Rabbi) im März des Jahres 2005, wofür an dieser Stelle ausdrücklich gedankt sei.

37 Sie wurden mir von H. Stegemann während unseres Aufenthalts in Jerusalem im Jahr 2005 zur Verfügung gestellt und enthalten a) eine Transkription aus dem Jahr 1983 unbekannter Herkunft, vielleicht von M. Kister (so Stegemann mündlich), mit englischer Übersetzung und handschriftlichen Notizen von J. Strugnell; b) Jerusalemer „Notes" von H. Stegemann aus den Jahren 1983, 1985 und 1990, insbesondere zur materiellen Rekonstruktion der Handschrift d (4Q397). Vgl. dazu auch die Arbeiten von Von Weissenberg 2009; Puech 2012 und 2015.

38 Für die neu hinzugekommenen Fragmente 24–27 der Hs 4Q397 vgl. Tigchelaar 2006; 2014 sowie 2020; Puech 2015; vgl. dazu Kratz 2020b, 23–26.

B 1–82

4Q394 (a)	4Q395 (b)	4Q396 (c)	4Q397 (d)	4Q398 (e)	4Q399 (f)
3–7 i 4–ii 4	1				
(3–7 ii 5 ff)			(1–2?)	(1–3?)	
3–7 ii 13–19			3 1–6		
8 iii 6–20		1–2 i–ii 2	4 1–2; 5 1–6; 27		
8 iv 1–16		1–2 ii 2–iii 6	6–13 1–7; 26		
(8 v 9–10)		1–2 iii 6–iv 11	6–13 7–15		

Der Anfang des Werkes ist leider verloren. Der Übergang vom kalendarischen Teil A zum halachischen Teil B ist in 4Q394 3–7 i erhalten, die Fortsetzung in 4Q394 3–7 ii physisch gesichert.[39] Eine Lücke in der Textüberlieferung von B, die nicht durch physischen Kontakt der Fragmente oder Textüberschneidungen der Handschriften überbrückt wird, besteht zwischen 4Q394 3–7 ii 19[40] und 8 iii 6. Aus dieser Lücke stammen 4Q397 3 5–6 sowie 4Q396 1–2 i 1–3 // 4Q397 4 1–2. Füllt man diesen Text nach den Proportionen der Handschrift a) ein, fehlen 3 Zeilen zwischen dem Ende von 4Q 394 3–7 ii 19 in 4Q397 3 5–6 und dem Anfang von 4Q394 8 iii 6 in 4Q396 1–2 i 1–3 // 4Q397 4 1–2. Zwar gibt es keine direkte Verbindung zwischen den beiden Enden in 4Q397 3 und 4Q397 4 // 4Q396 1–2 i, doch legt das gemeinsame Thema, die Frage nach dem Ort des Schlachtens und Opferns, den Schluss nahe, dass die Lücke nicht allzu groß ist und die Kolumnen 4Q394 3–7 ii und 4Q394 8 iii tatsächlich unmittelbar aufeinander folgten. Eine Überprüfung dieser Annahme ist nur durch die materielle Rekonstruktion sämtlicher Handschriften möglich.

Für C stellt sich die Handschriftenbezeugung wie folgt dar:

---

39 Die Einfügung von 4Q397 1–2 in die Lücke von 4Q394 3–7 ii, 5 ff (Qimron / Strugnell 1994, 48) ist möglich (Stichwort עורות), der Zusammenschluss von 4Q397 1–2 mit 4Q398 1–3 aus materiellen Gründen jedoch unsicher. 4Q398 1–10 gehört vermutlich nicht derselben Handschrift wie 4Q398 11 ff an.

40 Die Edition Qimron / Strugnell 1994 zählt in 4Q394 3–7 19 Zeilen pro Kolumne, doch dürften es hier wie in 4Q394 iii–iv wohl 20 Zeilen gewesen sein, so dass man in 4Q394 3–7 i mit dem Verlust der ersten Zeile und in 4Q393 3–7 ii mit einer Lücke von neun Zeilen rechnen muss. Der Einfachheit halber bleibe ich hier jedoch bei der Zählung von DJD.

C 1–32

4Q394 (a)	4Q395 (b)	4Q396 (c)	4Q397 (d)	4Q398 (e)	4Q399 (f)
			„lost column" 18 i; (22?)	**11–13?**	
			14–21 1–14; 24(?)	14–17 i	
			14–21 15f(f); 22(?)	**11–13?**	
			23; 25; 28	14–17 ii	i–ii

Klar bezeugt ist der Schluss des Werkes in 4Q398 14–17 ii // 4Q399 i–ii. Evident ist auch die Textüberschneidung in 4Q397 14–21 9–14 und 4Q398 14–17 i. Nicht dokumentiert ist hingegen der Übergang von B nach C. Daraus ergibt sich die Frage, wo das Stück 4Q398 11–13 einzuordnen ist, ob in die Lücke zwischen 4Q394 8 v // 4Q396 1–2 iv // 4Q397 6–13 und 4Q397 14–21 // 4Q398 14–17 i (so Strugnell und Stegemann) oder zwischen 4Q397 14–21 // 4Q398 14–17 i und 4Q398 14–17 ii (so Qimron nach Kister). Die Herausgeber in DJD 10 haben eine weise Entscheidung getroffen, indem sie beide Möglichkeiten vorgestellt und damit die Diskussion eröffnet haben.

Für die zweite Möglichkeit sprechen vor allem inhaltliche Gründe:[41] Da man den stark zerstörten Anfang von 4Q397 14–21 1–5 (C 1–5) mit einigem guten Willen und über die Stichwortverbindung הזנות (4Q397 6–13 12 ff) als Nachklang der Halacha verstehen kann, scheint er sich besonders gut für den Übergang von B nach C zu eignen. Sodann scheinen der Hinweis auf Mose und die Propheten und die diversen Schriftzitate in 4Q397 14–21 // 4Q398 14–17 i (C 6–17) die historischen Reminiszenzen mit Ausblick auf das „Ende der Tage" in 4Q398 14–17 ii (C 25–32) anzukündigen. Da auch 4Q398 11–13 (C 18–24) einen solchen Rückblick bietet und ihn in Z. 6 wie 4Q398 14–17 ii, 1 mit את זכור einleitet und da beide Rückblicke auf die Rettung des Frommen aus seinen Nöten (נצל מצרות) zielen, ist die Verlockung groß, die beiden Stücke zusammenzustellen und auf 4Q397 14–21 // 4Q398 14–17 i folgen zu lassen.

Dem steht jedoch der materielle Befund entgegen, der eher in die andere, von Strugnell und Stegemann eingeschlagene Richtung weist.

Die Lesung von 4Q397 14–21, 1–5 ist unsicher. Der erhaltene Text, soweit er sich entziffern lässt, spricht davon, dass etwas kommen soll (שיבוא[ו]), sowie von unguten Zuständen wie „Gewalttat" und „Unzucht" (החמ[ס והזנות]; החמס והזנות והמעל) und in Z. 6 von gewissen Ortschaften (מקומות). Was auch immer dort gestanden haben mag,

---

41 Qimron / Strugnell 1994, 201.

die erhaltenen Textreste stehen der folgenden, aus der Schrift abgeleiteten Selbst-
beschreibung der „Wir" sehr viel näher als der vorangehenden Halacha.

Auch der Zusammenschluss von 4Q397 14–21 15 f mit dem Text von 4Q398 11–13
ist alles andere als evident. Nach dem wiederholten Rückgriff auf Mose (und die
Propheten) und der Ankündigung von etwas Kommendem in 4Q397 14–21 15 sind
in Z. 16 (Frag. 20 und 21) lediglich noch die oberen Ränder einzelner Buchstaben zu
sehen, die nicht alle eindeutig zu identifizieren sind. In Frag. 21 ist ת, vielleicht auch
ות[am Wortende und]ש am Anfang des folgenden Wortes zu erkennen, was in DJD
10 zu הברכ[ות ש]באו ergänzt wird. In Fragment 21 liest DJD 10 מי[und ergänzt mit
4Q398 11–13 1 zu [שלומה בן דויד ואף הקללות] מ[י]. Stegemann (Notes) hat [א]ת דוי[ד]
gelesen und die Zeile mit 4Q398 14–17 ii 1 zusammengeschlossen. In beiden Fällen
scheint mir der Wunsch Vater der Lesung und Ergänzungen zu sein. Eine genauere
Autopsie des Fragments[42] ergibt, dass die zweite Lesung wohl wahrscheinlicher, aber
keineswegs sicher ist.[43] Auf sie sollte man darum so wenig wie auf die erste bauen.

Dasselbe gilt für die Fragmente 4Q397 22 und 23, die in DJD 10 der Reihe nach
in 4Q398 11–13 2–4 (C 19–21) und 4Q398 14–17 ii 5–6 // 4Q399 ii 2–3 (C 29–30) einsor-
tiert werden. 4Q397 22 weist auf kleinstem Raum ungewöhnlich viele Textvarianten
auf,[44] dürfte in Z. 3 anders zu lesen sein[45] und passt von den Textproportionen her
nur schlecht in das Format der Handschrift e). Das alles lässt eine Kombination mit
4Q398 11–13 als sehr unwahrscheinlich erscheinen. Auch 4Q397 23 kann nur unter
Ausblendung der in den Handschriften d), e) und f) sonst üblichen Proportionen in
den Text von 4Q398 14–17 ii // 4Q399 eingefügt werden. Im Format der Handschrift
d) kommen dabei nur halbe und recht unregelmäßige Zeilen heraus, was für die
letzte Kolumne nicht unmöglich, aber ungewöhnlich wäre.

Was schließlich die Stellung des Fragments 4Q398 11–13 zwischen 4Q398 14–17 i
und ii anbelangt, so fällt störend auf, dass in 4Q397 14–21 // 4Q398 14–17 i von Segen
und Fluch im Singular, in 4Q398 11–13 hingegen von Segnungen und Flüchen im
Plural die Rede ist. Außerdem fehlt in 4Q398 11–13, bis auf den Imperativ זכור את,
die direkte Anrede des „Du", die 4Q398 14–17 i (// 4Q397 14–21) und 4Q398 14–17 ii
miteinander verbindet.

Mit am schwersten wiegen jedoch rein materielle Gesichtspunkte. 4Q398 11–13
hat in etwa dieselbe Form wie das physisch zusammenhängende Stück 4Q398 14–17
i–ii, in dem das Ende des Werkes erreicht wird. Lediglich die Beschädigungsspuren
an den Rändern passen nicht recht zusammen: im einen Fall befinden sie sich am

---

42 Für epigraphische Beratung danke ich Émile Puech.

43 Möglich wäre etwa auch die Buchstabenfolge]כי[. Zum Schriftbild vgl. Frag. 16 2–4. 6; 18 6.8.9;
23 3 für מ; Frag. 16 9; 18 8.9.11.13 für ד; Frag. 18 9–12; 19, 1 für כ.

44 Vgl. Qimron / Strugnell 1994, 60 f Anm. 4–5 zu C 19 f.

45 Auf dem Foto (Qimron / Strugnell 1994, Pl. VI) ist nur ein]ה, im Original der Handschrift aber
deutlich die Buchstabenfolge]לה zu erkennen.

unteren, im anderen am oberen Rand, wobei die tiefen Einschnitte am rechten und linken Kolumnenrand von 4Q398 11–13 und 4Q398 14–17 ii miteinander korrespondieren. Der Befund lässt sich entweder so deuten, dass das fragliche Fragment 4Q398 11–13 auf dieselbe Ebene und also vor 4Q398 14–17 i–ii gehört. Oder man muss annehmen, dass der Papyrus in der Mitte gefaltet war, sodass Ober- und Unterkante aufeinanderlagen. 4Q398 14–17 i–ii wäre so ein Stück der oberen, 4Q398 11–13 ein Stück der unteren Hälfte des Papyrus. Doch auch in diesem Fall kann 4Q398 11–13 schwerlich die unmittelbare Fortsetzung von 4Q398 14–17 i sein. Gegen den Anschluss spricht, dass die auf beiden Stücken sichtbaren Klebestreifen und der Zeilenspiegel nicht zusammenpassen.

Die Entscheidung, welche der beiden Möglichkeiten den Vorzug verdient, fällt, wie gesagt, nicht leicht. Im Folgenden werde ich versuchsweise die Lösung von Strugnell und Stegemann zugrunde legen, die sich vom materiellen Befund her aufdrängt: 4Q397 3–11; 4Q397 14–21 // 4Q398 14–17 i; 4Q398 14–17 ii // 4Q399 i-ii. Ich werde zeigen, dass auch diese Abfolge der Fragmente inhaltlich stimmig ist und einen guten Sinn ergibt. Die Anordnung ändert nichts an der Tatsache, dass der Übergang von B nach C nicht erhalten ist. Sie setzt vielmehr voraus, dass zwischen dem Ende von B und dem Anfang von C eine Lücke klafft, die durch den Rand der Kolumne 4Q394 8 v, von der nur noch die drei Anfangsbuchstaben der Zeilen 11–13 zu erkennen sind, physisch bezeugt und durch 4Q396 1–2 iii 6–iv 11 // 4Q 397 6–13 7–15 nicht vollständig überbrückt wird.[46]

III Interpretation von 4QMMT C

Der Text 4Q398 11–13 (C 18–24) setzt unvermittelt ein mit einem Rückblick auf die Tage Salomos, des Sohnes Davids, und die Tage Jerobeams, des Sohnes Nebats, bis zum Exil Jerusalems unter dem König Zedekia von Juda, d. h. bis zur Zerstörung Jerusalems im Jahr 587 v. Chr. Literarisch gesprochen sind damit die Bücher Samuel und Könige und ihre Parallele, die Bücher der Chronik, im Blick. Die Verben stehen, soweit zu erkennen, im Perfekt und haben das Kommen von Segnungen (in den Tagen Salomos) bzw. Flüchen (in den Tagen der Könige von Jerobeam bis Zedekia) zum Subjekt. Die gesamte vorexilische Königsgeschichte wird damit pauschal ver-

---

46 Im Format der Handschrift a) ergibt der in den anderen Handschriften über 4Q394 8 iv 16 hinaus erhaltene Text ungefähr 14–15 Zeilen. Er reicht bis an die Randbuchstaben in 4Q394 8 v 11–13 heran, lässt sich mit ihnen aber nur schwer zusammenschließen. Für das ה in Z. 11 und 13 stehen im Text von 4Q396 1–2 iv 9–11 mehrere Möglichkeiten zur Verfügung, für das in Qimron / Strugnell 1994 mit Vorbehalt gelesene כ in Z. 12 lediglich das seinerseits fragliche כ]י in 4Q396 1–2 iv 11; die nächsten Möglichkeiten in Z. 6–7 sind zu weit entfernt.

urteilt und ausdrücklich unter die Ankündigung von Segen und Fluch im Gesetz des Mose (Dtn 30,1; vgl. Jos 8,34) gestellt, was in den historischen Büchern des Alten Testaments lediglich an einer Stelle, 2Kön 22,19, angedeutet ist. Dieses Verständnis der Königszeit entspricht der deuteronomistischen Prägung der Bücher Samuel und Könige, doch der Plural deutet eine neue, mehr der Chronik verpflichtete Lesart an: Segen und Fluch werden in historische Einzelakte zerlegt.

Darüber, wie der Verfasser von 4QMMT, von der Halacha herkommend, auf dieses Thema zu sprechen kam, lässt sich nur spekulieren. Da die Segnungen und Flüche offenbar Subjekt und nicht Objekt auch des Hauptsatzes sind (vgl. ואף הקללות), kann man ein vorausgehendes זכור את ausschließen. Vielleicht darf man aus dem Rückverweis auf das „Buch des Mose" in Z. 4 die Vermutung ableiten, dass der Abschnitt wie in 4Q397 14–21 15 mit einem Hinweis auf das Buch oder die Bücher eingeleitet wurde, in denen Segnungen und Flüche geschrieben stehen, mit dem Unterschied, dass es hier um vergangene, dort um künftige Ereignisse geht, weshalb 4Q397 14–21 // 4Q398 14–17 i folglich auch aus inhaltlichen Gründen schwerlich die Anschlussstelle für 4Q398 11–13 gewesen sein kann.

Der geschichtstheologische Rückblick mündet in Z. 3 ein in die Ankündigung, dass etwas zurückgebracht werden soll (ב מא[י]בי[ש]). Das Pluralsuffix bezieht sich – in Übereinstimmung mit dem biblischen Sprachgebrauch von אוב Hif. – am nächsten auf die Galut Jerusalems und den König Zedekia, d. h. die Exilierten, die zurückgeführt werden sollen. Ein Bezug auf die Flüche[47] scheint mir demgegenüber weniger plausibel.

Was es mit dem plötzlichen Wechsel der Perspektive von der Vergangenheit in die Zukunft auf sich hat, wird gleich anschließend in Z. 4–5 erklärt. Hier äußert sich der Verfasser über seine eigene Einsicht (נכר Hif. Z. 3) in den Gang der biblischen Heilsgeschichte und führt diese auf etwas zurück, was im Buch des Mose geschrieben steht. Gedacht ist offenbar an Dtn 30,1–3. Aus der Perspektive des Verfassers ist die Ankündigung von Dtn 30,1 („Und es wird geschehen, wenn alle diese Dinge, der Segen und der Fluch, über dich gekommen sind") wenigstens teilweise schon eingetreten, sodass man sich nun auf die ebenfalls in Dtn 30,1–3 angekündigte Zukunft einstellen muss: das „Ende der Tage" (Dtn 31,29),[48] an dem man in Israel[49] umkehren

---

47 So Qimron / Strugnell 1994, 60 Anm. zu C 20.

48 Die Wendung זה הוא אחרית הימים (4Q398 11–13, 4) kann m. E. nur auf das Folgende bezogen werden, andernfalls hinge der Relativsatz שישובו in der Luft. Folglich weist die Formulierung ebenso wie das folgende Impf. in die Zukunft. Inwieweit das „Ende der Tage" hier und an den anderen Stellen in 4QMMT auch eschatologisch gemeint ist, ist allerdings umstritten. Vgl. García Martínez 1996, bes. 20–23.

49 So auch Maier 1995, 375; Martínez / Tigchelaar 2000, 803 („return in Israel"); anders Qimron / Strugnell 1994, 61 („return to Israel").

und nicht wieder rückfällig[50] werden wird und die Frevler in ihrem Frevel verharren.[51] Es ist dieselbe Bewegung von der Vergangenheit zur Zukunft, wie man sie in Z. 1–3 findet und die hier auf den Standpunkt des Verfassers bezogen wird. Eine Anrede begegnet nicht und ist bis hierher auch nicht zu erwarten. Es wird zunächst die eigene Sicht der Dinge dargestellt, bevor im Folgenden, den Zeilen 6–7 wie auch in den anderen Fragmenten der Handschriften 4Q397–399, ein „Du" angeredet und ihm nahegelegt wird, sich dieser Ansicht anzuschließen.

Die Anrede geschieht zunächst unter Rückgriff auf das bisher zur vorexilischen Königsgeschichte Ausgeführte durch eine erste Ermahnung, der Könige Israels[52] und ihrer Taten zu gedenken: זכור את מלכי ישרא[ל] והתבנן במעשיהמה (4Q398 11–13, 7). Der Text sagt auch, worauf dabei besonders zu achten ist, nämlich ob einer von ihnen (die Tora) fürchtete und ein Tora-Sucher war und dafür aus Nöten gerettet wurde.

Der Ausdruck זכור את kommt im biblischen Sprachgebrauch[53] vor allem als Anrede Gottes im Psalter vor und zielt auf dessen rettendes Eingreifen.[54] Hier ist die Aufforderung an einen Menschen gerichtet, der am historischen Beispiel die Bedingungen der Rettung erkennen soll. Dieser Gebrauch des Ausdrucks erinnert an das Gedenken an die vergangenen Taten Gottes in den Psalmen[55] und noch mehr an die damit verwandte Paränese des Deuteronomiums, die an einer Stelle (Dtn 9,7) den Imperativ und ansonsten eine entsprechende Verbform (impf., pf. cons., inf. abs.) verwendet und das Gedenken an vergangene Ereignisse der Aufforderung zum Gesetzesgehorsam dienstbar macht.[56]

Nicht von ungefähr findet sich im näheren Umkreis der Stelle Dtn 30,1–3, die für 4QMMT C eine entscheidende Rolle spielt, die Aufforderung Dtn 32,7, an vergangene Tage und Jahre zu denken. In 4QMMT wird dieses Gedenken auf die Könige Israels fokussiert, um an ihrem Beispiel den Maßstab klarzumachen, auf den es künftig

---

50 Vgl. Maier 1995 („nicht wieder abtrünnig werden"); zur Semantik von שוב vgl. Qimron / Strugnell 1994, 61 Anm. zu C 22; 87.

51 Zur Wendung vgl. Dan 12,10, zitiert in 4Q174 1–3 iii, 3. Maier 1995 übersetzt kausativ: „und da man die Frevler schuldig spricht". Dass sie am „Ende der Tage" für ihre Freveltaten bestraft werden, ist so oder so anzunehmen.

52 Ohne Unterscheidung zwischen Israel und Juda. Vgl. 2Chr 28,27; 33,18; 35,18.

53 In den Texten vom Toten Meer nur einmal bezeugt in 1Q34bis 1 + 2 6; vgl. aber auch 4Q501 1–2; 4Q504 1–2 ii 11; iii 4; v 9; 3 ii 5; 4 6; 5 ii 3; 6 6; 8 1; 4Q506 124 3; 131–132 12; 4Q507 3 3; 4Q508 2 2; 4Q509 12 i–13 5; 125 1; 131–132 ii 5; 4Q525 14 iii 6; 11Q5 XXII 6; XXIV 11.

54 Vgl. Ps 25,6 f; 74,2.18; 89,48; 119,49; 132,1; 137,7; auch Klg. 3,19; 5,1; 2Kön 20,3 // Jes 38,3; 2Chr 6,42 sowie der berühmte Refrain Nehemias Neh 5,19; 6,14; 13,22.29.31.

55 Ps 77,6 f.12 f; 78,35.42; 105,5 // 1Chr 16,12; 106,7; 119,52; 143,5; Jes 63,9.11; Neh 9,17. Vgl. 4Q370 1 ii 7.

56 Dtn 5,15; 7,18; 8,2.18; 15,15; 16,3.12; 24,9.18.22; 25,17. Vgl. 1QM XVII 2.

ankommt: das Halten der Tora, und zwar, so wird man schließen dürfen, in der in B vertretenen Auslegung. 4QMMT schließt damit nicht nur thematisch, sondern auch theologisch an die (spät-)deuteronomistische und chronistische Gesetzesparänese in den Königsbüchern und der davon abhängigen Chronik an.

Die Mahnung nimmt freilich zunächst nur eine der beiden Seiten des historischen Rückblicks von 4Q398 11–13, nämlich die negative, auf, den Ausblick auf die Zukunft am „Ende der Tage" hingegen nicht. Es fehlt eine Erläuterung des Tora-Suchens und eine positive Anweisung, was man in der Gegenwart für die Zukunft tun kann und soll. Genau dies aber leistet die Fortsetzung in 4Q397 14–21 // 4Q398 14–17 i (C 1–17) sowie 4Q398 14–17 ii // 4Q399 i–ii (C 25–32), die in den Zeilen 4Q398, 5–6 vorbereitet wird. Der in 4Q398 exponierte und in 4Q397 14–21 // 4Q398 14–17 i aus der Schrift begründete Wechsel der Perspektive zieht sich demnach durch den ganzen Teil C: der Blick wendet sich von der düsteren Vergangenheit (4Q398 11–13) über die Gegenwart des Verfassers und des Adressaten in die Zukunft (4Q397 14–21 // 4Q398 14–17 i), die unter wiederholtem Bezug auf Vergangenheit und Gegenwart in hellen Farben geschildert wird (4Q398 14–17 ii // 4Q399 i–ii). Sachlich eignet sich das Stück 4Q398 11–13 somit vorzüglich als Vorbereitung der übrigen Fragmente von C und fügt sich ohne Schwierigkeit in die ihm von Strugnell und Stegemann zugewiesene Position.

Da der Verfasser des Schreibens und die „Wir", die hinter ihm stehen, schon Bescheid wissen (4Q398 11–13 3 f), haben sie die nötigen Konsequenzen gezogen. Um nicht dem Fluch zu verfallen, nehmen sie die Tora des Mose ernst und haben sich gemäß der Anweisung in Dtn 7,26 von allem Unreinen getrennt (4Q397 14–21 1–9). Sie haben damit die Umkehr vollzogen, von der in 4Q398 11–13 die Rede ist. Aber sie wollen auch den Adressaten davon überzeugen, es ihnen gleich zu tun. Darum wechselt der Text an dieser Stelle in die direkte Anrede des „Du" und begründet aus der Schrift, was der Adressat zu tun und zu erwarten habe. Nun wird ihm der Sinn von Dtn 30,1–3 und 31,29 erklärt: Auch ihm stehen das „Ende der Tage" und die Umkehr zum Gesetz bevor (4Q397 14–21 10 ff // 4Q398 14–17). Die Umkehr umfasst die Anerkennung der in Teil B gegebenen Halacha.

Zusammengenommen mit der Mahnung, das Schicksal der Könige Israels zu bedenken, auf denen der Fluch von 587 v. Chr. liegt, weist die geschichtstheologische Schriftexegese und eschatologische Paränese in 4Q397 14–21 // 4Q398 14–17 i enge Berührungen mit einer Reihe von biblischen und nichtbiblischen Texten, vor allem Bußgebeten, auf, die in der Tradition des deuteronomistischen Geschichtsbildes stehen und die vor Jahren O. H. Steck einer eingehenden Untersuchung unterzogen hat.[57] Die Erinnerung an die Geschichte Israels, die Betonung des (andauernden)

---

57 Steck 1967.

Gerichts von 597 v. Chr. für die Sünden der vorexilischen Königszeit, die Mahnung, auf Mose und die Propheten zu hören, die Aufforderung zur Umkehr und die Erwartung eines noch bevorstehenden Endgerichts, in dem Fluch und Segen über Gerechte und Frevler ergehen – alles das gehört zum Repertoire dieses Geschichtsbildes, wie man es etwa in Dan 9, Neh 9, Bar 1–3, in der Zehnwochen- und der Tierapokalypse des 1Hen oder in dem Werk 4QDibHam (4Q504, 506) findet.[58]

Besonders aufschlussreich ist der Vergleich von 4QMMT C mit 4QDibHam. In 4QDibHam begegnet auffallend häufig die Aufforderung des Gedenkens, hier wie in den Psalmen und anderen Gebeten an Gott gerichtet, um ihn zum Einlenken zu bewegen.[59] Demgegenüber verlangt 4QMMT das „Gedenken" von seinem Adressaten, d. h. von den Menschen selbst. Wie in der Paränese des Deuteronomiums dient dieses Gedenken auch hier der Motivation zu Umkehr und Toragehorsam.

Auf derselben Linie liegt die Redeweise von Mose und den Propheten. In 4QDibHam (4Q504 1–2 iii 12–14 = XVI 13–15 in DJD 7) erscheinen sie, wie in der deuteronomistischen Tradition üblich, als Übermittler der Gebote und Warner vor dem drohenden Gericht. Eine Besonderheit besteht jedoch darin, dass unter den Knechten Gottes ausdrücklich die Schriftpropheten bzw. solche Propheten, die Bücher schreiben, verstanden werden.[60]

Dasselbe ist auch in 4QMMT der Fall. Anders als in der deuteronomistischen Tradition und 4QDibHam wird in 4QMMT jedoch nicht (nur) verlangt, auf das zu hören, was Mose und die Propheten sagen, sondern ihre Bücher zu studieren und aus ihnen die Einsicht in den Ablauf der auf das „Ende der Tage" zugehenden Geschichte zu gewinnen (שתבין ב 4Q397 14–21 10). Aus dieser Einsicht sollen sich Umkehr und Toragehorsam ergeben. Aufgrund der historischen Beispiele, die aus den „vorderen Propheten" stammen und wie die Schriften selbst „bedacht" werden sollen (vgl. והתבנ in 4Q398 11–13 6!), wird man wohl davon ausgehen dürfen, dass mit der umfassenden Formulierung „Bücher der Propheten", die in den Texten vom Toten Meer nur noch einmal in CD VII 17 (= 4Q266 3 iii 18 f) belegt ist,[61] nicht nur die einzelnen, in den Geschichts- und Prophetenbüchern auftretenden „historischen"

---

58 Die Berührungen werden auch von Strugnell in Qimron / Strugnell 1994, 205 erwähnt. Schiffmann 1996, zu C bes. 94–97, vergleicht 4QMMT mit 11QT.

59 Die Belege aus 4Q504 und 506 s. o. Anm. 53.

60 Vgl. Steck 1967, 119.167 f.

61 Auch die Wendung „Buch des Mose" ist nicht gerade häufig und außer in 4QMMT noch in 2Q25 1 3; 4Q197 4 ii 6 und 4Q249 1verso belegt, entspricht jedoch spätbiblischem Sprachgebrauch (2Chr 25,4; 35,12; Neh 13,1; Esr 6,18); ansonsten heißt es „Buch/Bücher der Tora" CD V 2 (4Q273 5 1); VII 15; 4Q177 1–4 14; 4Q267 5 iii 5; 6Q9 21 3; 11Q19 LVI 21. Vgl. noch „Mose und die Propheten" (ohne „Buch") in 1QS I 3 (= 4Q255 1 3 f); VIII 15 f (= 4Q258 6 [Charlesworth 2] 7 f), und für die Verbindung 4Q175 5–7; die „Propheten" in 1QpHab II 9; VII 5.8; 4Q166 ii 5 (pHos); 4Q198 1 4.12; 4Q292 2 4; 4Q381 69 4; 4Q390 2 i 5.

Propheten, sondern der Schriftenbestand und spätere Kanonteil „Propheten" als solcher gemeint ist.

Schließlich sei noch darauf eingegangen, dass auch 4QDibHam vom „Ende der Tage" redet, auf das Mose und die Propheten weisen. In Übereinstimmung mit der deuteronomistischen Tradition ist das „Ende der Tage" mit dem Zorngericht von 587 v. Chr. identifiziert.[62] In 4QMMT hingegen steht es noch aus. Hier werden Vergangenheit und Zukunft geschieden und Segen und Fluch von Dtn 30,1–3 auf die verschiedenen Epochen verteilt. Die Vergangenheit dauert nicht an, sondern dient als Beispiel für die Gegenwart und die geweissagte Zukunft. Beides, Vergangenheit und Zukunft, sind den Büchern des Mose und der Propheten zu entnehmen.

Die herausgearbeiteten Unterschiede zwischen 4QDibHam und 4QMMT gewinnen weiter an Profil, wenn man sie mit dem Schriftverständnis der Prophetenauslegung in den Pescharim und anderen Schriften vom Toten Meer vergleicht.[63] Auch in ihnen ist an die Bücher der Propheten, in der Regel der Schriftpropheten, gedacht, die wörtlich zitiert, ausgelegt und gelegentlich beim Namen genannt werden.[64] Die Hermeneutik geht aus 1QpHab ii und vii hervor. Danach sind die Worte der Propheten in der Hauptsache[65] als Weissagungen verstanden, die auf die eigene Zeit und das nahe bevorstehende Ende[66] gehen und, befähigt durch die Offenbarung aller Geheimnisse der Propheten an den Lehrer der Gerechtigkeit, entsprechend ausgelegt werden müssen. Eine Verbindung mit dem Gericht von 587 v. Chr. und früheren Erweisen von Segen und Fluch, wie etwa noch in der Auslegung der 70 Jahre des Jeremia in Dan 9, besteht nicht.

Letzteres macht den Unterscheid zur deuteronomistischen Tradition aus, markiert aber auch den Abstand zu 4QMMT. Mit seiner Empfehlung, Mose und die Propheten zu studieren, um aus den vergangenen Tagen der Könige Israels für das „Ende der Tage" zu lernen, zielt das Lehrschreiben auf einen Toragehorsam,[67] der im Sinne der vorher entfalteten Halacha nicht nur von kurzer Dauer sein, sondern nachhaltig geübt werden soll, ganz gleich, wann das „Ende der Tage" kommt. Denn Segen und Fluch, das lehrt die Geschichte der Könige Israels, können jeden zu jeder Zeit treffen.

---

62 Vgl. Steck 1967, 119 und zur Entwicklung des Gedankens in der deuteronomistischen Tradition a.a.O., 184–189.

63 Vgl. hierzu Kratz 2013a 128–135.

64 Vgl. „Buch des NN" 4Q174 1–2 i 15 f; 1–3 ii 3; 4Q177 5–6 (I) 5; 7 3 (II 13); 4Q182 1 4; 4Q265 2 3; nur mit Namen CD III 21; IV 13; VII 10; XIX 7; 4Q285 5 1; 11Q13 ii 15.

65 Anders in 4QpHos (4Q166 ii 5), wo sie wie in der deuteronomistischen Tradition als Übermittler der Gebote erscheinen.

66 Das „Ende der Tage" in 4Q174 1–2 i 15.

67 Vgl. auch 4Q174 1–3 ii 2.

So sind für 4QMMT C Mose und die Propheten alles in einem: Geschichtsbuch, Weissagung und Gesetz, das es zu halten, für den Einzelfall auszulegen und – am Tempel in Jerusalem! – zu praktizieren gilt. 4QMMT bewegt sich damit in allernächster Nähe zum Schriftverständnis der Chronik und der chronistischen Quellenvermerke.[68] Und wie diese steht das Lehrschreiben besonders dem Buch Jesus Sirach nahe, seinem Ideal des Schriftgelehrten, der über das Gesetz des Höchsten nachsinnt und sich um die Prophezeiungen bemüht (Sir 39,1), seinen am biblischen Kanon orientierten historischen Exempeln (Sir 44–49), derer gedacht (זכר) oder – in negativen Fällen wie dem König Jerobeam, dem Sohn Nebats – nicht gedacht werden soll (Sir 44,9; 47,23), und seinem Ideal des Hohenpriesters aus Aarons Geschlecht (Sir 45,6 ff), der seinem Volk Israel Gottes Gebote lehrt (Sir 45,17) und für es sorgt (Sir 50). Wie 4QMMT hegt auch Ben Sira eine eschatologische Hoffnung (Sir 36). Doch stehen auch hier die Anweisungen und die Werbung für eine den Ansprüchen der Weisheit, des Kultus und der Tora genügende Lebens- und Amtsführung im Vordergrund.

Ganz in diesem Sinne ist denn auch der Schlussabschnitt von 4QMMT in 4Q398 14–17 ii // 4Q399 i-ii gehalten. Im Kleinen ist die Argumentation aufgebaut wie die beiden Abschnitte davor (4Q398 11–13 und 4Q397 14–21 // 4Q398 14–17 i): Auf das זכור את und den Hinweis auf die positiven Folgen des Toragehorsams, die Rettung aus Nöten (נצל מצרות), folgen der Zweck des Schreibens (כתבנו אליך o. ä.), mit dem das Gegenüber für die eigene Position gewonnen werden soll (ואנחנו מכירים und שפרשנו מן bzw. חשבנו לטוב), und der Ausblick auf das „Ende der Zeit", wie es hier statt „Ende der Tage" heißt.

Die parallele Struktur scheint mir nicht zufällig zu sein. Sie spricht sehr für die von Strugnell und Stegemann vertretene und hier vorausgesetzte Anordnung der Fragmente.[69] Umso mehr fallen die unterschiedlichen Akzente ins Gewicht. Nach der an Dtn 30,1–3 orientierten historischen Bilanz und geschichtstheologischen Prognose im ersten Durchgang folgt die praktische Umsetzung. Die Mahnung זכור את

---

68 Vgl. dazu Kratz 2013a, 157–180. Man kann Bernstein 1996a, 50 nur zustimmen: „The adoption of Chronicles as a model by 4QMMT is worthy of further consideration."
69 Unter den Voraussetzungen der von Qimron vertretenen Anordnung findet auch Pérez Fernández 1997, 197 f, zwei Teile mit paralleler Struktur: a) „Wir haben dir geschrieben" (C 10.26 f), b) „Gedenke" (C23 f.25 f). Doch sein Schema gibt den Textverlauf nicht korrekt wieder. Wenn ich recht sehe, liegt darin keine parallele, sondern allenfalls eine konzentrische Struktur vor: a), b), b), a). Diese könnte für Qimrons Lösung sprechen, wäre sie denn tatsächlich intendiert und ließe sich, sowohl was die sehr unterschiedlichen Textproportionen als auch was den gedanklichen Zusammenhang anbelangt, am Text auch nachweisen. Die bloße Wiederkehr von Formulierungen, Stichwortanschlüsse und inhaltliche Berührungen besagen – zumal in einem fragmentarisch überlieferten Text – als solche nicht viel (s. auch die folgende Anm.).

bezieht sich auf ein positives Beispiel der Könige Israels, David, der vermutlich noch in die Segenszeit vor dem Sündenfall unter Jerobeam gehört, von der in 4Q398 11–13 1 die Rede ist. Wie in der Chronik, in den Psalmen und in Jesus Sirach (Sir 47,1–11) gilt David als der exemplarische Fromme, der aus vielen Nöten gerettet und dem seine Fehltritte vergeben wurden. Er ist das historische Vorbild der „Wir", von denen es im Anschluss an das negative Beispiel der Könige Israels in 4Q397 14–21 // 4Q398 14–17 i hieß, dass sie sich von der Menge des Volkes und allem Unreinen getrennt haben.

Dementsprechend fährt der Text von 4Q398 14–17 ii // 4Q399 i–ii in der wieder-holten direkten Anrede des Adressaten damit fort, dass auf das Schreiben selbst und seinen Inhalt verwiesen wird. Während beim ersten Mal die Beschäftigung mit der Tora und den Propheten als Zweck des Lehrschreibens angegeben ist, um die geschichtstheologischen Zusammenhänge zu erkennen, die das toragemäße Ver-halten der „Wir" bestimmt (4Q397 14–21 // 4Q398 14–17 i), wird beim zweiten Mal mit der Inhaltsangabe (ולעמד) מקצת מעשי התורה שחשבנו לטוב לך (C 27) ausdrücklich eine Verbindung der geschichtstheologischen Reflexionen in C zur Halacha in B hergestellt (vgl. B 1 f). Die Verbindung besteht darin, dass derjenige, der Mose und die Propheten richtig zu lesen und im Sinne von C zu interpretieren weiß, auch der in B begründeten Halacha zustimmen und die Tora auf diese Weise halten wird.

Um dieser Konsequenz Nachdruck zu verleihen, bezeichnet der Verfasser seinen Adressaten als einen, bei dem er Klugheit und Tora-Wissen (ערמה ומדע תורה) beob-achtet habe, und fordert ihn auf, „dies alles zu bedenken" (בין ב) und „ihn (sc. Gott) zu ersuchen" (בקש מלפניו), er möge den Adressaten von seinem falschen Weg abbringen (C 28 f). Die Formulierung ist in mehrfacher Hinsicht signifikant. Sie bezieht sich offenbar auf beides, auf die richtige Einsicht in die Tora und die Propheten selbst wie auf das der Auslegung von Tora und Propheten gewidmete Schreiben. Sodann sug-geriert sie dem Adressaten die in 4Q398 11–13 aufgezeigte, von den Königen Israels ausgeschlagene Möglichkeit, zu den „Tora-Suchern" (מבקשי תורה) zu gehören.

Auf den Zusammenhang weisen die Stichwortverbindungen über die Lexeme בין (4Q398 11–13, 6; 4Q397 14–21, 10) und בקש (4Q398 11–13, 7).[70] Zu beachten ist dabei, dass die übliche – biblische und auch hier verwendete – Redeweise vom „Suchen JHWHS" bzw. seines „Angesichts"[71] in Beziehung gesetzt wird zu der biblisch nicht belegten Formulierung des „Suchens der Tora", die in der Wendung מבקשי תורה

---

70 Der Sinn erschließt sich nur im Rahmen der hier gefundenen parallelen Struktur von C mit 4Q398 11–13 am Anfang, in der die Stichwortverbindung eine Art Inklusion bildet. Im Rahmen einer konzentrischen Struktur (s. Anm. 69) würde C 28 mit C 10 (בין), aber nicht mit C 23 f korrespondie-ren; die fraglichen Stichworte in C 23 f hätten wiederum in C 25 f kein Pendant.
71 Vgl. Dtn 4,29; Jer 29,13; 2Chr 20,3 f (alle mit דרש in Parallele) bzw. 2Sam 21,1; Ps 24,6 (par. דרש); 27,8; 105,3 // 1Chr 16,11; 2Chr 7,14.

bezeichnenderweise nur noch einmal im – ebenfalls deuteronomistisch geprägten, geschichtstheologischen – ersten Kapitel des Jubiläenbuchs bezeugt ist (4Q216 ii 13 = Jub 1,12), aber auch in die Sprache von Qumran Eingang gefunden hat.[72] Und schließlich mag auch Mal 2,7, die einzige Stelle im Alten Testament, an der תורה und בקש miteinander vorkommen, auf die Wahl der Formulierung eingewirkt haben: Einem Priester gleich, ist auch der Adressat, hinter dem nicht selten ein amtierender Hohepriester und politischer Führer vermutet wird,[73] für das Volk Israel verantwortlich (C 27.31 f). Seine Beschäftigung mit der Tora und sein Wissen sind die Grundlage dafür, dass er „Wissen" weitergeben und man von ihm „Tora" erfragen kann.

Auch der wiederholte eschatologische Ausblick am Schluss nimmt auf das Schreiben selbst Bezug (מקצת דברינו bzw. מדברינו C 30, vgl. B 1 f) und wendet die geschichtstheologischen Reflexionen ins Praktische. Wie bei der zweiten direkten Anrede gilt nicht die Schrift selbst, sondern deren Auslegung im vorliegenden Lehrschreiben als die entscheidende Orientierung. Das Schreiben soll den Adressaten dazu anleiten, es nicht den „Königen Israels" gleich zu tun, von denen man aus Mose und den Propheten weiß, dass sie immer nur das Böse in den Augen JHWHs getan haben, sondern (wie David) das Rechte und Gute zu tun.[74] Wenn er nur – mit Gottes Hilfe – beherzigt, was in diesem Lehrschreiben steht, kann er dem „Ende der Zeit", wann auch immer es kommt, gelassen und mit Freude entgegensehen. Seine „Gerechtigkeit" ist ihm wie dem frommen Abraham (Gen 15,6; 4Q225 2 i 8) und dem Priester Pinhas (Ps 106,31) sicher. Belial ist (noch) nicht die endzeitliche Figur, die im endzeitlichen Kampf besiegt werden muss, sondern der Inbegriff des Bösen, hier der bösen Gedanken und Pläne,[75] die im täglichen Leben besiegt werden müssen und können, und zwar dank „Mose und der Propheten" in der von 4QMMT gegebenen Auslegung von Gesetz und Geschichte.

---

72 4Q306 2 3 (DSS Study Edition 1 11); 1QS V 11. Durchgesetzt hat sich allerdings die verwandte (s. die vorausgehende Anm.) Formulierung דרש תורה: Esr 7,10; Sir 35,15 (LXX 32,15); 1QS VI 6 f; VIII 15; CD VI 7; VII 18; XX 6; 4Q159 5 6; 4Q174 1–2 i 11. Beide Begriffe sind ebenso wie בין ב (vgl. Neh 8,8; Dan 9,2) auf dem Wege dazu, *termini technici* für das Schriftstudium zu werden. Vgl. Qimron / Strugnell 1994, 89.
73 Vgl. dazu Qimron / Strugnell 1994, 116 ff.
74 Man beachte, dass die Handschriften schwanken zwischen der üblichen Kurzform der in Dtn 12,8.25; 13,19 sowie für die Zeit der „Richter" (Ri 2,11 u. ö.) und wieder seit den Tagen Jerobeams (!) gebrauchten, deuteronomistischen Formel „das Böse/das Rechte in den Augen JHWHs tun" (1Kön 14,22; 15,11.26 etc.) und der in Dtn 6,18; 12,28 sowie 2Chr 14,1; 31,20 belegten Langform „das Rechte und das Gute tun". In diesem wie in anderen Fällen hat 4Q399 gegenüber 4Q398 die kürzere und vermutlich ältere Lesart (C 27.30.31).
75 Zum Parallelismus von רעה und בליעל vgl. 1Sam 30,22; zu בליעל im intellektuellen und ethischen Bereich Prov 6,12–14; Ps 101,3–4; von Priestersöhnen, die Gott nicht kennen, 1Sam 2,12. Der Sprachgebrauch in 4QMMT bewegt sich somit noch ganz im Rahmen des biblischen Hebräisch und zeigt noch nicht die Veränderungen, die er in Qumran erfahren hat. Vgl. Qimron / Strugnell 1994, 84.

25 Der „Penal Code" und das Verhältnis von *Serekh ha-Yachad* (S) und Damaskusschrift (D)

Die Entdeckung der Fragmente der Damaskusschrift (im Folgenden D) in Höhle 4 von Qumran hat die Parallele zum sogenannten „Penal Code" (im Folgenden PC) in der Schrift *Serekh ha-Yachad* (im Folgenden S) zu Tage gefördert, von der bis dahin nur der Anfang aus CD XIV 18–23 bekannt war. In S ist der PC vor allem durch die Handschrift 1Q28 (1QS VI 24–VII 25) bezeugt, in der er vollständig erhalten ist. Hinzu kommen Reste in den Handschriften 4Q259 (4QS^e) und 4Q261 (4QS^g), die, von Einzelheiten abgesehen, keinen grundlegend anderen Text bieten.[1] Die parallele Fassung in D bezeugen außer CD XIV 18–23 vor allem die Handschriften 4Q266 (D^a) 10–11 und 4Q270 (D^e) 7; dazu kommen Reste in 4Q267 (D^b) 9 vi (par. 4Q270 7 i) und 4Q269 (D^d) 11 (par. CD XIV 18–23 und 4Q266 10 i).[2]

Das Verhältnis der beiden Fassungen des PC wird in der Forschung unterschiedlich beurteilt. Dies hat nicht zuletzt mit der Wahl des methodischen Ansatzes zu tun. Die Lösung des Problems hängt von der nach meinem Eindruck bisher zu wenig reflektierten Frage ab, wie literarische, zeitgeschichtliche und soziologische Gesichtspunkte zu unterscheiden oder sinnvoll aufeinander zu beziehen sind. Der folgende Beitrag wird sich dieser Frage aus der Sicht des Bibelwissenschaftlers zuwenden und für eine strikte Unterscheidung der methodischen Zugangsweisen plädieren, um sie sinnvoll aufeinander beziehen zu können. Im Anschluss an den erneuten Vergleich der beiden Fassungen des PC werden die Konsequenzen angedeutet, die sich daraus für das Verhältnis von S und D ergeben. Den Abschluss bildet ein Ausblick auf das Verhältnis zwischen Bundesbuch und Deuteronomium, das in mancherlei Hinsicht eine enge Parallele darstellt.

---

1 Trever 1972; Licht 1965 (Hebräisch); Charlesworth 1994; ders. u. a. 1996; Alexander/Vermes 1998; Qimron 2010, 209–234.
2 Rabin 1958; Broshi 1992; Baumgarten u. a. 1996; Charlesworth 1995 und 2006; Wacholder 2007; Qimron 2010, 1–58.

Die Grundideen dieses Beitrags wurden gemeinsam mit Annette Steudel und Peter Porzig in zwei Lehrveranstaltungen der Jahre 2007–2008 entwickelt und auf einem Göttinger Workshop im Februar 2009 vorgetragen und mit Liora Goldmann (Haifa) sowie Charlotte Hempel (Birmingham) diskutiert. Allen Beteiligten sei herzlich für Kritik und wertvolle Hinweise gedankt, die in diesen Beitrag mit eingeflossen sind.

https://doi.org/10.1515/9783111367057-031

I Der Textbefund und Ansätze zu seiner Erklärung

Schon ein flüchtiger Vergleich lässt erkennen, dass die beiden Fassungen des PC in S und D nicht unabhängig voneinander entstanden sein können. Im Einzelnen stellt sich der Befund folgendermaßen dar:[3] Von 32 Bestimmungen des PC in S sind 17 Bestimmungen, also mehr als die Hälfte, auch in D belegt, und zwar in derselben oder einer sehr ähnlichen Formulierung und, was fast noch wichtiger ist, überwiegend in derselben Reihenfolge. In 14 Fällen handelt sich um das Korpus des PC, das in S und D nahezu identisch ist (Nr. 15–30 mit Ausnahme von Nr. 22 und 28). Auch die Überschrift und der erste Fall (Nr. 1) sind in beiden Fassungen mit leichten Abweichungen überliefert. Ansonsten kann man über den Anfang (Nr. 2–14) nur wenig sagen, da die entsprechenden Zeilen in D (4Q266 10 i 15 ff) fehlen oder nur sehr lückenhaft erhalten sind (CD XIV 21–23; 4Q269 11 i).[4] Anschließend an die Bestimmung Nr. 1 muss es auch in D wie in S (vgl. 1QS VI 25–27) um irgendeine Art von Wort-Sünde, die gegen das Recht ist, gegangen sein (CD XIV 21 f; 4Q269 11 i 5). Von den drei Bestimmungen in 4Q266 10 ii 1–2, die nach der Lücke von 10–11 Zeilen in Frag. 10 i folgen, lassen sich zwei mit Vorbehalt zuordnen (Nr. 8 und 13, allerdings in umgekehrter Reihenfolge, falls die Zuordnung stimmt). Am Schluss (Nr. 31–32) gehen die beiden Fassungen stark auseinander. In den gemeinsamen Bestimmungen bietet D einen kürzeren Text, darüber hinaus aber auch Überschüsse gegenüber S.

Penal Code S	Penal Code D
1QS 6,24–7,25	CD 14,18–23 par 4Q269 11; 4Q266 10; 4Q270 7 i 1–15
Überschrift 6,24 ... ואלה המשפטים אשר ישפטו בם	x
1) 6,24–25 אם ימצא בם איש אשר ישקר בהון והואה יודע	x
2) 6,25–27 ... ואשר ישיב את רעהו בקשי עורף	(Reste in CD 14,21–23; 4Q269 11)

3 Vgl. die beigegebene Tabelle, in der um der leichteren Identifizierbarkeit willen kein Unterschied zwischen Haupt- und Unterfällen gemacht wird. Eine hilfreiche Synopse (unter Einschluss von 4Q265) bietet Shemesh 2008, 218–224. Anders als Shemesh zähle ich in 1QS VI 25–VII 2 sowie VII 6–8a zwei Bestimmungen.

4 Die Wiederherstellung des Texts in Baumgarten u. a. 1996, 72.134 geht stark auseinander und kann schwerlich stimmen: 4Q266 10 i 15 wird (unmittelbar anschließend an 1QS VI 25) nach 1QS VII 5 ergänzt (so auch H. Stegemann, unveröffentlicht), dieselbe Stelle in 4Q269 11 i 5–8 (wiederum anschließend an VI 25) nach 1QS VII 9–10 + VII 4–5 par. 4Q266 10 ii 2 ergänzt. Die fehlenden 10–11 Zeilen (vgl. Baumgarten u. a. 1996, 24) sind dabei nicht mit ins Kalkül gezogen; die erhaltenen Reste in CD XIV 21–23 sowie 4Q269 11 i 5–8 rechtfertigen die vorgeschlagenen, divergierenden Rekonstruktionen m. E. nicht. Vgl. Qimron 2010, 54.

Penal Code S	Penal Code D
1QS 6,24–7,25	**CD 14,18–23 par 4Q269 11; 4Q266 10; 4Q270 7 i 1–15**

6,27 ... ואֹ[שר יזכיר דבר בשם הנכבד (3	
7,1–2 ... ואם קלל (4	
7,2–3 ואם באחד מן הכוהנים הכתובים בספר דבר (5 בחמה	
7,3 ואם בשגגה דבר (6	
7,3–4 ואשר יכחש במדעו (7	
7,4–5 והאיש אשר יצחה בלי משפט את רעהו בדעהא (8	(?4Q266 10 ii 2)
7,5 ואשר ידבר את רעהו במרים או יעשה רמיה (9 במדעו	
7,5–6 ואם ברעהו יתרמה 10	
7,6–7 ואם בהון היחד יתרמה לאבדו (11	
(vacat)	
7,8 ואם לוא תשיג ידו לשלמו (12	
7,8 ואשר יטור לרעהו אשר לוא במשפט (13	(?x 4Q266 10 ii 1)
7,9 וכן לנוקם לנפשו כול דבר (14	
7,9 ואשר ידבר בפיהו דבר נבל (15	x
7,9–10 ולסדבר בתוך דברי רעהו (16	x + ו[פרע
7,10 ואשר ישכוב וישן במושב הרבים (17	x
7,10–11 ... וכן לאיש הנפטר במושב הרבים אשר (18 לוא בעצה	x +[אשר] לו בעצת הר[ב]י[ם]
7,11 וחנם עד שלוש פעמים על מושב אחד (19	x
7,11–12 ואם יזקפו ונפטר (20	x
7,12 ואשר יהלך לפני רעהו ערום ולוא היה אנוש (21	x + ...בבית או בשדהֹ ה[לך] ... הֹ[ב]רֹיאות + x
7,13 ואיש אשר ירוק אל תוך מושב הרבים (22	–
7,13–14 ... ואשר יוציא ידו מקמֹתוחת בגדו והואֹה פוח (23	x
7,14–15 ואשר ישחק בסכלות להשמיע קולו (24	x
7,15 והמוציא את יד שמאולו לשוח בה (25	x
7,15–16 והאיש אשר ילך רכיל ברעהו (26	x
7,16–17 ואיש ברבים ילך רכיל (27	x
7,17 והאיש אשר ילון על יסוד היחד (28	(s. u.) –
7,17–18 ואם על רעהו ילון אשר לוא במשפט (29	x
7,18–21 ... והאיש אשר תזוע רוחו מיסוד היחד (30	x – (Kurztext)
7,22–24 ... וכול איש אשר יהיה בעצת היחד (31	x – (Kurztext)
7,24–25 ... ואיש מאנשי היח[ד א]שר יתערב עמו (32 בטהרתו	x –
	32ᵃ) ... וֹאֹשר יקרֹ[ב] לזנות לאשתו
	32ᵇ) [ואשר ילו]ֹ[ן] על האבות
	32ᶜ) [ואם] על האמות
	4Q270 7 1 15 ff; 4Q266 11
	[אלה המ]שפטים א[שר ישפטו ב]ֹם
	כל המתיסרים
	Schlußbestimmungen (+ Nr. 28)

Die Zahl der Überschneidungen und Berührungen ist derart groß, dass irgendeine Art von Beziehung vorliegen muss. Andererseits gibt es derart viele Differenzen, dass eine reine Dublette ausgeschlossen werden kann. So stellt sich die Frage, wie Gemeinsamkeiten und Unterschiede zu erklären sind. Hier wie in vergleichbaren Fällen – Dekalog, Bergpredigt, Vaterunser, Samuel-Könige/Chronik – lautet die Alternative: Entweder liegt beiden Fassungen eine gemeinsame (mündliche oder schriftliche) Tradition oder Quelle zugrunde, die unabhängig voneinander in S und D verwendet und in verschiedene Richtungen weiterentwickelt wurde; oder es handelt sich um eine – mehr oder weniger direkte – literarische Abhängigkeit der einen von der anderen Fassung in S und D.

Joseph Baumgarten hat die Strafen (*penalties*) verglichen und aufgezeigt, dass D ein volleres und möglicherweise strengeres, S hingegen ein simpleres Schema befolgt und beide, D und S, weniger streng sind als die weitere Parallele zum PC in 4Q265. Nach Abwägen verschiedener Möglichkeiten tendiert Baumgarten, wenn ich ihn richtig verstehe, zu dem Schluss, dass die strengste Variante, 4Q265, zugleich die älteste und von den beiden Fassungen des PC dementsprechend D die ältere, S die jüngere sei.[5] Zu einem ähnlichen Ergebnis ist auf anderem Wege auch Charlotte Hempel gelangt.[6] Sie vergleicht nicht die Strafen (*penalties*), sondern die Straftatbestände (*offences*) und stellt aufgrund der Übereinstimmungen eine direkte literarische Abhängigkeit fest. Die Unterschiede erklärt sie so, dass D die älteren Regeln eines „parent movement" enthalte, die in S von der späteren Gemeinschaft von Qumran, wohl dem Yachad, überarbeitet und abgeändert worden seien. Weil aber auch D – z. B. in 4Q266 10 ii 7 (מ]ֹ֯ב[ב הֹל בעצת) gegenüber 1QS VII 11 (בעצה) – Spuren einer Überarbeitung aufweist, greift Charlotte Hempel zu der Hilfsannahme der Gattung (*genre*), d. h. einer älteren gemeinsamen Quelle, die sich in D erhalten habe und in S, teilweise aber eben auch in D sekundär überarbeitet worden sei.[7]

Sowohl Joseph Baumgarten als auch Charlotte Hempel bestätigen somit den ersten Eindruck, dass die beiden Fassungen des PC nicht unabhängig voneinander entstanden sein können. Des Weiteren lösen sich beide zu Recht von der verbreiteten Vorstellung, dass die Datierung der Handschriften etwas mit der Datierung der Werke zu tun habe. In jungen Handschriften können alte, in älteren Handschriften jüngere Fassungen begegnen. Wir kennen diesen Sachverhalt aus der Textkritik, und er kann ohne weiteres auf die Literarkritik übertragen werden, zumal die Grenzen zwischen Text- und Literarkritik ohnehin fließend sind. Die relative Chronologie muss also anhand innerer Kriterien ermittelt werden.[8]

---

5 Baumgarten 1992, 275; vgl. ders. u. a. 1996, 7–9.74–75.162–166.
6 Hempel 1997; 1998, 141–148.
7 So auch Metso 2000, 87–90; 2004, 317–322; 2007, 33–35; Jokiranta 2007, 280 f Anm. 9.
8 Vgl. Steudel 2009.

Die beiden Lösungsansätze sind dennoch nicht ohne Probleme. Bei Charlotte Hempel bleibt unklar, ob das Verhältnis von D und S mit einer „direct literary dependency" oder mit der Hilfskonstruktion der gemeinsamen Quelle oder Gattung („genre") im Hintergrund der uns vorliegenden Handschriften erklärt werden soll. Noch schwerer wiegt allerdings der Einwand, dass bei beiden eine historische Voraussetzung gemacht wird, die die Erklärung des literarischen Befundes diktiert. Bei Joseph Baumgarten ist es die von Josef Milik übernommene Auffassung, dass die Gemeinschaft von Qumran am Anfang sehr rigoros gewesen sei, mit der Zeit aber die Gesetzgebung an die Realitäten angepasst habe. Bei Charlotte Hempel ist es die allgemein verbreitete, von Hartmut Stegemann übernommene Hypothese, dass es eine Muttergemeinde („parent movement") gegeben habe, die der Gemeinschaft von S vorausgegangen sei und von der D zeuge. Wir haben es hier also mit der typischen und fatalen Vermischung von historischen und literarischen Argumenten zu tun, wie sie auch in der Bibelwissenschaft nicht selten anzutreffen ist. Doch bevor irgendwelche historischen oder soziologischen Hypothesen aufgestellt werden, wäre zunächst das literarische Verhältnis als solches zu klären. Erst danach können daraus – vielleicht – historische oder soziologische Schlüsse gezogen oder entsprechende Vermutungen angestellt werden.

In dieser Vermischung von literarischen und historischen Argumenten sehe ich das Hauptproblem in der gegenwärtigen Debatte um das Verhältnis von S und D. Aus diesem Grund wollen wir uns in dem folgenden Vergleich der beiden Fassungen des PC ganz auf den literarischen Befund beschränken. Es wird sich zeigen, dass die Richtung des Abhängigkeitsverhältnisses umzukehren ist und die Fassung in S die Vorlage von D war.[9]

II Textvergleich

Lässt man die historischen Voraussetzungen beiseite und beschränkt sich auf den literarischen Befund, ist von den Gemeinsamkeiten und Unterschieden zu handeln. Für sich betrachtet lassen die Gemeinsamkeiten beide Möglichkeiten zu: entweder eine (hypothetische) gemeinsame Vorlage, von der beide Fassungen unabhängig voneinander abkünftig sind, oder die – mehr oder weniger direkte – literarische Abhängigkeit. Die Entscheidung, welche der beiden Möglichkeiten zutrifft, fällt bei den Unterschieden. Haben die Unterschiede gar nichts miteinander zu tun, dürfte die erste Möglichkeit zutreffen; hängen jedoch auch die Unterschiede miteinander zusammen, stellt die Annahme einer Vorlage eine unnötige Verkomplizierung dar

---

9 So auch schon Shemesh 2002, 63 f Anm. 41; Regev 2003, 260 f.

und die zweite Möglichkeit hat die größere Wahrscheinlichkeit für sich. Wie wir sehen werden, hängen in unserem Fall die Unterschiede miteinander zusammen, sodass Charlotte Hempel mit ihrer Annahme einer „direct literary dependency" im Recht ist.[10]

Auch die Richtung der Abhängigkeit entscheidet sich an den Unterschieden. Dies ist schon innerhalb der handschriftlichen Überlieferung von S zu beobachten, die neben mancherlei marginalen Textvarianten zwei gewichtige Änderungen aufweist. In 1QS VII 8 sieht der Text hier wie vermutlich auch in 4Q 259 (4QS^e) 1 4 (Charelsworth 1 i 1) eine Strafe von 6 Monaten für denjenigen vor, der seinem Nächsten zürnt, ohne im Recht zu sein; in der Handschrift 1QS ist dieses Strafmaß korrigiert und über der Zeile in 1 Jahr geändert.[11] Die zweite Änderung findet sich in der Bestimmung über denjenigen, der durch eine ungeschickte Handbewegung seine Blöße sichtbar macht. Während 1QS VII 14 dafür eine Strafe von 30 Tagen vorsieht, setzt die Handschrift 4Q259 1 13 (Charelsworth 1 i 10), sofern die Lesung stimmt, 60 Tage an.[12] In diesen Änderungen deutet sich keine Erleichterung, sondern im Gegenteil eine Verschärfung der Sanktionen an.[13]

---

10 Hempel 1997, 337; ausdrücklich gegen eine „direct dependence" und für eine „common source" mit unabhängiger Redaktion (richtiger: Rezension) spricht sich Metso 2000, 90; 2004, 332 aus. Beide sind im Recht, insofern das eine für die beiden Fassungen, das andere für die Handschriften gilt. Davies 2017 hat sich mit dem folgenden Textvergleich ausführlich auseinandergesetzt und hält ihn für vollkommen abwegig, stimmt jedoch dem Ergebnis zu, dass PC in S ursprünglich, in D hingegen sekundär sei. Seine Einwände werden hier nachträglich berücksichtigt.
11 Zu den Korrekturen in 1QS VII–VIII vgl. Puech 1979a, bes. 38.42 f.
12 Beide Lesungen von 4Q259 1 nach Alexander/Vermes 1998, 135; nach Metso 1997, 51 und Charlesworth 1994, 84 handelt es sich um 4Q259 Frag. 1, Kol. 1, Z. 1 ff (Metso 1997 und Alexander/Vermes 1898 lesen mit dem ursprünglichen Text von 1QS VII 8b ‏סיש[רוד‎; Charlesworth mit dem supralinearen Nachtrag in 1QS VII 8a und 1 13 / 1 i 10 ‏סם[וי‎). Gegen die text- und literarhistorische Auswertung des Befundes wendet Davies 2017, 323 ein, dass 4Q259 nach Metso 2000, 303–308 eine ältere Rezension als 1QS und die Korrektur in 1QS VII 8b lediglich die Verbesserung eines Schreibfehlers sei. Letzteres ist für das supralinear nachgetragene Strafmaß in 1QS VII 8a wahrscheinlich, im Falle von VII 8b angesichts der Parallele in VII 17b–18a, die für das annähernd gleiche Vergehen ein Strafmaß von 6 Monaten vorsieht, jedoch eher unwahrscheinlich. Dass eine jüngere Rezension, hier 1QS VII 14 gegenüber 4Q259, eine ältere Lesart bewahrt hat, ist in der Textgeschichte nichts Ungewöhnliches. Zu 4Q265 s. die Hinweise oben unter I und die folgende Anmerkung, die Davies 2017, 323 übersehen zu haben scheint.
13 Auf derselben Linie liegt der Text 4Q265. Hier ist von einem Entzug der Essensration um die Hälfte die Rede, was das Maß von 1QS VI 25 noch übersteigt. In den D-Texten (4Q266 und 4Q270) ist gar nicht (mehr) vom Entzug des Essens, sondern absolut von einer Bestrafung (‏שנענ‎) für eine bestimmte Zeit die Rede, die in der Regel zusätzlich zum Ausschluss (‏לידבה‎ bzw. ‏לדבוה‎) verhängt wird. Vgl. dazu Baumgarten 1992, 271 f. Nach allem dürfte 4Q265 nicht am Anfang, sondern eher am Ende der Entwicklung stehen und von beiden Fassungen des PC, S und D, abhängig sein. Zum Vergleich bietet sich der Dekalog in der Fassung des Papyrus Nash an.

In dieselbe Richtung weisen auch die Unterschiede im Verhältnis zwischen S und D. Ich gehe die fraglichen Stellen Punkt für Punkt durch und frage nach der Abhängigkeit. Um Missverständnissen vorzubeugen, sei ausdrücklich gesagt, dass es dabei nicht um das Verhältnis der erhaltenen Handschriften, sondern der darin bezeugten Textfassungen zueinander geht. Textvarianten, wie etwa der Unterschied von הון oder ממן, der sowohl in den Handschriften von S (1QS VI 25; 4Q261 3 3) als auch im Verhältnis zwischen S und D (CD XIV 20) begegnet, führen vor Augen, dass man in der Überlieferung des Texts mit weiteren Zwischenstufen und noch anderen als den uns erhaltenen Handschriften zu rechnen hat.

Beginnen wir mit den Strafen. Für sie hat Baumgarten überzeugend nachgewiesen, dass S die beiden Termini „bestrafen" (ענש Nif.) und „aussondern" (בדל Hif. oder Hof.) ohne erkennbaren Unterschied promiscue gebraucht. Einzige Ausnahme ist 1QS VI 25, wo zwischen Begrenzung der Essensration und Ausschluss differenziert wird.[14] D unterscheidet hingegen zwischen Ausschluss (בדל Hif. oder Hof.) und (kürzerer) „Bestrafung" (ענש Nif.) und verhängt – mit drei Ausnahmen (Nr. 16, 25 sowie 27) – beide Strafen zusammen. D lässt offen, was mit der „Bestrafung" (ענש Nif.) konkret gemeint ist und weist somit eine Tendenz zur Verallgemeinerung auf. Man mag sich darüber streiten, welches die laxeren und welches die strengeren Sanktionen seien; nach allen Regeln der Text- und Literarkritik ist jedoch der weniger geordnete Zustand (S) stets ursprünglicher als das ausgeführte System (D). D erweist sich somit als eine Harmonisierung und Systematisierung und ist folglich abhängig von S.[15]

Was die Straftatbestände anbelangt, so hat Charlotte Hempel auf zwei wichtige Differenzen aufmerksam gemacht, die sich im gemeinsamen Textbestand von S und D finden.[16] Die eine Differenz ist der Überschuss von „die Vielen" in D in der Bestimmung über das Verlassen der Versammlung Nr. 18 (1QS VII 11 und 4Q266 10 ii 7). Hier bedient sich D offenkundig des Sprachgebrauchs von S. Beachtet man den näheren Kontext, fällt in 1QS VII 10–11 die Doppelung des Ausdrucks במושב

---

14 Baumgarten 1992, 272 f; vgl. ebd. 275 f die Synopse der Strafen. Für eine weitere Differenzierung vgl. Shemesh 2002. Davies 2017, 323 f führt als weitere Ausnahmen 1QS VI 27; VII 16 sowie VII 19–20 an, die allerdings, anders als 1QS VI 25, nichts zur Unterscheidung des Gebrauchs der beiden Verben beitragen. Die Beispiele belegen keine „greater specifity" in S, die die beobachtete Tendenz zur Generalisierung und Systematisierung in D gegenüber S jedoch gerade nicht in Frage stellt, sondern bestätigt. Die Meinung von Davies 2017, 328, dass ich in D eine größere „specifity" sähe, beruht auf einem Missverständnis, das die beobachtete Tendenz zur Generalisierung und größeren Systematisierung der Strafen in D mit „specifity" verwechselt.

15 Den unterschiedlichen Zustand in der Organisation der Redaktion von S und D hebt auch Knibb 2009, 305 hervor, zieht daraus aber keine Konsequenz.

16 Hempel 1997, 342 f.

הרבים auf. Die Wiederholung wird in D vermieden, sodass sich die Variante (gegen Charlotte Hempel) weniger einer Zufügung zu einer – beiden Fassungen zugrundeliegenden – „earlier version", sondern eher einer stilistischen Glättung von 1QS VII 10–11 (Nr. 17–18) und also der literarischen Abhängigkeit von S verdanken dürfte.[17]

1QS VII 10–11

ואשר ישכוב וישן במושב הרבים שלושים ימים

וכן לאיש הנפטר במושב הרבים אשר לוא בעצה

4Q266 10 ii 5–7

[ואשר ישכ]בׄ [ו]ישן ב[מו]שׁ[ב] הרבים [ה [והובדל [שלושים יום [ו]נׄענש עשרת ימים

[וכן לאיש הנפ]טר [אשר] לׄוֹ בעצת הרׄ[ב]יׄ[ם

Die zweite Differenz ist der Überschuss von Nr. 22 in S gegenüber D (1QS VII 12–14 und 4Q266 10 ii 9–12 par. 4Q270 7 i 1–2).

1QS VII 12–14

ואשר יהלך לפני רעהו ערום ולוא היה אנוש ונענש ששה חודשים

ואיש אשר ירוק אל תוך מושב הרבים ונענש שלושים יום

ואשר יוציא ידו מתוחת בגדו והואה פוח ונראתה ערותו ונענש שלושים יום

4Q266 10 ii 9–12 par. 4Q270 7 i 1–2

ואשׄר יהלך לפני רע[הו ערום בבית או בשדה הלך ערום לפני] הׄ[ב]רׄיאות והובדל ששה [חודשים]

[ואשר] [יו]צׄא את ידו מתחת בגד[ו] והואה פוח ונראתה ערותו והובדל שלו[שים [יו]ם ונענש עשרׄה

Zweifellos handelt es sich bei Nr. 22 um eine sekundäre Zufügung innerhalb von 1QS. Die Bestimmung über das Spucken unterbricht den Zusammenhang von „nackt gehen" und „Blöße zeigen" und dürfte „die Versammlung der Vielen" als Tischgemeinschaft aufgefasst haben. Doch besagt dies für unsere Frage nach dem Verhältnis von S und D nicht viel. Hier ist beides möglich: Entweder ist der Zusatz in D noch nicht vorausgesetzt und erst nach oder neben D in den Text von S gelangt, oder D glättet und stellt unbewusst den ursprünglichen Zusammenhang wieder her. Eine bestimmte Richtung der Abhängigkeit ergibt sich daraus nicht.

---

17 Davies 2017, 325 f bestreitet dies aufgrund der eigentümlichen und teilweise abweichenden Formulierung in D, wobei sich mir nicht erschließt, warum dies gegen eine Abhängigkeit von der Fassung in S spricht, zumal auch Davies selbst mit einer solchen rechnet, nur dass er die ganze Bestimmung über das Verlassen der Sitzung für sekundär erklärt, die zunächst in 1QS VII 10b–11a ergänzt und später von einem Schreiber, der die Differenz der beiden Fassungen bemerkt habe, in D (aus dem Gedächtnis) nachgetragen sei. Wenn ich es recht sehe, ist diese Stelle auch nach Davies ein klarer Beleg für die Abhängigkeit in D von S.

Hingegen dürfte der Zusatz in Nr. 21 D (בבית או בשדה הלך ערום לפני הבריאות) eine spätere Ergänzung sein, die die Formulierung von S voraussetzt und um weitere Situationen, in denen das „nackt gehen" vor anderen verboten ist, ergänzt. In dem Unterschied ist eine klare Tendenz zur Ausweitung des Geltungsbereiches der Vorschrift zu erkennen. In S findet sich dagegen der Zusatz ולוא היה אנוס (4Q259 1 6 f; 4Q261 3 6) bzw. ולוא היה אנוש (1QS VII 12), der wiederum in D fehlt. Auch wenn es sich in S lediglich um eine orthographische Variante desselben Lexems (אנס Pass. „gezwungen sein") handelt, könnte die Schreibweise in 1QS der Auslöser des Zusatzes in D gewesen sein. Es ist nicht auszuschließen, dass auch antike Schreiber ebenso wie moderne Editoren אנוש als „Mensch" aufgefasst haben.[18] Die Formulierung „vor aller Kreatur", die Menschen „im Haus" und Tiere „auf dem Feld" umschließt, ließe sich so als Versuch erklären, dem Satz „vor dem Nächsten, und er ist nicht ein Mensch" einen Sinn abzugewinnen. Trifft diese Erklärung zu, liegt eindeutig eine Abhängigkeit der Fassung in D von S vor.[19]

Auch bei dem Überschuss von Nr. 28 in S sowie den Abweichungen und Überschüssen in D gegenüber S am Ende des PC lässt sich etwas mehr sagen als bei Nr. 22. Denn auch hier sind nicht einfach nur zusätzliche Bestimmungen weggelassen oder zugefügt, die nichts miteinander zu tun haben. Vielmehr weisen die fraglichen Bestimmungen von S und D, so verschieden sie auch sind, eindeutig Berührungen auf, die auf eine literarische Abhängigkeit hindeuten. Wiederum lässt sich D einfacher aus S erklären als umgekehrt.

Gegen Ende des gemeinsamen Textbestandes geht S zu Strafbestimmungen über, die die Grundlagen oder Prinzipien der Gemeinschaft (יסוד היחד 1QS VII 17–18) betreffen und daher den endgültigen Ausschluss nach sich ziehen (Nr. 28–32).[20] Dazwischen steht ein Straftatbestand, der nicht die gesamte Gemeinschaft, sondern, wie vorher (Nr. 29), den Nächsten betrifft und nicht so hart bestraft wird, von dem es aber ausdrücklich heißt, dass er gegen das Recht sei (אשר לוא במשפט; vgl. 1QS VII 8). D scheint sich an dieser Formulierung und dem Rahmen 1QS VII 8 und VII 18 orientiert zu haben, denn in D folgen lauter Bestimmungen über Verstöße gegen „das

---

18 Vgl. Charlesworth 1994, 31 Anm. 184; richtig ebd. 85 Anm. 4 und 95 Anm. 11.

19 Auch hier muss es nicht die Handschrift 1QS sein, die als Vorlage gedient hat. Die orthographische Variante kann 1QS schon aus einer anderen, älteren Handschrift übernommen haben. Davies 2017, 325 f kommt zu demselben Ergebnis, dass das Plus in D eine Ergänzung zu der älteren Vorschrift sei „to adapt it to a different lifestyle". Inwiefern das Minus von Nr. 22 in D die von Davies selbst zugestandene Abhängigkeit im Falle von Nr. 18 in Frage stellt oder relativiert (Davies 2017, 325), hat sich mir nicht erschlossen; im einen Fall kann die Abhängigkeit überprüft werden, da Nr. 18 in beiden Fassungen enthalten ist, im anderen Fall von Nr. 22 ist das nicht möglich, weswegen hier, wie oben ausgeführt, verschiedene Optionen denkbar sind.

20 Zum Verhältnis von Vergehen und Strafe vgl. Shemesh 2002.

Recht", bevor es auch hier – nach einer Unterschrift – ins Grundsätzliche übergeht. Auch D handelt über die „Grundlagen der Gemeinschaft", nur an anderer Stelle.[21]

Die Verbindungen lassen sich an den gemeinsamen Formulierungen ablesen. Bei Nr. 26–29 (1QS VII 15–18) gehen S und D noch weitgehend parallel (4Q 266 10 ii 14–15 par. 4Q270 7 i 5–8). In D fehlt allerdings Nr. 28, die Bestimmung über das „Murren gegen die Grundlage der Gemeinschaft".

1QS VII 15–18

והאיש אשר ילך רכיל ברעהו והבדילהו שנה אחת מטהרת הרבים ונענש
ואיש ברבים ילך רכיל לשלח הואה מאתם ולוא ישוב עוד
והאיש אשר ילון על יסוד היחד ישלחהו ולוא ישוב
ואם על רעהו ילון אשר לוא במשפט ונענש ששה חודשים

4Q270 7 i 5–8 par. 4Q 266 10 ii 14–15

[ואשר ילך רכיל] [ברעהו והבדילוה]ו̊ מן הטהרה שנ̊ה אחת ונענש ששה ... חודשים]
[ואיש ברבים ילך רכיל לשלח הוא ולא] ישוב ע̊[וד]
[ואם על רעהו ילון אשר לא במשפט ונענש ששה חודשים]

Wie im Falle von Nr. 22 könnte man an eine nachträgliche Zufügung in S denken und in D den älteren Text finden. Doch liegen die Dinge hier etwas anders. In S scheinen Nr. 27 und 28 Zusätze zu sein, die den Zusammenhang der beiden Straftatbestände gegen den Nächsten (Nr. 26 ילך רכיל, Nr. 29 ילון) unterbrechen und jeweils um eine parallele Bestimmung über das Vergehen an der Gemeinschaft (den Vielen bzw. Grundfesten des Yachad) ergänzen. D setzt zumindest eine der beiden zusätzlichen Bestimmungen schon voraus; die zweite über das „Murren" gegen die Grundfesten der Gemeinschaft scheint am Ende in der zusätzlichen Bestimmung über das „Murren" gegen „Väter" und „Mütter" aufgenommen zu sein. So spricht manches dafür, dass D das in S ergänzte Paar Nr. 27 und 28 bereits kennt und in den eigenen Überschüssen seinerseits neu positioniert. Der umgekehrte Weg ist weniger wahrscheinlich. Denn Nr. 27 und 28 sind eindeutig aus Nr. 26 und 29 in S und nicht aus der Formulierung am Ende des PC in D hervorgegangen; vor allem aber ist kein Grund zu erkennen, warum der Eintrag von Nr. 27 und 28 die Streichung der „Väter" und „Mütter" nach sich gezogen haben sollte.[22]

---

21 Vgl. 4Q266 10 i 11 (CD XIV 17) in der Unterschrift des vorangehenden Abschnitts unmittelbar vor der Überschrift zum PC; ferner CD IV 21; X 6; XIX 4. Der Sache nach handelt D, anschließend an den PC, in 4Q270 7 i 15 ff par. 4Q266 11 von den Grundsätzen der Mitgliedschaft.
22 Insofern spielt es für die Frage der Abhängigkeit auch keine Rolle, ob die vier Sätze oder zwei Paare in 1QS VII 15–18 eine ursprüngliche Einheit bilden (so Davies 2017, 327 f) oder nicht. Auch Davies 2017, 326 gesteht zu, dass es sich in D um eine „adaptation to a different context" handelt.

Die Annahme einer Überarbeitung durch D legt sich auch bei den drei letzten Bestimmungen nahe, die in S folgen (Nr. 30–32). Zu allen drei Bestimmungen gibt es wörtliche Überschneidungen in der Fassung von D (4Q270 7 i 8–12), die jedoch auch hier eigene Wege geht. Von den drei letzten Bestimmungen in S beginnt die erste (Nr. 30) mit den Worten:

1QS VII 18

והאיש אשר תזוע רוחו מיסוד היחד

Auch in D begegnet der schwankende Geist (רוחו] אשר תזוע שׁ[והאיﬞ), wobei aufgrund der Textlücke nicht ersichtlich ist, ob sich der Geist wie in S (Nr. 28 und 30) gegen die „Grundfesten der Gemeinschaft" (יסוד היחד) oder etwa gegen das „Recht" (משפט) wendet (vgl. 1QS VII 21), das D in den Vordergrund stellt; der Text scheint in D jedenfalls kürzer als in 1QS VII 18–21 gewesen zu sein.

Die vorletzte Bestimmung in S (Nr. 31) handelt von einem Mitglied, das nach zehn Jahren Mitgliedschaft vom rechten Weg abweicht und die Gemeinschaft endgültig verlassen muss.

1QS VII 22–24

וכול איש אשר יהיה בעצת היחד על מלואת עשר שנים ושבה רוחו לבגוד ביחד ויצא מלפני הרבים ללכת
בשרירות לבו לוא ישוב אל עצת היחד עוד

Aus dem Mann, der dem „Rat der Gemeinschaft" angehört und dessen Geist sich von den Vielen abwendet, ist in D einer geworden, „der das Recht der Vielen verachtet":

4Q270 7 i 11 par. 4Q267 9 vi

[והאיש] אשר ימאס [א]ת מֹשׁפֹּט הרבים ויצֹא וֹ]לא ישוב עוד

Auch hier hat D die kürzere Formulierung, was für die Priorität von D gegenüber S sprechen könnte.[23] Doch die Konzentration auf das „Recht der Vielen" (משפט הרבים) entspricht der Systematik, die wir bisher als typisch für die Überarbeitung von D beobachtet haben, sodass in diesem Fall die *lectio brevior* die sekundäre Lesart sein dürfte. Dafür spricht auch, dass die Bestimmung in D verschärft wird: es fällt die Frist von zehn Jahren weg, und der Verstoß richtet sich nicht gegen die Gemeinschaft selbst und ihre Grundfesten im Allgemeinen, sondern gegen das „Recht", d. h. ganz konkret gegen alles, was der PC und andere Rechtsbestimmungen in S und D vorschreiben.

Die letzte Bestimmung in S (Nr. 32) hängt mit der vorletzten zusammen und droht dasselbe „Recht" demjenigen an, der seine (reine) Essensportion oder seinen

---

23 Vgl. Metso 2004, 321.

Besitz bzw. den Besitz der Gemeinschaft mit dem Apostaten teilt; auch er muss die Gemeinschaft endgültig verlassen:

1QS VII 24–25

ואיש מאנשי היח]ד א[שר יתערב עמו בטהרתו או בהונו אש]ר ערב עם הון]הרבים והיה משפטו כמוהו

לשל]ח אותו[

An dieser Stelle steht in D eine Bestimmung über das „Essen", das „ohne Recht" außerhalb (der Gemeinschaft) beschafft wurde:

4Q270 7 i (11–)12 par. 4Q267 9 vi

ואשר יקח] אוכלו חוצה מן המשפט והשיבו לאיש אשר לקחו מ]מנו[

Möglicherweise ist auch hier wie in S an den ausgeschlossenen Apostaten gedacht. Doch wieder ist die Formulierung allgemeiner als in S und verleiht der Bestimmung damit eine weitergehende Bedeutung.[24] Die Formulierung passt demnach zur Systematik der Überarbeitung in D, die ganz auf „das Recht" (המשפט) abhebt und den Geltungsanspruch ausweitet. Im Übrigen fehlen in D die Bestimmung über den Apostaten und die Meidung desselben keineswegs, sondern werden in den ausgeführten Schlussbestimmungen in 4Q266 11 6–18 par. 4Q270 i 19–ii 12 nachgeholt. Und wieder leuchtet der umgekehrte Weg sehr viel weniger ein: Insbesondere im Blick auf den Rekurs auf die Tora des Mose und das ausführliche Ritual mit Segen und Fluch, das eher an 1QS I–III als an den PC in 1QS VI–VII erinnert, gibt es in S keinen erkennbaren Grund.[25]

Dass D tatsächlich die jüngere, S die ältere Fassung ist und die Überarbeitung nicht umgekehrt verlaufen ist, zeigen sodann die zusätzlichen Bestimmungen im PC von D, zu denen es kein Pendant und auch keine entsprechend veränderten Bestimmungen in S mehr gibt (4Q270 7 i 12–15): Das „Huren" (זנה) mit der eigenen Ehefrau, das „Murren" (לון) gegen „Väter" und „Mütter" der Gemeinde. Alle drei Bestimmungen sind nicht leicht zu verstehen. Die Vorschrift über das „Huren" mit der eigenen Ehefrau hat zu verschiedenen Deutungen Anlass gegeben und bezieht sich entweder auf die Eherechte der Frau oder auf ein ungebührliches Sexualverhalten des Mannes in der Ehe.[26] „Väter" und „Mütter", gegen die man nicht „murren darf", zählen offenbar zu den „Grundfesten der Gemeinschaft" (1QS VII 17), was auch immer sich hinter diesen Bezeichnungen konkret verbirgt.

---

24 Vgl. oben zum „nackt gehen" (Nr. 21) und zur Verachtung des „Rechts" (Nr. 31).
25 Die semantischen Nuancen von משפט in D sowie die Nähe zu den jüngeren Partien von S in 1QS I–III (vgl. Davies 2017, 328) spricht nicht gegen, sondern für die hier vorgeschlagene Abhängigkeit.
26 Vgl. dazu Wacholder 2007, 363 f; Kister 1993, 280 f. Ein Kommentar zu dieser Bestimmung scheint mir CD IV 20–V 11 zu sein.

Entscheidend ist jedoch, dass mit diesen drei Bestimmungen, insbesondere mit der Erwähnung der Ehefrau, die Geltung der Rechtssätze auf die ganze Familie ausgedehnt werden (vgl. 1QSa). Von Frauen (Ehefrauen, Familien, „Müttern") ist in S nirgends die Rede, was nicht heißen muss, dass die Gemeinschaft von S zölibatär leben sollte oder gelebt hat. Nur sind Frauen und „Mütter" hier eben nicht erwähnt. Die Rechtssatzungen gelten ausschließlich für den Yachad, der ein Bund von Männern ist, die aber durchaus verheiratet sein und Familien haben können. In D werden die Frauen ausdrücklich mit einbezogen, sodass die Rechtssatzungen auch für sie gelten (vgl. CD V 9–10). Das dürfte nicht so sehr einen sozialen Wandel spiegeln, sondern eher eine veränderte Sicht der Gemeinschaft (in D bevorzugt עדה „Gemeinde" genannt), die ganz Israel und folglich auch Frauen und Kinder mit umfasst.[27]

In S schließt sich an den PC das sogenannte „Manifesto", ein erneuter Durchgang von Konstitution (1QS VIII 1 ff) und Regeln der Gemeinschaft (VIII 16 ff), an. Auch zwischen diesen beiden Regeln bestehen Beziehungen, die einer eigenen Untersuchung bedürften.[28] In D geht der PC in generelle Schluss- und Ausführungsbestimmungen über (4Q270 7 i 15 ff; 4Q266 11; 4Q267 9 vi). Eine Überschrift greift die Überschrift des PC in S und D auf:

4Q270 7 i 15

אלה המ[שפטים א]שר ישפטו]בֿם כל המתיסרים[

Im Fokus sind diejenigen, die „diszipliniert" werden. Für sie werden die Grundlagen der Bestimmungen in Form von Schriftbeweisen aus Tora und Propheten aufgeführt. Danach folgen wie in 1QS I–III Segen und Fluch bei der Exkommunikation eines Mitglieds; in diesem Zusammenhang wird, wie gesagt, auch der Kontakt mit Apostaten und exkommunizierten Mitgliedern der Gemeinschaft untersagt, was die Bestimmung Nr. 32 des PC in S aufgreift, diese aber in den größeren Kontext der für D typischen „Lager"-Vorstellung integriert. Auf diese Weise erhält der PC einen biblischen Anstrich.

---

27 Auch hier gesteht Davies 2017, 329 zu, dass die Fassung in D „may ... well be the result of adaptation to a literary context in which families are included". Was dies von einer „deliberate tendency" unterscheidet und warum der Unterschied die hier vorgeschlagene, von Davies selbst bestätigte literarhistorische Entwicklung in Frage stellt, verstehe ich nicht. Auch der Hinweis auf 1QSa trägt nicht viel aus, da es sich dabei – ebenso wie in D – um ein (späteres) *rewriting* älterer Ordnungen in S handelt.

28 Shemesh 2008, 193 f Anm. 6 denkt an zwei unabhängige Varianten; auch hier halte ich eine literarische Fortschreibung für wahrscheinlicher, wobei das „Manifesto" mit seinen allgemeinen Regeln auf der Linie der Fassung des PC in D liegt und folglich nicht älter, sondern eher jünger als die Fassung des PC in S ist. Mehr dazu s. u. III.

Im Unterschied zu S, wo alles auf den Yachad und seine Ordnung bezogen ist, handelt D vom biblischen Ideal Israels auf der Basis der Tora des Mose. Für eine unabhängige Entwicklung auf der Basis einer gemeinsamen Quelle sind die Berührungen zu eng. So kommt nur eine Bearbeitung der einen durch die andere Fassung in Frage. Da sich auch der Yachad in S als das (wahre) biblische Israel versteht, leuchtet nicht ein, warum S die in D vorgefundene biblische Begründung der Regeln des PC aufgegeben und bewusst ausgelassen haben sollte. Umgekehrt lässt sich leicht vorstellen, dass der PC von S in D ausdrücklich in einen weiteren Horizont gestellt werden und dadurch eine neue Legitimation erhalten sollte. Warum dabei die Selbstbezeichnung des Yachad, soweit wir sehen, vermieden und gänzlich durch andere Begriffe wie „Bund" oder „Gemeinde" ersetzt wird, ist schwer zu sagen. Vielleicht hat dies historische Gründe, eine interne Auseinandersetzung etwa, von der D in den Paränesen des ersten Teils handelt. Vielleicht war der Begriff dem Autor von D jedoch auch einfach zu eng oder zu fremd und zu wenig biblisch geprägt. So scheint es mir natürlicher und sehr viel wahrscheinlicher zu sein, dass D explizit macht und ausführt, was in S implizit angelegt ist.

In D endet der PC denn auch mit einer fulminanten Abschlussformulierung (4Q266 11 18–21 par. 4Q270 7 i 12–15), die auf die eschatologische Bedeutung der Rechtsbestimmungen für ganz Israel hinweist. Darin bezeichnet sich D ebenso wie schon in der Überschrift des PC (CD XIV 18) gewissermaßen selbst als abgeleitete Fassung und Ausführung der biblisch fundierten Rechtssätze. Über- und Unterschrift lauten hier: זה פרוש המשפטים. Im Unterschied zu אלה המשפטים (1QS VI 24; vgl. 4Q270 7 i 15 Erg.) deutet der Begriff פרוש eine Spezifizierung an, wie sie häufiger und fast ausschließlich in D im Blick auf Namen, Zeiten und das Gesetz begegnet. Ebenso wie der Ausdruck פרוש התורה (CD IV 8; VI 14; XIII 6 und 4Q-Parallelen) dürfte פרוש המשפטים die Spezifizierung der schon vorliegenden, von der Tora des Mose abgeleiteten Regeln bezeichnen und sich somit auf die in S überlieferten משפטים beziehen. Dass es sich in D um die jüngere Formulierung handelt, geht auch daraus hervor, dass die Überschrift ואלה... המשפטים in 1QS VI 24 direkt aus Ex 21,1 genommen und davon literarisch abhängig ist.[29] Demgegenüber erweist sich die Erweiterung zu זה פרוש המשפטים eindeutig als sekundär. Die Übereinstimmung mit den משפטים der Tora des Mose wird in D nicht, wie durch die literarische Anspielung in 1QS VI 24, indirekt, sondern direkt zum Ausdruck gebracht במשפטים האלה על פי כול החוקים הנמצאים בתורת מושה (4Q266 11 5–6).[30]

Ähnlich verhält es sich mit der Abschlussformulierung, die D beschließt und in der manche den Titel des Werkes finden: הנה הכול כתוב על מדרש התורה התורה האחרון.[31]

---

29 Vgl. Kratz 2013b.
30 Anders Hultgren 2007, 528 f.
31 Vgl. Stegemann 2000, 193 f; Wacholder 2007, 109–119.368.

Auch diese Formulierung betont zum einen die Abhängigkeit von der Tora, bringt zum anderen aber auch zum Ausdruck, dass es sich nicht um die erste, sondern um eine „zweite" oder „letzte" Auslegung der Tora handelt.[32] Im Kontext des PC begegnet der Begriff מדרש auch in S und bezeichnet hier den Vorgang der „gemeinsamen" Untersuchung: במדרש יחד (1QS VI 24; vgl. VIII 15.26).[33] Diese Verwendung lässt sich schwerlich von der Wendung in D ableiten.[34] Die Veränderungen, insbesondere der Verzicht auf den Hinweis auf die Tora (vgl. 1QS VIII 15), aber auch der adverbiale Gebrauch von יחד (nicht היחד!), ließen sich so kaum erklären. Umgekehrt fügt sich die Wendung in D vorzüglich zu einer Überarbeitung, die die Bestimmungen (המשפטים) des PC und alle anderen Regeln der Gemeinschaft ausdrücklich auf die Tora beziehen und so die Verbindungen zwischen Gemeinschafts-Regeln und Tora noch enger knüpfen möchte als in S.

III Das Verhältnis von S und D

Die beiden in S und D bezeugten Fassungen des PC repräsentieren nach allem, was wir gesehen haben, nicht zwei separate, unabhängig voneinander entstandene Ausprägungen einer gemeinsamen Quelle, sondern sind literarisch – mehr oder weniger direkt – voneinander abhängig. Als Richtung der Abhängigkeit hat sich ergeben, dass S die ältere, D die jüngere Fassung ist. So erweist sich die Fassung des PC in D als eine Reformulierung, eine Art von *rewriting* von S. Das Korpus der Bestimmungen wurde weitgehend unverändert übernommen, hier und dort leicht modifiziert und in den Strafen systematisiert und verschärft. Die wichtigsten Änderungen sind am Schluss zu erkennen, in dem D deutlich andere Wege geht als S, den Geltungsbereich der Regelungen erweitert, die Vorlage ausdrücklich in einen gesamtbiblischen und gesamtisraelitischen Horizont stellt sowie eine eschatologische Perspektive formuliert. Ähnliche Modifikationen dürften auch am Anfang des PC stattgefunden haben, doch lässt sich aufgrund des schlechten Erhaltungszustandes des Textes von D darüber nichts weiter sagen.[35]

---

32 Die Wendung ist schwierig; vgl. noch 4Q266 5 i 17 sowie Wacholder 2007, 114 f. Wacholder selbst bezieht „letzte" auf die Tora („the Midrash on the Eschatological Torah"); näher liegt, das Adjektiv auf Midrasch zu beziehen. Mit 1QS V 9 ist die Wendung gerade nicht zu identifizieren; gegen Hultgren 2007, 518. Anm. 43.

33 Vermutlich handelt es sich um einen Zusatz im Rahmen der Textüberlieferung von S. 4Q261 3 2 (Charlesworth: 4Q261 2 2) bezeugt einen etwas kürzeren Text: [ואלה המשפטים א[שר ישפטו על פי. 34 Anders Wacholder 2007, 352.

35 Davies 2017, 329 erklärt den reinen Textvergleich für „circular", schließt sich im Weiteren jedoch der These an, dass der PC in S ursprünglich, in D hingegen sekundär sei (a.a.O., 330–323). Um die von ihm und anderen vorausgesetzte Priorität von D zu retten, stellt er kurzerhand das Postulat

Die Basis des PC ist sicher zu schmal, um aus dem literarhistorischen Ergebnis irgendwelche Schlüsse auf historische oder soziologische Veränderungen in der Gemeinschaft von Qumran (in einem weiten Sinne) zu ziehen.[36] Jedenfalls wird man die beiden Fassungen des PC in S und D nicht als Beleg für die Annahme in Anspruch nehmen können, dass S und D sowie ihre verschiedenen, voneinander abweichenden Textfassungen verschiedene, nach- oder nebeneinander bestehende Gemeinschaften mit je eigener Ausprägung an Regeln und Lebensweisen repräsentieren, sei es, dass sie ein- und derselben Bewegung zugerechnet,[37] sei es, dass sie als zwei völlig verschieden organisierte Bewegungen angesehen werden.[38] Zwar leidet es gar keinen Zweifel, dass die „Gemeinschaft von Qumran" nicht nur in Khirbet Qumran ansässig war, sondern in lokal, zeitlich und soziologisch verschiedenen Ausprägungen in Erscheinung getreten ist, doch kann man sich dafür nicht ohne weiteres auf die literarischen Differenzen berufen; auch erklärt dieser historische Tatbestand noch nicht den literarischen Befund.

Der unmittelbaren Übertragung der literarischen Befunde in die historische Realität stehen zum einen grundsätzliche, methodische Schwierigkeiten entgegen, wie sie dem Bibelwissenschaftler von seinem Gegenstand her nur allzu vertraut sind. Die korrekte Beschreibung der soziologischen Strukturen und Organisation der Gemeinschaft(en) aufgrund der beiden Hauptzeugen S und D[39] erhebt das Selbstverständnis einer Gruppe oder das ideologische Programm einer Schrift, ist aber nicht gleichbedeutend mit einer Rekonstruktion der historischen oder soziologischen Realität.[40] Zum anderen repräsentieren die literarischen Zeugnisse zumindest im Falle des PC keine unabhängigen Traditionen, sondern sind, wie wir

---

auf, dass der PC (aus S) sekundär durch eine „S-redaction" in den älteren Kontext von D eingefügt worden sei, um D nachträglich an S anzugleichen. Ob damit „Kratz's thesis collapses" (Davies 2017, 330), hängt vom Wert eines solchen Postulats sowie von der Analyse der Komposition von S und D im Ganzen ab, wozu im Folgenden einige Erwägungen angestellt werden.

36 Mit „Gemeinschaft von Qumran" bezeichne ich nicht nur die in Khirbet Qumran ansässige Gruppe, sondern das Gesamtphänomen der religiösen Bewegung, die uns in den – in den Höhlen von Khirbet Qumran und Umgebung gefundenen – Texten vom Toten Meer begegnet. Dass weder der „Yachad" (S) noch der „Neue Bund" (D) noch die mit beidem gern identifizierten „Essener" aus nur einer einzigen Gruppe bestanden und an einem Ort (in Khirbet Qumran) angesiedelt waren, sondern eine Bewegung mit Niederlassungen an verschiedenen Orten gewesen sind, geht aus sämtlichen einschlägigen Zeugnissen hinreichend hervor.

37 Vgl. in diachroner Perspektive Collins 2006; 2009; 2010a; 2010b. In synchroner Perspektive Schofield 2009a; 2009b, 162–190.

38 Vgl. Regev 2003; 2007; 2010.

39 Außer der in Anm. 37–38 genannten Lit. vgl. noch Jokiranta 2009; speziell zum PC dies. 2007.

40 Zur Problematik vgl. Grossman 2002; ferner Davies 1992; 2005; 2010; Metso 1998, 209; 1999; 2004; 2007, 69–70; 2010, 21–25; Goodman 2010.

sahen, voneinander literarisch abhängig. Das aber bedeutet, dass sie entweder in derselben Gemeinschaft oder in Kreisen entstanden sind, die miteinander in engem Kontakt standen. Die Verschiedenheit ist an sich noch kein Beweis für eine lokale oder soziologische Differenzierung, sondern rührt von einer literarischen Überarbeitung her, bei der – nach unseren Ergebnissen – S der gebende und D der nehmende Teil ist.

In der literarischen Überarbeitung dürften sich zwar auch historische und soziologische Veränderungen oder lokale Besonderheiten spiegeln. Doch sind diese nur auf indirektem Wege zu eruieren. Wie das oben besprochene Beispiel der Ehefrauen und „Mütter" in D lehrt, ist der direkte Schluss vom Inhalt einer Schrift auf die historische Situation nicht ratsam. Das historische Problem besteht nicht in der Frage, ob die Mitglieder der Gemeinschaft verheiratet waren oder nicht, sondern darin, warum im einen Fall Ehefrauen und „Mütter" der Gemeinschaft ausdrücklich erwähnt, im anderen Fall nicht erwähnt werden. Legt man die hier vorgeschlagene literarhistorische Entwicklung zugrunde, lautet die Frage, seit wann und aus welchen historischen Gründen die ausdrückliche Erwähnung in D notwendig wurde.[41]

Dieselbe Frage stellt sich im Hinblick auf die biblische Begründung der Regeln, die in S weniger stark ausgeprägt ist als in D (und 1QSa). Auch hier erlaubt der Inhalt keine historischen Schlussfolgerungen darüber, ob die biblische Überlieferung einen geringeren oder höheren Stellenwert in der Gemeinschaft hatte oder ob die soziologische Struktur der Gemeinschaft mehr einer Sekte oder dem biblischen Ideal des nach Stämmen, Familien und „Lagern" gegliederten Volkes Israel entsprach. Vielmehr wird man sich auch hier fragen müssen, welche historischen Gründe dafür verantwortlich waren, dass im einen Fall die biblische Überlieferung, insbesondere die Tora des Mose, als Leitliteratur zwar vorausgesetzt, aber verhältnismäßig wenig zitiert ist, im anderen Fall ausdrücklich angeführt und zunehmend wörtlich zitiert wird. Und auch hier ist die Richtung der literarhistorischen Entwicklung entscheidend. Wie bei der Erwähnung der Frauen ist auch bei den biblischen Referenzen, so scheint mir, eine bewusste Unterdrückung weniger wahrscheinlich als die Vermehrung von biblischen Anspielungen und expliziten Zitaten.

So wird man mit der historischen Auswertung des PC und der Unterschiede zwischen S und D sehr vorsichtig sein müssen. Vor jeder historischen und soziologischen Auswertung muss die vollständige literarische Analyse von S und D stehen.[42] Hier stellt sich sofort die Frage, ob die literarische Analyse mit den Mitteln der klassischen Literar- und Redaktionskritik (*source- oder redaction criticism*) oder

41 Anders Davies 2017, 329; dazu s. o. Anm. 27.
42 So auch Metso 2000, 87; 2004, 331.

der neueren Literaturwissenschaft (*literary criticism*) erfolgen soll.[43] Ich sehe darin allerdings keinen Gegensatz, sondern plädiere für eine sinnvolle Verbindung von beidem, in der die Vorteile der beiden Ansätze genutzt und beider Fehlentwicklungen vermieden werden. So lehren die diversen Theorien und Ansätze der neueren Literatur- und Geschichtswissenschaften, dass die Ergebnisse der klassischen Text-, Literar- und Redaktionskritik der antiken Quellen nicht einfach die reale Geschichte abbilden, sondern einen Diskurs verschiedener Deutungen oder Konstruktionen der Wirklichkeit und konkurrierender Interpretationen von Texten widerspiegeln. Umgekehrt lehrt die klassische Literar- und Redaktionskritik, dass die permanente Generierung verschiedener Texte, Reformulierungen und Interpretationen eine Geschichte haben, die – wenn auch hypothetisch durch kritische Rekonstruktion – an den Texten und ihren intertextuellen Verbindungen nachvollziehbar ist, sodass man über die Frage, „how a text may have been read and re-read, interpreted and re-interpreted",[44] nicht nur spekulieren muss.

Aber der Vorrang der literarischen Analyse vor der historischen Auswertung gilt auch unabhängig von der Frage, ob man die erhaltenen Fassungen von S und D als literarisch einheitlich betrachtet oder literarhistorisch differenziert. Denn auch die vollständigen Kompositionen von S und D repräsentieren, ob für sich oder im Zusammenhang betrachtet, nicht einfach die Geschichte, die soziologische Ordnung oder das Selbstverständnis der einen Gemeinschaft von Qumran, sondern lediglich einen bestimmten, und zwar relativ späten Ausschnitt aus der Geschichte dieser Gemeinschaft und ihrer Selbstdarstellung. In literarischer Hinsicht stellen diese Kompositionen hoch komplexe, im Einzelnen teilweise sehr verschieden akzentuierte, teilweise widersprüchliche Gebilde dar. Doch auch sie sind bei all ihrer Komplexität nur eine Momentaufnahme. Wie die Vielfalt und vor allem die Datierung der Handschriften belegen, wurden verschiedene Fassungen desselben Werkes wie auch die verschiedenen Werke mit- und nebeneinander überliefert und bei aller Verschiedenheit offenbar gleichermaßen als überlieferungswürdig angesehen.[45]

---

43 Vgl. etwa das Programm einer „New Historiography" oder „Literary-Critical Historiography" von Grossman 2002.

44 Grossman 2002, 40.

45 Das von Knibb 2009, 306 und anderen Beiträgen in DSD 16 angesprochene Problem, dass verschiedene bis gegensätzliche Standpunkte innerhalb einer Textsammlung oder gar innerhalb ein und desselben Werkes überliefert werden, ist der Bibelanalyse seit langem vertraut; man denke nur etwa an die beiden Fassungen des Jeremiabuches oder das Nebeneinander von P, nicht-P und Dtn im Pentateuch. Neben der historischen (d. h. chronologischen, lokalen und soziologischen) Differenzierung ist hier die Hermeneutik der Fortschreibung und inner- wie außerbiblischen Schriftauslegung mit in Betracht zu ziehen, wonach auch Widersprüche in einer selektiven oder

Es verhält sich mit den beiden Werken S und D grundsätzlich also nicht anders als mit der biblischen Überlieferung. Wie in der Bibelwissenschaft üblich, wird man daher auch im Falle von S und D sowohl die vollständigen Kompositionen (je für sich wie in ihrem Nebeneinander) als auch deren literarhistorische Vorgeschichte in ihrer intertextuellen Verflochtenheit und relativen Chronologie erforschen müssen, um den Boden für historische oder soziologische Rückschlüsse auf die Geschichte oder die soziale Verfassung der Gemeinschaft zu bereiten, die sich – wohlgemerkt in literarischer Brechung – möglicherweise in den verschiedenen Stadien von den Anfängen einer Schrift bis zu ihrem Abschluss spiegeln. Der Vergleich der beiden Fassungen des PC ist dafür ein wichtiger, wenn nicht der entscheidende Ansatzpunkt. Vieles spricht nämlich dafür, dass der PC den literarischen Kern von S und D bildet und folglich am Anfang der literarischen Entstehung der beiden Werke stand.

Natürlich ist die Rekonstruktion der literarischen Vorgeschichte von S und D, wiederum nicht anders als bei der biblischen Überlieferung, nur auf dem Wege der wissenschaftlichen Hypothese möglich. Immerhin bietet hier auch die handschriftliche Überlieferung einen gewissen Anhaltspunkt. So lässt sich die Literargeschichte von S ein Stück weit anhand der Handschriften aus 4Q nachvollziehen, wie Sarianna Metso gezeigt hat.[46] Darüber hinaus ist man allerdings auch in S ebenso wie in D, wo die Überlieferung des Texts weitestgehend stabil ist, auf die Mittel der Literar- und Redaktionskritik und folglich auf innere Kriterien angewiesen, um die Entstehung zu rekonstruieren.[47] Wie im Falle des PC steht man auch im Blick auf das Ganze vor der Frage, ob die literarischen Verhältnisse eher mit einer Quellen- und Fragmentenhypothese oder mit der Fortschreibungshypothese zu erklären sind und ob man dementsprechend mit einer unabhängigen Entwicklung oder mit literarischer Abhängigkeit zu rechnen hat.[48] Dies gilt für die einzelnen Werke je

---

harmonisierenden Lesart für die Rezipienten zu verschiedenen Zeiten einen (einheitlichen) Sinn ergeben. Vgl. dazu Kratz 2013a, 126–156.

46 Metso 1997. Zur Diskussion vgl. Alexander 1996; Puech 1998a; Hempel 2006; Dimant 2006; Schofield 2008; 2009b, 21–130.

47 Zur Diskussion vgl. Murphy-O'Connor 1969; 1970; 1971; 1972a;1972b; Pouilly 1975 und 1976 und dazu Puech 1979b; Davies 1983; Hempel 1998; Regev 2003, 257 f. Für die Einheit beider Werke tritt Dimant 1984, 489–503 ein.

48 Natürlich sind auch Zwischenlösungen wie das von Schofield (2009a und 2009b) vorgeschlagene „new paradigm" einer „radial-dialogic transmission" denkbar, d. h. einer Interaktion von Standpunkten, die – was sich eigentlich von selbst versteht – sowohl chronologisch als auch lokal und soziologisch zu differenzieren sind. Doch kommt man auch so, will man nicht allzu sehr im Vagen bleiben und nur spekulieren, nicht darum herum zu entscheiden, wo Zentrum und wo Peripherie oder was vorher und was nachher ist. Und da wir dazu keinerlei *external evidence* besitzen, ist die Frage eben zunächst auf der rein literarischen Ebene nach inneren Kriterien zu untersuchen, für sich wie für das Verhältnis von S und D, das auch über den PC hinaus viele Gemeinsamkeiten und Unterschiede aufweist.

Was dieses Verhältnis anbelangt, tendierte die ältere Forschung dazu, in S die ältere, in D die jüngere Ordnung zu sehen.[49] Nach Hartmut Stegemann enthält D in den gesetzlichen Partien zwar älteres, vorqumranisches oder voressenisches Material, ist aber – vor allem in den paränetischen Partien und im PC – insgesamt die jüngste Ordnung im Verhältnis zu den älteren Ordnungen 1QSa und 1QS, die in D literarisch vorausgesetzt seien.[50] Heute geht der Trend der Forschung, wenn ich es recht sehe, eher in die andere Richtung. Statt mit literarischer Abhängigkeit rechnet man lieber mit gemeinsamen Quellen und unabhängigen Entwicklungen, die gleichzeitig oder nacheinander stattgefunden haben. Hinsichtlich der relativen Chronologie neigt man dazu, D nicht nur in den legislativen, sondern auch in den paränetischen Teilen und im PC als Zeugen eines älteren, S hingegen als Zeugen eines jüngeren Stadiums der Gemeinschaft von Qumran einzustufen, wobei hier wie auch in der älteren Forschung nicht selten historische oder soziologische Annahmen den Ausschlag für die literarische Analyse geben.[51] Wenn man so will, wird dabei die differenzierte Sicht Stegemanns vereinfacht und das Postulat älterer Quellen in den legislativen Teilen auf die gesamte Schrift übertragen.

Doch fehlt es auch nicht an Stimmen, die wieder zu der älteren Hypothese zurückkehren und sie mit neuen Argumenten zu begründen versuchen.[52] Der Vergleich der beiden Fassungen des PC hat uns von einem ganz anderen Ansatz her auf dieselbe Spur geführt und nährt die Vermutung, dass auch die übrigen Teile von D, aufs Ganze gesehen, jünger sein könnten als S. Jedenfalls lehrt der Vergleich, dass auch die paränetischen und legislativen Stücke in D in erster Linie auf der literarischen Ebene untersucht und mit S literarhistorisch ins Verhältnis gesetzt werden sollten. Dies betrifft folglich auch die wenigen historischen Anspielungen, für die sich vor allem die ältere Forschung interessierte, wie die divergierenden Angaben zur sozialen Struktur, die von Eyal Regev u. a. in den Vordergrund gerückt

---

bevor Mutmaßungen über die äußeren historischen und soziologischen Umstände angestellt werden können.

49 Vgl. Milik 1957, 104.107 (1959, 87.90 f); Kruse 1981. Zum damaligen Stand der Forschung vgl. van der Woude 1992, 6–12.49–56.

50 Stegemann 1990; 1994, 152–167; sowie im Diskussionsbeitrag zu Knibb 1994, 160 f: „*Serek ha-Yahad* is older."

51 Den Anfang machten Murphy O'Conner und Davies (s. o. Anm. 47), die D und S analysierten und in D eine vorqumranische Grundschrift ausmachten; vgl. ferner Knibb 1994; Hempel 1998 sowie Hultgren 2007; Kapfer 2007; Schofield 2009b, 163–173.180–183; Hempel 2009; Collins 2009, 358; 2010a, 6.54–65; so zuletzt auch wieder Davies 2017, mit Ausnahme des PC (s. o. Anm. 35).

52 Regev 2003; 2007, 163–196; 2010.

werden, sind uns doch auch sie nun einmal nur durch literarische Zeugnisse und nicht durch externe historische Evidenz überliefert. Es versteht sich von selbst, dass der Vergleich nicht nur die fertigen Kompositionen, sondern deren einzelne literarische Bestandteile umfassen muss, bei denen das Ergebnis im Einzelnen durchaus verschieden ausfallen kann.[53]

Nimmt man versuchsweise den PC als Ausgangspunkt, so ist – von hypothetischen Vorstufen, über die man nur spekulieren kann, abgesehen[54] – von S auszugehen. Dabei dürfte es sich um eine Fassung von S gehandelt haben, die der Handschrift 4QS^d (4Q258) nahestand, d. h. ursprünglich mit Kol. V (Kurztext) einsetzte und vermutlich zunächst nur bis Kol. VII reichte, d. h. mit dem – ursprünglich vielleicht ebenfalls kürzeren und sukzessiv ergänzten[55] – PC endete. Was danach in Kol. VIII–XI folgt, scheint mir nicht, wie gern angenommen,[56] älter, sondern jünger zu sein und aus Nachträgen zu bestehen, die Kol. V–VII bereits voraussetzen, sukzessiv ergänzt und ihrerseits vielfach überarbeitet wurden. Von den Überarbeitungen zeugen die Zusätze im Langtext von Kol. V–VIII, die vielen Korrekturen in der Handschrift 1QS VII–VIII sowie die Textlücke in Kol. VIII 15b–9,11 und der Schluss in 4Q259. Nach vorne ist die ursprüngliche Komposition um die Aufnahmezeremonie in Kol. I–III und die Zwei-Geister-Lehre in Kol. III–IV erweitert worden. Beide Stücke weisen ebenso wie die Erweiterungen in Kol. VIII–XI eine Fülle von literarischen und sachlichen Bezügen zum literarischen Kontext in S auf und scheinen diesen also vorauszusetzen. Daher vermag ich in 1QS I–IV keine ehemals selbständigen Quellen oder Varianten erkennen. Nach allen Regeln der Text-, Überlieferungs-, Literar- und Redaktionskritik, die in der Bibelwissenschaft seit über 250 Jahren ausgetestet worden sind, hat man es eher mit Fortschreibungen im Rahmen von S zu tun.

Das Wachstum von D ist etwas schwerer zu rekonstruieren, da die Handschriften hier sehr viel weniger Anhaltspunkte bieten. Immerhin bietet die Parallele in CD A VII–VIII und CD B XIX–XX auch hier einen Einblick in die Entstehungsgeschichte des Werkes.[57] Darüber hinaus hat man S als Vergleichsgröße, und der Vergleich

53 Vgl. Hempel 2009, 385: „In other words, rather than speaking of inter-textual links involving entire documents we might be dealing with inter-textual redactional layers." Die „redactional layers" können entweder in der einen oder der anderen oder in beiden Schriften anzutreffen sein.
54 Shemesh 2008, 196 f hat auf die Einbindung der Rahmenteile des PC in S aufmerksam gemacht; ob das Korpus auf eine separate Quelle zurückgeht oder (möglicherweise sukzessiv) im Rahmen des Kontexts von S entstanden ist, spielt für die Analyse keine Rolle.
55 Metso 2000, 88 Anm. 5; 2004, 319 rechnet in 4QS$^{b.d}$ (4Q256 und 4Q258) auch für den PC mit einem Kurztext.
56 Vgl. Knibb 1994, 156 f.
57 Vgl. dazu Kratz 2011, 249–258.

lehrt, dass D nicht nur im Falle des PC, sondern auch darüber hinaus eine Fülle von literarischen und sachlichen Beziehungen zu S aufweist.[58] Meine Vermutung geht dahin, dass D im intertextuellen Austausch zwischen S und D von hinten nach vorne angewachsen und vielfach ergänzt worden ist. Wachstumsschübe sind der legislative Mittelteil, der vor allem durch die Handschriften aus 4Q bezeugt ist, sowie die vier Paränesen am Beginn von D, die die Gesetzgebung in den „historischen" Kontext der biblischen Geschichte stellen.[59] Ebenso wie der Schluss des PC korrespondiert auch der legislative Mittelteil in D mit den Erweiterungen der Ordnung im hinteren Teil von S (1QS VIII–XI);[60] die Paränesen in D korrespondieren ebenso wie Segen und Fluch am Schluss des PC mit den liturgischen und lehrhaften Fortschreibungen im vorderen Teil von S (1QS I–IV).

Wenn nicht alles täuscht, erweist sich D somit auch insgesamt als eine Reformulierung (*rewriting*) und Neugestaltung von S, was umgekehrt Nachträge in S im Stil oder sogar nach dem Vorbild von D keineswegs ausschließt.[61] Im Gegenteil: Wie in der Geschichte des Texts sind auch in der Literargeschichte sich wechselseitig beeinflussende Angleichungen oder Modifikationen durchaus üblich. Auch hier bietet die biblische Überlieferung, auf die wir gleich noch einmal zu sprechen kommen, Beispiele zuhauf. Eine Analyse der beiden Werke, die dem besonderen Verhältnis Rechnung trägt und die Entstehung als Vorgang eines *rewriting* begreift, steht noch aus. Das Verhältnis der gegenseitigen literarischen Abhängigkeit im Falle des PC wäre hierzu ein günstiger Ausgangspunkt.

---

58 Vgl. dazu jüngst Hempel 2010.

59 Wie sich Gesetz und Geschichte in diachroner Perspektive zueinander verhalten, gilt es noch zu klären. Stegemann 1990 könnte hinsichtlich der relativen Chronologie in D selbst vielleicht sogar durchaus im Recht sein, wenn er in den legislativen Teilen Material findet, das älter ist als manche Teile der Paränesen. Doch besagt dies nichts über das Verhältnis zu S, das Stegemann nicht auf der literarischen Ebene abhandelt, sondern auf der Basis der vorausgesetzten historischen Hypothese zur Geschichte der Gemeinschaft bestimmt.

60 Auch die ausgeführte Halacha in D (und MMT) scheint mir – gegen Hempel u. a. (vgl. Collins 2009, 358) – im Vergleich zu dem absoluten Geltungsanspruch der Tora, wie er schon in der Bibel begegnet (vgl. Ps 1), und den davon direkt oder indirekt abgeleiteten spezifischen Gemeinschaftsregeln in S eher ein jüngeres Phänomen zu sein, wie nicht zuletzt der Vergleich zwischen der biblischen und der rabbinischen Tradition zeigt. Man setzt ja auch für Ps 1 noch nicht die rabbinische Halacha als bekannt voraus.

61 Zu diesem Ergebnis fügt sich auch die Schrift 1QSa, die Stegemann 1994, 159–163 für „die älteste Gemeindeordnung der Essener" hielt, die dem Charakter nach aber eher D und den späten Stadien in S nahesteht.

IV Eine biblische Parallele

Wie angekündigt, sei zum Schluss noch ein kurzer Blick auf biblische Parallelen, Vorbilder oder mögliche Vorlagen geworfen. Hier denke ich vor allem an die Gesetzeskorpora im Pentateuch, namentlich an das Bundesbuch in Ex 20–23 (BB) und das Deuteronomium (Dtn). Beide Gesetzeskorpora sind literarisch voneinander abhängig, haben sich auch inhaltlich in eine Richtung entwickelt, die sehr an das Verhältnis von S und D erinnert, und werden in S und D im Übrigen ausdrücklich als Anknüpfungspunkte für die Regeln der Gemeinschaft angeführt. Auch die literarische Analyse der biblischen Bücher, die in S und D Verwendung finden, verdient in der Untersuchung der beiden Werke selbst Beachtung.

Bekanntlich ist das Dtn eine Art Neuauflage des BB unter dem Gesichtspunkt der Kultzentralisation.[62] Das Verhältnis zwischen BB und Dtn stellt somit eine literatur- und gattungsgeschichtliche Parallele zum Verhältnis zwischen S und D dar. Dies trifft insbesondere auf das Verhältnis der beiden Fassungen des Dekalogs in Ex 20 und Dtn 5 zu, das an die Doppelüberlieferung des PC in S und D erinnert. Doch die literarische Abhängigkeit beginnt schon früher in der Entstehung des Dtn. Dabei ist eine Fassung des BB vorausgesetzt, in der die alte Sammlung der kasuistischen Rechtssätze in Ex 21–23 sekundär als Rede Jhwhs an eine 2. Person Singular stilisiert und durch Kultgesetze, das Altargesetz (Ex 20,24–26) und den Festkalender (Ex 23,14–19), gerahmt ist. Hier setzt das Dtn ein, das als Rede eines Dritten, wohl von Anfang an Mose, an eine 2. Person Singular (das Volk) stilisiert ist. Die Rede des Mose wiederholt die kultischen Rahmenbestimmungen des BB unter veränderten theologischen Vorzeichen und führt sie aus. Im Kontext des Pentateuchs gehen die inhaltlichen Modifikationen mit der Veränderung der Erzählperspektive einher: Im Dtn tut Mose dem Volk im Lande Moab, kurz vor Eintritt in das gelobte Land, die Bestimmungen des BB kund, die ihm zuvor auf dem Berg Sinai (Horeb) von Gott offenbart wurden.

Doch die Parallele erstreckt sich nicht nur auf die literarische Abhängigkeit, sondern auch auf die Tendenz der literarhistorischen Entwicklung. Wie im Verhältnis von S und D nehmen auch im Zuge der Reformulierung des BB im Dtn sowie in der weiteren Literargeschichte von BB und Dtn die theologische Systematik und die (inner-)biblischen Anspielungen zu. Das Dtn bezeichnet sich selbst als „diese Tora" und ordnet das Gesetz ausdrücklich in den Rahmen der biblischen Geschichte des Volkes Israel mit seinem Gott ein. Während das BB nur gelegentlich auf den Auszug aus Ägypten verweist und ansonsten allein durch den Einbau in den literarischen Kontext der Mose-Erzählung eine geschichtstheologische Dimension erhält, setzt

---

62 Vgl. Kratz 2000, 118–138.145–150.

das Dtn in Kap. 1–11 mit langen geschichtlichen Rückblicken ein, die zugleich der Paränese dienen. Der Weg von der speziellen, kasuistischen Rechtssammlung im BB über die kulttheologische Bearbeitung in BB und Dtn bis hin zur voll ausgeführten, biblisch fundierten Bundestheologie des Deuteronomiums, in der Gesetz und Geschichte eine Einheit bilden und zwei Bundesschlüsse miteinander korreliert werden (Sinai/Horeb und Moab), gleicht der Entwicklung von S zu D und bestätigt indirekt die von uns favorisierte Richtung der literarischen Abhängigkeit auch im Falle der beiden Schriften aus Qumran.

Schließlich sei noch auf den Umstand hingewiesen, dass BB und Dtn nicht nur als Parallele zum Verhältnis von S und D in Betracht zu ziehen sind, sondern offenbar auch als unmittelbare Anknüpfungspunkte für die Formulierung der gesetzlichen Bestimmungen in S und D gedient haben. In dieser Hinsicht ist vor allem die Überschrift des PC in der Fassung von S von Belang: ואלה המשפטים אשר in 1QS VI 24 ist, wie oben bereits notiert, eine wörtliche Entlehnung aus Ex 21,1, dem Anfang des BB und der ersten Stelle in der Tora des Mose, in der eine Rechtssammlung beginnt. Auch der Stil der Bestimmungen des PC ist dem kasuistischen Recht im BB verwandt. An gemeinsamen Elementen finden sich die Einleitung der Fälle durch (וה)איש אשר oder אשר(ו), der Unterfälle durch ואם, die Bezeichnung des Geschädigten als des „Nächsten" (רע) sowie die Formulierung der Strafe mit der Wurzel ענש (Nif.). Mit der Anspielung auf das BB soll zum Ausdruck gebracht werden, dass die Bestimmungen des PC, auch wenn sie materialiter wenig mit der biblischen Gesetzgebung zu tun haben und aus einer anderen Tradition stammen,[63] mit der Tora des Mose übereinstimmen und als gleichwertig anzusehen sind.[64]

Diesen Gedanken, den die Fassung des PC in S nur durch das Zitat andeutet und damit indirekt zum Ausdruck bringt, fasst D mit dem ausdrücklichen Hinweis auf die Tora des Mose in Worte: במשפטים האלה על פי כול החוקים הנמצאים בתורת מושה (4Q266 11 5–6). Die biblischen Zitate aus Levitikus und Joel sowie die an das Ende von Heiligkeitsgesetz und Deuteronomium erinnernde Zeremonie mit Segen und Fluch in 4Q266 11 par. 4Q270 7 i 15 ff, die auch in 1QS I–III im Nachhinein verarbeitet wurde, tun ein Übriges, um die Übereinstimmung der spezifischen Bestimmungen des PC mit der Überlieferung in Tora und Propheten zu behaupten. Die direkten literarischen Anleihen an der Tora des Mose machen deutlich, dass sich die literar- und gattungsgeschichtliche Parallele zwischen BB und Dtn auf der einen, S und D auf der anderen Seite einer mehr oder weniger kontinuierlichen Literar- und Auslegungsgeschichte verdankt, die es wert wäre, einmal genauer untersucht zu werden.

---

63 Vgl. dazu Kratz 2013b.
64 Außer dem BB ist dabei vor allem Lev 19 im Blick. Vgl. Murphy 2002, 144 f.519–522; Shemesh 2008. Für die Benutzung des Bundesbuchs in Qumran vgl. Shemesh 2005.

26 „Erforscher der Tora" in den Texten vom Toten Meer und im Buch Esra

Die Beziehungen der Texte vom Toten Meer zu den chronistischen Schriften (Chronik, Esra, Nehemia) ist bisher wenig erforscht. Das mag daran liegen, dass diese Bücher unter den biblischen Manuskripten vom Toten Meer so gut wie nicht vertreten sind und in den Texten der Gemeinschaft von Qumran nicht zitiert werden. Hier dominieren die Tora, die Propheten und die Psalmen. Doch gibt es Hinweise darauf, dass auch die chronistischen Schriften Einfluss auf die Gemeinschaft von Qumran hatten. Dieser Einfluss zeigt sich nicht direkt, sondern eher indirekt darin, dass die Gemeinschaft von Qumran in ihren Werken Impulse aufgreift und Entwicklungen weiterführt, deren Anfänge wir in den Büchern Chronik, Esra und Nehemia sowie in Ben Sira greifen können. Das gilt, wie schon Moshe Bernstein gesehen hat, nicht nur für 4QMMT,[1] sondern auch für andere Texte. Im Folgenden möchte ich mich mit einem Detail beschäftigen, an dem diese Beziehung deutlich wird: dem Ausdruck דורש התורה „Erforscher der Tora". Ich werde zunächst die Stellen in den Texten vom Toten Meer behandeln (I.), mich anschließend der Gestalt des Esra zuwenden, der in Esr 7,10 ebenfalls den Titel „Erforscher der Tora" trägt (II.), und am Ende das Verhältnis der beiden Korpora diskutieren (III.).

I Erforscher der Tora in den Texten vom Toten Meer

Der Ausdruck „Erforscher der Tora" (דורש התורה) begegnet nicht oft, aber in drei zentralen Schriften innerhalb der Texte vom Toten Meer: zweimal in der Damaskusschrift (CD VI 7; VII 18), zweimal in dem von Annette Steudel so genannten Midrasch zur Eschatologie (4Q174 [Florilegium] 1–2 i 11 und 4Q177 [Catena] 10–11 5), und zweimal – in einer etwas anderen Konstruktion – in der Gemeindeordnung *Serekh ha-Yahad* (איש דורש בהתורה in 1QS VI 6, verkürzt auf האיש הדורש in VIII 11–12), ferner als Infinitivkonstruktion לדרוש התורה in fragmentarischem Kontext in dem Text 4Q159 (Ordinances[a]) 5 6.

Im Englischen wird der Ausdruck für gewöhnlich mit „interpreter of the Torah", also Ausleger, Interpret oder Exeget der Tora wiedergegeben. Doch genau genommen bedeutet die Wurzel ד-ר-ש nicht „interpretieren" oder „auslegen", sondern „suchen, erforschen" (wie in dem Ausdruck לדרוש אל „Gott suchen" o. ä.).[2] Er

---

1 Bernstein 1996a, 50.

2 Kratz/Steudel/Kottsieper 2018, 125–129, bes. 127.

https://doi.org/10.1515/9783111367057-032

steht damit – bewusst oder unbewusst – in Opposition zu der in Qumran gebräuchlichen Bezeichnung der Gegner als דורשי החלכות „die nach Glattem suchen". Die Wiedergabe mit „Erforscher" betont mehr den Aspekt des Lesens und Studierens, „interpreter" oder „Ausleger" mehr den Akt des Erklärens, der aus dem Lesen und Studieren folgt und sicherlich auch mit gemeint ist.

Schon die Verteilung der Belege in den Texten vom Toten Meer ist signifikant und lässt auf eine Entwicklung der Vorstellung schließen. Der Ausdruck begegnet vor allem in den Gemeindeordnungen (*rule texts*), 1QS und CD, die auf die Gegenwart zielen, daneben aber eben auch in dem Midrasch zur Eschatologie, einem Werk mit eschatologischer Perspektive, welche sich in CD bereits ankündigt. Sodann fällt auf, dass der Ausdruck sowohl in CD als auch in dem Midrasch zur Eschatologie als bekannt vorausgesetzt wird und Teil der Schriftauslegung ist, während er in 1QS (und 4Q159) eigens eingeführt und selbst Gegenstand der Ordnung ist. So legt sich die Vermutung nahe, dass wir in 1QS eine ältere (vielleicht sogar die ursprüngliche) Verwendung des Ausdrucks in Qumran greifen können, die in den anderen Stellen vorausgesetzt wird, weswegen ich mit 1QS VI und VIII einsetze.

In 1QS VI 6b–8a lesen wir:

> [6b]Und an dem Ort, an dem zehn (Männer) versammelt sind, soll nicht einer fehlen, der die Tora erforscht Tag und Nacht, [7]fortwährend, ,einer nach dem anderen'. Und die Vielen sollen den dritten Teil aller Nächte des Jahres gemeinsam wachen, um im Buch zu lesen und Recht zu suchen [8]und gemeinsam Lobsprüche zu sagen.

Der Abschnitt ist überaus komplex und nicht einfach zu verstehen. Charlotte Hempel hat zurecht die Interpretation von Johann Maier bestritten, wonach der „Erforscher Tora" (hier איש דורש בתורה) ein Experte, und zwar ein Priester sein müsse, der nicht etwa die Tora erforscht und interpretiert, aber auch nicht nur nach der Tora fragt (vgl. Sir 32,15), sondern selbst auf Nachfrage je und je Tora erteilt.[3] Dagegen spricht nicht nur die Anspielung auf Ps 1,2 und Jos 1,8 („Tag und Nacht", „in the Tora", „es soll nicht fehlen"), sondern auch die Formulierung ואל ימש ... איש, die dreimal in den Texten vom Toten Meer vorkommt, aber hier – anders als an den beiden anderen Stellen (1QS VI 3 und CD XIII 2) – gerade keine Vorrangstellung eines Priesters erkennen lässt. Gemeint ist vielmehr, dass unter den „Zehn" wenigstens ein Mitglied der Gemeinschaft anwesend sein soll, der die Tora „sucht", und das meint zusammen mit dem „Lesen" und „Recht suchen" hier wohl studiert und interpretiert.

Problematisch ist jedoch das Verhältnis zwischen der ersten, individuellen Aussage über die Versammlung der „Zehn" und der zweiten, kollektiven Aussage

---

3 Vgl. Maier 1996; dazu Hempel 2003, 62 f.

über „die Vielen". Die Mehrheit der Forschung nimmt an, dass die erste Aussage zu dem Abschnitt 1QS VI 1–7a gehöre und von einzelnen, kleineren Orten außerhalb Qumrans (den מגורים in VI 2), die zweite Aussage in VI 7b–8a hingegen zusammen mit der Regel über die „Versammmlung der Vielen" in 1QS VI 8b–13 von der größeren Gemeinschaft in Qumran handele und eine redaktionelle Verbindung zwischen dem ersten und dem zweiten Abschnitt darstelle.[4] Dieser Sicht hat Charlotte Hempel widersprochen, die die Einheit des Abschnittes in VI 1–7a in Frage gestellt hat und in VI 6b–8a zwei verschiedene Traditionen aus „two different stages in the life of the community" erkannt, die ein späterer Kompilator zusammengestellt und in VI 1–8a sekundär eingefügt habe.[5]

Beide Interpretationen gehen von der Voraussetzung aus, dass die beiden Aussagen in VI 6b–8a nicht kompatibel seien, sondern zwei verschiedene Weisen des Torastudiums beschreiben und zwei verschiedene Gruppen adressieren. Diese Voraussetzung ist jedoch fraglich. Die beiden Aussagen schließen sich keineswegs aus, sondern ergänzen einander. Wie auch immer man die schwierige Formulierung על יפוד איש לרעהו erklärt – ob man es mit S. Fraade im Sinne von „concernig the correct conduct of a man with his companion" auffasst[6] oder, wie üblich, in חליפות ändert und mit „einer nach dem anderen" übersetzt[7] –, die Wendung macht m. E. hinreichend klar, dass auch in der Versammlung der „Zehn" nicht nur „einer", sondern mehrere, potenziell alle Teilnehmer der Versammlung an dem Studium der Tora beteiligt sind. Es geht um die Gewährleistung eines kontinuierlichen, gemeinsamen Studiums der Tora, wobei der bildliche Ausdruck „Tag und Nacht" aus Ps 1,2 und Jos 1,8, der soviel wie „immer" (תמיד) heißt, beim Wort genommen und das kontinuierliche Studium der Tora auf die Mitglieder der Versammlungen aufgeteilt wird.

Dazu passt auch die zweite, generelle Aussage über „die Vielen", die von der gesamten Gemeinschaft handelt, sich aber ebenso auf die Versammlungen von „Zehn" beziehen kann, wo auch immer sie stattfinden. Hier wird „die Nacht" in drei Drittel eingeteilt, damit für die übrigen Mitglieder Zeit zum Schlafen bleibt. Die Beschäftigung – nämlich „lesen im Buch" (לקרוא בספר) und „Recht suchen" (לדרוש משפט) – ist dieselbe wie „forschen in der Tora" (לדורש בתורה).

Das bedeutet, dass die beiden Aussagen entweder ursprünglich zusammen gehören[8] oder eine der beiden Aussagen ergänzt wurde, sich aber nicht auf zwei

4 Metso 1997, 133–135.
5 Hempel 2003, 63–65.67 f.
6 Fraade 1993, 56 und Anm. 29.
7 Vgl. Wernberg-Møller 1953.
8 Fraade 1993.

verschiedene Gemeinschaften[9] oder zwei verschiedene Stadien in der Geschichte der Gemeinschaft von Qumran,[10] sondern auf ein und denselben Vorgang innerhalb der Gemeinschaft der „Vielen" und ihre Versammlungen von „Zehn" an verschiedenen Orten beziehen.

Von Charlottte Hempel wurde jedoch richtig gesehen, dass die beiden Aussagen über das Studium der Tora in VI 6b–8a ebenso wie die Bestimmung über die Vorrangstellung des Priesters beim gemeinsamen Mahl in VI 3b–6a einen Zusatz innerhalb von VI 1–8a darstellen.[11] Die Zusätze sind nicht zuletzt an der wiederholten Wiederaufnahme des Schlusses von VI 1b–3a (לברך) zu erkennen:

> Z. 1b–3a Darin sollen sie wandeln in allen ihren Niederlassungen … Und sie sollen gemeinsam essen, Lobsprüche sagen und gemeinsam beraten.
> Z. 3b–6a Und an jedem Ort, an dem zehn (Männer) vom Rat der Gemeinschaft sind, soll unter ihnen nicht ein Priester fehlen … und der Priester soll als erster seine Hand ausstrecken, um über dem Erstling des Brotes und des Mostes den Lobspruch zu sagen.
> Z. 6b–8a Und an dem Ort, an dem zehn (Männer) versammelt sind … um im Buch zu lesen und Recht zu suchen und gemeinsam Lobsprüche zu sagen.

Die Zusätze in VI 3b–6a und 6b–8a sind von derselben Art wie die Ergänzungen, die sich im Vergleich der Handschriften 1QS und 4Q258 (4QSᵈ) nachweisen lassen und die Rolle der Priester hervorheben. Auch für Nachträge in dem Passus über das Studium der Tora in VI 6b–8a gibt es eine externe Evidenz. Die Handschrift 4Q258 hat an dieser Stelle (Frag. 2 [Charlesworth 1 ii] 10) einen deutlich kürzeren Text als 1QS.[12] Das einzig erhaltene Wort ist das יקד[ו aus der zweiten Aussage über „die Vielen", sodass die erste Aussage sehr viel kürzer war oder gänzlich fehlte und man erwägen könnte, dass zuerst die zweite Aussage in VI 7b–8a über „die Vielen" an die vorausgehende Verordnung über die Versammlung von „Zehn" in VI 3b–6a angehängt und anschließend um die erste Aussage in VI 6b–7a ergänzt und der ganze Passus so zu einer eigenen, zweiten Verordnung über die Versammlung von „Zehn" umgestaltet wurde.

In jedem Fall ist deutlich, dass der „Erforscher der Tora" eine Funktion ist, die ab einem gewissen Punkt in der Geschichte der Gemeinschaft bzw. der Literargeschichte der Gemeinschaftsordnungen an Bedeutung gewonnen und darum nachträglich eigens in *Serekh ha-Yachad* sowie die anderen Schriften aufgenommen wurde. Es ist hier nicht der Ort die literarische Analyse von *Serekh ha-Yachad*

---

9 Metso 1997, 134 f.
10 Hempel 2003.
11 Hempel 2003, 66 f.
12 Vgl. Metso 1997, 42 f.

zu diskutieren und ihr Verhältnis zur Damaskusschrift zu klären. Doch so viel sei hier gesagt, dass der Nachtrag über das Studium der Tora in 1QS VI 6b–8a in dem Bereich von 1QS V–VII eingefügt wurde, den ich – im Unterschied zu Jerome Murphey-O'Conner und Phillip Davies und anderen – als ältesten literarischen Kern von *Serekh ha-Yachad* und folglich als älter als die Fortsetzung in 1QS VIII–XI (sowie 1QS I–IV) und auch älter als die Damaskusschrift ansehe.[13] Diese literarhistorische Hypothese wird durch die weitere Verwendung des Ausdrucks „Erforscher der Tora" in 1QS selbst und in der Damaskusschrift bestätigt.

In 1QS VI 6 lautet der Ausdruck איש דורש בתורה, was wörtlich übersetzt heißt: „einer, der *in der Tora* forscht", genauso wie es in Ps 1,2 heißt: ובתורתו יהגה. Das deutet darauf hin, dass es sich noch nicht um einen festen Titel für eine bestimmte Person oder ein Amt handelt. Das scheint in 1QS VIII 11–12 (par. 4Q258 [S^d] 2 5–6; 4Q259 [S^e] 3 [Charlesworth 1 iii] 2) anders zu sein, wo es heißt: לאיש הדורש. Hier ist das Partizip דורש determiniert und „der Erforscher" ist einer, der die Dinge erforscht, die vor Israel verborgen sind, womit vermutlich das Geheimwissen der Gemeinschaft über die Pläne Gottes mit Israel und der Welt gemeint sind. Die Tora ist hier nicht als Gegenstand des „Forschens" genannt, dürfte aber dennoch im Blick sein. Das geht aus der Fortsetzung hervor, in der – ursprünglich ohne (4Q258 [S^d] 6 [Charlesworth 2] 7), in einer späteren Bearbeitung mit Zitat von Jes 40,3 (1QS VIII 13–14; 4Q259 [S^e] 3 [Charlesworth 1 iii] 3–6) – von dem Studium der Tora als Bereitung des Weges für Jhwh in der Wüste die Rede ist: היאה מדרש התורה אשר צוה ביד משה לעשות (כ)כול הנגלה עת בעת „Dies ist das Studium der Tora, die er durch Mose zu tun befohlen hat gemäß allem was offenbart ist von Zeit zu Zeit".[14] Der „Erforscher (der Tora)" scheint im Kontext von 1QS VIII–IX zu einer definierten Figur, einem Amt oder einem besonderen Status in der Gemeinschaft, geworden zu sein. Das fügt sich zu der Annahme, dass wir es – entgegen der früher verbreiteten These, wonach 1QS VIII ein altes Traditionsstück aus den Anfängen der Gemeinschaft sei – ab 1QS VIII mit jüngeren Fortschreibungen von 1QS V–VII zu tun haben.

Noch einen Schritt weiter geht die Damaskusschrift. Hier ist der Ausdruck „Erforscher der Tora" (דורש התורה) eindeutig determiniert und bezeichnet eine bestimmte Persönlichkeit. An beiden Stellen in CD wird sie in der Auslegung einer Schriftstelle eingeführt: in CD VI 7 (par. 4Q267 2 15) in Auslegung von Num 21,18 als Identifikation des „Stabes" in einem Wortspiel mit המחוקק „der Befehlshaber" oder „Kommandostab", wofür zusätzlich Jes 54,16 zitiert wird; in CD VII 18 (par. 4Q266 3 iii 19; 4Q269 5 2) in der Auslegung der Zitate aus Am 5,26–27 und 9,11 als Iden-

---

13 Vgl. dazu Nr. 25 in diesem Band; ferner Christian 2022.
14 Vgl. 1QS IX 12–21, das in 4Q259 (S^e) direkt an 1QS VIII 15a anschließt; zu dem Ausdruck מדרש התורה vgl. auch CD XX 6.

tifikation des „Sterns", wofür zusätzlich Num 24,17 zitiert und hier nicht, wie üblich, messianisch, sondern historiographisch ausgelegt wird. An beiden Stellen spielt der „Erforscher der Tora" eine besondere Rolle in der Geschichte der Gemeinschaft, die mit dem Exil in „Damaskus" beschrieben wird.

An beiden Stellen findet sich jedoch auch ein eschatologischer Ausblick: in CD VI 11 – nach dem Rückblick auf den „Erforscher der Tora" im Exil „im Lande Damaskus" – die Ankündigung eines „Lehrers der Gerechtigkeit am Ende der Tage"; in CD VII 20–21 – neben der Identifikation des „Sterns" mit dem „Erforscher der Tora" – die Identifikation des Szepters aus Num 24,17 mit dem „Fürsten der ganzen Gemeinde", der, wenn er auftritt, die „Söhne Seths" niederwerfen wird. Diese eschatologische Ausrichtung begegnet auch in 4Q174 (Florilegium) 1–2 i 7 in der Auslegung von 2 Sam 7,11–14 (und Am 9,11), wo neben dem „Spross Davids" der „Erforscher Tora" für das „Ende der Tage" angekündigt wird. Während CD VI 7 mit der Auslegung von Num 21,18 eindeutig auf die Gründung der Gemeinschaft zurückblickt, gehen in CD VII 18 und der Auslegung von Amos und Num 24,17 die Geschichte der Gemeinschaft in „Damaskus" und das „Ende der Tage" ineinander über (vgl. CD VII 10–11); in 4Q174 (Florilegium) ist die Exegese ganz auf das „Ende der Tage" ausgerichtet.

Wer sich in dem historischen Rückblick in CD VI 7 hinter der Gestalt des „Erforschers der Tora" verbirgt, ist schwer zu sagen. Eine historische Identifikation mit dem ominösen „Lehrer der Gerechtigkeit" empfiehlt sich nicht. Vielmehr hat es den Anschein, dass der in CD VI zunächst für das „Ende der Tage" angekündigte „Lehrer der Gerechtigkeit", der sich der Exegese von Hos 10,12 und Joel 2,23 verdankt, seinerseits in der Damaskusschrift und in den Pescharim erst relativ spät zu einer individuellen Figur geworden ist, die eine zentrale Rolle bei der Gründung (CD I) und in der Geschichte der Gemeinschaft (CD XIX 35–XX 1; XX 14.28.32; Pescharim) spielt.[15] Der „Lehrer" löst damit den „Erforscher der Tora" nicht nur „am Ende der Tage" ab (so in CD VI), sondern ersetzt ihn in gewisser Weise auch im geschichtlichen Rückblick (CD I 11). Erst auf diesem Wege ergibt sich eine Identifikation mit dem „Erforscher der Tora" in CD VI 7, wobei der „Lehrer" allerdings nicht nur die Tora, sondern gemäß den Pescharim auch die Propheten interpretiert.

In der Forschung wird häufig die Auffassung vertreten, dass der „Erforscher der Tora" eine priesterliche Figur sei.[16] Doch davon ist in den Texten über den „Erforscher der Tora" selbst nicht die Rede, auch wenn an anderen Stellen (z. B. in 1QS V–VI) zunehmend Priester mit der Leitung der Gemeinschaft und gelegentlich (z. B. in den Testimonia mit dem Zitat von Dtn 33,8–11) auch mit der Anwendung der Tora betraut sind. Vielmehr ist das „Erforschen der Tora" offenbar zunächst

---

15 Vgl. Kratz 2017b.
16 Vgl. Maier 1996; Knibb 2000, 383–384.

eine Angelegenheit „der Vielen", d. h. aller Mitglieder der Gemeinschaft (1QS VI 6–8), und sei es unter dem Vorsitz eines Priesters beim gemeinsamen Mahl (1QS VI 3b–6a; 1QSa). Erst in einer späteren Phase scheint die Aufgabe an Experten für die Auslegung der Tora übergegangen zu sein (1QS VIII 11–12), worunter auch Priester oder Experten mit Priesterwissen gewesen sein mögen, wofür 4QMMT ein Beispiel ist. Schließlich ist der Titel (wie auch der Titel „Lehrer der Gerechtigkeit") auf eine Einzelgestalt übertragen worden, die in der Geschichte der Gemeinschaft eine zentrale Rolle gespielt hat (CD VI 7) und – wie der „Lehrer der Gerechtigkeit" – auch für die Endzeit neben dem Messias erwartet wird (CD VII 18; 4Q174).

II Esra als Erforscher der Tora

Auch in die Esraüberlieferung scheint der Ausdruck „Erforscher der Tora" erst allmählich eingedrungen zu sein.[17] Gemäß der biblischen Tradition soll Esra gleichzeitig Priester (Esr 7,1–5) und Schreiber gewesen sein (Esr 7,12.21). Das versteht sich keineswegs von selbst, waren doch in Mesopotamien nicht nur Könige und Provinzstatthalter, sondern vielfach auch Priester und Richter des Lesens und Schreibens unkundig. Esra ist eine Ausnahme. In Esr 7,12.21 trägt Esra den aramäischen Doppeltitel „der Priester, der Schreiber des Gesetzes des Himmelsgottes". Die hebräische Variante lautet „der Priester, der Schreiber" (Esr 7,11; Neh 8,9; 12,26) und wird teilweise zerlegt (Esr 10,10.16; Neh 8,[1].2 bzw. Neh 8,1.4.13; 12,36), teilweise umschrieben, wobei der „Schreiber" als Schriftgelehrter, d. h. als Erforscher und Ausleger der Tora erscheint (Esr 7,6.10.11). Um die verschiedenen Verwendungsweisen des Titels zu verstehen, muss man sich die literarische Komposition der Esraüberlieferung in der Hebräischen Bibel klar machen.

Die biblische Esraüberlieferung in Esr 7–10 und Neh 8 (–10) sowie 12,26.36 bietet ein sehr vielfältiges, komplexes Portrait des Mannes, der vor und neben Nehemia die Restauration der Provinz Juda (Jehud) in persischer Zeit ins Werk gesetzt haben soll. Der komplexe literarische Befund ist nicht leicht zu erklären.[18] Die verbreitete Hypothese einer ehemals selbständigen Esra-Erzählung, die, gestützt auf das Zeugnis des 1Esra oder unabhängig davon, Esra 7–10 und Neh 8 aus dem Zusammenhang der Komposition von Esra-Nehemia reißt und die Kapitel so oder anders anordnet, hat sich nicht bewährt. Gegen sie sprechen eine Reihe von Gründen: der

---

17 Vgl. zum Folgenden Kratz 2008.
18 Vgl. die Diskussion in Schwiderski 2000; Grätz 2004; Pakkala 2004; Wright 2004. Zu der hier vertretenen Sicht vgl. Kratz 2000, 53–92 sowie Wright 2004.

Anschluss von Esr 7,1 (ואחר הדברים האלה) an Esr 1–6; die Querbeziehungen von Esr 7–10 zu Esr 1–6 einerseits, Neh 1–13 andererseits; und schließlich die Einbindung des Kapitels Neh 8 in das Nehemiabuch, das sich nur mit literarkritischer Gewalt aus seinem jetzigen Kontext lösen lässt.[19]

Bleibt man bei der vorgegebenen Aufteilung des Materials auf die Bücher Esra und Nehemia, stellt sich allerdings die Frage, ob Esra 7–10 und Neh 8 von ein und demselben Verfasser stammen. Die Frage wird in der Forschung selten gestellt, drängt sich aber aufgrund der stilistischen, sprachlichen und inhaltlichen Uneinheitlichkeit der Erzählung auf. Im Folgenden ist daher eine Entwicklung des Esra-Materials vorausgesetzt, die, grob gesagt, in drei Schüben verlief: 1) Esr 7–8, 2) Esr 9–10 und 3) Neh 8(–10).[20]

In Esr 7–8 ist Esra von Anfang an „Priester" und „Schreiber" (hebräisch 7,1–6.[21] 11a, aramäisch 7,12.21). Was dies bedeutet, macht die Näherbestimmung des Schreibertitels in der aramäischen Fassung in 7,12.21 deutlich: „Schreiber des Gesetzes des Himmelsgottes". Nichts deutet darauf hin, dass unter diesem „Schreiber des Gesetzes des Himmelsgottes" die Funktion des Schriftgelehrten verstanden wäre, der Tag und Nacht die Tora studiert, sie dem Volk lehrt, indem er sie vorliest und erklärt. Vielmehr wird Esra damit als Sekretär in jüdischen Religionsangelegenheiten bezeichnet.[22] Mit dem „Gesetz des Himmelsgottes" (דתא די אלה שמיא), das in Esr 7 mit dem „Gesetz des (persischen) Königs" (דתא די מלכא) auf eine Stufe gestellt, wenn nicht identifiziert wird, ist zweifellos die Tora gemeint. Doch der Esra in Esr

---

19 Vgl. Kratz 2000, 77–79.87–90; Wright 2004, 86–93.321–330. Anders Pakkala 2004, 167–170, der Neh 8 nach eigenem Gutdünken einordnet (s. die folgende Anm.), und Grätz 2004, 35–62, der der Anordnung von 1Esra folgt.

20 Vgl. zur Analyse im Einzelnen Kratz 2000, 79 ff.83 ff.87 ff; Wright 2004, 295 ff.315 ff. Anders Pakkala 2004. Grundlage seiner Analyse ist das Postulat einer ursprünglichen Esra-Schrift, die einen historischen Kern zu erkennen gibt. Diesen findet Pakkala, a.a.O., 73 ff in dem Itinerar Esra 7,1*.6*.8*, das sich in Neh 8* (in dieser Reihenfolge!) und Esr 9–10* fortsetzen muss, damit der historische Esra ein „Nomist" (nach Art von DtrN) war, wie Pakkala, a.a.O., 103 ff.225 ff im Anschluss an Timo Veijola ausführt. Die Analyse steht und fällt mit der Vermischung von literarischen und historischen Argumenten.

21 Ursprünglich ist vermutlich nur der priesterliche Stammbaum, nicht hingegen die Umschreibung des Titels in V. 6aβγ (והוא ... ישראל). Die Umschreibung ist hier wie auch in V. 10.11b deutlich sekundär gegenüber der einfachen hebräischen Übersetzung des aramäischen Titels aus 7,12.21 in 7,11a. Vgl. Kratz 2000, 78.81 f.90. Dies scheint Pakkala 2004, 169 Anm. 116 übersehen zu haben.

22 Darin ist Schaeder 1930, 45 f zuzustimmen, nur, dass es sich vermutlich nicht um einen historischen, sondern um einen dem historischen Gebrauch nachempfundenen fiktiven Titel handeln dürfte. Vgl. Schams 1998, 46–60, bes. 54 f. Zur Verwendung des Begriffs דת „Gesetz" für die (natürlich auf der Tora basierende) jüdische Religion vgl. Dan 6,6; 7,25 und dazu Rendtorff 1984 und 1999; etwas anders Kratz 1991b, 228 f.

7–8 ist auf seiner Reise nach Jerusalem nicht mit Fragen der Torainterpretation, sondern mit Belangen des Tempels betraut, der Überbringung von Spenden und anderen Zuwendungen des Königs für den Opferbetrieb zur „Verherrlichung des Hauses Jhwhs, das in Jerusalem ist", wie es in Esra 7,27 f heißt.

Doch schon auf dieser ersten, ursprünglichen Stufe der Überlieferung repräsentiert Esra damit etwas Besonderes. Seine Titel haben wenig mit den historischen Ämtern des Priesters, Schreibers, Richters oder Statthalters zu tun, die uns in den epigraphischen und biblischen Quellen begegnen.[23] Der Doppeltitel „Priester" und „Schreiber (des Gesetzes des Himmelsgottes)" signalisiert vielmehr die Einheit von Tempel und Tora. Esra ist als zweiter Mose gezeichnet und wird als Typus eines Priesters eingeführt, der, was sich in persischer Zeit nicht von selbst versteht, sein Amt nach der Richtschnur der Tora ausübt und dazu beiträgt, dass auch die Verhältnisse am Jerusalemer Tempel den Anforderungen der Tora genügen. Schon dieser Esra ist nicht der Esra der Geschichte, sondern eine durch und durch literarische Figur. Er führt in der Erzählung des Esrabuches fort und vollendet, was nach Darstellung von Esr 1–6 die Generation der Heimkehrer vor ihm begonnen hat, und er bereitet das Werk Nehemias vor, der danach die schützende Mauer um den „verherrlichten" Tempel baut bzw. vollendet (vgl. Esr 4).

Einen ganz anderen Esra zeigen die Kapitel Esr 9–10. Hier ist die heile Welt von Esra 7–8 gestört. Nicht nur das Volk, auch die Angehörigen des Tempels, Priester und Leviten, und zwar die im Land wie aus der Gola, haben sich mit den Völkern vermischt und den „heiligen Samen" verunreinigt. Sie sind Mischehen eingegangen und haben damit die Tora (Ex 34,16; Dtn 7,3) übertreten.

Der einzige Titel, den Esra in diesem Zusammenhang trägt, ist der des Priesters (Esr 10,10.16). Das passt durchaus zum Thema, bei dem es um die Absonderung von den Völkern und das heißt um die Reinheit und Kultfähigkeit von Volk und Priestern geht. Doch die priesterliche Rolle Esras wird auch hier durch die Tora determiniert. Damit kommt indirekt der Titel des gesetzeskundigen Schreibers von Esr 7–8 mit ins Spiel.[24] Anders als in Esr 7–8 gilt die Sorge des „Schreibers" hier jedoch nicht dem Tempel, sondern dem Volk. Beide Titel, „Priester" und „Schreiber (des Gesetzes des Himmelsgottes)", gewinnen dadurch eine neue, zusätzliche Bedeutung. Sie werden mit der Jurisdiktion verbunden und bezeichnen ein Amt,

---

23 Zum historischen Befund vgl. Kratz 2013a, 93–119.

24 Dass „Ezra is consistently portrayed as a scribe in Ezra 9–10" (Pakkala 2004, 135), kann man demnach eigentlich nicht sagen, vor allem nicht, wenn man Esr 7–8* und den Auftrag in 7,14.25 literarkritisch ausscheidet und durch Neh 8 ersetzt. Vgl. auch a.a.O., 74, wo Pakkala von einem „contrast between Ezra the priest in Ezra 7–8 and Ezra the scribe in Ezra 9–10" spricht, den ich im Text nicht erkennen kann.

das für die Durchsetzung der Tora als verbindliches Gesetz in allen Lebensbereichen der jüdischen Gemeinschaft verantwortlich ist, auf dass man tue nach dem Gesetz (10,3). Aus dem Priester und Sekretär in Angelegenheiten des Kultus und der jüdischen Religion ist der Leiter des jüdischen Volkes geworden, dem die Sache der Ehescheidung obliegt (10,4).

Auch diese neue Rolle Esras hängt offensichtlich mit der königlichen Beauftragung des „Priesters" und „Schreibers" in Esr 7 zusammen. Sie dürfte aus dem Auftrag zur Untersuchung der Verhältnisse in Juda und Jerusalem anhand des Gesetzes in Esras Hand (7,14) hervorgegangen sein. Der Auftrag in 7,14, an dem syntaktisch V. 15 und alles Folgende bis V. 20 hängt, ist recht unspezifisch formuliert und könnte sich ursprünglich allein auf die Reise in Esr 7–8 bezogen haben, wurde aber in Esr 9–10 (mit Blick auf Neh 1) auf die desolate Gesamtsituation des Volkes hin ausgelegt. Dieser Auslegung wiederum entspricht der Befehl in 7,25, Richter zu berufen, um dem Volk gemäß der Tora Recht zu sprechen. Beides findet in Esr 9–10 (10,8.14.16) einen gewissen Widerhall, obwohl man nicht sagen kann, dass hier 7,14.25 wortwörtlich ausgeführt würden. War 7,14 der Anhalt für die Anfügung von Esr 9–10, so dürfte 7,25 darauf reagieren.[25]

Ihren Höhepunkt erreicht die in Esr 7–8 und 9–10 sich anbahnende Entwicklung in Neh 8. Hier ist der „Priester" und „Schreiber" von Esr 7–10 zu dem geworden, was die hebräischen Umschreibungen der Titel in 7,6.10.11 aus ihm gemacht haben, einem „Erforscher der Tora":

6 הוּא עֶזְרָא עָלָה מִבָּבֶל וְהוּא־סֹפֵר מָהִיר בְּתוֹרַת מֹשֶׁה אֲשֶׁר־נָתַן יְהוָה אֱלֹהֵי יִשְׂרָאֵל

Dieser Esra zog von Babel herauf, und er war ein Schreiber, kundig im Gesetz des Mose, das JHWH, der Gott Israels, gegeben hatte.

10 כִּי עֶזְרָא הֵכִין לְבָבוֹ לִדְרֹשׁ אֶת־תּוֹרַת יְהוָה וְלַעֲשֹׂת וּלְלַמֵּד בְּיִשְׂרָאֵל חֹק וּמִשְׁפָּט

Denn Esra richtete sein Herz darauf, das Gesetz JHWHs zu erforschen und es zu tun und Satzung und Recht in Israel zu lehren.

11 לְעֶזְרָא הַכֹּהֵן הַסֹּפֵר סֹפֵר דִּבְרֵי מִצְוֺת־יְהוָה וְחֻקָּיו עַל־יִשְׂרָאֵל

Dem Esra, Priester und Schreiber, der schrieb die Worte der Gebote JHWHs und seine Satzungen über Israel.

In diesen Versen und in Neh 8 ist Esra beschrieben als einer, der die Tora nicht nur im Tempelkult (Esr 7–8) oder in der Rechtsprechung auf das Volk anwendet (Esr

---

25 Pakkala 2004, 135 ist aufgrund seiner Analyse (s. o. Anm. 20) gezwungen, das Verhältnis umzukehren und Esr 7–8 zur Fortschreibung von Esr 9–10 zu erklären. Das aber macht die Lösung des literarischen Problems nicht leichter, sondern schwerer. Zu Esr 9–10 als Nachtrag vgl. auch Pohlmann 2004, 486–498.

9–10), sondern der sie selbst erforscht, danach lebt und sie zu tun lehrt, indem er die Tora selbst „schreibt", vorliest und durch die Leviten erklären lässt.

Die Titel „Priester" und „Schreiber", die in Neh 8 *promiscue* gebraucht werden, sind damit ganz und gar auf den individuellen wie auf den öffentlichen, gottesdienstlichen Umgang mit der Tora bezogen. Beides bedeutet eine Steigerung, wenn nicht Überbietung der Rolle Esras und der Tora in Esr 7–10. In der Szene von Neh 8 tritt die Toraverlesung nachgerade an die Stelle von Kult und Recht, die anschließend in Neh 8,13 ff und Neh 9–10, nach dem Vorbild von Esr 9–10, ausdrücklich von der Tora abhängig gemacht und in ihrem Sinne neu etabliert werden: Das Laubhüttenfest wird bei der Toraverlesung neu entdeckt, das Sündenbekenntnis endet in einem erneuten Bundesschluss (vgl. Esr 10,3), der nicht nur das Verbot der Mischehen (vgl. Neh 10,31), sondern die gesamte Jurisdiktion in Fragen des Kults und der Lebensführung umgreift. Neh 8(–10) setzt somit neue Prioritäten: Esra und die Tora dienen nicht der Restauration von Kult und Recht, sondern Kult und Recht folgen Esra und der Tora. Im Ergebnis kommt beides zwar auf dasselbe heraus, doch gibt der Unterschied die Richtung an, in der sich die jüdische Religion und mit ihr die Esra-Legende in der parabiblischen und postbiblischen Literatur (1Esra, Josephus, 4Esra, „Legends of the Jews"[26]) weiter entwickeln werden.

III Esra und die Texte vom Toten Meer

In einem kurzen Fazit sei abschließend gefragt, wie sich die skizzierte Entwicklung in der Esraüberlieferung zu dem „Erforscher der Tora" in den Texten vom Toten Meer verhält.

Es wurde deutlich, dass in beiden Korpora eine Entwicklung stattgefunden hat, in der das Studium und die Interpretation der Tora eine zunehmende Rolle spielt und und zum Habitus von individuellen, vornehmlich priesterlichen Führungsgestalten, dem „Erforscher der Tora", geworden ist. Die nächsten Parallelen für den „Erforscher der Tora" in beiden Korpora sind Psalm 1 (V. 2) und die Beschreibung des „Gerechten" in Ps 1, der seine Lust hat an der Tora JHWHs und über sie nachsinnt „Tag und Nacht" in Ben Sira 39. In Sir 32,15 findet sich auch (noch) der ältere Gebrauch des Ausdrucks דורש התורה, der ursprünglich nicht das Studium und Interpretation der Tora, sondern – parallel zu dem Ausdruck דורש אל oder דורש חפצי אל – die Suche nach der dem Willen Gottes und der rechten „Weisung" meint, was in Sir 32,14–15 in verschiedenen Varianten (und Dubletten) überliefert ist:

---

26 Vgl. die Zusammenstellung des relevanten Materials bei Ginzberg 1913, 354–359 (mit Fußnoten in vol. 5, 441 ff). Dazu in der Smitten 1973, 81–85; Yamauchi 1986.

(SirB 5r:18)[14] דֿורֵשׁ אֿל [י]קֿוֹהֿ וִרֿצֿוֹ* <דרש אל חי וֿקוה רצוק> ‖ ‖ ומתלהלה יוקש בו:
(SirB 5v:1) דורש אל יקח מוסר ‖ ‖ ומשחררהו ישיג מענ
(SirB 5v:2) דורש חפצי אל יקח <ישא> לקח ‖ ‖ ויענהו בתפלתו:
(SirF 1v:3) [דורש א]ל חי וקוה רצון ‖ ‖ וגם מֿתלהלה יֿ[וקש בו]
(SirF 1v:4) [דורש ח]פֿצֿ[י] אל [מֿ]וֹצֿא לקח ‖ ‖ ויענהו בכל תפֿ[לתו]
(SirB 5v:3)[15] דורש תורה יפיקנה ‖ ‖ ומתלהלה יוקש בה:

[14](SirB 5r:18) Wer Gott sucht, hofft (und) auf Wohlgefallen < Suche den lebendgien Gott und hoffe auf Wohlgefallen>. [[ ]] und der konfus handelt wird darin gefangen sein.

(SirB 5v:1) Wer Gott sucht, wird Lehre empfangen [[ ]] und wer sich an ihn wendet, wird Antwort erhalten.

(SirB 5v:2) Wer den Willen Gottes sucht, wird Lehre erhalten <nehmen> [[ ]] und er wird ihm antworten in seinem Gebet.

(SirF 1v:3) [Wer den] lebendigen [Gott sucht] und hofft auf sein Wohlgefallen [[ ]] und wer konfus handelt wird [darin gefangen sein].

(SirF 1v:4) [Wer den W]illen [Gottes sucht] geht/bringt heraus Lehre [[ ]] und er wird ihm antworten in jedem seiner Ge[bete].

[15](SirB 5v:3) Wer Weisung (Tora) sucht, wird (sie) herausgehen lassen [[ ]] und wer konfus handelt, wird in ihr gefangen sein.

Der Unterschied besteht darin, dass in Psalm 1 und Sir 39 und darauf aufbauend auch in Esra und den Texten vom Toten Meer die „Weisung" (תורה) mit der Tora des Mose und das Suchen nach Gott und seinem Willen mit dem Studium und der Einhaltung der Tora des Mose identifiziert werden.

Allerdings gelangen die beiden Korpora auf unterschiedlichem Wege zu dem Ideal des Toragelehrten von Psalm 1 und Sir 39. Während das Buch Esra bei den aramäischen Titeln „Priester" und „Schreiber des Gesetzes des Himmelgottes" ansetzt und aus ihnen in Esr 7,6.10.11 und Neh 8 den „Erforscher der Tora" generiert, setzen die Texte vom Toten Meer in 1QS VI direkt bei Psalm 1 und Sir 39 an und formulieren zunächst das Ideal einer Gemeinschaft von „Vielen", die die Tora studieren Tag und Nacht, bevor der „Erforscher der Tora" 1QS VIII zu einer Einzelfigur, in CD VI zu einer bedeutenden Figur im Gründungs-Narrativ der Gemeinschaft sowie in CD VII sowie 4Q174 zu einer eschatologischen (vielleicht auch priesterlichen) Figur mutiert. Bei dieser Entwicklung in den Texten vom Toten Meer könnte das Beispiel von Esra in Esr 7,6.10.11 und Neh 8 Pate gestanden haben. Darauf weisen neben dem Ideal selbst die terminologischen Berührungen zwischen Esr 7, Neh 8 und 1QS VI von „lesen" (קרא), „erforschen" (דרש), und „preisen" (ברך), auf die bereits Michael Fishbane hingewiesen hat.[27] Das Milieu der frühen (und späteren) Gemeinschaft von Qumran dürfte mit dem Milieu der späten Esraüberlieferung mehr oder weniger identisch sein.

---

27 Fishbane 1988, 346.

Nachweis der Erstveröffentlichungen

1. Die Analyse des Pentateuchs: Ein Versuch zur Verständigung über einige metho-
dische Grundsätze
Deutsche Fassung von: The Analysis of the Pentateuch: An Attempt to Overcome Barriers of
Thinking, ZAW 128 (2016) 529–561.

2. Der Pentateuch in der neueren Forschung: Konsens und Dissens
Deutsche Fassung von: The Pentateuch in Current Research: Consensus and Debate, in:
T.B. Dozeman u. a. (Hg.), The Pentateuch: International Perspectives on Current Research
(FAT 78), Tübingen: Mohr Siebeck 2011, 31–61.

3. *Reworked Pentateuch* und die Komposition des Pentateuchs
Deutsche Fassung von: Reworked Pentateuch and Pentateuchal Theory, in: J.C. Gertz u. a.
(Hg.), The Formation of the Pentateuch (FAT 111), Tübingen: Mohr Siebeck 2016, 501–524.

4. Quellen, Fragmente und Ergänzungen: Bibelkritik und Qumranforschung am
Beispiel der Tempelrolle
Deutsche Fassung von: Sources, Fragments, and Additions: Biblical Criticism and the Dead
Sea Scrolls, in: P.B. Hartog u. a. (Hg.), The Dead Sea Scrolls and the Study of the Humanities:
Method, Theory, Meaning (Proceedings of the Eighth Meeting of the International Organizati-
on for Qumran Studies), Leiden/Boston 2018, 1–27.

5. Der Mythos von der großen Flut
Zuerst erschienen in: A. Zgoll / R.G. Kratz (Hg.), Arbeit am Mythos, Tübingen 2013, 167–193.

6. *Die Flutgeschichte in der Hebräischen Bibel*
Deutsche Fassung von: The Flood as a Preamble to the Lives of the Patriarchs: The Biblical
Persepctive, in: D. Dimant / R.G. Kratz (Hg.), Rewriting and Interpreting the Hebrew
Bible: The Biblical Patriarchs in the Light of the Dead Sea Scrolls (BZAW 439), Berlin 2013,
135–145.

7. Die Verheißungen an die Erzväter und ihre Bedeutung für die Komposition von
Ur- und Vätergeschichte
Zuerst erschienen in: M.G. Brett / J. Wöhrle in collaboration with F. Neumann (Hg.), The
Politics of the Ancestors: Exegetical and Historical Perspectives on Genesis 12–36 (FAT 124),
Tübingen 2018, 35–66.

8. „Die jüngste Figur in dieser Gesellschaft": Abraham in der Genesis
Bisher unveröffentlicht; erscheint auch in Müller / Schäfers (Hg.), Von Textbeobachtungen
zum Entstehungsmodell in der Pentateuchkritik: Untersuchungen zu Gen 20–22.

https://doi.org/10.1515/9783111367057-033

9. Überlegungen zum historischen Kontext der Josefsgeschichte
Deutsche Fassung von: The Joseph Story: Diaspora Novella – Patriarchal Story – Exodus
Narrative. Part II: Historical Reflections, in T. Römer u. a. (Hg.), The Joseph Story between
Egypt and Israel (Archaeology and Bible 5), Tübingen 2021, 23–33.

10. Der Dekalog im Exodusbuch
Zuerst erschienen in: Vetus Testamentum 44 (1994), 205–238.

11. „Höre Israel" und Dekalog
Zuerst erschienen in: C. Frevel u. a. (Hg.), Die Zehn Worte: Der Dekalog als Testfall der
Pentateuchkritik (QD 212), Freiburg 2005, 77–84.

12. Die Ursprünge des Buches Deuteronomium
Bisher unveröffentlicht.

13. Der literarische Ort des Deuteronomiums
Zuerst erschienen in: R.G. Kratz / H. Spieckermann (Hg.), Liebe und Gebot: Studien zum
Deuteronomium (Festschrift für Lothar Perlitt, FRLANT 190), Göttingen 2000, 101–120.

14. Die Überschriften des Buches Deuteronomium
Deutsche Fassung von: The Headings of The Book of Deuteronomy, in: K. Schmid / R.F. Person
Jr. (Hg.), Deuteronomy in the Pentateuch, Hexateuch, and the Deuteronomistic History (FAT
II/56), Tübingen 2012, 31–46.

15. Die Zentralisation der Feste in Deuteronomium 16,1–17
Deutsche Fassung von: The Centralization of Festivals in Deuteronomy 16:1–17, in: L. Mas-
kow / J. Robker (Hg.), Kritische Schriftgelehrsamkeit in priesterlichen und prophetischen
Diskursen (Festschrift für Reinhard Achenbach, BZAR 27), Wiesbaden 2022, 213–245.

16. Das Problem des Deuteronomistischen Geschichtswerkes
Zuerst erschienen in: R. Müller u. a. (Hg.), Fortgeschriebenes Gotteswort: Studien zu Ge-
schichte, Theologie und Auslegung des Alten Testaments (Festschrift für Christoph Levin),
Tübingen 2020, 117–136.

17. Der Nagel in der Wand: Kultzentralisation im religionsgeschichtlichen Vergleich
Deutsche Fassung von: ,The peg in the wall': Cultic Centralization Revisted, in: A.C. Hage-
dorn / R.G. Kratz (Hg.), Law and Religion in the Eastern Mediterranean: From Antiquity to
Early Islam, Oxford 2013, 251–285; vgl. auch The Idea of Cultic Centralization and Its Sup-
posed Ancient Near Eastern Analogies, in: R.G. Kratz / H. Spieckermann (Hg.), One God – One
Cult – One Nation (BZAW 405), Berlin 2010, 121–144.

18. Der vor- und der nachpriesterschriftliche Hexateuch

Zuerst erschienen in: J.C. Gertz u. a. (Hg.), Abschied vom Jahwisten: Die Komposition des Hexateuch in der jüngsten Diskussion (BZAW 315), Berlin 2002, 295–323.

19. Schittim: Eine narrative Verbindung zwischen Numeri und Josua

Zuerst erschienen in: J.J. Krause u. a. (Hg.), Eigensinn und Entstehung der Hebräischen Bibel (Festschrift Erhard Blum, FAT 136), Tübingen 2020, 181–210.

20. Erwägungen zum literarischen Übergang in Josua 23–Richter 2

Deutsche Fassung von: The Literary Transition in Joshua 23–Judges 2: Observations and Considerations, in: C. Berner / H. Samuel (Hg.), Book-Seams in the Hexateuch I: The Literary Transitions between the Books of Genesis/Exodus and Joshua/Judges (FAT 120), Tübingen 2018, 241–256.

21. Fortschreibung der Tora in der Hebräischen Bibel und in den Texten vom Toten Meer

Deutsche Fassung von: Rewriting Torah in the Hebrew Bible and the Dead Sea Scrolls, in: B.U. Schipper / D.A. Teeter (Hg.), Wisdom and Torah: The Reception of ‚Torah‘ in the Wisdom Literature of the Second Temple Period (JSJSup 163), Leiden 2013, 273–292.

22. Freund Gottes, Bruder Saras, Vater Isaaks: Abraham in der Hebräischen Bibel und in den Texten vom Toten Meer

Deutsche Fassung von: Friend of God, Brother of Sarah, and Father of Isaac: Abraham in the Hebrew Bible and in Qumran, in: D. Dimant / R.G. Kratz (Hg.), The Dynamics of Language and Exegesis at Qumran (FAT II/359, Tübingen 2009, 79–105; gekürzte deutsche Fassung in: „Abraham, mein Freund": Das Verhältnis von inner- und außerbiblischer Schriftauslegung, in: A.C. Hagedorn / H. Pfeiffer (Hg.), Die Erzväter in der biblischen Tradition (Festschrift für Mathias Köckert, BZAW 400), Berlin 2009, 115–136.

23. „Der Ort, den Er erwählt hat": Die Identifikation der Kultstätte von Dtn 12 und Lev 17 in 4QMMT

Deutsche Fassung von: „The place which He has chosen": The Identification of the Cult Place of Deut. 12 and Lev. 17 in 4QMMT (Festschrift für Devorah Dimant, Meghillot V–VI, 2007, 57–80.

24. Mose und die Propheten: Zur Interpretation von 4QMMT C

Zuerst erschienen in: F. Garcia Martínez u. a. (Hg.), From 4QMMT to Resurrection (Mélanges qumraniens en hommage à Émile Puech, STDJ 61), Leiden 2006, 151–176.

25. Der „Penal Code" und das Verhältnis von *Serekkh ha-Yachad* (S) und Damaskusschrift (D)
Zuerst erschienen in: Revue de Qumran 25 (2011), 199–227.

26. „Erforscher der Tora" in den Texten vom Toten Meer und im Buch Esra
Bisher unveröffentlicht.

Literaturverzeichnis

Achenbach, R. 2003. Die Vollendung der Tora: Studien zur Redaktionsgeschichte des Numeribuches im Kontext von Hexateuch und Pentateuch (BZAR 3, Wiesbaden).

Achenbach, R. 2004a. Grundlinien redaktioneller Arbeit in der Sinai-Perikope, in: Otto, E. / Achenbach, R. (Hg.), Das Deuteronomium zwischen Pentateuch und deuteronomistischem Geschichtswerk (FRLANT 206, Göttingen), 56–80.

Achenbach, R. 2004b. Numeri und Deuteronomium, in: Otto, E. / Achenbach, R. (Hg.), Das Deuteronomium zwischen Pentateuch und deuteronomistischem Geschichtswerk (FRLANT 206, Göttingen), 123–134.

Achenbach, R. 2005. Pentateuch, Hexateuch und Enneateuch: Eine Verhältnisbestimmung, ZAR 11, 122–154.

Adam, K.-P. 2007. Saul und David in der judäischen Geschichtsschreibung: Studien zu 1 Samuel 16–2 Samuel 5 (FAT 51, Tübingen).

Albertz, R. 1992. Religionsgeschichte Israels in alttestamentlicher Zeit (Göttingen).

Albertz, R. 2005. Why a Reform Like Josiah's Must Have Happened, in: Grabbe, L. L. (Hg.), Good Kings and Bad Kings: The Kingdom of Judah in the Seventh Century BCE (JSOTSup 393, ESHM 5, London), 27–46.

Alexander, P. S. 1996. The Redaction-History of Serekh Ha-Yahad: A Proposal, RdQ 17, 437–456.

Alexander, P. S. / Vermes, G. 1998. Qumran Cave 4.XIX: 4QSerekh Ha-Yahad and Two Related Texts (DJD XXVI, Oxford).

Allegro, J. M. 1968. Biblical Paraphrase, Genesis, Exodus, Qumrân Cave 4 I (4Q158–186) (DJD V, Oxford).

Allison, D. C. 2003. Testament of Abraham (Commentaries on Early Jewish Literature, Berlin).

Alt, A. 1929. Der Gott der Väter: Ein Beitrag zur Vorgeschichte der israelitischen Religion (BWANT 48, Stuttgart; Nachdruck in: Ders., Kleine Schriften zur Geschichte des Volkes Israel 1 [München 1953], 1–78).

Anbar, M. 1992. Josué et l'alliance de Sichem (Josué 24:1–28) (BET 25, Frankfurt a. M.).

Arneth, M. 2001. Die antiassyrische Reform Josias von Juda: Überlegungen zur Komposition und Intention von 2 Reg 23,4–15, ZAR 7, 189–216.

Arneth, M. 2006. Die Hiskiareform in 2 Reg 18,3–8, ZAR 12, 169–215.

Auld, G. 1980. Joshua, Moses and the Land: Tetrateuch – Pentateuch – Hexateuch in a Generation since 1938 (Edinburgh).

Aurelius, E. 1988. Mose als Fürbitter (CB.OT 27, Stockholm).

Aurelius, E. 2003a. Der Ursprung des Ersten Gebots, ZThK 100, 1–21.

Aurelius, E. 2003b. Zukunft jenseits des Gerichts: Eine redaktionsgeschichtliche Studie zum Enneateuch (BZAW 319, Berlin / New York).

Aurelius, E. 2008. Zur Entstehung von Josua 23–24, in: Pakkala, J. / Nissinen, M. (Hg.), Houses Full of All Good Things. Essays in Memory of T. Veijola (Publications of the Finnish Exegetical Society 95, Helsinki / Göttingen), 95–114.

Bachmann, V. 2009. Die Welt im Ausnahmezustand: Eine Untersuchung zu Aussagegehalt und Theologie des Wächterbuches (1 Hen 1–36) (BZAW 409, Berlin / New York).

Baden, J. 2009. J, E, and the Redaction of the Pentateuch (FAT 68, Tübingen).

Baden, J. 2012. The Composition of the Pentateuch: Renewing the Documentary Hypothesis (New Haven).

Baden, J. 2013. The Promise to the Patriarchs (Oxford).

https://doi.org/10.1515/9783111367057-034

Baltzer, K. 1964. Das Bundesformular (WMANT 4, 2.Aufl., Neukirchen-Vluyn).

Barrick, W. B., 2002. The King and the Cemeteries: Toward a New Understanding of Josiah's Reform (VT.S 88, Leiden).

Baumgarten, J. M. 1992. The Cave 4 Versions of the Qumran Penal Code, JJS 43, 268–276.

Baumgarten, J. M. / Milik, J.T. / Pfann, S. / Yardeni, A., 1996. Qumran Cave 4.XIII, The Damascus Document (4Q266–273) (DJD XVIII, Oxford).

Beaulieu, P.-A. 1989. The Reign of Nabonidus King of Babylon 556–539 B.C. (YNER 10, New Haven / London).

Beaulieu, P.-A. 1993. An Episode in the Fall of Babylonia to the Persians, JNES 52, 241–261.

Becker, U. 1990. Richterzeit und Königtum: Redaktionsgeschichtliche Studien zum Richterbuch (BZAW 192, Berlin / New York).

Becker, U. 2001. Der Prophet als Fürbitter: Zum literarhistorischen Ort der Amos-Visionen, VT 51, 141–165.

Becker, U. 2006. Endredaktionelle Kontextvernetzungen des Josua-Buches, in: Witte M. u. a. (Hg.), Die deuteronomistischen Geschichtswerke: Redaktions- und religionsgeschichtliche Perspektiven zur „Deuteronomismus"-Diskussion in Tora und Vorderen Propheten (BZAW 365, Berlin / New York), 139–161.

Becker, U. / Bezzel, H. (Hg.). 2014. Rereading the *relecture*? The Question of (Post)chronistic Influence in the Latest Redactions of the Books of Samuel (FAT II/66; Tübingen).

Beer, G. 1939. Exodus (HAT I,3, Tübingen).

Ben-Dov, J. 2008. Writing as Oracle and as Law: New Contexts for the Book-Find of King Josiah, JBL 127, 223–239.

Berg, W. 1979. Die Eifersucht Gottes – ein problematischer Zug des alttestamentlichen Gottesbildes?, BZ NF 23, 197–211.

Berner, C. 2006. Jahre, Jahrwochen und Jubiläen. Heptadische Geschichtskonzeptionen im Antiken Judentum (BZAW 363, Berlin / New York).

Berner, C. 2010. Die Exoduserzählung: Das literarische Werden einer Ursprungslegende Israels (FAT 73, Tübingen).

Berner, C. 2013. The Redaction History of the Sinai Pericope (Exod 19–24) and its Continuation in 4Q158, DSD 20, 376–407.

Berner, C. 2022. *Etsi Ismaël non daretur*: Zur Redaktionsgeschichte der Ismaelbezüge in Gen 17 und ihren Implikationen für die Entwicklung von Gen 16 und 17, in: Maskow, L. / Robker, J. unter Mitarbeit von A. Bruhn (Hg.), Kritische Schriftgelehrsamkeit in priesterlichen und prophetischen Diskursen, Festschrift für Reinhard Achenbach zum 65. Geburtstag (BZAR 27, Wiesbaden), 13–24.

Berner, C. / Samuel, H. mit der Unterstützung von S. M. Germany (Hg.). 2018. Book-Seams in the Hexateuch I: The Literary Transitions between the Books of Genesis/Exodus and Joshua/Judges (FAT 120, Tübingen).

Bernstein, M. J. 1994. 4Q252: From Re-Written Bible to Biblical Commentary, JJS 45, 1–27.

Bernstein, M. J. 1994–1995: 4Q252: Method and Context, Genre and Sources, JQR 85, 61–79.

Bernstein, M. J. 1996a. The Employment and Interpretation of Scripture in 4QMMT: Preliminary Observations, in: Ders. / Kampen J. (Hg.), Reading 4QMMT: New Perspectives on Qumran Law and History (Symposium 2, Atlanta), 29–51.

Bernstein, M. J. 1996b. Re-Arrangement, Anticipation and Harmonization as Exegetical Features in the Genesis Apocryphon, DSD 3, 37–57.

Bernstein, M. J. 1998: Pentateuchal Interpretation at Qumran, in: Flint, P. W. / VanderKam, J. C. (Hg.), The Dead Sea Scrolls after Fifty Years: A Comprehensive Assessment 1 (Leiden), 128–159.

Bernstein, M. J. 2000. Angels at the Aqedah: A Study in the Development of a Midrashic Motif, DSD 7, 263–291.

Bernstein, M. J. 2005. "Rewritten Bible": A Generic Category Which has Outlived its Usefulness?, Textus 22, 169–196 (Nachdruck in: Ders. 2013, 39–62).

Bernstein, M. J. 2008. What Has Happened to the Laws? The Treatment of Legal Material in 4QReworked Pentateuch, DSD 15, 24–49 (Nachdruck in: Ders. 2013, 476–497).

Bernstein, M. J. 2013. Reading and Re-Reading the Scripture at Qumran 1: Genesis and its Interpretation (STDJ 107/1, Leiden).

Bieberstein, K. 1995. Josua – Jordan – Jericho: Archäologie, Geschichte und Theologie der Landnahmeerzählungen Josua 1–6 (OBO 143, Fribourg / Göttingen).

Bieberstein, K. 2011. Das Buch Josua und seine Horizonte, in: Stipp, H.-J. (Hg.), Das deuteronomistische Geschichtswerk (ÖBS 39, Frankfurt a.M.), 151–176.

Blanco Wissmann, F. 2008. „Er tat das Rechte …": Beurteilungskriterien und Deuteronomismus in 1Kön 12–2Kön 25 (AThANT 93, Zürich).

Bleek, F. 1886. Einleitung in die Heilige Schrift I: Einleitung in das Alte Testament, bearbeitet von J. Wellhausen (5. Aufl., Berlin).

Blenkinsopp, J. 1992. The Pentateuch: An Introduction to the First Five Books of the Bible (New York).

Blenkinsopp, J. 2015. The „Covenant of Circumcision" (Gen 17) in the Context of the Abraham Cycle (Gen 11:27–25:11), in: Giuntoli, F. / Schmid, K. (Hg.), The Post-Priestly Pentateuch: New Perspectives on its Redactional Development and Theological Profiles (FAT 101, Tübingen), 145–156.

Blum, E. 1984. Die Komposition der Vätergeschichte (WMANT 57, Neukirchen-Vluyn).

Blum, E. 1990. Studien zur Komposition des Pentateuch (BZAW 189, Berlin / New York).

Blum, E. 1996. Das sog. „Privilegrecht" in Exodus 34,11–26 Ein Fixpunkt der Komposition des Exodusbuches?, in: Vervenne, M. (Hg.), Studies in the Book of Exodus, Redaction – Reception – Interpretation (BETL 126, Leuven), 347–366.

Blum, E. 1997. Der kompositionelle Knoten am Übergang von Josua zu Richter: Ein Entflechtungsvorschlag in: Vervenne, M. / Lust, J. (Hg.), Deuteronomy and Deuteronomistic Literature (BETL 133, Leuven), 181–212 (Nachdruck in: Osswald, W. [Hg.], Erhard Blum, Textgestalt und Komposition [FAT 69, Tübingen 2010], 249–280).

Blum, E. 2002. Die literarische Verbindung von Erzvätern und Exodus: Ein Gespräch mit neueren Endredaktionshypothesen, in: Gertz, J.-C. u. a. (Hg.), Abschied vom Jahwisten: Die Komposition des Hexateuch in der jüngsten Diskussion (BZAW 315, Berlin / New York), 119–156 (Nachdruck in: Osswald, W. / Weingart, K. [Hg.], Erhard Blum, Textgestalt und Komposition: Exegetische Beiträge zu Tora und Vordere Propheten [FAT 69, Tübingen 2010], 85–121).

Blum, E. 2006. The Literary Connection between the Books of Genesis and Exodus and the End of the Book of Joshua, in: Dozeman, T. B. / Schmid, K. (Hg.), A Farewell to the Yahwist? The Composition of the Pentateuch in Recent European Interpretation (SBLSymS 34, Atlanta), 89–106.

Blum, E. 2007. Pentateuch – Hexateuch – Enneateuch? Oder: Woran erkennt man ein literarisches Werk in der hebräischen Bibel?, in: Römer, T. / Schmid, K. (Hg.), Les dernières rédactions du Pentateuque, de l'Hexateuque et de l'Ennéateuque (BETL 203, Leuven), 67–97 (wiederabgedruckt in: Ders. 2010, 249–280).

Blum, E. 2009. Issues and Problems in the Contemporary Debate Regarding the Priestly Writings, in: Shectman, S. / Baden, J. S. (Hg.), The Strata of the Priestly Writings: Contemporary Debate and Future Directions (AThANT 95, Zürich), 31–44.

Blum, E. 2010. Textgestalt und Komposition: Exegetische Beiträge zu Tora und Vordere Propheten (hg. von W. Osswald; FAT 69 Tübingen).

Blum, E. 2011a. Das exilische deuteronomistische Geschichtswerk, in: Stipp, H.-J. (Hg.), Das deuteronomistische Geschichtswerk (ÖBS 39, Frankfurt a.M), 269–295.

Blum, E. 2011b. The Decalogue and the Composition History of the Pentateuch, in: Dozeman, T.B. u. a. (Hg.), The Pentateuch: International Perspectives on Current Research (FAT 78, Tübingen), 289–301.

Blum, E. 2018. Once Again: The Compositional Knot at the Transition between Joshua and Judges, in: Berner, C. / Samuel, H. mit der Unterstützung von S. M. Germany (Hg.), Book-Seams in the Hexateuch I: The Literary Transitions between the Books of Genesis/Exodus and Joshua/Judges (FAT 120, Tübingen), 221–240.

Blum, E. 2020. The Diachronoy of Deuteronomy in the Pentateuch: The Cases of Deuteronomy 1–3 and the Tent of Meeting Tradition, in Dubovsky, P / Giuntoli, F. (Hg.), Stones, Tablets, and Scrolls: Periods of the Formation of the Bible (Archaeology and Bible 3, Tübingen), 283–299.

Blum, E. / Weingart, C. 2017. The Joseph Story: Diaspora Novella or North Israelite Narrative?, ZAW 129, 501–521.

Bosshard-Nepustil, E. 2005. Vor uns die Sintflut: Studien zu Text, Kontexten und Rezeption der Fluterzählung Genesis 6–9 (BWANT 165, Stuttgart).

Braulik, G. 1986. Deuteronomium 1–16,17 (NEB.AT 15, Würzburg).

Breidert, W. (Hg.). 1994. Die Erschütterung der vollkommenen Welt: Die Wirkung des Erdbebens von Lissabon im Spiegel europäischer Zeitgenossen (Darmstadt).

Brekelmans, C. 1991. Joshua xxiv: Its Place and Function, in: Emerton J.A. (Hg.), Congress Volume Leuven 1989 (VT.S 43, Leiden), 1–9.

Brongers, H. A. 1963. Der Eifer des Herrn Zebaoth, VT 13, 269–284.

Brooke, G. J. 1994. The Genre of 4Q252: From Poetry to Pesher, DSD 1, 160–179.

Brooke, G. J. 1994–1995: The Thematic Content of 4Q252, JQR 85, 33–59.

Brooke, G. J. 1997. The Explicit Presentation of Scripture in 4QMMT, in: Bernstein, M. u. a. (Hg.), Legal Texts and Legal Issues. Proceedings of the Second Meeting of the International Organization for Qumran Studies Cambridge 1995. FS J. M. Baumgarten (STDJ 23, Leiden), 67–88.

Brooke, G. J. 1998. 4Q252 and the Text of Genesis, Textus 9, 1–25.

Brooke, G. J. 2001. 4Q158: Reworked Pentateuchᵃ or Reworked Pentateuch A?, DSD 8, 219–241.

Brooke, G. J. / Lindars, B. (Hg.). 1992. Septuagint, Scrolls and Cognate Writings. Papers presented to the International Symposium on the Septuagint and its Relations to the Dead Sea Scrolls and Other Writings (Manchester 1990) (SCS 33, Atlanta).

Brooke, G. J. u. a. (Hg.). 1996. Qumran Cave 4 XVII: Parabiblical Texts 3 (DJD XXII, Oxford).

Broshi, M. 1992. The Damascus Document Reconsidered (Israel Exploration Society / The Shrine of the Book, Israel Museum, Jerusalem).

Callaway, P. R. 1989. Extending Divine Revelation: Micro-Compositional Strategies in the Temple Scroll, in: Brooke, G. J. (Hg.), Temple Scroll Studies. Papers presented at the International Symposium on the Temple Scroll Manchester, December 1987 (JSPSup 7, Sheffield), 149–162.

Camp, L. 1990. Hiskija und Hiskijabild: Analyse und Interpretation von 2Kön 18–20 (MThA 9, Altenberge).

Campbell, J. G. 2000. 4QMMTᵈ and the Tripartite Canon, JJS 51, 181–190.

Carr, D. M. 1996. Reading the Fractures of Genesis: Historical and Literary Approaches (Louisville).

Carr, D. M. 2005. Writing on the Tablet of the Heart: Origins of Scripture and Literature (Oxford).

Carr, D. M. 2006. What is Required to Identify Pre-Priestly Narrative Connections between Genesis and Exodus? Some General Reflections and Specific Cases, in: Dozeman, T. B. / Schmid, K. (Hg.), A Farewell to the Yahwist? The Composition of the Pentateuch in Recent European Interpretation (SBLSymS 34, Atlanta), 159–180.

Carr, D. M. 2011. The Formation of the Hebrew Bible: A New Reconstruction (Oxford).

Charles, R. H. 1908. The Greek Versions of the Testaments of the Twelve Patriarchs (Oxford, 2. Aufl., Darmstadt 1960).

Charlesworth, J. H. (Hg.). 1994. The Dead Sea Scrolls: Hebrew, Aramaic, and Greek Texts with English Translations 1: Rule of the Community and Related Documents (Tübingen / Louisville).

Charlesworth, J. H. (Hg.). 1995. The Dead Sea Scrolls: Hebrew, Aramaic, and Greek Texts with English Translations 2: Damascus Document, War Scroll, and Related Documents (Tübingen / Louisville).

Charlesworth, J. H. (Hg.). 2006. The Dead Sea Scrolls: Hebrew, Aramaic, and Greek Texts with English Translations 3: Damascus Document II, Some Works of the Torah and Related Documents (Tübingen / Louisville).

Charlesworth, J. H. u. a. (Hg.). 1996. The Dead Sea Scrolls: Rule of Community Photographic Multi-Language Edition (Philadelphia).

Charlesworth, J. H. u. a. (Hg.). 2011. The Dead Sea Scrolls: Hebrew, Aramaic, and Greek Texts with English Translations 7: Temple Scroll and Related Documents (Tübingen / Louisville).

Childs, B. S. 1985. Old Testament Theology in a Canonical Context (London).

Cholewinski, A. 1976. Heiligkeitsgesetz und Deuteronomium: Eine vergleichende Studie (AnBib 66, Rom).

Christian, M. 2022. Zu Entstehung und Theologie von 1/4QInstruction und der „Zwei-Geister-Lehre" (1QS III,13–IV,26) (STDJ 135, Leiden).

Clements, R. E. 1996. The Deuteronomic Law of Centralization and the Catastrophe of 587 B.C.E., in: Barton J. / Reimer D. J. (Hg.), After the Exile. Essays in Honour of R. Mason (Macon, Georgia), 5–25.

Cogan, M. 1974. Imperialism and Religion: Assyria, Judah and Israel in the Eighth and Seventh Centuries B.C.E. (SBL.MS 19, Missoula, Montana).

Cogan, M. / Tadmor, H. 1988. II Kings (AB 11, New York).

Collins, J. J. 2006. The Yahad and the 'Qumran Community', in: Hempel C. / Lieu, J. M. (Hg.), Biblical Traditions in Transmission. Essays in Honour of M. A. Knibb (JSJSup 111, Leiden), 81–96.

Collins, J. J. 2009. Beyond the Qumran Community: Social Organization in the Dead Sea Scrolls, DSD 16, 351–369.

Collins, J. J. 2010a. Beyond the Qumran Community: The Sectarian Movement of the Dead Sea Scrolls (Grand Rapids).

Collins, J. J. 2010b. Sectarian Communities in the Dead Sea Scrolls, in: Ders. / Lim, T. H. (Hg.), The Oxford Handbook of The Dead Sea Scrolls (Oxford), 151–172.

Crüsemann, F. 1978. Der Widerstand gegen das Königtum: Die antiköniglichen Texte des Alten Testaments und der Kampf um den frühen israelitischen Staat (WMANT 49, Neukirchen).

Crüsemann, F. 1981. Die Eigenständigkeit der Urgeschichte: Ein Beitrag zur Diskussion um den „Jahwisten", in: Jeremias, J. / Perlitt, L. (Hg.), Die Botschaft und die Boten. FS H. W. Wolff (Neukirchen-Vluyn), 11–29.

Crüsemann, F. 1983. Bewahrung der Freiheit: Das Thema des Dekalogs in sozialgeschichtlicher Perspektive (München).

Crüsemann, F. 1992. Die Tora: Theologie und Sozialgeschichte des alttestamentlichen Gesetzes (München).

Davies, P. 1983. The Damascus Covenant: An Interpretation of the Damascus Document (JSOTSup 25, Sheffield).

Davies, P. 1992. Redaction and Sectarianism in the Qumran Scrolls, in: Martínez, F. G. u. a. (Hg.), The Scriptures and the Scrolls: Studies in Honour of A. S. van der Woude on the Occasion of his 65th Birthday (Leiden), 152–163 (Nachdruck in: Ders., Sects and Scrolls: Essays on Qumran and Related Topics [SFSHJ 134, Atlanta 1996], 151–161).

Davies, P. 2005. Sects from Texts: On the Problems of Doing Sociology of the Qumran Literature, in: Campbell, J. G. u. a. (Hg.), New Directions in Qumran Studies. Proceedings of the Bristol Colloquium on the Dead Sea Scrolls, 8–10 September 2003 (London), 69–82.

Davies, P. 2010. What History Can We Get from the Scrolls, and How?, in: Hempel, C. (Hg.), The Dead Sea Scrolls: Texts and Context (STDJ 90, Leiden), 31–46.

Davies, P. 2017. The Textual Growth of the Damascus Document Revisited, in: Feldman, A. u. a. (Hg.), Is There a Text in the Cave? Studies in the Textuality of the Dead Sea Scrolls in Honour of George J. Brooke (STDJ 119, Leiden), 319–333.

De Pury, A. 1991. Le cycle de Jacob comme légende autonome des origines d'Israël, in: Emerton, J. A. (Hg.), Congress Volume Leuven 1989 (VT.S, Leiden), 78–96.

De Pury, A. 1992. Osée 12 et ses implications pour le débat sur le Pentateuque, in: Haudebert, P. (Hg.), Le Pentateuque: Débats et recherches (LeDiv 151, Paris), 175–207.

De Pury, A. 2000. Der priesterschriftliche Umgang mit der Jakobsgeschichte, in: Kratz, R. G. u. a. (Hg.), Schriftauslegung in der Schrift. FS O. H. Steck (BZAW 300, Berlin / New York), 33–60.

De Pury, A. 2006. The Jacob Story and the Beginning of the Formation of the Pentateuch, in: Dozeman, T. B. / Schmid, K. (Hg.), A Farewell to the Yahwist? The Composition of the Pentateuch in Recent European Interpretation (SBLSymS 34, Atlanta), 51–72.

De Pury, A. 2007. P^g as the Absolute Beginning, in: Römer, T. / Schmid, K. (Hg.), Les dernières rédactions du Pentateuque, de l'Hexateuque et de l'Ennéateuque (BETL 203, Leuven), 99–128; wiederabgedruckt in Macci, J. D. u. a. (Hg.), Albert de Pury, Die Patriarchen und die Priesterschrift/Les Patriarches et le document sacerdotal. Gesammelte Studien zu seinem 70. Geburtstag/Recueil d'articles, à l'occasion de son 70e anniversaire (AThANT 99, Zürich), 13–42.De Pury, A. (Hg.). 1989. Le Pentateuque en question: Les origines et la composition des cinq premiers livres de la Bible à la lumière des recherches récentes (MoBi 19, Genève; 2. Aufl. 1991; 3. Aufl. 2002).

De Pury, A. u. a. (Hg.). 1996. Israël construit son histoire: L'historiographie deutéronomiste à la lumière des recherches récentes (MoBi 34, Genève; Englisch: Israel Constructs its History: Deutero-nomistic Historiography in Recent Research [JSOTSup 306, Sheffield 2000]).

Dentan, R. C. 1963. The Literary Affinities of Exodus xxxiv 6 f, VT 13, 34–51.

Dershowitz, I. / Akiva, N. / Koppel, M. / Dershowitz, N. 2015. Computerized Source Criticism of Biblical Texts, JBL 134, 253–271.

Diepold, D. 1972. Israels Land (BWANT 95, Stuttgart).

Dietrich, W. 1989. Die Josephserzählung als Novelle und Geschichtsschreibung: Zugleich ein Beitrag zur Pentateuchfrage (BThSt 14, Neukirchen).

Dillmann, A. 1882. Die Genesis (Kurzgefasstes exegetisches Handbuch zum Alten Testament 1, 4. Aufl., Leipzig).

Dillmann, A. 1886. Die Bücher Numeri, Deuteronomium und Josua (KeH 13, 2. Aufl., Leipzig).

Dimant, D. 1984. Qumran Sectarian Literature, in: Stone, M. E. (Hg.), Jewish Writings of the Second Temple Period. Apocrypha, Pseudepigrapha, Qumran Sectarian Writings, Philo, Josephus (CRI II,2, Van Gorcum / Philadelphia), 483–550.

Dimant, D. 1988. Use and Interpretation of Mikra in the Apocrypha and Pseudepigrapha, in: Mulder, M. J. / Sysling H. (Hg.), Mikra: Text, Translation, Reading and Interpretation of the Hebrew Bible in Ancient Judaism and Early Christianity (CRINT II.1, Assen / Philadelphia), 379–419.

Dimant, D. 2005. Between Sectarian and Non-Sectarian: The Case of the *Apocryphon of Joshua*, in: Chazon, E. G. u. a. (Hg.), Reworking the Bible: Apocryphal and Related Texts at Qumran. Proceedings of a Joint Symposium by the Orion Center for the Study of the Dead Sea Scrolls and Associated Literature and the Hebrew University Institute for Advanced Studies Research Group on Qumran, 15–17 January, 2002 (StTDJ 58, Leiden / Boston), 105–134.

Dimant, D. 2006. The Composite Character of the Qumran Sectarian Literature as an Indication of its Date and Provenance, RdQ 22, 615–630.

Dimant, D. / Kratz, R.G. (Hg.). 2013. Rewriting and Interpreting the Hebrew Bible: The Patriarchs in the Light of the Dead Sea Scrolls (BZAW 439, Berlin / New York).

Dion, P.-E. 1978. Quelques aspects de l'interaction entre religion et politique dans le Deutéronome, ScEs 30, 39–55.

Dion, P.-E. 1991. Deuteronomy 13. The Suppression of Alien religious Propaganda in Israel during the Late Monarchial Era, in: Halpern, B. / Hobson, D. W. (Hg.), Law and Ideology in Monarchic Israel (JSOTSup 124, Sheffield), 147–216.

Dohmen, C. 1987. Das Bilderverbot. Seine Entstehung und seine Entwicklung im Alten Testament (2. Aufl. Frankfurt a. M.).

Dohmen, C. 1990. „Eifersüchtiger ist sein Name" (Ex 34,14). Ursprung und Bedeutung der alttesta-mentlichen Rede von Gottes Eifersucht, ThZ 46, 289–304.

Dohmen, C. 2005. „Es gilt das gesprochene Wort". Zur normativen Logik der Verschriftlichung des Dekalogs, in: Frevel, C. / Konkel, M. / Schnocks, J. (Hg.), Die Zehn Worte. Der Dekalog als Testfall der Pentateuchkritik (Quaestiones Disputatae 212, Freiburg i. B.), 43–56.

Dohmen, C. / Oeming M. 1992. Biblischer Kanon warum und wozu? (QD 137, Freiburg i. B.).

Dozeman, T. B. 2006. The Commission of Moses and the Book of Genesis, in Dozeman, T. B. / Schmid, K. (Hg.), A Farewell to the Yahwist? The Composition of the Pentateuch in Recent European Interpretation (SBLSymS 34, Atlanta), 107–129.

Dozeman, T. B. / Schmid, K. (Hg.). 2006. A Farewell to the Yahwist? The Composition of the Pentateuch in Recent European Interpretation (SBLSymS 34, Atlanta).

Dozeman, T. B. u. a. (Hg.). 2011. The Pentateuch: International Perspectives on Current Research (FAT 78, Tübingen).

Draffkorn Kilmer, A. 1972. The Mesopotamian Concept of Overpopulation and its Solution as Reflected in the Mythology, Orientalia 41, 160–177.

Driver, S. R. 1902. A Critical and Exegetical Commentary on Deuteronomy (ICC, 3. Aufl., Edinburgh).

Ede, F. 2016. Die Josefsgeschichte: Literarkritische und redaktionsgeschichtliche Untersuchungen zur Entstehung von Gen 37–50 (BZAW 485, Berlin / New York).

Ede, F. 2021. The Joseph Story. Diaspora Novella – Patriarchal Story – Exodus Narrative, Part I, in: Römer, T. / Schmid, K. / Bühler, A. (Hg.), The Joseph Story between Egypt and Israel (Archaeology and Bible 5, Tübingen), 5–21.

Ego, B. 1996. Abraham als Urbild der Toratreue Israels: Traditionsgeschichtliche Überlegungen zu einem Aspekt des biblischen Abrahambildes, in: Avemarie F. / Lichtenberger H. (Hg.), Bund und Tora: Zur theologischen Begriffsgeschichte in alttestamentlicher, frühjüdischer und urchristlicher Tradition (WUNT 92, Tübingen), 25–40.

Eissfeldt, O. 1922. Hexateuch-Synopse: Die Erzählung der fünf Bücher Mose und des Buches Josua mit dem Anfange des Richterbuches in ihre vier Quellen zerlegt und in deutscher Übersetzung dargeboten samt einer in Einleitung und Anmerkungen gegebenen Begründung (Leipzig; Nachdruck Darmstadt 1983).

Elliger, K. 1966. Leviticus (HAT I,4, Tübingen).

Eshel, E. / H. 2003. Dating the Samaritan Pentateuch's Compilation in Light of the Qumran Biblical Scrolls, in: Paul, S. M. u. a. (Hg.), Emanuel: Studies in Hebrew Bible, Septuagint, and Dead Sea Scrolls in Honor of Emanuel Tov 1 (VT.S 94/1, Leiden / Boston), 215–240.

Evans, C. A. 2000. Art. Abraham, in: Encyclopedia of the Dead Sea Scrolls 1 (Oxford), 2–4.

Fabry, H.-J. 2006. Isaak in den Handschriften von Qumran, in: Martínez F. G. u. a. (Hg.), From 4QMMT to Resurrection: Mélanges qumraniens en hommage à Émile Puech (STDJ 61, Leiden), 87–103.

Finkelstein, I. / Silberman, N. A. 2001. The Bible Unearthed. Archaeology's New Vision of Ancient Israel and the Origin of its Sacred Texts (New York).

Finkelstein, I. / Silberman, 2002. Keine Posaunen vor Jericho: Die archäologische Wahrheit über die Bibel (München).

Finkelstein, I. / Silberman, 2006. Temple and Dynasty: Hezekiah, the Remaking of Judah and the Rise of the Pan-Israelite Ideology, JSOT 30, 259–285.

Fishbane, M. 1985. Biblical Interpretation in Ancient Israel (Oxford).

Fishbane, M. 1988. Use, Authority and Interpretation of Mikra at Qumran, in: Mulder, M. J. / Sysling, H. (Hg.), Mikra: Text, Translation, Reading and Interpretation of the Hebrew Bible in Ancient Judaism and Early Christianity (CRINT II.1, Assen / Philadelphia), 339–377.

Fitzmyer, J. A. 2002. The Sacrifice of Isaac in Qumran Literature, Bib. 83, 210–229.

Fitzmyer, J. A. 2004. The Genesis Apocryphon of Qumran Cave I (1Q20): A Commentary, Third Edition, (Rom).

Floss, J. P. 1982. Kunden oder Kundschafter? Literaturwissenschaftliche Untersuchung zu Jos 2 I: Text, Schichtung, Überlieferung (ATSAT 16, St. Ottilien).

Floss, J. P. 1986. Kunden oder Kundschafter? Literaturwissenschaftliche Untersuchung zu Jos 2 II: Komposition, Redaktion, Intention (ATSAT 26, St. Ottilien).

Fraade, S. D. 1993. Interpretative Authority in the Studying Community at Qumran, JJS 44, 46–69.

Fraade, S. D. 2006. Rewritten Bible and Rabbinic Midrash as Commentary, in: Bakhos, C. (Hg.), Current Trends in the Study of Midrash (JSJSup 106, Leiden), 59–78.

Fraade, S. D. 2011. 'The Torah of the King' (Deut 17:14–20) in the Temple Scroll and Early Rabbinic Law, in: Ders., Legal Fictions: Studies of Law and Narrative in the Discursive Worlds of Ancient Jewish Sectarians and Sages (JSJSup 147, Leiden), 285–319.

Frevel, C. 2000. Mit Blick auf das Land die Schöpfung erinnern: Zum Ende der Priestergrundschrift (HBS 23, Freiburg).

Frevel, C. 2001. Ein vielsagender Abschied: Exegetische Blicke auf den Tod des Mose in Dtn 34,1–12, BZ NF 45, 209–234.

Frevel, C. 2004. Deuteronomistisches Geschichtswerk oder Geschichtswerke? Die These Martin Noths zwischen Tetrateuch, Hexateuch und Enneateuch, in: Rütersworden, U. (Hg.), Martin Noth – aus der Sicht der heutigen Forschung (BThSt 58, Neukirchen-Vluyn), 60–95.

Frevel, C. 2006. Wovon reden die Deuteronomisten? Anmerkungen zu religionsgeschichtlichem Gehalt, Fiktionalität und literarischen Funktionen deuteronomistischer Kultnotizen, in: Witte, M. u. a. (Hg.), Die deuteronomistischen Geschichtswerke: Redaktions- und religionsgeschichtliche Perspektiven zur „Deuteronomismus"-Diskussion in Tora und Vorderen Propheten, (BZAW 365, Berlin / New York), 249–277.

Frevel, C. 2011. Die Wiederkehr der Hexateuchperspektive: Eine Herausforderung für die These vom deuteronomistischen Geschichtswerk, in: Stipp, H.-J. (Hg.), Das deuteronomistische Geschichtswerk (ÖBS 39, Frankfurt a.M.), 13–53.

Frevel, C. 2013. Das Josua-Palimpsest: Der Übergang vom Josua- zum Richterbuch und seine Konsequenzen für die These eines Deuteronomistischen Geschichtswerks, ZAW 125, 49–71.

Frevel, C. 2018. On Untying Tangles and Tying Knots in Joshua 23–Judges 3:6: A Response to Erhard Blum, Reinhard G. Kratz and Sarah Schulz, in: Berner, C. / Samuel, H. mit der Unterstützung von S. M. Germany (Hg.), Book-Seams in the Hexateuch I: The Literary Transitions between the Books of Genesis/Exodus and Joshua/Judges (FAT 120, Tübingen), 281–294.

Fried, L. 2002. The High Places (Bāmôt) and the Reforms of Hezekiah and Josiah: An Archaeological Investigation, JAOS 122, 437–464.

Fritz, V. 1994. Das Buch Josua (HAT I/7, Tübingen).

Gallighar, W. 1999. Sennacherib's Campaign to Judah (SHCANE 18, Leiden).

Galling, K. 1964. Studien zur Geschichte Israels im persischen Zeitalter (Tübingen).

García Martínez, F. 1991. Sources et rédaction du Rouleau du Temple, Henoch 13, 219–232.

García Martínez, F. 1996. 4QMMT in a Qumran Context, in: Kampen, J. / Bernstein, M. (Hg.), Reading 4QMMT: New Perspectives on Qumran Law and History (SBLSymS 2, Atlanta), 15–27.

García Martínez, F. 2000. Temple Scroll, in: Schiffman, L. H. / VanderKam J. C. (Hg.), Encyclopedia of the Dead Sea Scrolls (Oxford), 927–933.

García Martínez, F. 2002. The Sacrifice of Isaac in 4Q225, in: Noort, E. / Tigchelaar, E. (Hg.), The Sacrifice of Isaac: The Aqedah (Genesis 22) and its Interpretations (Themes in Biblical Interpretation 4, Leiden), 44–57.

García Martínez, F. / Tigchelaar E. J. C. 2000. The Dead Sea Scrolls: Study Edition (Leiden).

García López, F. 1994. Deut 34, Dtr History and the Pentateuch, in: Ders. u. a. (Hg.), Studies in Deuteronomy. FS C. J. Labuschagne (VT.S 53, Leiden), 47–61.

García López, F. 1997. Deuteronomio 31, el Pentateuco y la Historia Deuteronomista, in: Vervenne M. / Lust J. (Hg.), Deuteronomy and Deuteronomistic Literature. FS C. H. W. Brekelmans (BETL 133, Leuven), 71–85.

Gass, E. 2018. Joshua's Death Told Twice: Perspectives from the History of Research, in: Berner, C. / Samuel H. mit der Unterstützung von S.M. Germany (Hg.), Book-Seams in the Hexateuch I: The Literary Transitions between Genesis/Exodus and Joshua/Judges (FAT 120, Tübingen), 199–219.

George, A. R. 2003. The Babylonian Gilgamesh Epic: Introduction, Critical Edition and Cuneiform Texts (2 Bde., Oxford).

Gerhards, M. 2006. Die Aussetzungsgeschichte des Mose: Literar- und traditionsgeschichtliche Untersuchungen zu einem Schlüsseltext des nichtpriesterschriftlichen Tetrateuch (WMANT 109, Neukirchen-Vluyn).

Germany, S. M. 2017. The Exodus-Conquest Narrative: The Composition of the Non-Priestly Narratives in Exodus–Joshua (FAT 115, Tübingen).

Gerstenberger, E. S. 1993. Das 3. Buch Mose. Leviticus (ATD 6, Göttingen).

Gertz, J.-C. 1996. Die Passa-Massot-Ordnung im deuteronomischen Festkalender, in Vejola, T. (Hg.), Das Deuteronomium und seine Querbeziehungen (Schriften der Finnischen Exegetischen Gesellschaft 62, Helsinki/Göttingen), 56–80.

Gertz, J.-C. 2000. Tradition und Redaktion in der Exoduserzählung: Untersuchungen zur Endredaktion des Pentateuch (FRLANT 186, Göttingen).

Gertz, J.-C. 2002a. Abraham, Mose und der Exodus: Beobachtungen zur Redaktionsgeschichte von Gen 15, in: Gertz, J.-C. u. a. (Hg.), Abschied vom Jahwisten: Die Komposition des Hexateuch in der jüngsten Diskussion (BZAW 315, Berlin / New York), 63–81.

Gertz, J.-C. 2002b. Mose und die Anfänge der jüdischen Religion, ZThK 99, 3–20.

Gertz, J.-C. 2006a. Kompositorische Funktion und literarhistorischer Ort von Deuteronomium 1–3, in: Witte, M. u. a. (Hg.), Die deuteronomistischen Geschichtswerke: Redaktions- und religionsgeschichtliche Perspektiven zur „Deuteronomismus"-Diskussion in Tora und Vorderen Propheten (BZAW 365, Berlin / New York), 103–123.

Gertz, J.-C. 2006b. The Transition between the Books of Genesis and Exodus, in: Dozeman, T. B. / Schmid, K. (Hg.), A Farewell to the Yahwist? The Composition of the Pentateuch in Recent European Interpretation (SBLSymS 34, Atlanta), 73–87.

Gertz, J.-C. 2015. Zusammenhang, Trennung und Selbständigkeit der Bücher Genesis und Exodus im priesterlichen und nachpriesterlichen Pentateuch, in: Giuntoli, F. / Schmid, K. (Hg.), The Post-Priestly Pentateuch: New Perspectives on its Redactional Development and Theological Profiles (FAT 101, Tübingen), 233–251.

Gertz, J.-C. Das erste Buch Mose (Genesis): Die Urgeschichte Gen 1–11 (ATD 1), Göttingen 2018.

Gertz, J.-C. u. a. (Hg.). 2002. Abschied vom Jahwisten: Die Komposition des Hexateuch in der jüngsten Diskussion (BZAW 315, Berlin / New York).

Gertz, J.-C. u. a. (Hg.). 2006. Grundinformation Altes Testament: Eine Einführung in Literatur, Religion und Geschichte des Alten Testaments (Göttingen; 5. Aufl. 2016; 6. Aufl. 2019).

Gertz, J.-C. u. a. (Hg.). 2016. The Formation of the Pentateuch: Bridging the Academic Cultures of Europe, Israel, and North America (FAT 111, Tübingen).

Gese, H. 1967, Der Dekalog in Ganzheit betrachtet, ZThK 64, 121–138.

Gese, H. 1984. Vom Sinai zum Zion (München).

Gesenius, W. / Kautzsch E. 1902. Hebräische Grammatik (27. Aufl., Leipzig).

Gesundheit, S. 2006. Intertextualität und literarhistorische Analyse der Festkalender in Exodus und im Deuteronomium, in: Blum E. / Lux R (Hg.), Festtraditionen in Israel und im Alten Orient (VWGTh 28, Gütersloh), 190–220.

Gesundheit, S. 2012. Three Times a Year: Studies on Festival Legislation in the Pentateuch (FAT 82, Tübingen).

Ginzberg, L. 1913. The Legends of the Jews 4. Bible Times and Characters from Joshua to Esther (Philadelphia; Nachdruck Hildesheim 2000).

Gleis, M. 1997. Die Bamah (BZAW 251, Berlin/New York).

Goodman, M. 2010. Constructing Ancient Judaism from the Scrolls, in: Lim, T. H. / Collins, J. J. (Hg.), The Oxford Handbook of the Dead Sea Scrolls (Oxford), 81–91.

Grätz, S. 2004. Das Edikt des Artaxerxes: Eine Untersuchung zum religionspolitischen und historischen Umfeld von Esra 7,12–26 (BZAW 337, Berlin / New York).

Granerød, G. 2010. Abraham and Melchizedek: Scribal Activity of Second Temple Times in Genesis 14 and Psalm 110 (BZAW 406, Berlin / New York).

Graupner, A. 1978. Zum Verhältnis der beiden Dekalogfassungen Ex 20 und Dtn 5, ZAW 99, 308–329.

Graupner, A. 2002. Der Elohist: Gegenwart und Wirksamkeit des transzendenten Gottes in der Geschichte (WMANT 97, Neukirchen-Vluyn).

Grayson, A. K. 2000. Assyrian and Babylonian Chronicles (2. Aufl., Winona Lake; 1. Aufl., New York, 1975).

Gross, W. 1974. Die Herausführungsformel: Zum Verhältnis von Formel und Syntax, ZAW 86, 425–453.

Gross, W. 1978. Bundeszeichen und Bundesschluß in der Priesterschrift, TThZ 87, 98–115.

Gross, W. 1998. Zukunft für Israel: Alttestamentliche Bundeskonzepte und die aktuelle Debatte um den Neuen Bund (SBS 176, Stuttgart).

Gross, W. 2011. Das Richterbuch zwischen deuteronomistischem Geschichtswerk und Enneateuch, in: Stipp, H.-J. (Hg.), Das deuteronomistische Geschichtswerk (ÖBS 39, Frankfurt a.M.), 177–205.

Grossman, M. L. 2002. Reading for History in the Damascus Document: A Methodological Study (STDJ 45, Leiden).

Gunkel, H. 1910. Genesis (3. Aufl., HAK1, Göttingen).

Gunneweg, A. H. J. 1983. Anmerkungen und Anfragen zur neueren Pentateuchforschung, ThR 48, 227–253.

Gunneweg, A. H. J. 1985. Anmerkungen und Anfragen zur neueren Pentateuchforschung, ThR 50, 1985, 107–131.

Ha, J. 1989. Genesis 15: A Theological Compendium of Pentateuchal History (BZAW 181, Berlin / New York).

Haag, E. 1991. Vom Sabbat zum Sonntag: Eine bibeltheologische Studie (Trier).

Haarmann, V. 2008. JHWH-Verehrer der Völker: Die Hinwendung von Nichtisraeliten zum Gott Israels in alttestamentlichen Überlieferungen (AThANT 91, Zürich).

Hadjiev, T. S. 2009. The Composition and Redaction of the Book of Amos (BZAW 393, Berlin / New York).

Hagedorn, A. C. 2005. Placing (a) God: Central Place Theory in Deuteronomy 12 and at Delphi, in: Day, J. (Hg.), Temple and Worship in Israel and the Ancient Near East. Proceedings of the Oxford Old Testament Seminar (JSOTSup 422, London), 188–211.

Halbe, J. 1975. Das Privilegrecht Jahwes Ex 34,10–26: Gestalt und Wesen, Herkunft und Wirken in vordeuteronomischer Zeit (Göttingen).

Halpern, B. 1981. The Centralization Formula in Deuteronomy, VT 31, 20–38.

Halpern, B. 1991. Jerusalem and the Lineages in the Seventh Century BCE: Kinship and the Rise of Individual Moral Liability, in: Ders. / Hobson D. W. (Hg.), Law and Ideology in Monarchic Israel (JSOTSup 124, Sheffield), 11–107.

Halpern-Amaru, B. 2006. A Note on Isaac as First-Born in Jubilees and Only Son in 4Q225, DSD 13, 127–133.

Hamlin Hill, J. 2001. The Earliest Life of Christ: The Diatessaron of Tatian (New Jersey).

Handy, L. K. 1988. Hezekiah's Unlikely Reform, ZAW 100, 111–115.

Handy, L. K. 1995. Historical Probability and the Narrative of Josiah's Reform in 2 Kings, in: Ders. / Holloway, S. W. (Hg.), The Pitcher Was Broken. Memorial Essays for G. W. Ahlström (JSOTSup 190, Sheffield), 95–103.

Handy, L. K. 2006. Josiah in a New Light: Assyriology Touches the Reforming King, in: Holloway, S. W. (Hg.), Orientalism, Assyriology and the Bible (HBM 10, Sheffield), 415–431.

Hardmeier, C. 1990. Prophetie im Streit vor dem Untergang Judas: Erzählkommunikative Studien zur Entstehungssituation der Jesaja- und Jeremiaerzählungen in II Reg 18–20 und Jer 37–40 (BZAW 187, Berlin / New York).

Hardmeier, C. 2000. König Joschija in der Klimax des DtrG (2Reg 22 f.) und das vordtr Dokument einer Kultreform am Residenzort (23,4–15*), in: Lux, R. (Hg.), Erzählte Geschichte: Beiträge zur narrativen Kultur im alten Israel (BThS 40, Neukirchen-Vluyn), 81–145.

Harvey, J. E. 2004. Retelling the Torah: The Deuteronomistic Historian's Use of Tetrateuchal Narratives (JSOTSup 403, London / New York).

Hecker, K. 1994. Das akkadische Gilgamesch-Epos (TUAT III/4, Gütersloh), 646–744.

Heckl, R. 2004. Moses Vermächtnis: Kohärenz, literarische Intention und Funktion von Dtn 1–3 (ABG 9, Leipzig).

Hempel, C. 1997. The Penal Code Reconsidered, in: Bernstein, M. u. a. (Hg.), Legal Texts and Legal Issues. Proceedings of the Second Meeting of the International Organization for Qumran Studies Cambridge 1995, Published in Honour of Joseph M. Baumgarten (STDJ 23, Leiden), 337–348.

Hempel, C. 1998. The Laws of the Damascus Document: Sources, Tradition and Redaction (STDJ 29, Leiden).

Hempel, C. 2000. The Laws of the Damascus Document and 4QMMT, in: Baumgarten, J. M. u. a. (Hg.), The Damascus Document: A Centennial of Discovery. Proceedings of the Third International Symposium of the Orion Center for the Study of the Dead Sea Scrolls and Associated Literature, 4–8 February, 1998 (STDJ 34, Leiden), 69–84.

Hempel, C. 2003. Interpretative Authority in the Community Rule Tradition, DSD 10, 59–80.

Hempel, C. 2006. The Literary Development of the S Tradition: A New Paradigm, RdQ 22, 389–401.

Hempel, C. 2009. CD Manuscript B and the Rule of the Community: Reflections on a Literary Relationship, DSD 16, 370–387.

Hempel, C. 2010. Shared Traditions: Points of Contacts between S and D, in: Metso, S. u. a. (Hg.), The Dead Sea Scrolls: Transmission of Traditions and Production of Texts (STDJ 92, Leiden), 115–131.

Hemphill, S. 1888. The Diatessaron of Tatian: A Harmony of the Four Gospels Compiled in the Third Quarter of the Second Century (Dublin, Nachdruck Hansebooks 2017).

Hendel, R. 2011. Is the „J" Primeval Narrative an Independent Composition? A Critique of Crüsemann's „Die Eigenständigkeit der Urgeschichte", in: Dozeman, T. B. u. a. (Hg.), The Pentateuch: International Perspectives on Current Research (FAT 78, Tübingen), 181–205.

Hibbard, J. T. 2006. Intertextuality in Isaiah 24–27: The Reuse and Evocation of Earlier Texts and Traditions (FAT II/16, Tübingen).

Hjelm, I. 2000. The Samaritans and Early Judaism: A Literary Analysis (JSOTSup 303, Copenhagen International Seminar 7, Sheffield).

Hoffmann, H.-D. 1980. Reform und Reformen: Untersuchungen zu einem Grundthema der deuteronomistischen Geschichtsschreibung (AThANT 66, Zürich).

Hoftijzer, J. 1956. Die Verheissungen an die drei Erzväter (Leiden).

Høgenhaven, J. 2007. The Literary Character of 4QTanhumim, DSD 14, 99–123.

Hölscher, G. 1922. Komposition und Ursprung des Deuteronomiums, ZAW 40, 161–255.

Hölscher, G. 1952. Geschichtsschreibung in Israel: Untersuchungen zum Jahvisten und Elohisten (SHVL 50, Lund).

Hollander, H. W. / de Jonge, M. 1985. The Testaments of the Twelve Patriarchs: A Commentary (SVTP, Leiden).

Hossfeld, F.-L. 1982. Der Dekalog: Seine späten Fassungen, die originale Komposition und seine Vorstufen (OBO 45, Fribourg / Göttingen).

Hossfeld, F.-L. 1989. Zum synoptischen Vergleich der Dekalogfassungen, in: Ders., Vom Sinai zum Horeb: Stationen alttestamentlicher Glaubensgeschichte (Würzburg), 73–117.

Hossfeld, F.-L. 2000. Der Dekalog als Grundgesetz – eine Problemanzeige, in: Kratz, R. G. / Spieckermann, H. (Hg.), Liebe und Gebot: Studien zum Deuteronomium. FS L. Perlitt (FRLANT 190, Göttingen), 46–59.

Hossfeld, F.-L. (Hg.). 1989. Vom Sinai zum Horeb: Stationen alttestamentlicher Glaubensgeschichte (Würzburg).

Houtman, C. 1994. Der Pentateuch: Die Geschichte seiner Erforschung neben einer Auswertung, (CBET 9, Kampen).

Hultgren, S. 2007. From the Damascus Covenant to the Covenant of the Community: Literary, Historical, and Theological Studies in the Dead Sea Scrolls (STDJ 66, Leiden).

Hutton, J. M. 2009a. The Transjordan Palimpsest: The Overwritten texts of Personal Exile and Transformation in the Deuteronomistic History (BZAW 396, Berlin / New York).

Hutton, J. M. 2009b. Review article of Witte, M. u. a. (Hg.). Die deuteronomistischen Geschichtswerke: Redaktions- und religionsgeschichtliche Perspektiven zur „Deuteronomismus"-Diskussion in Tora und Vorderen Propheten (BZAW 365, Berlin / New York 2006), Journal of Hebrew Scriptures 9 (online).

In Der Smitten, W. T. 1973. Esra: Quellen, Überlieferung und Geschichte (SSN 15, Assen).

Jacobson, H. 1993a. 4Q252: Addenda, JJS 44, 118–120.

Jacobson, H. 1993b. 4Q252 fr. 1: Further Comments, JJS 44, 291–293.

Jenni, E. 1971. Art. אהב ʾhb lieben, in: THAT III, 60–73.

Jepsen, A. 1953. Die Quellen des Königsbuches (Halle a. S.; 2. erweiterte Aufl. 1956).

Jepsen, A. 1959. Die Reform des Josia, in: Rost, L. (Hg.), Festschrift für F. Baumgärtel (Erlanger Forschungen A 10, Erlangen), 97–108.

Jeremias, J. 1983. Der Prophet Hosea (ATD 24,1, Göttingen).

Jeremias, J. 2006. Gen 20–22 als theologisches Programm, in: Beck, M. / Schorn, U. (Hg.), Auf dem Weg zur Endgestalt von Genesis bis II Regnum. FS H.-C. Schmitt (BZAW 370, Berlin / New York), 59–73.

Jericke, D. 1996. Josuas Tod und Josuas Grab: Eine redaktionsgeschichtliche Studie, ZAW 108, 347–361.

Johnstone, W. 1988. The Decalogue and the Redaction of the Sinai Pericope in Exodus, ZAW 100, 361–385.

Johnstone, W. 2000. The Use of the Reminiscences in Deuteronomy in Recovering the Two Main Literary Phases in the Production of the Pentateuch in: Gertz, J.-C. u. a. (Hg.), Abschied vom Jahwisten: Die Komposition des Hexateuch in der jüngsten Diskussion (BZAW 315, Berlin / New York), 247–273.

Johnstone, W. 2005. Rez. von Kratz, Reinhard G., The Composition of the Narrative Books of the Old Testament, RBL 10 (online).

Jokiranta, J. 2007. Social Identity in the Qumran Movement: The Case of the Penal Code, in: Luomanen, P. u. a. (Hg.), Explaining Christian Origins and Early Judaism: Contributions from Cognitive and Social Science (Biblical Interpretation Series 89, Leiden), 277–298.

Jokiranta, J. 2009. An Experiment on Idem Identity in the Qumran Movement, DSD 16, 309–329.

Joosten, J. 2013. The Syntax of Exodus 20:24b: Remarks on a recent article by Benjamin Kilchör, BN 159, 3–8.

Joüon, P. / Muraoka, T. 1996. A Grammar of Biblical Hebrew, Part Three: Syntax (subsidia biblica 14/II, Rom).

Kapfer, H. E. 2007. The Relationship between the Damascus Document and the Community Rule: Attitudes Toward the Temple as a Test Case, DSD 14, 152–177.

Kaplony-Heckel, U. 1985. Ägyptische Historische Texte, in: Conrad, D. u. a. (Hg.), Rechts- und Wirtschaftsurkunden – Historisch-chronologische Texte, Vol. I/6 of Texte aus der Umwelt des Alten Testaments (Gütersloh), 544–552.

Kaufman, S. A. 1982. The Temple Scroll and Higher Criticism, HUCA 53, 29–43.

Kessler, R. 2015. Die Querverweise im Pentateuch: Überlieferungsgeschichtliche Untersuchung der expliziten Querverbindungen innerhalb des vorpriesterlichen Pentateuchs (BEATAJ 59, Frankfurt a.M.).

Kilchör, B. 2012. בכל מקום (Ex 20,24b) – Gottes Gegenwart auf dem Sinai, BN 154, 89–102.

–. 2015. „An jedem Ort" oder „am ganzen Ort"? Eine Antwort an Jan Joosten, BN 165, 3–17.

Kister, M. 1993. Notes on Some New Texts from Qumran, JJS 44, 280–290.

Kister, M. 1994. Observations on Aspects of Exegesis, Tradition, and Theology in Midrash, Pseudepigrapha, and Other Jewish Writings, in: Reeves, J. (Hg.), Tracing the Threads: Studies in the Vitality of Jewish Pseudepigrapha (SBLEJL 6, Atlanta), 1–34.

Knapp, D. 1987. Deuteronomium 4: Literarische Analyse und theologische Interpretation (GTA 35, Göttingen).

Knauf, E. A. 2002. Rez. von Kratz Reinhard G. Die Komposition der erzählenden Bücher des Alten Testaments, ThLZ 127, 623–625.

Knauf, E. A. 2007. Buchschlüsse in Josua, in: Römer, T. / Schmid, K. (Hg.), Les dernières rédactions du Pentateuque, de l'Hexateuque et de l'Ennéateuque (BETL 203, Leuven), 217–224.

Knibb, M. A. in consultation with E. Ullendorff.1978. The Ethiopic Book of Enoch: A New Edition in the Light of the Aramaic Dead Sea Fragments (2 Bde., Oxford).

Knibb, M. A. 1994. The Place of the Damascus Document, in: Wise, M. O. u. a. (Hg.), Methods of Investigation of the Dead Sea Scrolls and the Khirbet Qumran Site. Present Realities and Future Prospects, Annals of the New York Academy of Sciences 722, 149–162.

Knibb, M. A. 2000. Art. "Interpreter of the Law", in: Schiffman, L. H. / VanderKam, J. C. (Hg.), Encyclopedia of the Dead Sea Scrolls, vol. 1 (Oxford), 383–384.

Knibb, M. A. 2009. The Community of the Dead Sea Scrolls. Introduction, DSD 16, 297–308.

Knohl, I. 1995. The Sanctuary of Silence: The Priestly Torah and the Holiness School (translated by J. Feldman and R. Ridman, Minneapolis).

Knoppers, G. N. 2006. Revisiting the Samarian Question in the Persian Period, in: Lipschits, O. / Oeming, M. (Hg.), Judah and the Judeans in the Persian Period (Winona Lake), 265–289.

Knoppers, G. N. / McConville, J. G. (Hg.). 2000. Reconsidering Israel and Judah: Recent Studies on the Deuteronomistic History (SBTS 8, Winona Lake).

Koch, C. 2006. Zwischen Hatti und Assur: Traditionsgeschichtliche Beobachtungen zu den aramäischen Inschriften von Sfire, in: Witte, M. u. a. (Hg.), Die deuteronomistischen Geschichtswerke: Redaktions- und religionsgeschichtliche Perspektiven zur „Deuteronomismus"-Diskussion in Tora und Vorderen Propheten (BZAW 365, Berlin / New York), 379–406.

Koch, C. 2008. Vertrag, Treueid und Bund: Studien zur Rezeption des altorientalischen Vertragsrechts im Deuteronomium und zur Ausbildung der Bundestheologie im Alten Testament (BZAW 383, Berlin / New York).

Köckert, M. 1988. Vätergott und Väterverheißungen: Eine Auseinandersetzung mit Albrecht Alt und seinen Erben (FRLANT 142, Göttingen).

Köckert, M. 2000. Zum literargeschichtlichen Ort des Prophetengesetzes Dtn 18 zwischen dem Jeremiabuch und Dtn 13, in: Kratz, R. G. / Spieckermann, H. (Hg.), Liebe und Gebot: Studien zum Deuteronomium. FS L. Perlitt (FRLANT 190, Göttingen), 80–100.

Köckert, M. 2002. Wie kam das Gesetz an den Sinai?, in: Bultmann, C. u. a. (Hg.), Vergegenwärtigung des Alten Testaments: Beiträge zur biblischen Hermeneutik. FS R. Smend (Göttingen), 13–27.

Köckert, M. 2004. Leben in Gottes Gegenwart: Studien zum Verständnis des Gesetzes im Alten Testament (FAT 43, Tübingen).

Köckert, M. 2006. Ahnvater, Fremdling, Weiser: Lesarten der Bibel in Gen 12, Gen 20 und Qumran, in: Martus, S. / Polaschegg A. (Hg.), Das Buch der Bücher – gelesen: Lesarten der Bibel in den Wissenschaften und Künsten (Publikationen zur Zeitschrift für Germanistik NF 13, Bern), 139–169.

Köckert, M. 2007. Die Zehn Gebote (München).

Köckert, M. 2012. „Glaube" und „Gerechtigkeit" in Gen 15,6, ZThK 109, 415–444.

Köckert, M. 2013. Gen 15: Vom „Urgestein" der Väterüberlieferung zum „theologischen Programmtext" der späten Perserzeit, ZAW 125, 25–48.

Köckert, M. 2014. Wie wurden Abraham- und Jakobüberlieferung zu einer „Vätergeschichte" verbunden?, HBAI 3, 43–66.

Köckert, M. 2015a. Gen 20–22 als nach-priesterliche Erweiterung der Vätergeschichte, in: Giuntoli, F. / Schmid, K. (Hg.), The Post-Priestly Pentateuch: New Perspectives on its Redactional Development and Theological Profiles (FAT 101, Tübingen), 157–176.

Köckert, M. 2015b. Gottes „Bund" mit Abraham und die „Erwählung" Israels in Genesis 17, in: MacDonald, N. (Hg.), Covenant and Election in Exilic and Post-Exilic Judaism: Studies of the Sofja Kovalevskaja Research Group on Early Jewish Monotheism 5 (FAT II/79, Tübingen), 1–28.

Köckert, M. 2021. Von Jakob zu Abraham: Studien zum Buch Genesis (FAT 147, Tübingen).

Konkel, M. 2008. Sünde und Vergebung: Eine Rekonstruktion der Redaktionsgeschichte der hinteren Sinaiperikope (Exodus 32–34) vor dem Hintergrund aktueller Pentateuchmodelle (FAT 58, Tübingen).

Koopmans, W. T. 1990. Joshua 24 as Poetic Narrative (JSOTSup 93 Sheffield).

Krapf, T. M.1992. Die Priesterschrift und die vorexilische Zeit: Yehezkel Kaufmanns vernachlässigter Beitrag zur Geschichte der biblischen Religion (OBO 119, Fribourg / Göttingen).

Kratz, R. G. 1991a. Kyros im Deuterojesajabuch: Redaktionsgeschichtliche Untersuchungen zu Entstehung und Theologie von Jes 40–55 (FAT 1, Tübingen).

Kratz, R. G. 1991b. Translatio imperii: Untersuchungen zu den aramäischen Danielerzählungen und ihrem theologiegeschichtlichen Umfeld (WMANT 63; Neukirchen-Vluyn).

Kratz, R. G. 1994. Der Dekalog im Exodusbuch, VT 44, 205–238.

Kratz, R. G. 1998. Der Brief des Jeremia, in: Steck O. H. / Kratz, R. G. / Kottsieper, I., Das Buch Baruch – Der Brief des Jeremia – Zusätze zu Ester und Daniel (ATDA 5, Göttingen), 69–108.

Kratz, R. G. 2000. Die Komposition der erzählenden Bücher des Alten Testaments: Grundwissen der Bibelkritik (UTB 2157, Göttingen; Englisch: The Composition of the Narrative Books of the Old Testament [London / New York 2005]).

Kratz, R. G. 2006. The Growth of the Old Testament, in: Rogerson, J. W. / Lieu, J. M. (Hg.), The Oxford Handbook of Biblical Studies (Oxford; 2. Aufl., 2008), 459–488.

Kratz, R. G. 2007. Temple and Torah: Reflections on the Legal Status of the Pentateuch between Elephantine and Qumran, in: Knoppers G. N. / Levinson B. M. (Hg.), The Pentateuch as Torah: New Models for Understanding its Promulgation and Acceptance (Winona Lake), 77–103.

Kratz, R. G. 2008. Ezra – Priest and Scribe, in: Perdue, L. (Hg.), Scribes, Sages, and Seers: The Sage in the Eastern Mediterranean World (FRLANT 219, Göttingen), 163–188.

Kratz, R. G. 2010. The Idea of Cultic Centralization and its Supposed Ancient Near Eastern Analogies, in: Kratz, R. G. / Spieckermann, H. (Hg.), One God – One Cult – One Nation: Archaeological and Biblical Persepctives (BZAW 405, Berlin / New York), 121–144.

Kratz, R. G. 2011. Prophetenstudien. Kleine Schriften II (FAT 74, Tübingen; Studienausgabe 2017).

Kratz, R. G. 2013a. Das Judentum im Zeitalter des Zweiten Tempels (FAT 42, 2. Aufl., Tübingen; 1. Aufl. 2004; Studienausgabe 2006).

Kratz, R. G. 2013b. Laws of Wisdom: Sapiential Traits in the *Rule of the Community (1QS 5–7)*, in: F. E. Fassberg, F. E. u. a. (Hg.). Hebrew in the Second Temple Period: The Hebrew of the Dead Sea Scrolls and of Other Contemporary Sources (STDJ 108, Leiden), 133–145.

Kratz, R. G. 2013c Rewriting Torah in the Hebrew Bible and the Dead Sea Scrolls, in: Schipper, B. U. / Teeter, D. A. (Hg.), Wisdom and Torah: The Reception of 'Torah' in the Wisdom Literature of the Second Temple Period (JSJSup 163, Leiden), 273–292.

Kratz, R. G. 2015. Mythos und Geschichte. Kleine Schriften III (FAT102, Tübingen).

Kratz, R. G. 2017a. Historisches und biblisches Israel: Drei Überblicke zum Alten Testament (2. erweiterte Aufl. Tübingen; 1. Aufl. 2013; Englisch: Historical and Biblical Israel: The History, Tradition, and Archives of Israel and Judah [transl. by Paul Michael Kurtz, Oxford 2015]; Italienisch: Israele storico e bilico: Storia, tradizione, archive [Edizione italiana a cura di Paola Mollo, Traduzione dal Tedesco di Fabrizio Iodice, Rom 2020).

Kratz, R. G. 2017b.The Teacher of Righteousness and his Enemies, in: Feldman, A. u. a. (Hg.), Is There a Text in this Cave? Studies in the Textuality of the Dead Sea Scrolls in Honour of George J. Brooke (STDJ 119, Leiden), 515–532.

Kratz, R. G. 2017c. Too Many Hands? Isaiah 65–66 and the Reading of the Book of Isaiah, in: Birdsong, S. L. / S. Frolov, S. (Hg.), Partners with God: Theological and Critical Readings of the Bible in Honor of Marvin Sweeney (CSHBS 2, Claremont), 169–187.

Kratz, R. G. 2019. Aramäer und Judäer: Zur Ethnographie Elephantines in achämenidischer Zeit, in: Achenbach, R. (Hg.), Persische Reichspolitik und lokale Heiligtümer (BZAR 25, Wiesbaden), 163–184.

Kratz, R. G. 2020a. „Fossile Überreste des unreformierten Judentums in fernem Lande"? Das Judentum in den Archiven von Elephantine und Al-Yaḫudu, ZAW 132 (1), 1–17.

Kratz, R. G. (Hg.) 2020b. Interpreting and Living God's Law: Miqsat Ma'ase Ha-Torah Some of the Works of the Torah (4QMMT), Introduction, Text, Translation and Interpretative Essays by Jonathan Ben-Dov, John J. Collins, Lutz Doering, Jörg Frey, Charlotte Hempel, Reinhard G. Kratz, Noam Mizrahi, Vered Noam, Eibert Tigchelaar (SAPERE 37, Tübingen).

Kratz, R. G. / Steudel, A. / Kottsieper, I. (Hg.). 2018. Hebräisches und Aramäisches Wörterbuch zu den Texten vom Toten Meer einschließlich der Manuskripte aus der Kairoer Geniza 2 (Berlin).

Krause, J. J. 2014. Exodus und Eisodos: Komposition und Theologie von Jos 1–5 (VT.S 161, Leiden).

Krüger, T. 2007. Anmerkungen zur Frage nach den Redaktionen der grossen Erzählwerke im Alten Testament, in: Römer, T. / Schmid, K. (Hg.), Les dernières rédactions du Pentateuque, de l'Hexateuque et de l'Ennéateuque (BETL 203, Leuven), 47–66.

Kruse, G. 1981. Community Functionaries in the Rule of the Community and the Damascus Document: A Test of Chronological Relationships, RdQ 10, 543–551.

Kugel, J. L. 2006. Exegetical Notes on 4Q225 'Pseudo-Jubilees', DSD 13, 73–98.

Kugel, J. L. 2012. A Walk Through Jubilees: Studies of the Book of Jubilees and the World of its Creation (JSJSup 156, Leiden / Boston).

Kugler, R. A. 2003. Hearing 4Q225: A Case Study in Reconstructing the Religious Imagination of the Qumran Community, DSD 10, 81–103.

Kugler, R. A. / VanderKam, J. C. 2001. A Note on 4Q225 (Pseudo-Jubilees), RdQ 20/77, 109–116.

Kuhrt, A. 1990. Nabonidus and the Babylonian Priesthood, in: Beard M. / North J. (Hg.), Pagan Priests: Religion and Power in the Ancient World (London), 117–155.

Lambert, W. G. 1980. The Theology of Death, in: Alster, B. (Hg.), Death in Mesopotamia. Papers read at XXVIe Rencontre Assyriologique Internationale (CRRAI 26, Copenhagen), 53–66.

Lambert, W. G. / Millard, A. R. 1969. Atra-ḫasis: The Babylonian Story of the Flood, with The Sumerian Flood Story by M. Civil (Oxford).

Lang, B. 1984. „Neues über den Dekalog", ThQ 164 (1984), 58–65.

Lange, A. 2002. The Status of the Biblical Texts in the Qumran Corpus and the Canonical Process, in: Herbert, E. D. / Tov, E. (Hg.), The Bible as Book: The Hebrew Bible and the Judaean Desert Discoveries (London), 21–30.

Langer, G. 1989. Von Gott erwählt – Jerusalem: Die Rezeption von Dtn 12 im frühen Judentum (ÖBS 8, Klosterneuburg).

Lauer, G. 2008. Das Erdbeben von Lissabon: Ereignis, Wahrnehmung und Deutung im Zeitalter der Aufklärung, in: Herrmann, B. (Hg.), Beiträge zum Göttinger Umwelthistorischen Kolloquium 2007–2008 (Göttingen), 223–236.

Lauer, G. / Unger, T. (Hg.). 2008. Das Erdbeben von Lissabon und der Katastrophendiskurs im 18. Jahrhundert (Das achtzehnte Jahrhundert: Supplementa 15, Göttingen).

Lemaire, A. 1981. Le Décalogue: Essai d'histoire de la rédaction. FS M. H. Cazelles (Kevelaer / Neukirchen-Vluyn), 259–295.

Levin, C. 1985a. Die Verheißung des neuen Bundes in ihrem theologiegeschichtlichen Zusammenhang ausgelegt (FRLANT 137, Göttingen).

Levin, C. 1985b. Der Dekalog am Sinai, VT 35, 165–191.

Levin, C. 1993. Der Jahwist (FRLANT 157, Göttingen).

Levin, C. 2003. Josia im Deuteronomistischen Geschichtswerk (1984), in: Ders., Fortschreibungen. Gesammelte Studien zum Alten Testament (BZAW 316, Berlin / New York), 198–216.

Levin, C. 2004a. Abschied vom Jahwisten?, ThR 69, 329–344.

Levin, C. 2004b. Jahwe und Abraham im Dialog: Genesis 15, in: Witte, M. (Hg.), Gott und Mensch im Dialog. FS O. Kaiser (BZAW 345/I, Berlin / New York), 236–257.

Levin, C. 2006. The Yahwist and the Redactional Link between Genesis and Exodus, in: Dozeman, T. B. / Schmid, K. (Hg.), A Farewell to the Yahwist? The Composition of the Pentateuch in Recent European Interpretation (SBLSymS 34, Atlanta), 131–141.

Levin, C. 2007. The Yahwist: The Earliest Editor in the Pentateuch, JBL 126, 209–230.

Levin, C. 2008. Die Frömmigkeit der Könige von Israel und Juda, in: Pakkala J. / Nissinen, M. (Hg.), Houses Full of all Good Things. Essays in Memory of T. Veijola (PFES 95, Helsinki), 129–168.

Levin, C. 2011. Das synchronistische Exzerpt aus den Annalen der Könige von Israel und Juda, VT 61, 616–628.

Levin, C. 2013a. Jahwe und Abraham im Dialog: Genesis 15, in: Ders., Verheißung und Rechtfertigung. Gesammelte Studien zum Alten Testament II (BZAW 431, Berlin / New York), 80–102.

Levin, C. 2013b. Nach siebzig Jahren: Martin Noths Überlieferungsgeschichtliche Studien, ZAW 125, 72–92.

Levin, C. 2015. Die Väterverheißungen: Eine Bestandsaufnahme, in: Giuntoli, F. / Schmid, K. (Hg.), The Post-Priestly Pentateuch: New Perspectives on its Redactional Development and Theological Profiles (FAT 101, Tübingen), 125–143.

Levinson, B. M. 1997. Deuteronomy and the Hermeneutics of Legal Innovations (New York).

Lewy, J. 1928. Sanherib und Hizkia, OLZ 31, 156–157.

Licht, J. 1965. The Rule of the Scroll: A Scroll from the Wilderness of Judea – 1QS, 1QSa, 1QSb: Text, Introduction and Commentary (Jerusalem [Hebräisch]).

Lim, T. 1992. The Chronology of the Flood Story in a Qumran Text (4Q252), JJS 43, 288–298.

Lim, T. 1993. Notes on 4Q252 fr. 1, cols. i–ii, JJS 44, 121–126.

Liverani, M. 1995. The Medes at Esarhaddon's Court, JCS 47, 57–62.

Lohfink, N. 1989. Kennt das Alte Testament einen Unterschied von »Gebot« und »Gesetz«? Zur bibeltheologischen Einstufung des Dekalogs, JBTh 4, 63–89.

Lohfink, N. 1990. Studien zum Deuteronomium und zur deuteronomistischen Literatur I (SBAB 8, Stuttgart).

Lohfink, N. 1991a. Die Väter Israels im Deuteronomium, mit einer Stellungnahme von Thomas Römer (OBO 111, Fribourg / Göttingen).

Lohfink, N. 1991b. Studien zum Deuteronomium und zur Deuteronomistischen Literatur II (SBAAT 12, Stuttgart).

Lohfink, N. 1995. Studien zum Deuteronomium und zur Deuteronomistischen Literatur III (SBAAT 20, Stuttgart).

Lux, R. 2001. Josef: Der Auserwählte unter seinen Brüdern (Biblische Gestalten 1, Leipzig).

MacDonald, N. 2010. Issues and Questions in the Dating of Deuteronomy, ZAW 122, 431–435.

Machinist, P. 2000. The *Rāb šākeh* at the Wall of Jerusalem: Israelite Identity in the Face of the Assyrian ‚Other', Hebrew Studies 41, 151–168.

Mäkipelto, V. 2018. Uncovering Ancient Editing: Documented Evidence of Changes in Joshua 24 and Related Texts (BZAW 513, Berlin / New York).

Magen, Y. u. a. (Hg.). 2004. The Aramaic, Hebrew and Samaritan Inscriptions: Vol. 1 of Mount Gerizim Excavations (JSP 2, Jerusalem).

Maier, J. 1995. Die Qumran-Essener: Die Texte vom Toten Meer II (München).

Maier, J. 1996. Early Jewish Biblical Interpretation in the Qumran Literature, in: Sæbø, M. (Hg.), Hebrew Bible / Old Testament: The History of its Interpretation 1: From the Beginnings to the Middle Ages (until 1300) (Göttingen), 108–129.

Maier, J. 1997. Die Tempelrolle vom Toten Meer und das „Neue Jerusalem" (3. überarbeitete und erweiterte Aufl., München).

Martin-Achard, R. u. a. 1977. Art. Abraham, in: TRE 1 (Berlin / New York), 364–392.

Mathys, H. P. 2008. Wilhelm Martin Leberecht de Wettes Dissertatio critico-exegetica von 1805, in: Kessler, M. / Wallraff, M. (Hg.), Biblische Theologie und historisches Denken: Wissenschafts-geschichtliche Studien. FS R. Smend (Studien zur Geschichte der Wissenschaften in Basel NF 5, Basel), 171–211.

Mattinson, K. 2018. Rewriting and Revision as Amendment in the Laws of Deuteronomy (FAT II/100, Tübingen).

Maul, S. M. 1997. Die altorientalische Hauptstadt – Abbild und Nabel der Welt, in: Wilhelm, G. (Hg.), Die orientalische Stadt: Kontinuität, Wandel, Bruch. 1. Colloquium der Deutschen Orient-gesellschaft 9.–10. Mai 1996 in Halle/Saale (CDOG 1, Saarbrücken), 109–124.

Mayer, W. 1995. Politik und Kriegskunst der Assyrer (Abhandlungen zur Literatur Alt-Syrien-Palästinas und Mesopotamiens 9, Münster).

Mayer, W. 1997. Der Gott Assur und die Erben Assyriens, in: Albertz, R. (Hg.), Religion und Gesellschaft: Studien zur Wechselbeziehung in den Kulturen des Antiken Vorderen Orients. Veröffent-lichungen des AZERKAVO (AOAT 248, Münster), 15–23.

Meinhold, A. 1975. Die Gattung der Josephsgeschichte und des Estherbuches: Diasporanovelle I, ZAW 87, 306–324.

Meinhold, A. 1976. Die Gattung der Josephsgeschichte und des Estherbuches: Diasporanovelle II, ZAW 88, 72–93.

Menzel, B. 1981. Assyrische Tempel I–II (StP.SM 10, Rom).

Merendino, R. 1969. Das deuteronomische Gesetz: Eine literarkritische, gattungs- und überlieferungs-geschichtliche Untersuchung zu Dt 12–26, (BBB 31, Bonn).

Metso, S. 1997. The Textual Development of the Qumran Community Rule (STDJ 21, Leiden).

Metso, S. 1998. Constitutional Rules at Qumran, in: Flint, P. W. / VanderKam, J. C. (Hg.), The Dead Sea Scrolls after Fifty Years: A Comprehensive Assessment 1 (Leiden), 186–210.

Metso, S. 1999. In Search of the Sitz im Leben of the Community Rule, in: Parry, D. W. / Ulrich, E. (Hg.), The Provo International Conference on the Dead Sea Scrolls (Leiden), 306–315.

Metso, S. 2000. The Relationship between the Damascus Document and the Community Rule, in: Baumgarten, J. M. u. a. (Hg.), The Damascus Document: A Centennial of Discovery. Proceedings of the Third International Symposium of the Orion Center for the Study of the Dead Sea Scrolls and Associated Literature, 4–8 February, 1998 (STDJ 34, Leiden), 85–93.

Metso, S. 2004. Methodological Problems in Reconstructing History from Rule Texts Found at Qumran, DSD 11, 315–335.

Metso, S. 2007. The Serekh Texts: Companion to the Qumran Scrolls 9 (Library of Second Temple Studies 62, London / New York).

Metso, S. 2010. When the Evidence Does Not Fit: Method, Theory, and the Dead Sea Scrolls, in: Grossman, M. L. (Hg.), Rediscovering the Dead Sea Scrolls: An Assessment of Old and New Approaches and Methods (Grand Rapids), 11–25.

Milik, J. T. 1957. Dix ans de découvertes dans le désert de Juda (Paris 1957; Englisch: Ten Years of Discovery in the Wilderness of Judaea [translated by J. Strugnell, London 1959]).

Milik, J. T. (with collaboration of M. Black). 1976. The Books of Enoch: Aramaic Fragments of Qumrân Cave 4 (Oxford).

Milik, J. T. / VanderKam, J. C. 1994. 4Q225. 4QPseudo-Jubilees, in: Qumran Cave 4 VIII: Parabiblical Texts, Part 1 (DJD XIII, Oxford), 141–155 (Pl. X).

Millard, A. R. u. a. 1992. Art. Abraham, in: ABD 1 (New York), 35–44.

Miller, P. M. 1990. Deuteronomy, Interpretation (Louisville).

Minette de Tillesse, G. 1962. Sections »tu« et sections »vous« dans le Deutéronome, VT 12, 29–87.

Minette de Tillesse, G. 2000. TU & VOUS dans le Deutéronome, in: Kratz, R. G. / Spieckermann, H. (Hg.), Liebe und Gebot: Studien zum Deuteronomium. FS L. Perlitt (FRLANT190, Göttingen), 156–163.

Mittmann, S. 1975. Deuteronomium 1.1–6.3 literarkritisch und traditionsgeschichtlich untersucht (BZAW 139, Berlin / New York).

Moran, W. L. 1963. The Ancient Near Eastern Background of the Love of God in Deuteronomy, CBQ 25, 77–87.

Mosis, R. 2000. Pentateuch als Bahnlesung und der Tod des Mose, TThZ 109, 139–160.

Müller, R. 2004. Königtum und Gottesherrschaft: Untersuchungen zur alttestamentlichen Monarchiekritik (FAT II/3, Tübingen).

Müller, R. 2015. Treue zum rettenden Gott: Erwägungen zu Ursprung und Sinn des Ersten Gebots, ZThK 112, 403–428.

Müller, R. u. a. (Hg.). 2014. Evidence of Editing. Growth and Change of Texts in the Hebrew Bible: A New Prospective on Editorial Activity in the Hebrew Bible for Research and Teaching (SBLRBS 75, Atlanta).

Müller, R. / Schäfers, K. (Hg.). Im Druck. Von Textbeobachtungen zum Entstehungsmodell in der Pentateuchkritik: Untersuchungen zu Gen 20–22 (FAT, Tübingen).

Murphy, C. M. 2002. Wealth in the Dead Sea Scrolls and in the Qumran Community (STDJ 40, Leiden).

Murphy-O'Connor, J. 1969. La genèse littéraire de la Règle de la Communauté, RB 76, 528–549.

Murphy-O'Connor, J. 1970. An Essene Missionary Document? CD II,14–VI,1, RB 77, 201–229.

Murphy-O'Connor, J. 1971. A Literary Analysis of Damascus Document VI,2–VIII,3, RB 78, 210–232.

Murphy-O'Connor, J. 1972a. The Critique of the Princes of Judah (CD VIII,3–19), RB 79, 200–216.

Murphy-O'Connor, J. 1972b. A Literary Analysis of Damascus Document XIX,33–XX,34, RB 79, 544–564.

Na'aman, N. 1991. The Kingdom of Judah under Josiah, Tel Aviv 18, 3–71.

Na'aman, N. 1995. The Debated Historicity of Hezekiah's Reform in the Light of Historical and Archaeological Research, ZAW 107, 179–195.

Na'aman, N. 2002. The Abandonment of Cult Places in the Kingdoms of Israel and Judah as Acts of Cult Reform, UF 34, 585–602.

Na'aman, N. 2006. The King Leading Cult Reforms in his Kingdom: Josiah and Other Kings in the Ancient Near East, ZAR 12, 131–168.

Najman, H. 2003. Seconding Sinai: The Development of Mosaic Discourse in Second Temple Judaism (JSJSup 77, Leiden).

Naveh, J. / Magen Y. 1997. Aramaic and Hebrew Inscriptions of the Second-Century BCE at Mount Garizim ('Atiqot 32), 9–17

Neef, H.-D. 2008. Abrams Glaube und Jahwes Bund: Beobachtungen zur Komposition und Einheit von Genesis 15, in: Bauks, M. u. a. (Hg.), Was ist der Mensch, dass du seiner gedenkst? (Psalm 8,5): Aspekte einer theologischen Anthropologie. FS B. Janowski (Neukirchen), 363–373.

Newsom, C. 2004. The Self as Symbolic Space: Constructing Identity and Community at Qumran (STDJ 52, Leiden).

Nicholoson, E. 1998. The Pentateuch in the Twentieth Century: The Legacy of Julius Wellhausen (Oxford).

Nicholoson, E. 2008. Review of *The Composition of the Narrative Books of the Old Testament*. By Reinhard G. Kratz. Translated by John Bowden, JTS NS 59, 716–720.

Nickelsburg, G. W. E. 1998. Patriarchs Who Worry About Their Wives: A Haggadic Tendency in the Genesis Apocryphon, in: Stone, M. E. / Chazon, E. (Hg.), Biblical Perspectives: Early Use and Interpretation of the Bible in Light of the Dead Sea Scrolls (STDJ 28, Leiden), 137–158.

Niehr, H. 1995. Die Reform des Joschija: Methodische, historische und religionswissenschaftliche Aspekte, in: Gross, W. (Hg.), Jeremia und die „deuteronomistische Bewegung" (BBB 98, Weinheim), 33–55.

Nihan, C. 2004. The Holiness Code between D and P: Some Comments on the Function and Significance of Leviticus 17–26 in the Composition of the Torah, in: Otto, E. / Achenbach, R. (Hg.), Das Deuteronomium zwischen Pentateuch und deuteronomistischem Geschichtswerk (FRLANT 206, Göttingen), 81–122.

Nihan, C. 2007a. From Priestly Torah to Pentateuch (FAT II/25, Tübingen).

Nihan, C. 2007b. La morte de Moïse (Nb 20,1–13; 20,22–29; 27,12–23) et l'édition finale du livre des Nombres, in: Römer, T. / Schmid, K. (Hg.), Les dernières rédactions du Pentateuque, de l'Hexateuque et de l'Ennéateuque (BETL 203, Leuven), 145–182.

Nissinen, M. 1996. Falsche Prophetie in neuassyrischer und deuteronomischer Darstellung, in: Veijola, T. (Hg.), Das Deuteronomium und seine Querbeziehungen (SESJ 62, Helsinki / Göttingen), 172–195.

Nöldeke, T. 1869, Die s.g. Grundschrift des Pentateuchs, in: Untersuchungen zur Kritik des Alten Testaments, Kiel, 1–144.

Noth, M. 1943. Überlieferungsgeschichtliche Studien: Die sammelnden und bearbeitenden Geschichtswerke im Alten Testament (Halle a.d.S.; Nachdruck 2. Aufl., Tübingen 1957).

Noth, M. 1944. Israelitische Stämme zwischen Ammon und Moab, ZAW 60, 11–57.

Noth, M. 1948. Überlieferungsgeschichte des Pentateuch, Stuttgart.

Noth, M. 1962. Das dritte Buch Mose. Leviticus (ATD 6, Göttingen).

Noth, M. 1971. Das Buch Josua (HAT 7, 3. Aufl., Tübingen).

Noth, M. 1978. Das zweite Buch Mose. Exodus (ATD 5, 6. Aufl., Göttingen).

Noth, M. 1982. Das vierte Buch Mose. Numeri (ATD 7, 4. Aufl., Göttingen).

Noort, E. 1998. Das Buch Josua: Forschungsgeschichte und Problemfelder (EdF 292, Darmstadt).

Noort, E. 1999. The Stories of the Great Flood: Notes on Gen 6:5–9:17 in its Context of the Ancient Near East, in: Martínez, F. G. / Luttikhuizen, G. P. (Hg.), Interpretations of the Flood (Themes in Biblical Narrative 1, Leiden), 1–38.

Noort, E. 2008. Bis zur Grenze des Landes? Num 27,12–23 und das Ende der Priesterschrift, in: Römer, T. (Hg.), The Books of Leviticus and Numbers (BETL 215, Leuven) 99–119.

Oded, B. 1992. War, Peace and Empire: Justifications for War in Assyrian Royal Inscriptions, (Wiesbaden).

Oegema, G. S. 1999. Für Israel und die Völker: Studien zum alttestamentlich-jüdischen Hintergrund der paulinischen Theologie (NT.S 95, Leiden).

Oestreicher, T. 1923. Das Deuteronomische Grundgesetz (BFChTh 27/4, Gütersloh).

Oestreicher, T. 1930. Reichstempel und Ortsheiligtümer in Israel (BFChTh 33/3, Gütersloh).

Osumi, Y. 1991. Die Kompositionsgeschichte des Bundesbuches Exodus 20,22b–23,33 (OBO 105, Fribourg / Göttingen).

Osswald, E. 1960. Beobachtungen zur Erzählung von Abrahams Aufenthalt in Ägypten im »Genesis-Apokryphon«, ZAW 72, 7–25.

Oswald, W. 1998. Israel am Gottesberg: Eine Untersuchung zur Literargeschichte der vorderen Sinaiperikope Ex 19–24 und deren historischem Hintergrund (OBO 159, Fribourg / Göttingen).

Otto, E. 1975. Das Mazzotfest in Gilgal (BWANT 107, Stuttgart).

Otto, E. 1988. Wandel der Rechtsbegründungen in der Gesellschaftsgeschichte des antiken Israel: Eine Rechtsgeschichte des „Bundesbuches" Ex XX 22–XXIII 13 (Studia Biblica 3, Leiden).

Otto, E. 1990. Alte und neue Perspektiven in der Dekalogforschung, EvErz 42, 125–133.

Otto, E. 1992. Der Dekalog als Brennspiegel israelitischer Rechtsgeschichte, in: Hausmann, J. / Zobel, H.-J. (Hg.), Alttestamentlicher Glaube und Biblische Theologie. FS H. D. Preuß (Stuttgart), 59–68.

Otto, E. 1994. Sinai und Horeb [1977], in: Ders., Deuteronomium-Studien (FAT 8, Tübingen), 32–49.

Otto, E. 1995. Kritik der Pentateuchkomposition, ThR 60, 163–191.

Otto, E. 1996a. Deuteronomium 4: Die Pentateuchredaktion im Deuteronomiumrahmen, in: Veijola, T. (Hg.), Das Deuteronomium und seine Querbeziehungen (SESJ 62, Helsinki / Göttingen), 196–222.

Otto, E. 1996b. Die Nachpriesterschriftliche Pentateuchredaktion im Buch Exodus, in: Vervenne, M. (Hg.), Studies in the Book of Exodus: Redaction – Reception – Interpretation (BETL 126, Leuven), 61–111.

Otto, E. 1996c. Einleitungen in den Pentateuch, ThR 61, 332–341.

Otto, E. 1996d. Treueeid und Gesetz: Die Ursprünge des Deuteronomiums im Horizont neuassyrischen Vertragsrechts, ZAR 2, 1996, 1–52.

Otto, E. 1997a. Das Deuteronomium als archimedischer Punkt der Pentateuchkritik: Auf dem Wege zu einer Neubegründung der De Wette'schen Hypothese, in: Vervenne M. / Lust J. (Hg.), Deuteronomy and Deuteronomic Literature. FS C. H. W. Brekelmans (BETL 133, Leuven), 321–339.

Otto, E. 1997b. Forschungen zur Priesterschrift, ThR 62, 1–50.

Otto, E. 1998. Die Ursprünge der Bundestheologie im Alten Testament und im Alten Orient, ZAR 4, 1–84.

Otto, E. 1999. Das Deuteronomium: Politische Theologie und Rechtsreform in Juda und Assyrien (BZAW 284, Berlin / New York).

Otto, E. 2000a. Das Deuteronomium im Pentateuch und Hexateuch: Studien zur Literargeschichte von Pentateuch und Hexateuch im Lichte des Deuteronomiumrahmens (FAT 30, Tübingen).

Otto, E. 2000b. Deuteronomium und Pentateuch: Aspekte der gegenwärtigen Debatte, ZAR 6, 222–284.

Otto, E. 2000c. Political Theology in Judah and Assyria: The Beginning of the Old Testament as Literature, SEÅ 65, 59–76.

Otto, E. 2001. Rez. von Reinhard G. Kratz, Die Komposition der erzählenden Bücher des Alten Testaments, ZAR 7, 415–417.

Otto, E. 2002a. Gottesrecht als Menschenrecht: Rechts- und literaturhistorische Studien zum Deuteronomium (BZAR 2, Wiesbaden).

Otto, E. 2002b. Forschungen zum nachpriesterschriftlichen Pentateuch, ThR 67, 125–155.

Otto, E. 2004. Rez. zu J. van Seters, A Law Book for the Diaspora: Revision in the Study of the Covenant Code, Oxford (RBL 7/10/2004, online).

Otto, E. 2006. Das Recht der Hebräischen Bibel im Kontext der antiken Rechtsgeschichte: Literaturbericht 1994–2004, ThR 71, 389–421.

Otto, E. 2009a. Das Buch Levitikus im Pentateuch, ThR 74, 470–479.

Otto, E. 2009b. Die Tora: Studien zum Pentateuch. Gesammelte Schriften (BZAR 9, Wiesbaden).

Otto, E. 2011. Temple Scroll and Pentateuch: A Priestly Debate about the Interpretation of the Torah, in Lange, A. / de Troyer, K. (Hg.), The Qumran Legal Texts between the Hebrew Bible and its Interpretation (CBET 61, Leuven), 59–74.

Otto, E. 2012a. Deuteronomium 1–11, Erster Teilband 1,1–4,43 (HThKAT, Freiburg / Basel / Wien).

Otto, E. 2012b. Deuteronomium 1–11, Zweiter Teilband 4,44–11,32 (HThKAT, Freiburg / Basel / Wien).

Otto, E. 2016. Deuteronomium 12–34, Erster Teilband: 12,1–23,15 (HThKAT, Freiburg / Basel / Wien).

Otto, E. 2017. Deuteronomium 12–34, Zweiter Teilband: Dtn 23,16–34,12 (HThKAT, Freiburg / Basel / Wien).

Otto, E. / Achenbach, R. (Hg.). 2004. Das Deuteronomium zwischen Pentateuch und deuteronomistischem Geschichtswerk (FRLANT 206, Göttingen).

Paganini, S. 2009. „Nicht darfst du zu diesen Wörtern etwas hinzufügen". Die Rezeption des Deuteronomiums in der Tempelrolle: Sprache, Autoren, Hermeneutik (BZAR 11, Wiesbaden).

Paganini, S. 2010. Die Tempelrolle und der Versuch einer näheren Bestimmung einiger Merkmale der Qumran-Gemeinde, in: Dahmen, U. / Schnocks, J. (Hg.), Juda und Jerusalem in der Seleukidenzeit: Herrschaft – Widerstand – Identität (BBB 159 Göttingen), 381–396.

Pakkala, J. 1999. Intolerant Monolatry in the Deuteronomistic History (SESJ 76, Helsinki / Göttingen).

Pakkala, J. 2004. Ezra the Scribe: The Development of Ezra 7–10 and Nehemia 8 (BZAW 347, Berlin / New York).

Pakkala, J. 2006. Der literar- und religionsgeschichtliche Ort von Deuteronomium 13, in: Witte, M. u. a. (Hg.), Die deuteronomistischen Geschichtswerke: Redaktions- und religionsgeschichtliche

Perspektiven zur „Deuteronomismus"-Diskussion in Tora und Vorderen Propheten (BZAW 365, Berlin / New York), 125–137.

Pakkala, J. 2008. Jeroboam Without Bulls, ZAW 120, 501–525.

Pakkala, J. 2009. The Date of the Oldest Deuteronomy, ZAW 121, 388–401.

Pakkala, J. 2013. God's Omitted Words: Omissions in the Transmission of the Hebrew Bible (FRLANT 251 Göttingen).

Parker, S. B. 2006. Ancient Northwest Semitic Epigraphy and the „Deuteronomistic" Tradition in Kings, in: Witte, M. u. a. (Hg.), Die deuteronomistischen Geschichtswerke: Redaktions- und religionsgeschichtliche Perspektiven zur „Deuteronomismus"-Diskussion in Tora und Vorderen Propheten (BZAW 365, Berlin / New York), 213–227.

Parpola, S. / Watanabe, K. 1988. Neo-Assyrian Treaties and Loyalty Oaths (SAA 2, Helsinki).

Pérez Fernández, M. 1997. 4QMMT. Redactional Study, RdQ 70, 191–205.

Perlitt, L. 1969. Bundestheologie im Alten Testament (WMANT 36, Neukirchen-Vluyn).

Perlitt, L. 1981. Art. Dekalog I. Altes Testament, in: TRE 8, 408–413.

Perlitt, L. 1994. Deuteronomium-Studien (FAT 8, Tübingen).

Perlitt, L. 1995. Allein mit dem Wort. Theologische Studien zum 65. Geburtstag hg. von H. Spieckermann (Göttingen).

Perlitt, L. 2013. Deuteronomium (BK V 1–7, Neukirchen-Vluyn).

Person, R. F. (Hg.). 2009. In Conversation with Thomas Römer: The So-Called Deuteronomistic History (The Journal of Hebrew Scriptures 9, Article 17, http://www.jhsonline.org/Articles/article_119.pdf).

Pettinato, G. 1968. Die Bestrafung des Menschengeschlechts durch die Sintflut, Orientalia 37, 165–200.

Peust, C. 2001. Das Zweibrüdermärchen, in: Dietrich, M. u. a. (Hg.), Texte aus der Umwelt des Alten Testaments. Ergänzungsband (Gütersloh), 147–165.

Pietsch, M. 2013. Die Kultreform Josias: Studien zur Religionsgeschichte Israels in der späten Königszeit (FAT 86, Tübingen).

Phillips, A. 1970. Ancient Israel's Criminal Law (Oxford).

Phillips, A. 1984a. A fresh look at the Sinai Pericope. Part 1, VT 34, 39–52.

Phillips, A. 1984b. A fresh look at the Sinai Pericope. Part 2, VT 34, 282–294.

Pohlmann, K.-F. 1978. Studien zum Jeremiabuch: Ein Beitrag zur Entstehung des Jeremiabuches (FRLANT 118, Göttingen).

Pohlmann, K.-F. 2004. Esra als Identitätsfigur im Frühjudentum: Beobachtungen und Erwägungen zu Esr 9, in: Hossfeld, F.-L. / Schwienhorst-Schönberger, L. (Hg.), Das Manna fällt auch heute noch. FS E. Zenger (HBS 44, Freiburg), 486–498.

Pola, T. 1995. Die ursprüngliche Priesterschrift: Beobachtungen zur Literarkritik und Traditionsgeschichte von P^g (WMANT 70, Neukirchen-Vluyn).

Pongratz-Leisten, B. / Deller, K. / Bleibtreu, E. 1992. Götterstreitwagen und Götterstandarten: Götter auf dem Feldzug und ihr Kult im Feldlager, BaghM 23, 291–356 (mit Tafeln 50–69).

Porten, B. / Yardeni, A. 1999. Ostraca & Assorted Inscriptions, Textbook of Aramaic Documents from Ancient Egypt 4 (The Hebrew University Department of the History of the Jewish People, Texts and Studies for Students, Winona Lake).

Porzig, P. 2009. Die Lade Jahwes im Alten Testament und in den Texten vom Toten Meer (BZAW 397, Berlin / New York).

Pouilly, J. 1975. L'évolution de la législation pénale dans la communauté de Qumrân, RB 82, 522–551.

Pouilly, J. 1976. La Règle de la Communauté de Qumrân Son evolution littéraire (CRB 17, Paris).

Preuss, H. D. 1982. Deuteronomium (EdF 164, Darmstadt).

Provan, I. W. 1988. Hezekiah and the Books of Kings: A Contribution to the Debate about the Composition of the Deuteronomistic History (BZAW 172, Berlin / New York).

Puech, É. 1979a. Remarques sur l'écriture de IQS VII–VIII, RdQ 37, 35–43.

Puech, É. 1979b. Recension de J. Pouilly, La Règle de la Communauté de Qumrân Son evolution littéraire, RdQ 37, 103–111.

Puech, É. 1998a. Recension de Sarianna Metso, The Textual Development of the Qumran Community Rule, RdQ 71, 448–453.

Puech, É. 1998b. 4QRouleau du Temple, in: Ders. (Hg.), Qumrân Grotte 4, XVIII: Textes Hébreux (4Q521–4Q528, 4Q576–4Q579) (DJD XXV, Oxford), 85–114, Plates vii–viii.

Puech, É. 2012. L'épilogue de 4QMMT revisité, in: Mason E. F. (Hg.), A Teacher for All Generations. Essays in Honor of J. C. VanderKam (JSJSup 153, Leiden), 309–339.

Puech, É. 2015. La Lettre Essénienne MMT dans le manuscript 4Q397 et les parallèles, RdQ 27, 99–136.

Puukko, A. F. 1910. Das Deuteronomium: Eine literarkritische Untersuchung (BWAT 5, Leipzig).

Qimron, E. 1992. Towards a New Edition of the Genesis Apocryphon, JSP 10, 11–18.

Qimron, E. 1996. The Nature of the Reconstructed Composite Text of 4QMMT, in: Kampen, J. / Bernstein, M. J. (Hg.), Reading 4QMMT: New Perspectives on Qumran Law and History (SBLSymS 2, Atlanta) 9–13.

Qimron, E. 2010. The Dead Sea Scrolls: The Hebrew Writings 1 (Jerusalem).

Qimron, E. 2014. The Dead Sea Scrolls: The Hebrew Writings 3 (Jerusalem).

Qimron, E. / Strugnell, J. 1994. Qumran Cave 4, V: Miqṣat Ma'aśe Ha-Torah (DJD X, Oxford).

Rabin, C. 1958. The Zadokite Documents I: The Admonition, II: The Laws (2. Aufl., Oxford).

Rake, M. 2006. „Juda wird aufsteigen!" Untersuchungen zum ersten Kapitel des Richterbuches (BZAW 367, Berlin / New York).

Regev, E. 2003. The Yahad and the Damascus Covenant: Structure, Organization and Relationship, RdQ 21, 233–262.

Regev, E. 2007. Sectarianism in Qumran: A Cross-Cultural Perspective (Religion and Society 45, Berlin).

Regev, E. 2010. Between Two Sects: Differentiating the Yahad and the Damascus Covenant, in: Hempel, C. (Hg.), The Dead Sea Scrolls: Texts and Context (STDJ 90, Leiden), 431–449.

Rendtorff, R. 1961. Gen 8,21 und die Urgeschichte des Jahwisten, KD 7, 69–78 (Nachdruck in: Ders., Gesammelte Studien zum Alten Testament [TB 57, München 1975], 188–197).

Rendtorff, R. 1976. Das überlieferungsgeschichtliche Problem des Pentateuch (BZAW 147, Berlin / New York).

Rendtorff, R. 1984. Esra und das »Gesetz«, ZAW 96, 165–184.

Rendtorff, R. 1999. Noch einmal; Esra und das »Gesetz«, ZAW 111, 89–91.

Renz, J. / Röllig, W. (Hg.) 1995. Handbuch der Althebräischen Epigraphik I, II/1, III (Darmstadt).

Reuter, E. 1993. Kultzentralisation: Entstehung und Theologie von Dtn 12 (BBB 87, Frankfurt a.M.).

Richter, S. L. 2002. The Deuteronomistic History and the Name Theology: lešakken šemô šām in the Bible and the Ancient Near East (BZAW 318, Berlin / New York).

Robinson, B. P. 1986. Zipporah to the Rescue: A Contextual Study of Exodus IV 24–6, VT 36, 447–461.

Robinson, R. 1988. The Origin and Development of the Old Testament Sabbath (Frankfurt a.M. u. a.).

Röllig, W. 2003. Siegel und Gewichte, in: Renz, J. / Röllig, W. (Hg.), Materialien zur althebräischen Morphologie. Handbuch der Althebräischen Epigraphik II/2 (Darmstadt), 81–439.

Römer, W. H. P. 1984. Die sumerische Königsliste (TUAT I/4, Gütersloh), 328–337.

Römer, W. H. P. 1993. Die (sumerische) Flutgeschichte (TUAT III/3, Gütersloh), 448–458.

Römer, T. 1988/90. Gen 15 und Gen 17: Beobachtungen und Anfragen zu einem Dogma der „neueren" und „neuesten" Pentateuchkritik, DBAT 26, 32–47.

Römer, T. 1990. Israels Väter: Untersuchungen zur Väterthematik im Deuteronomium und in der Deuteronomistischen Tradition (OBO 99, Fribourg / Göttingen).

Römer, T. 1998. Pentateuque, Hexateuque et historiographie deutéronomiste: Le problème du début et de la fin du livre de Josué, Transeuphratène 16, 71–86.

Römer, T. 1999. Deuteronomium 34 zwischen Pentateuch, Hexateuch und deuteronomistischem Geschichtswerk, ZAR 5, 167–178.

Römer, T. 2002. Das Buch Numeri und das Ende des Jahwisten: Anfragen zur „Quellenscheidung" im vierten Buch des Pentateuch, in: Gertz, J.-C. u. a. (Hg.), Abschied vom Jahwisten: Die Komposition des Hexateuch in der jüngsten Diskussion (BZAW 315, Berlin / New York), 215–231.

Römer, T. 2005. The So-Called Deuteronomistic History: A Sociological, Historical and Literary Introduction (London / New York).

Römer, T. 2006a. Das doppelte Ende des Josuabuches: Einige Anmerkungen zur aktuellen Diskussion um „deuteronomistisches Geschichtswerk" und „Hexateuch", ZAW 118, 523–548.

Römer, T. 2006b. Entstehungsphasen des „deuteronomistischen Geschichtswerkes", in: Witte, M. u. a. (Hg.), Die deuteronomistischen Geschichtswerke: Redaktions- und religionsgeschichtliche Perspektiven zur „Deuteronomismus"-Diskussion in Tora und Vorderen Propheten (BZAW 365, Berlin / New York), 45–70.

Römer, T. 2007. La construction du Pentateuque, de l'Hexateuque et de l'Enneateuque: Investigations préliminaires sur la formation des grands ensembles littéraires de la Bible hébraïque, in: Römer, T. / Schmid, K. (Hg.), Les dernières rédactions du Pentateuque, de l'Hexateuque et de l'Ennéateuque (BETL 203, Leuven), 9–34.

Römer, T. 2010. Book-Endings in Joshua and the Question of the So-Called Deuteronomistic History, in: Noll, K. L. / Schramm B. (Hg.), Raising Up a Faithful Exegete. Essays in Honor of R. D. Nelson (Winona Lake), 87–101.

Römer, T. 2011. Das deuteronomistische Geschichtswerk und die Wüstentraditionen der Hebräischen Bibel, in: Stipp, H. J. (Hg.), Das deuteronomistische Geschichtswerk (ÖBS 39, Frankfurt a.M.), 55–88.

Römer, T. 2013. Zwischen Urkunden, Fragmenten und Ergänzungen: Zum Stand der Pentateuchforschung, ZAW 125, 2–24.

Römer, T. 2015. The Current Discussion on the so-called Deuteronomistic History: Literary Criticism and Theological Consequences, Humanities 46, 43–66.

Römer, T. 2018. Die politische Funktion der vorpriesterlichen Abrahamtexte, in Brett, M. G. / Wöhrle, J. (Hg.), The Politics of the Ancestors: Exegetical and Historical Perspectives on Genesis 12–36 (FAT 124, Tübingen), 211–232.

Römer, T. (Hg.). 2000. The Future of the Deuteronomistic History (BETL 147, Leuven).

Römer, T. (Hg.). 2008. The Books of Leviticus and Numbers (BETL 215, Leuven).

Römer, T. u. a. 2004. Introduction à l'Ancien Testament (MoBi 49, Genève).

Römer, T. / M.Z. Brettler. 2000. Deuteronomy 34 and the Case for a Persian Hexateuch, JBL 119, 401–419.

Römer, T. / Schmid, K. (Hg.). 2007. Les dernières rédactions du Pentateuque, de l'Hexateuque et de l'Ennéateuque (BETL 203, Leuven).

Rösel, H. N. 1980. Die Überleitungen vom Josua- ins Richterbuch, VT 30, 342–350.

Rösel, H. N. 1999. Von Josua bis Jojachin: Untersuchungen zu den deuteronomistischen Geschichtsbüchern des Alten Testaments (VT.S 75, Leiden).

Rofé, A. 1982. The End of the Book of Joshua according to the Septuagint, Henoch 4, 17–36.

Rofé, A. 1999. Introduction to the Composition of the Pentateuch (The Biblical Seminar 58, Sheffield).

Rofé, A. 2002. The Strata of the Law about the Centralization of Worship in Deuteronomy and the History of the Deuteronomistic Movement (1972), in: Ders., Deuteronomy: Issues and Interpretation, Old Testament Studies (London / New York), 97–101.

Rofé, A. 2009. Introduction to the Literature of the Hebrew Bible, Jerusalem.

Rose, M. 1981. Deuteronomist und Jahwist: Untersuchungen zu den Berührungspunkten beider Literaturwerke (AThANT 67, Zürich).

Rudolph, W. 1938. Der „Elohist" von Exodus bis Josua (BZAW 68, Berlin / New York).

Rüterswörden, U. 2002. Dtn 13 in der neueren Deuteronomiumforschung, in: A. Lemaire (Hg.), Congress Volume Basel 2001 (VT.S 92, Leiden), 190–203.

Rüterswörden, U. 2006a. Das Buch Deuteronomium (NSK.AT 4, Stuttgart).

Rüterswörden, U. 2006b. Die Liebe zu Gott im Deuteronomium, in: Witte, M. u. a. (Hg.), Die deutero-nomistischen Geschichtswerke: Redaktions- und religionsgeschichtliche Perspektiven zur „Deuteronomismus"-Diskussion in Tora und Vorderen Propheten (BZAW 365, Berlin / New York), 229–238.

Ruwe, A. 1999. „Heiligkeitsgesetz" und „Priesterschrift" (FAT 26, Tübingen).

Samuel, H. 2018. The Attestation of the Book-Seam in Early Textual Witnesses and its Literary-Historical Implications, in: Berner, C. / Samuel, H. mit der Unterstützung von S.M. Germany (Hg.), Book-Seams in the Hexateuch I: The Literary Transitions between the Books of Genesis/Exodus and Joshua/Judges (FAT 120, Tübingen), 187–197.

Sarna, N. M. u. a. 1971. Art. Abraham, in: Encyclopaedia Judaica 2 (Jerusalem), 111–125.

Schaeder, H. H. 1930. Esra der Schreiber (Beiträge zur Historischen Theologie 5, Tübingen).

Schams, C. 1998. Jewish Scribes in the Second-Temple-Period (JSOTSup 291, Sheffield).

Schaper, J. 1999. Schriftauslegung und Schriftwerdung im alten Israel: Eine vergleichende Exegese von Ex 20,24–26 und Dtn 12,13–19, ZAR 5, 111–132.

Scharbert, J. 1957. Formgeschichte und Exegese von Ex 34,6 f und seiner Parallelen, Bib. 38, 130–150.

Schaudig, H. 2001. Die Inschriften Nabonids von Babylon und Kyros' des Großen samt den in ihrem Umfeld entstandenen Tendenzschriften: Textausgabe und Grammatik (AOAT 256, Münster).

Schiffmann, L. H. 1992. The Deuteronomic Paraphrase of the Temple Scroll, RdQ 15/60, 543–567 (Nachdruck in: Ders., The Courtyards of the House of the Lord: Studies on the Temple Scroll [STDJ 75, Leiden] 443–469).

Schiffmann, L. H. 1996. The Place of 4QMMT in the Corpus of Qumran Manuscripts, in: Kampen, J. / Bernstein, M. (Hg.), Reading 4QMMT: New Perspectives on Qumran Law and History (SBLSymS 2, Atlanta), 81–98.

Schiffmann, L. H. 2008. The Courtyards of the House of the Lord: Studies on the Temple Scroll (STDJ 75, Leiden).

Schipper B. U./Teeter D. A. (Hg.). 2013. Wisdom and Torah: The Reception of ‚Torah' in the Wisdom Literature of the Second Temple Period (JSJSup 163, Leiden).

Schmid, H. H. 1976. Der sogenannte Jahwist: Beobachtungen und Fragen zur Pentateuchforschung, (Zürich).

Schmid, K. 1999. Erzväter und Exodus: Untersuchungen zur doppelten Begründung der Ursprünge Israels innerhalb der Geschichtsbücher des Alten Testaments (WMANT 81, Neukirchen-Vluyn).

Schmid, K. 2001. Israel am Sinai: Etappen der Forschungsgeschichte zu Ex 32–34 in seinen Kontexten, in: Blum, E. / Köckert, M. (Hg.), Gottes Volk am Sinai (Berlin), 9–40.

Schmid, K. 2002. Die Josephsgeschichte im Pentateuch, in: Gertz, J.-C. u. a. (Hg.), Abschied vom Jahwisten: Die Komposition des Hexateuch in der jüngsten Diskussion (BZAW 315, Berlin / New York), 83–118.

Schmid, K. 2004a. Das Deuteronomium innerhalb der „deuteronomistischen Geschichtswerke", in: Otto, E. / Achenbach, R. (Hg.), Das Deuteronomium zwischen Pentateuch und deuteronomis-tischem Geschichtswerk (FRLANT 206, Göttingen), 193–211.

Schmid, K. 2004b. Die Rückgabe der Verheißungsgabe: Der „heilsgeschichtliche" Sinn von Gen 22 im Horizont innerbiblischer Exegese, in: Witte, M. (Hg.), Gott und Mensch im Dialog. FS O. Kaiser (BZAW 345/I, Berlin / New York), 271–300.

Schmid, K. 2004c. Zurück zu Wellhausen?, ThR 69, 314–328.

Schmid, K. 2006a. The So-Called Yahwist and the Literary Gap between Genesis and Exodus, in: Dozeman, T. B. / Schmid, K. (Hg.), A Farewell to the Yahwist? The Composition of the Pentateuch in Recent European Interpretation (SBLSymS 34, Atlanta), 29–50.

Schmid, K. 2006b. Hatte Wellhausen Recht? Das Problem der literarhistorischen Anfänge des Deuteronomismus in den Königebüchern, in: Witte, M. u. a. (Hg.), Die deuteronomistischen Geschichtswerke: Redaktions- und religionsgeschichtliche Perspektiven zur „Deuteronomismus"-Diskussion in Tora und Vorderen Propheten (BZAW 365, Berlin / New York), 19–44.

Schmid, K. 2007a. Der Pentateuchredaktor: Beobachtungen zum theologischen Profil des Toraschlusses in Dtn 34, in: Römer, T. / Schmid, K. (Hg.), Les dernières rédactions du Pentateuque, de l'Hexateuque et de l'Ennéateuque (BETL 203, Leuven), 183–197.

Schmid, K. 2007b. The Late Persian Formation of the Torah: Observations on Deuteronomy 34, in: Lipschits, O. u. a. (Hg.), Judah and the Judeans in the Fourth Century B.C.E. (Winona Lake), 236–245.

Schmid, K. 2008. Literaturgeschichte des Alten Testaments: Eine Einführung (Darmstadt).

Schmid, K. 2009. Gibt es eine „abrahamitische Ökumene" im Alten Testament? Überlegungen zur religionspolitischen Theologie der Priesterschrift in Gen 17, in: Hagedorn, A. C. / Pfeiffer, H. (Hg.), Die Erzväter in der biblischen Tradition. FS M. Köckert (BZAW 400, Berlin / New York), 67–92.

Schmid, K. 2011a. Has European Scholarship Abandoned the Documentary Hypothesis? Some Reminders on its History and Remarks on its Current Status, in: Dozeman, T. B. u. a. (Hg.), The Pentateuch: International Perspectives on Current Research (FAT 78, Tübingen), 17–30.

Schmid, K. 2011b. Judean Identity and Ecumenicity: The Political Theology of the Priestly Document, in: Lipschits, O. u. a. (Hg.), Judah and the Judeans in the Achaemenid Period: Negotiating Identity in an International Context (Winona Lake), 3–26.

Schmid, K. 2018. Die Priesterschrift als antike Historiographie: Quellen und Darstellungsweise der politischen und religiösen Geschichte der Levante in den priesterschriftlichen Erzelternerzählungen, in: Brett, M. G. / Wöhrle, J. (Hg.), The Politics of the Ancestors: Exegetical and Historical Perspectives on Genesis 12–36 (FAT 124, Tübingen), 93–111.

Schmid, K. 2020. Die Datierung der Josephsgeschichte: Ein Gespräch mit Erhard Blum und Kristin Weingart, in: Krause, J. J. u. a. (Hg.), Eigensinn und Entstehung der Hebräischen Bibel. FS E. Blum (FAT 136, Tübingen), 99–109.

Schmidt, L. 1993. Studien zur Priesterschrift (BZAW 214, Berlin / New York).

Schmidt, L. 1995. Zur Entstehung des Pentateuch: Ein kritischer Literaturbericht, VF 40, 3–28.

Schmidt, W. H. 1972. Überlieferungsgeschichtliche Erwägungen zur Komposition des Dekalogs, in: de Boer, P. A. H. (Hg.), Congress Volume Uppsala (VT.S 22, Leiden), 201–220.

Schmidt, W. H. 1990. Alttestamentlicher Glaube in seiner Geschichte (7. Aufl., Neukirchen-Vluyn).

Schmidt, W. H. 1993. Die Zehn Gebote im Rahmen alttestamentlicher Ethik (Darmstadt).

Schmitt, H. C. 2002. Das sogenannte Privilegrecht in Ex 34,10–28 als Komposition der spätdeuteronomistischen Endredaktion des Pentateuch, in: Gertz, J.-C. u. a. (Hg.), Abschied vom Jahwisten: Die Komposition des Hexateuch in der jüngsten Diskussion (BZAW 315, Berlin / New York), 157–171.

Schmitt, H. C. 2004. Menschliche Schuld, göttliche Führung und ethische Wandlung: Zur Theologie von Gen 20,1–21,21* und zum Problem des Beginns des „Elohistischen Geschichtswerks", in: Witte, M. (Hg.), Gott und Mensch im Dialog. FS O. Kaiser (BZAW 345/I, Berlin / New York), 259–270.

Schmitt, R. 1977. Königtum im Alten Iran, Saec. 28, 384–395.

Schofield, A. 2008. Rereading S: A New Model of Textual Development in Light of the Cave 4 *Serekh* Copies, DSD 15, 96–120.

Schofield, A. 2009a. Between Center and Periphery: The Yahad in Context, DSD 16, 330–350.

Schofield, A. 2009b. From Qumran to the Yahad: A New Paradigm of Textual Development for the Community Rule (Leiden).

Schulz, H. 1969. Das Todesrecht im Alten Testament (Berlin).

Schulz, S. 2016. Die Anhänge zum Richterbuch: Eine kompositionsgeschichtliche Untersuchung von Ri 17–21 (BZAW 477, Berlin / New York).

Schulz, S. 2018. The Literary Transition between the Books of Joshua and Judges, in: Berner, C. / Samuel, H. mit der Unterstützung von S.M. Germany (Hg.), Book-Seams in the Hexateuch I: The Literary Transitions between the Books of Genesis/Exodus and Joshua/Judges (FAT 120, Tübingen), 257–280.

Schwartz, B. 2009. Introduction: The Strata of Priestly Writings and the Revised Relative Dating of P and H, in: Shectman, S. / Baden, J. S. (Hg.), The Strata of the Priestly Writings: Contemporary Debate and Future Directions (AThANT 95, Zürich), 1–12.

Schwiderski, D. 2000. Handbuch des nordwestsemitischen Briefformulars: Ein Beitrag zur Echtheitsfrage der aramäischen Briefe des Esrabuches (BZAW 295, Berlin / New York).

Schwienhorst-Schönberger, L. 1989. „Dies sind die Rechtsvorschriften, die du ihnen vorlegen sollst". Zur Struktur und Entstehung des Bundesbuches, in Hossfeld, F.-L. (Hg.), Vom Sinai zum Horeb: Stationen alttestamentlicher Glaubensgeschichte (Würzburg), 119–143.

Schwienhorst-Schönberger, L. 1990. Das Bundesbuch (Ex 20,22–23,33): Studien zu seiner Entstehung und Theologie (BZAW 188, Berlin / New York).

Schwienhorst-Schönberger, L. 2005. Das Verhältnis von Dekalog und Bundesbuch, in: Frevel, C. u. a. (Hg.), Die Zehn Worte: Der Dekalog als Testfall der Pentateuchkritik (QD 212, Freiburg i. B.), 57–76.

Seebass, H. 1978. Geschichtliche Zeit und theonome Tradition in der Joseph-Erzählung (Gütersloh), 26–41.

Seebass, H. 2004. Das Erbe Martin Noths zu Pentateuch und Hexateuch, in: Rüterswörden, U. (Hg.), Martin Noth – aus der Sicht der heutigen Forschung (BThSt 58, Neukirchen-Vluyn), 21–59.

Seebass, H. 2007. Numeri. 3. Teilband. Num 22,2–36,13 (BK IV/3, Neukirchen-Vluyn).

Segal, M. 1998. Biblical Exegesis in 4Q158: Techniques and Genre, Textus 19, 45–62.

Segal, M. 2000. 4QReworked Pentateuch or 4QPentateuch?, in: Schiffman, L. H. u. a. (Hg.), The Dead Sea Scrolls: Fifty Years After Their Discovery (Jerusalem), 391–399.

Segal, M. 2005. Between Bible and Rewritten Bible, in: Henze, M. (Hg.), Biblical Interpretation at Qumran (Grand Rapids / Cambridge), 10–28.

Segal, M. 2007. The Book of Jubilees: Rewritten Bible, Redaction, Ideology and Theology (JSJSup 117, Leiden/Boston).

Seitz, G. 1971. Redaktionsgeschichtliche Studien zum Deuteronomium (BWANT 93, Stuttgart).

Shectman, S. / Baden, J. S. (Hg.). 2009. The Strata of the Priestly Writings: Contemporary Debate and Future Directions (AThANT 95, Zürich).

Shemesh, A. 2002. Expulsion and Exclusion in the Community Rule and the Damascus Document, DSD 9, 44–74.

Shemesh, A. 2005. 4Q251: Midrasch Mischpatim, DSD 12, 280–302.

Shemesh, A. 2008. The Scriptural Background of the Penal Code in the *Rule of the Community* and *Damascus Document*, DSD 15, 191–224.

Simoons-Vermeer, R. E. 1974. The Mesopotamien Floodstories: A Comparison and Interpretation, Numen 21, 17–24.

Ska, J.-L. 1996. Le Pentateuque: État de la recherche à partir de quelques récentes „Introductions“, Bib. 77, 245–265.

Ska, J.-L. 1998. Introdizione alla lettura del Penmtateuco: Chiavi per l'interpretazione die primi cinqui libri della Bibbia (Rom; Französisch: Introduction à la lecture du Pentateuque: Clés pour l'interprétation des cinq premiers livres de la Bible [Le livre et le rouleau 5, Bruxelles 2000]).

Ska, J.-L. 2001. La structure du Pentateuque dans sa forme canonique, ZAW 13, 331–352.

Ska, J.-L. 2008. Le récit sacerdotal: Une „histoire sans fin“?, in: Römer, T. (Hg.), The Books of Leviticus and Numbers (BETL 215, Leuven), 631–653.

Ska, J.-L. 2009. The Exegesis of the Pentateuch: Exegetical Studies and Basic Questions (FAT 66, Tübingen).

Smend, R. (d.Ä.). 1912. Die Erzählung des Hexateuch auf ihre Quellen untersucht (Berlin).

Smend, R. (d.J.). 1971. Das Gesetz und die Völker: Ein Beitrag zur deuteronomistischen Redaktionsgeschichte, in: Wolff H. W. (Hg.), Probleme biblischer Theologie. FS G. von Rad (München), 494–509.

Smend, R. (d.J.). 1978. Die Entstehung des Alten Testaments (ThW 1, Stuttgart; 4. Aufl. 1989).

Smend, R. (d.J.). 2002. „Das Ende ist gekommen“: Ein Amoswort in der Priesterschrift, in: Ders., Die Mitte des Alten Testaments. Exegetische Aufsätze (Tübingen), 238–243.

von Soden, W. 1969. „Als die Götter (auch noch) Menschen waren“: Einige Grundgedanken des altbabylonischen Atramhasis-Mythus, Orientalia 38, 415–432.

von Soden, W. 1994. Der altbabylonische Atramchasis-Mythos (TUAT III/4, Gütersloh), 612–645.

Sonnet, J.-P. 1997. The Book Within the Book: Writing in Deuteronomy (BIS 14, Leiden).

Sperling, S. D. 1987. Joshua 24 Re-examined, HUCA 58, 119–136.

Spieckermann, H. 1982. Juda unter Assur in der Sargonidenzeit (FRLANT 129, Göttingen).

Spieckermann, H. 1989. Heilsgegenwart: Eine Theologie der Psalmen (FRLANT 148, Göttingen).

Spieckermann, H. 1990. „Barmherzig und gnädig ist der Herr …“, ZAW 102, 1–18.

Spieckermann, H. 2000. Mit der Liebe im Wort: Ein Beitrag zur Theologie des Deuteronomiums, in: Kratz, R. G. / Spieckermann, H. (Hg.), Liebe und Gebot: Studien zum Deuteronomium. FS L. Perlitt (FRLANT 190, Göttingen), 190–205.

Spieckermann, H. 2001. Former Prophets: The Deuteronomistic History, in: Perdue, L. G. (Hg.), The Blackwell Companion to the Hebrew Bible (Oxford), 337–352.

Stackert, J. 2007. Rewriting the Torah: Literary Revision in Deuteronomy and the Holiness Legislation (FAT 52, Tübingen).

Stamm, J. J. 1961. Dreißig Jahre Dekalogforschung, ThR NF 27.

Stanley, C. D. 1992. The Importance of 4QTanhumim (4Q176), RdQ 15/60, 569–582.

Steck, O.H. 1967. Israel und das gewaltsame Geschick der Propheten: Untersuchungen zur Überlieferung des deuteronomistischen Geschichtsbildes im Alten Testament, Spätjudentum und Urchristentum (WMANT 23, Neukirchen-Vluyn).

Steck, O.H. 1991. Aufbauprobleme in der Priesterschrift, in: Daniels, S. R. u. a. (Hg.), Ernten, was man sät. FS K. Koch (Neukirchen-Vluyn), 287–308.

Steck, O.H. 1992. Gottesknecht und Zion. Gesammelte Aufsätze zu Deuterojesaja (FAT 4, Tübingen).

Stegemann, H. 1986. The Origins of the Temple Scroll, in: Emerton, J. A. (Hg.), Congress Volume Jerusalem 1986 (VT.S 40 Leiden), 235–256.

Stegemann, H. 1987. Is the Temple Scroll a Sixth Book of the Torah—Lost for 2,500 Years?, BAR 13/6, 28–35.

Stegemann, H. 1989. The Literary Composition of the Temple Scroll and its Status at Qumran, in: Brooke, G. J. (Hg.), Temple Scroll Studies. Papers presented at the International Symposium on the Temple Scroll Manchester, December 1987 (JSPSup 7, Sheffield), 123–148.

Stegemann, H. 1990. Das Gesetzeskorpus der „Damaskusschrift" (CD IX–XVI), RdQ 14, 409–434.

Stegemann, H. 1994. Die Essener, Qumran, Johannes der Täufer und Jesus. Ein Sachbuch (4. Aufl., Freiburg).

Stegemann, H. 2000. Towards Physical Reconstructions of the Qumran Damascus Document Scrolls, in: Baumgarten, J. M. u. a. (Hg.), The Damascus Document: A Centennial of Discovery. Proceedings of the Third Symposium of the Orion Center for the Study of the Dead Sea Scrolls and Associated Literature, 4–8 February 1998 (STDJ 34, Leiden), 177–200.

Steinkeller, P. 2003. An Ur III Manuscript of the Sumerian King List, in: Sallaberger, W. u. a. (Hg.), Literatur, Politik und Recht in Mesopotamien. FS C. Wilcke (Wiesbaden), 267–292.

Stemberger, G. 1989. Der Dekalog im frühen Judentum, JBTh 4, 91–103.

Steudel, A. 1994. Der Midrasch zur Eschatologie aus der Qumrangemeinde (4QMidrEschat[a.b]) (STDJ 13, Leiden).

Steudel, A. 2001. Die Texte aus Qumran II: Hebräisch / Aramäisch und Deutsch (Darmstadt).

Steudel, A. 2009. Dating Exegetical Texts from Qumran, in: Dimant, D. / Kratz, R. G. (Hg.), The Dynamics of Language and Exegesis at Qumran (FAT II/35, Tübingen), 39–53.

Steudel, A. 2012. The Damascus Document (D) as a Rewriting of the Community Rule (S), RdQ 25/100, 605–620.

Steuernagel, C. 1894. Der Rahmen des Deuteronomiums. Literarcritische Untersuchung über seine Zusammensetzung und Entstehung (Halle a.d.S.).

Steuernagel, C. 1923. Das Deuteronomium (HK I/3.1, 2. Aufl., Göttingen).

Steymans, H. U. 1995. Deuteronomium 28 und die *adê* zur Thronfolgeregelung Asarhaddons: Segen und Fluch im Alten Orient und in Israel (OBO 145, Fribourg / Göttingen).

Steymans, H. U. 2003. Die neuassyrische Vertragsrhetorik der „Vassal Treaties of Esarhaddon" und das Deuteronomium, in: Braulik G. (Hg.), Das Deuteronomium (ÖBS 23, Frankfurt a.M.), 89–152.

Steymans, H. U. 2006. Die literarische und historische Bedeutung der Thronfolgevereidigung Asarhaddons, in: Witte, M.u.a. (Hg), Die deuteronomistischen Geschichtswerke: Redaktions- und religionsgeschichtliche Perspektiven zur „Deuteronomismus"-Diskussion in Tora und Vorderen Propheten (BZAW 365, Berlin / New York), 331–349.

Stipp, H.-J. (Hg.). 2011. Das deuteronomistische Geschichtswerk (ÖBS 39, Frankfurt a.M.).

Stoellger, P. 1993. Deuteronomium 34 ohne Priesterschrift, ZAW 105, 26–51.

Strübind, K. 1991. Tradition als Interpretation in der Chronik: König Josaphat als Paradigma chronistischer Hermeneutik und Theologie (BZAW 201, Berlin / New York).

Strugnell, J. 1970. Notes en marge du volume V de 'Discoveries in the Judaean Desert of Jordan', RdQ 7, 163–276.

Swanson, D. D. 1995. The Temple Scroll and the Bible: The Methodology of 11QT (STDJ 14, Leiden).

Tal, A. / Florentin, M. (Hg.). 2010. The Pentateuch: The Samaritan Version and the Masoretic Version (Tel-Aviv).

Taschner, J. 2008. Die Mosereden im Deuteronomium (FAT 59, Tübingen).

Teeter, D. A. 2009. „You Shall Not Seethe a Kid in it's Mother's Milk": The Text and the Law in Light of Early Witnesses, Textus 24, 37–63.

Teeter, D. A. 2014. Scribal Laws: Exegetical Variation in the Textual Transmission of Biblical Law in the Late Second Temple Period (FAT 92, Tübingen).

Tertel, H. J. 1994. Text and Transmission: An Empirical Model for the Literary Development of Old Testament Narratives (BZAW 221, Berlin / New York).

Tigay, J. H. 1975. An Empirical Basis for the Documentary Hypothesis, JBL 94, 329–342.

Tigay, J. H. 1982. The Evolution of the Gilgamesh Epic (Philadelphia; Nachdruck 2002).

Tigay, J. H. 1996. Deuteronomy (JPSTC 5, Philadelphia / Jerusalem).

Tigay, J. H. (Hg.). 1985. Empirical Models for Biblical Criticism (Philadelphia).

Tigchelaar, E. 2006. Publication of PAM 43.398 (IAA #202) Including New Fragments of 4Q269, in: Martinez, F. G. u. a. (Hg.), From MMT to Resurrection. Mélanges qumraniens en hommage à Émile Puech (STDJ 61, Leiden), 264–280.

Tigchelaar, E. 2014. PAM 43.668 Frag. 4 Identified as a 4Q397 (4QMMT[d]) Fragment, RdQ 26, 455–459.

Tigchelaar, E. 2020. Additional 4Q397 (4QMMTd) Fragments, RdQ 32, 117–120.

Tov, E. 1992. The Textual Status of 4Q364–367 (4QRP), in: Trebolle Barrera, J. / Vegas Montaner, L. (Hg.), The Madrid Qumran Congress. Proceedings of the International Congress on the Dead Sea Scrolls, Madrid 18–21 March 1991 (STDJ 11, Leiden), 42–82.

Tov, E. 1994. Biblical Texts as Reworked in Some Qumran Manuscripts, with Special Attention to 4QRP and 4QParaGen–Exod, in: Ulrich, E. / VanderKam, J. C. (Hg.), The Community of the Renewed Covenant. The Notre Dame Symposium on the Dead Sea Scrolls (Notre Dame), 111–134.

Tov, E. 1995. 4QReworked Pentateuch: A Synopsis of its Contents, RdQ 16, 647–653 (Nachdruck in: Ders., Hebrew Bible, Greek Bible and Qumran. Collected Essays [TSAJ 121, Tübingen 2008], 21–26).

Tov, E. 1998. Rewritten Bible Compositions and Biblical Manuscripts, With Special Attention to the Samaritan Pentateuch, DSD 5, 334–354 (Nachdruck in: Ders., Hebrew Bible, Greek Bible and Qumran. Collected Essays [TSAJ 121, Tübingen 2008], 57–70).

Tov, E. 2002. The Texts from the Judaean Desert: Indices and an Introduction to the *Discoveries in the Judaean Desert* Series (DJD XXXIX, Oxford).

Tov, E. 2008a. Hebrew Bible, Greek Bible and Qumran. Collected Essays (TSAJ 121, Tübingen).

Tov, E. 2008b. Three Strange Books of the LXX: 1 Kings, Esther, and Daniel Compared with Similar Rewritten Compositions from Qumran and Elsewhere, in: Karrer, M. / Kraus, W. (Hg.), Die Septuaginta: Texte, Kontexte, Lebenswelten. Internationale Fachtagung veranstaltet von Septuaginta Deutsch (LXX.D), Wuppertal, 20.–23. Juli 2006 (WUNT 219, Tübingen), 369–363 (Nachdruck in: Ders., Hebrew Bible, Greek Bible and Qumran. Collected Essays [TSAJ 121, Tübingen 2008], 283–308).

Tov, E. 2009. The Many Forms of Hebrew Scripture: Reflections in Light of the LXX and 4QReworked Pentateuch, in: Lange, A. u. a. (Hg.), From Qumran to Aleppo: A Discussion with Emanuel Tov about the Textual History of Jewish Scriptures in Honor of his 65th Birthday (FRLANT 230, Göttingen), 11–28.

Tov, E. 2010. From 4QReworked Pentateuch to 4QPentateuch (?), in: Popović, M. (Hg.), Authoritative Scriptures in Ancient Judaism (JSJSup 141, Leiden / Boston), 73–91.

Tov, E. 2012. Textual Criticism of the Hebrew Bible (3. überarbeitete und erweiterte Aufl., Minneapolis).

Tov, E. / White Crawford, S. 1994. 4QReworked Pentateuch[b-e] and 4Q365[a]. 4QTemple[a]?, in: Attridge, H. u. a. (Hg.), Qumran Cave 4 VIII: Parabiblical Texts 1 (DJD XIII, Oxford), 364–367.

Trever, J. C. 1972. Scrolls from Qumrân Cave I: The Great Isaiah Scroll, The Order of the Community, The *Pesher* to Habakkuk (Jerusalem).

Uehlinger, C. 1995. Gab es eine joschianische Kultreform? Plädoyer für ein begründetes Minimum, in: Gross, W. (Hg.), Jeremia und die „deuteronomistische Bewegung" (BBB 98, Weinheim), 57–89.

Uhlig, S. 1984. Das Äthiopische Henochbuch (JSHRZ V/6, Gütersloh), 461–780.

Ulrich, E.1997. The Qumran Scrolls and the Biblical Text, in: Schiffman, L. H., u. a. (Hg.), The Dead Sea Scrolls Fifty Years After Their Discovery. Proceedings of the Jerusalem Congress, July 20–25 (Jerusalem), 51–59.

Ulrich, E.1998–1999. The Dead Sea Scrolls and the Biblical Text, in: Flint, P. W. / VanderKam, J. C. (Hg.), The Dead Sea Scrolls after Fifty Years: A Comprehensive Assessment (STDJ 30, Leiden), 79–100.

Ulrich, E.1999. The Dead Sea Scrolls and the Origins of the Bible (Studies in the Dead Sea Scrolls and Related Literature; Grand Rapids / Cambridge).

Ulrich, E. 2000. The Qumran Biblical Scrolls: The Scriptures of Late Temple Judaism, in: Lim, T. H. u. a. (Hg.), The Dead Sea Scrolls in Their Historical Context (Endinburgh), 67–87.

Ulrich, E. 2003. The Non-Attestation of a Tripartite Canon in 4QMMT, CBQ 65, 202–214.

VanderKam, J. C. 1997. The *Aqedah*, Jubilees and Pseudo-Jubilees, in: Evans, C. A. / Talmon, S. (Hg.), The Quest for Context and Meaning: Studies in Biblical Intertextuality in Honor of James A. Sanders (Biblical Interpretation Series 28, Leiden), 241–261.

Van der Toorn, K. 2009. Scribal Culture and the Making of the Hebrew Bible (Cambridge u. a.).

Van der Woude, A. S. 1992. Fünfzehn Jahre Qumranforschung (1974–1988) III, ThR 57, 1–57.

Van Ruiten, J. T. A. G. M. 2002. Abraham, Job and the Book of *Jubilees*: The Intertextual Relationship of Genesis 22:1–19, Job 1–2:13 and *Jubilees* 17:15–18:19, in: Noort, E. / Tigchelaar, E. (Hg.), The Sacrifice of Isaac: The Aqedah (Genesis 22) and its Interpretations (Themes in Biblical Interpretation 4, Leiden), 58–85.

Van Seters, J. 1972. Confessional Reformulation in the Exilic Period, VT 22, 448–459.

Van Seters, J. 1975. Abraham in History and Tradition (New Haven / London).

Van Seters, J. 1983. In Search of History: Historiography in the Ancient World and the Origins of Biblical History (New Haven; Nachdruck Winona Lake 1997).

Van Seters, J. 1984. Joshua 24 and the Problem of Tradition in the Old Testament, in: Barrik, W. B. / Spencer, J. R. (Hg.), In the Shelter of Elyon: Essays on Ancient Palestinian Life and Literature. FS G. W. Ahlström (JSOT.S 31, Sheffield), 1984, 139–158.

Van Seters, J. 1990. Joshua's Campaign of Canaan and Near Eastern Historiography, SJOT 4, 1–12.

Van Seters, J. 1992. Prologue to History: The Yahwist as Historian in Genesis (Louisville: Kentucky).

Van Seters, J. 1994. The Life of Moses: The Yahwist as Historian in Exodus-Numbers (CBETh 10, Louisville Kentucky).

Van Seters, J. 2003. A Law Book for the Diaspora: Revision in the Study of the Covenant Code (Oxford).

Van Seters, J. 2006. The Edited Bible: The Curious History of the „Editor" in Biblical Criticism (Winona Lake).

Veijola, T. 1975. Die ewige Dynastie: David und die Entstehung seiner Dynastie nach der deuterono-mistischen Darstellung (Suomalainen Tiedeakatemia B 193, Helsinki).

Veijola, T. 1988a. Das Opfer des Abraham – Paradigma des Glaubens aus dem nachexilischen Zeitalter, ZThK 85, 129–164.

Veijola, T. 1988b. Principal Observations on the Basic Story in Deuteronomy 1–3, in: Augustin, M. / Schunck, K.-D. (Hg.), „Wünschet Jerusalem Frieden". Collected communications to the XIIth Congress of the International Organization for the Study of the Old Testament, Jerusalem 1986 (BEAT 13, Frankfurt a. M. / New York), 249–259.

Veijola, T. 2000a. Moses Erben: Studien zum Dekalog, zum Deuteronomismus und zum Schriftge-lehrtentum (BWANT 149, Stuttgart).

Veijola, T. 2000b. Wahrheit und Intoleranz nach Deuteronomium 13, in: Ders., Moses Erben: Studien zum Dekalog, zum Deuteronomismus und zum Schriftgelehrtentum (BWANT 149, Stuttgart), 109–130.

Veijola, T. 2002a. Deuteronomismusforschung zwischen Tradition und Innovation I, ThR 67, 273–327.

Veijola, T. 2002b, Deuteronomismusforschung zwischen Tradition und Innovation II, ThR 67, 391–424.

Veijola, T. 2003a. Deuteronomismusforschung zwischen Tradition und Innovation III, ThR 68, 1–44.

Veijola, T. 2003b. Das Deuteronomium im Pentateuch und Hexateuch, ThR 68, 374–382.

Veijola, T. 2004. Das fünfte Buch Mose. Deuteronomium Kapitel 1,1–16,17 (ATD 8/1, Göttingen).

Vera Chamaza, G. W. 2002. Die Omnipotenz Assurs: Entwicklungen in der Assur-Theologie unter den Sargoniden Sargon II., Sanherib und Asarhaddon (AOAT 295, Münster).

Vermes, G. 1983. Scripture and Tradition in Judaism: Haggadic Studies (Studia Post-Biblica 4, 3. Aufl., Leiden).

Vermes, G. 1996. New Light on the Sacrifice of Isaac from 4Q225, JJS 47, 140–146.

Vielhauer, R. 2007. Das Werden des Buches Hosea: Eine redaktionsgeschichtliche Studie (BZAW349, Berlin).

Vincent, J. 1986. Neuere Aspekte der Dekalogforschung, BN 32, 83–104.

Von Rad, G. 1938. Das formgeschichtliche Problem des Hexateuch (BWANT 78, Stuttgart; Nachdruck in: Ders., Gesammelte Studien zum Alten Testament [TB 8, München 1958], 9–86).

Von Rad, G. 1958. Josephsgeschichte und ältere Chokma, in: Ders., Gesammelte Studien zum Alten Testament I (TB 8, 4. Aufl., München), 272–280.

Von Rad, G. 1964. Das fünfte Buch Mose. Deuteronomium (ATD 8, Göttingen).

Von Rad, G. 1974. Die Josephsgeschichte, in: Steck, O. H. (Hg.), Gottes Wirken in Israel: Vorträge zum Alten Testament (Neukirchen-Vluyn), 22–41.

Von Rad, G. 1987. Das erste Buch Mose. Genesis (ATD 2–4, 12. Aufl., Göttingen).

Vogt, E. 1965. Die Erzählung vom Jordanübergang: Josue 3–4, Bib 46, 125–148.

Wacholder, B. Z. 2007. The New Damascus Document: The Midrash on the Eschatological Torah of the Dead Sea Scrolls. Reconstruction, Translation and Commentary (STJD 56, Leiden).

Waltke, B. K. / O'Connor, M. 1990. An Introduction to Biblical Hebrew Syntax (Winona Lake).

Weimar, P. 2008. Studien zur Priesterschrift (FAT 56, Tübingen).

Weinfeld, M. 1964. Cult Centralization in Israel in the Light of a Neo-Babylonian Analogy, JNES 23, 202–212.

Weinfeld, M. 1990. The Decalogue: Its Significance, Uniqueness, and Place in Israel's Tradition, in: Firmage, E. B. u. a. (Hg.), Religion and Law (Winona Lake), 3–47.

Weinfeld, M. 1991. Deuteronomy 1–11 (AncB 5, New York / London).

Weinfeld, M. 1992. Deuteronomy and the Deuteronomic School (1972) (Winona Lake).

Weingart, K. 2014. Stämmevolk – Staatsvolk – Gottesvolk? Studien zur Verwendung des Israel-Namens im Alten Testament (FAT II/68, Tübingen).

Weippert, H. 1980. »Der Ort, den Jahwe erwählen wird, um dort seinen Namen wohnen zu lassen«: Die Geschichte einer alttestamentlichen Formel, BZ 24, 76–94.

Weippert, M. 2010. Historisches Textbuch zum Alten Testament (GAT 10, Göttingen).

von Weissenberg, H. 2003. 4QMMT – Towards an Understanding of the Epilogue, RdQ 81, 29–45.

von Weissenberg, H. 2009. 4QMMT: Reevaluating the Text, the Function and the Meaning of the Epilogue (STDJ 82, Leiden).

Wellhausen, J. 1871. Der Text der Bücher Samuelis (Göttingen).

Wellhausen, J. 1886. Vorbemerkungen zur Einleitung in das Alte Testament von Friedrich Bleek (5. Auflage, Berlin).

Wellhausen, J. 1899. Die Composition des Hexateuchs und der historischen Bücher des Alten Testaments (3. Aufl., Berlin; Nachdruck 1963).

Wellhausen, J. 1905. Prolegomena zur Geschichte Israels (6. Aufl., Berlin; Nachdruck 2001).

Wellhausen, J. 1914. Israelitische und jüdische Geschichte (7. Aufl., Berlin; Nachdruck 2004).

Wénin, A. (Hg.). 2001. Studies of the Book of Genesis: Literature, Redaction and History (BETL 155, Leuven).

Wernberg-Møller, P. 1953. Observations on the Interchange of Ayin and Ḥet in the Manual of Discipline, VT 3, 104–107.

Westermann, C. 1976. Die Verheißungen und die Väter: Studien zur Vätergeschichte (FRLANT 116, Göttingen).

White Crawford, S. 1994. Three Fragments from Cave Four and Their Relationship to the Temple Scroll, JQR 85, 259–273.

White Crawford, S. 2000. The Temple Scroll and Related Texts (CQS 2, Sheffield).

White Crawford, S. 2008. Rewriting Scripture in Second Temple Times (SDSSRL, Grand Rapids/ Cambridge).

Wilcke, C. 1999. Weltuntergang als Anfang: Theologische, anthropologische, politisch-historische und ästhetische Ebenen der Interpretation der Sintflutgeschichte im babylonischen Atram-hasis-Epos, in: Jones, A. (Hg.), Weltende: Beiträge zur Kultur- und Religionswissenschaft (Wiesbaden), 63–112.

Wildung, D. 1969. Die Rolle ägyptischer Könige im Bewusstsein ihrer Nachwelt 1: Posthume Quellen über die Könige der ersten vier Dynastien (Münchener ägyptologische Studien 17, Berlin).

Willi, T. 2002. Zwei Jahrzehnte Forschung an Chronik und Esra-Nehemia, ThR 67, 61–104.

Wilson, A. M. / Wills, L. 1982. Literary Sources of the Temple Scroll, HTR 75, 275–288.

Winnett, F.V. 1949. The Mosaic Tradition (NMES 1, Toronto).

Winnett, F.V. 1965. Re-examining the Foundations, JBL 84, 1–19.

Wise, M. O. 1990. A Critical Study of the Temple Scroll From Qumran Cave 11 (SAOC 49, Chicago).

Witte, M. u. a. (Hg.). 2006. Die deuteronomistischen Geschichtswerke: Redaktions- und religions-geschichtliche Perspektiven zur „Deuteronomismus"-Diskussion in Tora und Vorderen Propheten (BZAW 365, Berlin / New York).

Witte, M. u. a. (Hg.). 2014. Die biblische Urgeschichte: Redaktions- und theologiegeschichtliche Beobachtungen zu Genesis 1,12–11,26 (BZAW 265, Berlin).

Wöhrle, J. 2012. Fremdlinge im eigenen Land: Zur Entstehung und Intention der priesterlichen Passagen der Vätergeschichte (FRLANT 246, Göttingen).

Wolff, H.W. 1964. Das Kerygma des Jahwisten, in: Ders., Gesammelte Studien zum Alten Testament (TB 22, München), 345–373.

Wright, J. L. 2004. Rebuilding Identity: The Nehemiah-Memoir and its Earliest Readers (BZAW 348, Berlin / New York).

Würthwein, E. 1984. Die Bücher der Könige. 1 Kön 17 – 2 Kön 25 (ATD 11/2, Göttingen).

Yadin, Y. 1983. The Temple Scroll, 4 Bde. (Jerusalem).

Yamauchi, E. M. 1986. Postbiblical Traditions about Esra and Nehemiah, in: Kaiser, W. C. / Youngblood, R. F. (Hg.), A Tribute to Gleason Archer (Chicago), 167–176.

Zahn, M. M. 2001. Schneiderei oder Weberei? Zum Verständnis der Diachronie der Tempelrolle, RdQ 20/78, 255–286.

Zahn, M. M. 2005. New Voices, Ancient Words: The Temple Scroll's Reuse of the Bible, in: Day, J. (Hg.), Temple and Worship in Biblical Israel (LHBOTS 422, London), 435–458.

Zahn, M. M. 2008. The Problem of Characterizing the 4QReworked Pentateuch Manuscripts: Bible, Rewritten Bible, or None of the Above, DSD 15, 315–339.

Zahn, M. M. 2011a. Building Textual Bridges: Towards an Understanding of 4Q158 (4QReworked Pentateuch A), in: Brooke, G. J. / Høgenhaven, J. (Hg.), The Mermaid and the Partridge. Essays from the Copenhagen Conference on Revising Texts from Cave Four (STDJ 96, Leiden / Boston), 13–32.

Zahn, M. M. 2011b. Rethinking Rewritten Scripture: Composition and Exegesis in the 4QReworked Pentateuch Manuscripts (STDJ 95, Leiden / Boston).

Zahn, M. M. 2012a. Identifying Reuse of Scripture in the Temple Scroll: Some Methodological Reflections, in: Mason, E. F. u. a. (Hg.), A Teacher for All Generations. Essays in Honor of J. C. VanderKam (JSJSup 153, Leiden), 341–358.

Zahn, M. M. 2012b. 4QReworked Pentateuch C and the Literary Sources of the Temple Scroll: A New (Old) Proposal, DSD 19, 133–158.

Zenger, E. 1968. Eine Wende in der Dekalogforschung?, ThRev 64, 189–198.

Zenger, E. u. a. 1995. Einleitung in das Alte Testament (KStTh 1,1, Stuttgart).

Zenger, E. u. a. 2004. Einleitung in das Alte Testament (5. Aufl., KStTh 1,1, Stuttgart).

Zenger, E. u. a. 2012. Einleitung in das Alte Testament, hg. von C. Frevel (8. Aufl., KStTh 1,1, Stuttgart).

Zenger, E. u. a. 2016. Einleitung in das Alte Testament, hg. von C. Frevel (9. Aufl., KStTh 1,1, Stuttgart).

Zgoll, A. / Kratz, R. G. (Hg.). 2013. Arbeit am Mythos: Leistung und Grenze des Mythos in Antike und Gegenwart (Tübingen).

Ziemer, B. 2005. Abram – Abraham: Kompositionsgeschichtliche Untersuchungen zu Genesis 14, 15 und 17 (BZAW 350, Berlin / New York).

Ziemer, B. 2019. Kritik des Wachstumsmodells: Die Grenzen alttestamentlicher Redaktionsgeschichte im Lichte empirischer Evidenz (VT.S 182, Leiden).

Zimmer, F. 1999. Der Elohist als weisheitlich-prophetische Redaktionsschicht: Eine literarische und theologiegeschichtliche Untersuchung der sogenannten elohistischen Texte im Pentateuch (EHS XXIII/656, Frankfurt a.M.).

Zimmerli, W. 1969a. Das zweite Gebot (1950), in: Ders., Gottes Offenbarung. Gesammelte Aufsätze zum Alten Testament (TB 19, 2. Aufl., München), 234–248.

Zimmerli, W. 1969b. Ich bin Jahwe, in: Ders., Gottes Offenbarung. Gesammelte Aufsätze zum Alten Testament (TB 19, 2. Aufl., München), 11–40.

Stellenregister

Epigraphische Quellen

Altorientalische Texte

Ahiqar 213
Atramchasis 116–133, 134 f
Baal-Yam-Mot-Zyklus 10 f, 29
Barrakib von Ja'udi/Sam'al 505
Gilgamesch-Epqs 10 f, 29, 64, 88, 116–133, 134 f

Nabonidliteratur 378 ff
Neubabylonische Chroniken 389 f
Neuassyrische Verträge 371 f, 377 f
Sinuhe 213
Sumerische Flut 116–133, 134 f

Elephantine (TAD)

A4.1 339, 342, 344 f
D7.6.9–10 339

D7.24.5 339

Texte vom Toten Meer (Qumran)

CD (Damaskusschrift) 64, 107, 478, 481, 491–496,
    499, 563–584
I 59
I 11 592
II–XX 91
II,16 137
III 2–4 498
III 4 515
III 12–IV 12 91
III 14 498
III 21 559
IV 13 559
V 1–5 403, 454
V 2 558
VI 7 562, 587, 591–593, 598
VI 11 592
VI 19 515
VII 10 559
VII 11–12 592
VII 15.17 558
VII 18 562, 587, 591–593, 598
VII 20–21 592
XII 11 515
XIII 2 588
XIV 18–23 481 f, 495 f, 563–584
XVI 6 515

XIV 18 491
XV–XVI 91
XIX 35–XX 1 592
XIX 7 559
XX 6 562, 591
XX 14.28.32 592

Hodayot 10

Reworked Pentateuch 9, 64–86, 107

1Q4 (1QDeutᵃ) 14 533

1Q14a (1QpHab) 559
II 9 558
VII 5.8 558

1Q20 (1QapGen, Genesis-Apokryphon) 64, 499,
    508
XIX–XX 507–513

1Q28 (1QS, Serekh ha-Yachad) 9 f, 25, 64, 90 f,
    478, 481, 487, 491–496, 563–584
I–IV 492, 591
I 3 558
II 10 515

https://doi.org/10.1515/9783111367057-035

Literarische Quellen

Altes Testament

1–3 268, 447, 450
1–2 427
1 55, 59, 272–274, 283 f, 290, 349, 363, 403,
    415–419, 421–450
1,1–9 453, 455
1,1–2 219, 268, 288, 303, 305, 338, 357
1,1 461
1,3–4 480
1,5–6 272, 357
1,6 277
1,8 588 f
1,11 48
1,12 ff 277
2–11 406
2–8 397
2–6 421 f
2 48, 421–450
2,1 ff 219
2,1–3,1 48, 362
2,1 22, 47 f, 56, 59, 91, 268, 277, 288, 290,
    303–305, 351, 355, 362, 366 f, 416 f, 419, 481
2,8–9 296
3–4 426, 429, 436 f, 447
3 421–450
3,1 ff 219
3,1 22, 47 f, 56, 59, 91, 268, 277, 290, 303–305,
    338, 351, 355, 362, 366 f, 416 f, 419 f, 481
3,2–4 48
4,12–13 438
4,14 428
4,19 436, 462
5 339, 404, 455
6 48, 219, 430, 432–434, 436, 447
8 219
8,33 440
8,34 555
9,27 535, 538
10,43 462
11–12 464
11 409, 452, 453, 460, 469, 471
11,16–23 355, 357, 405, 409, 418, 438, 442, 464,
    468, 472
12–13 277
12 290, 464
12,1 405, 438
12,9–24 405
13 ff 440, 452

13–22 438, 444
13–21 464, 466
13,1 405, 438, 464
13,15–32 438
13,22 277
14,1 403, 455
14,6–7 278
17,4 403, 455
17,17 207
18,3 438
19,47 438
19,51 403, 455
21–24 453
21 353, 442, 460, 466, 469, 471
21,1 403, 455
21,43–45 283, 289 f, 438, 442, 457, 464, 468, 471,
    472
22 464
22,1–6 438
22,1 464
22,2 330
22,5 505
22,17 415
23–Ri 2 350, 451–473
23–24 51, 59, 170, 256, 284–286, 350, 353,
    451–473
23 402, 405, 441, 451–472
23,1 438
23,2 440
23,9 165
23,11 505
24–Ri 2,9 453
24 50, 55, 288 f, 394 f, 398–407, 409 f, 414, 431,
    451–473
24,1 440
24,2–3 503
24,9–10 277
24,19 234
24,26 420
24,28 290, 355
24,29 419

Richter
Ri–Kön 400, 403, 409, 468
Ri 55, 221, 290, 350, 352, 355, 357–360, 386 f,
    391, 394, 400, 402 f, 405, 438, 441, 451, 453,
    455, 462, 464, 467, 473

Neues Testament

Apokryphen und Pseudepigraphen

3 Makkabäer
1,9–10 538
2,9 535, 538

Sirach (Ben Sira)
Sirach   25, 514 f, 518, 521, 560 f, 587
24,10–11 538
32,14–15 588, 597
35,15 56., 588
36 560
37 598
39 420, 597 f
39,1 560
44 521
44–49 274, 560
44,17 139
44,19–21 499, 503, 514, 519
44,22–23 514
46,1 274
47,1–11 561
50 560

Testament Abraham (TestAbr)
TestAbr 498

Testament Levi
TestLev 539

Testament Sebulon
9,8 539

Tobit
Tob 213, 215, 438, 486
1,4 535, 538
4,12 139

Weisheit Salomos (SapSal)
7,27 498, 503
10,4 139

Antike Schriftsteller

Josephus
Ant. 4,200–203 539

Philo
De Migratione Abrahami
9,44–45 498
De Specialibus Legibus
I, 66ff 539

De Sobrietate
10,56 498

1Clemens
10,1; 17,2 498

Rabbinische Literatur

Mishnah Avot
5,13 498
5,19 498
6,1q 498, 503

Sifre Numeri
§ 42 und 115 498
Midrasch Rabba
44,3 498

Koran

Sure 4,125 498